서호성 ABC 경제학

1 미시경제

머리말

안녕하세요. 서호성입니다.

경제학은 학생들에게 선입견이 강한 과목입니다. 오랜 시간동안 경제학 강의를 하면서 가장 느끼는 것은 수험생 여러분들이 너무 경제학을 너무나 어렵게 생각한다는 것입니다.

생각해봅시다. 우리의 목표가 시험점수를 획득하는 것인가, 아니면 경제학을 학자가 되기 위해 공부하는 것인가 하는 것입니다. 당연히 우리는 각자의 이유로 높은 점수를 맞기 위해 공부하는 것이기 때문에 그에 맞는 공부를 해야 한다고 생각합니다. 수험 경제학을 가르치는 저의 목표는 두가지입니다.

첫째, "경제학은 어려운 것이 아니라 익숙하지 않은 것이다." 경제학은 그 자체가 어렵다기 보다는, 익숙해지지 않아 어렵게 느껴지는 과목입니다. 다양한 사례를 통해 충분히 이해시켜 드리겠습니다. 저의 노력으로 경제학이 어려운 과목이라는 고정관념을 깨고 싶습니다. 둘째, "다 아는 것이 중요한 것이 아니라 시험에 나오는 것을 아는 것이 중요하다." 단언컨대 시험에 나오는 내용은 정해져 있습니다. 수업과 교재를 통해 시험에 나오는 것들을 중심으로, 기본개념에서 고난이도까지 단계별 학습을 통해 고득점을 확보해드리겠습니다.

이 두 가지 목표에 도달하기 위해 ABC 경제학 교재를 집필하게 되었습니다. 이 교재의 특징은 다음과 같습니다.

❶ 기초단어와 기초수학상식을 수록하였습니다.

첫째, 경제학을 처음하시는 경우 생소한 경제용어 때문에 이해도가 떨어지는 경우가 있습니다. 따라서 경제용어를 따로 수록하여 자주 접하게 만들어 익숙해지도록 하였습니다. 둘째, 객관식 경제학을 수학이라고 생각하여 과도하게 어렵게 느끼는 분들을 위해 객관식 경제학에서 주로 사용하는 간단한 수학상식(그래프, 미분 등)을 수록하여 앞으로 진행될 설명을 이해할 수 있도록 하였습니다.

❷ 학습목표를 제시하였습니다.

개념 설명하기 전에 가장 핵심적인 부분을 문장으로 담았습니다. 시작 시 중요내용을 살펴보시고, 해당 파트가 끝난 후 학습목표를 보고 중요내용이 연상될 수 있도록 하였습니다.

❸ 필요한 내용만 담았습니다.

본문에는 객관식 경제학에 자주 출제되는 기본내용을 집중적으로 수록하였습니다. 또한 내용의 중요도를 표시하여 시험에 반드시 나오는 내용과 아닌 것을 구분하고 이에 맞추어 필요없는 노력을 하지 않도록 하였습니다. 또한 자주 나오는 내용에는 반드시 기출문제를 붙여 내용이 어떻게 문제화 되는지 보여드리려고 노력하였습니다.

❹ 그래프와 수식을 최소화하려고 노력하였습니다.

경제학이 어렵다고 느끼게 하는 큰 요소인 그래프와 수식을 최소화하고 반드시 알아야 하는 그래프 위주로 수록하였습니다. 따라서 여기 나오는 그래프와 수식은 반드시 알아야 합니다.

❺ 출제포인트에 대한 코멘트를 달았습니다.

경제학의 모든 내용이 출제되는 것은 아닙니다. 반드시 나오는 내용을 집중적으로 학습하고 이를 확장하는 학습이 가장 바람직합니다. 중요내용에 코멘트를 달았으니 코멘트에 있는 내용은 정확히 학습하려는 노력을 하여야 합니다.

❻ 계산문제를 집중 정리하였습니다.

객관식 경제학 문제는 문장을 해석하는 문제와 계산문제로 구성됩니다. 특히 모든 주제가 계산문제로 출제되는 것은 아닙니다. 따라서 계산문제로 출제 가능성이 높은 주제는 핵심 설명 후 예제를 통해 집중적으로 풀이방식을 서술하므로써 확실한 이해가 되도록 하였습니다.

❼ 요약정리 표를 수록하였습니다.

수험경제학에서 중요한 것은 배우는 내용을 익숙하게 만들어야 하는 것입니다. 따라서 내용 서술 후 가장 중요한 내용을 표로 수록하였습니다.

❽ 다수의 O, X문제와 기출문제를 수록하였습니다.

객관식 시험은 대부분 기출문제의 주제에서 출제되기 때문에 다수의 기출문제와 O, X 문제를 통해 앞에서 다루었던 중요 포인트, 출제되었던 중요 문장을 반복 학습하도록 하였습니다.

경제학을 가르치는 사람으로써 가장 행복한 순간은 수험생 여러분들이 스스로 어렵다고 생각했던 경제학을 저와 함께 학습하면서 해볼만한 재미있는 과목이라는 표정이 얼굴에서 드러날 때입니다. 저와 여러분들이 함께 노력한다면 객관식 경제학은 여러분의 통과점에 지나지 않을 것이라고 단언하여 말씀드립니다. 출간에 많은 도움을 주신 메가스터디 출판사 관계자분들께 감사드리고 이 책을 동해 여러분이 반드시 합격하시길 기원합니다. 오늘도 하루하루 열심히 준비하시는 여러분들을 마음속으로 언제나 응원하겠습니다.

넥스트공무원 연구실에서
서호성 드림

차례

CONTENTS

차례

차례

PART 6 생산요소시장과 소득분배

C O N T E N T S

PART 7 후생경제학과 시장실패

Warm-up 경제학 기본 용어와 객관식 경제학 수학 상식

학습 구성

구분	출제 포인트	중요도	학습 날짜
Chapter 01 경제학 기본 용어	01 미시경제학 기본 용어	★★★	
	02 거시경제학 & 국제경제학 기본 용어	★★★	
Chapter 02 객관식 경제학 수학 상식	01 그래프 해석	★★★	
	02 경제학 미분	★★★	

Chapter 01

경제학 기본 용어

✣ 학습목표

- 앞으로 경제학을 학습할 때 등장하는 용어이므로 여러 번 읽어서 익숙해져야 한다.
- 본래 단어와 약자가 무엇인지 기억한다.

01 미시경제학 기본 용어 ★★★

1. 노동(labor)

① 생산물을 생산하기 위한 생산요소로, 사람이 경제활동에 참여하는 것이다. 이에 대한 대가로 임금을 받는다.

② 임금은 wage로 경제학에서는 일반적으로 w로 쓴다.

③ 생산물은 재화나 서비스이고, 생산요소는 생산물을 만들기 위한 재료이다. 예를 들어 과자를 생산하기 위해 노동자가 필요하다면, 과자는 생산물, 노동자는 생산요소인 노동이다.

2. 자본(capital)

① 생산물을 생산하기 위한 생산요소로, 재화나 서비스의 생산에 이용되는 자산이다. 자본의 대가는 이자율 r(rate of interest)을 사용하며, 회계적으로는 배당(자기자본), 이자(타인자본)이나 경제학에서는 모두 r과 동일하다.

② 영어에서 자본은 capital이지만 독일어로는 Kapital이다. 경제학에서 C는 소비나 비용으로 쓰이므로 혼동을 막기 위해 K로 이용한다.

③ 자본은 실물자본으로서의 자본재와 화폐자본으로서의 자본으로 나뉜다.

④ 실물자본으로서의 자본재(capital goods)는 생산에 이용되는 기계나 설비, 건물 등과 같은 생산수단을 의미한다.

⑤ 화폐자본으로서의 자본(capital)은 금융시장에서 통용되는 화폐 및 유가증권 등을 의미한다.

⑥ 수험 경제학에서는 자본을 실물자본으로서의 자본재로 생각하면 된다.

⑦ 수험 경제학에서는 최근에 인적 자본(지식 등)과 물적 자본(기계 등)으로 나눈다.

⑧ 자본재의 양(자본 스톡)은 일정 시점을 명시해야 그 의미가 정확해지는 저량이다.

⑨ 생산과정에서 투입되는 자본재가 제공하는 자본 서비스이다. 자본 서비스의 투입은 일정 기간을 명시해야 측정이 가능한 유량이다.

3. 가격(price)

① P_X라고 하면 X재의 가격이라고 읽는다.
② 노동시장의 가격은 임금, 자본시장의 가격은 이자, 외환시장의 가격은 환율이다.

4. 수량(quantity)

① Q_X라고 하면 X재의 수량이라고 읽는다.
② Q^D는 수요량, Q^S는 공급량이다.

5. 수요(demand)와 공급(supply)

① 수요는 통상 D라고 표기하며 L^D는 노동수요, M^D는 화폐수요 등 다양하게 표현한다.
② 공급은 통상 S라고 표기하며 L^S는 노동공급, M^S는 화폐공급 등 다양하게 표현한다.

6. 균형(equilibrium)

① 경제학에서 수요 곡선과 공급 곡선이 만나는 지점을 균형(equilibrium)이라고 한다.
② 통상 그래프에서 E로 표현하면 균형점으로 인식하면 된다.

7. 효용 관련 용어

① **효용(utility)**: 소비자이론에서 소비의 만족감을 기수적(점수)으로 표현한 것이다.
② **총효용(total utility)**: 소비한 양이 주는 만족감을 의미하며, TU로 쓴다.
③ **한계효용(marginal utility)**: 소비량이 추가되었을 때 추가적으로 얻은 효용으로, MU로 쓴다.

소비량	총효용	한계효용
1	10	10
2	40	30
3	60	20

8. 무차별곡선(indifference curve)

① 소비자이론에서 동일한 만족감을 주는 두 재화의 조합을 연결한 선이다.
② $I_0, I_1 \cdots$으로 표현하여 개인 간의 만족감 크기의 순서를 구분할 수 있게 해준다.

9. 소득(M)

① 소득은 Income의 I를 사용하는 때도 있으나, 투자의 Investment와의 혼동을 피하고자 M을 사용하는 경우가 많다.
② 통상적으로 M은 화폐(Money)소득을 의미한다.

10. 소득소비곡선(income-consumption curve) & 가격소비곡선(price consumption curve)

① 소득이 변화함에 따라 소비가 대응하는 점들을 연결한 선을 의미하며 통상 ICC라고 쓴다.
② 가격이 변화함에 따라 소비가 대응하는 점들을 연결한 선을 의미하며 통상 PCC라고 쓴다.

11. 여가(leisure)

① 여가-소득모형에서 노동 외 나머지 시간을 의미한다. 통상 l로 쓴다.
② 노동량인 L(labor)과 구분하여 기억해야 한다.

12. 단기(Short-run)와 장기(Long-run)

① 생산에서 생산요소인 노동과 자본 중 하나 이상의 투입량이 고정되어 있으면 단기, 모두 변화될 수 있으면 장기이다.
② 시장에서 시장진입이 어려우면 단기, 시장진입이 충분히 자유로우면 장기이다.
③ 통상적으로 S를 붙이면 단기, L을 붙이면 장기이다.
④ 예를 들면, 단기평균비용은 SAC, 장기평균비용은 LAC이다.

13. 고정비용(fixed cost)과 가변비용(variable cost)

① 고정비용은 단기에 변하지 않는 자본비용을 의미한다. 일반적으로 TFC(총고정비용), AFC(평균고정비용)로 쓴다.
② 가변비용은 단기 또는 장기에 관계없이 변할 수 있는 비용을 의미한다. 일반적으로 TVC(총가변비용), AVC(평균가변비용)로 쓴다.

14. 요소집약도($\frac{K}{L}$)

① 상품의 생산에 사용되는 생산요소의 결합비율을 의미한다.
② 1인당 자본량을 의미하므로 수치가 크면 자본 집약재, 작으면 노동 집약재가 된다.

15. 생산 관련 용어

① 총생산(total product): 투입된 생산요소를 이용하여 생산된 것을 모두 합한 수량으로, 한계생산의 합이다. TP 또는 Q로 쓴다.

② 한계생산(marginal product): 생산요소를 추가적으로 투입했을 때 추가적으로 생산된 생산물의 수량으로, MP로 쓴다.

③ 평균생산(average product): 투입된 생산요소 1단위당 생산물로, AP로 쓴다.

노동량	총생산	한계생산	평균생산
1	10	10	10
2	30	20	15
3	45	15	15

16. 비용 관련 용어

① 총비용(total cost): 생산물에 투입된 모든 비용으로, 한계비용의 합이다. TC로 쓴다.

② 한계비용(marginal cost): 생산물을 추가적으로 생산했을 때 추가적으로 투입된 생산비이며, MC로 쓴다.

③ 평균비용(average cost): 생산물 1단위당 비용을 의미하며, AC로 쓴다.

생산물	총비용	한계비용	평균비용
1	10	10	10
2	30	20	15
3	60	30	20

17. 수입 관련 용어

① 총수입(total revenue): 기업이 상품을 판매하여 얻은 금액으로 매출액이라고도 하며, TR로 쓴다.

② 한계수입(marginal revenue): 생산물을 추가적으로 판매했을 때 추가적으로 얻은 금액으로, MR로 쓴다.

③ 평균수입(average revenue): 판매한 생산물 1단위당 얻은 금액을 의미하며, AR로 쓴다.

판매량	총수입	한계수입	평균수입
1	10	10	10
2	40	30	20
3	60	20	20

18. 한계대체율(marginal rate of substitution)

무차별곡선의 기울기를 의미하며, MRS로 쓴다.

19. 한계기술대체율(marginal rate of technical substitution)

등량곡선의 기울기를 의미하며, $MRTS$로 쓴다.

20. 한계변화율(marginal rate of transformation)

생산가능곡선의 기울기를 의미하며, MRT로 쓴다.

21. 한계수입생산(marginal revenue product of labor)

노동자를 추가로 고용했을 때 추가적으로 얻는 수입을 의미하며, MRP로 쓴다.

22. 한계요소비용(marginal factor cost)

노동자를 추가로 고용했을 때 추가적으로 투입되는 비용을 의미하며, MFC로 쓴다.

23. 한계생산물 가치(value of the marginal product)

가격과 한계생산을 곱한 값으로, VMP로 쓴다.

24. 명목임금(W)과 실질임금($\frac{W}{P}$)

① 임금은 wage로 경제학에서는 일반적으로 w로 쓴다.

② 대문자로 쓰는 경우 임금 총액을 의미하는데, 화폐로만 표현한 것을 명목임금, 물가수준을 고려하였다는 의미로 물가로 나누어 준 것을 실질임금이라고 한다.

25. 균등분배대등소득(equally distributed equivalent income)

① 애킨슨 지수에서 사용하는 개념으로, 현재와 동일한 사회후생을 얻을 수 있는 완전평등한 소득분배상태에서의 평균소득이다.

② 사회가 어떤 분배적 가치관을 따르고 있느냐에 따라 달라지며, 통상 Y_E로 쓴다.

26. 사적 한계비용(private marginal cost)과 사회적 한계비용(social marginal cost)

① 사적 한계비용은 개별기업이 생산을 1단위를 추가 생산하는 데 드는 비용으로, PMC로 표기한다.
② 사회적 한계비용은 사적 한계비용과 외부한계비용(EMC, External Marginal Cost)의 합으로, SMC로 쓴다.

27. 사적 한계편익(private marginal benefit)과 사회적 한계편익(social marginal benefit)

① 사적 한계편익은 소비자가 생산물 1단위를 추가적으로 소비할 때 얻는 편익으로, PMB로 쓴다.
② 사회적 한계편익은 사적 한계편익과 외부한계편익(EMB, External Marginal Benefit)의 합으로, SMB로 쓴다.

02 거시경제학 & 국제경제학 기본 용어 ★★★

1. 국내총생산(gross domestic product)

① 일정 기간 동안 한 나라에서 생산된 최종생산물의 합을 의미하며, 통상 GDP로 쓴다.
② 경제 그래프 분석 시 국민소득은 GDP로 인식하면 된다.

2. 국민총소득(gross national income)

① 한 나라의 국민이 일정 기간 동안 생산활동에 참여한 대가로 벌어들인 소득의 합계로, 통상 GNI로 쓴다.
② 1인당 GNI로 한 나라 국민의 평균적 생활수준을 파악한다.

3. 총수요

① 총수요는 총지출(AE)로 표기하기도 하며, 소비+투자+정부지출+순수출로 구성된다.
② $Y^D(=AE)=C+I+G+X-M$
③ Y^D는 총수요, Y^S는 총공급을 의미한다.
④ AE는 aggregate expenditure의 약자이다.

4. 소비(consumption)

① 인간의 욕구를 충족시키는 데 필요한 물자 또는 용역을 이용하거나 소모하는 일로써, 통상 C로 쓴다.
② 비용도 C를 사용하므로 구분하여 사용하여야 한다.

5. 투자(investment)

① 일정 기간에 자본재의 증가 또는 유지를 위하여 행하는 지출로, 통상 I로 쓴다.
② 주식, 채권 등 금융자산 투자가 아닌 기계구매와 같은 자본재(실물자본)와 관련되어 있다.

6. 정부지출(government spending)

① 정부가 거둔 조세 일부를 재화나 서비스를 구매하는 데에 사용하는 일이며, 통상 G로 쓴다.
② 정부지출은 총수요를 구성하는 항목이지만, 이전지출(government transfer)은 총수요를 구성하는 항목이 아니다.

7. 순수출(net export)

① 수출-수입이다.
② 수출은 export로 통상 X로 쓴다. E는 균형, 지출 등으로 사용되고 있으므로 X를 사용한다.
③ 수입은 import로 통상 M을 쓴다. I는 투자에 사용되고 있으므로 M을 사용한다.

8. 저축(saving)

① 총저축은 민간저축+정부저축으로 이루어진다.
② 민간저축은 private savings이며 통상 S_P로 쓴다
③ 민간저축은 Y(소득)-C(소비)－T(조세)이다.
④ 정부저축은 government savings이며 통상 S_G로 쓴다
⑤ 정부저축은 T(조세)－G(정부지출)이다.

9. 평균소비성향(average propensity to consume)

① 소비지출을 처분가능소득으로 나눈 값이다.
② 통상 APC로 쓴다.

10. 평균저축성향(average propensity to save)

① 저축을 처분가능소득으로 나눈 값이다.
② 통상 APS로 쓴다.

11. 한계소비성향(marginal propensity to consume)

① 추가적 소득에 의하여 이루어지는 추가적 소비를 의미하며, 소득 변화분에 대한 소비 변화분의 비율로 나타낸다.

② 통상 MPC로 쓴다.

12. 한계저축성향(marginal propensity to save)

① 추가적 소득에 의하여 이루어지는 추가적 저축을 의미하며, 소득 변화분에 대한 저축 변화분의 비율로 나타낸다.
② 통상 MPS로 쓴다.

13. 순현재가치(net present value)

① 투자사업으로부터 사업의 최종연도까지 얻게 되는 순편익(편익－비용)의 흐름을 현재가치로 계산하여 이를 합계한 것이다.
② 통상 NPV로 쓴다.

14. 내부수익률(internal rate of return)

① 어떤 사업에 대해 사업기간 동안의 현금수익 흐름을 현재가치로 환산하여 합한 값이 투자지출과 같아지도록 할인하는 이자율이다.
② 통상 IRR로 쓴다.

15. 본원통화(high-powered money)

① 중앙은행으로부터 풀려나가는 일차적인 화폐공급을 의미한다.
② 통화승수를 통해 통화량을 급속히 증가시킬 수 있으며, 통상 H로 쓴다.

16. 통화량(money supply)

① 경제학에서 통화량, 통화공급은 특정 시기에 경제에서 사용할 수 있는 화폐자산의 총량이다.
② 경제학에서 통화량은 현금통화(cash currency)와 예금통화(deposit money)의 합으로 표현하며, 통상 M으로 쓴다.

17. IS 곡선(investment-saving)

① IS 곡선에서의 IS는 투자(investment)와 저축(saving)을 의미한다.
② IS 곡선은 생산물시장의 균형을 달성하는 총수요와 이자율의 조합을 나타낸 것이다.

18. LM 곡선(liquidity preference & money supply)

① LM은 유동성 선호(liquidity preference)와 화폐 공급(money supply)을 의미한다.
② 유동성 선호는 케인즈의 화폐수요를 의미한다.
③ LM 곡선은 화폐시장의 균형이 달성되는 총수요와 이자율의 조합을 나타낸 것이다.

19. 자연산출량(natural rate of output)

① 경제가 자연실업률 수준에 있을 때 생산되는 실질 총생산이다.
② 고전학파의 완전고용 국민소득이라는 용어 대신에 프리드먼이 사용한 용어로, 통상 Y_N이라고 쓴다.

20. 총공급(aggregate supply)

① 한 나라의 모든 경제주체들이 공급하는 재화와 용역을 모두 합한 것이다.
② 통상 AS라고 쓴다.

21. 물가(prices)

① 물가는 여러 가지 상품들의 가격을 하나로 묶어 이들의 종합적인 움직임을 알 수 있도록 한 것으로, 여러 가지 상품들의 평균적인 가격수준이다.
② 가격과 동일하게 P로 쓴다.

22. 필립스 곡선(Phillips curve)

① 임금 상승률과 실업률 간 역의 상관관계를 나타낸 곡선이다.
② 통상 PC로 표기하며 단기 필립스 곡선은 SPC, 장기 필립스 곡선은 LPC로 표기한다.

23. 화폐적 균형경기변동이론(monetary business cycle theory) & 실물적 균형경기변동이론(real business cycle theory)

① 화폐적 균형경기변동이론은 '예상치 못한' 통화량 변동 등 외부적 충격으로 경기변동이 일어난다고 보는 이론으로, 통상 MBC로 쓴다.
② 실물적 균형경기변동이론은 실물요인의 불규칙한 변화, 특히 기술변화 등 공급측면의 변화에 따라 경기변동이 일어난다고 보는 이론으로, 통상 RBC로 쓴다.

24. 국제수지(balance of payments)

① 한 나라가 일정 기간 동안 다른 나라와 거래하는 과정에서 받은 외화와 지급한 외화의 차액이다.
② 경제학에서 경상수지와 자본수지로 이루어지며, 통상 BP로 쓴다.

Chapter 02

객관식 경제학 수학 상식

+ 학습목표

- 그래프 읽는 방식을 이해할 수 있다.
- 기본적 그래프를 그릴 수 있다.
- 기울기의 의미와 표현법을 이해할 수 있다.
- 미분을 하는 이유와 객관식 경제학에서 나오는 미분 방식을 이해할 수 있다.

01 그래프 해석 ★★★

1. 원인과 결과로 이루어진 그래프 읽기

(1) 방법

X축에 원인(독립변수), Y축에 결과(종속변수)를 표시한다. → 원인을 읽고 이에 따른 결과를 읽는다.

(2) $y = x + 3$인 경우

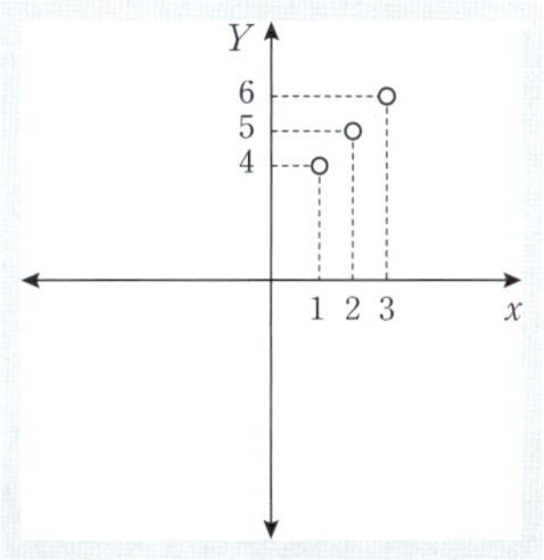

① $x = 1 \rightarrow y = 4$

② $x = 2 \rightarrow y = 5$

③ $x = 3 \rightarrow y = 6$

(3) $y=x^2$인 경우

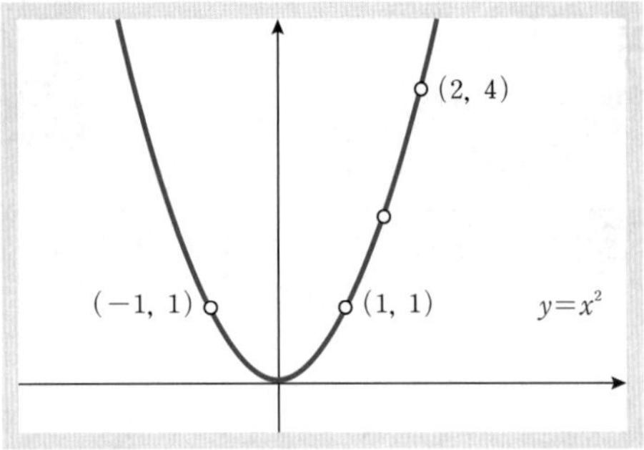

① $x=1 \rightarrow y=1$

② $x=2 \rightarrow y=4$

(4) 경제학의 경우

가격(P)이 변수라면 일반 수학과 달리 원인을 Y축(가격변수)에 쓰고 결과를 X축(결과값)을 쓴다.

① 가격과 거래량

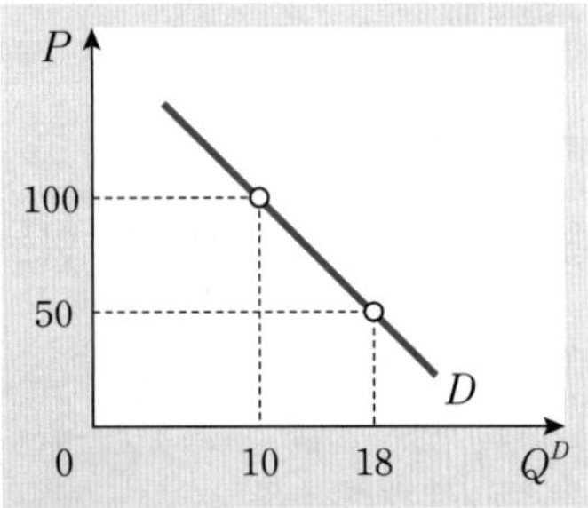

• 가격이 100 → 수요량이 10이다.

• 가격이 50 → 수요량이 18이다.

② 임금과 노동시간

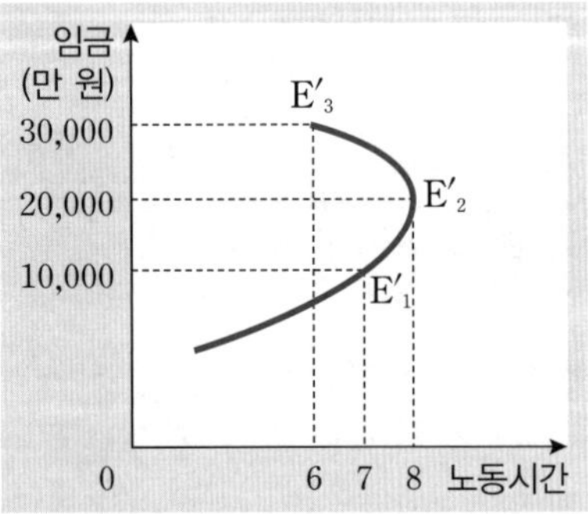

• 임금이 30,000만 원 → 노동시간은 6시간이다.

• 임금이 20,000만 원 → 노동시간은 8시간이다.

③ 물가와 국민소득

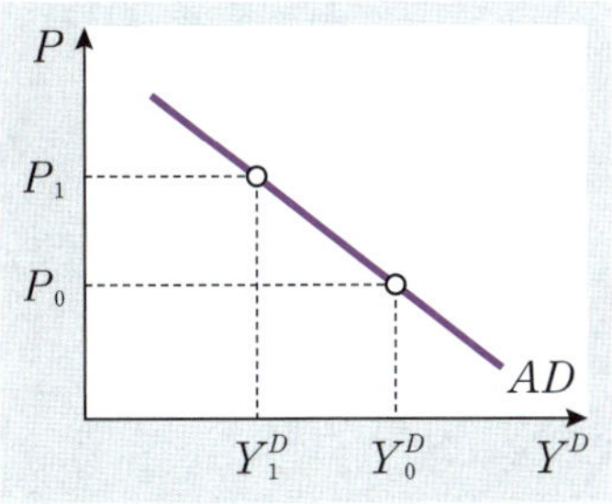

- 물가가 P_0 → 국민소득은 Y_0이다.
- 물가가 P_1 → 국민소득은 Y_1이다.

2. X축과 Y축의 조합과 그래프상의 결과값으로 주어진 그래프 읽기

(1) 방법

X축과 Y축에 있는 것 모두 원인이다. → 결과는 선에 있는 숫자를 읽는다.

(2) 무차별곡선

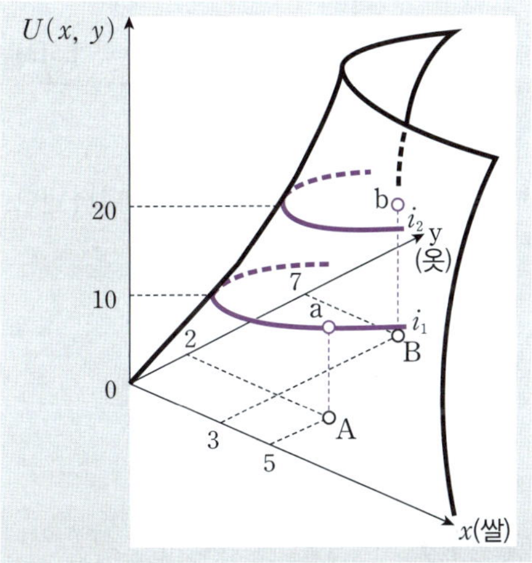

<효용곡면>

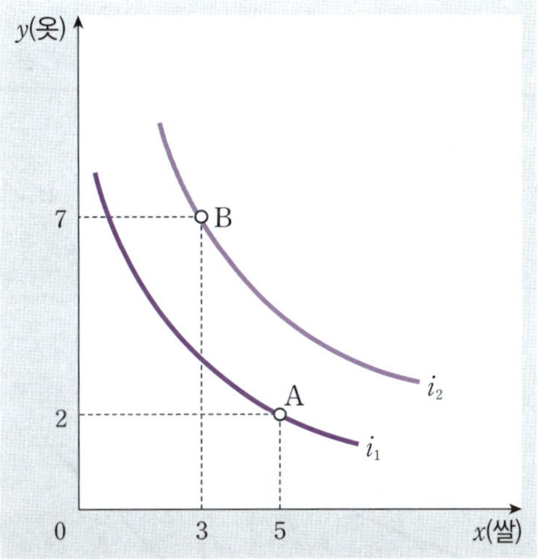

<무차별지도>

① x(쌀) = 5와 y(옷) = 2를 동시에 조합하여 소비하면 → U(효용)은 10이다.

② x(쌀) = 3와 y(옷) = 7을 동시에 조합하여 소비하면 → U(효용)은 20이다.

(3) 등량곡선

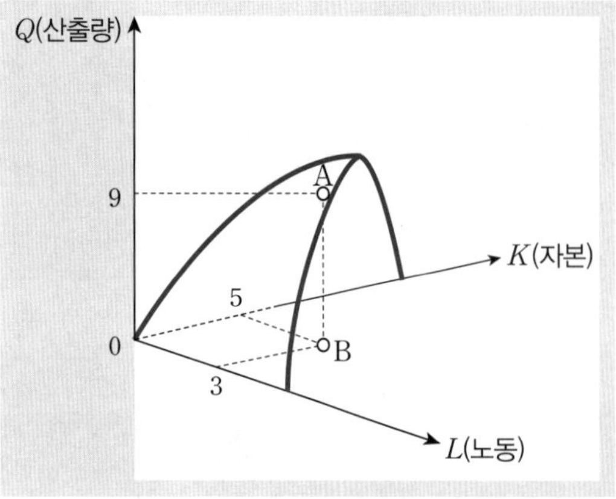

<생산곡면>

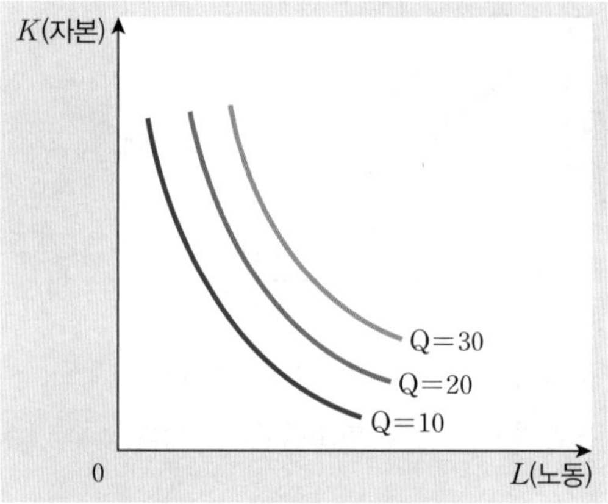

<생산무차별지도>

① L(노동) = 3과 K(자본) = 5를 동시에 조합하여 생산하면 → Q(산출량)은 9이다.

② 노동과 자본의 조합량을 늘려가면 산출량이 10 → 20 → 30으로 증가한다.

3. 기울기

(1) 개념

① 기울기는 어떤 직선이 수평으로 증가한 크기만큼 수직으로 얼마나 증가했는지를 나타내는 값이다.

② 기울기 $= \dfrac{\triangle y}{\triangle x}$ (단, 수평 방향을 x라 하고, 수직 방향을 y라 함)

→ 기울기는 직선이 x방향만큼 증가한 것에 비례하여 y방향으로 얼마나 증가했는지를 나타낸다.

(2) 일차함수에서의 기울기

① 그래프

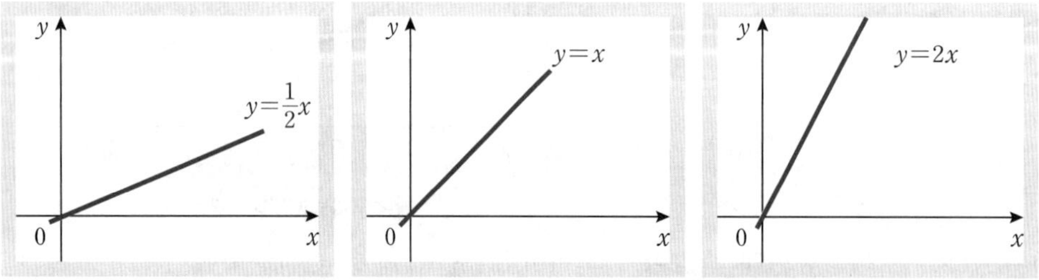

② **결론:** $y = ax$에서 a의 값이 클수록 기울기가 커지는 것을 확인할 수 있으며, 일차함수 $y = ax + b$ 꼴에서 a는 기울기를 나타낸다.

③ **경제학의 사례:** 공급곡선(가로축은 Q, 세로축은 P)

- 갑의 공급곡선이 $P = Q + 20$이고 을의 공급곡선이 $P = 5Q + 20$이다. → 을이 기울기가 크다.
- 갑의 공급곡선이 $Q = P - 20$이고 을의 공급곡선이 $Q = \dfrac{1}{5}P - 4$이다. → 기울기를 구할때는 $P = \sim$ 의 형태로 바꾸어야 하므로 변형하면 위의 것과 동일하다. 따라서 을이 기울기가 크다.

(3) 기울기 앞에 붙는 부호의 의미

① 기울기가 양(+)인 경우

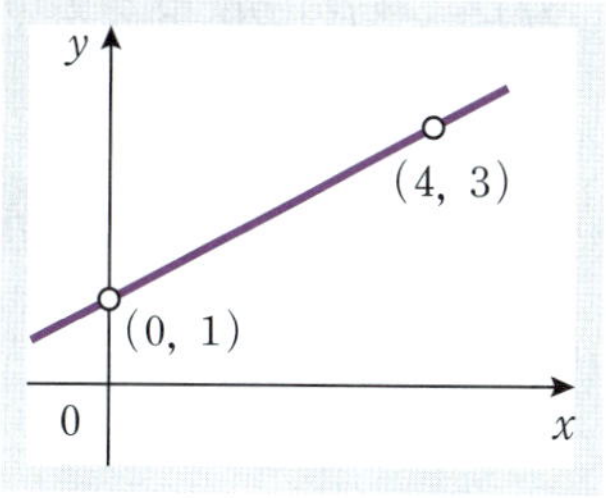

원인이 4만큼 증가했을 때($\triangle x = 4$), 결과가 2($\triangle y = 2$)만큼 증가하였다. 따라서 원인이 증가할 때 결과가 증가하므로 비례관계가 성립한다.

② 기울기가 음(−)인 경우

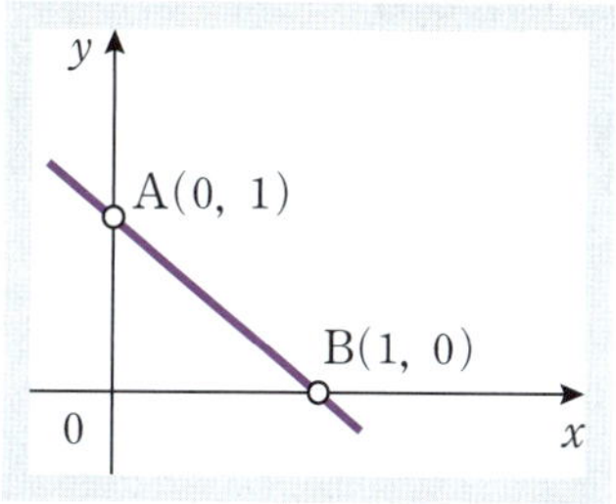

원인이 1만큼 증가했을 때($\triangle x = 1$), 결과가 1($\triangle y = -1$)만큼 감소하였다. 따라서 원인이 증가할 때 결과가 감소하므로 반비례관계가 성립한다.

③ 사례

- 수요곡선은 $Q = -P + 10$이고, 공급곡선은 $Q = P + 20$이라 하자.
- 수요곡선은 기울기 앞에 (−)가 붙어있으므로 가격과 수요량은 반비례관계이다.
- 공급곡선은 기울기 앞에 (+)가 붙어있으므로 가격과 공급량은 비례관계이다.

4. 그래프의 수평이동과 수직이동

(1) 수평이동

① 수평이동은 가로축의 변수값이 커지는 것을 의미한다.

② 경제학에서는 개별수요곡선의 합이 시장수요곡선인 경우가 존재한다.

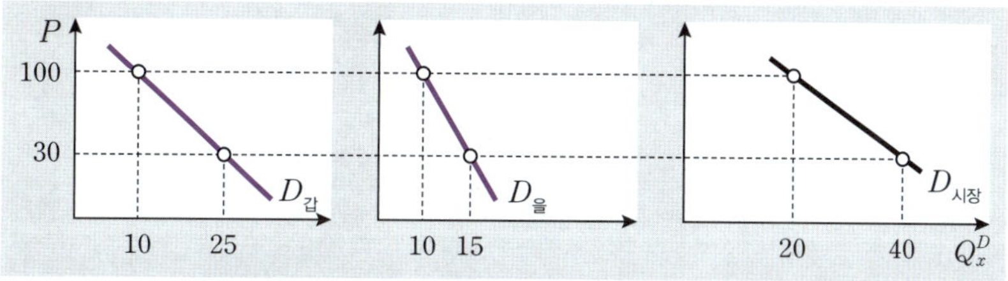

<甲의 수요곡선> <乙의 수요곡선> <시장수요곡선>

③ 계산법: 가로축의 변수로 바꾼 후 더한다.

④ 사례

- 갑의 수요곡선은 $Q=-P+10$이고, 을의 수요곡선은 $Q=-2P+10$일 때 Q를 더하여 시장수요곡선을 구한다. 따라서 시장수요곡선은 $Q=-3P+20$이다. (단, $2Q=-3P+20$가 되지 않음을 유의해야 함)
- 갑의 수요곡선은 $P=-Q+10$이고, 을의 수요곡선은 $P=-\frac{1}{2}Q+5$일 때, 이를 Q로 바꾸면 갑의 수요곡선은 $Q=-P+10$이고, 을의 수요곡선은 $Q=-2P+10$이다. 이는 위와 동일한 형태이므로 시장수요곡선은 $Q=-3P+20$이다.

(2) 수직이동

① 수직이동은 세로축의 변수값이 커지는 것을 의미한다.

② 경제학에서는 공공재의 수요곡선, 재정정책과 총수요의 변화 등에서 사용한다.

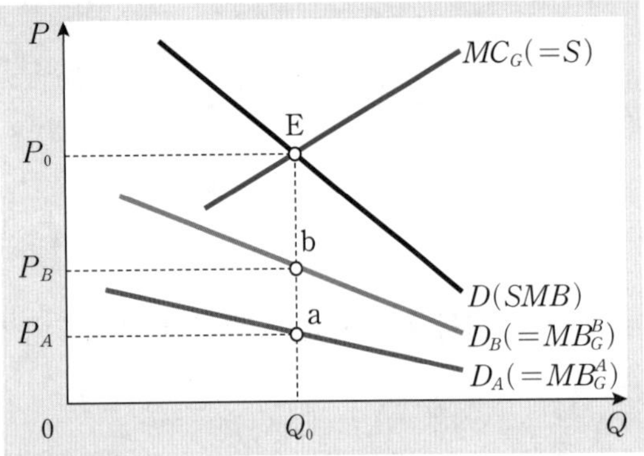

③ 계산법: 세로축의 변수로 바꾼 후 더한다.

④ 사례

- 갑의 공공재의 수요곡선은 $P=40-Q$, 을의 공공재 수요곡선은 $P=60-2Q$일 때 P를 더하여 공공재의 수요곡선을 구한다. 따라서 공공재의 수요곡선은 $P=100-3Q$이다. (단, $2P=100-3Q$가 되지 않음을 유의해야 함)
- 갑의 공공재 수요곡선은 $Q=40-P$이고, 을의 공공재 수요곡선은 $Q=30-\frac{1}{2}P$일 때, 이를 P로 바꾸면 갑의 공공재의 수요곡선은 $P=40-Q$, 을의 공공재 수요곡선은 $P=60-2Q$이다. 이는 위와 동일한 형태이므로 공공재의 수요곡선은 $P=100-3Q$이다.

02 경제학 미분 ★★★

1. 경제학에서 미분을 하는 이유

(1) 미분(differentiation)의 의미

① 미분이란 어떤 운동이나 함수의 순간적인 움직임을 서술하는 방법이다.

② 어떤 함수의 미분이란 그것의 도함수를 도출하는 과정을 말한다.

③ 도함수는 어떤 함수의 순간변화율을 함수값으로 가진다.

④ 원인 간의 차이가 어느 정도 있으면 구간별 기울기(평균변화율)이지만, 그것을 줄이면 접선의 기울기(순간변화율)가 된다.

(2) 평균변화율

① $y=f(x)$에 대해 x의 증가량 Δx에 대한 y의 증가량 Δy의 비율인 $\dfrac{\Delta y}{\Delta x}=\dfrac{f(b)-f(a)}{b-a}=\dfrac{f(a+\Delta x)-f(a)}{\Delta x}$를 함수 $y=f(x)$의 평균변화율이라 한다.

② 기하학적으로 평균변화율은 아래 그림에서 직선 PQ의 기울기를 뜻한다.

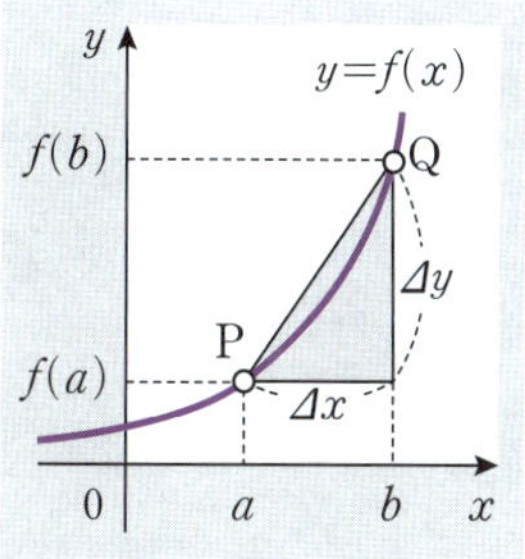

③ 단, 평균은 $\dfrac{\text{결과}}{\text{원인}}$으로 구한다. 따라서 평균값은 원점에서 그은 기울기를 의미한다.

(3) 미분계수

① $y=f(x)$에 대하여 x의 값이 a에서 $a+\Delta x$까지 변할 때의 평균변화율의 $\Delta x \to 0$일 때의 극한값 $\lim\limits_{\Delta x\to 0}\dfrac{\Delta y}{\Delta x}=\lim\limits_{\Delta x\to 0}\dfrac{f(a+\Delta x)-f(a)}{\Delta x}$를 함수 $y=f(x)$의 $x=a$에서의 변화율 또는 미분계수라고 한다.

② 기호로는 $f'(x)$, $x=a$와 같이 나타낸다.

③ 즉, $f'(x)=\lim\limits_{\Delta x\to 0}\dfrac{f(a+\Delta x)-f(a)}{\Delta x}$를 $x=a$에서의 미분계수라고 하고, $f'(a)$값이 존재하면 $y=f(x)$는 $x=a$에서 미분가능하다고 한다.

④ 미분계수는 기하학적으로 $x=a$에서의 접선의 기울기를 뜻한다.

⑤ 도함수는 미분한 함수 자체를, 미분계수는 도함수에 특정 값을 넣은 수를 의미한다.

(4) 경제학에서 미분을 하는 이유

① 경제학에서는 어떤 함수의 형태에 따라 최댓값이나, 최솟값, 접하는 값을 구하기 위해서 사용한다.

② 최솟값을 구하는 경우: 비용함수 등

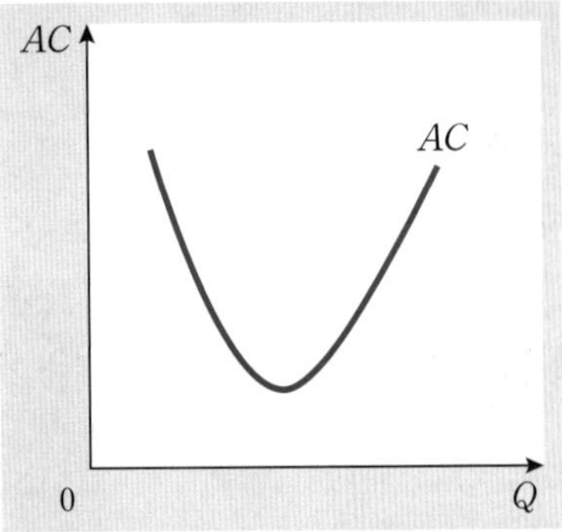

최솟값은 미분 시 기울기가 0이 되는 경우이다.

③ 최댓값을 구하는 경우: 효용함수, 생산함수 등

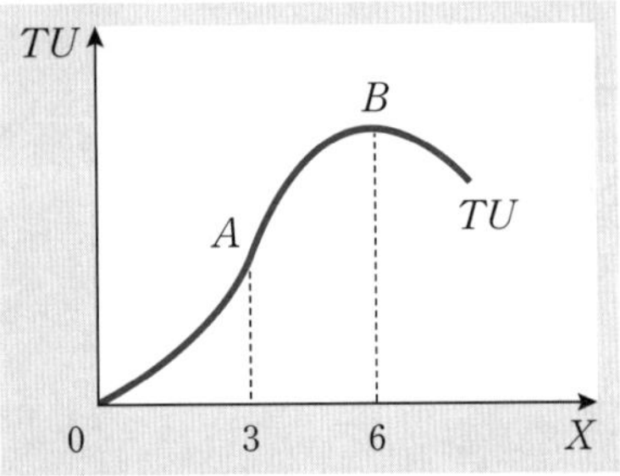

최댓값은 미분 시 기울기가 0이 되는 지점이다.

④ 접하는 값을 구하는 경우: 소비자균형, 생산자 균형

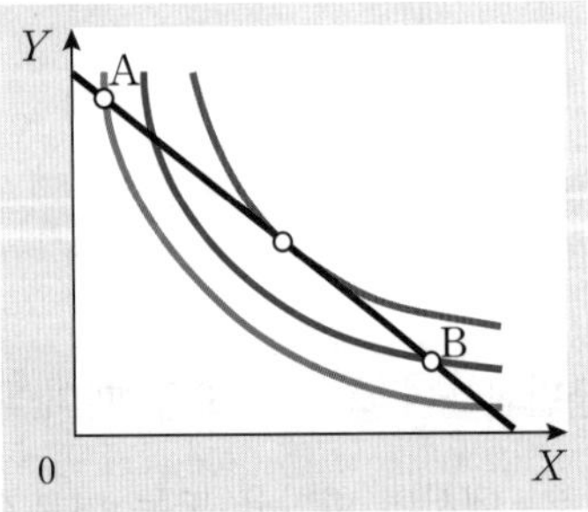

최적점은 두 접선의 접하는 경우인 직선의 기울기와 곡선의 미분값이 동일한 지점이다.

(5) 한계(maginal)와 총(total)의 관계

① 총합을 미분하면 한계가 된다.

② 한계를 적분하면 총합이 된다.

③ 객관식 경제학에서는 적분은 출제되지 않고 미분만 출제된다.

④ 사례

- 총효용함수(TU)를 미분하면 한계효용(MU)이 된다.
- 총생산함수(TP)를 미분하면 한계생산(MP)이 된다.
- 총비용함수(TC)를 미분하면 한계비용(MC)이 된다.
- 총수입함수(TR)를 미분하면 한계수입(MR)이 된다.

2. 객관식 경제학에서 나오는 미분: 반드시 원인으로 미분하여야 한다!

(1) 변수가 1개일 때의 미분법

① $f(x)=x^a$인 경우 $f'(x)=ax^{a-1}$이 된다.

② 사례: $f(x)=x^2$을 미분하면 $f'(x)=2x^{2-1}=2x$가 된다.

(2) 상수의 미분

① 상수의 미분값은 0이다.

② 사례: $f(x)=8$을 미분하면 x의 값이 변하더라도 y의 값이 변하지 않으므로 $f'(x)=0$이다.

(3) 분수의 형태

① $f(x)=\dfrac{1}{x^a}$인 경우 $f'(x)=\dfrac{-a}{x^{a+1}}$이다.

② 사례: $f(x)=\dfrac{1}{x^2}$을 미분하면 미분하기 위해 $\dfrac{1}{x^2} \to x^{-2}$로 변형한다. 그 이후에 지수 형태 미분 방법을 사용하면 $-2x^{-2-1}$이 된다. 따라서 $\dfrac{-2}{x^3}$이다.

(4) 제곱근($\sqrt{\ }$)의 형태

① 루트가 지수로는 분수의 형태인 것을 인지한 후 기본적인 방법으로 구한다.

② 사례: $f(x)=\sqrt{x}$을 미분하기 위해서 $x^{\frac{1}{2}}$로 변형한다. 그 이후에 지수형태 미분방법을 사용하면 $\dfrac{1}{2}x^{\frac{1}{2}-1}$이므로 $\dfrac{1}{2}x^{-\frac{1}{2}}$이다. 지수의 -는 분모이므로 변형하면 $\dfrac{1}{2}\cdot\dfrac{1}{x^{\frac{1}{2}}}$이므로 $\dfrac{1}{2\sqrt{x}}$가 된다.

(5) 다변수함수의 미분: 편미분(partial differentiation)

① 의미: 다변수함수(多變數函數)에 대하여, 그 중 하나의 변수에 주목하고 나머지 변수의 값을 고정시켜 놓고 그 변수로 미분하는 것이다.

② 변수로 설정된 것은 미분값이 존재하지만 변수로 설정되지 않은 것은 고정시켜 놓았으므로 변화율이 0이다. 따라서 변수로 설정되지 않은 것은 상수와 동일하게 처리한다.

③ 변수 x와 y의 함수 $f(x,\ y)$가 있을 때 y를 상수로 보고 이것을 x로 미분하는 일을 이 함수를 x로 편미분한다고 한다.

④ 사례

- $f(x,\ y) = x^2 + xy + y^2$일 때 변수 x로 편미분을 하는 경우이다.
- y는 상수처럼 취급하므로 y의 제곱은 미분하면 0이다.
- x의 제곱은 기본 미분법에 따라 $2x$가 되고, xy에서 y는 상수로 취급되므로 y만 남게 된다.
- 따라서 $2x + y$가 된다.

3. 연습을 통한 이해

(1) 총효용 → 한계효용: $\dfrac{\triangle TU}{\triangle Q}$ → 총효용을 소비량으로 미분하라!

① $U = 2X \rightarrow MU =$ __________ 1)

② $U = 3X^2 + 10 \rightarrow MU =$ __________ 2)

(2) 총생산 → 한계생산: $\dfrac{\triangle TP}{\triangle L}(TP = Q)$ → 총생산을 노동량으로 미분하라!

① $Q = L^{0.5}K^{0.5} \rightarrow MP_L =$ __________ 3)

② $Q = AK^{0.4}L^{0.6} \rightarrow MP_L =$ __________ 4)

(3) 총비용 → 한계비용: $\dfrac{\triangle TC}{\triangle Q}$ → 총비용을 생산량으로 미분하라!

① $TC = Q^2 + 6Q + 3 \rightarrow MC =$ __________ 5)

② $TC = 100 + 10Q \rightarrow MC =$ __________ 6)

③ $TC = Q^2 \rightarrow MC =$ __________ 7)

④ $TC = 100 + Q^2 \rightarrow MC =$ __________ 8)

(4) 총수입 → 한계수입: $\dfrac{\triangle TR}{\triangle Q}$ → 총수입을 생산량으로 미분하라!

① $TR = 90Q - 2Q^2 \rightarrow MR =$ __________ 9)

② $TR = 30Q - 2Q^2 \rightarrow MR =$ __________ 10)

③ 수요함수가 $Q = 10 - P$일 때 $\rightarrow MR =$ __________ 11)

④ 수요함수가 $P = 500 - 2Q \rightarrow MR =$ __________ 12)

(5) 다변수함수의 미분

① $U(x,\ y) = xy$

- $MU_x =$ ＿＿＿＿＿＿＿ 13)
- $MU_y =$ ＿＿＿＿＿＿＿ 14)

② $U(x,\ y) = x + y$

- $MU_x =$ ＿＿＿＿＿＿＿ 15)
- $MU_y =$ ＿＿＿＿＿＿＿ 16)

(6) 평균비용의 최저점

① $AC = \frac{1}{2}q + \frac{8}{q}$ 일 때,
평균비용의 최저점의 생산량은(생산량은 q) → ＿＿＿＿＿＿＿ 17)

② 장기평균비용함수는 $LAC(q) = (q-20)^2 + 30$ 일 때,
평균비용의 최저점의 생산량은(생산량은 q) → ＿＿＿＿＿＿＿ 18)

정답

01 2 02 $6X$ 03 $0.5L^{0.5-1}K^{0.5} = 0.5(\frac{K}{L})^{0.5}$ 04 $0.6A(\frac{K}{L})^{0.4}$ 05 $2Q+6$ 06 10 07 $2Q$ 08 $2Q$ 09 $90-4Q$ 10 $30-4Q$
11 $P=10-Q \rightarrow TR = P \cdot Q = 10Q - Q^2 \rightarrow MR = 10-2Q$ 12 $500-4Q$ 13 y 14 x 15 1 16 1 17 $\frac{1}{2} - \frac{8}{q^2} = 0 \rightarrow \frac{1}{2} = \frac{8}{q^2} \rightarrow q = 4$ 18 $q = 20$

PART

1 경제학의 기초와 시장가격의 결정과 변동

학습 구성

구분	출제 포인트	중요도	학습 날짜
Chapter 01 경제활동	01 경제주체	★	
	02 경제객체와 생산요소	★	
	03 생산, 소비, 분배	★	
	04 경제순환	★★	
	05 경제학의 기초 개념	★	
Chapter 02 자원의 희소성과 합리적 선택	01 자원의 희소성	★	
	02 기회비용과 합리적 선택	★★	
	03 생산가능곡선과 기회비용	★★	
	04 경제체제	★	
Chapter 03 수요와 공급	01 수요	★★	
	02 공급	★★	
Chapter 04 시장가격의 결정과 변동	01 시장가격의 결정	★★	
	02 시장균형의 이동	★★★	
	03 잉여	★	
	04 가격 통제: 최고가격제와 최저가격제	★★★	

Chapter 01

경제활동

✣ 학습목표

- 앞으로 경제학을 학습할 때 등장하는 용어이므로 여러 번 읽어서 익숙해져야 한다.
- 본래 단어와 약자가 무엇인지 기억한다.

01 경제주체 ★★★

자신의 의지와 판단에 의해 경제활동을 행하는 주체로, 가계, 기업, 정부, 외국 등이 전형적인 경제주체이다.

1. 가계

기업과 함께 민간 부분을 차지하며 소비활동의 주체로 효용의 극대화를 추구한다.

2. 기업

생산활동의 주체로, 이윤의 극대화를 추구한다.

3. 정부

민간 부문의 경제나 경제활동을 조정·규제하는 재정의 주체로, 사회후생의 극대화를 추구한다.

4. 외국

다른 나라의 가계, 기업, 정부를 포괄하는 국제무역의 주체로, 상호이익의 극대화를 추구한다.

02 경제객체와 생산요소 ★★★

경제객체는 경제활동의 대상이 되는 것을 의미하며, 여기에는 재화와 서비스(용역)가 존재한다. 재화와 서비스는 생산물이므로 이에 대응되는 생산요소도 함께 알아보도록 하자.

1. 경제객체(생산물)

(1) 재화

사람들이 소비하기를 원하여 시장에서 거래하는 유형의 물건이다. 예 마이크, 휴대폰 등

(2) 서비스

사람들이 소비하기를 원하여 시장에서 거래하는 무형의 상품으로, 인간의 활동이나 노력으로 표현되는 경우가 많다. 예 가수의 공연, 의사의 진료 등

2. 생산요소

생산활동에 투입되는 요소로 '생산자원'이라고도 한다. 노동, 자본, 토지, 경영이 이에 해당한다.

(1) 노동

인간의 정신적·육체적 노력을 의미한다.

(2) 자본

인간이 만들어낸 생산요소로, 건물, 기계, 설비, 공구처럼 생산활동에 사용되는 것을 의미한다.

(3) 토지

인간이 만들지 않은 생산요소로, 토지뿐만 아니라 광물 등 생산활동에 사용되는 모든 자연자원을 의미한다.

(4) 경영

여러 가지 생산요소를 결합시키는 방법으로, 경영자의 아이디어, 위험부담 등을 포함하는 기업가의 노력을 의미한다.

03 생산, 소비, 분배 ★★★

1. 생산

(1) 의미

① 판매를 목적으로 생산요소를 구입·결합하여 새롭게 생산물을 만들어 내거나 이 과정에서 부가가치를 창출한 경우를 의미한다.
② 부가가치란 기업의 활동 결과, 생산물의 가치가 증대된 부분을 말한다.

(2) 사례

점심 식사로 자장면을 주문했을 때 주방장이 자장면을 만드는 것과 배달원이 가져다주는 것 모두 생산에 해당한다. 따라서 제조, 운송, 보관, A/S도 모두 생산 활동에 포함된다.

2. 소비

(1) 의미

만족을 극대화하는 것을 목적으로 생산물을 구입하여 사용하는 것이다. 반드시 만족을 높이는 것을 목적으로 해야 하며, 생산을 하기 위한 재료를 구입하는 것은 생산의 과정에 포함된다.

(2) 사례

어머니가 쌀을 구입하는 것은 식사를 통해 만족감을 얻기 위한 행위이므로 소비이다. 그러나 김밥 전문점에서 쌀을 구입하는 행위는 김밥을 생산하기 위한 재료를 마련한 것이므로 소비라고 할 수 없다.

3. 분배

(1) 의미

생산활동에 기여한 정도에 따라 생산요소 제공에 대한 대가를 시장가격으로 보상 받는 것이다. 즉, 노동에 대한 임금, 자본에 대한 이자, 토지에 대한 지대, 경영에 대한 이윤이 이에 해당한다.

(2) 경제학에서의 분배

실생활에서 사용할 때 분배는 나누어 주는 것이라는 의미로 많이 쓰이지만, 경제학에서의 분배는 일반적으로 '소득(income)'을 의미한다. 따라서 무상으로 얻은 것이 아니다. 무상으로 얻은 경우는 '이전(transfer)'이라는 단어를 쓰는데, 저소득층에게 정부가 제공하는 급여인 이전지출 등이 여기에 해당한다.

개념확인 문제

Q (가)~(다)에 해당하는 경제활동의 유형을 <보기>에서 골라 바르게 묶은 것은?

(가) 생산 과정에 참여하여 생산요소를 제공한 대가를 받는 모든 활동
(나) 경제적으로 가치 있는 어떤 것을 새로 만들거나 원래의 가치를 증대시키는 모든 활동
(다) 일상생활에서 만족감을 높이기 위해 재화나 서비스를 구입하여 사용하거나 소모하는 모든 활동

〈보기〉

ㄱ. 렌터카 회사가 영업용 승용차를 구입하는 것
ㄴ. 근로자에게 임금을 지급하는 것
ㄷ. ○○ 세탁소에 5만 원을 주고 지난 겨울에 입었던 옷의 세탁을 맡기는 것

	(가)	(나)	(다)
①	ㄱ	ㄴ	ㄷ
②	ㄱ	ㄷ	ㄴ
③	ㄴ	ㄱ	ㄷ
④	ㄴ	ㄷ	ㄱ

정답 ③

주제 경제활동

해설

1) (가) 분배, (나) 생산, (다) 소비에 대한 설명이다.
2) ㄱ. 중간재를 구입하는 것이므로 생산이다.
ㄴ. 임금은 생산요소의 대가이므로 분배이다.
ㄷ. 세탁은 만족감을 위해서 하는 것이므로 소비이다.

04 경제순환 ★★★

1. 생산물시장과 생산요소시장

(1) 의미

생산물시장은 재화와 서비스, 생산요소시장은 노동, 자본, 토지 등이 거래되는 시장이다.

(2) 생산물시장의 수요자와 공급자

생산물시장의 대표적인 예는 휴대폰 시장이다. 휴대폰의 공급자는 실물을 제공하는 기업이고 수요자는 구입하려는 가계가 된다.

(3) 생산요소시장의 수요자와 공급자

생산요소시장의 대표적인 예는 노동시장이다. 공급자는 노동을 판매하여 소득을 올리려는 주체인 가계이고 수요자는 기업이 된다. 마찬가지로 자본의 수요자는 기업이고, 공급자는 가계이다.

(4) 경제순환

시장을 구분할 때 공급자가 실물을 제공하며, 수요자가 화폐를 지불한다. 경제순환을 통해 국민소득 3면 등가의 법칙이 성립함을 알 수 있다.

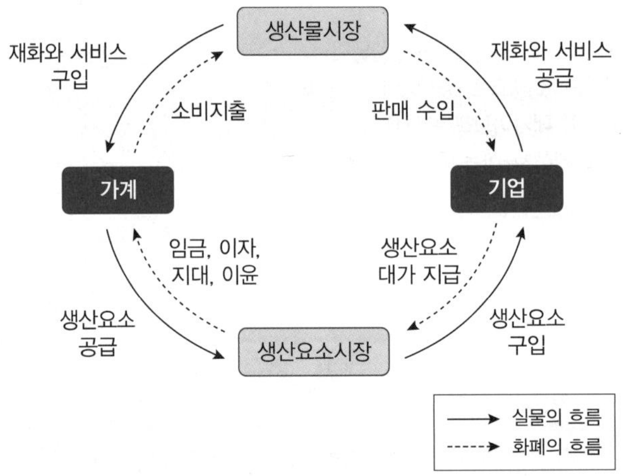

개념확인 문제

Q 그림은 민간경제의 흐름을 나타낸 것이다. ㉠~㉤에 해당하는 사례로 적절하지 <u>않은</u> 것은?

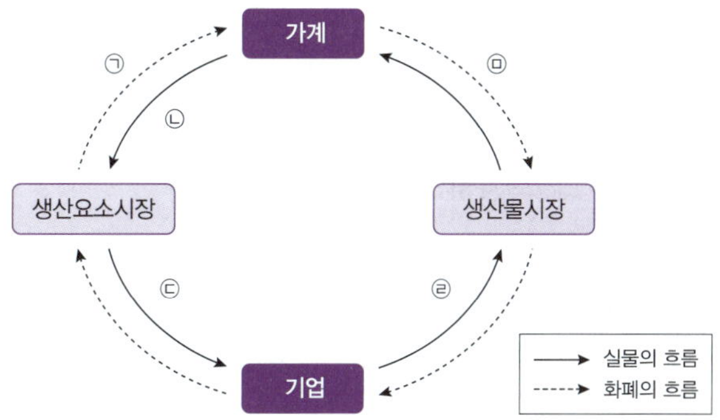

① ㉠ - 회사원 갑이 상여금을 받았다.
② ㉡ - 일용직 노동자 을이 공사장에서 일하였다.
③ ㉢ - 기업 병은 노동자 100명을 고용하였다.
④ ㉤ - 강사 정이 인터넷 강의를 시작하였다.

정답 ④

주제 경제순환

해설
㉠은 임금, 이자, 지대 등 요소소득, ㉡은 노동, 자본 등 생산요소의 공급, ㉢은 생산요소의 수요, ㉣은 재화와 서비스의 공급, ㉤은 소비지출이다.

05 경제학의 기초 개념 ★★★

1. 경제적 효율성과 공평성

현재 경제 상태가 얼마나 바람직한 상태에 있는가를 판단하는 기준은 효율성과 공평성이다.

(1) 경제적 효율성(경제원칙, 경제적 합리성)

자원의 희소성에 의해 주어진 자원을 효과적으로 선택하여 재화를 생산하여야 하는 것이 경제 문제의 핵심으로, 경제학에서의 효율성은 다음과 같이 두 가지로 본다.

① **최대효과의 원칙:** 주어진 자원(비용)으로 최대의 효과(산출량)를 얻는 것이다.
② **최소비용의 원칙:** 일정한 효과(산출량)를 얻기 위해 최소의 자원(비용)을 사용하는 것이다.

(2) 공평성

희소 자원에 의해 생산된 재화가 사회 구성원에게 공정하게 분배되는 것을 의미한다.

2. 부분균형분석과 일반균형분석

(1) 부분 균형 분석(Partial Equilibrium Analysis)

'다른 조건은 모두 일정하다'는 가정하에 한 부분만을 분석하는 방법이다.

(2) 일반 균형 분석(General Equilibrium Analysis)

모든 시장 간의 상호 연관 관계를 명시적으로 고려하며 특정 부문을 분석하는 방법으로, 정확한 결론에 도달할 수 있는 장점이 있으나 복잡하다는 단점이 있다.

3. 경제학 방법론상의 오류

(1) 인과의 오류

경제 현상 간의 인과 관계를 규명할 때, 현상(A)이 먼저 관찰되었다는 이유로 A가 다음에 일어난 사건(B)의 원인이라고 판단하는 오류로, 귀납법이 적용되는 과정에서 발생한다.

예 에어컨 판매량이 증가하므로 날씨가 더워진다.

(2) 구성의 오류

① 부분에 맞는다고 해서 전체에도 그것이 맞는다고 생각하는 오류로, 연역법이 적용되는 과정에서 발생한다.

예 절약의 역설, 가수요 등

② **절약의 역설(저축의 역설)**: 절약을 통하여 소비를 줄이고 저축을 늘리는 개인의 합리적 행위가 사회 전체로 볼 때 오히려 소비 수요를 줄여 국민 소득의 감소를 초래할 수 있다는 이론이다.

4. 실증 경제학과 규범 경제학

(1) 실증 경제학

경제 현상을 있는 그대로 분석할 뿐 가치 판단이 개입되지 않은 인과 관계만을 나타내는 경제학을 말한다.

예 이자율이 높으면 투자는 감소한다.

(2) 규범 경제학

가치 판단이 개입하여 바람직한 경제 상태로의 개선 방안을 제시하는 경제학을 말한다.

예 현재 우리나라의 경제 상태는 투자가 저조하므로 이자율을 낮추어야 한다.

5. 경제이론의 표현

(1) 서술적 표현

① 경제 현상의 인과 관계를 서술적으로 표현하는 것이다.

② 사례: 수요법칙

가격과 수요량은 역(−)의 관계이다. 따라서 가격이 오르면 수요량이 감소한다. 가격 이외에 수요에 영향을 미치는 다른 요인(여건)이 변화하면 동일한 가격수준에서도 수요가 변화한다.

(2) 수리적 표현

① 경제 현상의 인과 관계를 수학식으로 표현하는 것이다.

② 사례: 수요함수

다른 조건이 일정하여 독립 변수가 하나일 때

$Q_X{}^D = f(P_X)$ (단, P_X: X재 가격, 독립 변수, $Q_X{}^D$: X재 수요량, 종속 변수)

$f'(\equiv \frac{dQ_X{}^D}{dP_X}) < 0$. 수요량은 가격의 감소함수, 역(−)의 관계이다.

(3) 기하학적 표현

① 경제 현상의 인과 관계를 그림(그래프)으로 표현한 것이다.

② 사례: 수요곡선

가격과 수요량의 관계를 그림으로 표현한 것으로, 수요법칙에 따라 수요곡선은 우하향한다.

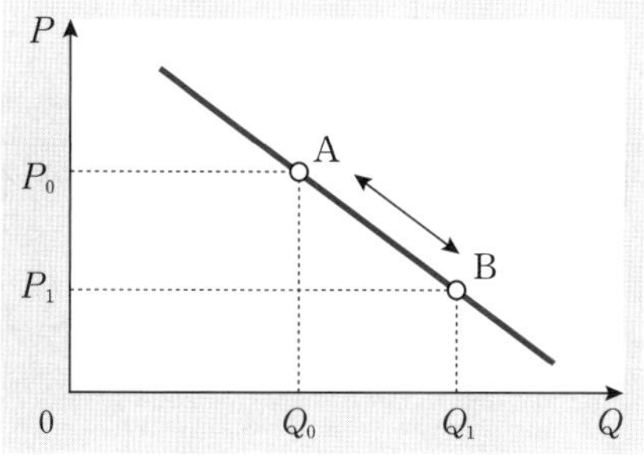

개념확인 문제

Q 경험적 근거를 활용한 경제학 분석법에 대한 설명으로 가장 옳지 않은 것은? 23년 서울시

① 현실을 반영한 모형을 개발하고 이를 데이터를 통해 검증한다.

② 모형은 현실의 근사에 불과하므로 완벽한 복제는 아니다.

③ 상관관계는 어떤 사건이 다른 사건에 직접적 영향을 줄 때 발생한다.

④ 누락변수(omitted variable)는 두 사건 사이의 상관관계를 설명하는데 필요함에도 고려되지 않는 변수를 지칭한다.

정답 ③

해설

③ 상관관계는 일정한 수치로 계산되어 두 대상이 서로 관련성이 있다고 추측되는 관계를 말한다. 어떤 사건이 다른 사건에 직접적 영향을 줄 때 발생하는 것은 인과관계이다.

Chapter 02

자원의 희소성과 합리적 선택

✢ 학습목표

- 자원의 희소성의 의미를 파악할 수 있다.
- 자원의 희소성이 경제 문제-합리적 선택-경제체제로 연결됨을 알 수 있다.
- 기회비용의 의미와 계산법을 이해할 수 있다.
- 생산가능곡선의 의미를 파악할 수 있다.

01 자원의 희소성 ★★★

1. 자원의 희소성

(1) 의미

① 모든 경제 문제는 자원의 희소성에서 비롯된다.

② 자원의 희소성이란 인간의 욕구는 무한하나 자원은 한정되어 있다는 것을 의미하며, 시대와 장소에 따라 달라지는 상대성을 가진다.

③ **희귀성과 희소성:** 희귀성은 절대적인 양이 부족한 것이고, 희소성은 절대적인 양이 많더라도 무한대가 아닌 경우에 해당한다.

(2) 사례

과거에는 식수는 돈을 주고 사먹는 것이 아니었으나, 현재는 식수가 부족하게 되어 돈을 지불하고 구입하는 것이 당연하게 되었다. 이는 식수가 희소성이 없던 자유재에서 희소성이 있는 경제재로 바뀌었음을 의미한다.

2. 자유재와 경제재

(1) 자유재

희소성이 없어 시장에서 대가를 지불할 필요 없이 공짜로 얻을 수 있는 것이다. 예 공기 등

(2) 경제재

희소성이 있어 시장에서 대가를 지불하고 사용해야 하는 것이다. 예 핸드폰 등

3. 경제 문제

(1) 의미

자원의 희소하다는 것은 결국 모든 것을 누릴 수 없다는 것을 의미한다. 따라서 우리는 선택의 문제에 직면하게 되는데, 이를 경제 문제라 한다. 경제 문제를 구분하면 다음과 같다.

경제 문제	내용	경제 원칙	사례
자원 배분	• 무엇을 얼마나 생산하는가 (What, How many)? • 생산물의 종류와 수량의 결정	효율성	• 음식점을 할까, 휴대폰 대리점을 할까? • 생산량은 어느 정도로 할까?
생산 방법	• 어떻게 생산하는가(How)? • 생산요소의 배분과 결합 비율 결정	효율성	원가관리시스템을 도입하여 인력 절감을 해 볼까?
소득분배	• 누구에게 어느 정도 분배하는가 (For Whom)? • 생산물 분배(소득분배)	효율성, 형평성	최 과장과 박 부장의 임금 격차는 어느 정도가 적당할까?

(2) 경제의 3대 문제의 적용

① 경제의 3대 문제는 경제체제나 경제 발전 단계에 관계없이 모든 사회에 적용된다.

② 경제 문제를 자본주의 경제체제는 시장의 가격기구를, 사회주의 경제체제는 정부의 계획·통제를 통해 해결한다.

(3) 자원의 희소성과 경제 문제의 관계

모든 경제학과 관련된 시작은 자원의 희소성이다. 이를 정리하면 다음과 같다.

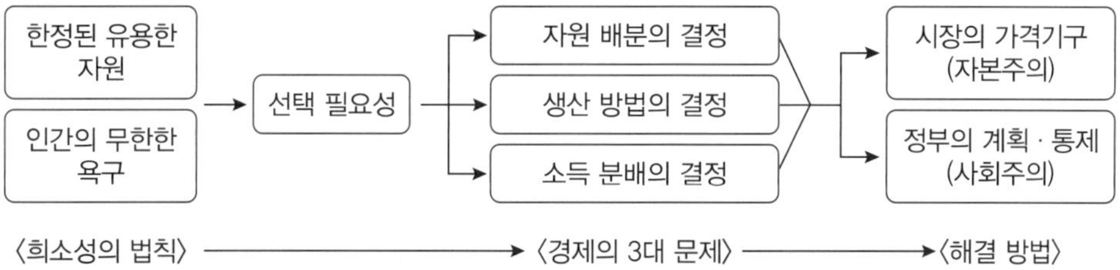

02 기회비용과 합리적 선택 ★★★

1. 기회비용과 매몰비용

(1) 발생 원인

① 자원의 희소성으로 발생하는 경제 문제는 합리적 선택을 통해 해결한다.
② 합리적 선택에는 선택을 통해 얻는 편익(+)과 지불해야 하는 비용(−)이 발생한다.
③ 비용은 기회비용과 매몰비용으로 나눌 수 있다.

(2) 구분

① 기회비용은 회수 가능한 비용으로, 경제학의 고려 대상이다.
② 매몰비용은 회수 불가능한 비용으로, 경제학의 고려 대상이 아니다. 경제학의 주된 관심은 과거가 아닌 미래에 있다는 것이 특징이다.

(3) 사례

① 영화를 보는데 영화에 전혀 흥미를 느끼지 못했더라도 영화를 본 지난 시간을 되돌려 영화비를 회수할 수 없다. 따라서 영화비는 매몰비용이다.
② 합리적 선택은 매몰비용을 고려하지 않아야 하므로 지출한 영화비를 무시하고 바로 영화관 밖으로 나와야 한다.

2. 기회비용의 구성

기회비용은 선택으로 인해서 실제로 지불해야 하는 명시적 비용과 포기해야 하는 여러 대안 중 가장 가치가 큰 묵시적 비용(암묵적 비용)으로 나누어진다.

3. 기회비용의 계산 = 명시적 비용 + 묵시적 비용

(1) 명시적 비용(Explicit Cost)

현금 지출을 필요로 하는 비용이다. 예 영화비 등

(2) 묵시적(암묵적) 비용(Implicit Cost)

현금 지출을 필요로 하지 않고 받을 수 있었던 비용이다.
① **귀속임금**: 선택한 일 이외의 다른 일을 해서 얻을 수 있는 소득이다.
② **귀속이자**: 자기자본을 선택한 대신 다른 곳에 투자했을 때 얻을 수 있는 소득이다.
③ **귀속지대**: 토지소유자 자신이 자기 토지를 이용하는 경우에 자기에게 귀속되는 지대이다.
④ **정상이윤**: 기업가로 하여금 동일한 상품을 계속 생산하게 하는 유인으로서 충분한 정도의 이윤이다.

(3) 경제학적 비용과 회계학적 비용

① 경제학적 비용은 명시적 비용과 암묵적 비용을 모두 합한 개념이다.
② 회계학적 비용은 명시적 비용만 비용으로 처리된다.
③ 회계학적 비용이 작게 처리되어 회계학적 이윤이 경제학적 이윤보다 항상 크다.

4. 합리적 선택

(1) 합리적 선택

① 편익(+)이 비용(−)보다 반드시 커야 한다.
② 동일 편익일 때는 최소비용, 동일 비용일 때는 최대편익을 추구해야 한다.

(2) 편익이 주어지지 않는 경우의 합리적 선택

① 기회비용이 가장 작은 대안의 선택이 합리적 선택이다.
② 사례: 호성 씨가 강의를 할 경우 시간당 10만 원을, 서빙을 할 경우 시간당 1만 원을 번다고 가정해 보자. 강의를 선택할 경우에는 서빙을 하여 얻는 소득인 1만 원이 기회비용이 되고, 서빙을 선택할 경우에는 강의를 해서 얻는 소득인 10만 원이 기회비용이 된다. 선택의 기로에서 당연히 강의를 선택할 것이므로 이 경우 기회비용이 최소가 된다.

5. 기회비용 사례 분석

(1) 문제

> 연간 7,200만 원을 받고 H 호텔 한식당 요리사로 일하는 갑은 요리사직을 그만두고 레스토랑을 새로 열려고 한다. 창업과 관련해 컨설팅 회사에 이미 500만 원의 수수료를 지급하였다. 현재 그는 연간 이자율 2%인 예금 계좌에 2억 원을 가지고 있는데, 이를 인출해 창업 자금으로 이용할 계획이다. 또 매달 200만 원의 임대료를 받고 남에게 빌려주었던 자신 소유의 건물에서 영업을 하려고 한다. 레스토랑 영업을 개시한다면 첫해에 음식 재료비와 종업원 인건비, 수도 및 전기 요금 등 기타 경비가 4,500만 원 들 것으로 예상된다. 갑이 현 직장을 그만두고 새로운 일을 시작하기 위해서는 첫해에 총매출액이 최소 얼마가 되어야 하는가?

(2) 풀이 과정

① 문제는 '총매출액이 최소 얼마가 되어야 하는가?'인데 합리적 선택은 '편익 > 비용'이므로, 최소한의 편익은 선택을 위한 기회비용을 의미한다.
② 명시적 비용은 음식 재료비, 종업원 인건비, 수도 및 전기 요금 등 기타 경비 4,500만 원이다.
③ 묵시적 비용은 연간 7,200만 원의 급여, 예금 계좌 2억 원에 대한 400만 원(= 2억 원 × 2%)의 이자, 연간 2,400만 원(= 매달 200만 원 × 12)의 임대료이므로 이를 모두 더하면 1억 원이다.

④ 창업과 관련한 컨설팅 회사에 500만 원의 수수료를 지불했지만, 이는 회수 불가능하므로 기회비용이 아닌 매몰비용으로, 고려하지 않는다.

⑤ 명시적 비용과 암묵적 비용의 합인 1억 4,500만 원이 기회비용이므로, 회사 설립에 따른 매출액이 최소 1억 4,500만 원 이상이 되어야 한다.

개념확인 문제

Q 전직 프로골퍼인 어떤 농부가 있다. 이 농부는 골프 레슨으로 시간당 3만원을 벌 수 있다. 어느 날 이 농부가 15만원 어치 씨앗을 사서 10시간 파종하였는데 그 결과 30만원의 수확을 올렸다면, 이 농부의 회계학적 이윤(또는 손실)과 경제적 이윤(또는 손실)은 각각 얼마인가? 15년 서울시

① 회계학적 이윤 30만원, 경제적 이윤 30만원
② 회계학적 이윤 15만원, 경제적 손실 15만원
③ 회계학적 손실 15만원, 경제적 손실 15만원
④ 회계학적 손실 15만원, 경제적 이윤 15만원

정답 ②

해설

1) 총수입은 30만 원이다.,
2) 명시적 비용은 씨앗구입비용 15만 원이고, 암묵적 비용은 씨앗을 파종하기 위해 포기한 총수강료 즉, 수강료 × 시간 = 3 × 10 = 30만원이다.
3) 경제적 이윤 = 총수입 − 경제학적 비용(명시적 + 암묵적 비용 = 15 + 30)이므로 경제적 이윤은 30 − 45 = −15만 원이다.
4) 회계학적 이윤 = 총수입 − 회계학적 비용(명시적비용 15)이므로 이윤은 30 − 15 = 15만 원이다.

03 생산가능곡선과 기회비용 ★★☆

1. 생산가능곡선(PPC, Production Possibility Curve)의 의미와 자원의 희소성

(1) 의미

생산가능곡선은 한 사회의 모든 생산요소를 가장 효율적으로 사용하여 최대로 생산가능한 두 재화(X재, Y재)의 조합을 나타내는 곡선이다.

(2) 생산가능곡선이 우하향하는 이유

생산가능곡선이 우하향하는 것은 희소성의 법칙 때문에 한정된 자원으로는 모두를 다 늘릴 수 없고 하나를 늘리면 다른 하나를 줄여야 하기 때문이다.

2. 생산가능곡선의 분석

(1) 그래프

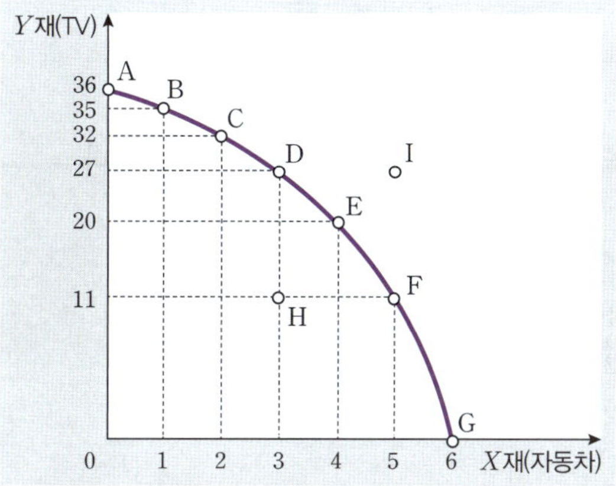

① 생산가능곡선 위에 있는 점 A(TV만 36대 생산), B, C, D, E, F, G(자동차만 6대 생산)는 생산이 효율적으로 이루어지는 점이다.

② 생산가능곡선 내부에 있는 점 H는 생산이 비효율적으로 이루어지는 점이다.

③ 생산가능곡선 외부에 있는 점 I는 현재의 주어진 자원과 기술로는 생산할 수 없는 점이다.

(2) 생산가능곡선의 내부에서 곡선상으로의 이동하는 경우 예 H → F

① 비효율적인 생산점에서 효율적인 생산점으로의 이동하는 것을 의미한다.

② 불완전고용 생산점에서 완전고용 생산점으로의 이동하는 것을 의미한다.

③ 파레토 개선을 통해 파레토 최적이 달성된다.

④ **파레토 개선:** 하나의 자원 배분 상태에서 어느 누구에게도 손해가 가지 않게 하면서 최소한 한 사람 이상에게 이득을 가져다주는 변화이다.

⑤ **파레토 최적:** 파레토 개선이 불가능한 상태로, 한 사람이 이득을 보려면 반드시 다른 사람이 피해를 봐야 되는 상황을 의미한다.

⑥ 예를들면 H → F로의 이동은 Y재의 생산을 포기하지 않으면서 X재만 들어난 경우이므로 파레토 개선에 해당한다. 따라서 생산가능곡선의 내부는 파레토개선이 가능하므로 비효율적인 상태이다.

(3) 생산가능곡선의 이동

① 점 E에서 점 I를 통과하는 새로운 생산가능곡선으로 이동하는 상황을 가정한다.

② 기술 진보, 교육수준 향상, 천연자원 발견, 인구 증가 등이 원인이다.

3. 생산가능곡선과 기회비용

◀ 시험 POINT 국제무역이론에서 나옵니다. 꼼꼼하게 살펴봅시다.

(1) 기회비용체증의 법칙

어떤 재화의 생산량을 증가시킴에 따라 포기하여야 할 재화의 양이 점점 증가하는 법칙이다.

(2) 기회비용의 측정

① 기회비용의 측정

자원은 유한하므로 어떤 재화의 생산을 증가시킬 때 포기하는 것이 반드시 생긴다. 이 때 포기한 것이 생산의 기회비용이 된다.

예 X재 생산의 기회비용 = (X재 생산으로 인해) 생산을 포기한 Y재

② 생산가능곡선이 직선인 경우

한 재화를 생산을 증가시킬 때 다른 재화로 표시되는 1단위 생산의 기회비용은 일정하다.

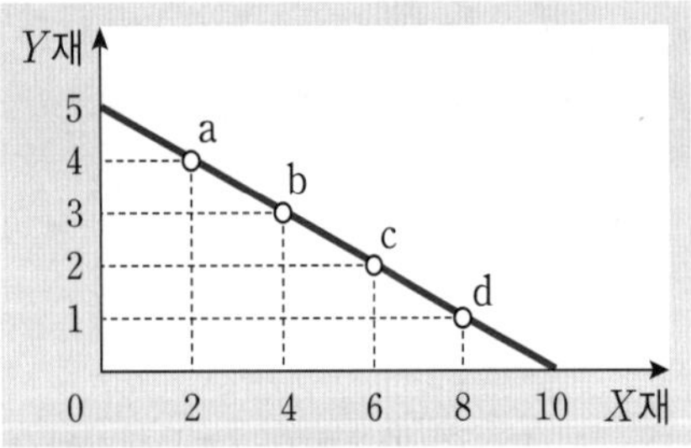

- a → b : $2X = 1Y$
- b → c : $2X = 1Y$
- c → d : $2X = 1Y$

→ $X = \frac{1}{2}Y$로 일정

③ 생산가능곡선이 원점에 대하여 오목한 곡선인 경우

한 재화를 생산을 증가시킬 때 다른 재화로 표시되는 1단위 생산의 기회비용은 체증한다.

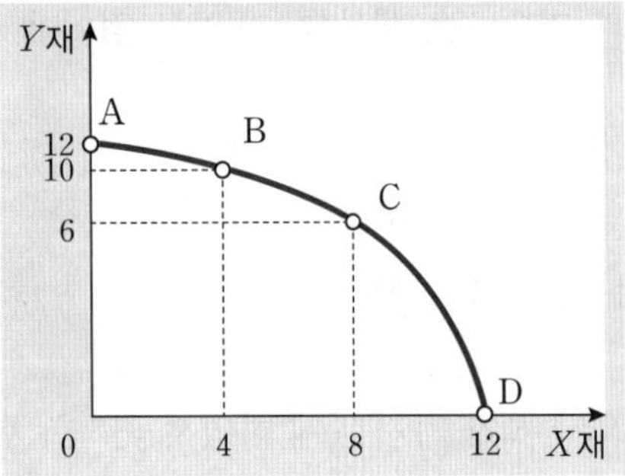

- A → B : $4X = 2Y,\ X = \frac{1}{2}Y$
- B → C : $4X = 4Y,\ X = Y$
- C → D : $4X = 6Y,\ X = \frac{3}{2}Y$

→ X재 생산 증가 시 X재 1단위 추가 생산의 기회비용 증가

④ 여러 가지 생산가능곡선

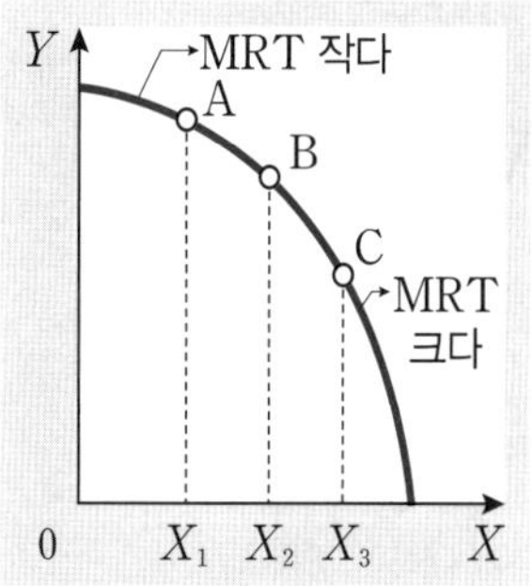

■ 원점에 대하여 오목
X재 생산의 기회비용 체증

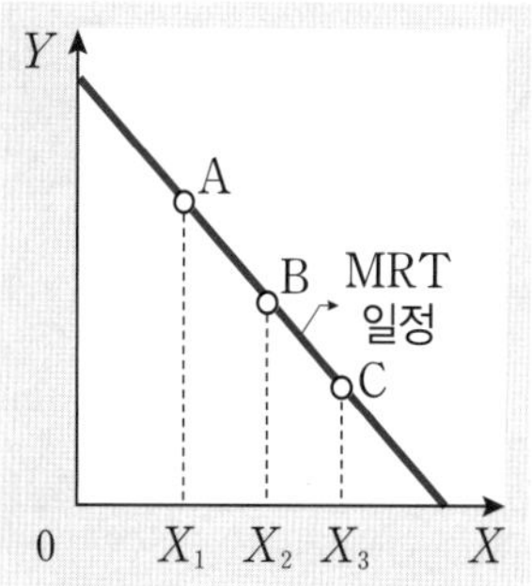

■ 우하향 직선
X재 생산의 기회비용 일정

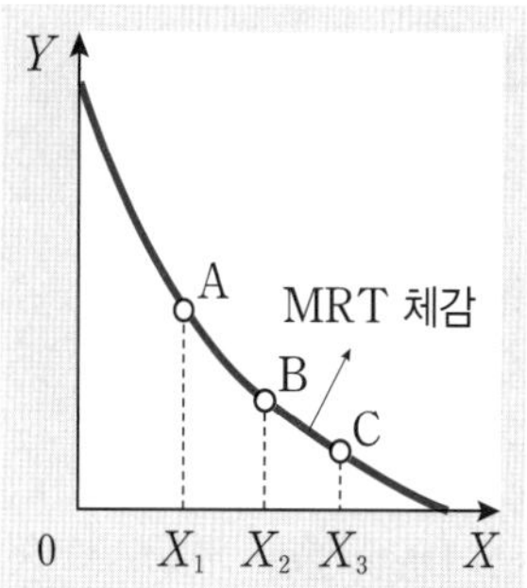

■ 원점에 대하여 볼록
X재 생산의 기회비용 체감

(3) 한계변화율(MRT, Marginal Rate of Transformation)

① 한계변화율이란 X재 생산을 1단위 증가시키기 위하여 포기하여야 할 Y재 수량이다.

② $MRT_{XY} = \dfrac{-\Delta Y}{\Delta X}$로 표현하며 X재 생산의 기회비용을 Y재 단위 수로 나타낸 것이다.

③ 그래프

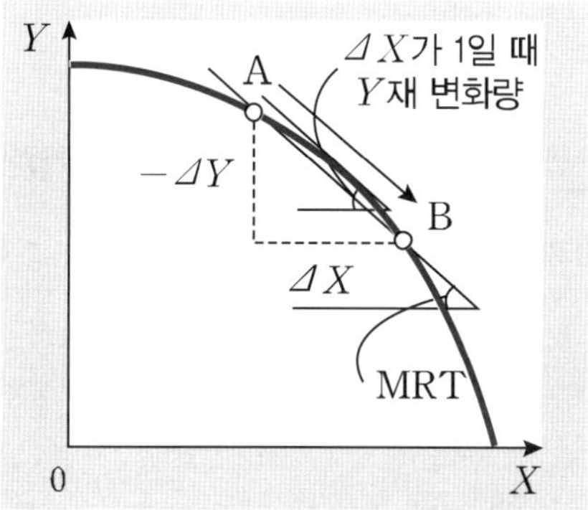

㉠ A → B로 생산점을 변화시킬 때 모두 주어진 자원을 사용했으므로 총비용은 동일하다.

㉡ 한계비용인 MC=$\dfrac{\Delta TC}{\Delta Q}$이므로 $MC_X = \dfrac{\Delta TC}{\Delta X}$, $MC_Y = \dfrac{\Delta TC}{\Delta Y}$로 표현 가능하다.

㉢ X재 추가생산에 따른 총비용증가분은 $\Delta X \cdot MC_X$ 이다.

㉣ Y재 생산감소에 따른 비용감소분은 $\Delta Y \cdot MC_Y$이다.

㉤ 동일한 생산가능곡선에서 이동시 발생하는 두 비용의 합은 0이므로
$\Delta X \cdot MC_X + \Delta Y \cdot MC_Y = 0$

➜ $\Delta X \cdot MC_X = -\Delta Y \cdot MC_Y$. 따라서, $MRT_{XY} = -\dfrac{\Delta Y}{\Delta X} = \dfrac{MC_X}{MC_Y}$가 성립한다.

④ 넓은 의미로는 생산가능곡선 구간의 기울기이며 구체적 수치가 주어지지 않은 경우 생산가능곡선의 접선의 기울기이다.

⑤ 한계변화율로 평가한 여러 가지 생산가능곡선의 X재 생산의 기회비용은 다음과 같다.

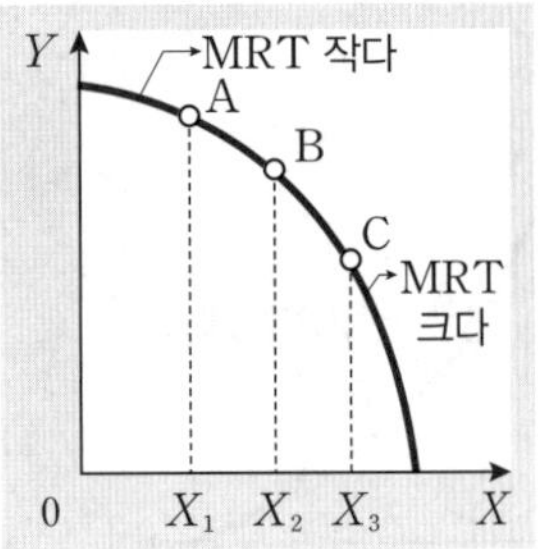

■ 원점에 대하여 오목
• X재 생산의 기회비용이 체증

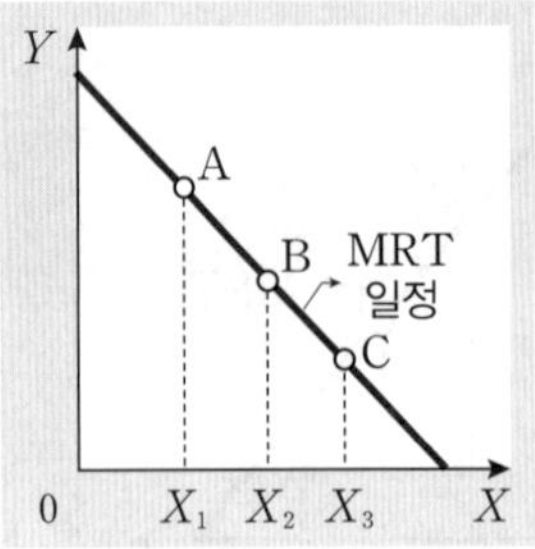

■ 우하향 직선
• X재 생산의 기회비용이 일정

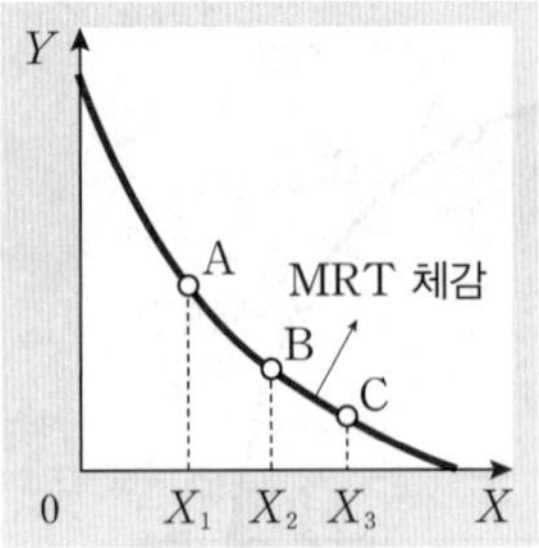

■ 원점에 대하여 볼록
• 기회비용이 체감

개념확인 문제

Q 그림은 주어진 자원을 사용하여 생산할 수 있는 자동차와 탱크의 생산량 조합을 나타낸 생산가능곡선이다. 이에 대한 옳은 설명을 <보기>에서 모두 고른 것은?

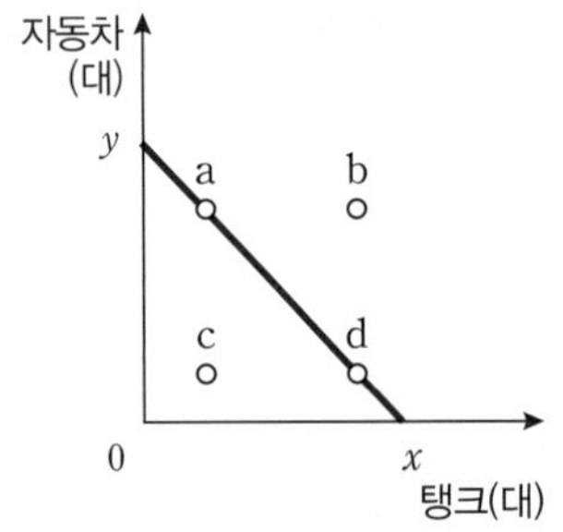

〈 보기 〉

ㄱ. 생산이 가능한 조합은 a, c, d이다.
ㄴ. 탱크 1단위 생산의 기회비용은 자동차 y/x단위이다.
ㄷ. 자동차나 탱크의 판매 가격이 하락하면 b에서 생산이 가능하다.
ㄹ. 어느 한 재화의 생산을 늘리기 위해서 반드시 다른 재화의 생산을 줄여야 하는 조합은 c이다.

① ㄱ, ㄴ ② ㄱ, ㄷ ③ ㄴ, ㄷ
④ ㄴ, ㄹ ⑤ ㄷ, ㄹ

정답 ①

주제 생산가능곡선

해설

ㄱ. a, c, d는 생산가능곡선 안쪽에 있는 점이므로 생산할 수 있는 조합이다.
ㄴ. 탱크 x대를 생산하기 위해서 포기한 자동차의 생산량이 y대이므로, 탱크 1대 생산의 기회비용은 자동차 y/x대이다.

오답체크

ㄷ. 생산요소의 가격이 하락하거나 생산 기술이나 생산 능력이 향상될 경우, 생산가능곡선이 밖으로 이동하여 이전에 불가능했던 점이 생산가능영역으로 변화되기도 한다. 그러나 이는 생산물의 판매 가격과는 상관이 없다.
ㄹ. c가 아니라 a와 d에 해당하는 설명이다. c점에서는 생산 능력을 최대로 발휘한 조합이 아니기 때문에 두 재화의 생산량을 동시에 늘릴 수 있다.

04 경제체제 ★★★

1. 의미

자원의 희소성으로 인해 경제 문제와 선택의 문제가 발생한다고 앞에서 설명하였다. 합리적 선택의 방식은 각각의 사회나 국가에서 다양하게 나타날 수 있다. 이 경제 문제를 해결하는 방식이 굳어진 것, 희소한 자원의 배분을 결정하고 조직하는 제도나 방식을 경제체제라고 한다. 경제체제는 자원 배분 방식과 생산 수단의 소유 여부에 따라 나뉜다.

2. 자원 배분 방식에 따른 구분

(1) 시장경제체제

시장의 자동 조절 기능을 중시한다.

(2) 계획경제체제

국가의 계획이나 명령으로 경제활동을 통제한다.

3. 생산 수단의 소유 형태에 따른 구분

(1) 자본주의체제

생산 수단의 개인적 소유를 인정하는 경제체제이다.

(2) 사회주의체제

생산 수단의 국가와 공공 단체의 소유를 인정하는 경제체제이다.

4. 자본주의의 변천 과정

(1) 상업자본주의

상품의 유통이나 고리대금업 등과 같은 비생산적인 활동을 통해 이윤을 추구하였다.

(2) 산업자본주의

상품의 생산 과정에서 부가가치 형태로 이윤을 얻는 경제활동이 중시되었다.

(3) 독점자본주의

거대한 소수 기업이 지배력을 행사하는 경제활동이 주로 나타났다.

(4) 수정자본주의

대공황 해결을 위해 계획경제체제의 원리를 도입한 경제활동이 등장하였다.

(5) 신자유주의

국가 권력의 시장 개입을 비판하고 시장의 기능과 민간의 자유로운 활동을 중시한다.

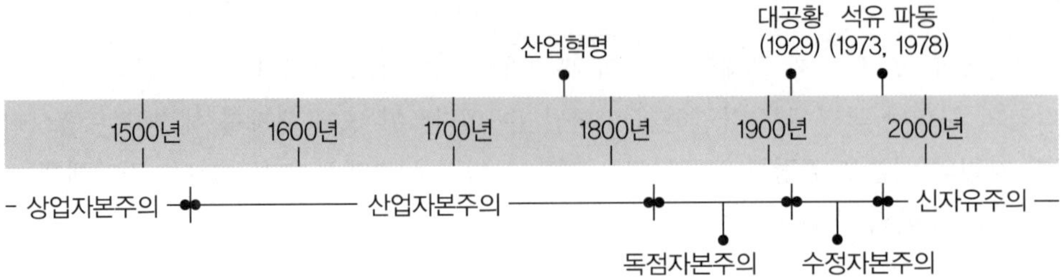

개념확인 문제

Q (가)에서 (나)로의 변화를 지향하는 정책으로 볼 수 있는 것은?

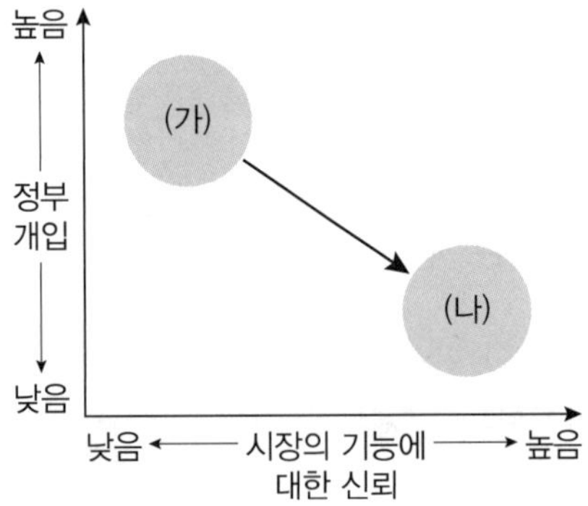

① 사회보장제도의 확대 실시

② 토지거래허가제도의 시행

③ 공개 입찰 방식에 의한 공기업 매각

④ 경영상 이유에 의한 해고 요건 강화

정답 ③

주제 경제체제

해설

(가)에서 (나)의 이동은 정부의 개입을 줄이고 시장의 기능을 확장하는 것을 의미한다. 대표적인 예로는 공기업을 사적 영역으로 전환하는 민영화를 들 수 있다.

오답체크

정부의 개입을 낮추고 시장 기능에 대한 신뢰를 높인 정책은 신자유주의를 지향하는 정책이라고 할 수 있다.
① 사회보장제도의 확대 실시나 ② 토지거래허가제도의 시행은 정부의 개입을 높이는 정책이다.
④ 시장의 영역에서는 기업의 상태에 따라 해고를 결정하는 것이므로 해고 요건이 약화될 것이다.

Chapter 03

수요와 공급

+ 학습목표

- 수요곡선과 공급곡선의 의미를 이해할 수 있다.
- 수요량과 수요, 공급량과 공급의 차이를 구분할 수 있다.
- 시장수요(공급)곡선은 개별수요(공급)곡선의 수평합인 것을 수식으로 이해할 수 있다.

01 수요 ★★★

1. 수요(D, Demand)와 수요량의 의미

◀ 시험 POINT 공급 측면과 구분할 수 있어야 합니다.

(1) 수요량

① 일정 기간 동안 주어진 가격하에서 구입하고자 하는 최대 수량이다.

② 기간이 명시되어야 하는 유량(flow)이며, 일정 가격수준에서 구입하고자 하는 최대 수량으로 실제 구매량은 아니다.

③ 유량과 저량

- 유량은 기간이 정해져야 의미를 갖는 경제량으로, 예로는 소득이 있다.
- 저량은 특정 시점에서 의미를 갖는 경제량으로, 예로는 통화량, 국부 등이 있다.

2. 수요법칙

(1) 의미

① $Q_X^D = D(P_X,\ P_Y,\ I,\ N \cdots\cdots)$

(단, P_X는 X재의 가격, P_Y는 Y재의 가격, I는 소득, N은 인구수)

② 다른 조건이 일정하다면 상품의 가격과 수요량 사이에 역(비례)의 관계가 성립한다. 즉, 가격이 싸면 구입하고 비싸면 구입하지 않는다.

③ 역수요함수

- 일반적으로 $Q = \sim$ 의 형태로 쓰는 것을 수요함수, $P = \sim$ 의 형태로 쓰는 것을 역수요함수라고 한다.
- 예를 들면 $Q = 10 - P$는 수요함수, $P = 10 - Q$는 역수요함수이다.
- 공급곡선도 동일하게 공급함수와 역공급함수로 생각하면 된다.

(2) 수요법칙의 예외

① 매점

물건값이 오를 것을 예상하고 폭리를 얻기 위해서 물건을 몰아서 사들이는 것이다.

② 베블렌 효과

가격이 오르는데도 일부 계층의 과시욕이나 허영심 등으로 인해 수요가 줄어들지 않고 오히려 증가하는 효과이다.

③ 기펜재

기펜재는 열등재(소득과 수요량이 반비례하는 재화) 중에서도 그 열등성이 아주 강해서 가격이 하락함에도 불구하고 수요량이 감소하는 재화를 의미한다. 단, 모든 열등재가 기펜재인 것은 아니다.

④ 그래프

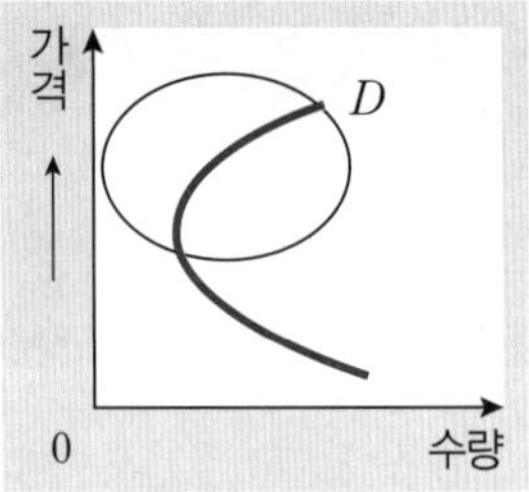

<투기적 수요>

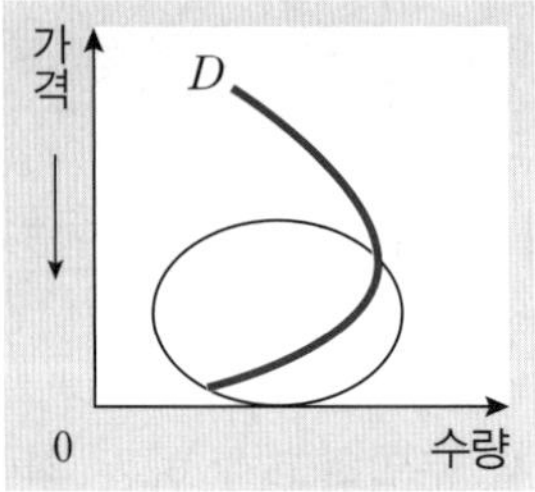

<기펜재>

3. 수요곡선

(1) 의미

① 일정 기간 그 상품의 여러 가지 가격수준과 수요량의 조합을 연결한 곡선이다.

② 수요곡선은 주어진 가격수준에서 구입하고자 하는 최대 수량 또는 일정량을 구매하고자 할 때 지불할 용의가 있는 최고 가격(수요 가격: demand price)을 보여 준다.

③ 그래프

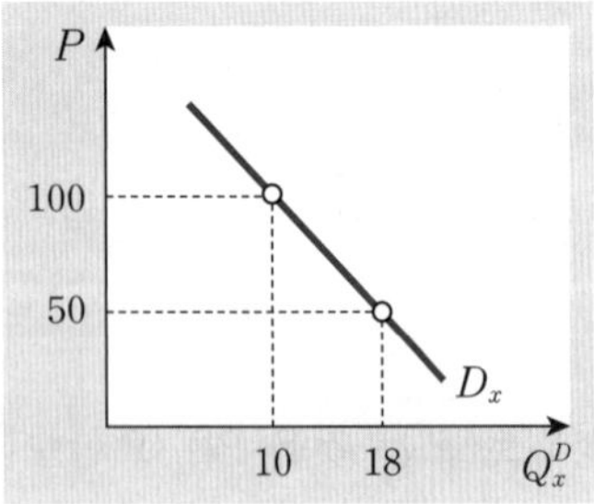

- 100원일 때 구입하고자 하는 최대 수량 10개
- 18개 구매하고자 할 때 지불할 용의가 있는 최고 가격(수요 가격) 50원

(2) 개별수요곡선과 시장수요곡선 ◀ 시험 POINT 시험 Point 수평합이 무엇인지 수리적으로 이해해야 합니다.

① 개별수요곡선 : 개별소비자들의 수요곡선이다.

② 시장수요곡선 : 개별수요곡선의 수평의 합으로, 개별수요곡선보다 완만(탄력적)하다.

③ 그래프

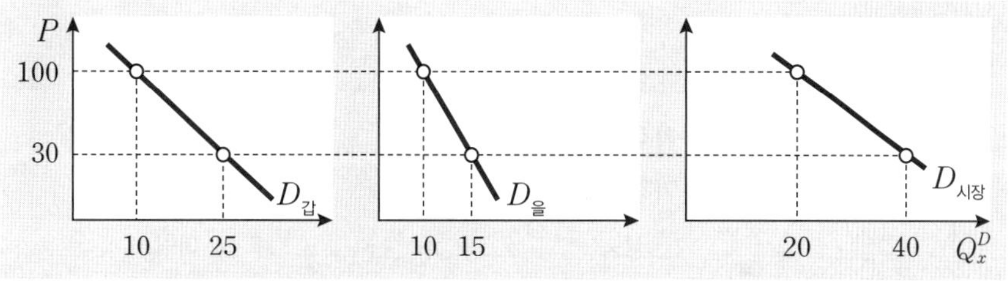

<갑의 수요곡선> <을의 수요곡선> <시장수요곡선>

④ 수식

시장에 두 사람만 있다고 가정할 때 갑의 수요가 $Q = 10 - P$, 을의 수요가 $Q = 20 - P$라면 시장수요곡선은 $Q_{시장} = Q_{갑} + Q_{을}$이다. 따라서, $Q = 30 - 2P$가 된다.

4. 수요와 수요량의 변동

(1) 수요량의 변동

① 재화의 가격 변동에 따라 구매량이 달라지는 것으로, 수요곡선상의 점의 이동을 말한다.

② 가격이 상승하면 수요량이 감소하고, 가격이 하락하면 수요량이 증가한다.

③ 그래프

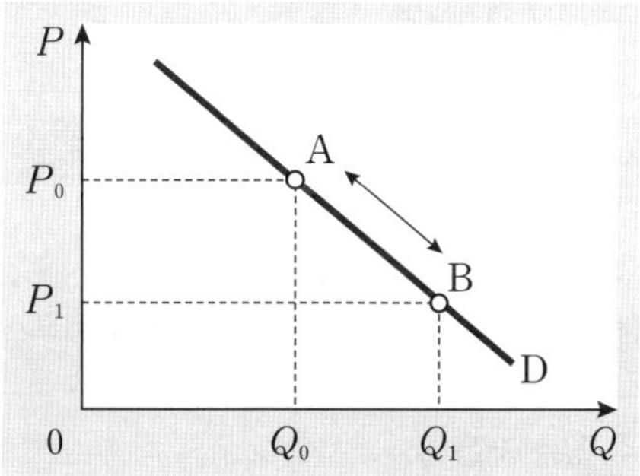

<수요량의 변동>

- A → B : 수요량 증가
- B → A : 수요량 감소

(2) 수요의 변동

① 재화의 가격 이외의 요인으로 인해 구매량이 달라지는 것으로, 수요곡선 자체의 이동을 말한다.

② 수요의 변동 요인

변동 요인		수요 증가	수요 감소
소득수준	정상재	증가	감소
	열등재	감소	증가
연관재	대체재	가격 상승	가격 하락
	보완재	가격 하락	가격 상승
기호(선호)		상승	하락
인구		증가	감소
소비자의 가격 상승 예측		상승 예측	하락 예측

③ 그래프

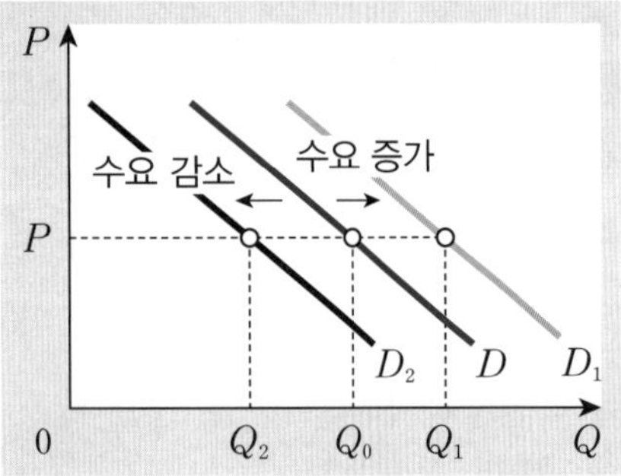

<수요의 변동>

④ 대체재와 보완재

재화	특징	예
대체재	• 용도가 비슷하여 대신 소비해도 만족의 차이가 별로 없는 재화 • 한 재화(커피)의 가격이 상승하면 그 재화의 수요량은 감소하고 대신 대체재(홍차)의 수요가 증가하여 대체재의 수요곡선은 우측으로 이동함 • 연관 상품의 가격과 같은 방향으로 수요가 변화함	• 커피와 홍차 • 소고기와 돼지고기
보완재	• 따로 소비할 때보다 함께 소비할 때 더 큰 만족을 얻을 수 있는 재화 • 한 재화(커피)의 가격이 상승하면 그 재화의 수요량은 감소하므로 보완재(프림)의 수요가 감소하여 보완재의 수요곡선은 좌측으로 이동함 • 연관 상품의 가격과 반대 방향으로 수요가 변화함	• 커피와 설탕 • 햄버거와 콜라

(3) 네트워크 효과

① 의미

특정 상품에 대한 어떤 사람의 수요가 다른 사람들의 수요에 의해 영향을 받는 효과

② 밴드웨건 효과(bandwagon effect)

• 편승효과라고도 한다.

• 어떤 사람들이 유행을 이끌면 다른 사람들이 그에 따라가는 현상을 말한다.

③ 스놉효과(snob effect)

• 소비자가 제품을 구매할 때 자신은 남과 다르다는 생각을 갖는 현상으로, 뭔가 고상한 듯 보이는 백로같다고 하여 백로효과(白鷺效果)라고도 한다.
• 다수의 소비자가 구매하는 제품을 꺼리는 구매심리를 뜻한다.

02 공급 ★★☆

1. 공급(S, Supply)의 의미

① 일정 기간 주어진 가격하에서 공급하고자 하는 최대 수량이다.

② 기간이 명시되어야 하는 유량(flow)이며, 일정 가격수준에서 공급하고자 하는 최대 수량으로 실제 판매량은 아니다.

2. 공급법칙

(1) 의미

① $Q_X^S = S(P_X,\ P_f,\ Tech,\ Tax \cdots\cdots)$ (단, P_X는 X재의 가격, P_f는 생산요소의 가격, $Tech$는 기술수준, Tax는 조세)

② 다른 조건이 일정하다면 상품의 가격과 공급량 사이에 정(비례)의 관계가 성립한다. 즉, 가격이 비싸지면 공급량을 늘리고 저렴해지면 줄인다.

(2) 예외

① **노동공급곡선**: 임금이 오를수록 여가의 가치가 소비의 가치보다 높게 평가되는 경우 나타날 수 있다.

② **투매현상**: 가격 하락 시 추가 하락을 우려하여 공급량이 더 늘어나는 현상으로, 주가가 하락할 때 기업이 도산할 것을 우려하여 주가 하락에도 주식을 내놓는 것을 예로 들 수 있다.

③ **공급이 고정된 경우**: 골동품이나 명화는 가격이 아무리 오른다고 할지라도 새롭게 생산이 불가능하기 때문에 수직인 공급곡선이 나타난다.

④ 그래프

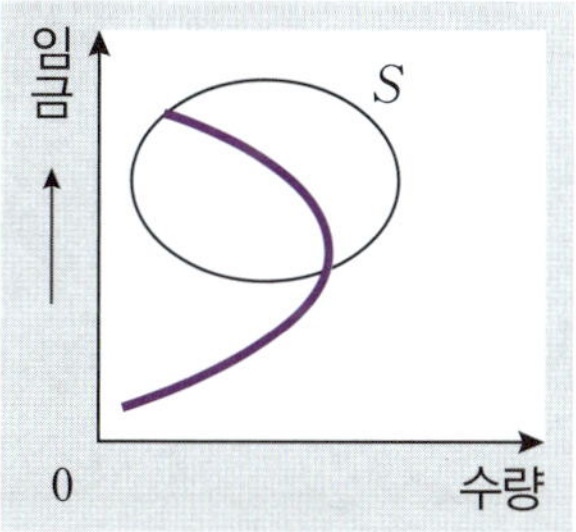

<노동공급곡선>

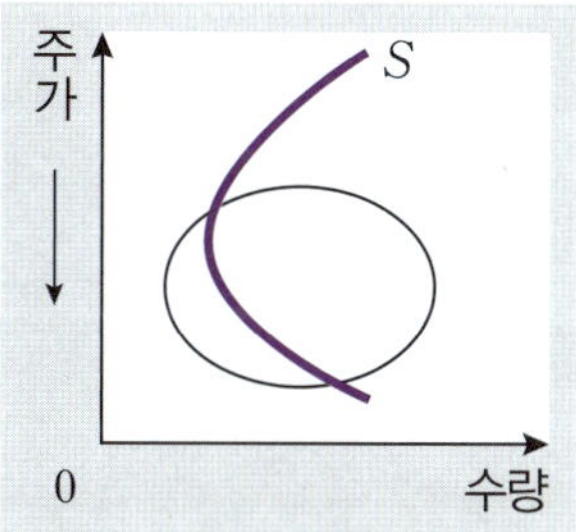

<투매현상>

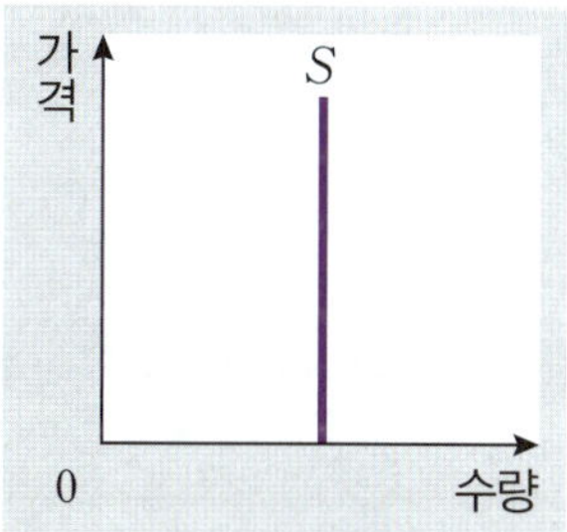

<골동품, 명화>

3. 공급곡선

(1) 의미

① 일정 기간 그 상품의 여러 가지 가격수준과 공급량의 조합을 연결한 곡선으로, 일반적으로 우상향의 형태이다.

② 공급곡선은 주어진 가격수준에서 공급하고자 하는 최대 수량 또는 일정량을 공급할 때 받고자 하는 단위당 최저 가격(공급 가격: supply price)을 나타낸다.

③ 그래프

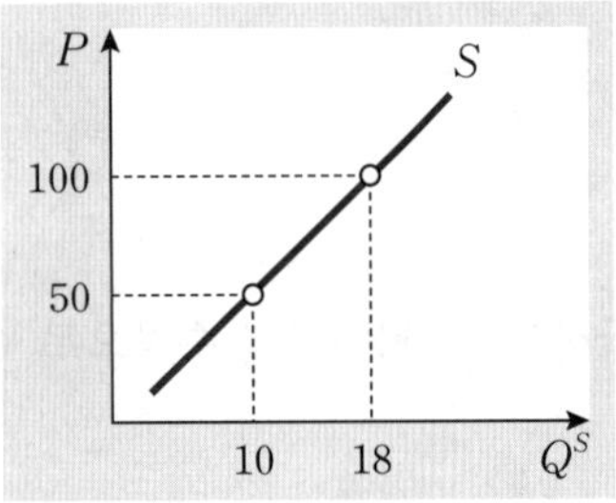

• 100원일 때 공급하고자 하는 최대 수량 18개
• 10개 공급할 때 받고자 하는 최저 가격(공급 가격) 50원

(2) 개별공급곡선과 시장공급곡선

① **개별공급곡선**: 개별생산자들의 공급곡선이다.

② **시장공급곡선**: 개별공급곡선의 수평의 합으로, 개별공급곡선보다 완만(탄력적)하다.

③ 그래프

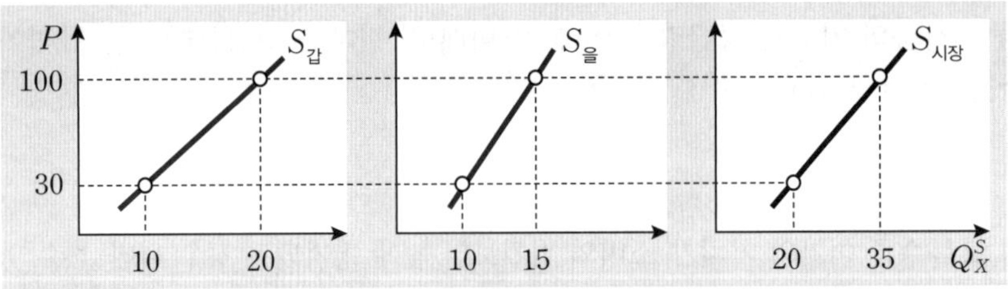

<갑의 공급곡선> <을의 공급곡선> <시장공급곡선>

④ 수식

시장에 두 사람만 있다고 가정할 때 갑의 공급이 $Q = 10 + P$, 을의 수요공급이 $Q = 20 + P$라면 시장공급곡선은 $Q_{시장} = Q_{갑} + Q_{을}$이다. 따라서, $Q = 30 + 2P$가 된다.

4. 공급과 공급량

(1) 공급량의 변동

① 재화의 가격 변동에 따라 생산량이 달라지는 것으로, 공급곡선상의 점의 이동을 말한다.

② 그래프

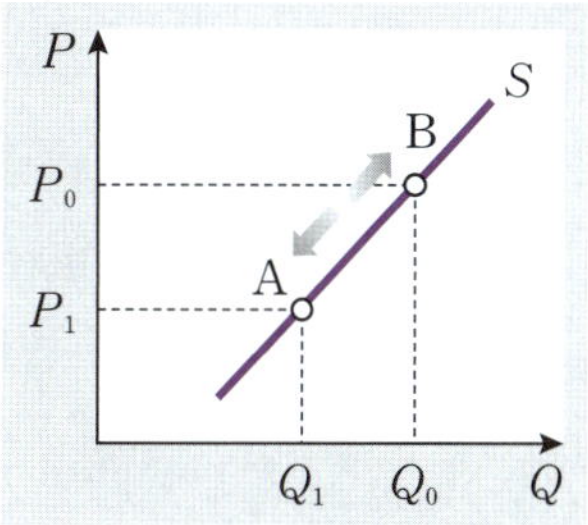

<공급량의 변동>

- A → B: 공급량 증가
- B → A: 공급량 감소

(2) 공급의 변동 (◀ 시험 POINT 수요 측면과 구분할 수 있어야 합니다.)

① 재화의 가격 이외의 요인으로 인해 생산량이 달라지는 것으로, 공급곡선 자체의 이동을 말한다.

② 공급의 증가와 감소

변동 요인		공급 증가	공급 감소
미래 경기		낙관	비관
신규 기업 진입		증가	감소
상품의 판매가격 변동 예상		하락	상승
생산비용	생산요소 가격	하락	상승
	원자재 가격	하락	상승
	신기술	개발	-
	생산에 대한 정부 개입	보조금 지급	조세 부과

③ 공급 변동 요인

생산기술의 변화	기술 진보가 있으면 생산비가 하락하여 공급이 증가
생산요소 가격	생산요소의 가격이 하락하면 생산비가 하락하여 공급이 증가
조세	세금이 오르면 생산비가 상승하여 공급이 감소
정부보조금	보조금이 주어지면 상품의 생산비가 하락하여 공급이 증가
공급자의 예상	공급자가 해당 상품 가격이 앞으로 오를 것으로 예상하면 오를 때 팔기 위해 공급이 감소
경기 전망	경기가 호전될 것으로 전망되면 사람들이 소득이 높아져 더 많이 소비할 것이므로 공급이 증가
기업 수	기업 수가 증가하면 공급이 증가
연관상품 가격	• 대체재: 한 재화의 가격이 상승하면 대체재의 공급이 감소 • 보완재: 한 재화의 가격이 상승하면 보완재의 공급이 증가

④ 그래프

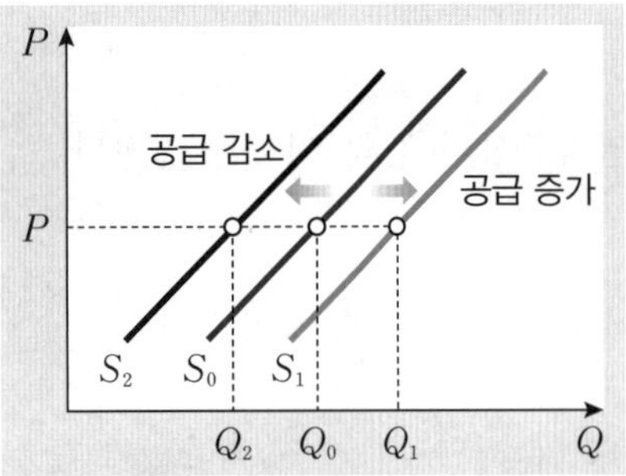

<공급의 변동>

5. 공급 측면의 대체재와 보완재

(1) 공급 측면의 대체재

① 수요 측면의 대체재와 공급 측면의 대체재는 다르다.

② 수요 측면의 대체재는 대신 소비할 수 있는 것이라면, 공급 측면의 대체재는 대신 생산할 수 있는 것이다.

③ 예를 들면 밭에서 파와 콩을 하나만 생산할 수 있다면 양자는 대체재 관계이다.

(2) 공급 측면의 보완재

① 수요 측면의 보완재와 공급 측면의 보완재는 다르다.

② 수요 측면의 보완재는 함께 소비할 때 효용이 높아지는 것이라면, 공급 측면의 보완재는 두 재화가 생산의 부산물일 경우를 말한다.

③ 예를 들면 소고기를 생산하기 위하여 도축하였다면 소가죽도 생산되므로 양자는 보완재 관계이다.

개념확인 문제

Q 그래프는 사과 시장의 수요곡선이다. $A \sim D$의 상황이 발생했을 때, 점 E의 이동 방향을 바르게 짝지은 것은? (단, 다른 조건은 일정하다고 가정하고, 정상재임)

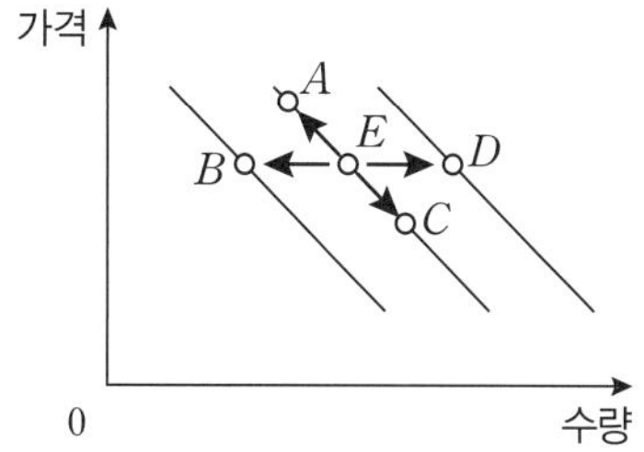

① A – 사과 가격이 하락했다.
② B – 소비자들의 소득이 증가했다.
③ C – 대체관계에 있는 배의 가격이 하락했다.
④ D – 사과가 노화를 예방한다는 연구결과가 발표되었다.
⑤ 수요량은 곡선 자체의 이동을 가리키므로 B, D가 해당한다.

정답 ④

주제 수요량과 수요

해설

A는 수요량 감소, B는 수요 감소, C는 수요량 증가, D는 수요 증가이다.
④ 기호 증가는 수요 증가 요인이다.

오답체크

① 수요량 증가 요인이다
② 수요 증가 요인이다.
③ 대체재의 가격 하락은 수요 감소 요인이다.
⑤ 수요량 변동은 가격 변동에 의한 곡선 위 이동을 가리킨다.

Chapter 04

시장가격의 결정과 변동

+ 학습목표

- 상대가격의 의미를 이해할 수 있다.
- 수요와 공급의 변동에 따른 균형가격과 거래량의 변동 결과를 찾을 수 있다.
- 소비자잉여와 생산자잉여의 개념을 익히고 크기를 수리적으로 구할 수 있다.

01 시장가격의 결정 ★★★

1. 가격의 종류

(1) 절대가격(시장가격, 가격)

상품 1단위와 교환되는 화폐액이며, 시장에서 수요·공급에 따라 결정된다.

(2) 상대가격

① 다른 상품의 수량으로 표시된 특정 상품의 교환비율이다. 다른 상품 수량으로 표시된 특정 상품 1단위 소비에 따른 기회비용을 나타낸다.

② 공식: $\frac{P_X}{P_Y}$ (Y재 수량으로 표시한) X재의 상대가격

③ 사례

- 가정 $P_X = 15$만 원, $P_Y = 5$만 원
- X재의 상대가격 $= \frac{P_X}{P_Y} = \frac{15}{5} = 3$
- Y재 수량으로 평가한 X재 1단위 소비의 기회비용이 3이라는 의미이다.

(3) 잠재가격(shadow price)

① 상품 1단위 생산에 따른 사회적 기회비용이며, 경제 계획 수립의 기초가 된다.

② 완전경쟁시장의 경우에는 시장가격이 잠재가격이 되지만, 불완전경쟁인 경우에는 따로 계산해야 한다. 주로 재정학에서 언급된다.

(4) 각각의 시장에서의 시장가격

① 노동(L)시장의 가격은 임금(w)이다.

② 자본(K)시장의 가격은 이자(r)이다.

③ 토지시장의 가격은 지대이다.

④ 외환시장의 가격은 환율이다.

2. 시장가격의 기능

(1) 효율적 자원 배분 기능

수요과 공급의 불일치 상태를 일치 상태로 만들어 주는 매개변수의 기능을 한다.

(2) 신호등 기능

① 가격 상승 시 공급자는 생산을 늘리고 소비자는 소비를 줄인다.
② 가격 하락 시 공급자는 생산을 줄이고 소비자는 소비를 늘린다.

3. 시장의 균형

(1) 균형(equilibrium)

수요량과 공급량을 일치시키는 시장가격에 도달한 상태이다.

(2) 균형가격과 균형거래량

① 균형가격: 수요량과 공급량을 일치시키는 가격이다.
② 균형거래량 : 균형가격에서의 수요량과 공급량이다.

4. 초과수요량과 초과공급량

(1) 초과수요

① 어떤 가격수준에서 소비자들의 수요량이 생산자들의 공급량보다 많아서 발생하는 상품의 부족분이다.
② 초과수요 발생 시 가격이 상승하여 균형에 도달한다.

(2) 초과공급

① 어떤 가격수준에서 소비자들의 수요량보다 생산자들의 공급량이 많아서 발생하는 상품의 잉여분이다.
② 초과공급 발생 시 가격이 하락하여 균형에 도달한다.

(3) 그래프

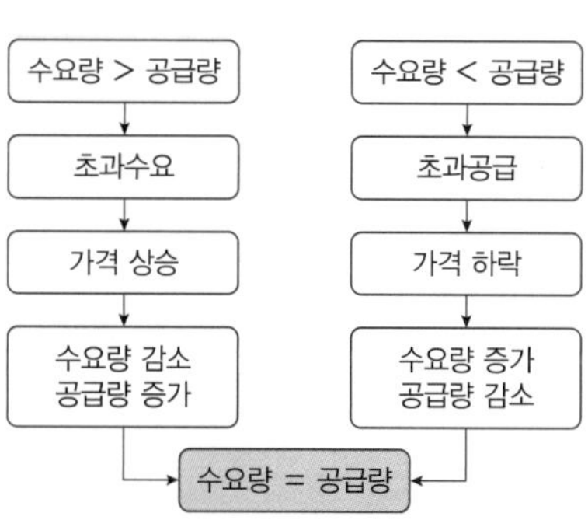

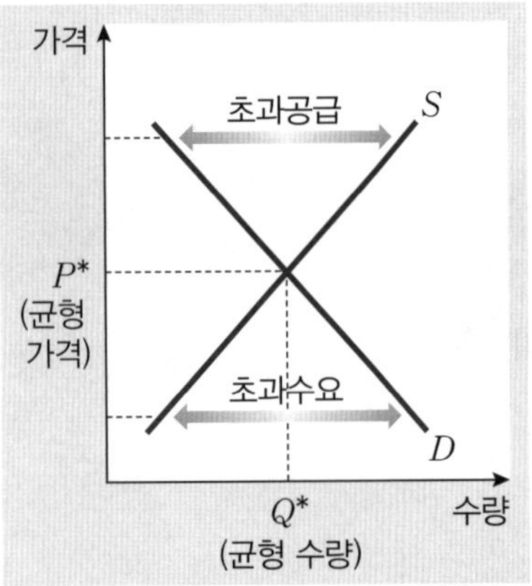

→ 가격이 변하게 되면 일시적 불균형인 초과수요나 초과공급이 발생하게 된다. 그러나 일반적으로 수요량과 공급량의 변동의 조정을 통하여 균형으로 회복한다.

5. 균형이 존재하지 않는 경우

(1) 자유재

① 모든 가격수준에서 초과공급이 발생하므로 시장가격이 존재하지 않으며 무료로 이용할 수 있다.
  예 공기 등

② 그래프

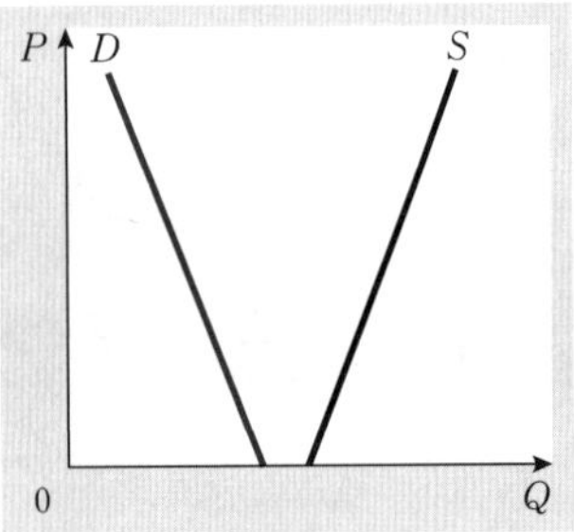

③ 희소성이 변하여 수요곡선과 공급곡선이 변화하면 자유재가 경제재가 될 수 있다.
  예 무료로 이용하던 물 ⇨ 구입하여 먹는 생수

(2) 거래되지 않는 경제재

① 수요곡선으로 표현되는 수요자의 지불 용의보다 공급곡선으로 표현되는 공급자의 최소비용이 너무 커서 거래되지 않는 재화이다. 예 우주여행 등

② 그래프

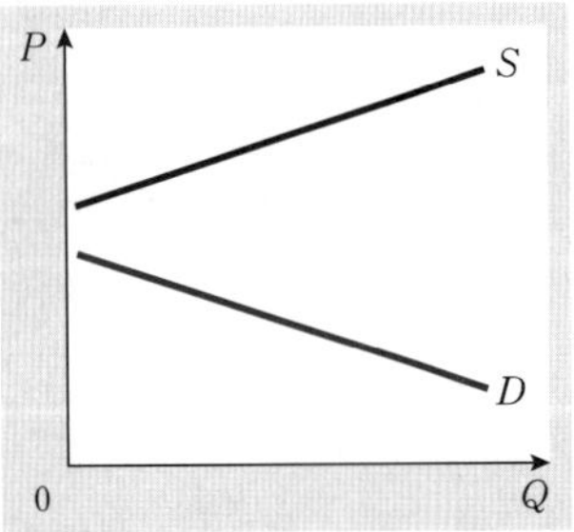

③ 희소성이 변하여 수요와 공급곡선이 변화하면 거래되는 경제재가 될 수 있다.
예 미래에 기술 개발로 우주여행이 쉽게 가능할 경우

6. 거미집이론(cobweb theory, 동적 안정성)

(1) 개요

① 마늘, 고추 등 농산물과 같이 공급량의 반응이 한 기 뒤쳐져서 나타날 수밖에 없는 시장에서는 주어진 여건에 따라 가격의 시간 경로가 제각기 다른 모습을 보인다.
② 이때 수요자는 이번 기의 가격을 보고 수요량을 결정하지만, 공급자는 이번 기의 가격을 보고 다음 기의 공급량을 결정하게 된다.
③ 가격이 균형점에서 멀어지거나 점점 가까워지는 모양이 거미집 모양과 비슷하다고 하여 이 이론을 거미집이론이라 한다.

(2) 그래프

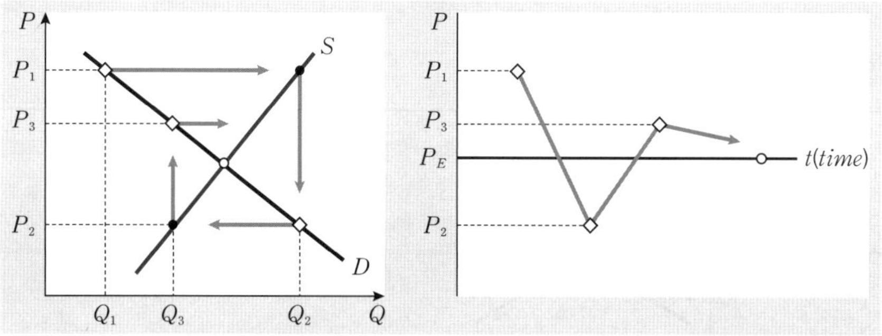

① **최초, 과소공급(Q_1)**: 초과수요가격이 발생할 경우, 공급자는 공급가격 이상으로 판매할 수 있으므로 이익이다. 다음 기(期)에도 가격이 P_1으로 유지될 것으로 예상하여 Q_2를 공급한다.
② **다음 기, 과다공급(Q_2)**: 초과공급가격이 발생할 경우, 공급자는 공급가격 이하로 판매할 수밖에 없으므로 손실을 입는다. 다음 기(期)에도 가격이 P_2로 유지될 것으로 예상하여 Q_3를 공급한다.
③ 시간의 경과에 따라 가격 변화에 따른 수량 조정을 통해 균형으로 수렴된다.

(3) 결론

안정조건(수렴)은 공급곡선의 기울기의 절댓값이 수요곡선의 기울기의 절댓값보다 커야 한다.

|공급곡선의 기울기| > |수요곡선의 기울기|

02 시장균형의 이동 ★★★

1. 그래프로 이해 (시험 POINT) 반드시 출제되니 꼭 이해하시길 바랍니다.

(1) 공급곡선 고정 시 수요의 이동으로 인한 균형의 변화

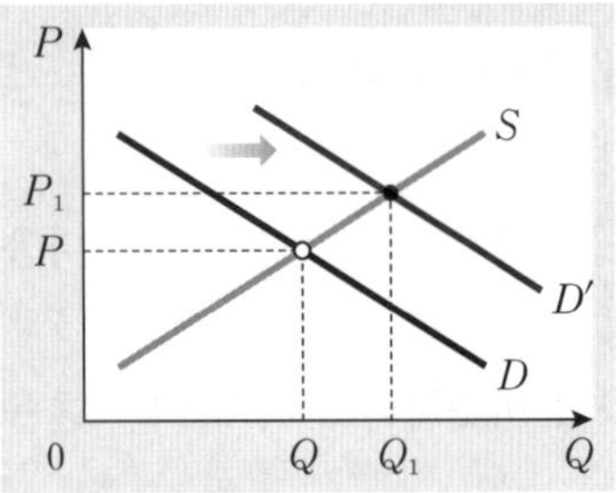

① 수요의 증가
→ 가격 상승, 균형거래량 증가

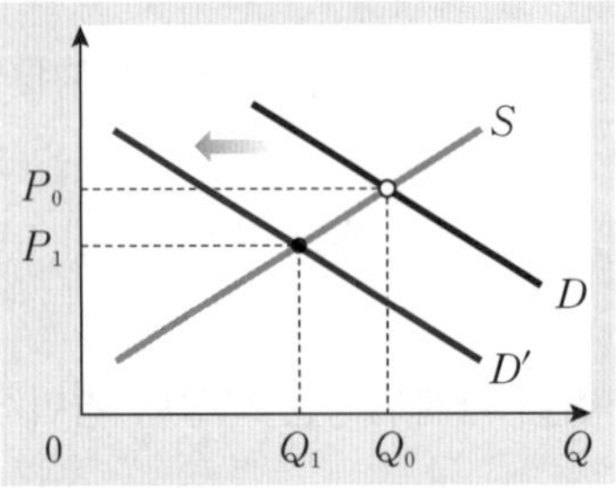

② 수요의 감소
→ 가격 하락, 균형거래량 감소

(2) 수요곡선 고정 시 공급의 변동으로 인한 균형의 변화

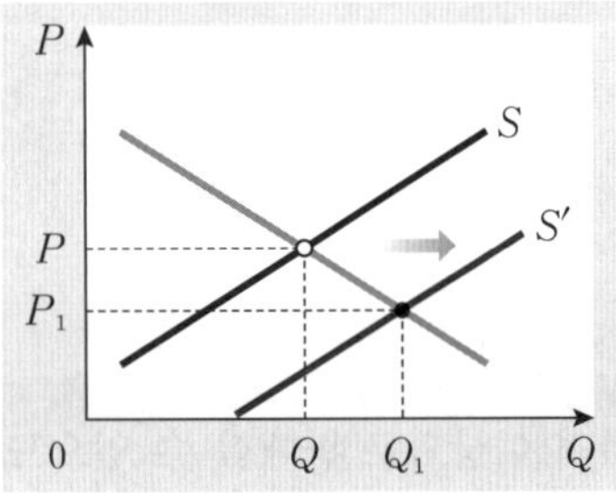

① 공급의 증가
→ 가격 하락, 균형거래량 증가

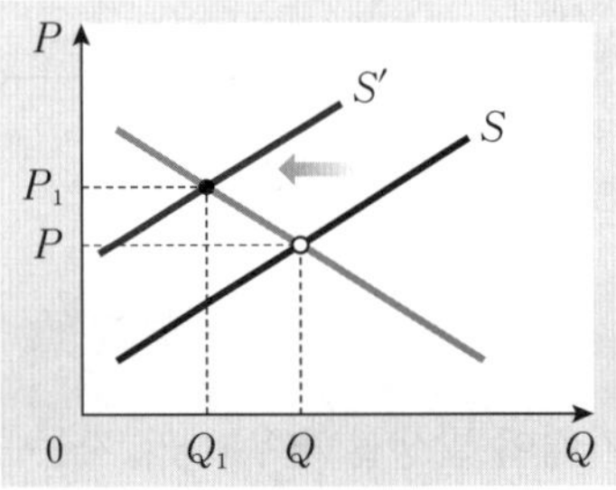

② 공급의 감소
→ 가격 상승, 균형거래량 감소

(3) 수요와 공급이 둘 다 변할 때

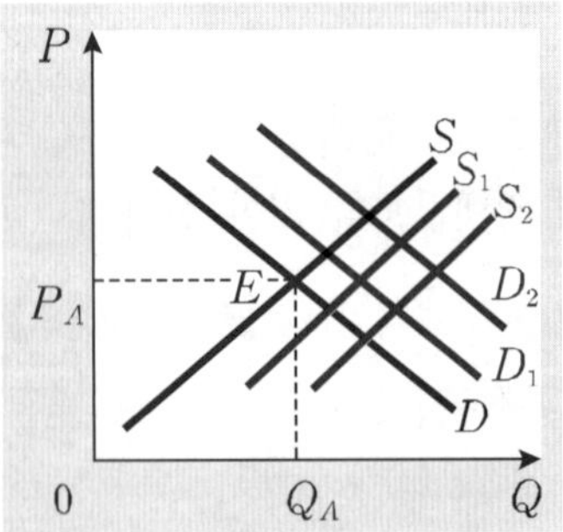

① 수요와 공급이 둘 다 증가시
→ 가격은 알 수 없고, 거래량 증기

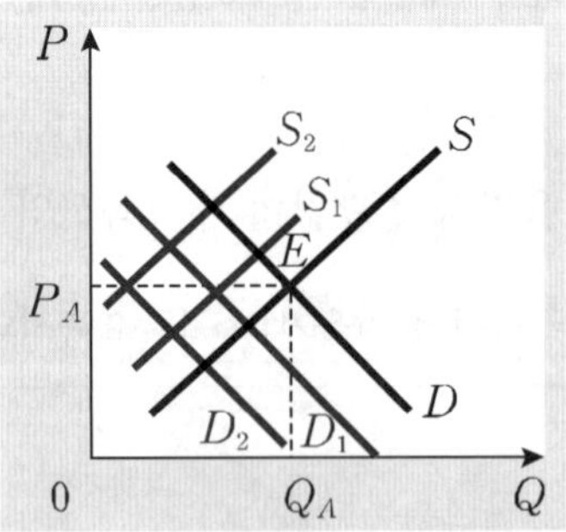

② 수요와 공급이 둘 다 감소시
→ 가격은 알 수 없고, 거래량 감소

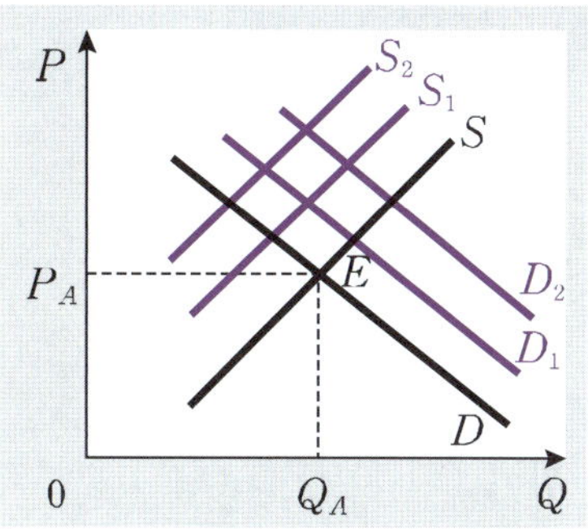

③ 수요증가와 공급감소시
→ 가격은 상승하고, 거래량 알 수 없음

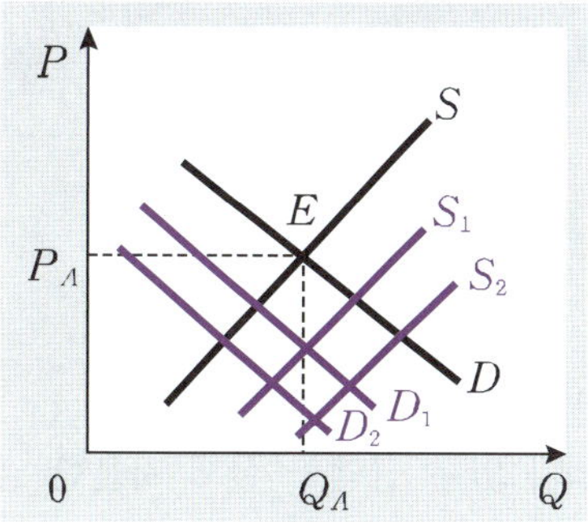

④ 수요감소와 공급증가시
→ 가격은 하락하고, 거래량 알 수 없음

개념확인 문제

Q 갑(甲)국의 온라인 배송서비스 시장은 우상향하는 공급곡선과 우하향하는 수요곡선이 일치하는 지점에서 균형가격과 균형거래량이 결정된다. 코로나19 상황으로 갑(甲)국의 온라인 배송서비스에 대한 수요와 공급이 모두 증가하였다. 코로나19 상황이 온라인 배송서비스 시장의 균형가격과 균형거래량에 미칠 영향에 대한 설명으로 가장 옳은 것은? 22년 서울시

① 균형가격은 상승하고, 균형거래량은 증가할 것이다.
② 균형가격은 상승할 것이나, 균형거래량은 증가할지 감소할지 예측하기 어렵다.
③ 균형가격은 상승할지 하락할지 예측하기 어렵지만, 균형거래량은 증가할 것이다.
④ 균형가격은 하락하고, 균형거래량은 감소할 것이다.

정답 ③

해설
수요와 공급이 둘다 증가하면 가격은 알 수 없으나 거래량은 증가한다.

2. 표로 정리

수요 및 공급의 변동	균형가격	균형거래량
수요 증가, 공급 불변	상승	증가
수요 감소, 공급 불변	하락	감소
수요 불변, 공급 증가	하락	증가
수요 불변, 공급 감소	상승	감소
수요의 증가와 공급의 증가가 동시에 나타나는 경우	알 수 없음	증가
수요의 감소와 공급의 감소가 동시에 나타나는 경우	알 수 없음	감소
수요는 증가하고 공급은 감소하는 경우	상승	알 수 없음
수요는 감소하고 공급은 증가하는 경우	하락	알 수 없음

03 잉여 ★★★

1. 소비자잉여와 생산자잉여

(1) 소비자잉여

① 소비자가 교환으로 얻는 이익이다.

② 소비자잉여 = (지불할 용의가 있는 금액 − 실제 지불한 금액)의 합

(2) 생산자잉여

① 생산자가 교환으로 얻는 이익이다.

② 생산자잉여 = (실제로 받은 금액 − 최소한 받아야 할 금액)의 합

2. 사회적 잉여(총잉여)

(1) 의미

① 소비자잉여와 생산자잉여를 더한 값이다.

② 그래프

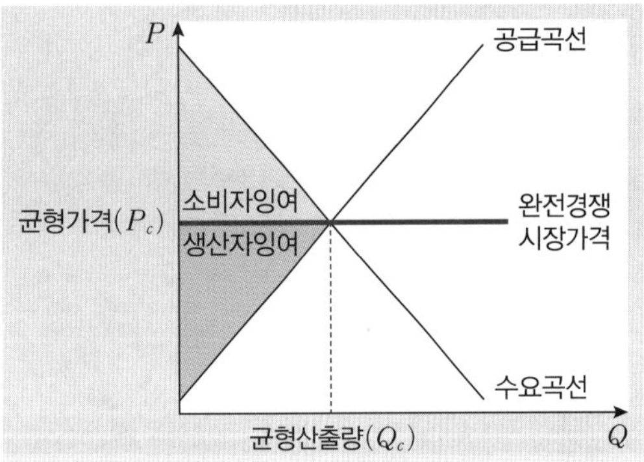

(2) 완전경쟁시장에서 극대화

① 시장의 자유로운 거래가 이루어질 경우 사회적 잉여가 극대화된다.

② 잉여가 감소하는 것을 사회적 후생손실이라고 한다.

3. 과소생산과 과다생산시 잉여의 변화

(1) 과소생산시

① 그래프

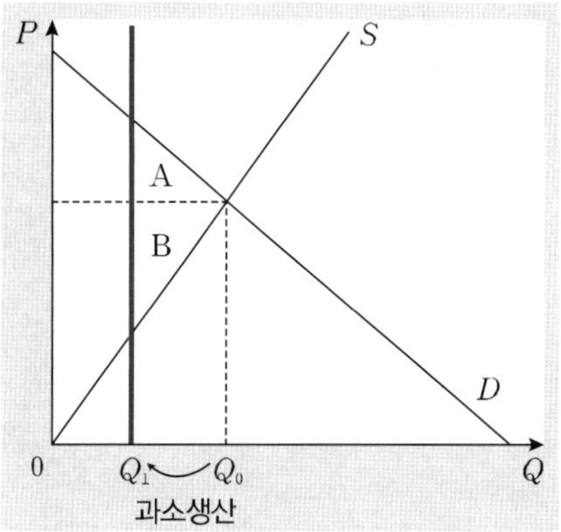

② A는 소비자 잉여의 감소분, B는 생산자 잉여의 감소분이다.

(2) 과다생산시

① 그래프

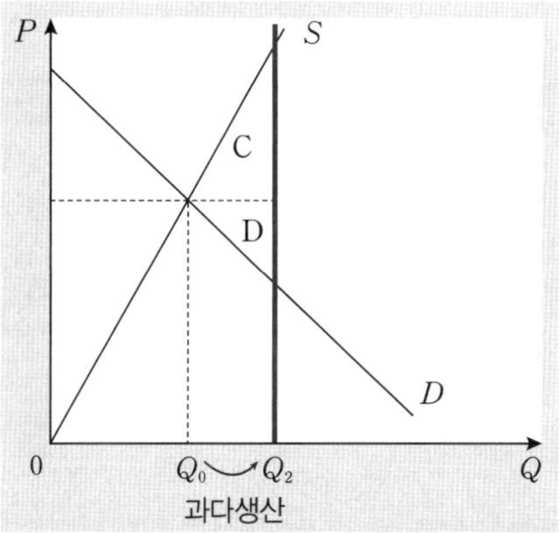

② C는 최소비용보다 적은 가격을 받았으므로 생산자 잉여의 감소분이다.

③ D는 최대지불용의보다 더 높은 가격을 지불하였으므로 소비자 잉여의 감소분이다.

개념확인 문제

Q 담배에 대한 수요함수는 $Q = 10 - P$로 주어졌다. 담배 가격이 4원인 경우 소비자잉여는?

19년 서울시

① 36 ② 18

③ 9 ④ 0

정답 ②

주제 소비자잉여

해설

1)

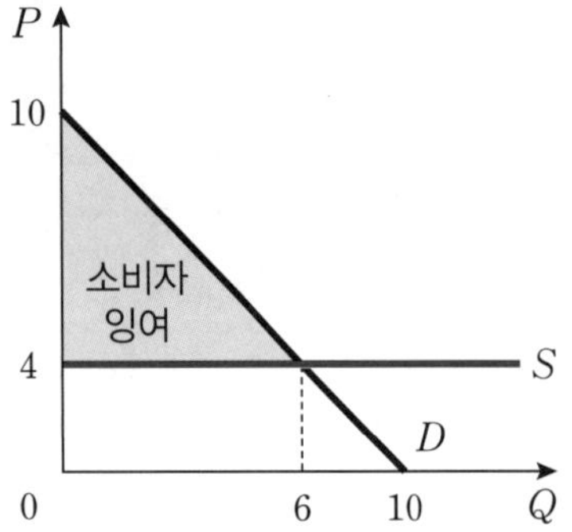

2) 소비자잉여 $= 6 \times 6 \times \frac{1}{2} = 18$이다.

04 가격 통제: 최고가격제와 최저가격제 ★★★

1. 최고가격제(price ceiling)

◀ 시험 POINT 최고가격제와 최저가격제를 구분하는 문제가 출제됩니다.

(1) 의미

① 가격 급등이 예상되는 상품에 대해서 정부가 최고가격(가격상한)을 설정하여 가격을 규제하는 제도로, 소비자 보호가 목적이다.

② 사례로는 분양가 상한제, 이자율 상한제 등이 있다.

(2) 최고가격제의 주의점

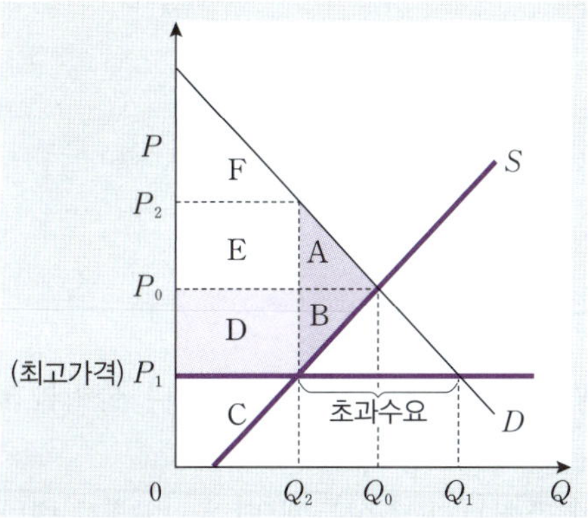

- A+B: 후생손실
- C: 생산자잉여
- D+E+F: 소비자잉여

① **초과수요 발생:** 가격을 올릴 수는 없기 때문에 이 경우 재화의 분배 문제를 해결하기 위해서는 선착순, 추첨, 배급제 등의 방법을 사용한다. 이때 재화를 분배받는 것이 자신의 노력이 아닌 '운'이라는 요소에 의해 결정된다는 점에서 사회적인 불만이 커진다는 단점이 있다.

예 국공립유치원 추첨 입학 사태 등

② **재정적 부담의 증가:** 가격 통제가 성공한다는 것은 정부의 지속적인 감시를 전제로 한다.

③ **상품의 질 하락:** 가격 통제가 성공하면 공급자는 낮은 비용으로 상품을 공급해야 한다.

④ **암시장의 발생:** 시장이 초과수요 상태에 있는데 정부의 가격 통제가 유명무실해지는 경우, 공급자는 가격을 올리려는 유인이 발생한다. 이 경우 가격의 상한선은 균형가격선이 아닌 공급자의 이익이 최대가 되는 지점까지가 된다. 이러한 경우를 '암시장'이라고 표현하고 암시장의 시장가격은 가격상한제를 하기 전의 가격(P_0)보다 훨씬 높은 수준(P_2)에서 결정된다.

2. 최저가격제

(1) 의미

정부가 공급자를 보호하기 위해서 최저가격 이하로는 거래하지 못하도록 통제하는 제도로, 사례로는 최저임금제가 대표적이다.

(2) 최저가격제의 주의점(노동시장의 경우)

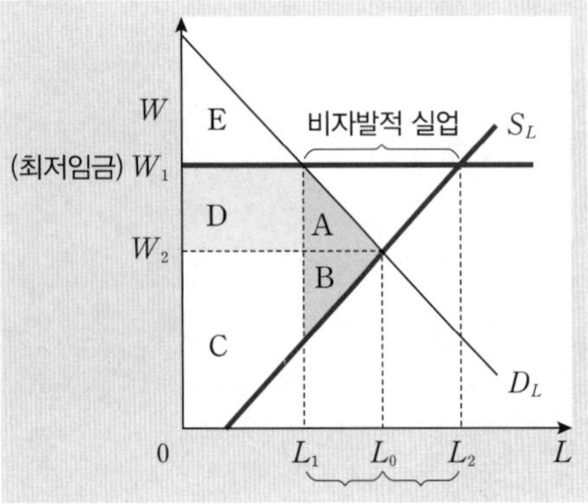

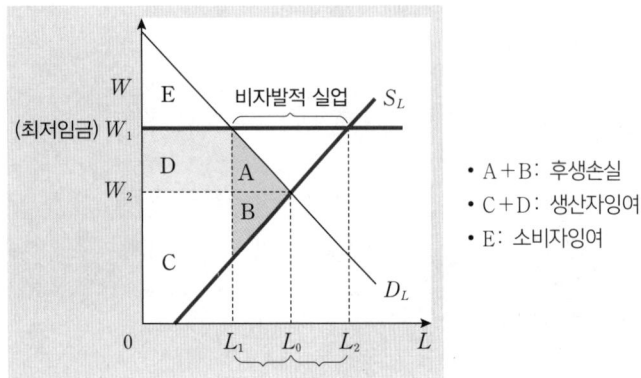

- A+B: 후생손실
- C+D: 생산자잉여
- E: 소비자잉여

① **초과공급 발생(실업의 증가):** 제도가 도입되면 수요보다 공급이 많아져 균형고용량보다 줄어들게 된다.

② **노동수요의 탄력성이 탄력적인 경우:** 노동자 전체의 임금이 종전보다 줄어들게 된다. 따라서 대다수의 경제학자들은 최저임금은 수요의 가격탄력성이 비탄력적인 경우에 한해서만 실시해야 사회적 후생손실의 발생이 최소한으로 생긴다고 말한다.

개념확인 문제

Q 甲국에서 X재에 대한 국내 수요곡선과 국내 공급곡선은 다음과 같다.

> ○ 국내 수요곡선 : $Q_D = 16 - P$
> ○ 국내 공급곡선 : $Q_S = 2P - 8$

甲국 정부가 X재의 최고가격을 $P = 7$로 설정하는 정책을 실시할 때 甲국의 사회후생의 변화는? (단, Q_D는 국내 수요량, Q_S는 국내 공급량, P_X는 X재 가격이다) 21년 서울시

① 3만큼 증가
② 3만큼 감소
③ 6만큼 증가
④ 6만큼 감소

정답 ②

해설

1) 주어진 조건으로 균형을 구면 $16 - P = 2P - 8$ → $3P = 24$ → $P = 8$, $Q = 8$이다.
2) 최고가격제를 실시하면 거래량이 6으로 감소하고 이때 수요가격은 10이다.
3)

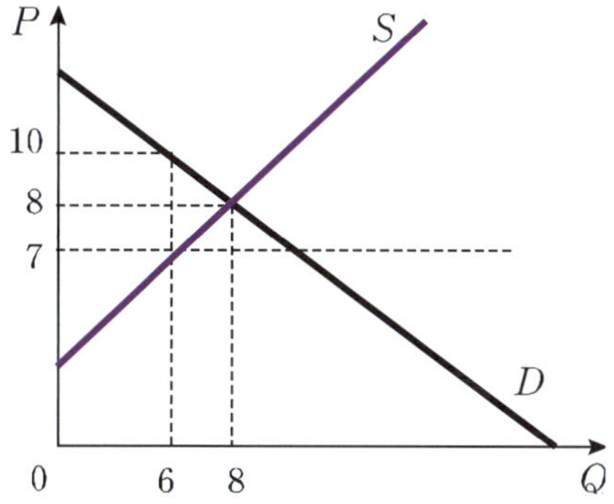

4) 따라서 후생손실은 $2 \times 3 \times \frac{1}{2} = 3$만큼 감소한다.

표로 한눈에 정리하기

01 경제활동

경제주체	가계, 기업, 정부, 외국
경제객체	재화와 서비스
경제활동	생산, 소비, 분배

02 자원의 희소성과 합리적 선택

자원의 희소성	절대량이 아닌 상대량
경제 문제	What, How, For whom
기회비용	• 명시적 비용 + 암묵적 비용 • 합리적 선택: 기회비용 최소화
경제체제	• 시장경제체제 & 자본주의 • 계획경제체제 & 사회주의

03 수요와 공급

수요량 & 공급량	가격변동이 원인, 곡선 위 점 이동
수요의 변동	• 가격 외 요인 변동이 원인, 곡선 자체의 이동 • 소득, 인구, 기호, 대체재 & 보완재의 가격 등의 변동 • 우측 이동 – 증가, 좌측 이동 – 감소
공급의 변동	• 가격 외 요인 변동이 원인, 곡선 자체의 이동 • 생산비, 생산기술, 조세, 보조금 등의 변동 • 우측 이동 – 증가, 좌측 이동 감소

04 시장가격의 결정과 변동

수요	공급	균형가격	균형거래량
증가	불변	상승	증가
감소	불변	하락	감소
불변	증가	하락	증가
불변	감소	상승	감소
증가	증가	알 수 없음	증가
증가	감소	상승	알 수 없음
감소	증가	하락	알 수 없음
감소	감소	알 수 없음	감소

05 최고가격제와 최저가격제

최고가격제	• 가격의 상한선 • 소비자 보호 • 초과수요, 암시장 발생
최저가격제	• 가격의 하한선 • 생산자 보호 • 초과공급, 실업 발생

개념확인 OX 문제

01 가계와 기업을 민간 부문이라고 하고 정부는 공공 부문이라고 한다. (O | ×)

02 가계는 주어진 예산 제약을 벗어나 효용의 극대화를 추구한다. (O | ×)

03 새로운 것을 만들거나 부가가치를 높이는 것을 생산이라고 한다. (O | ×)

04 식당에서 쌀을 구입하는 것은 소비에 해당한다. (O | ×)

05 분배는 반드시 생산요소에 대한 대가를 의미한다. (O | ×)

06 생산물시장은 재화와 서비스를 거래하는 시장이다. (O | ×)

07 생산요소시장은 노동, 자본, 토지를 거래하는 시장이다. (O | ×)

08 생산물시장의 수요자는 가계, 공급자는 기업이다. (O | ×)

09 생산요소시장의 수요자는 가계, 공급자는 기업이다. (O | ×)

10 가계는 생산요소시장의 수요 주체이자 생산물시장의 공급 주체이다. (O | ×)

11 기업은 생산물시장의 공급 주체이자 생산요소시장의 공급 주체이다. (O | ×)

12 자원의 희소성은 욕구와 자원 중 욕구가 크다는 절대량의 비교에서 정해진다. (O | ×)

13 자유재와 경제재의 구분은 시대와 장소에 따라 달라질 수 있다. (O | ×)

14 자장면을 만들까, 짬뽕을 만들까 하는 것은 생산요소의 결합과 관련된 경제 문제를 의미한다. (O | ×)

15 기업의 이윤을 주주에게 배당할 것인지, 아니면 직원들에게 성과급으로 지급할 것인지의 문제는 형평성과 관련된 경제 문제이다. (O | ×)

16 기회비용은 선택 시 포기한 가치 중에서 가장 큰 것을 의미한다. (O | ×)

17 경제재와 자유재는 재화의 소비가 효용을 가져다주는지의 여부에 따라 나뉜다. (O | ×)

정답 및 해설

01 ○ 02 × 주어진 예산 제약하에서 효용의 극대화를 추구한다. 예산을 벗어나면 소비가 불가능하기 때문이다. 03 ○ 04 × 식당에서 쌀을 구입하는 것은 중간재를 구매하는 것이므로 생산의 과정에 해당한다. 05 ○ 06 ○ 07 ○ 08 ○ 09 × 생산요소시장의 수요자는 기업이고 공급자는 가계이다. 10 × 가계는 생산요소시장의 공급자이며 생산물시장의 수요자이다. 11 × 기업은 생산요소시장의 수요자이다. 12 × 자원의 희소성은 절대량이 아닌 상대량을 의미한다. 13 ○ 14 × 생산물의 종류와 수량에 관련된 문제이다. 15 ○ 16 ○ 17 × 자원의 희소성에 따라 희소성이 있으면 경제재, 없으면 자유재로 나뉜다.

18 기회비용은 경제주체가 실제로 지출하는 비용을 의미한다. (O | X)

19 암묵적 비용은 시간의 기회비용을 포함한다. (O | X)

20 합리적 선택 시 매몰비용을 고려하면 안 된다. (O | X)

21 시장경제체제는 가격기구에 의해 자원 배분이 결정된다. (O | X)

22 사회주의체제는 생산 수단의 개인적 소유를 인정하지 않는다. (O | X)

23 사회주의체제는 형평성보다는 효율성을 추구한다. (O | X)

24 수정자본주의는 시민혁명을 통한 경제활동의 자유를 확보하는 과정에서 대두되었다. (O | X)

25 신자유주의는 정부 개입의 축소와 시장의 자율성 확대를 주장한다. (O | X)

26 생산가능곡선 위의 점은 모두 효율적인 생산을 의미한다. (O | X)

27 기술 개발을 통해 생산가능곡선의 확장이 가능하다. (O | X)

28 모든 생산가능곡선은 원점에 대하여 오목한 형태를 가진다. (O | X)

29 생산가능곡선 내부의 점에서 생산가능곡선상으로 간다면 파레토 개선이라고 볼 수 있다. (O | X)

30 생산가능곡선이 원점에 대하여 오목하다는 것은 기회비용이 체증함을 의미한다. (O | X)

31 수요는 소비자가 특정 시점에 어떤 상품을 구입하고자 하는 욕구이다. (O | X)

32 상품의 가격과 수요량 사이에 정(正)의 관계가 성립하며, 이를 수요의 법칙이라 한다. (O | X)

33 시장수요곡선은 개별수요곡선들의 수직합이다. (O | X)

34 수요량의 변동은 수요곡선 자체의 이동, 수요의 변동은 수요곡선 위의 이동으로 나타난다. (O | X)

35 소득수준이 높아지면 정상재의 수요는 감소하고 열등재의 수요는 증가한다. (O | X)

36 어떤 재화의 가격이 올랐을 때, 대체재의 수요는 감소하고 보완재의 수요는 증가한다. (O | X)

37 공급은 실제 공급량이 아니라 팔고자 하는 의향을 의미한다. (O | X)

38 공급법칙이 성립하는 예로 노동공급곡선의 후방굴절이 있다. (O | X)

39 공급의 변동은 재화의 가격 변화에 따라 공급량이 달라지는 것이다. (O | X)

40 재화 가격의 상승이 예상되면 공급은 감소한다. (O | X)

정답 및 해설

18 × 암묵적 비용도 포함되므로 명시적 비용만 기회비용인 것은 아니다. 19 ○ 20 ○ 21 ○ 22 ○ 23 × 사회주의는 형평성을 더 추구한다. 24 × 시장실패를 경험하고 나타난 것이 수정자본주의이다. 25 ○ 26 ○ 27 ○ 28 × 생산가능곡선에 따라 직선, 원점에 대하여 볼록, 원점에 대하여 오목한 형태를 가질 수 있다. 29 ○ 30 ○ 31 × 수요는 일정 기간 측정한 것이므로 유량에 해당한다. 32 × 수요의 법칙은 가격과 수요량은 반비례한다는 것을 말한다. 33 × 수평합이다. 34 × 수요곡선 자체의 이동은 수요의 변동, 곡선 위 점의 이동이 수요량의 이동이다. 35 × 정상재는 소득과 정비례, 열등재는 반비례한다. 36 × 대체재의 수요는 증가하고, 보완재의 수요는 감소한다. 37 ○ 38 × 노동공급곡선은 공급곡선의 예외이다. 39 × 재화의 가격 변동에 따라 변하는 것은 공급량의 변동이다. 40 ○

41 시장균형은 시장수요와 공급이 일치하는 상태이다. (O | X)

42 시장이 균형상태에 있다 하더라도 초과수요나 초과공급이 존재할 수 있다. (O | X)

43 시장균형가격보다 높은 수준에서 가격이 형성되면 초과공급이 발생한다. (O | X)

44 수요와 공급이 증가하면 균형가격은 상승한다. (O | X)

45 수요가 증가하고 공급이 감소하면 균형가격은 상승한다. (O | X)

46 수요가 감소하고 공급이 증가하면 균형가격은 하락한다. (O | X)

47 수요와 공급이 감소하면 균형가격은 감소폭을 알기 전에는 알 수 없다. (O | X)

48 시장가격은 소득분배의 형평성이 이루어지도록 기능을 한다. (O | X)

49 수요곡선은 재화에 대한 소비자의 한계편익을 나타낸다. (O | X)

50 시장균형에서 생산자잉여와 소비자잉여의 합인 사회적 잉여가 극대화된다. (O | X)

51 최고가격제는 균형가격보다 높은 가격수준에 가격상한을 설정하는 제도이다. (O | X)

52 최고가격제를 시행하게 되면 초과공급의 문제가 발생한다. (O | X)

53 최고가격제는 실패할 수 없는 정책이다. (O | X)

54 최저가격제는 균형가격보다 높은 가격수준에 가격하한을 설정하는 제도이다. (O | X)

55 최저가격제를 시행하게 되면 초과공급의 문제가 발생한다. (O | X)

56 최저임금제를 시행하면 기존에 고용된 노동자뿐만 아니라 새로 고용된 노동자들도 혜택을 본다. (O | X)

정답 및 해설

41 ○ **42** × 균형상태는 수요량과 공급량이 일치할 때만 성립한다. **43** ○ **44** × 가격은 알 수 없으나 거래량이 증가한다. **45** ○ **46** ○ **47** ○ **48** × 시장가격은 소득분배의 형평성과는 관계없다. **49** ○ **50** ○ **51** × 최고가격은 균형가격보다 낮은 수준으로 가격이 설정된다. **52** × 균형가격보다 낮으므로 초과수요가 발생한다. **53** × 정부실패는 언제든지 발생할 가능성이 있다. **54** ○ **55** ○ **56** ○

기출 + 예상문제 PART Ⅰ

Chapter 01 경제활동

★☆☆

01 표는 국민 경제의 주체와 그 활동을 나타낸 것이다. 이에 대한 설명으로 옳은 것은?

주체	활동
가계	㉠
A	㉡
B	재정 활동

① ㉠과 ㉡은 효율성을 극대화하는 활동이다.

② 외국과의 수출·수입 활동에는 A만 관여한다.

③ 가계와 B는 이윤을 창출한다.

④ A와 B는 민간경제를 이루는 주체이다.

⑤ B는 공평성만을 고려할 뿐 효율성은 고려하지 않는다.

★★☆

02 그림은 민간경제의 순환 과정이다. 이에 대한 설명으로 옳은 것은?

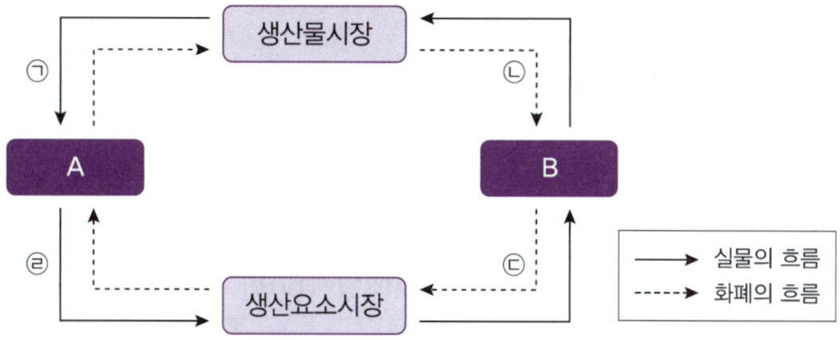

① A는 이윤 극대화, B는 효용 극대화를 추구하는 주체이다.
② ㉠의 사례로 택시 회사가 택시를 구입하는 것을 들 수 있다.
③ ㉡은 가계 소비의 원천이 된다.
④ ㉢에는 노동, 자본, 토지 등이 있다.
⑤ ㉣을 제공한 대가로 A는 임금, 이자, 지대 등을 받는다.

정답 및 해설

01 정답 ①

주제 경제활동

해설

A는 기업, B는 정부, ㉠은 소비, ㉡은 생산이다.
가계와 기업은 민간경제 영역이므로 이들의 활동은 효율성을 극대화하는 쪽으로 이루어진다. 즉, 가계는 효용을 극대화하려는 소비를 하며, 기업은 이윤을 극대화하려는 생산을 하게 된다.

오답체크

② 외국과의 수출·수입 활동에는 기업뿐만 아니라 정부의 정책도 영향을 받는다.
③ 가계와 B는 이윤 창출의 주체는 아니다.
④ 가계와 기업이 민간경제를 이루는 주체이다.
⑤ B는 공평성을 중시하지만 낭비를 막아야 하기 때문에 효율성도 고려한다.

02 정답 ⑤

주제 경제순환

해설

A는 생산요소시장에 실물을 제공하므로 가계, B는 생산물시장에 실물을 제공하므로 기업이다.

오답체크

① A는 효용 극대화, B는 이윤 극대화를 추구한다.
② ㉠은 가계가 생산물을 구입하는 경우이다.
③ ㉡은 기업의 판매 수입이다.
④ ㉢에는 임금, 이자, 지대 등이 있다.

★★☆
03 다음 글에 대한 옳은 분석을 〈보기〉에서 모두 고르면?

> 매월 500만 원의 월급을 받는 갑은 인도식 식당을 창업하기 위해 회사를 그만두려고 한다. 식당을 경영하면 월 매출액이 최소 1,000만 원에서 최대 1,300만 원까지 이를 것으로 예상된다. 월 비용은 매출액과 상관없이 매월 700만 원이 발생할 것으로 예상된다.

〈보기〉
ㄱ. 갑이 식당을 창업하는 것은 합리적인 선택이다.
ㄴ. 월 비용 700만 원은 식당 경영의 기회비용에 포함된다.
ㄷ. 월 매출액에 상관없이 식당 경영의 기회비용은 일정하다.
ㄹ. 월 매출액이 1,100만 원이라면 식당 경영이 직장 생활보다 이득이다.

① ㄱ, ㄴ ② ㄱ, ㄷ ③ ㄴ, ㄷ
④ ㄴ, ㄹ ⑤ ㄷ, ㄹ

★☆☆
04 한 장난감 회사에서 유행이 지난 장난감을 재고로 보유하고 있다. 총제조원가는 5만 원이지만 처분한다면 구식이어서 2만 원밖에 받을 수 없다. 그래서 개당 1만 원을 투자해 포장을 바꿔서 판매하려고 한다. 포장 변화 후 얼마 이상 받을 수 있을 때 포장을 변경하는 것이 옳은가?

① 1만 원 ② 2만 원
③ 3만 원 ④ 4만 원
⑤ 5만 원

★★★
05 **다음 중 A 씨가 얻는 경제적 이윤은 한 달에 얼마인가? (단, 대출이자율과 예금이자율은 원이자율이며 동일함)**

> 직장에서 200만 원을 받는 A 씨는 300만 원으로 임금 인상을 약속받음에도 불구하고 커피점을 개업했다. 커피점을 차리는 데 2억 원의 비용이 들었는데, 1억 원은 자신이 모아둔 돈을 사용하였고 1억 원은 은행에서 1%의 이자율로 대출을 받았다. 커피점의 한 달 수입은 2,000만 원이고 커피 등 각종 원자재가 500만 원이 들며, 가게의 임대료는 월 300만 원이다. 그리고 종업원의 인건비로 200만 원이 지출되고 있다.

① 400만 원
② 500만 원
③ 1,100만 원
④ 1,700만 원

정답 및 해설

03 정답 ③
주제 기회비용
해설
1) 식당 경영의 기회비용은 명시적 비용 700만 원과 암묵적 비용 500만 원을 합한 1,200만 원이다.
2) 월 매출액이 1,200만 원은 넘지 못할 수도 있으므로 식당 경영을 합리적 선택이라 단정할 수 없다.

04 정답 ③
주제 기회비용
해설
1) 포장 변화에 따른 명시적 비용 1만 원과 그냥 팔아도 받을 수 있는 묵시적 비용 2만 원을 합하면 기회비용은 3만 원이 된다.
2) 따라서 최소 3만 원 이상을 받을 때 포장을 변경하는 것이 적절하다.

05 정답 ②
주제 기회비용
해설
1) 이윤은 총수입 − 총비용으로, 문제에서 제시된 수입은 2,000만 원이다.
2) 비용은 명시적 비용이 1,100만 원(원자재 500만 원 + 임대료 300만 원 + 인건비 200만 원 + 대출이자 100만 원)이고, 암묵적 비용이 400만 원(임금 300만 원 + 예금이자 100만 원)이다.
3) 즉, 총 비용은 1,500만 원이다. 따라서 경제적 이윤은 500만 원이다.

★★★
06 직장인 K는 거주할 아파트를 결정할 때 직장까지 월별 통근시간의 기회비용과 아파트 월별 임대료만을 고려한다. 통근시간과 임대료가 다음과 같은 경우 K의 최적의 선택은? (단, K의 통근 1시간당 기회비용은 1만 원임) 18년 지방직

거주 아파트	월별 통근시간(단위: 시간)	월별 임대료(단위: 만 원)
A	10	150
B	15	135
C	20	125
D	30	120

① A 아파트
② B 아파트
③ C 아파트
④ D 아파트

★★★
07 그림은 갑국과 을국의 생산가능곡선을 나타낸 것이다. 이에 대한 설명으로 옳은 것은?

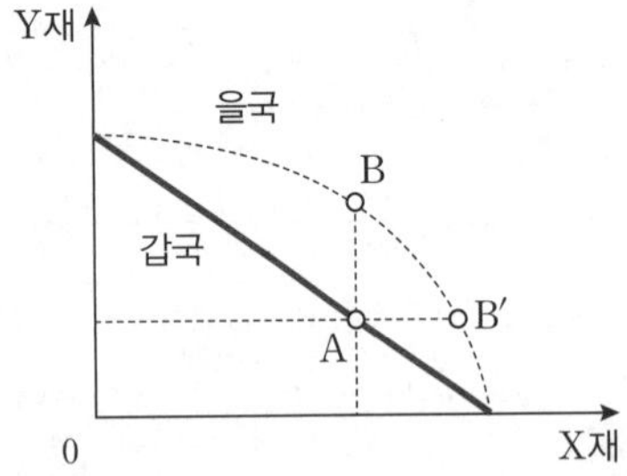

① 갑국이 점 B에서 생산하려면 생산요소의 조합을 변경해야 한다.
② 을국의 X재 1단위 추가 생산의 기회비용은 점 B보다 점 B′에서 크다.
③ 을국이 점 B와 점 B′ 중 생산점을 선택하는 것은 생산 방법을 결정하는 문제이다.
④ 점 B는 갑국에게는 비효율적인 생산점이고, 을국에게는 효율적인 생산점이다.
⑤ 갑국은 어떠한 방법으로도 을국의 생산가능곡선을 가질 수 없다.

★★★

08

다음 표는 각각 A국과 B국의 생산가능곡선상 점들의 조합을 나타낸 것이다. 이에 대한 설명으로 옳은 것은? (단, 재화는 X재와 Y재만 존재함) 15년 서울시

X재	0개	1개	2개
Y재	14개	8개	0개

<A국 생산가능곡선상의 조합>

X재	0개	1개	2개
Y재	26개	16개	0개

<B국 생산가능곡선상의 조합>

① X재를 1개 생산함에 따라 발생하는 기회비용은 A국이 B국보다 작다.
② A국이 X재를 생산하지 않는다면 A국은 Y재를 최대 10개까지 생산할 수 있다.
③ A와 B국이 동일한 자원을 보유하고 있는 경우라면 A국의 생산기술이 B국보다 우수하다.
④ B국이 X재를 1개씩 추가적으로 생산함에 따라 발생하는 기회비용은 점차 감소한다.

정답 및 해설

06 정답 ③

주제 기회비용

해설

1) 통근시간 1시간의 기회비용이 1만 원이므로, 통근시간의 기회비용과 임대료를 합한 총비용은 A 아파트 160만 원, B 아파트 150만 원, C 아파트 145만 원, D 아파트 150만 원이다.
2) 그러므로 직장인 K는 총비용이 가장 낮은 C 아파트를 선택할 것이다.

07 정답 ②

주제 생산가능곡선

해설

갑국의 생산가능곡선은 직선이므로 생산가능곡선상의 모든 점에서 X재 1단위 추가 생산의 기회비용은 동일하다. 을국은 점 B보다 점 B'에서 X재 1단위 추가 생산의 기회비용이 크다.

오답체크

① 생산가능곡선 밖의 점에서 생산하기 위해서는 기술이 진보하거나 부존자원의 양이 커져야 한다. 생산요소의 조합만 바뀌면 생산가능곡선상에서의 위치만 변한다.
③ 을국이 점 B와 점 B' 중 생산점을 선택하는 것은 생산물의 종류와 양을 결정하는 문제이다.
④ 점 B는 갑국에서 생산이 불가능하다.
⑤ 기술 개발 등을 통해서 가능하다.

08 정답 ①

주제 생산가능곡선

해설

A국에서 X재 1개를 생산하면 Y재 생산량이 6개 감소하는 반면, B국에서 X재 1개를 생산하면 Y재 생산량이 10개 감소한다. 따라서 X재 1개를 생산할 때의 기회비용은 A국이 B국보다 작다.

오답체크

② A국이 X재를 생산하지 않는다면 A국은 Y재를 최대 14개 생산할 수 있다.
③ A와 B국이 동일한 자원을 보유하고 있는 경우라면, B국의 Y재 생산이 많으므로 B국이 더 생산기술이 우수하다.
④ B국이 첫 번째 X재를 생산할 때의 기회비용은 Y재 10개이고, 두 번째 X재를 생산할 때의 기회비용은 Y재 16개이므로, B국이 X재를 추가로 생산할 때의 기회비용은 점차 증가함을 알 수 있다.

★☆☆

09 아이스크림 수요곡선의 이동을 발생시키는 원인이 아닌 것은?

14년 노무사

① 아이스크림 소비자의 소득이 증가하였다.
② 대체재인 냉동요구르트의 가격이 상승하였다.
③ 아이스크림의 가격이 상승하였다.
④ 날씨가 갑자기 더워졌다.
⑤ 아이스크림의 가격이 조만간 하락할 것으로 기대된다.

★★★

10 다음 조건에서 A와 B가 어떤 재화인지를 추론한 설명으로 옳은 것을 〈보기〉에서 모두 고른 것은?

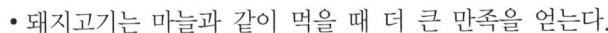

- 돼지고기는 마늘과 같이 먹을 때 더 큰 만족을 얻는다.
- 마늘 대신에 양파를 먹어도 만족은 동일하다.

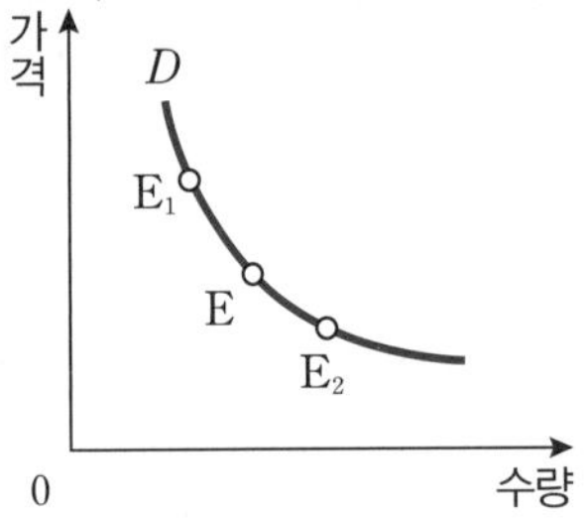

<재화 A>

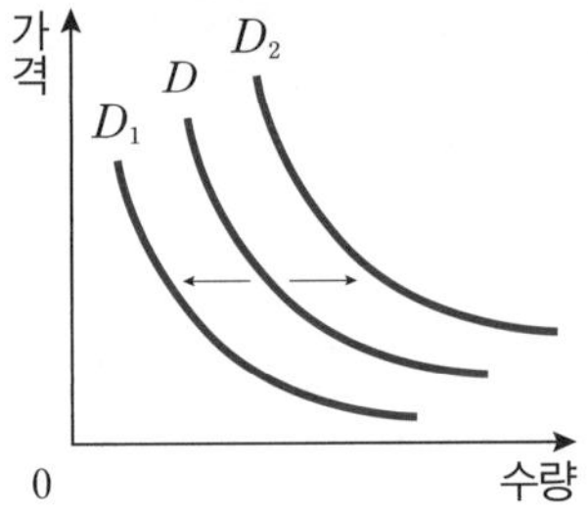

<재화 B>

〈보기〉

ㄱ. $E \rightarrow E_1$ 일 때 $D \rightarrow D_1$ 이면, 재화 A는 양파, 재화 B는 마늘이다.
ㄴ. $E \rightarrow E_1$ 일 때 $D \rightarrow D_2$ 이면, 재화 A는 돼지고기, 재화 B는 양파이다.
ㄷ. $E \rightarrow E_2$ 일 때 $D \rightarrow D_1$ 이면, 재화 A는 마늘, 재화 B는 양파이다.
ㄹ. $E \rightarrow E_2$ 일 때 $D \rightarrow D_2$ 이면, 재화 A는 돼지고기, 재화 B는 마늘이다

① ㄱ, ㄴ　　② ㄱ, ㄹ　　③ ㄴ, ㄷ
④ ㄴ, ㄹ　　⑤ ㄷ, ㄹ

★★★

11 다음은 사과와 배의 수요함수를 추정한 식이다. 이에 대한 설명으로 옳지 않은 것은?

16년 국가직

- 사과의 수요함수: $Q_A = 0.8 - 0.8P_A - 0.2P_B + 0.6I$
- 배의 수요함수: $Q_B = 1.1 - 1.3P_B - 0.25P_A + 0.7I$

(단, Q_A는 사과 수요량, Q_B는 배 수요량, P_A는 사과 가격, P_B는 배 가격, I는 소득을 나타낸다.)

① 사과와 배는 보완재이다.
② 사과와 배는 모두 정상재이다.
③ 사과와 배 모두 수요법칙이 성립한다.
④ 사과와 배 모두 가격 및 소득과 무관한 수요량은 없다.

정답 및 해설

09 정답 ③

주제 수요곡선의 이동

해설

아이스크림 가격이 상승하면 아이스크림 수요곡선이 이동하는 것이 아니라 수요곡선상에서 좌상방의 점으로 이동한다.

10 정답 ⑤

주제 수요의 변동

해설

돼지고기와 마늘은 보완재이며, 마늘과 양파는 대체재이다. 대체재의 가격과 수요는 같은 방향이고, 보완재의 가격과 수요는 반대 방향이다.

오답체크

ㄱ. 가격 상승 시 수요가 감소하면 보완재이다.
ㄴ. 가격 상승 시 수요가 증가하면 대체재이다.

11 정답 ④

주제 수요함수

해설

사과와 배 모두 가격 및 소득과 무관한 수요량은 A의 0.8, B의 1.1이 존재한다.

오답체크

① 사과와 배의 수요함수를 보면 배의 가격(P_B)이 상승하면 사과 수요량(Q_A)이 감소하고, 사과의 가격(P_A)이 상승하면 배의 수요량(Q_B)이 감소하는 것을 알 수 있는데, 이는 두 재화가 서로 보완재 관계임을 의미한다.
② 주어진 소득(I)이 증가하면 두 재화의 수요량이 모두 증가하므로 두 재화는 모두 정상재이다.
③ 사과의 가격(P_A)이 상승하면 사과의 수요량(Q_A)이 감소하고, 배의 가격(P_B)이 상승하면 배의 수요량(Q_B)이 감소하므로 두 재화 모두 수요의 법칙이 성립한다.

★☆☆
12 **자동차 제조업체들이 생산비용을 획기적으로 절감할 수 있는 로봇 기술을 개발하였다. 이 기술 개발이 자동차 시장에 미치는 직접적인 파급효과로 옳은 것은?** 14년 국가직

① 수요곡선이 우측으로 이동하고, 자동차 가격이 상승한다.
② 수요곡선이 우측으로 이동하고, 자동차 가격이 하락한다.
③ 공급곡선이 우측으로 이동하고, 자동차 가격이 상승한다.
④ 공급곡선이 우측으로 이동하고, 자동차 가격이 하락한다.

★☆☆
13 **고급 한식에 대한 열풍으로 한식 가격이 상승하였다고 가정하자. 한식 가격의 상승이 한식 요리사들의 노동시장에 미치는 영향으로 가장 옳은 것은?** 16년 서울시

① 노동수요곡선이 오른쪽으로 이동하여 임금이 상승한다.
② 노동수요곡선이 왼쪽으로 이동하여 임금이 하락한다.
③ 노동공급곡선이 오른쪽으로 이동하여 임금이 하락한다.
④ 노동공급곡선이 왼쪽으로 이동하여 임금이 상승한다.

★☆☆
14 **재화 X의 가격이 상승할 때 나타나는 효과에 대한 서술로 가장 옳은 것은?** 16년 서울시

① 재화 X와 대체관계에 있는 재화 Y의 가격은 하락한다.
② 재화 X와 보완관계에 있는 재화 Y의 수요량은 증가한다.
③ 재화 X가 정상재라면 수요량은 감소한다.
④ 재화 X가 열등재라면 수요량은 증가한다.

★★☆

15 X재는 열등재이며 수요, 공급의 법칙을 따른다. 최근 경기불황으로 소비자들의 소득이 감소했다. 한편 원료비 하락으로 X재의 대체재인 Y재 가격이 내렸다. X재의 가격은 최종적으로 상승했다. 다음 중 옳은 설명은? (단, X재의 공급곡선에는 변화가 없음) 14년 서울시

① X재의 거래량은 감소하였다.

② 변화 전후의 두 균형점은 동일한 수요곡선상에 있다.

③ X재의 판매수입이 증가하였다.

④ Y재가 X재의 보완재였다면 X재의 가격은 하락했을 것이다.

⑤ X재 생산자의 생산자잉여는 감소했다.

정답 및 해설

12 정답 ④

주제 시장의 균형

해설

1) 로봇 기술이 개발되어 자동차 생산비용이 절감되면 자동차의 공급곡선이 오른쪽으로 이동한다.
2) 자동차의 공급곡선이 오른쪽으로 이동하면 자동차의 가격이 하락하고 거래량이 증가하게 된다.

13 정답 ①

주제 시장의 균형

해설

한식 가격이 상승하면 한식의 공급량이 늘어나므로 한식 요리사에 대한 수요가 증가한다. 이는 한식 요리사 시장에서 노동수요곡선이 오른쪽으로 이동함을 의미한다. 노동수요곡선이 오른쪽으로 이동하면 임금이 상승한다.

14 정답 ③

주제 시장의 균형

해설

재화 X가 정상재라면 소득효과와 대체효과 모두 동일하게 나타날 것이므로 수요량은 감소한다.

오답체크

① 재화 X와 대체관계에 있는 재화 Y의 수요가 증가하여 가격은 상승한다.
② 재화 X와 보완관계에 있는 재화 Y의 수요가 감소하여 가격이 하락한다.
④ 재화 X가 일반적인 열등재이면 수요량이 감소하고, 기펜재라면 수요량은 증가한다.

15 정답 ③

주제 시장의 균형

해설

1) 열등재인 경우 소득이 감소하면 수요가 증가한다.
2) 대체재의 가격 하락은 수요가 감소한다.
3) 최종적으로 가격이 상승하였으므로 수요의 증가가 더 크다.
4) 지문 분석
③ 최종적으로 수요가 증가하여 X재의 판매수입이 증가하였다.

오답체크

① 수요가 증가하여 X재의 거래량은 증가하였다.
② 수요가 변화하였으므로 변화 전후의 두 균형점은 동일한 공급곡선상에 있다.
④ Y재가 X재의 보완재였다면 X재의 가격은 상승했을 것이다.
⑤ X재 생산자의 생산자잉여는 증가하였다.

★★☆

16 **어느 재화 X의 수요곡선과 공급곡선은 다음과 같다. 이때 이 재화의 수요와 공급에 대한 설명으로 옳은 것을 〈보기〉에서 모두 고르면?**

- $D = 200 - 10P_X$
- $S = -100 + 20P_X$ (P_X는 X재화의 가격)

〈보기〉

ㄱ. 이 재화의 균형가격은 10, 균형거래량은 100이다.
ㄴ. 재화의 가격이 12원일 경우에는 초과수요가 발생한다.
ㄷ. 재화의 가격이 6원일 때는 30개의 초과수요가 존재한다.
ㄹ. 재화의 가격을 종축에, 수량을 횡축에 놓고 공급곡선과 수요곡선을 그릴 경우, 공급곡선의 기울기는 수요곡선의 기울기보다 완만하다.

① ㄱ, ㄴ ② ㄱ, ㄹ ③ ㄴ, ㄷ
④ ㄴ, ㄹ ⑤ ㄷ, ㄹ

★★☆

17 **표는 X재의 전기 대비 수요와 공급의 변동을 나타낸 것이다. 이에 대한 분석으로 옳은 것은? (단, X재는 수요법칙과 공급법칙을 따름)**

구분	2018	2019	2020
수요	증가	증가	불변
공급	불변	증가	증가

① X재 가격은 2018년에 가장 높다.
② 2018년 이후로 X재 거래량은 지속적으로 증가했다.
③ 2020년에는 X재에 대한 초과수요가 나타났다.
④ 대체재의 가격 하락은 2018년 나타난 변화 요인이 될 수 있다.
⑤ 수요가 증가하는 2018년과 2019년은 모두 가격이 상승할 것이다.

정답 및 해설

16 정답 ②

주제 시장의 균형

해설

ㄱ. 균형가격과 거래량은 $D = S$인 지점에서 결정되므로, 수요곡선($D = 200 - 10P_X$)과 공급곡선($S = -100 + 20P_X$)이 일치하는 점의 가격은 $200 - 10P_X = -100 + 20P_X$에서 $P_X = 10$, 균형거래량은 100이다.

ㄹ. 공급곡선의 기울기의 절대값은 $\frac{1}{20}$, 수요곡선의 기울기의 절대값은 $\frac{1}{10}$로 수요곡선의 기울기가 더 가파르다.

오답체크

ㄴ. 10보다 높으면 초과공급, 낮으면 초과수요가 발생한다.

ㄷ. 가격이 6원일 경우 수요는 $200 - 10 \times 6 = 140$, 공급은 $-100 + 20 \times 6 = 20$으로 120개의 초과수요가 존재한다.

17 정답 ②

주제 시장의 균형

해설

3가지 경우 모두 거래량은 증가한다.

오답체크

① 2019년 가격의 변화를 알 수 없으므로 2018년에 가격이 가장 높다고 단정할 수 없다.

③ 2020년에 초과수요가 나타났다고 볼 수 없다.

④ 대체재의 가격 하락은 해당 재화의 수요 감소 요인이다.

⑤ 수요가 증가하는 2018년은 공급이 불변이므로 가격이 상승하지만, 2019년은 공급도 함께 증가하므로 가격 상승여부는 불투명하고 거래량은 증가할 것이다.

★★★

18 **수요의 법칙과 공급의 법칙이 성립하는 상황에서 소비자잉여와 생산자잉여에 대한 설명으로 옳은 것만을 모두 고른 것은?** 17년 국가직

〈보기〉

ㄱ. 콘플레이크와 우유는 보완재로, 콘플레이크의 원료인 옥수수 가격이 하락하면 콘플레이크 시장의 소비자잉여는 증가하고 우유 시장의 생산자잉여도 증가한다.

ㄴ. 콘플레이크와 떡은 대체재로, 콘플레이크의 원료인 옥수수 가격이 상승하면 콘플레이크 시장의 소비자잉여는 감소하고 떡 시장의 생산자잉여도 감소한다.

ㄷ. 수요와 공급의 균형 상태에서 생산된 재화의 수량은 소비자잉여와 생산자잉여를 동일하게 하는 수량이다.

① ㄱ ② ㄴ

③ ㄱ, ㄷ ④ ㄴ, ㄷ

★☆☆

19 **〈보기〉의 빈칸에 들어갈 것으로 가장 옳은 것은?** 18년 서울시

〈보기〉

어느 재화에 대한 수요가 증가했지만 공급곡선은 변화하지 않을 경우, 소비자잉여는 __________.

① 감소한다 ② 불변이다

③ 증가한다 ④ 알 수 없다

★☆☆

20 **어떤 재화의 시장수요곡선은 $P=300-2Q$이고, 시장공급곡선은 $P=150+Q$일 때의 시장균형에 대한 설명으로 옳은 것은? (단, Q는 수량, P는 가격)** 14년 지방직

① 사회적 잉여는 3,750이다.

② 균형가격은 50이다.

③ 균형거래량은 30이다.

④ 생산자잉여는 2,500이다.

18 정답 ①

주제 소비자잉여와 생산자잉여

해설

ㄱ. 콘플레이크와 우유는 보완재로, 콘플레이크의 원료인 옥수수 가격이 하락하면 공급이 증가하여 균형가격 하락과 거래량 증가로 콘플레이크 시장의 소비자잉여는 증가한다. 또한, 콘플레이크의 가격 하락으로 우유의 수요가 증가하여 우유 가격 상승과 거래량 증가가 일어나 우유 시장의 생산자잉여도 증가한다.

오답체크

ㄴ. 콘플레이크와 떡은 대체재로, 콘플레이크의 원료인 옥수수 가격이 상승하면 공급 감소로 가격이 상승하고 거래량이 감소하여 콘플레이크 시장의 소비자잉여는 감소한다. 그러나 떡은 대체재이므로 수요가 증가하여 떡 시장의 생산자잉여는 증가한다.

ㄷ. 시장의 균형에서 소비자잉여의 크기와 생산자잉여의 크기는 수요곡선과 공급곡선의 형태에 의해 결정되므로 균형에서 소비자잉여와 생산자잉여가 동일하다는 보장은 없다.

19 정답 ④

주제 소비자잉여

해설

1) 수요곡선이 우하향의 직선이고, 수요가 증가함에 따라 수요곡선이 오른쪽으로 평행하게 이동하였다고 하자.
2) 공급곡선의 형태에 따라 소비자잉여가 증가할 수도 있고 아닐 수도 있다. 즉, 일반적으로 증가하지만 공급곡선이 수직인 경우 소비자잉여는 불변이다.

20 정답 ①

주제 시장의 균형

해설

1) 시장수요함수와 시장공급함수를 연립해서 풀면 $300-2Q=150+Q$, $3Q=150$이므로 균형거래량 $Q=50$이다.
2) $Q=50$을 시장수요함수(혹은 시장공급함수)에 대입하면 균형가격 $P=200$이다.
3) 소비자잉여는 $2{,}500(=\frac{1}{2}\times50\times100)$이고, 생산자잉여는 $1{,}250(=\frac{1}{2}\times50\times50)$임을 알 수 있다. 따라서 소비자잉여와 생산자잉여를 합한 사회 전체의 총잉여는 3,750이다.
4)

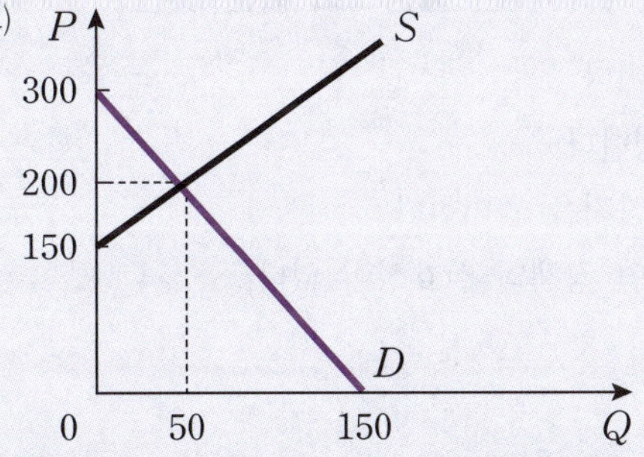

★★★

21 **완전경쟁시장에서 거래되는 어느 재화의 수요곡선과 공급곡선이 다음과 같다. 정부가 균형가격을 시장가격으로 설정하고 시장거래량을 2로 제한할 때, 소비자잉여와 생산자잉여의 합은? (단, Q_D는 수요량, Q_S는 공급량, P는 가격)** 19년 국가직

• 수요곡선: $Q_D = 10 - 2P$ • 공급곡선: $Q_S = -2 + 2P$

① 2　　② 4

③ 6　　④ 8

★★☆

22 **완전경쟁시장에서 수요곡선은 $Q_d = 8 - 0.5P$이고 공급곡선은 $Q_s = P - 4$라고 할 때, 균형가격(P)과 소비자잉여(CS)의 크기는? (단, Q_d는 수요량, Q_s는 공급량)** 18년 노무사

① $P = 4$, $CS = 8$　　② $P = 4$, $CS = 16$　　③ $P = 8$, $CS = 8$

④ $P = 8$, $CS = 16$　　⑤ $P = 10$, $CS = 8$

★★☆

23 **완전경쟁시장에서 정부가 시행하는 가격상한제에 대한 설명으로 옳은 것은?** 17년 국가직

① 최저임금제는 가격상한제에 해당하는 정책이다.

② 가격상한제를 실시할 경우 초과공급이 발생한다.

③ 가격상한은 판매자가 부과할 수 있는 최소가격을 의미한다.

④ 가격상한이 시장균형가격보다 높게 설정되면 정책의 실효성이 없다.

21 정답 ③

주제 수량통제

해설

1) 수요함수와 공급함수를 연립해서 풀면 $10-2P=-2+2P$이므로 균형가격 $P=3$이고, $P=3$을 수요함수(혹은 공급함수)에 대입하면 균형거래량 $Q=4$이다.
2) 만약 정부가 균형가격을 3으로 설정하고 시장거래량을 2로 제한한다면 소비자잉여는 아래 그림에서 A 부분의 면적, 생산자잉여는 B 부분의 면적이 된다.
3)

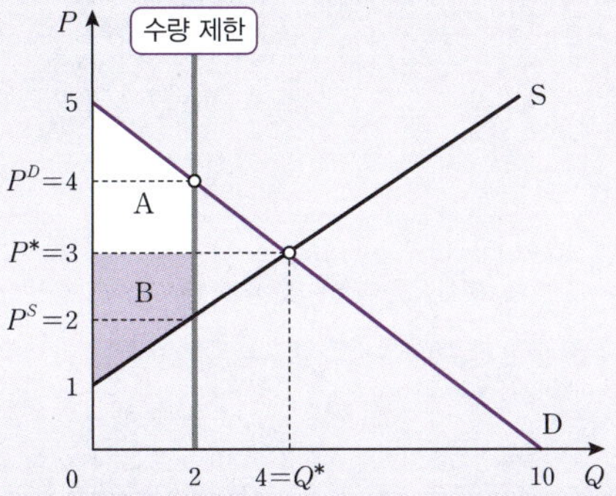

4) 따라서 소비자잉여는 $3\left[=\frac{1}{2}\times(2+1)\times2\right]$, 생산자잉여는 $3\left[=\frac{1}{2}\times(2+1)\times2\right]$으로 계산된다.

22 정답 ④

주제 균형가격과 잉여

해설

1) 수요함수 $P=16-2Q$와 공급함수 $P=4+Q$를 연립해서 풀면 $16-2Q=4+Q$, $Q=4$이다.
2) $Q=4$를 수요함수(혹은 공급함수)에 대입하면 $P=8$이다.
3) 아래 그림에서 소비자잉여는 $16\left(=\frac{1}{2}\times4\times8\right)$이다.
4)

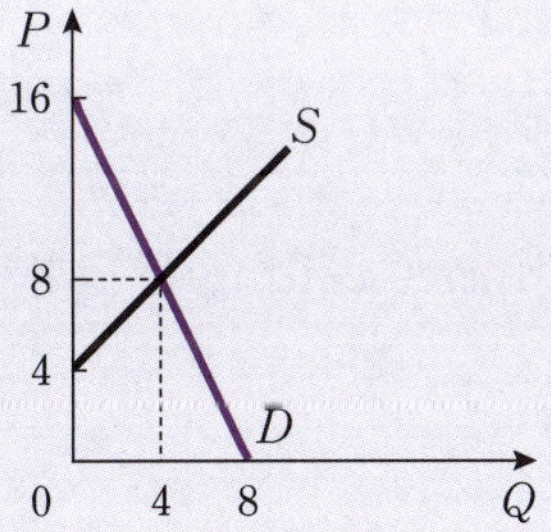

23 정답 ④

주제 가격통제

해설

1) 최저임금제는 가격상한제가 아니라 가격하한제에 해당한다.
2) 가격상한은 판매자가 부과할 수 있는 최소가격이 아니라 최대가격을 의미하는데, 시장의 균형가격보다 낮은 수준에서 가격상한제가 실시되면 초과공급이 발생하는 것이 아니라 초과수요가 발생한다.

★★☆

24 **정부의 가격통제에 관한 설명으로 옳지 않은 것은? (단, 시장은 완전경쟁이며 암시장은 존재하지 않음)** 18년 노무사

① 가격상한제란 정부가 설정한 최고가격보다 낮은 가격으로 거래하지 못하도록 하는 제도이다.

② 가격하한제는 시장의 균형가격보다 높은 수준에서 설정되어야 효력을 가진다.

③ 최저임금제는 저임금근로자의 소득을 유지하기 위해 도입하지만 실업을 유발할 수 있는 단점이 있다.

④ 전쟁 시에 식료품 가격안정을 위해서 시장균형보다 낮은 수준에서 최고가격을 설정하여야 효력을 가진다.

⑤ 시장균형가격보다 낮은 아파트 분양가 상한제를 실시하면 아파트 수요량은 증가하고, 공급량은 감소한다.

★☆☆

25 **〈보기〉의 빈칸에 들어갈 것으로 가장 옳은 것은?** 18년 서울시

> 정부에 의한 가격통제가 효력을 발휘하기 위해서 가격상한(price ceiling)은 균형가격보다 ____㉠____ 하고 가격하한(price floor)은 ____㉡____ 한다.

	㉠	㉡
①	낮아야	낮아야
②	높아야	높아야
③	낮아야	높아야
④	높아야	낮아야

★☆☆

26 〈보기〉에서 임대료 규제의 효과로 옳은 것을 모두 고르면? 19년 서울시 1회

〈보기〉

ㄱ. 암시장의 발생 가능성 증가
ㄴ. 장기적으로 주택공급의 감소
ㄷ. 주택의 질적 수준의 하락
ㄹ. 비가격 방식의 임대방식으로 임대주택의 비효율성 발생

① ㄱ
② ㄱ, ㄴ
③ ㄱ, ㄷ
④ ㄱ, ㄴ, ㄷ, ㄹ

정답 및 해설

24 정답 ①

주제 가격통제

해설

가격상한제란 정부가 설정한 최고가격보다 '낮은 가격'이 아니라 정부가 설정한 가격보다 '높은 가격'으로 거래하지 못하도록 하는 제도이다.

25 정답 ③

주제 가격통제

해설

1) 가격상한제(price ceiling)는 가격을 시장의 균형가격보다 낮추기 위해 시행되는 것이므로, 가격상한제가 효력을 발휘하려면 가격상한은 균형가격보다 낮은 수준으로 설정되어야 한다.
2) 가격하한제(price floor)는 가격을 시장의 균형가격보다 높게 유지하기 위해 시행되므로, 가격하한제가 실효성을 가지려면 가격하한은 시장의 균형가격보다 높게 설정되어야 한다.

26 정답 ④

주제 가격통제

해설

ㄱ. 임대료 규제가 시행되면 임대주택시장이 초과수요 상태에 놓이므로 암시장이 생겨날 가능성이 있다.
ㄴ. 임대료가 낮은 수준으로 규제되면 주택임대사업을 하려는 사람이 감소하므로 장기적으로 임대주택의 공급이 감소한다.
ㄷ. 임대주택이 부족한 상황에서는 주택 소유자는 언제든지 임차인을 구할 수 있으므로 주택을 깨끗하게 유지 보수할 필요가 없다. 그러므로 임대주택의 질적 수준이 하락할 가능성이 높다.
ㄹ. 비가격 방식은 추첨 등을 통한 것이므로 임대주택의 비효율성이 발생할 수 있다.

고난도 문제

★☆☆

27 **원점에 대해 오목한 생산가능곡선에 관한 설명으로 옳지 <u>않은</u> 것은?** 21년 감정평가사

① X축 상품 생산이 늘어나면 기울기가 더 가팔라진다.
② 생산 기술이 향상되면 생산가능곡선이 원점에서 더 멀어진다.
③ 기회비용체증의 법칙이 성립한다.
④ 생산가능곡선 기울기의 절댓값이 한계변환율이다.
⑤ 생산가능곡선상의 점에서 파레토 개선이 가능하다.

★★★

28 **다음 그림에 따를 때 휘발유 가격이 리터당 3,000원인 경우 휘발유의 시장수요량으로 옳은 것은? (단, 이 경제에는 갑과 을이라는 두 명의 소비자만 존재함) (단위: 리터)**

19년 국회 8급

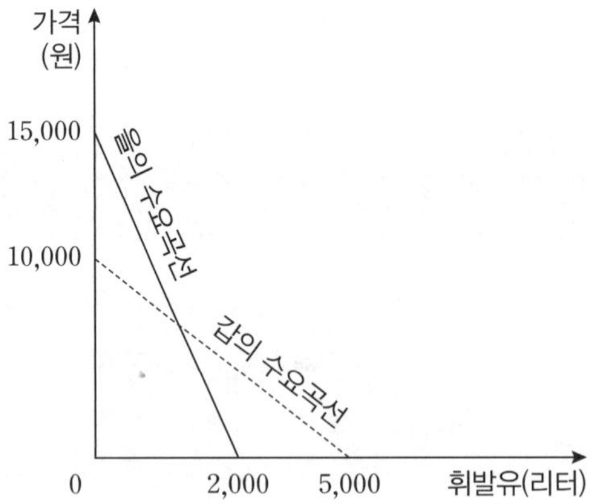

① 5,100 ② 5,200 ③ 5,300
④ 5,400 ⑤ 5,500

★★★

29 X재 시장의 수요곡선은 $Q_D = 500 - 4P$이고, 공급곡선은 $Q_S = -100 + 2P$이다. 시장균형에서 정부가 $P = 80$의 가격상한을 설정할 때, (ㄱ)소비자잉여의 변화와 (ㄴ)생산자잉여의 변화는? (단, Q_D는 수요량, Q_S는 공급량, P는 가격) 20년 감정평가사

① ㄱ: 증가, ㄴ: 증가
② ㄱ: 증가, ㄴ: 감소
③ ㄱ: 불변, ㄴ: 불변
④ ㄱ: 감소, ㄴ: 증가
⑤ ㄱ: 감소, ㄴ: 감소

정답 및 해설

27 정답 ⑤

주제 생산가능곡선

해설

생산가능곡선상의 점은 생산의 파레토 효율성이 달성된 점이다. 따라서 파레토 개선이 불가능하다.

오답체크

①, ③, ④ 생산가능곡선 기울기의 절댓값이 한계변환율이고, X재 생산의 기회비용이다. 원점에서 오목한 경우 X재 생산이 늘어날수록 기울기가 가팔라지므로 X재 생산의 기회비용이 체증한다.

② 생산 기술이 향상되면 동일한 자원으로 더 많은 생산이 가능하므로 생산가능곡선이 원점에서 더 멀어진다.

28 정답 ①

주제 시장수요곡선

해설

1) 갑의 수요곡선을 구하면 $p = -2q + 10{,}000 \rightarrow q = 5{,}000 - \frac{p}{2}$이다.

2) 을의 수요곡선을 구하면 $p = -7.5q + 15{,}000 \rightarrow q = 2{,}000 - \frac{2p}{15}$이다.

3) $p = 3{,}000$을 대입하면 갑은 3,500, 을은 1,600이다. 따라서 갑과 을을 합한 시장수요량은 총 5,100리터이다.

29 정답 ②

주제 최고가격제

해설

1) 시장균형을 구하면 $500 - 4P = -100 + 2P \rightarrow P = 100,\ Q = 100$이다.

2) 생산자잉여는 당연히 감소하며 소비자잉여는 $25 \times 100 \times \frac{1}{2}(=1{,}250) \rightarrow (45+30) \times 60 \times \frac{1}{2}(=2{,}250)$으로 증가한다.

3)

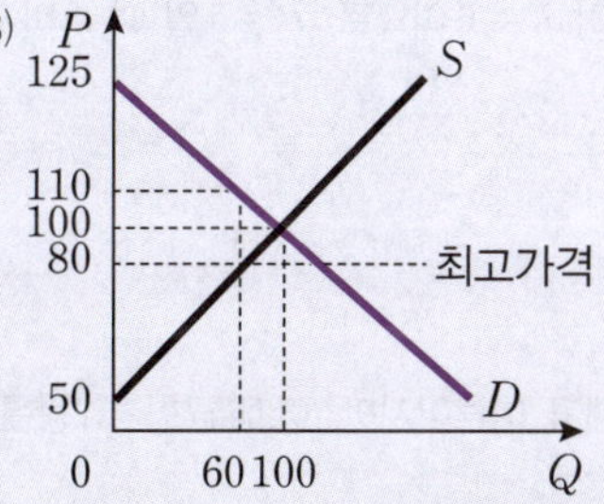

★★★

30 **한 시장에서 각 소비자의 수요곡선은 〈보기〉와 같고, 소비자는 5명이다. 그리고 공급곡선은 $S = 20P$ 이다. 다음 설명 중 옳지 않은 것은? (단, D는 각 소비자의 수요량, S는 공급량, P는 가격)**

16년 공인회계사

〈 보기 〉

$$D = \begin{cases} 30 - P, & P < 30 \\ 0, & P \geq 30 \end{cases}$$

① $P = 4$일 때, 초과수요가 발생한다.

② $P = 5$일 때, 소비자잉여와 생산자잉여의 합은 최대가 된다.

③ $P = 20$일 때, 초과공급이 발생한다.

④ $P = 60$일 때, 소비는 발생하지 않는다.

⑤ 공급곡선이 $S = P$로 바뀌면 시장의 균형거래량은 변화한다.

정답 및 해설

30 정답 ②

주제 균형가격의 결정과 변동

해설

1) 개별수요곡선을 시장수요곡선으로 바꾸면 $Q = 30 - P \rightarrow Q = 150 - 5P$이다.

2) 시장의 균형을 구하면 $20P = 150 - 5P, \rightarrow P = 6$이다.

3) 지문 분석

② 균형가격일 때 소비자잉여와 생산자잉여가 최대가 된다. 균형가격이 $P = 6$이므로, $P = 5$일 때 소비자잉여와 생산자잉여의 합은 최대가 되는 것이 아니다.

오답체크

① $P = 4$일 때, 균형가격보다 낮으므로 초과수요가 발생한다.

③ $P = 20$일 때, 균형가격보다 높으므로 초과공급이 발생한다.

④ $P = 60$일 때, 수요가 존재하지 않으므로 소비는 발생하지 않는다.

⑤ 공급곡선이 $S = P$로 바뀌면 $150 - 5P = P \rightarrow P = 25$이므로 거래가 이루어지며, 이때 균형거래량은 5이다. 따라서 시장의 균형거래량은 변화한다.

memo

PART

2 탄력성

Chapter 01
수요의 가격탄력성

Chapter 02
수요의 소득 · 교차탄력성, 공급의 가격탄력성

학습 구성

구분	출제 포인트	중요도	학습 날짜
Chapter 01 수요의 가격탄력성	01 탄력성의 기본 개요	★★★	
	02 수요의 가격탄력성	★★★	
Chapter 02 수요의 소득 · 교차탄력성, 공급의 가격탄력성	01 수요의 소득탄력성	★★	
	02 수요의 교차탄력성	★★	
	03 공급의 가격탄력성	★★	

Chapter 01

수요의 가격탄력성

+ 학습목표

- 수요의 가격탄력성의 공식과 의미를 이해할 수 있다.
- 점탄력성, 선형수요곡선의 탄력성을 구할 수 있다.
- 가격 변화에 따른 판매 수입을 정확히 파악할 수 있다.

01 탄력성의 기본 개요 ★★★

1. 의미

◀ 시험 POINT 탄력성의 의미와 공식을 잘 파악해야 혼란이 없습니다.

일반적으로 e로 표현하며, 원인과 결과의 관계를 알아보기 위한 것이다.

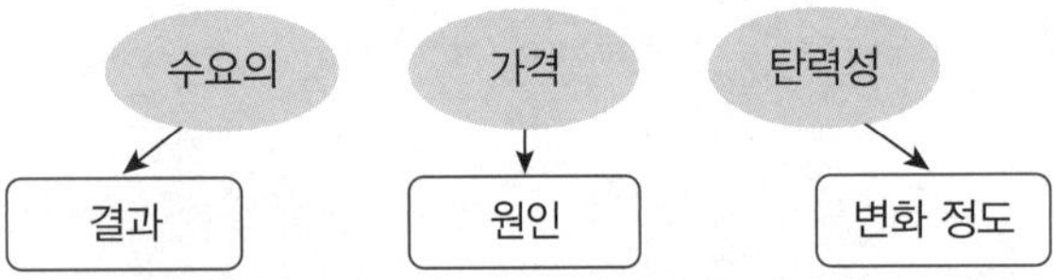

2. 공식

$$\frac{\text{결과의 변화율}}{\text{원인의 변화율}}$$

탄력성은 변화분(나중 수치 − 처음 수치)이 아닌 $\left[\frac{\text{나중 수치} - \text{처음 수치}}{\text{처음 수치}} \times 100\right]$을 사용한 변화율을 말한다. 예를 들어 가격이 100원에서 200원으로 증가한 후, 200원에서 300원으로 증가하면 변화분은 둘 다 100원이지만 변화율은 100%에서 50%로 줄어든다. 변화분과 변화율은 다른 개념이므로 반드시 구분하여 사용하여야 한다.

3. 여러 가지 탄력도(탄력성)

$$A(\text{결과})\text{의 } B(\text{원인})\text{탄력성} = \frac{A(\text{결과})\text{의 변화율}}{B(\text{원인})\text{의 변화율}}$$

구분	수요(량)	공급(량)	화폐수요(량)	투자(량)
가격	수요의 가격탄력성	공급의 가격탄력성	-	-
소득	수요의 소득탄력성	-	화폐수요의 소득탄력성	투자의 소득탄력성
연관 상품의 가격	수요의 교차탄력성	-	-	-
이자율	-	-	화폐수요의 이자율탄력성	투자의 이자율탄력성

4. 결론

결과의 변화율이 크면(민감하면) 탄력적이며, 원인의 변화율이 크면 비탄력적이다. 많은 부분을 탄력성으로 설명하는 것이 가능한데, 예를 들어 화폐수요의 이자율탄력성이 크다는 것은 이자율 변화(원인)에 화폐수요(결과)가 민감하게 반응하는 것을 의미한다.

02 수요의 가격탄력성 ★★★

1. 개요

(1) 의미

① 가격의 변화에 따라 소비자의 소비량 변화가 어떻게 반응하는지를 알아보고자 하는 것이다.

② 수요의 가격탄력성이 탄력적이면 가격의 변화에 민감하게 수요량이 변하는 것이고, 비탄력적이면 가격이 변화하더라도 수요량이 적게 변하는 것이다.

(2) 예시

① **탄력적인 경우:** 햄버거 가격이 10% 상승한 것을 보고 햄버거를 먹지 않는 경우, 가격에 영향을 받아서 소비량을 급속히 줄였으므로 탄력적이다.

② **비탄력적인 경우:** 햄버거 가격이 10% 상승한 것으로 보고도 여전히 햄버거를 먹는 경우, 가격에 영향을 받지 않고 소비량을 유지하였으므로 비탄력적이다.

2. 공식과 유의점

(1) 공식

$$e_d(=\varepsilon_d)=\frac{\text{수요량의 변화율}(\%)}{\text{가격의 변화율}(\%)}=\frac{\dfrac{\text{수요량의 변화분}}{\text{최초 수요량}}\times 100}{\dfrac{\text{가격의 변화분}}{\text{최초 가격}}\times 100}=\left|-\frac{\dfrac{\Delta Q}{Q}}{\dfrac{\Delta P}{P}}\right|=\left|-\frac{\Delta Q}{\Delta P}\cdot\frac{P}{Q}\right|$$

(2) 유의점

① **일반적으로 절댓값 사용:** 수요의 가격탄력성은 반드시 음(−)의 값이 나와야 한다. 왜냐하면 가격과 수요량은 반비례하기 때문이다. 항상 음(−)의 값이 나오므로 일반적으로 절댓값을 씌워서 사용한다.

② **계산 시 유의점:** 수요의 가격탄력성을 이용하여 수요량을 구하는 문제는 (−)가 반드시 있다는 것을 기억하여 풀어야 한다.

③ $\frac{\Delta Q}{\Delta P}$는 기울기의 역수이므로 기울기가 완경사일수록 수요의 가격탄력성이 탄력적, 기울기가 급경사일수록 수요의 가격탄력성이 비탄력적이다.

3. 탄력성의 종류

◀ 시험 POINT 직선인 수요곡선인 경우 기울기가 동일하지만 점마다 탄력성이 다르다는 것이 중요합니다.

(1) 호탄력성

① 곡선 위에 존재하는 두 점 사이에서 계산된 탄력성이다.

② 공식

$$-\frac{\Delta Q}{\Delta P}\cdot\frac{P_1+P_2}{Q_1+Q_2}$$

③ 그래프

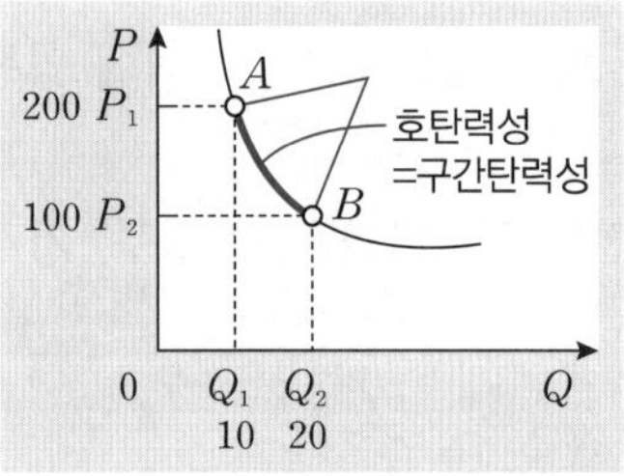

④ 설명

- $A \rightarrow B$로 이동했을 때 탄력성$=-\frac{\Delta Q}{\Delta P}\cdot\frac{P}{Q}=\frac{10}{100}\times\frac{200}{10}=2$이다.
- $B \rightarrow A$로 이동했을 때 탄력성$=-\frac{\Delta Q}{\Delta P}\cdot\frac{P}{Q}=\frac{10}{100}\times\frac{100}{20}=\frac{1}{2}$이다.

• 동일한 구간에서 시작점의 방향에 따라 값이 달라지는 점을 피하기 위해 가격과 수량의 평균값을 사용한다.

• A와 B의 구간에서의 호탄력성= $\left| -\frac{\Delta Q}{\Delta P} \cdot \frac{\frac{P_1+P_2}{2}}{\frac{Q_1+Q_2}{2}} \right| = \left| -\frac{\Delta Q}{\Delta P} \cdot \frac{P_1+P_2}{Q_1+Q_2} \right|$

$= \frac{10}{100} \times \frac{100+200}{10+20} = 1$

(2) 점탄력성

① 곡선 위 한 점에서 계산된 탄력성이다.

② 공식

$$e_d = \lim_{\Delta P \to 0} \left| -\frac{\frac{\Delta Q}{Q}}{\frac{\Delta P}{P}} \right| = \left| -\frac{dQ}{dP} \cdot \frac{P}{Q} \right|$$

③ $-\frac{dQ}{dP}$는 주어진 함수를 미분하여 계산해야 한다.

④ 탄력성은 원칙적으로 점마다 다르다.

(3) 선형수요곡선의 탄력성

① 설명

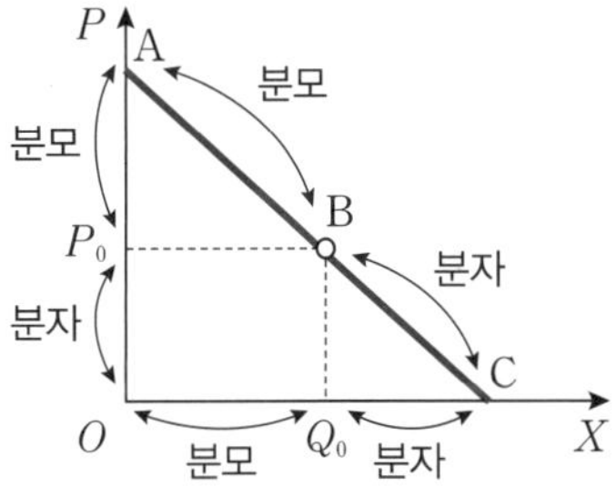

• 탄력성의 공식은 $\left| -\frac{\Delta Q}{\Delta P} \cdot \frac{P}{Q} \right|$이다.

• $-\frac{\Delta Q}{\Delta P}$는 기울기의 역수이므로 $\frac{C0}{A0}$이다. 이 기울기는 동일선상에 있는 $\frac{BP_0}{AP_0}$와도 동일하다.

• P는 원점과 P_0까지의 길이, Q는 원점과 Q_0까지의 길이이다.

• 탄력성의 공식에 대입하면 $\frac{BP_0}{AP_0} \cdot \frac{0P_0}{0Q_0}$이다. 여기서 $BP_0 = 0Q_0$이므로 약분된다.

• 따라서 선형수요곡선의 탄력성은 $\frac{0P_0}{AP_0}$이다.

② 선형수요곡선인 경우 기울기가 모두 동일하지만, 각 점의 위치에 따라서 탄력성이 달라진다.

③ 중점은 수요의 가격탄력성이 1이며 중점을 기준으로 가격이 크면 탄력적, 작으면 비탄력적이다.

개념확인 문제

Q 수요함수가 $Q=90-P$일 때, 수요의 가격탄력성에 대한 계산으로 옳지 않은 것은? (단, Q는 수량, P는 가격이며, 수요의 가격탄력성은 절댓값으로 표시함) 15년 노무사

① $P=10$일 때, 수요의 가격탄력성은 0.2이다.
② $P=30$일 때, 수요의 가격탄력성은 0.5이다.
③ $P=45$일 때, 수요의 가격탄력성은 1이다.
④ $P=60$일 때, 수요의 가격탄력성은 2이다.
⑤ $P=80$일 때, 수요의 가격탄력성은 8이다.

정답 ①

해설

1) 수요함수를 P에 대해 미분하면 $\frac{dQ}{dP}=-1$이므로 수요의 가격탄력성은 다음과 같다.

2) $e_d=-\frac{dQ}{dP}\times\frac{P}{Q}=1\times\frac{P}{90-P}$

3) $P=10$을 대입하면 수요의 가격탄력성은 $\frac{1}{5}(=0.2)$이 아니라 $\frac{1}{8}(=0.125)$이다.

4. 직선인 여러 가지 수요곡선의 수요의 가격탄력도

(1) 기울기가 다른 경우의 탄력도

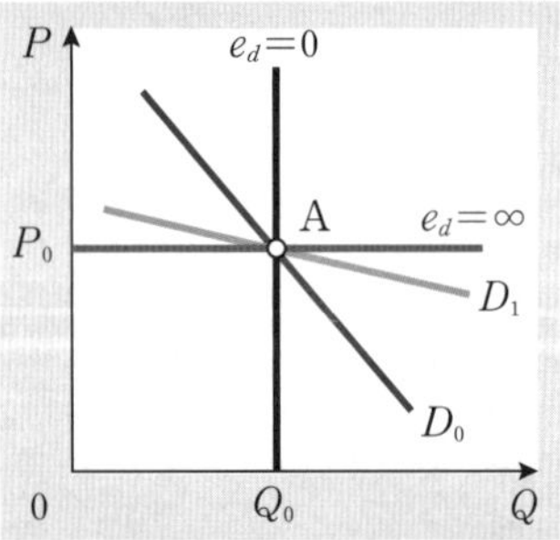

① 수요곡선의 기울기가 클수록 비탄력적이다. (D_0탄력도 < D_1탄력도)
② 수직선은 수요량의 변화율이 0이므로 모든 점에서 수요의 가격탄력성이 0으로 일정하다.
③ 수평선은 가격의 변화율이 0이므로 모든 점에서 수요의 가격탄력성이 ∞로 일정하다.

(2) 절편이 같은 수요곡선

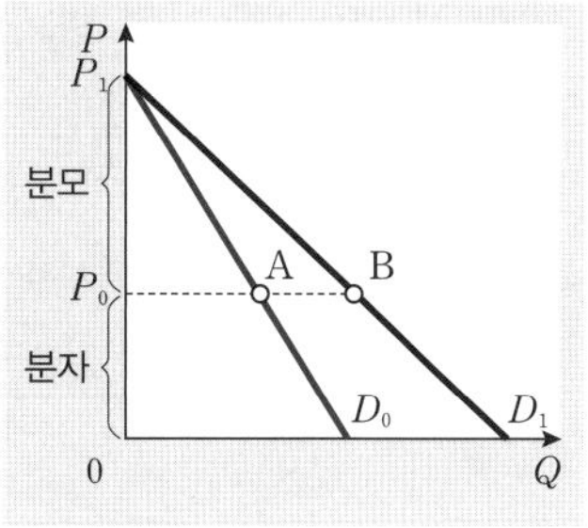

① 직선인 형태의 수요의 가격탄력성은 $e_d = \frac{\text{분자}}{\text{분모}} = \frac{OP_0}{P_0P_1}$ 로 결정된다.

② 따라서 두 점에서 탄력도는 같다.

(3) 기울기가 같은 수요곡선

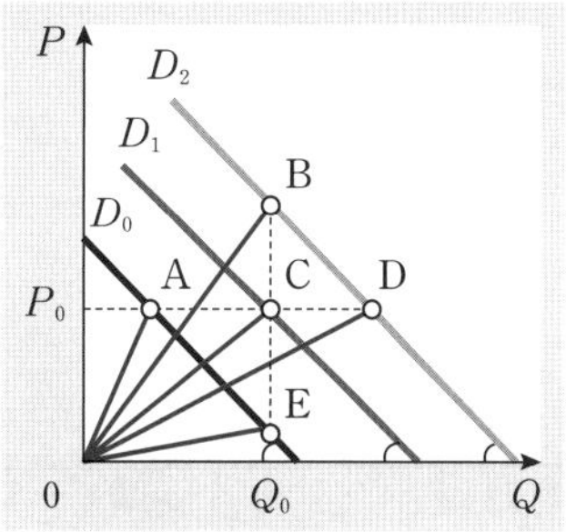

① $\frac{P_0}{Q_0}$ 의 크기에 의해 변한다.

② 가격이 같은 경우 수량이 작을수록 탄력적이므로 탄력성의 순서는 $A > C > D$이다.

③ 수량이 같은 경우 가격이 높을수록 탄력적이므로 탄력성의 순서는 $B > C > E$이다.

5. 수요의 가격탄력성의 결정 요인

(1) 대체재가 많을수록 탄력적

① 대체재가 많을수록 가격 상승 시 해당 재화의 수요량을 급격히 줄이고 다른 재화를 구매할 가능성이 있으므로 가격 변화에 수요량 변화율이 민감할 것이다.

② 예를 들어 사과가 너무 비싸지면 대체재인 배를 구입할 것이므로 사과의 수요량 변화가 심할 것이다.

(2) 필수재보다 사치재가 탄력적

① 필수재는 가격이 변한다 해도 구매량을 비슷하게 유지할 것이므로, 사치재에 비해 가격 변화에 대해 수요량 변화율이 둔감할 것이다.

② 예를 들어 쌀값이 20%가 오른다고 해도 밥은 먹고 살아야 하므로 수요량의 변동은 심하지 않을 것이다.

(3) 전체 소득에서 차지하는 비중이 클수록 탄력적

① 소득에서 차지하는 비중이 크다면 구매 시 고민할 수밖에 없다. 따라서 비싼 물건일수록 가격 변화가 수요량의 변화에 민감할 것이다.

② 예를 들어 백화점에서 파는 물건이 마트에서 파는 물건에 비해 가격의 변화율이 동일하더라도, 실제가격은 더 많이 하락할 것이므로 소비량이 급격히 변할 것이다. 백화점에서 세일을 할 경우 사람들의 구매량이 급격히 늘어나는 것으로 설명할 수 있다.

(4) 장기에서 탄력적

① 장기가 되면 단기보다 선택의 폭이 넓어지게 되어 가격이 오른 재화에 대한 소비량이 더 많이 줄어들 수 있다.

② 예를 들어 단기에 전기 요금이 상승할 경우 다른 방안을 찾지 못해 전기를 계속 사용하게 되어 수요량의 변화가 적지만, 만약 장기가 되면 될수록 다른 것을 찾으려고 노력할 것이다.

6. 수요의 가격탄력성과 판매 수입

◀ 시험 POINT 판매 수입을 올리기 위해서는 수요의 가격탄력성이 탄력적인 경우 가격을 내리고, 비탄력적인 경우 가격을 올려야 합니다.

(1) 소비지출액(기업 수입, 판매 수입)의 측정

① 소비지출액(TR) $= P \cdot Q$

② 소비지출액 변화율 = 가격 변화율 + 수요량 변화율 → $\frac{\Delta TR}{TR} = \frac{\Delta P}{P} + \frac{\Delta Q}{Q}$

(2) 탄력적인 경우와 비탄력적인 경우의 그래프와 판매 수입

① 그래프

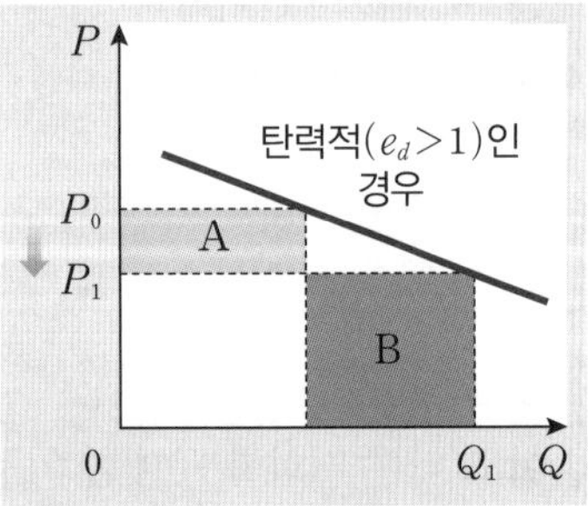

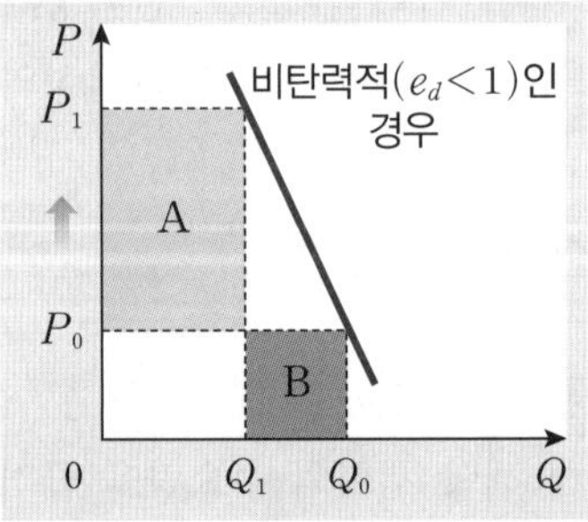

② 판매 수입

탄력적(e_d >1)인 경우	비탄력적(e_d <1)인 경우
가격 인하 전략	가격 인상 전략
A < B	A > B
가격 변동률 < 수량 변동률	가격 변동률 > 수량 변동률

(3) 수요의 가격탄력성이 단위탄력적인 경우와 완전비탄력인 경우의 판매 수입의 변화

① 그래프

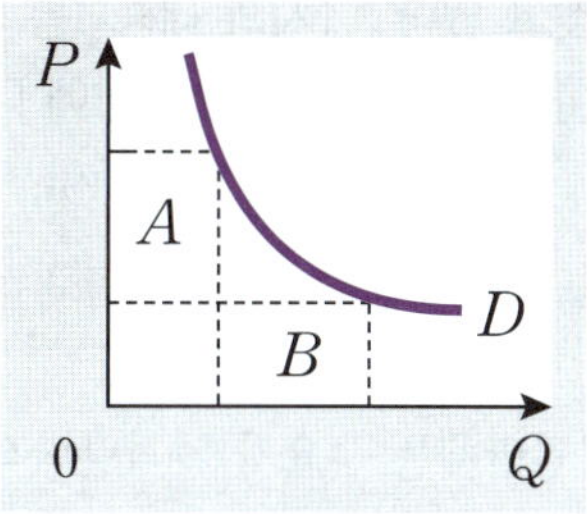

<단위탄력적인 경우>

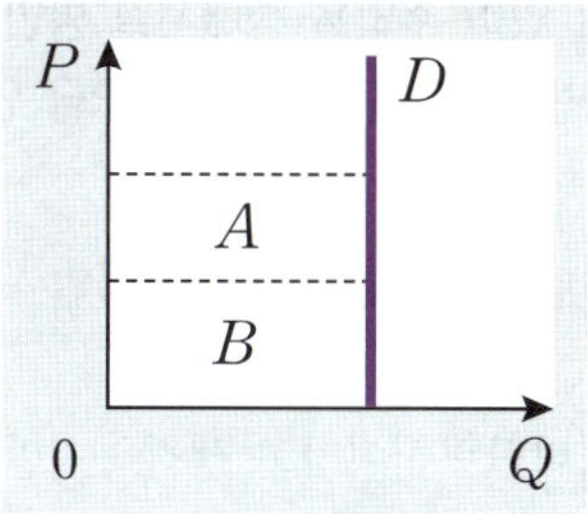

<완전비탄력적인 경우>

② 단위탄력적인 경우($e_d = 1$)

단위탄력적인 소비자는 항상 같은 금액을 구매하기 때문에 판매자 입장에서 보면 판매 수입이 항상 일정하다($A = B$).

예 주유소에서 항상 같은 금액의 기름을 넣는 소비자(정액 구매)

③ 완전비탄력적인 경우($e_d = 0$)

소비자는 돌부처여서 가격 변화에 관심이 없다. 따라서 가격이 변하든 말든 신경 쓰지 않는다.

예 주유소에서 20ℓ까지는 가격 변화와 무관하게 일정량의 기름을 구입하는 경우(정량 구매)

④ 판매 수입

단위탄력적($e_d = 1$)인 경우	완전비탄력적($e_d = 0$)인 경우
가격 전략 무관	가격 인상 전략
$A = B$	A 증가, B 불변
가격 변동률 = 수량 변동률	가격 변동률 = 매출액 변동률

(4) 선형수요곡선의 가격 변화에 따른 판매 수입

① 그래프

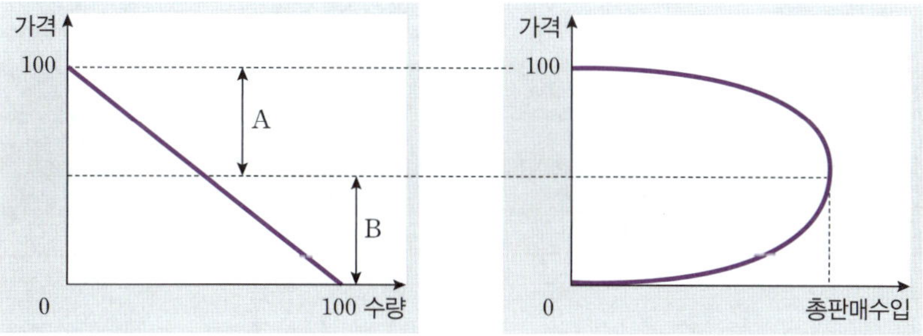

② 설명

A는 탄력적인 구간이므로 가격이 하락함에 따라 판매 수입이 증가하며, B는 비탄력적인 구간이므로 가격이 하락함에 따라 판매 수입이 감소한다.

개념확인 문제

Q A시의 시내버스시스템이 적자상태에 있어 수입을 증대시킬 방안을 찾고 있다. A시의 대중교통과 직원은 버스요금 인상을 주장하는 데 반해, 시민단체는 버스요금 인하를 주장한다. 양측의 주장에 대한 설명으로 옳은 것은? 16년 지방직

① 직원은 버스에 대한 수요가 가격탄력적이라고 생각하지만, 시민단체는 수요가 가격비탄력적이라 생각한다.

② 직원은 버스에 대한 수요가 가격비탄력적이라고 생각하지만, 시민단체는 수요가 가격탄력적이라 생각한다.

③ 직원과 시민단체 모두 버스에 대한 수요가 가격비탄력적이라 생각하지만, 시민단체의 경우가 더 비탄력적이라고 생각한다.

④ 직원과 시민단체 모두 버스에 대한 수요가 가격탄력적이라 생각하지만, 직원의 경우가 더 탄력적이라고 생각한다.

정답 ②

해설

1) 둘 다 판매 수입이 증가하는 것을 예상하고 있다.
2) 수요의 가격탄력성이 탄력적이면 가격을 내리고, 비탄력적일 경우 가격을 올려야 판매 수입이 증가한다.

Chapter 02

수요의 소득 · 교차탄력성, 공급의 가격탄력성

✢ 학습목표

- 수요의 소득탄력성의 공식과 탄력성에 따라 재화를 구별할 수 있다.
- 수요의 교차탄력성의 공식과 탄력성에 따라 재화를 구별할 수 있다.
- 공급의 의미와 선형공급곡선에 대해 이해할 수 있다.

01 수요의 소득탄력성 ★★★

1. 의미

소득의 변화 정도에 따른 수요량의 반응 정도를 나타낸 것이다.

2. 공식

$$e_M = \frac{\text{수요(량)의 변화율}}{\text{소득의 변화율}} = \frac{\frac{\Delta Q}{Q}}{\frac{\Delta M}{M}} = \frac{\Delta Q}{\Delta M} \cdot \frac{M}{Q}$$

3. 재화의 구분

◂ 시험 POINT 수요의 소득탄력성으로 정상재와 열등재를 구별합니다.

(1) 정상재

① 수요의 소득탄력성이 정(+)의 값을 갖는 재화로, 소득이 증가하면 수요량이 증가한다.

② $e_M > 1$이면 소득이 증가할 때 수요량이 급격히 증가하므로 사치재이다.

③ $0 < e_M < 1$이면 소득이 증가할 때 수요량이 약간 증가하므로 필수재이다.

(2) 열등재

① 수요의 소득탄력성이 부(−)의 값을 갖는 재화로, 소득이 증가하면 수요량이 감소한다.

② 일반적인 열등재는 수요법칙이 통하나, 기펜재는 수요법칙의 예외로 수요법칙이 통하지 않는다.

③ 기펜재는 열등재 중에서도 열등성이 아주 강한 극히 일부에 해당한다.

(3) 그래프로 표현

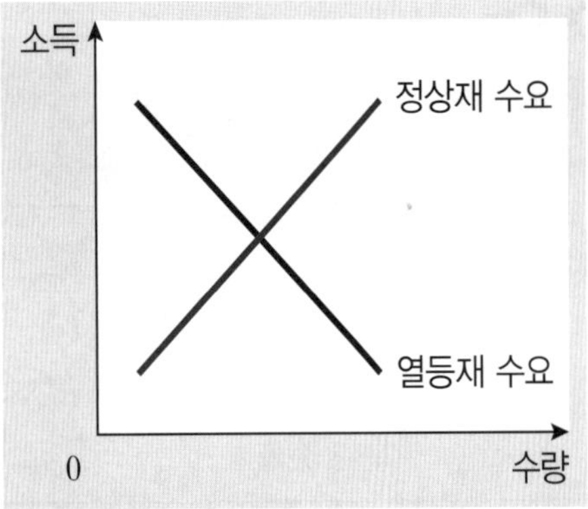

(4) 유의점

① 정상재와 열등재의 개념은 상대적이다.

② 일반적으로 국산 소형차와 국산 중형차를 비교하면 국산 중형차가 정상재이고, 국산 중형차와 외제차를 비교하면 국산 중형차가 열등재가 된다.

02 수요의 교차탄력성 ★★★

1. 의미

연관 재화의 가격 변화 정도에 따른 수요량의 반응 정도를 나타낸 것이다.

2. 공식

$$e_{YX} = \frac{X\text{재 수요(량)의 변화율}}{Y\text{재 가격의 변화율}} = \frac{\frac{\Delta Q_X}{Q_X}}{\frac{\Delta P_Y}{P_Y}} = \frac{\Delta Q_X}{\Delta P_Y} \cdot \frac{P_Y}{Q_X}$$

3. 재화의 구분

◀ 시험 POINT 수요의 교차탄력성에 따라 대체재와 보완재로 구분합니다.

(1) 대체재

수요의 교차탄력성이 정(+)의 값을 갖는 재화이다. 예 버스 ↔ 지하철

(2) 보완재

수요의 교차탄력성이 부(−)의 값을 갖는 재화이다. 예 커피 ↔ 설탕

(3) 독립재

두 재화가 서로 관계가 없는 재화로, 수요의 교차탄력성이 0의 값을 갖는 재화이다. 예 버스 ↔ 설탕

4. 그래프로 표현

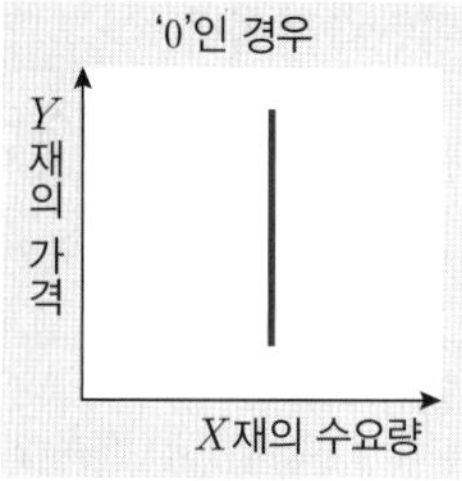

<독립재>

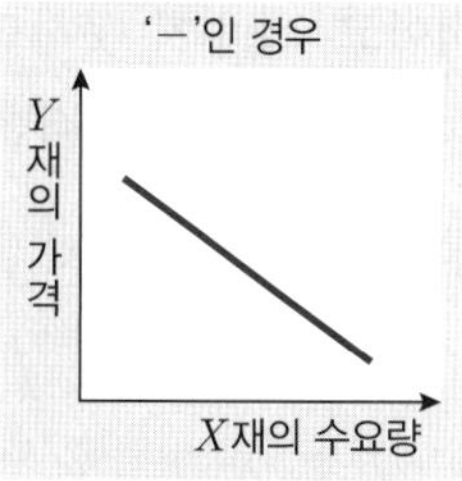

<보완재>

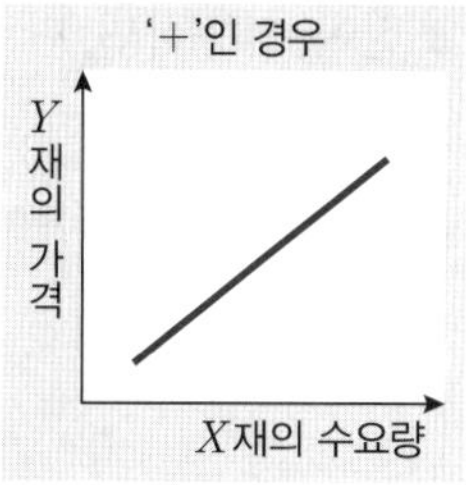

<대체재>

5. 수요의 탄력도에 따른 재화의 구분

탄력도의 종류	$e<0$	$e=0$	$0<e<1$	$e=1$	$e>1$
소득탄력도	열등재	−	필수재	−	사치재
			정상재(보통재, 상급재)		
교차탄력도	보완재	독립재	대체재		

03 공급의 가격탄력성 ★★★

1. 의미

① 가격의 변화에 대응하여 공급량의 반응 정도를 나타낸 것이다.

② 가격 변화에 공급량이 쉽게 조절이 가능하면 탄력적이고, 그렇지 못하면 비탄력적이다.

③ 수요의 가격탄력성은 소비자의 입장에서 판단하는 것이고, 공급의 가격탄력성은 생산자의 입장에서 파악하는 것이다.

2. 공식과 유의점

(1) 공식

$$e_s(=\eta)=\frac{\text{공급량의 변화율}}{\text{가격의 변화율}}=\frac{\frac{\Delta Q}{Q}}{\frac{\Delta P}{P}}=\frac{\Delta Q}{\Delta P}\cdot\frac{P}{Q}$$

(2) 유의점

① 공급법칙은 가격과 공급량이 비례하므로 수요의 가격탄력성과 달리 절댓값을 사용하지 않는다.

② $\frac{\Delta Q}{\Delta P}$는 기울기의 역수이므로 기울기가 완경사일수록 공급의 가격탄력성이 탄력적, 기울기가 급경사일수록 공급의 가격탄력성이 비탄력적이다.

3. 탄력성의 종류

(1) 호탄력성

① 곡선 위에 존재하는 두 점 사이에서 계산된 탄력성이다.

② 수요의 가격탄력성과 동일한 원리로 두 점 사이에서 계산된 탄력도가 최초의 가격과 공급량에 따라 달라지므로 평균값을 사용한다.

③ 공식

$$e_s=\frac{\Delta Q}{\Delta P}\cdot\frac{\frac{P_1+P_2}{2}}{\frac{Q_1+Q_2}{2}}=\frac{\Delta Q}{\Delta P}\cdot\frac{P_1+P_2}{Q_1+Q_2}$$

(2) 점탄력성

① 곡선 위의 한 점에서 계산된 탄력성이다.

② 공식

$$\varepsilon_s = \lim_{\Delta P \to 0} \frac{\frac{dQ}{Q}}{\frac{dP}{P}} = \frac{dQ}{dP} \cdot \frac{P}{Q}$$

③ $\frac{dQ}{dP}$는 주어진 함수를 미분하여 계산해야 한다.

④ 탄력성은 원칙적으로 점마다 다르다.

(3) 선형공급곡선의 탄력성

◀ 시험 POINT 선형공급곡선에서는 원점을 지나는 경우 탄력성이 모두 1로 동일합니다.

① 종축을 자르는 경우

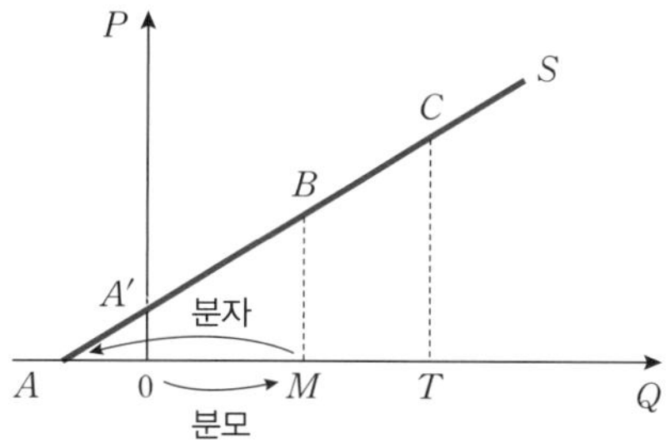

- 점 B에서의 공급탄력도: $e_s = \frac{dQ}{dP} \cdot \frac{P}{Q} = \frac{AM}{BM} \cdot \frac{BM}{0M} = \frac{AM}{0M} > 1$
- 공급곡선상에서 우상방으로 이동하면 공급의 가격탄력성은 점점 작아진다. 그러나 여전히 1보다 크다.

② 횡축을 자르는 경우

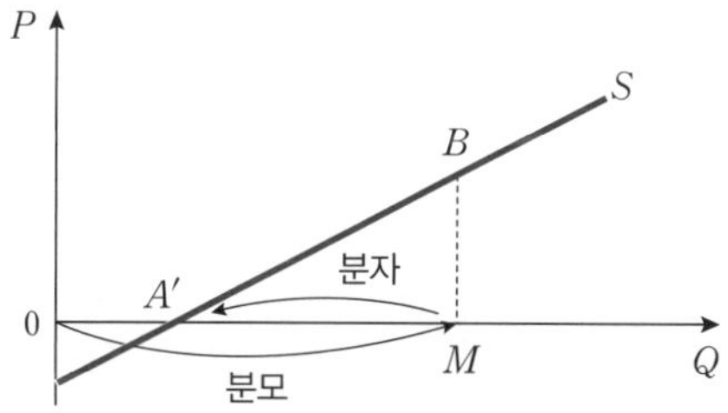

- 점 B에서의 공급탄력도: $e_s = \frac{dQ}{dP} \cdot \frac{P}{Q} = \frac{A'M}{BM} \cdot \frac{BM}{0M} = \frac{A'M}{0M} < 1$
- 공급곡선상에서 우상방으로 이동하면 공급의 가격탄력성은 점점 커진다. 그러나 여전히 1보다 작다.

③ 원점을 지나는 경우

- 위의 논리를 따르면 분자와 분모가 동일하므로 원점을 지나는 선형공급곡선상의 모든 점에서 점탄력도는 항상 1이다.
- 유의할 점은 선형공급곡선이 원점을 지난다면 기울기에 관계없이 언제나 공급의 가격탄력성은 1이다.

4. 직선인 여러 가지 공급곡선의 공급의 가격탄력도

(1) 탄력도가 일정한 공급곡선

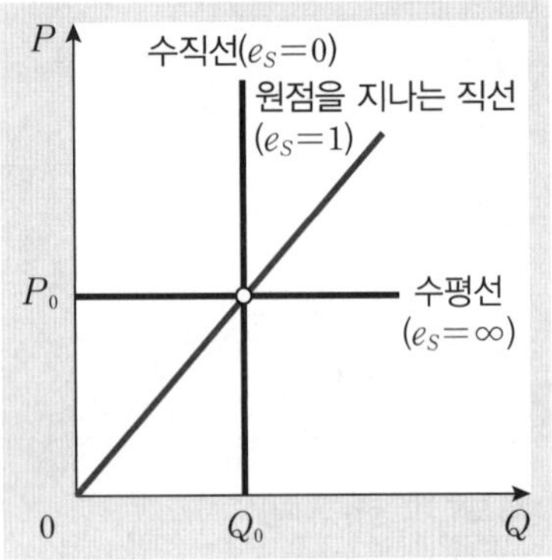

① 수직선인 공급곡선은 수요량의 변화율이 0이므로, 모든 점에서 공급의 가격탄력성이 0으로 일정하다.

② 수평선인 공급곡선은 가격의 변화율이 0이므로, 모든 점에서 공급의 가격탄력성이 ∞로 일정하다.

(2) 기울기가 다른 경우의 공급곡선

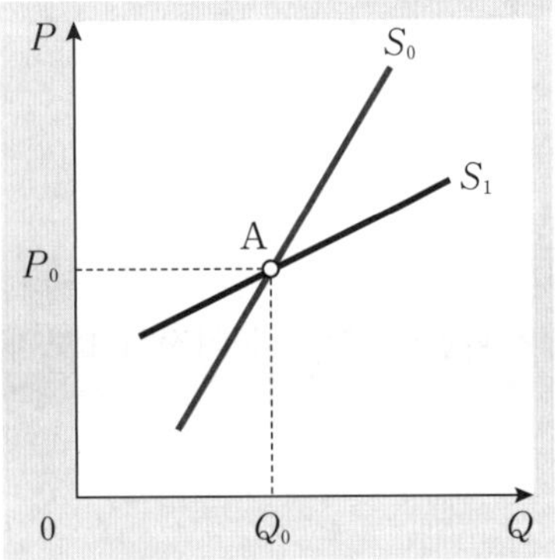

① 기울기가 작은 공급곡선이 탄력적이다.

② 따라서 공급의 가격탄력성은 $S_0 < S_1$이다.

(3) 기울기가 같은 공급곡선

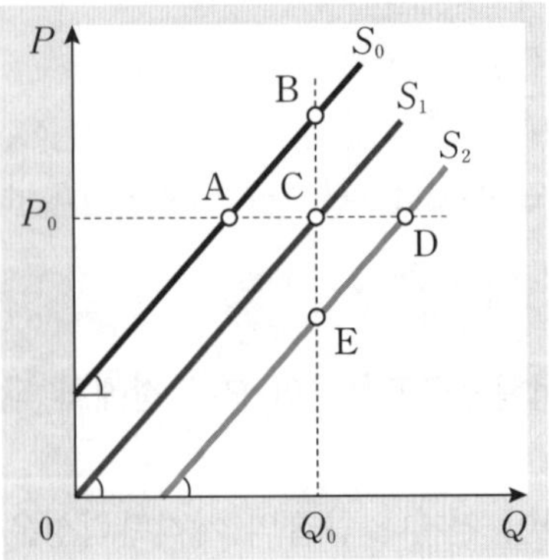

① $\frac{P_0}{Q_0}$의 크기에 의해 변한다.

② 가격이 동일한 지점을 비교해 보면 분모에 해당하는 공급량의 크기가 $A < C < D$이므로, 공급의 가격탄력성의 크기는 $A > C > D$이다.

③ 공급량이 동일한 지점을 비교해 보면 분자에 해당하는 가격의 크기가 $E < C < B$이므로, 공급의 가격탄력성의 크기는 $E < C < B$이다.

5. 탄력성 결정 요인

(1) 생산 기간이 짧을수록 탄력적

① 생산 기간이 짧을수록 가격이 상승했을 때 생산량을 급격히 늘릴 수 있다.

② 특정 모자의 가격이 상승했다면 공장을 돌려서 모자의 생산을 급격하게 늘릴 수 있다. 따라서 모자는 공급의 가격탄력성이 탄력적이다.

③ 배추는 자라는 데 시간이 오래 걸리기 때문에 가격이 오른다고 바로 생산할 수 없다. 따라서 배추는 공급의 가격탄력성이 비탄력적이다.

(2) 저장시설이 잘 갖추어져 있고 저장비용이 저렴할수록 탄력적

① 저장비용이 저렴하면 가격이 조금만 하락해도 판매하지 않고 바로 저장하기 때문에 공급량이 크게 감소한다. 따라서 공급의 가격탄력성이 탄력적이다.

② 저장비용이 비싸면 가격이 크게 하락하더라도 저장하기가 힘들기 때문에 공급량을 급격히 줄일 수 없다. 따라서 공급의 가격탄력성이 비탄력적이다.

(3) 생산요소의 조달에 쉽게 변화를 줄 수 있을 때 탄력적

생산요소를 쉽게 조달할 수 있다면 가격 변화에 민감하게 언제든지 생산량을 늘릴 수 있으므로 탄력적이다.

(4) 장기에서 탄력적

① 단기에는 생산량을 급격히 늘리기 어려우므로 공급의 가격탄력성이 비탄력적이다.

② 장기에는 시간이 많으므로 가격에 대해서 생산량을 조절하는 것이 용이하다. 따라서 공급의 가격탄력성이 탄력적이다.

(5) 재화의 종류

① 위의 요소를 고려하면 짧은 시간에 생산 가능하고 저장이 용이한 공산품이 공급의 가격 탄력성이 탄력적이다.

② 생산에 긴 시간이 필요하고 저장에 불리한 농산물이 공급의 가격탄력성이 비탄력적인 재화이다.

6. 탄력성와 잉여

(1) 수요의 가격탄력성과 잉여

① 그래프(단, S는 수평)

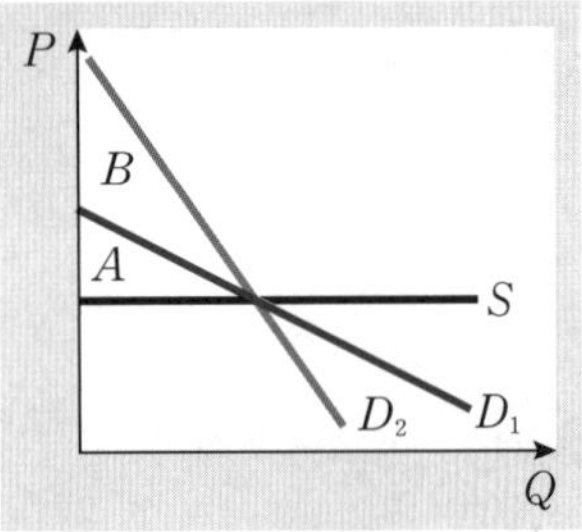

- D_1 소비자잉여: A
- D_2 소비자잉여: $A+B$

② 수요곡선이 완전탄력적이면(수평선), 소비자잉여는 0이다.

③ 수요곡선이 비탄력적이 될수록 시장가격과 멀어지므로 소비자잉여는 커진다.

(2) 공급의 가격탄력성과 잉여

① 그래프(단, D는 수평)

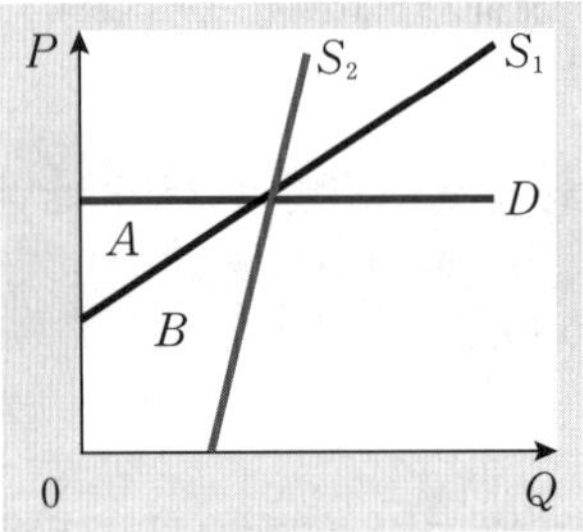

- S_1 생산자잉여: A
- S_2 생산자잉여: $A+B$

② 공급곡선이 완전탄력적이면(수평선), 생산자잉여는 0이다.

③ 공급곡선이 비탄력적이 될수록 시장가격과 멀어지므로 생산자잉여는 커진다.

7. 농산물 가격파동(농부의 역설)

(1) 의미

농산물의 공급이 증가(풍년)하면 농산물 가격이 폭락하여 농부의 총수입이 감소하는 현상을 말한다.

(2) 원인

농산물 가격파동이 발생하는 것은 농산물이 수요와 공급의 가격탄력도가 비탄력적이기 때문이다.

(3) 그래프 분석

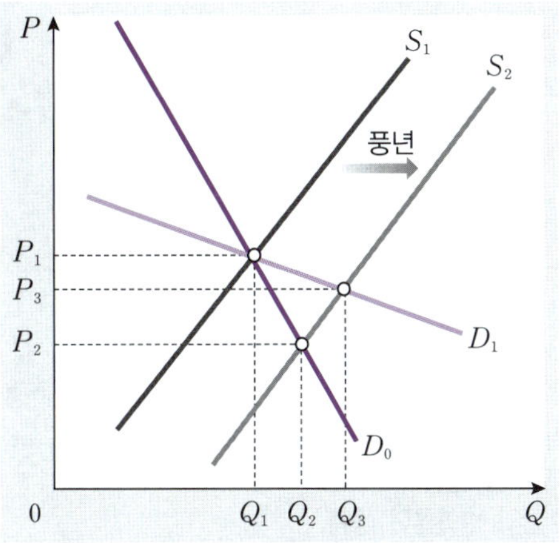

① 수요곡선이 비탄력적인 경우(D_0) 풍년으로 공급이 증가하면

→ 판매량 약간 증가($Q_2 - Q_1$), 가격 폭락($P_1 - P_2$)

→ 총수입 감소

② 수요곡선이 탄력적인 경우(D_1) 풍년으로 공급이 증가하면

→ 판매량 크게 증가($Q_3 - Q_1$), 가격 약간 하락($P_1 - P_3$)

→ 총수입 증가

개념확인 문제

Q X재의 수요함수가 $Q_X = 200 - 0.5P_X + 0.4P_Y + 0.3M$이다. P_X는 100, P_Y는 50, M은 100일 때, Y재 가격에 대한 X재 수요의 교차탄력성은? (단, Q_X는 X재 수요량, P_X는 X재 가격, P_Y는 Y재 가격, M은 소득) 19년 국가직

① 0.1 ② 0.2
③ 0.3 ④ 0.4

정답 ①

해설

1) 수요의 교차탄력성 공식은 $\varepsilon_{XY} = \frac{dQ_X}{dP_Y} \times \frac{P_Y}{Q_X}$이다.

2) X재 수요함수를 P_Y로 미분하면 $\frac{dQ_X}{dP_Y} = 0.4$이다.

3) $P_X = 100$, $P_Y = 50$, $M = 100$을 X재 수요함수에 대입하면 $Q_X = 200$이다.

4) 따라서 이를 공식에 대입하면 $\varepsilon_{XY} = \frac{dQ_X}{dP_Y} \times \frac{P_Y}{Q_X} = 0.4 \times \frac{50}{200} = 0.1$이다.

표로 한눈에 정리하기

01 수요의 가격탄력성

탄력성 공식	결과의 변화율/원인의 변화율
탄력성 기울기	• 기울기 완만함: 탄력 • 기울기 급함: 비탄력
직선인 수요곡선의 탄력성	중점을 기준으로 가격이 높으면 탄력적, 낮으면 비탄력적
탄력성과 판매 수입	• 탄력적: 가격 하락 시 판매 수입 증가 • 비탄력적: 가격 상승 시 판매 수입 증가 • 단위탄력적: 가격 변화와 관계없이 판매 수입 일정 • 완전비탄력적: 가격의 변동률과 판매 수입의 변화율이 동일

02 수요의 소득 · 교차탄력성, 공급의 가격탄력성

수요의 소득탄력성	• (+) 정상재 • (−) 열등재
수요의 교차탄력성	• (+) 대체재 • (−) 보완재
공급의 가격탄력성	• 탄력적: 공산품 • 비탄력적: 농산물
직선인 공급곡선의 탄력성	• 가격축을 지나면 탄력적 • 원점을 지나면 기울기와 관계없이 단위탄력적 • 수량축을 지나면 비탄력적

개념확인 OX 문제

01 수요의 가격탄력성은 상품 가격의 변화분에 대한 수요량 변화분의 비율을 의미한다. (O | X)

02 수요의 가격탄력성은 수요곡선상의 어느 점에서 출발하더라도 값이 같다. (O | X)

03 수요곡선상의 두 점의 거리가 가까워질수록 점탄력성과 호탄력성의 차는 커진다. (O | X)

04 수요의 가격탄력성이 0이면, 가격 변화에 아주 둔감한 경우이다. (O | X)

05 대체제가 적을수록 탄력적이다. (O | X)

06 사치재가 필수재보다 더 탄력적이다. (O | X)

07 전체 소득에서 차지하는 비중이 작을수록 비탄력적이다. (O | X)

08 수요의 가격탄력성이 1보다 클 때, 기업은 가격 인상 전략을 펼쳐야 한다. (O | X)

09 수요의 가격탄력성이 1일 때, 기업의 가격 전략은 유효하다. (O | X)

10 우하향하는 직선인 수요곡선의 경우, 수요곡선의 중점에서 판매 수입이 극대화된다. (O | X)

11 소득이 증가하면 정상재의 수요는 증가한다. (O | X)

12 대부분의 열등재는 기펜재이다. (O | X)

13 한번 정상재는 영원한 정상재이다. (O | X)

14 소득탄력성은 소득의 변화 대비 수요의 변화를 의미하므로 공급 측면은 고려되지 않는다. (O | X)

15 정상재와 열등재의 구분은 수요법칙의 성립 여부와 관련이 있다. (O | X)

16 대체재의 교차탄력성은 0보다 크다. (O | X)

17 독립재는 교차탄력성이 음의 값을 갖는다. (O | X)

18 보완재는 함께 사용했을 때 효용이 높아지는 재화이므로, 한 재화의 가격이 오르면 다른 재화의 수요는 증가한다. (O | X)

19 공급의 가격탄력성은 생산 기간이 길수록 탄력적이다. (O | X)

20 공급의 가격탄력성은 장기보다 단기에 더 탄력적이다. (O | X)

21 저장시설이 열악하고 저장비용이 클수록 공급의 가격탄력성은 비탄력적이다. (O | X)

22 생산요소의 조달에 변화를 주기 쉬울수록 공급의 가격탄력성은 탄력적이다. (O | X)

정답 및 해설

01 × 변화분이 아닌 변화율의 비율을 말한다. 02 × 변화율이므로 처음 값에 따라 달라진다. 03 × 거리가 아주 가까워지면 점탄력성이 된다. 따라서 점탄력성과 호탄력성의 차이는 작아진다. 04 ○ 05 × 대체재가 적을수록 그 재화를 구입할 수밖에 없으므로 비탄력적이다. 06 ○ 07 ○ 08 × 수요의 가격탄력성이 탄력적이면 가격을 인하해야 판매 수입이 증가한다. 09 × 가격 전략으로는 판매 수입이 일치하므로 의미가 없다. 10 ○ 11 ○ 12 × 기펜재는 열등재 중에서 특이하게 수요법칙의 예외인 재화이다. 따라서 대부분의 열등재가 기펜제에 해당하는 것은 아니다. 13 × 재화의 성격은 영원한 것이 아니라 시대와 장소에 따라 변할 수 있다. 14 ○ 15 × 정상재와 열등재를 구분하는 기준은 소득의 변동에 대한 수요량의 변동에 있다. 16 ○ 17 × 독립재는 서로 관계가 없으므로 교차탄력성의 값이 0이다. 18 × 보완재의 가격이 증가하면 같이 소비하기가 어려워지므로 수요는 감소한다. 19 × 생산 기간이 길면 가격 변화에 공급량이 반등하기가 어려우므로 비탄력적이 된다. 20 × 장기가 되면 모든 탄력성은 탄력적이다. 21 ○ 22 ○

기출 ✚ 예상문제

Chapter 01 수요의 가격탄력성

★☆☆

01 영화 DVD 대여료가 $4,000$원일 때 한 달에 5개를 빌려보다가, DVD 대여료가 $3,000$원으로 하락하자 한 달에 9개를 빌려 보았다. 甲의 DVD 대여에 대한 수요의 탄력성과 수요곡선의 모양에 대한 설명으로 가장 적절한 것은? 17년 국가직

① 수요는 탄력적이고, 이때의 수요곡선은 상대적으로 완만하다.
② 수요는 탄력적이고, 이때의 수요곡선은 상대적으로 가파르다.
③ 수요는 비탄력적이고, 이때의 수요곡선은 상대적으로 완만하다.
④ 수요는 비탄력적이고, 이때의 수요곡선은 상대적으로 가파르다.

★☆☆

02 담배 가격은 $4,500$원이고, 담배 수요의 가격탄력성은 단위탄력적이다. 정부가 담배 소비량을 10% 줄이고자 할 때, 담배 가격의 인상분은 얼마인가? 15년 노무사

① 45원 ② 150원 ③ 225원
④ 450원 ⑤ 900원

★☆☆

03 X재의 수요곡선이 $Q = 10 - 2P$일 때, 수요의 가격탄력성이 1이 되는 가격은? (단, Q는 수요량, P는 가격) 20년 감정평가사

① 1 ② 1.5 ③ 2
④ 2.5 ⑤ 5

★★☆

04 수요곡선의 식이 $Q_d = \dfrac{21}{P}$일 때, 이 재화의 수요의 가격탄력성은? 15년 서울시

① 0 ② 0.42
③ 1 ④ 1.5

정답 및 해설

01 정답 ①

주제 수요의 가격탄력성

해설

1) DVD 대여료가 4,000원에서 3,000원으로 하락하였으므로 가격 변화율은 $-25\%\left(=\dfrac{3,000-4,000}{4,000}\times 100\right)$이다.

2) 빌려보는 DVD의 수가 5개에서 9개로 증가하였으므로 수요량 변화율은 $80\%\left(=\dfrac{9-5}{5}\times 100\right)$이다.

3) 그러므로 수요량 변화율을 가격 변화율로 나눈 수요의 가격탄력성은 1보다 크다. 수요가 탄력적이면 수요곡선의 기울기는 완만하다.

02 정답 ④

주제 수요의 가격탄력성

해설

1) 담배 수요의 가격탄력성이 1인 경우 담배 소비량을 10% 감소시키려면 담배 가격을 10% 인상해야 한다.

2) 그러므로 담배 소비량을 10% 줄이려면 담배 가격을 450원 인상해야 한다.

03 정답 ④

주제 수요의 가격탄력성

해설

1) 수요의 가격탄력성$= -\dfrac{\Delta Q}{\Delta P}\times\dfrac{P}{Q}$이다.

2) $2\times\dfrac{P}{10-2P}=1 \rightarrow P=2.5$이다.

04 정답 ③

주제 수요의 가격탄력성

해설

수요곡선이 직각쌍곡선이므로 계산을 해 보지 않더라도 수요곡선상의 모든 점에서 수요의 가격탄력성은 1임을 알 수 있다.

★★☆

05 X재의 수요곡선은 $Q^d = 150 - P$이고, 공급곡선은 $Q^s = P$이다. 시장균형에서 수요의 가격탄력성과 공급의 가격탄력성은? (단, P는 가격) 20년 보험계리사

① 0, 0
② 1, 1
③ 5, 1
④ 5, 5

★★★

06 다음은 소매시장의 오리고기 수요곡선과 공급곡선이다. $P_b = 7$, $P_c = 3$, $P_d = 5$, $Y = 2$라고 할 때, 시장균형점에서 오리고기에 대한 수요의 가격탄력성은? 14년 국가직

- 수요곡선: $Q_d = 105 - 30p - 20P_c + 5P_b - 5Y$
- 공급곡선: $Q_s = 5 + 10p - 3P_d$

(단, p는 소매시장 오리고기 가격, P_b는 쇠고기 가격, P_c는 닭고기 가격, P_d는 도매시장 오리고기 가격, Y는 소득이다.)

① $\frac{1}{6}$
② $\frac{1}{3}$
③ 3
④ 6

★★☆

07 수요의 가격탄력성에 관한 설명으로 옳은 것은? (단, 수요곡선은 우하향함) 16년 노무사

① 수요의 가격탄력성이 1보다 작은 경우, 가격이 하락하면 총수입은 증가한다.
② 수요의 가격탄력성이 작아질수록, 물품세 부과로 인한 경제적 순손실(deadweight loss)은 커진다.
③ 소비자 전체 지출에서 차지하는 비중이 큰 상품일수록, 수요의 가격탄력성은 작아진다.
④ 직선인 수요곡선상에서 수요량이 많아질수록, 수요의 가격탄력성은 작아진다.
⑤ 좋은 대체재가 많을수록, 수요의 가격탄력성은 작아진다.

정답 및 해설

05 정답 ②

주제 수요의 가격탄력성

해설

1) 수요(공급)의 가격탄력성 공식은 $\frac{\Delta Q}{\Delta P} \times \frac{P}{Q}$이다.

2) 균형가격과 거래량을 구하면 $150 - P = P \rightarrow P = 75$, $Q = 75$이다.

3) 수요의 가격탄력성은 $1 \times \frac{75}{75} = 1$이다.

4) 공급의 가격탄력성은 $1 \times \frac{75}{75} = 1$이다.

06 정답 ④

주제 수요의 가격탄력성

해설

1) 주어진 수치를 대입하면 수요함수 $Q_d = 70 - 30P$, 공급함수 $Q_s = -10 + 10P$이다.

2) 이를 연립해서 풀면 $70 - 30P = -10 + 10P$, $P = 2$이다. 균형가격 $P = 2$를 수요함수 혹은 공급함수에 대입하면 균형거래량 $Q = 10$이다.

3) 수요함수를 P에 대해 미분하면 $\frac{dQ}{dP} = -30$이므로 수요의 가격탄력성은 6이다.

$$\varepsilon = -\frac{dQ}{dP} \times \frac{P}{Q} = 30 \times \frac{2}{10} = 6$$

07 정답 ④

주제 수요의 가격탄력성

해설

직선인 수요곡선상에서 수요량이 많아질수록 가격이 낮아지므로 수요의 가격탄력성은 작아진다.

오답체크

① 수요의 가격탄력성이 1보다 작은 경우, 가격이 하락하면 총수입은 감소한다.

② 수요의 가격탄력성이 클수록, 물품세 부과로 인한 경제적 순손실은 커진다.

③ 소비자 전체 지출에서 차지하는 비중이 큰 상품일수록 사치재에 가까우므로 수요의 가격탄력성은 커진다.

⑤ 좋은 대체재가 많을수록, 수요의 가격탄력성은 커진다.

★☆☆

08

수요함수가 우하향하는 직선의 형태일 때, 수요의 가격탄력성에 대한 설명으로 옳은 것은?

17년 지방직

① 필수재에 비해 사치재의 수요는 가격 변화에 대해 보다 비탄력적이다.

② 수요의 가격탄력성이 1일 때 총지출은 최대가 된다.

③ 수요의 가격탄력성은 수요곡선의 어느 점에서 측정하더라도 같은 값을 가진다.

④ 수요곡선의 임의의 점에서 수요의 가격탄력성은 수요곡선 기울기의 역수로 계산된다.

★★★

09

다음 그림은 보통사람과 중증환자에 대한 의료서비스 수요곡선을 나타낸다. 보통사람의 수요곡선은 D_1, 중증환자의 수요곡선은 D_2일 때, 옳지 <u>않은</u> 것은?

17년 국가직

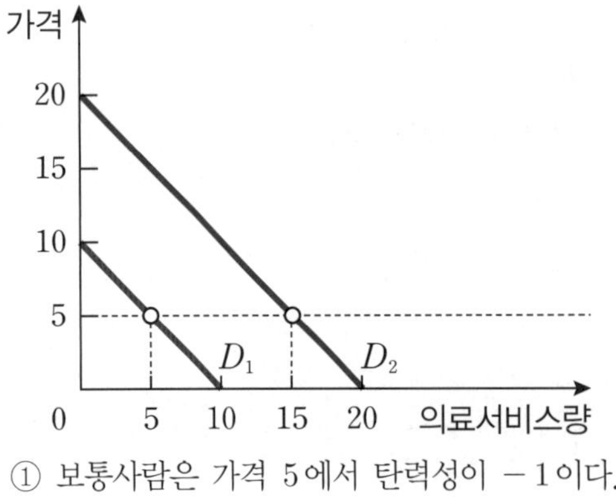

① 보통사람은 가격 5에서 탄력성이 -1이다.

② 중증환자는 가격 5에서 탄력성이 $-\frac{1}{3}$이다.

③ 이윤을 극대화하는 독점병원은 보통사람보다 중증환자에게 더 높은 가격을 부과한다.

④ 가격 5에서 가격 변화율이 동일할 경우 보통사람이나 중증환자 모두 수요량의 변화율은 동일하다.

★☆☆

10 갑(甲)은 주유소에 갈 때마다 휘발유 가격에 상관없이 매번 일정 금액만큼 주유한다. 갑(甲)의 휘발유에 대한 수요의 가격탄력성과 수요곡선의 형태에 대한 설명으로 가장 옳은 것은? (단, 수요곡선의 가로축은 수량, 세로축은 가격) 18년 서울시

	수요의 가격탄력성	수요곡선
①	단위탄력적	직각쌍곡선
②	완전비탄력적	수직선
③	단위탄력적	수직선
④	완전비탄력적	직각쌍곡선

정답 및 해설

08 정답 ②

주제 수요의 가격탄력성

해설

수요의 가격탄력성이 1일 때 중점에서 총지출은 최대가 된다.

오답체크

① 필수재에 비해 사치재의 수요는 가격 변화에 대해 보다 탄력적이다.

③ 수요의 가격탄력성은 수요곡선의 점마다 다르게 측정된다.

④ 수요곡선의 임의의 점에서 수요의 가격탄력성은 수요곡선 기울기의 역수$\times\frac{P}{Q}$로 계산된다.

09 정답 ④

주제 수요의 가격탄력성

해설

1) 수요곡선이 아래 그림과 같이 우하향의 직선으로 주어질 때 수요곡선상의 점 E에서 수요의 가격탄력성은 $\frac{BO}{AB}$로 측정된다.

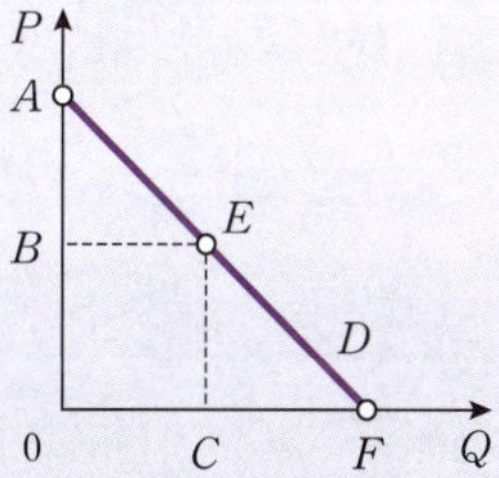

2) 그러므로 가격이 5일 때 보통사람의 수요의 가격탄력성은 $1\left(=\frac{5}{5}\right)$이고, 중증환자의 수요의 가격탄력성은 $\frac{1}{3}\left(=\frac{5}{15}\right)$이다.

3) 가격이 5일 때 수요의 가격탄력성은 중증환자보다 보통사람이 더 크므로, 가격 변화율이 동일할 때 수요량의 변화율은 보통사람이 중증환자보다 더 크다.

10 정답 ①

주제 수요의 가격탄력성

해설

가격에 관계없이 어떤 재화의 구입액이 일정하다면 수요곡선이 직각쌍곡선이므로, 수요의 가격탄력성은 항상 1이다.

★☆☆

11 **정부는 최저임금제 시행이 실업 증가라는 부작용을 초래한다는 논리와 최저 생활수준의 보장을 위해 최저임금 인상이 불가피하다는 여론 사이에서 고민하고 있다. 정부가 실업을 최소로 유발하면서 최저임금을 인상할 수 있는 경우는?** 17년 국가직

① 숙련 노동자의 노동수요가 탄력적인 경우

② 숙련 노동자의 노동수요가 비탄력적인 경우

③ 비숙련 노동자의 노동수요가 비탄력적인 경우

④ 비숙련 노동자의 노동수요가 탄력적인 경우

★☆☆

12 **X재를 생산하며 이윤극대화를 추구하는 어느 기업은, X재의 단위당 생산비용이 10% 증가하여 가격 인상을 고려하고 있다. 다음 설명 중 옳지 <u>않은</u> 것은?** 17년 공인회계사

① X재의 수요의 가격탄력성이 비탄력적인 경우, 가격을 인상하면 X재의 판매 수입이 증가한다.

② X재의 수요의 가격탄력성이 탄력적인 경우, 가격을 인상하면 X재의 판매 수입이 감소한다.

③ X재의 수요의 가격탄력성이 단위탄력적인 경우, 가격을 인상하면 X재로부터 얻는 이윤은 변화하지 않으나 판매 수입은 증가한다.

④ X재의 수요의 가격탄력성이 무한대인 경우, 가격을 인상하면 X재에 대한 수요가 0이 된다.

⑤ X재의 수요의 가격탄력성이 0인 경우, 가격을 인상하면 X재의 판매 수입이 증가한다.

★★★

13 **어느 재화의 가격이 1천 원에서 1% 상승하면 판매 수입은 0.2% 증가하지만, 5천 원에서 가격이 1% 상승하면 판매 수입은 0.1% 감소한다. 이 재화에 대한 설명으로 옳은 것은? (단, 수요곡선은 수요의 법칙이 적용됨)** 18년 국가직

① 가격이 1천 원에서 1% 상승 시, 가격에 대한 수요의 탄력성은 탄력적이다.

② 가격이 5천 원에서 1% 상승 시, 가격에 대한 수요의 탄력성은 비탄력적이다.

③ 가격이 1천 원에서 1% 상승 시, 수요량은 0.2% 감소한다.

④ 가격이 5천 원에서 1% 상승 시, 수요량은 1.1% 감소한다.

★★☆

14 소비자 갑의 X재에 대한 수요곡선은 $Q_d = \frac{B}{2P}$이다. 시장가격 $P = 10$, 소비자 갑의 소득 $B = 200$일 때, X재 수요의 소득탄력성은? 19년 보험계리사

① 0.25　② 0.5

③ 1　④ 1.5

정답 및 해설

11 정답 ③

주제 수요의 가격탄력성

해설

최저임금제는 비숙련 노동자와 관련이 깊다. 최저임금제를 실시하면 임금이 상승하고 고용량이 감소한다. 따라서 최저임금제가 총임금을 증가시키려면 노동수요의 임금탄력성이 비탄력적이어야 한다.

12 정답 ③

주제 수요의 가격탄력성

해설

③ X재의 수요의 가격탄력성이 단위탄력적인 경우, 가격을 인상하면 판매 수입이 일정하다.

13 정답 ④

주제 수요의 가격탄력성

해설

1) 판매 수입 변화율 = 가격 변화율 + 판매량(수요량) 변화율로 표현할 수 있다.

0.2%	=	1%	+	(−0.8%)
−0.1%	=	1%	+	(−1.1%)

2) 가격이 1천 원에서 1% 상승할 때의 수요의 가격탄력성은 0.8이다.

3) 가격이 5천 원에서 1% 상승하면 판매 수입은 0.1% 감소하므로 수요량 변화율은 −1.1%이다. 그러므로 이때 수요의 가격탄력성은 1.1임을 알 수 있다.

14 정답 ③

주제 수요의 소득탄력성

해설

1) 수요의 소득탄력성은 $\frac{\Delta Q}{\Delta M} \times \frac{M}{Q}$으로 구한다.

2) 주어진 조건을 대입하면 $Q_d = \frac{B}{20}$이므로 $\frac{1}{20} \times \frac{200}{\frac{200}{20}} = 1$이다.

★★☆

15 **수요의 여러 가지 탄력성 개념과 관련된 다음의 설명 중에서 옳은 것은?** 13년 서울시

① 어느 재화의 가격이 상승하였을 때 그 재화에 대한 지출액이 변화하지 않았다면 그 재화에 대한 수요의 가격탄력성은 0이다.

② 어느 재화의 가격이 상승하였을 때 그 재화에 대한 수요량이 증가하였다면 그 재화는 열등재이다.

③ 소득이 5% 증가하였을 때 한 재화에 대한 수요가 10% 증가하였다면 그 재화는 필수재이다.

④ 재화 X의 가격이 증가하였을 때 재화 Y에 대한 수요의 교차탄력성이 음수라면 재화 Y는 재화 X의 대체재이다.

⑤ 기펜재는 열등재 중에서 가격 변화로 인한 소득효과의 절댓값이 대체효과의 절댓값보다 작을 때 나타난다.

★★☆

16 **수요의 탄력성들에 대한 다음의 지문 중 옳게 기술한 것은?** 14년 서울시

① 수요곡선의 기울기가 -2인 직선일 경우 수요곡선의 위 어느 점에서나 가격탄력성이 동일하다.

② 수요의 가격탄력성이 탄력적이라면 가격 인하는 총수입을 증가시키는 좋은 전략이 아니다.

③ X재의 가격이 5% 인상되자 Y재 수요가 10% 상승했다면 수요의 교차탄력성은 2이고 두 재화는 대체재이다.

④ 가격이 올랐을 때 시간이 경과될수록 적응이 되기 때문에 수요의 가격탄력성이 작아진다.

⑤ 수요의 소득탄력성이 비탄력적인 재화는 열등재이다.

★★☆

17 **수요의 탄력성에 관한 설명으로 옳은 것은?** 18년 노무사

① 재화가 기펜재라면 수요의 소득탄력성은 양(+)의 값을 갖는다.
② 두 재화가 서로 대체재의 관계에 있다면 수요의 교차탄력성은 음(−)의 값을 갖는다.
③ 우하향하는 직선의 수요곡선상에 위치한 두 점에서 수요의 가격탄력성은 동일하다.
④ 수요의 가격탄력성이 1이면 가격 변화에 따른 판매총액은 증가한다.
⑤ 수요곡선이 수직선일 때 모든 점에서 수요의 가격탄력성은 0이다.

정답 및 해설

15 정답 ②

주제 수요의 가격탄력성

해설

어느 재화의 가격이 상승하였을 때 그 재화에 대한 수요량이 증가하였다면 수요법칙의 예외이며, 이는 기펜재이다. 기펜재는 열등재에 속한다.

오답체크

① 어느 재화의 가격이 상승하였을 때 그 재화에 대한 지출액이 변화하지 않았다면 그 재화에 대한 수요의 가격탄력성은 1이다.
③ 소득이 5% 증가하였을 때 한 재화에 대한 수요가 10% 증가하였다면 그 재화는 정상재이며 사치재이다.
④ 재화 X의 가격이 증가하였을 때 재화 Y에 대한 수요의 교차탄력성이 음수라면 재화 Y는 재화 X의 보완재이다.
⑤ 기펜재는 열등재 중에서 가격 변화로 인한 소득효과의 절댓값이 대체효과의 절댓값보다 클 때 나타난다.

16 정답 ③

주제 수요의 가격, 소득, 교차탄력성

해설

X재의 가격이 5% 인상되자 Y재 수요가 10% 상승했다면 수요의 교차탄력성은 2이고 양(+)의 값이므로 두 재화는 대체재이다.

오답체크

① 수요곡선의 기울기가 −2인 직선이라도 수요의 가격탄력성은 각 점마다 다르다.
② 수요의 가격탄력성이 탄력적이라면 가격 인하는 총수입을 증가시키는 좋은 전략이다.
④ 가격이 올랐을 때 시간이 경과할수록 적응이 되기 때문에 수요의 가격탄력성이 커진다.
⑤ 수요의 소득탄력성이 음(−)의 값인 재화가 열등재이다.

17 정답 ⑤

주제 수요의 가격, 소득, 교차탄력성

해설

수요곡선이 수직선일 때 수요량의 변화율이 0이므로 모든 점에서 수요의 가격탄력성은 0이다.

오답체크

① 재화가 기펜재라면 열등재이므로 수요의 소득탄력성은 음(−)의 값을 갖는다.
② 두 재화가 서로 대체재의 관계에 있다면 수요의 교차탄력성은 양(+)의 값을 갖는다.
③ 우하향하는 직선의 수요곡선상에 위치한 각 점마다 수요의 가격탄력성이 다르다.
④ 수요의 가격탄력성이 1이면 가격 변화에 따른 판매총액은 동일하다.

★★☆

18 **수요와 공급의 가격탄력성에 관한 설명으로 옳은 것을 모두 고른 것은?** 19년 감정평가사

ㄱ. 대체재를 쉽게 찾을 수 있을수록 수요의 가격탄력성은 작아진다. ㄴ. 동일한 수요곡선상에서 가격이 높을수록 수요의 가격탄력성은 항상 커진다. ㄷ. 상품의 저장에 드는 비용이 클수록 공급의 가격탄력성은 작아진다. ㄹ. 공급곡선이 원점을 지나고 우상향하는 직선형태일 경우, 공급의 가격탄력성은 항상 1이다.

① ㄱ, ㄴ ② ㄱ, ㄷ ③ ㄴ, ㄷ
④ ㄴ, ㄹ ⑤ ㄷ, ㄹ

★★☆

19 **수요와 공급의 탄력성에 관한 설명으로 옳은 것은?** 21년 감정평가사

① 수요곡선이 수직이면 가격탄력성이 무한대이다.
② 우하향하는 수요곡선상 모든 점에서 가격탄력성은 같다.
③ 가격탄력성이 1보다 크면 비탄력적이다.
④ 우상향 직선의 공급곡선 Y축 절편이 0보다 크면 가격탄력성은 무조건 1보다 크다.
⑤ 수요의 교차탄력성이 1보다 크면 두 상품은 보완재 관계이다.

★★☆

20 **완전경쟁시장에서 수요곡선과 공급곡선이 다음과 같을 때 시장균형에서 공급의 가격탄력성은? (단, P는 가격, Q는 수량)** 17년 노무사

• 수요곡선: $P = 7 - 0.5Q$ • 공급곡선: $P = 2 + 2Q$

① 0.75 ② 1 ③ 1.25
④ 1.5 ⑤ 2

★★☆

21 X재의 공급함수가 $Q=P-6$일 때, 공급의 가격탄력성은? (단, Q는 공급량, P는 가격)

20년 노무사

① $\frac{P-6}{P}$　② $\frac{P+6}{P}$　③ $\frac{-P+6}{P}$

④ $\frac{P}{P+6}$　⑤ $\frac{P}{P-6}$

정답 및 해설

18 정답 ⑤

주제 수요와 공급의 가격탄력성

해설

ㄱ. 대체재를 쉽게 찾을 수 있을수록 수요의 가격탄력성은 커진다.

ㄴ. 우하향하는 직선 형태의 동일한 수요곡선상에서 가격이 높을수록 수요의 가격탄력성은 항상 커진다. 그러나 수직인 형태인 경우에는 성립하지 않는다.

19 정답 ④

주제 탄력성

해설

우상향 직선의 공급곡선 Y축을 지나면 탄력적이다. 따라서 Y축 절편이 0보다 크면 가격탄력성은 무조건 1보다 크다.

오답체크

① 수요곡선이 수평이면 가격탄력성이 무한대이다.

② 우하향하는 수요곡선상 모든 점에서 가격탄력성은 다르다.

③ 가격탄력성이 1보다 크면 탄력적이다.

⑤ 수요의 교차탄력성이 1보다 크면 두 상품은 대체재 관계이다.

20 정답 ④

주제 공급의 가격탄력성

해설

1) 수요함수와 공급함수를 연립해서 풀면 $7-\frac{1}{2}Q=2+2Q$, $\frac{5}{2}Q=5$이므로 균형거래량 $Q=2$이다. 이를 수요곡선(혹은 공급곡선) 식에 대입하면 균형가격 $P=6$으로 계산된다.

2) 공급함수를 Q에 대해 미분하면 $\frac{dP}{dQ}=2$이므로 시장균형에서 공급의 가격탄력성

$e_s=\frac{dQ}{dP}\times\frac{P}{Q}=\frac{1}{2}\times\frac{6}{2}=1.5$ 이다.

21 정답 ⑤

주제 공급의 가격탄력성

해설

1) 공급의 가격탄력성 공식은 $\frac{dQ^s}{dP}\times\frac{P}{Q^s}$이다.

2) 이에 대입하면 $1\times\frac{P}{P-6}$이므로 $\frac{P}{P-6}$이다.

★★☆

22

다음 그림은 가로축에 공급량(Q), 세로축에 가격(P)을 나타내는 공급곡선들을 표시한 것이다. 이에 대한 설명으로 옳은 것은? 15년 지방직

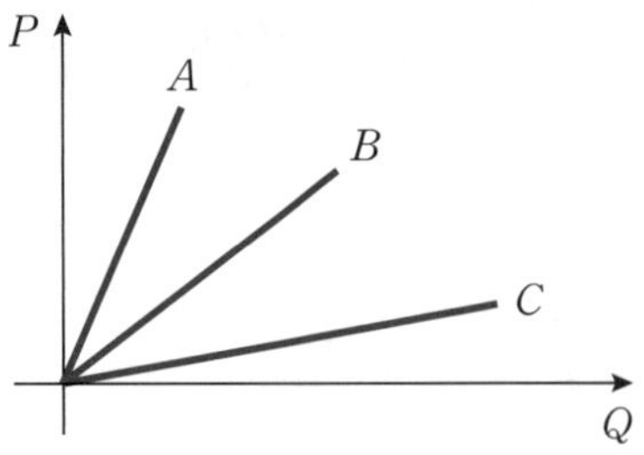

① 공급곡선 A의 가격에 대한 탄력성이 C의 가격에 대한 탄력성보다 높다.
② 공급곡선 C의 가격에 대한 탄력성이 A의 가격에 대한 탄력성보다 높다.
③ 공급곡선 B의 가격에 대한 탄력성이 C의 가격에 대한 탄력성보다 높다.
④ 공급곡선 A의 가격에 대한 탄력성은 B의 가격에 대한 탄력성과 같다.

★★☆

23

소비자잉여에 대한 다음의 서술 중 옳은 것은? 13년 서울시

① 공급이 감소하여 가격이 상승한 경우 소비자잉여는 감소한다.
② 수요가 증가하여 가격이 상승한 경우 소비자잉여는 감소한다.
③ 수요의 탄력성이 클수록 소비자잉여도 크다.
④ 공급의 탄력성이 클수록 소비자잉여도 크다.
⑤ 소비자잉여를 늘리는 정책은 자원 배분의 효율성도 제고한다.

★★☆

24 2014년 기상 여건이 좋아 배추와 무 등의 농산물 생산이 풍년을 이루었다. 그러나, 농민들은 오히려 수입이 줄어 어려움을 겪는 현상이 발생하였다. 이러한 소위 '풍년의 비극'이 발생하게 된 원인으로 옳은 것은? 15년 지방직

① 가격의 하락과 탄력적 공급이 지나친 판매량 감소를 초래하였다.
② 가격의 하락과 비탄력적 공급이 지나친 판매량 감소를 초래하였다.
③ 공급의 증가와 탄력적 수요가 가격의 지나친 하락을 초래하였다.
④ 공급의 증가와 비탄력적 수요가 가격의 지나친 하락을 초래하였다

정답 및 해설

22 정답 ④

주제 공급의 가격탄력성

해설

공급곡선이 원점을 통과하는 직선일 때는 기울기에 관계없이 공급곡선상의 모든 점에서 공급의 가격탄력성이 1이다. 그러므로 문제에 주어진 공급곡선 A, B, C는 공급곡선상의 모든 점에서 공급의 가격탄력성이 동일하다.

23 정답 ①

주제 탄력성과 잉여

해설

공급이 감소하여 가격이 상승한 경우 가격이 상승하고 거래량이 감소했으므로 소비자잉여는 감소한다.

오답체크

② 수요가 증가하여 가격이 상승한 경우 가격과 거래량이 모두 증가했으므로 소비자잉여는 증가한다.
③ 수요의 탄력성이 클수록 소비자잉여는 작아진다.
④ 공급의 탄력성과 소비자잉여는 관계가 없다.
⑤ 최고가격제의 경우에 소비자잉여가 늘어날 수 있으나 반드시 자원 배분의 효율성이 높아지는 것은 아니다.

24 정답 ④

주제 풍년기근

해설

농산물은 수요의 가격탄력성이 비탄력적인 필수재이며, 공급의 가격탄력성이 비탄력적인 재화이다. 풍년이 들면 오히려 농부의 소득이 감소하는 현상이 나타나는 것은 수요가 비탄력적이어서 공급이 증가할 때 가격이 지나치게 하락하기 때문이다.

고난도 문제

★★★
25 어떤 사람이 소득 수준에 상관없이 소득의 절반을 식료품 구입에 사용한다. 〈보기〉 중 옳은 것을 모두 고르면?

19년 서울시 1회

〈보기〉

ㄱ. 식료품의 소득탄력성의 절댓값은 1보다 작다.
ㄴ. 식료품의 소득탄력성의 절댓값은 1이다.
ㄷ. 식료품의 가격탄력성의 절댓값은 1보다 크다.
ㄹ. 식료품의 가격탄력성의 절댓값은 1이다.

① ㄱ, ㄷ
② ㄱ, ㄹ
③ ㄴ, ㄷ
④ ㄴ, ㄹ

★★★
26 다음은 X재 수요에 대한 분석 결과이다. 다음 중 X재 수요를 가장 크게 증가시키는 경우는? (단, Y재 가격 변화 시 Z재 가격은 불변이고, Z재 가격 변화 시 Y재 가격은 불변임)

20년 공인회계사

- Y재 가격 변화에 대한 수요의 교차가격 탄력성: -0.5
- Z재 가격 변화에 대한 수요의 교차가격 탄력성: 0.6
- 수요의 소득 탄력성: -0.5

① Y재 가격 1% 인상과 소득 1% 증가
② Y재 가격 1% 인상과 소득 1% 감소
③ Y재 가격 1% 인하와 소득 1% 증가
④ Z재 가격 1% 인상과 소득 1% 감소
⑤ Z재 가격 1% 인하와 소득 1% 감소

정답 및 해설

25 정답 ④

주제 수요의 가격탄력성과 소득탄력성

해설

1) 소득 수준에 상관없이 소득의 절반을 식료품(X재) 구입에 지출한다면 $P_X \times X = \frac{M}{2}$이므로, 식료품의 수요함수는 $X = \frac{M}{2P_X}$이다.

2) 따라서 가격탄력성과 소득탄력성은 다음과 같다.

- 가격탄력성: $e_d = -\frac{dX}{dP} \times \frac{P_X}{X} = \frac{M}{2P_X^2} \times \frac{P_X}{\frac{M}{2P_X}} = 1$
- 소득탄력성: $e_M = \frac{dX}{dM} \times \frac{M}{X} = \frac{1}{2P_X} \times \frac{M}{\frac{M}{2P_X}} = 1$

26 정답 ④

주제 탄력성

해설

Z재 가격 1% 인상은 X재 수요 +0.6%, 소득 1% 감소는 X재 수요 +0.5% → 1.1%

오답체크

① Y재 가격 1% 인상은 X재 수요 −0.5%, 소득 1% 증가는 X재 수요 −0.5% → −1%
② Y재 가격 1% 인상은 X재 수요 −0.5%, 소득 1% 감소는 X재 수요 +0.5% → 0%
③ Y재 가격 1% 인하는 X재 수요 +0.5%, 소득 1% 증가는 X재 수요 −0.5% → 0%
⑤ Z재 가격 1% 인하는 X재 수요 −0.6%, 소득 1% 감소는 X재 수요 +0.5% → −0.1%

PART

3 소비자이론

학습 구성

구분	출제 포인트	중요도	학습 날짜
Chapter 01 한계효용이론	01 한계효용이론	★★	
	02 한계효용이론에서의 소비자 선택	★★	
Chapter 02 무차별곡선이론	01 무차별곡선이론(indifference curve)	★★★	
	02 무차별곡선이론에서의 소비자균형	★★	
	03 소득소비곡선과 가격소비곡선	★★	
	04 가격효과	★★	
	05 사회보장제도	★	
	06 시점 간 소비자이론	★	
	07 노동공급곡선	★★	
Chapter 03 현시선호이론과 기대효용이론	01 현시선호이론	★	
	02 지수	★	
	03 기대효용이론	★★	

Chapter 01

한계효용이론

+ 학습목표

- 한계효용과 총효용의 의미를 구분할 수 있다.
- 한계효용체감의 법칙을 파악할 수 있다.
- 한계효용균등의 법칙이 효용극대화 원칙임을 이해할 수 있다.

01 한계효용이론 ★★★

1. 소비자이론

소비자는 최소의 비용으로 최대의 만족감을 얻으려는 것을 목표로 하며, 이에 대한 이론으로는 한계효용이론, 무차별곡선이론, 기대효용이론, 현시선호이론 등이 있다.

2. 한계효용이론

(1) 가정

① 효용은 만족감으로, 소비자는 항상 합리적인 소비주체로서 효용의 극대화를 추구한다.

② 효용은 기수적인 측정이 가능하다. 즉, 효용의 절대적인 수치적 측정이 가능하다.

예 만족감을 100점 만점으로 표시 가능

③ 화폐의 한계효용은 항상 일정하다.

- 현실에서 화폐의 효용은 일정하지 않다. A라는 물건의 가격이 1,000원일 때, 전 재산 1,000억 원 중 1,000원을 쓰는 사람과 전 재산 2,000원 중 1,000원을 쓰는 사람에게 1,000원의 가치가 다르다.
- 만약 현실의 경우를 그대로 경제학에 적용할 경우, 경제학의 모든 이론은 성립할 수 없다.
- 따라서 이론을 만들기 위해 '모든 화폐 1원의 효용은 같다'고 가정한다.

④ 한계효용체감의 법칙이 성립한다.

(2) 한계효용(MU, Marginal Utility)

① 재화 소비량이 추가적으로 증가할 때 추가적으로 얻는 총효용의 증가분을 말한다.

② 범위가 큰 경우 $MU = \frac{\Delta TU}{\Delta Q}$, 범위가 작은 경우 $MU = \frac{dTU}{dQ}$로 표시한다.

③ 한계효용은 구간일 경우 총효용곡선의 구간의 기울기, 한 점일 경우 접선의 기울기로 측정한다.

④ 재화 소비량이 일정 단위를 넘어서면 한계효용이 감소하는데 이를 한계효용 체감의 법칙(law of diminishing utility)이라고 하며, 한계효용이론에서 이 법칙을 일반적 현상으로 가정한다.

(3) 총효용(TU, Total Utility): 한계효용의 합

① 재화를 소비함으로써 얻을 수 있는 주관적인 만족의 총량을 말한다.

② n 단위 재화를 소비할 때 총효용은 그때까지의 한계효용을 합하여 구할 수 있다.

(4) 총효용과 한계효용의 관계

◀ 시험 POINT 한계효용의 증가 · 감소 여부와 관계없이 한계효용이 음(-)의 값이면 총효용은 반드시 감소합니다.

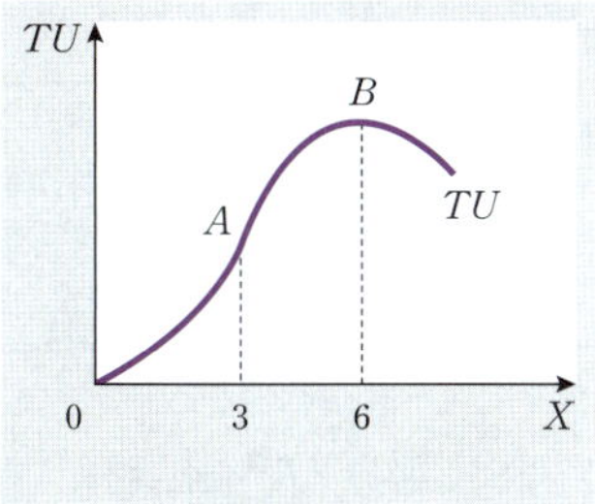

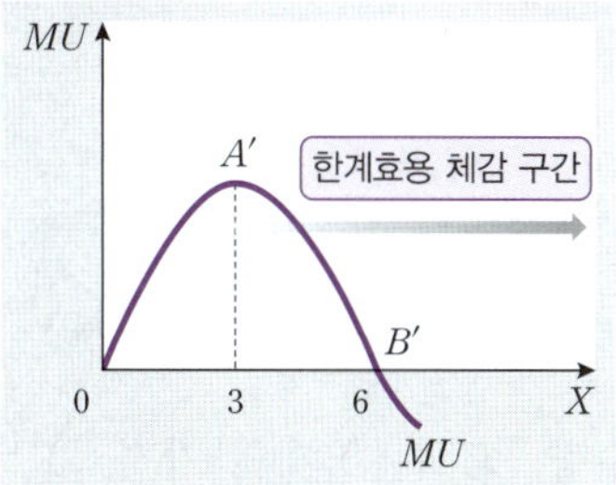

① 총효용은 한계효용의 합으로 나타나는데, 일반적으로 위와 같은 형태로 나타난다.

② A 구간까지는 한계효용이 +로 체증하기 때문에 A까지는 체증적으로 증가한다.

③ $A \sim B$ 구간은 한계효용이 +이나 체감하므로 총효용은 체감적으로 증가한다.

④ 마지막으로 B시기를 지나게 되면 한계효용이 −상태로 감소하므로 총효용이 감소한다.

⑤ 정리하면 한계효용이 체감해서 총효용이 감소하는 것이 아니라, 한계효용이 체감하는데 −이기 때문에 총효용이 감소한다는 것을 기억해야 한다.

(5) 가치의 역설

① 가치의 역설은 우리의 삶에 꼭 필요한 물보다 그렇지 않은 다이아몬드가 더 가격이 높다는 것을 설명한다.

구분	물	다이아몬드
사용가치인 총효용	크다	작다
교환가치인 가격	작다	크다

② **한계효용학파의 해석:** 가격은 총효용이 아닌 한계효용으로 결정되므로, 한계효용이 큰 다이아몬드가 총효용이 큰 물보다 가격이 비싸다.

02 한계효용이론에서의 소비자 선택 ★★★

1. 예산제약이 없는 경우

한계효용이 0이 될 때까지 소비할 경우 총효용이 극대화된다.

2. 예산제약이 있는 경우

(1) 예산제약 식

$P_X \cdot X + P_Y \cdot Y = I$

(단, P_X는 X재의 가격, X는 X재의 수량, P_Y는 Y재의 가격, Y는 Y재의 수량, I은 소득)

(2) X재 1원어치의 한계효용과 Y재 1원어치의 한계효용의 비교

◂ 시험 POINT 합리적 선택은 1원당 한계효용이 서로 동일한 경우입니다.

① 소비자는 효용을 극대화하는 것이 합리적 선택이므로 주어진 예산을 모두 쓴다고 가정한다.

② 소득제약조건 아래 X재 1원어치의 한계효용과 Y재 1원어치의 한계효용이 균등하도록 구입량을 결정하면 최대 만족을 얻게 된다.

③ 한계효용이 균등하지 않을 경우, 지출의 증가 없이 소비 조정을 통해서 총효용을 증가시킬 수 있기 때문이다.

상황	소비 조정	
$\frac{MU_X}{P_X} > \frac{MU_Y}{P_Y}$ X재 소비를 늘리고 Y재 소비를 줄이면 총효용 증가	X재 소비의 증가 → MU_X의 감소	Y재 소비의 감소 →MU_Y의 증가
$\frac{MU_X}{P_X} = \frac{MU_Y}{P_Y}$	효용극대화 조건 충족	
$\frac{MU_X}{P_X} < \frac{MU_Y}{P_Y}$ Y재 소비를 늘리고 X재 소비를 줄이면 총효용 증가	X재 소비의 감소 → MU_X의 증가	Y재 소비의 증가 →MU_Y의 감소

④ 한계효용균등의 법칙: $\frac{MU_X}{P_X} = \frac{MU_Y}{P_Y} = m$(화폐 한 단위의 한계효용)일 때 최대 효용을 얻을 수 있다.

3. 예산제약이 있는 경우 사례 분석

(1) 표로 제시된 경우

<사례>
- 어묵 1개 가격: 100원
- 떡볶이 1인분 가격: 200원
- 가진 돈(예산): 1,000원

구 분		1개	2개	3개	4개	5개	6개
어묵	총효용	200	380	550	710	860	1,000
	한계효용	200	180	170	160	150	140
떡볶이	총효용	400	780	1,150	1,510	1,860	2,200
	한계효용	400	380	370	360	350	340

현재 어묵 6개와 떡볶이 2인분을 선택한 상황이라면 아래와 같다.

추가적인 비용의 부담 없이 효용을 극대화하려면, 어묵의 소비를 줄여 그 돈으로 떡볶이의 소비를 늘리면 된다.

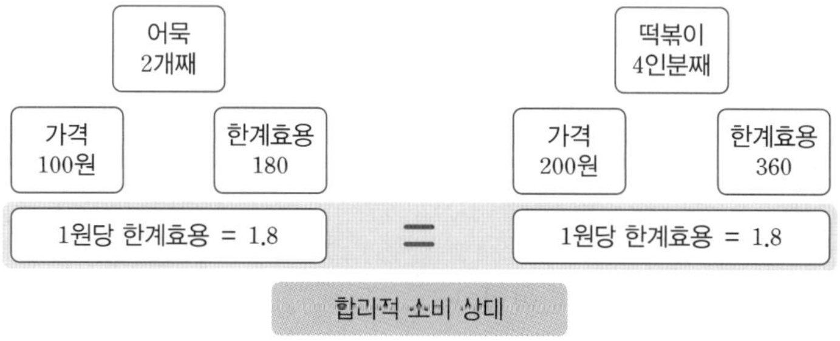

(2) 수식으로 제시된 경우

① 사례

- 소비자 효용함수: $TU = 2XY,\ I = 120,\ P_X = 10,\ P_Y = 20$
- 소득제약 식: $120 = 10X + 20Y$

② 효용함수로부터 각각의 한계효용을 도출하면 $MU_X = 2Y$, $MU_Y = 2X$이다.

③ 이를 대입하면 효용극대화 조건에 대입하면 $\frac{MU_X}{P_X} = \frac{MU_Y}{P_Y} = \frac{2Y}{10} = \frac{2X}{20}$ $20X = 40Y \rightarrow$ $X = 2Y$이다.

④ 위에 나온 결과를 소득제약 식에 대입하면
$120 = 10X + 20Y \rightarrow 120 = 20Y + 20Y \rightarrow X = 6,\ Y = 3$이다.

⑤ 따라서 효용을 극대화하는 X재의 소비량은 6, Y재의 소비량은 3이다.

4. 한계효용이론과 수요곡선

(1) 수요곡선의 도출

① 한계효용이론의 가정에서 m(화폐 한 단위의 한계효용)은 일정하다.

② 한계효용균등의 법칙 $\frac{MU_X}{P_X} = \frac{MU_Y}{P_Y} = m$이므로, 이를 P_X에 관하여 다시 정리하면

$P_X = \frac{1}{m} MU_X$가 된다.

③ 그래프

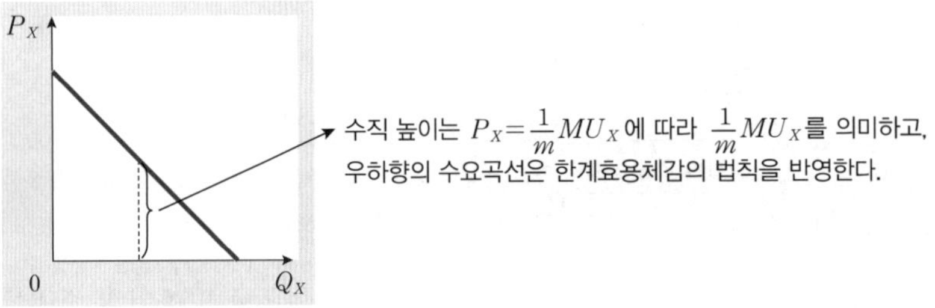

P_X
0
Q_X
수직 높이는 $P_X = \frac{1}{m} MU_X$에 따라 $\frac{1}{m} MU_X$를 의미하고,
우하향의 수요곡선은 한계효용체감의 법칙을 반영한다.

(2) 결론

X재의 수요량이 증가하면 한계효용체감의 법칙에 의해 MU_X가 감소하므로 X재의 가격 P_X가 하락한다. 따라서 수요량과 가격은 역의 관계가 성립하므로 우하향의 수요곡선이 도출된다.

5. 한계효용이론의 비판

① 효용은 기수적인 측정이 가능하다. → 실제로 측정이 어렵다.

② 화폐의 한계효용은 항상 일정하다. → 실제로 체감한다.

개념확인 문제

Q 표는 갑이 X재와 Y재의 소비로 얻는 한계효용을 나타낸다. X재와 Y재의 가격은 각각 개당 3과 1이다. 갑이 14의 예산으로 두 재화를 소비함으로써 얻을 수 있는 최대의 소비자잉여는?

20년 보험계리사

수량	X재의 한계효용	Y재의 한계효용
1	18	10
2	12	8
3	6	6
4	3	4
5	1	2
6	0.6	1

① 8 ② 14
③ 52 ④ 66

정답 ③

해설

1) 가격 1당 한계효용을 나타내면 다음과 같다.

수량	X재의 한계효용	Y재의 한계효용
1	$18 \rightarrow 6$	10
2	$12 \rightarrow 4$	8
3	$6 \rightarrow 2$	6
4	$3 \rightarrow 1$	4
5	$1 \rightarrow \frac{1}{3}$	2
6	$0.6 \rightarrow 0.2$	1

2) 14를 순서대로 1당 한계효용이 높은 순으로 쓰면 다음과 같다.
Y 1번째 10 1사용 → Y재 2번째 8 1사용→ Y재 3번째 & X재 1번째 4사용→ Y재 4번째 &, X재 2번째 4사용 → X재 3번째, Y재 5번째 4사용

3) 총효용 = X재$(18+12+6)+$ Y재$(10+8+6+4+2)=36+30=66$

4) 소비자잉여 = 총효용−비용 = $66-14=52$

Chapter 02

무차별곡선이론

✧ 학습목표

- 무차별곡선의 의미와 특성을 이해할 수 있다.
- 한계대체율과 예산선의 기울기가 동일할 때 효용이 극대화됨을 이해할 수 있다.
- 완전대체재, 완전보완재인 경우 소비자균형점을 구할 수 있다.
- 이자율 상승 시 저축의 변동을 소득효과와 대체효과로 판단할 수 있다.
- 임금률 상승 시 노동공급의 변동을 소득효과와 대체효과로 판단할 수 있다.

01 무차별곡선이론(indifference curve) ★★★

1. 개념

(1) 무차별곡선(indifference curve)

① 두 가지 재화를 소비하여 동일한 효용을 얻을 수 있는 소비량의 조합을 연결한 선으로, 무차별곡선 위의 어떤 조합이든 동일한 만족감을 준다.

② 개인의 주관적 만족과 선호를 반영하며, 무차별곡선을 통해서 개인의 주관적인 선호를 파악할 수 있다.

(2) 사례

사탕 4개와 초콜릿 3개의 조합과 사탕 3개와 초콜릿 4개의 조합 중 어느 것을 가져도 상관이 없다면 효용이 동일한 것이므로 두 조합은 무차별한 것이라고 볼 수 있다.

2. 성질 (◂ 시험 POINT 무차별곡선의 성질을 기억해야 합니다.)

(1) 무차별곡선은 일반적으로 우하향한다

① 기회비용의 원리: 한 가지 재화의 소비를 늘리면서 동일한 효용(만족감)을 얻는 상태가 되려면 다른 재화의 소비를 줄여야 한다.

② 점 A와 점 B가 모두 무차별곡선 위에 있으므로 두 점의 효용은 동일하다.

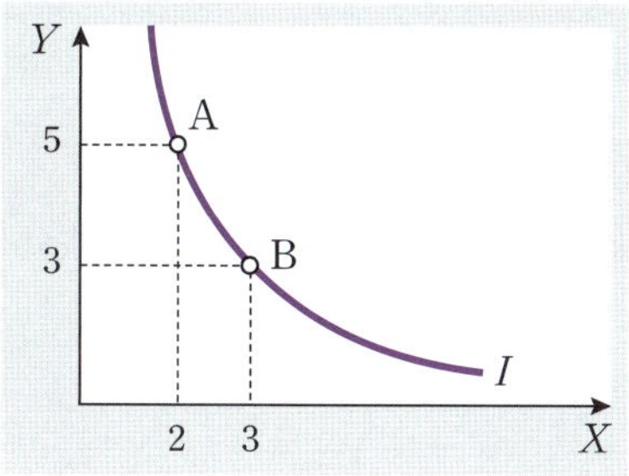

(2) 원점에서 멀어질수록 더 높은 효용수준을 갖는다

① 원점에서 멀다는 것은 두 재화를 더 많이 소비한 것이므로 효용의 합은 더 크다.

② 더 많은 소비량은 더 많은 효용을 가져다준다. 유의할 점은 한계효용 체감의 법칙은 한 재화를 계속적으로 소비할 때이고, 무차별곡선은 두 재화를 골고루 소비하는 것이다.

③ 무차별곡선은 소비량이 증가할 때마다 존재하며, 이러한 소비량에 따라 무차별곡선의 총합을 무차별지도라고 한다.

(3) 서로 교차할 수 없다

① 무차별곡선상의 a, b, c는 동일한 효용을 가져야 한다. 왜냐하면 a, c와 a, b가 동일한 무차별곡선상에 존재하기 때문이다.

② 그러나 b, c는 효용이 동일할 수 없다. 왜냐하면 b는 c보다 X, Y의 소비량이 많기 때문에 b의 효용이 더 커야 한다.

③ 따라서 무차별곡선은 교차할 수 없다.

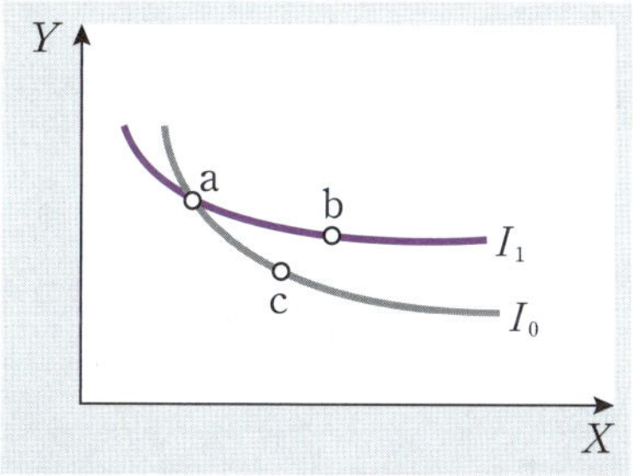

(4) 원점에 대하여 볼록하다

① 일반적 형태의 무차별곡선상의 점에서는 X재의 소비를 늘렸을 때 동일한 효용을 유지하기 위하여 Y재이 소비를 줄여야 한다.

② 이것을 수식으로 나타내면 $\frac{-\Delta Y}{\Delta X}$로 표현할 수 있다. 이를 한계대체율(MRS, Marginal Rate of Substitution)이라고 한다.

③ 무차별곡선이 원점에 대해서 볼록한다는 것은 두 재화를 고르게 소비하는 것이 한 재화를 집중해서 소비하는 것보다 효용을 높이는 데 좋다는 것을 의미한다. 따라서 무차별곡선의 기울기인 한계대체율이 체감한다.

3. 한계대체율(MRS, Marginal Rate of Substitution)

(1) 의미

동일한 효용수준을 유지하면서 X재의 소비량을 추가적으로 증가시키기 위하여 추가적으로 감소시켜야 하는 Y재의 수량의 비율, $\frac{-\Delta Y}{\Delta X}$을 의미한다.

(2) 한계대체율의 측정

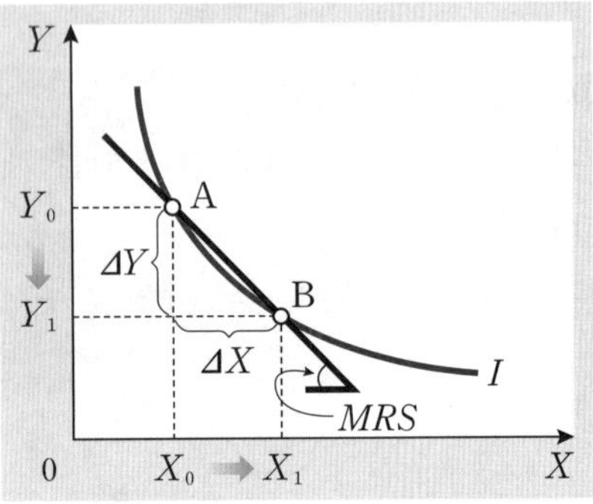

① 한계대체율은 X재와 Y재에 대한 소비자의 주관적인 교환비율로, 무차별곡선의 기울기로 측정한다.

② X재 소비량이 ΔX만큼 증가하면 총효용은 $MU_X \cdot \Delta X$만큼 증가한다.

③ Y재 소비량이 ΔY만큼 감소하면 총효용은 $MU_Y \cdot \Delta Y$만큼 감소한다.

④ 두 점이 무차별하므로 증가한 총효용과 감소한 총효용이 동일해야 한다.

따라서 $MU_X \cdot \Delta X + MU_Y \cdot \Delta Y = 0 \rightarrow -\frac{\Delta Y}{\Delta X} = \frac{MU_X}{MU_Y}$

⑤ 한계대체율을 표현하면 다음과 같다.

$$MRS_{XY} = -\frac{\Delta Y}{\Delta X} = \frac{MU_X}{MU_Y}$$

(3) 한계대체율 체감의 법칙

동일한 효용수준을 유지하면서 Y재를 X재로 대체함에 따라 한계대체율이 점점 감소하는 현상을 말한다.

4. 예외적인 무차별곡선

두 재화가 완전대체재인 경우	두 재화가 완전보완재인 경우
• 효용함수: $U(X,\ Y)=aX+bY$ • $MRS_{XY}=-\frac{a}{b}$(일정) 예 1,000원 지폐 한 장은 500원 동전 2개와 만족감이 동일하다.	• 효용함수: $U(X, Y)=\min[\frac{X}{a}, \frac{Y}{b}]$ • MRS가 존재하지 않음(미분 불능) • 최적 소비비율이 $\frac{b}{a}$로 일정 예 왼쪽 구두와 오른쪽 구두는 쌍으로 소비해야 만족감이 증가한다.
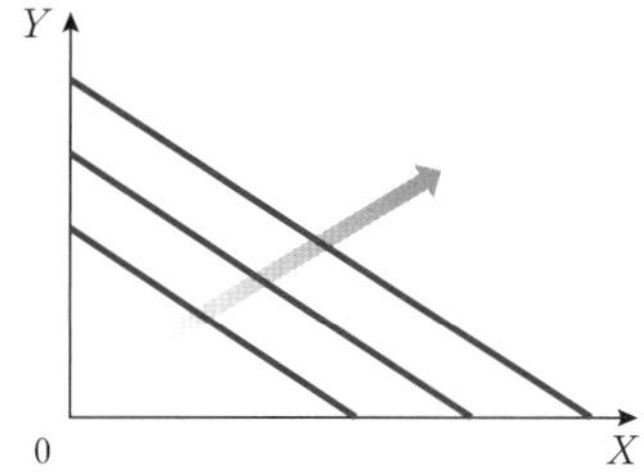	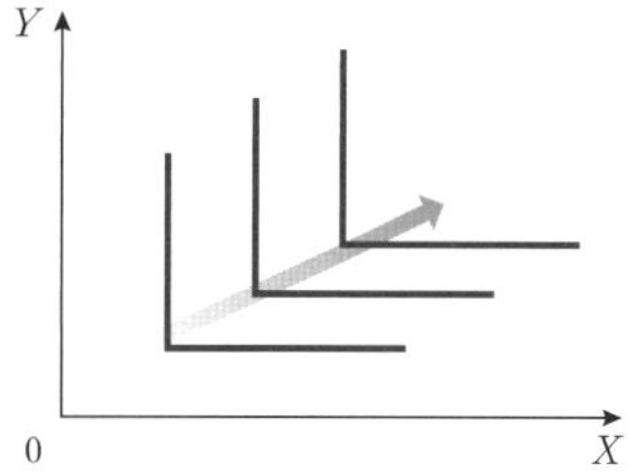
X재가 무효용, Y재가 효용재인 경우	X재가 효용재, Y재가 무효용인 경우
• X재: 담배(비흡연자)	• Y재: 담배(비흡연자)
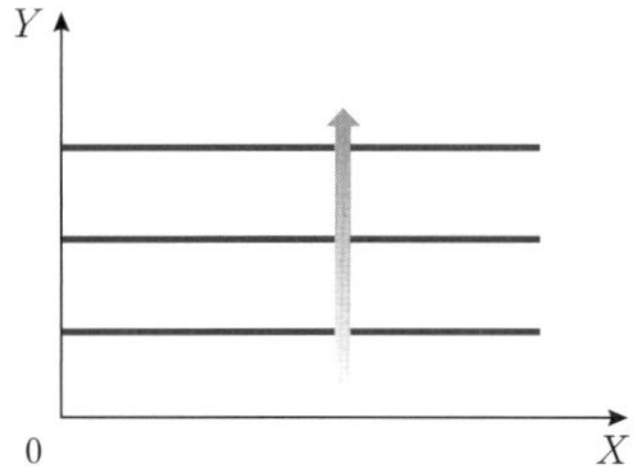	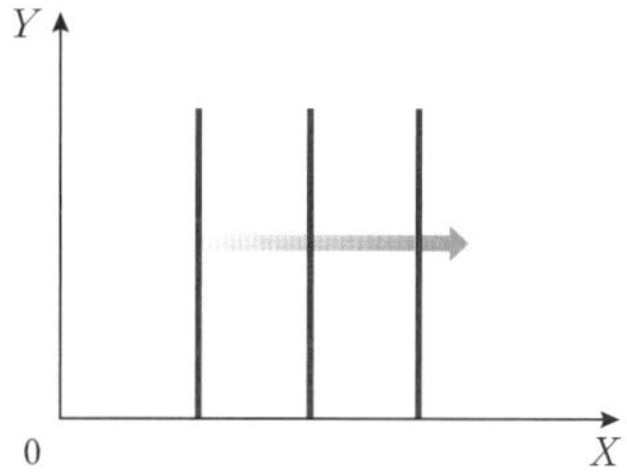
X재가 효용재, Y재가 비효용재인 경우	모두 비효용재인 경우
• X재: 쌀 • Y재: 쓰레기	• X재: 쓰레기 • Y재: 매연
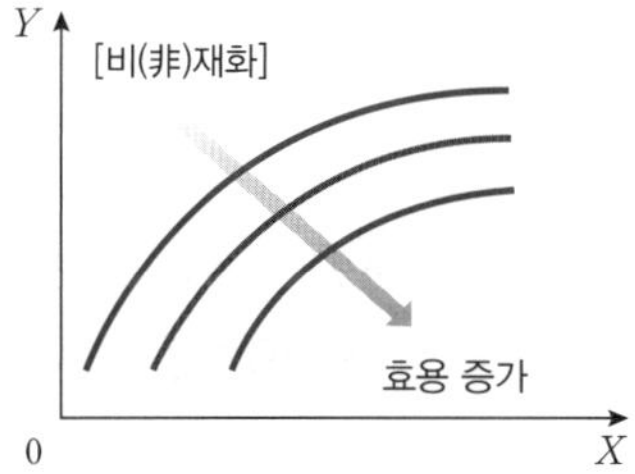	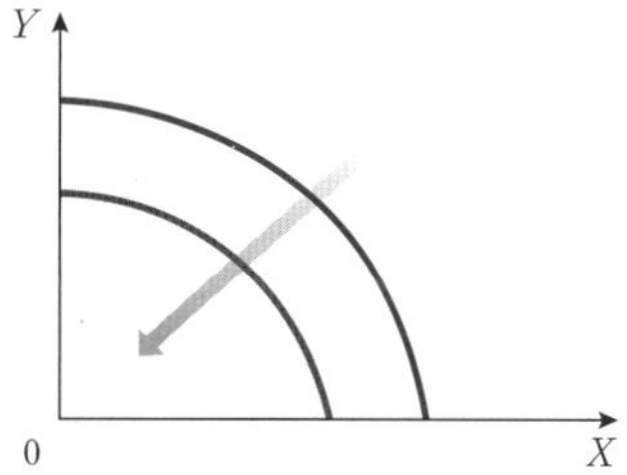

5. 준선형 효용함수(quasi linear utility funtion)

(1) 의미

① 두 재화 중 한 재화의 한계효용이 그 재화의 소비량에 관계없이 일정한 효용함수이다.

② 두 재화 중 한 재화에 대해서만 효용함수라는 의미이다.

③ 준선형 효용함수는 X재의 소비량 혹은 Y재의 소비량에 의해서만 한계대체율이 결정되므로 동조적인 효용함수는 아니다.

(2) $U(X, Y) = aX + h(Y)$인 경우(X재에 대한 준선형 효용함수. 단, $a > 0$)

① $MU_X = a$로 일정하므로 X재의 한계효용은 X재의 소비량과 관계없이 일정하다.

② $MU_Y = h'(Y)$이므로 $MRS_{XY} = \dfrac{a}{h'(Y)}$이다.

③ 한계대체율이 체감하려면 Y재의 소비가 감소할 때 따라서 무차별곡선의 기울기가 완만해져야 하므로 Y재의 한계효용인 $h'(Y)$가 증가해야 한다.

④ X재에 대한 준선형 효용함수는 한계대체율이 Y재의 소비량에 의해서만 결정되므로, 가로축에 평평한 직선상에 있는 무차별곡선상의 점들에서는 한계대체율이 모두 동일하다.

⑤ 그래프

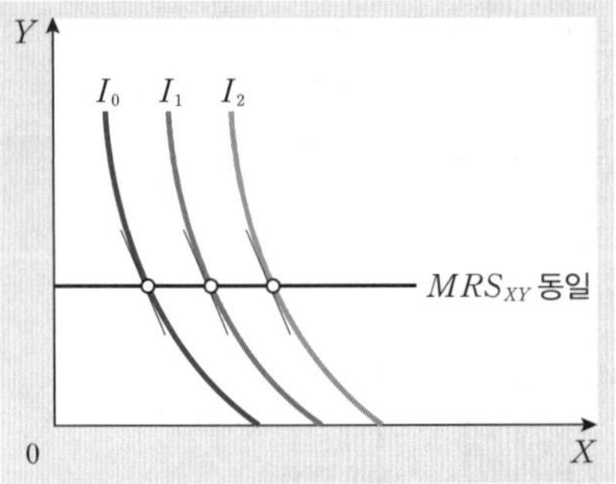

(3) $U(X, Y) = g(X) + bY$인 경우(Y재에 대한 준선형 효용함수. 단, $b > 0$)

① $MU_X = g'(X)$이다.

② $MU_Y = b$로 일정하므로 Y재의 한계효용은 Y재의 소비량과 관계없이 일정하다.

③ $MRS_{XY} = \dfrac{g'(X)}{b}$이다.

④ 한계대체율이 체감하려면 X재의 소비가 증가할 때 따라서 무차별곡선의 기울기가 완만해져야 하므로 X재의 한계효용인 $g'(X)$가 감소해야 한다.

⑤ Y재에 대한 준선형 효용함수는 한계대체율이 X재의 소비량에 의해서만 결정되므로 세로축에 평평한 직선상에 있는 무차별곡선상의 점들에서는 한계대체율이 모두 동일하다.

⑥ 그래프

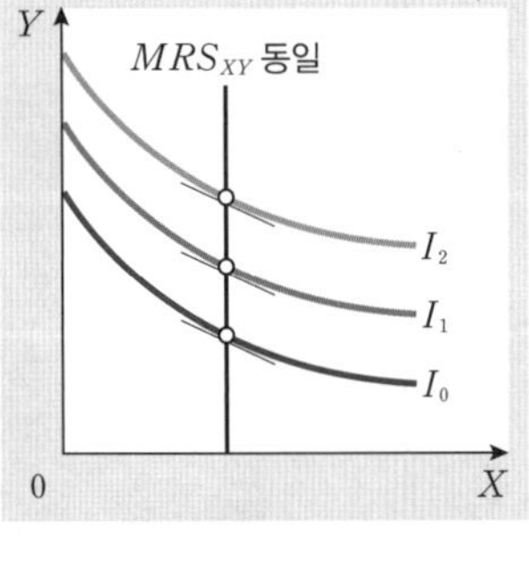

개념확인 문제

Q 무차별곡선(indifference curve)에 대한 설명으로 가장 옳은 것은? 17년 서울시

① 선호체계에 있어서 이행성(transitivity)이 성립한다면, 무차별곡선은 서로 교차할 수 있다.
② 두 재화가 완전대체재일 경우의 무차별곡선은 원점에 대해서 오목하게 그려진다.
③ 무차별곡선이 원점에 대해서 볼록하게 생겼다는 것은 한계대체율 체감의 법칙이 성립하고 있다는 것을 의미한다.
④ 두 재화 중 한 재화가 비재화(bads)일 경우에도 상품조합이 원점에서 멀리 떨어질수록 더 높은 효용수준을 나타낸다.

정답 ③

해설

무차별곡선이 원점에 대해서 볼록하게 생겼다는 것은 한계대체율 체감의 법칙이 성립하고 있어 골고루 소비하는 것이 효용이 높다는 의미이다.

오답체크

① 선호체계에 있어서 이행성(transitivity)이 성립한다면 선호가 일관성이 있으므로 무차별곡선을 교차할 수 없다.
② 두 재화가 완전대체재일 경우의 무차별곡선은 직선의 형태이다.
④ 두 재화 중 한 재화가 비재화(bads)일 경우에는 비재화가 원점에 가까울수록 효용수준이 더 높다.

02 무차별곡선이론에서의 소비자균형 ★★★

1. 무차별곡선에서의 소비자균형

(1) 예산제약이 없는 경우

무차별곡선이 원점과 최대한 멀어지도록 소비한다.

(2) 예산제약이 있는 경우

예산선과 무차별곡선이 접하는 지점에서 소비한다.

2. 예산선

(1) 개념

주어진 소득으로 구입 가능한 X재와 Y재의 조합을 그래프로 나타낸 것으로, 소득이 M이고 X, Y 두 재화의 구입에 소득을 전부 사용한다면, 예산제약 식은 다음과 같다.

$$P_X \cdot X + P_Y \cdot Y = M \Rightarrow Y = -\frac{P_X}{P_Y}X + \frac{M}{P_Y}$$

(2) 그래프

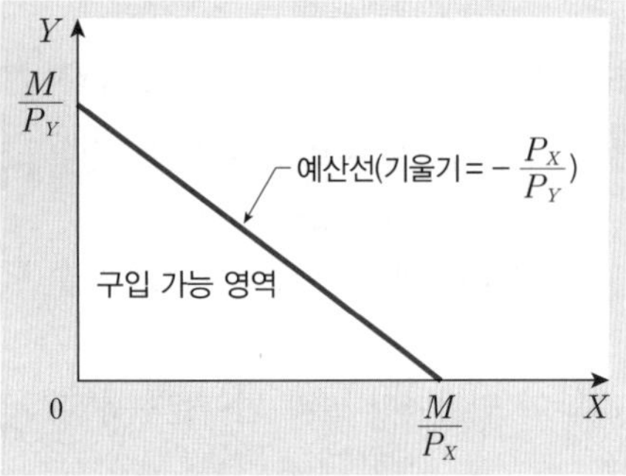

예산($M = 100$), X재의 가격($= 10$), Y재의 가격($= 5$)이라면 100으로 X재만 구입하면 $10(= \frac{M}{P_X})$, Y재만 구입하면 $20(= \frac{M}{P_Y})$이 된다.

(3) 소득 및 가격 변화와 예산선의 변화

① **소득 변화**: 소득이 증가하면 예산선은 바깥쪽으로, 소득이 감소하면 안쪽으로 평행이동한다.

② **가격 변화**: 한 재화의 가격이 변하면 X축 또는 Y축 절편을 축으로 회전이동하며, 가격이 저렴해지면 확장하고 비싸지면 축소된다.

③ **소득과 가격이 동일한 비율로 증가하거나 감소하면 예산선의 변화가 없음**: 예를 들어 소득이 1,000에서 2,000으로 증가하고 X재의 가격이 100원에서 200원으로 증가하며, Y재의 가격이 100원에서 200원으로 증가하면 예산선은 동일하다.

④ 그래프

(a) 소득 증가

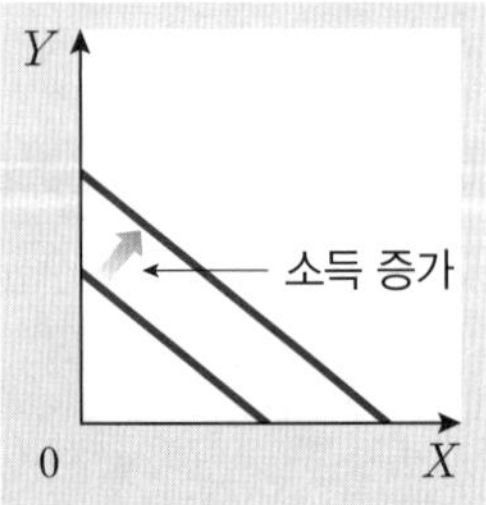

(b) X재 가격 하락

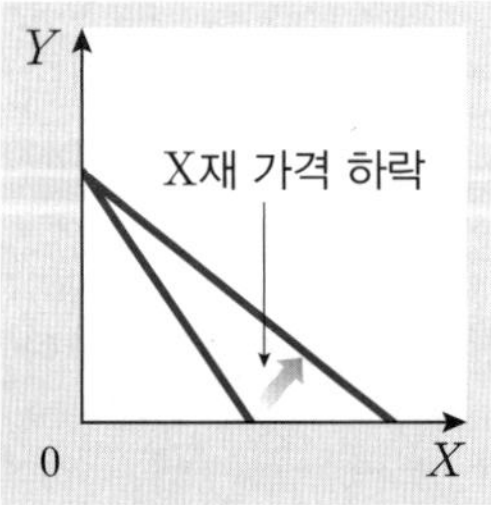

(c) Y재 가격 하락

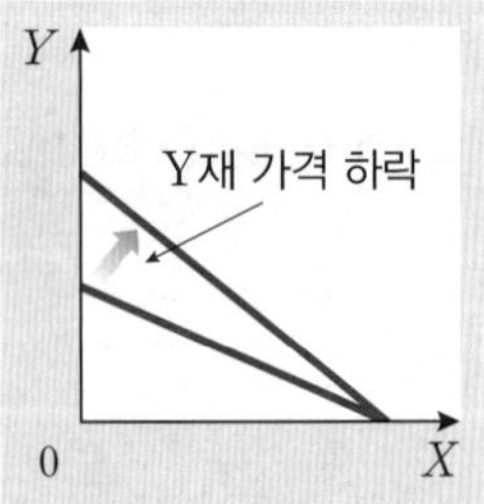

(d) 일정액 이상 구입할 때 가격 할인

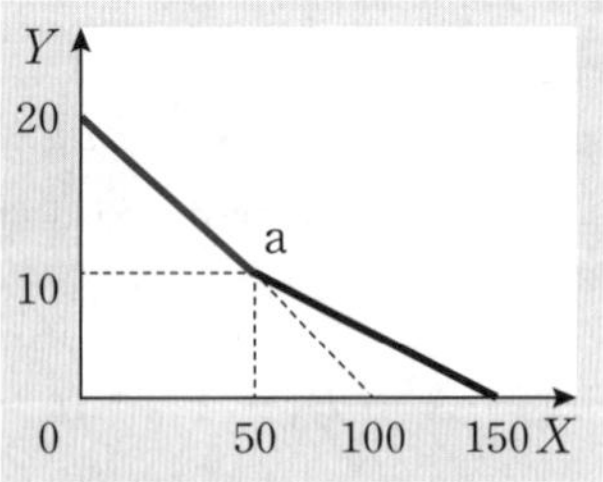

- $10X + 50Y = 1{,}000\ (X < 50)$
- $5X + 50Y = 750\ (X \geq 50)$

3. 예산제약하 소비자균형

(1) 소비자균형

① 예산선과 무차별곡선이 접하므로 한계대체율과 상대가격이 일치한다. 즉, 무차별곡선의 기울기 (MRS_{XY}) = 예산선의 기울기$\left(\dfrac{P_X}{P_Y}\right)$이다.

② 소비자균형은 두 재화 간의 소비자의 주관적인 교환비율$(= MRS_{XY})$과 시장에서 결정된 두 재화의 객관적인 교환비율$\left(= \dfrac{P_X}{P_Y}\right)$이 일치하는 점에서 달성된다.

③ $MRS_{XY} = -\dfrac{\Delta Y}{\Delta X} = \dfrac{MU_X}{MU_Y} \Rightarrow MRS_{XY} = \dfrac{P_X}{P_Y} \Rightarrow \dfrac{MU_X}{MU_Y} = \dfrac{P_X}{P_Y} \Rightarrow \dfrac{MU_X}{P_X} = \dfrac{MU_Y}{P_Y}$

(2) 한계효용균등의 법칙이 성립

① 위 식의 변형을 통해 각 재화 구입에 지출된 1원의 한계효용이 동일하도록 X재와 Y재를 구입하여야 효용의 극대화가 달성된다.

② 따라서 무차별곡선이론에서도 한계효용균등의 법칙$\left(\dfrac{MU_X}{P_X} = \dfrac{MU_Y}{P_Y}\right)$이 성립한다.

(3) 한계대체율과 예산선의 기울기

① 일반적인 형태의 무차별곡선의 효용을 극대화하기 위해서는 볼록한 가운데의 지점(E)으로 이동해야 한다.

② 만약 한계대체율이 예산선의 기울기보다 큰 지점(A 점)에서 소비한다면 Y재를 편중해서 소비하고 있는 지점이므로 X재를 더 늘리고 Y재의 소비를 줄여야 한다.

③ 반대로 한계대체율이 예산선의 기울기보다 작은 지점(B 점)에서 소비한다면 X재를 편중해서 소비하고 있는 지점이므로 X재를 줄이고 Y재의 소비를 더 늘려야 한다.

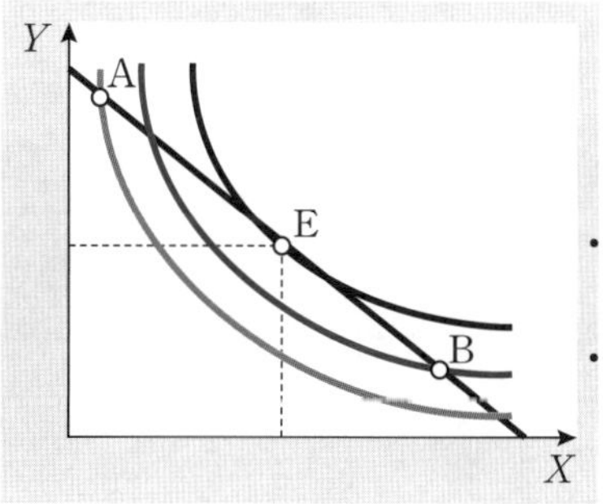

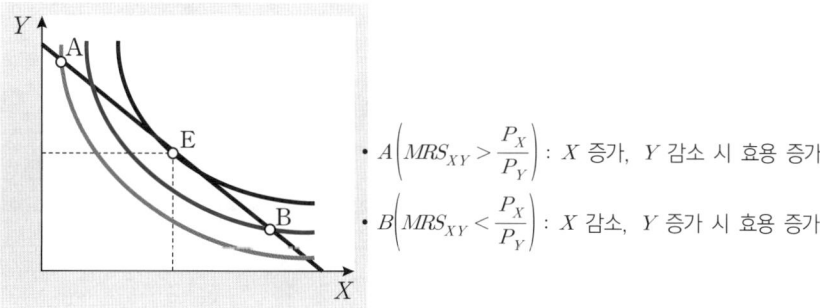

- $A\left(MRS_{XY} > \dfrac{P_X}{P_Y}\right)$: X 증가, Y 감소 시 효용 증가
- $B\left(MRS_{XY} < \dfrac{P_X}{P_Y}\right)$: X 감소, Y 증가 시 효용 증가

개념확인 문제

Q A의 소득이 10,000원이고, X재와 Y재에 대한 총지출액도 10,000원이다. X재 가격이 1,000원이고 A의 효용이 극대화되는 소비량이 $X=6$이고 $Y=10$이라고 할 때, X재에 대한 Y재의 한계대체율(MRS_{XY})은 얼마인가? (단, 한계대체율은 체감함) 15년 노무사

① 0.5 ② 1 ③ 1.5
④ 2 ⑤ 2.5

정답 ⑤

해설

1) X재의 가격이 1,000원이고 X재의 구입량이 6단위이므로 X재 구입액은 6,000원이다.
2) 소비자는 소득 10,000원을 X재와 Y재 구입에 지출하고 X재 구입액이 6,000원이므로 Y재 구입액은 4,000원임을 알 수 있다. Y재 구입액이 4,000원이고, 구입량은 10단위이므로 Y재 가격은 400원임을 추론할 수 있다.
3) 소비자균형에서는 무차별곡선과 예산선이 접하므로 한계대체율(MRS_{XY})과 두 재화의 상대가격비$\left(\frac{P_X}{P_Y}\right)$가 일치한다.
4) X재의 가격이 1,000원, Y재의 가격이 400원이므로 소비자균형에서의 한계대체율은 두 재화의 상대가격비와 동일한 2.5임을 알 수 있다.

4. 완전대체재인 경우의 소비자균형

시험 POINT 완전대체재인 경우의 구석해를 가집니다.

(1) 한계대체율과 소비자균형

① 완전대체재인 경우의 효용함수는 $U(X, Y) = aX + bY$로 표현된다.

② 한계대체율은 $\frac{MU_X}{MU_Y}$이므로 $MRS_{XY} = \frac{a}{b}$(일정)이다.

③ 먼저 예산선을 그린 후에 무차별곡선이 어디에서 접하는지 판단하면 된다.

(2) $MRS_{XY} = \frac{a}{b} > \frac{P_X}{P_Y}$인 경우

① 그래프

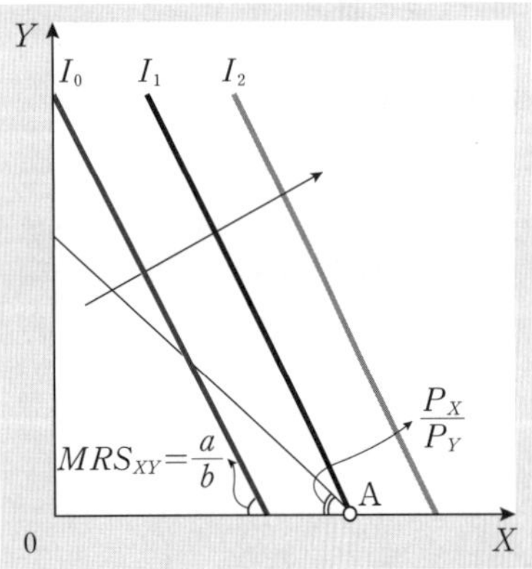

② 예산선과 무차별곡선이 X축에서만 만나므로 점 A 처럼 X재만 구입한다.

(3) $MRS_{XY} = \frac{a}{b} < \frac{P_X}{P_Y}$인 경우

① 그래프

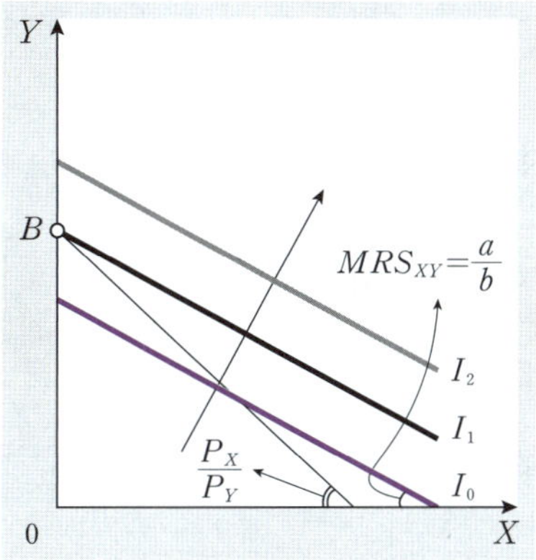

② 예산선과 무차별곡선이 Y축에서만 만나므로 점 B처럼 Y재만 구입한다.

(4) $\left(MRS_{XY} = \frac{a}{b}\right) = \frac{P_X}{P_Y}$인 경우

① 그래프

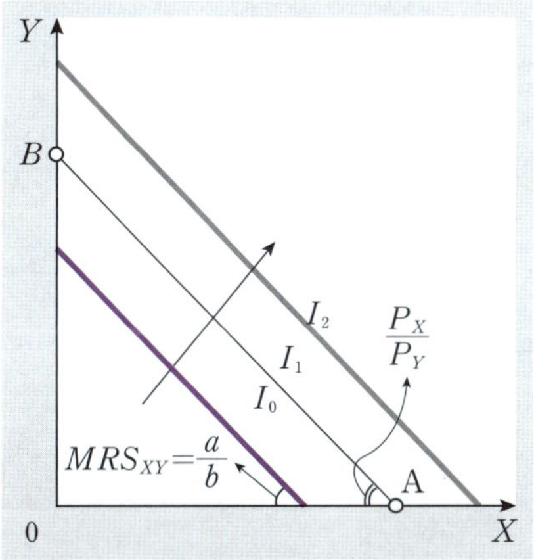

② 예산선과 무차별곡선이 기울기가 같아 겹치므로 무수히 많은 해가 존재한다.

개념확인 문제

Q X재와 Y재를 소비하는 소비자의 효용함수가 $U(x, y) = 2x + y$이며, 두 재화의 상대가격이 $\frac{P_X}{P_Y} = \frac{1}{2}$인 상황에 대한 설명으로 옳은 것은? (단, P_X는 X재의 가격, P_Y는 Y재의 가격, x는 X재의 소비량, y는 Y재의 소비량이다) 22년 지방직

① X재와 Y재는 완전보완재이다.

② 소비자가 효용을 극대화하기 위해서는 Y재를 소비하지 않아야 한다.

③ 한계대체율은 재화의 소비량에 따라 변화한다.

④ 소비자가 효용을 극대화하기 위해서는 소득 전체를 Y재에 지출해야 한다.

정답 ②

해설

1) 완전대체재인 경우 한계대체율이 예산선의 기울기보다 크면 X재만 소비한다.

2) 그래프

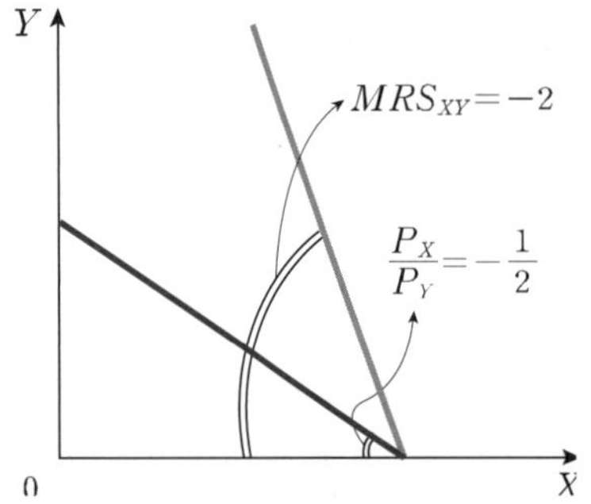

3) 지문분석

② X재만 소비하는 것이 효용을 극대화하는 것이므로 Y재를 소비하지 않아야 한다.

오답체크

① X재와 Y재는 완전대체재이다.

③ 한계대체율은 −2로 일정하다.

④ 소비자가 효용을 극대화하기 위해서는 소득 전체를 X재에 지출해야 한다.

5. 완전보완재, 한계대체율이 체증하는 경우의 소비자균형

(1) 완전보완재인 경우

① 효용함수: $U(X,\ Y) = \min\left[\frac{X}{a},\ \frac{Y}{b}\right]$

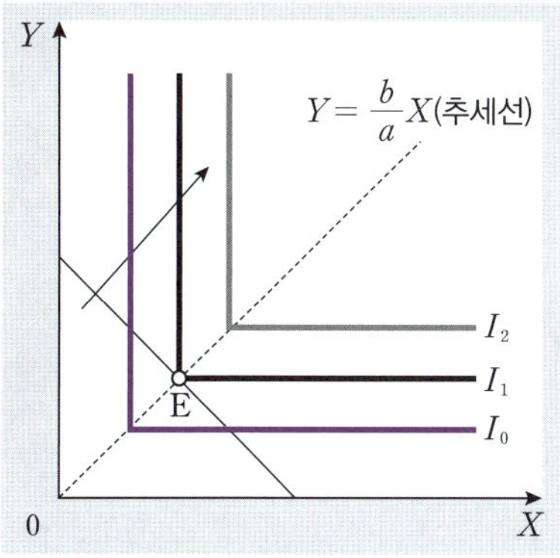

② 소비자균형점은 항상 $Y=\frac{b}{a}X$ 위에서 이루어진다.

③ 주어진 예산하에서 최적 소비점은 추세선을 예산선에 대입하여 구한다.

(2) 한계대체율이 체증하는 재화

① 효용함수: $U(X,\ Y) = X^2 + Y^2$

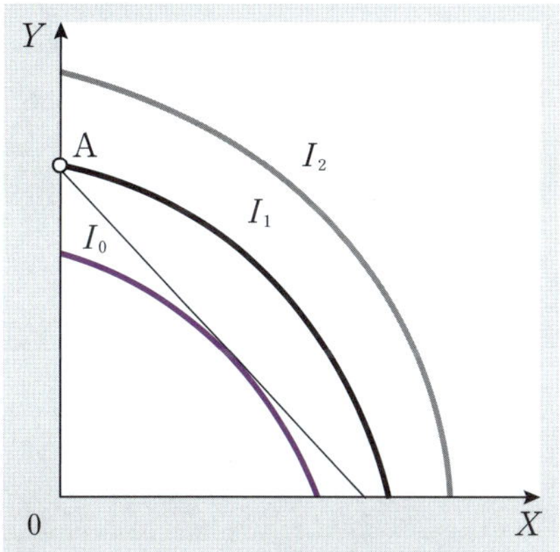

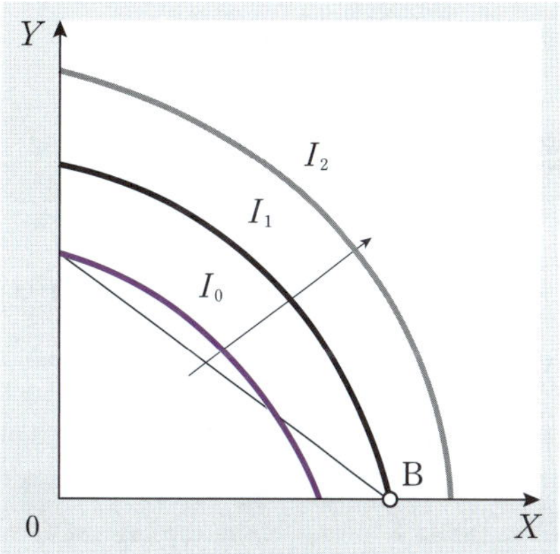

② $\frac{P_X}{P_Y} > 1$인 경우에는 Y재만 구입하고(A), $\frac{P_X}{P_Y} < 1$인 경우에는 X재만 구입(B)한다.

개념확인 문제

Q X재와 Y재를 소비하는 소비자 A의 효용함수가 $U(x, y) = \min[3x, 5y]$이다. 두 재화 사이의 관계와 Y재의 가격은? (단, X재의 가격은 8원, 소비자 A의 소득은 200원, 소비자 A의 효용을 극대화하는 X재 소비량은 10단위) 15년 국가직

① 완전보완재, 12원
② 완전보완재, 20원
③ 완전대체재, 12원
④ 완전대체재, 20원

정답 ②

해설

1) X재와 Y재는 완전보완재이다. 따라서 $U(x, y) = \min[3x, 5y]$, $3X = 5Y$, $Y = \frac{3}{5}X$가 성립한다.
2) 그러므로 소비자균형에서 X재 소비량이 10단위이면 Y재 소비량은 6단위임을 알 수 있다.
3) X재 가격이 8원이고, X재 구입량이 10단위이므로 X재 구입액은 80원이다.
4) 소득 200원 중 X재 구입액이 80원이므로 Y재 구입액은 120원이다.
5) 소비자균형에서 Y재 구입액이 120원이고, Y재 구입량이 6단위이므로 Y재 가격은 20원임을 알 수 있다.

6. 콥-더글러스 효용함수

(1) 형태

$U(X, Y) = X^{\alpha} Y^{\beta}$ (단, $\alpha > 0$, $\beta > 0$)

(2) 지수와 한계효용의 형태

① $MU_X = \alpha X^{\alpha-1} Y^{\beta}$

② MU_X는 α가 1보다 크면 체증, 1이면 일정, 1보다 작으면 체감한다.

③ $MU_Y = \beta X^{\alpha} Y^{\beta-1}$

④ MU_Y는 β가 1보다 크면 체증, 1이면 일정, 1보다 작으면 체감한다.

(3) 한계대체율

① $MRS_{XY} = \dfrac{MU_X}{MU_Y} = \dfrac{\alpha X^{\alpha-1} Y^{\beta}}{\beta X^{\alpha} Y^{\beta-1}} = \dfrac{\alpha}{\beta} \cdot \dfrac{Y}{X}$

② α와 β의 크기와 관계없이 한계대체율이 체감하므로 무차별곡선은 원점에 대해 볼록한 형태이다.

(4) 동조함수

① 한계대체율이 $\frac{Y}{X}$의 크기에 의존하므로 두 재화의 소비량비율이 동일한 점에서는 무차별곡선이 모두 평행하다.

② 한계대체율이 $\frac{Y}{X}$에만 존재하는 선호체계를 동조적 선호체계라고 하며, 이러한 형태의 함수를 동조 효용함수라고 한다.

③ 동차함수를 단조변환한 보다 일반적 형태의 함수를 동조함수라고 한다.

④ 예시: 동차함수 $U = X^{\alpha} Y^{\beta}$ → 동조함수 $Z = 4X^{\alpha} Y^{\beta} + 8$

(5) 소비자균형

① 예산제약을 $P_X \cdot X + P_Y \cdot Y = M$이라고 하자.

② 소비자균형은 예산선과 무차별곡선이 만나는 점, 즉 예산선의 기울기와 무차별곡선의 기울기가 같은 점에서 결정된다.

③ $MRS_{XY} = \frac{\alpha}{\beta} \cdot \frac{Y}{X}$이고 예산선의 기울기는 $\frac{P_X}{P_Y}$이므로 $\frac{\alpha}{\beta} \cdot \frac{Y}{X} = \frac{P_X}{P_Y}$

→ $P_Y \cdot Y = \frac{\beta}{\alpha} \cdot P_X \cdot X$로 변형할 수 있다.

④ $P_X \cdot X + P_Y \cdot Y = M \rightarrow P_X \cdot X + \frac{\beta}{\alpha} \cdot P_X \cdot X = M \rightarrow \frac{\alpha + \beta}{\alpha} \cdot P_X \cdot X = M$

⑤ 따라서 X재의 수요함수는 $X = \frac{\alpha}{\alpha + \beta} \cdot \frac{M}{P_X}$이다.

⑥ 위와 같은 방식으로 소비자균형을 $P_X \cdot X = \frac{\alpha}{\beta} \cdot P_Y \cdot Y$로 변형하여 예산선에 대입하면 Y재의 수요함수 $Y = \frac{\beta}{\alpha + \beta} \cdot \frac{M}{P_Y}$가 도출된다.

개념확인 문제

Q 효용을 극대화하는 갑의 효용함수는 $U(x, y) = xy$이고, 갑의 소득은 96이다. X재 가격이 12, Y재 가격이 1이다. X재 가격만 3으로 하락할 때, (ㄱ)X재의 소비 변화와 (ㄴ)Y재의 소비 변화는? (단, x는 X재 소비량, y는 Y재 소비량) 20년 감정평가사

① ㄱ: 증가, ㄴ: 증가
② ㄱ: 증가, ㄴ: 불변
③ ㄱ: 증가, ㄴ: 감소
④ ㄱ: 감소, ㄴ: 불변
⑤ ㄱ: 감소, ㄴ: 증가

정답 ②

해설

1) 효용함수가 콥-더글러스 효용함수인 형태에서 X재의 수요함수는 $X = \frac{\alpha}{\alpha+\beta} \cdot \frac{M}{P_X}$이다.

2) 효용함수가 콥-더글러스 효용함수인 형태에서 Y재의 수요함수는 $Y = \frac{\beta}{\alpha+\beta} \cdot \frac{M}{P_Y}$이다.

3) 최초에 X재 가격이 12일 때 X재 수요량은 $4\left(= \frac{96}{2 \cdot 12}\right)$, Y재 가격이 1일 때 $48\left(= \frac{96}{2 \cdot 1}\right)$이다.

4) X재 가격만 3으로 하락하면 X재 수요량은 $16\left(= \frac{96}{2 \cdot 3}\right)$이고 Y재 가격은 변하지 않았으므로 불변이다.

7. 보상변화와 동등변화

(1) 보상변화(CV, Compensating Variation)

① 의미

- 가격변화에 따라 소비자의 효용수준이 변하였을 때
- 소비자가 가격변화 이전과 동일한 효용수준을 얻도록 하기 위해 증감시켜야 하는 소득의 크기이다.
- 보상변화는 변화 후 가격을 기준으로 소비자 후생변화를 측정하는 방법이다.

② 측정

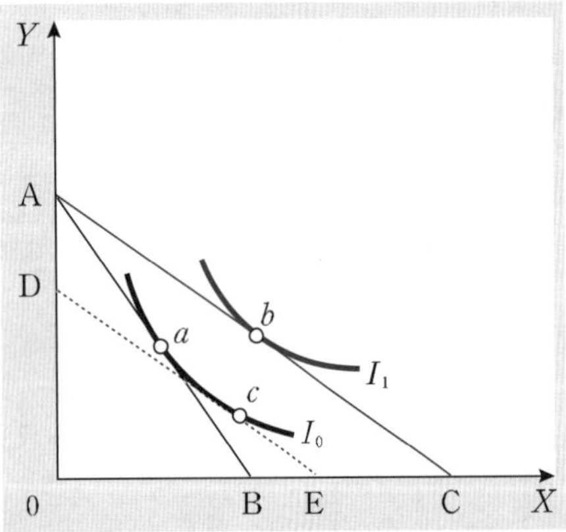

- 최초의 예산선 AB에서 a를 소비 → X재의 가격하락으로 b점으로 소비점이 변경되었다.

• 보상변화는 가격변화 이전과 동일한 효용을 가지는 것을 전제로 한다.
• 변화된 가격체계인 DE예산선을 이용하여 최초의 무차별곡선과 접하게 만들면 c을 지나게 된다.
• 이때 소득의 크기를 Y재 단위수로 나타내면 AD만큼으로 측정되는데 이를 보상변화라고 한다.

(2) 동등변화(EV: Equivalent Variation)

① 의미

• 가격변화에 따라 소비자의 효용수준이 변하였을 때
• 소비자가 가격변화 이후에 동일한 효용수준을 얻도록 하기 위해 증감시켜야 하는 소득의 크기이다.
• 동등변화는 원래의 가격을 기준으로 소비자 후생변화를 측정하는 방법이다.

② 측정

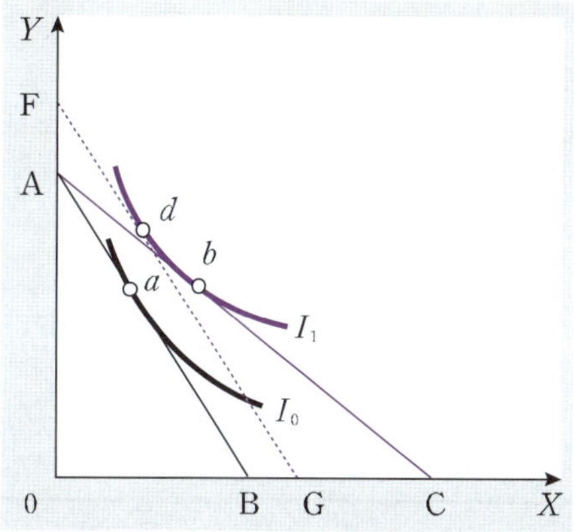

• 최초의 예산선 AB에서 a를 소비 → X재의 가격하락으로 b점으로 소비점이 변경되었다.
• 동등변화는 가격변화 이후와 동일한 효용을 가지는 것을 전제로 한다.
• 변화전 가격체계인 FG예산선을 이용하여 최초의 무차별곡선과 접하게 만들면 d를 지나게 된다.
• 이때 소득의 크기를 Y재 단위수로 나타내면 AF만큼으로 측정되는데 이를 동등변화라고 한다.

03 소득소비곡선과 가격소비곡선 ★★★

1. 소득소비곡선(ICC, Income Consumption Curve)

(1) 개념

① 소득소비곡선이란 소득이 변화함에 따른 소비자 균형점을 연결한 곡선이다.
② 소득이 변하면 예산선이 평행이동한다.

(2) 성질

① 소득이 변하여 재화의 소비량이 변하는 효과를 소득효과라고 한다.
② 소득소비곡선은 원점을 지난다.
③ 소득소비곡선에서 엥겔곡선(EC, Engel Curve)을 도출한다.
④ 소득소비곡선은 수요의 소득탄력성에 따라 형태가 다르다.

(3) 형태(단, X재만 고려하여 판단함) ◀ 시험 POINT 소득소비곡선의 형태로 정상재, 열등재를 도출할 수 있습니다.

① $e_M > 1$(X재 사치재)인 경우 소득이 증가함에 따라 X재가 급격히 증가하므로 ICC는 완만한 형태이다.

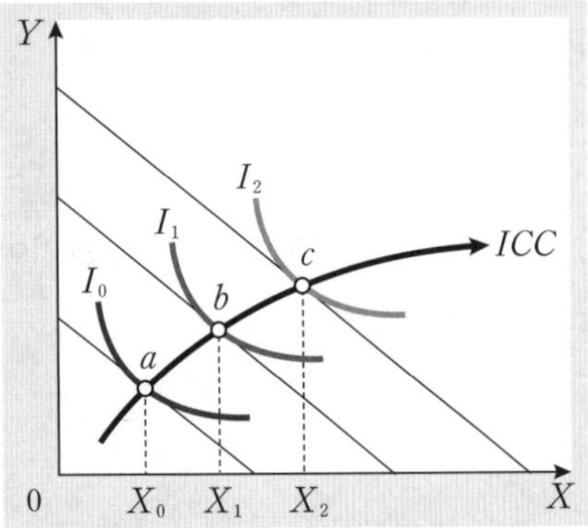

② $0 < e_M < 1$(X재 필수재)인 경우 소득이 증가하더라도 X재는 약간만 증가하므로 ICC는 가파른 형태이다.

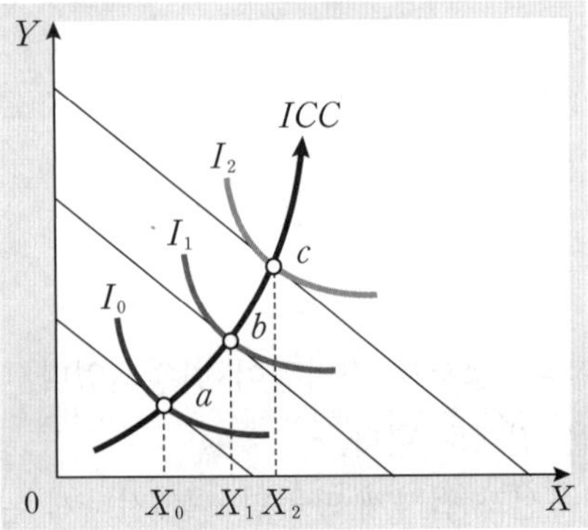

③ $e_M < 0$(X재 열등재)인 경우 소득이 증가할 때 오히려 소비량이 감소하므로 좌상향의 형태이다.

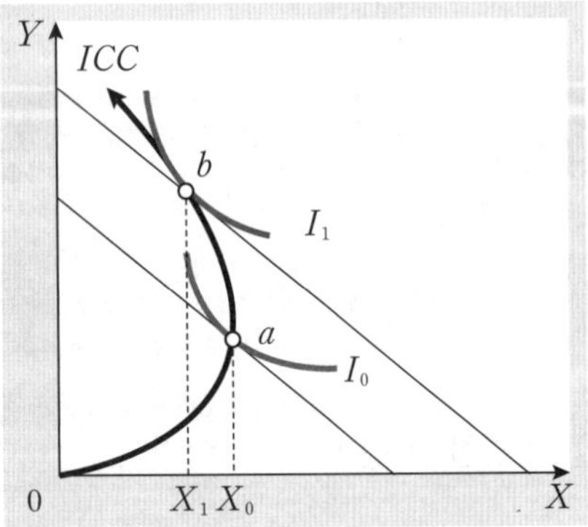

(4) 완전대체재와 완전보완재의 소득소비곡선

① 완전대체재: $U(X, Y) = aX + bY$

• $(MRS_{XY} = \frac{a}{b}) > \frac{P_X}{P_Y}$ 인 경우 ICC는 X축이다.

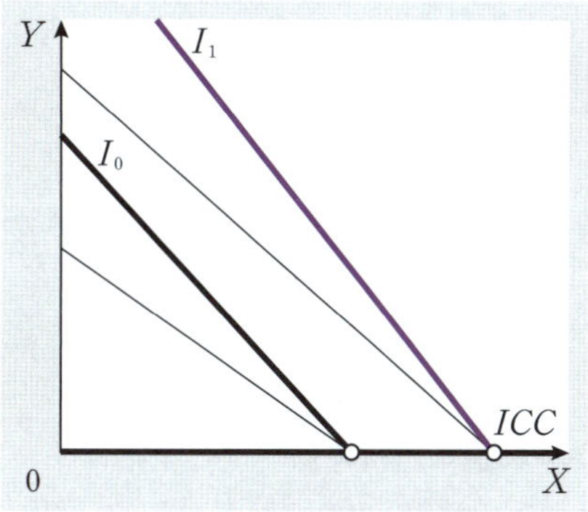

• $(MRS_{XY} = \frac{a}{b}) < \frac{P_X}{P_Y}$ 인 경우 ICC는 Y축이다.

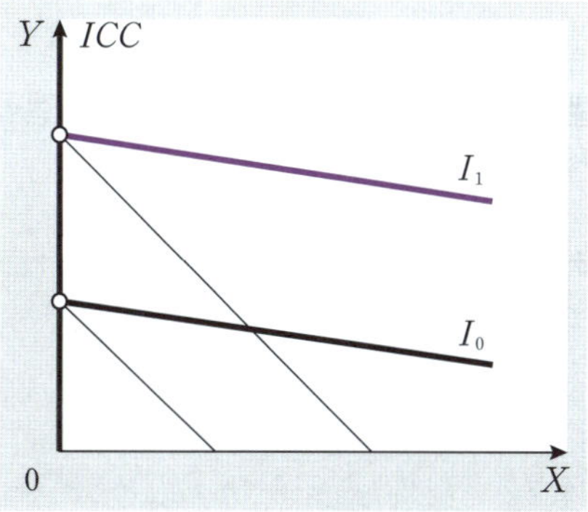

• $(MRS_{XY} = \frac{a}{b}) = \frac{P_X}{P_Y}$ 이면 무차별곡선 전체가 소비자균형점이므로 ICC는 XY 전체 영역이다.

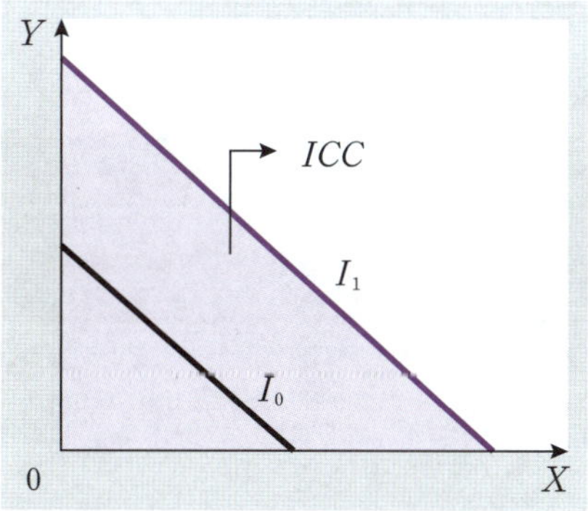

② 완전보완재: $U(X, Y) = \min\left[\frac{X}{a}, \frac{Y}{b}\right]$

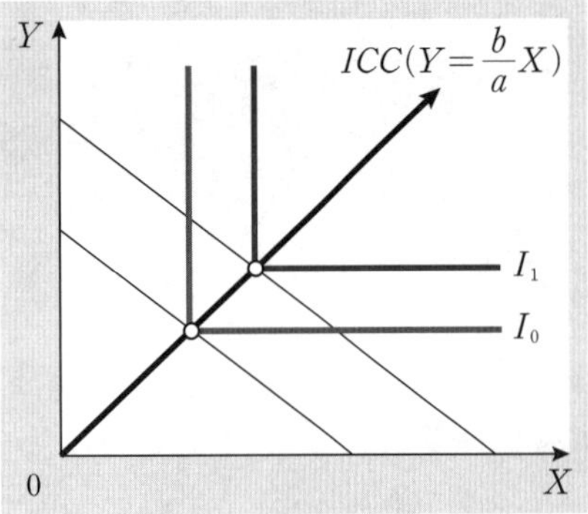

• 소비자균형점은 항상 $Y = \frac{b}{a}X$ 위에서 이루어지므로 ICC는 $Y = \frac{b}{a}X$이다.

(5) 엥겔곡선(EC, Engel Curve)

① 소득의 변화에 따른 재화 구입량의 변화를 나타내는 곡선으로, 소득소비곡선에서 도출되며 형태가 ICC와 유사하다.

② $e_M > 0$이면 완만한 엥겔곡선, $e_M = 0$이면 수직의 엥겔곡선, $e_M < 0$이면 좌상향의 엥겔곡선이 도출된다.

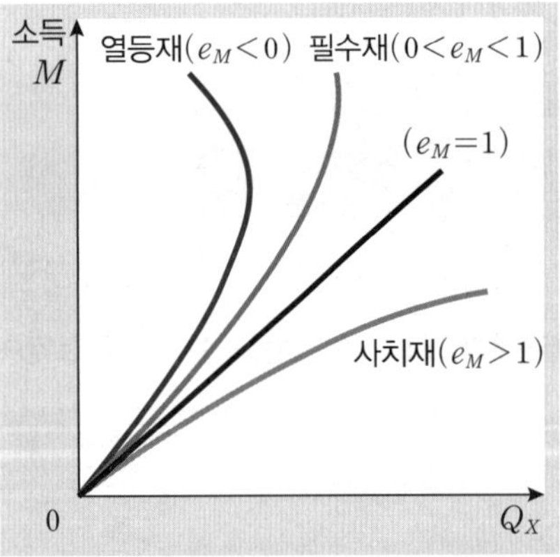

개념확인 문제

Q 효용함수가 $U(x,\ y)=x+y$인 소비자가 있다. $P_X=2,\ P_Y=3$일 때, 이 소비자의 소득소비곡선(income-consumption curve)을 바르게 나타낸 식은? 17년 국가직

① $x=0$
② $y=0$
③ $y=\frac{2}{3}x$
④ $y=\frac{3}{2}x$

정답 ②

해설
1) 효용함수가 $U=X+Y$이므로 무차별곡선은 기울기가 1(절댓값)인 우하향의 직선이므로 완전대체재이다.
2) $\frac{P_X}{P_Y}=\frac{2}{3}$이므로 예산선은 기울기(절댓값)가 $\frac{2}{3}$인 우하향의 직선이다.
3) 무차별곡선이 우하향의 직선이고 예산선보다 급경사이면, 소비자균형은 소득수준에 관계없이 항상 X축에서 이루어지므로 소득소비곡선은 X축이 된다.
4) 그러므로 소득소비곡선의 식은 $Y=0$이 된다.

2. 가격소비곡선(PCC, Price Consumption Curve)

(1) 개념

가격이 변화함에 따른 소비자 균형점을 연결한 곡선으로, 가격이 변하면 예산선이 회전이동한다.

(2) 성질

① 재화가격의 변화에 따라 균형점이 이동하는 효과를 가격효과라 한다.
② 가격소비곡선은 수요의 가격탄력성에 따라 형태가 다르다.
③ 수요곡선이란 가격이 변할 때 재화구입량의 변화를 나타내는 곡선으로, 가격소비곡선에서 도출한다.

(3) 수요의 가격탄력도에 따른 가격소비곡선의 형태

① $0 < e_d < 1$인 경우

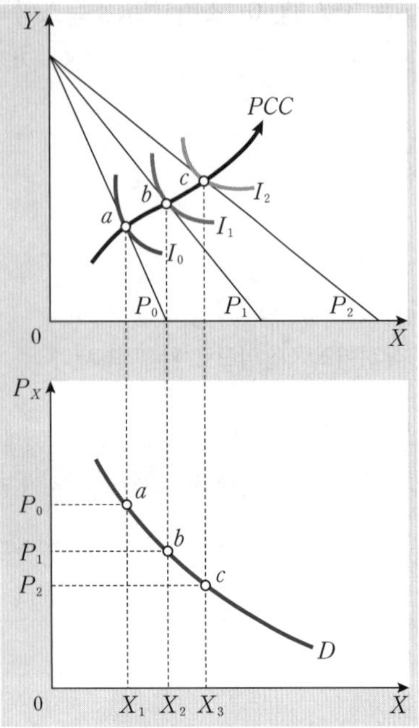

- X재의 가격이 하락하면 예산선이 확장하면서 소비량이 증가한다. 하지만 수요의 가격탄력성이 비탄력적이므로 급격히 늘어나지는 않는다.
- 가격소비곡선(PCC)은 우상향하며, 수요곡선은 우하향한다.

② $e_d = 1$인 경우 ◀ 시험 POINT 가격소비곡선이 수평선이면 수요의 가격탄력성은 단위탄력적입니다.

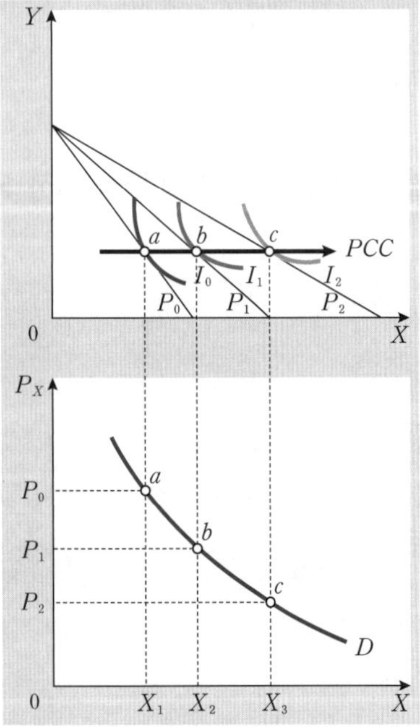

- 수요의 가격탄력성이 단위탄력적이므로 가격이 변화하더라도 일정 금액을 소비한다.
- 따라서 가격소비곡선(PCC)는 수평선이며, 수요곡선은 직각쌍곡선이 된다.

③ $e_d > 1$인 경우

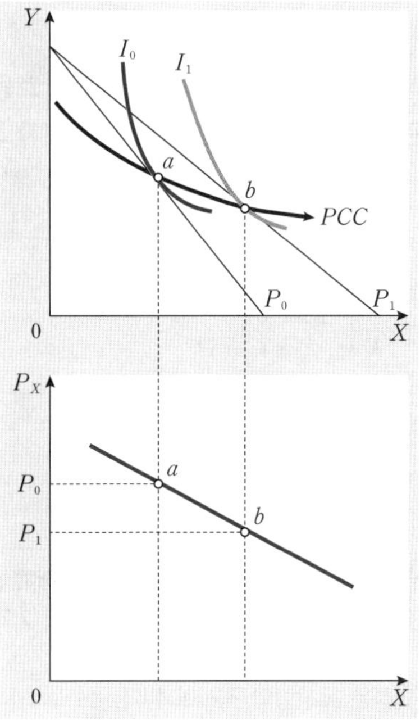

- 수요의 가격탄력성이 탄력적이므로 X재의 가격이 하락할 때 X재의 소비량이 급격히 증가한다.
- 가격소비곡선(PCC)은 우하향하며, (통상)수요곡선은 완만해진다.

(4) 소비자균형을 통한 엥겔곡선과 수요곡선의 도출

① **엥겔곡선의 도출**: 소비자균형조건달성 후 소득(M)과 해당재화(X)로 표현

② **수요곡선의 도출**: 소비자균형조건달성 후 가격(P)과 해당재화(X)로 표현

③ $U = XY$일 경우 엥겔곡선

- 효용극대화 조건: $MRS_{XY} = \dfrac{P_X}{P_Y} \rightarrow \dfrac{Y}{X} = \dfrac{P_X}{P_Y} \rightarrow P_X \cdot X = P_Y \cdot Y$
- 예산제약식: $P_X \cdot X + P_Y \cdot Y = M$
- $P_Y \cdot Y$를 효용극대화조건으로 제거하면 $P_X \cdot X + P_X \cdot X = M \rightarrow 2P_X \cdot X = M$이다.
- 엥겔곡선으로 표현하면 $M = 2P_X \cdot X$으로 우상향하는 직선의 형태이다.
- 수요곡선으로 표현하면 $X = \dfrac{M}{2P_X}$으로 가격이 하락하면 우하향하는 곡선의 형태이다.

개념확인 문제

Q 완전보완재 관계인 X재와 Y재를 항상 $1:1$의 비율로 사용하는 소비자가 있다. 이 소비자가 효용 극대화를 추구할 때, X재의 가격소비곡선과 소득소비곡선에 관한 주장으로 옳은 것은? (단, X재와 Y재의 가격이 0보다 크다고 가정함) 15년 노무사

① 가격소비곡선과 소득소비곡선의 기울기는 모두 1이다.
② 가격소비곡선의 기울기는 1이고 소득소비곡선은 수평선이다.
③ 가격소비곡선은 수평선이고 소득소비곡선의 기울기는 1이다.
④ 가격소비곡선은 수직선이고 소득소비곡선의 기울기는 1이다.
⑤ 가격소비곡선의 기울기는 1이고 소득소비곡선은 수직선이다.

정답 ①

해설

1) 소비자가 완전보완재인 X재와 Y재를 항상 $1:1$로 소비한다면, 무차별곡선은 45° 선상에서 꺾어진 L자 형태이다.
2) 이 경우 재화의 가격이나 소득에 관계없이 소비자균형이 항상 45° 선상에서 이루어지므로, 소득소비곡선과 가격소비곡선은 모두 원점을 통과하는 45° 선이 된다.
3) 즉, 소득소비곡선과 가격소비곡선은 모두 기울기가 1인 원점을 통과하는 우상향의 직선이 된다.

04 가격효과 ★★★

1. 가격효과

가격이 변화할 때 변화하는 수요량의 변동분을 가격효과라 한다. 가격효과가 나타나는 것은 소득효과와 대체효과 때문이다.

2. 소득효과와 대체효과

(1) 소득효과

① 가격이 변화할 때 실질소득의 변화에 따른 수요량의 변동분이다. 재화의 성격에 따라 소득효과의 방향이 달라진다.
② 가격이 하락하면 실질소득이 상승하고, 가격이 상승하면 실질소득이 하락한다.
③ 정상재인 경우 실질소득과 소비량이 비례한다.
④ 열등재인 경우 실질소득과 소비량이 반비례한다.

(2) 대체효과

① 가격이 변화할 때 상대가격변화에 따른 수요량의 변동분이다.
② 소비자의 선호가 정상적(MRS 체감)일 때 상대가격이 내린(상대적으로 싸진) 상품의 수요량은 반드시 증가한다.
③ 정리하면 가격이 내린 재화는 소비량을 늘리고, 가격이 올라간 재화는 소비량을 줄인다.

3. 통상수요곡선과 보상수요곡선

(1) 통상수요곡선(보통수요곡선)

① 가격효과의 소득효과와 대체효과를 모두 고려하여 나타낸 수요곡선이다.
② 소득효과에 따라 수요법칙이 성립할 수도, 성립하지 않을 수도 있다.

(2) 보상수요곡선(compensation demand curve)

① 가격효과에서 소득효과를 제외한 순수한 상대가격 변화의 효과만을 나타낸 수요곡선이다.
② 대체효과만을 고려한 수요곡선으로, 현실적으로 관찰할 수 없는 가상수요곡선이다.
③ 대체효과만을 고려하므로 반드시 수요법칙이 성립한다.

(3) 보상의 종류

① 힉스의 보상(효용 보상): 가격을 변경하기 전과 동일한 효용을 유지시켜주는 보상이다.
② 슬러츠키 보상(구매력 보상): 가격을 변경하기 전과 동일한 소비점을 유지시켜주는 보상이다.

4. 가격효과를 통한 수요곡선의 도출(단, 가격 하락을 가정)

(1) 정상재의 수요곡선

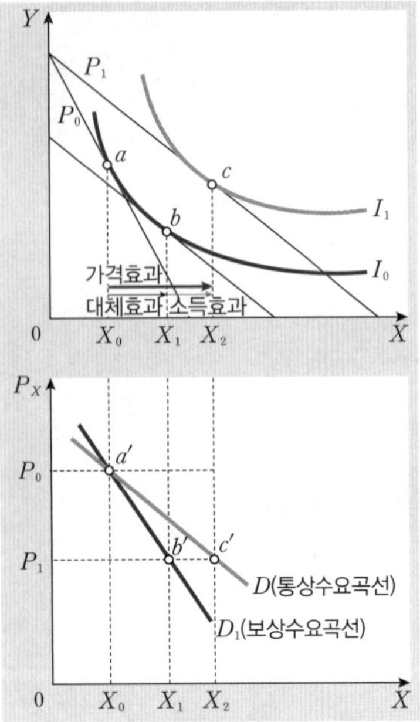

① **소득효과**: 가격 하락 시 실질소득이 증가하고 이로 인해 수요량이 증가한다.

② **대체효과**: 가격이 하락하여 수요량이 증가한다.

③ 소득효과와 대체효과의 방향이 동일하므로 통상수요곡선이 보상수요곡선보다 완만하다.

(2) 열등재의 수요곡선

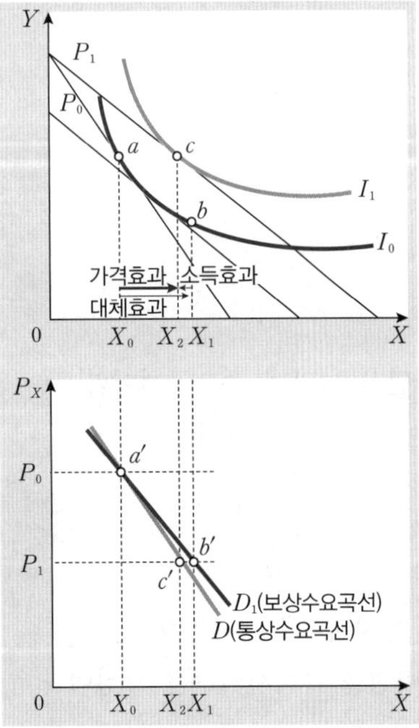

① **소득효과:** 가격 하락 시 실질소득이 증가하고 이로 인해 수요량이 감소한다. 열등재는 소득 증가 시 소비량이 줄어드는 재화이기 때문이다.

② **대체효과:** 가격이 하락하여 수요량이 증가한다.

③ 소득효과와 대체효과가 반대방향이므로 통상수요곡선이 보상수요곡선보다 급경사이다.

④ 다만 소득효과가 대체효과보다 작으므로 가격과 수요량의 관계는 우하향하여 수요법칙이 성립한다.

(3) 기펜재의 수요곡선

시험 POINT 기펜재는 소득효과가 대체효과를 압도하여 수요법칙의 예외가 됩니다.

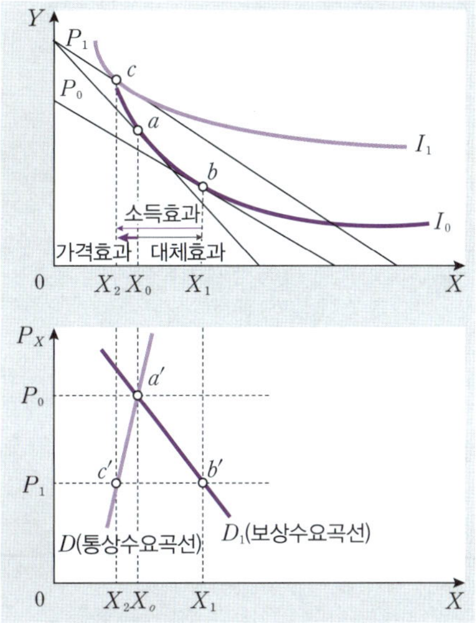

① **소득효과:** 가격 하락 시 실질소득이 증가하고 이로 인해 수요량이 감소한다. 열등재는 소득 증가 시 소비량이 줄어드는 재화이기 때문이다.

② **대체효과:** 가격이 하락하여 수요량이 증가한다.

③ 소득효과와 대체효과가 반대방향이면서 소득효과가 대체효과보다 크다. 따라서 수요법칙의 예외가 된다.

5 소득효과와 가격효과가 0인 경우의 재화

(1) 소득효과가 0인 재화

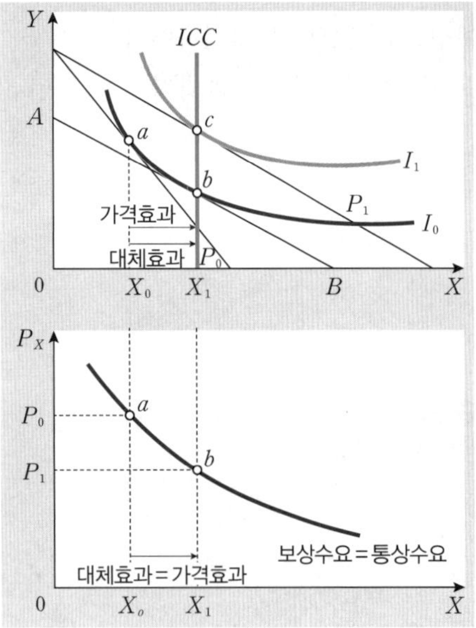

① 수요의 소득탄력성이 0이므로 소득이 변해도 수요에 영향을 주지 못한다.

② 따라서 소득소비곡선(ICC)이 수직선이다.

③ 소득효과가 없으므로 통상수요곡선과 보상수요곡선이 일치한다.

(2) 가격효과가 0인 열등재

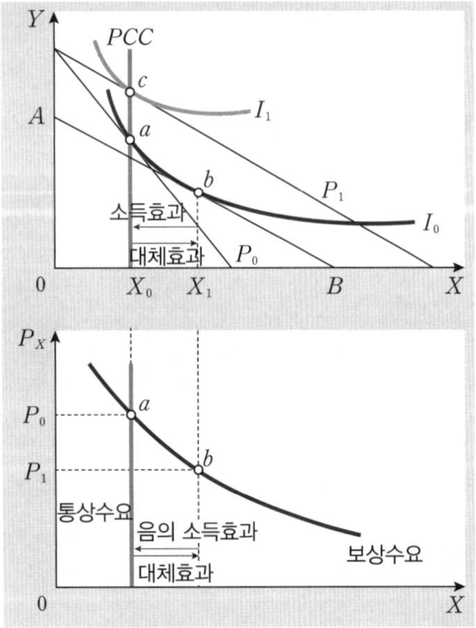

① 가격효과(소득효과 + 대체효과)가 0이다. 즉, 재화는 열등재이어야 한다.

② 가격 하락 시 열등재이므로 소득효과에 의해 소비량이 감소하고, 대체효과에 의해 소비량이 증가하는데 소비량의 변화가 없어야 한다. 따라서 둘의 절댓값이 같은 경우이다.

③ 가격이 변해도 수요량에 변화가 없으므로 (통상)수요곡선이 수직선이다. 따라서 수요의 가격탄력성이 0이다.

④ 가격효과가 없으므로 가격소비곡선(PCC)이 수직선이다.

6 효용함수가 $U(X, Y) = X + Y$인 경우의 수요곡선 도출

(1) 무차별곡선의 형태

무차별곡선의 기울기가 -1인 우하향의 직선이다.

(2) 설명

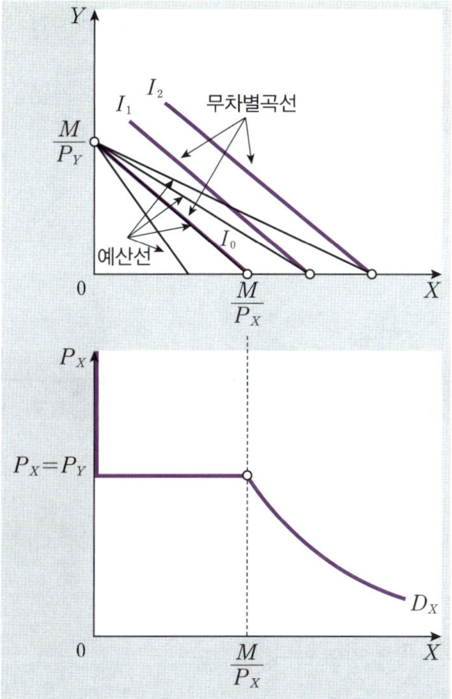

① $P_X > P_Y$이면 예산선이 무차별곡선보다 급경사이므로 주어진 소득으로 전부 Y재만 구입할 것이다.

② $P_X = P_Y$이면 무차별곡선과 예산선이 겹치므로 예산선의 모든 점이 효용극대화 지점이다. 따라서 0과 $\frac{M}{P_X}$(= 주어진 예산으로 X재만 구입할 때의 수량) 사이의 임의의 값이 될 수 있다. 따라서 X재의 수요곡신이 수평선이 된다.

③ $P_X < P_Y$이면 예산선이 무차별곡선보다 완만하므로 주어진 소득으로 전부 X재만 구입하게 된다. 따라서 수요함수가 $X = \frac{M}{P_X}$이 되어 직각쌍곡선의 형태가 된다.

개념확인 문제

Q 재화 X는 가격이 상승할 때 수요량이 증가하는 재화이다. 재화 X에 대한 설명으로 옳은 것은?

14년 국가직

① 재화 X는 정상재이다.
② 재화 X의 수요의 소득탄력성은 0보다 크다.
③ 재화 X는 대체효과와 가격효과가 동일한 방향으로 나타난다.
④ 재화 X의 가격 변화에 따른 소득효과는 대체효과보다 더 크다.

정답 ④

해설

가격이 상승할 때 수요량이 증가하는 재화는 수요법칙의 예외이므로 기펜재이다. 기펜재는 소득효과와 대체효과 중에서 소득효과가 더 크다.

오답체크

① 기펜재는 열등재이다.
② 기펜재는 열등재이므로 수요의 소득탄력성은 -이다.
③ 기펜재는 소득효과와 대체효과가 반대방향이다.

05 사회보장제도 ★★★

1. 현금보조와 현물보조, 가격보조

(1) 현금(소득)보조

① 현금보조란 정부가 저소득계층을 위하여 현금을 보조하는 것이다.
② 현금보조가 이루어지면 그 금액만큼 예산선이 바깥쪽으로 평행이동한다.

(2) 현물보조

① 현물보조란 정부가 저소득계층을 위하여 쌀과 같은 현물(X재)을 보조하는 것으로, 교육 바우처 제도 등이 있다.
② 현물보조가 이루어지면 그 수량의 금액만큼 예산선이 오른쪽으로 수평이동한다.
③ 교육바우처 제도
- 특정 연령대의 아동을 양육하는 학부모에게 공립과 사립의 유형과 관계없이 학비로 사용할 수 있는 일정액의 쿠폰이다.
- 각자에 선호에 맞는 교육을 선택할 수 있으며, 공립학교의 발전 가능성이 커진다는 장점이 있다.
- 공통 프로그램의 편액이 감소하며, 공립학교에 열등한 학생만 남아 공립학교의 질이 나빠질 가능성이 커진다는 단점이 있다.

(3) 가격보조

① 가격보조란 특정 재화를 구입할 때 할인해 주는 보조이다.

② 재화의 가격이 하락한 효과와 같으므로 예산선은 회전이동하게 된다.

2. 보조의 효과 비교

◀ 시험 POINT 효용은 현금보조가, 정부의 목표 달성은 가격보조가 가장 적합합니다.

(1) 현금보조와 현물보조의 비교: Y재를 덜 선호하는 경우

① 그래프

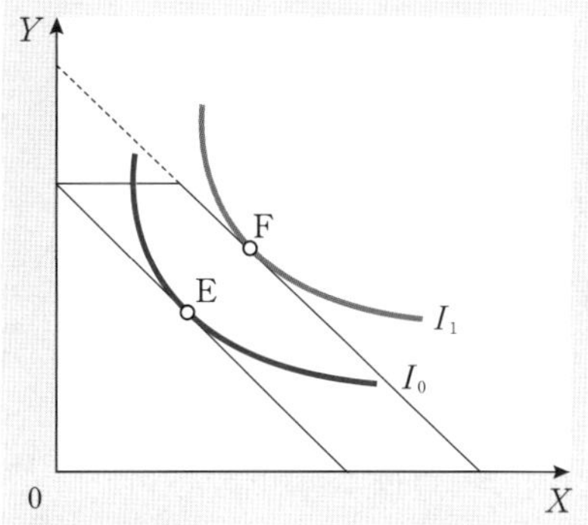

② 현금보조(점 F) = 현물보조(점 F)이므로 현금보조와 현물보조의 효용이 동일하다.

(2) 현금보조와 현물보조의 비교: Y재를 더 선호하는 경우

① 그래프

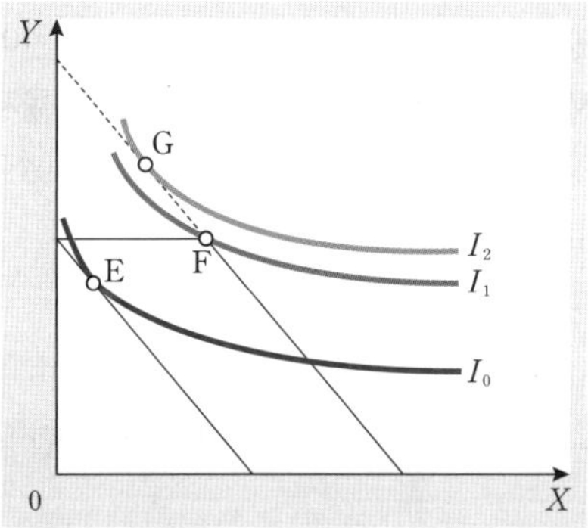

② 현금보조(점 G) > 현물보조(점 F)이므로 현금보조의 효용이 더 크다.

(3) 현금보조와 가격보조의 비교: 보조금 지급금액이 동일할 때

① 그래프

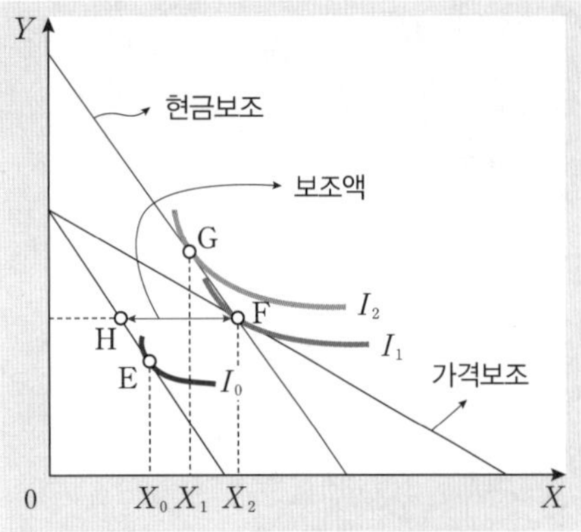

② 현금보조(점 G) > 가격보조(점 F)이므로 현금보조의 효용이 더 크다.

③ 두 재화가 완전보완재인 경우 현금보조와 가격보조의 효용이 동일하다.

(4) 결론: 정부의 목표 달성 효과 비교(X재 소비 증진)

① Y재를 더 선호하는 경우(무차별곡선이 상방에 존재) → 가격 > 현물 > 현금

② Y재를 덜 선호하는 경우(무차별곡선이 하방에 존재) → 가격 > 현물 = 현금

개념확인 문제

Q 매년 40만 원을 정부로부터 지원받는 한 저소득층 가구에서 매년 100kg의 쌀을 소비하고 있었다. 그런데 정부가 현금 대신 매년 200kg의 쌀을 지원하기로 했다. 쌀의 시장가격은 kg당 2,000원이어서 지원되는 쌀의 가치는 40만 원이다. 쌀의 재판매가 금지되어 있다고 할 때, 다음 설명 중 옳지 않은 것은? (단, 이 가구의 무차별곡선은 원점에 대해 볼록함) 16년 지방직

① 이 가구는 새로 도입된 현물급여보다 기존의 현금급여를 선호할 것이다.

② 현물급여를 받은 후 이 가구의 예산집합 면적은 현금급여의 경우와 차이가 없다.

③ 이 가구는 새로운 제도하에서 쌀 소비량을 늘릴 가능성이 크다.

④ 만약 쌀을 kg당 1,500원에 팔 수 있는 재판매 시장이 존재하면, 이 가구는 그 시장을 활용할 수도 있다.

정답 ②

해설

현물급여를 받은 후 이 가구의 예산집합 면적은 현금급여의 경우와 다르며, 현금보조가 더 높은 효용을 누릴 수 있다.

06 시점 간 소비자이론 ★★★

1. 개념과 예산선

◀ 시험 POINT 이자율 변동에 따른 소득효과와 대체효과를 잘 구분하여야 합니다.

(1) 개념

소비는 현재 시점의 소득에만 의존하는 것이 아니라, 소비자의 전 생애에 걸쳐서 자산을 효율적으로 배분하여 효용을 극대화하는 과정에서 소비가 이루어진다고 보고 이를 연구한 피셔의 이론이다.

(2) 예산선

① 현재소득을 Y_1, 미래소득을 Y_2, 현재소비를 C_1, 미래소비를 C_2라 하고, 이자율 r로 차입과 대출이 가능하다고 가정한다.

② 현재 시점을 기준으로 한 경우 → 미래소비와 미래소득은 현재 소득으로 할인해야 한다.

$$C_1 + \frac{C_2}{1+r} = Y_1 + \frac{Y_2}{1+r}$$

③ 미래 시점을 기준으로 한 경우 → 현재소비와 현재소득을 이자율을 붙여 할증해야 한다.

$$(1+r)C_1 + C_2 = Y_1(1+r) + Y_2$$

④ 두 경우 모두 X축을 현재소비 C_1, Y축을 미래소비 C_2로 놓으면

$C_2 = -(1+r)C_1 + Y_1(1+r) + Y_2$ 이다.

2. 효용 극대화 조건

(1) 기본 모형

- max: $U = U(C_1,\ C_2)$
- s. t(제약 조건): $(1+r)C_1 + C_2 = Y_1(1+r) + Y_2$

(2) 소비자균형조건

$$MRS_{C_1C_2}\left(=\frac{MU_{C_1}}{MU_{C_2}}\right) \quad = \quad 1+r$$

무차별곡선의 기울기 　　　　 예산선의 기울기

(3) 그래프

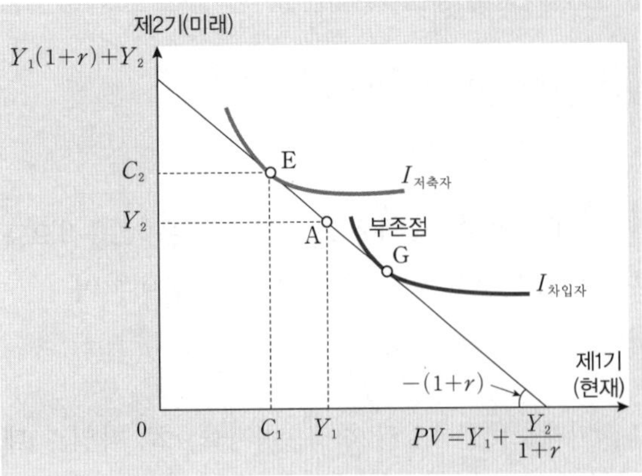

① 부존점(차입도 저축도 하지 않는 점: 점 A)을 지나고 가로축 절편은 $Y_1(1+r)+Y_2$이고 기울기는 $-(1+r)$인 우하향하는 직선이다.

② 가로축 절편 = 소득의 현재가치, 세로축 절편 = 소득의 미래가치이다.

③ 저축자: 소비자균형점(점 E)이면 현재 소득보다 적게 소비($Y_1 > C_1$)한다.

④ 차입자: 소비자균형점(점 G)이면 현재 소득보다 많게 소비($Y_1 < C_1$)한다.

개념확인 문제

Q 효용을 극대화하는 甲은 1기의 소비(c_1)와 2기의 소비(c_2)로 구성된 효용함수 $U=(c_1,\ c_2)=c_1c_2^{\ 2}$을 가지고 있다. 甲은 시점 간 선택(intertemporal choice) 모형에서 1기에 3,000만 원, 2기에 3,300만 원의 소득을 얻고, 이자율 10%로 저축하거나 빌릴 수 있다. 1기의 최적 선택에 관한 설명으로 옳은 것은? (단, 인플레이션은 고려하지 않는다.) 18년 감정평가사

① 1,000만 원을 저축할 것이다.
② 1,000만 원을 빌릴 것이다.
③ 저축하지도 빌리지도 않을 것이다.
④ 1,400만 원을 저축할 것이다.
⑤ 1,400만 원을 빌릴 것이다.

정답 ①

해설

1) 소비자균형은 $MRS_{c1,c2}=1+r$이다.

2) $MRS_{c1,c2}=\frac{MU_{c1}}{MU_{c2}}=\frac{c_2^2}{2c_1c_2}=\frac{c_2}{2c_1}$이다.

3) 이자율은 10%이므로 $\frac{c_2}{2c_1}=1.1 \rightarrow c_2=2.2c_1$이다.

4) 예산제약식 $Y_1+\frac{Y_2}{1+r}=C_1+\frac{C_2}{1+r}$에 대입하면 $3{,}000+\frac{3{,}300}{1.1}=C_1+\frac{2.2C_1}{1.1} \rightarrow 6{,}000=3C_1 \rightarrow C_1=2{,}000$이다.

5) 따라서 현재소득 3,000만 원이고 현재소비가 2,000만 원이므로 1,000만 원을 저축한다는 것을 알 수 있다.

3. 이자율 변화에 따른 소비자균형점의 변화

(1) 이자율 상승의 효과

① 이자율 상승은 총소득의 현재가치$\left(Y_1 + \dfrac{Y_2}{1+r}\right)$를 감소시키고 미래가치[$Y_1(1+r)+Y_2$]를 증가시키므로, 다음과 같이 부존점($A$)을 회전축으로 예산선을 회전이동시킨다.

② 그래프(단, $r_0 < r_1$)

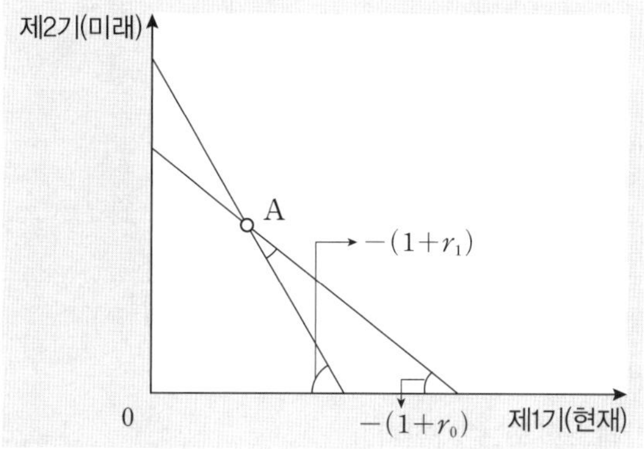

(2) 이자율 상승으로 인한 소득효과와 대체효과

구분	소득효과(소비는 정상재)	대체효과(차이 없음)
저축자	이자율 상승 → 이자 수입 증가 → 소득 증가 → 현재소비 증가	이자율 상승 → 현재소비의 기회 비용 상승 → 현재소비 감소(저축 증가)
차입자	이자율 상승 → 이자 부담 증가 → 소득 감소 → 현재소비 감소	이자율 상승 → 현재소비의 기회 비용 상승 → 현재소비 감소(차입 감소)

(3) 저축자와 차입자의 최종 행동(단, 소득효과와 대체효과가 정확하게 제시되어 있지 않은 경우)

① 저축자의 경우 현재소비는 알 수 없고 미래소비는 이자율에 비례한다.

② 차입자의 경우 현재소비는 이자율에 반비례하고 미래소비는 알 수 없다.

4. 이자율 상승 시 소득효과와 대체효과의 크기에 의한 소비의 변화

(1) 저축자(소득효과 > 대체효과)

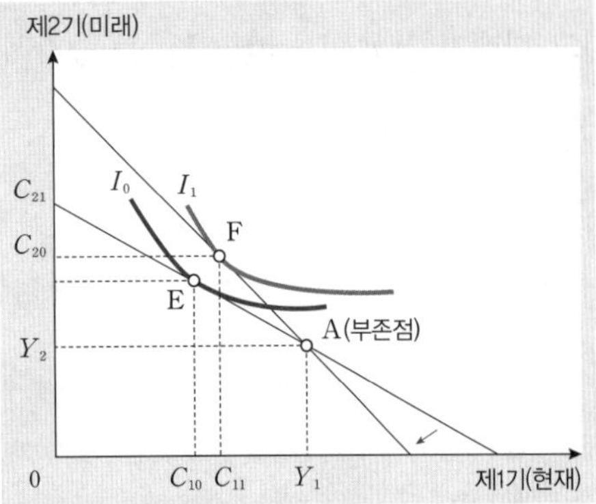

① 소득효과에 의해 현재 소비가 증가하고, 대체효과에 의해 현재소비가 감소한다.

② 소득효과가 더 큰 경우 현재소비가 증가하여 소비자균형점이 이동한다(점 E → 점 F).

③ 저축이 감소하여 $C_{10} \rightarrow C_{11}$으로 이동하므로 현재소비가 증가한다(저축 감소).

④ 이자율 상승으로 $C_{20} \rightarrow C_{21}$으로 이동하므로 미래소비도 증가한다.

(2) 저축자(소득효과 < 대체효과)

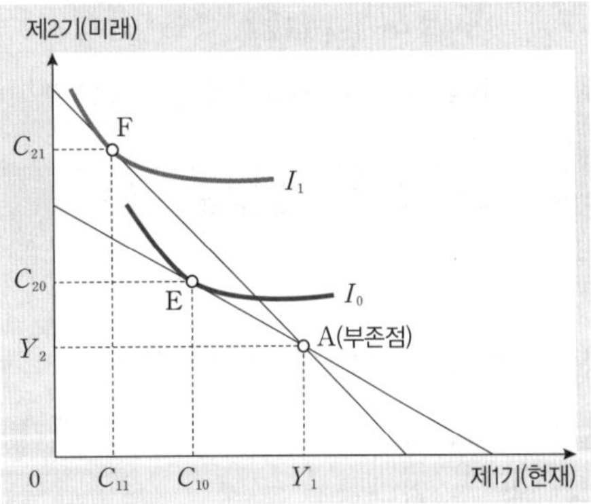

① 소득효과에 의해 현재소비가 증가하고, 대체효과에 의해 현재소비가 감소한다.

② 대체효과가 더 큰 경우 현재소비가 감소하여 소비자균형점이 이동한다(점 E → 점 F).

③ 저축이 증가하여 $C_{10} \rightarrow C_{11}$으로 이동하므로 현재소비가 감소한다(저축 증가).

④ 이자율 상승으로 $C_{20} \rightarrow C_{21}$으로 이동하므로 미래소비가 크게 증가한다.

5. 유동성제약과 최적 소비

(1) 유동성제약(liquidity constraint)

제1기의 소비를 위하여 제2기의 소득으로부터 자금을 빌려오는 것이 불가능한 경우, 즉 1기 현재의 소비지출을 현재의 소득수준 내에서만 이루어져야 하는 경우를 의미한다.

(2) 유동성제약에서의 저축자와 차입자의 최적 소비

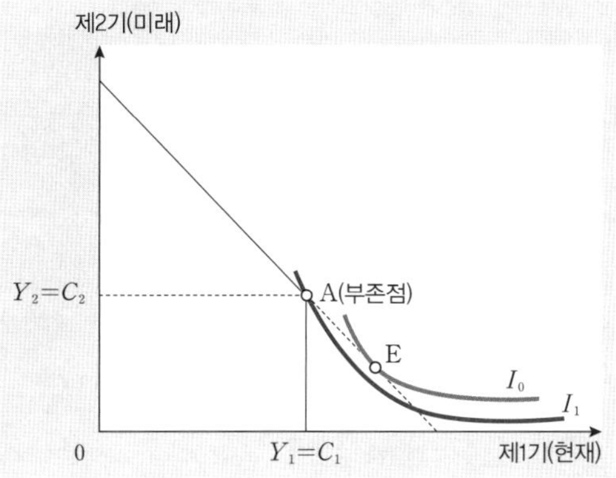

① 유동성제약이 없는 경우 최적 소비는 점 E에서 이루어지며 이때 무차별곡선은 I_0이다.

② 유동성제약이 있는 경우 최적 소비는 부존점인 점 A에서 이루어지며 이때 무차별곡선 I_1이다.

③ 유동성제약이 없는 경우에 더 높은 효용을 누릴 수 있다.

개념확인 문제

Q 현재와 미래 두 기를 사는 소비자가 있고, 이 소비자에게는 현재와 미래가 시작될 때 각각 W의 소득이 주어진다고 한다. 현재 금융시장에서 차입과 저축이 모두 가능하며, 현재소비와 미래소비는 모두 정상재이다. 다음 중 이자율의 상승에 따라 반드시 발생하는 현상들로만 묶인 것은? 20년 군무원

A. 현재 저축을 하고 있는 경우 미래소비의 증가
B. 현재 저축을 하고 있는 경우 저축의 증가
C. 현재 차입을 하고 있는 경우 미래소비의 증가
D. 현재 차입을 하고 있는 경우 차입의 감소

① A, D　　② B, D
③ A, C　　④ A, B, C, D

정답 ①

해설

1) 이자율 상승 시 저축자
- 소득효과: 실질소득 상승 → 현재소비 증가 & 미래소비 증가
- 대체효과: 현재소비의 상대가격 상승 → 현재소비 감소 → 저축증가
  미래소비의 상대가격 하락 → 미래소비 증가
- 저축자의 현재소비는 알 수 없으나 미래소비는 반드시 증가한다.

2) 이자율 상승 시 차입자
- 소득효과: 실질소득 하락 → 현재소비 감소 & 미래소비 감소
- 대체효과: 현재소비의 상대가격 상승 → 현재소비 감소
  미래소비의 상대가격 하락 → 미래소비 증가
- 차입자의 현재소비는 감소(= 차입 감소)하나 미래소비는 알 수 없다.

07 노동공급곡선 ★★★

1. 노동공급량의 결정 요인

◀ 시험 POINT 임금 변동에 따른 소득효과와 대체효과를 잘 구분하여야 합니다.

(1) 분석 단위

노동공급, 저축, 위험 부담 모두 개인이 분석 단위가 된다.

(2) 노동공급량의 결정 요인

① 사람마다 유보임금률(reservation wage rate)이 있어서 실제의 임금률이 자신이 원하는 이상이어야만 노동시장에 참여한다.

② 조세는 세금을 내고 난 후의 순임금률을 떨어뜨리는 결과를 가져옴으로써 노동시장 참여와 관련된 결정에 영향을 미친다.

③ **사례:** 어떤 사람의 유보임금률이 시간당 10,000원이라고 할 때 조세를 부과하여 시간당 9,000원이 되면 노동을 하지 않을 것이다.

2. 개인의 선택과 노동공급

(1) 가정

하루 중 여가와 노동 시간의 합은 24시간, 여가 시간 $= l$, 이때 노동 시간$(L) = 24 - l$ 이다.

(2) 효용 극대화 모형

- max: $U = U(l, M)$
- s. t(제약 조건): $M = wL = w(24 - l)$ 즉, $M = -wl + 24w$, w는 임금률, M은 소득이다.

(3) 효용 극대화 조건

$MRS_{lM}\left(= \dfrac{MU_l}{MU_M}\right) = w$, 즉 무차별곡선의 기울기가 w (임금)와 같을 때 성립한다.

개념확인 문제

Q 여가(L) 및 복합재(Y)에 대한 甲의 효용은 $U(L,\ Y)=\sqrt{L}+\sqrt{Y}$이고, 복합재의 가격은 1이다. 시간당 임금이 w일 때, 甲의 여가 시간이 L이면, 소득은 $w(24-L)$이 된다. 시간당 임금 w가 3에서 5로 상승할 때, 효용을 극대화하는 甲의 여가시간 변화는? 20년 감정평가사

① 1만큼 증가한다.
② 2만큼 증가한다.
③ 변화가 없다.
④ 2만큼 감소한다.
⑤ 1만큼 감소한다.

정답 ④

해설

1) 주어진 효용함수의 한계대체율을 구하면 $\frac{MU_L}{MU_Y}=\frac{\frac{1}{2\sqrt{L}}}{\frac{1}{2\sqrt{Y}}}=\frac{\sqrt{Y}}{\sqrt{L}}$이다.

2) 주어진 소득을 복합재를 구입하므로 예산선은 $Y=w(24\text{-}L)$)이다.

3) 합리적 선택은 예산선의 기울기와 무차별곡선의 기울기가 접하는 점이므로 $\frac{\sqrt{Y}}{\sqrt{L}}=w$가 성립한다.

4) $w=3$일 때 $\frac{\sqrt{Y}}{\sqrt{L}}=3$ → $Y=9L$이고 이를 예산선에 대입하면 $9L=3(24\text{-}L)$ → $12L=72$ → $L=6$이다.

5) $w=5$일 때 $\frac{\sqrt{Y}}{\sqrt{L}}=5$ → $Y=25L$이고 이를 예산선에 대입하면 $25L=5(24\text{-}L)$ → $30L=120$ → $L=4$이다.

6) 따라서 두 시간 감소한다.

3. 임금 상승의 효과

(1) 대체효과와 소득효과

① **대체효과:** 실질임금 상승 → 여가의 상대가격 상승 → 여가 소비 감소 → 노동 공급 증가

② **소득효과**

- **여가가 정상재인 경우:** 실질임금 상승 → 실질소득 상승 → 여가 소비 증가 → 노동공급 감소
- **여가가 열등재인 경우:** 실질임금 상승 → 실질소득 상승 → 여가 소비 감소 → 노동공급 증가

(2) 여가가 정상재이면서 노동공급이 증가하는 경우(대체효과 > 소득효과)

① 그래프

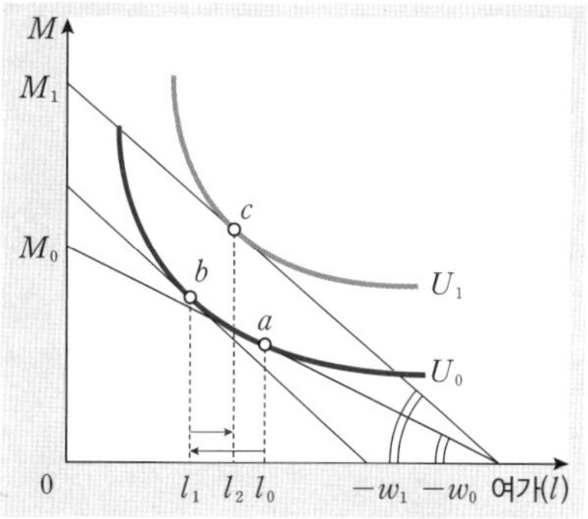

② 대체효과($l_0 \rightarrow l_1$)로 노동공급이 늘어난다.

③ 소득효과($l_1 \rightarrow l_2$)로 노동공급이 감소한다.

④ 대체효과가 소득효과보다 크므로 임금 상승($w_0 \rightarrow w_1$)이 여가를 감소시켜 노동공급을 증가시킨다.

(3) 여가가 정상재이면서 노동공급이 감소하는 경우(대체효과 < 소득효과)

① 그래프

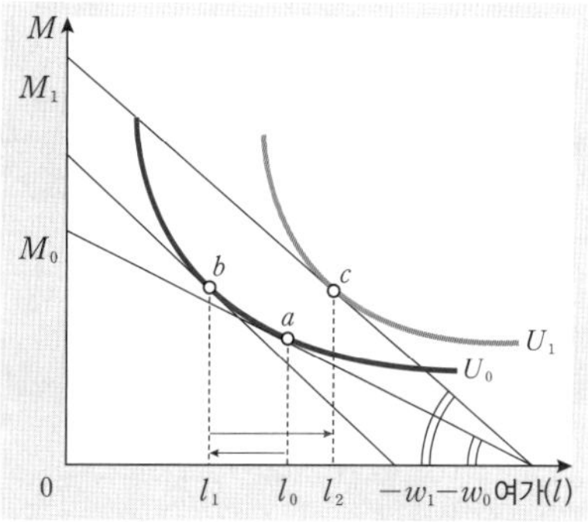

② 대체효과($l_0 \rightarrow l_1$)로 노동공급이 늘어난다.

③ 소득효과($l_1 \rightarrow l_2$)로 노동공급이 감소한다.

④ 소득효과가 대체효과보다 크므로 임금 상승($w_0 \rightarrow w_1$)이 여가를 증가시켜 노동공급을 감소시킨다.

(4) 여가가 정상재인 경우 노동공급곡선

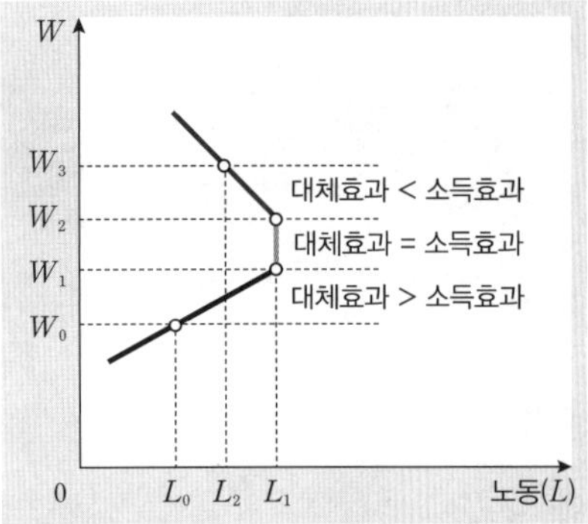

① 임금 상승 → 대체효과 > 소득효과 → 우상향

② 임금 상승 → 대체효과 = 소득효과 → 수직선

③ 임금 상승 → 대체효과 < 소득효과 → 후방굴절

(5) 여가가 열등재인 경우

① 그래프

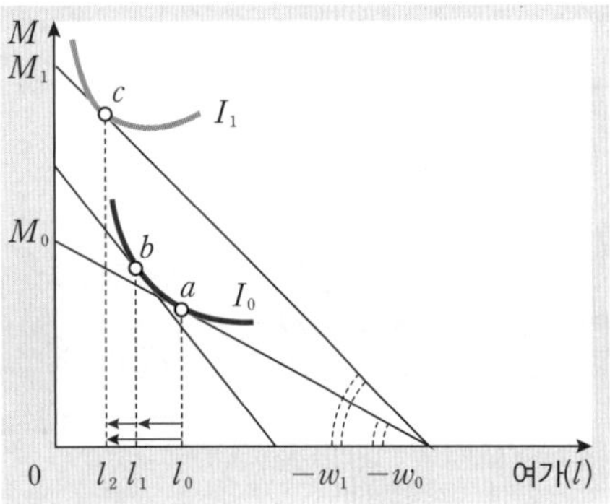

② 대체효과($l_0 \rightarrow l_1$)로 노동공급이 늘어난다.

③ 소득효과($l_1 \rightarrow l_2$)로 노동공급이 늘어난다.

④ 소득효과와 대체효과 모두 노동공급을 증가시키므로 임금 상승($w_0 \rightarrow w_1$)이 여가를 감소시켜 노동공급을 증가시킨다.

4. 이자율 변화와 노동공급

(1) 이자율 상승의 대체효과와 소득효과

① 대체효과

이자율 상승 → 현재 노동의 상대가치 상승 → 현재 노동공급 증가

② 소득효과(단, 여가가 정상재인 경우)

- 저축자: 이자율 상승 → 이자 수입 증가 → 소득 증가 → 정상재인 여가 소비 증가 → 현재 노동공급 감소

- 차입자: 이자율 상승 → 이자 지출 증가 → 소득 감소 → 정상재인 여가 소비 감소 → 현재 노동공급 증가

(2) 이자율 변화와 저축자의 노동공급

① 저축자(소득효과 > 대체효과): 이자율 상승 → 현재 노동공급 감소
② 저축자(소득효과 < 대체효과): 이자율 상승 → 현재 노동공급 증가
③ 결국 이자율 상승 변화가 노동공급에 미치는 최종적인 효과는 소득효과와 대체효과의 상대적 크기에 따라 결정될 것이다.

(3) 이자율 변화와 차입자의 노동공급

차입자는 이자율이 상승하면 소득효과와 대체효과 모두 현재 노동공급을 증가시킨다.

개념확인 문제

Q 노동공급 곡선에 대한 설명으로 옳지 않은 것은? 20년 군무원

① 여가가 정상재인 경우 임금율 상승으로 나타나는 대체효과와 소득효과는 동일하게 음의 방향으로 작동한다.
② 기회비용의 개념을 이용하면 여가의 가격은 여가를 얻기 위해 포기하는 노동의 대가인 임금으로 볼 수 있다.
③ 노동공급곡선은 임금률과 노동공급량 간의 관계에 대한 그래프이다.
④ 후방 굴절하는 노동공급 곡선은 소득효과가 대체효과보다 큰 경우 나타날 수 있다.

정답 ①

해설
1) 임금 상승 시 소득효과
- 여가가 정상재이면 소득 증가 → 여가소비 증가 → 노동공급 감소
- 여가가 열등재이면 소득 증가 → 여가소비 감소 → 노동공급 증가

2) 임금 상승 시 대체효과
여가의 상대가격 상승 → 여가소비 감소 → 노동공급 증가
3) 따라서 여가가 정상재인 경우 임금율 상승으로 나타나는 대체효과와 소득효과는 반대방향으로 작동한다.

Chapter 03

현시선호이론과 기대효용이론

✛ 학습목표

- 약공리의 의미를 파악할 수 있다.
- 라스파이레스 지수와 파셰지수를 구별할 수 있다.
- 기대효용이론의 기본 계산인 기대치, 기대효용, 확실성 등가, 위험프리미엄 등을 계산할 수 있다.

01 현시선호이론 ★★★

1. 개념

(1) 기본 가정

소비자는 단지 소비행위에 있어 합리성과 일관성을 가진다.

(2) 효용의 불가측성

① 효용은 소비자의 주관적 만족감이므로 객관적으로 측정할 수 없고 비교하기도 어렵다.

② 현시선호이론에서는 소비자의 효용함수를 기수적으로든 서수적으로든 고려하지 않고, 소비자의 소득(예산)과 시장가격에 따라 결정되는 예산선(소득제약)만 이용하여 소비행위를 분석한다.

③ 현시선호이론에 의해 도출된 수요법칙은 앞의 두 소비자이론과 동일하다.

(3) 현시선호와 효용 극대화

① 현시선호(revealed preference)란 주어진 소득과 시장가격 내에서 이루어지는 소비자의 실제 소비행위를 말한다.

② 현시선호이론에서는 소비자가 모든 소비행위를 할 때 자신의 효용을 극대화하려고 노력할 것이므로 소비자의 실제 소비행위(구매량)를 효용 극대화의 결과로 간주한다.

2. 효용함수가 갖추어야 할 기본적인 가정

(1) 완비성(completeness)

두 상품묶음 중에서 어느 묶음을 더 선호하는지를 또는 아무런 차이가 없는지를 판단할 수 있는 성질이다.

짜장면보다 짬뽕을 더 선호한다면 완비성을 가지고 있는 것이다.

(2) 이행성(transitivity)

일관된 행동을 하는 것으로 $A \geq B$ 이고 $B \geq C$ 이면 반드시 $A \geq C$ 가 성립한다는 것이다.

예 자장면< 짬뽕, 짬뽕< 탕수육이라면, 자장면< 탕수육이 되는 것이 이행성이 있는 것이다.

(3) 연속성(continuity)

① 소비자의 선호가 변하여 나갈 때 갑작스런 변화 없이 연속적으로 변화하는 것을 의미한다.

② 사전편찬식 선호는 연속성이 없으므로 효용함수를 도출할 수 없다.

③ 사전편찬식 선호

- 두 개의 재화묶음 (X_1, Y_1)과 (X_2, Y_2) 간에 $X_1 > X_2$이거나 $X_1 = X_2$일 경우, $Y_1 > Y_2$이면 재화묶음 (X_1, Y_1)이 (X_2, Y_2)보다 선호되는 것을 의미한다.
- 아래의 그림에서 (2, 3)을 점 A, (3, 3)을 점 B, (3, 2)를 점 C라 하면, 현재 효용의 크기는 $B > C > A$이다.
- 점 A에서 점 B로 이동하면서 X재의 소비량이 서서히 늘어나므로 효용이 연속적으로 증가한다. 그러나 점 B로 오는 순간 점 C를 거치지 않고 효용이 커지므로 연속성이 충족되지 않는다.

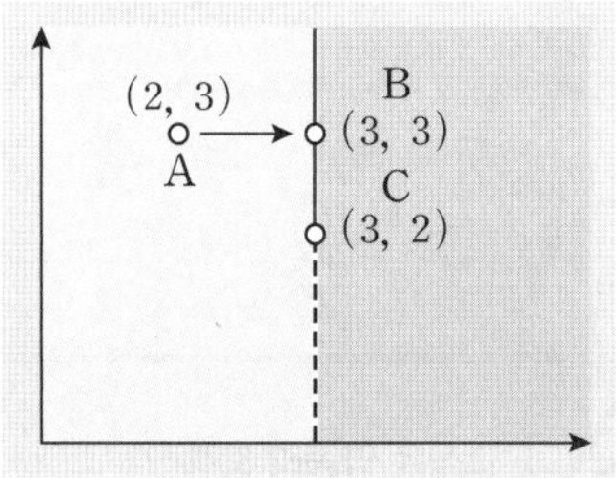

(4) 강단조성(strong monotonicity)

많으면 많을수록 더 좋다는 의미, 즉 다다익선(多多益善)이 성립한다.

3. 직접적인 현시선호와 간접적인 현시선호

(1) 직접적인 현시선호

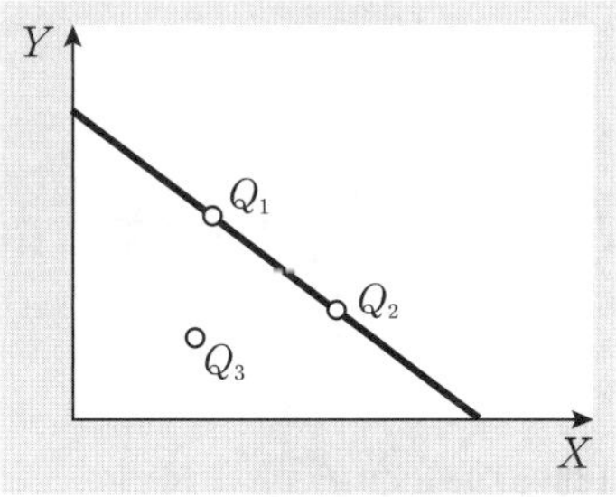

$Q_1 > Q_2$: 주어진 예산집합에서 Q_1을 선택하였다면 Q_1이 Q_2보다 직접 현시선호되었다고 한다.

(2) 간접적인 현시선호

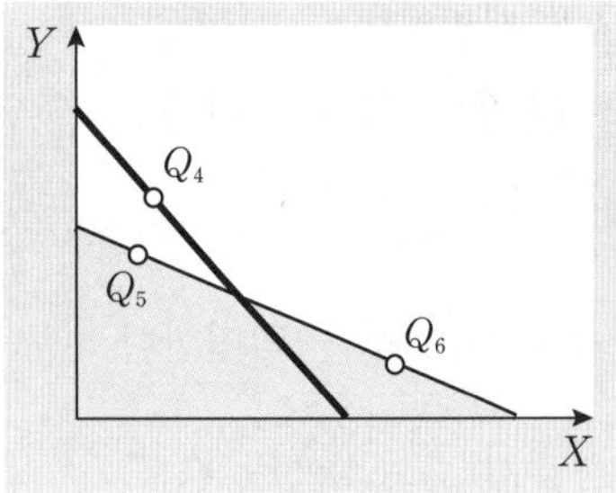

$Q_4 > Q_6$: 상이한 예산집합에서 Q_4를 선택하였다면, Q_4를 Q_6보다 간접 현시선호되었다고 한다.

4. 약공리와 강공리

(1) 약공리 ◀ 시험 POINT 약공리의 의미를 정확히 이해해야 합니다.

① 한 상품묶음인 Q_0가 Q_1보다 직접 현시선호되면 어떠한 경우라도 Q_1이 Q_0보다 직접 현시선호될 수 없다.

② 이는 소비행위에 일관성을 보장하는 공리이다.

※ 최초의 구입점 Q_0, 예산선이 AB에서 CD로 바뀌는 경우

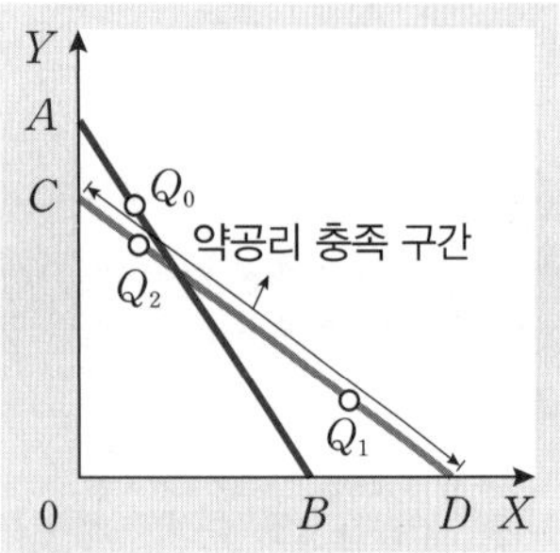

■ Q_0가 선택 불가능일 때
Q_0는 새로운 예산선 CD에서 구입불가능하므로 어느 상품묶음을 선택하여도 약공리에 충족된다.

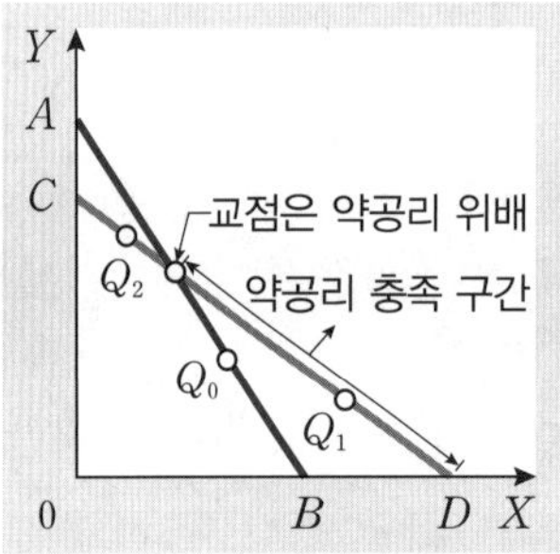

■ Q_0가 선택 가능일 때
이전의 예산 안에서 구입할 수 없었던 상품묶음을 선택하여야 약공리에 충족된다.

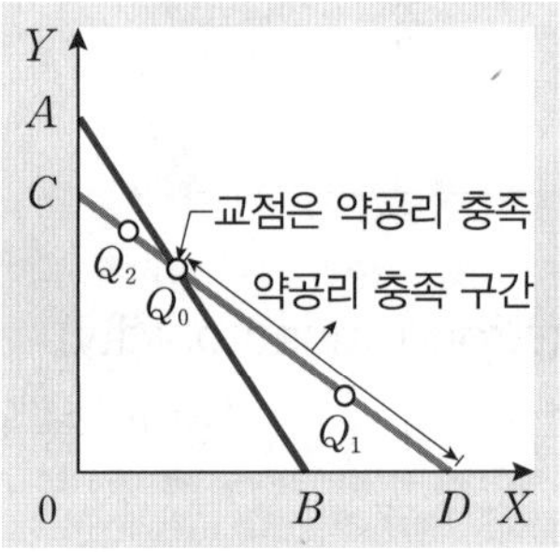

■ Q_0가 교점일 때일 때
이전에도 구입한 경우이고 지금도 선택이 가능하므로 약공리에 충족된다.

(2) 강공리

① 재화묶음 Q_0가 Q_2에 대하여 간접적으로 현시선호되면 Q_2가 Q_0보다 간접적으로 현시선호될 수 없다.

② 재화묶음이 2개 이상일 때 사용되는 공리이다.

③ 강공리가 성립하면 약공리는 자동적으로 성립하게 되므로 이를 이행성의 공리라고도 한다.

5. 수요곡선과 무차별곡선의 도출

(1) 수요곡선의 도출

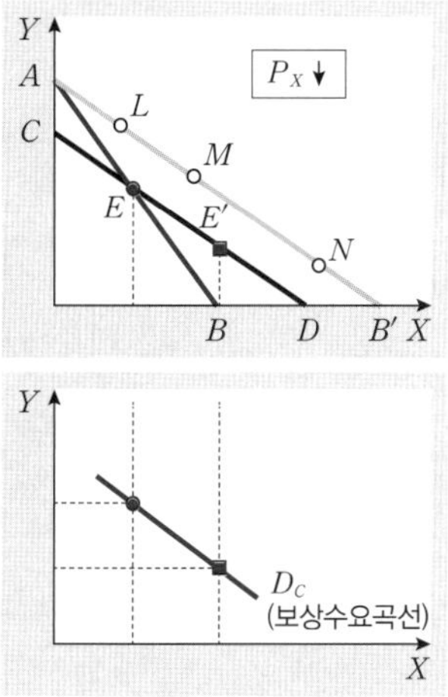

• E : 최초, 직접 현시선호
• E': 대체효과에 의한 소비점

① 주어진 예산집합에서 점 E를 직접 현시선호하고 있을 때 X재 가격이 하락하면 소비자는 새로운 예산선상(AB')에서 소비하게 된다.

② 이때 가격변화에 따른 대체효과를 보기 위해 AB'와 평행하게 그리면 CD가 된다.

③ 대체효과는 항상 가격 하락 시 수요량이 증가하므로 보상수요곡선은 그림과 같이 우하향한다.

④ 통상(보통)수요곡선은 소득효과와 대체효과를 모두 고려하여 도출된다.

⑤ 실제 소비점이 N이라면 정상재로 대체효과와 소득효과 모두 수요량을 증가시킨다.

⑥ 실제 소비점이 M이라면 열등재로 대체효과가 소득효과보다 크므로 수요량을 증가시킨다.

⑦ 실제 소비점이 L이라면 기팬재로 대체효과가 소득효과보다 작으므로 수요량을 감소시킨다.

(2) 무차별곡선의 도출

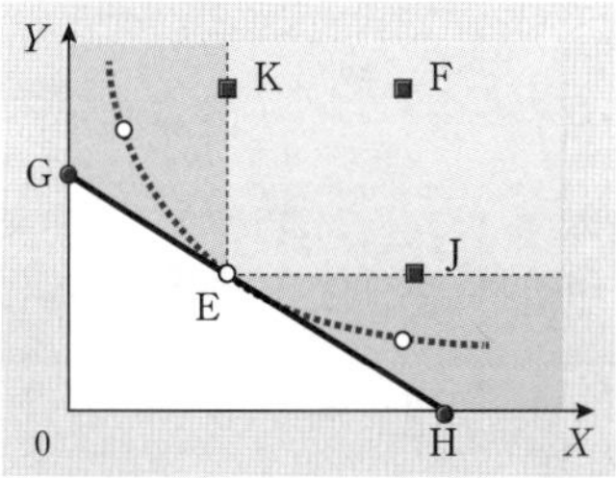

① 소비자가 주어진 예산집합에서 점 E를 직접 현시선호했다면, 이는 예산집합안의 다른 소비점(G, H, 0 등)은 점 E보다 효용이 낮다는 것을 의미한다.

② 점 E보다 우상방에 있는 소비점(K, J, F 등)은 점 E보다 소비량이 많으므로 효용이 높은 소비점이다.

③ 점 E와 효용이 같을 가능성이 있는 소비점은 점 E(또는 원점)에 대하여 볼록한 영역에 속해 있을 수밖에 없다.

④ 이와 같이 현시선호이론에 의해서도 한계대체율이 체감하는 원점에 볼록한 무차별곡선이 도출된다.

개념확인 문제

Q 현시선호이론에 대한 설명으로 옳은 것을 <보기>에서 모두 고르면? 18년 국회 8급

〈보기〉

ㄱ. 소비자의 선호체계에 이행성이 있다는 것을 전제로 한다.

ㄴ. 어떤 소비자의 선택행위가 현시선호이론의 공리를 만족시킨다면, 이 소비자의 무차별곡선은 우하향하게 된다.

ㄷ. $P_0Q_0 \geq P_0Q_1$일 때, 상품묶음 Q_0가 선택되었다면, Q_0가 Q_1보다 현시선호되었다고 말한다. (단, P_0는 가격벡터를 나타낸다.)

ㄹ. 강공리가 만족된다면 언제나 약공리는 만족된다.

① ㄱ, ㄴ ② ㄴ, ㄷ ③ ㄴ, ㄹ

④ ㄱ, ㄴ, ㄷ ⑤ ㄴ, ㄷ, ㄹ

정답 ⑤

해설

ㄱ. 현시선호이론은 선호체계에 대한 가정을 하지 않는다.

02 지수 ★★★

1. 개요

(1) 의미

시점 간 소비지출액을 비교하여 후생변화를 평가하고자 하는 지표이다.

(2) 종류

① **수량지수와 가격지수**: 소비지출액은 소비량과 가격의 곱이므로 수량 변화를 중심으로 측정하는 수량지수와 가격 변화를 중심으로 측정하는 가격지수가 있다.

② **라스파이레스 지수와 파셰 지수**(기준연도를 0, 비교연도를 t로 가정함)

두 지수는 측정기준을 어느 시점으로 하는가에 따라 라스파이레스 지수(기준시점 기준)와 파셰 지수(비교시점 기준)로 나누어진다.

구분	라스파이레스 지수(기준연도)	파셰 지수(비교연도)
수량지수	$L_Q = \dfrac{P_0 \cdot Q_t}{P_0 \cdot Q_0}$	$P_Q = \dfrac{P_t \cdot Q_t}{P_t \cdot Q_0}$
가격지수	$L_P = \dfrac{P_t \cdot Q_0}{P_0 \cdot Q_0}$	$P_P = \dfrac{P_t \cdot Q_t}{P_0 \cdot Q_t}$

2. 수량지수에 의한 생활수준 변화의 평가

(1) 지수별 비교($Q_0 \rightarrow Q_t$)

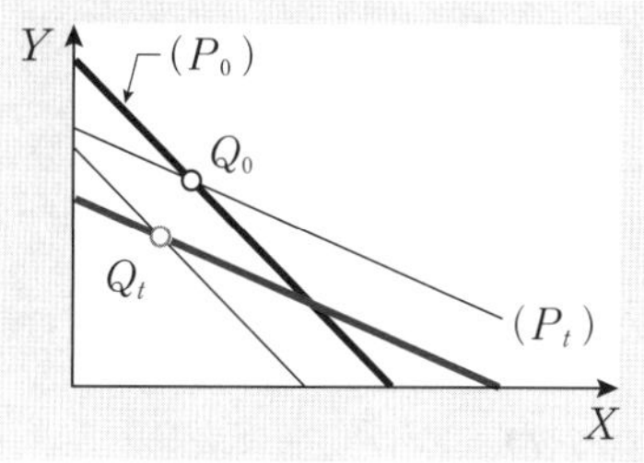

■ $L_Q < 1$(악화)
- P_0 기준, 소비영역 축소
- P_t 기준, 소비영역 축소

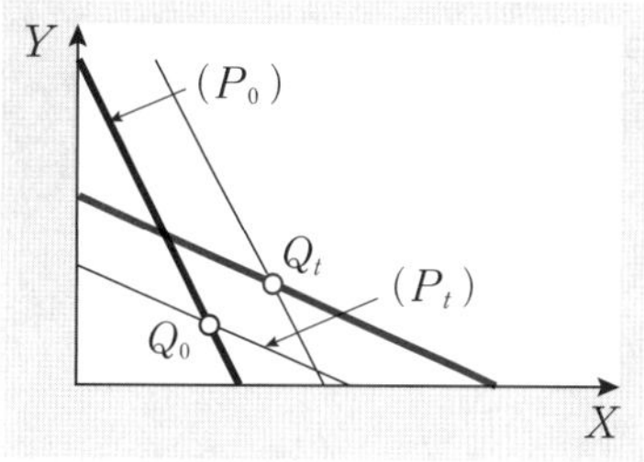

■ $P_Q > 1$(개선)
- P_0 기준, 소비영역 확대
- P_t 기준, 소비영역 확대

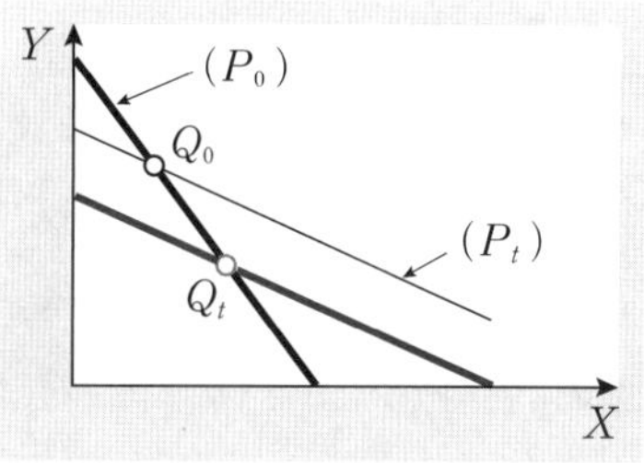

■ $L_Q = 1$(악화)
- P_0 기준, 소비영역 불변
- P_t 기준, 소비영역 축소

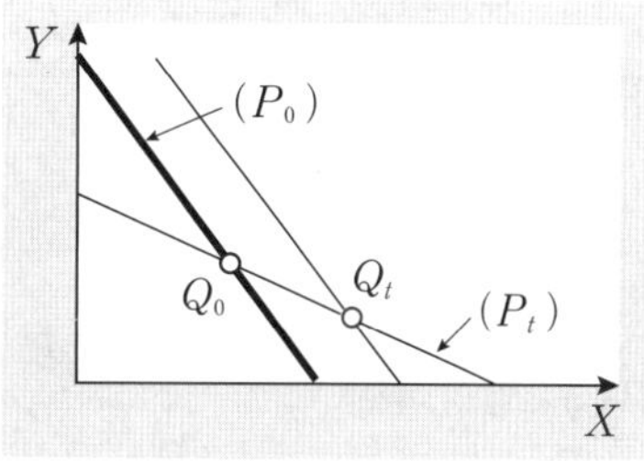

■ $P_Q = 1$(개선)
- P_0 기준, 소비영역 확대
- P_t 기준, 소비영역 불변

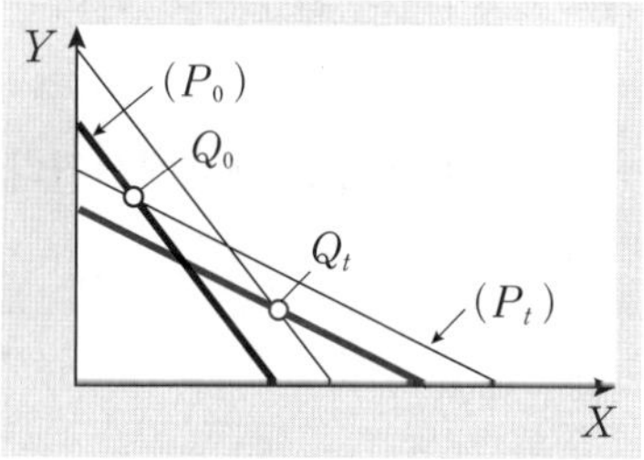

■ $L_Q > 1$(불분명)
- P_0 기준, 소비영역 확대
- P_t 기준, 소비영역 축소

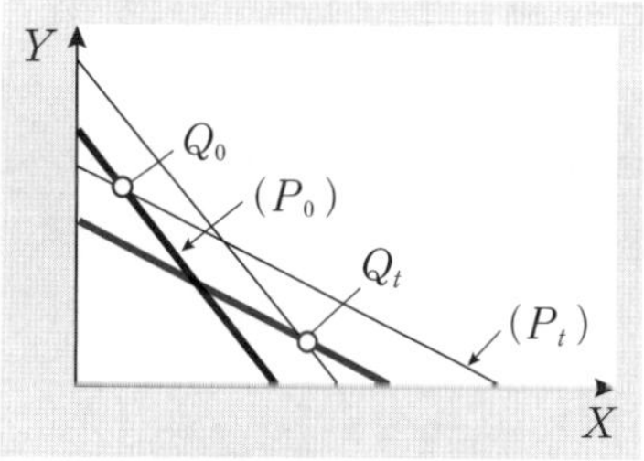

■ $P_Q < 1$(불분명)
- P_0 기준, 소비영역 확대
- P_t 기준, 소비영역 축소

(2) 명백한 개선과 명백한 악화

① 생활수준의 명백한 개선: $P_Q \geq 1$

단, $P_Q < 1$은 반드시 생활수준이 악화된다는 보장은 없다.

② 생활수준의 명백한 악화: $L_Q \leq 1$

단, $L_Q > 1$은 반드시 생활수준이 개선된다는 보장은 없다.

3. 가격지수에 의한 생활수준 변화의 평가

(1) 소득지수

$$N = \frac{\text{비교연도 명목소득}}{\text{기준연도 명목소득}} = \frac{P_t \cdot Q_t}{P_0 \cdot Q_0}$$

(2) 수량지수와 소득지수를 통한 증명

① 생활수준의 명백한 개선은 $P_Q \geq 1$이다.

- $P_Q = \dfrac{P_t \cdot Q_t}{P_t \cdot Q_0} \geq 1 \rightarrow 1$을 $\dfrac{P_0 \cdot Q_0}{P_0 \cdot Q_0}$로 변형하면 $\dfrac{P_t \cdot Q_t}{P_t \cdot Q_0} \geq \dfrac{P_0 \cdot Q_0}{P_0 \cdot Q_0}$이다.
- 이를 소득지수의 형태로 변형하면 $\dfrac{P_t \cdot Q_t}{P_0 \cdot Q_0} \geq \dfrac{P_t \cdot Q_0}{P_0 \cdot Q_0} \rightarrow N \geq L_P$이다.

② 생활수준의 명백한 악화는 $L_Q \leq 1$이다.

- $L_Q = \dfrac{P_0 \cdot Q_t}{P_0 \cdot Q_0} \leq 1 \rightarrow 1$을 $\dfrac{P_t \cdot Q_t}{P_t \cdot Q_t}$로 변형하면 $L_Q = \dfrac{P_0 \cdot Q_t}{P_0 \cdot Q_0} \leq \dfrac{P_t \cdot Q_t}{P_t \cdot Q_t}$이다.
- 이를 소득지수의 형태로 변형하면 $\dfrac{P_t \cdot Q_t}{P_0 \cdot Q_0} \leq \dfrac{P_t \cdot Q_t}{P_0 \cdot Q_t} \rightarrow N \leq P_P$이다.

(3) 소득지수로 평가한 명백한 개선과 명백한 악화

① $N \geq L_P$이면 생활수준의 명백한 개선이라는 평가가 가능하지만, $N < L_P$이면 생활수준이 악화된다는 보장은 없다.

② $N \leq P_P$이면 생활수준의 명백한 악화라는 평가가 가능하지만, $N > P_P$이면 생활수준이 개선된다는 보장은 없다.

03 기대효용이론 ★★★

1. 불확실성과 기대효용

(1) 불확실성과 기대효용이론

① 일반적으로 미래에 대한 불확실성이라 하면 어떠한 결과가 나타날지 확실히 알 수 없는 상태에서 실현 가능한 여러 확률 분포를 추정하여 이를 바탕으로 의사결정을 하는 경우를 말한다.

② 이러한 불확실성하에서 기대효용을 극대화하는 이론을 기대효용이론이라 한다. 즉, 확률을 이용하여 효용을 극대화하는 것이다.

(2) 공정한 게임과 공정한 보험

① **공정한 게임(복권)**: 게임비와 기대치가 동일한 게임 또는 복권의 기댓값과 판매가가 동일한 복권이다.

② **공정한 보험**: 보험료와 기대 손실액이 동일한 보험 또는 프리미엄률(보험료÷보험금)이 사고가 날 확률과 일치하는 보험이다.

(3) 세인트 피터스버그의 역설

① 세인트 피터스버그에 있는 도박장에서의 동전 던지기 게임 사례를 통해 기대치(기대소득)가 사람들의 의사결정 기준이 아님이 증명되었다.

② 불확실성하에서의 의사결정은 금전적인 기대치가 아니라 효용의 기대치(기대효용)에 의존함을 증명하였다.

(4) 경매

① 공개 경매

- **영국식 경매**(English auction): 구매자들이 점점 더 높은 가격을 부르도록 유도하여 가장 높은 금액을 제시한 사람에게 낙찰되는 방식이다.
- **네덜란드식 경매**(Dutch auction): 경매인이 높은 가격에서 시작하여 가격을 점점 낮추어가다가 어떤 가격수준에서 살 사람이 나타나면 그 사람에게 낙찰되는 방식이다.

② 입찰제

- **최고 가격 입찰제**: 입찰에 참가한 사람 중 가장 높은 가격을 써 낸 사람에게 낙찰이 되며, 낙찰자는 자신이 써 낸 금액을 지불하도록 하는 방식이다.
- **제2가격 입찰제**: 입찰에 참가한 사람 중 가장 높은 가격을 써 낸 사람에게 낙찰이 되나, 낙찰자는 자신이 써 낸 금액이 아니라 그 다음으로 높은 금액을 써 낸 금액을 지불하도록 하는 방식이다.

2. 기대소득(기대치)과 기대효용

◀ 시험 POINT 기대치, 기대효용, 확실성 등가, 위험프리미엄을 정확하게 이해하고 계산할 수 있어야 합니다.

(1) 기대소득(기대치)

① **개념**: 불확실한 상황에서 예상되는 금액(소득)의 크기를 의미한다.

② **계산**: $E(w) = p \cdot w_1 + (1-p)w_2$ (소득 w_1을 얻을 확률이 p, 소득 w_2을 얻을 확률이 $1-p$)

(2) 효용과 기대효용

① $U(w)$: 확실한 자산 w에 대한 효용을 말한다.

② 기대효용(효용의 기대치): 기대효용이란 불확실한 상황에서 얻을 것으로 예상되는 효용의 기대치를 의미한다.

③ 기대효용의 계산: $E(U) = p \cdot U(w_1) + (1-p)U(w_2)$

3. 위험

(1) 위험에 대한 태도와 VNM(폰 노이만 모겐슈테른) 효용함수

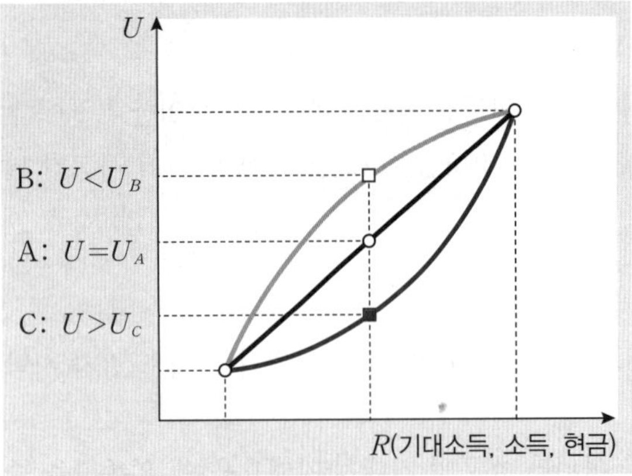

- A: 위험중립자 [불확실성하의 기대효용(U) = 확실한 소득의 효용(U_A) / 소득이 증가할 때, 소득의 효용은 일정하게 증가]
- B: 위험기피자 [불확실성하의 기대효용(U) < 확실한 소득의 효용(U_B) / 소득이 증가할 때, 소득의 효용은 체감적 증가]
- C: 위험선호자 [불확실성하의 기대효용(U) > 확실한 소득의 효용(U_C) / 소득이 증가할 때, 소득의 효용은 체증적 증가]

(2) 위험기피자(risk-averter)

① 불확실성이 내포된 자산보다 동액의 확실한 자산을 선호하는 개인을 의미한다.

② 위험기피자의 효용함수는 아래쪽에서 볼 때 오목한 형태이므로, 소득이 증가할 때 효용은 체감적으로 증가한다.

③ 일반적으로 효용함수가 $\sqrt{\ }$ 의 형태로 표현된다.

(3) 위험중립자(risk-neutral)

① 불확실성이 내포된 자산과 동액의 확실한 자산을 동일하게 평가하는 개인을 의미한다.

② 위험중립자의 효용함수는 직선의 형태이므로 소득이 증가할 때 효용은 비례적으로 증가한다.

(4) 위험선호자(risk-lover)

① 불확실성이 내포된 자산을 동액의 확실한 자산보다 선호하는 개인을 의미한다.

② 위험기피자의 효용함수는 아래쪽에서 볼 때 볼록한 형태이므로 소득이 증가할 때 효용은 체증적으로 증가한다.

4. 확실성 등가와 위험프리미엄

(1) 확실성 등가(CE, Certainty Equivallence)

불확실한 상태에서 기대되는 효용의 기대치인 기대효용과 동일한 효용을 주는 확실한 자산의 크기이다.

(2) 위험프리미엄(risk-premium)

① 불확실한 자산을 확실한 자산으로 교환하기 위하여 지불할 용의가 있는 금액으로, 위험한 기회를 선택하도록 유도하기 위해 필요한 최소한의 추가 보상이다.

② 위험프리미엄 = 기대치 − 확실성 등가

③ **위험기피자의 위험프리미엄**: 위험기피자는 기대치가 확실성 등가보다 크기 때문에 위험프리미엄이 0보다 큰 양(+)의 값을 가진다.

④ **위험 중립자의 위험프리미엄**: 위험중립자는 기대치가 확실성 등가와 동일하기 때문에 위험프리미엄이 0이다.

⑤ **위험선호자의 위험프리미엄**: 위험선호자는 기대치가 확실성 등가보다 작기 때문에 위험프리미엄이 0보다 작은 음(−)의 값을 가진다.

5. 사례를 통한 적정 보험료의 산정

(1) 가정

위험기피자인(효용함수 $U=\sqrt{w}$) 갑은 400 가치의 자동차를 소유하고 있으며, 사고가 일어날 확률은 0.5이고 사고 시 손실액은 300이다.

(2) 재산의 기대치와 기대효용

① **재산의 기대치**: $E(w)=p\cdot w_1+(1-p)w_2=0.5\times 100+0.5\times 400=250$

② **기대효용**: $E[U(250)]=p\cdot U(w_1)+(1-p)U(w_2)=0.5\times 10+0.5\times 20=15$

(3) 확실성 등가

① $\sqrt{\text{확실성 등가}(=CE)}=\text{기대효용}$

② 가정에서의 확실성 등가를 구하면, $\sqrt{\text{확실성 등가}(=CE)}=15$이므로 확실성 등가는 225이다.

(4) 위험프리미엄

① 위험프리미엄 = 기대치 - 확실성 등가

② 가정에서의 위험프리미엄을 구하면, 기대치($E(w)$) − 확실성 등가 = 250 − 225 = 25이다.

(5) 보험료

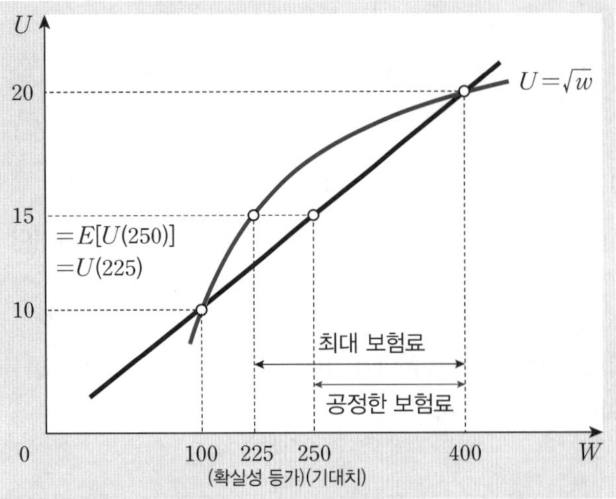

① 공정한 보험료

- 공정한 보험료는 기대손실액의 크기를 보험료로 징수하는 것이다.
- 최초의 자산가치가 400이고 기대치가 250이므로 공정한 보험료는 $400-250=150$이다.

② 최대한의 보험료

- 최대한의 보험료는 기대효용을 만족시켜주는 확실한 소득인 확실성 등가를 확보해 주는 보험료이다.
- 최대 보험료 = 최초의 자산가치 − 확실성 등가 = $400-225=175$이다.
- 최대 보험료 = 공정한 보험료 + 위험프리미엄 = $150+25=175$로도 표현할 수 있다.

개념확인 문제

Q A 군은 친구가 하는 사업에 100만 원을 투자하려고 한다. 사업이 성공하면 A 군은 0.5의 확률로 196만 원을 돌려받고, 사업이 실패하면 0.5의 확률로 64만 원을 돌려받게 된다. A 군의 효용함수가 $Uy=10y^{0.5}$이고 y는 소득을 나타낸다. 이 투자기회에 대한 A 군의 확실성 등가와 위험프리미엄은?

15년 지방직

	확실성 등가	위험프리미엄
①	110만 원	9만 원
②	110만 원	20만 원
③	121만 원	9만 원
④	121만 원	20만 원

정답 ③

해설

1) 기대치: $0.5\times64+0.5\times196=130$

2) 기대효용: $(0.5\times10\sqrt{64})+(0.5\times10\sqrt{196})=110$

3) 확실성 등가: $110=10\sqrt{\text{확실성 등가}}$ → 확실성 등가 $=121$

4) 위험프리미엄: 기대치−확실성 등가$=130-121=9$

표로 한눈에 정리하기

01 한계효용이론

한계효용(MU)	소비량을 1단위 늘렸을 때 총효용의 증가분
총효용(TU)	한계효용의 총합
한계효용 체감의 법칙	1단위 추가 시 얻어지는 총효용의 증가분은 반드시 감소
소비자균형	두 재화의 1원어치의 한계효용이 동일하게 소비

02 무차별곡선

무차별곡선의 성질	• 우하향한다. • 교차하지 않는다. • 원점에 대하여 볼록하다. • 원점에서 멀수록 효용이 크다.
예외적 무차별곡선의 형태	• 완전대체재: 직선 • 완전보완재: 직각
합리적 선택	무차별곡선과 예산선이 접할 경우
소득소비곡선(ICC)	완만하면 정상재, 가파르면 필수재, 후방굴절하면 열등재
가격소비곡선(PCC)	수평이면 수요의 가격탄력성이 단위탄력적
가격효과	소득효과 + 대체효과 기펜재는 소득효과가 대체효과보다 커 수요법칙의 예외
사회보장제도의 효용순위	현금보조 > 현물보조 > 가격보조
이자율 상승	• 대체효과: 현재소비의 상대가격 비싸져 현재소비가 감소하여 저축 증가 • 소득효과: 실질소득 증가로 현재소비 증가하여 저축 감소 • 총저축은 소득효과와 대체효과 모두 고려해야 함

03 현시선호이론과 기대효용이론

현시선호이론	소비의 일관성
지수	$N \geq L_P$이면 생활수준의 명백한 개선 $N \leq P_P$이면 생활수준의 명백한 악화
기대효용이론	기대효용 = f(확실성 등가) 위험프리미엄 = 기대치 − 확실성 등가 최대보험료 = 자동차 현재 가치 − 확실성 등가 = 공정한 보험료 + 위험프리미엄

개념확인 OX 문제

01 한계효용은 기수적 측정이 가능하다는 점을 가정한다. (O | X)

02 재화소비량이 일정 단위를 넘어서면 한계효용이 감소하는데 이를 한계효용 체감의 법칙(Law of Diminishing Utility)이라고 한다. (O | X)

03 한계효용이 체감하면 반드시 총효용도 체감한다. (O | X)

04 가격이 총효용이 아닌 한계효용에 의해 결정되는 것을 가치의 역설이라고 한다. (O | X)

05 X재 1원어치의 한계효용과 Y재 1원어치의 한계효용이 같아지도록 소비하는 것이 합리적 소비이다. (O | X)

06 동일한 효용을 얻을 수 있는 상품묶음을 연결한 선을 무차별곡선이라고 한다. (O | X)

07 한 재화의 소비를 늘리면서 동일한 효용수준을 유지하려면 다른 재화의 소비를 줄여야 하고, 이는 무차별곡선이 우상향의 기울기를 갖는 것으로 나타난다. (O | X)

08 무차별곡선이 원점에서 멀어질수록 더 높은 효용수준을 나타낸다. (O | X)

09 두 무차별곡선은 서로 교차할 수 없다. (O | X)

10 무차별곡선은 원점에 대해 오목하면 이는 한계대체율이 체감함을 의미한다. (O | X)

11 소득소비곡선의 형태는 수요의 소득탄력도에 따라 다르다. (O | X)

12 가격소비곡선이 수평이면 수요의 가격탄력성이 단위탄력적이다. (O | X)

13 임금 상승 시 여가가 열등재인 경우 반드시 노동공급은 증가한다. (O | X)

14 2기간 모형의 경우, 이자율 상승 시 저축자의 저축 증감 여부는 대체효과와 소득효과의 상대적 크기에 의하여 결정된다. (O | X)

15 $P_Q \geq 1$이면 생활수준 개선이고, $L_Q \leq 1$이면 생활수준 악화이다. (O | X)

16 현금보조와 가격보조 중 소비자후생은 현금보조 시에 더 크게 증가한다. (O | X)

17 불확실성하에서 효용을 극대화하는 이론을 기대효용이론이라고 한다. (O | X)

정답 및 해설

01 O 02 O 03 X 한계효용이 체감한다고 해도 +면 총효용은 증가한다. 04 O 05 O 06 O 07 X 우하향의 기울기를 갖는 것을 의미한다. 08 O 09 O 10 X 한계대체율이 체감한다는 것은 원점에 대하여 볼록한 것이다. 11 O 12 O 13 O 14 O 15 O 16 O 17 O

18 기댓값과 기대효용은 다르다. (O | X)

19 두 상품묶음 중에서 어느 묶음을 더 선호하는지를 또는 아무런 차이가 없는지를 판단할 수 있는 성질을 완비성이라고 한다. (O | X)

20 약공리는 재화묶음이 2개인 경우 소비행위의 일관성을 보장한다. (O | X)

21 강공리가 성립하면 약공리는 자동적으로 성립한다. (O | X)

22 $A \geq B$이고 $B \geq C$이면 반드시 $A \geq C$가 성립하는 것을 단조성이라고 한다. (O | X)

23 현시선호이론으로 무차별곡선을 도출할 수 있다. (O | X)

24 불확실성하에서 기대효용과 동일한 효용을 주는 확실한 현금의 크기를 위험프리미엄이라 한다. (O | X)

정답 및 해설

18 ○ **19** ○ **20** ○ **21** ○ **22** × 이행성이라고 한다. **23** ○ **24** × 확실성 등가라고 한다.

기출 ⊕ 예상문제

PART Ⅲ

Chapter 01 한계효용이론

★★☆

01 주어진 예산으로 효용 극대화를 추구하는 어떤 사람이 일정 기간에 두 재화 X와 Y만 소비한다고 하자. X의 가격은 200원이고, 그가 얻는 한계효용이 600이 되는 수량까지 X를 소비한다. 아래 표는 Y의 가격이 300원일 때 그가 소비하는 Y의 수량과 한계효용 사이의 관계를 보여준다. 효용이 극대화되는 Y의 소비량은? 17년 노무사

Y의 수량	1개	2개	3개	4개	5개
한계효용	2,600	1,900	1,300	900	800

① 1개 ② 2개 ③ 3개
④ 4개 ⑤ 5개

★☆☆

02 다음 글에 대한 설명으로 옳은 것은? 10년 노무사

甲과 乙은 X재와 Y재만을 소비한다. X재의 가격은 10, Y재의 가격은 20이다. 현재 소비점에서 X재, Y재 소비의 한계효용은 각각 다음과 같다. (단, 한계효용은 체감함)

구분	X재 소비의 한계효용	Y재 소비의 한계효용
甲	10	5
乙	3	6

① 甲은 현재 소비점에서 효용 극대화를 달성하고 있다.
② 甲은 X재 소비를 줄이고 Y재 소비를 늘려 효용을 증가시킬 수 있다.
③ 甲은 X재 소비를 늘리고 Y재 소비를 줄여 효용을 증가시킬 수 있다.
④ 乙은 X재 소비를 줄이고 Y재 소비를 늘려 효용을 증가시킬 수 있다.
⑤ 乙은 X재 소비를 늘리고 Y재 소비를 줄여 효용을 증가시킬 수 있다.

★☆☆
03 두 상품의 선택모형에서 소비자 A의 무차별곡선에 관한 설명으로 옳지 않은 것은?

13년 노무사

① 두 상품이 각각 재화(goods)와 비재화(bads)인 경우 무차별곡선은 우상향한다.
② 두 상품이 모두 재화(goods)인 경우 한계대체율 체감의 법칙이 성립하면, 무차별곡선은 원점에 대하여 볼록하다.
③ 서로 다른 두 무차별곡선은 교차하지 않는다.
④ 두 상품이 완전대체재인 경우 무차별곡선의 형태는 L자형이다.
⑤ 두 상품이 모두 재화(goods)인 경우 무차별곡선이 원점으로부터 멀어질수록 무차별곡선이 나타내는 효용수준이 높아진다.

정답 및 해설

01 정답 ④

주제 한계효용이론

해설

1) 효용 극대화가 이루어지려면 한계효용균등의 원리$\left(\frac{MU_X}{P_X}=\frac{MU_Y}{P_Y}\right)$가 성립하게끔 각 재화를 구입해야 한다.

2) X재의 한계효용 $MU_X=600$이고, X재 가격 $P_X=200$원이므로 $\frac{MU_X}{P_X}=3$이다.

3) 한편, Y재의 가격 $P_Y=300$이므로 $\frac{MU_Y}{P_Y}=3$이 되려면 $MU_Y=900$이 되어야 한다.

4) 따라서 효용이 극대가 되는 Y재 구입량은 4단위이다.

02 정답 ③

주제 한계효용이론

해설

1) 효용 극대화가 이루어지려면 한계효용균등의 원리$\left(\frac{MU_X}{P_X}=\frac{MU_Y}{P_Y}\right)$가 성립하게끔 각 재화를 구입해야 한다.

2) 甲은 $\frac{MU_X(10)}{P_X(10)}>\frac{MU_Y(5)}{P_Y(20)}$이다. 따라서 X재 소비를 늘리고 Y재 소비를 줄여 효용을 증가시킬 수 있다.

3) 乙은 $\frac{MU_X(3)}{P_X(10)}=\frac{MU_Y(6)}{P_Y(20)}$이다. 따라서 현재 효용이 극대화되고 있다.

03 정답 ④

주제 무차별곡선

해설

완전대체재인 경우 무차별곡선은 직선의 형태를 띤다.

★☆☆
04 무차별곡선에 대한 설명으로 옳지 않은 것은?

21년 감정평가사

① 무차별곡선은 동일한 효용수준을 제공하는 상품묶음들의 궤적이다.
② 무차별곡선의 기울기는 한계대체율이며 두 재화의 교환비율이다.
③ 무차별곡선이 원점에 대해 오목하면 한계대체율은 체감한다.
④ 완전대체재 관계인 두 재화에 대한 무차별곡선은 직선의 형태이다.
⑤ 모서리해를 제외하면 무차별곡선과 예산선이 접한 점이 소비자의 최적점이다.

★★☆
05 어느 소비자에게 X재와 Y재는 완전대체재이며 X재 2개를 늘리는 대신 Y재 1개를 줄이더라도 동일한 효용을 얻는다. X재의 시장가격은 2만 원이고 Y재의 시장가격은 6만 원이다. 소비자가 X재와 Y재에 쓰는 예산은 총 60만 원이다. 이 소비자가 주어진 예산에서 효용을 극대화할 때 소비하는 X재와 Y재의 양은?

19년 서울시

	X재(개)	Y재(개)
①	0	10
②	15	5
③	24	2
④	30	0

★★☆
06 두 재화 X와 Y를 소비하여 효용을 극대화하는 소비자 A의 효용함수는 $U = X + 2Y$이고, X재 가격이 2, Y재 가격이 1이다. X재 가격이 1로 하락할 때 소비량의 변화는?

13년 노무사

① X재, Y재 소비량 모두 불변
② X재, Y재 소비량 모두 증가
③ X재 소비량 감소, Y재 소비량 증가
④ X재 소비량 증가, Y재 소비량 감소
⑤ X재 소비량 증가, Y재 소비량 불변

정답 및 해설

04 정답 ③

주제 무차별곡선

해설

무차별곡선이 원점에 대해 오목하면 한계대체율은 체증한다.

05 정답 ④

주제 무차별곡선 → 완전대체재

해설

1) 두 재화가 완전대체재이며, X재 2개와 Y재 1개의 효용이 동일하므로 효용함수는 $U=X+2Y$이다.

2) 효용함수를 Y에 대해 정리하면 $Y=-\frac{1}{2}X+\frac{1}{2}U$이므로 무차별곡선은 기울기(절댓값)가 $\frac{1}{2}$인 우하향의 직선이다.

3) 예산선의 기울기를 구하면 X재 가격은 2만 원, Y재 가격은 6만 원이므로 예산선의 기울기(절댓값) $\frac{P_X}{P_Y}=\frac{1}{3}$이다.

4) 무차별곡선이 우하향의 직선이면서 예산선보다 기울기가 더 크면 소비자균형은 항상 X축에서 이루어진다. 즉, 소비자는 소득 전부를 X재 구입에 지출한다.

5) 따라서 X재 가격이 2만 원이고 소득이 60만 원이므로 소비자는 X재 30단위와 Y재 0단위를 구입할 것이다.

06 정답 ①

주제 무차별곡선 → 완전대체재

해설

1) 한계대체율이 $\frac{1}{2}$로 일정한 완전대체재이다.

2) $\frac{P_X}{P_Y}=\frac{2}{1}$이므로 Y재만 구입하는 것이 유리하다.

3) X재의 가격이 1로 하락하여도, 상대가격이 $\frac{P_X}{P_Y}=\frac{1}{1}$로 여전히 한계대체율이 작으므로 Y재만 소비하여야 한다.

★★★
07 X재와 Y재에 대한 효용함수가 $U = \min[X, Y]$인 소비자가 있다. 소득이 100이고 Y재의 가격(P_Y)이 10일 때, 이 소비자가 효용 극대화를 추구한다면, X재의 수요함수는? (단, P_X는 X재의 가격) 15년 노무사

① $X = 10 + \dfrac{100}{P_X}$ ② $X = \dfrac{100}{(P_X + 10)}$ ③ $X = \dfrac{100}{P_X}$

④ $X = \dfrac{50}{(P_X + 10)}$ ⑤ $X = \dfrac{10}{P_X}$

★★☆
08 소비자 A의 효용함수는 $U = X \cdot Y$이고, X재, Y재 가격은 모두 10이며, A의 소득은 200이다. 소비자 A의 효용을 극대화하는 X재, Y재의 소비조합은? 16년 노무사

① 8, 12 ② 9, 11 ③ 10, 10

④ 10, 20 ⑤ 20, 10

★★☆

09 **주어진 소득으로 X재, Y재 두 재화만을 소비하는 甲의 효용함수가 $U = x^{1/3}y^{2/3}$일 때, 설명으로 옳지 않은 것은? (단, x는 X재 소비량, y는 Y재 소비량, 소득과 두 재화의 가격은 0보다 큼)**

17년 감정평가사

① X재는 정상재이다.

② Y재는 정상재이다.

③ 甲의 무차별곡선은 원점에 대해 볼록하다.

④ 두 재화의 가격비율에 따라 어느 한 재화만 소비하는 결정이 甲에게 최적이다.

⑤ 두 재화의 가격이 동일하다면 Y재를 X재보다 많이 소비하는 것이 항상 甲에게 최적이다.

정답 및 해설

07 정답 ②

주제 무차별곡선 → 완전보완재

해설

1) 효용함수가 $U = \min[X, Y]$이므로 소비자균형에서는 항상 $X = Y$가 성립한다.

2) 예산제약 식 $P_X \cdot X + P_Y \cdot Y = M$이다.

3) 위의 두 식을 연립해서 풀면 $P_X \cdot X + P_Y \cdot X = M$, $X(P_X + P_Y) = M$이다.

4) 따라서 X재의 수요함수는 $X = \dfrac{M}{P_X + P_Y}$로 도출된다. 이 식에 $M = 100$, $P_Y = 10$을 대입하면 $X = \dfrac{100}{(P_X + 10)}$이다.

08 정답 ③

주제 무차별곡선 → 콥-더글러스 효용함수

해설

1) 효용함수가 $U = XY$이므로 X재의 수요함수가 $X = \dfrac{M}{2P_X}$, Y재의 수요함수가 $Y = \dfrac{M}{2P_Y}$이다.

2) $P_X = 10$, $P_Y = 10$, $M = 200$을 각 재화의 수요함수에 대입하면 X재와 Y재의 소비량이 모두 10단위임을 알 수 있다.

09 정답 ④

주제 소비자균형

해설

두 재화의 가격비율에 따라 어느 한 재화만 소비하는 결정은 완전대체재에 대한 설명이다.

오답체크

① X재의 수요함수는 $X = \dfrac{1}{3} \cdot \dfrac{M}{P_X}$이므로 X재는 정상재이다.

② Y재의 수요함수는 $Y = \dfrac{2}{3} \cdot \dfrac{M}{P_Y}$이므로 Y재는 정상재이다.

③ 콥-더글러스 효용함수는 원점에 대하여 강볼록한 형태이다.

⑤ $P_X \cdot X = \dfrac{1}{3}M$, $P_Y \cdot Y = \dfrac{2}{3}M$이므로, 두 재화의 가격이 동일하다면 소비자는 Y재를 X재의 두 배만큼 구입할 것이다.

★★☆

10

한 소비자의 효용함수는 $U = 4XY$ 이다. 이 소비자의 소득은 400 이고, X 재 가격은 10, Y 재 가격은 40 이다. 이 소비자가 효용 극대화할 때의 X 재 소비량은? (단, U 는 효용수준, X 는 X 재 소비량, Y 는 Y 재 소비량)

16년 공인회계사

① 5　② 10　③ 15
④ 20　⑤ 25

★★☆

11

甲은 항상 1:2의 비율로 X재와 Y재만을 소비한다. X재의 가격이 P_X, Y재의 가격이 P_Y일 때 甲의 X재에 대한 엥겔곡선(engel curve) 기울기는? (단, 기울기= $\frac{\text{소득변화}}{\text{수요량 변화}}$)

11년 노무사

① $2P_X$　② $3P_Y$　③ $2P_X+P_Y$
④ P_X+2P_Y　⑤ $\frac{P_X}{2P_Y}$

★★☆

12

주어진 소득으로 밥과 김치만을 소비하는 소비자가 있다. 동일한 소득에서 김치 가격이 하락할 경우 나타날 현상에 대한 설명으로 가장 옳은 것은? (단, 밥은 열등재라고 가정함)

19년 서울시 2회

① 밥의 소비량 감소　② 김치의 소비량 감소
③ 밥의 소비량 변화 없음　④ 김치의 소비량 변화 없음

★☆☆

13

효용을 극대화하는 소비자 A 는 X 재와 Y 재, 두 재화만 소비한다. 다른 조건이 일정하고 X 재의 가격만 하락하였을 경우, A 의 X 재에 대한 수요량이 변하지 않았다. 이에 관한 설명으로 옳은 것을 모두 고른 것은?

12년 노무사

ㄱ. 두 재화는 완전보완재이다.
ㄴ. X 재는 열등재이다.
ㄷ. Y 재는 정상재이다.
ㄹ. X 재의 소득효과와 대체효과가 서로 상쇄된다.

① ㄱ, ㄴ　② ㄱ, ㄴ, ㄷ, ㄹ　③ ㄱ, ㄷ, ㄹ
④ ㄴ, ㄷ, ㄹ　⑤ ㄷ, ㄹ

정답 및 해설

10 정답 ④

주제 소비자이론 → 콥-더글러스 효용함수

해설

1) 콥-더글러스 효용함수의 X재 소비량은 $X=\frac{\alpha}{\alpha+\beta}\cdot\frac{M}{P_X}$이다.

2) $X=\frac{1}{1+1}\cdot\frac{400}{10}=20$이다.

11 정답 ④

주제 무차별곡선 → 엥겔 곡선

해설

1) 항상 $X:Y$를 $1:2$로 소비하고, 예산선은 $P_X\cdot X+P_Y\cdot Y=M$에 Y 대신 $2X$를 대입하면 $P_X\cdot X+P_Y\cdot 2X=M$이므로 $(P_X+2P_Y)X=M$이다.

2) 가로축의 X 앞에 붙은 계수가 기울기이므로 기울기는 P_X+2P_Y 이다.

12 정답 ①

주제 무차별곡선 → 가격효과

해설

김치 가격이 하락하면 상대적으로 밥보다 김치가 싸지므로 대체효과에 의해 김치 소비량이 증가하고 밥의 소비량은 감소한다.

오답체크

김치 가격이 하락할 때 대체효과와 소득효과 모두 김치 소비량을 증가시키고 밥의 소비량을 감소시키는 방향으로 작용한다.

13 정답 ④

주제 무차별곡선 → 가격효과

해설

X재의 가격이 하락했을 경우 X재의 수요량이 증가했어야 한다.

ㄴ, ㄹ. 가격 하락으로 대체효과는 수요량 상승이 이루어져야 한다. 수요량이 변화가 없으므로 소득효과로 실질소득이 상승해도 수요량이 줄어든 것이다. 따라서 X재는 열등재이다.

ㄷ. 효용을 극대화하기 위해서 실질소득 상승 시 Y재를 더 구매했으므로 Y재는 정상재이다.

오답체크

ㄱ. 두 재화가 완전보완재라면 Y재도 수요량에 변화가 없었어야 한다. 그렇다면 효용을 극대화하는 것이 아니므로 옳지 않다.

★☆☆

14 정상재(normal goods)의 수요곡선은 반드시 우하향한다. 그 이유로 가장 옳은 것은?

18년 서울시

① 소득효과와 대체효과는 같은 방향으로 움직이기 때문이다.
② 소득효과의 절대적 크기가 대체효과의 절대적 크기보다 크기 때문이다.
③ 소득효과의 절대적 크기가 대체효과의 절대적 크기보다 작기 때문이다.
④ 소득이 증가함에 따라 소비자는 재화의 소비를 줄이기 때문이다.

★★☆

15 A시의 70세 이상 노인들에 대한 다음 설명 중 옳은 것은?

14년 국회 8급

> A시의 시민은 대중교통(X재)과 그 밖의 재화(Y재)를 소비하여 효용을 얻는다. 현재 A시의 70세 이상 노인은 X재를 반값에 이용하고 있다. 이제 A시에서 70세 이상 노인에게 X재 요금을 할인해 주지 않는 대신, 이전에 할인받던 만큼을 현금으로 지원해 주기로 했다(이하 현금지원정책).

① 현금지원정책 시 예산선의 기울기가 대중교통요금 할인 시 예산선의 기울기와 같다.
② X재 소비가 현금지원정책 실시 전에 비해 증가한다.
③ Y재 소비가 현금지원정책 실시 전에 비해 감소한다.
④ 소득으로 구매할 수 있는 X재의 최대량이 현금지원정책 실시 이전보다 증가한다.
⑤ 효용이 현금지원정책 실시 전에 비해 감소하지 않는다.

★☆☆

16 **소득 – 여가 선택모형에서 효용 극대화를 추구하는 개인의 노동공급 의사결정에 관한 설명으로 옳지 않은 것은? (단, 대체효과와 소득효과의 비교는 절대값으로 함)** 20년 노무사

① 소득과 여가가 정상재인 경우, 임금률 상승 시 대체효과가 소득효과보다 크면 노동공급은 증가한다.

② 소득과 여가가 정상재인 경우, 임금률 하락 시 소득효과가 대체효과보다 크면 노동공급은 감소한다.

③ 소득과 여가가 정상재인 경우, 임금률 하락 시 대체효과는 노동공급 감소 요인이다.

④ 소득과 여가가 정상재인 경우, 임금률 상승 시 소득효과는 노동공급 감소 요인이다.

⑤ 소득은 정상재이지만 여가가 열등재인 경우, 임금률 상승은 노동공급을 증가시킨다.

정답 및 해설

14 정답 ①

주제 무차별곡선 → 가격효과

해설

X재가 정상재인 경우에는 대체효과와 소득효과 모두 X재 구입량을 증가시키는 방향으로 작용하므로, X재의 수요곡선은 반드시 우하향한다.

15 정답 ⑤

주제 사회보장제도

해설

현금보조가 가격보조보다 효용수준이 높으므로, 효용이 현금지원정책 실시 전에 비해 감소하지 않는다.

오답체크

① 현금지원정책 시 가격보조를 철회하므로 예산선의 기울기는 급해지지만, 소비가능영역이 확장된다.
② 소비조합에 따라 달라지므로, X재 소비가 현금지원정책 실시 전에 비해 증가한다고 단정지어 말할 수 없다.
③ 소비조합에 따라 Y재 소비가 현금지원정책 실시 전에 비해 감소한다고 단정지어 말할 수 없다.
④ 소득으로 구매할 수 있는 X재의 최대량은 동일하다.

16 정답 ②

주제 무차별곡선이론 → 여가-소득모형

해설

1) 임금률 하락 시 대체효과에 의해 여가의 상대가격이 하락하여 여가 소비 증가 → 노동공급 감소
2) 임금률 하락 시 여가가 정상재인 경우 소득효과에 의해 여가 소비 감소 → 노동공급 증가
3) 따라서 소득효과가 크면 노동공급이 증가하고, 대체효과가 크면 노동공급이 감소한다.

★★★
17 **소득 – 여가 선택모형에서 A의 효용함수가 $U = Y + 2L$이고, 총가용시간은 24시간이다. 시간당 임금이 변화할 때, A의 노동공급시간과 여가 시간에 관한 설명으로 옳은 것을 모두 고른 것은? (단, $U =$ 효용, $Y =$ 소득, $L =$ 여가 시간)** 18년 노무사

> ㄱ. 시간당 임금의 상승은 언제나 노동공급시간을 증가시킨다.
> ㄴ. 시간당 임금이 1이면 노동공급시간은 3이다.
> ㄷ. 시간당 임금이 3이면 여가 시간은 0이다.
> ㄹ. 시간당 임금이 3에서 4로 상승하면 임금 상승에도 불구하고 노동공급시간은 더 이상 증가하지 않는다.

① ㄱ, ㄴ ② ㄴ, ㄷ ③ ㄷ, ㄹ
④ ㄱ, ㄴ, ㄷ ⑤ ㄴ, ㄷ, ㄹ

★★☆
18 **다음은 두 기간에 걸친 어느 소비자의 균형조건을 보여준다. 이 소비자의 소득 부존점은 E이고 효용 극대화 균형점은 A이며, 이 경제의 실질이자율은 r이다. 이에 대한 설명으로 옳지 <u>않은</u> 것은? (단, 원점에 볼록한 곡선은 무차별곡선임)** 18년 지방직

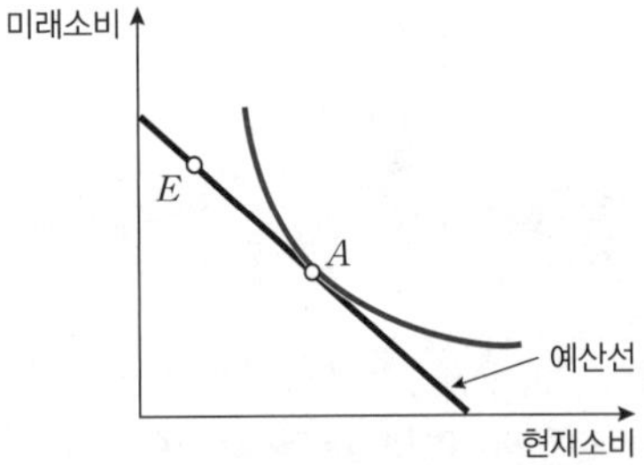

① 실질이자율(r)이 하락하면, 이 소비자의 효용은 감소한다.
② 효용 극대화를 추구하는 이 소비자는 차입자가 될 것이다.
③ 현재소비와 미래소비가 모두 정상재인 경우, 현재소득이 증가하면 소비평준화(consumption smoothing) 현상이 나타난다.
④ 유동성제약이 있다면, 이 소비자의 경우 한계대체율은 r보다 클 것이다.

★★★
19 **2기간 소비선택모형에서 소비자의 효용함수는 $U(C_1,\ C_2)=C_1C_2$이고, 예산제약식은 $C_1+\dfrac{C_2}{1+r}=Y_1+\dfrac{Y_2}{1+r}$이다. 이 소비자의 최적 소비 행태에 대한 설명으로 옳지 않은 것은? (단, C_1은 1기의 소비, C_2는 2기의 소비, Y_1은 1기의 소득으로 100, Y_2는 2기의 소득으로 121, r은 이자율로 10%)** 17년 국가직

① 한계대체율과 $(1+r)$이 일치할 때 최적 소비가 발생한다.
② 1기보다 2기에 소비를 더 많이 한다.
③ 1기에 이 소비자는 저축을 한다.
④ 유동성제약이 발생하면 1기의 소비는 감소한다.

정답 및 해설

17 정답 ③

주제 무차별곡선이론 → 여가-소득모형

해설

1) 완전대체재 형태인 효용함수 $U=Y+2L$을 Y에 대해 정리하면 $Y=-2L+U$이므로 무차별곡선은 기울기가 2(절댓값)인 우하향의 직선이다.
2) 시간당 임금이 1이면 여가인 가로축에서 소비자균형이 이루어지므로 소비자의 노동시간은 0, 여가 시간은 24시간이 된다.
3) 시간당 임금이 3이면 소비자균형이 여가 시간은 0, 노동 시간은 24시간이 된다.
4) 시간당 임금이 2보다 높은 경우 개인 A는 24시간을 모두 노동공급에 투입할 것이므로, 시간당 임금이 3에서 4로 상승하더라도 노동 시간은 더 이상 증가하지 않는다.

18 정답 ①

주제 무차별곡선이론 → 2기간 모형

해설

소비자균형인 점 A에서의 현재소비가 부존점인 점 E의 현재소득보다 많으므로 이 소비자는 차입자이다.
① 실질이자율(r)이 하락하면, 차입자인 이 소비자의 소비가능영역이 커지므로 이 소비자의 효용수준은 증가한다.

오답체크

② 효용 극대화를 추구하는 이 소비자는 차입자가 될 것이다.
③ 현재소비와 미래소비가 모두 정상재인 경우, 현재소득이 증가하면 소비평준화 현상, 즉 증가한 현재소득이 전부 현재소비에만 사용되는 것이 아니라 일부는 미래소비 증가에 사용된다.
④ 유동성제약이 있다면, 부존점에서 소비해야 하므로 이 소비자의 경우 한계대체율은 r보다 클 것이다.

19 정답 ③

주제 무차별곡선이론 → 2기간 모형

해설

1) 현재소비와 미래소비 간의 한계대체율을 구해보면 $MRS_{C_1C_2}=\dfrac{MU_{C_1}}{MU_{C_2}}=\dfrac{C_2}{C_1}$이다.
2) 소비자균형에서는 예산선과 무차별곡선이 접하므로, $MRS_{C_1C_2}=(1+r)$로 두면 $\dfrac{C_2}{C_1}=1.1$, $C_2=1.1\,C_1$이 성립한다.
3) $C_1+\dfrac{C_2}{1.1}=100+\dfrac{121}{1.1}$에 대입하면 $2C_1=210$, $C_1=105$, $C_2=115.5$이다.
4) 1기 소득이 100이고 1기 소비가 105이므로 이 소비자는 차입자임을 알 수 있다.

★★☆

20

어느 소비자의 효용함수는 $U(C_1, C_2) = C_1 C_2$이고, 예산제약식은 $C_1 + \frac{C_2}{1+r} = Y_1 + \frac{Y_2}{1+r}$이다. 주어진 소득($Y_1 = Y_2 = 100$)에서 효용을 극대화하는 이 소비자에 대한 다음의 설명 중 옳은 것은? (단, C_1과 C_2는 1기와 2기의 소비량, Y_1과 Y_2는 1기와 2기의 소득, r은 이자율, $0 < r < 1$이라고 가정함) 17년 공인회계사

① 효용 극대화 소비점에서 2기 소비로 표시한 1기 소비의 한계대체율은 $1/(1+r)$이다.

② 1기에 차용을 하는 소비자이다.

③ 이자율이 높아지면 극대화된 효용은 항상 증가한다.

④ 이자율이 높아지면 1기의 소비량이 1기의 소득보다 커진다.

⑤ 이자율이 높아지면 실질소득의 증가로 1기와 2기의 소비량 모두 증가한다.

Chapter 03 현시선호이론과 기대효용이론

★★☆

21

W원에 대한 A의 효용함수는 $U(w) = \sqrt{w}$ 이다. A는 50%의 확률로 10,000원을 주고, 50%의 확률로 0원을 주는 복권 L을 가지고 있다. 다음 중 옳은 것은? 15년 국가직

① 복권 L에 대한 A의 기대효용은 5,000이다.

② 누군가 현금 2,400원과 복권 L을 교환하자고 제의한다면, A는 제의에 응하지 않을 것이다.

③ A는 위험중립적인 선호를 가지고 있다.

④ A에게 40%의 확률로 100원을 주고, 60%의 확률로 3,600원을 주는 복권 M과 복권 L을 교환할 수 있는 기회가 주어진다면, A는 새로운 복권 M을 선택할 것이다.

정답 및 해설

20 정답 ③

주제 2기간 모형

해설

1) 주어진 함수의 $MRS_{c1c2} = \frac{C_2}{C_1}$ 이다.

2) 소비자균형은 무차별곡선과 예산선이 접하므로 $(1+r) = \frac{C_2}{C_1}$, $C_2 = (1+r)C_1$ 이다.

3) 주어진 소득이 100이므로 위의 조건과 함께 제약식에 대입하면 $2C_1 = 100 + \frac{100}{1+r} \rightarrow C_1 = 50 + \frac{50}{1+r}$ 이다. $C_2 = 50(1+r) + 50$ 이다.

4) 이자율이 0과 1 사이의 값이므로 C_1은 항상 100보다 작다. 따라서 이 소비자는 저축자이다.

5) 이자율이 상승할수록 현재소비가 감소하는데, 이는 저축이 증가함을 의미한다. 따라서 이자율이 상승하면 저축자의 소비가능영역이 커지므로 저축자의 효용은 반드시 증가한다.

21 정답 ②

주제 기대효용이론

해설

1) 상금의 기대치= $(0.5 \times 10{,}000) + (0.5 \times 0) = 5{,}000$원

2) 기대효용= $(0.5 \times \sqrt{10{,}000}) + (0.5 \times \sqrt{0}) = 50$

3) 시문 분식

② 개인 A가 현금 2,400원을 가지고 있다면 그때의 효용 $U = \sqrt{2{,}400} = 49$이다. 현재의 기대효용인 50보다 작으므로 누군가 현금 2,400원과 복권 L을 교환하자고 제의한다면, A는 제의에 응하지 않을 것이다.

오답체크

① 복권 L에 대한 A의 기대효용은 50이다.

③ 개인 A의 효용함수 $U = \sqrt{w}$는 아래쪽에서 오목한 형태이므로 개인 A는 위험기피자이다.

④ 기대효용 $E(U) = (0.4 \times \sqrt{100}) + (0.6 \times \sqrt{3{,}600}) = 4 + 36 = 40$이다. 복권 L의 기대효용이 50이고, 복권 M의 기대효용이 40이므로 개인 A는 복권 L을 M과 교환할 수 있는 기회가 주어지더라도 여전히 복권 L을 선택할 것이다.

★★☆

22 甲의 효용함수는 $U(x) = \sqrt{x}$ 로 표현된다. 甲은 현재 소득이 0원이며, $\frac{1}{3}$의 당첨 확률로 상금 100원을 받는 복권을 갖고 있다. 상금의 일부를 포기하는 대신에 당첨될 확률을 $\frac{2}{3}$로 높일 수 있을 때, 甲이 포기할 용의가 있는 최대 금액은? (단, x는 원으로 표시된 소득임)

18년 국가직

① $\frac{100}{3}$원
② 50원
③ $\frac{200}{3}$원
④ 75원

★★☆

23 어떤 소비자의 효용함수 $U = X^{0.5}$(X는 자산금액)이다. 이 소비자는 현재 $6,400$만 원에 거래되는 귀금속 한 점을 보유하고 있다. 이 귀금속을 도난당할 확률은 0.5인데, 보험에 가입할 경우에는 도난당한 귀금속을 현재 가격으로 전액 보상해 준다고 한다. 보험에 가입하지 않은 상황에서 이 소비자의 기대효용과 이 소비자가 보험에 가입할 경우 낼 용의가 있는 최대 보험료는 각각 얼마인가?

16년 서울시

	기대효용	최대 보험료
①	40	2,800만 원
②	40	4,800만 원
③	60	2,800만 원
④	60	4,800만 원

정답 및 해설

22 정답 ④

주제 기대효용이론

해설

1) 갑의 효용함수가 $u = \sqrt{x}$ 이므로 $\frac{1}{3}$ 의 확률로 100원을 받는 복권을 가지고 있을 때의 기대효용 $E(u) = (\frac{2}{3} \times \sqrt{0}) + (\frac{1}{3} \times \sqrt{100}) = \frac{10}{3}$ 이다.

2) 이제 당첨확률이 $\frac{2}{3}$ 로 높아지는 대신 상금 중 x원을 포기한다면 그 때의 기대효용 $E(u) = (\frac{1}{3} \times \sqrt{0}) + (\frac{2}{3} \times \sqrt{100-x}) = \frac{2\sqrt{100-x}}{3}$ 이다.

3) 당첨확률이 높아지는 대신 포기할 용의가 있는 최대금액은 두 경우의 기대효용이 같아지는 수준일 것이므로 $\frac{10}{3} = \frac{2\sqrt{100-x}}{3}$ 로 두면 $x = 75$ 이다.

4) 그러므로 당첨확률이 높아질 때 甲이 포기할 용의가 있는 최대금액은 75원이다.

23 정답 ②

주제 기대효용이론

해설

1) 기대치: $0.5 \times 0 + 0.5 \times 6{,}400 = 3{,}200$

2) 기대효용: $0.5 \times \sqrt{0} + 0.5 \times \sqrt{6{,}400} = 40$

3) 확실성 등가: $\sqrt{\text{확실성 등가}} = 40$ 으로 두면 확실성 등가 $CE = 1{,}600$

4) 위험프리미엄: 기대치 − 확실성 등가 = $3{,}200 - 1{,}600 = 1{,}600$만 원

5) 최대한의 보험료: 자산가치 − 확실성 등가 = $6{,}400 - 1{,}600 = 4{,}800$만 원

★★☆

24 A는 현재 시가로 1,600만 원인 귀금속을 보유하고 있는데, 이를 도난당할 확률이 0.4라고 한다. A의 효용함수는 $U = 2\sqrt{W}$(W는 보유자산의 화폐가치)이며, 보험에 가입할 경우 도난당한 귀금속을 현재 시가로 전액 보상해준다고 한다. 보험 가입 전 A의 기대효용과 A가 보험에 가입할 경우 지불할 용의가 있는 최대 보험료는? 19년 서울시 1회

	기대효용	최대 보험료
①	36	1,276만 원
②	48	1,024만 원
③	36	1,024만 원
④	48	1,276만 원

고난도 문제

★★★

25 소비자 甲의 효용함수가 $U = \min\{X + 2Y,\ 2X + Y\}$이다. 甲의 소득은 150, X재의 가격은 30, Y재의 가격은 10일 때, 효용을 극대화하는 甲의 Y재 소비량은? (단, 甲은 X재와 Y재만 소비함) 19년 감정평가사

① 0 ② 2.5 ③ 5
④ 7.5 ⑤ 15

★★★

26 두 재화 X재와 Y재를 소비하는 갑의 가격이 $(P_X, P_Y) = (1, 4)$ 일 때 소비조합 $(X, Y) = (6, 3)$, 가격이 $(P_X, P_Y) = (2, 3)$ 으로 변화했을 때 소비조합 $(X, Y) = (7, 2)$, 그리고 가격이 $(P_X, P_Y) = (4, 2)$ 으로 변화했을 때 소비조합 $(X, Y) = (6, 4)$ 을 선택하였다. 이에 관한 설명으로 옳은 것을 모두 고른 것은? 22년 감정평가사

ㄱ. 소비조합 $(X, Y) = (6, 3)$ 이 소비조합 $(X, Y) = (7, 2)$ 보다 직접 현시선호되었다.
ㄴ. 소비조합 $(X, Y) = (6, 4)$ 이 소비조합 $(X, Y) = (7, 2)$ 보다 직접 현시선호되었다.
ㄷ. 소비조합 $(X, Y) = (6, 3)$ 이 소비조합 $(X, Y) = (6, 4)$ 보다 직접 현시선호되었다.
ㄹ. 선호체계는 현시선호이론의 약공리를 위배한다.

① ㄱ, ㄴ ② ㄱ, ㄷ ③ ㄱ, ㄹ
④ ㄴ, ㄷ ⑤ ㄷ, ㄹ

24 정답 ②

주제 기대효용이론

해설

1) 기대치: $0.4 \times 0 + 0.6 \times 1{,}600 = 960$
2) 기대효용: $0.4 \times 2\sqrt{0} + 0.6 \times 2\sqrt{1{,}600} = 48$
3) 확실성 등가: $2\sqrt{\text{확실성 등가}} = 48$로 두면 확실성 등가 $CE = 576$
4) 위험프리미엄: 기대치 − 확실성 등가 $= 960 - 576 = 384$만 원
5) 최대한의 보험료: 자산가치 − 확실성 등가 $= 1{,}600 - 576 = 1{,}024$만 원

25 정답 ⑤

주제 소비자균형 → 레온티에프 효용함수

해설

1) 레온티에프 효용함수의 형태이므로 $U = X + 2Y = 2X + Y$이다.
2) 이는 추세선 $X = Y$를 기준으로 $X > Y$이면 $U = X + 2Y$이고, $X < Y$이면 $U = 2X + Y$이다.
3) 주어진 조건으로 예산선을 도출하면 $30X + 10Y = 150$이다.
4) 예산선의 기울기가 3이므로 항상 무차별곡선의 기울기보다 가파르므로 소비자균형은 Y축에 이루어진다. 따라서 $Y = 15$이다.

26 정답 ①

주제 현시선호이론

해설

1) 각각을 표로 나타내면 다음과 같다.

	$(P_X, P_Y) = (1, 4)$	$(P_X, P_Y) = (2, 3)$	$(P_X, P_Y) = (4, 2)$
$(X, Y) = (6, 3)$	$1\times6+4\times3=18$ → 선택	$2\times6+3\times3=21$	$4\times6+2\times3=30$
$(X, Y) = (6, 4)$	$1\times6+4\times4=22$	$2\times6+3\times4=24$	$4\times6+2\times4=32$ → 선택
$(X, Y) = (7, 2)$	$1\times7+4\times2=15$	$2\times7+3\times2=20$ → 선택	$4\times7+2\times2=32$

2) 시문분석

ㄱ. $(P_X, P_Y) = (1, 4)$일 때 둘 다 선택할 수 있는데 $(X, Y) = (6, 3)$을 선택하였으므로 소비조합 $(X, Y) = (6, 3)$이 소비조합 $(X, Y) = (7, 2)$보다 직접 현시선호되었다.

ㄴ. $(P_X, P_Y) = (1, 4)$일 때 둘 다 선택할 수 있는데 $(X, Y) = (6, 4)$을 선택하였으므로 소비조합 $(X, Y) = (6, 4)$ 이 소비조합 $(X, Y) = (7, 2)$ 보다 직접 현시선호되었다.

오답체크

ㄷ. $(P_X, P_Y) = (1, 4)$일 때 소비조합 $(X, Y) = (6, 3)$을 소비할 예산으로 $(X, Y) = (6, 4)$을 선택할 수 없으므로 직접 현시선호되었다고 할 수 없다.

ㄹ. 선호체계는 직접 현시선호 되므로 현시선호이론의 약공리를 위배하지 않는다.

★★★

27 **다음은 2기간 소비선택모형이다. 이에 대한 설명으로 옳지 <u>않은</u> 것은?** 17년 지방직

> 소비자의 효용함수는 $U(C_1, C_2) = \ln(C_1) + \beta\ln(C_2)$이다. 여기서 C_1은 1기 소비, C_2는 2기 소비, $\beta \in (0, 1)$, ln은 자연로그이다. 소비자의 1기 소득은 100이며, 2기 소득은 0이다. 1기의 소비 중에서 남은 부분은 저축할 수 있으며, 저축에 대한 이자율은 r로 일정하다.

① 소비자의 예산제약식은 $C_1 + \dfrac{C_2}{1+r} = 100$이다.

② $\beta(1+r) = 1$이면, 1기의 소비와 2기의 소비는 같다.

③ $\beta > \dfrac{1}{1+r}$이면, 1기의 소비가 2기의 소비보다 크다.

④ 효용함수가 $U(C_1, C_2) = C_1 C_2^{\beta}$인 경우에도, 1기 소비와 2기 소비의 균형은 변하지 않는다.

★★★

28 **16억 원 가치의 상가를 보유하고 있는 A는 화재에 대비하기 위해 손해액 전부를 보상해 주는 화재보험을 가입하려고 한다. 상가에 화재가 발생하여 7억 원의 손해를 볼 확률이 20%이고, 12억 원의 손해를 볼 확률이 10%이다. A의 재산에 대한 폰 노이만-모겐스턴(von Neumann-Morgenstern) 효용함수가 $u(x) = \sqrt{x}$라고 한다면, 기대효용을 극대화하는 조건에서 지불할 용의가 있는 최대 금액의 보험료는?** 18년 공인회계사

① 2.96억 원 ② 3.04억 원 ③ 3.56억 원

④ 4.28억 원 ⑤ 5.24억 원

정답 및 해설

27 정답 ③

주제 무차별곡선이론 → 2기간 모형

해설

1) 소비자의 1기 소득은 100, 2기 소득은 0이므로 예산제약식은 $C_1 + \frac{C_2}{1+r} = 100$이다.

2) 효용함수 $U(C_1, C_2) = \ln(C_1) + \beta\ln(C_2)$을 C_1에 대해 미분하면 $MU_{C_1} = \frac{1}{C_1}$이고, C_2에 대해 미분하면

$MU_{C_2} = \frac{\beta}{C_2}$이므로 한계대체율 $MRS_{C_1C_2} = \frac{MU_{C_1}}{MU_{C_2}} = \frac{\frac{1}{C_1}}{\frac{\beta}{C_2}} = \frac{C_2}{\beta C_1}$이다.

3) 예산선의 기울기는 $(1+r)$이고 소비자균형에서는 무차별곡선과 예산선이 서로 접하므로 $MRS_{C_1C_2} = \frac{C_2}{\beta C_1}$

$= (1+r)$로 두면 $C_2 = \beta(1+r)C_1$의 관계를 구할 수 있다.

4) $\beta(1+r) = 1$이면 1기와 2기의 소비는 같다.

5) 지문 분석

③ $\beta > \frac{1}{1+r}$이면, 1기의 소비가 2기의 소비보다 작다.

오답체크

④ 효용함수가 $U(C_1, C_2) = C_1C_2^{\beta}$인 경우에도 한계대체율이 문제에 주어진 효용함수와 동일하므로 1기 소비와 2기 소비의 균형은 변하지 않는다.

28 정답 ②

주제 기대효용

해설

1) 재산의 기대치 : $(0.1\times4) + (0.2\times9) + (0.7\times16) = 13.4$억 원

2) 기대효용 : $(0.1\times\sqrt{4}) + (0.2\times\sqrt{9}) + (0.7\times\sqrt{16}) = 3.6$

3) 확실성 등가 : $\sqrt{CE} = 3.6$ → 확실성 등가 $= 12.96$

4) 최대한의 보험료 : 재산의 크기 − 확실성 등가 $= 3.04$억 원

PART

4 생산자이론

Chapter 01
생산과 생산함수

Chapter 02
비용과 비용함수

학습 구성

구분	출제 포인트	중요도	학습 날짜
Chapter 01 생산과 생산함수	01 생산의 개념과 단기와 장기의 구분	★	
	02 단기생산함수	★★	
	03 장기생산함수	★★	
	04 규모에 대한 수익과 생산함수	★★	
Chapter 02 비용과 비용함수	01 비용의 의의	★	
	02 단기비용함수	★★★	
	03 장기비용함수	★	
	04 규모의 경제와 범위의 경제	★★	

Chapter 01

생산과 생산함수

✛ 학습목표

- 단기생산함수를 이해할 수 있다.
- 등량곡선의 의미와 한계기술대체율을 이해할 수 있다.
- 규모에 대한 수익을 이해할 수 있다.
- 콥-더글러스 생산함수를 반드시 이해할 수 있다.

01 생산의 개념과 단기와 장기의 구분 ★★★

1. 생산의 의미와 범위

(1) 의미

① 생산요소를 적절히 배합·가공하여 인간에게 유용한 재화와 서비스를 창출함으로써 사회후생을 증대시키는 행위이다.

② 생산요소(factors of production): 재화를 생산하는 데 투입되는 모든 인적 및 물적 자원을 의미한다. 생산요소는 자연적으로 주어진 생산요소인 토지(자연자원)와 노동 그리고 사람들에 의해 만들어진 생산요소인 자본으로 구성된다.

(2) 범위

생산의 범위에는 제품을 만드는 것뿐만 아니라 재화의 포장·운송·저장 등 사회후생을 증대시키는 모든 행위가 포함된다.

2. 단·장기 구분

(1) 단기

① 개별 기업은 고정요소가 존재하는 시간으로, 일반적으로 고정요소는 자본을 의미한다.

② 산업 전체로는 기존 기업의 퇴거나 새로운 기업의 진입이 불가능할 정도로 짧은 시간이다.

(2) 장기

① 개별 기업은 모든 생산요소가 가변요소가 된다.

② 산업 전체로는 기업의 진입과 퇴거가 자유롭게 이루어질 수 있는 충분한 시간이다.

02 단기생산함수 ★★☆

1. 가정과 투입요소

(1) 가정

① 생산요소는 노동과 자본 두 가지만 있다고 가정한다.
② 단기에 자본은 고정투입요소, 노동은 가변투입요소가 된다.

(2) 투입요소

① **고정투입요소:** 자본으로 기계, 공장, 설비 등이다.
② **가변투입요소:** 노동으로 노동력, 원자재, 에너지 등이다.

(3) 단기생산함수

$Q = F(L, \overline{K})$ (단, L은 노동, K는 자본을 의미함)

2. 총생산물, 한계생산물, 평균생산물

(1) 총생산물(TP, Total Product)

① n단위 가변요소(노동투입량)를 투입하였을 때 생산된 재화의 총량으로, 한계생산물의 총합이다.
② 예를 들어, 노동자를 10명 고용하여 100개를 생산했다면 100개가 총생산물이다.
③ 수식으로 표현하면 $TP_L(=Q) = \sum MP_L$이다.

(2) 한계생산물(MP, Marginal Product)

① 가변요소(노동투입량)를 추가적으로 투입하였을 때 총생산물의 증가분이다.
② 예를 들어, 노동자가 1명일 때 총생산이 10개이고, 노동자를 1명 추가 투입하여 2명일 때 총생산이 30개라면 한계생산은 20개이다.
③ 그래프에서 측정할 때는 한계생산물은 총생산물곡선의 접점에서 그은 접선의 기울기로 측정한다.
④ 자본이 고정되어 있는 단기에 가변요소인 노동력만 증가시킨다면 최종적으로 한계생산이 감소한다. 한계생산물이 최종적으로 감소하는 것을 수확 체감의 법칙이라고 한다.
⑤ 수식으로 표현하면 $MP_L = \dfrac{\Delta Q}{\Delta L}$이다.

(3) 한계생산물과 총생산물의 관계[(5) 하단 그래프 참조]

◀ 시험 POINT 한계와 평균의 관계를 이해해야 합니다.

① **한계생산물**$(MP_L) > 0$: 총생산물(TP_L)은 증가 → 초기에 분업과 전문화로 나타날 수 있다.
② **한계생산물**$(MP_L) < 0$: 총생산물(TP_L)은 감소 → 궁극적으로 생산함수에서 나타나는 현상이다.
③ **한계생산물**$(MP_L) = 0$: 총생산물(TP_L)은 극대 → 수확 체감의 법칙에 따라 0이 될 때 가장 극대가 된다. 점 B가 여기에 해당한다.

(4) 평균생산물(AP, Average Product)

① 투입된 생산요소 1단위당 생산량으로, 총생산량을 가변요소의 투입량으로 나눈 값이다.

② 평균생산물은 총생산물곡선과 원점을 연결한 직선의 기울기로 측정하며, 처음에는 기울기가 점점 커지지만 생산량이 일정 단위를 넘어서면 원점으로 연결한 기울기가 점점 감소한다.

③ 수식으로 표현하면 $AP_L = \frac{Q}{L}$이다.

(5) 한계생산물과 평균생산물의 관계

① **한계생산물(MP_L) > 평균생산물(AP_L)**: 평균생산물(AP_L)은 증가한다.

② **한계생산물(MP_L) < 평균생산물(AP_L)**: 평균생산물(AP_L)은 감소한다.

③ **한계생산물(MP_L) = 평균생산물(AP_L)**: 평균생산물(AP_L)은 변하지 않으며, 단기생산함수에서는 평균생산물이 극대이다.

④ 예를 들어, 노동자 1명을 투입하여 10개를 생산하고 있다고 가정하자. 노동자 1명을 추가로 투입했을 때 10개를 추가적으로 생산한다면, 즉 한계생산이 10이라면 평균생산은 동일하지만, 한계생산이 10개 이상이면 평균생산이 증가하고, 한계생산이 10개 미만이면 평균생산이 감소한다.

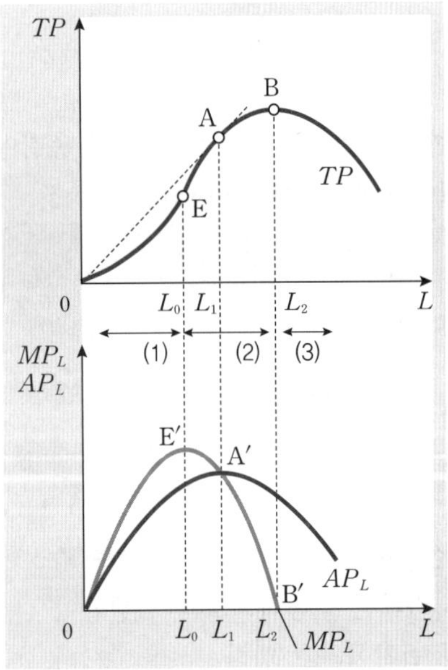

- (1) 생산의 제1단계: 비경제적 영역
- (2) 생산의 제2단계: 경제적 영역 → 거시 경제학에서 사용
- (3) 생산의 제3단계: 비경제적 영역

- AP_L 상승 구간: MP_L이 위에 위치
- AP_L 하강 구간: MP_L이 아래에 위치
- AP_L 극대점: MP_L과 교차

개념확인 문제

Q 최근 들어 우리나라에서 자동차 부품 생산이 활발하게 이루어지고 있다. 동일한 자동차 부품을 생산하는 5개 기업의 노동투입량과 자동차 부품 생산량 간의 관계가 다음과 같을 때, 평균 노동생산성이 가장 낮은 기업은? 17년 노무사

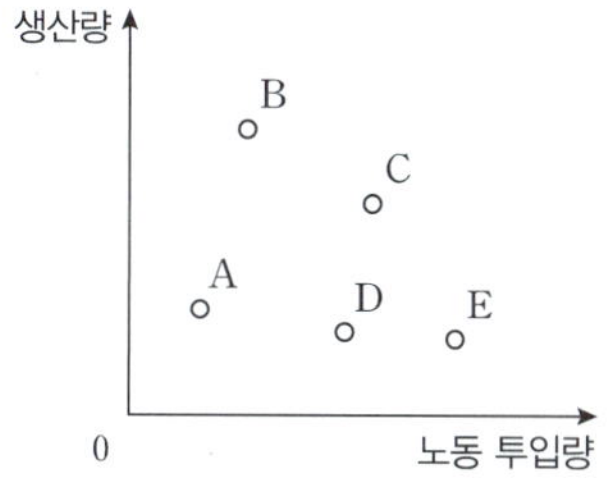

① A ② B ③ C
④ D ⑤ E

정답 ⑤

해설
평균생산물은 총생산량을 노동자 수로 나눈 값이므로 기업 E의 평균생산성이 가장 낮음을 알 수 있다. 평균생산물은 각 점에서 원점으로 연결한 직선의 기울기로 측정되는데, 각 점에서 원점으로 연결한 직선의 기울기로 측정하더라도 기업 E의 평균생산성이 가장 낮음을 알 수 있다.

03 장기생산함수 ★★★

1. 장기생산함수의 의미와 생산함수

(1) 의미

모든 생산요소가 가변적일 때 모든 생산요소를 투입하여 생산 가능한 최대 생산량을 나타내는 함수이다.

(2) 생산함수

$Q=F(L, K)$이며, 이때 노동과 자본이 모두 가변요소이다.

2. 등량곡선(isoquant)

(1) 의미

① 어떤 상품을 생산하는 데 있어 동일한 수준의 산출량을 효율적으로 생산할 수 있는 여러 가지 서로 다른 생산요소의 조합을 연결한 곡선이다.

② 무차별곡선과 등량곡선의 비교

소비 측면의 무차별곡선은 두 재화를 조합하여 소비하였을 경우 동일한 효용을 연결한 것이다. 생산 측면의 등량곡선은 두 생산요소를 조합하여 생산하였을 경우 동일한 생산량을 조합한 것이다. 기본 그래프의 형태는 동일하다.

③ 그래프

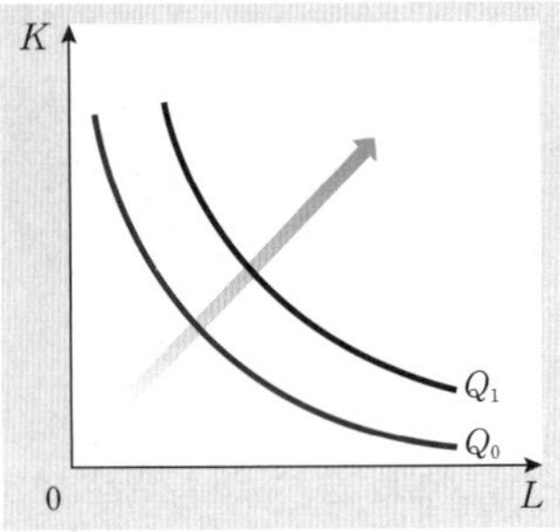

(2) 성질

① 원점으로부터 멀리 떨어진 등량곡선일수록 높은 산출량을 나타낸다. 그래프에서 Q_1이 Q_0보다 노동과 자본을 더 많이 투입하였으므로 생산량이 많다.

② 등량곡선은 우하향한다. 하나의 생산요소를 추가적으로 투입했을 때 다른 생산요소의 투입을 줄여야 생산량의 변화가 없다.

③ 등량곡선은 서로 교차할 수 없다. 교차할 경우 논리적 모순이 발생한다.

④ 등량곡선은 일반적으로 원점에 대해 볼록한 형태를 취한다. 이를 한계기술대체율 체감이라고 한다.

3. 한계기술대체율(MRTS, Marginal Rate of Technical Substitution)

(1) 의미

동일한 생산 수준을 유지하면서 L(노동)의 투입량을 추가적으로 증가시키기 위하여 추가적으로 감소시켜야 하는 K(자본)의 수량의 비율로, $\frac{-\Delta K}{\Delta L}$을 의미한다.

(2) 한계기술대체율의 측정

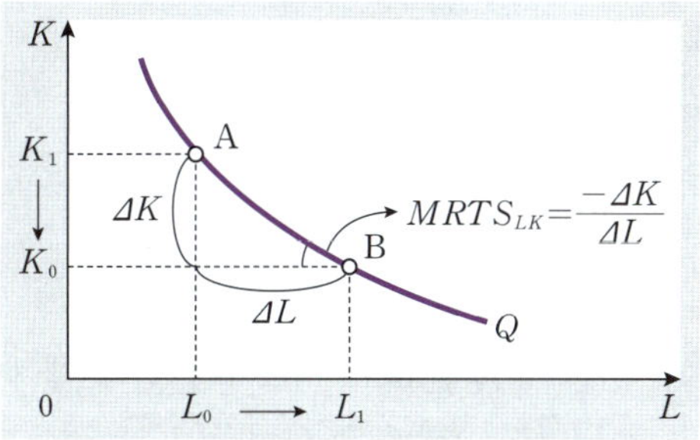

① 한계기술대체율은 L과 K의 대체비율로 등량곡선의 기울기로 측정한다.

② L의 투입량이 ΔL만큼 증가하면 총생산은 $MP_L \cdot \Delta L$만큼 증가한다.

③ K의 투입량이 ΔK만큼 감소하면 총생산은 $MP_K \cdot \Delta K$만큼 감소한다.

④ 두 점의 생산량이 동일하므로 증가한 총생산과 감소한 총생산이 동일해야 한다.

따라서 $MP_L \cdot \Delta L + MP_K \cdot \Delta K = 0 \rightarrow -\frac{\Delta K}{\Delta L} = \frac{MP_L}{MP_K}$

⑤ 한계기술대체율을 표현하면 다음과 같다.

$$MRTS_{LK} = -\frac{\Delta K}{\Delta L} = \frac{MP_L}{MP_K}$$

(3) 한계기술대체율 체감의 법칙

동일한 생산 수준을 유지하면서 K를 L로 대체함에 따라 한계기술대체율이 점점 감소하는 현상이다.

4. 요소집약도와 대체탄력성

(1) 요소집약도

① 자본과 노동의 투입비율을 의미하며, 자본노동비율 또는 1인당 자본량이라고 한다.

② 요소집약도는 $\frac{K}{L}$로 표현되며 원점에서 등량곡선에 그은 직선의 기울기로 나타낸다.

(2) 대체탄력성

① 의미

- 생산과정에서 생산요소 간의 대체가 얼마나 쉽게 이루어질 수 있는가를 나타내는 값이다.
- 동일한 등량곡선상에서 한계기술대체율(MRTS)의 변화율 대비 요소집약도$\left(\frac{K}{L}\right)$의 변화율을 수치로 나타낸 값이다.

- $\sigma = \dfrac{\text{요소집약도의 변화율}}{\text{한계기술대체율의 변화율}} = \dfrac{\dfrac{\Delta \frac{K}{L}}{\frac{K}{L}}}{\dfrac{\Delta MRTS}{MRTS}} = \dfrac{\dfrac{\Delta \frac{K}{L}}{\frac{K}{L}}}{\dfrac{\Delta \frac{w}{r}}{\frac{w}{r}}}$ (생산자 균형 시)
- 대체탄력성은 생산자균형 상태에서 생산요소의 가격비가 변할 때 생산요소가 얼마나 쉽게 대체가 이루어지는지 나타내는 수치이기도 하다.

② 성질

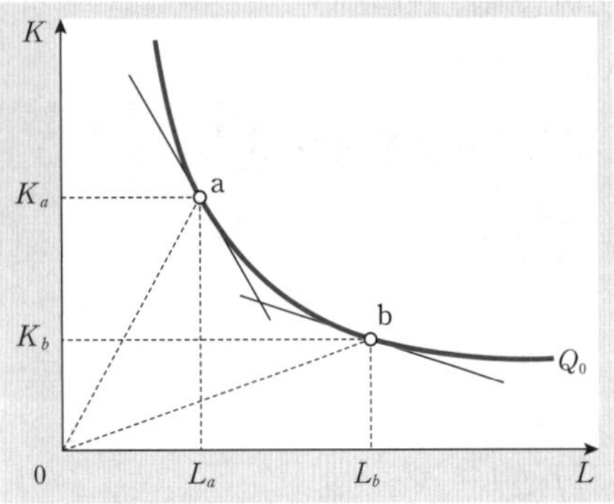

- 점 a의 요소집약도는 $\dfrac{K_a}{L_a}$이고, 점 b의 요소집약도는 $\dfrac{K_b}{L_b}$이다.
- 대체탄력성이 작으면 동일한 $MRTS$의 변화에도 요소집약도가 작게 변하므로 등량곡선이 급경사가 된다.
- 대체탄력성이 크면 동일한 $MRTS$의 변화에도 요소집약도가 크게 변하므로 직선에 가까워진다.
- 결론적으로 등량곡선이 직선에 가까워질수록 대체탄력성은 커진다.

5. 여러 가지 생산함수(등량곡선)

(1) 레온티에프(Leontief) 생산함수

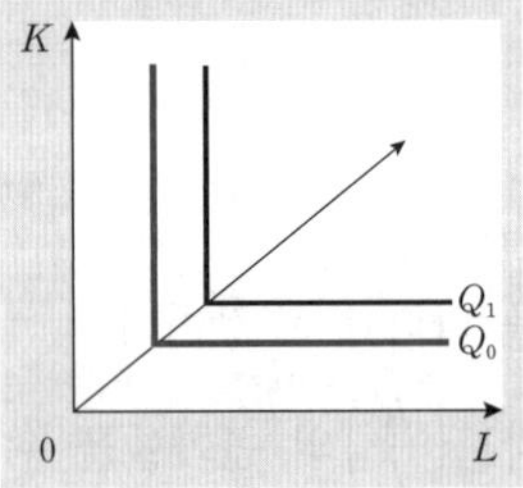

① 요소 대체가 완전보완적으로 이루어지므로 $Q = \min\left[\dfrac{L}{a},\ \dfrac{K}{b}\right]$로 표현된다.

② 생산요소 간의 결합비율은 $\dfrac{L}{a} = \dfrac{K}{b} = Q$가 이루어지므로 $K = \dfrac{b}{a}L$의 결합비율을 가져야 한다.

③ 완전보완관계의 등량곡선은 L자 형태의 함수이다.

④ 요소 대체가 불가능하여 요소집약도의 변화율이 0이므로 대체탄력성이 0이다.

(2) 선형생산함수

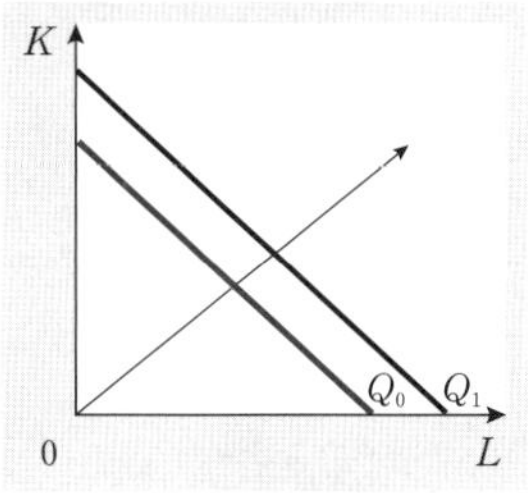

① 요소 대체가 완전대체적으로 이루어지므로 $Q = aL + bK$로 표현된다.

② 생산요소 간의 완전대체가 가능하므로 한계기술대체율이 $-\frac{a}{b}$인 우하향의 직선 형태의 함수이다.

③ 한계기술대체율이 일정하여 한계기술대체율의 변화율이 0이므로 대체탄력성이 ∞이다.

(3) 콥-더글러스 생산함수

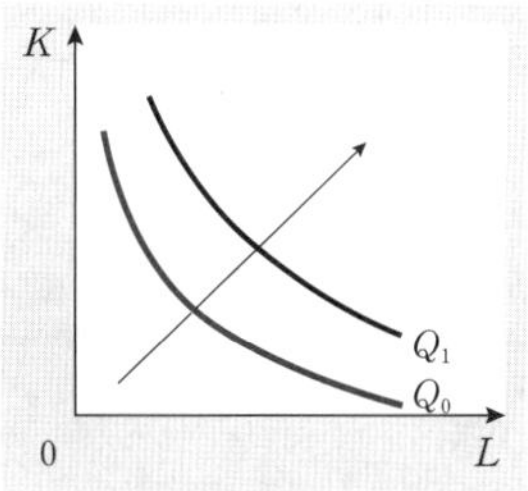

① 요소 대체가 가능하며, $Q = AL^{\alpha}K^{\beta}$로 표현된다.
② 원점에 대하여 볼록한 일반적인 생산함수이다.
③ 대체탄력성이 항상 1이다.
④ $MRTS$는 체감한다.

6. 등비용선

(1) 개념

① 주어진 총비용으로 구입 가능한 생산요소의 조합을 그림으로 나타낸 것이다.
② 등비용선상의 모든 점들은 두 요소의 결합비율은 다르지만 동일한 총비용을 나타낸다.
③ $TC = wL + rK \rightarrow K = -\frac{w}{r}L + \frac{TC}{r}$

(단, TC: 총비용, w: 임금, L: 노동량, r: 자본 사용료, K: 자본량)

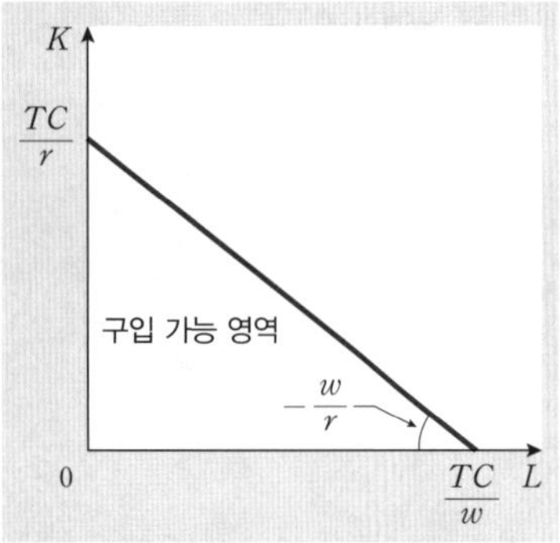

(2) 형태

등비용선의 형태는 생산요소의 가격이 일정하므로 우하향의 직선이다.

(3) 이동

① 투입 비용의 변화, 요소 가격의 변화 등으로 인해 이동한다.

② 예를 들어, 주어진 비용이 8,000이라고 할 때 노동가격이 2,000원, 자본가격이 1,000원이라고 하면 노동만 구입하면 4개, 자본만 구입하면 8개를 구입할 수 있다. 이를 바탕으로 비용증가, 생산요소의 변화를 그래프로 판단하면 다음과 같다.

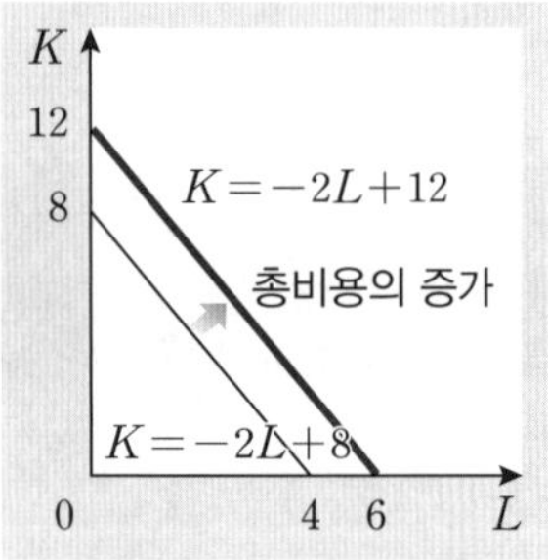

■ 총비용의 변화
총비용(TC)이 증가하면
바깥쪽으로 평행이동함

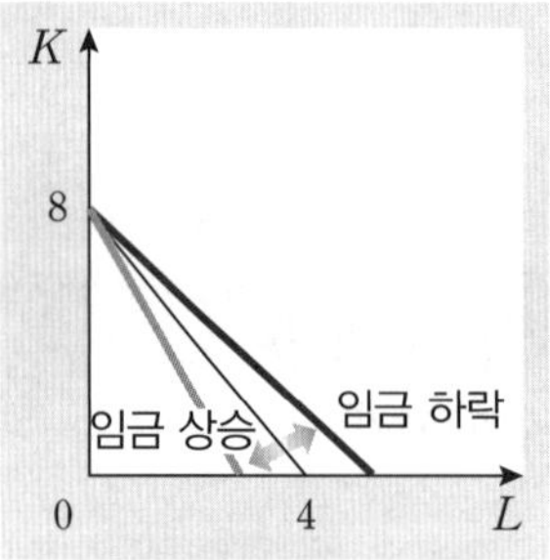

■ 임금(w)의 변화
등비용선의 기울기가 변하므로
등비용선이 회전이동함

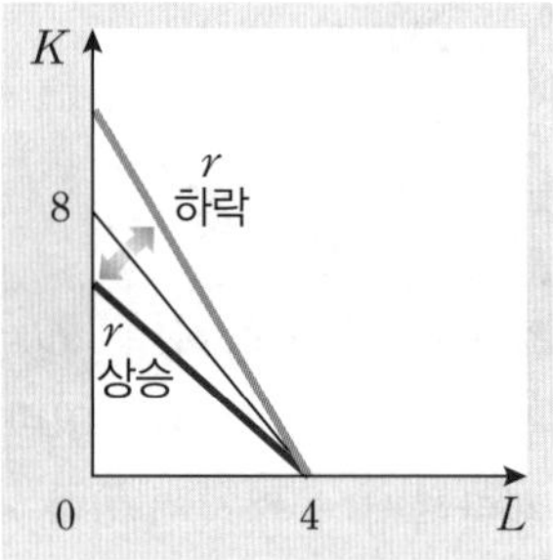

■ 자본 사용료(r)의 변화
등비용선의 기울기가 변하므로
등비용선이 회전이동함

7. 생산자균형

(1) 생산자균형점

① 등량곡선과 등비용선이 접하는 점에서 비용 극소화가 달성된다.

② 등량곡선은 생산이 기술적으로만 효율적인 선이고, 생산자균형점은 생산이 기술적·경제적으로 효율적인 점이다.

(2) 한계생산물 균등의 법칙(단, 등량곡선은 원점에 대하여 볼록함)

① 등량곡선의 기울기($MRTS$) = 등비용선의 기울기$\left(\frac{w}{r}\right)$

② $MRTS_{LK}\left(=\frac{MP_L}{MP_K}\right)=\frac{w}{r}$ 이므로 $\frac{MP_L}{w}=\frac{MP_K}{r}$ 가 성립한다.

③ 각 생산요소의 구입에 지출된 1원어치의 한계생산물이 같도록 생산요소를 투입하여야 비용 극소화가 달성됨을 의미한다.

(3) 등량곡선의 기울기와 등비용선의 기울기가 다른 경우

① 점 A에서는 등량곡선의 기울기가 등비용선의 기울기보다 크기 때문에 점 E로 가기 위해 노동을 늘리고 자본을 줄이는 것이 바람직하다.

② 점 B에서는 등량곡선의 기울기가 등비용선의 기울기보다 작기 때문에 점 E로 가기 위해 노동을 줄이고 자본을 늘리는 것이 바람직하다.

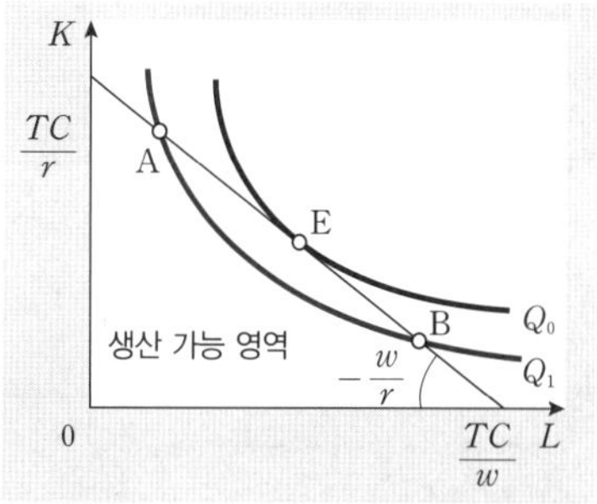

- A: $MRTS_{LK}>\frac{w}{r}$ → 노동 투입 증가
- B: $MRTS_{LK}<\frac{w}{r}$ → 자본 투입 증가

(4) 선형생산함수의 생산자균형

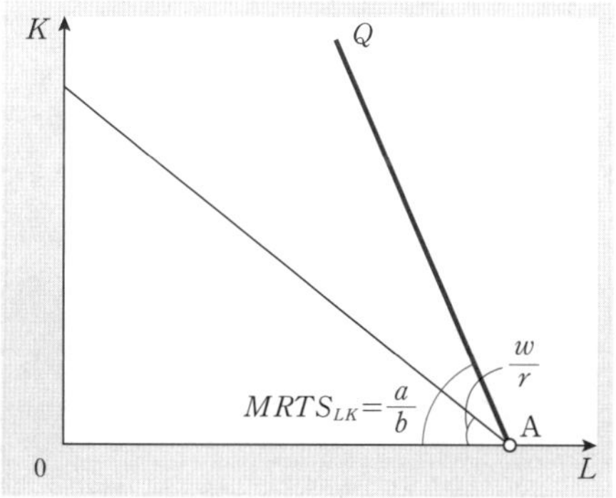

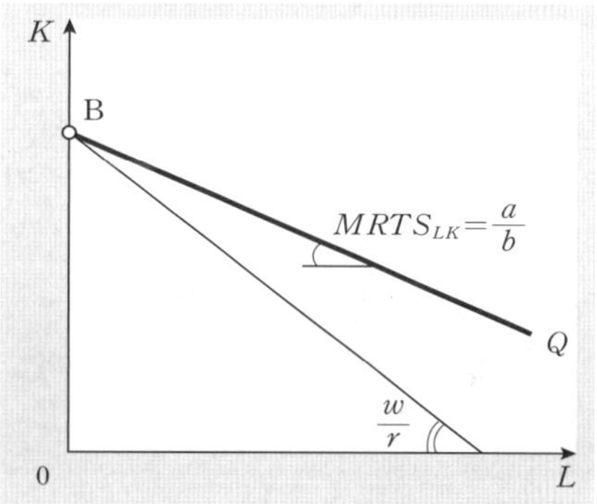

① $Q=aL+bK$(a, b는 상수)이므로 $MRTS_{LK}=-\frac{a}{b}$로 항상 일정하다.

② $MRTS_{LK}>\frac{w}{r}$인 경우 노동(L)만 고용(점 A)한다.

③ $MRTS_{LK}<\frac{w}{r}$인 경우 자본(K)만 고용(점 B)한다.

④ $MRTS_{LK} = \frac{w}{r}$ 인 경우 등량곡선과 등비용선이 일치하므로 등비용선상의 어떤 점을 선택해도 관계없다.

(5) 완전보완관계 레온티에프(Leontief) 생산함수

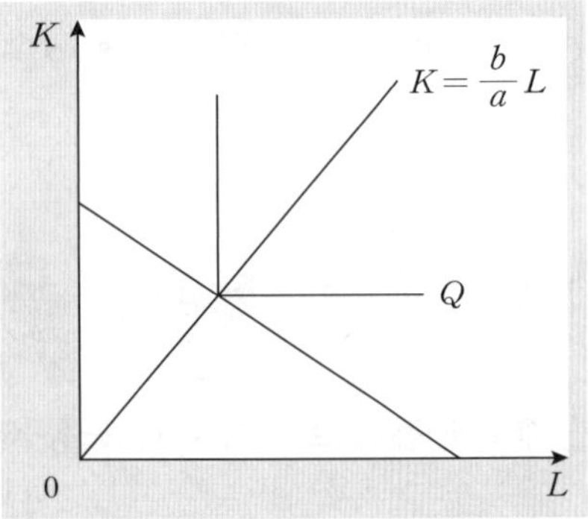

① $Q = \min\left[\frac{L}{a}, \frac{K}{b}\right]$ 인 경우이다.

② 최적 생산조건은 $\frac{L}{a} = \frac{K}{b}$ 이므로 $K = \frac{b}{a}L$ 이 최적 생산경로이다.

③ 생산자균형점은 $K = \frac{b}{a}L$ 과 등비용선의 교점이 된다.

개념확인 문제

Q 현재 생산량 수준에서 자본과 노동의 한계생산물이 각각 5와 8이고, 자본과 노동의 가격이 각각 12와 25이다. 이윤극대화를 추구하는 기업의 의사결정으로 옳은 것은? (단, 한계생산물 체감의 법칙이 성립함) 19년 노무사

① 노동 투입량을 증가시키고 자본 투입량을 감소시킨다.
② 노동 투입량을 감소시키고 자본 투입량을 증가시킨다.
③ 두 요소의 투입량을 모두 감소시킨다.
④ 두 요소의 투입량을 모두 증가시킨다.
⑤ 두 요소의 투입량을 모두 변화시키지 않는다.

정답 ②

해설

1) 1원당 노동의 한계생산과 자본의 한계생산이 동일해야 비용극소화가 이루어진다. 즉, $\frac{MP_L}{w} = \frac{MP_K}{r}$ 이다.

2) 자본 1원당 한계생산이 노동 1원당 한계생산보다 크므로($\frac{5}{12} > \frac{8}{25}$), 자본을 늘리고 노동을 줄여야 한다.

04 규모에 대한 수익과 생산함수 ★★★

1. 규모에 대한 수익(returns to scale)

◀ 시험 POINT 규모의 경제와 연결하여 기억해야 합니다.

(1) 의미

① 생산함수 $Q=f(L,\ K)$와 모든 생산요소의 투입량을 동일한 비율인 t배 늘린 생산량인 $f(tL,\ tK)$의 결과로 판단한다.

② $f(tL,\ tK)=tf(L,\ K)=tQ$: 규모에 대한 수익 불변(constant returns to scale)

③ $f(tL,\ tK)>tf(L,\ K)=tQ$: 규모에 대한 수익 체증(increasing returns to scale)

④ $f(tL,\ tK)<tf(L,\ K)=tQ$: 규모에 대한 수익 체감(decreasing returns to scale)

(2) 그래프

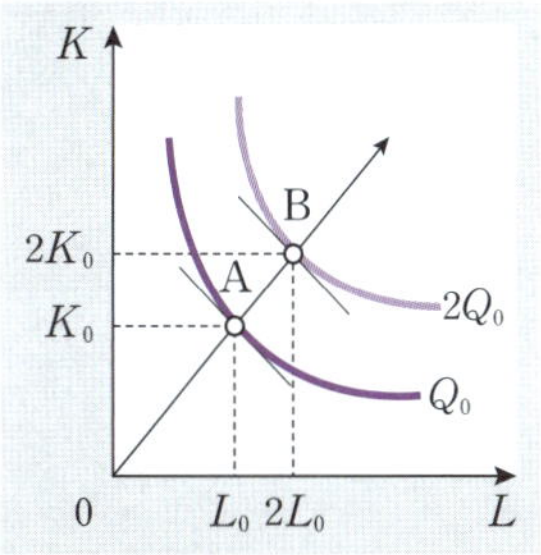

▪규모에 대한 수익 불변
모든 생산요소의 투입량을 t배 늘리면 생산량도 t배만큼 증가함

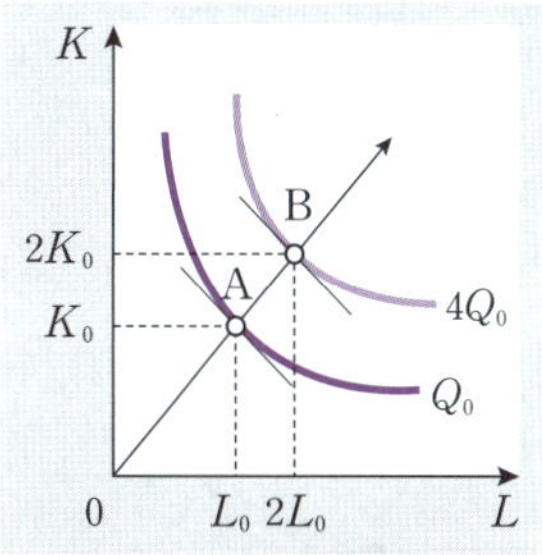

▪규모에 대한 수익 체증
모든 생산요소의 투입량을 t배 늘리면 생산량이 t배보다 더 증가함

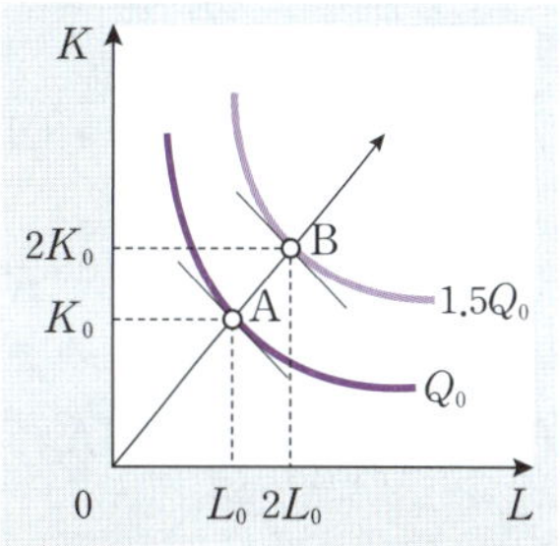

▪규모에 대한 수익 체감
모든 생산요소의 투입량을 t배 늘리면 생산량이 t배보다 덜 증가함

(3) 동차생산함수

① 개념: 어떤 함수 $f(L,\ K)$의 독립변수 L, K에 각각 t배 한 값인 $f(tL,\ tK)$이 함수 $f(L,\ K)$의 t^{α}배이면, 즉 $f(tL,\ tK)=t^{\alpha}f(L,\ K)$이 성립하면 이를 α차 동차함수라고 한다.

② 사례

- $f(L,\ K)=2L+K \rightarrow f(tL,\ tK)=2tL+tK=t(2L+K)=tf(L,\ K)$이 성립하여 $\alpha=1$인 경우이므로 1차 동차함수이다.
- $f(L,\ K)=LK \rightarrow f(tL,\ tK)=tLtK=t^2LK=t^2f(L,\ K)$이 성립하여 $\alpha=2$인 경우이므로 2차 동차함수이다.

③ 동차생산함수와 규모에 대한 수익

- $\alpha=1$(1차 동차)이면 생산량이 t배 증가하므로 규모에 대한 수익 불변(CRS)이다.
- $\alpha>1$이면 생산량이 t배보다 많이 증가하므로 규모에 대한 수익 체증(IRS)이다.
- $\alpha<1$이면 생산량이 t배보다 적게 증가하므로 규모에 대한 수익 체감(DRS)이다.

2. 콥-더글러스(C. Cobb-P. Douglas)

◀ 시험 POINT 자주 출제되는 내용입니다. 꼭 숙지하시길 바랍니다.

(1) 정의

① 공식: $Q = A(t)L^{\alpha}K^{\beta}$ (단, $\alpha + \beta = 1$)

② $A(t)$: 기술 상수로, 시간(t)이 경과하면 증가하지만 여기서는 단순히 $A > 0$으로 가정한다.

(2) 1차 동차생산함수: 규모에 대한 수익 불변의 생산함수

① $A(tL)^{\alpha}(tK)^{\beta} = A(t^{\alpha}L^{\alpha})(t^{\beta}K^{\beta}) = At^{\alpha+\beta}L^{\alpha}K^{\beta} = t^{\alpha+\beta}AL^{\alpha}K^{\beta} = t^{\alpha+\beta}Q$

② 동차함수의 정의에 따라 콥-더글러스 생산함수는 $\alpha + \beta = 1$이므로 규모에 대한 수익은 불변이다.

(3) 요소의 평균생산물과 한계생산물

① $AP_L = \dfrac{Q}{L} = \dfrac{AL^{\alpha}K^{\beta}}{L} = AL^{\alpha-1}K^{\beta}$

② $AP_K = \dfrac{Q}{K} = \dfrac{AL^{\alpha}K^{\beta}}{K} = AL^{\alpha}K^{\beta-1}$

③ $MP_L = \dfrac{\triangle Q}{\triangle L} = \alpha AL^{\alpha-1}K^{\beta}$

④ $MP_K = \dfrac{\triangle Q}{\triangle K} = \beta AL^{\alpha}K^{\beta-1}$

(4) 생산의 요소탄력성

① 생산의 노동탄력성 $= \dfrac{\text{생산량 변화율}}{\text{노동 투입량 변화율}} = \dfrac{\left(\dfrac{\triangle Q}{Q}\right)}{\left(\dfrac{\triangle L}{L}\right)} = \dfrac{\left(\dfrac{\triangle Q}{\triangle L}\right)}{\left(\dfrac{Q}{L}\right)} = \dfrac{MP_L}{AP_L} = \dfrac{\alpha AL^{\alpha-1}K^{\beta}}{AL^{\alpha-1}K^{\beta}} = \alpha$

② 생산의 자본탄력성 $= \dfrac{\text{생산량 변화율}}{\text{자본 투입량 변화율}} = \dfrac{\dfrac{\triangle Q}{Q}}{\dfrac{\triangle K}{K}} = \dfrac{\left(\dfrac{\triangle Q}{\triangle K}\right)}{\left(\dfrac{Q}{K}\right)} = \dfrac{MP_K}{AP_K} = \dfrac{\beta AL^{\alpha}K^{\beta-1}}{AL^{\alpha}K^{\beta-1}} = \beta$

(5) 한계기술대체율(MRTS)

① $MRTS_{LK} = -\dfrac{\Delta K}{\Delta L} = \dfrac{MP_L}{MP_K} = \dfrac{\alpha L^{\alpha-1}K^{\beta}}{\beta L^{\alpha}K^{\beta-1}} = \dfrac{\alpha}{\beta} \cdot \dfrac{K}{L}$

② 한계기술대체율은 요소집약도의 일정 배수$\left(\dfrac{\alpha}{\beta}\right)$이다.

(6) 요소의 대체탄력성

① 대체탄력성 $= \dfrac{\text{요소집약도의 변화율}}{\text{한계기술대체율의 변화율}} = \dfrac{\dfrac{\triangle \frac{K}{L}}{\frac{K}{L}}}{\dfrac{\triangle MRTS}{MRTS}} = \dfrac{\triangle\left(\frac{K}{L}\right)}{\triangle MRTS} \cdot \dfrac{MRTS}{\frac{K}{L}}$ 이다.

② 한계기술대체율 $MRTS = \dfrac{MP_L}{MP_K} = \dfrac{\alpha A L^{\alpha-1} K^{\beta}}{\beta A L^{\alpha} K^{\beta-1}} = \dfrac{\alpha}{\beta} \cdot \dfrac{K}{L}$ 이므로 $\dfrac{\triangle MRTS}{\triangle\left(\frac{K}{L}\right)} = \dfrac{\alpha}{\beta}$ 이다.

③ 대체탄력성 공식에 위의 조건인 $\dfrac{\triangle\left(\frac{K}{L}\right)}{\triangle MRTS} \cdot \dfrac{MRTS}{\frac{K}{L}}$ 에 대입하면 $\dfrac{\beta}{\alpha} \cdot \dfrac{\frac{\alpha}{\beta} \cdot \frac{K}{L}}{\frac{K}{L}} = 1$

④ $\alpha + \beta \neq 1$ 인 경우에도 요소의 대체탄력성은 1이다.

(7) 오일러(Euler) 정리

① 생산함수가 1차 동차(규모 보수 불변)이고 생산물시장과 요소시장이 모두 완전경쟁이며, 외부효과가 없을 때 다음의 관계가 성립한다.

② $Q = L \cdot MP_L + K \cdot MP_K$ (단, $L \cdot MP_L$: 노동소득 분배분, $K \cdot MP_K$: 자본소득 분배분)

③ **경제적 의미:** 생산과정에서 발휘된 각 요소의 한계생산성에 따라 분배하면 과부족 없이 분배된다. 즉, 노동소득과 자본소득으로 완전분배된다.

(8) 소득분배율

① 콥-더글러스 생산함수는 1차 동차의 생산함수이므로 오일러 정리가 성립한다. 즉, 각 요소의 한계생산성에 따라 소득을 배분하면 생산된 생산물을 과부족 없이 분배할 수 있다.

② **노동소득 분배율:** $\dfrac{w \cdot L}{Q} = \dfrac{MP_L \cdot L}{Q} = \dfrac{\alpha A L^{\alpha-1} K^{\beta} \cdot L}{Q} = \dfrac{\alpha A L^{\alpha} K^{\beta}}{Q} = \alpha$ (콥-더글러스 생산함수는 $Q = AL^{\alpha}K^{\beta}$ 이다.)

③ **자본소득 분배율:** $\dfrac{r \cdot K}{Q} = \dfrac{MP_K \cdot K}{Q} = \dfrac{\beta A L^{\alpha} K^{\beta-1} \cdot K}{Q} = \dfrac{\beta A L^{\alpha} K^{\beta}}{Q} = \beta$

3. 기술 진보

(1) 개요

① 기술 진보는 요소절약 현상이므로 노동 및 자본계수$\left(\dfrac{L}{Y}, \dfrac{K}{Y}\right)$가 감소하며 생산비 또한 감소한다.

② 요소투입량이 감소하므로 수확체감의 법칙에 따라 요소의 한계생산성이 증가한다.

③ 요소투입량(생산비)이 동일하다면 생산량이 증가한다.

(2) 성격

① 기술 진보가 발생하면 요소절약에 따라 동일한 생산량을 나타내는 등량곡선이 원점으로 이동한다.

② 요소절약 형태에 따라 기술 진보의 성격이 결정된다.

(3) 그래프를 통한 이해

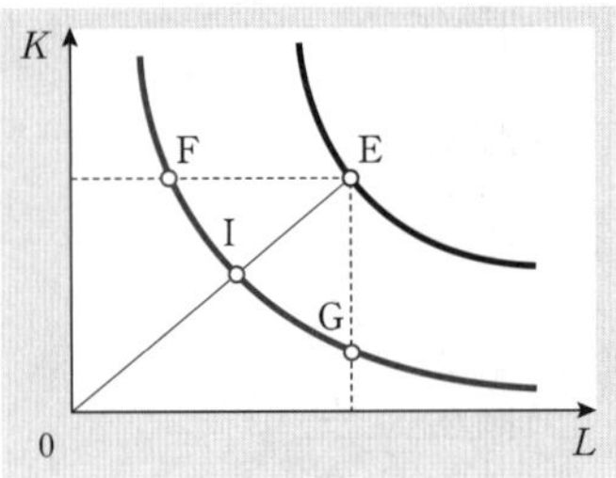

① **중립적 기술 진보:** $E \Rightarrow I$로 이동한 경우로 노동절약률=자본절약률이다. 따라서, $\left(\frac{K}{L}\right)$ 비율은 불변이다.

② **노동절약적 기술 진보:** $E \Rightarrow F \sim I$로 이동한 경우로 노동절약률>자본절약률이다. 따라서 $\left(\frac{K}{L}\right)$ 비율이 증가한다.

③ **자본절약적 기술 진보:** $E \Rightarrow I \sim G$로 이동한 경우로 자본절약률>노동절약률이다. 따라서 $\left(\frac{K}{L}\right)$ 비율이 감소한다.

개념확인 문제

Q 콥-더글러스(Cobb-Douglas) 생산함수 $Q = AK^a L^{(1-a)}$에 관한 설명으로 옳지 않은 것은? (단, K는 자본, L은 노동, Q는 생산량, $0 < a < 1$, A는 상수, $A > 0$임) 15년 노무사

① 규모에 대한 수익불변의 특성을 갖는다.
② 1차 동차성을 갖는다.
③ 자본의 평균생산은 체증한다.
④ 노동의 한계생산은 체감한다.
⑤ 생산요소 간 대체탄력성은 1로 일정하다.

정답 ③

해설

주어진 생산함수는 1차 동차의 콥-더글러스 생산함수이다.

③ 생산함수를 K로 나누면 자본의 평균생산물 $AP_K = \frac{Q}{K} = \frac{AK^a L^{1-a}}{K} = AK^{a-1}L^{1-a} = A\left(\frac{L}{K}\right)^{1-a}$이므로 자본투입량($K$)이 증가하면 AP_K가 감소한다.

오답체크

①, ③, ⑤ 1차 동차 생산함수이므로 규모에 대한 수익불변이고, 대체탄력성은 항상 1이다.

④ 생산함수를 L에 대해 미분하면 $MP_L = (1-a)AK^a L^{-a} = (1-a)A\left(\frac{K}{L}\right)^a$이므로 노동투입량($L$)이 증가하면 MP_L이 감소한다.

Chapter 02

비용과 비용함수

+ 학습목표

- 단기비용함수에서 총비용, 총고정비용, 총가변비용의 의미를 파악할 수 있다.
- 단기비용함수에서 평균비용, 평균가변비용, 평균고정비용, 한계비용의 그래프를 그릴 수 있다.
- 장기평균비용의 최저점의 의미를 이해할 수 있다.
- 규모의 경제와 범위의 경제를 구분할 수 있다.

01 비용의 의의 ★★★

1. 의의

(1) 기업의 목표

기업의 목표는 이윤 극대화이다.

(2) 기업의 이윤

① 이윤은 총수입에서 총비용을 차감한 금액이다.

② 이윤(π) = 총수입(TR) − 총비용(TC)

③ 생산의 효율성에 의해 결정되며 총수입은 가격 × 판매량으로, 총비용은 비용함수를 통해 결정된다.

2. 회계학적 비용과 경제학적 비용

(1) 회계학적 비용

명시적 비용은 포함하지만, 암묵적(묵시적)비용은 포함하지 않는다.

(2) 경제학적 비용

명시적 비용과 암묵적 비용을 포함한 개념이다.

02 단기비용함수 ◀ 시험 POINT 단기비용함수의 형태를 기억해야 합니다. ★★★

1. 총고정비용과 총가변비용

(1) 총고정비용(TFC, Total Fixed Cost)

① 공장 임대료, 차입금에 대한 이자 등과 같이 생산량의 크기와 무관하게 지출해야 하는 비용이다.
② 생산량이 변하더라도 고정비용은 일정한 값이므로 TFC 곡선은 수평선의 형태이다.
③ $TFC = r\overline{K}$으로, 자본비용이다.

(2) 총가변비용(TVC, Total Variable Cost)

① 원료 구입비, 인건비 등과 같이 생산량에 따라 그 크기가 변화하는 비용이다.
② MP_L이 체증하는 구간에서는 비용이 체감적으로 증가하고, MP_L이 체감하면 비용은 체증적으로 증가하므로 총가변비용곡선이 그림의 (b)와 같은 형태가 되는 것은 수확체감의 법칙(한계생산물 체감) 때문이다.
③ $TVC = wL$으로 표현하며, 노동비용이다.
④ 그래프

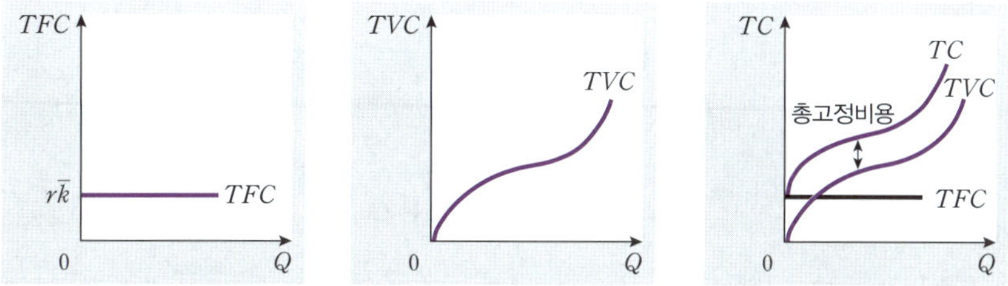

(a) 총고정비용 (b) 총가변비용 (c) 총비용

2. 단기평균비용

(1) 평균고정비용(AFC, Average Fixed Cost)

① 총고정비용을 생산량으로 나눈 값($AFC = \dfrac{TFC}{Q}$)으로 정의한다.
② 총고정비용(TFC)이 고정된 값이므로 생산량이 증가하면 평균고정비용은 지속적으로 감소한다.
③ 평균고정비용은 직각쌍곡선의 형태이며, 총고정비용곡선에서 원점으로 연결한 직선의 기울기로 측정한다.

(2) 평균가변비용(AVC, Average Variable Cost)

① 총가변비용을 생산량으로 나눈 값($AVC = \dfrac{TVC}{Q}$)으로 정의한다.
② 평균가변비용은 총가변비용곡선에서 원점으로 연결한 직선의 기울기로 측정한다.
③ 평균가변비용은 처음에는 체감하다가 나중에는 체증하므로 AVC 곡선은 U자 형태로 도출된다.

(3) 평균총비용(ATC, Average Total Cost)

① 산출량 1단위당 소요되는 비용으로 총비용을 생산량으로 나눈 값($ATC = \frac{TC}{Q} = \frac{TFC + TVC}{Q}$ $= AFC + AVC$)으로 정의한다.

② 평균가변비용이 U자 형태이므로 평균비용도 U자 형태로 그려진다.

③ AC 곡선은 AFC 곡선과 AVC 곡선을 수직으로 합하여 구할 수도 있고, TC 곡선에서 원점으로 그은 직선의 기울기를 이용하여 구할 수도 있다.

④ 평균고정비용은 지속적으로 감소하므로 평균비용곡선의 최소점은 평균가변비용곡선의 최소점보다 더 오른쪽에 위치한다.

⑤ 그래프

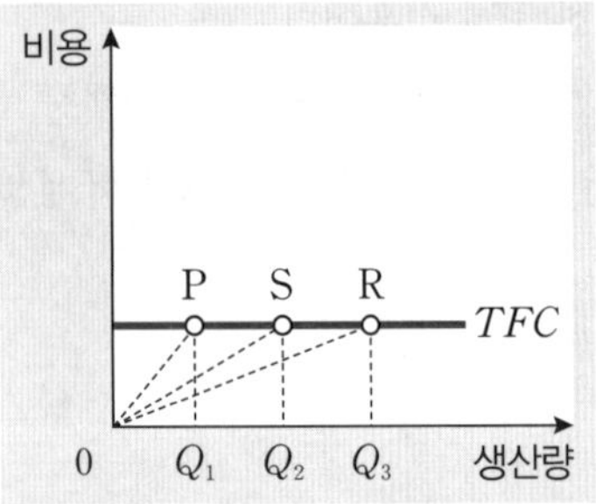

(a) 총고정비용

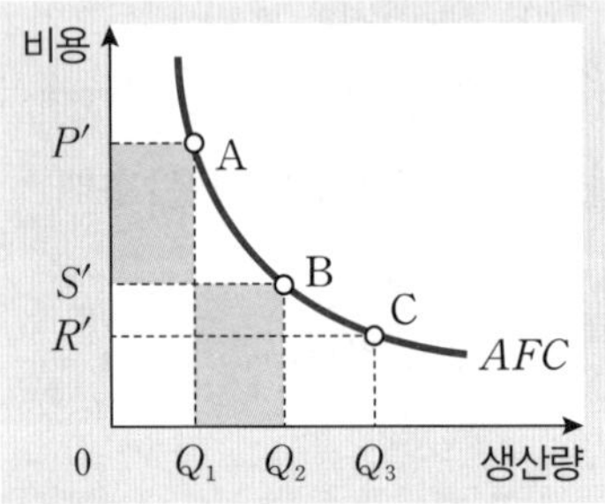

(b) 평균고정비용

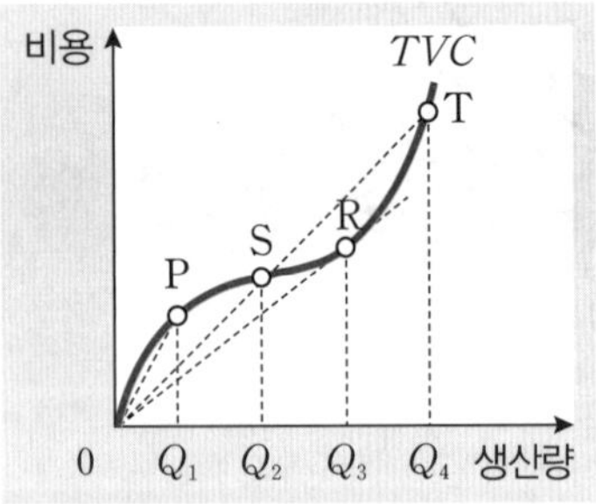

(c) 총가변비용

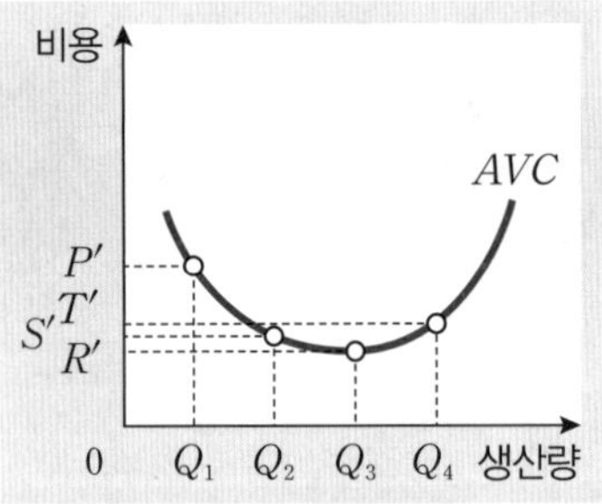

(d) 평균가변비용

3. 여러 곡선들 간의 관계

(1) 한계와 평균의 관계를 통한 도출

① 한계(M)와 평균(A)의 관계에서 MC가 AVC보다 작다면 AVC는 감소한다.

② MC가 AVC보다 크고 AC보다 작다면 AVC는 증가하고 AC는 감소한다.

③ MC가 AVC, AC보다 크다면 AVC, AC 모두 증가한다. 따라서 MC는 AVC와 AC의 최저점을 반드시 지나게 된다.

(2) 그래프

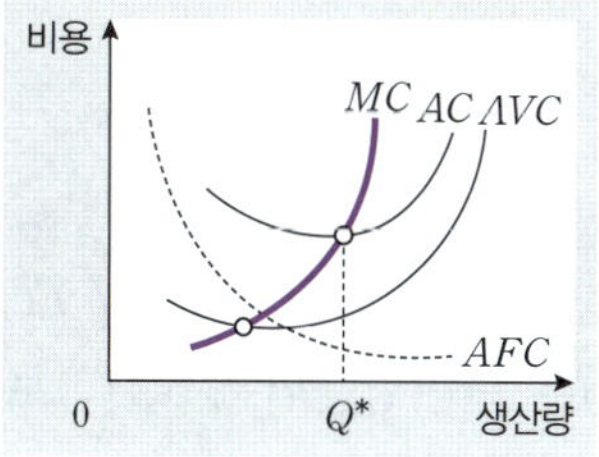

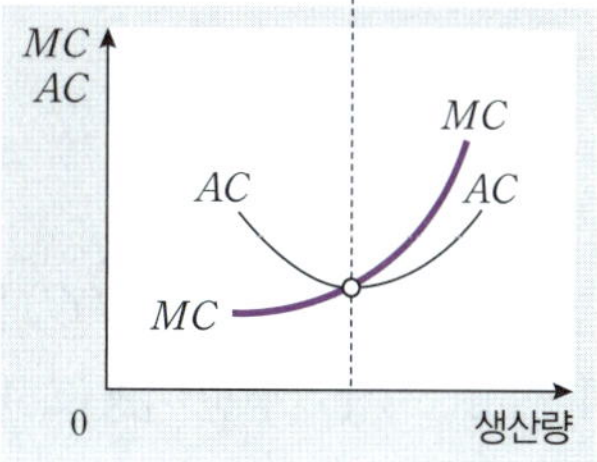

개념확인 문제

Q 여러 가지 비용곡선에 관한 설명으로 옳은 것을 모두 고른 것은? 17년 노무사

〈보기〉

ㄱ. 평균비용곡선은 평균가변비용곡선의 위에 위치한다.
ㄴ. 평균비용곡선이 상승할 때 한계비용곡선은 평균비용곡선 아래에 있다.
ㄷ. 평균고정비용곡선은 우하향한다.
ㄹ. 총가변비용곡선의 기울기와 총비용곡선의 기울기는 다르다.
ㅁ. 평균비용은 평균고정비용에 평균가변비용을 더한 값이다.

① ㄱ, ㄴ, ㄷ ② ㄱ, ㄷ, ㅁ ③ ㄱ, ㄹ, ㅁ
④ ㄴ, ㄷ, ㄹ ⑤ ㄴ, ㄹ, ㅁ

정답 ②

해설

평균비용이 상승할 때 한계비용곡선은 평균비용곡선 위에 위치한다. 총비용곡선은 총가변비용곡선을 위로 이동시킨 것이므로 총비용곡선의 기울기와 총가변비용곡선의 기울기는 항상 동일하다.

03 장기비용함수 ★★★

1. 장기비용곡선의 특징

(1) 특징

① 장기총비용(LTC)은 각각의 산출량에서 최저의 단기총비용(STC)을 연결하여 도출하므로 LTC는 STC보다 항상 작거나 같다. 마찬가지 이유로 장기평균비용(LAC)은 단기평균비용(SAC)보다 항상 작거나 같다.

② 장기한계비용(LMC)은 단기한계비용(SMC)보다 항상 작거나 같은 것은 아니다.

③ LAC는 각각의 산출량에서 최저의 SAC를 연결한 곡선이지 SAC의 극솟값을 연결한 곡선은 아니다. 단, 규모에 대한 수익이 불변일 경우는 LAC은 SAC의 극솟값을 연결한 곡선이다.

④ 장·단기총비용곡선이 접하는 산출량에서 장·단기평균비용은 접하지만 장·단기한계비용은 접하지 않고 교차한다.

⑤ 평균과 한계의 일반적인 성질에 의해 단기(장기)한계비용곡선은 항상 단기(장기)평균비용곡선의 극솟값을 지난다.

(2) 그래프

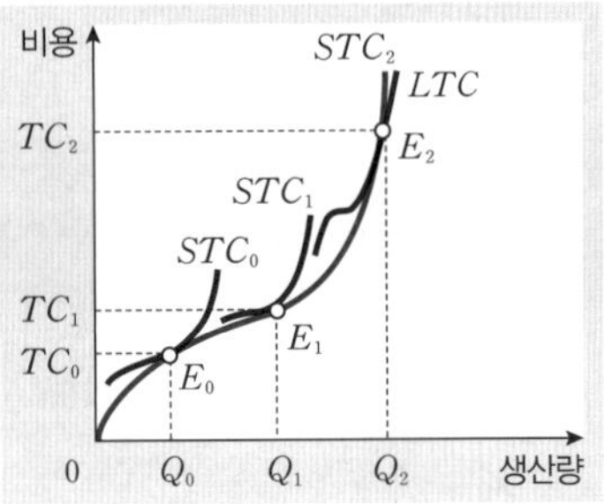

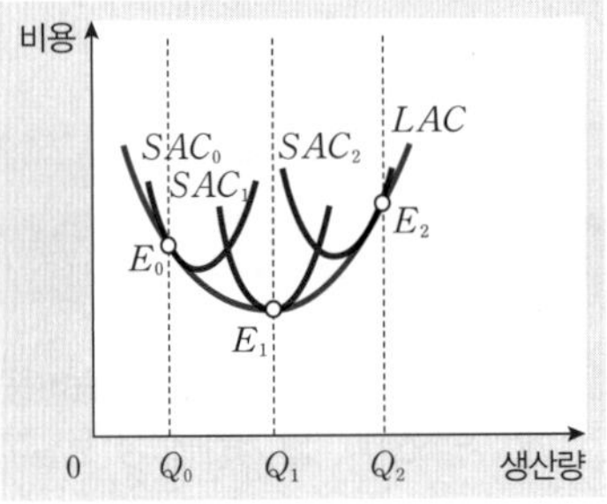

(3) 규모 보수가 증가 또는 감소할 경우 SAC 최저점이 장기균형점이 아님

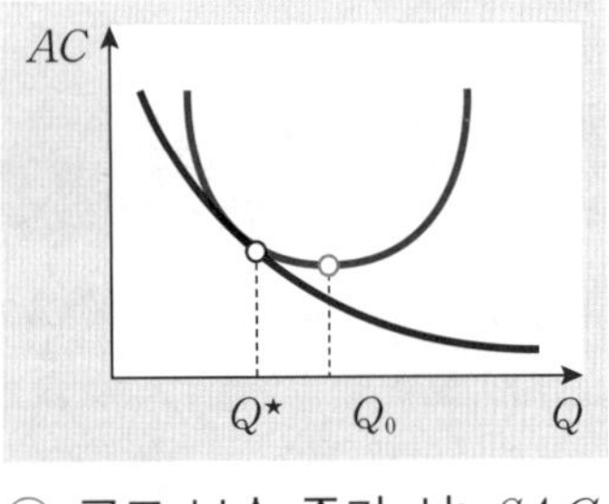

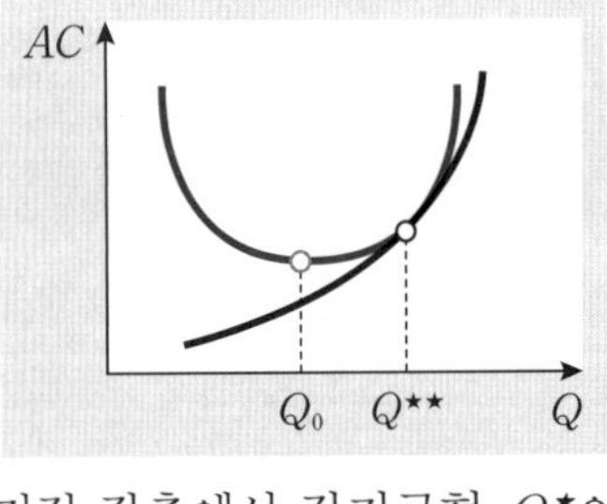

① 규모 보수 증가 시: SAC 최저점 좌측에서 장기균형 $Q^{\star}$이며 단기 최적 수준(Q_0: SAC 최저점)보다 과소생산, 과다설비가 나타난다.

② 규모 보수 감소 시: SAC 최저점 우측에서 장기균형 $Q^{\star\star}$이며 단기 최적 수준(Q_0: SAC 최저점)보다 과다생산, 과소설비가 나타난다.

③ 규모 보수 불변 시: SAC의 최저점에서 장기균형이다.

2. 장기평균비용곡선의 형태

(1) 우하향하는 형

① 규모의 경제가 계속 발생하는 경우로, 자연독점의 발생 원인이 된다.

② **자연독점:** 생산 규모가 커질수록 생산단가가 지속적으로 낮아지는 산업의 특수성으로 인해 생산 규모가 가장 큰 선발기업이 다른 후발기업의 시장 진입을 자연스럽게 봉쇄하게 되는 상황을 가리키는 말이다.

(2) U자형(일반적인 경우)

초기에는 규모의 경제가 발생하다가 이후에는 규모의 불경제가 발생하는 경우이다.

(3) L자형

① 실증적인 연구에 의하면 L자형이 되는데, 이는 기업의 규모가 커짐에 따라 발생하는 비효율성이 규모의 경제에 따라 발생하는 비용 하락에 의해 상쇄되는 것이다. 최적 시설 규모 중 가장 작은 단기평균비용(SAC)의 시설 규모를 최소효율규모라고 한다.

② 그래프(최소효율규모는 Q_0)

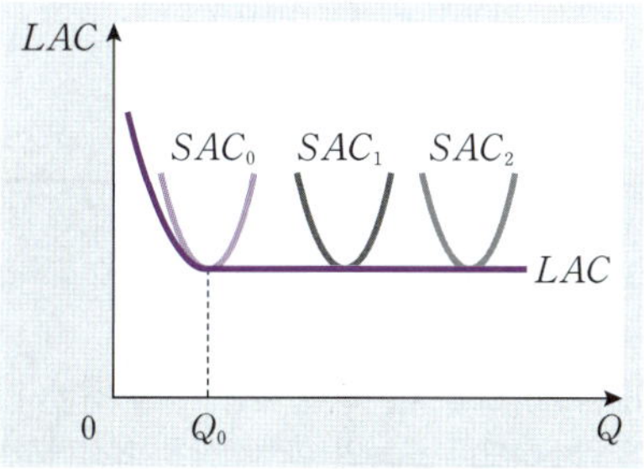

개념확인 문제

Q 다음 표는 노동과 자본의 다양한 결합으로 얻을 수 있는 생산물의 양을 나타낸다. (예를 들면 노동 1단위와 자본 1단위를 결합하여 생산물 100단위를 얻을 수 있다.) 표에 나타난 생산함수에 대한 설명으로 가장 옳지 않은 것은? 18년 서울시

자본량 \ 노동량	1	2	3
1	100	140	150
2	130	200	240
3	150	230	300

① 규모에 대한 수익불변(constant returns to scale)이 성립한다.
② 규모의 경제(economies of scale)가 성립한다.
③ 자본의 한계생산은 체감한다.
④ 노동의 한계생산은 체감한다.

정답 ②

해설
평균비용이 감소하지 않고 일정하므로 규모의 경제가 성립하지 않는다.

오답체크
① 대각선으로 보면 자본과 노동량을 동시에 늘릴 때 추가적 생산량이 100씩 늘어나므로 규모에 대한 수익불변이 성립한다.
③ 자본을 추가적으로 증가시켰을 때 추가적으로 늘어나는 생산량이 감소하므로 자본의 한계생산은 체감한다.
④ 노동을 추가적으로 증가시켰을 때 추가적으로 늘어나는 생산량이 감소하므로 노동의 한계생산은 체감한다.

04 규모의 경제와 범위의 경제 ★★★

1. 규모의 경제 ◀ 시험 POINT 규모의 경제와 범위의 경제를 구분할 수 있어야 합니다.

(1) 개념

규모의 경제는 생산량이 증가할 때 장기평균비용이 감소하는 경우이고, 규모의 불경제는 생산량이 증가할 때 장기평균비용이 상승하는 경우이다.

(2) 발생 이유

기업 설비가 일정 수준에 도달할 때까지 분업의 이익 등에 의해 규모의 경제가 발생하나, 기업 설비가 너무 커지면 조직의 비대화 등에 의하여 규모의 불경제가 발생할 가능성이 높다.

(3) 규모에 대한 수익과 규모의 경제

① 규모에 대한 수익은 모든 생산요소를 동일한 비율로 변화시킬 때를 가리키는 개념이다.
② 규모의 경제는 반드시 모든 생산요소를 동일한 비율로 변화시킬 필요는 없다.
③ 규모에 대한 수익이 체증하면 규모의 경제가 발생하지만, 규모의 경제가 존재한다고 해서 반드시 규모에 대한 수익이 체증하는 것은 아니다.
④ 규모의 경제는 규모에 대한 수익보다 더 일반적인 개념이다.

(4) 최적 시설 규모

장기적으로 가장 효율적인 규모를 의미하며, 장기평균비용이 최소가 되는 시설 규모이다.

2. 범위의 경제

(1) 개념

한 기업이 여러 가지 재화를 동시에 생산하는 것이 여러 기업이 각각 한 가지의 재화를 생산할 때보다 생산비용이 더 적게 소요되는 경우이다.

(2) 발생 이유

① 생산요소의 공동 이용이 있다. 예를 들어, 동일한 생산라인에서 자동차와 경운기를 만드는 경우 등이 있다.
② 기업 운영상의 측면에서도 발생한다. 예를 들어, 1개의 기업이 2종류의 재화를 모두 생산한다면 하나의 경영진만 있으면 된다.
③ 생산물의 특성이 결합생산인 경우도 가능하다. 예를 들어, 소고기와 가죽 등은 주산물과 부산물의 관계이므로 결합생산을 할 수밖에 없다.

(3) 그래프 분석(생산가능곡선)

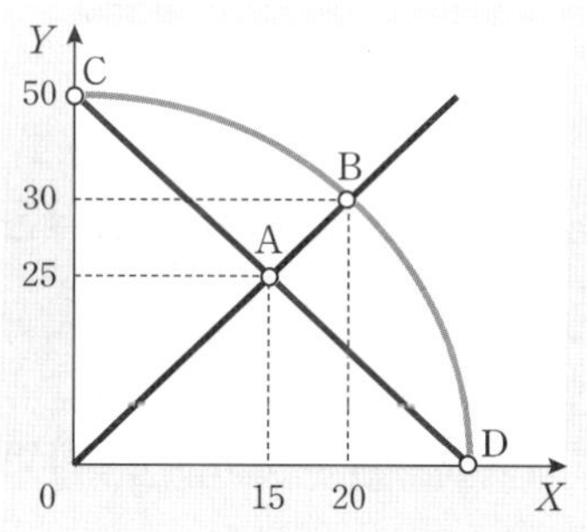

① **범위의 경제가 없는 경우:** 생산가능곡선은 직선 CAD에서 점 A 생산
② **범위의 경제가 있는 경우:** 생산가능곡선은 곡선 CBD에서 점 B 생산
③ 범위의 경제가 있는 경우 생산비가 절감되므로 더 많은 생산량의 조합인 점 B가 가능한 것이다.

(4) 범위의 경제와 규모의 경제

범위의 경제와 규모의 경제는 개념상 전혀 다른 개념이므로, 규모의 경제가 발생하더라도 범위의 경제가 발생할 수도 있고 발생하지 않을 수도 있다.

개념확인 문제

Q 생산비용에 대한 설명으로 옳은 것만을 모두 고른 것은? 15년 국가직

ㄱ. 총비용함수가 $TC = 100 + \sqrt{Q}$인 경우 규모의 경제가 존재한다(단, Q는 생산량).
ㄴ. 한 기업이 두 재화 X, Y를 생산할 경우의 비용이 $C(X, Y) = 10 + 2X + 3Y - XY$이고, 두 기업이 X, Y를 독립적으로 하나씩 생산할 경우의 비용이 각각 $C(X) = 5 + 2X$, $C(Y) = 5 + 3Y$인 경우 범위의 경제가 존재한다.
ㄷ. 매몰비용과 관련된 기회비용은 0이다.

① ㄱ, ㄴ　　② ㄱ, ㄷ
③ ㄴ, ㄷ　　④ ㄱ, ㄴ, ㄷ

정답 ④

해설

ㄱ. 총비용함수가 $TC = 100 + \sqrt{Q}$로 주어져 있다면 평균비용 $AC = \frac{TC}{Q} = \frac{100}{Q} + \frac{1}{\sqrt{Q}}$이다. 이 경우 생산량($Q$)이 증가하면 평균비용이 지속적으로 감소하므로 규모의 경제가 존재함을 알 수 있다.
ㄴ. 두 재화를 결합생산하면 각 재화를 독립적으로 생산할 때보다 비용이 $-XY$만큼 감소하여 더 적게 소요되므로 X재와 Y재 생산에는 범위의 경제가 존재한다.
ㄷ. 매몰비용은 이미 지출되어 회수 불가능한 비용이므로 매몰비용과 관련된 기회비용은 0이다.

3. 예제를 통해 생산함수의 비용함수로 변환

(1) 단기 생산함수 → 단기 비용함수

① 예제) 생산함수가 $Q = K\sqrt{L}$이고, 단기의 자본량은 $K = 4$, 노동가격(w)은 2, 자본의 가격은 1인 경우(단, 생산물의 가격은 양수) 단기 비용함수를 구하시오.
② 총비용은 $TC = wL + rK$이다.
③ 단기인 경우 문제에서 자본량과 자본가격이 주어지는 경우가 일반적이므로 조건을 대입하면 $TC = 2L + 4$이다.
④ 비용함수는 생산량이 증가할 때 비용이 증가하는 것이므로 $L \rightarrow Q$의 함수로 전환하여야 한다.
⑤ $Q = K\sqrt{L} \rightarrow L = \frac{Q^2}{16}$이다. 이를 총비용에 대입하면 $TC = \frac{Q^2}{8} + 4$이다.

(2) 생산함수 → 장기 비용함수

① 예제) 생산함수가 $Q = K\sqrt{L}$ 이고, 노동가격(w)은 2, 자본의 가격은 1인 경우(단, 생산물의 가격은 양수) 장기 비용함수를 구하시오.

② 총비용은 $TC = wL + rK$이다.

③ 장기인 경우 비용극소화가 이루어질 것이므로 $MRTS_{LK}(=\frac{MP_L}{MP_K}) = \frac{w}{r}$가 성립한다.

④ 문제의 조건을 통해 구하면 $\frac{MP_L}{MP_K} = \frac{w}{r} \rightarrow \frac{\frac{K}{2\sqrt{L}}}{\sqrt{L}} = \frac{2}{1} \rightarrow K = 4L$

⑤ 비용함수는 생산량이 증가할 때 비용이 증가하는 것이므로 $L \rightarrow Q$의 함수로 전환하여야 한다.

⑥ $Q = K\sqrt{L} \rightarrow Q = 4L\sqrt{L} \rightarrow L = (\frac{Q}{4})^{\frac{2}{3}}$ 이므로 $K = 4(\frac{Q}{4})^{\frac{2}{3}}$ 이다.

⑦ $TC = wL + rK \rightarrow TC = 2L + K \rightarrow TC = 6(\frac{Q}{4})^{\frac{2}{3}}$ 이다.

개념확인 문제

Q 기업 A의 고정비용은 4,000이며, x가 가변생산요소, y가 생산물인 단기생산함수는 $y = 4x^{0.5}$이다. 가변생산요소의 가격이 단위 당 4,000일 때, 단기 총비용 함수는? 21년 군무원

① $4000 + 250y^2$
② $\frac{4000}{y} + 4000$
③ $4000y + 4000$
④ $8000y$

정답 ①

주제 생산자이론 → 생산함수를 비용함수로 변환

해설

1) 우리가 배운 것으로 생산함수를 변환하면 $y = 4x^{0.5} \rightarrow Q = 4\sqrt{L} \rightarrow L = \frac{Q^2}{16}$이다.

2) 단기 총비용 함수는 TC=고정비용+가변비용이며 가변비용은 노동비용이므로 $TVC = wL$이므로 $TVC = 4000L$이다.

3) 위의 L을 대입하면 $TVC = 250Q^2$이므로 단기 총비용함수는 $TC = 4,000 + 250Q^2$이다.

4) 문제에서 생산물을 y로 표현하므로 $TC = 4000 + 250y^2$

표로 한눈에 정리하기

01 생산과 생산함수

장기와 단기(개별 기업)	• 단기: 고정요소 존재 • 장기: 가변비용만 존재
수확체감의 법칙	동일한 생산요소(예 노동량)의 투입을 증가시키면 한계생산물이 감소하는 것
한계(M)와 평균(A)의 관계	• $M>A$이면 A 증가 • $M=A$이면 A 동일 • $M<A$이면 A 감소
등량곡선의 특징	• 원점으로부터 멀리 떨어진 등량곡선일수록 높은 산출량을 나타냄 • 등량곡선은 우하향함 • 등량곡선은 서로 교차할 수 없음 • 등량곡선은 일반적으로 원점에 대해 볼록한 형태를 취함

02 비용과 비용함수

경제학적 비용	명시적 비용 + 암묵적 비용
단기총비용	고정비용 + 가변비용
평균비용	총비용에서 원점으로 연결한 직선의 기울기
한계비용	• 총가변비용에서 접점으로 연결한 직선의 기울기 • 한계비용은 평균비용곡선의 최저점을 지남
규모의 경제	장기평균비용이 감소하는 구간
범위의 경제	공동생산요소를 바탕으로 비용이 절감됨

개념확인 OX 문제

01 가변투입요소는 생산량의 변화에 따라 투입량도 변하는 생산요소이다. (O | X)

02 자본은 가변투입요소가 아니다. (O | X)

03 단기에서의 자본은 신축적인 조절이 불가능하기 때문에 고정투입요소이다. (O | X)

04 1년 미만은 단기, 1년 이상은 장기라고 한다. (O | X)

05 장·단기의 구분은 특정 기간이 정해져 있는 것이 아니다. (O | X)

06 장·단기의 구분은 기업별·산업별에 상관없이 동일하다. (O | X)

07 기업의 진입·퇴출이 자유로운 충분히 긴 기간을 장기라고 한다. (O | X)

08 요소투입량과 산출량 간의 관계를 나타내는 함수를 생산함수라고 한다. (O | X)

09 한계생산은 가변요소 1단위당 총생산의 증가분이다. (O | X)

10 평균생산은 생산요소 1단위당 생산량이다. (O | X)

11 한계생산은 총생산곡선의 접선의 기울기로 측정한다. (O | X)

12 평균생산은 총생산곡선의 접선의 기울기로 측정한다. (O | X)

13 장기에서는 모든 생산요소가 가변적이다. (O | X)

14 평균고정비용은 생산량을 늘릴수록 점차 감소한다. (O | X)

15 평균가변비용은 원점에서 총가변비용곡선으로 연결한 직선의 기울기와 같다. (O | X)

16 평균가변비용곡선의 최저점은 평균비용곡선의 최저점의 오른쪽에 위치한다. (O | X)

17 한계비용은 생산량 1단위를 늘렸을 때 발생하는 총비용의 증가분이다. (O | X)

18 한계비용은 총가변비용곡선의 접선의 기울기로 측정할 수 있다. (O | X)

19 한계생산이 체증하면 한계비용 또한 체증한다. (O | X)

20 한계비용과 한계생산은 역(逆)의 관계이다. (O | X)

21 규모의 경제는 장기평균비용의 감소 구간에서 생산하는 것을 의미한다. (O | X)

22 범위의 경제는 한 기업이 여러 가지 재화를 동시에 생산하는 것이 여러 기업이 각각 한 가지의 재화를 생산할 때보다 생산비용이 더 적게 소요되는 경우를 의미한다. (O | X)

정답 및 해설

01 O 02 × 장기에는 자본도 가변투입요소가 된다. 03 O 04 × 1년이 기준이 아니라 자본을 변동시킬 수 있으면 장기, 없으면 단기이다. 05 O 06 O 07 O 08 O 09 × 평균생산에 대한 설명이다. 10 O 11 O 12 × 원점에서 연결한 선의 기울기로 측정한다. 13 O 14 O 15 O 16 × 왼쪽에 위치한다. 17 O 18 O 19 × 한계비용은 체감한다. 20 O 21 O 22 O

기출 + 예상문제

Chapter 01 생산과 생산함수

★★☆

01 A 기업의 생산함수는 $Q = 12L^{0.5}K^{0.5}$이다. A 기업의 노동과 자본의 투입량이 각각 $L = 4$, $K = 9$일 때, 노동의 한계생산(MP_L)과 평균생산(AP_L)은? 18년 노무사

① $MP_L = 0$, $AP_L = 9$

② $MP_L = 9$, $AP_L = 9$

③ $MP_L = 9$, $AP_L = 18$

④ $MP_L = 12$, $AP_L = 18$

⑤ $MP_L = 18$, $AP_L = 9$

★★☆

02 노동(L)과 자본(K)을 생산요소로 투입하여 비용을 최소화하는 기업의 생산함수는 $Q = L^{0.5}K$이다(Q는 생산량임). 이에 관한 설명으로 옳지 않은 것은? 13년 노무사

① 규모에 대한 수익이 체증한다.

② 노동투입량이 증가할수록 노동의 한계생산은 감소한다.

③ 노동투입량이 증가할수록 자본의 한계생산은 증가한다.

④ 노동과 자본의 단위당 가격이 동일할 때 자본투입량은 노동투입량의 2배이다.

⑤ 자본투입량이 증가할수록 자본의 한계생산은 증가한다.

★★☆

03 생산요소 노동(L)과 자본(K)만을 사용하고 생산물시장에서 독점기업의 등량곡선과 등비용선에 관한 설명으로 옳지 않은 것은? (단, MP_L은 노동의 한계생산, w는 노동의 가격, MP_K는 자본의 한계생산, r은 자본의 가격) 15년 노무사

① 등량곡선과 등비용선만으로 이윤극대화 생산량을 구할 수 있다.

② 등비용선 기울기의 절댓값은 두 생산요소 가격의 비율이다.

③ 한계기술대체율이 체감하는 경우, $(\frac{MP_L}{w}) > (\frac{MP_K}{r})$인 기업은 노동투입을 증가시키고 자본투입을 감소시켜야 생산비용을 감소시킬 수 있다.

④ 한계기술대체율은 등량곡선의 기울기를 의미한다.

⑤ 한계기술대체율은 두 생산요소의 한계생산물 비율이다.

정답 및 해설

01 정답 ③

주제 생산함수

해설

1) 생산함수를 L에 대해 미분하면 $MP_L = \frac{dQ}{dL} = 6L^{-0.5}K^{0.5} = 6(\frac{K}{L})^{0.5} = 6\sqrt{\frac{K}{L}}$ 이므로 $L=4$, $K=9$를 대입하면 $MP_L = 9$이다.

2) 생산함수를 L로 나누면 $AP_L = \frac{Q}{L} = \frac{12L^{0.5}K^{0.5}}{L} = 12(\frac{K}{L})^{0.5} = 12\sqrt{\frac{K}{L}}$ 이므로 $L=4$, $K=9$를 대입하면 $AP_L = 18$이다.

02 정답 ⑤

주제 생산함수

해설

자본의 한계생산은 $\sqrt{L}$ 이므로 자본투입량과 관련이 없다.

03 정답 ①

주제 생산자 균형

해설

등량곡선과 등비용선이 접하는 생산자균형점은 일정한 생산량을 최소비용으로 생산하는 점으로 이윤극대화가 아니라 비용극소화가 달성되는 점이다. 기업의 이윤극대화 생산량은 한계수입과 한계비용이 일치하는 생산량 수준에서 결정된다.

★★☆

04 기업생산이론에 관한 설명으로 옳은 것을 모두 고른 것은? 21년 감정평가사

ㄱ. 장기(long-run)에는 모든 생산요소가 가변적이다.
ㄴ. 다른 생산요소가 고정인 상태에서 생산요소 투입 증가에 따라 한계생산이 줄어드는 현상이 한계생산 체감의 법칙이다.
ㄷ. 등량곡선이 원점에 대해 볼록하면 한계기술대체율 체감의 법칙이 성립한다.
ㄹ. 비용극소화는 이윤극대화의 필요충분조건이다.

① ㄱ, ㄴ ② ㄷ, ㄹ ③ ㄱ, ㄴ, ㄷ
④ ㄴ, ㄷ, ㄹ ⑤ ㄱ, ㄴ, ㄷ, ㄹ

★☆☆

05 현재 생산량 수준에서 자본과 노동의 한계생산물이 각각 5와 8이고, 자본과 노동의 가격이 각각 12와 25이다. 이윤극대화를 추구하는 기업의 의사결정으로 옳은 것은? (단, 한계생산물 체감의 법칙이 성립함) 19년 노무사

① 노동투입량을 증가시키고 자본투입량을 감소시킨다.
② 노동투입량을 감소시키고 자본투입량을 증가시킨다.
③ 두 요소의 투입량을 모두 감소시킨다.
④ 두 요소의 투입량을 모두 증가시킨다.
⑤ 두 요소의 투입량을 모두 변화시키지 않는다.

★☆☆

06 어느 기업의 생산함수는 $Q=2LK$이다. 단위당 임금과 단위당 자본비용이 각각 2원 및 3원으로 주어져 있다. 이 기업의 총 사업자금이 60원으로 주어졌을 때, 노동의 최적 투입량은? (단, Q는 생산량, L은 노동투입량, K는 자본투입량이며, 두 투입요소 모두 가변투입요소) 16년 국가직

① $L=10$ ② $L=15$
③ $L=20$ ④ $L=25$

★★☆

07 생산함수가 $Q = L^2K^2$으로 주어져 있다. 이 생산함수에 대한 설명으로 옳은 것만을 모두 고른 것은? (단, Q는 생산량, L은 노동량, K는 자본량) 17년 국가직

ㄱ. 2차 동차함수이다.
ㄴ. 규모에 따른 수확체증이 있다.
ㄷ. 주어진 생산량을 최소 비용으로 생산하는 균형점에서 생산요소 간 대체탄력성은 1이다.

① ㄱ　② ㄴ
③ ㄱ, ㄷ　④ ㄴ, ㄷ

정답 및 해설

04 정답 ③

주제 생산자이론

해설

ㄹ. 비용극소화가 달성된다고 해서 이윤극대화가 달성되는 것은 아니다. 왜냐하면 이윤극대화는 판매와 관련된 수요의 영역과 관련되어 있기 때문이다. 따라서 비용극소화는 생산의 영역이므로 이윤극대화의 필요충분조건이 될 수 없다.

05 정답 ②

주제 생산자균형

해설

1) 1원당 노동의 한계생산과 자본의 한계생산이 동일해야 이윤극대화가 이루어진다.

2) 자본 1원당 한계생산이 노동 1원당 한계생산보다 크므로$\left(\frac{5}{12} > \frac{8}{25}\right)$, 자본을 늘리고 노동을 줄여야 한다.

06 정답 ②

주제 생산자균형

해설

1) 생산함수가 $Q = 2LK$이므로 한계기술대체율 $MRTS_{LK} = \frac{MP_L}{MP_K} = \frac{K}{L}$이다.

2) 생산자균형에서는 등량곡선과 등비용선이 접하므로 $MRTS_{LK} = \frac{w}{r}$로 두면 $\frac{K}{L} = \frac{2}{3}$이 성립한다.

3) 비용제약이 $2L + 3K = 60$이므로 이를 연립해서 풀면 $L = 15$, $K = 10$이다.

07 정답 ④

주제 콥-더글러스 생산함수

해설

ㄴ. 생산함수가 1차 동차보다 크면 규모에 대한 수확체증 현상이 나타난다.
ㄷ. 콥-더글러스 생산함수는 몇 차 동차인지 관계없이 대체탄력성이 항상 1이다.

오답체크

ㄱ. 생산함수의 L과 K를 모두 t배하면 $(tL)^2(tK)^2 = t^4L^2K^2 = t^4Q$이므로 문제에 주어진 생산함수는 4차 동차 콥-더글러스 생산함수이다.

★☆☆

08 **다음의 생산함수 중 단기에 '수확체감'과 장기에 '규모에 대한 수익체증'의 특성을 갖는 것은? (단, Q는 생산량, L은 노동투입량, K는 자본투입량)** 14년 노무사

① $Q=LK$

② $Q=L^{1.8}K^{1.8}$

③ $Q=\sqrt{LK}$

④ $Q=L^{0.2}K^{0.2}$

⑤ $Q=L^{0.8}K^{0.8}$

★★☆

09 **콥-더글러스(Cobb-Douglas) 생산함수 $Q=AK^{a}L^{(1-a)}$에 관한 설명으로 옳지 않은 것은? (단, K는 자본, L은 노동, Q는 생산량, $0<a<1$, A는 상수, $A>0$임)** 15년 노무사

① 규모에 대한 수익불변의 특성을 갖는다.

② 1차 동차성을 갖는다.

③ 자본의 평균생산은 체증한다.

④ 노동의 한계생산은 체감한다.

⑤ 생산요소 간 대체탄력성은 1로 일정하다.

★★★

10 A 기업의 생산함수는 $Y = \sqrt{K+L}$이다. 이 생산함수에 대한 설명으로 옳은 것은?

15년 지방직

① 규모에 대한 수확불변을 나타낸다.
② 자본과 노동은 완전보완관계이다.
③ 이윤극대화를 위해 자본과 노동 중 하나만 사용해도 된다.
④ 등량곡선(iso-quant curve)은 원점에 대해 볼록하다.

정답 및 해설

08 정답 ⑤

주제 콥-더글러스 생산함수

해설

1) 콥-더글러스 생산함수가 $Q = AL^{\alpha}K^{\beta}$로 주어져 있다고 하자. 이 경우 $\alpha > 1$이면 MP_L이 체증하고, $\alpha = 1$이면 MP_L이 일정하고, $\alpha < 1$이면 MP_L이 체감한다.
2) 콥-더글러스 생산함수가 $Q = AL^{\alpha}K^{\beta}$일 때 $(\alpha+\beta) > 1$이면 규모에 대한 수익이 체증하고, $(\alpha+\beta) = 1$이면 규모에 대한 수익이 불변이고, $(\alpha+\beta) < 1$이면 규모에 대한 수익이 체감한다.
3) 따라서 모든 것을 만족하는 것은 ⑤이다.

09 정답 ③

주제 콥-더글러스 생산함수

해설

주어진 생산함수는 1차 동차의 콥-더글러스 생산함수이므로 규모에 대한 수익불변이고, 대체탄력성은 항상 1이다. 생산함수를 L에 대해 미분하면 $MP_L = (1-a)AK^aL^{-a} = (1-a)A\left(\frac{K}{L}\right)^a$이므로 노동투입량($L$)이 증가하면 MP_L이 감소한다. 즉, 노동의 한계생산물이 체감한다.

생산함수를 K로 나누면 자본의 평균생산물 $AP_K = \frac{Q}{K} = \frac{AK^aL^{1-a}}{K} = AK^{a-1}L^{1-a} = A\left(\frac{L}{K}\right)^{1-a}$이므로 자본투입량($K$)이 증가하면 AP_K가 감소한다. 그러므로 자본의 평균생산물도 체감함을 알 수 있다.

10 정답 ③

주제 생산함수

해설

1) K와 L을 모두 t배 하면 $\sqrt{tK+tL} = \sqrt{t(K+L)} = \sqrt{t}\cdot\sqrt{K+L} = t^{0.5}\sqrt{K+L}$이므로 문제에 주어진 생산함수는 0.5차 동차함수이다.
2) 지문 분석

③ 생산함수의 양변을 제곱하면 $Y^2 = K+L$이고, 이를 정리하면 $K = -L+Y^2$이므로 등량곡선이 기울기(절댓값)가 1인 우하향의 직선임을 알 수 있다. 등량곡선이 우하향의 직선의 형태로 도출되는 것은 노동과 자본이 완전대체적인 생산요소일 때이다. 따라서 이윤극대화를 위해 자본과 노동 중 하나만 사용해도 된다.

오답체크

① A 기업의 생산함수는 규모에 대한 수익이 체감한다.
② 자본과 노동은 완전대체관계이다.
④ 등량곡선은 직선의 형태이다.

★★☆

11 **다음 그림은 X재와 Y재의 등량곡선을 나타낸 것이다. X재와 Y재의 생산함수에 대한 특성을 바르게 짝지은 것은? (단, Q_A, Q_B, Q_C는 등량곡선을 의미함)** 17년 공인회계사

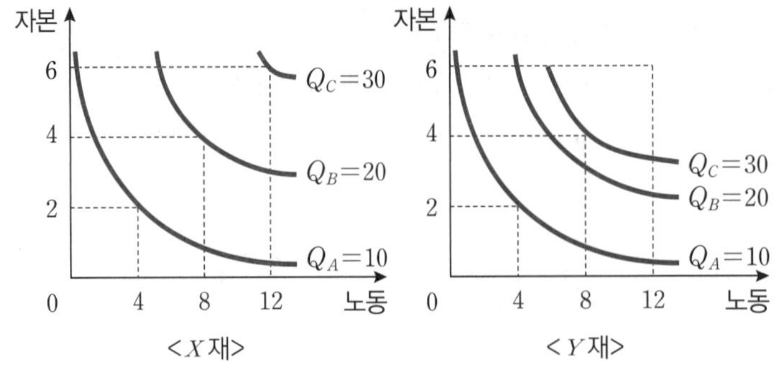

	X재 생산	Y재 생산
①	규모에 대한 수확불변	규모에 대한 수확체증
②	규모에 대한 수확불변	규모에 대한 수확체감
③	규모에 대한 수확체증	규모에 대한 수확체감
④	규모에 대한 수확체증	규모에 대한 수확불변
⑤	규모에 대한 수확체감	규모에 대한 수확체증

★☆☆

12 **어느 경제에서 생산량과 기술 및 요소 투입 간에 $Y=AF(L,\ K)$의 관계가 성립하며, $F(L,\ K)$는 노동, 자본에 대하여 규모에 대한 수익불변(CRS)의 특징을 가지고 있다. 이에 대한 설명으로 가장 옳은 것은? (단, Y, A, L, K는 각각 생산량, 기술 수준, 노동, 자본을 나타냄)** 19년 서울시

① 생산요소인 노동이 2배 증가하면 노동단위 1인당 생산량은 증가한다.

② 생산요소인 노동과 자본이 각각 2배 증가하면 노동단위 1인당 생산량은 증가한다.

③ 생산요소인 노동과 자본이 각각 2배 증가하고 기술 수준이 2배로 높아지면 노동단위 1인당 생산량은 2배 증가한다.

④ 생산요소인 자본이 2배 증가하고 기술 수준이 2배로 높아지면 노동단위 1인당 생산량은 2배 증가한다.

정답 및 해설

11 정답 ①

주제 생산자이론

해설

1) X재는 노동과 자본을 동시에 배수로 늘려감에 따라 동일하게 생산량이 증가하고 있다. 이를 통해 규모에 대한 수익불변임을 알 수 있다.
2) Y재는 노동과 자본을 동시에 배수로 전보다 적게 늘림에도 생산량이 증가하고 있다. 이를 통해 규모에 대한 수익체증임을 알 수 있다.

12 정답 ③

주제 규모에 대한 수익

해설

노동과 자본이 모두 2배 증가하는 것은 1인당 생산량에 영향을 미치지 않지만, 기술 수준이 2배가 되면 1인당 생산량도 2배 증가한다. $AP_L = A\left(\frac{K}{L}\right)^{1-a}$ 에다 A 대신 $2A$, L 대신 $2L$, K 대신 $2K$를 대입하면 1인당 생산량이 2배 증가한다.

오답체크

① 노동이 2배 증가하면 1인당 자본량이 감소하므로 1인당 생산량이 감소한다. 즉, $AP_L = A\left(\frac{K}{L}\right)^{1-a}$ 이므로 L이 증가하면 1인당 생산량 감소한다.

② 노동과 자본이 모두 2배 증가하면 1인당 자본량이 불변이므로 1인당 생산량도 변하지 않는다. $AP_L = A\left(\frac{K}{L}\right)^{1-a}$ 에다 L 대신 $2L$, K 대신 $2K$를 대입해도 1인당 생산량이 변하지 않음을 알 수 있다.

④ 자본이 2배 증가하면 1인당 자본량 증가로 1인당 생산량이 증가하므로, 자본이 2배 증가하는 동시에 기술수준도 2배로 높아지면 1인당 생산량은 2배보다 크게 증가한다. $AP_L = A\left(\frac{K}{L}\right)^{1-a}$ 에다 A 대신 $2A$, L 대신 $2L$, K 대신 $2K$를 대입하면 1인당 생산량이 2배보다 크게 증가함을 알 수 있다.

★☆☆

13 전직 프로골퍼인 어떤 농부가 있다. 이 농부는 골프 레슨으로 시간당 3만 원을 벌 수 있다. 어느 날 이 농부가 15만 원어치 씨앗을 사서 10시간 파종하였는데 그 결과 30만 원의 수확을 올렸다면, 이 농부의 회계학적 이윤(또는 손실)과 경제적 이윤(또는 손실)은 각각 얼마인가?

15년 서울시

① 회계학적 이윤 30만 원, 경제적 이윤 30만 원
② 회계학적 이윤 15만 원, 경제적 손실 15만 원
③ 회계학적 손실 15만 원, 경제적 손실 15만 원
④ 회계학적 손실 15만 원, 경제적 이윤 15만 원

★★☆

14 A기업의 단기생산비용에 대한 정보는 다음 표와 같다. 괄호 안의 값의 크기를 옳게 비교한 것은? (단, Q는 생산량, TC는 총비용, MC는 한계비용, ATC는 평균총비용, AVC는 평균가변비용, AFC는 평균고정비용, FC는 고정비용)

11년 노무사

Q	TC	MC	ATC	AVC	AFC	FC
3	60	-		(ㄱ)	10	30
4		(ㄴ)	18			30
5		(ㄷ)		11		30

① ㄱ < ㄴ < ㄷ
② ㄴ < ㄱ < ㄷ
③ ㄱ < ㄷ < ㄴ
④ ㄷ < ㄴ < ㄱ
⑤ ㄷ < ㄱ < ㄴ

★★☆
15 A 기업의 총비용곡선이 아래와 같다. 이에 관한 설명으로 옳지 <u>않은</u> 것은? 19년 노무사

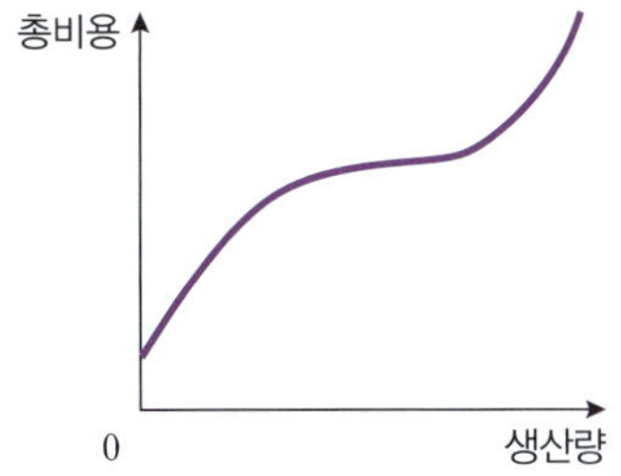

① 평균비용곡선은 평균가변비용곡선의 위에 위치한다.
② 평균비용곡선이 상승할 때 한계비용곡선은 평균비용곡선 아래에 있다.
③ 원점을 지나는 직선이 총비용곡선과 접하는 점에서 평균비용은 최소이다.
④ 원점을 지나는 직선이 총가변비용곡선과 접하는 점에서 평균가변비용은 최소이다.
⑤ 총비용곡선의 임의의 한 점에서 그은 접선의 기울기는 그 점에서의 한계비용을 나타낸다.

정답 및 해설

13 정답 ②
주제 회계학적 비용과 경제학적 비용
해설
1) 총수입이 30만 원이고, 경제학적 비용은 명시적 비용인 씨앗 구입비용 15만 원과 묵시적 비용인 씨앗을 파종하기 위해 포기한 10시간 동안 골프 레슨을 할 때 벌 수 있는 수입 30만 원을 합한 45만 원이다. 따라서 경제적 이윤은 30 − 45 = −15만 원이다.
2) 회계학적 비용은 명시적 비용만 비용으로 처리하므로 이윤은 30 − 15 = 15만 원이다.

14 정답 ①
주제 비용함수
해설

Q	TC	MC	ATC	AVC	AFC	FC
3	60	−		$\left(\frac{60-30}{3}=10\right)$	10	30
4	72	(12)	18			30
5	$30+11\times5=85$	(13)		11		30

15 정답 ②
주제 비용함수
해설
평균비용곡선이 상승할 때 한계비용이 평균비용보다 커야 하므로 한계비용곡선은 평균비용곡선 위에 있다.

★★★
16 총비용함수가 $TC = 100 + 20Q$이다. 이때, TC는 총비용이고 Q는 생산량이다. 다음 중 옳은 것을 모두 고르면?
16년 서울시

〈보기〉

ㄱ. 생산량이 1일 때, 총고정비용은 120이다.
ㄴ. 생산량이 2일 때, 총가변비용은 40이다.
ㄷ. 생산량이 3일 때, 평균가변비용은 20이다.
ㄹ. 생산량이 4일 때, 한계비용은 20이다.

① ㄱ
② ㄴ, ㄷ
③ ㄴ, ㄹ
④ ㄴ, ㄷ, ㄹ

★★☆
17 A 기업의 총비용곡선이 $TC = 100 + Q^2$일 때, 옳은 것은? (단, Q는 생산량)
20년 감정평가사

① 평균가변비용곡선은 U자 모양을 갖는다.
② 평균고정비용곡선은 수직선이다.
③ 한계비용곡선은 수평선이다.
④ 생산량이 10일 때 평균비용과 한계비용이 같다.
⑤ 평균비용의 최솟값은 10이다.

★★☆
18 비용에 대한 설명으로 가장 옳은 것은?
17년 서울시

① 조업을 중단하더라도 남아 있는 계약 기간 동안 지불해야 하는 임대료는 고정비용이지만 매몰비용은 아니다.
② 평균총비용곡선이 U자 모양일 때, 한계비용은 평균총비용의 최저점을 통과하지 않는다.
③ 한계수확 체감 현상이 발생하고 있는 경우, 생산량이 증가함에 따라 한계비용은 감소한다.
④ 가변비용과 고정비용이 발생하고 있고 평균총비용곡선과 평균가변비용곡선이 모두 U자 모양일 때, 평균가변비용의 최저점은 평균총비용의 최저점보다 더 낮은 생산량 수준에서 발생한다.

정답 및 해설

16

정답 ④

주제 비용함수

해설

1) 총고정비용 $TFC = 100$, 총가변비용 $TVC = 20Q$이므로 총고정비용은 생산량과 무관하게 100으로 일정하다. 총비용함수(혹은 총가변비용함수)를 Q에 대해 미분하면 한계비용 $MC = 20$이다.

2) 지문 분석

ㄴ. 생산량이 2일 때, 총가변비용은 $40(= 20 \times 2)$이다.

ㄷ. 생산량이 3일 때, 평균가변비용은 $20(= 20 \times \frac{3}{3})$이다.

ㄹ. 생산량과 관계없이 한계비용은 20이다.

오답체크

ㄱ. 생산량이 1일 때, 총고정비용은 100이다.

17

정답 ④

주제 비용함수

해설

$AC = \frac{TC}{Q} = \frac{100}{Q} + Q$, $MC = \frac{\Delta TC}{\Delta Q} = 2Q$이다. 생산량($Q$)이 10일 때 평균비용과 한계비용이 20으로 동일하다.

오답체크

① 총가변비용은 Q^2이다. 평균가변비용곡선은 Q로 선형의 형태를 띤다. $AVC = \frac{Q^2}{Q} = Q$

② 평균고정비용곡선은 $\frac{100}{Q}$으로 직각쌍곡선이다.

③ 한계비용곡선은 $2Q$로 우상향하는 직선이다.

⑤ 평균비용의 최솟값은 $\frac{-100}{Q^2} + 1 = 0$, $Q = 10$이다. 이를 대입하면 평균비용의 최솟값은 20이다.

18

정답 ④

주제 비용함수

해설

평균총비용 = 평균가변비용 + 평균고정비용이므로 한계비용은 평균가변비용의 최저점과 평균총비용의 최저점을 지나가며 평균총비용은 평균가변비용의 위에 존재한다.

오답체크

① 조업을 중단하더라도 남아 있는 계약 기간 동안 지불해야 하는 임대료는 매몰비용이다.

② 평균총비용곡선이 U자 모양일 때, 한계비용은 평균총비용의 최저점을 통과한다.

③ 한계수확체감 현상이 발생하고 있는 경우, 생산량이 증가함에 따라 한계비용은 증가한다.

★☆☆

19

A 기업의 장기총비용곡선은 $TC(Q) = 40Q - 10Q^2 + Q^3$ 이다. 규모의 경제와 규모의 비경제가 구분되는 생산 규모는?

17년 국가직

① $Q = 5$

② $Q = \frac{20}{3}$

③ $Q = 10$

④ $Q = \frac{40}{3}$

★★★

20

생산함수가 $Q(L, K) = \sqrt{LK}$ 이고 단기적으로 K가 1로 고정된 기업이 있다. 단위당 임금과 단위당 자본비용이 각각 1원 및 9원으로 주어져 있다. 단기적으로 이 기업에서 규모의 경제가 나타나는 생산량 Q의 범위는? (단, Q는 생산량, L은 노동투입량, K는 자본투입량)

17년 지방직

① $0 \leq Q \leq 3$

② $0 \leq Q \leq 4.5$

③ $4.5 \leq Q \leq 6$

④ $3 \leq Q \leq 6$

★☆☆

21

'한 기업이 여러 제품을 함께 생산하는 경우가 각 제품을 별도의 개별 기업이 생산하는 경우보다 생산비용이 더 적게 드는 경우'를 설명하는 것은?

17년 국가직

① 범위의 경제

② 규모에 대한 수확체증

③ 규모의 경제

④ 비경합적 재화

★★☆
22 우하향하는 장기평균비용에 관한 설명으로 옳은 것은?

21년 감정평가사

① 생산량이 서로 다른 기업의 평균비용은 동일하다.
② 진입장벽이 없는 경우 기업의 참여가 증가한다.
③ 소규모 기업의 평균비용은 더 낮다.
④ 장기적으로 시장에는 한 기업만이 존재하게 된다.
⑤ 소규모 다품종을 생산하면 평균비용이 낮아진다.

정답 및 해설

19 정답 ①

주제 규모의 경제

해설

1) 규모의 경제와 규모의 불경제가 구분되는 생산 규모는 U자형의 장기평균비용곡선 최소점이 된다. 문제에 주어진 장기총비용을 Q로 나누어 주면 장기평균비용 $LAC=40-10Q+Q^2$이다.
2) 장기평균비용곡선 최소점에서의 생산 규모를 찾기 위해 장기평균비용곡선식을 Q에 대해 미분한 후 0으로 두면 $-10+2Q=0$, $Q=5$이다.
3) 그러므로 규모의 경제와 규모의 불경제가 구분되는 생산 규모 $Q=5$이다.

20 정답 ①

주제 규모의 경제

해설

1) $K=1$로 고정되어 있으므로 $K=1$을 생산함수에 대입하면 $Q=\sqrt{L}, L=Q^2$이다.
2) 그러므로 이 기업의 비용함수는 $C=wL+rK=(1\times Q^2)+(9\times 1)=9+Q^2$이다.
3) 비용함수를 Q로 나누어 평균비용을 구하면 $AC=\frac{9}{Q}+Q$이다.
4) 평균비용이 최소가 되는 점을 구하기 위해 Q에 대해 미분한 뒤 0으로 두면 $\frac{dAC}{dQ}=-\frac{9}{Q^2}+1=0$, $Q=3$이다.
5) $Q=3$일 때 평균비용이 최소가 되므로 규모의 경제가 나타나는 구간은 $0\le Q\le 3$이다.

21 정답 ①

주제 범위의 경제

해설

개별 기업이 각각 한 가지의 재화를 생산하는 것보다 한 기업이 여러 가지 재화를 동시에 생산할 때 비용이 더 적게 소요되는 것을 범위의 경제(economies of scope)라고 한다.

22 정답 ④

주제 독점시장 → 규모의 경제

해설

우하향하는 장기평균비용은 규모의 경제를 의미한다. 일반적으로 대규모 생산을 하는 독점기업에서 발생하므로 장기적으로 시장에는 한 기업만 존재하게 된다.

★★☆

23 기업 A의 생산함수는 $Q=\min[2L, K]$이다. 고정비용이 0원이고 노동과 자본의 단위당 가격이 각각 2원과 1원이라고 할 때, 기업 A가 100단위의 상품을 생산하기 위한 총비용은? (단, L은 노동투입량, K는 자본투입량) 18년 국가직

① 100원
② 200원
③ 250원
④ 500원

고난도 문제

★★★

24 노동(L)과 자본(K)만 이용하여 재화를 생산하는 기업의 생산함수가 $Q=\min(\frac{L}{2},\ K)$이다. 노동가격은 2원이고 자본가격은 3원일 때 기업이 재화 200개를 생산하고자 할 경우 평균비용(원)은? (단, 고정비용은 없음) 21년 감정평가사

① 6
② 7
③ 8
④ 9
⑤ 10

★★★
25 A기업의 생산함수가 $Q = 4L + 8K$이다. 노동가격은 3이고 자본가격은 5일 때, 재화 120을 생산하기 위해 비용을 최소화하는 생산요소 묶음은? (단, Q는 생산량, L은 노동, K는 자본)

20년 감정평가사

① $L = 0,\ K = 15$ ② $L = 0,\ K = 25$ ③ $L = 10,\ K = 10$
④ $L = 25,\ K = 0$ ⑤ $L = 30,\ K = 0$

정답 및 해설

23 정답 ②

주제 생산자균형

해설

생산함수가 $Q = \min[2L, K]$이므로 100단위의 재화를 생산하려면 $2L = K = 100$이 성립해야 하므로 노동 50단위, 자본 100단위를 투입해야 한다. 노동의 단위당 가격이 2원, 자본의 단위당 가격이 1원이므로 100단위의 재화를 생산하는 데는 200원[$=(2\times50)+(100)$]의 비용이 소요된다.

24 정답 ②

주제 생산자이론

해설

1) 문제의 함수가 완전보완관계이므로 $Q = \frac{L}{2} = K$의 관계를 가진다.
2) 200개를 생산하므로 $L = 400$, $K = 200$이다.
3) 따라서 총비용은 1,400($=2\times400+3\times200$)이다.
4) 평균비용이므로 $\frac{1,400}{200} = 7$이다.

25 정답 ①

주제 생산자균형

해설

1) 생산자의 합리적 선택은 등량곡선과 등비용선이 접해야 하므로 한계기술대체율과 등량곡선의 기울기가 같아야 한다.
2) 문제의 생산함수는 완전대체관계이며 등량곡선의 기울기의 절댓값은 $\frac{1}{2}$이다.
3) 등비용선은 $3L+5K=TC$이므로 등비용선의 기울기의 절댓값은 $\frac{3}{5}$이다.
4) 등량곡선의 기울기가 등비용선의 기울기보다 완만하므로 K를 모두 사용하여 생산하는 것이 합리적이다.
5) 생산함수에 대입하면 $120 = 0 + 8K$이므로 $K = 15$이다.

★★★
26 어느 기업의 장기총비용곡선은 우상향하는 곡선이고, 장기평균비용곡선과 단기평균비용곡선은 U자형이다. 현재 생산량에서 장기평균비용이 60이고, 장기한계비용이 60이다. 그리고 생산량과 관계없이 생산요소가격은 일정하다. 이 기업에 대한 다음 설명 중 옳은 것을 모두 고르면? 17년 공인회계사

가. 현재 생산량에서 장기평균비용곡선은 단기평균비용곡선의 최저점에서 접한다. 나. 생산량이 현재의 2배가 되면, 총비용은 현재의 2배보다 크다. 다. 생산량이 현재의 0.5배가 되면, 총비용은 현재의 0.5배보다 크다. 라. 모든 생산량에서 장기총비용은 단기총비용보다 작거나 같다.

① 가, 나 ② 가, 라 ③ 가, 나, 다
④ 나, 다, 라 ⑤ 가, 나, 다, 라

★★★
27 완전경쟁시장에서 한 기업의 단기비용함수는 $C = 5_q^2 - 2kq + k^2 + 16$이다. 장기에 자본량을 변경할 때에 조정비용은 없다. 이 기업의 장기비용함수는? (단, C는 비용, q는 생산량, k는 자본량)

① $C = 4q^2 + 4$ ② $C = 4q^2 + 8$ ③ $C = 4q^2 + 16$
④ $C = 8q^2 + 8$ ⑤ $C = 8q^2 + 16$

★★☆

28 **이윤을 극대화하는 기업의 생산함수가 $Q = 2L^{0.5}K^{0.5}$ 이고 단위당 노동(L)비용은 2, 자본(K)비용은 1이다. 이 기업의 총비용이 100이고 제품의 시장가격이 10인 경우 다음 설명 중 옳지 않은 것은? (단, 제품시장과 생산요소시장은 완전경쟁적임)**

① 노동을 30단위 사용해야 한다.

② 한계기술대체율($MRTS_{LK}$)의 크기는 2이다.

③ 이윤이 극대화되는 산출량은 50단위가 넘는다.

④ 최대한 얻을 수 있는 이윤은 50을 넘는다.

⑤ 자본을 50단위 사용해야 한다.

정답 및 해설

26 정답 ⑤

주제 생산자이론 → 비용함수

해설

가. 장기한계비용곡선이 장기평균비용곡선의 최저점을 통과하므로, 현재 생산량 수준에서 장기평균비용과 장기한계비용이 일치한다는 것은 현재 장기평균비용곡선의 최소점에서 생산하고 있음을 의미한다.

나. 생산량을 현재 수준의 2배로 증가시키면 장기평균비용이 상승하므로, 장기총비용은 현재의 2배보다 크게 증가한다.

다. 생산량을 현재의 0.5배로 감소시키더라도 마찬가지로 장기평균비용이 상승하므로 총비용은 0.5배보다 클 수밖에 없다.

라. 장기에는 설비규모를 최적으로 조정할 수 있으므로 모든 생산량 수준에서 장기총비용은 단기총비용보다 작거나 같다. 그리고 장기평균비용곡선 최소점에서는 장기평균비용곡선 최소점과 단기평균비용곡선 최소점이 접한다.

27 정답 ③

주제 장기비용함수

해설

1) 장기에는 자본량을 최적으로 조절할 수 있다. 즉, 자본량을 변경할 때 조정비용이 소요되지 않는다면 기업은 장기에 총비용이 최소가 되게끔 k값을 조정할 것이다.

2) k의 최솟값을 구하기 위해 $\frac{dc}{dk} = 0$으로 놓으면 → $2k - 2q = 0$, $k = q$이다.

3) 이를 대입하면 $C = 5q^2 - 2q^2 + q^2 + 16 = 4q^2 + 16$

28 정답 ①

주제 생산자균형

해설

1) 이윤을 극대화하는 기업이므로 비용을 극소화해야 한다. 비용극소화 조건은 한계기술대체율과 등비용선의 기울기가 일치해야 한다.

2) $MRTS_{LK} = \frac{MP_L}{MP_K} = \frac{\alpha}{1-\alpha} \cdot \frac{K}{L}$이다. 따라서 문제의 조건에 따른 $MRTS_{LK} = \frac{K}{L}$이다.

3) 생산자균형 조건에 따라 $\frac{K}{L} = \frac{2}{1}$이므로 한계기술대체율은 2이다.

4) $TC = wL + rK$ → $100 = 2L + K$에서 $K = 2L$을 대입하면 $L = 25$, $K = 50$이다.

5) 생산함수에 $L = 25$, $K = 50$을 대입하면 $2 \times 5 \times 5\sqrt{2} \fallingdotseq$ 약 70이다. 따라서 50단위가 넘는다.

6) 이윤은 총수입−총비용이므로 $(70 \times 10) - 100 =$ 약 600이다.

PART

5 시장이론

Chapter 01
시장의 개념과 완전경쟁시장

Chapter 02
독점시장

Chapter 03
독점적 경쟁시장과 과점시장

학습 구성

구분	출제 포인트	중요도	학습 날짜
Chapter 01 시장의 개념과 완전경쟁시장	01 시장의 개념과 구분	★★★	
	02 이윤극대화 조건	★	
	03 완전경쟁시장	★★★	
Chapter 02 독점시장	01 독점의 개념과 특징	★★	
	02 독점시장에서의 총수입, 평균수입, 한계수입	★★	
	03 독점기업의 독점도	★	
	04 다공장 독점	★	
	05 가격차별	★★	
	06 이부가격제	★	
	07 묶어팔기	★	
	08 독점의 규제	★	
	09 완전경쟁시장과 독점시장의 비교	★★★	
Chapter 03 독점적 경쟁시장과 과점시장	01 독점적 경쟁시장	★★	
	02 과점시장	★★	
	03 복점시장(duopoly)	★★★	
	04 게임이론	★★★	

Chapter 01

시장의 개념과 완전경쟁시장

✣ 학습목표

- 시장의 구조에 따른 시장의 종류를 구분할 수 있다.
- 완전경쟁시장의 이윤극대화 조건인 $P=MC$를 이해할 수 있다.
- 완전경쟁시장의 단기균형 시 손익분기점, 손해지만 생산하는 구간, 조업중단점을 이해할 수 있다.
- 완전경쟁시장의 장기균형을 통해 기업 수를 구할 수 있다.

01 시장의 개념과 구분 ★★

1. 시장의 의미

(1) 좁은 의미

일반적으로 시장(market)은 재화와 서비스의 거래가 이루어지는 구체적인 장소이다.

(2) 넓은 의미

① 경제학에서는 훨씬 넓은 의미로 재화 및 서비스의 거래가 이루어지는 추상적인 메커니즘을 시장으로 정의한다.

② 시장은 수요자와 공급자의 만남이 이루어지는 '만남의 장'으로 수요자와 공급자의 상호작용에 의해 재화의 가격과 거래량이 결정된다.

2. 시장의 구분 ◂ 시험 POINT 시장을 구분하는 것은 기본 중의 기본입니다.

(1) 거래되는 상품의 종류에 따라

① 생산물시장: 농산물 시장, 자동차 시장 등

② 생산요소시장: 노동시장, 자본시장 등

(2) 시장의 구조에 따라

① 완전경쟁시장과 불완전경쟁시장으로 구분된다. 각각의 특징은 다음과 같다.

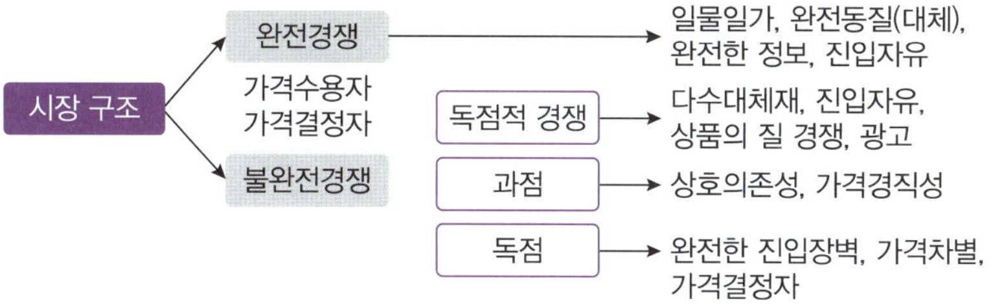

- 완전경쟁시장: 쌀 시장, 주식시장, 외환시장, 자본시장 등
- 독점적 경쟁시장: 비디오방, 노래방, PC방, 생맥줏집 등
- 과점시장: 시내전화, 자동차 등
- 독점시장: 잎담배(수요독점), 한국전력(공급독점) 등

② 동질적인 재화는 재화의 품질 뿐만 아니라 판매 조건 등이 모두 동일한 것을 말하고, 이질적인 재화는 재화의 품질 등이 다른 것을 말한다.

③ 일물일가는 동일한 재화의 가격은 모두 동일한 것을 의미한다.

02 이윤극대화 조건 ★★★

1. 총이윤

(1) **총이윤**: 총수입 − 총비용으로 구한다.

$$\pi = TR(Q) - TC(Q)$$

(2) 총수입, 평균수입, 한계수입

① **총수입(TR, Total Revenue)**: 소비자가 판매한 총액을 의미하며, 매출액이라고도 한다.

$$TR = P \cdot Q$$

② **평균수입(AR, Average Revenue)**: 소비자가 1개당 구입한 금액이며, 가격 또는 수요곡선으로 표현된다.

$$AR = \frac{TR}{Q} = \frac{PQ}{Q} = P$$

③ **한계수입(MR, Marginal Revenue)**: 판매량이 1단위 증가할 때 총수입의 증가분이다.

$$MR = \frac{dTR}{dQ}$$

(3) 총비용(TC, Total Cost)

총비용함수를 통하여 구하며 주로 문제에서 주어진다.

$$TC = TC(Q)$$

2. 이윤극대화조건

◀ 시험 POINT 모든 시장의 이윤극대화 조건은 $MR = MC$ 입니다.

총수입 - 총비용이 최대가 되는 수량을 구하는 것이다.

(1) 이윤극대화 1계 조건 → 이윤함수의 1계 미분이 0(극치를 갖는 조건)

① $\dfrac{d\pi}{dQ} = \dfrac{dTR}{dQ} - \dfrac{dTC}{dQ} = MR - MC = 0$

② MR(한계수입) = MC(한계비용)이 이윤극대화 조건이다.

③ $MR = MC$가 이윤극대화 조건인 이유: 만약 기업의 한계수입이 한계비용보다 크다면 생산량을 늘리면 이윤이 증가하므로 생산량을 증가시켜서 한계수입과 한계비용이 같아지는 점까지 생산을 증가시키고, 한계수입이 한계비용보다 작다면 마지막 재화는 생산할 유인이 없어지므로 생산을 줄일 것이다. 그러므로 이윤극대화 조건은 MR(한계수입) = MC(한계비용)가 된다.

(2) 이윤극대화 2계 조건 → 이윤함수의 2계 미분이 음(위로 볼록)

① $\dfrac{d^2\pi}{d^2Q} = \dfrac{d^2TR}{d^2Q} - \dfrac{d^2TC}{d^2Q} = MR' - MC' < 0$

② MR 곡선의 기울기 < MC 곡선의 기울기: MC 곡선의 우상향하는 부분이 MR 곡선과 교차해야 한다.

③ 2계 조건이 필요한 이유

총수입이 총비용보다 클 때 이윤이 +가 되기 때문이다. 만약 2계 조건을 만족하지 않으면 총비용이 총수입보다 큰 경우이므로 이윤은 -가 되어 우리가 구하고자 하는 값이 아니다.

(3) 문제 풀이 시 유의점

① 객관식 계산문제에서는 이윤극대화 2계조건을 묻지 않는다. 따라서 이윤극대화 조건은 $MR = MC$인 지점만 기억해도 충분하다.

② 이윤극대화 조건은 모든 시장의 형태에 적용된다.

(4) 그래프

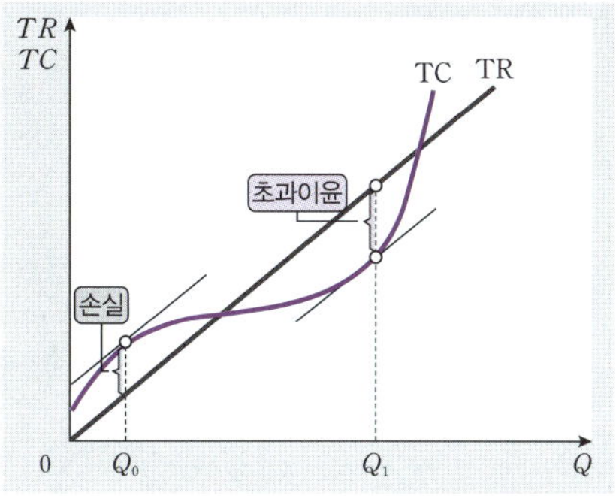

(a) 총수입 · 총비용

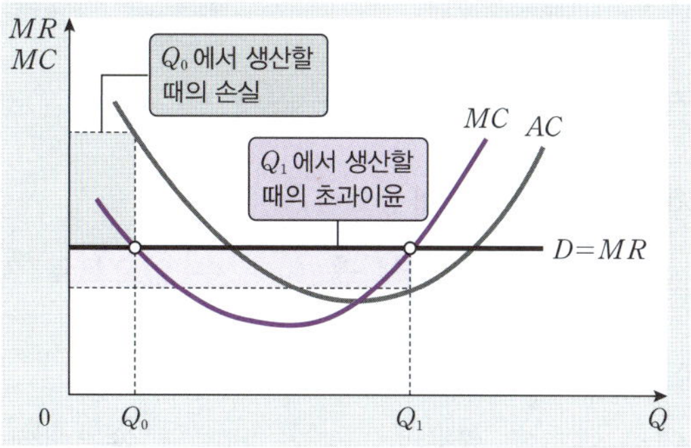

(b) 한계수입 · 한계비용

3. 수입극대화 가설

(1) 의미

경영자의 입장에서는 이윤극대화가 아닌 매출액 극대화를 추구한다는 이론이다.

(2) 원인

① 경영자의 지위와 보수가 매출액에 의해 결정되는 경우가 많다.

② 매출액과 금융기관 신뢰도는 주로 비례관계에 있다.

③ 매출이 높은 것이 시장점유율이 높음을 의미한다.

(3) 단점

경영자가 주주의 의사에 반하는 행위를 할 수 있다. 즉, 도덕적 해이의 일종인 주인 – 대리인이론에 해당한다.

(4) 그래프

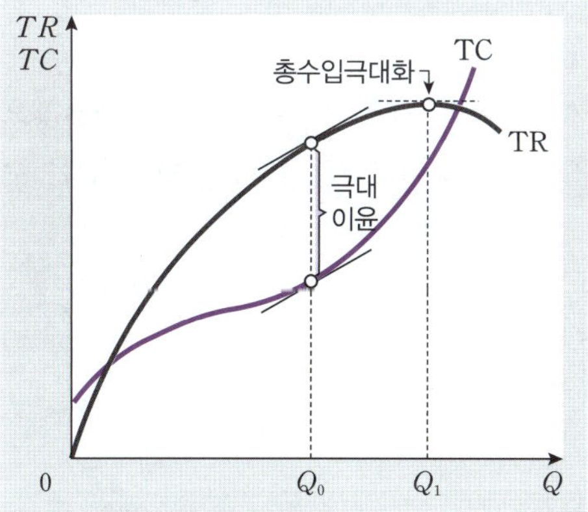

03 완전경쟁시장 ★★★

1. 완전경쟁시장의 특징

(1) 다수의 수요자와 공급자가 존재

개별 수요자와 공급자는 가격에 영향을 미칠 수 없으므로 가격수용자(price taker)로 행동한다.

(2) 생산되는 재화

모든 기업은 동일한 재화를 생산하므로 각 재화는 완전대체재이다.

(3) 진입과 퇴거

특정 산업으로의 진입과 퇴거가 자유롭다.

(4) 일물일가의 법칙

경제주체들이 가격(정확하게는 가격이 결정되는 모든 조건)에 관한 완전한 정보를 보유하고 공유하므로 일물일가의 법칙이 성립한다.

2. 단기완전경쟁시장에서의 수요곡선

(1) 시장 전체의 수요곡선

① 시장 전체 수요량은 개별소비자들의 수요량을 합한 것이므로 시장 전체 수요곡선은 개별 소비자들의 수요곡선 수량을 합해야 한다. 따라서 수평으로 합하여 구한다.

② 개별소비자들의 수요곡선이 우하향하므로 시장전체의 수요곡선도 우하향한다.

(2) 개별 기업의 수요곡선

① 시장 전체의 수요·공급곡선에 의하여 균형가격이 결정되면 개별 기업은 주어진 가격수준에서 원하는 만큼 판매가 가능하다.

② 개별 기업은 자신의 생산능력 범위 내에서 생산량을 증가시키더라도 시장가격이 전혀 변하지 않으며, 주어진 가격으로 원하는 만큼 판매하는 것이 가능하므로 개별 기업이 인식하는 수요곡선은 수평선이다.

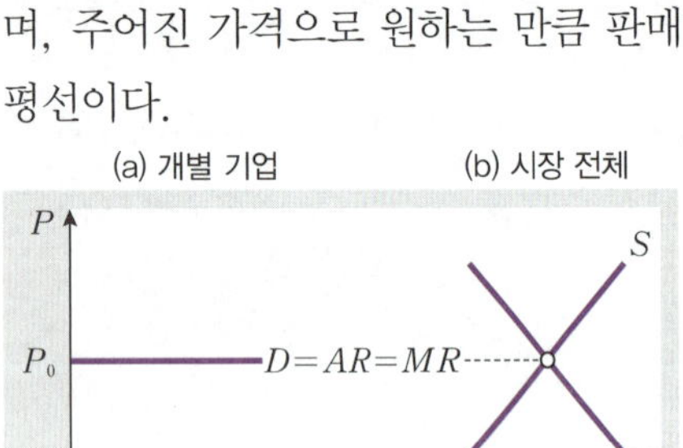

3. 기업의 단기적 이윤

(1) 총수입(TR, Total Revenue)

① 가격과 판매량의 곱($P\times Q$)으로 정의된다.

② 완전경쟁시장에서 개별 기업은 가격수용자이므로 판매량이 증가할수록 총수입도 비례적으로 증가한다.

③ 완전경쟁시장에서 기업의 총수입곡선은 원점을 통과하는 직선의 형태이다.

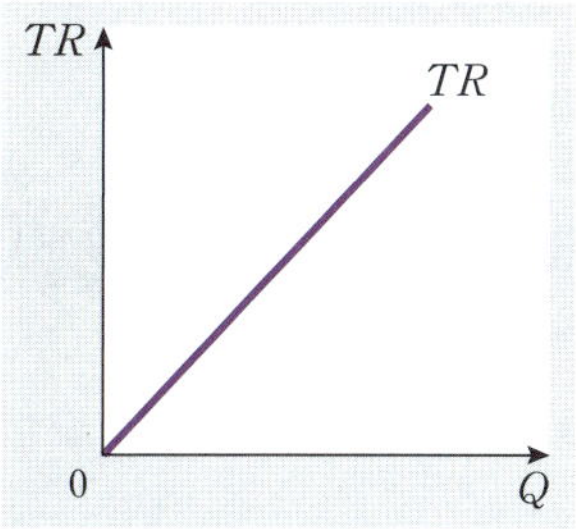

(2) 평균수입(AR, Average Revenue)

① 단위당 판매수입으로 총수입을 판매량으로 나눈 값$\left(\frac{TR}{Q}=\frac{P\times Q}{Q}=P\right)$이다.

② 총수입곡선에서의 한 점과 원점을 연결한 직선의 기울기로 측정하기도 한다.

③ 총수입을 판매량으로 나누면 항상 가격과 일치하므로 단기완전경쟁시장에서의 평균수입곡선은 수평선의 형태이다.

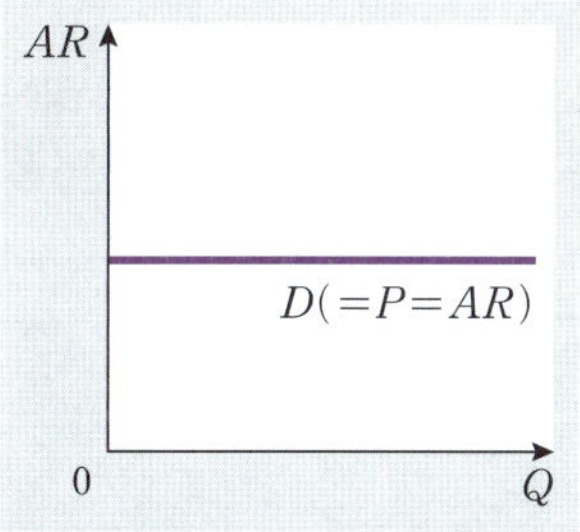

(3) 한계수입(MR, Marginal Revenue)

① 판매량이 1단위 증가할 때 총수입의 증가분$\left(\frac{\Delta TR}{\Delta Q}\right)$이다.

② 총수입곡선의 한 점에서 접점의 기울기로 측정하기도 한다.

③ 단기완전경쟁시장에서는 판매량이 1단위 증가할 때 총수입의 증가분(가격)은 항상 일정하므로 한계수입곡선은 수평선의 형태이다.

(4) 이윤극대화 생산량 ◀ 시험 POINT 완전경쟁시장에서는 $P=MC$가 성립합니다.

① 1단위 추가 판매 시 얻어지는 한계수입(MR)과 1단위 추가 생산 시 들어가는 한계비용이 일치하는 지점에서 생산한다.

② 완전경쟁시장은 $P=MR$이고 이윤극대화 조건에 따라 $MR=MC$이므로 결론적으로 $P=MC$가 성립한다.

(5) 사례 분석

① **가정:** 가격이 100인 재화 1개만 존재하는 완전경쟁시장이다.

② **총수입, 평균수입, 한계수입**

가격(P)	수량(Q)	총수입(TR)	평균수입(AR)	한계수입(MR)
100	1	100	100	100
100	2	200	100	100
100	3	300	100	100
100	4	400	100	100

③ 완전경쟁시장의 특징은 시장에서 가격이 결정되면 무한정으로 판매가 가능하다는 것이다. 따라서 가격의 변동은 없으며 이로 인해 평균수입(AR) = 가격(P) = 한계수입(MR)이 성립한다.

4. 완전경쟁기업의 단기공급곡선

(1) 공급곡선의 의미

공급곡선은 사전적으로 각각의 가격수준에서 판매하고자 의도하는 재화와 서비스의 수량을 나타내는 선이다.

(2) 그래프 ◀ 시험 POINT 단기완전경쟁시장에서는 평균비용보다 낮아 손해가 발생하더라도 평균가변비용보다 높으면 생산합니다.

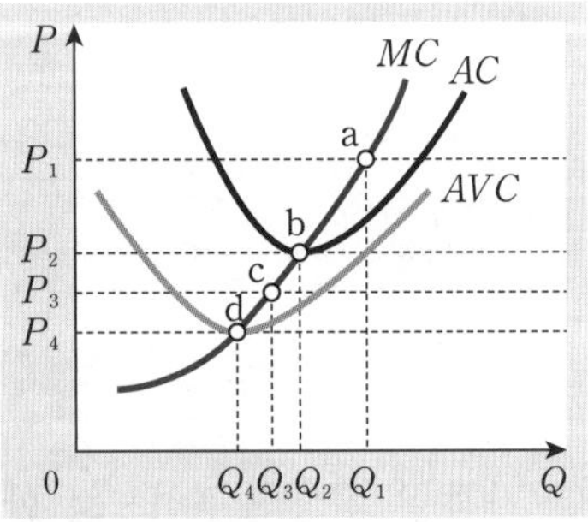

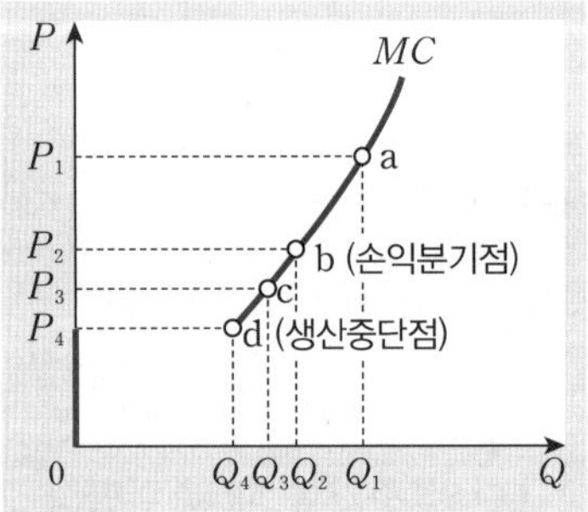

① **가격이 P_1일 때:** $P=MC$는 점 a에서 달성 → Q_1만큼 생산(점 a에서는 $P>AC$이므로 초과이윤 발생)

② **가격이 P_2일 때:** $P=MC$는 점 b에서 달성 → Q_2만큼 생산(점 b에서는 $P=AC$이므로 정상이윤만 획득)

③ 가격이 P_3일 때: $P=MC$는 점 c에서 달성 → Q_3만큼 생산(점 c에서는 $AVC<P<AC$이므로 손실이 발생하나 생산하는 것이 유리)

④ 가격이 P_4일 때: $P=MC$는 점 d에서 달성되나 생산 여부는 불분명($P=AVC$이므로 생산할 때와 하지 않을 때의 손실이 모두 TFC로 동일)

⑤ 가격 < P_4일 때: $P<AVC$로 가변비용도 회수할 수 없으므로 생산 포기

⑥ 단기완전경쟁시장에서는 가격이 평균가변비용보다 높으면 생산하고, 이보다 낮으면 생산하지 않는다. 따라서 완전경쟁시장의 단기공급곡선은 AVC 곡선의 최저점을 통과하는 우상향의 MC 곡선이다.

개념확인 문제

Q 완전경쟁시장인 피자 시장에서 어떤 피자집이 현재 100개의 피자를 단위당 100원에 팔고 있고, 이때 평균비용과 한계비용은 각각 160원과 100원이다. 이 피자집은 이미 5,000원을 고정비용으로 지출한 상태이다. 이윤극대화를 추구하는 피자집의 행동으로 가장 옳은 것은? 14년 지방직

① 손해를 보고 있지만 생산을 계속해야 한다.

② 손해를 보고 있으며 생산을 중단해야 한다.

③ 양(+)의 이윤을 얻고 있으며 생산을 계속해야 한다.

④ 양(+)의 이윤을 얻고 있지만 생산을 중단해야 한다.

정답 ②

해설

1) 총고정비용 $TFC=5{,}000$원이고, 생산량 $Q=100$단위이므로 평균고정비용 $AFC=50$원이다.

2) 생산량이 100단위일 때 평균비용 $AC=160$원이고 평균고정비용 $AFC=50$원이므로 평균가변비용 $AVC=110$원 이다.

3) 완전경쟁시장의 조업중단점은 가격=평균가변비용이다.

4) 가격이 평균가변비용보다 낮으므로 손해를 보고 있으며 생산을 중단해야 한다.

5. 완전경쟁기업의 장기균형

(1) 장기균형

① 긴 기간에 걸쳐 초과이윤이 발생하면 기업들이 시장에 개입하여 시장가격이 하락하게 되고, 손실이 발생하게 되면 시장에서 나가게 되므로 궁극적으로 장기균형에서는 더 이상 기존 기업의 퇴거나 새로운 기업의 진입, 설비규모 조정도 이루어지지 않게 된다.

② 따라서 개별 기업의 장기평균비용의 최저점이 가격이 된다. 즉, $P = LAC$가 성립한다.

(2) 도식화된 설명

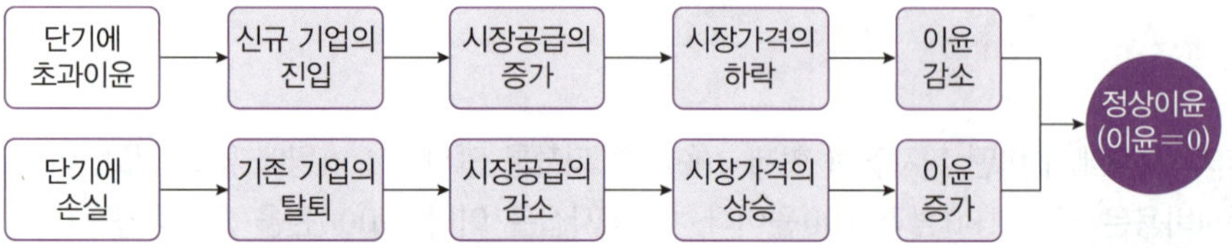

(3) 개별 기업의 생산자잉여

① 생산자잉여는 생산자가 받아야겠다고 생각한 금액보다 더 받은 금액을 의미한다.

② 개별 기업의 생산자잉여는 가격에서 한계비용을 뺀 것의 합이다.

③ 그래프

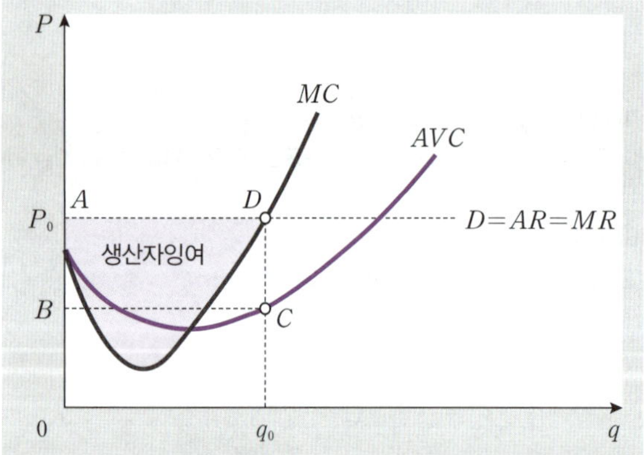

(4) 개별 기업의 생산자잉여와 이윤

① 생산자잉여는 총수입 - 총가변비용이다.

② 이윤은 총수입 - 총비용(=총고정비용 + 총가변비용)이다.

③ 단기에 총고정비용이 존재하는 경우, 총비용은 총고정비용과 총가변비용의 합으로 이루어지므로 생산자잉여 > 이윤이다.

④ 장기에는 가변비용만 존재하므로 생산자잉여와 이윤은 같다.

개념확인 문제

Q 다음 왼쪽 그래프는 완전경쟁시장에 놓여 있는 전형적 기업이며 오른쪽 그래프는 단기의 완전경쟁시장이다. 이 시장이 동질적 기업들로 이루어져 있다면 장기적으로 이 시장에는 몇 개의 기업이 조업하겠는가? 15년 서울시

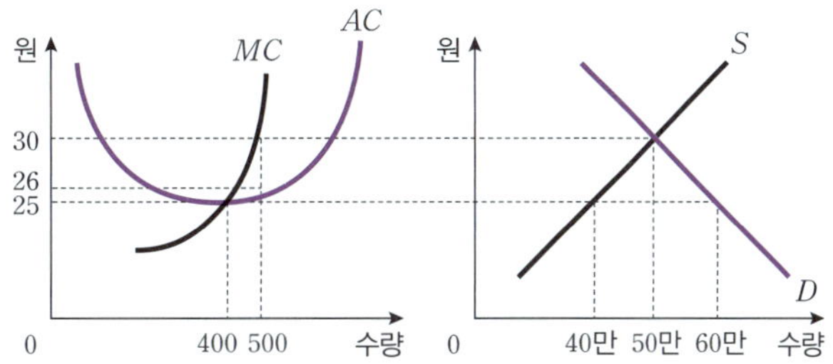

① 800개
② 1,000개
③ 1,250개
④ 1,500개

정답 ④

해설

1) 주어진 상황은 단기적으로 초과이윤이 발생하는 경우이다.
2) 초과이윤이 발생하면 장기에는 새로운 기업이 진입하여 정상이윤만을 얻으므로 장기균형가격은 개별 기업의 최소장기평균비용과 같아진다.
3) 따라서 장기에 시장의 균형가격은 25원이 될 것이고, 개별 기업은 400개의 재화를 생산하게 된다.
4) 시장가격이 25원일 때 시장수요량이 60만 개이고 개별 기업의 생산량이 400개이므로, 장기에 이 시장에는 1,500개$\left(=\dfrac{600,000}{400}\right)$의 기업이 존재하게 된다.

(5) 완전경쟁시장 장기공급곡선

① 비용불변산업

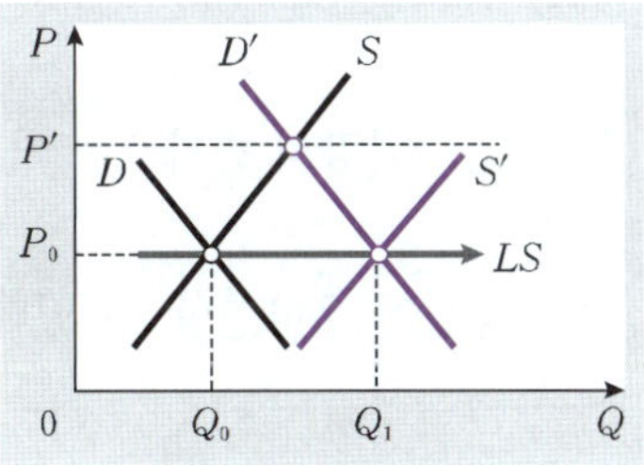

<완전경쟁시장>

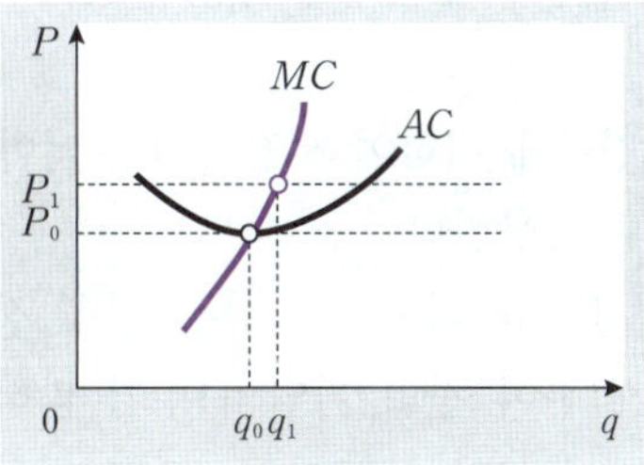

<개별 기업>

- 비용불변산업의 경우 비용함수(비용곡선)가 불변이므로 장기시장공급곡선은 수평이 된다.
- 새로운 장기균형상태에서 개별 기업의 생산량은 불변이다. 따라서 장기에 시장 수급량이 변화하는 것은 기업의 진입과 퇴출 때문이다.

• 개별 기업의 장기공급량은 불변이므로 장기공급곡선은 정의될 수 없으며, 일시적으로 공급량이 변화한 것은 단기공급곡선에 해당한다.

② 비용증가산업

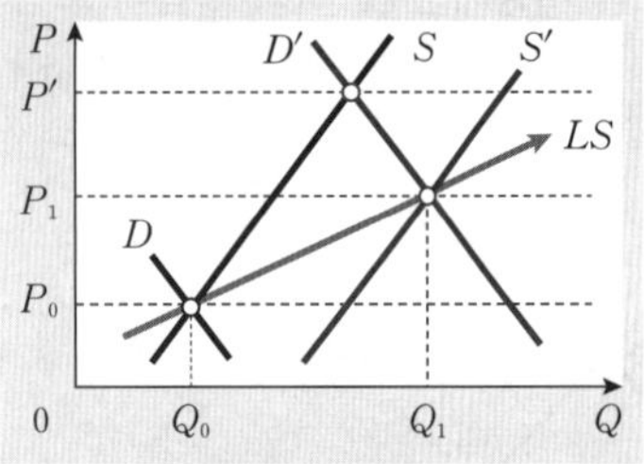

<완전경쟁시장>

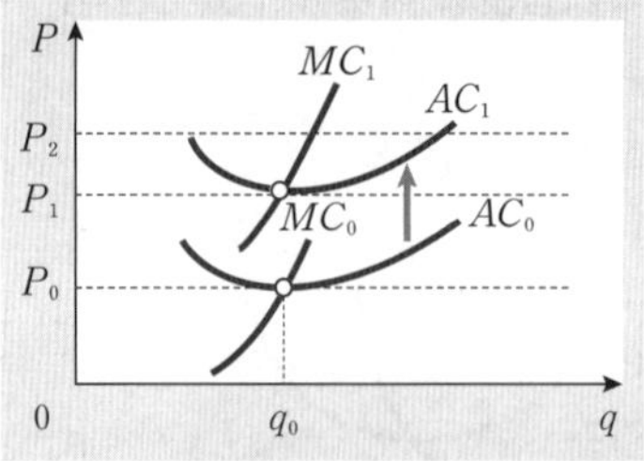

<개별 기업>

• 장기균형 과정에서 요소가격이 상승하여 비용이 증가하므로 기존 기업의 모든 비용곡선이 상방 이동한다.
• 따라서 비용불변산업의 경우에 비하여 시장가격은 높아지고 장기시장수급량의 증가폭은 작아지므로 장기시장공급곡선이 우상향한다.
• 생산량이 증가하면 요소수요(파생수요)가 증가하여 비용이 증가하는 것이 일반적으로, 장기시장공급곡선은 대개 우상향한다.
• 비용불변산업의 경우에 비하여 진입 기업의 수가 적다.

③ 비용감소산업

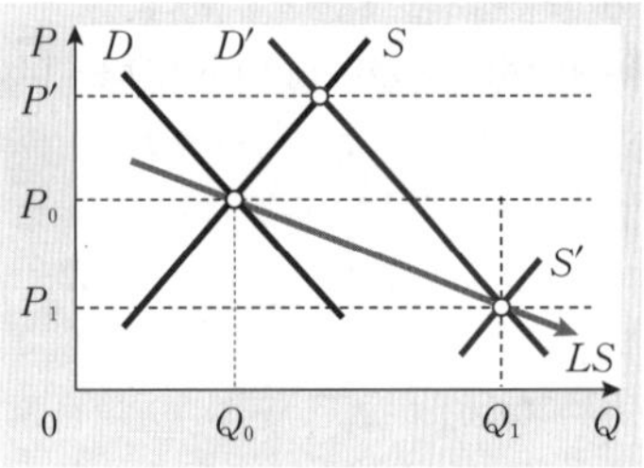

<완전경쟁시장>

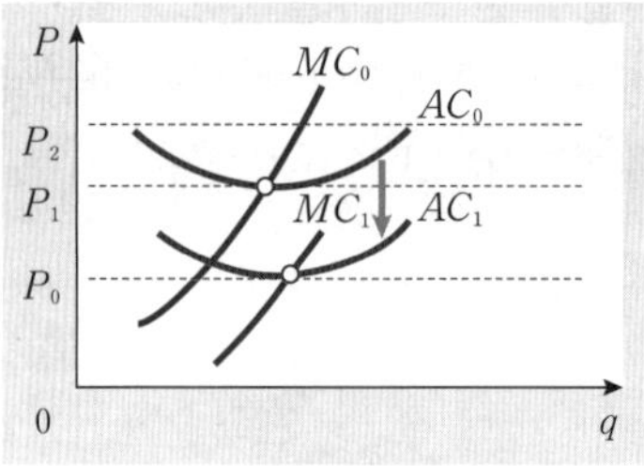

<개별 기업>

• 장기균형 과정에서 요소가격이 하락하여 비용이 감소하므로 기존 기업의 모든 비용곡선이 하방 이동한다.
• 따라서 비용불변산업의 경우에 비하여 시장가격은 낮아지고 장기시장수급량의 증가폭은 커지므로 장기시장공급곡선이 우하향한다.
• 기술 진보 등에 따라 생산비가 대폭 감소하는 경우 장기시장공급곡선이 우하향할 수 있다.
• 비용불변산업의 경우에 비하여 진입 기업의 수가 많다.

6. 완전경쟁시장에 대한 평가

◀ 시험 POINT 완전경쟁시장은 효율성은 달성하지만 공평성은 달성하지 못합니다.

(1) 장점

① **효율적인 자원 배분:** 장·단기에 항상 $P=MC$가 성립하므로 사회적인 관점에서 가장 효율적인 생산이 이루어지며, 사회 후생이 극대화된다.

② **최적 시설 규모에서 생산:** 장기균형에서 $P=MR=LAC$의 요건이 충족되며, 개별 기업은 장기평균비용(LAC)의 최저점에서 생산 가능하다. 최적 시설 규모에서 최적 산출량만큼의 재화가 생산되므로 시설에 대한 낭비요인이 없어진다.

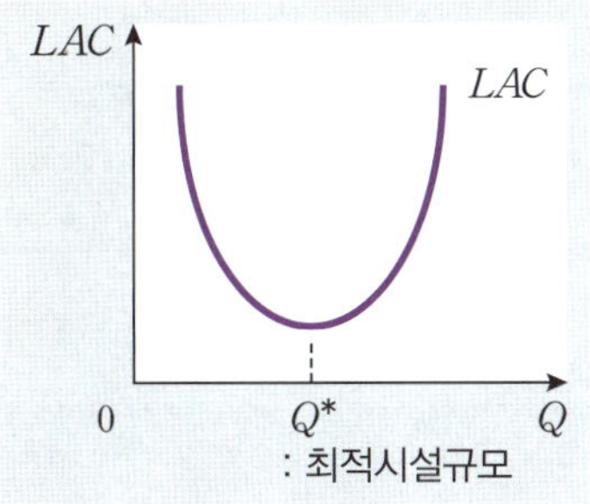

③ **의사결정의 분권화:** 모든 경제 주체의 경제적 자유와 균등한 기회가 보장된다.

(2) 단점

① **비현실적:** 완전경쟁시장은 기본적으로 수많은 전제조건들이 전부 충족되는 경우에 가능하지만, 현실에서 상품의 동질성, 정보의 완전성 등의 조건들을 완벽하게 실현하는 것은 거의 불가능하다.

② **소득분배의 불공정성:** 완전경쟁시장은 '자원배분의 효율성'이 달성되는 시장이지, '소득분배의 공평성'을 기대할 수 있는 시장은 아니다.

개념확인 문제

Q 완전경쟁시장에 관한 설명으로 옳지 않은 것은? (단, 모든 기업의 평균비용곡선은 U자형으로 동일하며, 생산요소시장도 완전경쟁임) 12년 노무사

① 개별 기업이 직면하는 수요곡선은 수평이다.
② 평균가변비용곡선의 최저점이 단기에 조업중단점이 된다.
③ 비용불변산업의 경우 장기균형가격은 시장수요의 크기에 영향을 받는다.
④ 자원배분의 효율성이 충족된다.
⑤ 비용체증산업의 경우 산업의 장기공급곡선은 우상향한다.

정답 ③

해설

완전경쟁시장에는 수많은 수요자가 있으므로 장기균형가격은 시장수요의 영향을 받지 않고 장기평균비용의 최저점으로 결정된다.

Chapter 02

독점시장

✣ 학습목표

- 독점그래프를 이해할 수 있다.
- 다공장 독점의 조건을 기억하여 문제화시킬 수 있다.
- 가격차별의 의미와 3급 가격차별의 조건을 기억하여 문제화시킬 수 있다.
- 이부가격제에서 기본요금과 사용요금을 구할 수 있다.
- 한계비용 가격설정과 평균비용 가격설정을 구분할 수 있다.

01 독점의 개념과 특징 ★★★

1. 독점의 개념

① 독점(monopoly)이란 모든 재화의 공급이 시장지배력을 갖는 1개의 기업에 의해 이루어지는 시장 형태를 의미한다.

② 산업의 정의에 따라 독점으로 볼 수도 있고 과점으로 볼 수도 있는 경우가 발생할 수 있는데, 산업을 좁게 정의하면 독점으로 분류되는 경우가 많이 발생한다.

③ 예를 들면, 철도 시장에서 철도공사는 독점공급자이지만, 운수업으로 산업을 정의하면 대체재인 고속버스, 항공기 등이 있으므로 과점에 속할 수 있다.

2. 독점의 특징

(1) 시장지배력이 크다

① 독점기업은 시장지배력을 가지고 있으므로 가격설정자(price setter)로 행동한다.

② 완전경쟁시장의 개별 기업과 달리 가격차별(price discrimination)이 가능하다.

(2) 독점기업의 수요곡선은 우하향한다

① 독점기업이 직면하는 수요곡선은 독점기업이 다 가져가므로 우하향하는 시장 전체의 수요곡선이다.

② 결국 가격을 올리면 수요량이 감소하고, 가격을 내리면 수요량이 증가한다.

(3) 공급곡선이 존재하지 않는다

① 독점기업은 자신에게 가장 유리한 생산점을 선택할 수 있다. 따라서 일정 가격에 생산량을 정하는 공급곡선은 존재하지 않는다.

② 따라서 독점시장은 MC로 공급곡선을 대체한다.

(4) 대체재 부재

① 독점의 경우에는 직접적인 대체재가 존재하지 않으므로 경쟁상대가 없다.
② 따라서 가격경쟁과 비가격경쟁이 존재하지 않는다.
③ 가격경쟁은 가격을 얼마나 저렴하게 판매하느냐 하는 것이다.
④ 비가격경쟁은 광고·판매, 제품차별화, 판매계열화 등 가격 외적인 면에서 행하여지는 경쟁을 의미한다.

(5) 완벽한 진입장벽

① 독점기업은 장기 혹은 단기와 무관하게 신규 기업의 시장진입이 불가능하다.
② 독점기업은 이 진입장벽을 근거로 생산량을 결정할 때, 효율적 자원배분에 의한 최적생산이 아닌, 기업의 최대이윤을 달성하는 수준에서 생산량을 결정한다.

02 독점시장에서의 총수입, 평균수입, 한계수입 ★★☆

1. 독점시장의 총수입, 평균수입, 한계수입

(1) 총수입(TR, Total Revenue)

① 독점기업의 수요곡선은 우하향하므로, 가격 변화 시 총수입의 증감여부는 수요의 가격탄력성에 따라 달라진다.
② 수요의 가격탄력성이 1일 때 극대화된다.

(2) 평균수입(AR, Average Revenue)

① 재화 1단위당 수입의 크기로 총수입을 판매량으로 나눈 값과 가격이 일치한다.

$$AR = \frac{TR}{Q} = \frac{P \times Q}{Q} = P$$

② 특정 수량에서의 수요곡선까지의 높이가 평균수입을 나타내므로 수요곡선과 평균수입곡선은 일치한다.

(3) 한계수입(MR, Marginal Revenue)

① 판매량이 1단위 증가할 때 총수입의 증가분$\left(MR = \frac{\Delta TR}{\Delta Q}\right)$이다.
② 한계수입은 수요곡선과 절편은 동일하고 기울기는 2배인 곡선이다.
③ 독점시장이 맞이하는 수요곡선의 절반에서 수입이 극대화된다.

(a) 수요곡선과 한계수입곡선

(b) 총수입곡선

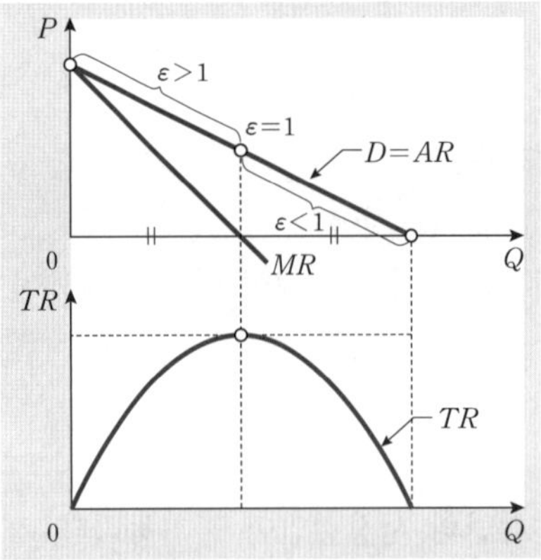

④ 아모르소-로빈슨(Amoroso-Robinson) 공식으로 한계수입을 구할 구 있다.

- $MR = \dfrac{dTR}{dQ} = \dfrac{d(P \cdot Q)}{dQ} = P + \dfrac{dP}{dQ} \cdot Q = P\left(1 + \dfrac{Q}{P} \cdot \dfrac{dP}{dQ}\right) = P(1 - \dfrac{1}{e_d})$

- 아모르소-로빈슨 공식에서 사용하는 것은 곱셈의 미분공식이다. 독립변수인 TR은 $P \times Q$이므로 Q가 변하면, Q뿐만 아니라 수요법칙에 따라 P도 변하기 때문에 곱셈의 미분법인 $(f(x)g(x))' = f'(x)g(x) + f(x)g'(x)$를 사용한다.

⑤ 주어진 수요곡선으로 한계수입을 구할 수 있다.

- 예를 들어, 수요곡선이 $P = 10 - Q$라면 총수입은 $TR = P \times Q$이다. 따라서 $(10 - Q)Q = 10Q - Q^2$이다.
- 총수입을 미분하면 한계수입이므로 $MR = 10 - 2Q$이다.
- 결론적으로 한계수입 MR은 수요곡선과 비교하여 P절편은 동일하고 기울기가 2배인 곡선임을 알 수 있다.

(4) 독점의 이윤극대화

① 한계수입과 한계비용이 일치하는 지점에서 이윤극대화 생산량이 결정된다.

② 완전경쟁수준보다 가격은 높고 수량은 적으며, 후생손실이 발생한다.

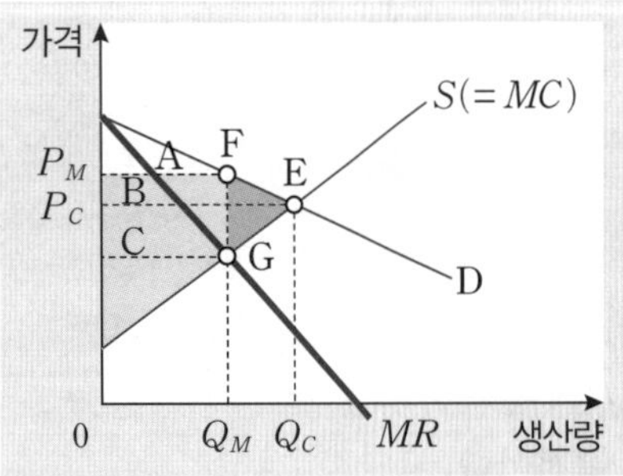

*△FEG: 후생손실, M: 독점시장, C: 완전경쟁시장

2. 독점의 단기균형과 장기균형

(1) 단기균형의 도출

① 독점기업은 $MR = MC$가 충족되는 점에서 가격과 생산량을 결정한다.

② 독점기업은 단기적으로 시행착오를 겪을수도 있으므로, 초과이윤을 볼 수도 있고 정상이윤만 얻을 수도 있으며 손실을 볼 수도 있다.

(2) 장기균형의 도출

장기균형은 장기한계비용(LMC)과 한계수입(MR)이 일치하는 점에서 이루어지므로, 장기에 독점기업은 바람직한 양보다 적게 생산하며 가격은 효율적인 상태보다 높다.

3. 독점시장의 평가

(1) 긍정적 측면

① 규모의 경제가 적용되는 경우 생산비용이 감소할 수 있다.

② 기술 개발과 생산방법의 혁신을 위한 연구 개발 투자의 여력이 생길 수 있어 국제 경쟁력 강화를 도모할 수 있다.

(2) 부정적 측면

① 완전경쟁체제에 비해 생산량은 더 작고 가격은 높다. 이로 인해 비효율적 자원 배분을 통해 사회적 후생손실이 발생한다.

② 과소생산으로 최적 규모로 생산시설을 가동하지 않아서 초과설비를 보유하게 된다. 따라서 자원의 최적 활용에 실패한다.

③ X 비효율성

라이벤스타인(H, Leibenstein)의 주장으로, 경쟁압력이 없어서 독점기업의 경영자나 노동자가 최대한의 능력을 발휘하지 않아서 발생하는 비효율을 말한다. 이는 AC 곡선이 상방으로 이동하는 효과를 의미한다.

개념확인 문제

Q 그림은 독점기업의 단기균형을 나타낸다. 이에 대한 설명으로 옳은 것은? (단, MR은 한계수입곡선, D는 수요곡선, MC는 한계비용곡선, AC는 평균비용곡선) 19년 지방직

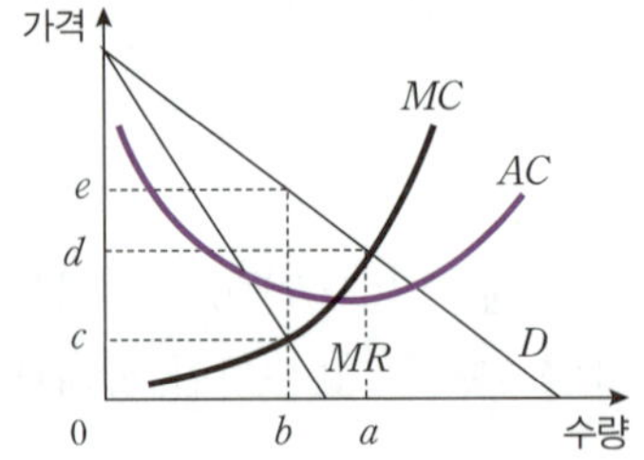

① 단기균형에서 이 기업의 생산량은 a이다.
② 단기균형에서 이 기업의 이윤은 $b \times (e-c)$이다.
③ d는 균형가격을 나타낸다.
④ 균형생산량 수준에서 평균비용이 한계비용보다 크다.

정답 ④

해설

균형생산량 수준에서 $MR = MC$가 만나는 b를 생산한다. 이때 평균비용이 한계비용보다 크다.

오답체크

① 단기균형에서 이 기업의 생산량은 b이다.
② 문제에서 주어진 기호로 표현할 수 없다.
③ d는 완전경쟁시장의 균형가격을 나타낸다.

03 독점기업의 독점도 ★★★

1. 러너(A. lerner)의 독점도

(1) 개념

러너(A. lerner)는 가격이 한계비용을 초과하는 비율이 높을수록 독점의 정도(DM, Degree of Monopoly)가 크다는 것에 착안하여 그 정도를 재는 지표를 제시하였다.

(2) 공식

① $DM = \dfrac{P - MC}{P}$이다.

② 완전경쟁시장은 $P = MC$이다. 따라서 0과 가까울수록 완전경쟁시장에 가깝고, 커질수록 독점시장에 가깝다.

2. 힉스(Hicks)의 독점도

(1) 개념

힉스는 독점도는 수요의 가격탄력도에 반비례한다고 주장하였다.

(2) 공식

① $DM = \dfrac{P-MC}{P} = \dfrac{P-MR}{P} = \dfrac{P-P\left(1-\dfrac{1}{e_d}\right)}{P} = \dfrac{1}{e_d}$

② 완전경쟁의 경우 $P=MC$이고 $e_d=\infty$이므로 DM은 0이 된다.

개념확인 문제

Q 어느 재화에 대한 수요곡선은 $Q=100-P$이다. 이 재화를 생산하여 이윤을 극대화하는 독점기업의 비용함수가 $C(Q)=20Q+10$일 때, 이 기업의 러너 지수(Lerner index) 값은? 17년 지방직

① $\dfrac{1}{4}$　② $\dfrac{1}{3}$

③ $\dfrac{2}{3}$　④ $\dfrac{3}{4}$

정답 ③

해설

1) 수요함수가 $P=100-Q$이므로 한계수입 $MR=100-2Q$이다.
2) 비용함수 $C(Q)=20Q+10$을 Q에 대해 미분하면 $MC=20$이다.
3) 이윤극대화 조건 $MR=MC$로 두면 $100-2Q=20$이므로 이윤극대화 생산량 $Q=40$이다.
4) $Q=40$을 수요함수에 대입하면 $P=60$이고, 한계비용 $MC=20$이다.
5) 수치를 러너의 독점도에 대입하면 $DM=\dfrac{P-MC}{P}=\dfrac{60-20}{60}=\dfrac{2}{3}$이다.

04 다공장 독점 ★★★

1. 다공장 독점의 의미와 균형 조건 (◀ 시험 POINT 다공장독점의 이윤극대화 조건을 기억합니다.)

(1) 의미

① 여러 개의 공정(또는 공장)을 통해 생산물을 생산하는 독점기업을 다수공정 독점기업이라 한다.

② 독점기업은 공정별 한계비용곡선을 수평합하여 기업 전체의 한계비용곡선을 도출한 후 이윤극대화 총생산량을 결정한다.

(2) 다수공정 독점기업의 이윤극대화 균형 조건(단, 공장이 2개인 경우)

① 시장은 하나이므로 수요곡선에서 도출된 MR도 하나이다.

② 공장은 2개이므로 1 공장의 한계비용은 MC_1, 2 공장의 한계비용은 MC_2이다.

③ 두 공장은 각각 이윤극대화를 추구할 것이므로, $MR = MC_1$, $MR = MC_2$가 성립한다.

④ 이를 조합하면 $MR = MC = MC_1 = MC_2$가 성립한다.

⑤ 그래프

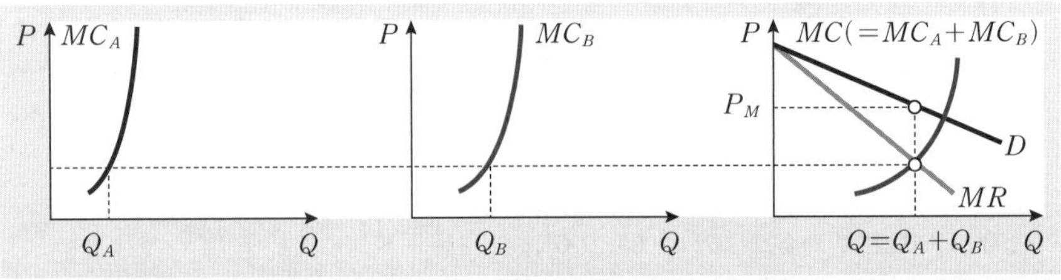

<A 공정> <B 공정> <독점기업>

2. 다공장 독점의 균형가격과 생산량

① 이윤극대화 총생산량이 결정되면 공정별 생산량을 할당한다.

② 당연히 보다 낮은 (한계)비용으로 생산할 수 있는 효율적 공정에 많은 생산량을 할당한다.

개념확인 문제

Q 독점기업 A는 동일한 상품을 생산하는 두 개의 공장을 가지고 있다. 두 공장의 비용함수와 A기업이 직면한 시장수요곡선이 다음과 같을 때, A기업의 이윤을 극대화하는 각 공장의 생산량을 옳게 짝지은 것은? (단, P는 가격, Q는 총생산량, Q_1은 공장 1의 생산량, Q_2는 공장 2의 생산량)

20년 국가직

- 공장 1의 비용함수: $C_1(Q_1) = 40 + Q_1^2$
- 공장 2의 비용함수: $C_2(Q_2) = 90 + 6Q_2$
- 시장수요곡선: $P = 200 - Q$

	Q_1	Q_2		Q_1	Q_2
①	3	94	②	4	96
③	5	98	④	6	100

정답 ①

해설

1) 다공장 독점의 균형조건은 $MR = MC_1$, $MR = MC_2$가 성립해야 한다.
2) 위의 식에서 $MR = 200 - 2Q$이며 $Q = Q_1 + Q_2$이다.
3) 공장 1에서는 $200 - 2(Q_1 + Q_2) = 2Q_1 \rightarrow 4Q_1 + 2Q_2 = 200$이 성립한다.
4) 공장 2에서는 $200 - 2(Q_1 + Q_2) = 6 \rightarrow 2Q_1 + 2Q_2 = 194$가 성립한다.
5) 이를 연립하여 풀면 $2Q_1 = 6 \rightarrow Q_1 = 3$, $Q_2 = 94$가 도출된다.

05 가격차별 ★★☆

1. 가격차별의 의미와 성립조건

(1) 의미

동일한 재화에 대하여 서로 다른 가격을 설정하는 것을 의미한다.

(2) 가격차별의 성립조건

① 기업이 독점력(시장지배력)을 가지고 있어야 한다.
② 시장의 분리 또는 서로 다른 수요 집단으로 분리가 가능하여야 한다.
③ 각 시장의 수요의 가격탄력성이 서로 달라야 한다(3급 가격차별에 한함).
④ 시장 간 재판매가 불가능하여야 한다.
⑤ 시장분리비용이 시장분리에 따른 이윤증가분보다 작아야 한다.

2. 가격차별의 종류

(1) 제1급 가격차별(완전가격차별, perfect price discrimination)

① 의미: 재화에 대하여 각각의 소비자들이 지불할 용의가 있는 최대 금액을 독점기업이 가격으로 설정하여, 개별의 소비자들의 지불 용의를 모두 가격으로 받는 것을 의미한다.

② 자원배분이 효율적이지만 모든 잉여(④ 그래프의 $A+B$)는 생산자잉여로 귀속된다.

③ 독점기업이 모든 소비자의 지불 용의를 아는 것은 불가능하므로 현실에서 찾기 어렵다.

④ 그래프

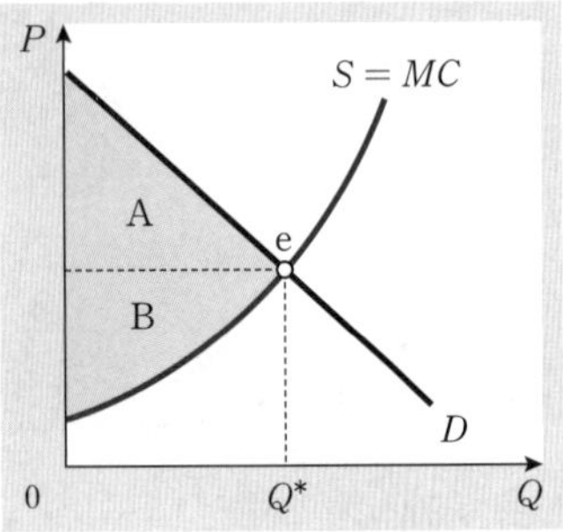

(2) 제2급 가격차별(second degree price discrimination)

① 의미: 재화의 구입량에 따라 각각 다른 가격을 설정하는 것이다. 예 공동구매 등

② 가격차별을 실시하지 않는 경우보다 생산량이 증가한다.

③ 그래프

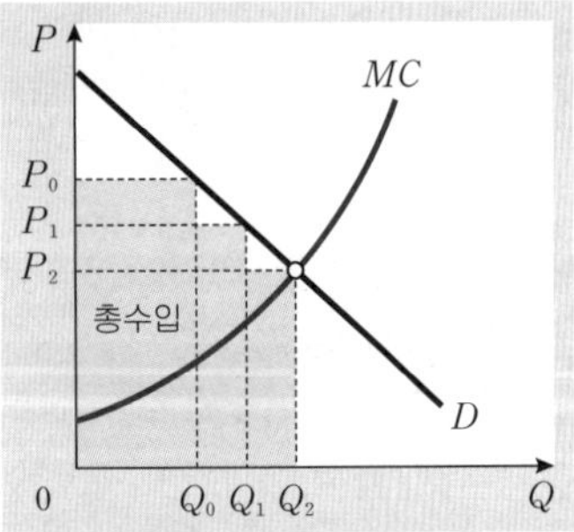

④ 2급 가격차별의 또 다른 유형

- **장애물 가격차별**: 마트에서 쿠폰을 오려가는 것처럼 장애물을 뛰어넘어 소비자가 자산을 드러내도록 하는 것이다.
- **시점간 가격차별**: 세일 기간에 싸게 파는 것처럼 동일한 재화를 구입시점에 따라 서로 다른 가격에 판매하는 것이다.

(3) 제3급 가격차별 ◀ 시험 POINT 가격차별에서 이윤극대화 조건을 응용하여 계산할 수 있어야 합니다.

① 의미: 소비자들의 특징에 따라 시장을 몇 개로 분할하여 각 시장에서 서로 다른 가격을 설정하는 것이다. 일반적으로 가격차별이라고 하면 제3급 가격차별을 의미한다.

② **사례**: 극장에서 일반인과 학생의 입장료를 다르게 설정하는 것, 가전제품을 국내에서는 높은 가격으로 판매하고 해외에서는 낮은 가격으로 판매하는 것, 이발관에서 어린이와 성인의 이발 요금을 다르게 설정하는 것 등이 있다.

③ 이윤극대화 조건

- 기업은 하나이므로 한계비용도 하나이다.
- 시장은 두 개이므로 수요곡선도 두 개이다. 따라서 한계수입은 2개 존재한다.
- 1 시장의 이윤극대화 조건은 $MR_1 = MC$, 2 시장의 이윤극대화 조건은 $MR_2 = MC$이다.
- 따라서 $MR_1 = MR_2 = MC$가 성립한다.

④ **가격 설정**: 1 시장의 수요의 가격탄력성이 탄력적인 재화는 가격을 낮추어 판매하고, 2 시장의 비탄력적인 재화는 가격을 높여서 판매한다.

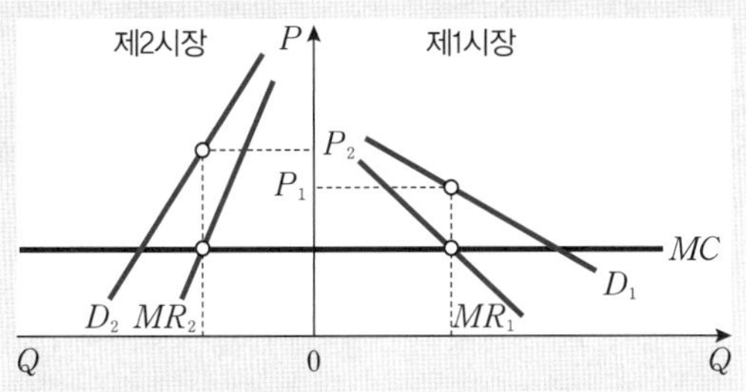

⑤ 3급 가격차별에서의 두 시장의 탄력도와 가격과의 관계

- $MR_1 = MR_2$에서 아모로소-로빈슨 공식을 이용하면 $P_1\left(1-\frac{1}{e_1}\right)= P_2\left(1-\frac{1}{e_2}\right)$이 성립한다.
- 그러므로 $e_1 > e_2$이면 $P_1 < P_2$이므로 수요의 가격탄력성이 큰 시장에서는 낮은 가격을, 수요의 가격탄력성이 작은 시장에서는 높은 가격을 설정한다.

3. 가격차별의 평가

(1) 장점

① 가격차별에 따른 생산량 증가로 자원배분의 비효율이 상당부분 해소된다(사회적 후생손실의 감소).

② 제3급 가격차별의 경우 가격차별은 가격탄력성이 큰 소비자 그룹에 대해서는 낮은 가격을 책정하는 형태로 이루어지는데, 빈곤하여 가격탄력성이 높게 된 것이라면 이들에게 상대적으로 유리하게 소득이 재분배되는 효과가 있다.

(2) 단점

① 소비자 차별대우에 따른 불쾌감이 초래될 수 있다.

② 소비자잉여가 독점기업의 수익으로 전환된다.

개념확인 문제

Q 수요의 특성이 다른 두 개의 분리된 시장 A와 B에서 이윤극대화를 추구하는 독점기업이 있다고 가정하자. 이 독점기업의 한계비용은 5이고, 시장 A와 시장 B에서 수요의 가격탄력성이 각각 1.5 및 1.2일 때, 시장 A와 시장 B에서의 독점가격은? 13년 지방직

	시장 A 독점가격	시장 B 독점가격
①	15	20
②	20	10
③	20	15
④	15	30

정답 ④

해설

1) 한계수입 $MR=P\left(1-\frac{1}{\varepsilon}\right)$이고, 이윤극대화는 한계수입과 한계비용이 일치하는 점에서 이루어지므로 $MR=MC$로 두면 $P\left(1-\frac{1}{\varepsilon}\right)=MC$, $P=\frac{MC}{1-\frac{1}{\varepsilon}}$의 관계가 성립한다.

2) 그러므로 각 시장에서 독점기업이 설정하는 가격은 다음과 같다.

- 시장 A: $P_A=\frac{5}{1-\frac{1}{1.5}}=15$
- 시장 B: $P_B=\frac{5}{1-\frac{1}{1.2}}=30$

06 이부가격제 ★★★

1. 이부가격제(two-part tariff)의 의미와 설정 원리

◀ 시험 POINT 이부가격제의 한계비용은 사용료, 소비자 잉여는 기본료로 징수함을 기억해야 합니다.

(1) 의미

소비자로 하여금 일정한 금액(가입비)을 지불하고 특정 상품을 사용할 권리를 구매하게 한 다음, 구매량에 비례해 추가적인 가격(사용료)을 지불하게 하는 방법이다.

(2) 가입비와 사용료의 설정

① 독점적 생산자가 소비자잉여의 크기를 예상해 이를 가입비로 받는다.

② 사용료는 한계비용과 일치시킴으로써 이윤 극대화를 시도한다.

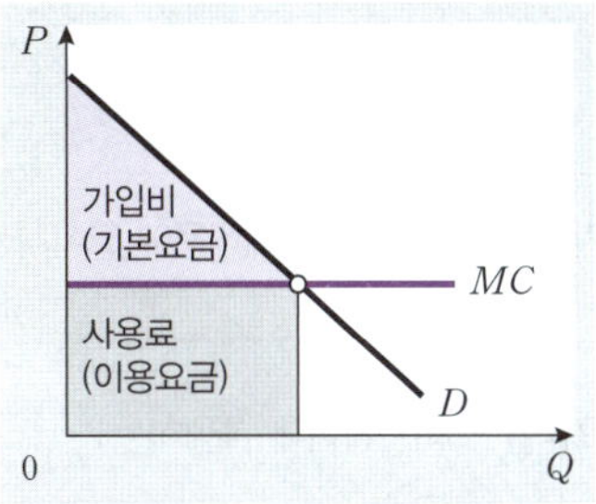

2. 이부가격제도의 단점과 최적 이부요금의 설정

(1) 단점

고정 요금이 너무 높게 설정될 경우 소비자들이 구입을 포기할 수 있다.

(2) 오이(W. Y. Oi)의 최적 이부요금 설정 방식

① 최적 이부요금을 계산하기 위해서는 비용함수와 수요함수뿐만 아니라 각 소비자의 선호에 대한 정보가 필요하다.

② 고정 수수료(기본요금)와 단위당 사용 요금(사용료)을 적절히 결정하여 이윤을 극대화하는 것이다.

③ 기본요금에 대한 탄력성이 크면 기본요금을 낮게, 탄력성이 작으면 요금을 높게 책정한다.

개념확인 문제

Q 어느 지역에서 독점적으로 서비스를 공급하고 있는 피트니스클럽 A가 이부가격제도(two-part tariff)를 시행하려고 한다. A의 서비스에 대한 시장수요함수는 $Q = 4,000 - 5P$이다. 여기서는 Q는 제공하는 서비스의 양이고, P는 A의 서비스 한 단위당 가격이다. 또한 A의 서비스 제공에 따른 한계비용은 $MC = 400$이다. A가 이윤을 극대화하기 위한 이부가격제도는? (단위: 원)

16년 지방직

	고정 회비	서비스 한 단위당 가격
①	400,000원	400원
②	400,000원	600원
③	100,000원	600원
④	100,000원	400원

정답 ①

해설

1) 이부가격제를 시행하여 이윤을 극대화하려면 재화 혹은 서비스 1단위당 가격(사용요금)은 한계비용에 일치시키고, 소비자잉여에 해당하는 만큼의 고정요금을 부과하면 된다.
2) 서비스 1단위당 가격은 400원으로 설정해야 한다.
3) $P = 400$을 수요함수에 대입하면 구입량 $Q = 2,000$이다. 그러므로 사용요금을 소비자잉여에 해당하는 $400,000\left(= \frac{1}{2} \times 2,000 \times 400\right)$원으로 설정하면 된다.
4)

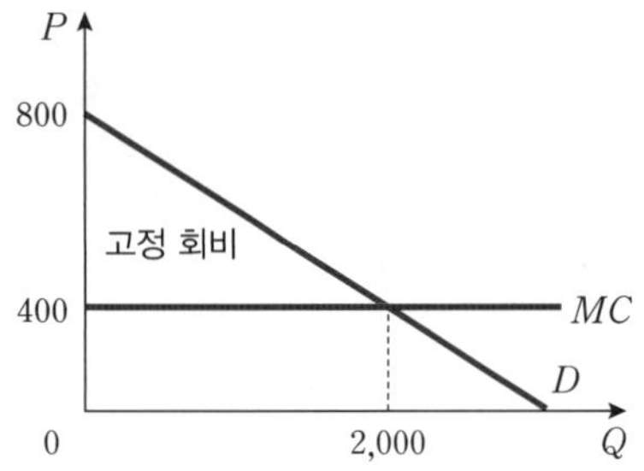

07 묶어팔기 ★★★

1. 개념

여러 상품을 한꺼번에 묶어서 판매하는 것으로, 넓게 보면 가격차별의 일종이라고 할 수 있다.

예 음식점의 코스요리 판매 등

2. 사례 분석

소비자 구분	지불할 용의가 있는 최고 금액	
	상품 1	상품 2
갑	100	50
을	70	120

(1) 상품 1을 구매하는 경우

① 상품 1을 100원에 판매하면 갑은 구입하지만 을은 구입하지 않는다.

② 상품 1을 70원에 판매하면 갑과 을이 모두 구입할 것이다.

③ 따라서 둘 다 구입하게 하는 경우인 140원(= 70 × 2)이 갑만 구입하는 경우인 100원보다 크므로, 기업은 가격을 70원에 설정할 것이다.

(2) 상품 2을 구매하는 경우

① 상품 2를 50원에 판매하게 되면 갑과 을이 모두 구입할 것이다.

② 상품 2를 120원에 판매하면 갑은 구입하지 않고 을만 구입할 것이다.

③ 따라서 둘 다 구입하게 되는 경우인 100원(= 50 × 2)보다 을만 구입하는 경우인 120원이 더 크므로, 기업은 가격을 120원에 설정할 것이다.

(3) 묶음판매하는 경우

① 두 상품을 묶어서 총액으로 판매하는 경우, 갑의 지불용의의 합인 150으로 판매하면 갑과 을이 모두 구매하게 된다.

② 을의 지불용의의 합인 190원에 판매하게 되면 을만 구매할 것이다.

③ 따라서 눌 다 구매하게 되는 300원(150 × 2)이 을만 구입하는 190원보다 크므로, 묶음상품의 가격은 150원이 될 것이다.

④ 두 재화의 가격이 유사해져야 묶음판매가 가능하므로, 묶음판매 시 두 재화의 가격이 반대 방향이어야 한다.

개념확인 문제

Q 의류 판매업자인 A 씨는 아래와 같은 최대지불용의금액을 갖고 있는 두 명의 고객에게 수영복, 수영모자, 샌들을 판매한다. 판매전략으로 묶어팔기(bundling)를 하는 경우, 수영복과 묶어 팔 때가 따로 팔 때보다 이득이 더 생기는 품목과 해당 상품을 수영복과 묶어 팔 때 얻을 수 있는 최대 수입은?

17년 국회 8급

구분	최대 지불용의 금액		
	수영복	수영모자	샌들
고객 (ㄱ)	400	250	150
고객 (ㄴ)	600	300	100

① 수영모자, 1300　② 수영모자, 1400　③ 샌들, 1000
④ 샌들, 1100　⑤ 샌들, 1200

정답 ④

해설

1) 묶어팔기가 수입이 증가하기 위해서는 두 품목의 가격이 고객에 대해 역의 관계가 있어야 하므로 수영복과 샌들이 된다.
2) 이때 최대수입은 수영복 가격과 샌들 가격을 합한 550을 받는 경우 고객 모두에게 판매가 가능하다. 따라서 최대 수입은 $1,100(=550\times2)$이다.

08 독점의 규제 ★★★

1. 독점규제의 필요성

독점은 자원배분의 비효율성을 가져오므로 정부의 규제가 필요하다. 공정거래에 관한 법률 등이 있지만 여기에서는 가격규제를 중심으로 살펴보려고 한다.

2. 자연독점의 가격규제

(1) 한계비용가격규제($P=MC$)

① 수요곡선과 한계비용(MC)곡선의 교점에서 가격규제를 하면 $P=MC$가 성립하여 자원배분이 효율적으로 이루어지지만, 가격이 평균비용(AC)보다 낮으므로 자연독점기업은 적자가 발생하여 생산의 유인이 사라진다.

② 이 경우, 정부가 보조금을 지원하여 생산을 유도한다.

(2) 평균비용가격규제($P = AC$)

① 가격이 평균비용과 일치하므로 적자가 발생하지 않는다.

② $P > MC$가 되어 자원배분이 비효율적으로 이루어진다.

(3) 그래프 분석

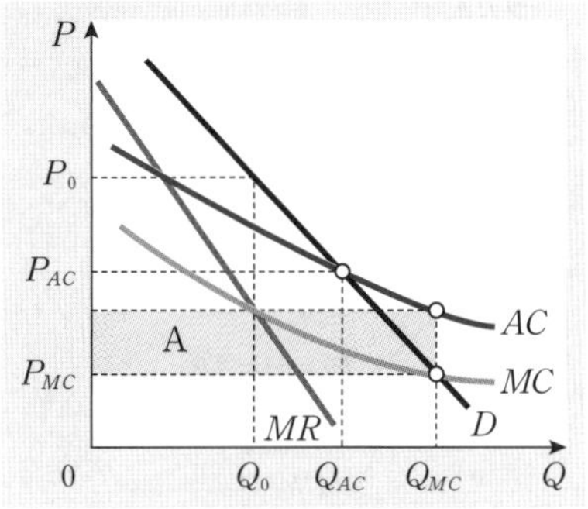

① 자연독점기업의 이윤극대화($MR = MC$): 한계수입과 한계비용이 일치하는 지점에서 결정되므로 생산량$= Q_0$, 가격$= P_0$이다.

② 한계비용가격정책($P = MC < AC$): 자원배분이 효율적으로 이루어지지만, 가격 P_{MC}가 평균비용(AC)보다 낮으므로 자연독점기업은 A만큼 적자가 발생한다.

③ 평균비용가격정책($P = AC > MC$): 자연독점기업은 적자가 발생하지는 않지만 $P_{AC} > MC$가 되어 자원 배분이 비효율적이다.

(4) 정액세(lump-sum tax)

① 독점기업의 생산량과 무관하게 일정액의 세금을 부과한다.

② 정액세는 고정비용의 성격을 가지므로 평균비용만 증가하고 한계비용은 불변이다.

③ 이 경우 한계비용곡선이 불변이므로 원래의 독점시장균형은 불변이다. 단, 정액세액만큼 독점이윤만 감소한다.

(5) 물품세(종량세)

① 독점기업의 생산물 단위당 일정액의 세금을 부과한다.

② 물품세는 가변비용의 성격을 가지므로 평균비용과 한계비용 모두 증가한다.

③ 한계비용곡선이 상방이동하므로, 가격은 상승하고 시장수급량은 감소하며 독점이윤은 감소한다.

(6) 독점이윤세

① 독점이윤에 일정률의 이윤세를 부과한다.

② 사후적으로 부과되므로 비용을 변화시키지 않으며 독점균형도 불변이다.

09 완전경쟁시장과 독점시장의 비교 ★★★

구분	완전경쟁시장	독점시장
시장지배력	없음	있음
개별 기업이 직면하는 수요곡선	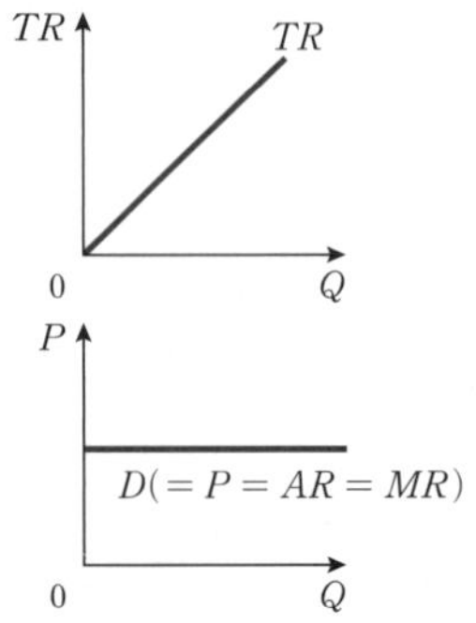 개별 기업이 직면하는 수요곡선: 수평선	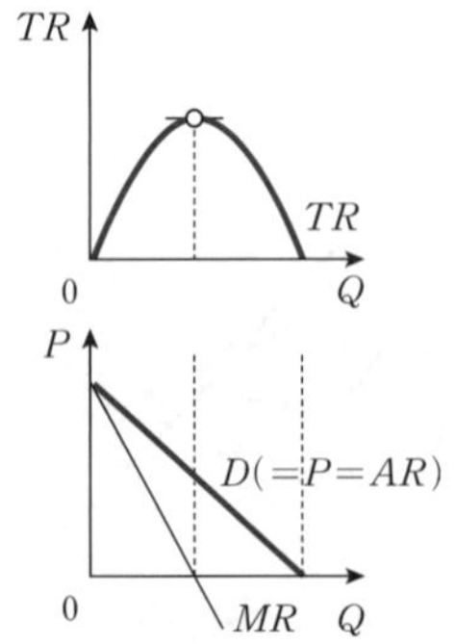 개별 기업이 직면하는 수요곡선: 우하향
일물일가의 법칙	성립	성립하지 않음
균형조건	• 단기: $P=AR=MR=MC$ • 장기: $P=AR=MR$ $=SMC=SAC$ $=LMC=LAC$	• 단기: $P=AR>MR=MC$ • 장기: $P=AR>SAC=LMC$ $=AR>MR=SAC=LMC$
단기공급 곡선	AVC 곡선을 상회하는 MC	존재하지 않음
이윤	• 단기: 초과이윤, 정상이윤, 손실 가능 • 장기: 정상이윤	• 단기: 초과이윤, 정상이윤, 손실 가능 • 장기: 초과이윤
경제적 효과	• 효율적 자원배분($P=MC$) • 시장기능의 활성화로 독점시장보다 낮은 가격으로 더 많은 생산량 공급 • 경제력의 분산	• 비효율적 자원 배분($P>MC$) • 완전경쟁시장보다 높은 가격으로 더 적은 생산량 공급 • 경제력의 집중

개념확인 문제

Q 독점기업의 행동에 대한 설명으로 옳지 않은 것은? 13년 서울시

① 독점기업은 수요가 비탄력적인 구간에서 생산한다.
② 독점기업은 한계수입과 한계비용이 일치하도록 생산한다.
③ 독점기업은 공급곡선을 갖지 않는다.
④ 독점기업에 대한 수요곡선은 우하향한다.
⑤ 독점기업은 완전경쟁에 비해 적은 양을 생산한다.

정답 ①

해설
1) 독점기업은 한계수입을 아모르소-로빈슨 공식을 통해 구한다.
2) $MR = P\left(1-\frac{1}{\varepsilon}\right)$에서 수요가 비탄력적인 구간에서 한계수입이 -이다. 따라서 수요가 탄력적인 구간에서 생산한다.

Chapter 03

독점적 경쟁시장과 과점시장

+ 학습목표

- 독점적 경쟁시장의 특징을 이해한다.
- 꾸르노 모형, 베르트랑 모형을 정확하게 이해하고 계산할 수 있어야 한다.
- 굴절수요곡선의 의미를 이해한다.
- 게임이론의 우월전략, 내쉬균형을 이해하고 구할 수 있어야 한다.

01 독점적 경쟁시장 ★★★

1. 독점적 경쟁의 개념과 특징

◀ 시험 POINT 독점시장의 특성을 기억해야 합니다.

(1) 개념

① 독점적 경쟁시장은 진입과 퇴거가 대체로 자유롭고, 다수의 기업이 존재하며, 개별 기업들은 대체성이 높지만 차별화된 재화를 생산하는 시장 형태이다.

② 독점적 경쟁시장에는 독점의 요소(일반적으로 단기)와 경쟁적인 요소(일반적으로 장기)가 공존한다.

③ 독점적 경쟁시장은 현실에 존재하는 가장 흔한 시장이며, '단골을 만든다'라는 개념으로 생각하면 된다.

④ 예로는 학교 앞 분식점, 시내 주유소, 미용실, 목욕탕, 세탁소, 약국, 음식점, 노래방, 책방, 우유 시장, 비누 시장, 커피 전문점 등이 있다.

(2) 특징

① 제품 차별화를 통해 자신의 제품을 어필해야 한다.

② 광고, 판매 조건, 디자인 등을 통한 비가격경쟁이 치열하다.

③ 경쟁시장이므로 다수의 기업(공급자)과 다수의 소비자(수요자)가 존재한다.

2. 독점적 경쟁시장의 균형

(1) 단기적으로는 초과이윤 발생 가능: 독점시장의 성격

① $P > MR = MC$

② 비탄력적 구간에서 생산하지 않는다.

③ 공급곡선이 존재하지 않는다.

④ 초과이윤을 얻을 수도, 정상이윤을 볼 수도, 손실을 입을 수도 있다(다음 그래프에서는 초과이윤 A가 발생하나 반드시 그런 것은 아님).

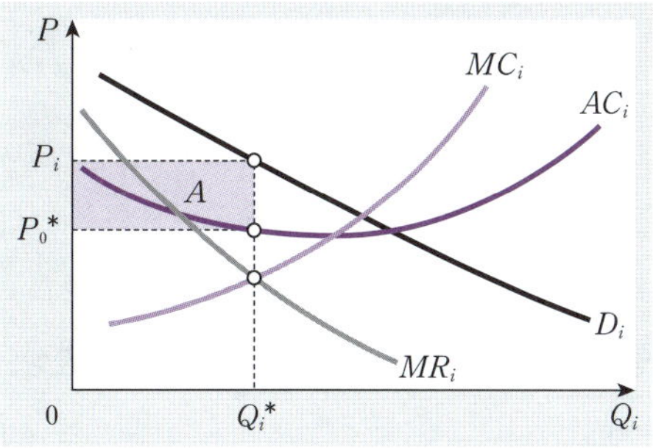

(2) 장기적으로는 정상이윤 발생

① 이윤 측면에서 정상이윤만 발생하므로 완전경쟁시장의 성격을 가진다.

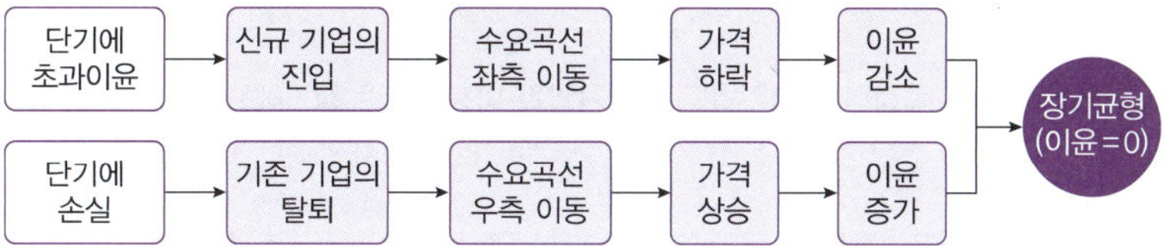

② 비용곡선의 최저점에서 생산하지 않으므로 초과설비가 생기고, 자원배분은 비효율적이다.

3. 독점적 경쟁시장의 평가

(1) 긍정적인 측면

다양한 재화의 생산, 적절한 수준에서 기업 간 경쟁 등이 이루어진다.

(2) 부정적인 측면

① 과소생산이 이루어져 자원배분이 비효율적이다.

② 비가격경쟁에 따른 자원의 낭비가 일어날 수 있다.

③ 평균비용곡선의 최저점에서 생산하지 못하므로 초과설비(유휴설비)를 보유한다.

개념확인 문제

Q 독점적 경쟁의 특징으로 옳지 않은 것은? 15년 노무사

① 완전경쟁과 마찬가지로 다수의 기업이 존재하며, 진입과 퇴출이 자유롭다.
② 독점적 경쟁기업은 차별화된 상품을 생산함으로써, 어느 정도 시장지배력을 갖는다.
③ 독점적 경쟁기업 간의 경쟁이 판매서비스, 광고 등의 형태로 일어날 때, 이를 비가격경쟁이라고 한다.
④ 독점적 경쟁기업은 독점기업과 마찬가지로 과잉설비를 갖지 않는다.
⑤ 독점적 경쟁기업의 상품은 독점기업의 상품과 달리 대체재가 존재한다.

정답 ④

해설
독점기업은 장기에 초과설비를 보유하는데, 독점적 경쟁기업도 독점기업과 마찬가지로 장기에는 초과설비를 보유한다.

02 과점시장 ★★☆

1. 과점시장의 개념

(1) 개념
새로운 기업의 진입이 어렵거나 불가능한 상황에서 소수의 대기업에 의해 지배되는 시장 형태이다.

(2) 사례
과점시장은 현실에서 보편적으로 관찰되는 시장 형태이며, 과점기업이 생산하는 재화는 상품의 질이 동질적인 경우(설탕, 시멘트, 휘발유 등)와 이질적인 경우(자동차, 냉장고, 맥주, 휴대폰 등)로 나누어 볼 수 있다.

2. 과점시장의 특징

(1) 기업의 수가 소수이므로 상호의존성이 크다
① 상호의존성으로 인해 담합으로 발전가능성이 크다.
② 자신의 이윤극대화를 위하여 담합이나 담합의 일종인 카르텔 등의 비경쟁행위를 하려는 경향이 강하다.

(2) 상품의 질이 동질인 경우가 많다

① 상품의 질이 동질일 경우 치열한 비가격경쟁(광고)이 이루어진다.

② 비가격경쟁은 가격 외 경쟁으로 광고나 상품차별화 등을 의미한다.

(3) 진입장벽의 존재

① 과점은 소수의 기업만 존재하는 시장이므로 진입장벽이 높다.

② 물론 독점시장보다는 낮지만 과점의 경우에도 상당한 정도의 진입장벽이 존재한다.

③ **진입장벽**: 독점의 경우와 마찬가지로 규모의 경제, 생산요소의 독점, 정부의 인·허가나 특허권 등에 의한 것 등의 진입장벽을 쌓는다.

3. 독과점의 측정

(1) 상위 k기업 집중률(CRk, k-firm concentration ratio)

① 독점기업은 100%의 점유율을 가지므로 집중률이 높아질수록 불완전경쟁이다.

② **공식**: $CR_k = \sum_{i=1}^{k} S_i$ [단, Si: i기업의 시장점유율($\frac{\text{기업매출액}}{\text{시장매출액}}$)]

(2) 허쉬만-허핀달 지수(HH, Hirschman-Herfindahl index)

① 독점기업은 100%의 집중률을 가지므로 허핀달지수(Herfindahl index)는 10,000이며, 집중률이 높아질수록 불완전경쟁이다.

② **공식**: $HH = \sum_{i=1}^{k} S_i^2$ (k기업 집중률보다 점유율이 높은 기업에 가중치 부여)

③ 두 기업이 특정 시장을 50 : 50으로 양분하고 있으면 허핀달지수에 의한 독과점도는 $50^2 + 50^2 = 5{,}000$이다.

4. 카르텔

(1) 카르텔의 개념과 이윤극대화 조건

① **개념**: 협조적이면서 완전담합의 과점시장 모형이다. 카르텔은 과점기업들이 담합을 통하여 경쟁을 줄여 이윤을 증가시키고 신규 기업의 진입을 저지하기 위하여 마치 독점기업처럼 행동하는 것으로, 다공장 독점과 같다.

② **이윤극대화 조건**: $MR = MC_1 = MC_2$(다공장 독점과 동일함)

(2) 카르텔의 효과

① 독점기업과 같이 행동하므로 대규모 생산에 따른 비용절감효과가 발생할 수 있다.

② 독점의 폐해인 소득분배 측면에서의 불공평성과 후생손실이 발생할 수 있다.

(3) 카르텔의 불안정성

일반적으로 카르텔이 형성되면 이전보다 이윤이 증가하지만, 한 기업이 카르텔을 위반하면 이윤이 대폭 증가할 가능성이 있어 카르텔은 항상 붕괴될 가능성이 있다.

5. 가격선도이론(불완전한 담합)

(1) 의미

① 협조적이면서 불완전한 담합의 과점시장 모형이다.

② 한 기업이 가격을 선도하면 다른 기업들은 이를 그대로 따름으로써 암묵적인 상호협조관계를 통해 공동의 이익을 추구한다.

(2) 대기업(선도자)과 군소기업(추종자)의 가격 설정

① 이 모형에서는 지배적 기업이 군소기업이 각 가격 수준에서 원하는 만큼 팔 수 있도록 허용하는 것으로 가정한다.

② 군소기업들이 팔고자 하는 수량을 모두 팔게 한 후에 나머지 수요를 자신의 이윤극대화조건($MR=MC$)에 의해 가격과 생산량을 결정한다.

(3) 효율적인 기업(선도자)과 비효율적인 기업(추종자)의 가격 선도

비효율적인 기업은 효율적인 기업의 이윤극대화조건($MR=MC$)에 의해 결정된 가격을 따른다.

개념확인 문제

Q 큰 기업인 A와 다수의 작은 기업으로 구성된 시장이 있다. 작은 기업들의 공급함수를 모두 합하면 $S(p)=200+p$, 시장의 수요곡선은 $D_A(p)=400-p$, A의 비용함수는 $c(y)=20y$이다. 이때 A의 잔여수요함수 $D_A(p)$와 균형가격 p는? (단, y는 A의 생산량임) 18년 지방직

	잔여수요함수	균형가격
①	$D_A(p)=400-2p$	$p=50$
②	$D_A(p)=200-2p$	$p=60$
③	$D_A(p)=200-2p$	$p=50$
④	$D_A(p)=400-2p$	$p=60$

정답 ②

해설

1) 시장수요량 $y=400-p$에서 군소기업들의 공급량 $y=200+p$를 빼면, 대기업 A의 수요인 잔여수요함수는 $y=(400-p)-(200+p)=200-2p$이다.

2) 기업 A의 수요함수가 $p=100-\frac{1}{2}y$이므로 한계수입 $MR=100-y$이다.

3) 기업 A의 비용함수를 미분하면 $MC=20$이다. A의 이윤극대화 생산량을 구하기 위해 $MR=MC$로 두면 $100-y=20$, $y=80$이다. $y=80$을 기업 A의 수요함수에 대입하면 균형가격 $p=60$으로 계산된다.

4) 대기업인 기업 A가 $p=60$으로 설정하면 군소기업들은 기업 A가 설정한 가격을 그대로 따르게 된다. $p=60$을 군소기업들의 공급함수에 대입하면 군소기업들의 공급량 $y=260$이 된다.

6. 비용할증 가격설정이론

(1) 개요

과점기업들은 재화가격을 설정할 때 생산 원가인 평균비용(AC)에 일정 비율의 이윤을 부가하여 가격을 설정하는 것으로, full-cost pricing 또는 mark up pricing이라고도 한다.

(2) 주요 내용

목표산출량 수준에서의 평균비용(AC)을 구하고 가격은 다음과 같이 결정한다.

$P=AC(1+m)$ (단, m은 이윤율)

(3) 평균비용으로 가격을 설정하는 이유와 효과

① MR과 MC를 정확하게 알기가 어렵다. 설령 알 수 있어도 $MR=MC$으로 가격을 설정하면 초과이윤이 커지므로 새로운 기업이 진입하려 한다.

② 시장수요가 변하는 경우 $MR=MC$ 방법의 가격설정방법보다 가격변동이 작아진다. 즉, 가격이 경직적이다.

7. 경합시장이론(W. Baumol, R. Willig)

(1) 의미

진입장벽과 퇴거장벽이 전혀 존재하지 않는 시장이다.

(2) 주요 내용

① 기업의 수가 적더라도 시장 진입과 탈퇴가 완전히 자유롭고 비용이 들지 않는 경합시장(contestable market)의 경우에는 완전경쟁시장과 유사한 균형이 가능하다.

② 즉, 경합시장에서는 $P = MC$가 성립하여 효율적인 자원배분이 이루어진다.

③ 따라서 시장기능에 의한 효율적 자원배분을 위해서는 기업의 숫자보다는 진입장벽의 해소가 중요함을 시사하고 있다.

03 복점시장(duopoly) ★★★

1. 독자적 행동 모형의 구분

① 독자적 행동 모형은 다른 기업이 어떤 반응을 보일지를 먼저 고려하고 비협조적으로 의사결정을 하는 것을 의미한다.

② 생산량 결정 모형에는 꾸르노 모형과 슈타켈버그 모형이 있고, 가격 결정 모형으로는 베르뜨랑 모형과 굴절수요곡선모형이 있다.

2. 꾸르노 모형 – 한계비용이 동일한 경우

◀ 시험 POINT 꾸르노 모형의 반응곡선과 생산량이 잘 출제됩니다.

(1) 가정

① 공급자가 둘인 복점(모든 면에서 동일)시장이다.

② 각 기업은 상대방의 산출량은 주어진 것으로 보고 자신의 이윤을 극대화하는 산출량을 선택(두 기업은 모두 추종자)한다.

③ 산출량의 추측된 변화가 0이라 가정한다.

(2) 반응곡선을 통한 이해

단, Q_1은 기업 1, Q_2는 기업 2의 생산량이고 시장수요곡선은 $P = 90 - Q$, $MC = 30$이다.

① **기업 2가 0의 산출량을 선택한 경우:** 기업 1은 시장 전체의 수요인 $P = 90 - Q$를 자신의 수요곡선으로 간주하고, $MR = 90 - 2Q$와 가정으로 설정한 $MC = 30$에서 이윤극대화($MR = MC$) 조건에 의해 $Q = 30$을 선택한다.

② **기업 2가 20의 산출량을 선택한 경우:** 기업 1은 $P = 70 - Q$ 곡선을 자신의 수요곡선으로 간주하고, $MR = 70 - 2Q$와 $MC = 30$에서 이윤극대화($MR = MC$) 조건에 의해 $Q = 20$를 선택한다.

③ **기업 2가 40개의 산출량을 선택한 경우:** 기업 1은 $P=50-Q$ 곡선을 자신의 수요곡선으로 간주하고, $MR=50-2Q$와 $MC=30$에서 이윤극대화($MR=MC$) 조건에 의해 $Q=10$을 선택한다.

④ **기업 2가 60개의 산출량을 선택한 경우:** 기업 1은 $P=30-Q$ 곡선을 자신의 수요곡선으로 간주하고, $MR=30-2Q$와 $MC=30$에서 이윤극대화($MR=MC$) 조건에 의해 $Q=0$을 선택한다.

⑤ 기업 2가 산출량을 선택할 때 이에 대응하여 기업 1의 생산량을 그림으로 나타낸 곡선을 기업 1의 반응곡선이라고 하며, 기업 2의 반응곡선은 같은 원리로 구하면 대칭적으로 구해진다.

⑥ 두 기업의 반응곡선이 교차하는 교점(E)에서 이루어진다. ⑦의 그래프에서는 균형점이 (20, 20)이다.

⑦ **그래프**

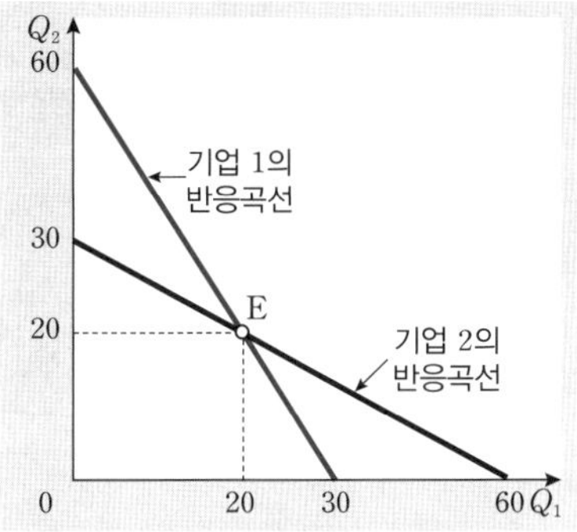

(3) 꾸르노 균형과 다른 시장의 균형량의 비교

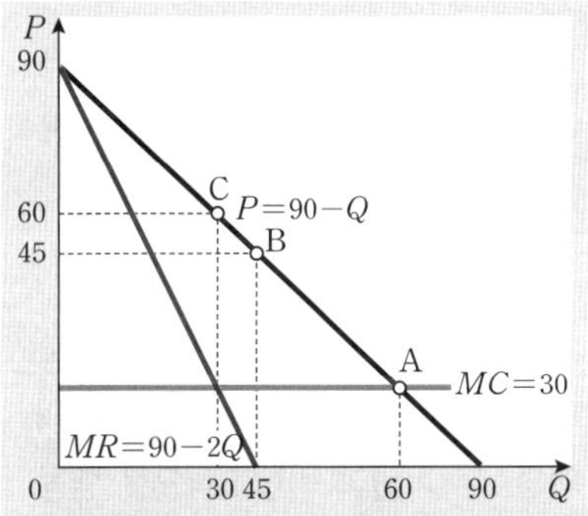

① **독점시장:** 시장수요곡선이 $P=90-Q$이고 $MC=30$일 때 $MR=90-2Q$이므로 생산량은 30이다.

② **완전경쟁시장:** 완전경쟁시장에서는 $P=MC$이므로 $P=90-Q$이고 $MC=30$일 때 생산량은 60이다.

③ 꾸르노 균형에서의 산출량은 앞의 사례에서 각 기업이 20개씩 생산하여 총 40개를 생산하므로 독점(= 30)보다는 크지만 완전경쟁산출량(= 60)의 $\frac{2}{3}$이다.

④ 꾸르노 모형에서 n개의 기업이 있다면 완전경쟁수준 $\times \frac{n}{n+1}$개가 생산되므로, 기업이 많을수록 완전경쟁수준에 가까워진다.

개념확인 문제

Q 어떤 과점시장에 동일한 재화를 생산하는 두 기업 A와 B만이 존재하고, 각 기업의 생산량을 Q_A와 Q_B라고 하자. 시장수요가 $P=100-Q_A-Q_B$이고, 두 기업의 총비용함수가 각각 $C_A=40Q_A$, $C_B=40Q_B$로 주어졌을 때, 꾸르노-내쉬(Cournot-Nash) 균형에서 두 기업의 생산량을 합한 총생산량(Q)과 균형가격(P)은? 14년 지방직

① $Q=20$, $P=80$
② $Q=30$, $P=70$
③ $Q=40$, $P=60$
④ $Q=50$, $P=50$

정답 ③

해설

1) 시장수요함수 $P=100-Q$이고, 두 기업의 한계비용 $MC=40$으로 동일하므로, 꾸르노 모형에서의 생산량은 완전경쟁의 $\frac{2}{3}$만큼이다.
2) 시장구조가 완전경쟁일 때의 생산량을 구하기 위해 $P=MC$로 두면 $100-Q=40$, $Q=60$이다.
3) 그러므로 꾸르노 모형에서의 생산량 $Q=40$임을 알 수 있다.
4) $Q=40$을 수요함수에 대입하면 꾸르노 모형에서의 균형가격 $P=60$으로 계산된다.

3. 꾸르노 모형 - 한계비용이 다르게 설정된 경우

(1) 반응곡선

두 기업의 한계비용이 다르므로 각 기업의 이윤극대화를 추구하는 반응곡선을 구하고, 이때의 교점이 균형량이 된다.

(2) 사례 분석

동일 제품을 생산하는 복점기업 A사와 B사가 직면한 시장수요곡선은 $P=50-5Q$이다. A사와 B사의 비용함수는 각각 $C_A(Q_A)=20+10Q_A$ 및 $C_B(Q_B)=10+15Q_B$이다. 두 기업이 비협조적으로 행동하면서 이윤을 극대화하는 쿠르노 모형을 가정할 때, 두 기업의 균형생산량은? (단, Q는 A기업 생산량(Q_A)과 B기업 생산량(Q_B)의 합) 17년 지방직

	Q_A	Q_B
①	2	2.5
②	2.5	2
③	3	2
④	3	4

정답 ③

〈사례 분석 해설〉

1) 기업 A의 반응곡선 → 기업 A의 이윤극대화곡선을 구한다.
- 기업 A의 총이윤$=TR_A-TC_A$이다.
- 시장수요함수가 $P=50-5(Q_A+Q_B)$이므로 총수입 $TR_A=PQ_A=50Q_A-5Q_A^2-5Q_AQ_B$이다.

- 총비용은 $TC_A = 20 + 10Q_A$이므로 이윤은 $50Q_A - 5Q_A^2 - 5Q_AQ_B - 20 - 10Q_A = 40Q_A - 5Q_A^2 - 5Q_AQ_B - 20$이다.
- 이윤극대화 생산량을 구하기 위해 Q_A로 미분하고 0으로 두면 $40 - 10Q_A - 5Q_B = 0 \rightarrow Q_A = 4 - \frac{1}{2}Q_B$이다.

2) 기업 B의 반응곡선 → 기업 A의 이윤극대화곡선을 구한다.
   - 기업 B의 총이윤 = $TR_B - TC_B$이다.
   - 시장수요함수가 $P = 50 - 5(Q_A + Q_B)$이므로 총수입 $TR_B = PQ_B = 50Q_B - 5Q_AQ_B - 5Q_B^2$이다.
   - 총비용은 $TC_B = 10 + 15Q_B$이므로 이윤은 $50Q_B - 5Q_AQ_B - 5Q_B^2 - 10 - 15Q_B = 35Q_B - 5Q_AQ_B - 5Q_B^2 - 10$이다.
   - 이윤극대화 생산량을 구하기 위해 Q_B로 미분하고 0으로 두면 $35 - 5Q_A - 10Q_B = 0 \rightarrow Q_B = \frac{7}{2} - \frac{1}{2}Q_A$이다.

3) 위의 두식을 연립하여 풀면 $Q_A = 3$, $Q_B = 2$이다.

4) 그러므로 시장전체의 생산량은 5이고, $Q = 5$를 수요함수에 대입하면 시장의 균형가격 $P = 25$임을 알 수 있다.

4. 슈타켈버그 모형

(1) 꾸르노 모형과의 차이점

① 꾸르노 모형에서는 각 기업은 상대방의 산출량은 주어진 것으로 받아들이는 추종자로서 행동함을 가정한다.

② 슈타켈버그 모형은 꾸르노 모형의 비현실성을 비판하며 두 기업 중 하나 또는 둘 모두가 산출량에 대하여 추종자가 아닌 선도자로서의 역할을 하는 모형이다.

③ 추종자를 먼저 구한 후 추종자의 반응곡선을 선도자에 대입하여 이윤극대화 수량을 구한다.

(2) 특징

① 두 기업의 비용함수가 동일한 경우 선도자의 생산량은 완전경쟁의 $\frac{1}{2}$이며, 추종자의 생산량은 완전경쟁의 $\frac{1}{4}$이다.

② 결론: 슈타켈버그 모형의 생산량은 꾸르노 모형보다 많은, 완전경쟁의 $\frac{3}{4}$만큼이다.

개념확인 문제

Q 두 기업이 슈타켈버그(Stackelberg) 모형에 따라 행동할 때, 시장수요곡선이 $P=50-Q_1-Q_2$, 개별 기업의 한계비용이 0으로 동일하다고 가정하자(단, P는 시장가격, Q_1은 기업 1의 산출량, Q_2는 기업 2의 산출량). 기업 1은 선도자로, 기업 2는 추종자로 행동하는 경우 달성되는 슈타켈버그 균형상태에 있을 때, 설명 중에서 옳은 것을 모두 고르면? 17년 국회 8급

ㄱ. 기업 1의 생산량은 기업 2의 생산량의 2배이다.
ㄴ. 시장가격은 12.5이다.
ㄷ. 시장거래량은 25보다 크다.
ㄹ. 기업 1의 이윤은 기업 2의 이윤의 1.5배이다.

① ㄱ, ㄷ ② ㄴ, ㄷ ③ ㄱ, ㄴ, ㄷ
④ ㄱ, ㄴ, ㄹ ⑤ ㄱ, ㄷ, ㄹ

정답 ③

해설

1) 먼저 두 기업이 모두 추종자라 가정하는 꾸르노 모형을 분석하면 기업 1의 이윤함수는 한계비용이 0이므로 총수입=이윤이다.

2) 기업 1의 이윤 $\Pi_1=PQ_1=50Q_1-Q_1^2-Q_1Q_2$를 이윤극대화 조건에 의해 미분하면 $\frac{d\Pi}{dQ_1}=50-2Q_1-Q_2=0$ → $Q_1=\frac{50-Q_2}{2}$이다.

3) 이와 같은 방법으로 $Q_2=\frac{50-Q_1}{2}$을 구할 수 있다.

4) 슈타켈버그 모형에서 기업 1이 선도자이고 기업 2가 추종자라고 하자.

5) 추종자인 기업 2의 생산량은 $Q_2=\frac{50-Q_1}{2}$으로 주어진 것으로 보고 기업 1의 이윤을 구하면 $\Pi_1=PQ_1=$ $=50Q_1-Q_1^2-Q_1Q_2$이다.

6) 추종자인 기업 2의 함수를 기업 1에 대입하면 $50Q_1-Q_1^2-Q_1\times\frac{50-Q_1}{2}=25Q_1-\frac{1}{2}Q_1^2$이다.

7) 이윤극대화 조건에 의해 미분하면 $\frac{d\Pi}{dQ_1}=25-Q_1=0$ → $Q_1=25$이고, $Q_2=\frac{50-Q_1}{2}=12.5$이므로 시장거래량은 37.5이다. 이때 시장가격은 $P=50-25-12.5=12.5$이다.

5. 베르뜨랑모형

(1) 가정

① 생산물 생산의 한계비용은 0이다.

② 두 공급자(A, B)는 서로 상대방 공급자가 현재의 가격을 변화시키지 않을 것이라는 전제하에서 자신의 이윤극대화 가격을 결정한다.

(2) 특징

가격 중심 분석이다.

(3) 순수과점의 베르트랑 모형

① 기업 A가 주어진 시장수요하에서 독점공급자로서 이윤극대화 가격을 결정하면 다른 기업 B는 이보다 약간 낮은 가격을 설정한다. 낮은 가격을 설정한 쪽이 시장의 수요를 모두 가져갈 수 있게 되기 때문이다.

② 예를 들어, 기업 A가 45의 가격설정을 하면 기업 B가 44의 가격설정을 통해 시장수요를 모두 가져간다.

③ 다시 A는 B보다 약간 낮은 가격을 설정하며 이러한 가격경쟁 과정을 반복하면 결국 두 기업은 모두 0의 가격으로 공급한다.

④ 한계비용이 0이 아닐 때는 완전경쟁시장에서와 같이 한계비용과 같은 수준으로 가격($P=MC$)이 결정되어 자원배분이 효율적이다.

(4) 차별과점의 베르트랑 모형 - 두 기업이 동등한 경우

① 반응곡선: 각 기업의 이윤극대화를 추구하는 반응곡선을 구하고 이의 교점이 두 기업의 가격이 된다.

② 사례 분석

가격경쟁(price competition)을 하는 두 기업의 한계비용은 각각 0이다. 각 기업의 수요함수가 다음과 같을 때, 베르트랑(Bertrand) 균형가격 P_1, P_2는? (단, Q_1은 기업 1의 생산량, Q_2는 기업 2의 생산량, P_1은 기업 1의 상품가격, P_2는 기업 2의 상품가격이고, 기업 1과 기업 2는 차별화된 상품을 생산함)

17년 감정평가사

- $Q_1 = 30 - P_1 + P_2$
- $Q_2 = 30 - P_2 + P_1$

	P_1	P_2		P_1	P_2
①	20	20	②	20	30
③	30	20	④	30	30
⑤	40	40			

정답 ④

〈사례 분석 해설〉

1) 이윤 = 총수입 − 총비용이다. 총비용이 0이므로 총수입이 이윤이 된다.
2) 베르트랑 모형은 가격모형이므로 P를 변수로 삼아야 한다.
3) 기업 1의 반응곡선

$TR_1 = P_1Q_1 = P_1(30-P_1+P_2)$ → 이윤을 극대화하기 위해 MR(TR_1을 P_1으로 미분)$=MC$를 구하면 → $30-2P_1+P_2=0$ → $2P_1-P_2=30$이다.

4) 기업 2의 반응곡선

$TR_2 = P_2Q_2 = P_1(30 - P_2 + P_1)$ → 이윤을 극대하기 위해 MR(TR_2를 P_2로 미분)$= MC$를 구하면 →

$30 - 2P_2 + P_1 = 0$ → $2P_2 - P_1 = 30$

5) 반응곡선 둘을 연립하면 $P_1 = 30$, $P_2 = 30$이다.

(5) 차별과점의 베르트랑 모형 - 한 기업이 선도자, 다른 기업이 추종자인 경우

① 반응곡선: 추종자의 이윤극대화 가격을 구하고 이를 선도자에 대입하여 구한다.

② 사례 분석

차별적 과점시장에서 활동하는 두 기업 1, 2가 직면하는 수요곡선은 다음과 같다. 두 기업은 가격을 전략변수로 이용하며, 기업 1이 먼저 가격을 책정하고, 기업 2는 이를 관찰한 후 가격을 정한다. 두 기업의 균형가격을 옳게 짝 지은 것은? (단, Q_1은 기업 1의 생산량, Q_2는 기업 2의 생산량, P_1은 기업 1의 가격, P_2는 기업 2의 가격이고, 각 기업의 한계비용과 고정비용은 0임) 19년 국가직

• 기업 1의 수요곡선: $Q_1 = 20 - P_1 + P_2$
• 기업 2의 수요곡선: $Q_2 = 32 - P_2 + P_1$

	P_1	P_2		P_1	P_2
①	34	32	②	36	34
③	38	36	④	40	38

정답 ②

〈사례 분석 해설〉

1) 기업 1이 먼저 가격을 매기고 기업 2가 나중에 정한다고 하였으므로 역진귀납에 따라 기업 2부터 구한다.

2) 기업 2의 이윤은 한계비용이 0이므로 판매수입이 이윤이 된다. 따라서 기업 2의 이윤은

$\pi_2 = P_2 \cdot Q_2 = P_2(32 - P_2 + P_1) = -P_2^2 + 32P_2 + P_1P_2$이다.

3) 가격을 전략변수로 사용하므로 이윤극대화를 위해 P_2로 미분하고 0으로 놓으면 $-2P_2 + P_1 + 32 = 0$

→ $P_2 = \frac{1}{2}P_1 + 16$이다.

4) 이제 기업 1도 마찬가지로 한계비용이 0이므로 판매수입이 이윤이 된다. 따라서 기업 1의 이윤은

$\pi_1 = P_1 \cdot Q_1 = P_1(20 - P_2 + P_1) = -P_1^2 + 20P_1 + P_1P_2$이다.

5) 여기에 처음 구했던 기업 2의 반응식을 대입하면 $-P_1^2 + 20P_1 + P_1(\frac{1}{2}P_1 + 16) = -\frac{1}{2}P_1^2 + 36P_1$이다.

6) 기업 1의 이윤극대화를 위해 P_1으로 미분하여 0으로 놓으면 $-P_1 + 36 = 0$, 따라서 $P_1 = 36$, $P_2 = 34$이다.

6. 굴절수요곡선이론

(1) 굴절수요곡선이론의 의미와 가정

① 경제학자 P.Sweezy에 의해 발표된 과점가격의 경직성을 설명하는 이론이다.

② 한 기업이 가격을 인하하면 경쟁기업도 가격을 인하한다.

③ 한 기업이 가격을 인상하면 경쟁기업은 가격을 인상하지 않는다.

(2) 굴절수요곡선의 도출

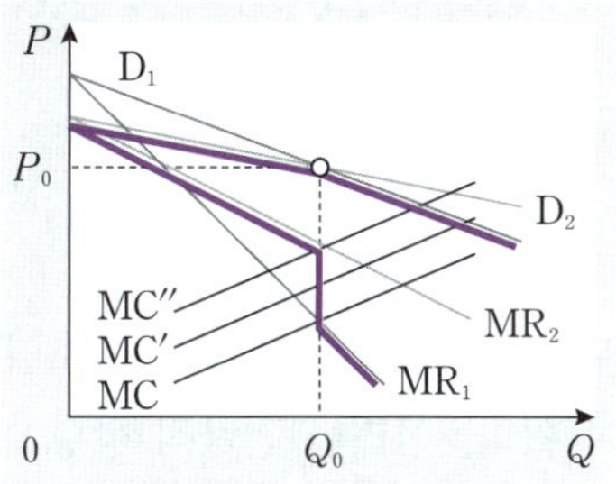

① 현재 P_0, Q_0에서 균형을 이루고 있다고 하자.

② 한 기업이 가격을 인상하면 다른 기업들은 인상하지 않으므로 그 기업의 수요량이 대폭 감소한다. 따라서 수요의 가격탄력성은 탄력적인 D_2이며 이때 MR_2를 가진다.

③ 한 기업이 가격을 인하하면 다른 기업들도 같이 인하하므로 그 기업의 수요량은 소폭 증가한다. 따라서 수요의 가격탄력성은 비탄력적인 D_1이며 이때 MR_1을 가진다.

④ 개별 기업의 수요곡선(평균수입곡선)이 굴절되어 있으므로 한계수입곡선은 현재 공급량 수준에서 불연속적인 형태가 된다.

⑤ 한계수입곡선의 불연속구간에서는 한계비용이 상당한 폭으로 변화하여 이윤극대화 균형이 불변이다. 따라서 가격은 현재수준에서 경직적이다.

(3) 굴절수요곡선이론의 평가

굴절점의 결정 요인이 분명하지 않고, 일반적으로 한 기업이 가격을 인상하면 다른 기업도 가격을 인상하는 경우가 많아 현실적이지 못하다.

개념확인 문제

Q 과점시장의 굴절수요곡선이론에 관한 설명으로 옳지 않은 것은? 17년 노무사

① 한계수입곡선에는 불연속한 부분이 있다.
② 굴절수요곡선은 원점에 대해 볼록한 모양을 갖는다.
③ 한 기업이 가격을 내리면 나머지 기업들도 같이 내리려 한다.
④ 한 기업이 가격을 올리더라도 나머지 기업들은 따라서 올리려 하지 않는다.
⑤ 기업은 한계비용이 일정 범위 내에서 변해도 가격과 수량을 쉽게 바꾸려 하지 않는다.

정답 ②

해설
굴절수요곡선은 원점에 대해 볼록한 모양이 아니라 원점에 대해 오목한 모양이다.

04 게임이론 ★★★

1. 의미와 균형 (◀ 시험 POINT 표를 통한 게임이론을 이해하고, 우월전략과 내쉬균형을 찾을 수 있어야 합니다.)

(1) 의미

과점시장 안의 기업들 사이에는 강한 상호 의존성이 존재하여 각 기업은 경쟁기업이 어떤 반응을 보일 것이라고 보는지에 따라 선택을 달리해야 하는 전략적 상황에 직면하여 있다. 이러한 전략적 상황에 직면한 과점시장을 연구하는 이론이다.

(2) 게임의 구성

경기자, 전략, 전략을 통해 얻는 보수로 구성되어 있다.

(3) 균형

게임의 균형이란 모든 경기자들이 현재의 결과에 만족하여 더 이상 자신의 전략을 바꿀 유인이 없는 상태를 의미한다. 게임이론의 균형에는 우월전략균형, 내쉬균형, 혼합전략 내쉬균형, 최소극대화 전략균형 등이 있다.

2. 내쉬균형

(1) 개념

상대방의 전략을 주어진 것으로 보고 각 경기자가 자기에게 가장 유리한 전략을 선택하였을 때 도달하는 균형을 찾는 것으로, 게임이론에서 가장 일반적으로 사용하는 균형 개념이다.

(2) 내쉬균형

아래 표는 기업 A, B가 각각의 전략으로 나타낸 보수행렬이다.

기업 B / 기업 A	전략 b_1	전략 b_2
전략 a_1	(9, 7)	(5, 5)
전략 a_2	(5, 5)	(7, 9)

① **기업 A의 전략:** a_1 전략을 사용하면 보수는 9 또는 5이고 a_2 전략을 사용하면 보수는 5 또는 7이므로, 기업 B가 b_1을 선택하면 a_1, b_2를 선택하면 a_2를 선택하는 것이 최선이다.

② **기업 B의 전략:** b_1 전략을 사용하면 보수는 7 또는 5이고 b_2 전략을 사용하면 보수는 5 또는 9이므로, 기업 A가 a_1을 선택하면 b_1, a_2를 선택하면 b_2를 선택하는 것이 최선이다.

③ 이 게임의 경우에는 (a_1, b_1) (a_2, b_2)의 2개의 내쉬균형이 존재한다.

(3) 특징

① 내쉬균형은 반드시 파레토 효율적인 결과를 가져다주는 것은 아니다. 물론 우월전략도 마찬가지이다.
② 파레토 효율적이라는 것은 한 명이 감소하지 않고는 다른 쪽이 증가할 수 없는 상태를 의미한다.
③ 내쉬균형은 하나 이상 존재할 수 있다.
④ 내쉬균형은 현재 균형 상태에서 전략을 변경할 유인이 없으므로 안정적 균형이다.

3. 우월전략균형

(1) 개념

상대방이 어떤 전략을 선택하는지에 관계없이 자신의 보수를 가장 크게 만드는 전략을 우월전략(지배전략)이라 하며, 이때 도달한 균형을 우월전략균형이라 한다.

(2) 우월전략균형

아래 표는 기업 A, B가 각각의 전략으로 나타낸 보수행렬이다.

기업 A \ 기업 B	전략 b_1	전략 b_2
전략 a_1	(10, 10)	(30, 5)
전략 a_2	(5, 30)	(20, 20)

① **기업 A의 전략:** a_1 전략을 사용하면 보수는 10 또는 30이고 a_2 전략을 사용하면 보수는 5 또는 20이므로, 기업 B의 전략에 관계없이 전략 a_1을 선택하는 것이 우월전략이다.
② **기업 B의 전략:** b_1 전략을 사용하면 보수는 10 또는 30이고 b_2 전략을 사용하면 보수는 5 또는 20이므로, 기업 A의 전략에 관계없이 전략 b_1을 선택하는 것이 우월전략이다.
③ 따라서 우월전략균형은 $(a_1,\ b_1)$이며 그때의 보수는 $(10,\ 10)$이다.
④ 전략 a_1, b_1을 가격인하전략, a_2, b_2를 가격인상전략이라고 하면 카르텔이 성립하는 이유와 담합이 깨지기 쉬운 이유를 설명할 수 있다.

(3) 유한반복게임일 때

① 위의 사례에서 모두 가격을 인상하는 동일한 게임이 4번 지속된다고 가정하자.
② 역진적 귀납법을 이용하여 뒤쪽부터 추론해 보면 다음과 같다.
- 기업 A가 마지막에 약속을 어기게 되면 기업 B는 보복이 불가능하다.
- 기업 A가 세 번째 약속을 어기면 기업 B는 마지막에 약속을 어길 것이다. 따라서 마지막에 A도 약속을 어기면 보복당하지 않는다. 따라서 세 번째도 약속을 어길 것이다.
- 기업 A가 두 번째 약속을 어기면 기업 B는 세 번째와 마지막에 약속을 어길 것이다. 따라서 세 번째와 마지막에 A도 약속을 어기면 보복당하지 않는다. 따라서 두 번째도 약속을 어길 것이다.

• 기업 A가 첫 번째 약속을 어기면 기업 B는 모두 약속을 어길 것이다. 따라서 A도 모두 약속을 어기면 보복당하지 않는다. 따라서 첫 번째도 약속을 어길 것이다.

③ 유한반복게임에서는 일회성 게임과 마찬가지로 매기의 내쉬균형은 일회성 게임과 같아진다.

(4) 무한반복게임일 때

① 무한반복게임일 경우에는 유한반복게임과 달리 협조적 결과가 무한히 반복되는 경우가 내쉬균형이 될 수도 있다.

② 일시적으로 약속을 어기는 것이 이윤을 증가시킬 수 있지만, 협조할 때보다 영원히 이윤이 작아지기 때문이다.

4. 용의자의 딜레마

(1) 가정

① 두 명의 용의자가 체포되어 서로 다른 취조실에서 격리되어 심문을 받고 있으며, 서로 간에 의사소통은 불가능하다.

② 두 사람의 형량(단위: 년)은 자백 여부에 따라 결정되는데, 자백 여부에 따라 형량이 아래와 같은 보수행렬로 주어져 있다.

용의자 A \ 용의자 B	자백	부인
자백	(20, 20)	(2, 25)
부인	(25, 2)	(3, 3)

(2) 균형

① **용의자 A의 전략:** 자백 전략을 사용하면 보수는 20 또는 25이고 부인 전략을 사용하면 보수는 2 또는 3이므로, 용의자 A는 자백을 선택하는 것이 최선이다.

② **용의자 B의 전략:** 자백 전략을 사용하면 보수는 20 또는 25이고 부인 전략을 사용하면 보수는 2 또는 3이므로, 용의자 B는 자백을 선택하는 것이 최선이다.

③ 따라서 두 용의자의 우월전략은 모두 자백하는 것이므로 (자백, 자백)이 우월전략균형이 된다.

(3) 시사점

① 만약 두 용의자가 서로 의사소통할 수 있다면 서로 협조하여 끝까지 부인하는 전략을 고수함으로써 형량을 감소시킬 수 있으나, 여기서는 서로 간의 의사전달이 불가능하므로 상호 협조가 불가능하다.

② 만약 상대방이 자백할 경우에도 자신이 부인한다면 자신의 형량만 대폭 높아지므로 우월전략인 자백을 선택할 수밖에 없다.

③ 용의자의 딜레마는 '정보의 부족'으로 인해 발생하는 것이 아니고 '개인의 이기심'에 의해 발생하는 현상으로, 개인적 합리성이 집단적 합리성을 보장하지 못함을 의미한다.

④ 현실에서는 과점기업 A와 B가 카르텔을 결성하여 독점처럼 행동하면 막대한 초과이윤을 얻을 수 있으나, 상대방이 카르텔협정을 위반할 경우 더 큰 소실이 발생하므로 처음부터 비협조적으로 행동하는 상황과 유사하다.

5. 최소극대화전략

아래 표는 기업 A, B가 각각의 전략을 선택했을 때의 이윤(단위: 억 원)을 나타낸 보수행렬이다.

기업 A \ 기업 B	전략 b_1	전략 b_2
전략 a_1	(4, 20)	(8, 40)
전략 a_2	(−20, 8)	(12, 20)

(1) 내쉬균형

① 기업 B의 우월전략은 b_2이다.

② 기업 B의 전략이 b_2로 주어진 것으로 보고 기업 A가 전략 a_1을 선택하면 이윤이 8이고 전략 a_2를 선택하면 이윤이 12이므로 기업 A의 최선의 전략은 a_2가 된다.

③ 따라서 내쉬균형은 $(a_2,\ b_2)$가 된다.

(2) 최소극대화전략

① 내쉬균형 (a_2, b_2)는 기업 B가 합리적으로 행동할 것을 가정한다.

② 만일 기업 B가 비합리적인 기업으로 전략 b_1을 선택한다면 기업 A는 20만큼의 손해를 볼 수 있으므로, 기업 A가 이와 같은 최악의 경우를 피하고자 한 때 최소극대화전략을 사용할 것이다.

③ 기업 A는 최소극대화전략을 사용한다면 전략a_1을 선택할 것이므로 이때의 균형은 $(a_1,\ b_2)$이다.

6. 혼합전략균형

(1) 순수전략과 혼합전략

① **순수전략**: 각 경기자가 하나의 전략을 선택하고 그것을 유지하는 전략이다.

② **혼합전략**: 각 경기자가 2개 이상의 순수전략을 미리 선택된 확률에 의해 무작위로 선택하는 전략이다.

(2) 혼합전략의 예 - 동전 맞추기 게임

① 아래 표는 '동전 앞뒤 맞추기 게임'의 보수행렬이다. 단, (경기자 A의 보수, 경기자 B의 보수)이다.

② '동전 앞뒤 맞추기 게임'은 A와 B가 동전의 앞면과 뒷면 중 하나를 선택하고 동시에 보여주는 게임이다.

경기자 B / 경기자 A	앞면	뒷면
앞면	(100, −100)	(−100, 100)
뒷면	(−100, 100)	(100, −100)

③ 경기자 A는 둘 다 앞면이거나 둘 다 뒷면이면 100의 보수를 얻고, 그렇지 않은 경우 -100이 된다.

④ 경기자 B는 두 동전의 면이 다른 경우 100의 보수를 얻고, 그렇지 않은 경우 -100이 된다.

⑤ 이 경우 내쉬균형은 존재하지 않는다.

⑥ 혼합전략 내쉬균형은 한 경기자가 확률을 결정한 방법은 상대방이 어떤 전략을 선택하든 똑같은 기대보수를 얻을 수밖에 없게 만드는 것이다.

⑦ 그렇게 함으로써 상대방의 전략에 의해서 자신에게 불리한 결과가 돌아오는 것을 막는 것이 최상의 선택이 된다.

⑧ 혼합전략 내쉬균형 설명

- 경기자 p의 확률로 앞면(H), (1-P)의 확률로 뒷면 (T)를 선택할 때 개인 B의 각 순수전략 기대보수는 다음과 같다.
- 앞면(H)을 선택할 때 B의 기대보수: $P\times(-100)+(1-P)\times 100=100-200P$
- 뒷면(T)을 선택할 때 B의 기대보수: $P\times(100)+(1-P)\times(-100)=-100+200P$
- 개인 B가 순수전략을 선택할때의 기대보수가 같아지는 확률을 구해보면 $100-200P=100+200P$ 이므로 개인 A는 앞면(H)과 뒷면(T)을 $\frac{1}{2}$로 섞어서 사용하는 것이 최선이 된다.
- 동일한 방법으로 계산해 보면 개인 B에게 있어서도 앞면(H)과 뒷면(T)을 $\frac{1}{2}$ 섞는 것이 바람직하다.
- 위에 따른 확률을 대입한 이 게임의 혼합전략 내쉬균형에서 경기자 A, B 의 기대보수는 모두 0이다.

(3) 혼합전략 내쉬균형의 특징

① 순수전략(각 경기자가 하나의 전략을 선택하고 그것을 고수)만을 사용하는 경우에는 내쉬균형이 존재하지 않을 수도 있으나, 혼합전략을 허용하면 내쉬균형은 반드시 존재한다.

② 균형에서 경기자 A, B의 기대보수는 모두 0이다.

7. 순차게임

(1) 사례

① 이 게임은 기업 1이 먼저 움직이면 기업 2가 움직이는 순차게임으로, 아래 ②의 그림과 같이 전개형으로 나타낸다. (단, 앞의 숫자는 기업1의 이윤, 뒤 숫자는 기업 2의 이윤)

기업 A \ 기업 B	광고	광고 안 함
광고	(10, 10)	(20, 5)
광고 안 함	(5, 20)	(15, 15)

② 전개형

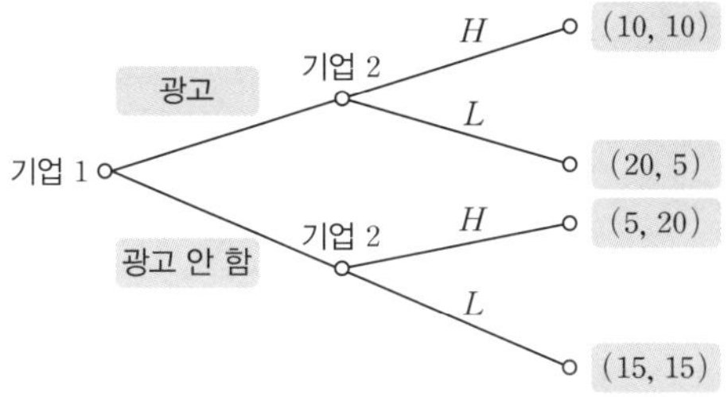

(2) 순차게임의 균형

① 기업 B는 기업 A의 전략에 관계없이 항상 보수가 더 큰 '광고'를 선택할 것이다.

② 이제 앞쪽에 있는 기업 A는 '광고'를 선택하면 기업 B가 '광고'를 선택할 것이므로 자신의 이윤이 10, '광고 안 함'을 선택할 때도 기업 B가 '광고'를 선택할 것이므로 자신의 이윤이 5가 된다는 것을 파악하고 '광고'를 선택할 것이다.

(3) 역진적 귀납법과 신빙성 조건

① **역진적 귀납법**: 마지막 단계에 있는 경기자의 최적 대응을 찾아낸 다음, 거꾸로 거슬러 올라가는 방식으로 균형을 찾는 것이다.

② **신빙성 조건**: 어떤 경기장의 전략에도 신빙성이 없는 약속이나 위협이 보장되어야 한다.

개념확인 문제

Q 다음 표는 이동통신시장을 양분하고 있는 甲과 乙의 전략(저가요금제와 고가요금제)에 따른 보수행렬이다. 甲과 乙이 전략을 동시에 선택하는 일회성 게임에 관한 설명으로 옳지 않은 것은? (단, 괄호 속의 왼쪽은 甲의 보수, 오른쪽은 乙의 보수를 나타냄) 17년 감정평가사

		乙	
		저가요금제	고가요금제
甲	저가요금제	(500, 500)	(900, 400)
	고가요금제	(300, 800)	(700, 600)

① 甲은 乙의 전략과 무관하게 저가요금제를 선택하는 것이 합리적이다.
② 甲이 고가요금제를 선택할 것으로 乙이 예상하는 경우 乙은 고가요금제를 선택하는 것이 합리적이다.
③ 甲과 乙의 합리적 선택에 따른 결과는 파레토 효율적이지 않다.
④ 내쉬균형(Nash equilibrium)이 한 개 존재한다.
⑤ 乙에게는 우월전략이 존재한다.

정답 ②

해설

갑이 고가요금제를 선택할 것으로 예상한다면 을은 저가요금제를 선택할 경우 800, 고가요금제를 선택할 경우 600의 편익을 얻게 되어 저가요금제를 선택할 것이다.

표로 한눈에 정리하기

01 완전경쟁시장

기업의 이윤극대화 생산량 결정	$MR=MC$
완전경쟁시장	• 동질의 상품 • 효율적 시장 등 • 가격수용자 • $P=MR=MC$
단기완전경쟁시장	• $P>AC$: 초과이윤 • $P=AC$: 손익분기점 • $AC>P>AVC$인 경우: 단기에 손해지만 고정비용을 줄일 수 있으므로 생산해야 함 • $P=AVC$: 조업중단점

02 독점시장

독점시장의 수요곡선	• 우하향하는 직선 • MR 곡선은 수요곡선의 기울기 2배
독점시장의 특징	• $P>MR=MC$ • 완전경쟁시장에 비해 수량은 적고 가격은 높음 • 초과설비 발생 • 후생손실 발생 • $MR=P\left(1-\frac{1}{e_d}\right)$
러너의 독점도	$DM=\frac{P-MC}{P}$
다공장 독점의 이윤극대화	$MR=MC=MC_1=MC_2$
1급 가격차별	• 지불 용의대로 받음 • 효율적 시장 • 모두 생산자잉여
2급 가격차별	수량별 가격차별
3급 가격차별	수요의 가격탄력성을 이용한 가격차별 $P_1\left(1-\frac{1}{e_1}\right)=P_2\left(1-\frac{1}{e_2}\right)$
이부요금제	한계비용을 사용요금, 소비자잉여를 기본요금으로 징수
독점의 규제	한계비용 가격 설정, 평균비용 가격 설정

03 독점적 경쟁시장과 과점시장

독점적 경쟁시장	• 단기적 독점시장 성격 • 장기적 완전경쟁시장 성격 • 상품차별화
과점시장	타 기업의 영향력 큼 → 게임이론
꾸르노 모형	완전경쟁 산출량 수준의 $\frac{2}{3}$ 생산
게임이론	우월전략, 내쉬균형

개념확인 OX 문제

01 완전경쟁시장에서 판매량이 증가하는 만큼 총수입은 비례적으로 증가한다. (O | X)

02 완전경쟁시장에서 평균수입은 가격과 같다. (O | X)

03 완전경쟁시장에서 한계수입은 가격과 같다. (O | X)

04 완전경쟁시장에서 이윤극대화 조건은 $P=MC$이다. (O | X)

05 $P=MC$의 조건은 완전경쟁시장에서 효율성을 판단하는 기준이다. (O | X)

06 완전경쟁시장에서의 손익분기점은 $P=MC$인 점이다. (O | X)

07 완전경쟁시장에서의 생산중단점은 $P=AC$인 점이다. (O | X)

08 평균가변비용이 상승하면 손익분기점도 상승한다. (O | X)

09 재화가격이 상승하면 생산중단점은 그대로이다. (O | X)

10 시장 간 재판매가 허용될 때 가격차별정책은 성공할 수 있다. (O | X)

11 제1급 가격차별이 시행되면 재화의 단위에 상관없이 가격이 같게 설정된다. (O | X)

12 제1급 가격차별 시행 전보다 시행 후에 생산의 효율성이 제고된다. (O | X)

13 3급 가격차별에서 탄력적인 시장에는 싸게, 비탄력적인 시장에는 비싸게 공급해야 한다. (O | X)

14 기업은 완전경쟁시장에게는 가격수용자, 독점시장에서는 가격결정자이다. (O | X)

15 독점적 경쟁시장은 현재 가장 많이 존재한다. (O | X)

16 독점적 경쟁시장은 과점시장과 마찬가지로 비가격경쟁이 존재한다. (O | X)

17 독점적 경쟁시장은 단기에는 독점시장의 성격을, 장기에는 완전경쟁시장의 성격을 가진다. (O | X)

18 과점시장의 기업들은 전략적 상황에 직면한다. (O | X)

19 내쉬균형은 우월전략균형에 포함된다. (O | X)

20 내쉬균형은 항상 효율적인 자원배분을 가져다 준다. (O | X)

정답 및 해설

01 ○ 02 ○ 03 ○ 04 ○ 05 ○ 06 × 손익분기점은 $P=AC$인 점이다. 07 × 조업중단점은 $P=AVC$인 점이다. 08 ○ 09 ○ 10 × 시장 간 재판매가 허용된다면 싼 시장에서 사다가 비싼 시장에 판매하게 되므로 가격차별정책은 성공할 수 없다. 11 × 제1급 가격차별은 모든 지불용의를 다 받는 것이므로 소비자마다 다르게 설정된다. 12 ○ 13 ○ 14 ○ 15 ○ 16 ○ 17 ○ 18○ 19 × 우월전략이 내쉬균형에 포함된다. 20 × 항상 효율적인 것이 아니기 때문에 담합 등이 나타난다.

기출 + 예상문제

PART V

Chapter 01 시장의 개념과 완전경쟁시장

★☆☆

01 다음 특징을 지닌 시장의 장기균형에 대한 설명으로 옳은 것은? 17년 국가직

특징	응답
비가격경쟁 존재	아니다
가격차별화 실시	아니다
차별화된 상품 생산	아니다
새로운 기업의 자유로운 진입 가능	그렇다
장기이윤이 0보다 작으면 시장에서 이탈	그렇다

① 단골 고객이 존재한다.
② 규모를 늘려 평균비용을 낮출 수 있다.
③ 시장 참여 기업 간 상호 의존성이 매우 크다.
④ 개별 기업은 시장가격에 영향을 미칠 수 없다.

★☆☆

02 완전경쟁시장에서 기업의 단기이윤극대화에 대한 설명으로 옳지 <u>않은</u> 것은? 13년 국가직 변형

① 개별 기업의 수요곡선은 수평이며 한계수입곡선이다.
② 이윤극대화를 위해서는 한계수입과 한계비용이 같아야 한다.
③ 고정비용이 전부 매몰비용일 경우 생산중단점은 평균고정곡선의 최저점이 된다.
④ 투입요소들의 가격이 불변일 경우 시장전체의 공급곡선은 개별 기업의 공급곡선을 수평으로 더하여 구할 수 있다.

★★★

03 **완전경쟁시장에서 어느 기업의 비용구조가 다음과 같다고 할 때, 시장가격이 4,000원일 경우 이 기업의 장 · 단기 행태는?** 13년 서울시

생산량(단위)	0	1	2	3	4	5
총비용(원)	5,000	10,000	12,000	15,000	24,000	40,000

① 단기에 1단위 생산하고 장기에는 시장에서 퇴출한다.
② 단기에 2단위 생산하고 장기에는 시장에서 퇴출한다.
③ 단기에 3단위 생산하고 장기에는 시장에서 퇴출한다.
④ 단기에 4단위 생산하고 장기에는 시장에서 퇴출한다.
⑤ 단기에 공장을 닫고 장기에는 시장에서 퇴출한다.

정답 및 해설

01 정답 ④

주제 완전경쟁시장

해설

다음의 성격은 완전경쟁시장의 특징이다. 가격수용자인 기업은 완전경쟁시장의 특징이다.

오답체크

① 독점적 경쟁시장의 특징이다.
② 독점시장에서 잘 나타난다.
③ 과점시장의 특징이다.

02 정답 ③

주제 완전경쟁시장

해설

고정비용이 전부 매몰비용일 경우 고정비용을 고려할 필요가 없다.

03 정답 ③

주제 완전경쟁시장

해설

생산량이 0일 때의 총비용이 5,000원이므로 총고정비용이 5,000원이다. 그러므로 총가변비용, 평균가변비용 및 한계비용은 다음의 표와 같다.

생산량(단위)	0	1	2	3	4	5
총가변비용	0	5,000	7,000	10,000	19,000	35,000
평균가변비용	-	5,000	3,500	3,333	4,750	7,000
한계비용	-	5,000	2,000	3,000	9,000	16,000

1) 시장가격이 4,000원이므로 한계수입이 4,000원이다. 따라서 한계수입이 한계비용보다 높은 3단위의 재화를 단기에 생산할 것이다.
2) 3단위의 재화를 생산할 때 평균가변비용은 가격보다 낮은 3,333원이나 평균비용은 가격보다 높은 5,000원이므로 손실이 발생한다. 그러므로 장기에는 생산을 중단하고 이 시장에서 퇴출할 것이다.

★★☆
04
완전경쟁시장에서 조업하는 어떤 기업이 직면하고 있는 시장가격은 9이고, 이 기업의 평균비용곡선은 $AC(Q)=\dfrac{7}{Q}+1+Q(Q>0)$으로 주어져 있다. 이윤을 극대화하는 이 기업의 산출량 Q는? 14년 서울시

① 4 ② 5 ③ 6
④ 7 ⑤ 8

★☆☆
05
완전경쟁시장의 단기균형 상태에서 시장가격이 10원인 재화에 대한 한 기업의 생산량이 50개, 이윤이 100원이라면 이 기업의 평균비용은? 15년 국가직

① 5원 ② 6원
③ 7원 ④ 8원

★★★
06
A 시장에는 동질적인 기업들이 존재하고 시장수요함수는 $Q=1{,}000-P$이다. 개별 기업의 장기평균비용함수가 $c=100+(q-10)^2$일 때, 완전경쟁시장의 장기균형에서 존재할 수 있는 기업의 수는? (단, Q는 시장수요량, q는 개별 기업의 생산량을 나타냄) 15년 지방직

① 10 ② 90
③ 100 ④ 900

★★☆
07 **어떤 경쟁적 기업이 두 개의 공장을 가지고 있다. 각 공장의 비용함수는 $C_1 = 2Q + Q^2$, $C_2 = 3Q^2$이다. 생산물의 가격이 12일 때 이윤극대화 총생산량은 얼마인가?** 14년 서울시

① 3 ② 5 ③ 7
④ 10 ⑤ 12

정답 및 해설

04 정답 ①
주제 완전경쟁시장의 이윤극대화
해설
1) 평균비용이 $AC(Q) = \frac{7}{Q} + 1 + Q(Q > 0)$이므로 총비용 $TC = 7 + Q + Q^2$이다.
2) 총비용함수를 Q에 대해 미분하면 한계비용 $MC = 1 + 2Q$이다.
3) 완전경쟁기업은 가격과 한계비용이 일치하는 수준까지 재화를 생산하므로 $P = MC$로 두면 $9 = 1 + 2Q$, $Q = 4$이다.

05 정답 ④
주제 완전경쟁시장
해설
1) 시장가격이 10원일 때 완전경쟁기업이 50개의 재화를 생산하면서 100원의 이윤을 얻고 있다면 단위당 이윤은 2원임을 알 수 있다.
2) 단위당 2원의 이윤이 발생한다면 평균비용은 가격보다 2원만큼 낮을 것이다. 그러므로 이 기업의 평균비용은 8원이다.

06 정답 ②
주제 완전경쟁시장의 장기균형
해설
1) 개별 기업의 장기평균비용함수가 $c = 100 + (q - 10)^2$일 때 개별 기업의 최소장기평균비용은 100이며 생산량은 10이다.
2) 완전경쟁시장의 장기균형가격은 개별 기업의 최소장기평균비용과 같으므로 $P = 100$이 된다.
3) $P = 100$을 시장수요함수에 대입하면 시장수요량 $Q = 900$이다.
4) 시장수요량이 900이고, 개별 기업의 생산량이 10이므로 장기에 이 시장에는 90개의 기업이 존재하게 된다.

07 정답 ③
주제 완전경쟁시장의 이윤극대화
해설
1) 비용함수를 Q에 대해 미분하면 각 공장의 한계비용은 각각 $MC_1 = 2 + 2Q$, $MC_2 = 6Q$이다.
2) 경쟁적인 기업은 완전경쟁시장을 의미하므로 $P = MC$인 점에서 생산량을 결정한다. $P = MC_1$으로 두면 $12 = 2 + 2Q$, $Q = 5$이고, $P = MC_2$로 두면 $12 = 6Q$, $Q = 2$이다.
3) 공장 1에서의 생산량은 5단위, 공장 2에서의 생산량은 2단위이므로 이 기업은 7단위의 재화를 생산한다.

★★☆

08

단기적으로 100개의 기업이 존재하는 완전경쟁시장이 있다. 모든 기업은 동일한 총비용함수 $TC(q)=q^2$을 가진다고 할 때, 시장공급함수(Q)는? (단, P는 가격이고, Q는 개별 기업의 공급량이며, 생산요소의 가격은 불변임) 18년 지방직

① $Q=\frac{p}{2}$　② $Q=\frac{p}{200}$

③ $Q=50p$　④ $Q=100p$

★★☆

09

완전경쟁시장에서 개별 기업의 평균총비용곡선 및 평균가변비용곡선은 U자형이며, 현재 생산량은 50이다. 이 생산량 수준에서 한계비용은 300, 평균총비용은 400, 평균가변비용은 200일 때 옳은 것을 모두 고른 것은? (단, 시장가격은 300으로 주어져 있음) 14년 노무사

ㄱ. 현재의 생산량 수준에서 평균총비용곡선 및 평균가변비용곡선은 우하향한다.
ㄴ. 현재의 생산량 수준에서 평균총비용곡선은 우하향하고 평균가변비용곡선은 우상향한다.
ㄷ. 개별 기업은 현재 양의 이윤을 얻고 있다.
ㄹ. 개별 기업은 현재 음의 이윤을 얻고 있다.
ㅁ. 개별 기업은 단기에 조업을 중단하는 것이 낫다.

① ㄱ, ㄷ　② ㄱ, ㅁ　③ ㄴ, ㄷ

④ ㄴ, ㄹ　⑤ ㄴ, ㄹ, ㅁ

★★☆

10

완전경쟁시장에서 A 기업의 단기총비용함수는 $STC=100+\frac{wq^2}{200}$이다. 임금이 4이고, 시장 가격이 1일 때 단기공급량은? (단, w는 임금, q는 생산량) 20년 감정평가사

① 10　② 25　③ 50

④ 100　⑤ 200

★★☆

11 완전경쟁시장에서 활동하는 A기업의 고정비용인 사무실 임대료가 작년보다 30% 상승했다. 단기균형에서 A기업이 제품을 계속 생산하기로 했다면 전년 대비 올해의 생산량은? (단, 다른 조건은 불변임) 18년 지방직

① 30% 감축
② 30%보다 적게 감축
③ 30%보다 많이 감축
④ 전년과 동일

정답 및 해설

08 정답 ③

주제 완전경쟁시장의 단기공급함수

해설

1) 개별 기업의 총비용함수를 미분하면 한계비용 $MC=2q$이다. 이제 $P=MC$로 두면 개별 기업의 공급곡선 식은 $P=2q$로 도출된다.
2) 공급곡선 식이 동일한 기업이 100개 있다면, 시장공급곡선은 개별 기업의 공급곡선과 절편은 동일하고 기울기는 완만해지므로 개별공급곡선의 $\frac{1}{100}$이 된다.
3) 시장공급곡선 식은 $P=\frac{1}{50}Q$이므로 $Q=50p$이다.

09 정답 ④

주제 완전경쟁시장

해설

1) 완전경쟁기업은 $P=MC$인 점까지 재화를 생산하므로, 50단위의 재화를 생산할 때 한계비용이 300이라는 것은 시장가격이 300으로 주어져 있음을 의미한다.
2) 현재 생산량 수준에서 가격이 평균가변비용보다는 높으나 평균비용보다는 낮다. 그러므로 단기적으로 손실이 발생하는 상태이다.

10 정답 ②

주제 완전경쟁시장 → 단기공급함수 도출

해설

1) 완전경쟁시장의 조건은 $P=MC$이다.
2) 주어진 총비용함수를 미분하면 $SMC=\frac{1}{100}wq$이다.
3) 시장가격이 1, 임금이 4이므로 $1=\frac{1}{100}4q \rightarrow q=25$이다.

11 정답 ④

주제 완전경쟁시장

해설

1) 완전경쟁기업은 $P=MC$인 점에서 재화를 생산한다.
2) 고정비용인 사무실 임대료의 상승은 한계비용에 아무런 영향을 미치지 않으므로 생산량도 변하지 않는다.

★☆☆

12 **완전경쟁기업의 단기 조업 중단 결정에 관한 설명으로 옳은 것은?** 15년 노무사

① 가격이 평균가변비용보다 높으면 손실을 보더라도 조업을 계속하는 것이 합리적 선택이다.

② 가격이 평균고정비용보다 높으면 손실을 보더라도 조업을 계속해야 한다.

③ 가격이 평균비용보다 낮으면 조업을 중단해야 한다.

④ 가격이 한계비용보다 낮으면 조업을 계속해야 한다.

⑤ 평균비용과 한계비용이 같으면 반드시 조업을 계속해야 한다.

★★☆

13 **단기에 A 기업은 완전경쟁시장에서 손실을 보고 있지만 생산을 계속하고 있다. 시장수요의 증가로 시장가격이 상승하였는데도 단기에 A 기업은 여전히 손실을 보고 있다. 다음 설명 중 옳은 것은?** 16년 노무사

① A 기업의 한계비용곡선은 아래로 평행이동한다.

② A 기업의 한계수입곡선은 여전히 평균비용곡선 아래에 있다.

③ A 기업의 평균비용은 시장가격보다 낮다.

④ A 기업의 총수입은 총가변비용보다 적다.

⑤ A 기업의 평균가변비용곡선의 최저점은 시장가격보다 높다.

★★☆

14 완전경쟁시장에서 A 기업의 단기총비용함수가 $C(Q)=3Q^2+24$이다(Q는 생산량, $Q>0$). A 기업이 생산하는 재화의 시장가격이 24일 경우 A 기업의 극대화된 단기이윤은?

11년 노무사

① 21 ② 24 ③ 36
④ 42 ⑤ 51

정답 및 해설

12 정답 ①

주제 완전경쟁시장의 단기균형

해설

가격이 평균가변비용보다 높다면 생산을 할 경우 가변비용을 전부 회수하고 고정비용도 일부 회수할 수 있다. 그러므로 가격이 평균가변비용보다 높다면 단기에는 손실을 보더라도 생산을 지속하는 것이 합리적인 선택이 된다.

13 정답 ②

주제 완전경쟁시장의 단기균형

해설

1) 완전경쟁기업이 손실을 보면서도 단기적으로 생산을 지속하는 것은 시장가격이 평균비용보다는 낮지만 평균가변비용보다는 높을 때이다.
2) 완전경쟁시장에서 시장수요가 증가하여 가격이 상승하면 개별 기업이 인식하는 수요곡선(한계수입곡선)이 상방으로 이동한다.
3) 시장수요가 증가하였음에도 불구하고 여전히 손실을 보고 있다면 수요곡선(한계수입곡선)이 여전히 평균비용곡선보다 하방에 위치하는 상태이다. 그러므로 가격 상승 이후에도 여전히 평균비용이 시장가격보다 높다.

14 정답 ②

주제 완전경쟁시장의 이윤극대화

해설

1) 완전경쟁시장의 이윤극대화는 $P=MC$에서 이루어지므로 $24=6Q$에서 이루어진다. 따라서 이윤극대화 생산량은 4이다.
2) 총수입은 $24\times4=96$, 총비용은 72이므로 이윤은 24이다.

★★☆
15 어떤 독점기업은 $1,000$개의 재화를 개당 5만 원에 판매하고 있다. 이 기업이 추가로 더 많은 재화를 시장에서 판매하게 된다면 이때의 한계수입(marginal revenue)은 5만 원보다 작다. 그 이유로 가장 옳은 것은? 18년 서울시

① 추가로 판매하게 되면 한계비용이 증가하기 때문이다.
② 추가로 판매하기 위해서는 가격을 내려야하기 때문이다.
③ 추가로 판매하게 되면 평균비용이 증가하기 때문이다.
④ 추가로 판매하게 되면 한계비용이 감소하기 때문이다.

★☆☆
16 어떤 독점기업의 생산물에 대한 수요곡선상에서 수요의 가격탄력성(절댓값)이 1이 되는 점이 있다고 하자. 이 점에 대한 설명으로 가장 옳은 것은? 16년 서울시

① 이윤이 극대화되는 점이다.
② 한계비용이 0이 되는 점이다.
③ 한계수입이 0이 되는 점이다.
④ 평균비용이 극소화되는 점이다.

★☆☆
17 자연독점에 대한 설명으로 가장 옳지 않은 것은? 19년 서울시

① 규모의 경제가 있을 때 발생할 수 있다.
② 평균비용이 한계비용보다 크다.
③ 생산량 증가에 따라 한계비용이 반드시 하락한다.
④ 가격을 한계비용과 같게 설정하면 손실이 발생할 수 있다.

★★☆

18 어느 독점기업이 직면하는 시장수요함수는 $P = 30 - Q$이며, 한계비용은 생산량과 상관없이 20으로 일정하다. 이 독점기업이 이윤을 극대화할 때의 생산량과 이윤의 크기는? (단, Q는 생산량임)

17년 지방직

	생산량	이윤
①	5	10
②	5	25
③	10	10
④	10	25

정답 및 해설

15 정답 ②

주제 독점시장

해설

독점기업은 직면하는 수요곡선이 우하향하므로 판매량을 증대시키려면 반드시 가격을 낮추어야 한다. 그러므로 재화 한 단위를 더 판매할 때 얻는 수입인 한계수입은 가격보다 낮을 수밖에 없다.

16 정답 ③

주제 독점시장

해설

한계수입, 가격, 수요의 가격탄력성 간에는 $MR = P\left(1 - \frac{1}{\varepsilon}\right)$의 관계가 성립하는데, 이 식에 $\varepsilon = 1$을 대입하면 $MR = 0$이 된다.

17 정답 ③

주제 자연독점

해설

규모의 경제가 발생하는 자연독점에서 평균비용은 감소하지만 한계비용은 반드시 하락한다고 볼 수 없다. 한계비용이 증가하지만 평균비용보다 작은 경우 평균비용을 감소시키기 때문이다.

18 정답 ②

주제 독점기업의 이윤극대화

해설

1) 시장수요함수가 $P = 30 - Q$이므로 한계수입 $MR = 30 - 2Q$이다.
2) 이윤극대화 생산량을 구하기 위해 $MR = MC$로 두면 $30 - 2Q = 20$, $Q = 5$이다.
3) $Q = 5$를 수요함수에 대입하면 $P = 25$이다. 따라서 독점기업의 총수입 $TR = P \times Q = 125$이다.
4) 한계비용이 생산량과 관계없이 20으로 일정하므로 평균비용도 20으로 일정하다.
5) 그러므로 총비용 $TC = AC \times Q = 20 \times 5 = 100$이다. 총수입이 125이고 총비용이 100이므로 이 독점기업의 이윤은 25가 된다.

★★☆
19 이윤극대화를 추구하는 어느 독점기업의 이윤극대화 생산량은 230단위, 이윤극대화 가격은 3,000원이고, 230번째 단위의 한계비용은 2,000원이다. 만약 이 재화가 완전경쟁시장에서 생산된다면, 균형생산량은 300단위이고 균형가격은 2,500원이다. 수요곡선과 한계비용곡선이 직선일 때, 이 독점기업에 의해 유발되는 경제적 순손실(deadweight loss)은?

17년 국가직

① 20,000원
② 28,000원
③ 35,000원
④ 50,000원

★★☆
20 어떤 독점기업의 생산비용함수가 $C=10Q^2+200Q$이고, 수요함수가 $P=2,000-50Q$일 때, 이윤을 극대화하는 생산량과 가격은? (단, C는 생산비용, Q는 생산량, P는 가격을 나타냄)

14년 지방직

① $Q=15$, $P=1,250$
② $Q=20$, $P=1,250$
③ $Q=15$, $P=750$
④ $Q=30$, $P=500$

★★☆
21 A사는 자동차 부품을 독점적으로 생산하여 대구와 광주에만 공급하고 있다. A사의 비용함수와 A사 부품에 대한 대구와 광주의 수요함수가 다음과 같을 때, A사가 대구와 광주에서 각각 결정할 최적 가격과 공급량은?

13년 지방직

- A사의 비용함수: $C=15Q+20$
- 대구의 수요함수: $Q_{대구}=-P_{대구}+55$
- 광주의 수요함수: $Q_{광주}=-2P_{광주}+70$

(단, C는 비용, Q는 생산량, P는 가격)

① $(P_{대구},\ Q_{대구},\ P_{광주},\ Q_{광주})=(35,\ 20,\ 25,\ 20)$
② $(P_{대구},\ Q_{대구},\ P_{광주},\ Q_{광주})=(30,\ 20,\ 40,\ 20)$
③ $(P_{대구},\ Q_{대구},\ P_{광주},\ Q_{광주})=(30,\ 40,\ 30,\ 40)$
④ $(P_{대구},\ Q_{대구},\ P_{광주},\ Q_{광주})=(15,\ 40,\ 25,\ 40)$

★★☆

22 한 기업이 Y재를 공장 1, 2에서 생산한다. 두 공장의 비용함수는 $c_1(y_1) = 5y_1^2 + 50$, $c_2(y_2) = 10y_2^2 + 10$이다. 이 기업이 최소의 비용으로 Y재 60단위를 생산한다면 공장 1의 생산량은? (단, y_i는 공장 i의 Y재 생산량, $i = 1, 2$) 18년 공인회계사

① 50　② 40　③ 30

④ 20　⑤ 10

정답 및 해설

19 정답 ③

주제 독점시장

해설

1)

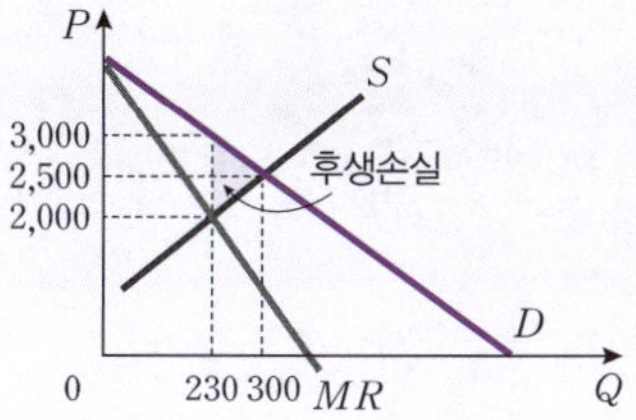

2) 후생손실(사중적 손실)은 $\frac{1}{2} \times 1{,}000 \times 70 = 35{,}000$원이다.

20 정답 ①

주제 독점기업의 이윤극대화

해설

1) 수요함수가 $P = 2{,}000 - 50Q$이므로 한계수입 $MR = 2{,}000 - 100Q$이고, 비용함수를 미분하면 한계비용 $MC = 20Q + 200$이다.
2) 이윤극대화 생산량을 구하기 위해 $MR = MC$로 두면 $2{,}000 - 100Q = 20Q + 200$, $120Q = 1{,}800$이므로 이윤극대화 생산량 $Q = 15$이다.
3) $Q = 15$를 수요함수에 대입하면 $P = 1{,}250$이다.

21 정답 ①

주제 독점기업의 이윤극대화

해설

1) A사의 비용함수를 Q에 대해 미분하면 한계비용 $MC = 15$이다.
2) 대구의 수요함수가 $P = 55 - Q$이므로 한계수입 $MR = 55 - 2Q$이고, $MR = MC$로 두면 $55 - 2Q = 15$, $Q = 20$이다.
3) $Q = 20$을 대구의 수요함수에 대입하면 $P = 35$이다.
4) 광주의 수요함수가 $P = 35 - \frac{1}{2}Q$이므로 한계수입 $MR = 35 - Q$이고, $MR = MC$로 두면 $35 - Q = 15$, $Q = 20$이다. $Q = 20$을 광주의 수요함수에 대입하면 $P = 25$임을 알 수 있다.

22 정답 ②

주제 독점시장 → 다공장 독점

해설

1) 다공장 독점은 $MC_1 = MC_2 = MR$이다.
2) Y재 60단위를 생산하므로 $y_1 + y_2 = 60$
3) $MC_1 = 10y_1$, $MC_2 = 20y_2$ → $10y_1 = 20y_2$ → $y_1 = 2y_2$
4) 2)의 공식에 대입하면 $2y_2 + y_2 = 60$ → $y_2 = 20$, $y_1 = 40$이다.

★☆☆

23 **독점기업의 가격전략에 관한 설명으로 옳지 않은 것은?** 18년 노무사

① 독점기업이 시장에서 한계수입보다 높은 수준으로 가격을 책정하는 것은 가격차별전략이다.

② 1급 가격차별의 경우 생산량은 완전경쟁시장과 같다.

③ 2급 가격차별은 소비자들의 구매수량과 같이 구매 특성에 따라서 다른 가격을 책정하는 경우 발생한다.

④ 3급 가격차별의 경우 재판매가 불가능해야 가격차별이 성립한다.

⑤ 영화관 조조할인은 3급 가격차별의 사례이다.

★★☆

24 **독점기업인 자동차 회사 A가 자동차 가격을 1% 올렸더니 수요량이 4% 감소하였다. 자동차의 가격이 $2,000$만 원이라면 자동차 회사 A의 한계수입은?** 13년 국가직

① 1,000만 원　② 1,500만 원

③ 2,000만 원　④ 2,500만 원

★☆☆

25 어떤 독점기업이 동일한 상품을 수요의 가격탄력성이 다른 두 시장에서 판매한다. 가격차별을 통해 이윤을 극대화하려는 이 기업이 상품의 가격을 A 시장에서 $1,500$ 원으로 책정한다면 B시장에서 책정해야 하는 가격은? (단, A 시장에서 수요의 가격탄력성은 3 이고, B시장에서는 2 임)

18년 서울시

① 1,000원
② 1,500원
③ 2,000원
④ 2,500원

정답 및 해설

23 정답 ①

주제 가격차별

해설

가격차별(price discrimination)이란 소비자를 몇 개의 그룹으로 구분하여 동일한 재화를 각 그룹별로 서로 다른 가격에 판매하는 것을 말한다. 독점기업이 시장에서 한계수입보다 높은 수준으로 가격을 책정하는 것은 가격차별 전략이 아니라 이윤극대화를 추구한 결과이다.

24 정답 ②

주제 가격차별

해설

1) 가격을 1% 인상할 때 수요량이 4% 감소한다면 수요의 가격탄력성은 4이다.

2) 수요의 가격탄력성이 4이고, 가격이 2,000만 원이므로 아모로소-로빈슨 공식을 이용하면 $MR = P(1-\frac{1}{\varepsilon}) = 2,000(1-\frac{1}{4}) = 1,500$만 원이다.

25 정답 ③

주제 가격차별

해설

1) 가격차별에서 $MR_A = MR_B = MC$가 성립한다.

2) 한계수입 $MR = P\left(1-\frac{1}{\varepsilon}\right)$로 나타낼 수 있으므로 가격차별 독점기업의 균형에서는 $P_A\left(1-\frac{1}{\varepsilon_A}\right) = P_B\left(1-\frac{1}{\varepsilon_B}\right)$ 가 성립한다.

3) 주어진 수치를 대입하면 $1,500\left(1-\frac{1}{3}\right) = P_B\left(1-\frac{1}{2}\right)$, $1,000 = \frac{1}{2}P_B$이므로 $P_B = 2,000$이다.

★★★
26 어떤 독점기업이 시장을 A와 B로 나누어 이윤극대화를 위한 가격차별정책을 시행하고자 한다. A시장의 수요함수는 $Q_A = -2P_A + 60$이고 B시장의 수요함수는 $Q_B = -4P_B + 80$이라고 한다(Q_A, Q_B는 각 시장에서 상품의 총수요량, P_A, P_B는 상품의 가격임). 이 기업의 한계비용이 생산량과 관계없이 2원으로 고정되어 있을 때, A시장과 B시장에 적용될 상품가격은?

19년 서울시

	A시장	B시장
①	14	10
②	16	11
③	14	11
④	16	10

★★☆
27 통신시장에 하나의 기업만 존재하는 완전독점시장을 가정하자. 이 독점기업의 총비용(TC) 함수는 $TC = 20 + 2Q$이고 시장의 수요는 $P = 10 - 0.5Q$이다. 만약, 이 기업이 이부가격(two part tariff) 설정을 통해 이윤을 극대화하고자 한다면, 고정요금(가입비)은 얼마로 설정해야 하는가?

15년 서울시

① 16
② 32
③ 64
④ 128

Chapter 03 독점적 경쟁시장과 과점시장

★☆☆
28 독점적 경쟁시장에 대한 설명으로 옳지 <u>않은</u> 것은?

14년 국가직

① 진입장벽이 존재하지 않기 때문에 기업의 진입과 퇴출은 자유롭다.
② 개별 기업은 차별화된 상품을 공급하며, 우하향하는 수요곡선에 직면한다.
③ 개별 기업은 자신의 가격책정이 다른 기업의 가격결정에 영향을 미친다고 생각하면서 행동한다.
④ 개별 기업은 단기에는 초과이윤을 얻을 수 있지만, 장기에는 정상이윤을 얻는다.

★☆☆

29 독점적 경쟁의 장기균형에 관한 설명으로 옳은 것은?

12년 노무사

① 장기평균비용곡선의 최저점에서 생산량이 결정된다.
② 독점적 경쟁기업의 초과이윤은 0보다 크다.
③ 장기한계비용곡선과 수요곡선이 교차하는 점에서 생산량이 결정된다.
④ 생산이 최소효율규모(minimum efficient scale)에서 이루어진다.
⑤ 상품의 가격이 장기한계비용보다 높은 수준에서 결정된다.

정답 및 해설

26 정답 ②

주제 가격차별

해설

1) A 시장의 수요함수가 $P_A = 30 - \frac{1}{2}Q_A$이므로 한계수입 $MR_A = 30 - Q_A$이다. $MR_A = MC$로 두면 $30 - Q_A = 2$, $Q_A = 28$이고, 이를 A 시장의 수요함수에 대입하면 $P_A = 16$이다.

2) B 시장의 수요함수가 $P_B = 20 - \frac{1}{4}Q_B$이므로 한계수입 $MR_B = 20 - \frac{1}{2}Q_B$이다. $MR_B = MC$로 두면 $20 - \frac{1}{2}Q_B = 2$, $Q_B = 36$이고, 이를 B 시장의 수요함수에 대입하면 $P_B = 11$이다.

27 정답 ③

주제 이부가격제

해설

1)
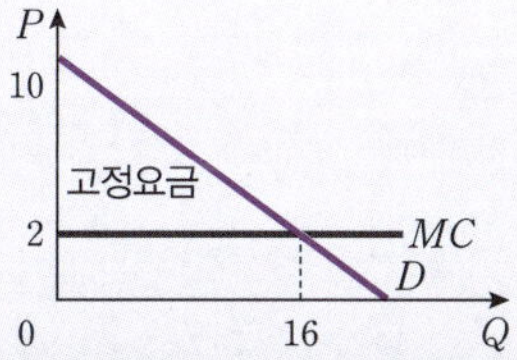

2) 이부가격제는 소비자잉여에 해당하는 만큼을 고정요금으로 설정하면 된다. 따라서 고정요금(가입비)은 소비자잉여에 해당하는 $64\left(= \frac{1}{2} \times 16 \times 8\right)$로 설정해야 한다.

28 정답 ③

주제 독점적 경쟁시장

해설

독점적 경쟁시장에서 기업 간 상호 의존성이 매우 낮기 때문에 각 기업은 가격과 생산량 결정에 있어서 다른 기업들은 고려하지 않는다. 다른 시장을 고려하는 것은 과점시장의 특징이다.

29 정답 ⑤

주제 독점적 경쟁시장

해설

독점적 경쟁시장에서 $P > MC$이므로 단기와 장기 모두 상품의 가격이 한계비용보다 높은 수준으로 결정된다.

★☆☆

30 어떤 상품의 시장은 수많은 기업들이 비슷하지만 차별화된 제품을 생산하는 시장구조를 가지고 있으며 장기적으로 이 시장으로의 진입과 탈퇴가 자유롭다. 장기균형에서 이 시장에 대한 설명으로 가장 옳은 것은? 18년 서울시

① 가격은 한계비용 및 평균비용보다 높다.
② 가격은 평균비용보다는 높지만 한계비용과는 동일하다.
③ 가격은 한계비용보다는 높지만 평균비용과는 동일하다.
④ 가격은 한계비용 및 평균비용보다 낮다.

★☆☆

31 완전경쟁기업, 독점적 경쟁기업, 독점기업에 대한 설명으로 옳지 않은 것은? 18년 국가직

① 단기균형하에서, 완전경쟁기업이 생산한 제품의 가격은 한계수입이나 한계비용과 동일한 반면, 독점적 경쟁기업과 독점기업이 생산한 제품의 가격은 한계수입이나 한계비용보다 크다.
② 완전경쟁기업이 직면하는 수요곡선은 수평선인 반면, 독점적 경쟁기업과 독점기업이 직면하는 수요곡선은 우하향한다.
③ 장기균형하에서, 완전경쟁기업과 독점적 경쟁기업이 존재하는 시장에는 진입장벽이 존재하지 않는 반면, 독점기업이 존재하는 시장에는 진입장벽이 존재한다.
④ 장기균형하에서, 완전경쟁기업의 이윤은 0인 반면, 독점적 경쟁기업과 독점기업의 이윤은 0보다 크다.

★★☆

32 상품시장과 경쟁에 대한 설명으로 가장 옳지 않은 것은? 18년 서울시

① 최소효율규모(minimum efficient scale)란 평균비용곡선의 최저점이 나타나는 생산수준이다.
② 꾸르노 경쟁(Cournot competition)에서는 각 기업이 상대방의 현재가격을 주어진 것으로 보고 자신의 가격을 결정하는 방식으로 경쟁한다.
③ 부당염매행위(predatory pricing)는 일시적 출혈을 감수하면서 가격을 낮춰 경쟁기업을 몰아내는 전략이다.
④ 자연독점(natural monopoly)은 규모의 경제가 현저해 두 개 이상의 기업이 살아남기 어려워 형성된 독점체계이다.

★★☆

33 다음 중 불완전경쟁이 일어나는 생산물시장에 대한 설명으로 타당하지 않은 것은?

14년 서울시

① 독점적 경쟁의 장기균형에서는 초과설비가 관측된다.
② 굴절수요곡선은 과점가격의 경직성을 설명한다.
③ 평균비용에 근거한 가격책정이 일반적이다.
④ 독점균형은 수요곡선의 가격탄력적인 곳에서 이루어진다.
⑤ 꾸르노(A. Cournot) 모형과 베르뜨랑(J. Bertrand) 모형은 모두 동질적인 상품의 판매를 전제로 한다.

정답 및 해설

30 정답 ③

주제 독점적 경쟁시장

해설

문제의 조건은 독점적 경쟁시장을 의미한다. 독점적 경쟁기업이 직면하는 수요곡선이 우하향하므로 한계수입곡선은 수요곡선의 하방에 위치한다. 완전경쟁시장이 아니기 때문에 $P > MC$이며, 독점적 경쟁시장에서는 정상이윤만을 얻으므로 가격은 평균비용과 동일하다.

31 정답 ④

주제 시장의 구분

해설

완전경쟁시장과 독점적 경쟁시장은 진입장벽이 존재하지 않으므로 장기균형에서 완전경쟁기업과 독점적 경쟁기업의 이윤은 모두 0이 된다.

32 정답 ②

주제 시장에서의 중요 개념

해설

꾸르노 모형은 가격 결정 모형이 아니라 생산량 결정 모형이다.

33 정답 ③

주제 불완전경쟁시장

해설

생산물시장의 형태에 관계없이 이윤극대화 조건은 $MR = MC$이다. 그러므로 불완전경쟁기업도 한계수입과 한계비용이 일치하는 수준으로 생산량과 가격을 책정하는 것이 일반적이다.

★★★

34 꾸르노(Cournot) 경쟁을 하는 복점시장에서 역수요함수는 $P = 18 - q_1 - q_2$이다. 두 기업의 비용구조는 동일하며 고정비용 없이 한 단위당 생산비용은 6일 때, 기업 1의 균형가격과 균형생산량은? (단, P는 가격, q_1은 기업 1의 생산량, q_2는 기업 2의 생산량) 18년 노무사

① $P = 10,\ q_1 = 2$ ② $P = 10,\ q_1 = 4$ ③ $P = 14,\ q_1 = 4$
④ $P = 14,\ q_1 = 8$ ⑤ $P = 14,\ q_1 = 10$

★★★

35 기업들이 각자의 생산량을 동시에 결정하는 꾸르노(Cournot) 복점 모형에서 시장수요곡선이 $P = 60 - Q$로 주어지고, 두 기업의 한계비용은 30으로 동일하다. 이때 내쉬(Nash)균형에서 각 기업의 생산량과 가격은? (단, P는 가격, Q는 총생산량, Q는 $Q_1 + Q_2$이고, Q_1은 기업 1의 생산량, Q_2는 기업 2의 생산량) 12년 노무사

① Q_1: 5, Q_2: 5, P: 50
② Q_1: 10, Q_2: 10, P: 40
③ Q_1: 10, Q_2: 10, P: 50
④ Q_1: 15, Q_2: 10, P: 35
⑤ Q_1: 15, Q_2: 15, P: 30

★★☆

36 굴절수요곡선 모형에서 가격 안정성에 관한 설명으로 옳은 것은? 21년 감정평가사

① 기업이 선택하는 가격에 대한 예상된 변화가 대칭적이기 때문이다.
② 기업은 서로 담합하여 가격 안정성을 확보한다.
③ 일정 구간에서 비용의 변화에도 불구하고 상품가격은 안정적이다.
④ 경쟁기업의 가격 인상에만 반응한다고 가정한다.
⑤ 비가격경쟁이 증가하는 현상을 설명한다.

정답 및 해설

34 정답 ②

주제 꾸르노 모형

해설

1) 기업 1과 2의 생산량을 합한 것이 시장전체의 생산량이므로 시장수요함수는 $P=18-Q$이다. 고정비용이 없고 평균비용이 6으로 일정하면 평균비용과 한계비용도 6으로 일정하다. 완전경쟁일 때의 생산량을 구하기 위해 $P=MC$로 두면 $18-Q=6$, $Q=12$이다.
2) 두 기업의 비용함수가 동일할 때 꾸르노 모형에서는 각 기업이 완전경쟁의 $\frac{1}{3}$만큼의 재화를 생산하므로 기업 1과 2의 생산량은 모두 4이고, 시장전체의 생산량은 8이 된다.
3) $Q=8$을 시장수요함수에 대입하면 시장의 균형가격 $P=10$이다. 꾸르노 균형에서 두 기업이 설정하는 가격은 시장가격과 동일하므로 기업 1의 균형가격도 시장의 균형가격과 동일한 10이 된다.

35 정답 ②

주제 꾸르노 모형

해설

완전경쟁수준에서의 생산량이 $P=MC$에서 결정되므로 $60-Q=30$, $Q=30$이다. 꾸르노 복점에서는 각각 $\frac{1}{3}$씩 생산하므로 10씩 생산하며, 이때 시장전체 가격을 시장수요곡선에 가격을 대입하면 40이 된다.

36 정답 ③

주제 과점시장 → 굴절수요곡선

해설

1) 굴절수요곡선은 일정 가격에서 갑, 을 두 기업 중 갑기업이 가격을 올리게 되면 을기업은 가격을 올리지 않아 높은 가격수준에서 갑이 직면하는 수요곡선은 탄력적이 되고, 반대로 갑이 가격을 내리게 되면 을도 가격을 내려 가격이 낮은 수준에서는 비탄력적이 된다.
2) 수요곡선의 기울기가 다르기 때문에 MR의 기울기도 다르게 되는데 이 양자가 만나는 지점에 불연속적인 구간이 나타난다.
3) 지문 분석

③ 불연속적인 구간에서 MC가 변동하더라도 수요곡선의 굴절된 부분에 해당하므로 상품가격은 변하지 않는다.

오답체크

① 기업이 선택하는 가격에 대한 예상된 변화가 비대칭적이기 때문이다.
② 담합하지 않는다.
④ 경쟁기업의 가격 인하에만 반응한다고 가정한다.
⑤ 가격경쟁과 관련이 있다.

★★☆

37 X재의 생산자는 A와 B, 두 기업밖에 없다고 하자. X재의 시장수요함수 $Q=32-0.5P$이고, 한계비용은 24로 일정하다. A와 B가 공모해서 독점기업처럼 이윤극대화를 하고 생산량을 똑같이 나누기로 한다면, 기업 A가 얻는 이윤은? (단, 고정비용은 점 0임) 17년 서울시

① 20
② 64
③ 88
④ 100

★★☆

38 두 과점기업 A, B의 전략적 행동에 따라 달라지는 보수행렬이 아래와 같다고 할 때, 첫 번째 숫자는 기업 A의 이윤, 두 번째 숫자는 기업 B의 이윤을 가리킨다. 기업 A와 B의 우월전략은 각각 무엇인가? 13년 서울시

기업 B의 전략적 결정

	구분	전략 1	전략 2
기업 A의 전략적 결정	전략 1	(300만 원, 600만 원)	(200만 원, 400만 원)
	전략 2	(50만 원, 300만 원)	(250만 원, 0원)

① 기업 A: 전략 1, 기업 B: 전략 1
② 기업 A: 전략 1, 기업 B: 전략 2
③ 기업 A: 전략 2, 기업 B: 전략 1
④ 기업 A: 전략 2, 기업 B: 우월전략이 없다
⑤ 기업 A: 우월전략이 없다, 기업 B: 전략 1

정답 및 해설

37 정답 ④

주제 카르텔

해설

1) 두 기업이 담합하여 독점처럼 이윤을 극대화하면 생산량은 시장구조가 독점일 때와 같아질 것이다.
2) 시장수요함수가 $P=64-2Q$이므로 한계수입 $MR=64-4Q$이다. 한계비용 $MC=24$로 일정하므로 $MR=MC$로 두면 $64-4Q=24$, $Q=10$이다.
3) $Q=10$을 수요함수에 대입하면 $P=44$이다.
4) 고정비용이 0이고 한계비용이 24로 일정하면 평균비용도 24로 일정하다.
5) 가격이 44이고 평균비용이 24이면 단위당 이윤의 크기는 20이다. 두 기업이 생산량을 절반으로 나누면 각 기업은 5단위의 재화를 생산할 것이므로 각 기업이 얻는 이윤은 100이 된다.

38 정답 ⑤

주제 게임이론

해설

1) 기업 A의 전략
   - 기업 B가 전략 1을 선택한다면 기업 A는 전략 1을 선택할 때 300만 원, 전략 2를 선택할 때 50만 원의 이윤을 얻으므로 전략 1을 선택한다.
   - 기업 B가 전략 2를 선택한다면 기업 A는 전략 1을 선택할 때 200만 원, 전략 2를 선택할 때 250만 원의 이윤을 얻으므로 전략 2을 선택한다. 따라서 우월전략은 존재하지 않는다.
2) 기업 B의 전략
   - 기업 A가 전략 1을 선택한다면 기업 B는 전략 1을 선택할 때 600만 원, 전략 2를 선택할 때 400만 원의 이윤을 얻으므로 전략 1을 선택한다.
   - 기업 A가 전략 2을 선택한다면 기업 B는 전략 1을 선택할 때 300만 원, 전략 2를 선택할 때 0만 원의 이윤을 얻으므로 전략 1을 선택한다. 따라서 기업 B의 우월전략은 전략 1이다.

★★☆

39 다음 표는 두 기업이 어떠한 전략을 사용하느냐에 따라 발생하는 이윤을 표시하고 있다. 이때 순수전략에 의한 내쉬균형의 개수는? (단, 괄호 안의 첫 번째 숫자는 기업 A의 이윤, 두 번째 숫자는 기업 B의 이윤을 나타냄) 13년 지방직

구분		기업 B	
		전략 b_1	전략 b_2
기업 A	전략 a_1	(1, 1)	(1, 0)
	전략 a_2	(2, 1)	(0, 2)

① 0
② 1
③ 2
④ 3

★☆☆

40 다음 표는 두 기업이 선택하는 전략에 따라 발생하는 이윤의 조합을 표시하고 있다. 이와 같은 상황에서 두 기업이 선택할 가능성이 높은 이윤의 조합은? (단, 괄호 안의 첫 번째 숫자는 기업 A의 이윤, 두 번째 숫자는 기업 B의 이윤을 나타냄) 14년 국가직

구분		기업 B	
		전략 b_1	전략 b_2
기업 A	전략 a_1	(5, 8)	(7, 4)
	전략 a_2	(9, 6)	(8, 8)

① (5, 8)
② (7, 4)
③ (9, 6)
④ (8, 8)

정답 및 해설

39 정답 ①

주제 게임이론

해설

1) 기업 A의 전략

• 기업 B가 전략 b_1을 선택한다면 기업 A는 전략 1을 선택할 때 1, 전략 2를 선택할 때 2의 이윤을 얻으므로 전략 a_2를 선택한다.

• 기업 B가 전략 b_2를 선택한다면 기업 A는 전략 1을 선택할 때 1, 전략 2를 선택할 때 0의 이윤을 얻으므로 전략 a_1을 선택한다. 따라서 우월전략은 존재하지 않는다.

2) 기업 B의 전략

• 기업 A가 전략 a_1을 선택한다면 기업 B는 전략 1을 선택할 때 1, 전략 2를 선택할 때 0의 이윤을 얻으므로 전략 b_1을 선택한다.

• 기업 A가 전략 a_2를 선택한다면 기업 B는 전략 1을 선택할 때 1, 전략 2를 선택할 때 2의 이윤을 얻으므로 전략 b_2를 선택한다. 따라서 이 게임의 경우는 순수전략 내쉬균형이 존재하지 않는다.

40 정답 ④

주제 게임이론

해설

1) 기업 A의 전략

• 기업 B가 전략 b_1을 선택한다면 기업 A는 전략 1을 선택할 때 5, 전략 2를 선택할 때 9의 이윤을 얻으므로 전략 a_2를 선택한다.

• 기업 B가 전략 b_2를 선택한다면 기업 A는 전략 1을 선택할 때 7, 전략 2를 선택할 때 8의 이윤을 얻으므로 전략 a_2를 선택한다. 따라서 기업 A의 우월전략은 a_2이다.

2) 기업 B의 전략

• 기업 A가 전략 a_1을 선택한다면 기업 B는 전략 1을 선택할 때 8, 전략 2를 선택할 때 4의 이윤을 얻으므로 전략 b_1를 선택한다.

• 기업 A가 전략 a_2를 선택한다면 기업 B는 전략 1을 선택할 때 6, 전략 2를 선택할 때 8의 이윤을 얻으므로 전략 b_2를 선택한다. 따라서 기업 B의 우월전략은 b_2이다.

3) 내쉬균형은 $(a_2,\ b_2)$인 $(8,\ 8)$이다.

★☆☆
41 다음 표는 A국과 B국 양국이 글로벌 금융위기로부터 통화긴축정책에 의한 출구전략을 추진함에 따라 발생하는 양국의 이득의 조합을 표시하고 있다. 양국 간 정책협조가 이루어지지 않는다고 할 때, 두 나라가 선택할 가능성이 높은 정책의 조합은? (단, 괄호 안의 첫 번째 숫자는 A국의 이득, 두 번째 숫자는 B국의 이득을 나타냄) 14년 지방직

구분		B국	
		약한 긴축	강한 긴축
A국	약한 긴축	(−2, −2)	(3, −5)
	강한 긴축	(−5, 3)	(0, 0)

	A국	B국
①	강한 긴축	약한 긴축
②	강한 긴축	강한 긴축
③	약한 긴축	약한 긴축
④	약한 긴축	강한 긴축

★★★
42 두 명의 경기자 A와 B는 어떤 업무에 대해 '태만'(노력수준 = 0)을 선택할 수도 있고, '열심'(노력수준 = 1)을 선택할 수도 있다. 단, '열심'을 선택하는 경우 15원의 노력비용을 감당해야 한다. 다음 표는 사회적 총 노력수준에 따른 각 경기자의 편익을 나타낸 것이다. 두 경기자가 동시에 노력수준을 한 번 선택해야 하는 게임에서 순수전략 내쉬(Nash) 균형은?

15년 국가직

사회적 총 노력수준(두 경기자의 노력수준의 합)	0	1	2
각 경기자의 편익	1원	11원	20원

① 경기자 A는 '열심'을, 경기자 B는 '태만'을 선택한다.
② 경기자 A는 '태만'을, 경기자 B는 '열심'을 선택한다.
③ 두 경기자 모두 '태만'을 선택한다.
④ 두 경기자 모두 '열심'을 선택한다.

정답 및 해설

41 정답 ③

주제 게임이론

해설

1) 기업 A의 전략

- B국이 약한 긴축을 선택한다면 A국은 약한 긴축을 선택할 때 -2, 강한 긴축을 선택할 때 -5의 이득을 얻으므로 약한 긴축을 선택한다.
- B국이 강한 긴축을 선택한다면 A국은 약한 긴축을 선택할 때 3, 강한 긴축을 선택할 때 0의 이득을 얻으므로 약한 긴축을 선택한다. 따라서 A국의 우월전략은 약한 긴축이다.

2) 기업 B의 전략

- A국이 약한 긴축을 선택한다면 B국은 약한 긴축을 선택할 때 -2, 강한 긴축을 선택할 때 -5의 이득을 얻으므로 약한 긴축을 선택한다.
- A국이 강한 긴축을 선택한다면 B국은 약한 긴축을 선택할 때 3, 강한 긴축을 선택할 때 0의 이득을 얻으므로 약한 긴축을 선택한다. 따라서 B국의 우월전략은 약한 긴축이다.

42 정답 ③

주제 게임이론

해설

1) 각 선택에 따른 순편익(편익-비용)의 계산은 다음과 같다.

구분		B	
		태만	노력
A	태만	$(1-0=1,\ 1-0=1)$.	$(11-0=11,\ 11-15=-4)$
	노력	$(11-15=-4,\ 11-0=11)$	$(20-15=5,\ 20-15=5)$

2) 두 경기자 모두 상대방의 전략에 관계없이 태만을 선택할 때의 보수가 더 크다. 즉, 두 경기자의 우월전략은 모두 태만이다. 그러므로 (태만, 태만)이 우월전략균형이 된다.

★★★
43

세계시장에서 대형항공기를 만드는 기업은 A국의 X사와 B국의 Y사만 있으며, 이 두 기업은 대형항공기를 생산할지 혹은 생산하지 않을지를 결정하는 전략적 상황에 직면해 있다. 두 기업이 대형항공기를 생산하거나 생산하지 않을 경우 다음과 같은 이윤을 얻게 된다고 가정하자. 즉, 두 기업 모두 생산을 하게 되면 적자를 보게 되지만, 한 기업만 생산을 하게 되면 독점이윤을 얻게 된다. 이제 B국은 Y사가 대형항공기 시장의 유일한 생산자가 되도록 Y사에 보조금을 지급하려고 한다. 이때 B국이 Y사에 지급해야 할 최소한의 보조금은? (단, X사가 있는 A국은 별다른 정책을 사용하지 않는다고 가정함) 16년 지방직

(단위: 백만 달러)

구분		Y사	
		생산	생산 않음
X사	생산	(−1, −2)	(24, 0)
	생산 않음	(0, 20)	(0, 0)

※ 주: (,) 안의 숫자는 (X사의 보수, Y사의 보수)

① 1백만 달러 초과
② 20백만 달러 초과
③ 2백만 달러 초과
④ 24백만 달러 초과

★★☆
44

아래의 그림은 기업 A와 B의 의사결정에 따른 이윤을 나타낸다. 두 기업은 모든 선택에 대한 이윤을 사전에 알고 있다. A사가 먼저 선택하고, B사가 A사의 결정을 확인하고 선택을 하게 된다. 두 회사 간의 신빙성 있는 약속이 없을 때 각 기업이 얻게 되는 이윤의 조합은? (단, 괄호 안은 A사가 얻는 이윤, B사가 얻는 이윤을 나타냄) 17년 서울시

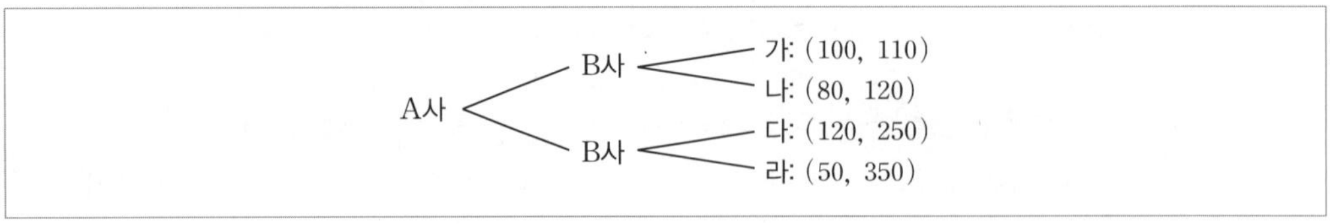

① 가
② 나
③ 다
④ 라

정답 및 해설

43 정답 ③

주제 게임이론

해설

1) X사가 생산을 선택한다면 Y사는 생산을 선택할 때 -2, 생산 않음을 선택할 때 0의 이윤을 얻으므로 생산 않음을 선택한다.
2) X사가 생산 않음을 선택한다면 Y사는 생산을 선택할 때 20, 생산 않음을 선택할 때 0의 이윤을 얻으므로 생산을 선택한다.
3) 문제에서 Y사를 유일한 생산자로 만드는 것이 목표이므로 X사와 관계없이 생산하는 것이 우월전략이 되면 된다.
4) 따라서 보조금이 200만 달러를 초과하면 X사의 생산 여부와 관계없이 생산하게 될 것이다.

44 정답 ②

주제 게임이론

해설

1) A사가 위쪽을 선택할 때 B사가 가를 선택하면 자신의 이윤이 110인데 비해, 나를 선택하면 120의 이윤을 얻으므로 B사는 나를 선택할 것이다. B사가 나를 선택하면 A사는 80의 이윤을 얻게 된다.
2) A사가 아래쪽을 선택하는 경우 B사가 다를 선택하면 250의 이윤을 얻는데 비해, 라를 선택하면 350의 이윤을 얻으므로 B사는 라를 선택할 것이다. B사가 라를 선택하면 A사는 50의 이윤을 얻는다.
3) A사가 위쪽을 선택하면 B사가 나를 선택하므로 A사는 80의 이윤을 얻고, A사가 아래쪽을 선택하면 B사가 라를 선택하므로 A사는 50의 이윤만을 얻는다. 그러므로 A사가 먼저 선택한다면 위쪽을 선택할 것이고, B사는 나를 선택하게 된다.

★★☆
45 〈보기〉의 경기자 갑은 A와 B, 경기자 을은 C와 D라는 전략을 가지고 있다. 각 전략 조합에서 첫 번째 숫자는 경기자 갑, 두 번째 숫자는 경기자 을의 보수이다. 이 게임에 대한 설명 가운데 가장 옳은 것은? 18년 서울시

〈보기〉

갑 \ 을	C	D
A	(5, 15)	(10, 12)
B	(−2, 10)	(8, 5)

① 우월전략을 갖지 못한 경기자가 있지만, 내쉬균형은 1개 존재한다.
② 각 경기자 모두 우월전략을 가지므로 죄수의 딜레마 게임이다.
③ 다른 경기자의 선택을 미리 알 경우, 모르고 선택하는 경우와 다른 선택을 하는 경기자가 있다.
④ 내쉬균형은 파레토 효율적이다.

고난도 문제

★★★
46 완전경쟁시장에서 기업이 모두 동일한 장기평균비용함수 $LAC(q) = 40 - 6q + \frac{1}{3}q^2$과 장기한계비용함수 $LMC(q) = 40 - 12q + q^2$을 갖는다. 시장수요곡선은 $D(P) = 2,200 - 100P$일 때, 장기균형에서 시장에 존재하는 기업의 수는? (단, q는 개별 기업의 생산량, P는 가격)

20년 감정평가사

① 12 ② 24 ③ 50
④ 100 ⑤ 200

정답 및 해설

45 정답 ④

주제 게임이론

해설

1) 갑의 전략

을이 C를 선택한다면 갑이 A를 선택할 때 5, B를 선택할 때 -2의 보수를 얻으므로 A를 선택한다.

을이 D를 선택한다면 갑이 A를 선택할 때 10, B를 선택할 때 8의 보수를 얻으므로 A를 선택한다. 따라서 갑의 우월전략은 A이다.

2) 을의 전략

갑이 A를 선택한다면 을이 C를 선택할 때 15, D를 선택할 때 12의 보수를 얻으므로 C를 선택한다.

갑이 B를 선택한다면 을이 C를 선택할 때 10, D를 선택할 때 5의 보수를 얻으므로 C를 선택한다. 따라서 을의 우월전략은 C 이다. 이때 조합의 보수는 (5, 15)이므로 가장 효용이 큰 파레토 최적 상태이다.

46 정답 ④

주제 완전경쟁시장 → 장기균형

해설

1) 완전경쟁시장의 장기균형은 장기평균비용의 최저점과 가격이 동일하다.

2) 장기평균비용의 최저점을 구하면 $-6+\frac{2}{3}q=0 \rightarrow q=9$이다.

3) 완전경쟁시장에 $P=MC$이므로 장기한계비용에 $q=9$를 대입하면 $40-108+81=13 \rightarrow P=13$이다.

4) 시장수요함수에 $P=13$을 대입하면 시장수요량 $Q=900$이다.

5) 기업 수 × 개별 기업의 생산량 = 시장생산량이므로 100개의 기업이 필요하다.

★★★
47 **동일한 상품을 생산하는 기업 1과 기업 2가 경쟁하는 복점시장을 가정하자. 시장수요함수는 $Q = 70 - P$이다. 두 기업은 모두 고정비용이 없으며, 한계비용은 10이다. 이윤을 극대화하는 두 기업에 대한 다음 설명 중 옳지 않은 것은? (단, P는 시장가격, $Q = q_1 + q_2$, q_1은 기업 1의 생산량, q_2는 기업 2의 생산량임)** 17년 공인회계사

① 꾸르노 모형(Cournot model)에서 기업 1의 반응함수는 $q_1 = 30 - 0.5q_2$이고, 기업 2의 반응함수는 $q_2 = 30 - 0.5q_1$이다.
② 꾸르노 모형의 균형에서 각 기업의 생산량은 20이며, 각 기업의 이윤은 400이다.
③ 두 기업이 담합을 하는 경우, 꾸르노 모형의 균형에서보다 각 기업의 이윤이 증가하며 소비자후생은 감소한다.
④ 기업 1이 선도자로 생산량을 결정하는 슈타켈버그 모형(Stackelberg model)의 균형에서는 기업 1의 생산량이 기업 2의 생산량의 2배이다.
⑤ 기업 1이 선도자로 생산량을 결정하는 슈타켈버그 모형의 균형에서는 꾸르노 모형의 균형에서보다 전체 생산량이 감소하고 소비자후생이 감소한다.

★★★
48 **두 기업 A, B만이 존재하는 복점시장의 수요가 $y = 10 - p$로 주어져 있다. 두 기업의 한계비용이 1일 때 다음 중 옳지 않은 것은?** 18년 공인회계사

① 두 기업이 완전경쟁적으로 행동한다면 시장공급량은 9이다.
② 두 기업이 꾸르노 경쟁(Cournot competition)을 한다면 시장공급량은 6이다.
③ 기업 A가 선도자, 기업 B가 추종자로서 슈타켈베르그 경쟁(Stackelberg competition)을 한다면 시장공급량은 6.25이다.
④ 두 기업이 카르텔을 형성하여 독점기업처럼 행동한다면 시장공급량은 4.5이다.
⑤ 두 기업이 베르뜨랑 경쟁(Bertrand competition)을 한다면 시장공급량은 9이다.

47 정답 ⑤

주제 과점시장 → 꾸르노 모형과 슈타겔버그 모형

해설

1) 꾸르노 모형의 반응곡선
- 기업 1
  - $Q=70-P \rightarrow P=70-(q_1+q_2)$이다.
  - 이윤 $= TR-TC \rightarrow$ 이윤 $= Pq_1-10q_1=(70-q_1-q_2)q_1-10q_1$
  - 이윤극대화를 위해 q_1으로 미분하면 $70-2q_1-q_2-10=0 \rightarrow q_1=30-0.5p_2$이다.
- 기업 2
  - $Q=70-P \rightarrow P=70-(q_1+q_2)$이다.
  - 이윤 $= TR-TC \rightarrow$ 이윤 $= pq_2-10q_2=(70-q_1-q_2)q_2-10q_2$
  - 이윤극대화를 위해 q_1으로 미분하면 $70-2q_2-q_1-10=0 \rightarrow q_2=30-0.5q_1$이다.

2) 꾸르노 모형에서의 생산량
- 한계비용이 동일한 경우 완전경쟁수준의 $\frac{2}{3}$를 생산하여 각각 $\frac{1}{3}$씩 생산한다.
- 완전경쟁에서는 $P=MC$이므로 $70-Q=10$, $Q=60$이므로 각각 20씩 총 40을 생산한다.
- 각 기업은 이윤은 위의 수식에 대입하면 $30\times20-10\times20=400$이다.

3) 슈타켈버그 모형

슈타켈버그 모형에서는 완전경쟁일 때 생산량의 선도자가 $\frac{1}{2}$, 추종자가 $\frac{1}{4}$ 생산한다.

4) 지문 분석

⑤ 기업 1이 선도자로 생산량을 결정하는 슈타켈버그 모형의 균형에서는 꾸르노모형의 균형에서보다 전체 생산량이 증가하므로 소비자의 후생이 증가한다.

오답체크

③ 두 기업이 담합을 하는 경우 독점기업처럼 되므로 꾸르노모형의 균형에서보다 각 기업의 이윤이 증가하며 소비자 후생은 감소한다.

48 정답 ③

주제 복점시장

해설

기업 A가 선도자, 기업 B가 추종자로서 완전경쟁수준의 $\frac{3}{4}$을 생산한다. 완전경쟁균형 생산량 $P=MC$이므로 $10-y=1 \rightarrow y=9$이다. 따라서 슈타켈버그 경쟁(Stackelberg competition)을 한다면 시장공급량은 6.75이다.

오답체크

① 두 기업이 완전경쟁적으로 행동한다면 $P=MC$가 성립하므로 시장공급량은 9이다.

② 두 기업이 꾸르노 경쟁(Cournot competition)을 한다면 완전경쟁수준의 $\frac{2}{3}$을 생산할 것이므로 시장공급량은 $9\times\frac{2}{3}=6$이다.

④ 두 기업이 카르텔을 형성하여 독점기업처럼 행동한다면 $MR=MC$이므로 $10-2y=1$ 이므로 시장 공급량은 4.5이다.

⑤ 두 기업이 베르뜨랑 경쟁(Bertrand competition)에서는 생산량이 완전경쟁과 동일하므로 시장공급량은 9이다.

★★★

49 한 마을에 빵가게와 떡가게가 서로 경쟁하고 있다. 빵(x)과 떡(y)의 가격이 각각 p_x와 p_y일 때, 빵과 떡의 수요 q_x, q_y는 다음과 같다.

$$q_x = 9 - 2p_x + p_y$$

$$q_y = 9 - 2p_y + p_x$$

빵과 떡 한 단위 생산에 각각 3의 비용이 든다. 이윤을 극대화하는 두 가게가 동시에 가격을 결정할 때, 다음 설명 중 옳은 것은? 16년 공인회계사

가. 두 가게의 최적대응함수(best response function)는 상대방 선택에 대해 비선형(non-linear)이다.
나. 두 가게의 최적대응함수를 그리면 45° 선을 기준으로 대칭이다.
다. 내쉬균형에서 두 가게는 모두 가격을 6으로 설정한다.
라. 두 가게가 담합하면 더 큰 이윤을 얻을 수 있다.

① 가, 나 ② 가, 다 ③ 나, 다
④ 나, 라 ⑤ 다, 라

정답 및 해설

49 정답 ④

주제 과점시장 → 베르트랑 모형

해설

1) 빵가게의 반응곡선

• 이윤극대화 $\pi = p_x q_x - 3q_x$

$= p_x(9-2p_x+p_y)-3(9-2p_x+p_y)$

$= 9p_x - 2p_x^2 + p_x p_y - 27 + 6p_x - 3p_y = -2p_x^2 + 15p_x + p_x p_y - 3p_y - 27$

• 이윤극대화 가격을 구하기 위해 $\frac{d\pi_x}{dP_x}=0$으로 두면 $-4p_x + 15 + p_y = 0 \rightarrow p_y = 4p_x - 15$이다.

2) 떡가게의 반응곡선

• 이윤극대화 $\pi = p_y q_y - 3q_x$

$= p_y(9-2p_y+p_x)-3(9-2p_y+p_x)$

$= 9p_y - 2p_y^2 + p_x p_y - 27 + 6p_y - 3p_x = -2p_y^2 + 15p_y + p_x p_y - 3p_x - 27$

• 이윤극대화 가격을 구하기 위해 $\frac{d\pi_y}{dP_y}=0$으로 두면 $-4p_y + 15 + p_x = 0 \rightarrow p_y = \frac{1}{4}p_x + \frac{15}{4}$이다.

3) 두 반응곡선이 교차하는 점에서 이윤극대화가 이루어진다.

$4p_x - 15 = \frac{1}{4}p_x + \frac{15}{4} \rightarrow \frac{15}{4}p_x = \frac{75}{4} \rightarrow p_x = 5,\ p_y = 5$

4) 지문 분석

나. 그래프를 통해 두 가게의 최적대응함수를 그리면 45°선을 기준으로 대칭임을 알 수 있다.

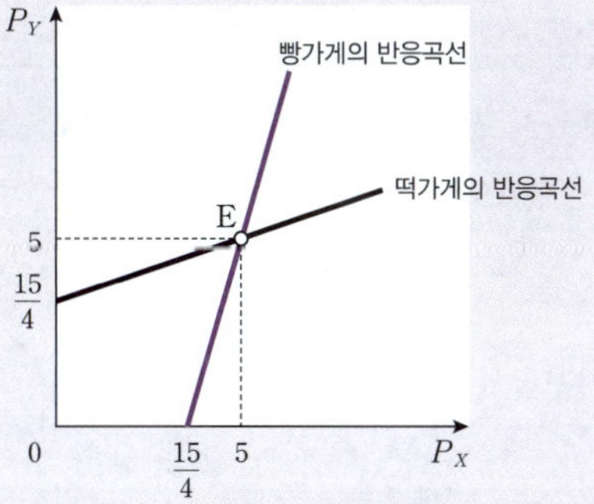

라. 두 가게가 담합하면 독점화되어 가격을 더 높일 수 있으므로 더 큰 이윤을 얻을 수 있다.

오답체크

가. 두 가게의 최적대응함수(best response function)는 상대방 선택에 대해 선형이다.

다. 내쉬균형에서 두 가게는 모두 가격을 5로 설정한다.

★★★
50 표는 기업 甲과 乙의 초기 보수행렬이다. 제도 변화 후, 오염을 배출하는 乙은 배출 1톤에서 2톤으로 증가하는데 甲에게 보상금 5를 지불하게 되어 보수행렬이 변화했다. 보수행렬 변화 전, 후에 관한 설명으로 옳은 것은? (단, 1회성 게임이며 보수행렬 괄호 안 왼쪽은 甲, 오른쪽은 乙의 것임)

21년 감정평가사

구분		乙	
		1톤 배출	2톤 배출
甲	조업 중단	(0, 4)	(0, 8)
	조업 가능	(10, 4)	(3, 8)

① 초기 상태의 내쉬균형은 (조업중단, 2톤 배출)이다.
② 초기 상태의 甲과 乙의 우월전략은 없다.
③ 제도 변화 후 甲의 우월전략은 있으나 乙의 우월전략은 없다.
④ 제도 변화 후 甲과 乙의 전체보수는 감소했다.
⑤ 제도 변화 후 오염물질의 총배출량은 감소했다.

★★★
51 보수 행렬이 아래와 같은 전략형 게임(strategic form game)에서 보수 a값의 변화에 따른 설명으로 옳은 것은? (단, 보수 행렬의 괄호 안 첫 번째 값은 甲의 보수, 두 번째 값은 乙의 보수임)

20년 감정평가사

구분		乙	
		인상	인하
甲	인상	(a, a)	$(-5, 5)$
	인하	$(5, -5)$	$(-1, -1)$

① $a > 5$이면, (인상, 인상)이 유일한 내쉬균형이다.
② $-1 < a < 5$이면, 인상은 甲의 우월전략이다.
③ $a < -5$이면, 내쉬균형이 두 개 존재한다.
④ $a < 5$이면, (인하, 인하)가 유일한 내쉬균형이다.
⑤ $a = 5$인 경우와 $a < 5$인 경우의 내쉬균형은 동일하다.

50 정답 ⑤

주제 과점시장 → 게임이론

해설

1) 초기 상태 갑의 전략
- 갑은 을이 1톤 배출 시 조업 중단하면 0, 조업 가능이면 10이므로 조업 가능을 선택할 것이다.
- 갑은 을이 2톤 배출 시 조업 중단하면 0, 조업 가능이면 3이므로 조업 가능을 선택할 것이다.
- 따라서 조업 가능이 갑의 우월전략이다.

2) 초기 상태 을의 전략
- 을은 갑이 조업 중단 시 1톤을 배출하면 4, 2톤을 배출하면 8이므로 2톤을 배출할 것이다.
- 을은 갑이 조업 가능 시 1톤을 배출하면 4, 2톤을 배출하면 8이므로 2톤을 배출할 것이다.
- 따라서 2톤 배출이 을의 우월전략이다.

3) 초기 상태 갑, 을의 전략은 우월전략균형이 존재하며 (조업 가능, 2톤 배출)이다.
4) 보상금 지불 후 보수행렬 → 2톤 배출 시 을이 갑에게 5를 지불한다.

구분		乙	
		1톤 배출	2톤 배출
甲	조업 중단	(0, 4)	(5, 3)
	조업 가능	(10, 4)	(8, 3)

5) 변화 후 갑의 전략
- 갑은 을이 1톤 배출 시 조업 중단하면 0, 조업 가능이면 10이므로 조업 가능을 선택할 것이다.
- 갑은 을이 2톤 배출 시 조업 중단하면 5, 조업 가능이면 8이므로 조업 가능을 선택할 것이다.
- 따라서 조업 가능이 갑의 우월전략이다.

6) 변화 후 을의 전략
- 을은 갑이 조업 중단 시 1톤을 배출하면 4, 2톤을 배출하면 3이므로 1톤을 배출할 것이다.
- 을은 갑이 조업 가능 시 1톤을 배출하면 4, 2톤을 배출하면 3이므로 1톤을 배출할 것이다.
- 따라서 1톤 배출이 을의 우월전략이다.

7) 변화 후 갑, 을의 전략은 우월전략균형이 존재하며 (조업 가능, 1톤 배출)이다.
8) 지문 분석
⑤ 제도 변화 후 오염물질의 총배출량은 2톤 배출에서 1톤 배출로 감소했다.

오답체크

① 초기 상태의 내쉬균형은 (조업가능, 2톤 배출)이다.
② 초기 상태의 甲과 乙의 우월전략은 존재한다.
③ 제도 변화 후 둘 다 우월전략이 존재한다.
④ 제도 변화 후 甲과 乙의 전체보수는 증가했다.

51 정답 ④

주제 과점시장 → 게임이론

해설

$a<5$이면, 갑과 을 모두 우월전략이 인하이므로 (인하, 인하)가 유일한 내쉬균형이다.

오답체크

① a를 6이라고 가정하면 을이 인상할 경우에는 갑이 인상을 선택하겠지만, 을이 인하할 경우에 인하를 선택하므로 $a>5$이면, (인상, 인상)이 유일한 내쉬균형이 될 수 없다.
② $-1<a<5$이면, 인하가 갑의 우월전략이다.
③ $a<-5$이면, 갑은 을의 행동에 관계없이 인하할 것이므로 우월전략이 존재한다. 따라서 내쉬균형이 두 개가 존재할 수 없다.
⑤ $a=5$인 경우와 $a<5$인 경우의 내쉬균형은 다르다.

PART

6 생산요소시장과 소득분배

Chapter 01
생산요소시장

Chapter 02
소득분배이론

Chapter 03
소득분배지표

Chapter 04
예산과 조세

학습 구성

구분	출제 포인트	중요도	학습 날짜
Chapter 01 생산요소시장	01 생산요소시장의 의미와 특징	★	
	02 생산요소시장의 이윤극대화 원리	★★	
	03 생산물시장 완전경쟁 - 생산요소시장이 완전경쟁인 경우 이윤극대화	★★★	
	04 생산물시장 불완전경쟁(독점) - 생산요소시장이 완전경쟁인 경우 이윤극대화	★★	
	05 생산물시장 독점시장 - 생산요소가 불완전경쟁(수요독점)인 경우 이윤극대화	★★	
	06 공급독점 요소시장	★	
Chapter 02 소득분배이론	01 소득과 저축	★	
	02 기능별 소득분배이론	★	
Chapter 03 소득분배지표	01 계층별 소득분배와 사회보장제도	★	
	02 소득분배지표	★★★	
Chapter 04 예산과 조세	01 예산과 조세의 의미	★	
	02 조세의 종류	★★★	
	03 조세의 귀착	★★★	

Chapter 01

생산요소시장

+ 학습목표

- 생산요소시장의 이윤극대화 원리를 이해할 수 있다.
- 생산물시장과 생산요소시장이 모두 완전경쟁시장일 경우 균형조건을 이해할 수 있다.
- 수요독점 생산요소시장에서 균형조건을 이해할 수 있다.

01 생산요소시장의 의미와 특징 ★★★

1. 의미

생산요소시장이 거래되는 시장을 의미하며 노동 · 자본 · 토지 시장이 여기에 해당한다.

2. 특징

(1) 소득분배의 결정

생산요소시장에서 생산요소의 가격과 고용량이 결정되는데, 이는 생산요소의 소득을 결정한다.

(2) 파생수요

① 생산물시장에서 이윤극대화 원리에 의해 생산량이 결정되면 이에 따라 생산요소의 수요가 결정된다.

② 따라서 생산요소의 수요는 생산물시장에서 결정된 생산물수요에 의하여 그 크기가 결정되는 파생수요(derived demand)의 성격을 가지고 있다.

02 생산요소시장의 이윤극대화 원리 ★★

1. 한계수입생산(MRP, Marginal Revenue Product)

(1) 의미

① 생산요소를 1단위 추가적으로 고용할 때(노동자를 1명 더 고용할 때)의 총수입의 증가분으로 다음과 같이 나타낸다.

② $MRP_L = \frac{\Delta TR}{\Delta L} = \frac{\Delta Q}{\Delta L} \times \frac{\Delta TR}{\Delta Q} = MP_L \times MR$ → 한계수입생산＝한계생산물×한계수입

(2) 특징

① 수확체감의 법칙에 의해 한계생산물(MP_L)이 체감한다.

② 한계수입(MR)은 생산물시장이 완전경쟁이면 일정하고 불완전경쟁이면 감소하므로, 한계수입생산물곡선은 우하향한다.

③ 한계생산물가치 $VMP_L = P \times MP_L$이다.

④ 노동시장이 완전경쟁시장이라면 $P = MR$이므로 한계수입생산＝한계생산물가치이다.

2. 한계요소비용(MFC, Marginal Factor Cost)

(1) 의미

① 생산요소를 1단위를 추가적으로 고용할 때(노동자를 1명 더 고용할 때)의 총비용의 증가분으로 다음과 같이 나타낸다.

② $MFC_L = \frac{\Delta TC}{\Delta L} = \frac{\Delta Q}{\Delta L} \times \frac{\Delta TC}{\Delta Q} = MP_L \times MC$ → 한계요소비용＝한계생산물×한계비용

(2) 요소시장의 형태와 한계요소비용

한계요소비용곡선은 요소시장의 형태에 따라 다르게 나타난다.

3. 이윤극대화 조건

(1) 생산물시장의 이윤극대화 조건

앞에서 생산물시장의 이윤극대화 조건은 생산물 한 단위를 만드는 비용인 한계비용(MC)과 그 한 단위의 생산물 수입인 한계수입(MR)이 같아질 때라는 것을 학습하였다.

(2) 생산요소시장의 이윤극대화조건

◀ 시험 POINT 생산물시장과 생산요소시장을 비교할 수 있어야 합니다.

생산요소시장과 마찬가지로 요소시장에서는 생산요소를 1단위 추가적으로 고용할 때(노동자를 1명 더 고용할 때)의 총비용의 증가분인 한계요소비용(MFC_L)과 그 노동자가 만든 재화를 팔아 얻은 수입인 한계수입생산물(MRP_L)이 같아질 때까지 생산요소(노동)를 고용할 때 이윤이 극대화될 것이다.

(3) 생산물시장과 생산요소시장의 비교

구분	생산물시장	생산요소시장
수요주체	소비자(가계)	생산자(기업)
공급주체	생산자(기업)	소비자(가계)
이용되는 개념	• 한계생산물 $MP_L = \dfrac{\Delta Q}{\Delta L}$ • 한계수입 $MR = \dfrac{\Delta TR}{\Delta Q}$ • 한계비용 $MC = \dfrac{\Delta TC}{\Delta Q}$	• (노동의) 한계수입생산물 $MRP_L = \dfrac{\Delta TR}{\Delta L} = \dfrac{\Delta Q}{\Delta L} \times \dfrac{\Delta TR}{\Delta Q} = MP_L \times MR$ • (노동의) 한계요소비용 $MFC_L = \dfrac{\Delta TC}{\Delta L} = \dfrac{\Delta Q}{\Delta L} \times \dfrac{\Delta TC}{\Delta Q} = MP_L \times MC$
이윤극대화 조건	$MR = MC$	$MRP_L = MFC_L$

4. 요소수요곡선

(1) 노동수요

① 기업은 한계요소비용(MFC_L)과 한계수입생산물(MRP_L)이 같아지도록 고용해야 극대화된다.

② 따라서 한계수입생산물곡선(MRP_L)이 노동수요곡선이 된다.

③ 생산물시장이 완전경쟁일 경우는 한계수입생산물과 한계생산물가치가 같으므로 한계생산물가치곡선(VMP_L)을 노동수요곡선이라고 부른다.

(2) 생산물시장이 완전경쟁인 경우

① 생산물시장이 완전경쟁일 때 $P = MR$이므로 $VMP_L = MRP_L$가 성립한다.

② 따라서 VMP_L 곡선이 노동수요곡선(MRP_L 곡선)이다.

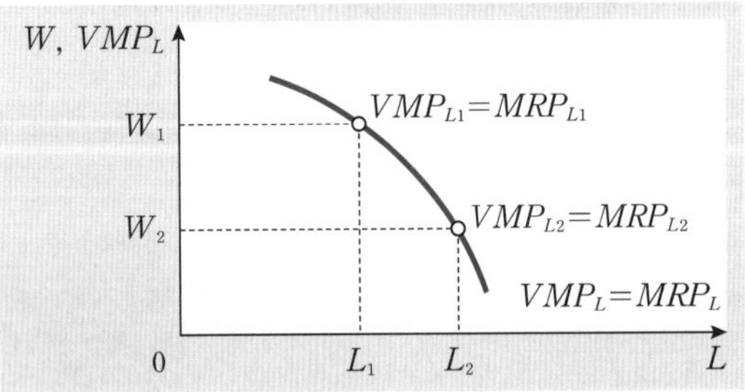

(3) 생산물시장이 불완전경쟁인 경우

① 생산물시장이 불완전경쟁일 때 $P > MR$이므로 $VMP_L > MRP_L$가 성립한다.

② 따라서 VMP_L 곡선은 노동수요곡선(MRP_L 곡선)의 상방에 위치한다.

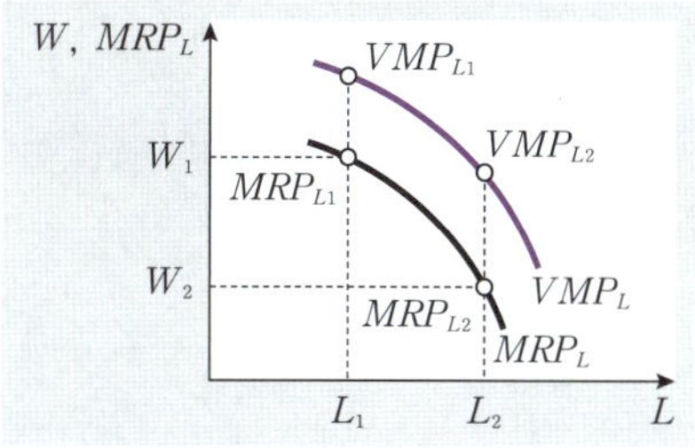

개념확인 문제

Q 생산물시장과 노동시장이 완전경쟁적인 경우, 한 기업의 노동수요곡선을 의미하는 한계생산가치(Value of Marginal Product) 곡선이 우하향하는 이유는 노동투입을 점점 증가시킴에 따라 다음의 어느 것이 감소하기 때문인가? 13년 서울시

① 한계생산(Marginal Product)
② 한계요소비용(Marginal Factor Cost)
③ 한계비용(Marginal Cost)
④ 평균비용(Average Cost)
⑤ 임금(Wage)

정답 ①

해설

1) 한계생산물가치 $VMP_L = MP_L \times P$로 나타낼 수 있다.
2) 완전경쟁시장인 경우 기업이 맞이하는 P는 고정되어 있지만 노동투입량이 증가하면 노동의 한계생산물(MP_L)이 점차 감소하므로 한계생산물가치(VMP_L) 곡선이 우하향의 형태로 그려진다.

03 생산물시장 완전경쟁 - 생산요소시장이 완전경쟁인 경우 이윤극대화 ★★★

1. 요소수요

(1) 요소수요는 VMP_L 곡선

① 생산물시장이 완전경쟁이면 개별 기업은 생산물 공급자로서 가격수용자이므로 $P = AR = MR$이 성립한다.
② $MRP_L = MP_L \times MR = MP_L \times P = VMP_L$
③ 생산물시장과 생산요소시장이 모두 완전경쟁인 경우의 VMP_L 곡선이 생산요소수요곡선이 된다.

(2) 요소수요(노동수요)의 결정 요인

결정 요인	이유	요소수요(L)
해당 재화 가격 상승	$VMP_L = MP_L \times P$	증가
생산성 향상(MP_L 증가)	$VMP_L = MP_L \times P$	증가
해당 재화 수요 증가	파생수요	증가
대체요소(K)의 가격 상승	K를 L로 대체	증가
대체요소(K)의 생산성 향상	K 요소 수요 증가	감소

(3) 요소수요곡선의 가격탄력도 결정 요인

결정 요인	탄력적	비탄력적
대체생산요소	많다	적다
생산물수요의 가격탄력성	탄력적	비탄력적
다른 생산요소의 공급의 가격탄력성	탄력적	비탄력적
측정 기간	길다	짧다
생산비 비중	크다	작다

2. 요소비용

(1) 개요

생산요소시장이 완전경쟁이면 무수히 많은 요소공급자와 요소수요자가 동질의 요소를 완전한 정보에 의해 거래하므로, 개별 기업은 시장에서 정해진 임금을 받아들이는 요소가격수용자가 된다. 따라서 요소가격 w는 일정하다.

(2) 총요소비용, 평균요소비용, 한계요소비용

① 총요소비용(Total Factor Cost): $TFC_L = w \times L$

② 평균요소비용(Average Factor Cost): $AFC_L = \dfrac{TFC_L}{L} = \dfrac{wL}{L} = w$

③ 한계요소비용(Marginal Factor Cost): $MFC_L = \dfrac{dTFC_L}{dL} = \dfrac{d(wL)}{dL} = w$

④ 생산요소시장이 완전경쟁이면 $w = AFC_L = MFC_L$이 성립한다.

3. 노동공급곡선

(1) 개별노동공급

① 개별 근로자의 노동공급량은 개별 근로자의 소득과 여가에 대한 효용극대화 소비선택에 따라 결정된다.

② 일반적으로 임금이 상승할 때 개별 근로자의 노동공급량이 증가하므로 개별노동공급곡선은 우상향한다.

③ 임금이 상승할 경우 소득효과가 대체효과보다 크다면 후방굴절하는 노동공급곡선이 도출된다.

(2) 시장노동공급

① 시장노동공급곡선은 개별노동공급곡선의 수평합으로 도출된다.

② 한편 시장전체의 노동공급곡선은 일반적으로 후방굴절현상이 발생하지 않는다.

4. 생산요소시장의 균형

◀ 시험 POINT 두 시장이 완전경쟁일 경우 균형고용량과 균형임금을 구할 수 있어야 합니다.

(1) 개별 기업의 균형

① **요소시장이 완전경쟁:** 개별 기업은 가격수용자이므로 주어진 임금 w_0 수준에서 원하는 만큼의 고용이 가능하므로 개별 기업이 직면하는 노동공급곡선은 수평선인 $w_0 = MFC_L = AFC_L$(평균요소비용)이 된다.

② **생산물시장이 완전경쟁:** 노동수요곡선은 $VMP_L = MP_L \times P$이 되므로 결정된 w_0의 임금으로 l_0 만큼의 노동을 고용한다.

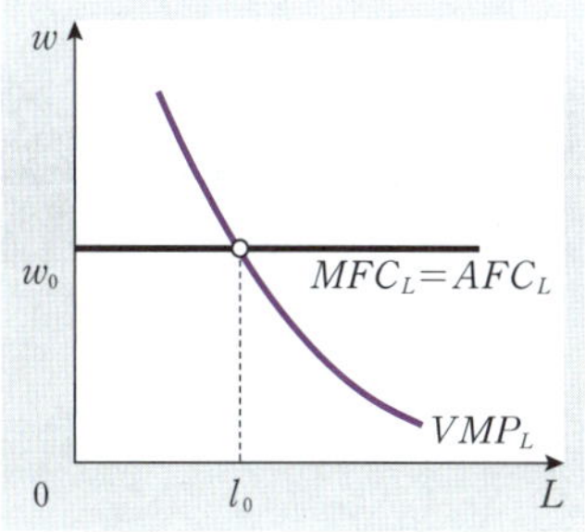

(2) 시장전체의 균형

① 시장전체의 노동수요곡선(D_L)은 개별 기업의 노동수요곡선의 수평합이다.

② 시장전체의 노동공급곡선(S_L)과의 교점 E에서 임금 w_0와 노동량 L_0가 결정된다.

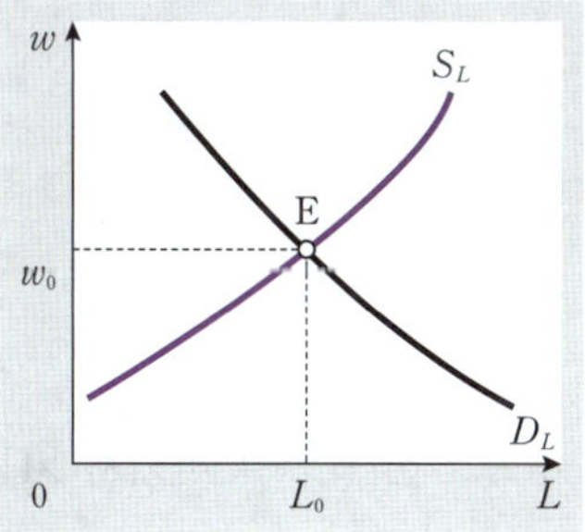

개념확인 문제

Q 노동만을 이용해 제품을 생산하는 기업이 있다. 생산량을 Q, 노동량을 L이라 할 때, 이 기업의 생산함수는 $Q=\sqrt{L}$이다. 이 기업이 생산하는 제품의 단위당 가격이 20이고 노동자 1인당 임금이 5일 때, 이 기업의 최적 노동고용량은? (단, 생산물시장과 노동시장은 모두 완전경쟁적이라고 가정함)

19년 서울시

① 1 ② 2
③ 4 ④ 8

정답 ③

해설

1) 생산물시장과 생산요소시장이 모두 완전경쟁적인 경우 생산요소시장의 균형은 $P\times MP_L=w$이다.

2) 생산함수가 $Q=\sqrt{L}=L^{\frac{1}{2}}$이므로 생산함수를 L에 대해 미분하면 $MP_L=\frac{1}{2}L^{-\frac{1}{2}}=\frac{1}{2\sqrt{L}}$이다.

3) $P\times MP_L=\frac{10}{\sqrt{L}}$이다. 임금 w가 5이므로 $\frac{10}{\sqrt{L}}=5$, $L=4$이다.

04 생산물시장 불완전경쟁(독점) – 생산요소시장이 완전경쟁인 경우 이윤극대화 ★★☆

1. 요소수요

(1) 생산물시장이 불완전경쟁일 경우

생산물시장이 불완전경쟁이면 개별 기업은 생산물공급자로서 $P>MR$이 성립한다.

(2) 요소수요는 MRP_L 곡선

① $MRP_L=MP_L\times MR<VMP_L=P\times MP_L$이다.

② 요소수요곡선은 VMP_L 곡선 하방에 존재하는 MRP_L이 된다.

2. 요소비용

(1) 개요

생산요소시장이 완전경쟁이면 무수히 많은 요소공급자와 요소수요자가 동질의 요소를 완전한 정보에 의해 거래하므로 개별 기업은 시장에서 정해진 임금을 받아들이는 요소가격수용자가 된다. 따라서 요소가격 w는 일정하다.

(2) 총요소비용, 평균요소비용, 한계요소비용

① 총요소비용: $TFC_L = w \times L$

② 평균요소비용: $AFC_L = \dfrac{TFC_L}{L} = \dfrac{wL}{L} = w$

③ 한계요소비용: $MFC_L = \dfrac{dTFC_L}{dL} = \dfrac{d(wL)}{dL} = w$

④ 생산요소시장이 완전경쟁이면 $w = AFC_L = MFC_L$이 성립한다.

3. 생산요소시장의 균형

(1) 이윤극대화 조건

시장의 형태와 관계없이 이윤극대화 조건은 $MRP_L = MFC_L$이다.

(2) 그래프

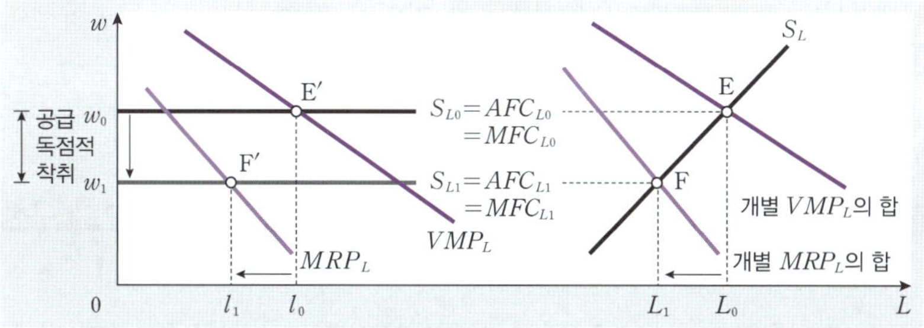

① 시장전체의 균형점은 F이다. 즉, 전체노동량은 L_1이고 임금이 w_1으로 결정되어 개별 기업은 $w_1 = MRP_L$을 만족시키는 노동량 l_1을 고용한다.

② 생산물시장이 불완전경쟁이 되면 임금이 하락하는데 그 차이인 $w_0 - w_1$을 공급독점적 착취라고 한다.

05 생산물시장 독점시장 – 생산요소가 불완전경쟁(수요독점)인 경우 이윤극대화 ★★☆

1. 요소수요독점의 개념과 발생 원인

(1) 개념

① 생산요소시장에서 요소수요자가 1명뿐인 경우를 의미한다.

② 예를 들면, 한 도시에 방송국이 하나만 있다면 연기자는 하나뿐인 방송국에서 일해야 하므로 방송국이 수요독점자이다.

(2) 발생 원인

생산요소의 전문화나 정부정책 등이 있다.

2. 요소수요독점인 경우의 요소수요곡선과 요소공급곡선

(1) 요소수요곡선

일반적으로 요소수요독점이 되면 생산물시장도 불완전경쟁(독점)이 되므로 요소수요곡선은 존재하지 않는다.

(2) 요소공급곡선

① 요소수요독점이 되면 시장의 노동수요곡선이 기업의 노동수요곡선이 된다.

② 따라서 고용량을 증가시키기 위해서는 이전보다 높은 임금을 지불하여야 한다.

③ 생산요소공급곡선은 시장전체 요소공급곡선인 $S_L = AFC_L = w$이 되어 우상향하게 된다.

(3) MFC_L이 AFC_L보다 큰 이유

① **직관적 설명:** 평균(AFC_L)이 증가하려면 한계(MFC_L) > 평균(AFC_L)의 상태에 있어야 한다.

② **수리적 설명**

- 생산물시장에서 독점인 A기업이 노동시장의 수요독점자, 이 기업이 직면하는 노동공급곡선이 $w = 50 + 10L$이라고 가정하자.
- $AFC_L = \dfrac{TFC_L}{L} = \dfrac{wL}{L} = w$이므로 $w = 50 + 10L$이다.
- MFC_L은 TFC_L을 미분하여 얻은 값이므로, 총요소비용인 TFC_L은 임금과 노동의 곱으로 구한다. 따라서 $TFC_L = 50L + 10L^2$이다. 이를 L로 미분하여 구한 $MFC_L = 50 + 20L$이다.

③ **결론:** 한계요소비용(MFC_L)곡선은 노동공급곡선(AFC_L)의 기울기의 2배로 상방에 존재하게 된다.

3. 요소수요독점인 경우의 균형 ◀ 시험 POINT 수요독점 시 균형을 구할 수 있어야 합니다.

(1) 생산요소시장의 이윤극대화조건

한계수입생산물(MRP_L) = 한계요소비용(MFC_L)이다.

(2) 이윤극대화

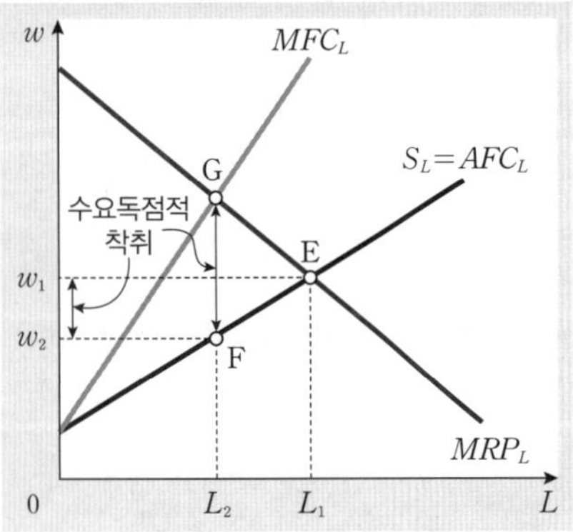

① 요소수요독점인 기업은 MRP_L과 MFC_L의 교점인 점 G에서 고용량 L_2를 결정한다.

② 독점적 지위를 가진 기업이므로 요소수요곡선이 존재하지 않아 임금은 L_2를 공급곡선 $S_L = AFC_L$에 대입하여 결정된 w_2를 지급한다.

③ $w_1 - w_2$를 수요독점적 착취라고 한다. 다만, 경우에 따라서는 MRP_L과 임금의 차이인 G − F를 수요독점적 착취로 본다.

4. 노동수요독점과 최저임금제

(1) 최저임금제 실시로 고용량이 증가하는 경우

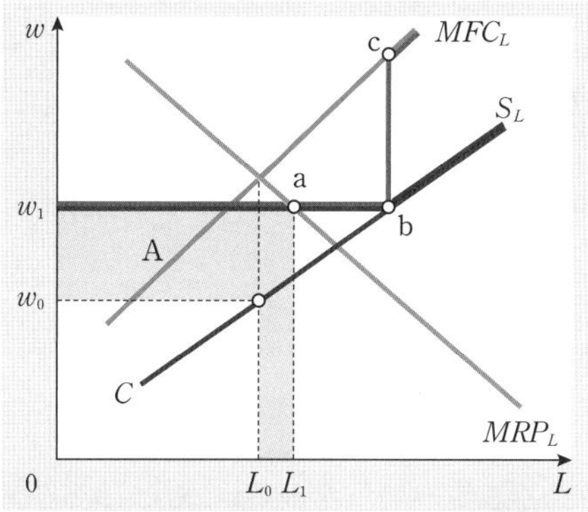

① 최초 상태의 임금은 w_0, 고용량은 L_0이다.

② w_1으로 최저임금제를 실시하게 되면 한계요소비용곡선이 변동하여 L_1으로 고용량이 바뀐다.

③ 임금 상승과 고용량 증가로 인하여 A만큼 총노동소득이 증가한다.

(2) 최저임금제 실시로 고용량이 불변하는 경우

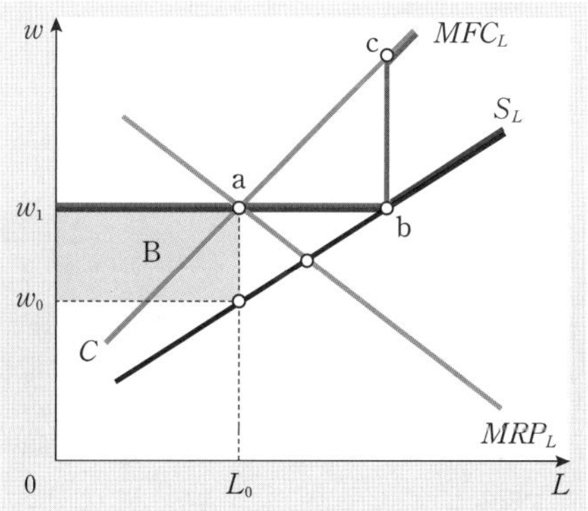

① 최초 상태의 임금은 w_0, 고용량은 L_0이다.

② w_1으로 최저임금제를 실시하게 되면 한계요소비용곡선이 변동하지만 고용량은 변화가 없다.

③ 고용량은 불변하지만 임금이 상승하므로 B만큼 총노동소득이 증가한다.

개념확인 문제

Q 생산물시장에서 독점인 A기업은 노동시장의 수요독점자이다. 이 기업이 직면하는 노동공급곡선이 $w=50+10L$이고, 노동자의 추가 고용으로 얻는 노동의 한계수입생산물은 $MRP_L=200-5L$일 때 이윤극대화를 추구하는 이 기업이 노동자에게 지급하는 임금은? (단, w는 임금, L은 고용량)

14년 노무사

① 90 ② 100 ③ 110

④ 120 ⑤ 130

정답 ③

해설

1) 총요소비용 $TFC_L=w\times L=50L+10L^2$이므로 이를 L에 대해 미분하면 한계요소비용 $MFC_L=50+20L$이다.
2) 수요독점기업은 한계수입생산과 한계요소비용이 일치하는 수준까지 노동을 고용하므로 $MRP_L=MFC_L$로 두면 $200-5L=50+20L$, $25L=150$이므로 균형고용량 $L=6$이다.
3) 수요독점기업은 노동공급곡선의 높이에 해당하는 임금을 지급하므로, $L=6$을 노동공급곡선식에 대입하면 $w=110$임을 알 수 있다.

06 공급독점 요소시장 ★★★

1. 공급독점 요소시장의 의미와 특징

(1) 의미

생산요소의 공급을 독점한다는 것으로, 여러 기업이 사용하는 특정한 광물을 생산하는 기업이 하나뿐인 경우가 이에 해당한다.

(2) 특징

요소공급자의 이윤극대화 추구에 따라 시장균형이 성립한다.

(3) 요소공급독점자의 이윤극대화 요소공급

① 요소공급독점자의 이윤극대화 균형은 생산물시장독점이론을 원용하여 분석한다.

② 즉, 요소공급자는 요소공급에 따른 한계비용(MC: 요소 1단위 추가 공급 시 늘어나는 총비용)과 한계수입(MR: 요소 1단위 추가 공급 시 늘어나는 총수입)이 같아지도록 요소를 공급하여 요소공급의 이윤을 극대화한다.

③ 시장요소수요곡선은 요소공급에 따른 평균수입(AR)곡선이 되며, 요소공급에 따른 한계수입(MR)곡선은 평균수입곡선의 하방에 위치한다.

2. 이윤극대화, 총임금 극대화, 고용량 극대화

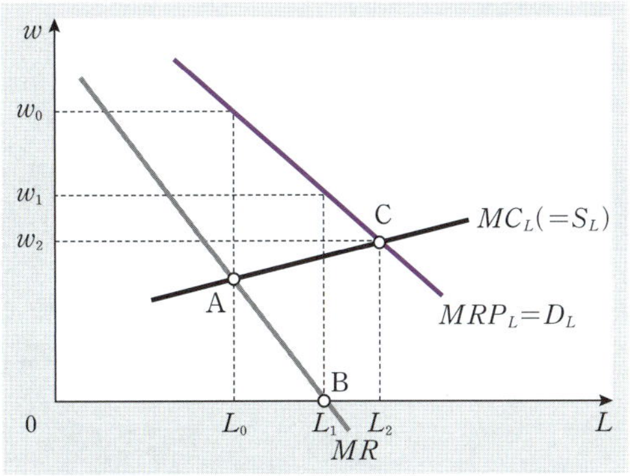

① 이윤극대화 추구 시(A): 공급독점자의 입장에서 보면 자신이 공급하는 생산요소가 자신의 생산물이기 때문에 생산요소의 공급독점자가 이윤극대화를 추구한다면 $MR = MC$인 수준에서 자신의 생산물을 공급한다.

② 총임금 극대화 추구 시(B): 노동공급에 따른 한계수입(MR)이 0인 점에서 노동공급량을 결정한다.

③ 고용량 극대화(C): 노동수요(MRP_L)와 한계비용(MC_L)이 교차하는 점에서 노동공급량을 결정한다.

3. 쌍방독점 요소시장

(1) 의미

요소수요기업과 요소공급자가 각각 자신의 이윤극대화를 추구한다. 따라서 유일한 시장균형은 성립할 수 없으며 양자의 협상력에 따라 요소가격과 고용량이 결정된다.

(2) 이윤극대화

① 요소수요독점기업의 요소고용의 이윤극대화 조건: $MRP_L = MFC_L$

② 요소공급독점자의 요소공급의 이윤극대화 조건: $MC = MR$

③ 위의 조건을 바탕으로 임금과 고용량은 수요독점자와 공급독점자의 협상에 의해 결정된다.

Chapter 02

소득분배이론

✣ 학습목표

- 경제적 지대와 전용수입의 의미를 이해할 수 있다.

01 소득과 저축 ★★★

1. 소득

(1) 경상소득: 정기적 소득

① 근로소득: 노동의 대가로 얻은 봉급이나 임금을 말한다.

② 사업·부업소득: 사업을 하여 획득한 이윤이나 부업을 통해 얻은 소득, 경영에 대한 이윤을 말한다.

③ 재산소득: 재산(자본, 주식, 토지, 주택)으로부터 얻는 소득을 말한다. 예 이자, 배당금, 임대료 등

④ 이전소득 :생산에 직접 참여하지 않고 무상으로 얻는 소득을 말한다.

예 정부로부터 받는 각종 연금, 생계비 등의 사회보장금 등

(2) 비경상소득

예상치 못하거나 일시적으로 들어오는 소득을 말한다.

예 퇴직금, 복권당첨금, 상여금, 장학금 등

2. 저축

(1) 의미

소득 중 소비하지 않는 부분으로, 미래의 소비를 위해 현재의 소비를 줄인 것이다.

(2) 장점

적정한 저축은 투자 자금의 원천으로, 국민경제성장의 기본이다. 또한 높은 저축률은 외채 의존율을 줄인다.

(3) 단점(저축의 역설)

저축 증가가 총수요를 줄이고, 생산 위축, 실업 증가, 소득 감소로 이어져서 결국 경제 성장에 부정적인 영향을 미치는 현상이다.

개념확인 문제

Q 다음 중 소득의 사례와 소득 원천을 바르게 연결한 것은? (단, 집세는 임대사업자가 아닌 개인 소득임)

① 월급 – 사업소득, 집세 – 근로소득
② 집세 – 재산소득, 월급 – 근로소득
③ 월급 – 이전소득, 집세 – 사업소득
④ 집세 – 근로소득, 기초연금 – 이전소득
⑤ 월급 – 근로소득, 기초연금 – 사업소득

정답 ②

해설

월급은 근로소득, 집세는 재산소득, 기초연금은 이전소득이다.

02 기능별 소득분배이론 ★★★

1. 임금

(1) 의미

① **노동**: 노동자가 재화나 서비스를 생산하는 생산활동으로서 노동서비스를 의미하며, 일정 기간 측정한 유량변수이다.

② **임금**: 생산과정에서 노동자가 제공하는 노동서비스에 대한 대가이다.

(2) 종류

① 명목임금

- 노동자가 노동서비스를 제공한 대가로 지불받는 명시적인 화폐액이다.
- 명목임금(w)을 화폐임금이라고도 한다.

② 실질임금

- 명목임금으로 구입할 수 있는 재화나 서비스의 수량으로서 명목임금이 지니는 실질적인 구매력을 의미한다.
- 실질임금$\left(\frac{w}{p}\right)$은 명목임금(w)을 물가(p) 또는 재화의 가격으로 나눈 값으로, 노동자의 생활수준을 측정할 수 있는 지표가 된다.

2. 이자

(1) 경제학에서의 자본

경제학에서 자본은 재화를 생산하기 위해 생산된 생산요소로, 소비자들이 직접 소비하는 소비재와 구분하여 생산재라고 한다.

(2) 자본의 가격

① 자본의 가격은 기계나 설비와 같은 자본재 그 자체의 가격이 아니라 그것의 서비스를 일정 기간 사용하기 위해 지급하는 대가, 즉 자본서비스의 가격인 임대료를 의미하며 이를 이자라 한다.

② 이자율은 차입한 자본에 대한 이자의 크기를 백분율로 나타낸 것이다.

③ $\text{이자율} = \dfrac{\text{이자}}{\text{자본재 가격}} \times 100$

(3) 이자율의 종류

① **명목이자율**: 화폐 단위로 측정한 원금과 이자의 비율을 말한다.

② **실질이자율**: 실물 단위로 측정한 원금과 이자의 비율이다.

3. 지대

(1) 의미

지대는 원래 토지같이 그 공급이 완전히 고정된 생산요소에 대하여 지불되는 보수를 의미하였으나, 오늘날은 공급이 고정된 생산요소에 대한 보수로 확대 해석한다.

(2) 지대학설

① **D. Ricardo의 차액지대설**: 지대는 토지의 위치나 비옥도에 따라서 생산성의 차이에 의해서 발생한다. 즉, 한계지(노는 땅)에는 지대가 발생하지 않았으나 인구 증가에 의한 곡물가격 상승으로 인하여 한계지가 경작되면 기존의 우등한 토지의 지대가 상승한다.

② **K. Marx의 절대지대설**: 지대는 자본주의 아래서의 토지 사유화로 인하여 발생한다. 즉, 토지의 위치나 비옥도에 관계없이 토지소유자의 요구로 지대가 발생하며, 지대가 상승하면서 곡물 가격이 상승한다.

(3) 전용수입과 경제적 지대

① **전용수입**(이전수입, transfer earnings): 생산요소를 현재의 고용상태에 붙들어 두기 위하여 최소한 지불하여야 하는 금액을 의미하며, 이는 생산요소공급에 의한 기회비용의 의미이다.

② **경제적 지대**(economic rent): 어떤 생산요소가 현재 고용되고 있는 곳에서 받는 일정한 금액의 보수 중 전용수입을 제외한 부분을 의미하며, 이는 생산요소가 얻은 소득 중에서 기회비용을 초과하는 부분으로 생산요소공급자의 잉여라 할 수 있다. 생산물시장의 공급자잉여를 생산자잉여라고 하면, 생산물요소시장의 공급자잉여를 경제적 지대라 한다.

(4) 지대추구행위

고정된 생산요소로부터 발생되는 경제적 지대를 얻거나 지키기 위하여 단체행동이나 로비활동, 뇌물 수여 등을 하는 것이다. 지대추구행위를 하면 사회 전체적으로 자원의 낭비를 초래하여 사회적 후생은 감소한다.

(5) 생산요소공급의 탄력도에 의한 경제적 지대의 변화

① 생산요소공급의 탄력도가 클수록 전용수입이 커지며, 완전탄력적(요소공급곡선이 수평선)이면 요소소득이 모두 전용수입이 되고, 완전비탄력적(요소공급곡선이 수직선)이면 요소소득이 모두 경제적 지대가 된다.

② **요소공급이 완전탄력적:** 요소공급곡선이 수평이며 요소소득의 전부가 전용수입(A)이 된다.

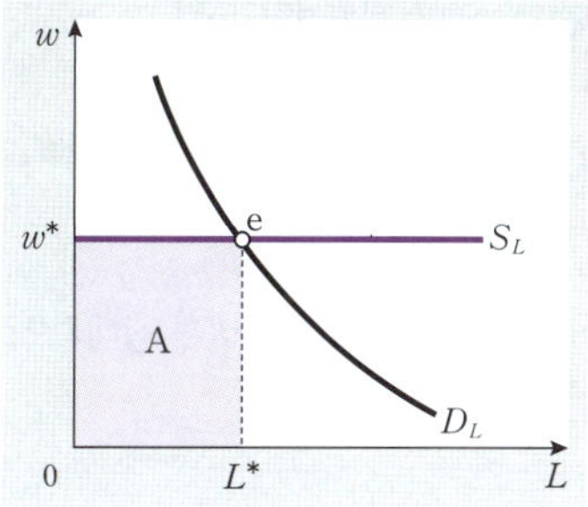

③ **일반적인 경우:** 요소공급곡선이 우상향하며, 경제적 지대(A)와 전용수입(B)이 동시에 발생한다.

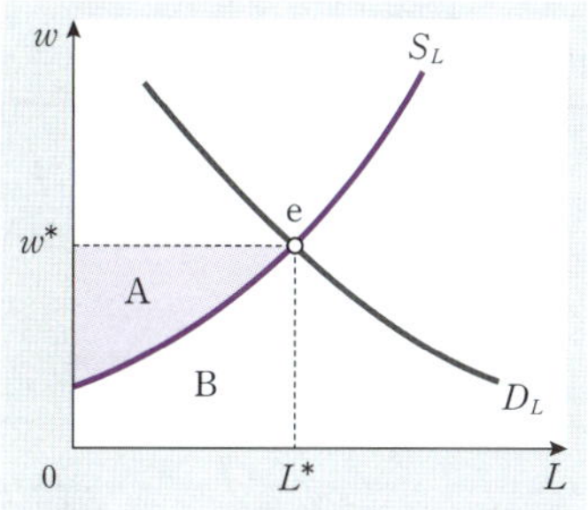

④ **요소공급이 완전비탄력적:** 요소공급곡선이 수직이며, 요소소득의 전부(B)가 경제적 지대가 된다.

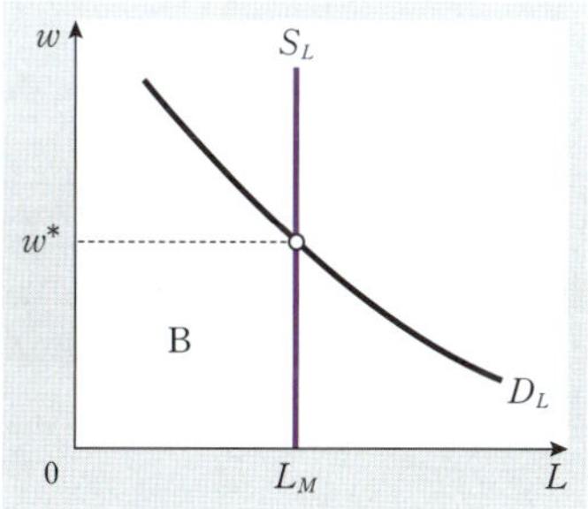

4. 준지대

① 공장설비 등과 같이 단기적으로 고정된 생산요소에 대한 보수이다.

② 준지대 = 총수입 - 총가변비용 = 총고정비용 + 초과이윤(혹은 손실)

③ 장기에는 고정요소가 존재하지 않으므로 준지대도 존재하지 않는다.

개념확인 문제

Q 경제적 지대와 전용수입에 대한 설명으로 가장 옳은 것은? 23년 서울시

① 생산요소의 공급곡선이 수평선에 가까워질수록 경제적 지대는 커진다.
② 생산요소의 공급탄력성이 0에 근접할수록 경제적 지대는 작아진다.
③ 생산요소 공급이 가격에 대해 무한탄력적이면 전용수입만 지불하면 된다.
④ 유명 연예인이나 스포츠의 슈퍼스타는 경제적 지대에 비해 상대적으로 큰 전용수입을 얻는다.

정답 ③

해설

③ 생산요소 공급이 가격에 대해 무한탄력적이면 경제적지대가 없으므로 전용수입만 지불하면 된다.

오답체크

① 경제적지대는 공급의 가격탄력성이 비탄력적일수록 커진다. 따라서 생산요소의 공급곡선이 수평선에 가까워질수록 경제적 지대는 작아진다.
② 생산요소의 공급탄력성이 0에 근접할수록 경제적 지대는 커진다.
④ 유명 연예인이나 스포츠의 슈퍼스타는 공급의 가격탄력성이 비탄력적이므로 경제적 지대에 비해 상대적으로 작은 전용수입을 얻는다.

Chapter 03

소득분배지표

✢ 학습목표

- 각 소득분배의 수치가 소득분배 상태를 어떻게 나타내고 있는지를 파악할 수 있다.
- 지니계수와 애킨슨 지수의 계산 문제를 해결할 수 있다.

01 계층별 소득분배와 사회보장제도 ★★★

1. 계층별 소득분배이론

소득이 가장 큰 사람부터 차례로 배열했을 때 각 소득 계층에 소득이 얼마나 균등하게 분배되어 있는지 분석하는 이론이다.

2. 소득분배 불평등과 임금격차의 발생 원인

(1) 소득분배 불평등의 발생 원인

① **개인적인 요인:** 개인별 능력이나 노력의 차이, 교육·훈련 기회의 차이, 출신환경(부모의 교육정도 등), 상속재산의 차이 등이 있다.

② **사회적인 요인:** 신분제도와 남녀차별 등의 사회제도, 경제성장 위주의 정책하에 농민·노동·기업가 사이의 소득분배의 불균형이 발생하는 경제제도, 조세제도나 사회복지제도 등의 경제구조 변화에 따른 노동시장의 변화 등이 있다.

③ **기타 요인:** 운(luck), 자산가격 변동 등이 있다.

(2) 임금격차의 발생 원인

① **작업 조건에 따른 요인:** 어렵고 위험한 직업의 임금이 더 높다. 이를 보상적 임금격차라고 한다.

② **인적 자본에 따른 요인:** 인적 자본(교육, 훈련 등에 의한 지식) 수준이 높으면 생산성이 높기 때문에 임금도 높다.

3. 소득분배론

(1) 공리주의(unitarianism)

국민들의 행복도(만족도)의 합을 최대로 하는 것을 목표로 한다(최대 다수의 최대 행복). 단, 한계효용체감의 법칙을 가정하므로 소득재분배정책은 필요하다고 보는 입장이다. 그러나 재분배정책을 과도하게 할 경우 근로의욕을 떨어뜨려 사회 전체의 부를 증진시키는 원동력을 떨어뜨릴 수 있고, 세금 징수와 배분 과정에 누수현상이 일어나기 때문에 적절한 수준에서 정책을 펴야 한다고 주장한다.

(2) 존 롤스의 점진적 자유주의(liberalism)

절차적 공정성을 따르면 내용과 관계없이 정의라고 본다. 사회적 · 자연적 우연성을 배제한 '무지의 베일' 상태에서는 최소 수혜자 최대의 원칙이 지켜질 것이라고 생각한다.

(3) 로버트 노직의 급진적 자유주의(libertarianism)

소득재분배는 필요 없다고 주장한다. 최약자를 기준으로 재분배를 할 경우 열심히 노력한 사람을 역차별하게 된다고 본다. 노직은 이에 따라 재분배정책은 필요 없으며 모든 사람들에게 기회를 균등하게 제공하는 것이 정의라고 주장한다.

4. 경제발전과 소득분배: 쿠즈네츠의 U자 가설

(1) 경제발전 초기

소득분배가 비교적 균등하지만, 절대빈곤이 문제가 된다.

(2) 경제발전 진행

① 절대빈곤에서는 벗어나지만, 소득분배의 불균등이 악화되며, 상대적 빈곤이 문제가 된다.
② 소득분배 상태가 악화되는 이유는 자본 축적의 부족으로 인한 선택과 집중 방식 등에 있다.

(3) 경제발전 후기

소득재분배정책과 고용보험, 연금제도, 의료보험제도, 최저임금제 등을 실시하기 때문에 소득불균등 상태가 점차 개선된다.

(4) 그래프

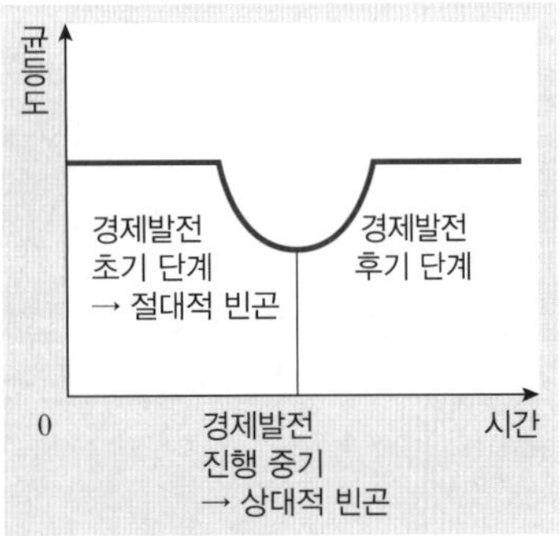

5. 사회보장제도

구분	사회보험	공공부조
목적	산업재해, 노령, 실업 등 미래의 불안에 대처	생활 무능력자의 최저 생활 보장
대상	경제적 능력이 있는 사람	경제적 능력이 없는 사람
재정 부담	본인, 기업, 국가	국가가 비용 전액 부담
종류	국민연금, 국민건강보험, 산업재해보험, 고용보험, 노인장기요양보험	의료급여, 국민기초생활제도, 기초노령연금제도
특징	• 강제 가입을 원칙으로 함 • 수혜 여부와 상관없는 능력별 부담 • 상호 부조 • 사전 예방, 보편적 복지	• 소득재분배 효과 큼 • 대상자 선정 시 부정적 낙인 • 복지병(근로 의욕 저하, 국가 재정 부담 증가) • 사후 처방, 선별적 복지

02 소득분배지표

◀ 시험 POINT 소득분배지표를 구분할 수 있어야 합니다. ★★★

1. 로렌츠 곡선

(1) 의미

계층별 소득분포 자료로, 세로축을 소득의 누적점유율, 가로축을 인구의 누적점유율로 나타낸 곡선이다.

(2) 균등 정도의 판단

소득분배가 균등할수록 로렌츠 곡선은 대각선에 접근한다.

(3) 평가(서수적 소득분배)

① 소득분포 상태를 시각적으로 나타내기 때문에 간단명료하지만, 불평등 정도를 측정할 수 없다.
② 로렌츠 곡선이 서로 교차하는 경우 소득분배 상태를 비교할 수 없다는 단점이 있다.

(4) 그래프

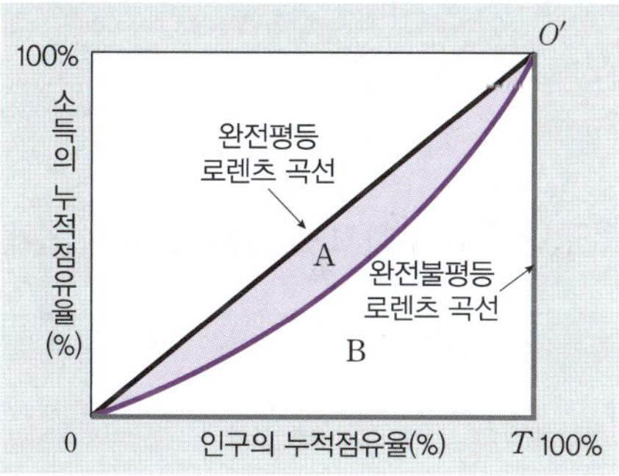

① 직선 OO': 완전평등
② 곡선 OO': 면적 A가 클수록 불평등
③ 직각 OTO': 완전불평등

2. 지니계수

(1) 정의

① 로렌츠 곡선에서 나타난 소득분배 상태를 수치로 나타낸 것으로 다음과 같이 나타낸다.

② 지니계수 $= \dfrac{A\text{의 면적}}{\triangle OTO'\text{ 면적}} = \dfrac{A}{A+B}$

(2) 균등 정도의 판단

지니계수가 취하는 값의 범위는 $0 \le$ 지니계수 ≤ 1로, 그 값이 작을수록 소득분배가 평등하며 소득분배가 완전히 균등하면 지니계수의 값은 0이다.

(3) 평가(기수적 소득분배)

① 측정이 간단하여 많이 이용되고 있으나 전 계층의 소득분배 상태를 하나의 수치로 나타내므로 특정 소득 계층의 소득분배 상태를 나타내지 못한다.
② 두 로렌츠 곡선이 교차하면 비교할 수 없다는 단점이 있다.

3. 10분위 분배율

(1) 정의

① 계층별 소득분포 자료에서 최하위 40%의 소득점유율과 최상위 20%의 소득점유율과의 비율을 의미하며 다음과 같이 측정한다.

② 10분위 분배율 $= \dfrac{\text{최하위 } 40\% \text{ 소득 계층의 소득점유율}}{\text{최상위 } 20\% \text{ 소득 계층의 소득점유율}}$

(2) 균등 정도의 판단

10분의 분배율이 취하는 값의 범위는 $0 \le$ 10분위 분배율 ≤ 2로, 그 값이 클수록 소득분배가 평등하며 소득분배가 완전히 균등하면 10분의 분배율의 값은 2이다.

(3) 평가

측정이 간단하여 많이 이용되고 있으나 최하위 40%와 최상위 20%만으로 구하므로, 사회구성원 전체의 소득분배 상태를 나타내지 못한다는 단점이 있다.

4. 애킨슨 지수

(1) 정의

① 현재의 평균소득과 균등분배 대등소득을 이용하여 나타낸 수치로 다음과 같이 정의된다.

② $A = 1 - \frac{Y_E}{Y_A}$ (Y_E: 균등분배 대등소득, Y_A: 현재의 평균소득)

(2) 균등 정도의 판단

① 소득분배가 완전균등: $Y_E = Y_A \rightarrow A = 0$

② 소득분배가 완전불균등: $Y_E = 0 \rightarrow A = 1$

③ 애킨슨 지수가 취하는 값의 범위는 0 ~ 1로, 그 값이 작을수록 소득분배가 평등하며 소득분배가 완전히 균등하면 애킨슨 지수(A)의 값은 0이다.

④ 분배 정도를 측정하는 수치는 지니계수와 동일하다.

(3) 평가

소득분배에 대한 사회구성원의 주관적인 가치가 반영된 개념으로, 균등분배 대등소득이 작으면 애킨슨 지수는 커진다(소득분배가 불균등).

(4) 균등분배 대등소득

현재에 동일한 사회후생을 얻을 수 있는 완전히 평등한 소득분배 상태에서의 평균소득을 의미한다.

(5) 그래프 분석

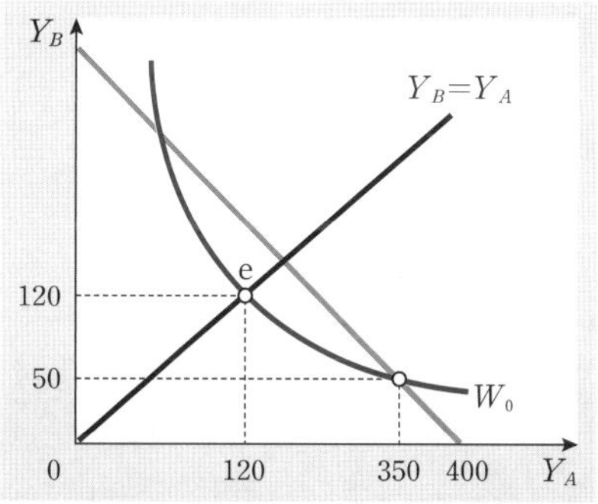

현재의 불평등한 상태에서의 각각의 소득이 50만 원과 350만 원이라면 1인당 평균소득이 200만 원이 된다. 이때 사회 전체의 후생이 W_0를 나타내는 사회 무차별곡선이 그림과 같아서 사회구성원 모두에게 균등한 120만 원을 재분배해도 현재와 동일한 후생 W_0를 유지할 수 있다면 균등분배 대등소득이 120만 원이다. 이때, 애킨슨 지수 $A = 1 - \frac{120}{200} = 1 - \frac{6}{10} = 0.4$이다.

개념확인 문제

Q 최근 소득불평등에 대한 사회적 관심이 커지고 있다. 소득불평등 측정과 관련한 다음의 설명 중 가장 옳은 것은? 18년 서울시

① 10분위 분배율의 값이 커질수록 소득분배가 불평등하다는 것을 의미한다.
② 지니계수의 값이 클수록 소득분배는 평등하다는 것을 의미한다.
③ 완전균등한 소득분배의 경우 애킨슨 지수값은 0이다.
④ 로렌츠 곡선이 대각선에 가까워질수록 소득분배는 불평등하다.

정답 ③

해설

③ 애킨슨 지수는 0과 1사이의 값을 가지며 완전균등한 소득분배의 경우 애킨슨 지수값은 0이다.

오답체크

① 10분위 분배율의 값이 커질수록 소득분배가 평등하다는 것을 의미한다.
② 지니계수의 값이 클수록 소득분배는 불평등하다는 것을 의미한다.
④ 로렌츠 곡선이 대각선에 가까워질수록 소득분배는 평등하다.

Chapter
03
예산과 조세

+ 학습목표

- 직접세와 간접세를 구분할 수 있다.
- 누진세와 비례세를 구분할 수 있다.
- 종량세 그래프를 완벽히 이해하고 재정수입과 사회적 후생손실을 구할 수 있다.

01 예산과 조세의 의미 ★★★

1. 예산

(1) 의미

일정 기간(회계 연도) 정부의 재정 수입(세입)과 지출(세출)에 대한 계획을 말한다.

(2) 원칙

지출 계획에 따른 수입액을 결정한다.

(3) 목표

국민의 복지수준을 향상하는 것이다.

(4) 예산의 편성과정

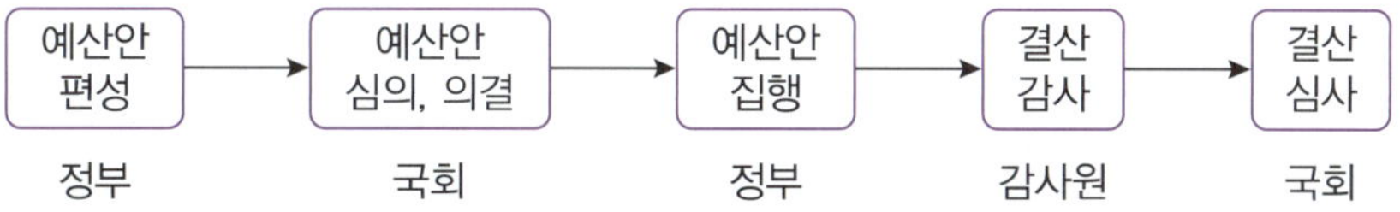

(5) 종류

① **본예산**: 의회의 의결을 얻어 확정·성립한 예산이다.
② **수정예산**: 정부가 예산안을 제출한 후 의결이 확정되기 이전에 예산의 일부를 변경한 예산이다.
③ **추가경정예산**: 본예산이 의회에서 의결된 이후, 본예산에 추가 또는 변경을 가하여 변경한 예산이다.
④ **준예산**: 예산이 법정기한 내에 의회의 의결을 받지 못한 경우 최소한도로 지출하는 예산이다.

2. 조세의 의미와 특징

(1) 의미

국가·공공단체가 재정권에 의하여 일반 국민으로부터 개별적인 대가를 지급하지 않고 강제적으로 획득하는 수입이다.

(2) 특징

① **납세의 강제성:** 시장에서의 물건 구입 여부는 자유이지만, 정부 서비스는 마음에 들지 않아도 세금을 납부해야 한다.

② **세 부담액 결정의 일방성:** 정부 서비스로부터 혜택을 받은 수준과 상관없이 다른 기준에 의해(일반적으로는 소득 수준) 담세액을 결정한다.

③ **납세에 대한 대가의 불확실성:** 특정 항목의 세금을 제외하고는 납세의 목적이 불분명하다.

④ **세금 지출 용도의 불특정성:** 세금은 반드시 정부가 어떤 서비스를 생산하기 위하여 사용되는 것은 아니다.

(3) 래퍼 곡선

① **의미:** 미국의 경제학자 A. 래퍼가 제시한 세수와 세율과의 관계를 나타낸 곡선으로, 그래프를 보면 T^*보다 높은 세율은 경제주체의 경제활동 의욕을 감퇴시키고 국민경제활동을 위축시켜, 결과적으로 세수의 감소를 가져온다는 것을 의미한다.

② **그래프**

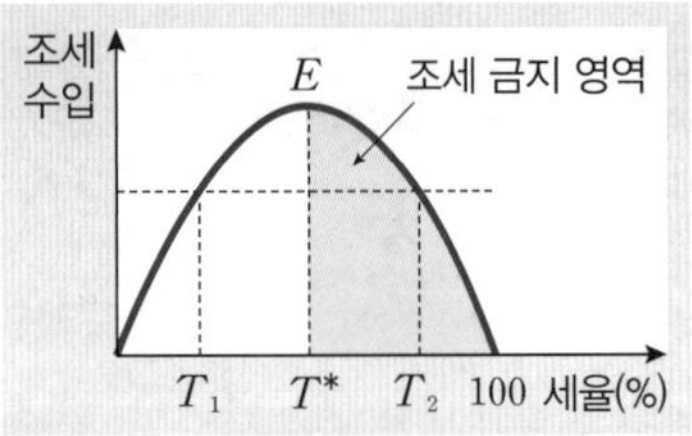

02 조세의 종류 ★★★

1. 직접세와 간접세

시험 POINT 직접세와 간접세를 구별해야 합니다.

구분	직접세	간접세
의미	납세자=담세자 ∴조세 전가 불가	납세자≠담세자 ∴조세 전가 가능
과세 대상	소득의 원천이나 재산의 규모	소비지출행위
종류	• 개인 소득: 개인소득세, 법인세 • 재산 규모: 종합부동산세, 재산세 • 재산의 상속·거래: 상속세, 증여세 등	부가가치세, 개별소비세, 주세, 증권거래세
특징	• 누진세율 적용: 가처분 소득의 격차 완화(소득 재분배) • 조세 저항이 강하여 조세 징수 곤란 • 저축과 근로 의욕의 저해	• 비례세율 적용: 저소득층 불리(조세 부담의 역진성) • 조세 저항이 약하여 조세 징수 용이 • 상품의 가격 상승으로 물가 상승 우려
그림 이해		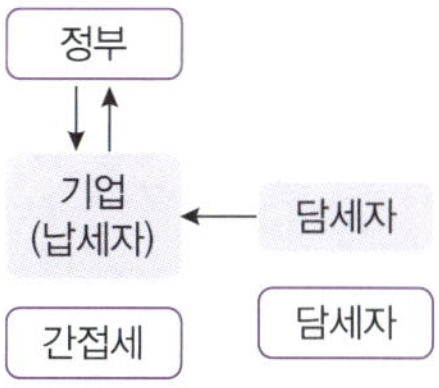

2. 세율에 따른 조세의 분류

(1) 세율의 구분

① 평균세율$\left(\frac{T}{Y}\right)$

- 평균세율은 과세표준액에서 산출세액이 차지하는 비율이다.
- 원점에서 그은 기울기를 평균세율로 볼 수 있다.

② 한계세율$\left(\frac{\triangle T}{\triangle Y}\right)$

- 한계세율은 과세표준액이 1단위 증가할 때 세액증가분의 비율이다.
- 접점에서 그은 기울기를 한계세율로 볼 수 있다.

③ 실효세율

- 실효세율은 총소득 혹은 총재산에서 산출세액이 차지하는 비율이다.

(2) 누진세

① 의미: 과세표준이 증가할 때 평균세율이 상승하는 조세이다.

② 소득재분배 효과가 크지만 조세저항이 강한 편이다.

③ 선형 누진세

- 예시: $T=-1000+0.4Y$
- 한계세율은 일정하지만 한계세율과 평균세율 중 한계세율이 커서 소득 증가 시 평균세율이 증가한다.

(3) 비례세

① 의미: 과세표준의 크기와 관계없이 일정한 세율을 적용하는 조세이다.

② 선형 비례세

- 예시: $T=0.4Y$
- 한계세율은 일정하고 한계세율과 평균세율이 동일하여 평균세율도 일정하다.

(4) 역진세

① 의미: 과세표준이 증가함에 따라서 오히려 적용세율이 낮아지는 조세이다.

② 선형 역진세

- 예시: $T=1000+0.4Y$
- 한계세율은 일정하지만 한계세율과 평균세율 중 평균세율이 커서 소득 증가 시 평균세율이 감소한다.

(5) 누진세와 비례세의 비교

① 선형 누진세와 비례세의 조세 부담 비교

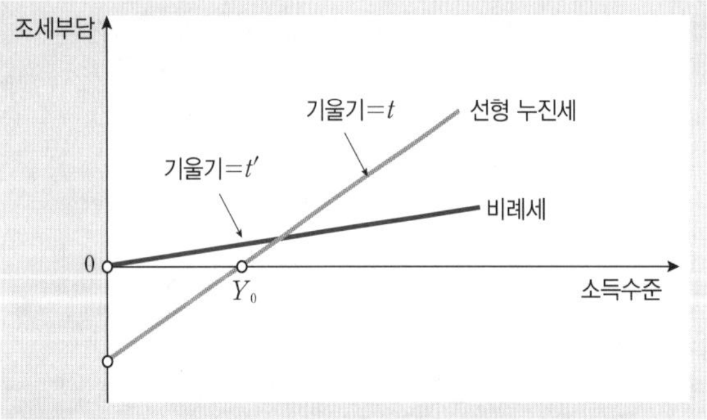

② 누진세와 비례세의 평균세율과 한계세율 비교

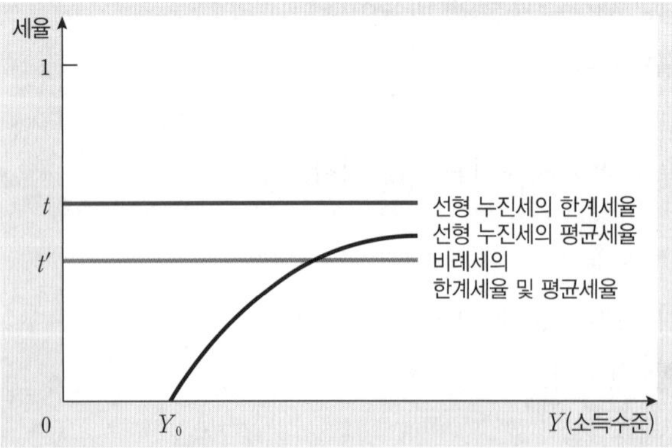

3. 누진도의 측정

(1) 평균세율 누진도: 평균세율 누진도

① 공식: 평균세율 누진도= $\frac{\text{평균세율의 변화분}}{\text{소득의 변화분}}$

② 0을 기준으로 +이면 누진세, −이면 역진세이다.

(2) 부담세액 누진도(조세수입의 소득탄력성, 세수탄력성)

① 공식: 부담세액 누진도= $\frac{\text{조세수입 변화율}}{\text{소득의 변화율}}$

② 1을 기준으로 1보다 크면 누진세, 1보다 작으면 역진세이다.

(3) 양자의 차이

일반적으로 유사하지만 다른 결과가 나올 수도 있다.

개념확인 문제

Q A국의 소득세는 $T=\max[0,\ 0.15(Y-1{,}000)]$의 식에 따라 결정된다. 즉, 연소득 1,000만 원까지는 전혀 세금을 부과하지 않고, 1,000만 원을 넘는 부분에 대해서만 15%의 세율로 세금을 부과한다. 이 소득세 제도의 1,000만 원 이상 소득구간에서 한계세율(ㄱ)과 평균세율(ㄴ)에 대한 설명으로 옳은 것은? (단, T는 세액, Y는 소득) 15년 지방직

	ㄱ	ㄴ
①	누진적	누진적
②	누진적	비례적
③	비례적	비례적
④	비례적	누진적

정답 ④

해설

1) 조세의 형태가 최댓값을 찾는 것이다.

2) 소득이 1,000만원 미만이면 조세가 없고, 소득이 1,000만 원 초과 시 $T=0.15(Y-1{,}000)$ → $T=-150+0.15Y$의 선형 누진세의 형태를 가진다.

3) 한계세율은 $\frac{\Delta T}{\Delta Y}=0.15$이므로 비례적이다.

4) 평균세율은 $\frac{T}{Y}=0.15-\frac{150}{Y}$이므로 소득이 증가할수록 커진다. 따라서 누진세이다.

03 조세의 귀착 ★★★

1. 조세의 귀착

(1) 법적 귀착과 경제적 귀착

① **조세 부담의 귀착(incidence)**: 궁극적으로 조세 부담이 누구에게 떨어지는가를 뜻하는 개념이다.

② **법적 귀착**: 조세법상으로 누가 조세 납부의 의무를 지도록 규정하고 있는지에 의해 결정된다.

③ **법적 귀착과 경제적 귀착이 차이를 보이는 이유**: 조세 부담이 다른 사람에게 전가(shifting)되는 현상이 발생하기 때문이다.

(2) 조세 전가의 의미

① 법적 귀착보다 경제적 귀착이 적은 경우 다른 경제주체에게 조세 부담을 이동시킨 것이다. 즉, 조세를 전가했다고 할 수 있다.

② 조세 부담의 전가 = 조세 납부액 − 실질 처분 가능 소득의 변화폭이다.

③ 부담의 전가는 각 경제주체가 가지고 있는 경제적 관계의 특성에 의해 저절로 일어나게 된다.

(3) 조세 전가의 종류

① **전방전가(전전)**: 조세의 전가가 생산물(생산요소)의 거래 방향과 일치하는 것이다.
예 생산자 → 소비자에게 전가

② **후방전가(후전)**: 조세의 전가가 생산물(생산요소)의 거래 방향과 반대로 이루어지는 것이다.
예 요소공급자에게 전가 ← 생산자

③ **소전**: 생산자가 경영 합리화 등을 통해 생산의 효율성을 제고함으로써 조세 부담을 흡수하는 것으로 조세는 납부하나 실질적으로 누구도 조세를 부담하지 않는 것이 특징이다.

④ **자본화**: 부동산 등과 같이 공급이 고정된 경우 그 재화의 가격이 조세 부담의 현재가치만큼 하락하는 것이다.

(4) 세금 부과 방식(보조금의 경우는 역으로 생각하면 됨)

조세 유형	종량세(단위당 t원 고정)	종가세(가격의 t% 체증)
부과 방식	• 상품 한 단위마다 일정액의 세금 부과 • 상품 가격과 무관하게 단위당 조세액이 일정	• 상품 가격의 일정 비율만큼 세금 부과 • 상품 가격이 높을수록 단위당 조세액이 증가
그래프 이동 형태	평행이동	회전이동
예시	휘발유 1리터당 100원의 세금	맥주 출고가격에 10%의 세율
생산자에게 부과 (공급곡선의 이동)	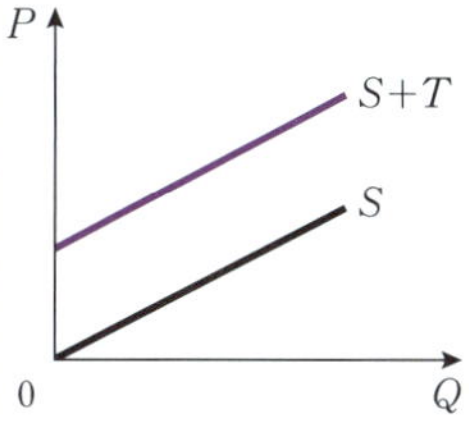 • 이론: $S \rightarrow S+T$ 예 $P=Q \rightarrow P=Q+T$	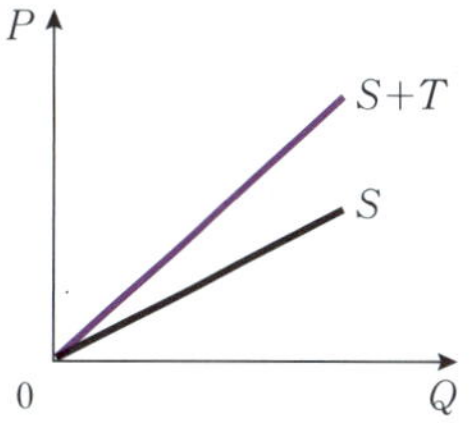 • 이론: $S \rightarrow (1+t)S$ 예 $P=Q \rightarrow P=(1+t)Q$
소비자에게 부과 (수요곡선의 이동)	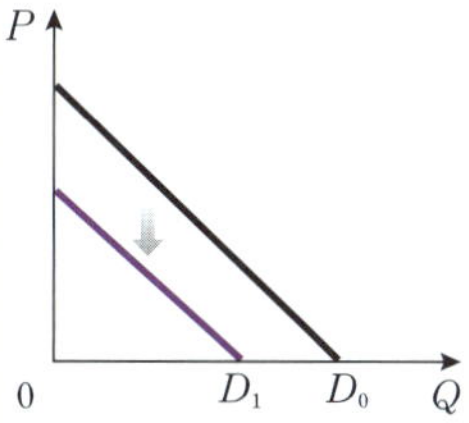 • 이론: $D \rightarrow D-T$ 예 $P=-Q+100 \rightarrow P=-Q+100-T$	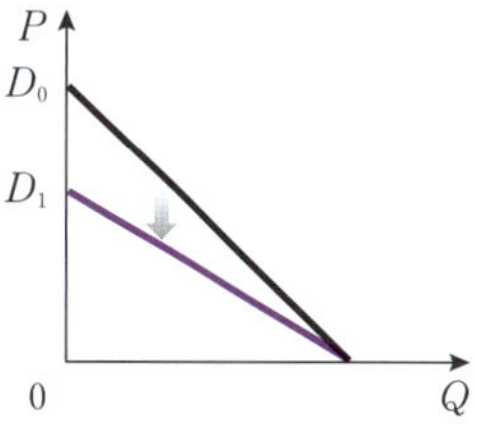 • 이론: $D \rightarrow (1-t)D$ 예 $P=-Q+100 \rightarrow \left(\frac{1}{1-t}\right)P=-Q+100$

2. 조세 부과의 효과

(1) 가정

① 물품세는 상품 1단위당 일정액의 세금을 매기는 방식, 종량세 방식으로 부과된다.

② 조세를 납부할 의무를 갖는 측은 상품의 공급자이다.

(2) 그래프 분석 ◀ 시험 POINT 그래프를 완벽히 이해하여 계산 문제를 풀 수 있어야 합니다.

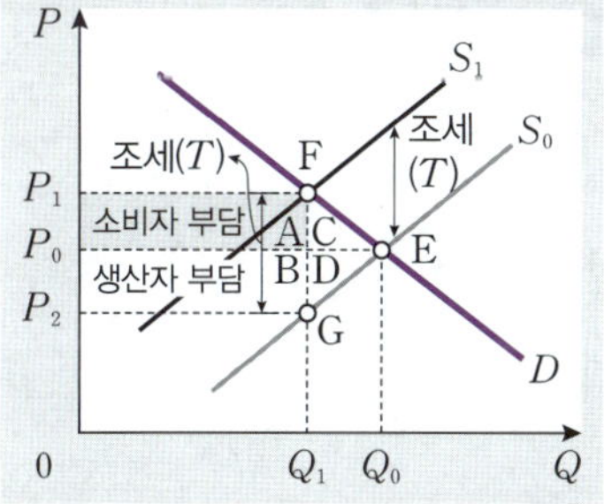

① 최초 균형점인 점 E에서 가격 = P_0, 균형량 = Q_0이다.

② T 만큼의 조세(종량세)를 부과하면 공급곡선이 상방으로 T만큼 평행이동하고, 새로운 균형점 점 F에서 (소비자)가격 = P_1, 균형량 = Q_1이다.

③ 생산자가격 = 가격(P_1) − 조세(T) = P_2이다.

④ 소비자 부담은 $P_1 - P_0$, 생산자 부담은 $P_0 - P_2$이고 이를 더하면 T가 된다.

⑤ 총조세액은 □(A + B), 사회적 후생손실 발생분은 △(C + D)이다.

(3) 생산자와 소비자에게 각각 부담시킬 때 비교

조세 유형	생산자에게 종량세 부과(단위당 t원)	소비자에게 종량세 부과(단위당 t원)
부과 효과 (종량세)	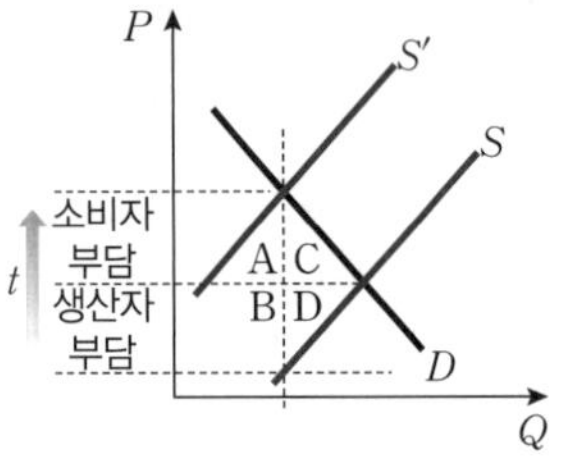	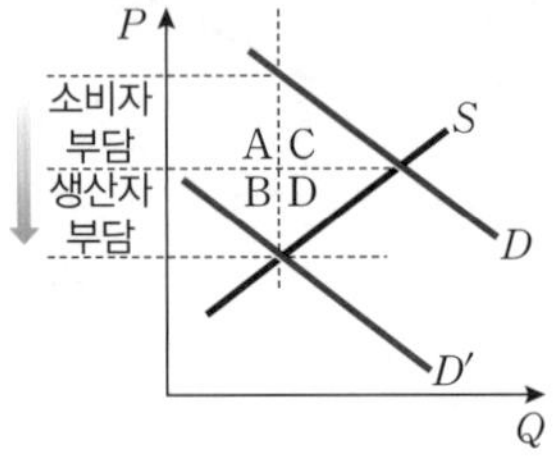
	• 소비자잉여: −(A+C) • 생산자잉여: −(B+D) • 조세수입: A+B • 사회후생: −(C+D)	• 소비자잉여: −(A+C) • 생산자잉여: −(B+D) • 조세수입: A+B • 사회후생: −(C+D)

(4) 보조금 부과의 효과

① 생산자에게 종량보조금을 부과하는 상황을 가정하자

② 생산자에게 보조금을 지급하는 것은 한계비용을 줄여주는 것이므로 P에 관하여 푼후 보조금만큼 빼줘야 하므로 공급곡선이 하방이동한다.

③ 그래프

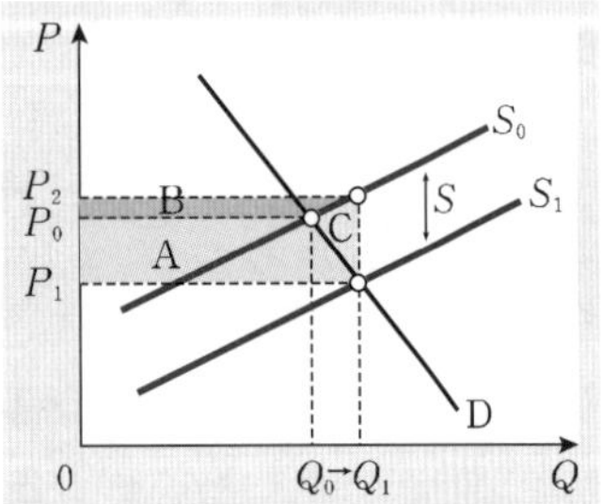

- 보조금 지급으로 공급곡선이 하방이동하여 가격이 P_1으로 하락하여 소비자잉여가 A만큼 증가한다.
- 생산자는 P_1+보조금=P_2의 가격을 받으므로 생산자잉여가 B만큼 증가한다.
- 정부가 쓴 보조금총액은 A+B+C이므로 후생손실 C가 발생한다.

3. 수요, 공급의 가격탄력도와 조세의 귀착

(1) 수요가 탄력적이거나 공급이 비탄력적이면 생산자 부담이 크다

① 수요가 완전탄력적(수평)이거나 공급이 완전비탄력적(수직)이면 조세는 모두 생산자에 귀착된다.

② 수요곡선이 탄력적일수록 소비자 부담이 줄어든다.

(2) 수요가 비탄력적이거나 공급이 탄력적이면 소비자 부담이 크다

① 수요가 완전비탄력적(수직)이거나 공급이 완전탄력적(수평)이면 조세는 모두 소비자에 귀착된다.

② 공급곡선이 탄력적일수록 생산자 부담이 줄어든다.

(3) 그래프 분석

① 탄력적 공급곡선과 비탄력적 공급곡선

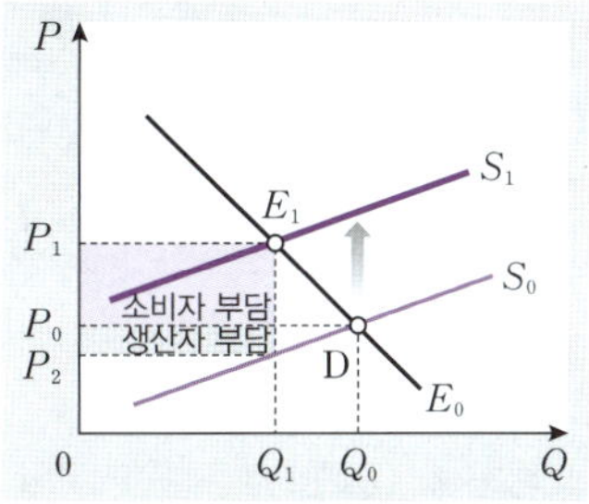

■ 탄력적 공급곡선
- 소비자 부담: P_1P_0
- 생산자 부담: P_0P_2
- 소비자 부담 > 생산자 부담

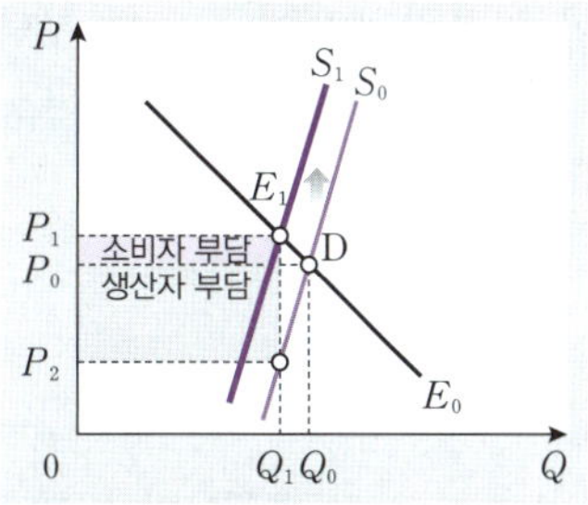

■ 비탄력적 공급곡선
- 소비자 부담: P_1P_0
- 생산자 부담: P_0P_2
- 소비자 부담 < 생산자 부담

② 수요곡선이 완전탄력적인 경우와 완전비탄력적인 경우

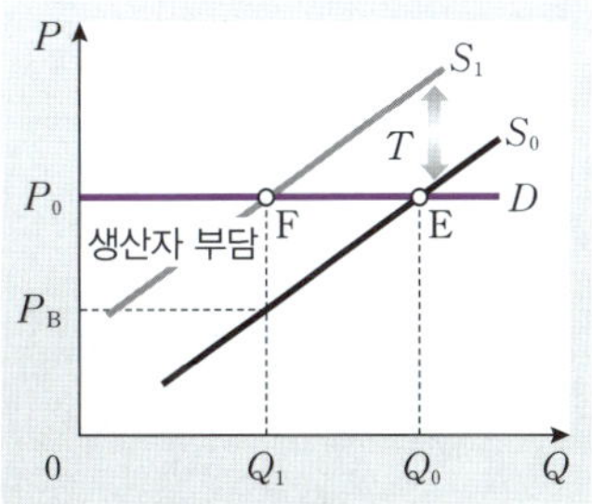

■ 수유곡선이 완전탄력적($e_d = \infty$)
- 생산자가 모두 부담

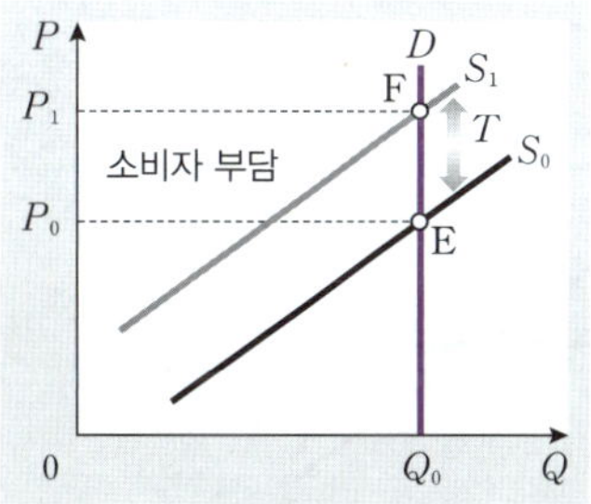

■ 수요곡선이 완전비탄력적($e_d = 0$)
- 소비자가 모두 부담

③ 공급곡선이 완전탄력적인 경우와 완전 비탄력적인 경우

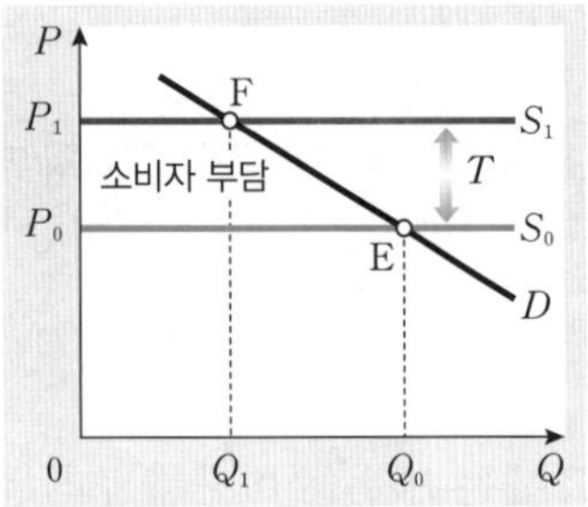

■ 공급곡선이 완전탄력적($e_s = \infty$)
• 소비자가 모두 부담

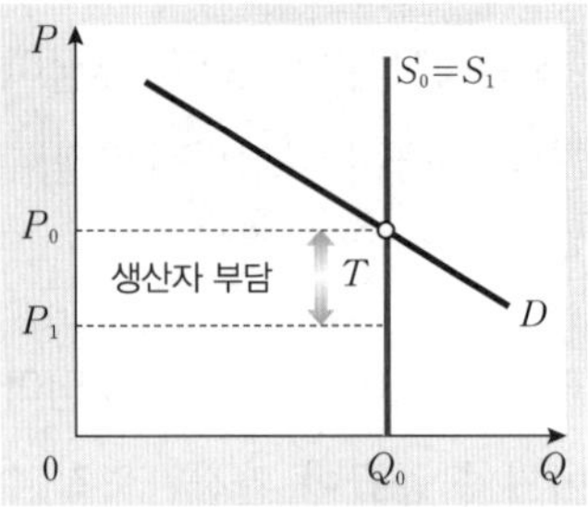

■ 공급곡선이 완전비탄력적($e_s = 0$)
• 생산자 모두 부담

(4) 결론 ◀ 시험 POINT 조세귀착과 탄력성은 반비례됨이 출제됩니다.

① 수요와 공급의 가격탄력성이 비탄력적일수록 조세 부담이 크다.

② 탄력성에 따라 조세 부담이 발생하는 이유: 탄력적일수록 비탄력적인 사람보다 협상력 (bargaining power)이 커지기 때문이다.

③ 조세의 부담비율

• 소비자 부담 비율 $= \frac{\epsilon_s}{\epsilon_d + \epsilon_s}$, 생산자 부담 비율 $= \frac{\epsilon_d}{\epsilon_d + \epsilon_s}$ 이다.

(단, ϵ_d: 수요곡선의 가격탄력도, ϵ_s: 공급곡선의 가격탄력도)

4. 시장의 차원에서 발생하는 물품세의 초과부담

(1) 수평인 공급곡선인 경우

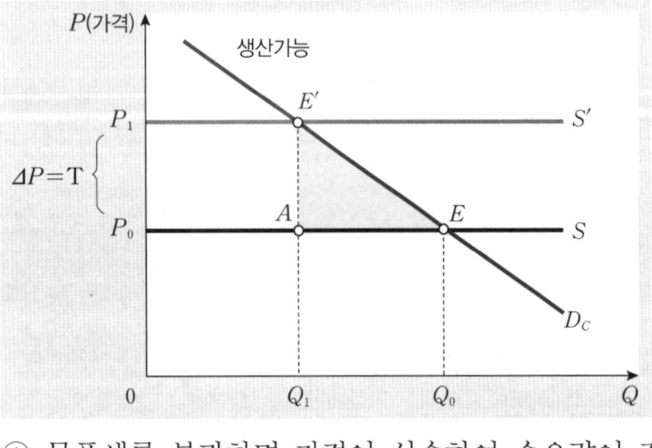

① 물품세를 부과하면 가격이 상승하여 수요량이 감소하며, $\triangle AEE'$ 만큼의 후생손실이 발생한다.

② 초과부담 $= -\frac{1}{2}\Delta P \cdot \Delta Q = \frac{1}{2}tP \cdot \Delta Q = \frac{1}{2}t(-\frac{P}{\Delta P} \cdot \frac{\Delta Q}{Q})\Delta P \cdot Q = \frac{1}{2}t^2 e_d PQ$

③ $T = \Delta P = tP$, 수요의 가격탄력성 $= (-\frac{P}{\Delta P} \cdot \frac{\Delta Q}{Q}) = (-\frac{\Delta Q}{\Delta P} \cdot \frac{P}{Q})$를 이용한다.

(2) 일반적 공급곡선에서의 초과부담

① 일반적 공급곡선은 우상향하는 형태이다.

② 이 경우의 초과부담은 $\frac{1}{2}t^2 \cdot \frac{1}{\frac{1}{e_d}+\frac{1}{e_s}} \cdot PQ$이다.

(3) 결론

① 초과부담은 세율의 제곱에 비례한다.

② 초과부담은 수요의 가격탄력성의 크기에 비례한다.

③ 초과부담은 재화의 가격, 거래량의 크기에 비례하며, 이 둘의 곱인 총거래액에 비례한다.

(4) 비효율성 계수(coefficient of inefficiency)

① 비효율성 계수 $= \frac{\text{초과부담}}{\text{조세수입}}$

② 공급곡선이 수평인 경우의 비효율성 계수 $= \frac{\text{초과부담}}{\text{조세수입}} = \frac{\frac{1}{2}t^2 e_d PQ}{tPQ} = \frac{1}{2}te_d$

개념확인 문제

Q 완전경쟁시장에서 수요곡선은 $Q_D = 120 - p$이고 공급곡선은 $Q_S = 2p$이다. 여기에 정부가 개당 30원의 종량세를 부과하였다면, 세금으로 인한 경제적 순손실(deadweight loss)은 얼마인가?

16년 서울시

① 300원　② 400원
③ 500원　④ 600원

정답 ①

해설

1) 수요함수가 $P=120-Q$이고, 공급함수가 $P=\frac{1}{2}Q$이므로 이를 연립해서 풀면 $120-Q=\frac{1}{2}Q$, $\frac{3}{2}Q=120$이므로 균형거래량 $Q=80$, 균형가격 $P=40$이다.
2) 단위당 30원의 조세가 부과되면 공급곡선이 단위당 조세액만큼 상방으로 이동하며 가격에 조세를 더한 것이므로 조세 부과 후에는 공급곡선 식이 $P=30+\frac{1}{2}Q$로 바뀌게 된다.
3) 수요곡선과 조세 부과 후의 공급곡선 식을 연립해서 풀면 $120-Q=30+\frac{1}{2}Q$, $\frac{3}{2}Q=90$, $Q=60$, 균형가격 $P=60$이다.
4) 단위당 30원의 조세가 부과될 때 거래량이 20단위 감소하였으므로 조세 부과에 따른 후생손실의 크기는 $300\left(=\frac{1}{2}\times30\times20\right)$원이다.
5) 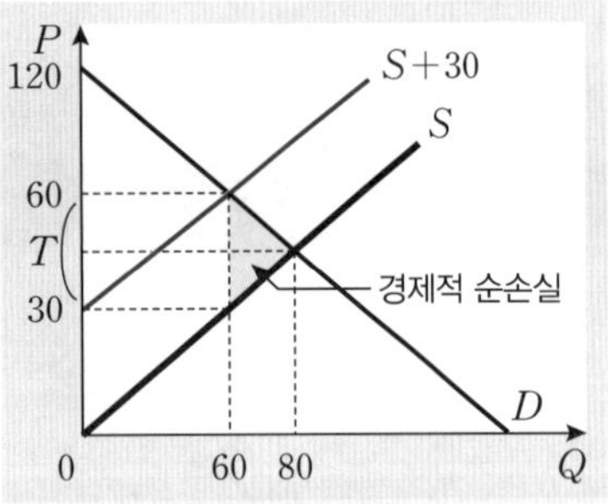

표로 한눈에 정리하기

01 생산요소시장

생산물시장 완전경쟁 - 생산요소시장 완전경쟁	• $MRP_L(=VMP_L)=MFC_L$ • $P\times MR=w$
생산물시장 독점시장 - 생산요소시장 완전경쟁	• $MRP_L=MFC_L$ • $MRP_L < VMP_L$
생산물시장 독점시장 - 생산요소시장 불완전경쟁(수요독점)	• $MRP_L=MFC_L$ • $MRP_L < VMP_L$ • $MFC_L > AFC_L$
공급독점 생산요소시장	• 이윤극대화 추구: $MR=MC$ • 총임금 극대화: $MR=0$ • 고용량 극대화: $MRP_L=MC_L$

02 소득

소득의 종류	• 경상소득: 근로, 사업, 재산, 이전소득 • 비경상소득: 복권당첨금 등
저축의 역설	저축을 늘리면 소득이 줄어 저축이 감소 → 구성의 모순

03 소득분배지표

로렌츠 곡선	대각선에 가까울수록 소득분배가 잘 됨
지니계수	0과 1 사이의 값을 가지며 0에 가까울수록 소득분배가 잘 됨
10분위 분배율	2와 0 사이의 값을 가지며, 2에 가까울수록 소득분배가 잘 됨
5분위 배율	1과 무한대 사이의 값을 가지며, 1에 가까울수록 소득분배가 잘 됨
애킨슨 지수	0과 1 사이의 값을 가지며 0에 가까울수록 소득분배가 잘됨

04 예산과 조세

조세의 종류	• 조세전가에 따라: 직접세 vs 간접세 • 세율에 따라: 누진세 vs 비례세 vs 역진세
조세 부담과 귀착	비탄력적인 경우 큼
조세에 따른 사중손실	탄력적일수록 큼

개념확인 OX 문제

01 한계생산물가치는 가격×한계수입으로 이루어진다. (O | X)

02 완전경쟁 생산요소시장에서 이윤극대화 조건은 한계생산물가치=한계요소비용이다. (O | X)

03 기업의 생산성이 높아지면 임금은 상승한다. (O | X)

04 생산요소시장이 수요독점이면 수요독점기업의 요소수요곡선은 한계수입생산곡선이다. (O | X)

05 생산요소시장이 수요독점이면 임금은 평균요소비용과 일치한다. (O | X)

06 요소수요의 가격탄력성은 대체적인 생산요소가 많을수록, 생산물수요의 가격탄력성이 클수록 탄력적이다. (O | X)

07 자신의 부를 과시하기 위해서 하는 소비패턴을 밴드웨건 효과라고 한다. (O | X)

08 개인들은 소비 시에 타인의 영향을 받기도 하는데, 이를 네트워크 효과라고 한다. (O | X)

09 베블렌 효과는 부유층이 사회의 선행자로서 솔선수범하여 근검절약하는 소비패턴을 의미한다. (O | X)

10 고등학교 아이들이 비싼 패딩을 입는 것을 편승효과라고 하며, 이를 스노브 효과라고도 한다. (O | X)

11 재산소득, 이전소득 등 노력을 하지 않고 얻는 소득을 불로소득이라고 하며, 불로소득이 많아질수록 빈부격차는 커질 가능성이 높다. (O | X)

12 저축의 역설은 구성의 모순의 대표적인 예이다. (O | X)

13 소득이 불평등해질수록 지니계수는 작아지고, 10분위 분배율은 커진다. (O | X)

14 소득세율을 누진세로 바꾸면 지니계수는 작아지고, 5분위 분배율은 커진다. (O | X)

15 소비에 부과하는 간접세가 강화되면 로렌츠 곡선은 직각에 가까워진다. (O | X)

16 소득이나 재산에 부과하는 세금을 직접세, 소비에 부과하는 세금을 간접세라고 한다. (O | X)

17 일반적으로 직접세는 비례세율을, 간접세는 누진세율을 사용한다. (O | X)

정답 및 해설

01 × 02 ○ 03 ○ 04 × 일반적으로 생산요소시장에서 수요독점이면 생산물시장도 불완전경쟁(독점)으로, 우상향의 노동공급곡선상에서 가장 유리한 고용량을 선택할 수 있으므로 수요독점의 노동수요곡선은 존재하지 않는다. 05 ○ 06 ○ 07 × 밴드웨건 효과는 편승효과를 의미한다. 부를 과시하는 것은 베블렌 효과이다. 08 ○ 09 × 베블렌 효과는 과시소비이다. 10 × 스노브 효과는 차별소비이다. 11 ○ 12 ○ 13 × 소득분배가 불평등할수록 지니계수는 커지고, 10분위 분배율은 작아진다. 14 × 5분위 분배율도 작아진다. 15 ○ 16 ○ 17 × 직접세가 누진세율, 간접세가 비례세율을 사용한다.

18 가난한 사람에게 불리한 세금일수록 조세의 역진성이 크다고 한다. (O | X)

19 직접세는 조세 전가가 없지만, 조세 저항이 심하다. (O | X)

20 간접세에는 대표적으로 부가가치세가 있으며, 이는 빈부격차를 크게 하는 경향이 있다. (O | X)

21 조세 부과 시 수요와 공급의 가격탄력성은 관련이 없다. (O | X)

22 수요와 공급곡선이 비탄력적일수록 조세 부담이 크다. (O | X)

23 조세는 바람직한 것이며, 조세 부과 시 후생손실은 발생하지 않는다. (O | X)

24 조세를 부과한 만큼 반드시 시장가격은 올라간다. (O | X)

25 수요가 완전비탄력적이라면 조세 부담은 모두 수요자가 하게 된다. (O | X)

정답 및 해설

18 ○ 19 ○ 20 ○ 21 × 탄력성이 비탄력적일수록 조세 부담이 크다. 22 ○ 23 × 조세 부담은 후생손실을 발생시킬 수 있다. 24 × 완전비탄력적이 아니면 종량세를 부과하는 경우 반드시 조세만큼 가격이 상승하지 않는다. 25 ○

기출 + 예상문제

Chapter 01 생산요소시장

★☆☆

01 **임금수준과 노동공급량에 대한 설명으로 가장 적절한 것은?** 13년 서울시

① 임금이 상승하면 시장의 노동공급량은 항상 감소한다.
② 임금수준은 상승하고 근로시간은 줄었다면, 노동공급곡선은 항상 음(−)의 기울기를 갖는다.
③ 임금의 상승은 재화와 여가 모두의 소비를 늘리는 대체효과를 갖는다.
④ 임금의 상승은 재화의 소비를 줄이고 여가의 소비를 늘리는 소득효과를 갖는다.
⑤ 임금이 상승할 때 개인의 노동공급량은 대체효과와 소득효과의 크기에 따라 증가 또는 감소한다.

★★☆

02 **그림은 X재 시장 및 X재 생산에 특화된 노동시장의 상황을 나타낸 것이다. 이에 대한 분석으로 옳은 것은?** 14년 서울시

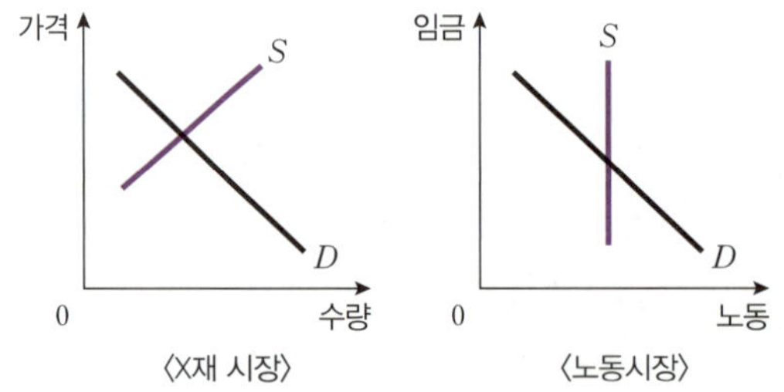

① X재에 대한 수요가 증가하면 고용량이 늘어난다.
② 노동공급이 증가하면 X재 가격이 상승한다.
③ X재에 대한 수요가 증가하면 임금이 증가한다.
④ X재 수요를 증가시키려면 노동수요를 증가시켜야 한다.
⑤ 노동공급이 감소하면 X재 수요곡선이 이동한다.

정답 및 해설

01 정답 ⑤

주제 임금수준과 노동공급량

해설

1) 임금 상승으로 여가의 상대가격이 상승하면 상대적으로 비싸진 여가소비가 감소하므로, 대체효과에 의해 노동공급이 증가한다.
2) 임금 상승 시의 소득효과는 실질소득이 증가하면 여가가 정상재일 때는 여가소비가 증가하므로 노동공급이 감소하나, 여가가 열등재일 때는 실질소득이 증가하면 여가소비가 감소하므로 노동공급이 증가한다.
3) 그러므로 임금이 상승할 때 개인의 노동공급량의 증감 여부는 대체효과와 소득효과의 상대적인 크기에 의해 결정된다.

오답체크

① 임금이 상승하면 시장의 노동공급량은 증가하는 것이 일반적이다.
② 임금수준은 상승하고 근로시간은 줄었다고 해도 통상적으로 노동공급곡선은 항상 양(+)의 기울기를 갖는다.
③ 임금의 상승은 여가소비를 줄이는 대체효과를 갖는다.
④ 임금의 상승은 여가의 정상재, 열등재 여부에 따라 소득효과가 나타난다.

02 정답 ③

주제

해설

X재에 대한 수요가 증가하면 X재 가격이 상승하여 노동의 수요인 한계생산물가치가 증가한다. 따라서 임금이 증가한다.

오답체크

① X재에 대한 수요가 증가하면 노동수요가 증가하지만, 노동공급이 일정하므로 고용량은 변화없다.
② 노동공급이 증가하면 임금이 하락하므로 X재의 생산비용이 낮아진다. X재 생산비용이 낮아지면 X재의 공급곡선이 오른쪽으로 이동하므로 X재의 가격이 하락하고 거래량이 증가하게 된다.
④ X재 수요가 증가해야 노동수요가 증가한다.
⑤ 노동공급이 감소하면 임금이 상승하므로 X재 생산비용이 상승하여 X재의 공급곡선이 왼쪽으로 이동한다.

★★☆

03

A 산업 부문의 노동시장에서 균형임금의 상승이 예상되는 상황만을 모두 고르면? (단, 노동수요곡선은 우하향하는 직선이고, 노동공급곡선은 우상향하는 직선임) 18년 국가직

> ㄱ. A 산업 부문의 노동자에게 다른 산업 부문으로의 취업 기회가 확대되고, 노동자의 생산성이 증대되었다.
> ㄴ. A 산업 부문의 노동자를 대체하는 생산 기술이 도입되었고, A 산업 부문으로의 신규 취업 선호가 증대되었다.
> ㄷ. A 산업 부문에서 생산되는 재화의 가격이 하락하고, 노동자 실업보험의 보장성이 약화되었다.

① ㄱ
② ㄴ
③ ㄱ, ㄷ
④ ㄴ, ㄷ

★★☆

04

노동수요곡선은 $L = 300 - 2w$, 노동공급곡선은 $L = -100 + 8w$ 이다. 최저임금이 50일 경우, 시장고용량(ㄱ)과 노동수요의 임금탄력성(ㄴ)은? (단, L은 노동량, w는 임금, 임금탄력성은 절댓값으로 표시함) 12년 노무사

① ㄱ : 200, ㄴ : 0.4
② ㄱ : 200, ㄴ : 0.5
③ ㄱ : 220, ㄴ : 2
④ ㄱ : 300, ㄴ : 0.5
⑤ ㄱ : 400, ㄴ : 8

★★☆

05

휴대전화를 생산하는 A 기업의 근로자 수와 생산량이 다음 표와 같다. 휴대전화 1대당 시장가격이 80,000원이고 근로자 1인당 임금이 200,000원일 경우, 이윤을 극대화하기 위해 A 기업이 고용할 근로자 수는? (단, 휴대전화시장과 노동시장은 완전경쟁적이며, 임금 이외에 다른 비용은 없음) 11년 노무사

근로자 수(명)	1	2	3	4	5	6
휴대전화 생산량(대)	10	18	25	30	33	35

① 2명
② 3명
③ 4명
④ 5명
⑤ 6명

★★☆

06 기업 A가 생산하는 재화에 투입하는 노동의 양을 L이라 하면, 노동의 한계생산은 $27-5L$이다. 이 재화의 가격이 20이고 임금이 40이라면, 이윤을 극대로 하는 기업 A의 노동수요량은?

17년 노무사

① 1 ② 2 ③ 3
④ 4 ⑤ 5

정답 및 해설

03 정답 ①

주제 생산요소시장

해설

ㄱ. A산업 부문 노동자에게 다른 산업부문으로 취업 기회가 증대되면 A산업 부분의 노동공급이 감소하고, 노동자의 생산성이 증대되면 한계생산물가치=노동수요이므로 노동수요가 증가한다. A산업의 노동공급이 감소하고 노동수요가 증가하면 균형임금이 상승한다.

오답체크

ㄴ. A산업 부문의 노동자를 대체하는 생산기술이 도입되면 A산업의 노동수요가 감소하고, A산업 부분으로의 신규 취업 선호가 증대되면 노동공급이 증가한다. 노동수요가 감소하고 노동공급이 증가하면 균형임금은 하락하게 된다.

ㄷ. A산업 부문에서 생산되는 재화의 가격이 하락하면 한계생산물가치가 하락하여 노동수요가 감소한다. 그리고 A산업 부문의 노동자에 대한 실업보험의 보장성이 약화되면 A산업에 근무하는 노동자 중 일부가 다른 산업으로 이동할 것이므로 노동공급이 감소한다. 노동수요와 노동공급이 모두 감소하면 균형임금은 알 수 없다.

04 정답 ②

주제 노동수요의 임금탄력성

해설

1) 균형임금을 구하면 $300-2w=-100+8w$이다. 따라서 $w=40$이다.

2) 균형임금이 최저임금보다 낮으므로 균형임금이 아닌 최저임금이 적용되어야 한다. 따라서 $w=50$이므로 노동수요는 200이다.

3) 노동수요의 임금탄력성은 $\frac{\Delta L}{\Delta w}\times\frac{w}{L}$이므로 $2\times\frac{50}{200}=0.5$이다.

05 정답 ④

주제 생산요소시장의 이윤극대화

해설

한계생산물 가치를 나타내면 다음과 같다.

근로자 수(명)	1	2	3	4	5	6
휴대전화 생산량(대)	10	18	25	30	33	35
한계생산물가치	80만	64만	56만	40만	24만	16만

5명 고용 시까지가 한계생산물가치 > 한계요소비용(임금)이므로 5명을 고용해야 한다.

06 정답 ⑤

주제 생산물시장과 생산요소시장이 완전경쟁일 때 이윤극대화 생산요소 고용량

해설

1) 노동의 적정고용 조건은 $w=MP_L\times P$이다.

2) $w=40,\ MP_L=27-5L,\ P=20$이다.

3) 이를 $w=MP_L\times P$에 대입하면 $40=(27-5L)\times 20, 2=27-5L, L=5$이다.

★☆☆

07 **완전경쟁적인 노동시장에서 노동의 한계생산(marginal product of labor)을 증가시키는 기술 진보와 함께 보다 많은 노동자들이 노동시장에 참여하는 변화가 발생하였다. 노동시장에서 일어나게 되는 변화에 대한 설명으로 가장 옳은 것은? (단, 다른 외부 조건들은 일정함)**

18년 서울시

① 균형노동고용량은 반드시 증가하지만 균형임금의 변화는 불명확하다.
② 균형임금은 반드시 상승하지만 균형노동고용량의 변화는 불명확하다.
③ 임금과 균형노동고용량 모두 반드시 증가한다.
④ 임금과 균형노동고용량의 변화는 모두 불명확하다.

★☆☆

08 **상품시장과 생산요소시장이 완전경쟁시장이고, 기업은 이윤극대화를 추구할 때 단기노동수요에 관한 설명으로 옳은 것을 모두 고른 것은?**

13년노무사

ㄱ. 노동의 한계생산물가치(VMP_L)와 한계수입생산물(MRP_L)은 일치한다.
ㄴ. 상품의 가격이 상승하면 노동수요곡선이 좌측으로 이동한다.
ㄷ. 기술 진보로 노동의 한계생산물이 증가하면 노동수요곡선이 우측으로 이동한다.

① ㄱ ② ㄱ, ㄴ ③ ㄱ, ㄷ
④ ㄴ ⑤ ㄴ, ㄷ

★★☆

09 **어떤 경쟁적 기업의 단기생산함수가 $Q=524L-4L^2$이다. 생산물의 가격이 3만 원이고, 임금은 12만 원이다. 이윤극대화 고용량 L은 얼마인가?**

14년 서울시

① 130 ② 65 ③ 3
④ 15 ⑤ 20

★★☆

10 노동의 한계생산물이 체감하고 노동공급곡선은 우상향한다고 가정할 때, 노동시장에 관한 주장으로 옳은 것을 모두 고른 것은?

15년 노무사

ㄱ. 노동시장이 수요독점인 경우, 노동시장이 완전경쟁인 경우보다 고용량이 작다.
ㄴ. 생산물시장이 독점이고 노동시장이 수요독점이면, 임금은 한계요소비용보다 낮다.
ㄷ. 노동시장이 완전경쟁이면, 개별 기업의 노동수요곡선은 우하향한다.

① ㄱ　② ㄴ　③ ㄱ, ㄷ
④ ㄴ, ㄷ　⑤ ㄱ, ㄴ, ㄷ

정답 및 해설

07 정답 ①

주제 생산요소시장

해설

1) 완전경쟁적인 노동시장에서는 노동수요곡선이 한계생산물가치 $= V = MP_L = MP_L \times P$이다.
2) 노동의 한계생산을 증가시키는 기술진보가 발생하면 노동수요곡선이 오른쪽으로 이동한다.
3) 보다 많은 노동자들이 노동시장에 참여하면 노동공급곡선도 오른쪽으로 이동한다.
4) 노동의 수요와 공급이 둘 다 증가한 경우 임금의 변화는 알 수 없지만 균형노동고용량은 반드시 증가한다.

08 정답 ③

주제 생산요소시장

해설

ㄴ. 상품의 가격이 상승하면 노동수요곡선이 우측으로 이동한다.

09 정답 ②

주제 생산물시장과 생산요소시장이 완전경쟁일 때 이윤극대화 생산요소 고용량

해설

1) 단기생산함수를 L에 대해 미분하면 한계생산물 $MP_L = 524 - 8L$이다.
2) 생산물의 가격이 3만 원이므로 기업이 노동자 1명을 더 고용할 때 추가적으로 얻는 수입인 한계생산물가치 $VMP_L = 1{,}572 - 24L$이다.
3) $VMP_L = w$가 완전경쟁기업의 노동고용을 결정하므로 $1{,}572 - 24L = 12$, $24L = 1{,}560$, $L = 65$이다.

10 정답 ⑤

주제 생산요소시장

해설

ㄱ, ㄴ. 노동시장이 수요독점인 경우 수요독점기업은 한계수입생산(MRP_L)과 한계요소비용(MFC_L)이 일치하는 수준까지 노동을 고용하므로 고용량은 노동시장이 완전경쟁일 때보다 더 적다. 이때 수요독점기업은 노동공급곡선의 높이에 해당하는 임금을 지급하므로 임금도 완전경쟁일 때보다 낮은 수준임을 알 수 있다.
노동시장이 수요독점인 경우 임금은 한계수입생산 혹은 한계요소비용보다 더 낮은 수준으로 결정된다. 일반적으로 수요독점의 균형에서는 $MRP_L = MFC_L > w = AFC_L$의 관계가 성립한다.
ㄷ. 노동시장이 완전경쟁일 때 개별 기업의 노동수요곡선은 우하향하는 한계생산물가치(VMP_L)곡선 혹은 한계수입생산(MRP_L)곡선이다.

★★★
11 **노동공급곡선이 $L = w$이고, 노동시장에서 수요독점인 기업 A가 있다. 기업 A의 노동의 한계수입 생산물이 $MRP_L = 300 - L$일 때, 아래의 설명들 중 옳지 않은 것을 모두 고른 것은? (단, L은 노동, w는 임금, 기업 A는 이윤극대화를 추구하고 생산물시장에서 독점기업임)**

15년 노무사

〈보기〉

ㄱ. 이 기업의 노동의 한계요소비용은 $MFC_L = L$이다.
ㄴ. 이 기업의 고용량은 $L = 100$이다.
ㄷ. 이 기업의 임금은 $w = 200$이다.

① ㄱ ② ㄴ ③ ㄷ
④ ㄱ, ㄴ ⑤ ㄱ, ㄷ

Chapter 02 소득분배이론 ~ Chapter 03 소득분배지표

★★☆
12 노동의 시장수요함수와 시장공급함수가 다음과 같을 때 균형에서 경제적 지대(economic rent)와 전용수입(transfer earnings)은? (단, L은 노동량, w는 임금) 17년 감정평가사

- 시장수요함수: $L_D = 24 - 2w$
- 시장공급함수: $L_S = -4 + 2w$

① 0, 70 ② 25, 45 ③ 35, 35
④ 45, 25 ⑤ 70, 0

★☆☆
13 다음은 불평등지수에 대한 설명이다. ㉠~㉢에 들어갈 말로 알맞은 것은? 14년 지방직

> • 지니계수가 (㉠)수록, 소득불평등 정도가 크다.
> • 10분위 분배율이 (㉡)수록, 소득불평등 정도가 크다.
> • 애킨슨지수가 (㉢)수록, 소득불평등 정도가 크다.

	㉠	㉡	㉢
①	클	작을	작을
②	클	작을	클
③	작을	작을	작을
④	작을	클	클

정답 및 해설

11 정답 ⑤

주제 수요독점

해설

ㄱ. 수요독점기업이 직면하고 있는 노동공급곡선식이 $w=L$이므로 총요소비용 $TFC_L=w\cdot L=L^2$이다. 총요소비용을 L에 대해 미분하면 한계요소비용 $MFC_L=2L$이다.

ㄴ, ㄷ. 한계수입생산 $MRP_L=300-L$이므로 이윤극대화 노동고용량을 구하기 위해 $MRP_L=MFC_L$로 두면 $300-L=2L$, $L=100$이다. 이 수요독점기업은 노동공급곡선의 높이에 해당하는 임금을 지급하므로, $L=100$을 노동공급곡선식에 대입하면 $w=100$이다.

12 정답 ②

주제 경제적 지대와 전용수입

해설

1) 균형가격과 거래량을 구하면 $24-2w=-4+2w \rightarrow w=7$, 거래량은 10이다.

2) 경제적 지대(A)는 $5\times10\times\frac{1}{2}=25$이다.

3) 전용수입(B)은 $(2+7)\times10\times\frac{1}{2}=45$이다.

4)
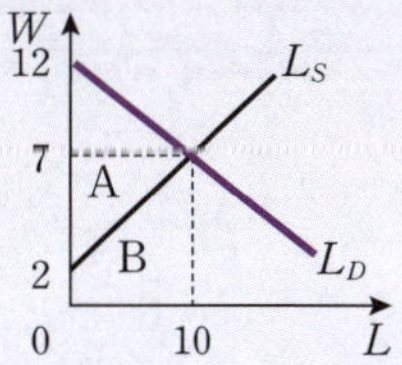

13 정답 ②

주제 소득분배지표

해설

지니계수와 애킨슨 지수는 모두 0과 1 사이의 값을 가지고, 그 값이 클수록 소득분배가 불평등함을 나타낸다. 이에 비해 10분위 분배율은 0과 2 사이의 값을 가지며, 그 값이 작을수록 소득분배가 불평등함을 나타낸다.

★★★
14 **A국에서 국민 20%가 전체 소득의 절반을, 그 외 국민 80%가 나머지 절반을 균등하게 나누어 가지고 있다. A국의 지니계수는?** 19년 국가직

① 0.2
② 0.3
③ 0.4
④ 0.5

★★☆
15 **A국, B국, C국의 소득분위별 소득점유비중이 다음과 같다. 소득분배에 관한 설명으로 옳은 것은? (단, 1분위는 최하위 20%, 5분위는 최상위 20%의 가구를 의미함)** 15년 감정평가사

(단위: %)

구분	A국	B국	C국
1분위	0	20	6
2분위	0	20	10
3분위	0	20	16
4분위	0	20	20
5분위	100	20	48

① A국은 B국보다 소득분배가 상대적으로 평등하다.
② B국은 C국보다 소득분배가 상대적으로 불평등하다.
③ C국의 10분위 분배율은 1/8이다.
④ A국의 지니계수는 0이다.
⑤ B국의 지니계수는 A국의 지니계수보다 작다.

정답 및 해설

14 정답 ②

주제 지니계수

해설

하위 80%의 국민이 전체 소득의 절반을 균등하게 가지고, 상위 20%의 국민이 전체 소득의 절반을 균등하게 가지는 경우, 로렌츠 곡선은 다음 그림과 같다.

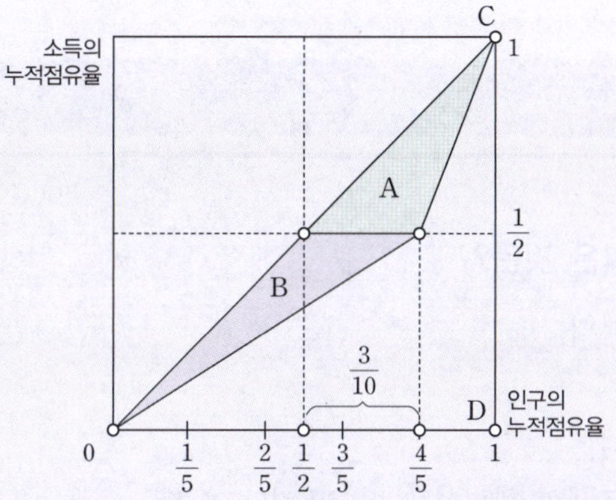

A의 면적은 $\frac{3}{40}$이고 B의 면적은 $\frac{3}{40}$이므로 합은 $\frac{3}{20}$이다.

△COD 면적은 $\frac{1}{2}$이므로 지니계수는 $\frac{\frac{3}{20}}{\frac{1}{2}}=\frac{3}{10}$이다.

15 정답 ⑤

주제 소득분배지표

해설

1분위에서 5분위로 갈수록 더 많이 소유하고 있으므로 1분위가 하층, 5분위가 상층이다.

⑤ B국은 완전평등하므로 지니계수가 0이다. 따라서 B국의 지니계수는 A국의 지니계수보다 작다.

오답체크

① A국은 상위 20%가 모두 소유하고 있으므로 B국보다 소득분배가 상대적으로 불평등하다.

② B국은 모두 동등하게 나누어 가지고 있으므로 C국보다 소득분배가 상대적으로 평등하다.

③ 10분위 분배율은 $\frac{\text{하위 40\%의 누적소득}}{\text{상위 20\%의 누적소득}}$이므로 C국의 10분위 분배율은 $\frac{16\%}{48\%}=\frac{1}{3}$이다.

④ A국은 소득이 불평등하므로 A국의 지니계수는 0보다 크다.

★★☆
16

A, B 두 나라에 각각 다섯 사람씩 살고 있다고 한다. A국과 B국에 사는 사람들의 소득은 각각 (1, 1, 2, 2, 4), (1, 2, 2, 2, 3)이라고 한다. 다음 설명 중 옳은 것은? 14년 감정평가사

① 지니계수상으로 A국이 더 평등하며, 10분위 분배율로 보면 B국이 더 평등하다.
② 지니계수상으로 B국이 더 평등하며, 10분위 분배율로 보면 A국이 더 평등하다.
③ 지니계수상으로 B국이 더 평등하며, 10분위 분배율은 현재의 정보로는 계산할 수 없다.
④ 지니계수상으로나 10분위 분배율로나 A국이 더 평등하다.
⑤ 지니계수상으로나 10분위 분배율로나 B국이 더 평등하다.

Chapter 04 예산과 조세

★☆☆
17

직접세와 간접세에 대한 설명으로 옳지 않은 것은? 16년 지방직

① 간접세는 조세의 전가가 이루어지지 않는다.
② 직접세는 누진세를 적용하기에 용이하다.
③ 직접세는 간접세에 비해 조세저항이 크다.
④ 간접세는 직접세에 비해 역진적이므로 조세의 형평성을 떨어뜨린다.

★★★
18

광수는 소득에 대해 다음의 누진세율을 적용받고 있다고 가정하자. 처음 1,000만 원에 대해서는 면세이고, 다음 1,000만 원에 대해서는 10%, 그 다음 1,000만 원에 대해서는 15%, 그 다음 1,000만 원에 대해서는 25%, 그 이상 초과 소득에 대해서는 50%의 소득세율이 누진적으로 부과된다. 광수의 소득이 7,500만 원일 경우 광수의 평균세율은 얼마인가?

13년 서울시

① 20%　② 25%　③ 28%
④ 30%　⑤ 36.67%

★★☆

19 다음은 A국의 소득세제에 대한 특징이다. 이에 대한 설명으로 옳은 것은? (단, 최종소득은 소득에서 소득세를 뺀 값임) 17년 지방직

> • 소득이 5,000만 원 미만이면 소득세를 납부하지 않음
> • 소득이 5,000만 원 이상이면 5,000만 원을 초과하는 소득의 20%를 소득세로 납부함

① 소득 대비 최종소득의 비중은 소득이 증가할수록 감소한다.
② 고소득자의 최종소득이 저소득자의 최종소득보다 작을 수 있다.
③ 소득 증가에 따른 최종소득 증가분은 소득이 증가할수록 작아진다.
④ 소득이 5,000만 원 이상인 납세자의 소득 대비 소득세 납부액 비중은 소득이 증가할수록 커진다.

정답 및 해설

16 정답 ⑤

주제 소득분배지표

해설

1) 지니계수상으로 A국보다 B국이 대각선과 가까우므로 B국이 더 평등하다.

2) 10분위 분배율은 $\frac{\text{하위 40\%의 누적소득}}{\text{상위 20\%의 누적소득}}$이므로 A국의 10분위 분배율은 $\frac{2}{4}=0.5$이다.

3) 10분위 분배율은 $\frac{\text{하위 40\%의 누적소득}}{\text{상위 20\%의 누적소득}}$이므로 B국의 10분위 분배율은 $\frac{3}{3}=1$이다.

4) 따라서 10분위 분배율은 클수록 좋으므로 B국이 평등하다.

17 정답 ①

주제 직접세와 간접세

해설

간접세는 납세자와 담세자가 다른 것이 일반적이므로 조세의 전가가 이루어지기 쉽다.

18 정답 ④

주제 평균세율

해설

1) 납부세액
$=(1,000\times0\%)+(1,000\times10\%)+(1,000\times15\%)+(1,000\times25\%)+(3,500\times50\%)=0+100+150+250+1,750$
$=2,250$만 원이다.

2) 광수의 소득이 7,500만 원이고 납세액이 2,250만 원이므로 평균세율(=납세액/소득)은 30%이다.

19 정답 ④

주제 선형 누진세

해설

소득이 5,000만 원 미만일 때는 소득세를 부과하지 않고, 5,000만 원 이상의 소득에 대해서만 20%의 소득세를 부과하는 경우 세수함수는 $T=-1,000+0.2Y$가 된다. 이는 선형 누진세이다. 따라서 소득이 5,000만 원 이상인 납세자의 소득 대비 소득세 납부액 비중은 소득이 증가할수록 커진다.

오답체크

① 소득이 5,000만 원 미만일 때는 소득세가 0이므로 소득 대비 최종소득의 비율은 항상 1이 된다.
② 소득이 증가하면 증가된 소득의 20%만을 세금으로 납부하므로 고소득자의 최종소득은 저소득자의 최종소득보다 작을 수는 없다.
③ 소득증가에 따른 최종소득 증가분은 소득수준에 관계없이 항상 일정하다.

★☆☆

20 **X재 수요곡선은 가격탄력성이 0인 직선이고 공급곡선은 원점을 통과하는 우상향하는 직선이다. 공급자에게 물품세가 부과될 경우, 물품세가 부과되지 않은 경우와 비교하여 다음 설명 중 옳은 것은?** 15년 서울시

① 시장거래량은 감소한다.
② 생산자잉여는 변화 없다.
③ 소비자가 지불하는 가격은 변화 없다.
④ 공급자가 물품세를 납부하고 실제 받는 가격은 하락한다.

★☆☆

21 **종량세(specific tax) 부과의 효과에 대한 설명으로 옳지 <u>않은</u> 것은?** 19년 지방직

① 공급의 가격탄력성이 완전탄력적인 재화의 공급자에게 종량세를 부과할 경우 조세 부담은 모두 소비자에게 귀착된다.
② 종량세가 부과된 상품의 대체재가 많을수록 공급자에게 귀착되는 조세부담은 작아진다.
③ 수요와 공급의 가격탄력성이 큰 재화일수록 종량세 부과의 자중손실이 크다.
④ 종량세 부과가 균형거래량을 변동시키지 않는다면 종량세 부과는 자중손실을 발생시키지 않는다.

★★☆

22 **시장에서 거래되는 재화에 물품세를 부과하였을 경우 조세 전가가 발생하게 된다. 조세 전가로 인한 소비자부담과 생산자부담에 대한 설명 중 가장 옳지 <u>않은</u> 것은?** 18년 서울시

① 우상향하는 공급곡선의 경우 수요의 가격탄력도가 클수록 생산자부담이 커지게 된다.
② 우하향하는 수요곡선의 경우 공급의 가격탄력도가 작을수록 소비자부담은 작아지게 된다.
③ 소비자 또는 생산자 중 누구에게 부과하느냐에 따라 소비자부담과 생산자부담의 크기는 달라진다.
④ 수요가 가격 변화에 대해 완전탄력적이면 조세는 생산자가 전적으로 부담하게 된다.

★★☆

23 수요함수와 공급함수가 각각 $D=10-P$와 $S=3P$인 재화에 1원의 종량세를 공급자에게 부과했다. 이 조세의 경제적 귀착(economic incidence)에 대한 설명으로 옳은 것은? (단, D는 수요량, S는 공급량, P는 가격) 17년 국가직

	소비자	생산자
①	0.75원	0.25원
②	0.5원	0.5원
③	0.25원	0.75원
④	0원	1원

정답 및 해설

20 정답 ②

주제 조세의 귀착

해설

수요곡선의 가격탄력성이 완전비탄력적이므로 소비자가 조세를 모두 부담한다. 따라서 생산자잉여는 변화가 없다.

오답체크

① 시장거래량은 변화 없다.

③ 소비자가 지불하는 조세만큼 상승한다.

④ 공급자가 물품세를 납부하고 실제 받는 가격은 변화가 없다.

21 정답 ②

주제 종량세

해설

종량세가 부과된 상품의 대체재가 많을수록 수요의 가격탄력성이 탄력적이므로 공급자에게 귀착되는 조세부담은 커진다.

22 정답 ③

주제 조세의 귀착

해설

물품세가 소비자와 생산자 중 누구에게 부과되는지와 관계없이 상대적인 조세부담은 오로지 수요와 공급의 탄력성에 의해 결정된다.

23 정답 ①

주제 조세의 귀착

해설

1) 조세부담은 탄력성에 반비례하므로 기울기가 클수록 부담이 크다.

2) 수요곡선의 기울기가 공급곡선에 비해 3배가 크므로, 일정액의 조세가 부과될 경우 소비자부담은 생산자부담의 3배가 된다.

3) 그러므로 단위당 조세가 1원이라면 소비자부담은 0.75원, 생산자부담은 0.25원이 된다.

★☆☆

24 **수요곡선은 $P=10$, 공급곡선은 $Q_S=P$이다. 정부가 한 단위당 2원의 물품세를 소비자에게 부과한 결과로 옳은 것은? (단, Q_S는 공급량, P는 가격)** 21년 감정평가사

① 소비자 대신 생산자에게 물품세를 부과하면 결과는 달라진다.
② 소비자잉여는 감소하였다.
③ 생산자잉여의 감소분은 24원이다.
④ 자중손실은 2원이다.
⑤ 조세수입은 20원 증가하였다.

★☆☆

25 **어떤 상품의 수요곡선과 공급곡선은 직선이며, 상품 1단위당 5,000원의 세금이 부과되었다고 하자. 세금의 부과는 상품에 대한 균형거래량을 200개에서 100개로 감소시켰으며, 소비자잉여를 450,000원 감소시키고, 생산자잉여는 300,000원 감소시켰다. 세금 부과에 따른 자중손실은?** 19년 지방직

① 250,000원 ② 500,000원
③ 750,000원 ④ 1,000,000원

★★★

26 **완전경쟁적인 노동시장에서 노동수요곡선이 $L=2{,}000-w$이고, 노동공급곡선은 $L=-2{,}000+3w$이다(w는 근로시간당 임금, L은 근로시간). 근로자에게 근로시간당 1,000원의 세금을 부과할 때 발생하는 경제적 순손실(deadweight loss)은?** 11년 노무사

① 125,000원 ② 250,000원 ③ 375,000원
④ 500,000원 ⑤ 750,000원

24 정답 ④

주제 조세의 귀착

해설

1)

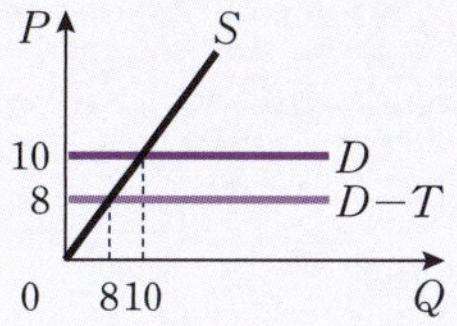

2) 최초의 균형 $P=10$, $Q=10$이다.

3) 정부가 물품세를 부과하면 $P=Q_S+2$가 되므로 다시 균형을 구하면 $P=10$, $Q=8$이다.

4) 자중손실은 $2\times2\times\frac{1}{2}=2$원이다.

오답체크

① 경제적 귀착은 누구에게 부과하는지 여부와 관계없이 동일하다.

② 소비자잉여는 없으므로 변화가 없다.

③ 최초의 생산자잉여는 $10\times10\times\frac{1}{2}=50$, 조세 부과 후 생산자잉여는 $8\times8\times\frac{1}{2}=32$이므로 생산자잉여의 감소분은 18원이다.

⑤ 조세수입은 $2\times8=16$원 증가하였다.

25 정답 ①

해설

단위당 조세의 크기가 5,000원이고, 조세 부과에 따른 거래량 감소분이 100개이므로 자중손실의 크기는 $250,000\left(=\frac{1}{2}\times5,000\times100\right)$이다.

26 정답 ③

주제 조세

해설

1) 균형가격과 거래량을 구하면 $2,000-w=-2,000+3w$이다. 따라서 $w=1,000$고, $L=1,000$이다.

2) 근로시간당 조세 1,000을 부과하면 $L=-5,000+3w$이다 이에 따라 다시 균형을 구하면 $2,000-w=-5,000+3w$이므로 $w=1,750$이다.

3) 이에 따라 거래량은 250이므로 경제적 순손실은 $1,000\times750\times\frac{1}{2}=375,000$이 된다.

4)

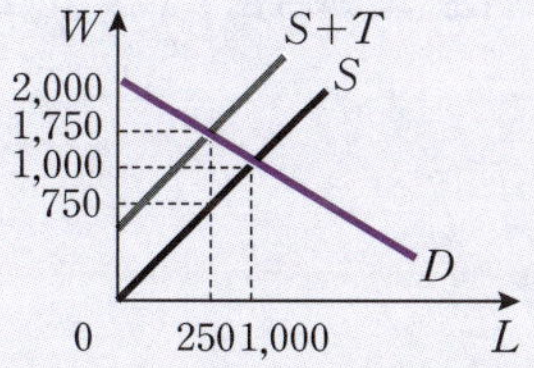

★★★
27 보청기의 수요함수가 $Q=370-3P$이고 공급함수가 $Q=10+6P$이다. 보청기 보급을 위해서 정부가 보청기 가격의 상한을 36으로 정하였다. 이때 발생하는 초과수요를 없애기 위해 정부가 보청기 생산기업에게 보청기 한 대당 지급해야 하는 보조금은? (단, Q는 생산량, P는 가격을 나타냄) 14년 지방직

① 6 ② 8
③ 10 ④ 12

★★★
28 A국에서 어느 재화의 수요곡선은 $Q_d=280-3P$이고, 공급곡선은 $Q_d=10+7P$이다. A국 정부는 이 재화의 가격상한을 20원으로 설정하였고, 이 재화의 생산자에게 보조금을 지급하여 공급량을 수요량에 맞추고자 한다. 이 조치에 따른 단위당 보조금은? (단, P는 이 재화의 단위당 가격) 18년 국가직

① 10원 ② 12원
③ 14원 ④ 16원

27 정답 ①

주제 보조금

해설

1) $P=36$을 보청기 수요함수와 공급함수에 대입하면 수요량이 262, 공급량이 226이므로, 보청기의 가격상한을 36으로 설정하면 36단위의 초과수요가 발생한다.
2) 보청기의 가격상한을 36으로 설정할 때 발생하는 초과수요를 없애려면, 단위당 일정액의 보조금을 지급하여 보청기의 공급곡선을 우측(하방)으로 이동시켜야 한다.
3) 보청기의 공급함수가 $P=\frac{1}{6}Q-\frac{10}{6}$이므로 단위당 S원의 보조금을 지급하여 공급곡선이 하방이동하면 공급곡선 식이 $P=\frac{1}{6}Q-\frac{10}{6}-S$로 바뀌게 된다.
4) 보조금 지급 이후의 공급함수를 다시 Q에 대해 정리하면 $Q=(10+6S)+6P$이다. 보조금 지급 이후에는 수요량과 공급량이 같아져야 하므로 가격이 36일 때 공급량이 262가 된다.
5) 따라서 $P=36$, $Q=262$를 보조금 지급 이후의 공급곡선 식에 대입하면 $262=(10+6S)+(6\times36)$, $6S=36$, $S=6$이다. 따라서 보조금은 6이다.
6) 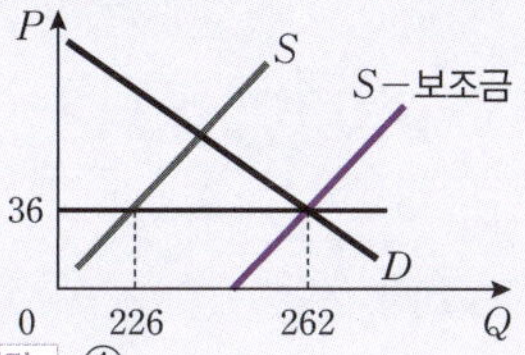

28 정답 ①

주제 보조금

해설

1) $P=20$에서 최고가격제를 시행할 경우, 수요곡선과 공급곡선 식에 대입하면 수요량이 220이고, 공급량이 150이므로 70만큼의 초과수요가 발생한다.
2) 초과수요를 해소하기 위해 생산자에게 단위당 S원의 보조금을 지급하면 공급곡선이 단위당 보조금의 크기만큼 하방으로 이동한다.
3) 공급곡선 식을 P에 대해 정리하면 $P=\frac{1}{7}Q-\frac{10}{7}$이므로 단위당 S원의 보조금을 지급하면 공급곡선 식이 $P=\frac{1}{7}Q-\frac{10}{7}-S$로 바뀌게 된다. 이를 다시 Q에 대해 정리하면 $Q=7S+10+7P$이다.
4) 보조금을 지급했을 때 수요량과 공급량이 같아져야 하므로 $P=20$, $Q=220$을 보조금 지급 이후의 공급곡선 식에 대입하면 $220=7S+10+140$이므로 $S=10$이다. 그러므로 단위당 10의 보조금을 지급하면 가격상한에 따른 초과수요를 없앨 수 있다.
5) 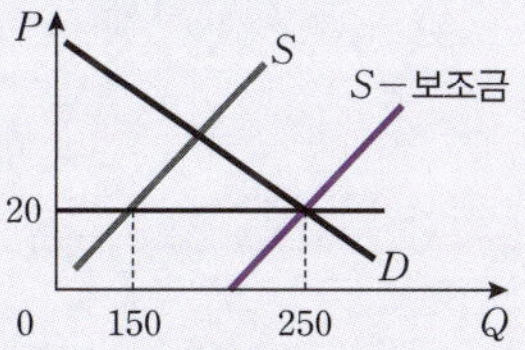

★★☆

29 어느 재화를 생산하는 기업이 직면하는 수요곡선은 $Q_d = 200 - P$이고, 공급곡선 Q_S는 $P = 100$에서 수평선으로 주어져 있다. 정부가 이 재화의 소비자에게 단위당 20원의 물품세를 부과할 때, 초과부담을 조세수입으로 나눈 비효율성계수(coefficient of inefficiency)는? (단, P는 가격) 18년 국가직

① $\frac{1}{8}$ ② $\frac{1}{4}$

③ $\frac{1}{2}$ ④ 1

★★★

30 독점기업 A의 수요함수와 평균비용이 다음과 같다. 정부가 A의 생산을 사회적 최적 수준으로 강제하는 대신 A의 손실을 보전해 줄 때, 정부가 A에 지급하는 금액은? (단, Q_D는 수요량, P는 가격, AC는 평균비용, Q는 생산량) 19년 국가직

- 수요함수: $Q_D = \frac{25}{2} - \frac{1}{4}P$
- 평균비용: $AC = -Q + 30$

① 50 ② 100

③ 150 ④ 200

정답 및 해설

29 정답 ①

주제 비효율성 계수

해설

1) 공급곡선이 $P=100$에서 수평선이므로 조세부과 전의 균형가격이 $P=100$이고, $P=100$을 수요곡선 식에 대입하면 균형거래량 $Q=100$임을 알 수 있다.
2) 소비자에게 단위당 20원의 물품세가 부과되면 수요곡선이 단위당 조세액만큼 하방으로 이동하므로 조세부과 이후에는 수요곡선 식이 $P=180-Q$로 바뀌게 된다.
3) 공급곡선이 $P=100$에서 수평선이므로 조세 부과로 수요곡선이 하방으로 이동하더라도 균형가격은 변하지 않는다. $P=100$을 조세 부과 이후의 수요곡선 식에 대입하면 균형거래량 $Q=80$으로 계산된다. 조세 부과 이후에도 시장의 균형가격은 여전히 100이지만 소비자는 단위당 20의 조세를 납부해야 하므로 세금을 포함하면 소비자 가격은 120이 된다. 그러므로 이 경우는 조세 전부를 소비자가 부담하게 된다.
4) 단위당 조세의 크기가 20원이고, 조세 부과 후의 거래량이 80이므로 정부의 조세수입은 1,600이다. 조세 부과로 인한 후생손실(초과부담)의 크기는 $200\left(=\frac{1}{2}\times20\times20\right)$이므로 초과부담을 조세수입으로 나눈 비효율성계수는 $\frac{1}{8}$임을 알 수 있다.
5) 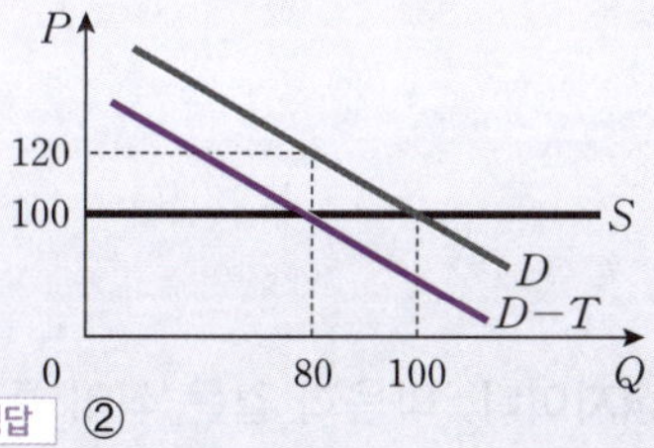

30 정답 ②

주제 보조금

해설

1) 총비용 $TC=AC\times Q=Q^2+30Q$이므로 이를 Q에 대해 미분하면 한계비용 $MC=-2Q+30$이다.
2) 수요곡선을 P에 대해 정리하면 $P=50-4Q$이다.
3) 사회적인 최적 생산량은 수요곡선과 한계비용곡선이 교차하는 점에서 결정되므로 $P=MC$로 두면 $50-4Q=-2Q+30$, $Q=10$이다.
4) $Q=10$을 수요곡선 식에 대입하면 $P=10$이고 $Q=10$을 평균비용곡선 식에 대입하면 $AC=20$이므로 사회적인 최적 생산량 수준에서는 단위당 10만큼의 적자가 발생한다.
5) 단위당 10만큼의 적자가 발생하고 생산량이 10이므로 전체 적자규모는 100이다. 그러므로 정부가 A기업에게 지급해야 하는 금액은 100이 된다.

고난도 문제

★★★
31 **X재에 부과되던 물품세가 단위당 t에서 $2t$로 증가하였다. X재에 대한 수요곡선은 우하향하는 직선이며, 공급곡선은 수평일 때 설명으로 옳은 것은?** 17년 감정평가사

① 조세수입이 2배 증가한다.
② 조세수입이 2배보다 더 증가한다.
③ 자중손실(deadweight loss)의 크기가 2배 증가한다.
④ 자중손실의 크기가 2배보다 더 증가한다.
⑤ 새로운 균형에서 수요의 가격탄력성은 작아진다.

★★★
32 **물류회사 甲은 A지역 내에서 근로자에 대한 수요독점자이다. 다음과 같은 식이 주어졌을 때 이윤극대화를 추구하는 甲이 책정하는 임금은? (단, 노동공급은 완전경쟁적이며, w는 임금, L은 노동량임)** 15년 감정평가사

- A지역의 노동공급곡선: $w = 800 + 10L$
- 노동의 한계수입생산: $MRP_L = 2{,}000 - 10L$

① 800 ② 1,000 ③ 1,200
④ 1,400 ⑤ 1,600

★★★

33 완전경쟁시장인 X재 시장에서 시장수요와 시장공급이 다음과 같다.

> • 시장수요: $Q_d = 200 - P$
> • 시장공급: $Q_s = -40 + 0.5P$
> (단, Q_d, Q_s, P는 각각 X재의 수요량, 공급량, 가격을 나타냄)

위 상황에서 X재 한 단위당 30씩 세금을 부과할 때, 세금을 제외하고 공급자가 받는 가격은 얼마인가? 17년 공인회계사

① 120 ② 140 ③ 160
④ 180 ⑤ 200

정답 및 해설

31 정답 ④

주제 조세와 초과부담

해설

초과부담은 $\frac{1}{2}t^2\epsilon PQ$이다. 세율이 2배 증가하였으므로 초과부담이 4배로 증가한다.

오답체크

①, ② 조세수입이 2배보다 적게 증가한다.
⑤ 조세부과 후 선형수요곡선의 가격이 상승하였으므로 새로운 균형에서 수요의 가격탄력성은 커진다.

32 정답 ③

주제 생산요소시장의 균형

해설

1) 수요독점이므로 $MFC_L = MRP_L$이 일치하여야 한다.
2) $TFC_L = wL$이므로 이를 미분하면 $MFC_L = 800 + 20L$이다
3) $2{,}000 - 10L = 800 + 20L \rightarrow 30L = 1{,}200$이므로 $L = 40$이다.
4) 수요독점이므로 최소한의 급여를 주어야 하므로 $L = 40$을 노동공급곡선에 대입하면 $w = 1{,}200$이다.

33 정답 ②

주제 조세의 귀착

해설

1) 공급곡선을 변형하면 $P = 80 + 2Q$이다. 공급자에게 종량세 30씩 조세를 부과하였으므로 $P = 110 + 2Q$가 된다.
2) 조세 부과 후 시장균형을 구하면 $200 - Q = 110 + 2Q \rightarrow 90 = 3Q \rightarrow Q = 30$, $P = 170$이다.
3) 여기서 조세를 뺀 것이 공급자가격이므로 $170 - 30 = 140$이다.

★★★
34 어떤 시장에 공급함수와 수요함수가 각각 다음과 같이 주어졌다고 하자.

$$P = aQ_S + 10, P = 100 - bQ_D$$

초기 균형 상태에서 정부가 공급자에게 단위당 10만큼의 세금을 부과할 경우, 세수와 자중손실(dead weight loss)의 비(세수 : 자중손실)는 얼마인가? (단, P는 가격, Q_S는 공급량, Q_D는 수요량, $a>0$, $b>0$임) 20년 세무사

① 20 : 1 ② 16 : 1 ③ 12 : 1
④ 8 : 1 ⑤ 3.7 : 1

★★★
35 다음은 순수독점의 형태로 운영되고 있는 시장의 수요함수이다.

$$Q = 200 - 4P$$

그리고 이 시장의 독점공급자인 A사의 총비용함수는 다음과 같다.

$$TC = \frac{1}{4}Q^2 + 10Q + 75$$

정부가 소비자에게 단위당 10만큼의 물품세를 부과한다고 할 때, 다음 설명으로 옳은 것을 모두 고른 것은? (단, Q는 수량, P는 가격, TC는 총비용) 20년 세무사

ㄱ. 독점공급자는 조세 부담을 전가시킬 수 있으므로 세금은 모두 소비자가 부담한다.
ㄴ. 독점공급자의 조세 부담이 소비자의 조세 부담보다 3배 더 크다.
ㄷ. 조세 부담의 크기는 소비자와 공급자가 동일하다.
ㄹ. 독점공급자의 조세부담이 소비자의 조세부담의 1/3이다.
ㅁ. 동일한 세금을 소비자 대신 공급자에게 부과해도 조세 부담 귀착의 결과는 같다.

① ㄱ, ㄴ ② ㄱ, ㄷ ③ ㄴ, ㄷ
④ ㄴ, ㅁ ⑤ ㄹ, ㅁ

34 정답 ②

주제 조세의 귀착

해설

1) 먼저 조세가 부과되기 전 균형가격과 거래량은 동일하므로, 가격은 P라고 할 때 균형거래량 Q는 $Q_S = Q_D$이므로 $P = aQ_S + 10$, $P = 100 - bQ_D$를 변형하여 균형거래량을 구하면 $aQ + 10 = 100 - bQ$에서 $Q = \frac{90}{a+b}$을 구할 수 있다.
2) 공급자에게 단위당 세금을 부과했을 때 공급곡선이 $P = aQ_S + 20$으로 변하므로 위와 동일하게 균형거래량을 구하면 $aQ + 20 = 100 - bQ$에서 $Q = \frac{80}{a+b}$을 구할 수 있다.
3) 따라서 조세수입은 조세액 × 조세부과 후 거래량이므로 $10 \times \frac{80}{a+b}$이다.
4) 후생손실은 조세액 × 줄어든 거래량 × $\frac{1}{2}$이므로 $10 \times \frac{10}{a+b} \times \frac{1}{2}$이다. 따라서 $\frac{\frac{800}{a+b}}{\frac{50}{a+b}}$이므로 16이 된다.
5) 따라서 세수 : 자중손실은 16 : 1이다.

35 정답 ④

주제 조세의 귀착

해설

1) $Q = 200 - 4P$를 변형하면 $P = -\frac{1}{4}Q + 50$이다. 따라서 $MR = -\frac{1}{2}Q + 50$이다.
2) $TC = \frac{1}{4}Q^2 + 10Q + 75$이므로 $MC = \frac{1}{2}Q + 10$이다.
3) 이윤극대화 생산량은 $MR = MC$일때 성립하므로 $-\frac{1}{2}Q + 50 = \frac{1}{2}Q + 10$, $Q = 40$이다. 이때 $Q = 40$을 수요곡선에 대입하면 소비자가 지불하는 자격 $P = 40$이다.
4) 문제의 조건대로 소비자에게 단위당 10만큼의 물품세를 부과하면 $P = -\frac{1}{4}Q + 40$이 되고, 이때 $MR = -\frac{1}{2}Q + 40$이다. MC는 동일하므로 이윤극대화 생산량을 구하면 $-\frac{1}{2}Q + 40 = MC = \frac{1}{2}Q + 10$, $Q = 30$이고, 이때 $Q = 30$을 수요곡선에 대입하면 소비자가 지불하는 가격 $P = 42.5$이다. 따라서 소비자 부담은 2.5, 생산자 부담은 7.5로, 생산자의 부담이 3배 크다.
5) 이를 생산자에게 부담시켜도 조세 부담의 귀착결과는 동일하다.

오답체크

ㄱ. 독점공급자라고 해서 소비자에게 모두 전가시킬 수 있는 것은 아니다. 수요의 가격탄력성과 MC곡선의 기울기에 따라 달라진다.

ㄷ, ㄹ. 생산자의 부담이 소비자의 부담보다 3배 더 크다.

PART

7 후생경제학과 시장실패

학습 구성

구분	출제 포인트	중요도	학습 날짜
Chapter 01 일반균형이론과 파레토 효율성	01 일반균형이론	★	
	02 자원 배분의 효율성	★	
Chapter 02 후생경제학	01 사회후생함수	★	
	02 애로우의 불가능성 정리와 차선의 이론	★	
Chapter 03 외부성	01 시장실패와 외부성의 의미	★★	
	02 외부성과 자원 배분	★★	
	03 외부성의 해결 방안	★★★	
Chapter 04 공공재	01 공공재의 의미와 종류	★★	
	02 공공재의 최적 공급	★★★	
Chapter 05 정보경제학과 정부실패	01 정보의 비대칭성	★★	
	02 정부실패	★	

Chapter 01

일반균형이론과 파레토 효율성

✣ 학습목표

- 종합적 파레토 효율성의 조건을 이해할 수 있다.
- 후생경제학의 1정리와 2정리의 의미를 이해할 수 있다.

01 일반균형이론 ★★★

1. 일반균형

(1) 일반균형상태

① 의미: 모든 생산물 및 요소시장이 균형을 이루고 있으며, 시장에 참가하고 있는 모든 소비자와 생산자는 자신의 효용과 이윤을 극대화하고 있다.

② 생산물시장균형하에서

- 모든 소비자는 주어진 예산제약하에서 효용을 극대화한다.
- 모든 생산자는 주어진 비용제약하에서 이윤을 극대화한다.

③ 요소시장균형하에서

- 모든 소비자는 주어진 여건하에서 효용을 극대화한다.
- 모든 생산자는 주어진 여건하에서 이윤을 극대화한다.

(2) 일반균형의 의의

① 일반균형상태에서는 개별 경제주체인 소비자와 생산자가 자신의 사적인 이익을 극대화하는 과정에서 경제 전체의 이득도 최대가 된다.

② 이는 아담 스미스의 보이지 않는 손의 역할을 잘 보여주고 있다.

③ 일반균형 분석의 한계: 소득분배의 공평성 여부는 평가할 수 없다.

2. 왈라스(L. Walras) 법칙

(1) 개별적인 상품시장

일반균형하에서는 모든 시장이 균형이지만, 일반균형이 아닌 가격체계하에서는 개별 상품시장에 초과수요나 초과공급이 존재할 수 있다.

(2) 경제 전체

경제 전체로 보면 초과수요나 초과공급은 존재할 수 없다. 즉, 경제 전체의 총초과수요의 합은 언제나 0이다. 이를 왈라스의 법칙이라고 한다.

(3) 왈라스 법칙

왈라스 법칙에 따르면 n개의 상품시장이 존재할 때 $(n-1)$개의 시장이 균형이면 나머지 한 개의 시장은 자동적으로 균형이 이루어진다. 즉, 전체 시장 중에서 $(n-1)$개의 시장만이 독립적으로 가격을 결정한다.

02 자원 배분의 효율성 ★★★

1. 파레토 효율성

(1) 파레토 효율성(파레토최적)

① 하나의 자원 배분 상태가 있다고 할 때, 어느 누구에게도 손해가 가지 않으면서 어떤 사람에게는 이득이 되도록 이를 변화시키는 것이 불가능하다고 하자.

② 그렇다면 이와 같은 자원 배분 상태는 파레토 효율적인 성격을 갖는다.

(2) 파레토 개선, 파레토 열위 · 우위

① **가정**: 실현 가능한 배분

한정된 생산물과 생산요소의 존재량을 의미한다. 따라서 가지고 있는 자원을 초과하는 배분은 불가능하다.

② **파레토 개선**: 사회 전체적인 관점에서 볼 때, 손해를 보는 사람이 아무도 없으면서 이득을 얻는 사람이 생기게 만드는 변화를 파레토 개선이라고 한다.

③ **파레토 열위와 파레토 우위**: 파레토 개선이 일어났다면 일어나기 전의 배분 상태를 파레토 열위, 일어난 후의 배분 상태를 파레토 우위라고 한다.

④ **파레토 효율성(최적)**: 파레토 개선이 일어날 수 없는 경우를 파레토 효율적이라고 한다.

⑤ **사례**

- 사회에 사과 10개, 배 10개를 가지고 있다고 가정하자. 이것이 실현 가능한 배분이다.
- 최초의 배분 상태가 A는 사과 4개와 배 4개, B는 사과 5개와 배 5개를 가지고 있을 경우, 배분 상태를 바꾸어 A가 사과와 배를 한 개씩 더 가지게 되면 사과 5개, 배 5개를 가지게 된다.
- 이때 A의 배분 상태가 전보다 좋아졌지만, B의 배분을 악화시키지 않았으므로 파레토 개선이 된 것이다. 이후에 A가 사과나 배를 더 가지려고 한다면 B의 사과나 배의 수량이 줄어야 하므로 현 상태가 파레토 최적인 상태가 된다.

2. 소비 측면에서의 파레토 효율성

(1) 교환의 파레토 효율성 조건

① 그래프

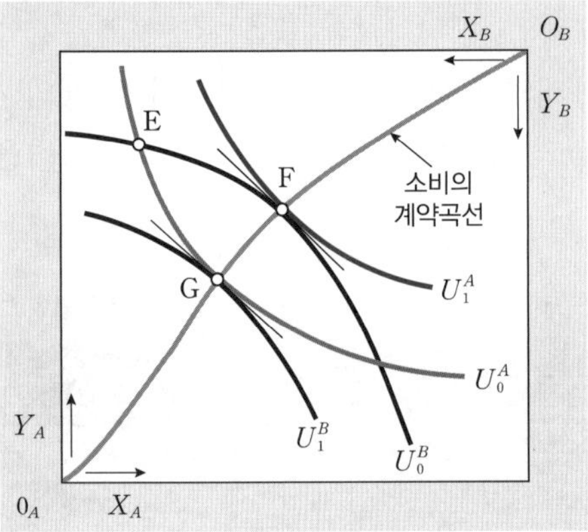

② 위 에지워스 상자에서 배분점이 점 E에서 점 F로 이동하면 B의 효용은 U_0^B로 변하지 않으나 A의 효용은 U_0^A에서 U_1^A로 증가하여 파레토 개선이 이루어진다.

③ 배분점 F에서는 더 이상 한 사람의 효용을 감소시키지 않고는 다른 한 사람의 효용(후생)을 증가시키지 못하므로, 점 F는 파레토 효율성을 만족하는 점이다.

④ 파레토 효율성을 만족하는 점 F에서는 두 무차별곡선이 접하므로 무차별곡선의 접선의 기울기인 한계대체율(MRS)도 같아질 것이다.

⑤ 교환의 파레토 효율성(교환의 최적성) 조건은 $MRS_{XY}^A = MRS_{XY}^B$가 성립한다.

(2) 소비 측면의 계약곡선과 효용가능곡선

① 그래프

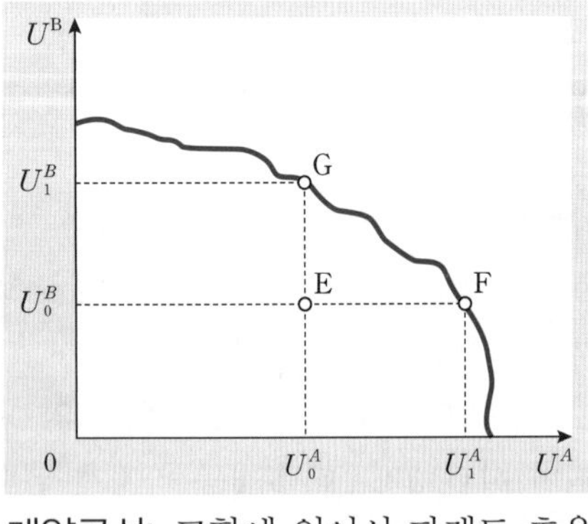

② **계약곡선**: 교환에 있어서 파레토 효율성이 존재하는 점, 즉 두 무차별곡선이 접하는 점은 무수히 많으며 이러한 점을 연결한 곡선을 소비 측면의 계약곡선이라고 한다.

③ **효용가능곡선의 도출**: 재화 공간의 계약곡선을 효용 공간으로 나타내면 위의 그래프와 같이 우하향의 곡선이 도출되는데, 이를 효용가능곡선이라고 한다. 이러한 효용가능곡선상의 모든 점에서는 소비가 파레토 효율적으로 이루어진다.

3. 생산 측면에서의 파레토 효율성

(1) 생산의 파레토 효율성 조건

① 그래프

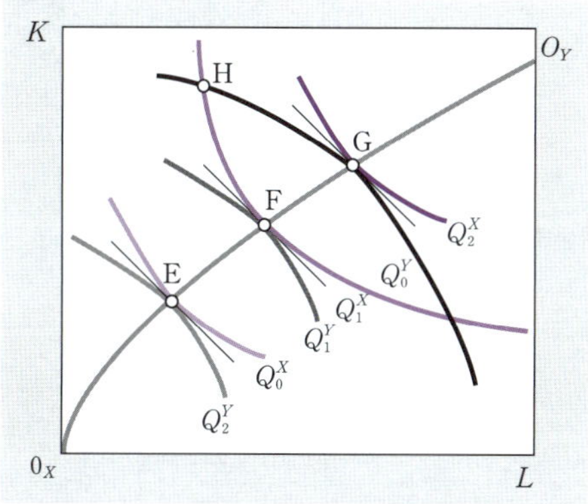

② 위 에지워스 상자에서 배분점이 점 H에서 점 G로 이동하면 Y재의 생산량은 변하지 않으나 X재의 생산량이 증가하여 파레토 개선이 이루어진다.

③ 등량곡선이 접하지 않는 경우 생산물의 조정을 통해 파레토 개선이 가능하다.

④ 파레토 효율성을 만족하는 점에서는 두 등량곡선이 접하므로 등량곡선의 접선의 기울기인 한계기술대체율($MRTS$)도 같아질 것이다.

⑤ 생산의 파레토 효율성(생산의 최적성) 조건은 $MRTS_{LK}^X = MRTS_{LK}^Y$가 성립한다.

(2) 생산 측면의 계약곡선과 생산가능곡선

① 그래프

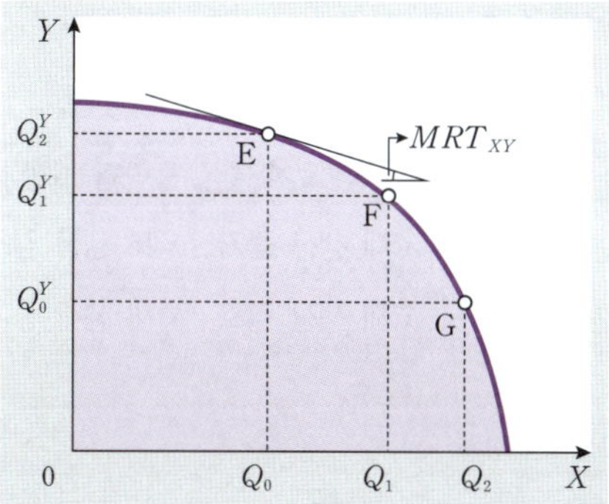

② **계약곡선:** 생산에 있어서 파레토 효율성이 존재하는 점, 즉 두 등량곡선이 접하는 점은 무수히 많으며 이러한 점을 연결한 곡선을 생산 측면의 계약곡선이라 한다.

③ **생산가능곡선의 도출:** 계약곡선상의 점들은 생산의 파레토 효율성을 만족하는 점들이다. 이 각각의 점들을 X재와 Y재를 생산하는 재화 공간으로 옮겨 나타내면 위와 같은 그래프가 도출되는데, 이것이 생산가능곡선(PPC)이다. 생산가능곡선상의 모든 점은 생산이 파레토 효율적으로 이루어지는 점이다.

4. 종합적 파레토 효율성

(1) 종합적 파레토 효율성의 의미

산출물 구성의 파레토 효율성이란 소비(교환)의 파레토 효율성과 생산의 파레토 효율성을 동시에 만족시키도록 산출물 구성이 이루어진 상태를 의미한다.

(2) 종합적 파레토 효율성의 충족 조건 분석

① 그래프

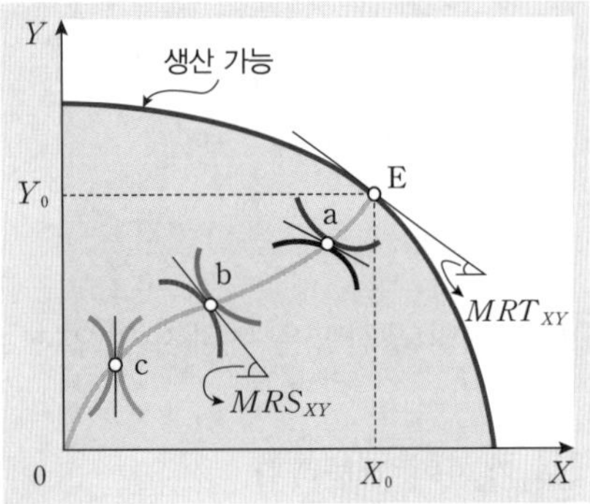

② 설명

- 점 b에서 $MRS_{XY}(\frac{MU_X}{MU_Y})=3$이고, 점 E에서 $MRT_{XY}(\frac{MC_X}{MC_Y})=2$이다.
- 점 b에서 MRS_{XY}가 3이므로 소비자는 X재 1개와 Y재 3개의 효용을 같은 것으로 본다.
- 생산 측면에서는 MRT_{XY}가 2이므로 X재 1개를 더 생산하기 위해서 Y재 2개만 포기하면 되므로, X재 생산을 1단위 증가시키고 Y재 생산을 2단위 감소시키면 MRT_{XY}가 증가하여 효율성이 증가한다.

③ 한계대체율과 한계변환율이 일치하지 않는 경우

구분	한계효용과 한계비용의 비교	파레토 효율성 충족의 조정
$MRS_{XY} > MRT_{XY}$	X재 한계효용 > X재 한계비용	X재 생산 증가, Y재 생산 감소
$MRS_{XY} < MRT_{XY}$	X재 한계효용 < X재 한계비용	X재 생산 감소, Y재 생산 증가

(3) 종합적 파레토 효율성의 충족 조건 (◀ 시험 POINT) 결론 정도 알고 있으면 됩니다.

① 소비(교환)의 파레토 효율성 충족 조건: $MRS^A_{XY} = MRS^B_{XY}$

② 생산의 파레토 효율성 충족 조건: $MRTS^X_{LK} = MRTS^Y_{LK}$

③ 종합적 파레토 효율성의 충족 조건: $MRS^A_{XY} = MRS^B_{XY} = MRT_{XY}$

④ 종합적 파레토 효율성이 성립하려면 무차별곡선의 기울기와 생산가능곡선의 기울기가 같아야 한다.

5. 파레토 효율성의 한계

(1) 공평성을 판단할 수 없다

파레토 효율성(최적성) 조건이 충족되면 자원 배분의 효율성은 만족시키지만, 소득분배의 공평성까지 보장하는 것은 아니다.

(2) 파레토 효율성을 달성하는 지점은 무수히 많다

① 파레토 효율성을 만족하는 점이 무수히 많아서 그 중 어느 점이 사회적으로 가장 바람직한지를 알 수 없다.

② 각 사회의 구성원들이 원하는 후생함수에 따라 바람직한 지점이 각 사회마다 다를 수 있다.

③ 따라서 파레토 효율적인 자원 배분하에서는 항상 사회후생이 극대화된다고 말할 수 없다.

6. 후생경제학 제1정리

(1) 후생경제학 제1정리

모든 개인의 선호체계가 강단조성(많이 소비하는 것이 좋음)을 지니고 외부성, 공공재 등의 시장실패 요인이 존재하지 않는다면, 일반경쟁균형(왈라스 균형)의 자원배분은 파레토 효율적이다.

① 강단조성(strong monotonicity): 두 변수 중 한 변수가 증가(감소)할 때 다른 변수도 증가(감소)하면 강단조성을 갖는다고 한다. 소비량이 증가할 때 총효용이 증가하면 선호가 강단조적이며, 선호가 강단조적이면 한계효용은 정(+)의 값을 갖는다. 이는 소비자가 합리적으로 소비한다는 것을 의미한다.

② 시장실패 요인이 존재하지 않아야 한다. 불완전경쟁시장에서는 $P \neq MC$이므로 생산물구성의 파레토 최적은 불가능하다.

③ 일반경쟁균형의 자원배분은 파레토 효율적이다. 이는 완전경쟁시장을 의미한다. 완전경쟁시장은 모두가 가격수용자이므로 파레토 효율성 조건을 충족한다.

(2) 후생경제학 제1정리의 증명

① 교환의 최적성

- 소비자 A의 효용극대화 조건: $MRS_{XY}^{A} = \dfrac{P_X}{P_Y}$
- 소비자 B의 효용극대화 조건: $MRS_{XY}^{B} = \dfrac{P_X}{P_Y}$
- 생산물시장이 완전경쟁일 때, 일물일가가 성립하여 X재와 Y재의 가격을 모든 소비자에게 적용되므로 $MRS_{XY}^{A} = MRS_{XY}^{B} = \dfrac{P_X}{P_Y}$가 성립하여 소비의 파레토 효율성 조건을 충족한다.

② 생산의 최적성

- X재 생산자의 생산자균형 조건: $MRTS_{LK}^{X} = \frac{w}{r}$
- Y재 생산자의 생산자균형 조건: $MRTS_{LK}^{Y} = \frac{w}{r}$
- 요소시장이 완전경쟁일 때, 일물일가가 성립하여 w와 r이 모든 생산자에게 동일하게 적용되므로 $MRTS_{LK}^{X} = MRTS_{LK}^{Y}$가 성립하여 생산의 파레토 효율성 조건을 충족한다.

③ 생산물구성의 최적성

- 사회적 효용극대화 조건: $MRS_{XY} = \frac{P_X}{P_Y}$
- 생산의 최적성 조건: $MRT_{XY} = \frac{MC_X}{MC_Y}$
- 생산물시장 완전경쟁일 때 $P = MC$가 성립한다. 따라서 $MRS_{XY} = \frac{P_X}{P_Y} = \frac{MC_X}{MC_Y} = MRT_{XY}$가 성립하여 종합적 파레토 효율성을 달성한다.

7. 후생경제학 제2정리

(1) 후생경제학 제2정리

모든 개인들의 선호가 연속적이고 강단조성 및 볼록성을 충족할 때 초기 부존자원을 적절히 재분배하면 임의의 파레토 효율적인 자원배분을 일반경쟁균형을 통해 달성할 수 있다.

① **선호의 볼록성**: 무차별곡선이 원점에 볼록하다. 이는 소비자가 한계대체율(MRS)이 체감하는 일반적 선호를 갖는다는 것으로, 골고루 소비하는 것이 좋음을 의미한다.

② **자원배분이 파레토 최적**: $MRS_{XY} = \frac{P_X}{P_Y}$가 성립하므로 현재의 가격체계가 유지되어야 한다.

③ 효율적인 자원 배분이 분권적인 시장기구에 의해 달성될 수 있음을 보여준다.

④ 그래프

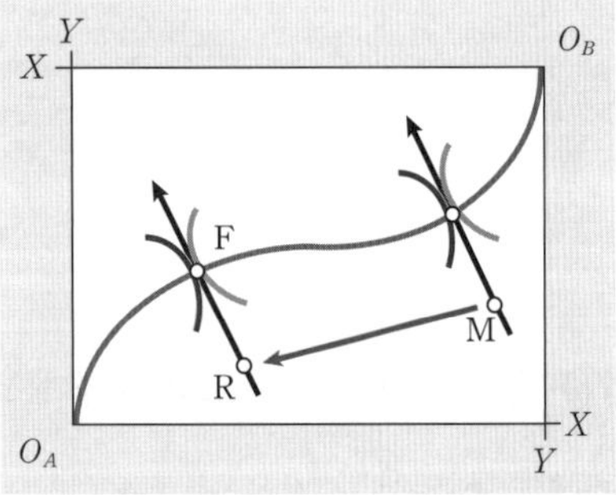

정부가 소득분배 상태를 점 M에서 점 R로 옮기면 시장의 원리에 따라 점 F으로 이동하게 된다. 따라서 정부에 의한 자원배분이 시장가격체계에 영향을 주지 않으면 소득재분배정책이 가능하다는 것이다.

(2) 정책적 시사점

① 현금 이전에 의한 소득재분배는 가격체계를 교란시키지 않으므로 자원배분의 효율성을 해치지 않는다. 따라서 소득재분배를 위한 정부개입은 가격체계를 변동시키지 않는 현금보조 등으로 국한하고 나머지는 시장의 가격기능에 맡겨야 한다.

② 비효율성을 초래하지 않는 소득재분배 정책이 가능하다는 것을 보여준다.

③ 시장가격체계를 변화시키는 소득재분배 정책은 바람직하지 않다는 것을 의미한다.

예 가격보조정책 등

개념확인 문제

Q 두 명의 소비자로 구성된 순수교환경제에서, 두 소비자가 계약곡선(contract curve)상의 한 점에서 교환을 통해 계약곡선상의 다른 점으로 옮겨 갈 경우 두 사람의 후생에 발생하는 변화는?

14년 지방직

① 두 사람 모두 이득이다.
② 두 사람 모두 손해다.
③ 한 사람은 이득이고 다른 사람은 손해다.
④ 어느 누구의 후생도 변화가 없다.

정답 ③

해설

계약곡선상의 모든 점들은 교환의 파레토 효율성이 충족된다. 하지만 에지워스 상자 내에서 효율성이 이루어지므로, 계약곡선상의 한 점에서 계약곡선상의 다른 점으로 이동하면 한 사람의 효용은 증가하나 다른 사람의 효용은 반드시 감소한다.

Chapter 02

후생경제학

학습목표

- 공리주의, 롤스, 평등주의의 의미를 이해할 수 있다.
- 공리주의와 롤스의 계산 문제를 풀 수 있다.

01 사회후생함수 ★★★

1. 사회후생함수

(1) 사회후생함수

① 의미: 두 사람의 효용수준이 U_A, U_B로 주어졌을 때, 다음과 같은 관계를 통해 사회후생(SW)의 수준을 그 함숫값 $SW=f(U_A,\ U_B)$으로 나타내는 것이다.

② 사회 구성원들의 주관적인 가치판단에 해당하는 것으로 사회마다 다르며, 사회 구성원끼리도 다르기 때문에 모든 사람이 동의할 수 있는 사회후생함수를 찾기 어렵다.

(2) 사회무차별곡선(SIC, Social Indifference Curve)

① 사회후생함수로부터 같은 수준의 사회후생을 주는 U_A, U_B의 조합들로 만들어지는 사회무차별곡선을 도출할 수 있다.

② 사회후생함수가 내포하고 있는 가치판단의 성격은 바로 사회무차별곡선의 모양에 반영된다.

2. 가치판단에 따른 사회무차별곡선

시험 POINT 공리주의 계산문제가 출제되었습니다.

(1) 공리주의 사회후생함수(Bentham)

① 전체 사회후생(SW, Social Welfare)은 개인효용의 총합으로 도출된다. 따라서 사회무차별곡선(SIC)은 우하향하는 직선(MRS 일정)이 된다.

② 개인의 소득에 대한 한계효용이 동일하다고 가정한다.

③ 개인효용의 합이 크면 사회후생도 높으며, 개인 간 효용 및 소득분배의 공평성은 사회후생에 영향을 미치지 않는다.

④ $SW=U_A+U_B$ (U_A, U_B: 개인 A, B의 효용)

⑤ 에지워스는 완전균등 소득분배가 사회후생을 가장 크게 할 수 있다고 본다.

⑥ 그래프

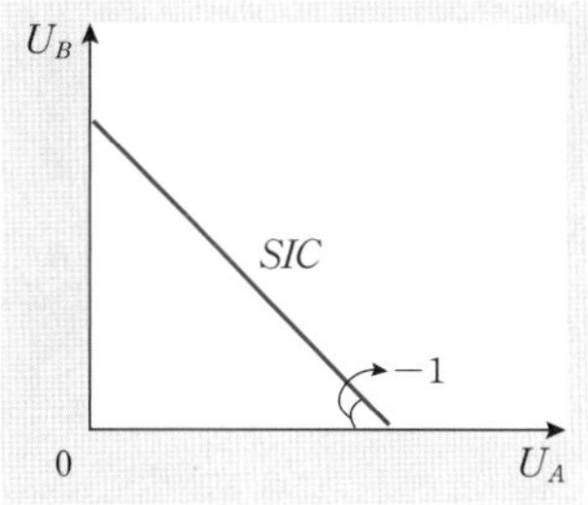

⑦ 계산 문제

두 사람(A, B)만 존재하고 X재의 양은 1,000이고, A와 B의 효용함수는 각각 $3\sqrt{X_a}$, $\sqrt{X_b}$이다. 공리주의 사회후생함수의 형태를 가질 경우 사회후생의 극댓값은? (단, X_a는 A의 소비량, X_b는 B의 소비량, X_a와 X_b는 모두 양의 수임) 16년 세무사

① 60 ② 70 ③ 80
④ 90 ⑤ 100

정답 ⑤

〈공리주의 함수 문제 풀이 순서〉

1) 문제에 주어진 재화의 총량을 파악한다. → $X_a + X_b = 1,000$
2) 두 사람의 한계효용이 일치함을 파악한다. → $MU^A = MU^B$
3) 이를 조합하여 답을 도출한다.
4) 계산 과정
 - X재의 부존량이 1,000단위이므로 $X_a + X_b = 1,000$이다.
 - 공리주의는 한계효용이 동일하므로 $MU^A = MU^B$로 두면 $\frac{3}{2\sqrt{X_a}} = \frac{1}{2\sqrt{X_b}}$이다.
 - 이 두 식을 연립해서 풀면 $X_a = 900$, $X_b = 100$이다.
 - 위 소비량을 사회후생함수 $W = 3\sqrt{X_a} + \sqrt{X_b}$에 대입하면 사회후생 $W = 100$으로 계산된다.

(2) 롤즈(J. Rawls)적 사회후생함수

① 사회 구성원 중 가장 낮은 효용(소득)을 누리는 자의 효용에 따라 사회후생수준이 결정된다.
② $SW = Min[U_A, U_B]$ (U_A, U_B: 개인 A, B의 효용)
③ 사회무차별곡선(SIC)은 L자형이 된다.
④ 최소극대화원칙(최소 수혜자 최대의 원칙)이 성립한다. 즉, 최저효용자의 효용이 증가하지 않으면 사회후생이 증가할 수 없다.
⑤ 효용(소득)이 완전평등분배될 때 사회후생이 극대화되며 재분배정책을 통해 사회후생을 증대시킬 수 있다.

⑥ 그래프

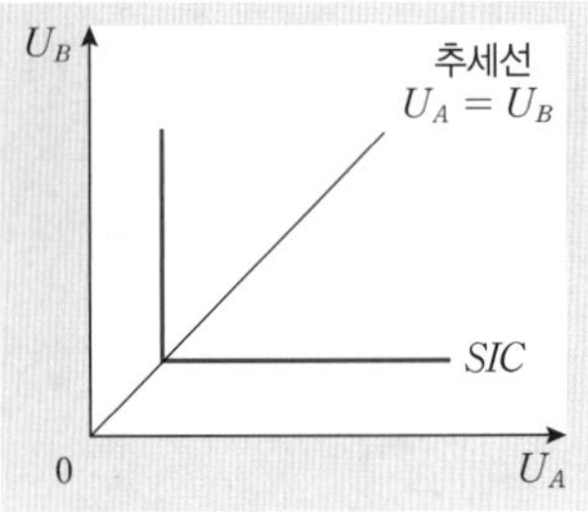

⑦ 계산 문제

> 두 사람 A와 B로 구성되어 있고, 사적재인 X재 한 재화만 존재하는 경제에서 A와 B의 효용은 각각 $U_A = \sqrt{3X_A}$, $U_B = \sqrt{X_B}$로 표시된다(단, X_A, X_B는 각각 A와 B의 X재 소비량). 이 경제의 사회후생함수가 롤스(Rawls)의 사회후생함수이고, X재의 총부존량이 $1,200$일 때 극대화된 사회후생의 값은? 10년 세무사
>
> ① 30　② 40　③ 50
> ④ 60　⑤ 70
>
> 정답 ①

〈롤스 후생함수 문제 풀이 순서〉

1) 문제에 주어진 재화의 총량을 파악한다. → $X_A + X_B = 1,200$
2) 두 사람의 한계효용이 일치함을 파악한다. → $U_A = U_B$
3) 이를 조합하여 답을 도출한다.
4) 계산 과정
   - 사회후생함수가 $W = \min\left[\sqrt{3X_A},\ \sqrt{X_B}\right]$이므로 $\sqrt{3X_A} = \sqrt{X_B}$일 때 사회후생이 극대화된다.
   - 두 개인이 소비하는 X재의 양이 $1,200$이므로 $X_A + X_B = 1,200$도 동시에 성립해야 한다.
   - $\sqrt{3X_A} = \sqrt{X_B}$의 양변을 제곱하면 $3X_A = X_B$이고, 이를 $X_A + X_B = 1,200$에 대입하면 $4X_A = 1,200$, $X_A = 300$이다.
   - $X_A = 300$이므로 $X_B = 900$을 사회후생함수에 대입하면 사회후생 $W = 30$으로 계산된다.

(3) 평등주의적 사회후생함수

① 사회 구성원 중 높은 효용(소득)을 누리는 자에게 낮은 가중치를, 낮은 효용을 누리는 자에게는 높은 가중치를 적용하여 사회후생수준을 도출한다.

② $SW = U_A \times U_B$ (U_A, U_B: 개인 A, B의 효용)

③ 평등주의 성향이 강하면 강할수록 이를 대표하는 사회무차별곡선은 원점에 대하여 더 볼록한 모양을 가지게 되고, 이것이 극단에 이르게 되면 롤스적 사회무차별곡선이 된다.

④ 그래프

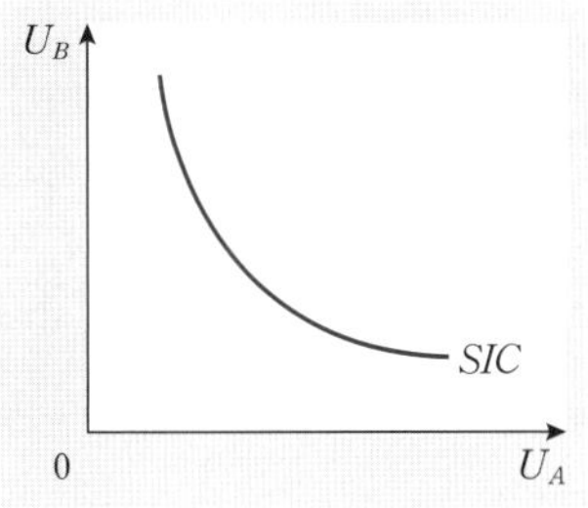

3. 효용가능경계와 사회후생의 극대화

(1) 효용가능경계(UPF, Utility Possibility Frontier)

① 경제 내의 사용 가능한 모든 자원을 가장 효율적으로 배분하였을 때 얻어지는 개인의 효용의 쌍을 의미하며, 효용가능경계상의 모든 점에서는 파레토 효율성(소비, 생산, 산출물구성)을 모두 충족시킨다.

② 그래프

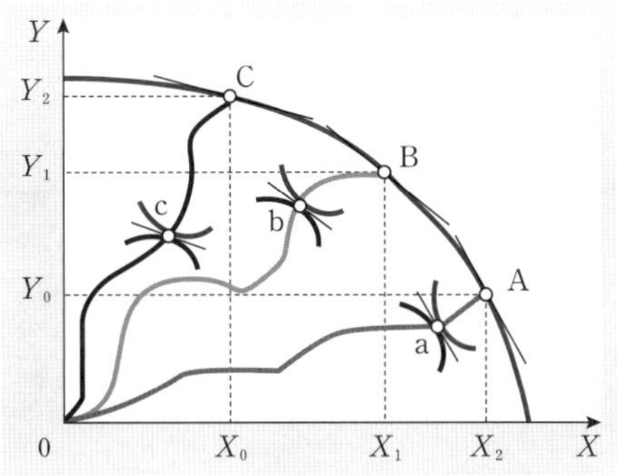

- 생산점이 생산가능곡선상의 점 A, B, C로 주어지면 이에 따라 에지워스 상자가 결정된다.
- 각 에지워스 상자에서 효용가능곡선을 도출한 후 효용가능경계를 도출한다.

(2) 사회후생의 극대화

① 효용가능곡선 A′, B′, C′가 도출되며 이러한 효용가능곡선의 가장 외부점을 연결한 곡선으로 효용가능경계를 도출한다.

② 사회무차별곡선은 같은 후생을 나타내는 개인 A, B의 효용수준의 조합이므로 원점에서 멀어질수록 효용은 커진다. 따라서 아래의 그림에서와 같이 효용가능경계와 사회무차별곡선이 접하는 점 E에서 사회후생의 극대화가 달성된다.

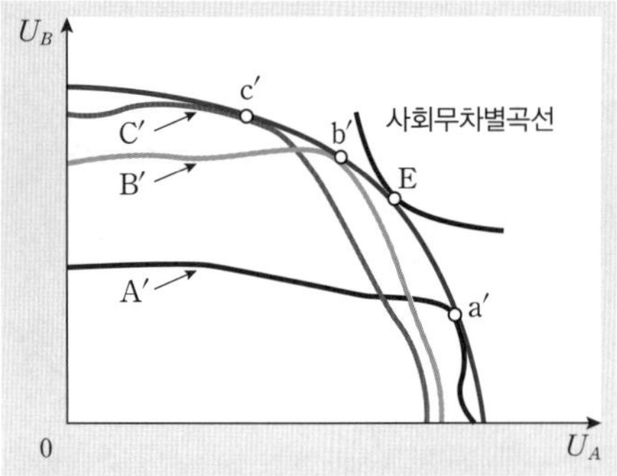

개념확인 문제

Q A와 B 두 사람만 존재하는 경제에서, 사적재화인 X재만 소비되고 X재의 총 부존량은 15이다. A와 B의 효용함수는 각각 $U_A = \sqrt{X_A}$와 $U_B = 2\sqrt{X_B}$이다. 이 경제의 사회후생함수가 롤스(Rawls)의 사회후생함수일 때 사회후생의 극댓값(W_R)과 공리주의 사회후생함수일 때 사회후생의 극댓값(W_B)을 바르게 연결한 것은? (단, X_A와 X_B는 각각 A와 B의 X재 소비량이다) 23년 국가직

	W_R	W_B
①	$2\sqrt{3}$	$4\sqrt{3}$
②	$3\sqrt{3}$	$4\sqrt{3}$
③	$2\sqrt{3}$	$5\sqrt{3}$
④	$3\sqrt{3}$	$5\sqrt{3}$

정답 ③

해설

1) 롤스

① 총 부존량 $X_A + X_B = 15$

② 소득의 효용동일 $U_A = U_B \rightarrow \sqrt{X_A} = 2\sqrt{X_B} \rightarrow X_A = 4X_B$

③ 이 둘을 연립하면 $4X_B + X_B = 15$, $X_B = 3$, $X_A = 12$이다.

④ SW=$Min[U_A, U_B] \rightarrow Min[2\sqrt{3}, 2\sqrt{3}] = 2\sqrt{3}$

2) 공리주의

① 총 부존량 $X_A + X_B = 15$

② 소득의 한계효용동일 $MU_A = MU_B \rightarrow \frac{1}{2\sqrt{X_A}} = \frac{2}{2\sqrt{X_B}} \rightarrow 4X_A = X_B$

③ 이 둘을 연립하면 $X_A + 4X_A = 15$, $X_A = 3$, $X_B = 12$이다.

④ SW=$U_A + U_B \rightarrow \sqrt{3} + 4\sqrt{3} = 5\sqrt{3}$

02 애로우의 불가능성 정리와 차선의 이론 ★★★

1. 애로우의 불가능성 정리

(1) 의미

애로우(K. Arrow)는 개별효용함수로부터 사회후생함수를 도출하기 위해서는 몇 가지 조건이 필요하나, 이를 만족하는 사회후생함수는 존재하지 않는다는 것을 증명하였다. 이를 불가능성정리(impossibility theorem)라고 한다.

(2) 개별선호를 사회 전체의 선호로 종합시키기 위한 조건

① 집단적 합리성(완비성, 이행성) 조건: 여러 사회 상태에 대한 선호 순서의 판단이 가능하고(완비성), 그 선호체계가 일관성(이행성)을 가져야 한다.
예 $A > B > C \Rightarrow A > C,\ B > C$

② 파레토 원칙(Pareto principle): 사회 구성원 모두 A를 B보다 선호하면 사회 전체도 A를 선호해야 한다.

③ 무관한 선택 대상으로부터의 독립성
- 각 상태는 상호 의존성이 없어서 하나의 상태가 선택 불가능하게 되더라도 나머지 선호 순서는 불변이어야 한다.
- 독립성에서 개인의 선호는 기수적 선호의 강도가 고려되면 안 되며, 서수적으로 측정되어야 한다.

예 $A > B > C > D \Rightarrow A > C > D$

④ 비독재성(non-dictatorship): 사회적 선택이 한 사람의 선호에 의해 결정되지 않아야 한다.

(3) 결론

① 민주적이면서 효율적인 사회후생함수는 존재하지 않음을 증명하였다.
② 민주적인 어떠한 투표제도도 애로우가 제시한 조건을 모두 충족하지 못한다.

2. 차선의 이론

(1) 의미

① 모든 파레토 효율성 조건이 동시에 충족되지 않은 상황에서 그중 더 많은 효율성을 충족시킨다고 해서 사회적으로 더 바람직한 상태가 되는 것은 아니라는 것이다.
② 예를 들어, 10개의 효율성 조건을 충족시켜야 하는 경우에 8개의 효율성 조건을 만족시키는 것이 7개의 효율성 조건을 만족시키는 것보다 더 바람직한 상태가 되는 것은 아니라는 것이다.

(2) 시사점

① 차선의 이론은 여러 가지 경제개혁 조치를 추진할 때 비합리적인 측면을 점차로 제거해 나가는 점진적 접근법이 항상 최선은 아니라는 의미를 부여한다.

② 비합리적인 것 중 일부분만을 제거하는 것이 더 나쁜 상황에 직면하게 할 수 있다.

③ 그래프

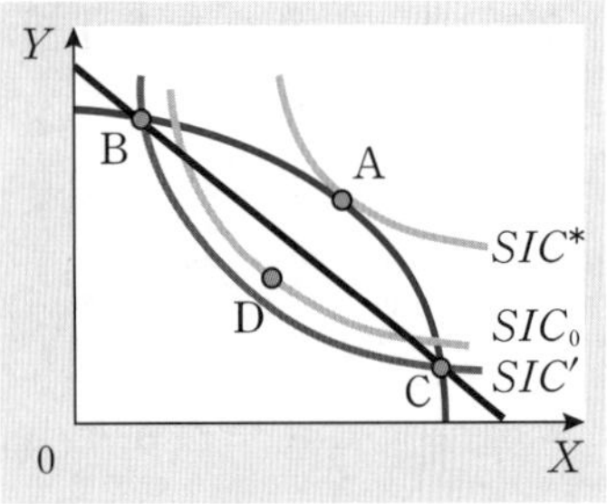

- 예산제약에 따라 생산 및 소비가 비효율적일 때 생산의 최적성만이라도 달성하려 할 경우(B, C) 예산을 다 쓰지 않은 경우(D)보다 사회후생은 오히려 감소(SIC')한다.

개념확인 문제

Q 애로우의 불가능성 정리에서 사회적 선호체계가 가져야 할 바람직한 속성이 아닌 것은?

18년 세무사

① 볼록성
② 이행성
③ 비독재성
④ 파레토 원칙
⑤ 제3의 선택가능성으로부터의 독립

정답 ①

해설

애로우는 사회적 선호체계가 가져야 할 바람직한 속성으로 완비성과 이행성, 비제한성, 파레토 원칙, 무관한 선택대안으로부터의 독립성, 비독재성을 제시하였다.

Chapter 03

외부성

+ 학습목표

- 양의 외부성과 음의 외부성을 구분할 수 있다.
- 코즈의 정리의 의미와 계산 문제를 이해할 수 있다.
- 피구세를 정확히 구할 수 있다.
- 오염배출권의 내용과 계산 문제를 이해할 수 있다.

01 시장실패와 외부성의 의미 ★★★

1. 시장실패의 원인

(1) 불완전경쟁

① 시장기구에 의한 자원 배분이 효율적이라는 것은 완전경쟁이 전제되고 있는 상황에서만 타당성을 가진다.

② 불완전경쟁이 존재하면 시장의 실패는 당연히 일어난다.

③ **예시**: 독점시장에서의 과소 생산 등

(2) 공공재

① **의미**: 도로 등과 같이 여러 사람의 공동 소비를 위해 생산된 재화나 서비스로, 비경합성과 비배제성의 특징을 가진다.

② **비경합성**: 추가적으로 한 사람이 공공재를 더 소비하게 된다고 하더라도 다른 사람의 소비 가능성이 줄어들지 않는다.

③ **비배제성**: 대가를 치르지 않은 사람이라 하여 소비에서 배제할 수 없다.

④ **무임승차로 인한 과소 생산**: 비경합성과 비배제성으로 인해 양(+)의 가격을 매기는 것이 불가능하다. 이로 인해 시장기구가 공공재를 적절한 수준에서 생산 · 공급할 수 없음을 의미한다.

(3) 외부성

① **의미**: 어떤 사람의 행동이 제3자에게 의도하지 않은 이득이나 손해를 가져다주는데도 이에 대한 대가를 받지도 지불하지도 않을 때 외부성(externalites), 외부효과(external effect)가 발생한다고 한다.

② **과소, 과다 생산**: 자유로운 시장경제에 맡길 때 이로운 외부성은 사회적 최적 수준보다 더 적게 만들어지는 반면, 해로운 외부성은 최적 수준보다 더 많이 만들어지는 결과가 나타난다.

(4) 불확실성

① 의미: 완전 정보가 없는 상태로, 장래에 일어날 일을 예측할 수 없는 상태를 의미한다.

② 자원의 비효율적 배분: 앞에서 본 후생경제학의 정리들은 모든 것이 확실하다는 가정하에 구해진 것이다. 따라서 불확실성이 존재하는 경우 시장실패의 가능성이 크다.

③ 애로우의 조건부 거래시장이론

- 애로우는 앞으로 일어날 가능성이 있는 모든 상황을 전부 포괄하는 완벽한 조건부 거래시장이 존재하면 불확실성이 존재해도 시장실패가 일어나지 않는다고 주장하였다.
- 완벽한 조건부 거래시장이 존재한다는 것은 완벽한 보험이 제공된다는 것이다. 그러나 현실적으로 완벽한 보험을 마련한다는 것이 거의 불가능하다.

(5) 완비되지 못한 시장

① 의미: 현실에서 보험시장이나 자본시장 그 자체가 완전하게 갖추어져 있지 못해 효율적인 자원 배분이 이루어지지 못하는 경우이다.

② 사례

- 천재지변, 전쟁, 빈곤에 대한 보험 등을 제공하는 회사는 거의 존재하지 않기 때문에 위험에 그대로 노출된다.
- 보완적 시장이 존재하지 않을 때에도 자원 배분이 제대로 이루어지지 못하는 결과를 초래할 수 있다.

(6) 불완전한 정보(정보의 비대칭성)

① 의미: 거래의 양 당사자 중 한쪽이 정보를 가지지 못하는 비대칭 정보의 상황은 자원의 효율적 배분을 저해한다.

② 역선택과 도덕적 해이가 이에 해당한다.

2. 외부성의 의의

(1) 외부성

어떤 행위가 제3자에게 의도하지 않은 혜택이나 손해를 가져다주는데, 이에 대한 대가를 받지도 지불하지도 않을 때 외부성이 발생한다고 한다.

(2) 특징

① 경제활동 혹은 경제현상이 시장의 테두리 밖에서 일어난다.

② 제3자에게 발행한 이득이나 손해가 전혀 의도하지 않은 것이어야 한다.

③ 제3자에게 발생한 이득이나 손해에 대해 아무런 대가가 오가지 않았어야 한다.

④ 꿀벌을 치는 사람이 어떤 과수원 옆에다 벌통을 가져다 놓자 과일의 수확이 늘었을 때 대가를 지급하지 않은 경우에만 외부성이 발생한다고 볼 수 있다.

(3) 외부성과 시장실패

① 외부성이 존재하면 사적 비용과 사회적 비용의 불일치 현상이 나타나며, 시장균형이 사적 비용에 따라 결정되어 비효율적 자원 배분이 된다.

② 이로운(양, +) 외부성의 경우는 사회적 기준에서 볼 때 과소 생산되며, 해로운 외부성(음, −)의 경우는 과다 생산된다.

3. 외부성의 유형

(1) 생산의 외부성과 소비의 외부성

① **생산의 외부성**: 생산활동에 따라 발생하는 외부성이다. 예 기술 개발, 공해산업 등

② **소비의 외부성**: 소비활동에 따라 발생하는 외부성이다. 예 예방접종, 실내흡연 등

(2) 공공재적 외부성과 사적재적 외부성

① **공공재적 외부성**: 다수인에게 비경합적으로 발생하는 외부성이다. 예 공해 등

② **사적재적 외부성**: 특정인 또는 특정 지역에 경합적으로 발생하는 외부성이다. 예 층간소음 등

(3) 실질적 외부성과 금전적 외부성

① 실질적 외부성

- 외부성으로 인해 그 사람의 효용함수나 생산함수에 영향을 주기 때문에 발생한다.
- 자원배분의 비효율성이 발생한다.
- 시장의 가격기구를 통하지 않고 유리하거나 불리한 영향을 미친다. 따라서 한 경제주체의 이득이 다른 경제주체의 피해와 상쇄되지 않으므로 경제적 분석의 대상이 된다.

② 금전적 외부성

- 어떤 행동이 상대가격구조의 변동을 가져오고 이로 말미암아 이득을 보는 사람과 손해를 보는 사람이 발생하는 경우이다.
- 가격기구를 통하여 피해와 이익이 정확히 상쇄되므로, 사회 구성원 간 소득분배에는 영향을 미치지만 자원 배분에는 영향을 미치지 않는다.
- **사례**: 한 건설회사가 전국 각지에 대규모 토목공사를 시작함으로써 건축자재의 가격이 폭등했고 이로 인해 집을 짓고 있는 어떤 사람이 경제적 압박을 받게 된다면, 건설회사의 행동으로 인해 건축자재 판매상은 돈을 벌겠지만 집을 짓는 사람은 손해를 보게 되므로 금전적 외부성을 만들어 냈다고 볼 수 있다.

02 외부성과 자원 배분 ★★★

1. 사적 편익과 사회적 편익 및 사적 비용과 사회적 비용

(1) 사적 한계편익과 사회적 한계편익

① 사적 한계편익(PMB, Private Marginal Benefit): 상품 소비에 따른 개별 소비자의 한계효용이다. 개별 소비자의 수요곡선이 사적 한계편익곡선이 된다.

② 사회적 한계편익(SMB, Social Marginal Benefit): 상품 소비에 따른 사회 전체의 한계효용이다. 시장 수요곡선이 사회적 한계편익곡선이 된다.

③ 소비의 외부성이 존재하면 사적 한계편익과 사회적 한계편익은 다르다.

(2) 사적 한계비용과 사회적 한계비용

① 사적 한계비용(PMC, Private Marginal Cost): 상품 생산에 실제로 지출된 한계생산비이다.

② 사회적 한계비용(SMC: Social Marginal Cost): 상품 생산에 따른 한계 외부성을 화폐적 비용으로 평가하여 사적 한계비용에 포함한 한계생산비이다.

③ 생산의 외부성이 존재하면 사적 한계비용과 사회적 한계비용은 다르다.

2. 외부성의 유형 (시험 POINT 양의 외부성과 음의 외부성 특징을 구분할 수 있어야 합니다.)

(1) 양의 외부성

① 어떤 경제활동이 제3자에게 이익을 주는데도 시장을 통해 대가를 받지 못한 경우이다.

② 사회 전체적으로 적정 수량보다 과소 소비 및 생산된다.

③ 소비 측면 분석

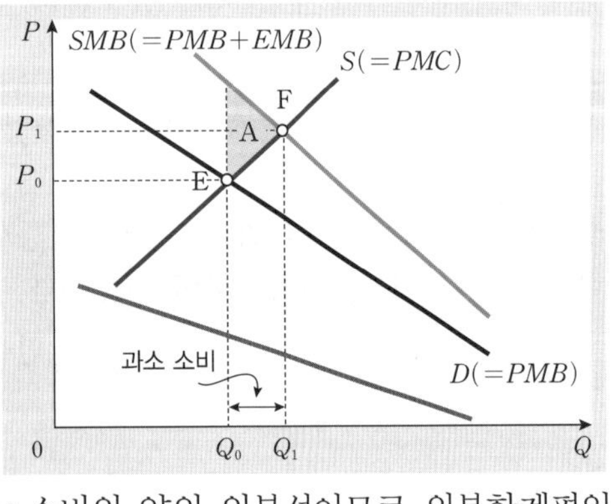

- 소비의 양의 외부성이므로 외부한계편익(EMB) > 0이다.
  따라서 $SMB(PMB+EMB) > PMB = PMC(=S)$가 성립한다.
- 현 생산점: 점 E (Q_0, P_0)
- 바람직한 생산점: 점 F (Q_1, P_1)
- 과소 소비(생산): $Q_1 - Q_0$
- 사회적 후생손실: $\triangle A$

④ 생산 측면 분석

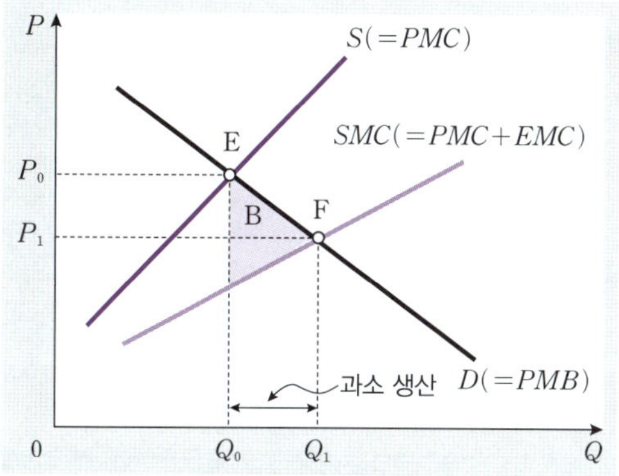

- 생산의 양의 외부성이므로 외부한계비용(EMC) < 0이다.
  따라서 $SMC(PMC+EMC) < PMC = PMB(=D)$가 성립한다.
- 현 생산점: 점 E$(Q_0,\ P_0)$
- 바람직한 생산점: 점 F$(Q_1,\ P_1)$
- 과소 생산: $Q_1 - Q_0$
- 사회적 후생손실: $\triangle B$

(2) 음의 외부성

① 어떤 경제활동이 제3자에게 손해를 끼치는데도 시장을 통해 대가를 지급하지 않는 경우이다.

② 사회 전체적으로 적정 수량보다 과다 소비 및 생산된다.

③ 소비 측면 분석

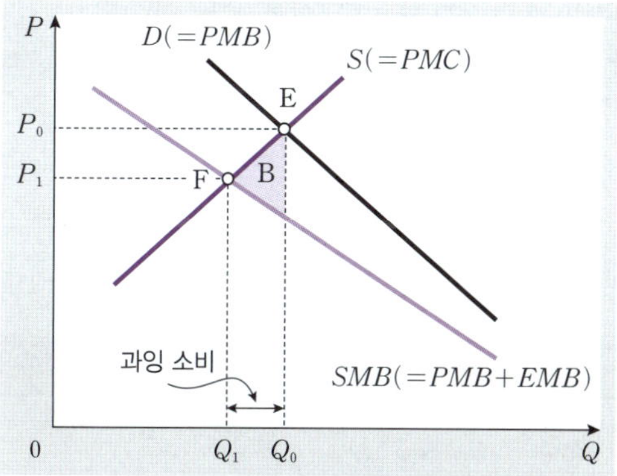

- 소비의 음의 외부성이므로 외부한계편익(EMB) < 0이다.
  따라서 $SMB(PMB+EMB) < PMB = PMC(=S)$이 성립한다.
- 현 생산점: 점 E$(Q_0,\ P_0)$
- 바람직한 생산점: 점 F$(Q_1,\ P_1)$
- 과잉 소비(생산): $Q_0 - Q_1$
- 사회적 후생손실: $\triangle B$

④ 생산 측면 분석

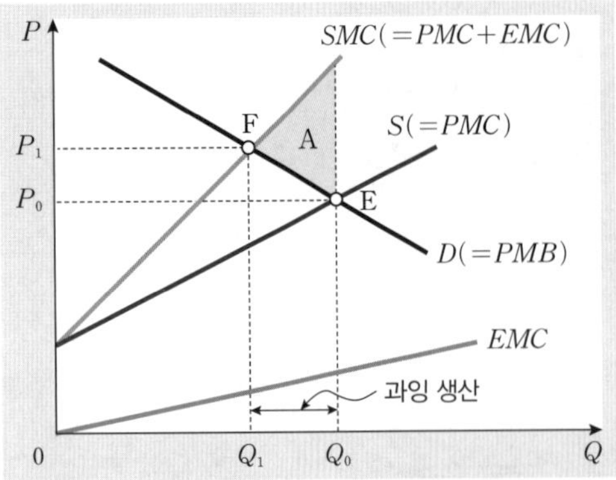

- 생산의 음의 외부성이므로 외부한계비용$(EMC) > 0$이다.
  따라서 $SMC(PMC+EMC) > PMC = PMB(= D)$가 성립한다.
- 현 생산점: 점 E (Q_0, P_0)
- 바람직한 생산점: 점 F (Q_1, P_1)
- 과잉 생산: $Q_0 - Q_1$
- 사회적 후생손실: $\triangle A$

개념확인 문제

Q 외부효과(external effect)에 대한 설명으로 가장 옳지 않은 것은? 18년 서울시

① 학교 주변에 고가도로가 건설되어 학교 수업이 방해를 받으면 외부불경제이다.
② 노숙자들에 대한 자원봉사로 노숙자들의 상황이 좋아졌다면 외부경제이다.
③ 노후 경유차로 인하여 미세먼지가 증가하였다면 외부불경제이다.
④ 내가 만든 정원이 다른 사람에게 즐거움을 주면 외부경제이다.

정답 ②

해설
자원봉사 행위는 의도된 것이므로 의도되지 않은 외부성과는 관련이 없다.

03 외부성의 해결 방안 ★★★

1. 외부성의 사적 해결 방안

(1) 합병 ◀ 시험 POINT 외부효과를 교정하기 위한 피구세와 피구보조금 모두 계산 문제 해결 능력이 필요합니다.

① 의미

외부성을 유발하는 기업과 외부성으로 인하여 피해(혹은 이익)를 보는 기업을 합병함으로써 외부성을 내부화하는 방법이다.

② 노래방에서 발생하는 소음 때문에 독서실 운영이 어려운 경우, 독서실 소유자가 노래방을 합병하여 외부효과를 해결할 수 있다.

(2) 코즈의 정리: 협상에 의한 해결 ◀ 시험 POINT 코즈의 정리의 요건이 출제됩니다.

협상 비용이 무시할 정도로 작고, 협상으로 인한 소득재분배가 각 개인의 한계효용에 영향을 미치지 않는다면, 외부성에 관한 권리(재산권)가 어느 경제 주체에 귀속되는가와 상관없이 당사자 간의 자발적 협상에 의한 자원 배분은 동일하며 효율적이다.

① 코즈는 외부성이 자원의 효율적 배분을 저해하는 이유는 외부성과 관련된 재산권이 제대로 정해져 있지 않기 때문이라고 보았다.

② 재산권(소유권)이 적절하게 설정되면 시장기구가 스스로 외부효과의 문제를 해결할 수 있다고 주장한다.

③ 협상 비용이 너무 많이 들면 협상 자체가 이루어지기 어렵고, 외부효과로 인한 피해를 측정하기 어렵다.

④ 사례

- 강 상류에 있는 화학 공장(A)이 오염물질을 배출함에 따라 강 하류에 있는 어부(B)가 피해를 보는 상황을 가정한다.
- 맑은 물에 대한 소유권이 주어져 있지 않으면 서로 자신의 권리를 주장할 것이므로 외부성 문제를 해결할 수 없다.
- 정부가 맑은 물에 대한 소유권을 A 혹은 B에게 부여하면 서로 협상을 통해 문제를 해결할 수 있다.
- 예를 들어, 맑은 물에 대한 소유권을 A에게 부여하면 협상을 통해 B가 A에 보상을 지급하는 조건으로 오염물질 줄이는 것에 합의하게 된다.
- 맑은 물에 대한 소유권을 B에게 부여하면 협상을 통해 A가 B에 보상을 지급하는 조건으로 오염물질을 사회적 최적수준까지 늘리는 것에 합의하게 된다.

2. 외부성의 공적 해결 방안

(1) 조세 부과: 음의 외부성 발생 시

① 재화 단위당 외부한계비용(EMC)만큼의 조세를 부과하면 사적 한계비용(PMC)곡선이 단위당 조세액만큼 상방으로 이동하여 생산량과 가격이 사회적으로 바람직한 수준이다.

② 이 조세를 피구세(Pigouvine tax)라고 한다.

③ 그래프

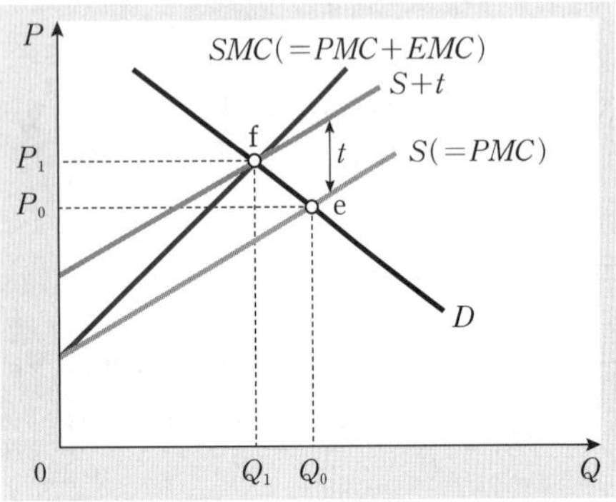

- 조세를 바람직한 산출량 수준(Q_1)에서의 SMC와 PMC의 차이만큼 부과한다.
- 이때 사적 한계비용(PMC)곡선은 상방으로 이동하여 생산량과 가격이 바람직한 수준이 된다.

④ 계산 문제

> **상품의 시장 수요곡선은 $Q=20-P$이고, 한계비용은 $MC=5+Q$이며, 상품 1단위 생산 시 발생한 한계피해는 $MD=Q$이다. 자원 배분 왜곡을 치유하기 위한 최적 제품 부과금(product charge)은? (단, Q는 수량, P는 가격)** 13년 세무사
>
> ① 2.5 ② 5 ③ 7.5
> ④ 12.5 ⑤ 15
>
> 정답 ②

〈피구세 계산 문제 풀이법〉

1) 문제에 주어진 식을 $P=\sim$의 형태로 바꾼다.
2) 문제에서 제시된 MC(한계비용)와 MD(한계피해)를 합해 사회적 SMC(한계비용)를 구한다.
3) $P=SMC$로 두면 최적 생산량이 도출된다.
4) 단위당 최적 조세액은 최적 생산량 수준에서 SMC와 PMC의 차이만큼이므로, 최적 생산량을 PMC와 SMC에 대입하면 단위당 최적 조세액을 구할 수 있다.
5) 계산 과정
   - 사회적 한계비용 $SMC=PMC+MD=5+2Q$이고, 수요함수가 $P=20-Q$이므로 $P=SMC$로 두면 $20-Q=5+2Q$, $Q=5$이다.
   - $Q=5$를 사회적 한계비용함수에 대입하면 $SMC=15$이고, $Q=5$를 사적 한계비용함수에 대입하면 $PMC=10$이므로 단위당 최적 조세액은 5임을 알 수 있다.

(2) 보조금 지급: 양의 외부성 발생 시

① 재화 단위당 외부한계비용(EMC)만큼의 보조금을 제공하면 사적 한계비용(PMC)곡선이 단위당 조세액만큼 하방으로 이동하여 생산량과 가격이 사회적으로 바람직한 수준으로 된다.

② 이 보조금을 피구 보조금이라고 한다.

③ 그래프

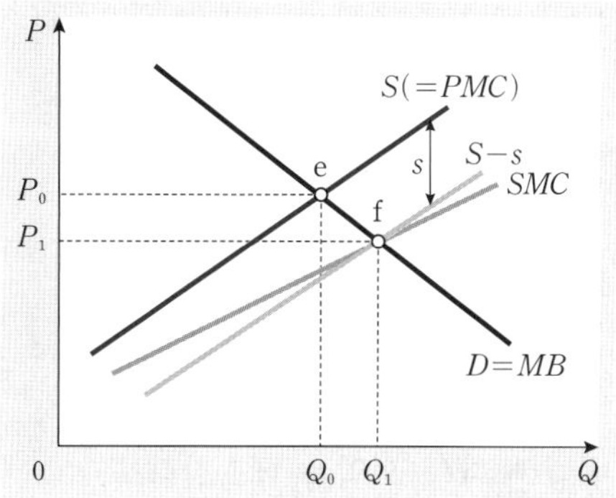

- 보조금을 바람직한 산출량 수준에서의 PMC와 SMC의 차이만큼 지급한다.
- 이때 사적 한계비용(PMC)곡선이 하방으로 이동하여 생산량이 바람직한 수준이 된다.

(3) 감산보조금

① 의미: 생산량을 줄일 경우 보조금을 지급하는 제도로, 보조금 지급을 통해 최적 수준으로 생산량 조절이 가능하다.

② 문제점

- 보조금을 얻기 위한 기업 진입 가능성이 높아 재정 지출이 부담될 수 있다.
- 보조금을 지급하기 위해 세금을 걷는 과정에서 초과부담이 발생할 수 있다.

(4) 정부의 직접규제

① 오염 부과금(가격 통제)

- 생산자가 오염물질을 원하는 대로 방출하도록 허용한다.
- 방출한 오염물질 1단위당 생기는 한계비용과 방출수준을 1단위 감소시킬 때 추가로 소요되는 자원과 관련된 한계비용이 같아지는 방출량 수준에서의 한계비용만큼 오염 부과금 혹은 오염세를 부과하면 적정량의 오염을 자발적으로 선택하게 된다.

② 정부의 직접규제(수량 통제)

- 정부가 환경기준을 통해 기준량을 설정한다.
- 기준량 이상의 오염물질을 배출하는 것을 규제하는 방법으로, 사회 전체적으로 볼 때 비용이 크게 소요된다.

(5) 오염 배출권

① 의미: 정부가 오염물질 배출 허용량을 설정하고 정부가 설정한 오염 배출량만큼의 오염 배출권을 발행한 다음, 각 기업이 오염 배출권을 가진 한도 내에서만 오염을 배출할 수 있도록 하는 방법이다. 오염 배출권 제도하에서는 오염 배출권의 자유로운 거래를 허용한다.

② 최적 감축량의 결정

- $MC_A = MC_B$ (여기서 MC는 한계비용이 아닌 오염물질 1단위를 줄이기 위해 추가적으로 들어가는 비용을 의미함)
- 각 기업의 오염물질 1단위를 줄이기 위한 비용이 같아야 한다.

③ 효과

- 오염 배출권의 자유로운 거래가 허용되면 시장에서 오염 배출권 가격이 결정된다.
- 오염 배출권 가격보다 낮은 비용으로 오염을 줄일 수 있는 기업은 오염 배출권을 시장에서 매각하고 자신이 직접 오염을 줄인다.
- 오염 절감 비용이 많이 드는 기업은 오염 배출권을 매입한 다음 오염을 배출한다.
- 오염 배출권 제도하에서는 낮은 비용으로 오염을 줄일 수 있는 기업이 오염을 줄이게 되므로, 사회적으로 보면 적은 비용으로 오염을 일정 수준으로 줄일 수 있다.
- 이 제도는 미국 등 일부 선진국에서 시행 중이며, 우리나라도 시행하고 있다.

개념확인 문제

Q 오염물질을 배출하는 기업 갑과 을의 오염 저감 비용은 각각 $TAC_1 = 200 + 4X_1^2$, $TAC_2 = 200 + X_2^2$이다. 정부가 두 기업의 총오염배출량을 80톤 감축하기로 결정할 경우 두 기업의 오염 저감 비용의 합계를 최소화하는 갑과 을의 오염 감축량은? (단, X_1, X_2는 각각 갑과 을의 오염감축량임)

21년 감정평가사

① $X_1 = 8$, $X_2 = 52$ ② $X_1 = 16$, $X_2 = 64$
③ $X_1 = 24$, $X_2 = 46$ ④ $X_1 = 32$, $X_2 = 48$
⑤ $X_1 = 64$, $X_2 = 16$

정답 ②

주제 오염배출권

해설

1) 총감축량은 80톤이므로 $X_1 + X_2 = 80$톤이다.
2) 오염배출권의 균형은 두 기업의 한계 저감 비용이 동일해야 하므로 $MC_1 = MC_2$가 성립한다.
3) $MC_1 = 8X_1$, $MC_2 = 2X_X$ → $8X_1 = 2X_2$ → $4X_1 = X_2$
4) 이를 1)의 식에 대입하면 $X_1 + 4X_1 = 80$ → $X_1 = 16$, $X_2 = 64$이다.

Chapter 04

공공재

✛ 학습목표

- 경합성과 배제성으로 재화의 종류를 구분할 수 있다.
- 공유자원의 개념과 개인과 사회의 이윤극대화 수량을 구할 수 있다.
- 공공재의 최적공급을 구할 수 있다.

01 공공재의 의미와 종류 ★★★

1. 공공재의 의미와 구분

(1) 공공재의 의미

① 비경합성과 비배제성을 가진 재화나 서비스이다.

② 민간 부문에서 공급되기도 한다.

③ 그러나 대부분의 공공재는 비경합성과 비배제성 때문에 시장에서 과소 생산되므로, 정부나 지방자치단체 등에 의하여 공급된다.

④ **가치재**: 사회적인 가치가 개인적인 가치보다 큰 재화로 교육, 의료서비스 등이 해당한다.

⑤ **클럽재**: 헬스클럽과 같이 배제성은 있으며 경합성은 최초에는 없다가 나중에 생기는 재화를 의미한다.

(2) 공공재의 특성 ◂ 시험 POINT 공공재를 경합성과 배제성으로 나누어 구분할 수 있어야 합니다.

① 비경합성(non rivaly)

- 소비에 참여하는 사람의 수가 아무리 많아도 한 사람이 소비할 수 있는 양에는 변함이 없는 재화나 서비스의 특성을 의미한다.
- 추가소비의 한계비용이 0임을 의미한다.

② 비배제성(non excludablity)

- 재화나 서비스에 대하여 대가를 치르지 않으며 이를 소비하는 사람도 소비에서 배제할 수 없는 것이다.
- 무임승차의 문제가 발생한다.

(3) 재화의 구분

구분		경합성	
		유(막히는 도로)	무(막히지 않는 도로)
배제성	유 (유료 도로)	사적 재화(만화책, 컴퓨터 등)	자연독점(케이블 티브이 등)
	무 (무료 도로)	공유자원(울릉도 바다의 오징어 등)	공공재(국방, 막히지 않는 무료 도로 등)

2. 공유자원의 비극

(1) 공유자원

① 소유권이 명확하게 설정되어 있지 않은 공공자원을 의미한다.

② 공공재와는 달리 경합성은 있지만, 배재성이 없는(무료) 재화를 의미한다.

(2) 공유자원의 비극

① 공공자원의 경우 자원의 과다사용으로 인하여 자원고갈 등의 비효율적인 결과가 발생하는 현상을 의미한다.

② 사례로는 연근해 어장, 마을 공동우물, 공동소유 목초지 등이 있다.

③ 이러한 자원에 소유권이 설정되면(코즈의 정리) 소유자가 자원 사용에 대한 사용료를 부과하여 과도한 사용을 적절하게 조절할 수 있다.

(3) 계산 문제

마을 주민이면 누구나 방목할 수 있는 공동의 목초지가 있다. 송아지의 구입가격은 $200,000$이고 1년 후에 팔 수 있다. 마을 전체의 이윤을 극대화시키는 방목 송아지 수(A)와 개별 주민 입장에서의 최적 방목 송아지 수(B)는? (단, 송아지의 1년 뒤 가격 $P = 1,600,000 - 50,000Q$, Q: 방목하는 송아지 수)

19년 세무사

① A:12, B:12　② A:13, B:16　③ A:14, B:28
④ A:15, B:29　⑤ A:16, B:30

정답 ③

〈공유자원 계산 문제 풀이법〉

1) 마을 전체의 이윤을 극대화시키는 수량은 $MR = MC$이다.

2) 개별 주민 관점에서의 최적 송아지 수는 $AR = MC$이다.

3) 계산 과정

- 송아지의 구입가격이 200,000이므로 MC는 200,000이다.
- 마을 전체의 이윤극대화를 위해서는 $MR = MC$이어야 하므로 문제에서 TR을 미분하여 MR을 구하면 $1,600,000 - 100,000Q$이다. 따라서 $1,600,000 - 100,000Q = 200,000$이므로 14마리이다.
- 개인의 이윤극대화를 위해서는 $AR = MC$이어야 하므로 $1,600,000 - 50,000Q = 200,000$이다. 따라서 28마리이다.

개념확인 문제

Q 공공재와 공유자원에 대한 설명으로 옳은 것만을 모두 고르면? 20년 국가직

ㄱ. 공공재는 경합성이 낮다는 점에서 공유자원과 유사하다.
ㄴ. 공유자원은 남획을 통한 멸종의 우려가 존재한다.
ㄷ. 정부의 사유재산권 설정은 공유자원의 비극을 해결하는 방안 중 하나이다.
ㄹ. 막히지 않는 유료 도로는 공공재의 예라고 할 수 있다.

① ㄱ, ㄴ ② ㄱ, ㄷ
③ ㄴ, ㄷ ④ ㄴ, ㄹ

정답 ③

해설
ㄴ. 공유자원은 배제성이 없으므로 남획을 통한 멸종의 우려가 존재한다.
ㄷ. 정부의 사유재산권 설정은 배제성을 설정하여 공유자원의 비극을 해결하는 방안 중 하나이다.

오답체크
ㄱ. 공공재는 경합성과 배제성이 없고 공유자원은 경합성은 있느나 배제성이 없으므로, 배제성이 낮다는 점에서 공유자원과 유사하다.
ㄹ. '막히지 않는'은 비경합성을 '유료 도로'는 배제성을 의미한다. 공공재는 경합성과 배제성 모두 존재하지 않으므로 공공재의 예라고 할 수 없다.

02 공공재의 최적 공급 ★★★

1. 사용재와 공공재의 최적 공급

시험 POINT 공공재의 최적량을 계산할 수 있어야 합니다.

(1) 사용재의 적정 공급

① 사용재(일반적인 재화)의 시장수요곡선은 개별수요곡선의 수평합으로 도출한다.

② 이때 시장수요곡선과 공급곡선과의 교점에서 균형가격(P_0)과 균형량(Q_0)이 결정된다.

③ 재화 가격이 P_0로 결정되면 개별 소비자들은 동일한 가격으로 각각 q_A, q_B만큼의 재화를 구입하여 소비한다.

④ 사용재의 적정 공급 조건은 $MB_A = MB_B = MC$이다.

⑤ 그래프

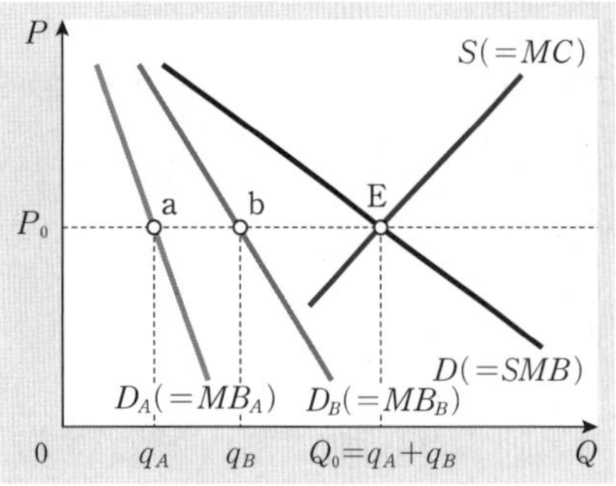

(2) 공공재의 적정 공급

① 공공재는 비배제성 때문에 무료로 이용하려는 성질이 있다. 이로 인해 자발적인 선호의 표현인 수요곡선을 표출하지 않아 가상수요곡선으로 공공재의 수요곡선을 도출한다.

② **가상수요곡선:** 공공재에 대한 개인의 수요는 공공재의 특성인 비경합성과 비배제성 때문에 실제 표출할 가능성이 낮다. 따라서 진정한 수요를 표출한다는 가정하에서 구한 수요곡선이기 때문에 가상수요곡선이라고 부른다.

③ 공공재의 시장수요(사회적 한계편익)곡선은 개별수요(한계편익)곡선의 수직합으로 도출한다.

④ 이때 시장수요곡선과 공급곡선의 교점에서 균형가격과 균형량이 결정된다.

⑤ 공공재의 공급량이 결정되면 비경합성으로 인해 개별 소비자들은 동일한 양을 소비하면서 각각 한계편익만큼의 가격을 지불한다.

⑥ 공공재의 적정공급조건은 $MB_G^A + MB_G^B = MC_G$이다.

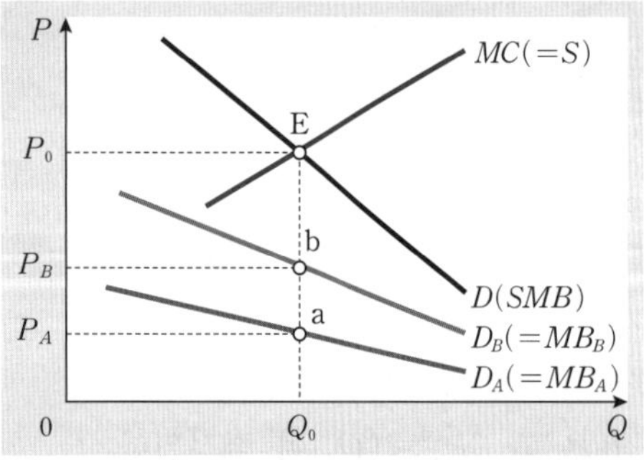

(3) 계산 문제

A, B, C 세 명의 공공재 수요함수는 각각 다음과 같다. 공공재를 1단위 공급하기 위한 비용이 90일 때, 공공재의 사회적 최적 수준은? (단, D는 공공재 수요량, P는 공공재 가격임) 09년 세무사

$$D_A = 40 - P_A$$
$$D_B = 50 - P_B$$
$$D_C = 60 - P_C$$

① 10 ② 20 ③ 30
④ 60 ⑤ 90

정답 ②

〈공공재 계산 문제 풀이법〉

1) 한계편익은 수요함수의 높이이므로 $P=\sim$의 형태로 바꾸어야 한다.
2) 한계편익의 합은 P를 다 더하여 구한다. 여기서 P를 더한다 해도 $2P$, $3P$…… 등으로 변하지 않고 P이다.
3) 주어진 한계비용을 통해 한계편익의 합=한계비용으로 공공재의 최적량을 구한다.
4) 최적량을 주어진 수요함수에 대입하면 각자의 지불금액이 도출된다.
5) 계산 과정
 - 공공재의 시장수요곡선은 개별수요곡선의 수직합이므로, 주어진 수요함수를 P에 대해 정리한 다음에 합해야 한다.
 - A, B, C의 공공재 수요곡선은 각각 $P_A = 40 - Q$, $P_B = 50 - Q$, $P_C = 60 - Q$이므로 시장수요곡선 $P = 150 - 3Q$이다.
 - 공공재 공급에 따른 한계비용 $MC = 90$이므로, 공공재의 최적 생산량을 구하기 위해 $P = MC$로 두면 $150 - 3Q = 90$, $Q = 20$이다.

개념확인 문제

Q 갑과 을 두 사람만 사는 어느 마을이 있다. 이 마을의 공공재(Z)에 대한 갑의 수요는 $Z = 20 - P$이고 을의 수요는 $Z = 32 - 2P$일 때, 사회적으로 바람직한 공공재의 수량은? [단, 공공재 생산의 한계비용(MC)은 9임] 19년 서울시

① 18 ② 19
③ 20 ④ 21

정답 ①

해설

1) 갑의 공공재 수요함수가 $P = 20 - Z$, 을의 공공재 수요함수가 $P = 16 - \frac{1}{2}Z$이므로 공공재의 시장수요곡선은 $P = 36 - \frac{3}{2}Z$이다.
2) 공공재의 최적 생산량을 구하기 위해 $P = MC$로 두면 $36 - \frac{3}{2}Z = 9$, $\frac{3}{2}Z = 27$, $Z = 18$이다.
3) $Z = 18$을 갑과 을의 공공재 수요곡선에 대입하면, 갑이 부담해야 할 가격은 2, 을이 부담해야 할 가격은 7이다.

2. 사용재(X)가 존재하는 경우 공공재(G)의 적정 공급(사무엘슨의 일반균형분석)

(1) 사무엘슨 모형의 가정

① 전지전능한 계획자, 두 개인만 존재, 공공재와 사용재 1가지씩 존재한다.

② 소득분배는 사전적으로 주어져 있어 소득분배 문제는 고려하지 않는다 등이 있다.

(2) 설명

① 사용재(X)의 가격은 1이고, 완전경쟁시장에서 거래된다고 가정하자.

② 완전경쟁시장이므로 $P=MC$가 성립한다. 따라서 사용재와 그 한계비용은 모두 1의 값을 가지게 된다. 즉, $MB_X = MC_X = 1$이다.

③ 위에서 언급한 공공재의 적정 공급 조건 $MB_G^A + MB_G^B = MC_G$을 ②로 나누면 다음과 같다.

④ $\dfrac{MB_G^A}{MB_X^A}+\dfrac{MB_G^B}{MB_X^B}=\dfrac{MC_G}{MC_X}$가 성립한다. 한계편익의 비율은 한계효용의 비율과 같은 뜻을 지니므로 두 사람의 한계대체율을 더한 것의 합과 한계변환율과 동일하다.

⑤ 이 조건은 n명의 소비자가 존재하는 경우로 쉽게 일반화될 수 있다.

⑥ 사무엘슨 모형에 의한 해(Samuelson solution)

한계대체율의 합($\sum_{i=1}^{n} MRS_{GX}^{i}$)=한계변환율($MRT_{GX}$) ($G$: 공공재, X: 사적재)

(3) 사무엘슨 모형의 의미

① 생산 측면에서 경제 전체의 자원 중 공공재와 사용재 생산에 얼마나 사용될 것인지는 사회 구성원의 선호에 의해 결정된다는 것을 보여 준다.

② 사용재와 공공재 간의 파레토 효율적인 배분 조건을 보여 주고 있는 일반균형 분석이다.

Chapter 05

정보경제학과 정부실패

✣ 학습목표

• 역선택과 도덕적 해이의 의미를 파악하고 구분할 수 있다.

01 정보의 비대칭성 ★★☆

1. 비대칭적 정보

◀ 시험 POINT 역선택과 도덕적 해이를 구분할 수 있어야 합니다.

(1) 의미

정보가 불완전하게 구비된 상황에서 경제적 이해당사자 중 한쪽만 정보를 가지고 있고, 다른 한쪽은 정보가 없거나 부족한 상황을 말한다.

(2) 구분

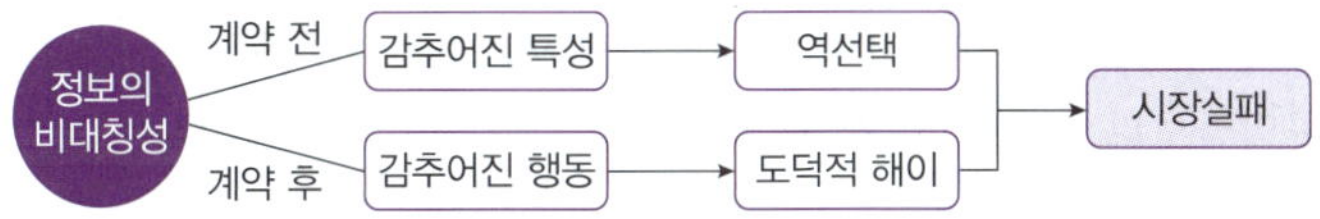

2. 역선택(adverse selection)

(1) 의미

감추어진 특성의 상황에서 정보 수준이 낮은 쪽이 바람직하지 않은 상대방과 거래의 가능성이 커지는 현상을 의미한다.

(2) 중고시장에서의 역선택

중고시장에서 거래되는 자동차의 품질에 대한 정보의 비대칭성이 존재하는 경우 나쁜 품질의 중고차만 거래되는 현상으로, 레몬시장(개살구시장)이라고도 한다.

해결 방안

• **신호 발송:** 좋은 품질의 자동차를 가진 사람이 품질을 보증함

(3) 보험시장에서의 역선택

보험회사에서 사고 또는 발병 발생 확률을 근거로 보험료를 산정하면 사고(발병) 발생 확률이 높은 사람만 보험에 가입하는 현상이다.

> **해결 방안**
> - 선별(screening) → 보험회사가 피보험자에게 건강진단서를 요구함
> - 강제보험(집행) → 의료보험, 고용보험, 국민연금 등을 강제함

(4) 금융시장에서의 역선택

대출이자율을 상승시키면 위험한 사업에 투자하려는 투자자만 대출을 받아 파산 위험이 커지므로 은행은 대출원금도 회수할 수 없을 가능성이 증대하는 현상이다.

> **해결 방안**
> - 신용 할당: 신용 상태가 우수한 대출자에게 낮은 이자율로 대출을 해 줌

(5) 노동시장에서의 역선택

노동자를 고용하려는 기업이 노동자들이 원하는 임금의 평균값으로 임금을 제시하면 낮은 능력의 노동자만 고용하는 현상이다.

> **해결 방안**
> - 신호 발송(signaling): 높은 능력의 노동자가 학력이나 자격증, 높은 영어점수를 제시함
> - 효율성 임금(efficiency wage): 평균임금보다 높은 한계생산성이 가장 높은 임금을 제시하여 한계생산성이 높은 능력의 노동자를 확보함

3. 도덕적 해이(moral hazard)

(1) 의미

감추어진 행동이 문제가 되는 상황에서 정보를 가진 측은 정보를 갖지 못한 측에서 보면 바람직하지 않은 행동을 취하는 경향을 의미한다.

(2) 노동시장에서의 도덕적 해이

직장에 취업하고 나서 열심히 일할 유인이 없으면 근무를 게을리하는 현상으로, 주인-대리인 문제에서의 사용자와 노동자의 예와 동일하다.

> **해결 방안**
> 유인설계(incentive design)에 의한 승진, 포상, 징계, 효율성 임금 등이 있음

(3) 보험시장에서의 도덕적 해이

보험 가입 후 사고 예방을 게을리하여 사고 발생 확률이 높아지는 현상이다.

> **해결 방안**
> - 공동보험(co-insurance)제도: 사고 시 손실액의 일정 비율만 보상하는 방식
> - 기초공제(initial deduction)제도: 손실액의 일정액은 본인이 부담하는 방식

(4) 금융시장에서의 도덕적 해이

자금 차입자가 자금을 차입한 후 수익률과 위험률이 높은 사업에 투자하여 파산 확률이 높아지고, 금융기관은 원금을 회수하지 못할 가능성이 커지는 현상이다.

> **해결 방안**
> - 담보: 파산 시 차입자도 손해를 보므로 위험한 사업의 투자를 회피함
> - 감시: 금융기관에서 해당 기업에 감사 등을 파견하여 위험률이 높은 사업에 투자하려는 시도가 있을 시 대출금을 회수하는 방식

(5) 재화시장에서의 도덕적 해이

생산자가 생산비를 낮추어 이윤을 증가시키기 위하여 재화의 품질을 떨어뜨리는 현상이다.

> 해결 방안
> 기업의 평판이나 상표에 대한 신뢰도에 손상을 입히면 더 큰 손실이 발생한다는 사실을 인지시켜 줌으로써 도덕적 해이를 해소할 수 있음

4. 주인 대리인 이론

(1) 개념 및 발생 원인

① 도덕적 해이의 일종으로, 대리인이 자신의 이익을 추구하면서 주인에게 손해를 끼치는 현상을 말한다.

② 대리인 문제도 정보 비대칭으로 인해서 발생하는데, 주인이 대리인을 감시할 수 없는 상황에서 발생한다.

(2) 대리인 문제의 사례

① **기업의 경영자와 주주**: 경영자가 자신의 이익을 추구하면서 주주에게 손해를 끼치는 현상이다.

② **정치인과 국민**: 정치인이 당선된 이후에 국민의 이익을 위하여 노력하지 않는 현상이다.

③ **의뢰인과 변호사**: 변호사 선임 이후에 의뢰인의 이익을 위하여 노력하지 않는 현상이다.

④ **사장과 종업원**: 종업원이 취직 이후에 태만해지는 현상이다.

(3) 대리인 문제의 해결 방법

① 경영자가 주주의 이익을 극대화하였을 경우 충분한 보상을 받을 수 있도록 유인체계를 만든다.

② 정치인이 국민의 이익을 위해서 봉사했을 때 충분한 보상이 주어지고, 반대의 경우 손해가 가도록 제도적 장치를 마련한다. 다음 선거에서 정치 행위에 대해서 평가를 받도록 하는 것도 대리인 문제를 해결하기 위한 장치가 될 수 있다.

③ 변호사와의 계약에 변론에 성공할 때 보상이 이루어지는 방식으로, 경제적 보상을 뒤로 늦추는 것도 방법이 될 수 있다.

개념확인 문제

Q 역선택 문제에 대한 대책으로 옳은 것은? 18년 지방직

① 교통사고 시 자동차 보험료 할증
② 피고용인의 급여에 성과급적 요소 도입
③ 감염병 예방주사 무료 접종
④ 의료보험 가입 시 신체검사를 통한 의료보험료 차등화

정답 ④

해설

의료보험 가입 시 신체검사를 통해 보험료를 차등화하면 건강 상태가 좋은 사람들도 보험에 가입하려고 할 것이므로 보험시장의 역선택이 줄어들 것이다.

오답체크

① 보험시장에서의 도덕적 해이에 해당한다.
② 노동시장에서의 도덕적 해이에 해당한다.
③ 감염병 예방주사를 무료로 접종하는 것은 긍정적인 외부성이 있는 서비스를 정부가 무료로 공급하는 것으로 볼 수 있다.

02 정부실패 ★★★

1. 의미와 원인

(1) 의미

시장의 실패를 보완하기 위한 정부의 개입이 오히려 효율적 자원 배분을 악화시키는 현상이다.

(2) 원인

큰 정부 아래에서 무거운 세금과 관료적인 경직성으로 인한 국민 부담의 증대, 이익단체의 압력에 의한 불필요한 공공 지출 증가, 대기업과 정부의 유착, 공기업의 비효율성, 민간 부문의 자율과 창의성 저해, 사회복지제도의 부작용 등이 있다.

2. 해결 방안

(1) 규제 완화(모든 분야는 아님)

예외적으로 보건, 환경, 소비자 보호, 산업재해 방지 등 공익 관련 분야와 직접 관련된 규제는 오히려 강화되어야 한다.

(2) 민영화

공기업의 경쟁원리를 도입하여 서비스의 개선, 가격의 인하, 경영의 효율화를 추구해야 한다.

(3) 공무원의 의식 전환

국민의 의사에 따르는 새로운 공무원상 정립, 공무원 사회에 경쟁 개념 도입, 승진 · 보수 등의 제도 개선, 경제적 유인 제공 등의 방법이 있다.

(4) 시민단체 활성화

시민단체의 감시, 정책 제안 등을 통해 정부의 정책을 감시해야 한다.

개념확인 문제

Q 정부실패(government failure)의 원인으로 옳지 않은 것은?

① 이익집단의 개입
② 정책당국의 제한된 정보
③ 정책당국의 인지 시차 존재
④ 민간 부문의 통제 불가능성
⑤ 정책 실행 시차의 부재

정답 ⑤

해설
정부실패는 정부의 개입이 오히려 비효율성을 가져오는 경우이다. 이익집단의 개입, 정책당국의 제한된 정보, 정책당국의 인지 시차 존재, 민간 부문의 통제 불가능성 등이 있다. 정책 시차는 정책을 실시했을 때 효과가 발생하는 데까지 걸리는 시간이며, 정책 실행 시차가 존재하므로 정부실패가 발생한다.

표로 한눈에 정리하기

01 파레토 효율성

소비의 파레토 효율성	$MRS^A_{XY} = MRS^B_{XY}$
생산의 파레토 효율성	$MRTS^X_{LK} = MRTS^Y_{LK}$
종합적 파레토 효율성	$MRS^A_{XY} = MRS^B_{XY} = MRT_{XY}$
파레토 효율성의 한계	• 공평성 알 수 없음 • 항상 사회후생이 극대화되지 않음

02 사회후생함수

공리주의 사회후생함수	최대 다수의 최대 행복, 계산 문제 중요
롤스 사회후생함수	최소 수혜자 최대의 원칙
평등주의 사회후생함수	가난한 자에게 높은 가중치 부여
애로우의 불가능성 정리	완비성, 이행성, 파레토 원칙, 무관한 대안으로부터 독립성, 비독재성
차선의 원칙	파레토 효율성 조건이 동시에 충족되지 않은 상황에서 그중 더 많은 효율성을 충족시킨다고 하여 사회적으로 더 바람직한 상태가 되는 것은 아님

03 외부성

시장실패	독과점, 외부성, 공공재, 불확실성 등
외부성	어떤 행위가 제3자에게 의도하지 않은 혜택이나 손해를 가져다주는데, 이에 대한 대가를 받지도 지불하지도 않은 경우
금전적 외부성	상대가격의 변동을 가져오며, 사회 구성원 간 소득분배에는 영향을 미치나 자원 배분에는 영향을 미치지 않음
외부성	• 소비의 양의 외부성: $PMB < SMB$ • 소비의 음의 외부성: $PMB > SMB$ • 생산의 양의 외부성: $PMC > SMC$ • 생산의 음의 외부성: $PMC < SMC$
코즈의 정리	• 누구인지는 관계없이 재산권의 설정이 명확해야 함 • 자율적 거래에 의한 것이므로 정부의 개입이 아님
피구세	계산 문제 풀이 방법 숙지

04 공공재의 의미와 종류

공공재의 특성	• 비경합성, 비배제성으로 인한 과소 생산 • 비경합성으로 인해 추가 소비의 한계비용은 0
공유자원	계산 문제 풀이 방법 숙지
공공재의 최적 공급	• $MB_G^A + MB_G^B = MC_G$ • 한계대체율의 합$(\sum_{i=1}^{n} MRS_i)$ = 한계변환율(MRT) • 계산 문제 풀이 방법 숙지

05 소득

정보의 비대칭성	• 역선택 – 감추어진 속성 – 의무가입 등 • 도덕적 해이 – 감추어진 행동 – 기초공제제도 등
정부실패의 원인	제한된 지식과 정보, 민간 부문의 통제 불가능성, 정치적 과정에서의 제약, 관료조직에 대한 불완전한 통제

개념확인 OX 문제

01 파레토 효율성이 달성된 자원 배분이 사회적으로 반드시 바람직한 것은 아니다. (O | X)

02 파레토 최적을 낳는 자원 배분은 무수히 많다. (O | X)

03 파레토 최적 상태는 누군가의 희생(후생 감소) 없이는 어떤 사람의 후생 증대가 불가능한 상태이다. (O | X)

04 효용가능경계는 주어진 생산자원으로 얻을 수 있는 최대한의 효용조합을 나타낸다. (O | X)

05 한계대체율과 한계기술대체율이 일치할 때 종합적 파레토 효율성이 달성된다. (O | X)

06 한계대체율이 한계변환율보다 크다면 소비와 생산의 조절을 통해서 파레토 개선이 가능하다. (O | X)

07 사회후생함수는 개인들의 효용을 측정할 수 있다고 가정한다. (O | X)

08 어떤 배분이 총효용가능경계선(utility possibility frontier)상에 있다면 그 배분에서는 효율과 공평을 함께 증가시킬 수 없다. (O | X)

09 공리주의적 사회후생함수는 모든 사회구성원의 총합으로 구성되며 $W = w_1 + \cdots\cdots + w_i$가 된다. (O | X)

10 외부효과를 상쇄하는 조세의 크기는 바람직한 경우 소비량 수준에서의 한계피해액만큼이어야 한다. (O | X)

11 조세 부과를 통해 외부효과를 내부화할 수 있지만, 자원 배분의 효율을 달성하기는 어렵다. (O | X)

12 외부성이 존재할 경우 효율적 자원 배분을 위해서는 사회적 한계비용과 사회적 한계편익이 일치해야 한다. (O | X)

13 외부성이 존재할 경우 완전경쟁균형의 생산량과 소비량은 파레토 효율의 생산량이나 소비량보다도 항상 적다. (O | X)

14 사회적 비용이 사적 비용보다 클 경우, 기업의 사적 생산량(균형생산량)은 사회적으로 효율적인 생산량(최적 생산량)보다 적다. (O | X)

15 코즈 정리는 외부효과의 조정에 있어 당사자 간 협상보다는 공해세 등 경제적 수단을 적용하는 것이 효율적이라고 주장한다. (O | X)

16 배출권 거래시장이 형성되기 위해서는 각 공해 발생자들이 허용된 배출량까지 공해를 저감하는 한계비용의 차이가 없어야 한다. (O | X)

17 오염 배출권의 거래가 자유롭게 이루어진다면, 초기 오염 배출권의 배분 상태와는 무관하게 오염 배출권의 최종 배분 상태는 효율적으로 된다. (O | X)

정답 및 해설

01 ○ 02 ○ 03 ○ 04 ○ 05 × 한계대체율과 한계변환율이 일치할 때이다. 06 ○ 07 ○ 08 ○ 09 ○ 10 ○ 11 × 적정생산을 가능하게 하여 자원 배분의 효율성을 달성할 수 있도록 한다. 12 ○ 13 × 부정적인 외부성이 있으면 시장거래량이 완전경쟁균형거래량보다 크고, 긍정적인 외부성이 있으면 시장거래량이 완전 경쟁균형거래량보다 적다. 14 × 부정적인 외부성이므로 최적 생산량보다 크다. 15 × 코즈 정리는 자발적 협상이 효율적이라고 주장한다. 16 × 공해 발생자들 간에 한계비용의 차이가 커야 배출권거래가 활성화될 수 있다. 17 ○

18 비경합성이란 소비자의 추가적인 소비에 따른 한계비용이 0이 됨을 의미한다. (O | X)

19 순수공공재는 배제성과 비경합성을 동시에 충족한다. (O | X)

20 국가가 제공하는 의료서비스나 주택서비스는 공공재이다. (O | X)

21 공유자원(common resources)은 경합성은 있지만 배제성은 없는 재화이다. (O | X)

22 공유자원의 사용에 가격이 부과되지 않기 때문에 사람들은 공유자원을 과다하게 사용하는데, 이는 공유자원을 사용하는 경우 얻는 사적 가치가 사회적 가치보다 크기 때문이다. (O | X)

23 공공재의 효율적 생산수준은 각 개인의 수요를 수직적으로 합한 수요곡선과 공공재 생산의 한계비용곡선이 만나는 곳에서 결정된다. (O | X)

정답 및 해설

18 ○ 19 × 순수공공재는 비배제성과 비경합성을 동시에 충족한다. 20 × 국가가 제공하는 의료서비스나 주택서비스는 배제성과 경합성을 모두 지니고 있으므로, 공공재가 아닌 가치재이다. 21 ○ 22 ○ 23 ○

Chapter 01 일반균형이론과 파레토 효율성

★★☆

01 **파레토 효율성에 관한 설명으로 옳지 <u>않은</u> 것은?** 14년 노무사

① 어느 한 사람의 효용을 감소시키지 않고서는 다른 사람의 효용을 증가시킬 수 없는 상태는 파레토 효율적이다.

② 일정한 조건이 충족될 때 완전경쟁시장에서의 일반균형은 파레토 효율적이다.

③ 파레토 효율적인 자원 배분이 평등한 소득분배를 보장해 주는 것은 아니다.

④ 파레토 효율적인 자원 배분하에서는 항상 사회후생이 극대화된다.

⑤ 파레토 효율적인 자원 배분은 일반적으로 무수히 많이 존재한다.

★★☆

02 **효용가능경계(utility possibilities frontier)에 대한 설명으로 옳은 것을 모두 고르면?** 17년 서울시

〈보기〉

ㄱ. 효용가능경계 위의 점들에서는 사람들의 한계대체율이 동일하며, 이 한계대체율과 한계생산변환율이 일치한다.

ㄴ. 어느 경제에 주어진 경제적 자원이 모두 고용되면 이 경제는 효용가능경계 위에 있게 된다.

ㄷ. 생산가능곡선상의 한 점에서 생산된 상품의 조합을 사람들 사이에 적절히 배분함으로써 얻을 수 있는 최대 효용수준의 조합을 효용가능경계라고 한다.

① ㄱ

② ㄷ

③ ㄱ, ㄴ

④ ㄱ, ㄷ

★★☆

03 후생경제이론에 관한 설명으로 옳은 것은? 21년 감정평가사

① 파레토(Pareto) 효율적인 상태는 파레토 개선이 가능한 상태를 뜻한다.
② 제2정리는 모든 사람의 선호가 오목성을 가지면 파레토 효율적인 배분은 일반경쟁균형이 된다는 것이다.
③ 제1정리는 모든 소비자의 선호체계가 약단조성을 갖고 외부성이 존재하면 일반경쟁균형의 배분은 파레토 효율적이라는 것이다.
④ 제1정리는 완전경쟁시장하에서 사익과 공익은 서로 상충된다는 것이다.
⑤ 제1정리는 아담스미스(A. Smith)의 '보이지 않는 손'의 역할을 이론적으로 뒷받침해 주는 것이다.

정답 및 해설

01 정답 ④

주제 파레토 효율성

해설

사회후생의 극대화는 자원 배분의 파레토 효율성이 달성되는 효용가능경계와 사회무차별곡선이 접하는 점에서 이루어진다. 그러므로 파레토 효율적인 자원 배분하에서는 항상 사회후생이 극대화되는 것은 아니다. 다시 말해, 사회후생 극대화는 무수히 많은 파레토 효율적인 점들 중의 한 점에서 달성된다.

02 정답 ①

주제 효용가능경계

해설

ㄴ. 모든 경제적 자원이 생산에 고용되더라도 비효율적인 방식으로 투입되면 경제는 효용가능경계 내부에 위치할 수도 있다.
ㄷ. 생산가능곡선상의 한 점에서 생산이 이루어지면 소비에 있어서 에지워스 상자가 결정되는데, 소비가 파레토 효율적으로 이루어지는 점들을 연결한 선이 소비에 있어서의 계약곡선이다. 이를 효용공간에 옮기면 효용가능경계가 아니라 효용가능곡선을 얻게 된다.

03 정답 ⑤

주제 후생경제이론

해설

① 파레토(Pareto) 효율적인 상태는 파레토 개선이 불가능한 상태를 뜻한다.
② 제2정리는 모든 사람의 선호가 볼록성 등을 가지고 있으면 파레토 효율적인 배분은 일반경쟁균형이 된다는 것이다.
③ 제1정리는 모든 소비자의 선호체계가 강단조성 등을 가지고 외부성이 존재하지 않으면, 일반경쟁균형의 배분은 파레토 효율적이라는 것이다.
④ 제1정리는 완전경쟁시장하에서 일정 조건이 갖추어졌을 때 완전경쟁균형은 파레토 효율적이라는 것이다.

Chapter 02 후생경제학

★★★

04 **갑과 을이 150만 원을 각각 x와 y로 나누어 가질 때, 갑의 효용함수는 $u(x)=\sqrt{x}$, 을의 효용함수는 $u(y)=2\sqrt{y}$이다. 이때 파레토 효율적인 배분과 공리주의적 배분은? (단, 공리주의적 배분은 갑과 을의 효용의 단순 합을 극대화하는 배분이며 단위는 만 원임)**

18년 지방직

파레토 효율적인 배분	공리주의적 배분
① $(x+y=150)$을 만족하는 모든 배분이다.	$(x=75,\ y=75)$
② $(x=30,\ y=120)$의 배분이 유일하다.	$(x=75,\ y=75)$
③ $(x=75,\ y=75)$의 배분이 유일하다.	$(x=30,\ y=120)$
④ $(x+y=150)$을 만족하는 모든 배분이다.	$(x=30,\ y=120)$

★★☆

05 **사회후생에 관한 설명으로 옳지 <u>않은</u> 것은?** 21년 감정평가사

① 차선의 이론은 부분적 해결책이 최적은 아닐 수 있음을 보여 준다.
② 롤스(J. Rawls)적 가치판단을 반영한 사회무차별곡선은 L자 모양이다.
③ 파레토 효율성 조건은 완전경쟁의 상황에서 충족된다.
④ 공리주의적 사회후생함수는 최대 다수의 최대 행복을 나타낸다.
⑤ 애로우(K. Arrow)의 불가능성 정리에서 파레토 원칙은 과반수제를 의미한다.

Chapter 03 외부성

★☆☆

06 **시장실패(market failure)에 대한 설명으로 옳은 것만을 모두 고른 것은?** 17년 지방직

〈보기〉

ㄱ. 사회적으로 효율적인 자원 배분이 이루어지지 않는 경우이다.
ㄴ. 공공재와 달리 외부성은 비배제성과 비경합성의 문제로부터 발생하는 시장실패이다.
ㄷ. 각 경제주체가 자신의 이익을 위해서만 행동한다면 시장실패는 사회 전체의 후생을 감소시키지 않는다.

① ㄱ　　② ㄴ
③ ㄱ, ㄷ　　④ ㄴ, ㄷ

정답 및 해설

04 정답 ④

주제 사회후생함수

해설

1) 파레토 효율적인 배분

갑과 을이 나누어 가진 금액의 합 150만 원이면 한 사람의 효용을 감소시키지 않고는 다른 사람의 효용을 증가시킬 수가 없으므로, 파레토 효율적인 배분은 $x+y=150$인 상태이다.

2) 공리주의적 배분

• 갑의 효용함수를 미분하면 갑의 한계효용 $MU_X=\frac{1}{2\sqrt{x}}$, 을의 효용함수를 미분하면 을의 한계효용 $MU_Y=\frac{1}{\sqrt{y}}$ 이다.

• 두 사람이 나누어 가지는 금액의 합이 150만 원이므로 $x+y=150$이다.

• 공리주의의 조건인 $MU_X=MU_Y$로 두면 $\frac{1}{2\sqrt{x}}=\frac{1}{\sqrt{y}}$, $y=4x$이다. 두 식을 연립해서 풀면 $x=30$, $y=120$ 이다.

05 정답 ⑤

주제 사회후생함수

해설

애로우(K. Arrow)의 불가능성 정리에서 파레토 원칙은 만장일치를 의미한다.

오답체크

① 예를 들어, 차선의 이론은 10개의 조건을 갖추어야 효율적인 상황에서 9개를 충족한 것이 8개를 충족한 것보다 더 크다고 말할 수 없는 것이다. 이는 부분적 해결책이 최적은 아닐 수 있음을 보여 준다.

② 롤스(J. Rawls)적 가치판단은 최소 수혜자 최대의 원칙이므로, 이를 반영한 사회무차별곡선은 L자 모양이다.

③ 파레토 효율성 조건은 $MRS_{XY}=MRT_{XY}$이다. 소비자의 효용극대화는 무차별곡선과 예산선이 접할 때이므로 $MRS_{XY}=\frac{P_X}{P_Y}$, $MRT_{XY}=\frac{MC_X}{MC_Y}$이다. 완전경쟁시장은 $P=MC$이므로 완전경쟁의 상황에서 충족된다.

④ 공리주의적 사회후생함수는 효용의 합을 극대화시키는 것을 추구하므로 최대 다수의 최대 행복을 나타낸다.

06 정답 ①

주제 시장실패

해설

ㄴ. 공공재가 비배제성과 비경합성의 문제로부터 발생하는 시장실패이다.

ㄷ. 각 경제주체가 자신의 이익을 위해서만 행동한다면 과다 생산 혹은 과소 생산이 이루어지므로 시장실패가 이루어진다.

★☆☆
07

다음 그림은 어떤 재화의 생산량에 따른 사적 한계비용(PMC), 사회적 한계비용(SMC), 사적 한계편익(PMB), 사회적 한계편익(SMB)을 나타낸 것이다. 다음 중 옳은 것은? 15년 국가직

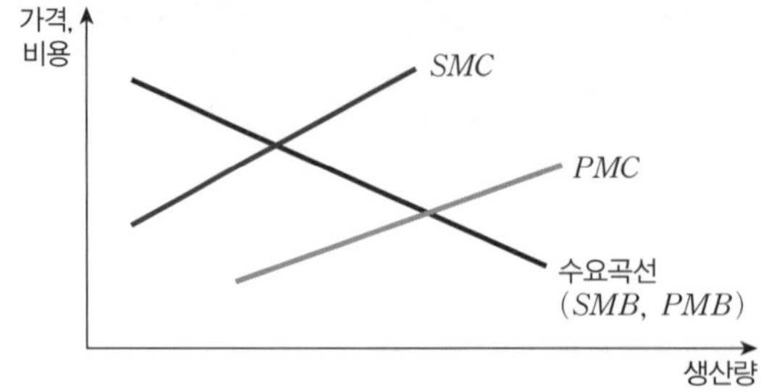

① 이 재화의 생산에는 양의 외부효과가 존재하고 시장생산량은 사회적으로 바람직한 수준보다 높다.

② 이 재화의 생산에는 양의 외부효과가 존재하고 시장생산량은 사회적으로 바람직한 수준보다 낮다.

③ 이 재화의 생산에는 음의 외부효과가 존재하고 시장생산량은 사회적으로 바람직한 수준보다 높다.

④ 이 재화의 생산에는 음의 외부효과가 존재하고 시장생산량은 사회적으로 바람직한 수준보다 낮다.

★☆☆
08

외부효과(또는 외부성)와 관련된 설명 중에서 옳지 <u>않은</u> 것은? 15년 서울시

① 부정적 외부효과가 존재할 때 정부의 정책은 시장의 자원 배분 기능을 개선할 수 있다.

② 긍정적인 외부효과가 존재할 때 정부의 정책은 시장의 자원 배분 기능을 개선할 수 있다.

③ 시장실패는 부정적 외부효과의 경우뿐만 아니라 긍정적 외부효과의 경우에도 발생한다.

④ 정부의 정책개입이 없다면 부정적 외부효과가 존재하는 재화는 사회적으로 바람직한 수준보다 과소 공급된다.

★★☆

09 외부효과(externality)에 관한 설명으로 옳은 것을 모두 고른 것은? (단, 수요곡선은 우하향하고 공급곡선은 우상향함)

19년 노무사

〈보기〉

ㄱ. 생산 측면에서 부(−)의 외부효과가 존재하면, 시장균형생산량은 사회적 최적 생산량보다 적다.

ㄴ. 외부효과는 보조금 혹은 조세 등을 통해 내부화시킬 수 있다.

ㄷ. 거래비용 없이 협상할 수 있다면, 당사자들이 자발적으로 외부효과로 인한 비효율성을 줄일 수 있다.

① ㄱ　　② ㄱ, ㄴ　　③ ㄱ, ㄷ

④ ㄴ, ㄷ　　⑤ ㄱ, ㄴ, ㄷ

정답 및 해설

07 정답 ③

주제 외부성

해설

SMC와 만나는 수량이 사회적 최적 수량이고 PMC와 만나는 점이 실제 생산량이다. 따라서 과다 생산되므로 생산 측면의 외부불경제가 이루어지고 있음을 알 수 있다.

08 정답 ④

주제 외부성

해설

어떤 재화의 생산에 외부불경제가 존재하는 경우 시장에 맡겨 두면 과소 생산이 아니라 과잉 생산이 이루어진다.

09 정답 ④

주제 외부성

해설

ㄴ. 외부효과는 피구 보조금 혹은 피구세 등을 통해 내부화시킬 수 있다.

ㄷ. 거래비용 없이 협상할 수 있다면, 당사자들이 자발적으로 외부효과로 인한 비효율성을 줄일 수 있다. 이를 코즈의 정리라고 한다.

오답체크

ㄱ. 생산 측면에서 부(−)의 외부효과가 존재하면, 시장균형생산량은 사회적 최적 생산량보다 많다.

★☆☆
10 외부효과에 대한 설명 중 옳은 것을 모두 고르면? 16년 서울시

〈보기〉

ㄱ. 외부효과는 시장실패의 전형적인 사례로 볼 수 있다.
ㄴ. 외부효과가 발생하는 경우 한 기업의 생산활동이 다른 경제주체의 후생을 변화시키며, 동시에 이에 대하여 적절한 보상이 이루어진다.
ㄷ. 코즈(Coase) 정리에 의하면 소유권이 명백하게 정의되고 협상에 비용이 들지 않는다면, 외부효과를 발생시키는 주체와 그 피해를 입는 주체 간의 협상을 통하여 자원의 효율적 배분이 이루어진다.

① ㄱ
② ㄱ, ㄴ
③ ㄱ, ㄷ
④ ㄱ, ㄴ, ㄷ

★☆☆
11 외부효과를 내부화하는 사례로 가장 거리가 먼 것은? 13년 서울시

① 독감예방주사를 맞는 사람에게 보조금을 지급한다.
② 배출허가권의 거래를 허용한다.
③ 환경기준을 어기는 생산자에게 벌금을 부과하는 법안을 제정한다.
④ 초·중등 교육에서 국어 및 국사 교육에 국정교과서 사용을 의무화한다.
⑤ 담배소비에 건강세를 부과한다.

★★★
12 *A*국에서는 항공기 제조업체가 제품 생산과정에서 하천을 오염시켜 주민들에게 피해를 주고 있다. 이 경우 코즈 정리(Coase theorem)에 따라 하천 문제 해결 방안에 대해 설명한 것으로 옳은 것은? 14년 국가직

① 정부가 기업에 피구세를 부과한다.
② 거래비용에 관계없이 합리적인 문제 해결이 가능하다.
③ 주민들이 기업과의 협의를 통해 하천 문제를 해결할 수 있다.
④ 기업이 하천에 대한 사유재산권을 가져야만 효율적인 결과를 얻을 수 있다.

★☆☆

13 외부효과에 관한 설명으로 옳은 것을 모두 고른 것은? 14년 노무사

ㄱ. 외부효과가 존재할 경우 시장은 자원을 비효율적으로 배분한다.
ㄴ. 부정적 외부효과가 존재할 경우 사회적 비용은 사적 비용보다 작다.
ㄷ. 부정적 외부효과를 시정하기 위해 고안된 세금을 피구세(Pigouvian tax)라고 한다.
ㄹ. 긍정적 외부효과가 존재할 경우 시장생산량은 사회적으로 바람직한 생산량보다 많다.

① ㄱ, ㄴ
② ㄱ, ㄷ
③ ㄴ, ㄹ
④ ㄷ, ㄹ
⑤ ㄱ, ㄷ, ㄹ

정답 및 해설

10 정답 ③

주제 외부성

해설

외부성은 시장의 가격기구를 통하지 않고 다른 경제주체에게 영향을 미치는 것을 말한다. 생산에 있어 외부성이 있는 경우 한 기업의 생산활동이 다른 경제주체의 후생변화를 가져오지만, 시장기구에 맡겨두면 그에 따른 보상이 이루어지지 않는다.

11 정답 ④

주제 외부성

해설

외부효과를 내부화한다는 것은 시장기구에 의해 적정 수준만큼 생산 및 소비가 이루어지도록 하는 것을 말한다. 의무화는 어떤 행위에 대한 직접적인 규제이므로 외부성을 내부화하는 사례로 보기 어렵다.

12 정답 ③

주제 코즈의 정리

해설

코즈의 정리에 의하면 외부성에 대한 재산권이 설정되면 당사자 간의 협상을 통해 외부성 문제가 해결될 수 있다.

오답체크

① 코즈의 정리는 정부의 조세 부과와 관련이 없다.
② 거래비용이 작아야 코즈의 정리가 성립한다.
④ 재산권은 누구에게 설정되든지 관계없다.

13 정답 ②

주제 외부성

해설

ㄴ. 부정적 외부효과가 존재할 경우 사회적 한계비용이 사적 한계비용보다 크다.
ㄹ. 긍정적 외부효과가 존재할 경우 시장생산량은 사회적으로 바람직한 생산량보다 적다.

★★☆

14 **A와 B는 사무실을 공유하고 있다. A는 사무실에서 흡연을 원하며 이를 통해 20,000원 가치의 효용을 얻는다. 반면 B는 사무실에서 금연을 통해 상쾌한 공기를 원하며 이를 통해 10,000원 가치의 효용을 얻는다. 코즈의 정리(Coase theorem)와 부합하는 결과로 옳은 것은?**

13년 국가직

① B는 A에게 20,000원을 주고 사무실에서 금연을 제안하고, A는 제안을 받아들인다.
② B는 A에게 15,000원을 주고 사무실에서 금연을 제안하고, A는 제안을 받아들인다.
③ A는 B에게 11,000원을 주고 사무실에서 흡연을 허용할 것을 제안하고, B는 제안을 받아들인다.
④ A는 B에게 9,000원을 주고 사무실에서 흡연을 허용할 것을 제안하고, B는 제안을 받아들인다.

★★☆

15 **다음 중 코즈 정리(Coase theorem)에 따른 예측으로 가장 옳지 <u>않은</u> 것은? (단, 만족수준 한 단위가 현금 1만 원과 동일한 수준의 효용임)**

17년 서울시

> 김 씨와 이 씨가 한집에 살고 있다. 평상시 두 사람의 만족수준을 100이라고 하자. 김 씨는 집 안 전체에 음악을 틀고 있으면 만족수준이 200이 된다. 반면, 이 씨는 음악이 틀어져 있는 공간에서는 만족수준이 50에 그친다.

① 음악을 트는 것에 대한 권리가 누구에게 있든지 집 안 전체의 음악 재생 여부는 동일하다.
② 음악을 트는 것에 대한 권리가 이 씨에게 있는 경우 둘 사이에 자금의 이전이 발생한다.
③ 음악을 트는 것에 대한 권리가 김 씨에게 있는 경우 그는 음악을 틀 것이다.
④ 음악을 트는 것에 대한 권리가 이 씨에게 있는 경우 집 안은 고요할 것이다.

★★☆

16 어느 물고기 양식장이 수질오염을 일으킨다고 알려져 있다. 이 양식장이 연간 x톤의 물고기를 양식할 때, 1톤을 더 양식하는 데 들어가는 한계비용은 $(1{,}000x+7{,}000)$원이다. 동시에 1톤을 더 양식하는 데 따른 수질오염의 피해액, 즉 한계피해액은 $500x$원이다. 양식장의 물고기는 톤당 10,000원이라는 고정된 가격에 팔린다. 정부가 과다한 양식을 제한하기 위하여 피구세(Pigouvian tax)를 부과하기로 결정하였는데, 사회적으로 최적 수준의 톤당 세액은?

16년 국가직

① 500원　② 1,000원

③ 1,500원　④ 2,000원

정답 및 해설

14 정답 ③

주제 코즈의 정리

해설

코즈의 정리에 따르면 두 사람 사이에 협상이 이루어지면 사무실에서 흡연을 허용하는 대신 개인 A가 B에게 10,000~20,000원 사이의 금액을 지불하게 될 것이다.

15 정답 ④

주제 코즈의 정리

해설

1) 음악을 틀면 김 씨는 효용이 100만큼 증가하므로 김 씨에게 있어 음악의 가치는 100만 원이다. 음악을 틀면 이 씨의 효용이 50만큼 감소하므로 이 씨에게는 음악의 가치가 -50만 원이다.
2) 음악 재생의 권리가 김 씨에게 있는 경우
   김 씨가 음악을 틀지 않는 대신 최소한 받고자 하는 금액은 100만 원이나 이 씨가 지불할 용의가 있는 최대금액은 50만 원이므로, 두 사람 간에 협상은 이루어지지 않으며 김 씨는 음악을 틀 것이다.
3) 음악 재생의 권리가 이 씨에게 있는 경우
   김 씨는 음악을 듣는 대신 지불할 용의가 있는 최대금액이 100만 원인데 비해, 이 씨는 50만 원 이상을 받으면 음악을 틀 용의가 있다. 그러므로 이 경우에는 두 사람 사이에 협상이 이루어져 김 씨는 이 씨에게 50 ~ 100만 원 사이의 일정 금액을 지불하게 될 것이므로 음악 재생이 이루어진다.

16 정답 ②

주제 피구세

해설

1) 사회적인 최적 생산량을 구하기 위해 $SMB=SMC$이다.
2) 사적인 한계비용 $PMC=1{,}000x+7{,}000$과 외부한계비용 $EMC=500x$를 합한 사회적인 한계비용 $SMC=1{,}500x+7{,}000$이다.
3) 따라서 $10{,}000=1{,}500x+7{,}000$이므로 사회적 최적량 $x=2$이다.
4) $x=2$를 한계피해액에 대입하면 1,000이므로 피구세는 1,000원이 된다.

★★★
17 100개의 기업들이 완전경쟁시장에서 경쟁하고 있다. 개별 기업의 총비용함수와 외부비용은 각각 $C = Q^2 + 4Q$와 $EC = Q^2 + Q$로 동일하다. 이 재화에 대한 시장수요곡선이 $Q_d = 1{,}000 - 100P$로 표현될 때, 사회적으로 최적인 생산량과 외부비용을 고려하지 않는 균형생산량 간의 차이는? (단, C는 각 기업의 총비용, Q는 각 기업의 생산량, EC는 각 기업의 생산에 따른 외부비용, Q_d는 시장수요량, P는 가격) 16년 국가직

① 50
② 100
③ 150
④ 200

★★☆
18 현재 어떤 생산자가 재화 X를 Q만큼 생산할 때 직면하게 되는 한계비용은 $MC = 2Q$, 한계수입은 $MR = 24$라고 하자. 재화 X의 생산은 제3자에게 환경오염이라는 형태의 외부불경제를 야기하는데, 재화 X가 Q만큼 생산될 때 유발되는 환경오염의 한계피해액(marginal external cost)은 $MEC = Q$이다. 정부는 X의 생산량을 사회적으로 바람직한 수준으로 감축시키기 위해, 생산자가 현재 생산량으로부터 한 단위 감축할 때마다 정액의 피구 보조금(Pigouvian subsidy)을 지급하고자 한다. 정부가 이 생산자에게 지급해야 할 생산량 감축 1단위당 보조금은? 16년 지방직

① 2
② 4
③ 6
④ 8

★★★
19 양식장 A의 한계비용은 $10x + 70$만 원이고, 고정비용은 15만 원이다. 양식장 운영 시 발생하는 수질오염으로 인해 인근 주민이 입는 한계피해액은 $5x$만 원이다. 양식장 운영의 한계편익은 x에 관계없이 100만 원으로 일정하다. 정부가 x 1단위당 일정액의 세금을 부과하여 사회적 최적 생산량을 유도할 때 단위당 세금은? (단, x는 양식량이며 소비 측면의 외부효과는 발생하지 않음) 19년 국가직

① 5만 원
② 10만 원
③ 20만 원
④ 30만 원

17 정답 ②

주제 외부성

해설

1) 시장수요함수를 P에 대해 정리하면 $P=10-\frac{1}{100}Q$이다.
2) 개별 기업의 비용함수를 Q에 대해 미분하면 $MC=2Q+4$이므로 개별 기업의 공급함수는 $P=2Q+4$이고, 이 시장에 100개의 기업이 있으므로 시장공급함수는 $P=\frac{2}{100}Q+4$이다.
3) 시장수요함수와 시장공급함수를 연립해서 풀면 $10-\frac{1}{100}Q=\frac{2}{100}Q+4$, $\frac{3}{100}Q=6$, $Q=200$이다. $Q=200$을 시장수요함수(혹은 시장공급함수)에 대입하면 균형가격 $P=8$임을 알 수 있다.
4) 개별 기업의 외부비용함수를 Q에 대해 미분하면 외부한계비용 $EMC=2Q+1$이므로 사적 한계비용인 $MC=2Q+4$를 더해 $SMC=4Q+5$이고, 기업 수가 100개이므로 시장 전체의 사적인 한계비용 $SMC=\frac{4}{100}Q+5$이다.
5) 사회적인 최적 생산량을 구하기 위해 $P=SMC$로 두면 $10-\frac{1}{100}Q=\frac{4}{100}Q+5$, $\frac{5}{100}Q=5$, $Q=100$이다.
6) 따라서 시장기구에 의한 생산량이 200단위이고 사회적인 최적 생산량이 100단위이므로, 시장에 맡겨 두면 100단위의 재화가 과잉 생산됨을 알 수 있다.

18 정답 ④

주제 감산보조금

해설

1) 기업이 재화 1단위를 더 판매할 때 추가로 얻는 수입인 한계수입이 $MR=24$로 일정하다는 것은 이 기업이 완전경쟁기업임을 의미한다. 완전경쟁은 $P=MC$이므로 재화 가격도 $P=24$로 일정하다.
2) 기업의 한계비용 $MC=2Q$이고, 한계피해액 $EMC=Q$이므로 사회적 한계비용 $SMC=3Q$이다.
3) 이제 $SMB=SMC$로 두면 $24=3Q$이므로 사회적인 최적 생산량 $Q=8$임을 알 수 있다.
4) $Q=8$을 $EMC=Q$에 대입하면 최적 생산량 수준에서 한계피해액이 8임을 알 수 있다. 그러므로 시장기구에 의해 최적 생산이 이루어지도록 하려면 단위당 8의 피구세를 부과하거나 단위당 8의 감산보조금을 지급하면 된다.

19 정답 ②

주제 피구세

해설

1) 사회적 최적량은 사회적 비용과 사회적 편익이 같을 때 이루어진다.
2) 양식장의 한계비용 $10x+70$과 한계피해 $5x$를 합하면 사회적인 한계비용 $SMC=15x+70$이다.
3) 양식장 운영에 따른 한계편익이 100만 원으로 일정하므로 사회적인 최적 생산량을 구하기 위해 $SMB=SMC$로 두면 $100=15x+70$, $x=2$이다.
4) $x=2$를 한계피해함수에 대입하면 단위당 최적 조세의 크기는 10만 원이다.

★★☆

20 **〈보기〉의 경우에서 사회 전체적으로 가장 효율적인 세탁량은?** 19년 서울시

〈보기〉

- 의류를 세탁하는 한계편익(MB)과 사적인 한계비용(MCP)이 다음과 같이 주어져 있다.
  $MB = 200 - Q$, $MCP = Q$
- 사적인 한계비용과 더불어 세탁에 따른 외부한계비용이 세탁량(Q)당 10원이 발생한다.

① 0 ② 55

③ 95 ④ 100

★★☆

21 **어떤 마을에 오염 물질을 배출하는 기업이 총 3개 있다. 오염물 배출에 대한 규제가 도입되기 이전에 각 기업이 배출하는 오염 배출량과 그 배출량을 한 단위 감축하는 데 소요되는 비용은 아래 표와 같다.**

기업	배출량(단위)	배출량 단위당 감축비용(만 원)
A	50	20
B	60	30
C	70	40

정부는 오염 배출량을 150단위로 제한하고자 한다. 그래서 각 기업에게 50단위의 오염 배출권을 부여하였다. 또한, 이 배출권을 기업들이 자유롭게 판매·구매할 수 있다. 다음 중 가장 옳은 것은? (단, 오염 배출권 한 개당 배출 가능한 오염물의 양은 1단위임) 19년 서울시

① 기업 A가 기업 B와 기업 C에게 오염 배출권을 각각 10단위와 20단위 판매하고, 이때 가격은 20만 원에서 30만 원 사이에 형성된다.

② 기업 A가 기업 C에게 20단위의 오염 배출권을 판매하고, 이때 가격은 30만 원에서 40만 원 사이에서 형성된다.

③ 기업 A가 기업 B에게 10단위의 오염 배출권을 판매하고, 기업 B는 기업 C에게 20단위의 오염 배출권을 판매한다. 이때 가격은 20만 원에서 40만 원 사이에서 형성된다.

④ 기업 B가 기업 C에게 20단위의 오염 배출권을 판매하고, 이때 가격은 30만 원에서 40만 원 사이에서 형성된다.

★★★
22 현재 완전경쟁시장에서 사적 이윤극대화를 추구하고 있는 어떤 기업이 생산하는 재화의 가격은 350이며, 사적 한계비용은 $MC=50+10Q$이다. 한편 이 재화의 생산과정에서 환경오염이 발생하는데 이로 인해 사회가 입는 피해는 생산량 1단위당 100이라고 한다. 앞으로 이 기업이 사회적 최적 생산량을 생산하기로 한다면 생산량의 변동은? (단, Q는 생산량)

19년 지방직

① 10단위 감소시킨다.
② 10단위 증가시킨다.
③ 20단위 감소시킨다.
④ 20단위 증가시킨다.

정답 및 해설

20 정답 ③
주제 외부성
해설
1) 사적인 한계비용과 외부한계비용을 합하면 사회적인 한계비용 $SMC=Q+10$이다.
2) 사회 전체적으로 효율적인 세탁량은 한계편익과 사회적인 한계비용이 일치하는 점에서 결정되므로 $MB=SMC$로 두면 $200-Q=Q+10$, $2Q=190$, $Q=95$이다.

21 정답 ①
주제 오염 배출권
해설
가격이 20만 원에서 30만 원 사이에 형성된다면 기업 A만이 배출권의 공급자가 되므로 옳다.
오답체크
② 가격이 30만 원에서 40만 원 사이에서 형성된다면 B도 판매하려 할 것이다.
③ 가격이 20만 원에서 40만 원 사이에서 형성된다고 했을 때, 만약 35만 원이라면 B도 판매하려 할 것이다.
④ 가격이 30만 원에서 40만 원 사이에서 형성된다면 A도 당연히 시장에 참여하게 될 것이다.

22 정답 ①
주제 외부성
해설
1) 사회적 한계비용은 사적 한계비용에다 외부한계비용을 합한 것이므로 $SMC=150+10Q$이다. 사회적인 최적 생산량을 구하기 위해 $P=SMC$로 두면 $350=150+10Q$, $Q=20$이다.
2) 완전경쟁기업이 환경오염을 고려하지 않고 이윤극대화를 추구하면 $P=MC$인 점까지 재화를 생산할 것이다.
3) $P=MC$로 두면 $350=50+10Q$이므로 $Q=30$이다.
4) 그러므로 사회적 최적 수준까지만 생산하기로 한다면 이 기업은 생산량을 10단위 감소시킬 것이다.

★★★
23 어느 마을의 어부 누구나 물고기를 잡을 수 있는 호수가 있다. 이 호수에서 잡을 수 있는 물고기의 수(Q)와 어부의 수(N) 사이에는 $Q=70N-\frac{1}{2}N^2$의 관계가 성립한다. 한 어부가 일정 기간 물고기를 잡는 데는 $2,000$원의 비용이 발생하며, 물고기의 가격은 마리당 100원이라고 가정한다. 어부들이 아무런 제약 없이 경쟁하면서 각자의 이윤을 극대화할 경우 어부의 수(N_0)와 이 호수에서 잡을 수 있는 물고기의 수(Q_0)는? 그리고 마을 전체적으로 효율적인 수준에서의 어부의 수(N_1)와 이 호수에서 잡을 수 있는 물고기의 수(Q_1)는? 16년 국가직

① $(N_0,\ Q_0,\ N_1,\ Q_1)=(100,\ 2{,}000,\ 50,\ 2{,}250)$
② $(N_0,\ Q_0,\ N_1,\ Q_1)=(100,\ 2{,}000,\ 70,\ 2{,}450)$
③ $(N_0,\ Q_0,\ N_1,\ Q_1)=(120,\ 1{,}200,\ 50,\ 2{,}250)$
④ $(N_0,\ Q_0,\ N_1,\ Q_1)=(120,\ 1{,}200,\ 70,\ 2{,}450)$

★☆☆
24 공공재와 관련된 시장실패에 관한 설명으로 옳지 않은 것은? 15년 노무사

① 순수공공재는 소비의 비배제성과 비경합성을 동시에 가지고 있다.
② 소비의 비배제성으로 인한 무임승차의 문제가 발생한다.
③ 긍정적 외부성이 존재하는 공공재의 생산을 민간에 맡길 때, 사회적 최적 수준에 비해 과소 생산된다.
④ 공공재의 경우에는 개인의 한계편익곡선을 수평으로 합하여 사회적 한계편익곡선을 도출한다.
⑤ 공공재의 최적 생산을 위해서는 경제주체들의 공공재 편익을 사실대로 파악하여야 한다.

★★☆
25 공공재 및 시장실패에 관한 설명으로 옳은 것을 모두 고른 것은? 12년 노무사

〈보기〉

ㄱ. 정(+)의 외부효과가 있는 재화의 경우 시장에서 사회적 최적 수준에 비해 과소 생산 된다.
ㄴ. 공유지의 비극(tragedy of the commons)은 배제성은 없으나 경합성이 있는 재화에서 발생한다.
ㄷ. 공공재의 경우 개인들의 한계편익을 합한 것이 한계비용보다 작다면 공공재 공급을 증가시키는 것이 바람직하다.

① ㄱ ② ㄱ, ㄴ ③ ㄱ, ㄴ, ㄷ
④ ㄱ, ㄷ ⑤ ㄴ, ㄷ

정답 및 해설

23 정답 ①
주제 공유자원
해설
1) 우선 마을 전체의 관점에서는 이윤극대화 $MR=MC$이다.
- 물고기의 시장가격 $P=100$이고, 물고기의 수 $Q=70N-\frac{1}{2}N^2$이므로 총수입
  $TR=P\times Q=7{,}000N-50N^2 \rightarrow MR=7{,}000-100N$
- 어부 한 명이 물고기를 잡는 데 2,000원의 비용이 발생하므로 총비용 $TC=2{,}000N \rightarrow MC=2{,}000$
- 이윤극대화 어부 수는 $7{,}000-100N=2{,}000$이므로 $N=50$이다.
- $N=50$을 $Q=70N-\frac{1}{2}N^2$에 대입하면 $Q=2{,}250$이다.

2) 어부의 이윤극대화는 $AR=AC$, 즉 $TR=TC$일 때까지 생산한다.
- $TR=P\times Q=7{,}000N-50N^2$, $TC=2{,}000N$이므로 $7{,}000N-50N^2=2{,}000N \rightarrow 5{,}000N-50N^2=0$이다.
- 위 식의 양변을 N으로 나누면 $5{,}000N-50N^2=0$, $N=100$으로 계산된다.
- $N=100$을 $Q=70N-\frac{1}{2}N^2$에 대입하면 $Q=2{,}000$이다.

24 정답 ④
주제 공공재
해설
공공재의 경우에는 소비가 비경합적이므로, 개인들의 사적인 한계편익곡선을 수직으로 합하여 사회적 한계편익곡선을 도출한다.

25 정답 ②
주제 공공재
해설
ㄷ. 공공재의 경우 개인들의 한계편익을 합한 것이 한계비용보다 크면 공공재 공급을 증가시키는 것이 바람직하다.

★★☆
26 공공재인 마을 공동우물(X)에 대한 혜민과 동수의 수요가 각각 $X=50-P$, $X=30-2P$일 때, 사회적으로 바람직한 공동우물의 개수(㉠)와 동수가 우물에 대해 지불하고자 하는 가격(㉡)은? (단, P는 혜민과 동수가 X에 대해 지불하는 단위당 가격이고, 공동우물을 만들 때 필요한 한계비용(MC)은 41원임) 13년 지방직

	㉠	㉡		㉠	㉡
①	16개	7원	②	18개	6원
③	20개	5원	④	22개	4원

★★★
27 어떤 한 경제에 A, B 두 명의 소비자와 X, Y 두 개의 재화가 존재한다. 이 중 X는 공공재(public goods)이고 Y는 사용재(private goods)이다. 현재의 소비량을 기준으로 A와 B의 한계대체율(MRS, Marginal Rate of Substitution)과 한계전환율(MRT, Marginal Rate of Transformation)이 다음과 같이 측정되었다. 공공재의 공급에 관한 평가로 옳은 것은? 15년 국가직

$$MRS_{XY}^{A}=1,\ MRS_{XY}^{B}=3,\ MRT_{XY}=5$$

① 공공재가 최적 수준보다 적게 공급되고 있다.
② 공공재가 최적 수준으로 공급되고 있다.
③ 공공재가 최적 수준보다 많이 공급되고 있다.
④ 공공재의 최적 수준 공급 여부를 알 수 없다.

★★★

28 공공재 수요자 3명이 있는 시장에서 구성원 A, B, C의 공공재에 대한 수요함수는 각각 아래와 같다. 공공재의 한계비용이 30으로 일정할 때, 공공재의 최적 공급량에서 각 구성원이 지불해야 하는 가격은? (단, P는 가격, Q는 수량) 17년 노무사

- A: $P_a = 10 - Q_a$
- B: $P_b = 20 - Q_b$
- C: $P_c = 20 - 2Q_c$

① $P_a = 5$, $P_b = 15$, $P_c = 10$
② $P_a = 5$, $P_b = 10$, $P_c = 10$
③ $P_a = 10$, $P_b = 10$, $P_c = 15$
④ $P_a = 10$, $P_b = 15$, $P_c = 5$
⑤ $P_a = 15$, $P_b = 15$, $P_c = 5$

정답 및 해설

26 정답 ①

주제 공공재의 최적 공급

해설

1) 공공재의 시장수요곡선은 개별수요곡선의 수직합이다.

2) 혜민이의 수요함수가 $P=50-X$, 동수의 수요함수가 $P=15-\frac{1}{2}X$이므로 시장수요함수는 $P=65-\frac{3}{2}X$이다.

3) 최적생산량을 구하기 위해 $P=MC$로 두면 $65-\frac{3}{2}X=41$, $\frac{3}{2}X=24$, $X=16$이다.

4) $X=16$을 각자의 수요함수에 대입하면 혜민이가 지불할 가격은 34원, 동수가 지불할 가격은 7원이다.

27 정답 ③

주제 공공재의 최적 공급(사무엘슨 모형)

해설

1) 공공재의 적정공급조건 $MRS_{XY}^{A} + MRS_{XY}^{B} = MRT_{XY}$이다.

2) $MRS_{XY} = \frac{MU_X}{MU_Y}$이고 $MRT_{XY} = \frac{MC_X}{MC_Y}$이므로 주어진 조건에서 $\frac{MU_X}{MU_Y}=4$이고 $\frac{MC_X}{MC_Y}=5$이다. 이는 X재를 늘렸을 때의 만족감이 Y재보다 4배 큰데 비용은 Y재보다 5배 든다는 의미이다.

3) 사용재인 Y재를 늘리고 공공재인 X재를 줄여야 한다. 이는 공공재가 최적 수준보다 많이 공급되고 있음을 알 수 있다.

28 정답 ①

주제 공공재의 최적 공급

해설

1) 각 개인의 공공재 수요를 합하면 공공재에 대한 시장수요곡선은 $P=50-4Q$이다.

2) 공공재의 최적공급량을 구하기 위해 $P=MC$로 두면 $50-4Q=30$, $Q=5$이다.

3) $Q=5$를 각 개인의 공공재 수요함수에 대입하면 각자가 지불해야 하는 가격은 $P_a = 5, P_b = 15, P_c = 10$이다.

★★☆

29 두 개의 지역 A와 B로 나누어진 K시는 도심공원을 건설할 계획이다. 두 지역에 거주하는 지역주민의 공원에 대한 수요곡선과 공원 건설의 한계비용곡선이 다음과 같을 때 사회적으로 최적인(socially optimal) 도심공원의 면적은? (단, P_A는 A지역 주민이 지불하고자 하는 가격, P_B는 B지역 주민이 지불하고자 하는 가격, Q는 공원면적, MC는 한계비용)

12년 노무사

- A지역 주민의 수요곡선: $P_A = 10 - Q$
- B지역 주민의 수요곡선: $P_B = 10 - \frac{1}{2}Q$
- 한계비용곡선: $MC = 5$

① 4 ② 5 ③ 6
④ 10 ⑤ 15

★★☆

30 두 명의 주민이 사는 어느 마을에서 가로등에 대한 개별 주민의 수요함수는 $P = 10 - Q$로 표현되며, 주민 간에 동일하다. 가로등 설치에 따르는 한계비용이 6일 때, 이 마을에 설치할 가로등의 적정 수량은? (단, Q는 가로등의 수량) 18년 국가직

① 4 ② 5
③ 6 ④ 7

Chapter 05 정보경제학과 정부실패

★☆☆

31 역선택에 관한 설명으로 옳지 <u>않은</u> 것은? 13년 국가직

① 역선택은 정보를 가지고 있는 자의 자기선택 과정에서 생기는 현상이다.
② 교육수준이 능력에 관한 신호를 보내는 역할을 하는 경우 역선택의 문제가 완화된다.
③ 정부에 의한 품질인증은 역선택의 문제를 완화시킨다.
④ 역선택 현상이 존재하는 상황에서 강제적인 보험프로그램의 도입은 후생을 악화시킨다.

★☆☆

32 다음 중 역선택 문제를 완화하기 위해 고안된 장치와 거리가 먼 것은? 14년 서울시

① 중고차 판매 시 책임수리 제공
② 민간의료보험 가입 시 신체검사
③ 보험 가입 의무화
④ 사고에 따른 자동차 보험료 할증
⑤ 은행의 대출 심사

정답 및 해설

29 정답 ④

주제 공공재의 최적 공급

해설

1) 두 지역의 한계편익을 더하면 $20-\frac{3}{2}Q$이다.

2) 공공재의 최적량은 한계편익의 합 = 한계비용이므로 $20-\frac{3}{2}Q=5$이다. 따라서 $Q=10$이다.

30 정답 ④

주제 공공재의 최적 공급

해설

1) 개별 주민의 공공재 수요함수가 $P=10-Q$이고, 공공재는 가격을 더하는데 주민 수가 2명이므로 시장수요함수 $P=20-2Q$이다.

2) 최적 생산량을 구하기 위해 $P=MC$로 두면 $20-2Q=6$, $Q=7$이다.

31 정답 ④

주제 역선택

해설

역선택이 존재하는 상황에서 정부가 공적인 보험제도를 도입하여 강제로 가입하도록 하면 역선택 문제가 해소될 수 있다. 모든 대상자의 가입을 의무화하는 공적인 보험제도가 도입되면 사회후생이 증가할 가능성이 높다.

32 정답 ④

주제 역선택

해설

자동차 사고가 발생하면 보험료를 할증하는 것은 보험 가입 후에 태만을 방지하기 위한 것이므로 도덕적 해이를 줄이기 위한 방안에 해당된다.

★★☆

33 **다음 중 정보경제와 관련된 설명으로 가장 옳지 않은 것은?** 16년 서울시

① 선별(screening)이란 사적 정보를 가진 경제주체가 상대방의 정보를 더욱 얻어내기 위해 취하는 행동이다.

② 신호발생(signalling)이란 정보를 가진 경제주체가 자신에 관한 정보를 상대방에게 전달하려는 행동이다.

③ 탐색행위(search activities)란 상품의 가격에 대한 정보를 충분히 갖지 못한 수요자가 좀 더 낮은 가격을 부르는 곳을 찾으려고 하는 행위이다.

④ 역선택(adverse selection)이란 상대방의 감추어진 속성으로 인해 정보가 부족한 쪽에서 바람직하지 않은 선택을 하는 현상이다.

★☆☆

34 **다음 사례를 역선택(adverse selection)과 도덕적 해이(moral hazard)의 개념에 따라 올바르게 구분한 것은?** 14년 국가직

〈보기〉

ㄱ. 자동차 보험 가입 후 더욱 난폭하게 운전한다.
ㄴ. 건강이 좋지 않은 사람이 민간 의료보험에 더 많이 가입한다.
ㄷ. 실업급여를 받게 되자 구직활동을 성실히 하지 않는다.
ㄹ. 사망 확률이 낮은 건강한 사람이 주로 종신연금(life annuity)에 가입한다.

	역선택	도덕적 해이
①	ㄱ, ㄹ	ㄴ, ㄷ
②	ㄴ, ㄹ	ㄱ, ㄷ
③	ㄱ, ㄴ	ㄷ, ㄹ
④	ㄴ, ㄷ	ㄱ, ㄹ

고난도 문제

★★★
35 중고 노트북 컴퓨터 시장에 고품질과 저품질의 두 가지 유형이 있다. 전체 중고 노트북 중 고품질과 저품질의 비율은 8 : 2이고 판매자는 중고 노트북의 품질을 알고 있다. 판매자의 최소요구금액과 구매자의 최대지불용의금액은 다음 표와 같고, 구매자는 위험 중립적이다. 이러한 사실은 판매자와 구매자에게 알려져 있다. 다음 설명 중 옳지 않은 것은? 15년 공인회계사

유형	판매자의 최소요구금액	구매자의 최대지불용의금액
고품질	50만 원	60만 원
저품질	20만 원	10만 원

① 구매자도 품질을 아는 경우, 고품질만 거래된다.
② 구매자가 품질을 모르는 경우, 두 유형이 모두 거래될 수 있다.
③ 구매자가 품질을 모르는 경우, 고품질에 대한 구매자의 최대지불용의 금액이 60만원보다 크다면 두 유형이 모두 거래된다.
④ 구매자가 품질을 모르는 경우, 고품질에 대한 판매자의 최소요구금액이 50만원보다 크다면 저품질만 거래된다.
⑤ 구매자가 품질을 모르는 경우, 고품질의 비중이 80%보다 작다면 고품질은 시장에서 거래되지 않는다.

정답 및 해설

33 정답 ①
주제 정보의 비대칭성
해설
선별(screening)이란 정보를 갖지 못한 측이 이미 알려진 정보를 이용하여 상대방을 구분하는 것을 말한다.

34 정답 ②
주제 정보의 비대칭성
해설
ㄴ, ㄹ. 보험회사와 연금회사의 입장에서 사전적으로 바람직하지 않은 사람이 보험과 연금에 가입하는 것이므로 역선택에 해당된다.
ㄱ. ㄷ. 거래 이후에 한쪽 편의 행동이 바람직하지 않은 방향으로 변하는 것이므로 도덕적 해이에 해당된다.

35 정답 ④
주제
해설
④ 구매자가 품질을 모르는 경우, 고품질에 대한 판매자의 최소요구금액이 50만원보다 크다면 고품질의 판매자가 철수하게 되므로 저품질만 남게되어 거래가 이루어지지 않는다.

오답체크
① 품질을 알면 지불용의가 큰 고품질만 거래된다.
② 품질을 모들 때 지불용의는 60×0.8+10×0.2=50 -> 둘다 거래된다.
③ 구매자가 품질을 모르는 경우, 고품질에 대한 구매자의 최대지불용의 금액이 현재 60만원일때도 거래가 되므로 60만원보다 크다면 두 유형이 모두 거래된다.
⑤ 지불용의가 50보다 낮아지므로 고품질은 철수하게 된다.

★★★
36 상품의 시장수요곡선은 $P=100-2Q$이고, 한계비용은 20이고, 제품 한 단위당 20의 환경피해를 발생시킨다. 완전경쟁시장하에서 (ㄱ)<u>사회적 최적수준의 생산량</u>과 (ㄴ)<u>사회후생의 순손실</u>은? 21년 감정평가사

① ㄱ: 20, ㄴ: 50
② ㄱ: 20, ㄴ: 100
③ ㄱ: 30, ㄴ: 30
④ ㄱ: 30, ㄴ: 100
⑤ ㄱ: 40, ㄴ: 200

★★★
37 어떤 산에서 n명의 사냥꾼이 토끼 사냥을 하면 $10\sqrt{n}(kg)$만큼의 토끼 고기를 얻을 수 있다. 토끼 고기는 kg당 2만 원에 팔리고 있다. 또한 사냥꾼 한 명이 사냥을 하는 데 드는 비용은 2만 원이다. 만약 이 산이 공유지라면 사회적으로 효율적인 사냥꾼 수보다 얼마나 더 많은 사냥꾼이 사냥을 하게 되는가? (단, 사냥꾼들은 모두 동일한 사냥 능력을 지님) 18년 공인회계사

① 35명
② 45명
③ 55명
④ 65명
⑤ 75명

★★★
38 공공재에 대한 甲과 乙의 수요함수가 각각 $P甲=80-Q$, $P乙=140-Q$이다. 이에 관한 설명으로 옳은 것을 모두 고른 것은? (단, P는 가격, Q는 수량) 20년 감정평가사

ㄱ. $0 \le Q \le 80$일 때, 공공재의 사회적 한계편익곡선은 $P=220-2Q$이다.
ㄴ. $80 < Q$일 때, 공공재의 사회적 한계편익곡선은 $P=80-Q$이다.
ㄷ. 공공재 생산의 한계비용이 50일 때, 사회적 최적 생산량은 90이다.
ㄹ. 공공재 생산의 한계비용이 70일 때, 사회적 최적 생산량은 70이다.

① ㄱ, ㄴ
② ㄱ, ㄷ
③ ㄴ, ㄷ
④ ㄴ, ㄹ
⑤ ㄷ, ㄹ

정답 및 해설

36 정답 ④

주제 외부성

해설

1) 사회적 최적 생산량은 $SMB=SMC$이다.
2) 수요곡선은 $PMB=SMB$이다.
3) 한계비용은 PMC이고 $EMC=20$이다. 따라서 $SMC=PMC+EMC=20+20=40$이다.
4) 사회적 최적량을 구하면 $100-2Q=40 \rightarrow Q=30$이다.
5) 시장균형생산량은 $PMB=PMC$이므로 $100-2Q=20 \rightarrow Q=40$이다.
6) 사회적 후생손실(시장균형생산량 - 사회적 최적 생산량)×외부한계비용×$\frac{1}{2}=10\times20\times\frac{1}{2}=100$이다.
7) 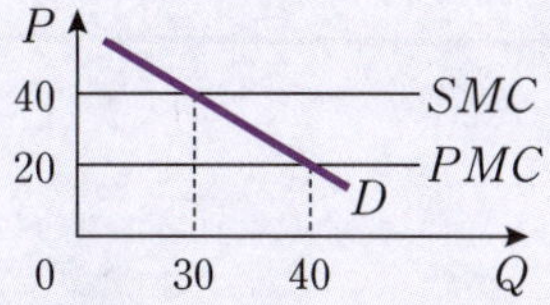

37 정답 ⑤

주제 공유자원

해설

1) 사회적으로 효율적인 사냥꾼의 수 $MR=MC$이다. 총수입이 $2\times10\sqrt{n}$이므로 한계수입은 $\frac{10}{\sqrt{n}}$이고, 한계비용은 2이므로 $\frac{10}{\sqrt{n}}=2$이므로 $n=25$이다.
2) 사냥꾼이 최종적으로 들어오는 수 $AR=AC \rightarrow TR=TC$이다. 총수입이 $2\times10\sqrt{n}$이고 총비용이 $2n$이므로 $2\times10\sqrt{n}=2n \rightarrow 10\sqrt{n}=n \rightarrow n=100$이다.
3) 따라서 $100-25=75$이다.

38 정답 ②

주제 공공재

해설

1) 공공재의 수요곡선은 P를 더하여 구한다. 따라서 $P=220-2Q$이다.
2) Q가 80보다 크면 갑의 지불용의가 -이므로 을만 공공재의 수요가 있다. 따라서 사회적 한계편익곡선은 $P=140-Q$이다. 반면 Q가 80보다 작으면 둘다 편익이 있으므로 $P=220-2Q$이다.
3) 공공재 생산의 한계비용이 50이면 을의 Q가 90이므로 을만 공공재에 대한 지불용의가 있다. 따라서 갑의 한계편익만을 이용한다. $140-Q=50 \rightarrow Q=90$이다.
4) 공공재 생산의 한계비용이 70이면 $220-2Q=70$이므로 $Q=75$이다.

memo

서호성 ABC 경제학

2 거시경제 · 국제경제

지금부터
경제학이
쉬워진다

7급 공무원 · 7급 군무원
8급 국회직 · 보험계리사
공인노무사 · 소방간부

다양한 수식, 그래프 등을 활용한 경제학 개념 학습
문제해결능력 향상을 위한 '기출+예상문제' 수록
개념 정리를 위한 '표로 한눈에 정리하기', '개념확인 OX문제' 수록

넥스트스터디

서호성 선생님

現 넥스트공무원 7급 경제학
現 해커스 경영아카데미 세무사 재정학, 회계사 경제학
現 해커스 잡 공기업 경제학
現 해커스 금융 테셋, 매경테스트
現 합격의 법학원 감정평가사, 노무사 경제학
現 보험연수원, 인스TV 보험계리사 경제학
前 윌비스 고시학원 7급 경제학 등 다수

| 저서 |

ABC 경제학 시리즈 〈넥스트스터디 공무원〉
해커스 회계사 경제학 시리즈 〈해커스 경영아카데미〉
해커스 재정학 시리즈 〈해커스 경영아카데미〉
NCS 공기업 경제학 〈해커스 잡〉
해커스 테셋, 매경테스트 〈해커스 금융〉
7급 공무원 기출문제집 〈서원각〉 등 다수

서호성
ABC
경제학

2 거시경제 · 국제경제

차례

Ⅱ 거시경제

PART 1 국민소득결정이론

CONTENTS

차례

CONTENTS

차례

Ⅲ 국제경제

CONTENTS

PART 6 국제금융론

PART

1 국민소득결정이론

Chapter 01
GDP(국내총생산)

Chapter 02
국민소득결정이론

Chapter 03
소비함수와 투자함수

학습 구성

구분	출제 포인트	중요도	학습 날짜
Chapter 01 GDP(국내총생산)	01 GDP의 정의	★★★	
	02 평가방법에 따른 GDP	★★★	
	03 국민총소득(GNI)	★★	
	04 GDP의 유용성과 한계	★★	
	05 투자와 저축	★★★	
Chapter 02 국민소득결정이론	01 고전학파의 국민소득결정이론	★	
	02 케인즈의 국민소득결정이론	★	
	03 케인즈의 승수효과	★★★	
Chapter 03 소비함수와 투자함수	01 소비함수론	★★★	
	02 투자함수론	★★	

Chapter 01

GDP(국내총생산)

+ 학습목표

- GDP의 항목을 구분할 수 있다.
- GDP를 계산할 수 있다.
- 명목 GDP와 실질 GDP를 구할 수 있다.
- 저축과 이자율을 구할 수 있다.

01 GDP(Gross Domestic Product)의 정의 ★★★

1. GDP의 의미

◂ 시험 POINT GDP의 정의를 정확히 이해해야 합니다.

용어	설명
일정 기간	• 유량 개념으로, 통상 1년 동안 생산된 생산물의 시장가치를 의미함 • 유량: 일정 기간에 걸쳐 측정되는 변수 예 국민소득, 국제수지, 소비 등 • 저량: 일정 시점에서 측정되는 변수 예 국부, 노동량, 자본량, 통화량, 외채 등
한 나라 안에서	• 국적에 관계없이 국내에서 생산된 것이 포함됨 • 한 나라의 국민을 대상으로 하는 경우도 있는데, 이를 GNP라고 함
새롭게 생산된	그 해의 생산과 관계없는 것은 제외함 예 중고차 거래 금액, 골동품 판매 수입
최종생산물	중간 생산물을 포함시키면 이중계산이 되므로 제외함 [예외] 중간재 중에서 판매되지 않은 부분은 재고투자로 간주하여 GDP에 포함함
시장가치	원칙적으로 시장에서 거래된 것만 포함하므로 시장거래를 통하지 않은 것은 제외함 예 가사도우미의 가사노동은 GDP에 포함되나, 주부의 가사노동은 제외됨

2. GDP의 측정

(1) 국민소득 3면 등가의 원칙

① GDP는 일정 기간의 생산액이므로 생산 측면에서 측정할 수 있으며, 생산된 것은 생산에 참여한 생산요소의 소득으로 분배되므로 요소소득 측면에서 측정할 수 있으며, 소득은 다시 지출되므로 지출 측면에서도 측정이 가능하다.

② 이론적으로 보면 동일한 대상을 다른 각도에서 측정하는 것이므로 '생산 GDP=분배 GDP=지출 GDP'가 성립하며 이를 국민소득 3면 등가의 원칙이라고 한다.

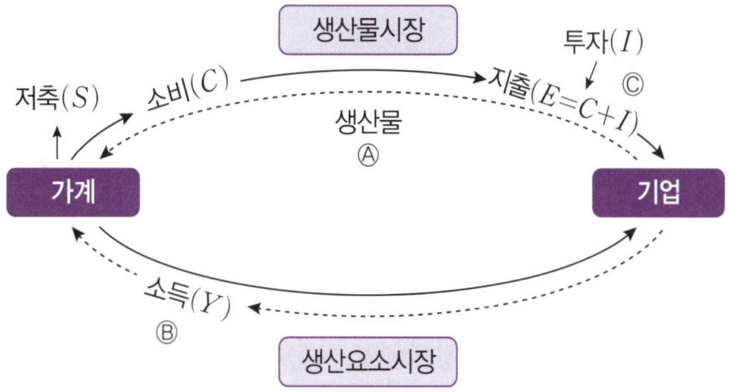

(2) 생산 GDP(국내총생산)

① '생산 GDP = 최종생산물의 시장가치의 합 = 부가가치 + 고정자본소모'로 계산이 가능하다.

② 부가가치(Value-added)는 각 생산단계에서 새로이 창출된 가치이다.

③ **고정자본소모(fixed capital consumption)**: 생산 활동에서 사용되는 기계설비와 같은 자본재가 마모되어 가치가 감소한 부분으로 감가상각과 유사한 개념이다. 문제에서는 고정자본소모가 없다고 가정하는 경우가 일반적이다.

④ **사례**: 어떤 나라에서 2021년에 쌀 10가마, 냉장고 5대, 자동차 2대가 생산되었고, 각 재화의 가격이 10만 원, 60만 원, 1,000만 원이라면 이 나라의 2021년 GDP는 (10×10만 원)+(5×60만 원)+(2×1,000만 원)=2,400만 원이다.

(3) 분배 GDP(국내총소득, the income approach)

① '분배 GDP=임금+지대+이자+이윤+순간접세(간접세−보조금)+고정자본소모'로 집계할 수 있다.

② 문제 출제 시에는 순간접세와 고정자본소모는 없다고 가정하는 것이 일반적이므로 '임금+이자+지대+이윤' 정도만 기억해도 무방하다.

(4) 지출 GDP(국내총지출, the expenditures approach)

① 국내에서 생산된 재화와 서비스는 누군가에 의해 사용되므로 지출 측면에서도 GDP를 집계할 수 있다.

② **국내총지출의 구성요소**: 총수요(AD) = 소비지출(C) + 투자지출(I) + 정부지출(G) + 순수출($X-M$)

구분	의미	결정요소	유의사항
소비(지출)	가계의 최종재 소비	소득, 이자율, 조세, 경기전망 등	수입품의 소비도 들어가지만, 순수출의 항목에서 수입을 제하므로 GDP에는 변화가 없음
투자(지출)	기업의 설비, 건설, 재고	경기전망, 이자율, 자본 조달 등	• 토지나 지어진 건물은 들어가지 않음 • 실물투자이므로 금융투자는 포함되지 않음
정부지출	정부의 소비, 투자	경제정책(재정정책)	무상으로 지원되어 이전소득을 만드는 이전지출은 포함되지 않으며, 이전지출을 포함하면 분배국민소득과 일치하지 않음
순수출	수출(X) - 수입(M)	해외, 국내 경제상황	외국의 경제가 호전되면 수출이 증가하는 경향이 있음

3. GDP와 GNP의 관계

(1) GNP(국민총생산, Gross National Product)

한 나라의 국민이 일정 기간(보통 1년) 새로이 생산한 재화와 서비스의 최종생산물의 시장가치를 합한 것을 의미한다.

(2) 폐쇄경제와 개방경제에서의 GDP와 GNP의 관계

폐쇄경제인 경우 GDP = GNP이며, 개방경제에서 자국민의 해외 생산액이 외국인의 국내생산액보다 많은 나라는 GNP > GDP이다.

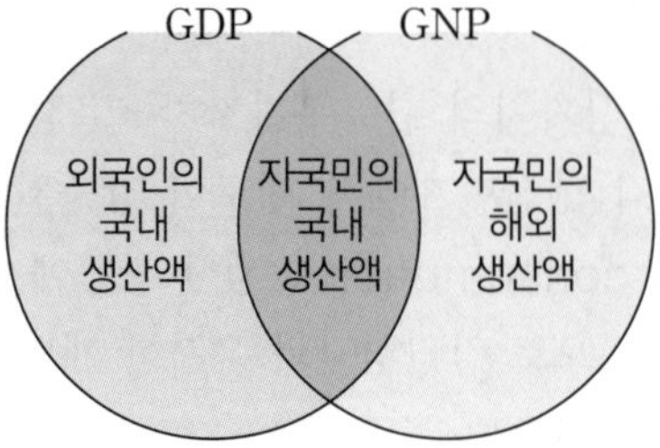

개념확인 문제

Q 올해 국내총생산에 포함되지 않는 것은? 23년 군무원

① 올해 생산되었으나 판매되지 못한 컴퓨터의 부가가치
② 올해 정부로부터 지원받은 출산장려금
③ 중고차 중개회사에서 3년 전 생산된 중고차 거래를 올해 성사시켜서 받은 수수료
④ 외국인 근로자가 올해 국내에서 받은 임금

정답 ②

해설
② 정부의 이전지출은 GDP에 포함되지 않는다.

02 평가방법에 따른 GDP ★★★

1. 명목 GDP와 실질 GDP

시험 POINT 명목 GDP와 실질 GDP를 계산할 수 있어야 합니다.

(1) 의미

① 명목 GDP: 측정시점의 가격으로 나타낸 GDP이다.

② 실질 GDP: 기준시점의 가격으로 나타낸 GDP이다.

명목 GDP	실질 GDP
• 그 해의 생산물에 당해연도 가격을 곱하여 계산한 GDP • 명목 GDP $= P_t \times Q_t$ • 물가가 상승하면 명목 GDP는 증가함 • 산업구조를 분석할 때 사용함	• 그 해의 생산물에 기준연도 가격을 곱하여 계산한 GDP • 실질 GDP $= P_0 \times Q_t$ • 실질 GDP는 물가의 영향을 받지 않음 • 경제성장, 경기변동을 분석할 때 사용함

③ 사례

아이스크림만 생산하는 나라의 GDP (기준연도: 2019년)

• 연도별 아이스크림의 가격과 생산량

연도	아이스크림 가격	생산량
2019	300원	100개
2020	500원	150개
2021	700원	200개

• 명목 GDP와 실질 GDP 계산

연도	명목 GDP	실질 GDP
2019	300원×100개 =30,000원	300원×100개 =30,000원
2020	500원×150개 =75,000원	300원×150개 =45,000원
2021	700원×200개 =140,000원	300원×200개 =60,000원

(2) 경제성장률

$$\frac{\text{금년도 실질 GDP} - \text{전년도 실질 GDP}}{\text{전년도 실질 GDP}} \times 100$$

2. 실제 GDP와 잠재 GDP

(1) 의미

① 실제 GDP(actual GDP): 한 나라의 국경 안에서 실제로 생산된 모든 최종생산물의 시장가치이다.

② 잠재 GDP(potential GDP): 한 나라에 부존하는 모든 생산요소가 정상적으로 고용될 경우 달성할 수 있는 최대의 GDP이다.

(2) GDP 갭

① GDP 갭=실제 GDP−잠재 GDP

② GDP 갭 < 0이면 생산요소가 정상적으로 고용되지 못해 실업이 존재하고 경기가 침체되었다고 판단한다.

③ GDP 갭 > 0이면 생산요소가 과잉 고용되고 있으므로 경기가 과열된 상태라고 판단한다.

개념확인 문제

Q 폐쇄경제인 A국은 스마트폰과 택배 서비스만을 생산하며, 생산량과 가격은 다음 표와 같을 때, 2013년 실질 GDP와 2014년 실질 GDP는? (단, 기준연도는 2013년임) 15년 지방직

구분	2013년	2014년
스마트폰 생산량	10	10
택배 서비스 생산량	100	120
스마트폰 개당 가격	10만 원	9만 원
택배 서비스 개당 가격	1만 원	1.2만 원

	2013년 실질 GDP	2014년 실질 GDP
①	200만 원	234만 원
②	200만 원	220만 원
③	210만 원	234만 원
④	230만 원	260만 원

정답 ②

해설

1) 2013년 실질 GDP = (10×10) + (1×100) = 200만 원

2) 2014년 실질 GDP = (10×10) + (1×120) = 220만 원

03 국민총소득(GNI) ★★★

1. 국민총소득(GNI, Gross National Income)

(1) 의미

한 나라 국민이 일정 기간 생산활동에 참여하여 벌어들인 소득의 합계이다.

(2) 국민총소득의 필요성

① 폐쇄경제에서는 GNP로 생산과 소득을 모두 평가했으나 GNP가 교역 조건 변화로 인한 실질소득 변화를 반영하지 못하는 문제점이 있어 GNI로 대체되었다.

② 최근에는 GDP로 한 나라의 생산활동을 측정하고, 소득활동은 GNI로 측정한다.

2. GNI와 GDP

◀ 시험 POINT GNI의 공식을 기억하여 GDP와 비교할 수 있어야 합니다.

(1) GNI와 GDP의 관계

① 국민소득 3면 등가의 원칙에 따라 명목국내총소득(GDI) = 명목국내총생산(GDP)이다.

② 국민소득 3면 등가의 원칙에 따라 명목국민총소득(GNI) = 명목국민총생산(GNP)이다.

③ 명목 GNI = 명목 GDI + 국외 순수취 요소소득

④ 국민소득지표의 실질변수를 구할 때에는 '교역조건 변화에 따른 실질 무역손익'을 조정하여야 한다.

⑤ 실질 GDI = 실질 GDP + 교역조건 변화에 따른 실질 무역손익

⑥ 폐쇄경제인 경우 교역이 없으므로 실질 GDI와 실질 GDP가 동일하다.

⑦ 실질 GNI = 실질 GDI + 국외 순수취 요소소득

⑧ 실질 GNI = 실질 GDP + 교역조건 변화에 따른 실질 무역손익 + 실질 대외 순수취 요소소득

(2) 교역 조건

① 수출상품과 수입상품 간의 국제적 교환 비율을 의미하며 수출상품의 가격이 수입상품의 가격보다 상대적으로 더 높아지는 것을 교역조건의 개선이라고 한다.

② 교역조건 $= \dfrac{\text{수출재 가격}}{\text{수입재 가격}} \times 100 = \dfrac{P_X}{P_M} \times 100$

③ 수출상품의 가격이 상승하면 교역조건이 좋아지므로 100을 넘지만, 수입상품의 가격이 상승하면 100 아래로 떨어진다.

④ 실질 대외 순수취 요소소득이 0인 경우, 수출상품의 가격이 상승하여 교역조건이 좋아지면 실질 GNI > 실질 GDP이고, 수입상품의 가격이 상승하여 교역조건이 악화되면 실질 GNI < 실질 GDP가 된다.

3. 여러 가지 국민소득지표

(1) 여러 가지 국민소득지표

① 국민총처분가능소득(GNDI, Gross National Disposable Income) = GNI + 국외 순수취 경상이전(국외 수취 경상이전 - 국외 지급 경상이전)

② 국민순소득(NNI, Net National Income) = GNI - 고정자본소모(감가상각) = 모든 부가가치의 총합

③ 국민처분가능소득(NDI, National Disposable Income) = GNDI - 고정자본소모(감가상각) = GNI + 국외 순수취 경상이전 - 고정자본소모(감가상각)

④ 국민소득(NI, National Income) = NNI - 순간접세 = NNI - (간접세 - 대기업 보조금) = 임금 + 지대 + 이자 + 이윤

⑤ 개인본원소득(PPI, Personal Primary Income) = NI - 법인세 - 사내유보이윤 - 정부의 재산소득

⑥ 개인처분가능소득(PDI, Personal Disposable Income) = PPI + 순이전소득 = 민간소비지출 + 개인저축

⑦ 개인조정처분가능소득 = PDI + 사회적 현물이전(무상교육, 보건소 서비스)

(2) 도식화

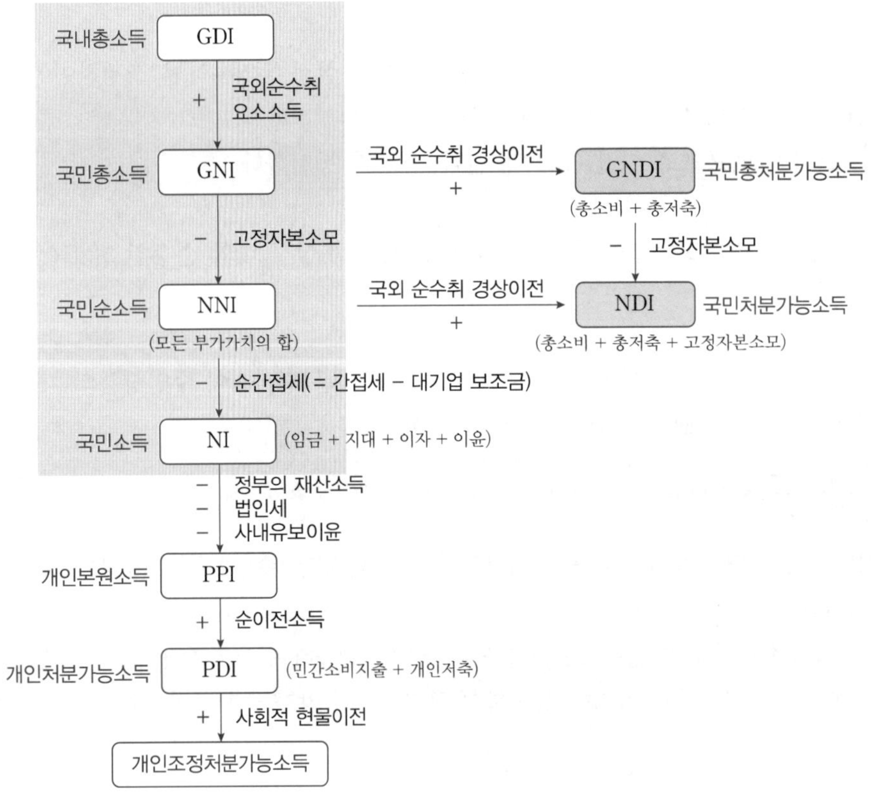

개념확인 문제

Q 올해 국내총생산에 포함되지 않는 것은? 23년 7급 군무원

① 올해 생산되었으나 판매되지 못한 컴퓨터의 부가가치
② 올해 정부로부터 지원받은 출산장려금
③ 중고차 중개회사에서 3년 전 생산된 중고차 거래를 올해 성사시켜서 받은 수수료
④ 외국인 근로자가 올해 국내에서 받은 임금

정답 ②

해설
② 정부의 이전지출은 GDP에 포함되지 않는다.

04 GDP의 유용성과 한계 ★★★

1. GDP의 유용성과 한계

(1) GDP의 유용성

① 경제활동수준을 나타내는 지표이다.
② 측정과정에서 경제구조 파악이 가능하다.
③ 간접적으로 후생수준을 측정한다.

(2) GDP의 한계

① **여가의 가치 미포함:** 여가는 후생을 증가시키지만, 그 가치를 고려하지 않는다.
② **삶의 질 반영 불가:** 생산과정에서 발생하는 대기오염, 수질오염, 소음, 교통체증, 자연파괴 등에 의해 발생되는 삶의 질 저하를 계산하지 않는다.
③ **지하경제, 자본이득 측정 불가:** 사채, 부동산 투기, 탈세, 밀수 등의 지하경제를 반영하지 못하며 주식가격 변동에 의한 후생의 증감을 고려하지 못한다.
④ **측정상의 문제:** GDP는 직접 계산하는 것이 아니라 각종 통계에 의해 추계하므로 정확한 수치를 기대하기 어렵다.

GDP에 포함되는 항목	GDP에 포함되지 않는 항목
• 파출부의 가사노동	• 여가, 주부의 가사노동
• 자가소비 농산물(농부)	• 자가소비 농산물(도시의 텃밭)
• 신규 주택 매입	• 기존 주택 매입
• 귀속임대료(자기 집 사용료)	• 상속, 증여
• 국방, 치안서비스	• 주식가격, 부동산 가격변동 등의 자본이득
• 판매되지 않은 재고(투자)	• 목수가 구입한 목재(중간생산물)

2. 경제후생지표(MEW, Measure of Economic Welfare)

(1) 경제후생지표

GDP + 가사노동서비스 + 여가의 가치 − 공해비용

(2) 특징

① GDP보다 사회후생을 잘 나타낸다.

② 공해비용의 증가로 인하여 GDP보다 완만하게 증가한다.

③ 객관적인 측정이 어렵다.

개념확인 문제

Q GDP에 대한 설명으로 옳은 것을 모두 고르면? 17년 국회직 8급

ㄱ. 정부가 출산장려금으로 자국민에게 지급하는 금액은 GDP에 포함된다.

ㄴ. *A*사가 생산한 자동차의 재고 증가는 GDP 증가에 영향을 주지 못하지만, 중고 자동차의 거래량 증가는 GDP를 증가시킨다.

ㄷ. 중국인의 한국 내 생산활동은 한국의 GDP 산출에 포함된다.

ㄹ. 아파트 옥상에서 상추를 재배한 전업주부가 이 생산물을 가족들의 저녁 식사에 이용한 경우 이는 GDP에 포함되지 않는다.

ㅁ. 한국의 의류회사가 베트남에서 생산하여 한국으로 수입 판매한 의류의 가치는 한국의 GDP에 포함되지 않는다.

① ㄱ, ㄴ, ㄷ ② ㄱ, ㄴ, ㅁ ③ ㄱ, ㄷ, ㅁ

④ ㄴ, ㄷ, ㄹ ⑤ ㄷ, ㄹ, ㅁ

정답 ⑤

해설

ㄱ. 정부가 출산장려금으로 자국민에게 지급하는 금액은 이전지출에 해당하므로 GDP에 포함되지 않는다.

ㄴ. 중고 자동차는 당해연도 생산물이 아니므로 GDP에 포함되지 않는다.

05 투자와 저축 ★★★

1. 투자(investment)

(1) 의미

새로이 생산된 자본재 구입에 사용된 금액을 의미한다.

(2) 구성

① 기업의 설비 및 자본재 구입 금액

② 신축 주택 구입 금액

③ 재고변화분

2. 저축(saving)

◀ 시험 POINT 민간저축, 정부저축, 이자율을 구하는 문제가 주로 출제됩니다.

(1) 의미

현재의 소득 중에서 소비에 사용되지 않은 부분으로, 총저축은 민간저축과 정부저축의 합으로 구성된다.

(2) 총저축(national saving)의 구성

① 민간저축(private saving): Y(소득) $-$ C(소비) $-$ T(조세)

② 정부저축(government saving): T(조세) $-$ G(정부지출)

③ 총저축(S_N) = 민간저축(S_P) + 정부저축(S_G) $= Y - C - T + T - G = Y - C - G$

3. 국부(national wealth)

(1) 의미

일정 시점에서 한 나라 국민이 소유한 부의 총액이다.

(2) 구성

① 국내에 있는 자본과 토지와 같은 모든 물리적인 자산

② 해외자산에서 해외부채를 뺀 순해외자산

개념확인 문제

Q 국민소득 관련 방정식은 $Y = C + I + G + NX$, $Y = C + S + T$이다. 다음 자료를 이용하여 산출한 국민저축은? (단, Y는 국민소득, C는 소비, I는 투자, G는 정부지출, NX는 순수출, X는 수출, M은 수입, S는 민간저축, T는 세금) 18년 노무사

C: 8,000　I: 2,000　G: 2,000　X: 5,000　M: 4,000　T: 1,000

① 2,200　② 2,500　③ 2,800
④ 3,000　⑤ 4,000

정답 ④

해설

1) 문제에 주어진 수치를 GDP 항등식에 대입하면

$$Y = C + I + G + (X - M)$$
$$= 8,000 + 2,000 + 2,000 + (5,000 - 4,000) = 13,000$$

2) 따라서 국민저축 $S_N = Y - C - G = 13,000 - 8,000 - 2,000 = 3,000$이다.

Chapter 02

국민소득결정이론

+ 학습목표

- 고전학파와 케인즈의 국민소득결정이론의 원리를 이해할 수 있다.
- 승수의 단순형과 복잡형을 모두 구분하여 기억하고, 문제에 제시된 내용을 대입할 수 있다.

01 고전학파의 국민소득결정이론 ★★★

1. 고전학파

케인즈 이전의 애덤스미스 등으로, 케인즈는 당시 경제이론이 대공황의 원인과 대책을 제시하지 못하고 있다는 점에서 고전적(classical)이라고 하였고, 이후 고전학파라 불리게 되었다.

2. 고전학파의 국민소득결정이론의 기본 가정

(1) 세이의 법칙

① "공급은 스스로의 수요를 창출한다."라고 한 프랑스의 고전학파 경제학자 세이의 시장이론이다.

② 즉, 공급이 되면 그만큼 소득이 창출되고, 이 소득이 수요로 지출된다. 결국 기업이 재화나 서비스를 생산하기만 한다면 반드시 판매되므로, 초과공급이 발생하지 않는다.

③ 물론, 단기적이고 일시적으로 마찰적 원인에 의해 부분적 불균형은 있지만, 바로 균형을 찾는다. 따라서 기업은 생산하는 대로 다 팔리므로, 항상 생산할 수 있는 최대량을 생산한다. 또한 노동시장도 항상 완전고용이 이루어진다.

(2) 가격변수의 완전신축성

① 모든 가격변수(물가, 명목이자율, 명목임금)는 완전신축적이므로 수요와 공급의 일시적 불균형은 즉각적으로 수정된다.

② 즉, 모든 시장의 불균형은 왈라스의 완전신축적인 가격 조정에 의해 즉시 해소된다. 이를 시장청산(market clearing)이라고 한다.

(3) 완전예측가능성

각 경제주체들은 물가에 대한 완벽한 정보가 있다. 따라서 물가의 변화를 완벽하게 예상하며, 물가상승 시, 자신의 실질임금을 지키기 위해 명목임금의 즉각적인 상승을 요구한다.

(4) 완전경쟁시장

세상에 존재하는 모든 시장은 완전경쟁시장이다.

(5) 화폐수량설이 적용됨

화폐수량설은 통화량과 물가가 정비례 관계를 보인다는 주장이다.

3. 노동시장

(1) 노동수요

① 기업의 노동고용 이윤극대화 조건($w = P \cdot MP_L$)에 따라 노동수요가 결정된다.

② 개별 기업 노동수요곡선

- **명목임금 기준:** 명목임금과 노동의 한계생산물가치($w = P \cdot MP_L$)가 같아지도록 고용해야 이윤극대화 생산요소 고용량이 결정된다. 따라서 한계생산물가치곡선이 노동수요곡선이며, 노동의 한계생산물이 체감하므로 우하향한다.
- **실질임금 기준:** 실질임금과 노동의 한계생산물$\left(\frac{w}{p} = MP_L\right)$이 같아지도록 고용해야 이윤극대화 생산요소 고용량이 결정된다. 따라서 한계생산물곡선이 노동수요곡선이며, 노동의 한계생산물이 체감하므로 우하향한다.

③ 시장노동수요곡선은 개별 기업 노동수요곡선의 수평합이다.

(2) 노동공급

① 근로자의 노동공급 효용극대화 조건에 따라 노동공급이 결정된다.

② 개별 근로자 노동공급곡선

- 명목임금이 상승할 때 일반적으로(대체효과>소득효과) 개별 근로자의 노동공급량이 증가하므로 개별노동공급곡선은 우상향한다.
- 고전학파모형에서는 노동공급이 실질임금의 함수이므로 실질임금을 기준으로 분석한다.

③ 시장노동공급곡선은 개별 근로자 노동공급곡선의 수평합이다.

(3) 노동시장의 균형

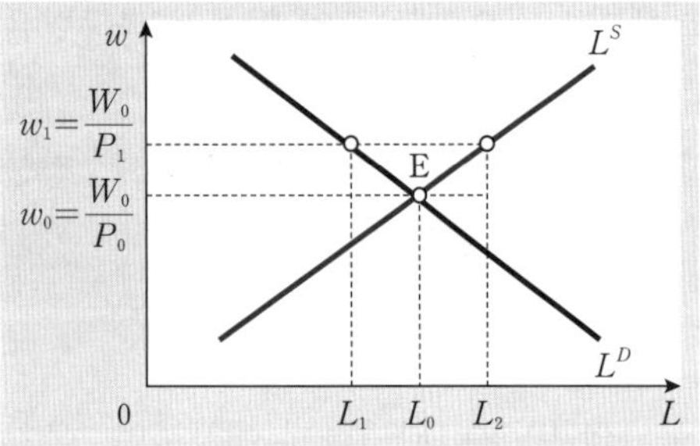

① 물가가 P_0일 때 노동의 수요와 공급이 일치하는 점 E에서 균형실질임금은 $w_0 = \frac{W_o}{P_0}$이고 고용량은 L_o로 결정된다.

② 만약 물가가 P_1으로 하락하면 실질임금이 $w_1 = \frac{W_0}{P_1}$으로 상승하여 노동시장에서는 일시적으로 초과공급이 발생한다. 그러나 가격변수의 신축성에 의해 즉시 명목임금이 W_1으로 하락하여 실질임금은 전과 동일한 $w_0 = \frac{W_o}{P_0} = \frac{W_1}{P_1}$이 되어 균형고용량도 L_o로 동일하게 된다.

③ 이때의 균형고용량 L_o는 완전고용수준이다.

(4) 단기총생산함수

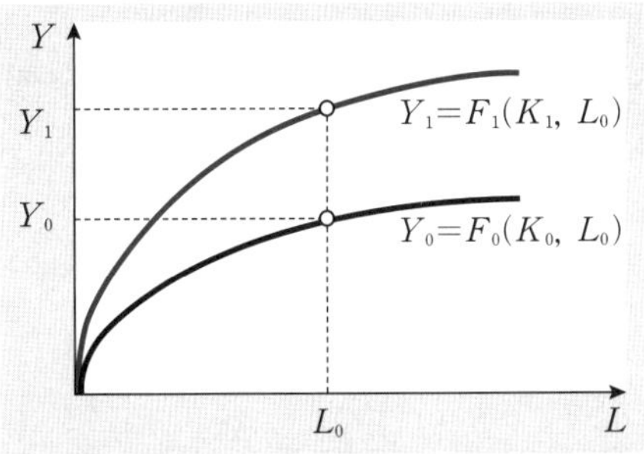

① 단기에 노동투입량이 증가하면 총생산물이 증가한다. 이때 한계생산물이 체감하므로 총생산물은 체감적으로 증가한다.

② 자본스톡이 증가하여 자본 − 노동비율($\frac{K}{L}$: 1인당 자본량)이 증가하거나 기술이 진보하면 노동의 평균 및 한계생산성(AP_L, MP_L)이 증가한다.

③ 따라서 동일 노동투입량하에서도 총생산량이 증가하므로 총생산물곡선이 상방 이동한다.

(5) 국민소득의 결정

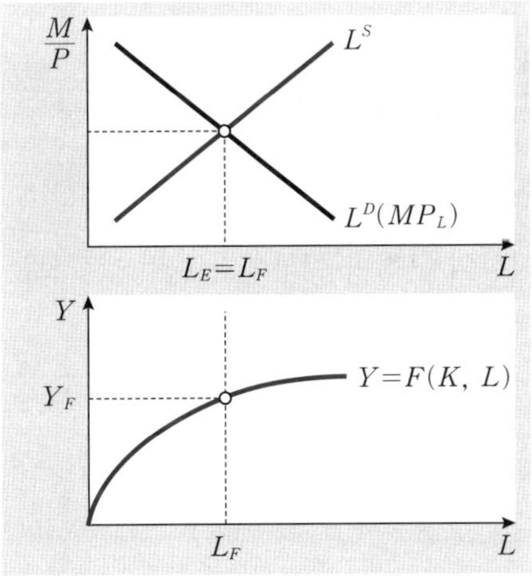

① 노동시장균형에 따라 완전고용수준으로 노동량(L_F)이 투입되면 주어진 단기총생산함수에 따라 완전고용수준의 총생산량(Y_F, 잠재 GDP)이 생산된다.
② 완전고용수준으로 생산된 총생산물은 실물적 이자율 조정에 의해 모두 수요(판매)되므로 완전고용수준의 실질국민소득이 달성된다.
③ 노동수요, 노동공급 및 총생산함수가 변화하면 고용과 국민소득이 변화한다.

02 케인즈의 국민소득결정이론 ★★★

1. 기본 가정

◀ 시험 POINT 고전학파와의 차이점을 비교할 수 있어야 앞으로 나오는 학파들 분석이 용이해집니다.

(1) 유휴설비의 존재

충분한 정도의 유휴설비가 존재하고 물가가 경직적인 단기에는 주어진 물가수준하에서 산출량이 조정 가능하다.

(2) 수평인 총공급곡선

주어진 물가수준하에서 원하는 만큼 생산이 가능한 경우에는 총공급곡선이 수평이 된다.

(3) 가격의 경직성

고전학파는 모든 가격변수가 신축적이라고 보는 반면, 케인즈는 단기적으로 가격과 임금이(특히 하방으로) 경직적이라고 보았다.

(4) 수요 중시

가격이 경직적이고 충분한 정도의 유휴설비가 존재하는 경우 경제 전체 생산액(GDP)은 경제 전체 생산물에 대한 수요(총지출)에 의해 결정된다.

(5) 소비, 투자, 정부지출

① 소득이 증가하면 소비가 소득의 일정비율(한계소비성향: 0과 1사이의 수)만큼 증가한다.
② 투자와 정부지출 등은 소득이나 이자율에 관계없이 일정한 값으로 주어진다.

(6) 불균형의 조정

고전학파가 실질이자율(가격)의 신축적인 조정에 의해 생산물시장의 균형이 이루어지는 것으로 보는 반면, 케인즈는 생산량의 조정에 의해 불균형이 조정된다고 보았다.

2. 생산물의 총수요

(1) 생산물 총수요

① 가계, 기업, 정부, 해외 부문의 최종 생산물에 대한 수요의 총합을 의미하며 간단히 총수요라고도 한다. 특히 구매력이 있는 총수요를 유효수요라 한다.

② 케인즈의 단순모형에서는 가계와 기업만이 존재하는 경우 총수요는 가계의 소비수요와 기업의 투자수요로 구성된다.

(2) 가계의 소비(수요)

① 소비수요란 소득이 뒷받침되는 계획된 소비이다. 소비지출과 같은 의미로, 간단히 소비(C)로 나타낸다.

② $C = C_0 + cY$ (단, C_0: 기초소비, c: 한계소비성향)

③ 한계소비성향(MPC, Marginal Propensity to Consume)

- 소득(Y)이 추가적으로 변화 시 소비(C)의 변화분으로 $MPC = c = \dfrac{\Delta C}{\Delta Y}$이며 0과 1 사이의 값을 가진다.
- 소비함수의 접선의 기울기로 일정하다.

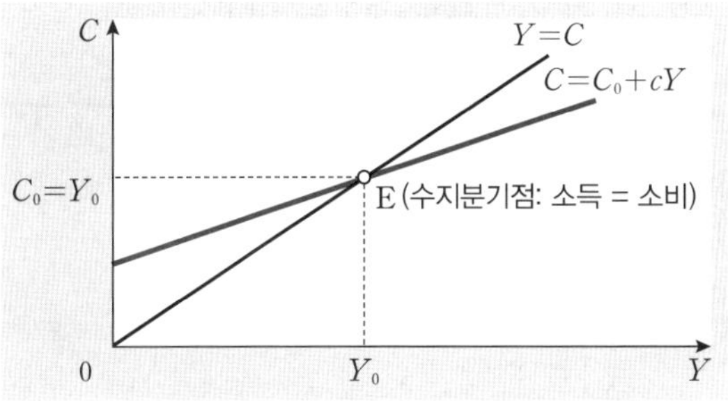

(3) 기업의 투자수요

① 케인즈의 단순모형에서의 투자수요는 독립투자로, 일정한 상수이다.

② $I^D = I_0$

3. 균형국민소득의 결정: 총수요(Y^D)= 총공급(Y)

(1) 총수요와 총공급

① 총수요($Y^D = AE$)는 소비와 투자의 합으로 이루어진다. 즉, $Y^D = C + I^D$이다.

② 총공급(총생산)

- 케인즈에 따르면 유효수요만 있으면 공급이 즉시 이루어지므로 45° 선을 총공급선으로 볼 수 있다.
- 따라서 총수요와 총공급이 일치하는 균형조건은 $Y^D = Y$이다.

(2) 균형국민소득의 결정

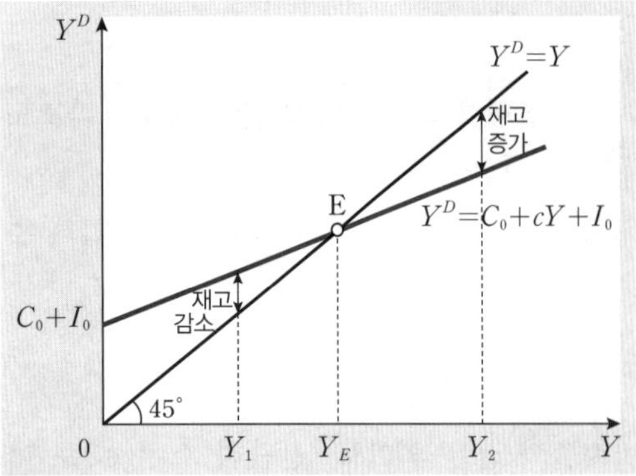

① 총수요 $Y^D = C + I^D = C_0 + cY + I_0$와 균형조건 $Y = Y^D$를 만족시키는 균형국민소득을 Y_E라고 한다.

② 실질국민소득이 균형국민소득인 Y_E보다 낮은 Y_1에 있다면 생산량보다 유효수요가 더 크므로 재고감소가 발생한다. 이에 따라 생산이 증가하고 실질국민소득이 Y_E 방향으로 증가한다.

③ 실질국민소득이 Y_E보다 높은 Y_2에 있다면 생산량보다 유효수요가 더 작으므로 재고증가가 발생한다. 이에 따라 생산이 감소하고 실질국민소득이 Y_E 방향으로 감소한다.

④ 궁극적으로 실질국민소득이 Y_E이면 생산량과 유효수요가 같으므로 재고는 변하지 않아 실질국민소득이 변하지 않는다.

(3) 조세 중 비례세가 부과되고 해외부문인 수출(X)와 수입(M)이 포함된 경우

① 유효수요는 $Y^D = C + I^D + G + (X - M)$이고, 균형조건은 $Y^D = Y$이다.

② 구성

- 소비: $C = C_0 + cY_d$ [c는 한계소비경향($MPC = \frac{\Delta C}{\Delta Y}$), $0 < c < 1$]
- 처분가능소득: $Y_d = Y - T$
- 조세: $T = T_0 + tY$ (T_0는 정액세, t는 비례세율 $0 < t < 1$)
- 투자수요: $I^D = I_0 + iY$ (I_0는 독립투자, i는 유발투자계수)
- 정부지출: $G = G_0$ (G_0는 독립지출)
- 수입: $M = M_0 + mY$ [M_0는 기본수입, m은 한계수입성향$\left(\frac{\Delta M}{\Delta Y}\right)$, $0 < m < 1$]

③ $Y^D = C_0 + c(Y - T_0 - tY) + I_0 + iY + G_0 + X_0 - M_0 - mY$이므로

$$Y_E = \frac{1}{1 - c(1-t) + m - i}(C_0 - cT_0 + I_0 + G_0 + X_0 - M_0)$$이다.

4. 균형국민소득의 결정: 총수요(Y^D)=총소득(Y)

(1) 총소득(Y)

① 소득 측면에서 볼 때 가계의 소득은 민간소비(C)와 가계저축(S)의 합이므로 $Y = C + S$이고, $S = Y - C$로 바꿀 수 있다.

② $S = Y - (C_0 + cY)$ ($\because C = C_0 + cY$)

③ $S = -C_0 + (1-c)Y = -C_0 + sY$이므로 저축은 소득의 증가함수이다.

④ 한계저축성향(MPS, Marginal Propensity to Saving) = $\dfrac{\Delta S}{\Delta Y}$

- 소득의 증가분은 소비의 증가분과 저축의 증가분의 합이므로, 양변을 소득의 증가분으로 나누면 $\dfrac{\Delta Y}{\Delta Y} = \dfrac{\Delta C}{\Delta Y} + \dfrac{\Delta S}{\Delta Y}$이므로 $MPC + MPS = 1$이 성립한다.

(2) 균형국민소득의 결정(단순모형)

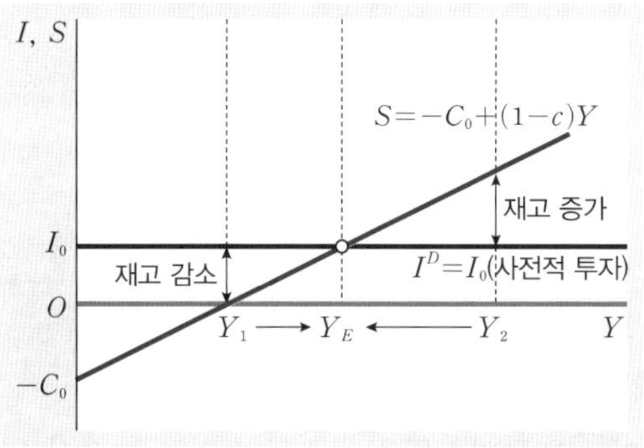

① 총소득 $Y(= C + S)$와 총수요 $Y^D(= C + I^D)$의 균형이 성립하는 Y_E에서는 $C + I^D = C + S$이다. 따라서 I^D(투자수요) = S(저축)이다.

② S는 국민소득을 줄이는 누출이며 I는 국민소득을 늘리는 주입이다. 주입에 해당하는 투자(I^D)는 사전적 투자의 개념으로 실제로 실현된 사후적 투자와는 다른 개념이다.

③ 국민소득이 Y_1이면 $I^D > S$이므로 재고가 감소하여 다음 기에 산출량이 증가하게 된다.

④ 국민소득이 Y_2이면 $I^D < S$ 재고가 증가하여 다음 기에 산출량이 감소하게 된다.

⑤ **사후적 투자와 사전적 투자:** 사후적 투자는 의도하지 않은 재고변동도 포함하므로 항상 저축과 일치한다.

(3) 확장된 균형국민소득의 결정

① 정부 부문이 추가되는 경우

총소득 $Y(= C + S + T)$와 총수요 $Y^D(= C + I^D + G)$의 균형에서는 $C + I^D + G = C + S + T$이다. 따라서 $I^D + G = S + T$이다.

② 해외 부문이 추가되는 경우

- 총소득 $Y(=C+S+T)$와 총수요 $Y^D(=C+I^D+G+X-M)$의 균형이 성립하므로 $C+I^D+G+X-M=C+S+T$이다. 따라서 $\underbrace{I^D+G+X}_{\text{주입}}=\underbrace{S+T+M}_{\text{누출}}$이다.
- 주입(injection): 순환과정에서 밖으로부터 구매력이 유입되는 것을 말한다.
- 누출(leakage): 순환과정에서 밖으로 구매력이 유출되는 것을 말한다.

(4) 저축 역설의 개념

① 모든 개인이 절약하여 저축을 증가시키면 총수요가 감소하여 국민소득이 감소하게 되고, 결과적으로 장기적으로 총저축이 증가하지 않거나 오히려 감소하는 현상을 의미한다.

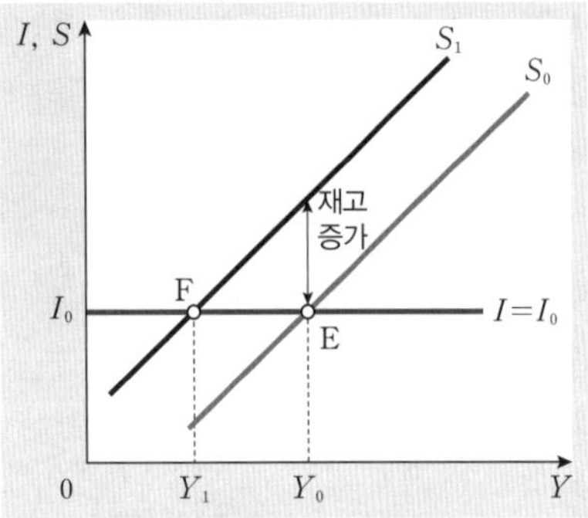

② 독립투자만 존재하는 경우

- 저축이 증가하여 저축함수가 상방 이동하면 원래의 국민소득수준에서는 저축이 (사전적) 투자보다 더 크다.
- 따라서 재고가 증가되므로 생산량을 감소시키게 되어 균형국민소득은 감소하며 저축은 다시 원래 수준으로 된다.

③ 유발투자가 있는 경우

- 유발투자는 소득이 증가하면 투자가 더 증가하는 것으로 $I=I_0+iY$로 표현된다.
- 유발투자가 있는 경우 저축이 더 크게 증가하면(즉, 저축성향(S) > 투자성향(i)이면) 국민소득이 감소하고 이로 인해 저축이 더 감소한다.

03 케인즈의 승수효과 ★★★

1. 케인즈의 승수효과 (◀ 시험 POINT 승수를 계산할 수 있어야 합니다.)

(1) 기본 개념

① 케인즈는 국민소득은 총수요와 총공급이 일치하여 결정된다고 설명한다.

② 케인즈에 따르면 유효수요가 변할 경우 균형국민소득도 변하게 되는데, 균형국민소득에 어떤 변화를 초래하는지를 분석하는 이론을 승수이론이라고 한다.

③ 승수효과란 정부지출이 약간만 증가하더라도 '소득증가 → 소비증가 → 소득증가 → 소비증가'의 연쇄적인 과정을 통해 최종적으로는 국민소득이 훨씬 크게 증가하는 효과이다.

(2) 의미

① 독립지출 증가분에 대한 균형국민소득 증가분의 비율이다. 쉽게 말하면 곱하기 효과이다.

② 예를 들어 독립지출인 정부지출이 1원 증가할 경우, 균형국민소득이 얼마나 증가하는가를 나타내는 비율을 말한다.

③ $\text{승수} = \dfrac{\triangle \text{균형국민소득}}{\triangle \text{독립지출}}$

(3) 가정: 단순모형

① 잉여생산능력이 존재하며 한계소비성향$\left(MPC = \dfrac{\triangle C}{\triangle Y}\right)$이 일정하다.

② 물가가 고정되어 있으며, 폐쇄경제이다.

(4) 도출과정

① Y는 국민소득, C는 소비, I^D는 기업의 투자수요, G는 정부지출(G_0)로, 투자와 정부지출은 상수이다.

$C = C_0 + c(Y - T)$ (단, C_0: 기초소비, c: 한계소비성향, T: 정액세)

$I = I_0$, $G = G_0$

$$\begin{aligned} Y^D &= C + I + G \\ &= C_0 + c(Y - T) + I_0 + G_0 \end{aligned}$$

② 공급 측면인 Y와 수요 측면인 Y^D가 균형 상태에서 동일하므로, $Y^D = Y$로 놓고 이를 Y에 대해서 풀면 다음과 같다.

$$Y = \frac{1}{1-c}\left[C_0 + I_0 + G_0 - cT\right]$$

(5) 승수

① 정부지출승수: $\dfrac{dY}{dG} = \dfrac{1}{1-c}$

② 투자승수: $\dfrac{dY}{dI} = \dfrac{1}{1-c}$ (투자승수=정부지출승수)

③ 조세승수: $\dfrac{dY}{dT} = \dfrac{-c}{1-c}$

④ 균형재정승수

- 균형재정이란 수입과 지출이 일치하여 흑자도 적자도 없는 재정으로, 예를 들면 조세수입이 100억 원이고 정부지출이 100억 원이면 균형재정이다.
- 균형재정승수: $\frac{dY}{dG} \times \Delta G + \frac{dY}{dT} \times \Delta T = \frac{1}{1-C}\Delta G + \frac{-C}{1-C}\Delta T = \frac{1-C}{1-C}\Delta G$

  $= \underset{\text{균형재정승수}}{\underline{\underline{1}}} \times \Delta G (= \Delta T)$

(6) 정부 부문과 해외 부문이 포함된 경우의 최종승수

① 구성: $Y^D = C + I + G + X - M$

- 소비: $C = C_0 + cY_d$ [c는 한계소비경향($MPC = \frac{\Delta C}{\Delta Y}$), $0 < c < 1$]
- 처분가능소득: $Y_d = Y - T$
- 조세: $T = T_0 + tY$ (T_0는 정액세, t는 비례세율, $0 < t < 1$)
- 투자수요: $I^D = I_0 + iY$ (I_0는 독립투자, i는 유발투자계수)
- 정부지출: $G = G_0$ (G_0는 독립지출)
- 수입: $M = M_0 + mY$ [M_0는 기본수입, m은 한계수입경향$\left(\frac{\Delta M}{\Delta Y}\right)$, $0 < m < 1$]

② $Y^D = C_0 + c(Y - T_0 - tY) + I_0 + iY + G_0 + X_0 - M_0 - mY$에서 균형조건($Y^D = Y$)을 만족시키는 균형국민소득을 Y_E라 하면 $Y_E = \frac{1}{1-c(1-t)+m-i}(C_0 - cT_0 + I_0 + G_0 + X_0 - M_0)$이다.

③ 투자승수: $\frac{dY}{dI} = \frac{1}{1-c(1-t)+m-i}$

④ 정부지출승수: $\frac{dY}{dG} = \frac{1}{1-c(1-t)+m-i}$

⑤ 조세승수: $\frac{dY}{dT} = \frac{-c}{1-c(1-t)+m-i}$

2. 승수의 일반형과 유의사항

(1) 승수의 일반형과 관련 변수

정부지출승수, 투자승수: $\frac{1}{1-c(1-t)+m-i}$

(2) 승수와 관련된 변수

① 한계소비성향의 증가함수: 소비가 증가하면 총수요가 늘어나므로 한계소비성향(c)의 증가함수이다.

② 한계세율의 감소함수: 조세가 증가하면 가처분소득이 감소하여 소비가 감소하므로 총수요가 감소한다. 따라서 한계세율(소득세율)의 감소함수이다.

③ **한계수입성향(m)의 감소함수:** 한계수입성향이 커지면 소득이 증가함에 따라 수입이 증가하므로 총수요의 감소요인이다. 따라서 한계수입성향의 감소함수이다.

④ **유발투자계수(i)의 증가함수:** 유발투자계수가 커지면 국민소득이 증가할 때 투자가 종전보다 더 크게 증가하므로 총수요의 증가요인이다. 따라서 유발투자계수의 증가함수이다.

(3) 케인즈의 승수 유의사항

① 정부지출, 투자, 조세 감면 등 모두 승수가 존재한다.

② 정부지출승수와 투자승수는 동일하다.

③ 정부지출이 조세 감면보다 효과가 더 크다.

④ 단순모형의 균형재정승수는 1이다. 즉, 정부지출을 100억 원 늘리고 조세를 100억 원 걷으면 국민소득이 100억 원 증가한다.

(4) 승수효과의 한계

① 한계소비성향이 안정적이지 않다면 승수효과를 확정적으로 표시할 수 없다.

② 승수효과가 일어나는 동태적 과정이 순조롭지 못하다면 승수효과는 발생하지 않을 수도 있다.

③ 공급측면에 장애가 있다면 승수효과는 발생하지 않을 수도 있다.

④ 기업의 형태에 의해 승수효과가 제약될 수도 있다.

3. 인플레이션 갭과 디플레이션 갭

(1) 인플레이션 갭

① 완전고용국민소득수준에서 총수요(Y^D)가 총공급(Y)을 초과하는 부분이다.

② 그래프

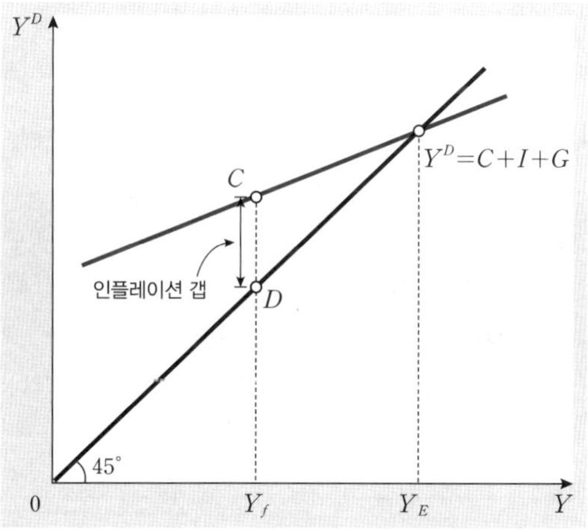

(2) 디플레이션 갭

① 디플레이션 갭=완전고용국민소득(Y_f)−실제총수요= Y_f 수준에서의 수요부족이다.

② 디플레이션을 해소하기 위해 증가시켜야 하는 유효수요의 크기이다.

(3) GDP 갭과 디플레이션 갭과의 관계

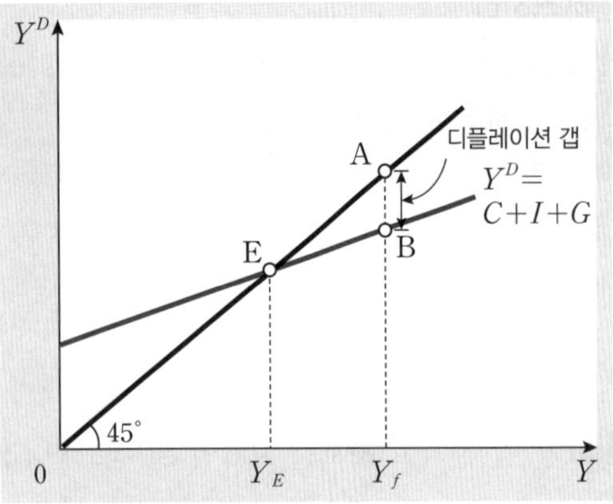

① 폐쇄경제의 유효수요라고 가정하면 $Y^D = C + I^D + G$일 때 균형국민소득(Y_E)이 완전고용국민소득(Y_f)보다 낮은 수준에서 결정되었다면 $Y_f - Y_E$만큼의 GDP 갭(완전고용국민소득 - 실제국민소득)이 존재한다.

② 현재의 균형상태에서 디플레이션 갭만큼 정부지출을 증가시키면 총수요는 $Y^D = C + I^D + G + \Delta G$ 이 되어 새로운 균형점에 도달하므로 완전고용소득에 도달한다.

③ GDP 갭= 디플레이션 갭 × 정부지출승수으로 구성된다(디플레이션갭 = ΔG, GDP 갭 = $Y_f - Y_E = \Delta Y_E$).

4. 고전학파의 기본 가정과 케인즈와의 비교

구분	고전학파의 기본 가정	케인즈 계열(비교)
국민소득 결정	세이의 법칙이 성립함 → 공급은 스스로 수요를 창출함	총수요가 총공급(생산)을 결정하고 이에 따라 국민소득이 결정됨
가격변수	가격변수(물가, 임금, 이자)가 신축적임	가격변수가 경직적임
노동시장	노동에 대한 수요와 공급은 실질임금$\left(w=\frac{W}{P}\right)$의 함수임	• 노동에 대한 수요는 실질임금$\left(w=\frac{W}{P}\right)$의 함수임 • 노동에 대한 공급은 명목임금($W$)의 함수임
시장의 가정	모든 시장은 완전경쟁시장임 → 신축성 때문에 항상 완전고용이 달성됨	불완전경쟁시장임 → 불완전고용 달성됨
미래예견	완전예견	• 정태적 기대로 인해 화폐 환상이 발생함 • 화폐 환상은 실질임금이나 실질소득이 변하지 않더라도 임금이나 소득의 명목가치가 상승하면 사람들이 소득이 증가한 것으로 받아들이는 것을 의미함

개념확인 문제

Q 다음은 개방경제의 국민소득결정모형이다. 정부지출이 100에서 200으로 증가할 경우, 균형국민소득의 변화량은? (단, Y, C, I, G, X, M은 각각 국민소득, 소비, 투자, 정부지출, 수출, 수입)

17년 지방직

- $Y = C + I + G + (X - M)$
- $C = 200 + 0.5Y$
- $I = 100$
- $G = 100$
- $X = 100$
- $M = 50 + 0.3Y$

① 100　　② 125
③ 150　　④ 500

정답 ②

해설

1) 위 모형에서 조세는 존재하지 않고 한계소비성향 $c = 0.5$, 한계수입성향 $m = 0.3$이다.

2) 정부지출승수 $\frac{dY}{dG} = \frac{1}{1-c+m} = \frac{1}{1-0.5+0.3} = \frac{1}{0.8} = 1.25$이다.

3) 그러므로 정부지출이 100만큼 증가하면 국민소득은 125만큼 증가한다.

Chapter 03

소비함수와 투자함수

✛ 학습목표

- 절대소득가설, 상대소득가설, 생애주기가설, 항상소득을 구분할 수 있다.
- 항상소득가설에서 호경기와 불경기의 APC 변화를 이해할 수 있다.
- 순현재가치법과 내부수익률의 값을 구할 수 있다.

01 소비함수론 ★★★

1. 소비의 의미와 특징

(1) 의미

욕구를 충족시키기 위해 재화나 용역을 소모하는 일을 말한다.

(2) 특징

① 소비는 총수요(총지출)의 구성항목(소비, 투자, 정부지출 등) 중 가장 큰 비중을 차지하고 있다.
② 다만, 투자나 정부지출보다 매우 안정적이어서 변동 폭이 작은 경향이 있다.

2. 절대소득가설 ◀ 시험 POINT 각각의 소비이론을 구분할 수 있어야 합니다.

(1) 가정

① **소비의 독립성:** 케인즈는 개인의 소비는 자신의 소득에 의해서만 결정된다고 주장하였다.
② **소비의 가역성:** 소비지출은 소득수준에 따라 자유롭게 변한다.

(2) 내용

① **소득이 증가하면 반드시 소비도 증가:** 소비의 크기가 소득의 크기에 의해 결정되므로 소득이 증가하면 소비도 증가한다.
② **소비함수는 소비축을 통과:** 한계소비성향(MPC)이 0과 1 사이이므로 소득의 증가분 모두가 소비되는 것은 아니며, 소득이 없어도 소비되는 기초소비 때문에 소비함수는 소비축을 통과한다.

(3) 소비함수(한계소비성향이 일정하다고 가정)

① $C = C_0 + cY$

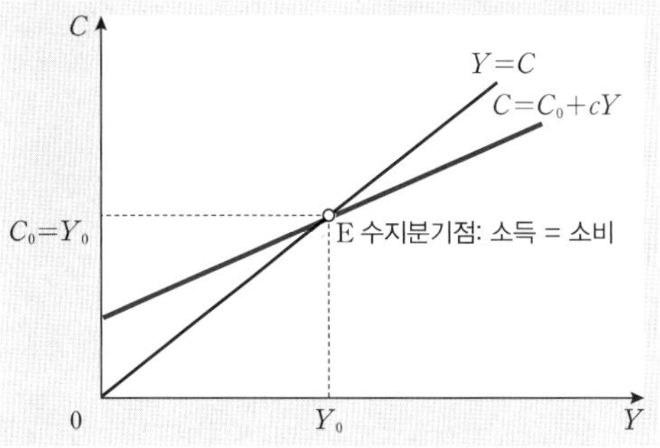

② 원점에서 그은 직선의 기울기로 측정하는 평균소비성향($APC = \frac{C}{Y}$) > 소비함수 접선의 기울기인 한계소비성향($MPC = \frac{\Delta C}{\Delta Y}$)이다.

(4) 의의

소비함수가 현재의 소득에 의존하므로 재량적인 재정정책(조세정책)이 매우 효과적이라는 것을 의미한다.

(5) 단점

절대소득가설은 단기의 소득과 소비관계는 잘 설명하지만, 장기에 있어서의 소비의 변화에 관해서는 설명을 하지 못하는 단점이 있다.

3. 쿠츠네츠(Kuznets)의 실증분석

(1) 소비함수 논쟁

제2차 세계대전이 끝날 무렵, 종전 이후의 경기예측을 위해 소비수요에 대한 실증분석이 이루어졌다. 그 결과 케인즈의 절대소득가설은 장기소비행태를 설명할 수 없는 것으로 드러났다.

(2) 쿠츠네츠의 실증분석(미국, 1829~1929 자료)

① 횡단면 분석

- 일정 시점에서 계층별 소득과 소비의 관계에 대한 분석이다.
- 소득이 Y_1인 사람과 Y_2인 사람의 소비를 분석하는 것이다.

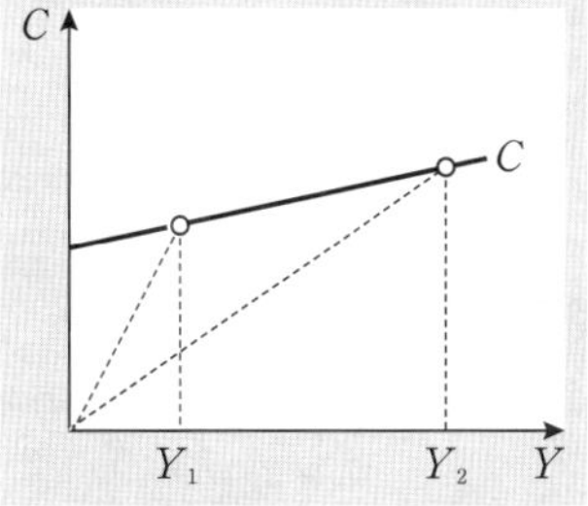

② 시계열분석

- 연도별 국민소득과 소비의 관계에 대한 분석이다.
- 단기와 장기로 나누어 분석한다.

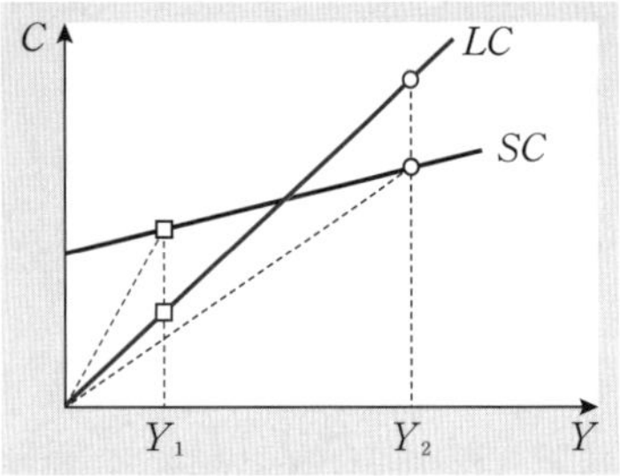

(3) 그래프

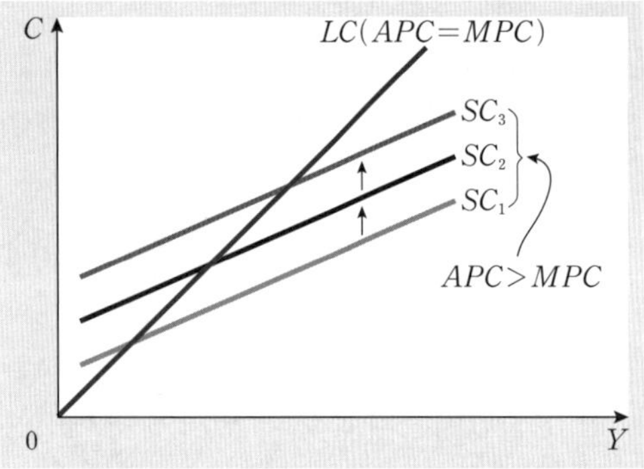

① 단기소비함수(SC 또는 SRC, Short-Run Consumption): $APC > MPC$
평균소비성향이 한계소비성향보다 크다. 따라서 소비수요곡선은 절편을 가지며 우상향한다. 이 결과는 케인즈 절대소득가설과 일치한다.

② 장기소비함수(LC 또는 LRC, Long-Run Consumption): $APC = MPC$
케인즈의 절대소득과 달리 평균소비성향과 한계소비성향이 동일하다. 따라서 장기소비수요곡선은 원점으로부터 우상향하는 직선이다.

(4) 쿠츠네츠의 실증분석 결과와 절대소득가설

① 케인즈의 절대소득가설은 단기에 평균소비성향(APC) > 한계소비성향(MPC)은 설명이 가능하나, 장기에 $APC = MPC$가 됨을 설명할 수 없다.

② 이로 인해 대체적인 소비함수가 등장하였다.

4. 상대소득가설(Duesenberry)

(1) 가정

① 소비의 상호의존성: 개인의 소비는 사회적 의존관계에 있는 동류집단의 소비행위에 영향을 받는다. 이를 전시효과(demonstration effect)라 한다.

② 소비의 비가역성(irreversibility): 소득의 증가에 따라 일단 소비가 증가하면 소득이 감소하더라도 소비를 줄이기가 어렵다. 이를 톱니효과(ratchet effect)라고 한다.

(2) 톱니효과에 의한 장 · 단기소비함수

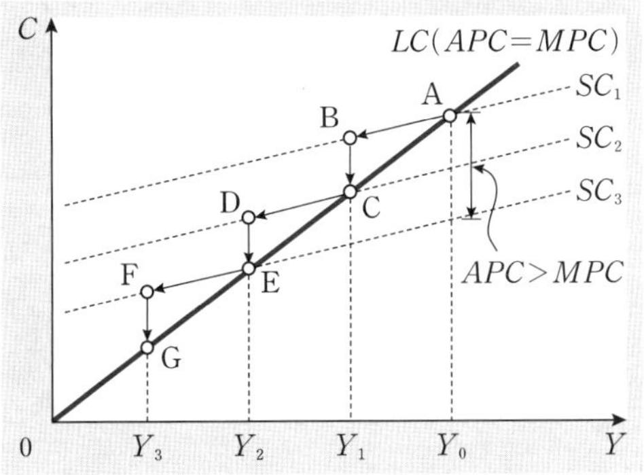

① 단기소비함수

- 최초의 소비점이 점 A라고 하자.
- 소득이 Y_0에서 Y_1으로 감소하면 소비점은 장기소비함수(LC)상의 한 점인 점 C가 아니라 소비의 비가역성에 의해 소비를 급격히 줄이지 못하고 단기소비함수(SC_1)상의 한 점인 점 B로 감소한다.
- 단기소비함수(SC_1)는 소비축을 통과하므로 $APC > MPC$가 성립한다.

② 장기소비함수

- Y_1의 소득으로 소비점인 점 B를 유지할 수 없으므로 장기적으로는 소비점이 점 C로 이동하게 된다.
- 소득이 계속 하락한다면 소비점이 점 C, D, E, F, G 등으로 이동하여 톱니모양의 장기소비함수를 도출하는데, 이러한 효과를 톱니효과라 한다.
- 결국 장기소비함수(LC)는 원점을 지나는 직선이 되므로 $APC = MPC$가 성립한다.

(3) 전시효과에 의한 장 · 단기소비함수

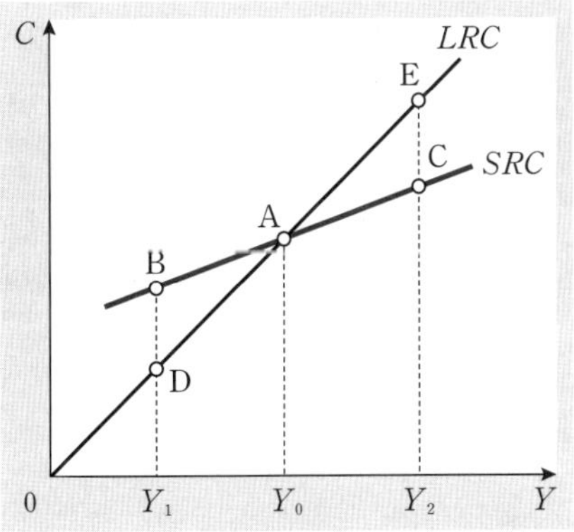

① 개인의 소비는 사회적 의존관계에 있는 동류집단의 소비행위로부터 영향을 받는다.

② 동류집단의 평균소득이 Y_0인 상태에서 개인의 소득이 Y_1이라면 점 B에서, Y_2라면 점 C에서 소비한다. 따라서 단기적으로는 소비축을 통과하는 소비함수($APC > MPC$)이다.

③ 하지만 장기적으로는 원점을 통과하는 소비함수($APC = MPC$)를 도출한다.

5. 항상소득가설(Friedman)

(1) 소득

① 소득은 항상소득(permanent income)과 임시소득(transitory income)으로 이루어진다.

② 항상소득(Y_P)은 미래에도 지속될 것이라고 생각하는 소득으로, 연봉 등이 예이다.

③ 임시소득(Y_T)은 미래에 지속될 것이라고 기대하지 않는 소득으로, 임시적인 보너스 등이 예이다.

④ 따라서 $Y = Y_P + Y_T$이다.

(2) 항상소득가설

① (항상)소비는 임시소득과는 관계없고 오직 항상소득의 일정비율이다.

② 소비$(C) = kY_P = k(Y - Y_T)$

(3) 단기소비함수

① 평균소비성향$(APC) = \dfrac{C}{Y} = \dfrac{k(Y - Y_T)}{Y} = k\left(1 - \dfrac{Y_T}{Y}\right)$

② **경기호황 시:** 임시소득인 Y_T가 커지므로 APC는 감소한다.

③ **경기불황 시:** 임시소득인 Y_T이 작아지므로 APC는 증가한다.

(4) 장기소비함수

① 장기에는 임시소득(Y_T)의 평균이 0이므로 소비$(C) = kY$가 되어 장기소비함수는 원점을 통과하는 직선이 된다.

② $APC = MPC = k$가 성립한다.

(5) 장점

① **케인즈의 재량적 정책이 의미 없음을 지적**

- 일시적인 조세감면(재량적 확대재정)정책은 단기적으로 임시소득만 증가시키므로 소비에는 전혀 영향을 끼치지 않고 저축만 증가시킨다.
- 영구적인 세율 인하는 항상소득을 증가시키므로 영구적인 세율 인하만이 효과가 있다.

② 상대소득가설에서의 소비함수 비대칭성(톱니효과)의 문제를 극복하였다.

(6) 단점

현실적으로 항상소득과 임시소득의 구별이 어렵다.

(7) 유동성제약(차입제약)

① 소비를 하고 싶어도 현금(유동성)이 없어서 소비를 할 수 없는 상태를 의미한다. 즉, 차입이 불가능한 경우로, 차입제약이라고도 한다.

② 유동성제약이 발생하면 소비는 항상소득보다는 현재소득에 의존하므로, 항상소득가설이나 평생소득가설보다는 절대소득가설이 설득력을 지니게 된다.

6. 생애주기가설(Modigliani, Ando 등)

(1) 소비

① 소비는 전 생애(life-cycle)에 걸쳐 예상되는 미래소득(Y)에 따라 결정된다.

② 소비는 일생 동안 변동 폭이 매우 작아 안정적이다.

(2) 소득

① 유년기와 노년기에는 매우 낮아서 $(-)$의 저축이 발생하고 장년기에는 매우 높아서 $(+)$의 저축이 발생한다.

② 미래소득은 예상근로소득(W)과 예상자산소득(A)으로 구성된다.

(3) 그래프

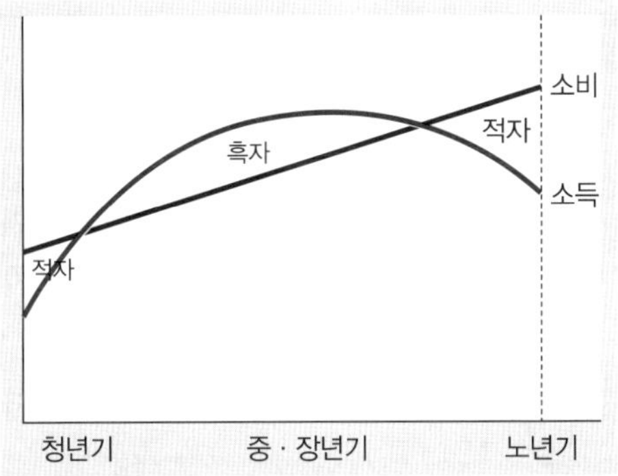

① 유년기와 노년기: 소비가 소득보다 많다. 따라서 $APC > 1$이다.

② 청 · 장년기: 소득이 소비보다 많으므로 양의 저축이 이루어진다. 따라서 $APC < 1$이다.

(4) 단기소비함수

① $C = aW + bA$

② A: 예상자산소득

- 당기에 예상되는 생애자산소득의 현재가치이며, 당기자산가치와 동일하다.
- b는 자산소득의 한계소비성향이다.
- 따라서 일정 시점에서는 상수이지만 시간이 경과하면 저축에 의해 보유자산액이 증가하므로 A도 증가한다.

③ W : 예상근로소득

• 당기에 예상되는 생애근로소득의 현재가치이다.

• a는 노동소득의 한계소비성향이다.

④ 단기에는 노동소득(W)이 0일 때 bA만큼의 소비가 가능하고 노동소득(W)이 커지면 소비가 증가한다.

⑤ 단기소비함수(SC)는 소비축을 통과하고 $APC > MPC$가 성립한다.

(5) 장기소비함수

① 실증분석결과에 따르면 장기적으로 매 기당 총소득에서 차지하는 노동소득과 자산소득의 비율이 동일하다.

② 따라서 장기에는 소비가 소득의 일정 비율로 이루어지므로, 장기소비수요곡선은 원점에서 우상향하는 직선이 되며 장기평균소비성향(APC)과 장기한계소비성향(MPC)은 같다.

(6) 그래프

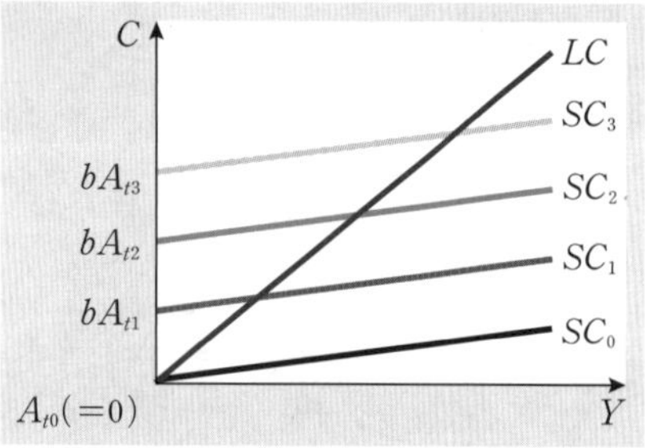

(7) 특징

① 생애주기가설에 따르면 조세조정은 당기 가처분소득은 변화시킬 수 있으나 미래예상소득에는 거의 영향을 미칠 수 없다.

② 정부가 이전지출을 하는 경우 평균소비성향이 큰 노년층을 대상으로 하는 것이 소득증가측면에서 더 효과적이다.

7. Random Walk가설(Hall)

(1) 개념

① 항상소득가설에 합리적 기대를 도입한 소비이론이다.

② $C_t = C_{t-1} +$ 예상하지 못한 충격

(2) 특징

① 개인들은 이용가능한 모든 정보를 이용하여 항상소득을 예상하고 이에 따라 소비를 결정한다.

② 미래소비수준을 예측하기 위해서는 현재소비수준만 알면 된다.

③ 합리적 기대를 통해 예상된 충격은 소비에 영향을 미치지 못하고 전기와 동일하다.

④ 합리적 기대를 하더라도 예상치 못한 변화가 발생한다면 전기와 소비가 달라진다.

⑤ 정부정책의 시행도 예상된 정책은 소비에 영향을 미치지 않으나, 예상하지 못한 정책은 소비에 영향을 미칠 수 있음을 설명하였다.

개념확인 문제

Q 소비이론에 대한 설명으로 옳은 것은? 23년 국가직

① 케인즈(Keynes)의 소비함수에서는 현재가처분소득이 증가하더라도 평균소비성향은 일정하다.

② 항상소득가설은 일시적인 소득 증가가 소비에 영향을 크게 미친다고 가정한다.

③ 생애주기가설에 의하면 소비자는 현재가처분소득에만 의존하여 적절한 소비수준을 결정한다.

④ 홀(Hall)에 의하면 항상소득가설과 합리적 기대를 결합시킬 경우 소비는 임의보행(random walk)을 따른다.

정답 ④

해설

① 케인즈(Keynes)의 소비함수에서는 현재가처분소득이 증가하면 소비가 증가하므로 평균소비성향은 점점 작아진다.

② 항상소득가설은 일시적인 소득 증가가 소비에 영향을 미치지 못하고 항상소득만 영향을 미친다고 주장한다.

③ 생애주기가설에 의하면 소비자는 평생에 걸친 소득을 고려하여 적절한 소비수준을 결정한다.

02 투자함수론

◀ 시험 POINT 현재가치법과 내부수익률을 구분하여 기억해야 합니다. ★★★

1. 투자의 의미와 특징

(1) 총투자

① **총투자의 구성요소:** 총투자 = 대체투자 + 순투자

② **대체투자:** 자본재의 고정자본소모분을 보충하기 위한 투자이다.

③ **신규투자(순투자):** 자본량의 증대를 위한 투자로, 고정자본소모를 상회하는 투자이다.

(2) 특징

투자는 총수요(총지출)의 구성항목(소비, 투자, 정부지출 등) 중 차지하는 비중은 20~30% 정도에 불과하지만, 그 변동 폭이 매우 크기 때문에 경기변동의 가장 중요한 요인이 된다.

2. 자본 형태에 따른 투자의 분류

(1) 구성

국내총투자 = 고정투자 + 재고투자

(2) 고정투자

① 국내 총고정자본 형성을 의미한다.

② 주택 투자, 비주택 건설물(철도, 항만 등) 투자, 생산자 내구재(기계설비 등) 투자로 구성된다.

(3) 재고투자

① **재고:** 일정기간동안 기업이 판매하였으나 판매되지 않은 것이다.

② **재고투자:** 기말재고에서 기초재고를 뺀 값이다.

(4) 재고보유의 동기

① **생산평준화:** 특정 기간에 생산을 집중하면 생산비용이 급격히 증가하므로 여러기간에 걸쳐 균등하게 생산하려는 것이다.

② **재고소진기피:** 재고 소진가 소진되어 판매기회를 놓치지 않기 위해 재고를 보유하는 것이다.

③ **생산요소로서의 재고:** 기업이 각종부품의 재고를 가지고 있다면 생산라인이 멈춰서는 시간을 줄이는 등의 기업의 생산활동을 촉진하므로 일종의 생산요소 역할을 한다는 것이다.

④ **생산과정에있는 재고:** 여러단계를 거쳐 생산되는 재화인 경우 일정시점에서는 미완성제품이 존재할 수 있다. 이러한 경우도 재고투자로 분류된다.

3. 순현재가치법(NPV, Net Present Value)

(1) 의미

① 투자로부터 얻는 예상수입의 현재가치와 투자재의 구매비용을 비교하여 투자 여부를 결정하는 방법이다.

② 미래에 예상되는 비용과 편익은 적절한 비율로 할인되어 현재가치로 바뀌어야 일관성 있는 평가가 가능하다.

(2) 할인율

① 미래가치를 할인할 때 적용하는 비율이다.

② 투자계획에 사용되는 자금의 기간당 기회비용과 일치하도록 선택되어야 한다.

③ 민간 부문의 투자평가에는 자금을 빌려다 쓸 때 지불해야 하는 이자율을 사용한다.

④ 공공투자계획의 평가에서는 사회적인 관점에서 평가된 기간당 기회비용이 사용되어야 하므로 민간 부문과 다르다.

(3) 순편익의 현재가치

$$NPV = (B_0 - C_0) + \frac{(B_1 - C_1)}{(1+r)} + \frac{(B_2 - C_2)}{(1+r)^2} + \cdots\cdots\cdots\cdots + \frac{(B_n - C_n)}{(1+r)^n}$$

① $NPV > 0$이면 투자를 증가시킨다.

② $NPV < 0$이면 투자를 중지한다.

③ B는 편익(benefit), C는 비용(cost)을 의미한다.

(4) 투자와 이자율(할인율)

① 현재 $NPV > 0$이어서 투자를 증가시킬 가치가 있는 투자안에 대하여 이자율(r)이 상승하면, 위식에 의하여 현재가치(PV)가 줄어 $NPV < 0$가 된다면 투자를 포기하는 경우가 발생한다.

② 이자율이 상승하면 투자는 감소하게 되므로, 투자는 이자율의 감소함수이다.

③ 따라서 할인율로 사용되는 시장이자율이 높을수록 사업의 타당성이 줄어든다.

(5) 계산 문제

어떤 투자사업은 초기 투자비용이 500억 원이고, 투자 다음 해부터 20년간 매년 20억 원의 편익과 2억 원의 비용이 발생한다고 한다. 사회적 할인율이 0%일 때, 이 사업에서 발생하는 순편익의 현재가치는? (단, 사업의 잔존가치는 0원) 11년 세무사

① −100억 원 ② −140억 원 ③ 0원

④ 100억 원 ⑤ 140억 원

정답 ②

<현재가치법 계산 풀이법>

1) 편익과 비용이 동시에 발생한다면 해당연도에서 순편익(편익-비용)을 계산한 후 결과를 할인한다.

2) 비용이 최초 발생하고 편익은 미래에 발생한다면 편익만 할인하여 편익-비용을 한다.

3) 계산 과정

사회적 할인율이 0이므로 순편익의 현재가치 $NPV = -140$억 원으로 계산된다.

$$NPV = -500 + \frac{(20-2)}{(1+0)} + \frac{(20-2)}{(1+0)^2} + \cdots + \frac{(20-2)}{(1+0)^{20}} = -500 + (18 + 18 + \cdots + 18) = -500 + 360 = -140$$

(6) 투자계획의 채택 여부

① 단일안의 경우: 순편익의 현재가치가 0보다 큰 경우 채택하고 작으면 기각한다.

② 여러 대안을 비교할 경우: 순편익의 현재가치가 높은 순서대로 채택하면 된다.

4. 내부수익률법(IRR, Internal Rate of Return)

(1) 의미

① 내부수익률(투자의 한계효율)과 이자율을 비교해 투자를 결정한다는 케인즈의 투자결정이론으로, 내부수익률이란 투자로부터 얻게 되는 수입의 현재가치(PV)와 투자비용(C)이 같아지는 할인율 (m)을 의미한다.

② 즉, 투자의 순현재가치를 0으로 만드는 할인율을 의미한다.

(2) 내부수익률의 계산

$$(B_0 - C_0) + \frac{(B_1 - C_1)}{(1+m)} + \frac{(B_2 - C_2)}{(1+m)^2} + \cdots\cdots\cdots + \frac{(B_n - C_n)}{(1+m)^n} = 0$$

① 내부수익률(m)과 이자율(r)을 비교하여 투자를 결정한다.

- $m > r$이면 투자를 증가시킨다.
- $m = r$이면 투자를 중지한다.
- $m < r$이면 투자를 감소시킨다.

② 내부수익률법에서는 투자는 시장이자율이 아닌 기업가의 기대와 (동물적) 감각에 의해 결정된다고 본다.

③ **사례:** 어떤 투자의 내부수익률이 9%라면 시장이자율이 9% 미만일 때 투자를 한다.

(3) 투자의 한계효율(MEI, Marginal Efficiency of Investment)

① **한계효율($m = MEI$)곡선:** 여러 가지 투자안에 대하여 한계효율이 큰 투자안부터 나열하면, 우하향하는 한계효율곡선이 도출된다.

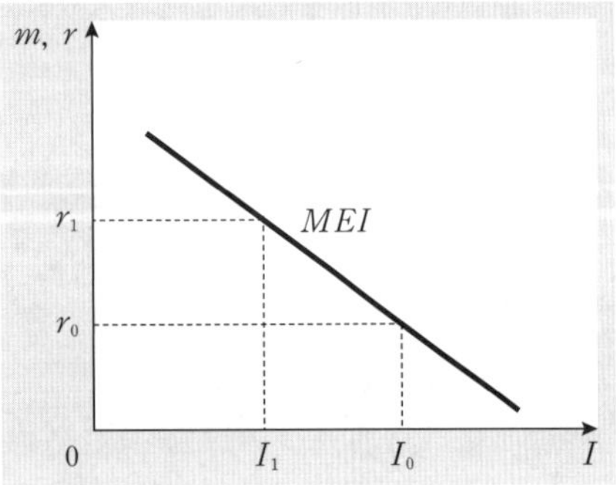

② **투자의 결정:** 기업은 투자의 한계효율이 이자율과 같아지는 수준까지 투자를 할 것이므로, 이자율이 r_0이면 투자는 I_0이다.

③ **이자율의 변화:** 이자율이 상승하면 투자가 감소하므로 투자는 이자율의 감소함수이다.

④ **MEI 곡선의 이동:** 기업가의 경기전망이 낙관적, 투자비용 감소, 기술 진보 시 동일한 이자율이라도 투자를 늘릴 것이므로 MEI 곡선이 우측으로 이동한다.

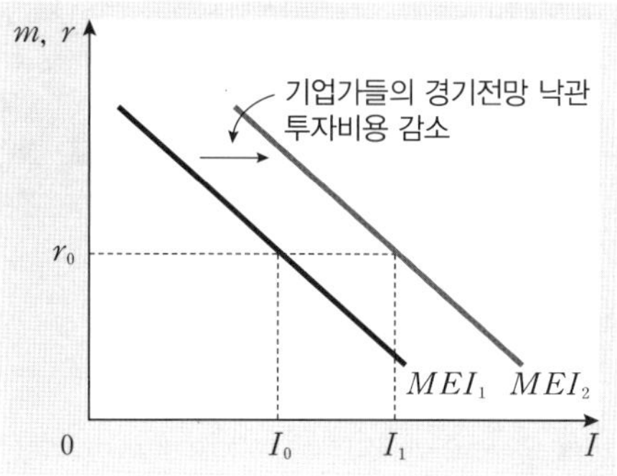

(4) 계산 문제

A기업은 ○○산업단지에 현재 시점에서 10억 원의 투자비용이 일시에 소요되는 시설을 건축하기로 했다. 이 시설로부터 1년 후에는 10억 원의 소득이 발생할 것으로 예상되고 2년 후에는 B기업이 20억 원에 이 시설을 인수하기로 했다고 하자. 연간 이자율이 50%라면 A기업의 입장에서 해당 사업의 내부수익률은 얼마인가? 15년 세무사

① 50% ② 100% ③ 150%
④ 200% ⑤ 250%

정답 ②

<내부수익률 계산 풀이법>

1) 현재가치법과 내부수익률의 공식은 유사하다. 다만 이자율 대신에 내부수익률인 m을 넣어서 식을 세워 구한다.
2) 문제에서 주어진 이자율은 트릭이므로 무시한다.
3) n차 방정식의 해는 n개이다. 따라서 -인 값은 배제한다.
4) 인수분해가 어려운 경우 객관식에서 제시된 값을 공식에 대입하여 0이 나오는 것을 구해도 된다.
5) 계산 과정

- $NPV = -10 + \frac{10}{(1+m)} + \frac{20}{(1+m)^2} = 0$
- $(1+m)^2 - (1+m) - 2 = 0 \rightarrow m^2 + m - 2 = 0 \rightarrow (m+2)(m-1) = 0$
- 위의 식은 아래와 같이 정리되므로 $m = -2$ 혹은 1이다.
- 내부수익률이 (−)가 될 수는 없으므로 적절한 내부수익률 값은 $m = 1$임을 알 수 있다.

(5) 투자계획의 채택 여부

① 단일안의 경우: 내부수익률이 투자계획에 드는 자금의 기회비용을 뜻하는 할인율(r)보다 크면 채택한다.
② 여러 대안을 비교할 경우: 내부수익률이 높은 순으로 채택하면 된다.

(6) 단점

① 투자계획의 크기가 다른 경우 잘못된 선택을 할 수 있다. 즉, 내부수익률이 높아도 순편익의 총액이 작은 경우가 존재한다.

② n차 방정식으로 정해질 경우 해가 존재하지 않거나 여러 개의 해가 존재할 가능성이 있어 어떤 것을 내부수익률로 할지가 분명하지 않다.

③ 편익의 흐름 양상이 다른 사업의 경우 시점에 따라 내부수익률의 크기가 다를 수 있으므로 잘못된 결론에 도달할 수 있다.

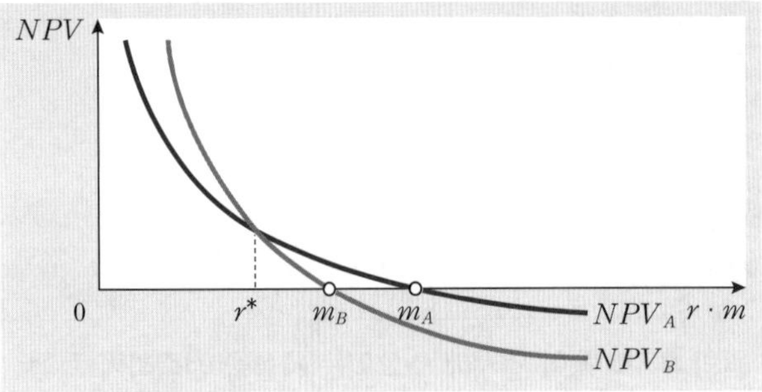

→ 내부수익률은 A안이 높지만 r^*보다 할인율이 낮은 경우 B의 순편익이 크다. 따라서 반드시 A안이 옳은 선택이라고 할 수 없다.

5. 토빈의 q이론

(1) 의미

주식시장과 기업의 투자를 연계시킨 이론으로 주가에 반영된 미래를 고려한 투자이론이다.

(2) 공식

① $\dfrac{\text{주식시장에서 평가된 기업의 시장가치(시가총액)}}{\text{기업실물자본의 대체비용(공장설비비용)}}$

② 1보다 클 경우 시장에서 평가하는 기업가치가 자본량을 늘리는 데 드는 비용보다 크므로 투자하는 것이 바람직하다.

③ 주식투자의 투자는 총수요의 투자가 아니며 실제 공장설비를 늘리는 투자가 총수요의 투자이다.

(3) 단점

① 국민경제에서 주식시장의 중요함을 나타내나 주식시장이 효율적이지 못할 경우 q값은 의미가 없다.

② 투자와 주식가격변동에 대한 시차가 존재하면 잘 맞지 않는다.

6. 신고전파 투자이론(D. Jorgenson)

(1) 자본의 사용자비용(user cost of capital)

① 기업이 자본재를 일정 기간 사용할 때 드는 비용을 의미한다.

② 자본의 사용자비용은 명목이자율(i)과 감가상각률(d)에 비례하고 인플레이션율(π)에 반비례한다.

③ 이를 표현하면 자본의 사용자비용 $C=(i+d-\pi)P_K$이므로 $C=(r+d)P_K$이다. (단, P_K는 자본가격이며 r은 실질이자율)

(2) 투자결정 원리

① 자본재 1단위를 증가시킬 때의 총수입은 한계생산물 가치이다. 따라서 $VMP_K = P \cdot MP_K$이다.

② 자본재 1단위를 증가시킬 때 자본의 사용자비용은 $C = (r+d)P_K$이다.

③ 기업의 적정 자본량은 $P \cdot MP_K = (r+d)P_K$일 때 이루어진다.

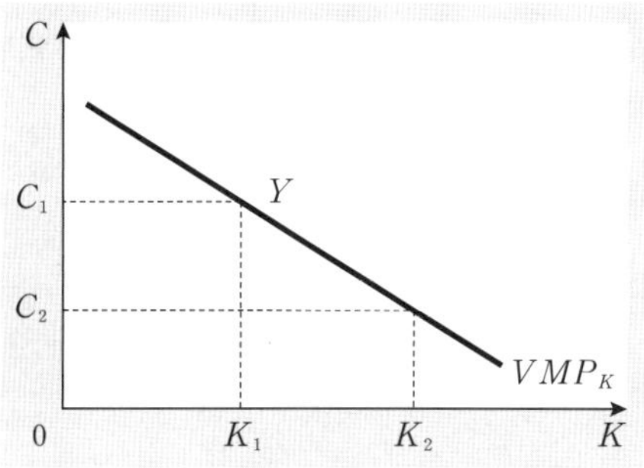

④ 사례

- 자본재 1단위를 증가시킬 때 10개의 생산이 증가하고 재화의 가격이 1,000원이라면 자본재 1단위로 생산이 총 10,000원 증가한 것이다.
- 이때 자본의 사용자비용이 10,000원을 초과하면 자본의 사용자비용이 크므로 투자하지 않고, 10,000원 미만이면 자본을 추가로 투입해야 한다.

(3) 투자수요곡선의 이동

① 실질이자율이 변동하면 곡선 위 이동, 그 외의 원인에 의해 이동하면 곡선 자체의 이동이다.

② 이자율이 동일하더라도 자본의 한계생산물 증가, 자본재 가격 하락, 투자 세액공제 등이 발생하면 투자수요곡선이 우측으로 이동한다.

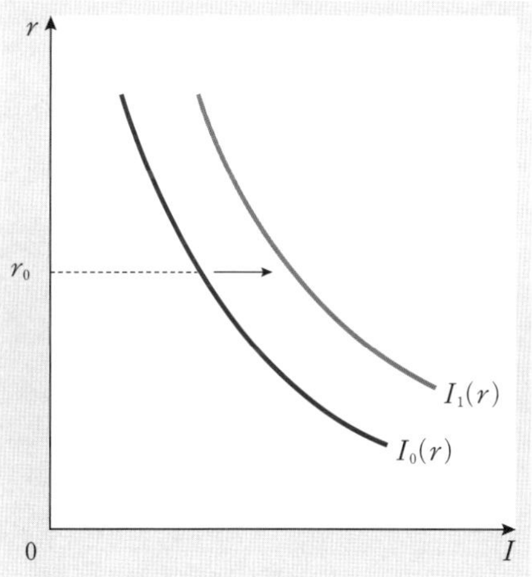

7. 가속도원리

(1) 고전적 가속도원리(acceleration principle)

① 소비가 증가하여 생산물 판매량이 증가하면 기업은 자본설비를 늘리려 하므로 유발투자수요가 증가한다.

② 따라서 당기 유발투자수요는 당기 소비증가분(ΔC_t)에 따라 결정되며, 이러한 과정이 반복되면서 투자가 증가하는 것을 가속도원리라고 한다.

③ $I_t = \beta \Delta C_t = \beta(C_t - C_{t-1})$ (단, $\beta > 1$: 고전적 가속도계수)

④ **투자의 불가분성(不可分性)**: 현실에서는 소비(판매) 증가분만큼만 생산할 수 있도록 자본설비를 늘릴 수는 없다. 즉, 소비 증가분 이상을 생산할 수 있는 수준으로 투자가 이루어지게 된다.

(2) 근대적 가속도원리(P. A. Samuelson)

① 근대적 가속도원리는 소득과 유발투자수요와의 관계를 직접 분석한다.

② 고전적 가속도원리에 따르면 소비에 따라 유발투자가 결정되는데 소비는 소득수준에 따라 결정되므로 결국 유발투자는 소득에 따라 결정된다.

③ 당기 유발투자는 전기와 전전기 소득 격차의 일정비율($b \cdot \beta$)로 결정되며 한계소비성향(b)과 고전적 가속도계수(β)가 클수록 유발투자가 증가한다.

④ $I_t = \beta \Delta C_t = \beta(C_t - C_{t-1}) = \beta(b \cdot Y_{t-1} - b \cdot Y_{t-2}) = b \cdot \beta(Y_{t-1} - Y_{t-2})$

(단, $C_t = b \cdot Y_{t-1}$, $C_{t-1} = b \cdot Y_{t-2}$, $b = MPC(0 < b < 1)$, $\beta(>1)$는 고전적 가속도계수, $b \cdot \beta(< \beta)$는 근대적 가속도계수)

(3) 가속도이론의 한계

① 가속도계수는 경제상황에 따라 변화하므로 정확한 측정이 곤란하다.

② 가속도이론에 따르면 유발투자는 유휴설비가 없는 자본의 완전고용상태에서 나타나는 것으로 되어있다. 그러나 실제 유발투자는 유휴설비가 존재하는 경기침체하에서 경기회복이 기대될 때 활발하게 이루어지는 것이 일반적이다.

개념확인 문제

Q 두 개의 사업 A와 B에 대한 투자 여부를 결정하려고 한다. A의 내부수익률(IRR)은 10%, B의 내부수익률은 8%로 계산되었다. 이에 대한 설명으로 옳지 않은 것은? 13년 지방직

① 비용과 편익을 현재가치화할 때 적용하는 할인율이 6%라면, 두 사업의 순현재가치(NPV)는 양(+)이다.

② 내부수익률기준에 의해 선택된 사업은 순현재가치기준에 의해 선택된 사업과 항상 일치한다.

③ 비용과 편익을 현재가치화할 때 적용하는 할인율이 10%라면, 사업 A의 편익의 현재가치는 비용의 현재가치와 같다.

④ 비용과 편익을 현재가치화할 때 적용하는 할인율이 9%라면, 사업 B의 경제적 타당성은 없다고 판정할 수 있다.

정답 ②

해설

내부수익률 기준에 의해 선택된 사업은 규모를 반영하지 못하는 단점을 가지기 때문에 항상 현재가치법과 동일한 결과를 낸다는 보장이 없다.

오답체크

① 내부수익률은 순현재가치가 0이 되는 할인율을 의미하므로 순현재가치를 계산할 때의 이자율(할인율)이 내부수익률과 동일하면 순현재가치가 0이 된다. 그리고 순현재가치를 계산할 때의 이자율(할인율)이 내부수익률보다 낮으면 순현재가치는 양(+)의 값을 갖게 되나, 이자율(할인율)이 내부수익률보다 높으면 순현재가치는 음(−)의 값이 된다.

③ A사업은 내부수익률과 할인율이 동일하므로 내부수익률의 정의에 따라 순현재가치가 0이 된다.

④ 내부수익률보다 할인율이 낮아야 사업의 타당성이 있으므로, 할인율이 9%라면 A사업은 타당성이 있으나 B사업은 타당성이 없다.

표로 한눈에 정리하기

01 GDP(국내총생산)

GDP	• 국적에 관계없는 영토적 개념 • 경제규모 파악 • 중고거래 제외(측정기간 중 생산한 시장가치만 반영) • 삶의 질 측정 불가
국민소득 3면 등가의 법칙	생산 = 지출 = 분배
GNI	실질 GNI = 실질 GDP + 교역조건 변화에 따른 실질 무역손익 + 실질 대외 순수취 요소소득
GDP의 종류	명목 GDP vs 실질 GDP 실제 GDP vs 잠재 GDP

02 국민소득결정이론

케인즈	수요 중시, 가격의 경직성
승수 (유발투자 ×)	• 투자승수: $\frac{dY}{dI}=\frac{1}{1-c(1-t)+m}$ • 정부지출승수: $\frac{dY}{dG}=\frac{1}{1-c(1-t)+m}$ • 조세승수: $\frac{dY}{dT}=\frac{-c}{1-c(1-t)+m}$

03 소비함수론

절대소득가설	소득이 증가하면 반드시 소비는 증가
상대소득가설	소비의 상호의존성, 소비의 비가역성 강조
항상소득가설	실제소득(Y)은 미래에도 지속될 것이라고 생각하는 항상소득(Y_P)과 미래에 지속될 것이라고 기대하지 않는 소득인 임시소득(Y_T)의 합으로 이루어짐
생애주기가설	소비는 전 생애(life-cycle)에 걸쳐 예상되는 미래소득(Y)에 따라 결정됨

04 투자함수론

현재가치법	$NPV=PV>0$이면 투자
내부수익률법	내부수익률 = 투자의 순현재가치를 0으로 만드는 할인율 > 이자율이면 투자
토빈의 q	$\frac{\text{주식시장에서 평가된 기업의 시장가치(시가총액)}}{\text{기업실물자본의 대체비용(공장설비비용)}}>1$이면 투자
신고전파 투자이론	자본의 사용자 비용 $C=(r+d)P_K < P \cdot MP_K$이면 투자
가속도원리	소비가 증가하여 생산물 판매량이 증가하면 기업은 자본설비를 늘리려 하므로 유발투자수요가 증가

개념확인 OX 문제

01 GDP는 일정 기간 국내에서 최종적으로 생산된 상품과 서비스에 대한 총지출이다. (O | X)

02 GDP는 각 재화의 생산량을 모두 합하여 구한다. (O | X)

03 GDP는 저량 개념이다. (O | X)

04 작년에 완공된 주택을 올해 매매하는 과정에서 생긴 수수료는 올해의 GDP에 포함된다. (O | X)

05 생산 측면, 분배 측면, 지출 측면에서 측정한 GDP의 값은 동일하다. (O | X)

06 생산 GDP는 생산의 각 단계에서 지출된 부가가치의 합으로 측정한다. (O | X)

07 국내총지출은 소비지출, 투자지출, 정부지출, 그리고 순수출로 이루어져 있다. (O | X)

08 명목 GDP는 당해연도의 가격으로 측정한 GDP이다. (O | X)

09 물가수준이 꾸준히 오른다면 실질 GDP는 명목 GDP보다 크다. (O | X)

10 GDP 디플레이터는 명목 GDP를 실질 GDP로 나눈 값이다. (O | X)

11 GDP 디플레이터는 한 경제의 물가수준을 측정하는 지표로도 쓰인다. (O | X)

12 GDP 디플레이터는 명목 GDP를 실질 GDP로 환산할 때 사용된다. (O | X)

13 GDP는 생산수준뿐만 아니라 여가수준과 환경수준까지 고려한다. (O | X)

14 GDP를 통해 소득분배의 형평성에 대해서는 알 수 없다. (O | X)

15 시장에서 거래되는 상품뿐만 아니라 시장에서 거래되지 않는 상품 또한 GDP에 포함된다. (O | X)

16 GNI는 교역조건 변화로 인한 실질소득변화를 반영한다. (O | X)

17 정부지출승수가 1보다 크면, 국민소득이 정부지출분보다 더 크게 증가한다. (O | X)

정답 및 해설

01 ○ 02 × 최종재만 합하여 구한다. 03 × 일정 기간의 유량개념이다. 04 ○ 05 ○ 06 ○ 07 ○ 08 ○ 09 × 물가가 오르면 명목 GDP가 크고 물가가 내린다면 실질 GDP가 크다. 10 × 명목 GDP를 실질 GDP로 나눈 값에 100을 곱하여 구한다. 11 ○ 12 ○ 13 × GDP는 여가수준과 환경수준 등의 삶의 질 측면은 포함하지 않는다. 14 ○ 15 × 시장에서 거래되는 것만 알 수 있다. 16 ○ 17 ○

18 조세액과 정부지출액이 같으면 국민소득은 증가하지 않는다. (O|X)

19 케인즈학파는 공급 측면을 중시하고 장기분석에 집중하여 시장가격의 자동조절기능을 신뢰한다. (O|X)

20 고전학파는 수요 측면을 중시하고 단기분석에 집중하여 정부개입을 주장한다. (O|X)

21 고전학파는 모든 가격변수가 신축적이기에 불균형 시 가격조정으로 즉각 균형회복이 가능하다고 가정한다. (O|X)

22 대부자금설은 총저축의 자금공급이 총투자의 자금수요와 일치하기에 세이의 법칙과 맥을 같이한다. (O|X)

23 고전학파는 통화량 변화에도 화폐의 중립성 때문에 명목변수만 영향을 줄 뿐 실질변수는 불변으로 본다. (O|X)

24 케인즈에 의하면 정부지출이 조세보다 효과가 크다. (O|X)

25 케인즈는 가격변수는 경직적이고 충분한 유휴설비가 존재하면 불균형 시 생산량 조정으로 불균형이 조정된다고 가정한다. (O|X)

26 정부지출승수는 한계소비성향이 클수록 커진다. (O|X)

27 균형재정승수는 정액세의 경우는 1이지만, 비례세의 경우 1보다 작다. (O|X)

28 완전고용국민소득 수준에서 총공급이 총수요를 초과할 때 발생하는 인플레이션 갭은 인플레이션을 탈피하기 위해 증가시켜야 하는 유효수요의 크기로 측정된다. (O|X)

29 정부지출승수는 한계저축성향이 클수록 커진다. (O|X)

30 생애주기가설은 일시적인 조세정책이 효과가 미약함을 보여준다. (O|X)

31 단기에는 소비의 상호의존성으로 톱니효과, 소비의 비가역성으로 전시효과가 발생하여 APC가 MPC보다 크다. (O|X)

32 직접투자수익과 비용 간의 비교를 통해 투자를 설명하는 이론이 현재가치법과 내부수익률법이다. (O|X)

33 자산시장(주식시장)을 통해 투자를 설명하는 이론이 q이론이다. (O|X)

정답 및 해설

18 × 정부지출승수가 조세승수보다 크므로 국민소득이 증가한다. 19 × 고전학파는 공급 측면을 중시하고 장기분석에 집중하여 시장가격의 자동조절기능을 신뢰한다. 20 ×케인즈학파는 수요측면을 중시하고 단기분석에 집중하여 정부개입을 주장한다. 21 ○ 22 ○ 23 ○ 24 ○ 25 ○ 26 ○ 27 ○ 28 × 완전고용국민소득수준에서 총공급이 총수요를 초과할 때 발생하는 디플레이션 갭은 디플레이션을 탈피하기 위해 증가시켜야 하는 유효수요의 크기로 측정된다. 29 × 한계소비성향은 한계저축성향과 반대이다. 따라서 한계저축성향이 작을수록 커진다. 30 ○ 31 × 단기에는 소비의 상호 의존성으로 전시효과, 소비의 비가역성으로 톱니효과가 발생하여 APC가 MPC 보다 크다. 32 ○ 33 ○

Chapter 01 GDP(국내총생산)

★☆☆
01 GDP(Gross Domestic Product)의 측정에 대한 설명으로 옳은 것은? 17년 국가직

① 식당에서 판매하는 식사는 GDP에 포함되지만, 아내가 가족을 위해 제공하는 식사는 GDP에 포함되지 않는다.

② 발전소가 전기를 만들면서 공해를 발생시키는 경우, 전기의 시장가치에서 공해의 시장가치를 뺀 것이 GDP에 포함된다.

③ 임대 주택이 제공하는 주거서비스는 GDP에 포함되지만, 자가 주택이 제공하는 주거서비스는 GDP에 포함되지 않는다.

④ A와 B가 서로의 아이를 돌봐주고 각각 임금을 상대방에게 지불한 경우, A와 B 중 한 사람의 임금만 GDP에 포함된다.

정답 및 해설

01 정답 ①

주제 GDP

해설

GDP는 시장에서 거래되지 않은 것은 포함되지 않는다.

오답체크

② 환경오염과 같은 삶의 질은 GDP에 포함되지 않는다.
③ 임대 주택이 제공하는 주거서비스와 귀속임대료 모두 GDP에 해당된다.
④ A와 B가 서로의 아이를 돌봐주고 각각 임금을 상대방에게 지불한 경우, A와 B 둘 다 포함된다.

★☆☆

02 **국내총생산(GDP)의 측정방법으로 옳지 않은 것은?** 17년 지방직

① 일정 기간 동안 국내에서 새로이 생산된 최종생산물의 시장가치를 합한다.
② 일정 기간 동안 국내 생산과정에서 새로이 창출된 부가가치를 합한다.
③ 일정 기간 동안 국내 생산과정에 참여한 경제주체들이 받은 요소소득을 합한다.
④ 일정 기간 동안 국내 생산과정에서 투입된 중간투입물의 시장가치를 합한다.

★☆☆

03 **근로자의 실업수당이 현재 GDP에 미치는 영향으로 올바른 것을 고르시오.** 14년 서울시

① 실업수당은 일종의 소득이기 때문에 GDP에 포함된다.
② 실업수당은 과거 소득의 일부이므로 GDP에 포함되지 않는다.
③ 실업수당은 부가가치를 발생하므로 GDP에 포함된다.
④ 실업수당은 정부지출이기 때문에 GDP에 포함된다.
⑤ 실업수당은 이전지출이기 때문에 GDP에 포함되지 않는다.

★☆☆

04 **미국 뉴욕 소재 해외 회계법인에 취직되어 있던 한국인 김 씨는 회사의 인력감축계획에 따라 실직하고 귀국하였다. 김 씨의 실직 귀국이 두 나라의 국민소득에 미치는 영향은?** 13년 서울시

① 한국과 미국의 GDP 모두 감소
② 한국과 미국의 GNI 모두 감소
③ 한국 GDP와 미국 GNI 감소
④ 한국 GNI와 미국 GDP 감소
⑤ 한국 GNI 감소, 미국은 영향 없음

★☆☆

05 **2013년에 A국에서 생산되어 재고로 있던 제품을 2014년 초에 B국에서 수입해 자국에서 판매했다고 할 때 이것의 효과에 대한 설명으로 옳은 것은?** 14년 서울시

① A국의 2014년 GDP와 GNP가 모두 증가한다.

② A국의 2014년 수출은 증가하고 GDP는 불변이다.

③ B국의 2014년 GNP는 증가하고 GDP는 불변이다.

④ B국의 2014년 GDP와 2014년 투자가 증가한다.

⑤ B국의 2013년 수입은 증가하고 2014년 수입은 불변이다.

정답 및 해설

02 정답 ④

주제 GDP

해설

GDP는 일정 기간 국내에서 새로이 생산된 최종생산물의 시장가치이므로 중간생산물은 GDP 계산에 포함되지 않는다.

03 정답 ⑤

주제 GDP

해설

실업수당은 정부가 실업자에게 단순하게 구매력을 이전하는 이전지출이므로 GDP에 포함되지 않는다.

04 정답 ④

주제 GDP와 GNI

해설

1) 미국에서 일하던 김 씨가 실직하면 미국의 생산액이 감소하므로 미국 GDP는 감소하지만 한국의 GDP는 변하지 않는다.
2) 한편, 김 씨가 미국에서 벌어들인 돈은 한국의 GNI에 포함되므로 김 씨가 실직하면 한국의 GNI는 감소하지만 미국의 GNI는 변하지 않는다.

05 정답 ②

주제 GDP와 GNP

해설

1) A국에서 2013년에 생산되어 재고로 있던 제품은 2013년의 GDP와 GNP에 포함되고 2014년에 포함되지 않는다.
2) 다만, 수출이 증가하지만 2014년의 재고투자가 감소하므로 2014년의 GDP에 변함이 없다.
3) B국이 수입한 제품을 소비자에게 판매하였다면, 2014년 소비지출이 증가하고 동액만큼의 순수출이 감소하므로 B국의 2014년 GDP도 변하지 않는다.

★★☆

06 **2020년도에 어떤 나라의 밀 생산 농부들은 밀을 생산하여 그중 반을 소비자에게 1,000억 원에 팔고, 나머지 반을 1,000억 원에 제분회사에 팔았다. 제분회사는 밀가루를 만들어 그중 절반을 800억 원에 소비자에게 팔고 나머지를 제빵회사에 800억 원에 팔았다. 제빵회사는 빵을 만들어 3,200억 원에 소비자에게 모두 팔았다. 이 나라의 2020년도 GDP는? (단, 이 경제에서는 밀, 밀가루, 빵만을 생산한다.)** 17년 서울시

① 1,600억 원
② 2,000억 원
③ 3,200억 원
④ 5,000억 원

★☆☆

07 **작년에 비해 실질 GDP(Gross Domestic Product)가 증가하였다. 다음 중 가장 옳은 것은?** 16년 서울시

① 작년에 비해 명목 GDP와 GDP 디플레이터 모두 증가하였다.
② 작년에 비해 명목 GDP가 증가하였거나 GDP 디플레이터가 감소하였다.
③ 작년에 비해 명목 GDP는 감소하였고 GDP 디플레이터는 증가하였다.
④ 작년에 비해 명목 GDP와 GDP 디플레이터 모두 감소하였다.

★☆☆

08 **폐쇄경제하에서 소비(C)는 감소하고 정부지출(G)은 증가할 경우 민간저축과 정부저축에 대한 설명으로 가장 옳은 것은? (단, 국민소득과 세금은 고정되어 있다고 가정함)** 16년 서울시

① 민간저축과 정부저축 모두 증가한다.
② 민간저축과 정부저축 모두 감소한다.
③ 민간저축은 증가하고 정부저축은 감소한다.
④ 민간저축은 감소하고 정부저축은 증가한다.

★★☆

09 B국가는 전세계 어느 국가와도 무역을 하지 않으며, 현재 GDP는 300억 달러라고 가정하자. 매년 B국가의 정부는 50억 달러 규모로 재화와 서비스를 구매하며, 세금수입은 70억 달러인 반면 가계로의 이전지출은 30억 달러이다. 민간저축이 50억 달러일 경우 민간소비와 투자는 각각 얼마인가? 13년 서울시

① 180억 달러, 50억 달러
② 210억 달러, 40억 달러
③ 130억 달러, 70억 달러
④ 150억 달러, 60억 달러
⑤ 추가 정보가 필요하다.

정답 및 해설

06 정답 ④

주제 GDP

해설

1) 최종생산물의 가치를 구하면 된다.
2) 2020년에 생산된 최종생산물의 시장가치는 소비자가 구입한 밀 1,000억 원, 밀가루 800억 원, 빵 3,200억 원이므로, 이를 모두 합하면 GDP는 5,000억 원이다.

07 정답 ②

주제 명목 GDP와 실질 GDP

해설

1) 실질 GDP $= \dfrac{\text{명목 GDP}}{\text{GDP 디플레이터}} \times 100$
2) 작년에 비해 실질 GDP가 증가하였다는 것은 작년에 비해 명목 GDP가 증가하였거나 GDP 디플레이터가 감소하였음을 의미한다.

08 정답 ③

주제 저축

해설

1) 민간저축 $S_P = (Y - T - C)$이므로, 민간소비(C)가 감소하면 민간저축이 증가한다.
2) 정부저축 $S_G = (T - G)$이므로, 정부지출(G)이 증가하면 정부저축이 감소한다.

09 정답 ②

주제 저축

해설

1) 정부저축은 조세-정부지출이지만, 이전지출이 존재하면 조세-정부지출-이전지출이다.
2) 조세수입이 70억 달러, 정부지출이 50억 달러, 이전지출이 30억 달러이므로 정부저축은 -10억 달러이다.
3) 민간저축이 50억 달러, 정부저축이 -10억 달러이므로 경제전체의 총저축은 40억 달러이다.
4) 폐쇄경제에서는 국내총저축과 국내총투자가 일치하므로 투자는 40억 달러이다.
5) 따라서 폐쇄경제의 국민소득 항등식인 $Y = C + I + G$에 대입하면 $300 = C + 40 + 50$이므로 민간소비는 210억 달러이다.

★★☆

10 다음과 같이 주어진 폐쇄경제에서 균형실질이자율(r)은? (단, Y는 총소득, C는 소비, G는 정부지출, T는 조세, I는 투자) 19년 국가직

$$Y=1{,}000,\quad C=600,\quad G=100,\quad T=50,\quad I=400-50r$$

① 1
② 2
③ 3
④ 4

★★☆

11 균형국민소득(Y)이 $4{,}000$이고, 소비는 $C=300+0.8(Y-T)$, 조세(T)는 500, 정부지출(G)은 500이다. 또 투자는 $I=1{,}000-100r$인데, r은 % 단위로 표시된 이자율이다. 이때 균형이자율은 얼마인가? 14년 서울시

① 1%
② 3%
③ 6%
④ 8%
⑤ 10%

★☆☆

12 어느 나라의 거시경제모형이 다음과 같다고 하자. 이 경제의 실질 GDP (Y)가 $5{,}000$인 경우, 균형실질금리는 몇 %인가? 15년 서울시

$Y=C+I$, $C=500+0.6Y$, $I=2{,}000-100r$(r은 실질금리이며 %로 표시)

① 2%
② 5%
③ 10%
④ 20%

★★☆

13 케인즈(J. M. Keynes)의 단순국민소득결정모형(소득-지출모형)에 대한 설명으로 가장 옳지 않은 것은? 17년 서울시

① 한계저축성향이 클수록 투자의 승수효과는 작아진다.

② 디플레이션 갭(deflation gap)이 존재하면 일반적으로 실업이 유발된다.

③ 임의의 국민소득수준에서 총수요가 총공급에 미치지 못할 때, 그 국민소득수준에서 디플레이션 갭이 존재한다고 한다.

④ 정부지출 증가액과 조세감면액이 동일하다면 정부지출 증가가 조세 감면보다 국민소득 증가에 미치는 영향이 더 크다.

정답 및 해설

10 정답 ②

주제 저축

해설

1) 주어진 수치를 GDP 항등식 $Y=C+I+G$에 대입하면, $1{,}000=600+(400-50r)+100$이다.

2) 이를 정리하면 $50r=100$, $r=2$이다.

11 정답 ③

주제 균형이자율

해설

1) $Y=4{,}000$, $T=500$을 소비함수에 대입하면 $C=3{,}100$이다.

2) 국민소득 항등식 $Y=C+I+G$에 $Y=4{,}000$, $C=3{,}100$, $G=500$을 대입하면 $4{,}000=3{,}100+I+500$, $I=400$이다.

3) 투자함수에 $I=400$을 대입하면 $400=1{,}000-100r$, $r=6$이다.

12 정답 ②

주제 균형이자율

해설

1) 균형국민소득은 $Y=C+I=500+0.6Y+2{,}000-100r$, $0.4Y=2{,}500-100r$이다.

2) 따라서 $Y=6{,}250-250r$이다. 이 식에 $Y=5{,}000$을 대입하면 균형실질금리 $r=5\%$로 계산된다.

13 정답 ③

주제 케인즈의 국민소득결정이론

해설

1) 디플레이션 갭은 완전고용국민소득 - 실제총수요이다.

2) 따라서 디플레이션 갭은 완전고용국민소득수준에서 측정되는 개념이다.

★★☆

14 케인즈의 이론에 관한 설명으로 옳지 않은 것은? 14년 노무사

① 노동시장에서 명목임금은 하방경직성을 갖는다.
② 투자는 기업가의 심리에 큰 영향을 받는다.
③ 경기침체 시에는 확대재정정책이 필요하다.
④ 공급은 스스로의 수요를 창조하므로 만성적인 수요 부족은 존재하지 않는다.
⑤ 저축의 역설이라는 관점에서 '소비는 미덕, 저축은 악덕'이라고 주장한다.

★★☆

15 A국의 총수요는 200억 달러이며 장기생산량 수준은 300억 달러이다. A국 총수요 구성항목 중 소비를 제외한 구성항목은 독립 지출이다. 소비는 가처분소득에 영향을 받으며 한계소비성향은 $\frac{1}{2}$이다. 아울러 물가수준은 고정되어 있다. 정부가 장기생산량 수준을 달성하고자 할 때, 증가시켜야 할 재정지출 규모는? (단, 조세는 정액세로 가정함) 15년 서울시

① 25억 달러
② 50억 달러
③ 100억 달러
④ 200억 달러

★★☆

16 다음과 같은 경제모형을 가정한 국가의 잠재총생산수준이 Y^*라고 할 때, 총생산 갭을 제거하기 위해 통화당국이 설정해야 하는 이자율은? 13년 국가직

- $C = 14,000 + 0.5(Y - T) - 3,000r$
- $I = 5,000 - 2,000r$
- $G = 5,000$
- $NX = 400$
- $T = 8,000$
- $Y^* = 40,000$

(단, Y는 국민소득, C는 소비, I는 투자, G는 정부지출, T는 조세, NX는 순수출, r은 이자율)

① 2%
② 4%
③ 6%
④ 8%

★★☆
17

소비 및 저축을 하는 가계 부문과 생산 및 투자를 하는 기업 부문만 존재하는 단순한 거시경제에서 소비함수와 투자함수가 다음과 같을 때, 이 경제의 균형국민소득은? (단, C는 소비지출, I는 투자지출, Y는 국민소득) 13년 지방직

- 소비함수: $C=30+0.8Y$
- 투자함수: $I=10+0.1Y$

① 100 ② 200
③ 300 ④ 400

정답 및 해설

14 정답 ④
주제 케인즈의 국민소득결정이론
해설
케인즈는 세이의 법칙이 성립하지 않으며, 유효수요의 부족으로 인해 경기침체가 발생하는 것으로 본다.

15 정답 ②
주제 승수효과
해설
1) 독립지출은 이자율의 영향을 받지 않으며, 조세도 정액세로 고정되어 있으므로 단순승수를 이용해야 함을 알 수 있다.
2) 한계소비성향 $c=0.5$이므로 정부지출승수 $\frac{dY}{dG}=\frac{1}{1-c}=2$이다.
3) 정부지출승수가 2이므로 국민소득을 100억 달러 증가시키려면 재정지출을 50억 달러 증가시켜야 한다.

16 정답 ④
주제 GDP 갭
해설
1) 균형국민소득을 구하기 위해 먼저 총지출(Y^D)을 정리해 보면 다음과 같다.
2) $Y^D=C+I+G+NX=14,000+0.5(Y-8,000)-3,000r+5,000-2,000r+5,000+400$ →
$Y^D=20,400-5,000r\ +0.5Y$
3) 균형인 경우 $Y^D=Y$이므로 $Y=20,400-5,000r+0.5Y$, $Y=40,800-10,000r$이다.
4) 균형국민소득이 잠재 GDP와 같아지는 이자율을 계산하기 위해 $Y=40,000$을 균형국민소득 식에 대입하면 $r=0.08$이다.

17 정답 ④
주제 국민소득
해설
단순거시경제의 균형국민소득은 $Y=C+I$이다. $Y=(30+0.8Y)+(10+0.1Y)=40+0.9Y$이므로, $Y=40+0.9Y$, $Y=400$으로 계산된다.

★★☆

18 **균형국민소득결정 식과 소비함수가 다음과 같을 때, 동일한 크기의 정부지출 증가, 투자액 증가 또는 감세에 의한 승수효과에 대한 설명으로 옳은 것은?** 13년 지방직

- 균형국민소득결정 식: $Y = C + I + G$
- 소비함수: $C = B + a(Y - T)$

(단, Y는 소득, C는 소비, I는 투자, G는 정부지출, T는 조세이고, I, G, T는 외생변수이며, $B > 0$, $0 < a < 1$)

① 정부지출 증가에 의한 승수효과는 감세에 의한 승수효과와 같다.
② 투자액 증가에 의한 승수효과는 감세에 의한 승수효과보다 작다.
③ 정부지출 증가에 의한 승수효과는 감세에 의한 승수효과보다 크다.
④ 투자액 증가에 의한 승수효과는 정부지출의 증가에 의한 승수효과보다 크다.

★★★

19 **단순케인지안모형에서 승수(multiplier)는 $\frac{1}{1-b}$ 이다. 그러나 현실 경제에서 승수는 이렇게 크지 않다. 그 이유로 가장 옳지 <u>않은</u> 것은? (단, b는 한계소비성향)** 18년 서울시

① 조세가 소득의 증가함수이기 때문이다.
② 수입(import)이 소득의 증가함수이기 때문이다.
③ 화폐수요가 이자율의 감소함수이기 때문이다.
④ 투자가 소득의 증가함수이기 때문이다.

★★☆

20 **다음은 재화시장만을 고려한 케인지안 폐쇄경제 거시모형이다. 이에 대한 설명으로 옳지 <u>않은</u> 것은?** 17년 국가직

총지출은 $E = C + I + G$이며, 여기서 E는 총지출, C는 소비, I는 투자, G는 정부지출이다. 생산물시장의 균형은 총소득(Y)과 총지출(E)이 같아지는 것을 의미한다. 투자와 정부지출은 외생적으로 고정되어 있다고 가정한다. 즉, $I = I_0$이고 $G = G_0$이다. 소비함수는 $C = 0.8(Y - T)$이고 T는 세금이며, 고정되어 있다고 가정한다.

① $I = 100$, $G = 50$, $T = 50$이면 총소득은 550이다.
② 정부지출을 1단위 증가시키면 발생하는 총소득 증가분은 5이다.
③ 세금을 1단위 감소시키면 발생하는 총소득 증가분은 4이다.
④ 투자를 1단위 증가시키면 발생하는 총소득 증가분은 4이다.

정답 및 해설

18 정답 ③

주제 국민소득

해설

해외 부분과 비례세가 없는 모형이다. 한계소비성향이 a이므로 정부지출승수와 투자승수는 모두 $\frac{1}{1-a}$이고, 조세승수는 $\frac{-a}{1-a}$이다. 그러므로 정부지출승수와 투자승수의 크기는 같으면서 조세승수(절댓값)보다는 크다.

오답체크

① 정부지출 증가에 의한 승수효과는 감세에 의한 승수효과보다 크다.
② 투자액 증가에 의한 승수효과는 감세에 의한 승수효과보다 크다.
④ 투자액 증가에 의한 승수효과는 정부지출의 증가에 의한 승수효과와 동일하다.

19 정답 ④

주제 승수효과

해설

1) 독립지출 증가로 국민소득이 증가할 때 투자가 소득의 증가함수이면 투자도 증가하므로 유효수요가 더 크게 증가하고, 그에 따라 국민소득도 더 크게 증가한다.
2) 그러므로 유발투자가 존재하는 경우에는 단순케인지안모형에서보다 승수효과가 더 크게 나타난다.

20 정답 ④

주제 국민소득

해설

1) $E=C+I+G$로 주어져 있고 문제에서 제시한 소비함수 $C=0.8(Y-T)$, 독립투자 $I=100$, 정부지출 $G=50$, 정액세 $T=50$를 대입하면 총지출 $E=140+0.8Y$이다.
2) 균형국민소득을 구하기 위해 $Y=E$로 두면 $Y=C+I+G=0.8(Y-50)+100+50=110+0.8Y$, $0.2Y=110$이므로 $Y=550$이다.
3) 한계소비성향 $c=0.8$이고 정액세만 존재하는 경우 정부지출승수 $\frac{dY}{dG}=\frac{1}{1-c}=\frac{1}{1-0.8}=5$, 투자승수 $\frac{dY}{dI}=\frac{1}{1-c}=\frac{1}{1-0.8}=5$, 조세승수 $\frac{dY}{dT}=\frac{-c}{1-c}=\frac{-0.8}{1-0.8}=-4$이다.
4) 따라서 정부지출이나 투자가 1단위 증가하면 총소득이 5단위 증가하고, 조세가 1단위 감소하면 총소득이 4단위 증가한다.

★★☆
21 정부의 총수요 확대정책 수단에는 정부지출 확대 및 조세 감면정책이 있다. 균형국민소득결정 모형에서 $2,000$억 원의 정부지출 확대와 $2,000$억 원의 조세 감면의 효과에 대한 설명으로 옳은 것은? [단, 밀어내기 효과(crowding-out effect)는 없으며 한계소비성향은 $\frac{3}{4}$]

17년 국가직

① 정부지출 확대는 6,000억 원, 조세 감면은 6,000억 원의 총수요확대 효과가 있다.
② 정부지출 확대는 6,000억 원, 조세 감면은 8,000억 원의 총수요확대 효과가 있다.
③ 정부지출 확대는 8,000억 원, 조세 감면은 6,000억 원의 총수요확대 효과가 있다.
④ 정부지출 확대는 8,000억 원, 조세 감면은 8,000억 원의 총수요확대 효과가 있다.

★★★
22 다음 모형에서 정부지출(G)을 1만큼 증가시키면 균형소비지출(C)의 증가량은? (단, Y는 국민소득, I는 투자, X는 수출, M은 수입이며 수출은 외생적임) 13년 노무사

- $Y = C + I + G + X - M$
- $C = 0.5Y + 10$
- $I = 0.4Y + 10$
- $M = 0.1Y + 20$

① 0.1 ② 0.2 ③ 1.5
④ 2.5 ⑤ 5

★★☆
23 다음은 가계, 기업, 정부로 구성된 케인즈 모형이다. 이때 투자지출은 120으로, 정부지출은 220으로, 조세수입은 250으로 각각 증가할 경우 균형국민소득의 변화는? 18년 지방직

- 소비함수: $C = 0.75(Y - T) + 200$
- 투자지출: $I = 100$
- 정부지출: $G = 200$
- 조세수입: $T = 200$

① 10 감소 ② 10 증가
③ 20 감소 ④ 20 증가

★★★

24 A국의 경제는 $C=0.7(Y-T)+25$, $I=32$, $T=tY+10$으로 표현된다. 완전고용 시의 국민소득은 300이며, 재정지출은 모두 조세로 충당할 때, 완전고용과 재정지출의 균형을 동시에 달성하는 t는? (단, Y는 국민소득, C는 소비, I는 투자, G는 정부지출, T는 조세, t는 소득세율)

15년 지방직

① $\frac{1}{5}$　② $\frac{1}{4}$

③ $\frac{1}{3}$　④ $\frac{1}{2}$

정답 및 해설

21 정답 ③

주제 승수효과

해설

1) 문제에서 한계소비성향만 언급하였으므로 단순모형이다.

2) 한계소비성향이 0.75이므로 정부지출승수 $\frac{dY}{dG}=\frac{1}{1-c}=\frac{1}{1-0.75}=4$이고, 정부지출이 2,000억 원 증가하면 국민소득이 8,000억 원 증가한다.

3) 조세승수 $\frac{dY}{dG}=\frac{-c}{1-c}=\frac{-0.75}{1-0.75}=-3$이므로 조세가 2,000억 원 감면되면 국민소득이 6,000억 원 증가한다.

22 정답 ④

주제 승수효과

해설

1) 조세는 정액세이므로 세율이 존재하지 않는 정부지출승수를 구하면 된다.

2) $\frac{dY_E}{dG}=\frac{1}{1-c(1-t)+m-i}$에서 $\frac{1}{1-0.5+0.1-0.4}=\frac{1}{0.2}=5$이다. 즉, 소비는 그의 절반인 2.5가 증가한다.

23 정답 ②

주제 승수효과

해설

1) 문제에서 한계소비성향이 0.75이고, 정액세만 존재한다.

2) 정부지출승수 및 투자승수는 모두 $\frac{dY}{dG}=\frac{dY}{dI}=\frac{1}{1-c}=\frac{1}{1-0.75}=4$이고, 조세승수 $\frac{dY}{dT}=\frac{-c}{1-c}=\frac{-0.75}{1-0.75}=-3$이다.

3) 정부지출과 투자지출이 모두 20만큼 증가하면 국민소득이 160만큼 증가하고, 조세수입이 50만큼 증가하면 국민소득이 150만큼 감소한다.

4) 그러므로 전체적으로 보면 국민소득이 10만큼 증가한다.

24 정답 ③

주제 국민소득

해설

1) 문제에서 해외부분을 언급하고 있지 않고 있으므로 $AE=C+I+G$이다.

2) 또한 균형재정을 달성하기 위해서는 조세와 같아야 하므로 $G=tY+10$, 국민소득이 완전고용국민소득과 일치하므로 $Y=AE=300$이 성립한다.

3) 문제의 주어진 조건을 위 공식에 대입하면 $AE=C+I+G=0.7(Y-tY-10)+25+32+(tY+10)$이고 $300=0.7(300-300t-10)+25+32+300t+10 \rightarrow 300=90t+270$이다. 따라서 $t=\frac{1}{3}$이다.

★★☆

25 자본이동이 완전한 소규모 개방경제가 있다. 정부재정이 균형예산이고 상품수지(무역수지)가 균형일 때 a값은? (단, Y는 국민소득, C는 소비, I는 투자, G는 정부구매, NX는 순수출, T는 조세) 17년 서울시

- $Y = C + I + G + NX$
- $C = 250 + 0.75(Y - T)$, $T = aY$, $I = 750$, $Y = 5,000$

① 0.1 ② 0.2

③ 0.3 ④ 0.4

Chapter 03 소비함수와 투자함수

★☆☆

26 전통적인 케인즈 소비함수의 특징이 아닌 것은? 13년 지방직

① 한계소비성향이 0과 1사이에 존재한다.

② 평균소비성향은 소득이 증가함에 따라 감소한다.

③ 현재의 소비는 현재의 소득에 의존한다.

④ 이자율은 소비를 결정할 때 중요한 역할을 한다.

★☆☆

27 국회가 2014년 1월 1일에 연간개인소득에 대한 과세표준 구간 중 8,800만 ~ 1억 5천만 원에 대해 종전에는 24%를 적용했던 세율을 항구적으로 35%로 상향 조정하고, 이를 2015년 1월 1일부터 시행한다고 발표했다고 하자. 밀튼 프리드만(Milton Friedman)의 항상소득가설에 의하면 이 소득 구간에 속하는 개인들의 소비 행태는 어떤 변화를 보일까? (단, 이 외의 다른 모든 사항에는 변화가 없음) 14년 서울시

① 소비는 즉각적으로 증가할 것이다.

② 소비는 즉각적으로 감소할 것이다.

③ 2014년에는 소비에 변화가 없고, 2015년 1월 1일부터는 감소할 것이다.

④ 2014년에는 소비가 감소하고 2015년 1월 1일부터는 변화가 없을 것이다.

⑤ 2014년이나 2015년 등의 시간에 상관없이 소비에는 변화가 없을 것이다.

★★☆

28 소비 이론에 대한 설명으로 옳지 않은 것은? 16년 국가직

① 레입슨(D. Laibson)에 따르면 소비자는 시간 비일관성(time inconsistency)을 보인다.
② 항상소득가설에 의하면 평균소비성향은 현재소득 대비 항상소득의 비율에 의존한다.
③ 생애주기가설에 의하면 전 생애에 걸쳐 소비흐름은 평탄하지만, 소득흐름은 위로 볼록한 모양을 갖는다.
④ 가계에 유동성제약이 존재하면 현재소득에 대한 현재소비의 의존도는 약화된다.

정답 및 해설

25 정답 ②

주제 국민소득

해설

1) $T = aY$로 주어져 있으므로 정부재정이 균형이면 $G = aY$이고, 상품수지가 균형이므로 $(X-M)=0$이다. 따라서 유효수요(AE)는 다음과 같이 정리된다.
2) $AE = C + I + G + (X-M) = 250 + 0.75(Y - aY) + 750 + aY = 1{,}000 + 0.75Y + 0.25aY$이다.
3) $Y = AE$로 두고 $Y = 5{,}000$을 대입하면 $5{,}000 = 1{,}000 + 3{,}750 + 1{,}250a$, $1{,}250a = 250$, $a = 0.2$이다.

26 정답 ④

주제 소비함수

해설

케인즈에 의하면 현재소비는 현재의 가처분소득에 의해서만 결정된다. 그러므로 이자율은 소비에 아무런 영향을 미치지 않는다.

27 정답 ②

주제 항상소득가설

해설

1) 항상소득가설은 항상소득에 의해 소비가 결정된다는 것이다.
2) 내년부터 소득세율 인상이 예고되면 미래예상소득이 감소하므로 올해부터 소비가 감소할 것이다.

28 정답 ④

주제 소비이론

해설

유동성제약이 존재하면 소비를 더 늘리고 싶어도 차입이 불가능하므로 현재소비는 현재소득과 같아지게 된다. 그러므로 가계의 유동성제약이 존재하면 현재소비의 현재소득에 대한 의존도가 커지게 된다.

오답체크

① 데이비드 레입슨(David Laibson)의 즉각적 만족가설(pull of instant gratification hypothesis)에 따르면 소비자는 순간 혹은 현재의 만족에 취약하기 때문에, 현재소비가 현재소득에 강하게 영향을 받는 근시안적 행동을 한다는 것이다.

★★☆

29 프리드먼(M. Friedman)의 항상소득이론에 대한 설명으로 가장 옳지 않은 것은?

18년 서울시

① 소비는 미래소득의 영향을 받는다.

② 소비자들은 소비를 일정한 수준에서 유지하고자 한다.

③ 일시적 소득세 감면이 지속적인 감면보다 소비지출 증대효과가 작다.

④ 불황기의 평균소비성향은 호황기에 비해 감소한다.

★★☆

30 소비이론에 관한 설명으로 옳은 것은?

18년 노무사

① 항상소득가설에 따르면, 호황기에 일시적으로 소득이 증가할 때 소비가 늘지 않지만 불황기에 일시적으로 소득이 감소할 때 종전보다 소비가 줄어든다.

② 생애주기가설에 따르면, 소비는 일생 동안의 소득을 염두에 두고 결정되는 것은 아니다.

③ 한계저축성향과 평균저축성향의 합은 언제나 1이다.

④ 케인즈의 소비함수에서는 소비가 미래에 예상되는 소득에 영향을 받는다.

⑤ 절대소득가설에 따르면, 소비는 현재의 처분가능소득으로 결정된다.

★☆☆

31 소비이론에 대한 설명으로 옳은 것만을 모두 고르면? 19년 국가직

〈보기〉

ㄱ. 소비의 무작위행보(random walk)가설이 성립하면 예상된 정책 변화는 소비에 영향을 미치지 못한다.

ㄴ. 리카도의 대등정리(Ricardian equivalence)가 성립하면 정부지출에 변화가 없는 한 조세의 삭감은 소비에 영향을 미치지 못한다.

ㄷ. 기간 간 선택모형에 따르면 소비는 소득과 상관없이 매기 일정하다.

ㄹ. 항상소득가설에 따르면 한계소비성향은 현재소득에 대한 항상소득의 비율에 의존한다.

① ㄱ, ㄴ ② ㄱ, ㄷ

③ ㄴ, ㄹ ④ ㄷ, ㄹ

정답 및 해설

29 정답 ④

주제 항상소득가설

해설

1) 항상소득가설의 평균소비성향$(APC) = \frac{C}{Y} = \frac{k(Y - Y_T)}{Y} = k(1 - \frac{Y_T}{Y})$

2) 임시소득(Y_T)이 감소하면 평균소비성향이 높아진다.

30 정답 ⑤

주제 소비이론

해설

① 항상소득가설에 의하면 호황기에 일시적으로 소득이 증가할 때 소비가 약간 증가하고, 불황기에 일시적으로 소득이 감소할 때 소비가 약간 감소한다.

② 생애주기가설에 의하면 소비는 일생 동안의 소득에 의해 결정된다.

③ 한계저축성향과 한계소비성향의 합은 항상 1이고, 평균소비성향과 평균저축성향의 합도 항상 1이다. 그러나 한계저축성향과 평균저축성향의 합이 1이 된다는 보장은 없다.

④ 케인즈의 절대소득가설에 의하면 소비는 미래예상소득이 아니라 현재의 가처분소득에 의해 결정된다.

31 정답 ①

주제 소비이론

해설

ㄷ. 기간 간 선택모형에 의하면 소비는 소득과 상관없이 일정한 것이 아니라 소득이 증가하면 소비가 증가하게 된다.

ㄹ. 항상소득가설에 의하면 소비함수가 $C = kY_P = k(Y - Y_t)$이므로 소비함수를 Y에 대해 미분하면 한계소비성향 $MPC = \frac{dC}{dY} = k$이다. 그러므로 한계소비성향은 현재소득에 대한 항상소득의 비율과 관계없이 일정하다.

★☆☆

32 소비이론에 관한 설명으로 옳지 않은 것은? 20년 감정평가사

① 생애주기가설에 따르면 장기적으로 평균소비성향이 일정하다.

② 항상소득가설에 따르면 단기적으로 소득 증가는 평균소비성향을 감소시킨다.

③ 케인즈(M. Keynes)의 소비가설에서 이자율은 소비에 영향을 주지 않는다.

④ 피셔(I. Fisher)의 기간 간 소비선택이론에 따르면 이자율은 소비에 영향을 준다.

⑤ 임의보행(random walk)가설에 따르면 소비의 변화는 예측할 수 있다.

★☆☆

33 생애주기가설(life-cycle hypothesis)에 대한 설명으로 가장 적절한 것은? 18년 공인회계사

① 부(wealth)가 일정한 양(+)의 수준으로 주어진 경우 소비함수의 기울기는 1보다 크다.

② 부가 증가하면 소비함수가 아래쪽으로 이동한다.

③ 생애 전 기간 동안 부는 지속적으로 증가한다.

④ 장기적으로 평균소비성향이 일정해진다는 사실을 설명할 수 있다.

⑤ 단기적으로 소비는 부에 의존하지만 소득에는 의존하지 않는다고 가정한다.

고난도 문제

★★★
34 개방경제인 甲국의 국민소득 결정모형이 다음과 같을 때, 甲국의 국내총소득, 국민총소득, 처분가능소득은? (단, 제시된 항목 외 다른 것은 고려하지 않음) 19년 감정평가사

- 국내총생산: 1,000
- 교역조건 변화에 따른 실질무역 손익: 50
- 사내유보이윤: 10
- 이전지출: 3
- 대외 순수취 요소소득: 20
- 감가상각: 10
- 각종세금: 3

① 1,000, 980, 960
② 1,000, 1,020, 1,000
③ 1,050, 1,050, 1,050
④ 1,050, 1,070, 1,050
⑤ 1,070, 1,050, 1,030

정답 및 해설

32 정답 ⑤

주제 소비이론

해설

임의보행(random walk)가설에 따르면 예상한 충격은 예측이 가능하나 예상하지 못한 충격은 합리적 기대하에서도 예측이 불가능하다.

33 정답 ④

주제 생애주기가설

해설

소득이 많을 때 저축을 하고 소득이 적을 때 저축한 금액을 사용하는 것을 통해 장기적으로 평균소비성향이 일정해진다는 사실을 설명할 수 있다.

오답체크

① 부(wealth)가 일정한 양(+)의 수준으로 주어진 경우 소비함수의 기울기는 1보다 작다.
② 부가 증가하면 소비함수가 위쪽으로 이동한다.
③ 생애 전 기간 동안 소비는 지속적으로 증가한다.
⑤ 단기적으로 소비는 부와 소득에 모두 의존한다.

34 정답 ④

주제 국민소득

해설

1) 국내총소득(GDI)=GDP+교역조건 변화에 따른 실질무역손익이다. 따라서 1,000+50=1,050이다.
2) 국민총소득(GNI)=GDP+교역조건 변화에 따른 실질무역손익+국외 순수취 요소소득이다. 따라서 1,000+50+20=1,070이다.
3) 처분가능소득=GNI−감가상각−사내유보이윤이다. 따라서 1,070−10−10=1,050이다.

★★★

35 **경제학자 A가 추론한 소비함수는 다음과 같은 특징을 가진다. 이 특징을 가장 잘 반영하는 소비함수는?** 17년 공인회계사

> • 늘어난 소득이 소비를 증가시키지만, 소비의 증가는 소득의 증가보다는 작다.
> • 평균소비성향은 소득이 증가함에 따라 감소한다.
> • 현재의 소비는 현재의 소득에 의존한다.

①
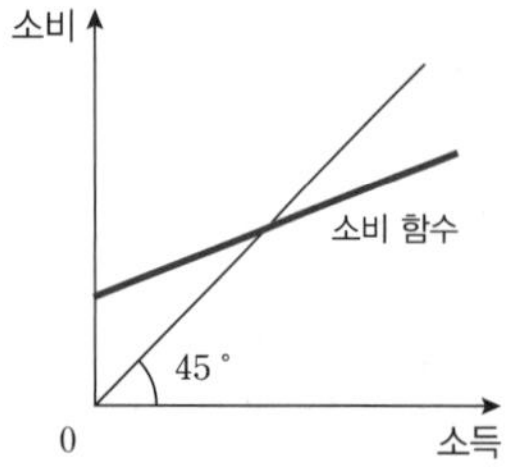

②
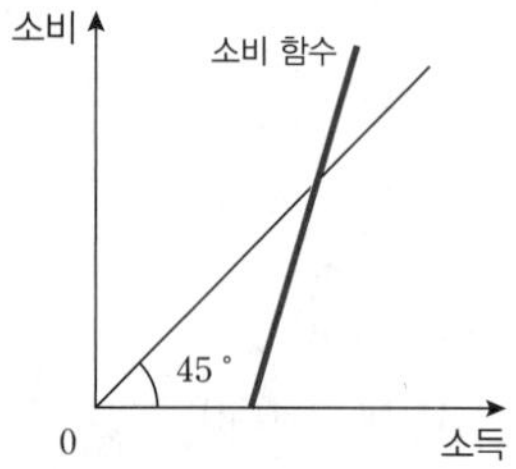

③
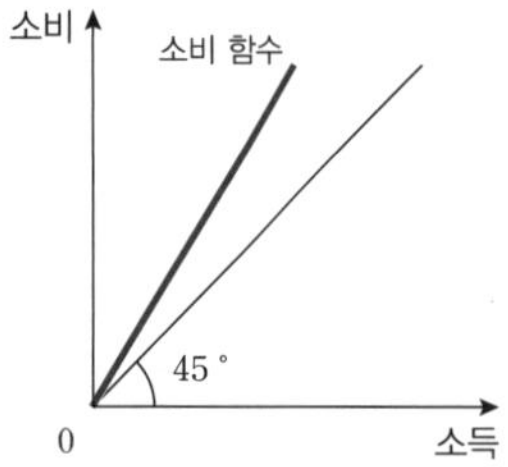

④
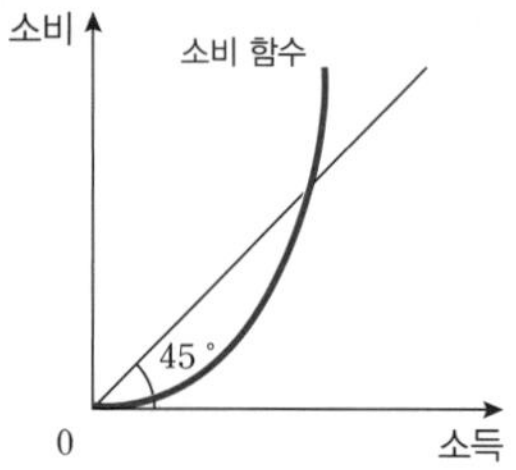

⑤
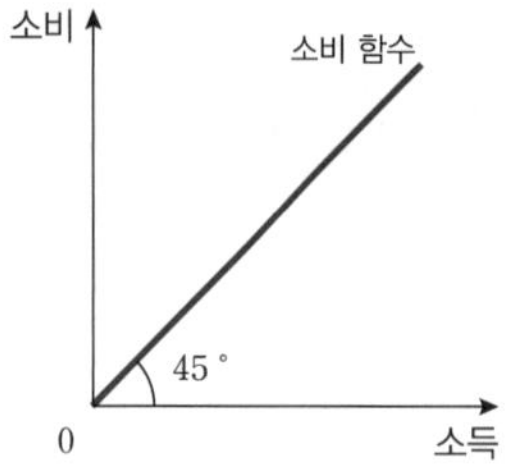

★★★
36 표의 기존 가정에 따라 독립투자승수를 계산했다. 계산된 승수를 하락시키는 가정의 변화를 모두 고른 것은?

21년 감정평가사

기존 가정	가정의 변화
ㄱ. 생산자들은 고정된 가격에 추가적인 생산물을 공급한다.	→ 총공급 곡선이 수직이다.
ㄴ. 이자율은 고정이다.	→ 이자율 상승에 따라 투자가 감소한다.
ㄷ. 정부지출과 세금은 없다.	→ 정부지출과 세금이 모두 외생적으로 증가한다.
ㄹ. 수출과 수입은 모두 영(0)이다.	→ 수출과 수입이 모두 외생적으로 증가한다.

① ㄱ, ㄴ ② ㄱ, ㄷ ③ ㄴ, ㄷ
④ ㄴ, ㄹ ⑤ ㄷ, ㄹ

정답 및 해설

35 정답 ①

주제 소비함수

해설

1) 늘어난 소득이 소비를 증가시키지만 한계소비성향이 양수이고, 소비의 증가는 소득의 증가보다는 작으므로 한계소비성향이 0보다 크고 1보다 작다는 것이다.

2) 평균소비성향은 원점에서 그은 기울기이므로 원점에서 그은 기울기가 감소하는 함수는 ①밖에 없다.

36 정답 ①

주제 승수

해설

1) 승수는 $\frac{1}{1-c(1-t)+m-i}$이다.

2) 지문 분석

ㄱ. 총공급곡선이 수직이면 독립투자를 통해 총수요가 증가하지 않으므로 승수가 하락한다.

ㄴ. 독립투자지출은 이자율의 영향을 받지 않는다. 이자율이 상승하면 독립투자승수가 감소하므로 투자가 감소한다.

ㄷ. ㄹ. 외생변수는 승수와 관련이 없다.

★★★

37 **다음은 어느 폐쇄경제를 나타낸다. 이 경제에 대한 다음 설명 중 옳은 것은?** 18년 공인회계사

> • $Y = C + I + G$
> • $C = 1{,}000 + 0.5Y$
> • $I = 100 - 25r$
> • $G = 0$
> • $\overline{Y} = 2{,}100$
> • $S = \overline{Y} - C - G$
> • $GAP = Y - \overline{Y}$
>
> (단, Y, C, I, G, r, $\overline{Y}$, S, GAP은 총수요, 소비, 투자, 정부지출, 실질이자율, 총생산, 총저축, 인플레이션 갭이며 실질이자율은 중앙은행이 조정함)

① 중앙은행이 실질이자율을 일정하게 유지할 경우 투자가 외생적으로 50만큼 증가하면 총수요는 150만큼 증가한다.

② 중앙은행이 실질이자율을 4로 설정할 경우 양(+)의 인플레이션 갭이 발생한다.

③ 중앙은행이 실질이자율을 1로 설정할 경우 총저축이 투자보다 많은 초과 저축이 발생한다.

④ 중앙은행이 실질이자율을 인플레이션 갭이 0이 되도록 설정할 경우 투자는 50이 된다.

⑤ 정부지출 증가로 총수요가 50만큼 증가하는 경우 중앙은행이 인플레이션 갭을 이전 수준으로 유지하려면 실질이자율을 2만큼 인상하여야 한다.

★★★

38 **개방경제 甲국의 국민소득결정모형이 다음과 같다. 특정 정부지출 수준에서 경제가 균형을 이루고 있으며 정부도 균형예산을 달성하고 있을 때, 균형에서 민간저축은? (단, Y는 국민소득, C는 소비, I는 투자, G는 정부지출, T는 조세, X는 수출, M은 수입)** 19년 감정평가사

> • $Y = C + I + G + (X - M)$
> • $C = 150 + 0.5(Y - T)$
> • $I = 200$
> • $T = 0.2Y$
> • $X = 100$
> • $M = 50$

① 150 ② 200 ③ 225

④ 250 ⑤ 450

정답 및 해설

37 정답 ④

주제 승수효과

해설

1) 문제의 Y는 총수요, $\overline{Y}$가 총공급이다.

2) 총수요 $Y=1{,}000+0.5Y+100-25r \rightarrow Y=1{,}100+0.5Y-25r$이다. 균형 시 $Y=2{,}200-50r$이다.

3) 지문 분석

④ 중앙은행이 실질이자율을 2로 설정하면 인플레이션 갭이 0이 된다. $r=2$를 투자함수에 대입하면 투자는 50이 된다.

오답체크

① 중앙은행이 실질이자율을 일정하게 유지할 경우 투자가 외생적으로 50만큼 증가하면 $I=150-25r$가 되므로 $Y=1{,}150+0.5Y-25r \rightarrow$ 균형 시 $Y=2{,}300-50r$이 되므로 총수요가 100만큼 증가한다.

② 중앙은행이 실질이자율을 4로 설정하여 총수요함수 $Y=2{,}200-50r$에 대입하면 $Y=2{,}000$이다. 총수요가 총공급보다 낮으므로 디플레이션 갭이 발생한다.

③ 실질이자율이 1이면 $Y=2{,}150$이고 소비함수에 대입하여 소비를 구하면 2,075이다. 따라서 저축 $S=2100-2{,}075=25$이다. 반면 실질이자율이 1이면 투자는 75이므로 저축보다 투자가 많아 초과투자가 발생한다.

⑤ 정부지출 증가로 총수요가 50만큼 증가하는 경우 $Y=2{,}250-50r$이 된다. 중앙은행이 인플레이션 갭을 이전 수준으로 유지하려면 실질이자율을 1만큼 인상하여 투자를 50만큼 감소시켜야 한다.

38 정답 ④

주제 민간저축

해설

1) 균형재정이므로 $T=G$이다. 따라서 $G=0.2Y$이다.

2) 주어진 공식에서 Y를 구하면 $Y=150+0.5Y-0.1Y+200+0.2Y+100-50 \rightarrow Y=400+0.6Y \rightarrow Y=1{,}000$이다.

3) 민간저축은 $S_P=Y-C-T$이므로 $1{,}000-(150+400)-200=250$이다.

PART

2 화폐금융론

Chapter 01
화폐와 통화공급이론

Chapter 02
화폐수요이론

학습 구성

구분	출제 포인트	중요도	학습 날짜
Chapter 01 화폐와 통화공급이론	01 화폐와 통화	★	
	02 통화량과 통화지표	★	
	03 금융시장	★	
	04 채권	★★★	
	05 화폐의 공급	★★★	
Chapter 02 화폐수요이론	01 화폐수량설	★★★	
	02 케인즈의 화폐수요이론-유동성 선호설	★★★	
	03 케인즈학파의 화폐수요이론	★★	
	04 신화폐수량설	★	
	05 이자율결정이론	★★★	

Chapter 01

화폐와 통화공급이론

+ 학습목표

- 기대이론, 유동성 프리미엄론, 분할시장이론을 구별할 수 있다.
- 본원통화의 구성을 이해할 수 있다.
- 통화승수의 계산 문제를 풀 수 있다.
- 신용창조승수를 통해 신용창조액을 구할 수 있다.

01 화폐와 통화 ★★★

1. 화폐

(1) 정의

① 재화와 서비스의 거래, 채권·채무관계의 청산 등 일상적인 거래의 매개수단으로 통용되는 자산을 의미한다.

② 화폐는 구체적인 형태를 가져야 하는 것은 아니며, 한 사회에서 일반적인 거래수단으로 통용된다.

(2) 발달과정

물품화폐 → 주조화폐 → 지폐 → 예금화폐 → 전자화폐

(3) 그레샴의 법칙

① '악화(惡貨)는 양화(良貨)를 구축한다.'라는 법칙으로, 쉽게 말해 '나쁜 돈이 좋은 돈을 몰아낸다.'라는 뜻이다.

② 금속화폐 중 좋은 화폐는 시장가치가 크므로 사용되지 않고 상태가 나쁜 화폐만 사용된다는 것이다.

2. 화폐의 기능

(1) 교환의 매개 수단(가장 본원적인 기능)

거래과정에서 거래비용의 절감을 위해 화폐가 매개물이 되어 일반적인 지불수단으로 사용된다.

(2) 회계의 단위 및 가치의 척도

화폐가 상품거래의 표준이 되고, 각 상품의 가치를 화폐의 단위로 측정할 수 있다.

(3) 가치 저장 수단(물가가 안정적이어야 가치 저장 기능이 잘 발휘됨)

화폐는 한 시점에서 다른 시점까지 구매력을 보장해 주는 역할을 한다. 케인즈가 투기적 화폐수요에서 강조한 화폐의 기능이다.

(4) 장래 지불의 표준

미래의 지불의무가 화폐단위로 표시될 때 화폐는 장래 지급의 표준으로서의 기능을 수행한다. 상품을 외상으로 구매했을 경우 지급할 대가가 화폐단위로 표시된다면, 화폐는 장래 지급의 표준으로서의 기능을 하고 있는 것이다.

02 통화량과 통화지표 ★★★

1. 통화량

(1) 의미

① 일정 시점에서 시중에 유통되고 있는 화폐의 양을 의미한다.

② 통화량이 너무 많으면 인플레이션을 유발할 수 있고, 너무 적으면 거래가 위축될 수 있으므로 통화량을 적정수준으로 유지하는 것이 중요하다.

(2) 통화지표

우리나라에서는 금융기관이 취급하는 금융상품의 유동성에 따라 M1, M2, Lf, L 등의 통화지표를 사용한다. 이는 통화량의 크기와 변화를 측정하는 기준이 된다.

2. 협의통화와 광의통화

(1) 협의통화(M1)

① 현금통화 + 요구불예금 + 수시입출금식 저축성 예금

② 화폐의 지급 결제수단으로서의 기능을 중시한 지표로서, 시중에 유통되는 현금에 예금취급기관의 결제성 예금을 더한 것으로 정의된다.

(2) 광의통화(M2)

① 협의통화(M1) + 저축성 예금 + 시장형 금융상품 + 실적배당형 금융상품 + 금융채 + 거주자 외화 예금 등

② 만기 2년 이상의 금융상품은 제외된다,

③ **시장형 금융상품**: 양도성 예금증서, 환매조건부채권, 표지어음 등

④ **실적배당형 금융상품**: 금전신탁, 수익증권 등

(3) 주요 금융상품의 종류

종류	내용
요구불예금	고객이 요구할 때 은행이 즉시 지불해 주어야 하는 예금으로, 우리나라에서는 보통예금·당좌예금·가계종합예금 등이 있음
저축성예금	이자수익이 높은 대신 약정된 기간이 경과한 후에야 찾을 수 있는 예금으로, 이자수익만 포기하면 언제라도 현금으로 찾을 수 있는 예금
거주자외화예금	우리나라 사람이 외화를 우리나라에 있는 은행에 예금한 것
양도성 예금증서 (CD, Certificate of Deposit)	일종의 정기예금증서로 양도가 가능하여 유동성이 높은 상품으로, 은행의 주요 자금조달 수단의 하나임
기업어음 (CP, Commercial Paper)	• 기업체가 자금조달을 목적으로 발행하는 어음 • 상거래에 수반하여 발행되고 융통되는 진성어음과는 달리 단기자금을 조달할 목적으로 신용상태가 양호한 기업이 발행한 약속어음으로, 기업과 어음상품 투자자 사이의 자금 수급관계에서 금리가 자율적으로 결정됨
금전신탁	은행이 고객의 금전을 예탁 받아 이를 운용한 뒤 일정 기간 후에 원금과 수익을 고객에게 지급하겠다고 약속하는 계약임
환매조건부채권 (RP, Repurchase Agreement)	일정 기간 경과 후 일정한 가격으로 동일한 채권을 재매수(매도)할 것을 조건으로 매도(매수)하는 계약으로, 대고객 RP는 증권회사 등이 판매하는 예금과 유사한 수신상품임
MMF (Money Market Fund)	투자신탁회사들에서 고객들의 돈을 모아 금리가 높은 CD, CP 등 단기금융상품에 집중 투자하여 여기서 얻은 수익을 되돌려주는 상품으로, 요구불예금과 같이 유동성이 매우 큼

03 금융시장 ★★★

1. 금융시장의 의미

자금의 수요자와 공급자 사이에 자금거래가 지속적으로 이루어지는 추상적인 장소를 의미한다.

2. 기간에 의한 금융시장의 유형

(1) 단기금융시장(화폐시장)

① 일반적으로 만기가 1년 미만의 금융자산이 거래되는 시장으로 콜시장, 어음할인시장, CP 시장, CD 시장, RP 시장 등이 있다.

② 콜시장은 만기가 하루에서 2주 정도의 최단기 금융시장으로, 주로 금융기관 상호 간에 일시적인 유휴자금이 거래되는 금융시장이다. 이때의 금리를 콜금리라 한다.

③ 어음할인시장은 상업어음·융통어음 등이 거래되는 시장이다. 이때의 할인율이 이자율이다.

(2) 장기금융시장(자본시장)

기업의 시설자금이나 장기자금 조달이 목적으로 형성된 시장으로 장기대부시장, 주식시장, 채권시장 등이 있다.

3. 참여방식에 의한 금융시장의 유형

(1) 직접금융시장

자금의 수요자와 공급자가 자금을 직접 거래하는 시장으로 주식시장, 채권시장 등이 있다.

(2) 간접금융시장

금융중개기관이 개입하여 자금의 수요자와 공급자를 연결시켜주는 시장으로 예금-대출시장이 있다.

4. 금융상품의 창출에 따른 구분

(1) 발행시장

새로운 금융상품이 발행되는 시장으로 증권발행자, 증권응모자, 증권인수자가 중심이 된다.

(2) 유통시장

기존의 금융상품이 거래되는 시장이다. 발행시장에서 발행된 유가증권의 시장성과 유동성을 높여서 언제든지 적정한 가격으로 현금화할 수 있는 기회를 제공한다.

5. 효율적 시장가설(EMH, Efficient Market Hypothesis)

(1) 의미

① 자본시장의 가격이 이용가능한 정보를 충분히 즉각적으로 반영하고 있다는 가설이다.

② 정보효율성과 관련이 있는 것으로서 자본시장의 가격이 이용가능한 정보를 충분히, 즉각적으로 반영하고 있어서 그러한 정보를 바탕으로 한 어떠한 거래도 초과수익을 얻지 못한다는 것이다.

(2) 종류

① 약형 EMH(weak-form EMH)

- 어떤 투자라도 가격이나 수익의 역사적 정보에 기초한 거래에 의하여 초과수익을 얻을 수 없다.
- 즉, 과거의 주가 또는 수익률이 지닌 정보는 초과수익을 획득함에 있어 유용하거나 적절하지 못하다.

② 준강형 EMH(semi strong-form EMH)

- 어떤 투자자라도 공식적으로 이용가능한 정보를 기초로 한 거래에 의하여 초과수익을 얻을 수 없다.
- 공식적으로 이용가능한 정보란 과거의 주가자료, 기업의 보고된 회계자료, 증권관계기관의 투자자료와 공시자료 등이다.

③ 강형 EMH(strong-form EMH): 어떤 투자라 할지라도 모든 이용가능한 정보 — 공식적으로 이용가능하든 그렇지 않든(내부정보) — 를 사용함으로써 초과수익을 실현할 수 없다.

개념확인 문제

Q 효율적 시장가설(efficient market hypothesis)에 관한 설명으로 옳은 것을 모두 고른 것은?

20년 노무사

ㄱ. 주식가격은 매 시점마다 모든 관련 정보를 반영한다.
ㄴ. 주식가격은 랜덤워크(random walk)를 따른다.
ㄷ. 미래 주식가격의 변화에 대한 체계적인 예측이 가능하다.
ㄹ. 주식가격의 예측이 가능해도 가격조정은 이루어지지 않는다.

① ㄱ, ㄴ　② ㄱ, ㄷ　③ ㄴ, ㄷ
④ ㄴ, ㄹ　⑤ ㄷ, ㄹ

정답 ①

해설

ㄱ. 효율적 시장가설은 자본시장의 가격이 이용가능한 정보를 충분히 반영하고 있다는 것이므로, 주식가격은 매 시점마다 모든 관련 정보를 반영한다.
ㄴ. 주식가격이 랜덤워크(random walk)를 따른다는 것은 정확한 예측이 불가능하다는 것이다. 이로 인해 초과수익을 얻지 못한다.

오답체크

ㄷ. 미래 주식가격의 변화에 대한 체계적인 예측이 불가능하다.
ㄹ. 주식가격의 예측이 가능해도 가격조정이 이루어질 수 있다.

04 채권 ★★★

1. 채권의 의미

(1) 의미

정부 및 지방단체, 기업과 같이 법률로 정해진 기관과 회사가 불특정 다수에게서 비교적 장기의 자금을 조달하기 위해서 발행한 차용증서로서 채무를 표기한 유가증권이다.

예 국채, 지방채, 특수채, 금융채, 회사채 등

(2) 본질(주식과의 비교)

① **기한부증권**: 주식은 기간이 주어져 있지 않지만 채권은 정해져 있다.
② **이자지급증권**: 주식은 배당을 받고, 채권은 이자를 받는다.
③ **확정이자증권**: 발행기관의 수익률과 관계없이 받을 돈이 정해져 있다.
④ 안정성과 유동성은 비교적 높은 편이나 수익성은 주식에 비하여 낮다.

2. 채권의 종류

(1) 이표채

① 액면가로 채권을 발행하고, 표면이율에 따라 연간 지급해야 하는 이자를 일정 기간 나누어 지급하는 채권이다.

② 채권에 이자표(쿠폰)가 붙어 있어 쿠폰본드라고도 한다.

(2) 할인채

① 이자가 붙지는 않지만 반드시 이자 상당액을 미리 액면가격에서 차감하며, 발행가격이 액면가격(상환가격)보다 낮은 채권이다.

② 발행가격과 액면가격의 차액을 이자라고 볼 수 있다.

(3) 영구채

① 원금을 상환하지 않고 일정 이자만을 영구히 지급하는 채권이다.

② 주로 국가기관이나 대형 사업체에서 초대형 프로젝트를 위해 장기적인 자금조달이 필요할 경우에 발행한다.

③ 매년 A원의 이자를 지급받는 영구채의 가격 $P=\frac{A}{r}$이다.

④ 예를 들면 이자율이 5%일 때 매년 300만 원의 이자를 지급받는 영구채의 가격 $P=\frac{300\text{만 원}}{0.05}=6,000\text{만 원}$이다.

3. 채권수익률

(1) 표면이자율과 시장수익률

① **표면이자율**: 이표채권의 경우 이표이자액은 채권에 표시되어 있는 대로 지급된다. 이를 표면이자율이라고 한다.

② **시장수익률**
- 채권의 시장가격은 채권시장의 수요와 공급에 따라 결정된다.
- 채권투자의 수익률을 높이기 위해서는 채권을 저렴하게 구입해야 한다.
- 예를 들어 100만 원, 10%짜리 이표채가 있다고 가정하면 이자액은 10만 원이다.
- 시장에서 이 채권을 실제로 80만 원에 구입했다면 이자율은 $\frac{10}{80}\times 100=12.5\%$가 되므로 시장수익률이 표면이자율보다 높아진 것이다.

③ 채권수익률은 채권가격과 반비례한다.

④ **채권수익률의 결정요인**
- **기업외적요인**: 명목이자율에 비례한다.
- **기업내적요인**: 채무의 만기가 길수록, 신용등급과 관련된 채무불이행 위험과 비례한다.

4. 이자율의 기간구조 (◀ 시험 POINT 각 이론의 의미를 구분하고 기대이론의 계산이 출제됩니다.)

(1) 기대이론

① **의미:** 시장 참가자들이 평균적으로 예상하는 미래 단기이자율이 장기이자율을 결정한다는 주장이다.

② **특징**

- 만기가 서로 다른 채권 간에 완전한 대체관계가 존재한다고 가정하고, 장기이자율은 단기이자율로 여러 차례에 걸쳐 재투자한 것과 같다고 본다.
- 즉, 장기이자율이 단기이자율의 기하학적 평균과 같을 때 시장참가자들은 이 둘을 무차별적으로 본다는 주장이다.

③ **계산법**

- 현재 시점에서 채권시장에 1년 만기, 2년 만기 국채만 존재하고 각각의 이자율이 3%, 5%가 존재한다.
- 현재 시점으로부터 1년 이후에 성립하리라 기대되는 1년 만기 국채의 이자율은 다음과 같다.

$$\frac{\text{첫 1년 만기 이자율} + \text{1년 이후에 성립하는 1년 만기 국채 이자율}}{2} = \text{2년 만기 국채 이자율}$$

- 따라서 제시된 조건을 공식에 대입하면 $\frac{3\% + \text{1년 이후에 성립하는 1년 만기 국채 이자율}}{2}$ $=5$이므로 1년 이후에 성립하리라 기대되는 1년 만기 국채 이자율은 7%로 유추할 수 있다.

(2) 유동성 프리미엄론

① **의미:** 장기이자율은 평균적인 미래단기이자율에 현금보유를 포기하는 대가(유동성 프리미엄)의 합으로 결정된다는 이론이다.

② **공식:** 기대이론+유동성 프리미엄(항상 양의 값을 가짐)

③ **특징**

- 만기가 서로 다른 채권 간에 대체관계가 존재해도 그 둘은 완전대체제는 아니다.
- 현금보유를 포기한 대가인 유동성 프리미엄과 기대이론의 이자율을 더하여 장기이자율이 결정된다는 이론이다.

④ **미래의 단기이자율 상승 시:** 기대이론(미래의 단기 이자율 상승이 예상되므로 수익률 우상향)+유동성 프리미엄(수익률 우상향)이 수익률이므로 수익률곡선이 우상향한다.

⑤ **미래의 단기이자율 하락 시:** 기대이론(미래의 단기 이자율 하락이 예상되므로 수익률 우하향)+유동성 프리미엄(수익률 우상향)이 수익률이므로 수익률곡선이 반드시 우하향한다고 볼 수 없다.

(3) 분할시장이론

① **의미:** 분할시장 이론은 단기이자율과 장기이자율은 특정 만기에 대한 시장참가자의 선호도가 결정한다는 이론이다.

② **특징**

- 만기가 서로 다른 채권 간에는 대체관계가 존재하지 않는다.

- 단기이자율과 장기이자율은 각각 단기자금과 장기자금의 수요와 공급에 따라 결정된다는 주장이다.

개념확인 문제

Q 수익률곡선(yield curve)에 대한 설명으로 옳지 않은 것은? 21년 국가직

① 만기 외에 다른 조건이 동일한 채권의 만기와 이자율 사이의 관계를 나타내는 곡선이다.
② 이자율의 기간구조에 대한 분할시장이론(segmented markets theory)은 단기채권과 장기채권의 이자율이 시간의 흐름에 따라 같은 방향으로 움직이는 이유를 설명해 준다.
③ 이자율의 기간구조에 대한 유동성 프리미엄 이론(liquidity premium theory)은 수익률곡선이 전형적으로 우상향하는 이유를 설명해 준다.
④ 이자율의 기간구조에 대한 기대이론(expectations theory)에 따르면, 중앙은행이 앞으로 계속 단기이자율을 낮추겠다는 공약을 할 경우 장기이자율은 하락해야 한다.

정답 ②

해설
1) 분할시장이론은 단기이자율과 장기이자율은 특정 만기에 대한 시장참가자의 선호도가 결정한다는 이론이다.
2) 따라서 단기채권과 장기채권은 시장 자체가 다르므로, 이자율이 시간의 흐름에 따라 같은 방향으로 움직인다고 단정지어 말할 수 없다.

05 화폐의 공급 ★★★

1. 중앙은행

(1) 의미

한 나라의 통화제도의 중심이자 정점을 구성하는 은행으로, 우리나라의 중앙은행은 한국은행이다.

(2) 기능

① **발권은행으로서의 기능**: 지폐와 주화를 발행하고 그 양을 조절하는 기능을 한다.
② **은행의 은행으로서의 기능**: 예금은행으로부터 예금을 받기도 하고 필요시에는 예금은행에 대출한다.
③ **통화신용정책의 집행**: 중앙은행의 가장 중요한 목표로서 통화가치의 안정과 국민경제의 발전을 위하여 각종 정책수단을 이용하여 통화량을 조절하고 자금의 효율적 배분을 도모한다.
④ **정부의 은행으로서의 기능**: 국고금을 관리하고 정부에 대하여 신용을 공여하는 기능을 수행한다.
⑤ **외환관리업무**: 국제수지 불균형의 조정, 환율의 안정 등을 위하여 각종 외환 관리 업무를 수행한다.

(3) 중앙은행의 대차대조표

차변(자산)	대변(부채)
① 정부에 대한 여신(여신: 빌려준 돈)	① 본원통화
② 예금은행에 대한 여신	② 정부예금
③ 유가증권	③ 해외부채
④ 외화자산(외화예금)	④ 기타부채
⑤ 기타(현금, 금 등)	

2. 본원통화

(1) 의미

① 중앙은행의 창구를 통하여 시중에 나온 현금으로, 예금은행의 신용 창조의 토대가 된다. 따라서 기초 통화(reserve base)로 부른다.

② 본원통화가 1단위 공급되면 통화량은 신용창조과정을 통해 본원통화 공급량보다 훨씬 더 크게 증가한다. 따라서 고성능통화(high-powered money)라고 부른다.

(2) 본원통화의 공급 경로: 중앙은행에서 통화가 나오면 됨

① **정부의 재정 적자:** 정부가 중앙은행으로부터 차입해야 하므로 본원통화가 증가한다.

② **예금은행의 차입 증가:** 중앙은행이 예금은행에 대출해 주므로 본원통화가 증가한다.

③ **국제수지 흑자, 차관 도입:** 외환이 유입되므로 중앙은행에서 외화를 원화로 교환해 주게 된다. 따라서 본원통화가 증가한다.

④ **중앙은행의 유가 증권 구입, 건물 구입:** 중앙은행이 대금을 지급하므로 본원통화가 증가한다.

(3) 구성 (◀ 시험 POINT 본원통화의 구성을 이해해야 합니다.)

<table>
<tr><td colspan="3">본원통화(10억 원)</td></tr>
<tr><td>현금통화(8억 원)</td><td colspan="2">지급준비금(2억 원)</td></tr>
<tr><td>현금통화(8억 원)</td><td>예금은행 지급준비금: 시재금(1억 원)</td><td rowspan="2">중앙은행 지급준비예치금 (1억 원)</td></tr>
<tr><td colspan="2">화폐발행액(9억 원)</td></tr>
</table>

(4) 지급준비금(Z)

① **개념:** 예금은행이 고객의 예금인출 요구에 대비하기 위하여 보유하고 있는 현금이다.

② **구성:** 지급준비금(지준금) = 법정지급준비금 + 초과지급준비금 = 지급준비예치금 + 시재금

(5) 지급준비율(z)

① 개념: 지급준비금을 예금액(D: deposit)으로 나눈 값($\frac{Z}{D}$)이다.

② 구성: 지급준비율(지준율) = 법정지급준비율 + 초과지급준비율

예 예금 100억 원 중에 법정지급준비금이 10억 원이라면 법정지급준비율은 10%이다. 실제로 15억 원을 지급준비금으로 은행이 보유한다면 초과지급준비율은 5%가 된다.

3. 통화승수

시험 POINT 현금통화비율과 현금예금비율이 주어졌을 때 통화승수를 구할 수 있어야 합니다.

(1) 의미

① 통화량과 본원통화의 비율로, 통화량(M)을 본원통화(H)로 나눈 값이다.

② $통화승수(m) = \frac{통화량}{본원통화} = \frac{M}{H}$

(2) 현금통화비율($c = \frac{C}{M}$)이 주어진 경우의 통화승수

① $m = \frac{M}{H} = \frac{1}{c+z(1-c)}$ $\left(c = \frac{현금통화(C)}{통화량(M)},\ z = \frac{지급준비금(Z)}{예금통화(D)}\right)$

② 설명

- $m = \frac{M}{H} = \frac{M}{C+Z}$이다.
- $C = cM$이고 $Z = zD$이다. $M = C+D \rightarrow D = M-C \rightarrow D = M-cM = (1-c)M$이다.
- 따라서 C 대신에 cM을 넣고 Z 대신에 $z(1-c)M$을 대입하면 $m = \frac{M}{cM+z(1-c)M} = \frac{1}{c+z(1-c)}$이 도출된다.

(3) 현금예금비율(k)이 주어진 경우의 통화승수

① $m = \frac{M}{H} = \frac{k+1}{k+z}$ $\left(k = \frac{현금통화(C)}{예금통화(D)}\right)$

② 설명

- $m = \frac{M}{H} = \frac{C+D}{C+Z}$이다.
- 분자와 분모를 모두 D로 나누면 $\dfrac{\frac{C}{D}+\frac{D}{D}}{\frac{C}{D}+\frac{Z}{D}}$가 되므로 $m = \frac{k+1}{k+z}$이 도출된다.

4. 통화공급방정식(통화공급함수)

(1) 현금통화비율(c)이 주어진 경우의 통화공급방정식

① 어떤 시점에서의 통화량은 그 시점의 통화공급(M^S)과 동일하다.

② $M^S = M = mH = \dfrac{1}{c+z(1-c)}H$

③ 통화승수(m)와 통화량(M)은 지급준비율(z)과 현금통화비율(c)의 감소함수이다.

- 지급준비율(z) 상승 → 통화승수(m) 감소 → 통화량(M) 감소
- 현금통화비율(c) 증가 → 통화승수(m) 감소 → 통화량(M) 감소

(2) 통화량 결정주체

① **현금통화비율(c)**: 민간 부문이 결정하나 그 사회의 지불관습에 의해 거의 일정한 상수라고 볼 수 있다.

② **지급준비율(z)**: 중앙은행이 결정하는 법정지준율과 각 은행이 결정하는 초과지준율로 구성된다.

③ **본원통화(H)**: 중앙은행이 결정한다고 가정한다.

④ **통화공급의 외생성**: 중앙은행이 법정지준율과 본원통화를 조정함으로써 통화량을 조정할 수 있다.

5. 본원통화의 내생성과 외생성

(1) 본원통화의 외생성

중앙은행이 지급준비율과 본원통화를 스스로 모두 결정하는 경우이다.

(2) 본원통화의 내생성

① **의미**: 중앙은행이 본원통화를 독자적으로 결정하는 것이 아니라 금융제도 안에서 다른 경제주체들과 상호작용하는 과정에서 본원통화를 결정한다고 파악하는 것이다.

② **요인**

- 경제활동이 활발해지면 시중은행이 중앙은행으로부터 대출이 활발해져 본원통화가 증가한다.
- 재정수지 악화나 긴급한 지출은 정부의 중앙은행으로부터의 차입 증가로 본원통화가 증가한다.
- 국제수지 흑자로 인하여 은행들이 적정수준 이상의 외환을 보유하게 되면 외화를 원화로 바꾸게 된다. 이 과정에서 본원통화가 증가한다.

(3) 통화승수의 외생성과 내생성

① **통화승수의 외생성**: 통화공급이 중앙은행에 의해서 결정되는 외생변수라면 통화공급함수는 이자율과 무관하므로 아래와 같이 수직선으로 그려진다.

② **통화승수의 내생성**

- 이자율 상승($r_0 \rightarrow r_1$) → 개인 현금 보유 감소 → 현금통화비율 감소($c\downarrow$) → 통화승수 증가($m\uparrow$) → 통화량 증가

• 이자율 상승($r_0 \rightarrow r_1$) → 예금은행 현금 보유 감소 → 지급준비율 감소($z\downarrow$) → 통화승수 증가($m\uparrow$) → 통화량 증가

• 현금통화(예금)비율, 지급준비율 모두 이자율의 감소함수이므로 우상향으로 그려진다.

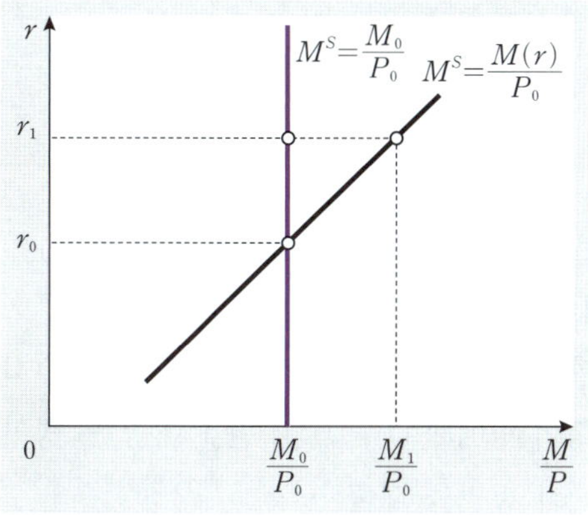

개념확인 문제

Q 통화승수에 관한 설명으로 옳지 않은 것은? 18년 노무사

① 통화승수는 법정지급준비율을 낮추면 커진다.
② 통화승수는 이자율 상승으로 요구불예금이 증가하면 작아진다.
③ 통화승수는 대출을 받은 개인과 기업들이 더 많은 현금을 보유할수록 작아진다.
④ 통화승수는 은행들이 지급준비금을 더 많이 보유할수록 작아진다.
⑤ 화폐공급에 내생성이 없다면 화폐공급곡선은 수직선의 모양을 갖는다.

정답 ②

해설

1) 통화승수 $m = \dfrac{1}{c+z(1-c)}$ 이므로 통화승수의 크기는 지급준비율과 현금통화비율에 의해 결정된다.

2) 이자율 상승으로 요구불예금이 증가하면 현금통화비율이 낮아지므로 통화승수가 커지게 된다.

6. 신용창조

(1) 예금은행의 대차대조표

차변(자산)	대변(부채)
① 현금 = 시재금 + 지급준비 예치금	① 요구불예금
② 대출금	② 저축성예금
③ 유가증권	③ 한국은행 차입금
④ 해외자산	④ 기타부채
⑤ 기타자산	⑤ 자본

(2) 신용창조의 가정

① 요구불예금만 존재하고 저축성예금은 없다.

② 예금은행 조직 밖의 현금누출은 없다.

③ 예금은행은 대출의 형태로만 자금을 운영한다. → 유가증권 투자를 하지 않는다.

④ 예금은행은 법정지급준비금만 보유한다. → 초과지준금은 없다.

(3) 신용창조의 과정

① **신용창조의 개념:** 은행이 본원적 예금(예금은행 밖에서 예금은행으로 최초로 들어온 예금)을 기초로 하여 대출을 통해 예금통화를 창조하는 것을 의미한다.

② **신용창조의 과정:** 갑이 W원의 본원적 예금을 A은행에 예금 → A은행이 을에게 $(1-z)W$원을 대출 → 을이 B은행에 $(1-z)W$원을 예금 → B은행이 병에게 $(1-z)^2W$원을 대출 → 병이 C은행에 $(1-z)^2W$원을 예금 → C은행이 정에게 $(1-z)^3$W원을 대출 ……

③ **신용승수:** $\dfrac{1}{\text{지급준비율}(z)}$

(4) 신용창조 사례

① 본원통화(W)를 100억 원, 지급준비율(z)을 10%로 가정한다.

신용창조 과정	예금통화 (요구불예금)	통화량 (대출액)	지급준비금
갑이 w의 본원적 예금을 A은행에 예금	100억 원	-	0.1×100억 원
A은행이 을에게 $(1-z)W$원을 대출	-	$(1-0.1)\times100$억 원	-
을이 B은행에 $(1-z)W$원을 예금	$(1-0.1)\times100$억 원	-	$0.1(1-0.1)\times100$억 원
B은행이 병에게 $(1-z)^2W$원을 대출	-	$(1-0.1)^2\times100$억 원	-
병이 C은행에 $(1-z)^2W$원을 예금	$(1-0.1)^2\times100$억 원	-	$0.1(1-0.1)^2\times100$억 원
C은행이 정에게 $(1-z)^3W$원을 대출	-	$(1-0.1)^3\times100$억 원	-
⋮	⋮	⋮	⋮
합계	$\frac{1}{z}W$	$\frac{1-z}{z}W$	W

② 총예금창조액(D^G)

- 예금은행조직 밖에서 예금은행조직으로 최초로 들어온 예금과 예금은행조직 내에서 대출의 형태로 증가한 예금을 합한 금액이다.
- $D^G = W + (1-z)W + (1-z)^2W + \cdots\cdots = \dfrac{1}{z}W$

③ 신용승수(money multiplier)

- 중앙은행이 애당초 늘려 공급한 화폐의 양과 은행의 예금창조 과정을 거쳐 궁극적으로 증가한 통화량 사이의 비율이다.
- $\text{신용승수} = \dfrac{1}{z}$

④ 순예금창조액(D^N)

- 총예금창조액에서 본원적 예금을 뺀 것이다.
- $D^N = \frac{1}{z}W - W = \frac{1-z}{z}W$

개념확인 문제

Q 다음은 어느 은행의 대차대조표이다. 이 은행이 초과지급준비금을 전부 대출할 때, 은행시스템 전체를 통해 최대로 증가할 수 있는 통화량의 크기는? (단, 법정지급준비율은 20%, 현금통화비율은 0%)

18년 국가직

자산(억 원)		부채(억 원)	
지급 준비금	600	예 금	2,000
대 출	1,400		

① 120억 원 ② 400억 원
③ 1,000억 원 ④ 2,000억 원

정답 ③

해설

1) 법정지급준비율이 20%이므로 예금이 2,000억 원이면 은행은 법정지급준비금으로 400억 원을 보유해야 한다.
2) 그런데 실제지급준비금이 600억 원이므로 법정지급준비금 400억 원을 초과한 200억 원이 초과지급준비금이다.
3) 은행이 초과지급준비금을 모두 대출하여 최대로 증가할 수 있는 예금통화의 크기는 1,000억 원($=200$억 원$\times\frac{1}{0.2}$)이다.
4) 이 경우 현금통화는 변하지 않고 예금통화만 1,000억 원 증가하므로 최대로 증가할 수 있는 통화량의 크기는 1,000억 원이다.

Chapter 02

화폐수요이론

학습목표

- 교환방정식의 뜻을 파악하고, 계산 문제를 풀 수 있다.
- 유동성 선호설에서 화폐수요의 동기를 이해할 수 있다.
- 보몰의 재고이론의 결과를 공식을 통해 이해할 수 있다.
- 대부자금설의 계산 문제를 풀 수 있다.

01 화폐수량설

시험 POINT 공식의 의미와 교환 방정식을 변화율로 바꾸었을 때도 구할 수 있어야 합니다. ★★★

1. 교환방정식(the equation of exchange)

(1) 의미

$$\underline{MV} = \underline{PT}$$

- PT: 일정 기간의 총거래액
- MV: 일정 기간의 총지불액

- M : 통화량
- V : 유통속도
- P : 물가
- T : 거래량(일정)

① 일정 기간에 일어난 모든 생산물 거래에서 화폐의 각 단위가 평균적으로 몇 번씩 사용되었는가 하는 횟수, 즉 회전율의 개념이다.

② 고전학파는 화폐의 유통속도가 그 사회의 관습 등에 의하여 고정되어 있다고 보고 있다.

③ **교환방정식에 의한 화폐수요:** 단기적으로 보면 거래량(T)과 최종생산물(Y) 간에는 일정한 비례관계가 성립하므로 교환방정식의 T를 Y로 대체하면 교환방정식은 다음과 같이 나타낼 수도 있다.

$$\underline{MV} = \underline{PY}$$

- PY: 일정 기간의 명목 GDP
- MV: 일정 기간의 최종생산물거래액

④ 고전학파는 완전고용이 이루어져 총생산 Y는 일정하다고 보므로 화폐의 증가가 물가를 변동시키는 원인이라고 본다. 이는 화폐는 실물변화에 영향을 주지 못한다는 화폐의 중립성과 연관이 있다.

(2) 교환방정식과 통화공급(EC 방정식)

① 일반적인 교환방정식 $MV = PY$에 대한 수학적인 변형이다.

$$\frac{\Delta M}{M} + \frac{\Delta V}{V} = \frac{\Delta P}{P} + \frac{\Delta Y}{Y}$$

통화공급 증가율　유통속도 증가율　물가상승률　경제성장률

② 좌변 식을 이항하여 정리하면 $\frac{\Delta M}{M} = \frac{\Delta P}{P} + \frac{\Delta Y}{Y} - \frac{\Delta V}{V}$이다.

③ 통화공급 증가율 = 물가상승률 + 경제성장률 − 유통속도 증가율

2. 현금잔고수량설

(1) 마샬(Marshall)의 화폐수요함수 – 마셜이 주장한 경제주체의 화폐보유동기

① 화폐보유동기는 화폐보유에 따른 거래의 편리함과 안정성이다. 따라서 화폐보유량은 화폐를 보유함으로써 얻을 수 있는 효용과 다른 형태의 자산을 보유함으로써 얻을 수 있는 효용을 비교함으로써 결정된다.

② 이러한 효용을 얻기 위하여 자산의 일정 부분을 화폐로 보유한다고 단순화하였다. 이때 부(wealth)가 단기에서 소득에 비례한다면 화폐에 대한 수요는 다음과 같이 표시할 수 있다.

③ $M^D = kPY$ (M^D는 현금잔고, k는 마샬의 k, P는 물가, Y는 실질국민소득)

(2) 마샬의 k와 유통속도 V

① 마샬의 k는 사회의 거래관습상 변화가 적으므로 일정한 상수로 볼 수 있다.

② 교환방정식과 비교하면 $k = \frac{1}{V}$이므로 현금잔고방정식과 교환방정식은 동일하다고 볼 수 있지만 교환방정식의 유통속도 V는 유량의 개념을 포함한다.

③ 반면, k는 저량의 개념으로 이는 현금잔고방정식이 화폐의 기능 중 가치저장수단으로써의 기능을 중시함을 의미한다.

개념확인 문제

Q A국에서는 고전학파의 이론인 화폐수량설이 성립한다. 현재 A국의 실질 GDP는 20,000, 물가수준은 30, 그리고 통화량은 600,000일 때, 옳지 않은 것은? 17년 국가직

① A국에서 화폐의 유통속도는 1이다.
② A국 중앙은행이 통화량을 10% 증가시켰을 때, 물가는 10% 상승한다.
③ A국 중앙은행이 통화량을 10% 증가시켰을 때, 명목 GDP는 10% 증가한다.
④ A국 중앙은행이 통화량을 4% 증가시켰을 때, 실질 GDP는 4% 증가한다.

정답 ④

해설
화폐수량설에서는 화폐가 증가하더라도 실질 GDP는 변하지 않고, 명목 GDP만 증가한다.

오답체크
① 화폐수량설 $MV=PY$에 $M=600{,}000$, $P=30$, $Y=20{,}000$을 대입하면 $V=1$로 계산된다.
② 화폐수량설에서 통화량이 10% 증가하면 물가가 10% 상승한다.
③ 화폐수량설에서 물가가 10% 상승하면 명목 GDP PY는 10% 증가한다.

02 케인즈의 화폐수요이론 - 유동성 선호설 ★★★

1. 화폐수요의 동기

(1) 화폐수요 = 유동성 선호

① 케인즈는 유동성을 화폐 자체로 보아 화폐수요를 유동성 선호라고 표현한다.
② 케인즈는 화폐수요의 동기를 거래적 동기, 예비적 동기, 투기적 동기로 나누었다.

(2) 거래적 동기

① 일상적인 지출(거래)을 위해 화폐를 보유하려는 동기이다.
② 거래적 동기는 소득의 증가함수이다.

(3) 예비적 동기

① 예상하지 못한 지출에 대비하기 위한 화폐를 보유하려는 동기이다.
② 예비적 동기는 소득의 증가함수이다.

(4) 투기적 동기

① 케인즈의 화폐수요이론에서 가장 중요하다.

② 장래 수입을 극대화하기 위한 화폐수요, 즉 화폐를 하나의 자산으로 보고 실물자산에 비해 화폐자산을 보유하는 것이 상대적으로 유리하다는 입장에서 화폐를 보유하려는 동기이다.

③ 투기적 동기는 이자율에 민감하게 반응하므로, 이자율의 감소함수이다.

2. 채권가격과 이자율의 관계

(1) 이자수익이 확정된 채권의 이자율

① **현재가치(PV)**: 이자율이 $r\%$ 일 때 1년 후 가격인 B원의 현재가치 $PV=\dfrac{B}{1+r}$ 이다.

② **이자수익이 확정된 채권의 가격**: 1년 후 상환하기로 되어 있는 채권의 액면가가 10,000원이고 표면금리가 10%인 채권의 1년 후 가격은 11,000원이므로, 이자율이 10%일 때의 현재가치(판매가)는 $\dfrac{11,000}{1+0.1}=10,000$원이 되고 이자율이 5%일 때의 현재가치(판매가)는 $\dfrac{11,000}{1+0.05}=10,476$원이 된다.

③ 따라서 채권가격은 이자율과 반비례함을 알 수 있다.

(2) 채권가격과 이자율 사례

◀ 시험 POINT 채권시장과 관련된 투기적 화폐수요를 잘 이해해야 합니다.

① 연간 10%의 표면이자를 지급하기로 약속한 7년 만기 5백만 원짜리 액면가의 채권이 있다.

② 시중의 연간 이자율이 15%라면 사람들은 이 채권을 사려고 하지 않을 것이다. 왜냐하면 시중의 이자율이 15%라는 것은 남에게 돈을 빌려주면 그 만큼의 이자를 받을 수 있다는 것을 의미한다.

③ 따라서 채권의 액면가는 5백만 원이지만 실제로 거래되는 가격은 그보다 훨씬 낮을 것이 분명하다. 만약 시장이자율이 20%로 상승하면 채권의 가격은 한층 더 떨어지게 된다. 반면에 시장이자율이 5%로 떨어지면 그 채권의 가격은 올라 액면가 이상의 가격에 거래될 것이다.

3. 케인즈의 화폐수요곡선

(1) 거래적 · 예비적 화폐수요

① 거래적·예비적 화폐수요함수는 소득의 증가함수이고 이자율과는 무관하다.

② 그래프

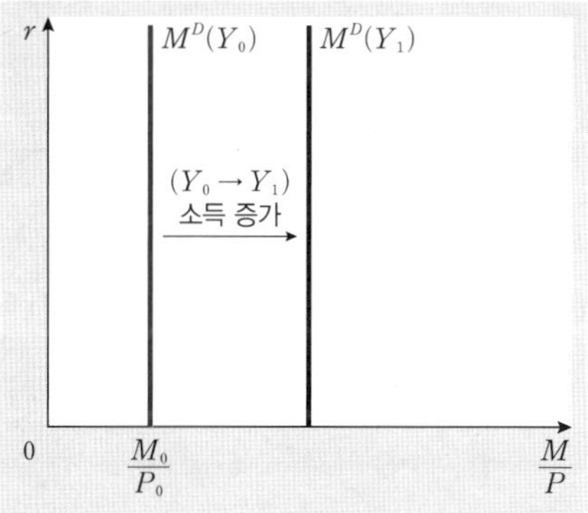

(2) 투기적 화폐수요

① 투기적 화폐수요는 이자율의 감소함수이다.

② 개인의 예상이자율이 서로 다르므로 개별 화폐수요함수를 수평으로 더하면 우하향하는 시장 전체 화폐수요함수가 도출된다.

③ 그래프

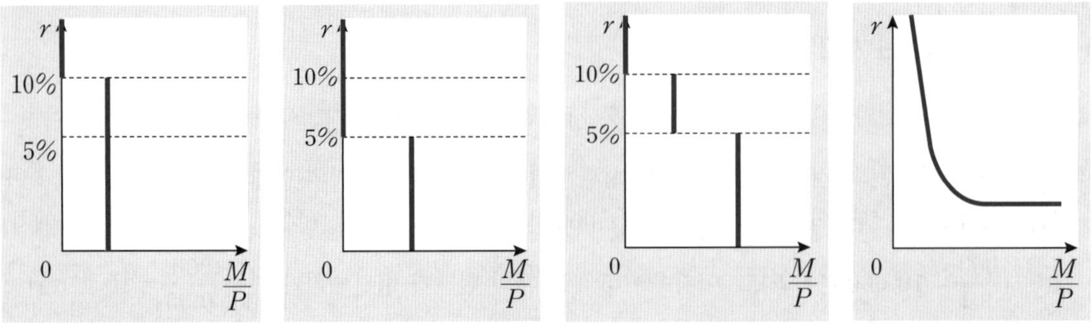

(a) 개인 A의 수요 (b) 개인 B의 수요 (c) $A+B$의 수요 (d) 시장 전체의 수요

- A는 이자율이 10%가 될 때까지는 채권보유, 10% 미만이면 투기적 화폐보유를 한다.
- B는 이자율이 5%가 될 때까지는 채권보유, 5% 미만이면 투기적 화폐보유를 한다.
- 이러한 사람들을 합친 시장의 투기적 화폐수요는 이자율의 감소함수가 된다.

(3) 화폐수요함수

① 거래적·예비적(수직선으로 표현), 투기적 화폐수요(우하향 곡선으로 표현)를 더하여 구한다.

② 그래프

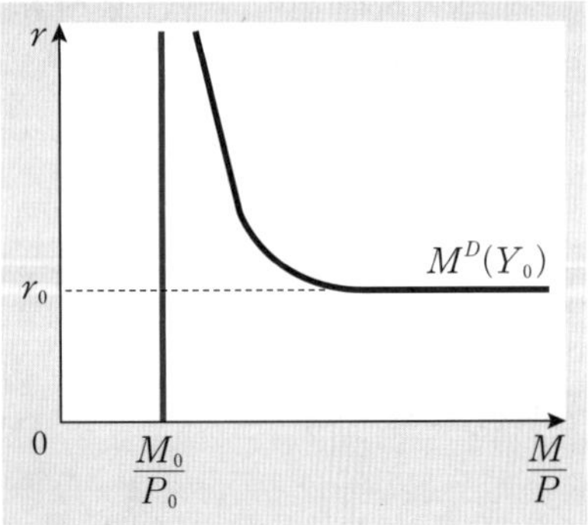

③ 공식

$$\frac{M^D}{P} = kY - hr$$

거래적 · 예비적 화폐수요 (kY) / 투기적 화폐수요 (hr)

(k: 화폐수요의 소득탄력도, h: 화폐수요의 이자율탄력도, r: 명목이자율)

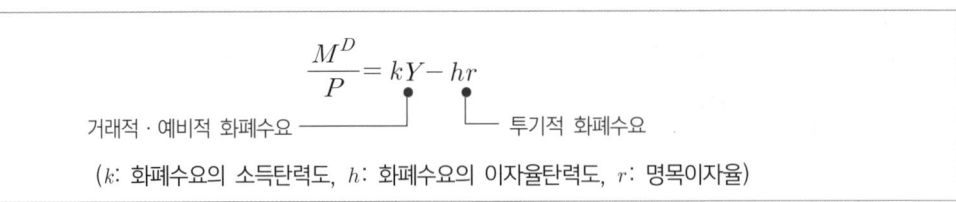

4. 케인즈의 이자율 결정이론-유동성 선호설(liquidity preference theory)

(1) 개요

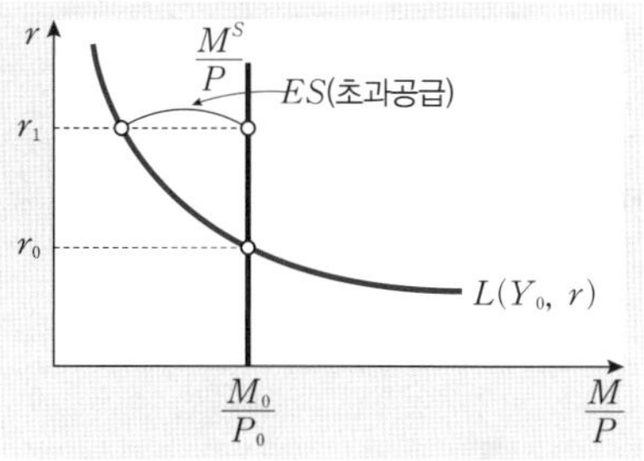

① 통화량은 이자율에 관계없이 중앙은행에 의해서 결정(정책변수)되므로 통화공급곡선은 수직선(고정)이고, 화폐수요는 이자율의 감소함수이므로 화폐수요곡선은 우하향의 형태이다.

② 현재의 이자율이 균형수준보다 높은 r_1이라면 화폐시장은 초과공급 상태이다.

③ 케인즈는 자산은 화폐와 채권 두 가지만 존재한다고 가정하므로 화폐시장이 초과공급 상태이면 채권시장은 초과수요 상태이다.

④ 실제 보유한 화폐의 양이 보유하고자 하는 화폐의 양보다 많으면 사람들은 남은 돈으로 채권을 사려고 할 것이므로 채권가격이 상승하고 이자율은 하락한다.

⑤ 이자율이 r_0로 하락하면 화폐시장에서 초과공급이 해소되므로 채권시장에서도 초과수요가 해소되어 화폐의 수요와 공급이 일치하는 점에서 균형이자율이 결정된다.

⑥ 이자율은 화폐시장에서 화폐의 수요와 공급에 의해 결정되는 화폐적 현상이다.

(2) 유동성함정(liquidity trap)

① 의미

- 이자율이 매우 낮은 수준(≒채권가격이 매우 높은 수준)이 되면 개인들은 이자율 상승(채권가격 하락)을 예상하고, 사회 구성원 전체가 모든 자산을 화폐로 보유하기 위해서 화폐수요를 무한히 증대시킨다.
- 이때에는 개인들의 화폐수요곡선이 수평선이 되는 구간(화폐수요의 이자탄력성이 무한대)이 도출되는데, 이를 유동성함정이라고 한다.

② **화폐수요의 이자율 탄력성이 무한대:** 화폐의 수요곡선은 수평선이 된 구간이 유동성함정인데, 화폐공급이 증가하더라도 증가된 통화량이 모두 화폐수요로 흡수되므로 이자율이 전혀 변하지 않는다.

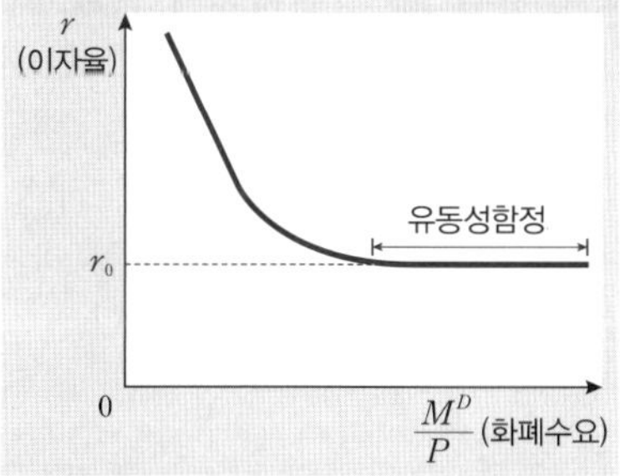

③ **발생 시기:** 유동성함정은 대체로 경기가 극심한 침체 상태일 때 발생하는 경향이 있다.

개념확인 문제

Q 케인즈의 화폐수요이론에 대한 설명으로 옳지 않은 것은? 16년 국가직

① 개인은 수익성 자산에 투자하는 과정에서 일시적으로 화폐를 보유하기도 한다.
② 화폐수요의 이자율탄력성이 0이 되는 것을 유동성함정이라고 한다.
③ 소득수준이 높아질수록 예비적 동기의 화폐수요는 증가한다.
④ 거래적 동기의 화폐수요는 소득수준과 관련이 있다.

정답 ②

해설
유동성함정(liquidity trap)은 화폐수요의 이자율탄력성이 0이 아니라 무한대인 구간이다.

03 케인즈학파의 화폐수요이론 ★★★

1. Baumol의 재고이론 ◀ 시험 POINT 재고이론의 공식을 이해해야 합니다.

(1) 개념

① 케인즈의 거래적 동기의 화폐수요이론이 발전된 이론으로, 화폐를 일종의 재고로 간주한다.
② 케인즈와의 차이점
- 케인즈는 투기적 화폐수요만 이자율의 영향을 받는 것으로 인정하였다.
- 보몰은 화폐보유에 이자율이라는 기회비용이 발생하므로 거래적 화폐수요도 이자율의 영향을 받는 것으로 보았다.

③ 결론: 화폐보유의 편익(유동성 확보나 거래비용 절감)과 그로 인하여 발생하는 기회비용(이자소득)을 서로 비교하여 적정화폐보유수준을 결정한다.

(2) 가정

① 개인은 소득 PY를 채권으로 받는다.
② 매번 M원을 화폐로 교환하여 기간 중 균일하게 지출한다.
③ 채권을 보유하면 이자수입을 얻을 수 있지만, 채권을 화폐로 교환할 때 거래비용이 든다.
④ 채권을 화폐로 교환할 때 명목거래비용은 Pb이다.

(3) 화폐보유의 총비용

① 총비용=화폐보유에 따른 이자손실 + 화폐로 교환할 때의 거래비용= $\frac{M}{2}r+\frac{P^2Y}{M}b$이다.

② 화폐보유에 따른 이자손실

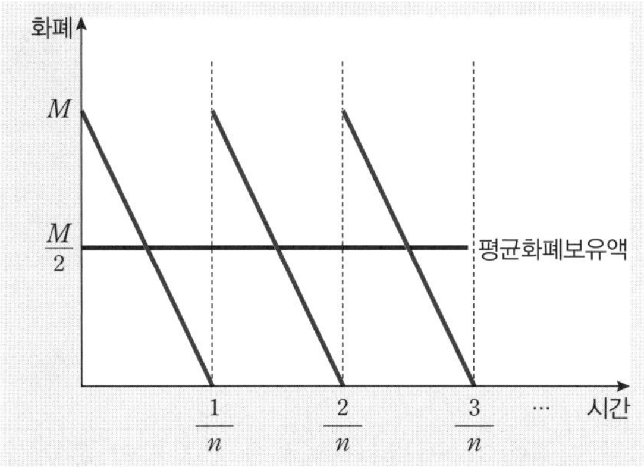

• 개인은 매번 소득 PY원 중 M을 화폐로 교환하여 사용한다. 따라서 평균적으로 $\frac{M}{2}$ 정도를 보유하고 있다.

• 화폐보유에 따른 이자손실은 평균화폐보유액×이자율 $= \frac{M}{2} \times r$이다.

③ 화폐로 교환할 때의 거래비용

• 예를 들어 월급을 채권으로 100만 원 받았다고 가정하면 $PY = 100$이다.

• 그런데 50만 원씩 두 번 화폐보유를 위해 거래했다면$\left(\frac{PY}{M} = 2\right)$ 거래비용(Pb)을 2번 지불했어야 한다.

• 따라서 화폐로 교환할 때의 교환비용은 $\frac{PY}{M}$(교환횟수)$\times Pb$(거래비용)$= \frac{P^2Y}{M}b$로 표현할 수 있다.

(3) 화폐수요함수의 도출

① 그래프

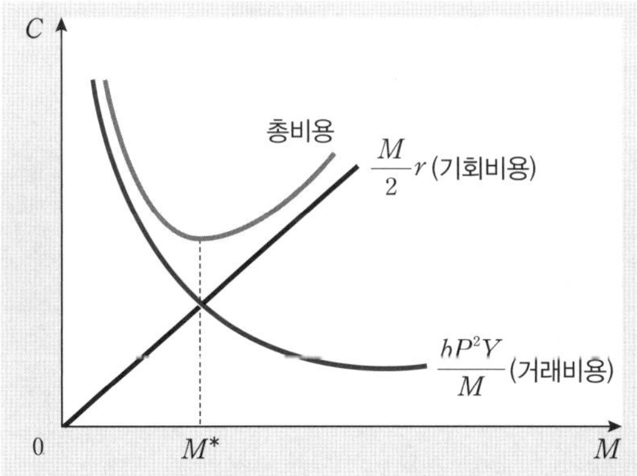

② 화폐보유의 총비용은 감소하다가 증가하는 패턴을 보이므로 최소화하는 M을 구하기 위해서 M으로 미분하여 구한다.

③ $M^* = P\sqrt{\frac{2bY}{r}}$, 여기서 평균화폐보유액은 $\frac{M}{2} = M^D = P\sqrt{\frac{bY}{2r}}$가 도출된다.

(4) 특징

① 소득의 증가함수이다. 제곱근에 비례하므로 소득의 증가분보다 화폐수요는 작게 증가한다.

② 이자율의 감소함수이다.

③ 거래비용(b)의 증가함수이다.

④ 물가가 상승하면 명목화폐수요도 증가한다.

2. Tobin의 자산선택이론

(1) 개념

① 케인즈의 투기적 동기의 화폐수요이론이 발전된 이론이다. 자산선택이론은 투자자의 총부(total wealth)를 어떤 자산으로 얼마만큼 보유할 것인지에 대한 선택문제를 다룬다.

② **결론:** 불확실성 속에서 사람들은 자신의 부의 크기가 주어졌을 때 각 자산의 예상수익률과 위험을 고려하여 자신의 효용을 극대화하는 포트폴리오(여러 가지 자산 묶음)를 구성한다.

(2) 이자율 상승 시 대체효과와 소득효과

① **대체효과:** 이자율 상승 → 화폐(현금)보유의 기회비용 증가 → 화폐(현금)보유 감소 → 채권보유 증가

② **소득효과:** 이자율 상승 → 실질소득 증가 → 화폐(현금)보유 증가 → 채권보유 감소

(3) 자산선택이론의 화폐수요

① **대체효과 > 소득효과:** 이자율 상승 → 채권보유 증가 → 화폐(현금)보유 감소

② **대체효과 < 소득효과:** 이자율 상승 → 채권보유 감소 → 화폐(현금)보유 증가

(4) 결론

① 이자율 상승 시 대체효과가 소득효과보다 크면 투기적 화폐수요는 이자율의 감소함수이다.

② 이자율 상승 시 대체효과가 소득효과보다 작다면 화폐수요는 이자율의 증가함수이다.

개념확인 문제

Q 보몰-토빈(Baumol-Tobin)의 거래적 화폐수요이론에 대한 설명으로 가장 옳지 않은 것은?

19년 서울시

① 거래적 화폐수요는 이자율의 감소함수이다.
② 거래적 화폐수요는 소득의 증가함수이다.
③ 화폐를 인출할 때 발생하는 거래비용이 증가하면 거래적 화폐수요는 증가한다.
④ 거래적 화폐수요의 소득탄력성은 1이다.

정답 ④

해설

1) 보몰-토빈의 거래적 화폐수요이론의 화폐수요함수는 $M^d = P\sqrt{\frac{bY}{2r}}$ 이다.

2) 화폐수요함수를 다시 정리하면 $M^d = P\sqrt{\frac{bY}{2r}} = \frac{1}{\sqrt{2}}Pb^{\frac{1}{2}}Y^{\frac{1}{2}}r^{-\frac{1}{2}}$ 이다.

3) 따라서 화폐수요의 소득탄력성은 $\frac{1}{2}$, 이자율탄력성은 $-\frac{1}{2}$ 이다.

오답체크

① 이자율이 상승하면 화폐수요는 감소한다.
② 소득이 증가하면 거래적 화폐수요는 증가한다.
③ 화폐를 인출할 때 발생하는 거래비용(b)이 증가하면 화폐수요는 증가한다.

04 신화폐수량설 ★★★

1. 신화폐수량설의 의미

프리드만이 고전학파의 화폐수량설을 발전시킨 이론으로, 화폐를 일종의 상품이나 자산으로 취급하여 화폐의 수요가 예산제약에 의한 효용극대화원리나 이윤극대화원리에 의해 결정된다는 일종의 자산선택 이론이다.

2. 화폐수요함수와 특징

(1) 화폐수요함수

① 화폐 보유자에게 중요한 것은 실질화폐량$\left(\frac{M^D}{P}\right)$이다.

② $\frac{M^D}{P} = f(Y_P, r, \pi^e)$ (단, Y_P는 항상소득, r은 실질이자율, π^e은 기대인플레이션)

③ 항상소득의 화폐수요의 탄력성을 1이라 가정하면 $\frac{M^D}{P} = \frac{1}{V(r, \pi^e)}Y_P$이다.

(2) 특징

① 항상소득(Y_P)

- 항상소득(Y_P)은 개인의 부나 인적자산에서 발생한다. 항상소득이 증가하면 화폐수요가 증가한다.
- 통화주의자인 프리드만은 화폐수요는 (항상)소득수준에 절대적인 영향을 받는다고 주장하였다.

② 명목이자율

- 명목이자율 상승 → 화폐보유의 기회비용 상승 → 화폐수요 감소
- 화폐수요는 이자율의 영향을 거의 받지 않는다고 주장하였다.

③ 예상인플레이션율

- π^e(예상인플레이션율) 증가 → 화폐보유의 기회비용 상승 → 화폐수요 감소
- 화폐수요는 물가상승률의 영향을 거의 받지 않는다고 주장하였다.

④ 고전학파와의 차이점: $\frac{1}{V(r,\ \pi^e)}$에서 V는 고전적 화폐수량설에서 주장한 것처럼 고정된 것은 아니지만 충분히 안정성을 갖는 값이므로 거의 변화가 없다고 주장하였다.

⑤ 통화량변화가 미치는 영향: 프리드만은 화폐공급이 증가하여 개인의 보유화폐가 초과공급 상태에 놓이면, 사람들은 소비지출을 증가시켜 물가상승을 가져와 명목소득을 증가시킨다고 주장하였다.

3. 화폐수량설, 유동성 선호설, 신화폐수량설의 비교

구분	고전학파 (화폐수량설, 현금잔고식)	케인즈학파 (유동성 선호설)	통화주의학파 (신화폐수량설)
화폐의 유통속도	지불관습에 따라 일정한 상수	매우 불안정적이며 이자율에 예민하게 반응	물가와 이자율에 미미하게 반응
화폐 수요함수	$M=\frac{1}{V}PV$	$\frac{M^D}{P}=kY-hr$	$\frac{M^D}{P}=\frac{1}{V(r,\ \pi^e)}Y_P$
안정성	매우 안정적	매우 불안정적	안정적
화폐수요의 결정요인	명목국민소득(PY)에 의해 결정	• 거래적·예비적 화폐수요 → 소득의 증가함수 • 투기적 화폐수요 → 이자율의 감소함수	항상소득의 증가함수
화폐수요의 이자율탄력성	0	매우 큼	매우 작음

개념확인 문제

Q 화폐수요에 대한 설명으로 옳지 않은 것은? 12년 국가직

① 화폐는 다른 금융자산에 비해 교환수단으로는 우등(superior)하나, 가치저장수단으로는 열등(inferior)하다.

② 보몰-토빈(Baumol-Tobin)의 거래적 화폐수요이론에 따르면 다른 조건이 일정할 때 소득이 2배 증가하면 화폐수요는 2배보다 더 많이 증가한다.

③ 프리드만(M. Friedman)의 화폐수요모델은 케인즈(J. M. Keynes)의 화폐수요모델에 비해 화폐유통속도가 안정적인 것을 전제한다.

④ 피셔(I. Fisher)의 거래수량설에서 강조된 것은 화폐의 교환수단 기능이다.

정답 ②

해설

1) 보몰-토빈의 거래적 동기의 화폐수요이론인 재고이론은 케인즈의 거래적 동기의 화폐수요이론이 발전된 이론으로, 화폐수요는 $\frac{M}{2} = M^D = P\sqrt{\frac{bY}{2r}}$ 이다.

2) 이에 따르면 화폐수요는 소득, 물가, 거래비용 등에는 비례하고 이자율에는 반비례하므로, 소득이 2배 증가하면 화폐수요는 2배 미만으로 증가한다.

오답체크

① 화폐자산은 교환수단으로는 뛰어나지만, 가치저장수단으로는 열등한 자산이다.

③ 프리드만의 신화폐수량설에 의하면 케인즈의 화폐수요이론에 비하여 화폐유통속도 혹은 화폐수요가 안정적이어서 금융정책의 효과가 강력하다.

④ 피셔의 교환방정식은 화폐의 가치저장기능을 강조하는 화폐수요이론이 아니다. 통화량이 증가하면 수요가 증가하고 그러면 물가가 비례적으로 증가한다고 하면서 화폐의 교환수단으로서의 기능을 강조한다.

05 이자율결정이론 ★★★

1. 고전학파의 실물적 이자론

(1) 의미

실물변수인 실질저축과 실질투자에 의해 이자율이 결정된다는 이론이다.

(2) 이자율 결정

① 그래프

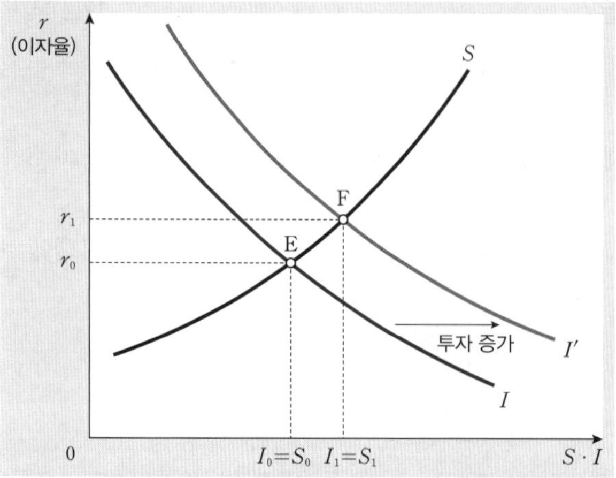

② 투자(I)=저축(S)인 곳에서 균형이자율 r_0가 결정된다.

③ 투자 증가(투자함수 $I \rightarrow I'$) → 이자율 상승($r_0 \rightarrow r_1$)

2. 고전학파의 대부자금설

(1) 의미

① 이자율을 대부자금의 가격으로 보아 다른 상품가격의 결정과 같이 대부자금의 총수요와 총공급에 의하여 결정된다고 보는 이론이다.

② 대부자금 총수요는 이자율의 감소함수이며, 대부자금 총공급은 이자율의 증가함수이다.

(2) 이자율 결정 ◀ 시험 POINT 대부자금설과 케인즈의 이자율이론을 구분해야 합니다.

① 그래프

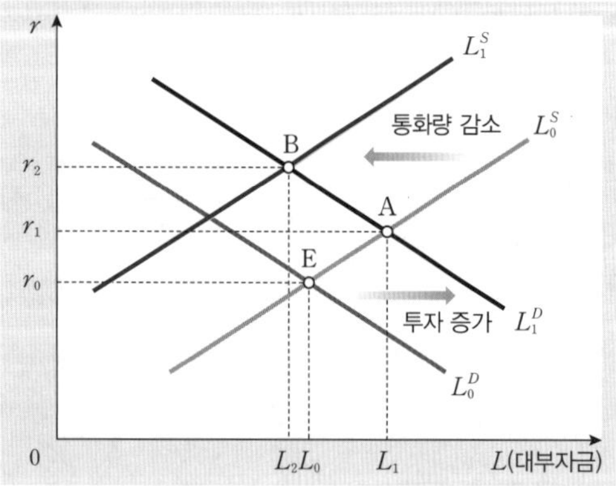

② 대부자금의 공급: $L^S = S_P + S_G + \Delta M^S$ =민간저축+정부저축+화폐공급의 변화분

③ 대부자금의 수요: $L^D = I + \Delta M^D$ =투자+화폐수요의 변화분

④ $L^S = L^D$를 만족하는 균형점 점 E에서 이자율 r_0로 결정된다.

⑤ 최초의 균형(E)에서 투자가 증가하면 대부자금의 수요가 증가하여 점 A로 이동한다. 따라서 이자율이 상승($r_0 \rightarrow r_1$)한다.

⑥ 최초의 균형(E)에서 화폐공급이 감소하면 대부자금의 공급이 감소하여 점 B로 이동한다. 따라서 이자율이 상승($r_0 \rightarrow r_1$)한다.

3. 케인즈의 유동성 선호설

(1) 의미

① 케인즈는 화폐부문에서 화폐의 수요와 공급에 의해 이자율이 결정되는 것으로 본다.

② 케인즈는 이자율이란 기본적으로 유동성(liquidity)을 희생한 대가라고 보는 반면, 고전학파는 이자율을 소비를 미래로 지연시킨 것에 대한 보상이라고 본다.

(2) 이자율 결정

① 그래프

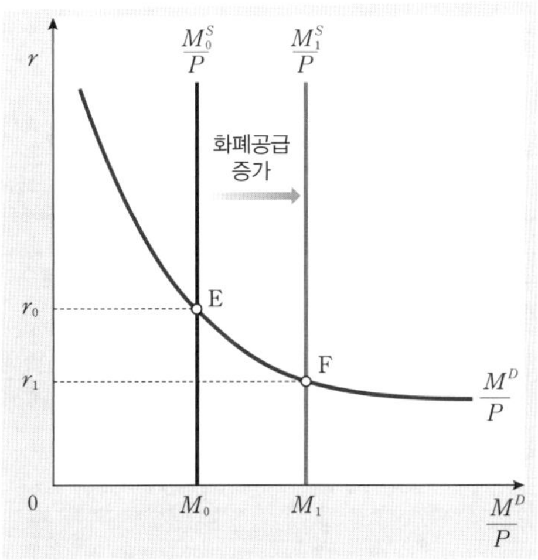

② 화폐시장에서의 화폐의 수요와 공급에 의해서 이자율이 결정된다.

③ 화폐수요와 공급이 만나는 균형점 점 E에서의 이자율(r_0)이다.

④ 화폐공급이 증가($M_0 \rightarrow M_1$)하면 이자율이 하락한다.

표로 한눈에 정리하기

01 화폐와 통화공급이론

M1	현금통화(민간보유현금) + 예금통화(요구불예금: 보통예금, 당좌예금)
본원통화	• 현금통화 + 지급준비금 • 현금통화 + 시재금 + 예치금 • 화폐발행액 + 예치금
신용승수	$\frac{1}{\text{지급준비율}}$
현금통화비율(c)이 주어진 경우의 통화승수	$m=\frac{M}{H}=\frac{1}{c+z(1-c)}$
현금예금비율(k)이 주어진 경우의 통화승수	$m=\frac{M}{H}=\frac{k+1}{k+z}$

02 화폐수요이론

화폐수량설	• $MV=PY$ • 통화량증가율 + 유통속도증가율 = 물가상승률 + 경제성장률
유동성함정	화폐수요의 이자율 탄력성이 무한대
Baumol의 재고이론	$M^D=P\sqrt{\frac{bY}{2r}}$
Tobin의 자산선택이론	이자율 상승 시 대체효과가 소득효과보다 크면 투기적 화폐수요는 이자율의 감소함수이지만, 대체효과가 소득효과보다 작다면 증가함수가 됨
신화폐수량설	$\frac{M^D}{P}=k(r,\ \pi^e)\,Y_P=\frac{1}{V(r,\ \pi^e)}\,Y_P$
대부자금설	• 대부자금의 수요: 투자 + 화폐수요 • 대부자금의 공급: 저축 + 화폐공급

개념확인 OX 문제

01 화폐는 물가가 안정적일 때 가치의 저장수단으로서의 기능을 잘 발휘한다. (O | X)

02 통화량은 저량변수이다. (O | X)

03 통화량이 적정수준으로 유지되지 않으면 인플레이션이나 디플레이션이 발생할 수 있다. (O | X)

04 본원통화는 예금은행의 신용창조의 토대가 된다. (O | X)

05 고성능통화는 중앙은행의 공개시장조작에 따라 변동한다. (O | X)

06 중앙은행은 통화정책을 통해 소득분배의 형평성을 도모한다. (O | X)

07 중앙은행이 늘린 화폐의 공급량과 실제로 늘어난 통화량은 같다. (O | X)

08 일반적으로 통화승수는 신용승수보다 작다. (O | X)

09 명목변수들이 통화량과 관계없이 결정되는 것을 실물부문과 화폐부문의 이분화라고 한다. (O | X)

10 고전학파는 화폐수요가 이자율과 무관한 것으로 보고, 케인즈는 화폐수요가 이자율에 매우 민감하다고 주장한다. (O | X)

11 화폐수량설에 따르면 통화량의 증가가 물가수준의 상승을 유발한다. (O | X)

12 교환방정식 ($MV=PT$)은 항등식이다. (O | X)

13 투기적 동기에 의한 화폐수요는 채권과 연관이 있다. (O | X)

14 고전학파의 이자율은 실물적 이자론이고, 케인즈의 이자율은 화폐적 이자론이다. (O | X)

15 채권의 가격과 이자율은 정(+)의 관계이다. (O | X)

16 채권수익률과 채권표면금리는 같다. (O | X)

17 유동성함정은 통화공급을 늘림으로써 해결할 수 있다. (O | X)

18 화폐와 채권의 포트폴리오를 구성하는 과정에서 투기적 화폐수요를 결정하는 것이 토빈의 자산선택이론이다. (O | X)

19 통화공급의 내생성, 즉 통화공급이 이자율의 증가함수이면 통화정책의 유효성이 높아진다. (O | X)

정답 및 해설

01 ○ 02 ○ 03 ○ 04 ○ 05 ○ 06 × 경기안정화정책은 소득분배의 형평성과 일치하지는 않는다. 07 × 본원통화의 증가분에 통화승수를 곱한 만큼 늘어난다. 08 ○ 09 ○ 10 ○ 11 ○ 12 ○ 13 ○ 14 ○ 15 × 채권 가격과 이자율은 역(-)의 관계에 있다. 16 × 표면금리는 채권 구입 시 채권에 기재되어 있는 금리이므로 수익률과 다르다. 17 × 유동성함정은 통화량이 늘어나도 이자율이 하락하지 않는다. 18 ○ 19 × 통화공급의 내생성, 즉 통화공급이 이자율의 증가함수이면 중앙은행이 통화량을 정확히 통제하기 곤란하기 때문에 통화정책의 유효성이 낮아진다.

기출 + 예상문제

PART Ⅱ

Chapter 01 화폐와 통화공급이론

★★☆

01 화폐에 관한 설명으로 옳은 것은? 21년 감정평가사

① 상품화폐의 내재적 가치는 변동하지 않는다.
② $M2$는 준화폐(near money)를 포함하지 않는다.
③ 명령화폐(fiat)는 내재적 가치를 갖는 화폐이다.
④ 가치저장수단의 역할로 소득과 지출의 발생 시점을 분리시켜 준다.
⑤ 다른 용도로 사용될 수 있는 재화는 교환의 매개수단으로 활용될 수 없다.

★☆☆

02 매년 이자를 지급하는 일반이표채권(straight coupon bond)의 가격 및 이자율과 관련된 설명으로 옳지 않은 것은? 14년 국가직

① 이 이표채권의 가격은 액면가 아래로 낮아질 수 있다.
② 이 이표채권의 가격이 액면가보다 높다면 이 채권의 시장수익률은 이표이자율보다 낮다.
③ 이미 발행된 이 이표채권의 이표이자액은 매년 시장수익률에 따라 다르게 지급된다.
④ 이표채권 가격의 상승은 그 채권을 매입하여 얻을 수 있는 수익률의 하락을 의미한다.

★☆☆

03 다음의 조건을 지닌 만기 3년짜리 채권 중 가격이 가장 싼 것은? [단, 이표(coupon)는 1년에 1번 지급하며, 이표율(coupon rate)은 액면가(face value) 대비 이표지급액을 의미함] 15년 지방직

	액면가	이표율	금리
①	10,000원	10%	10%
②	10,000원	8%	8%
③	10,000원	10%	7%
④	10,000원	8%	10%

★★☆

04 시장이자율이 상승할 때 동일한 액면가(face value)를 갖는 채권의 가격변화에 대한 설명으로 옳지 않은 것은? 17년 지방직

① 무이표채(discount bond)는 만기가 일정할 때 채권가격이 하락한다.

② 이표채(coupon bond)는 만기가 일정할 때 채권가격이 하락한다.

③ 실효만기가 길수록 채권가격은 민감하게 변화한다.

④ 무이표채의 가격위험은 장기채보다 단기채가 더 크다.

정답 및 해설

01 정답 ④

주제 화폐

해설

가치저장수단의 역할로 소득이 발생했을 때 저장하여 소득이 없을 때 사용할 수 있게 해주므로 소득과 지출의 발생 시점을 분리시켜 준다.

오답체크

① 상품화폐의 내재적 가치는 변동한다.

② 준화폐는 화폐로의 전환이 매우 용이하여 사실상 화폐와 거의 비슷한 취급을 받는 자산을 말한다. 그래서 명칭이 니어 머니(near money)이며, 저축예금계좌, 유가증권 등이 포함된다. $M2$는 $M1$에 예금취급기관의 각종 저축성예금, 시장성 금융상품, 실적배당형 금융상품, 금융채 및 거주자예금을 더한 것이다. 따라서 준화폐는 $M2$에 포함된다.

③ 명령화폐(fiat money)는 명목화폐이다. 명목화폐는 물건이 가진 실질적 가치와는 관계없이, 표시되어 있는 화폐 단위로 통용되는 화폐이다. 이는 지폐, 은행권, 보조 화폐 따위를 의미하므로, 내재적 가치를 가지고 있지 않은 화폐이다.

⑤ 다른 용도로 활용될 수 있는 재화는 교환의 매개수단으로 활용될 수 있다.

02 정답 ③

주제 채권

해설

이미 발행된 이 이표채권의 이표이자액은 채권에 표시되어 있는 대로 지급된다. 이를 표면이자율이라고 한다.

03 정답 ④

주제 채권

해설

1) 채권가격과 시장이자율(금리)은 반비례한다. 따라서 시장이자율이 높을수록 채권가격이 낮아진다.

2) ④의 사례는 시장이자율이 이표율보다 높으므로 채권을 액면가보다 싸게 판매해야 한다.

04 정답 ④

주제 채권

해설

1) 채권가격은 이자율과 반비례하므로 시장이자율이 상승하면 이표채와 할인채(무이표채)의 가격은 모두 하락한다.

2) 만기가 길수록 채권가격은 이자율변화에 민감하므로 가격위험은 단기채보다 장기채가 더 크다.

★★☆

05 **시중금리가 연 5%에서 연 6%로 상승하는 경우, 매년 300만 원씩 영원히 지급받을 수 있는 영구채의 현재가치의 변화는?** 16년 지방직

① 30만 원 감소
② 60만 원 감소
③ 300만 원 감소
④ 1,000만 원 감소

★★★

06 **채권에 대한 설명으로 옳지 않은 것은? (단, 만기수익률은 양(+)의 값을 갖고, 무이표채는 액면가가 고정되어 있으며, 이표채는 액면가와 쿠폰금액이 고정되어 있다)** 23년 국가직

① 만기수익률이 일정한 상태에서 만기가 가까워질수록 무이표채의 가격은 상승한다.
② 만기가 고정되어 있을 때, 만기수익률과 이표채 가격은 반대방향으로 움직인다.
③ 무이표채의 경우 만기수익률이 동일하게 변화할 때, 가격변동폭은 단기채권보다 장기채권이 크다.
④ 이표채의 경우 만기수익률이 동일하게 변화할 때, 가격변동폭은 장기채권보다 단기채권이 크다.

★★☆

07 **금융시장과 금융상품에 관한 서술 중 옳은 것을 〈보기〉에서 모두 고른 것은?** 18년 서울시

〈보기〉

ㄱ. 효율적 시장가설(efficient markets hypothesis)에 따르면 자산가격에는 이미 공개되어 있는 모든 정보가 반영되어 있다.
ㄴ. 주가와 같이 예측 불가능한 자산가격 변수가 시간이 흐름에 따라 나타나는 움직임을 임의보행(random walk)이라 한다.
ㄷ. 어떤 자산이 큰 손실 없이 재빨리 현금으로 전환될 수 있을 때 그 자산은 유동적이며, 그 반대의 경우는 비유동적이다.
ㄹ. 일정한 시점 혹은 기간 동안에 미리 정해진 가격으로 어떤 상품을 살 수 있는 권리를 풋옵션(put option)이라고 한다.

① ㄱ, ㄴ
② ㄱ, ㄴ, ㄷ
③ ㄱ, ㄷ, ㄹ
④ ㄱ, ㄴ, ㄷ, ㄹ

★☆☆

08 자산가격이 그 자산의 가치에 관한 모든 공개된 정보를 반영한다는 이론은? 19년 서울시

① 효율적 시장가설　　② 공개정보가설

③ 자산시장가설　　④ 위험프리미엄가설

정답 및 해설

05 정답 ④

주제 영구채

해설

1) 매년 A원의 이자를 지급받는 영구채의 가격 $P=\frac{A}{r}$이다.

2) 이자율이 5%일 때 매년 300만 원의 이자를 지급받는 영구채의 가격 $P=\frac{300\text{만 원}}{0.05}=6{,}000$만 원이다.

3) 이자율이 6%로 상승하면 동일한 영구채의 가격 $P=\frac{300\text{만 원}}{0.06}=5{,}000$만 원으로 하락한다.

4) 따라서 이자수입의 현재가치가 1,000만 원 감소함을 알 수 있다.

06 정답 ④

주제 채권

해설

④ 이표채의 경우 만기수익률이 동일하게 변화할 때, 장기채가 단기채보다 위험도가 높기 때문에 가격변동폭은 장기채권이 단기채권보다 크다.

07 정답 ②

주제 금융시장과 금융상품

해설

옵션(option)이란 미리 정해진 조건에 따라 일정 시점 혹은 일정한 기간 내에 상품이나 유가증권 등의 특정자산을 사거나 팔 수 있는 권리를 말한다. 옵션에는 어떤 상품을 살 수 있는 권리인 콜옵션(call option)과 팔 수 있는 권리인 풋옵션(put option)이 있다.

오답체크

ㄱ. 효율적 시장가설(EMH, Efficient Markets Hypothesis)이란 자본시장의 가격이 이용가능한 정보를 충분히 즉각적으로 반영하고 있다는 가설이다. 즉, 어떤 투자자라도 이용가능한 정보를 기초로 한 거래에 의해 초과 수익을 얻을 수 없다는 것이다. 이는 시장이 효율적이므로 자신이 가진 정보는 이미 주가에 반영되었고, 따라서 투자자의 예측에 영향을 준 정보로 인한 가격변화는 또다시 발생하지 않을 것이기 때문이라는 것이다.

ㄴ. 랜덤워크가설(RWH, Random Walk Hypothesis)은 현재의 주가는 과거의 주가나 추이에 영향을 받지 않고 매 시점마다 독립적으로 움직인다는 가설이다. 이 가설에 따르면 매 시점의 주가는 상호 독립적이고, 무작위적(random)으로 움직이기 때문에 과거의 주가 데이터를 바탕으로 미래의 주가를 예측하는 것은 불가능하다. 어디로 갈지 알 수 없는 주가 변동을 만취한 사람의 걸음걸이에 빗댄 표현이다.

ㄷ. 유동성(liquidity)이란 어떤 자산이 얼마나 가치 손실 없이 쉽게 현금화될 수 있는지의 정도를 말한다.

08 정답 ①

주제 효율적 시장가설

해설

효율적 시장가설(EMH, Efficient Markets Hypothesis)이란 자본시장의 가격이 이용가능한 정보를 충분히 즉각적으로 반영하고 있다는 가설이다. 즉, 어떤 투자자라도 이용가능한 정보를 기초로 한 거래에 의해 초과 수익을 얻을 수 없다는 것이다.

★★☆

09 **철수는 장롱 안에서 현금 100만 원을 발견하고 이를 A은행의 보통예금계좌에 입금하였다. 이로 인한 본원통화와 협의통화($M1$)의 즉각적인 변화는?** 17년 서울시

① 본원통화는 100만 원 증가하고, 협의통화는 100만 원 증가한다.
② 본원통화는 100만 원 감소하고, 협의통화는 100만 원 감소한다.
③ 본원통화는 변화가 없고, 협의통화는 100만 원 증가한다.
④ 본원통화와 협의통화 모두 변화가 없다.

★☆☆

10 **공개시장조작을 통한 중앙은행의 국채매입이 본원통화와 통화량에 미치는 영향에 대한 설명으로 옳은 것은?** 18년 국가직

① 본원통화와 통화량 모두 증가한다.
② 본원통화와 통화량 모두 감소한다.
③ 본원통화는 증가하고 통화량은 감소한다.
④ 본원통화는 감소하고 통화량은 증가한다.

★☆☆

11 **갑을은행이 300억 원의 예금과 255억 원의 대출을 가지고 있다. 만약 지불준비율이 10%라면, 동 은행의 초과지불준비금은 얼마인가?** 14년 서울시

① 35억 원 ② 30억 원 ③ 25.5억원
④ 19.5억 원 ⑤ 15억 원

★☆☆

12 **본원통화 및 통화량에 관한 설명으로 옳은 것을 모두 고른 것은?** 14년 노무사

ㄱ. 본원통화가 증가할수록 통화량은 증가한다.
ㄴ. 지급준비율이 높을수록 통화승수는 증가한다.
ㄷ. 본원통화는 민간보유현금과 은행의 지급준비금을 합한 것이다.
ㄹ. 중앙은행이 민간은행에 대출을 하는 경우 본원통화가 증가한다.

① ㄱ, ㄴ ② ㄱ, ㄹ ③ ㄴ, ㄷ
④ ㄱ, ㄷ, ㄹ ⑤ ㄴ, ㄷ, ㄹ

★☆☆

13 A국가의 경제주체들은 화폐를 현금과 예금으로 절반씩 보유한다. 또한 상업은행의 지급준비율은 10%이다. A국의 중앙은행이 본원통화를 440만 원 증가시켰을 때 A국의 통화량 변동은?

19년 지방직

① 800만 원 증가
② 880만 원 증가
③ 1,100만 원 증가
④ 4,400만 원 증가

정답 및 해설

09 정답 ④

주제 통화

해설

1) 철수가 장롱에 있던 현금 100만 원을 보통예금계좌에 입금하면 현금통화(민간보유현금)가 100만 원 감소하고 예금통화가 100만 원 증가하므로, 현금통화와 예금통화를 합한 협의통화는 변하지 않는다.
2) 또한 중앙은행에서 화폐가 발행된 적이 없으므로 본원통화와 협의통화는 모두 변화가 없다.

10 정답 ①

주제 본원통화와 통화량

해설

1) 중앙은행이 국채를 매입하면 중앙은행의 창구를 통해 자금이 나오게 되므로 본원통화가 증가한다.
2) 본원통화가 증가하면 승수가 곱해져 통화량은 더 많이 증가하게 된다.

11 정답 ⑤

주제 본원통화와 통화량

해설

1) 법정지급준비금은 예금액에서 법정지급준비율을 곱한 값이다.
2) 예금액이 300억 원이고 법정지급준비율이 10%이므로 법정지급준비금은 30억 원이다.
3) 은행은 예금액 300억 원 중 255억 원을 대출해 주었으므로 실제지급준비금은 45억 원이다.
4) 그러므로 실제지급준비금(45억 원) 중 법정지급준비금(30억 원)을 초과하는 부분인 15억 원이 초과지급준비금이 된다.

12 정답 ④

주제 본원통화와 통화량

해설

1) 통화공급량은 통화승수 × 본원통화이므로 본원통화가 증가할수록 통화량이 증가한다.
2) 통화승수 $m=\dfrac{1}{c+z(1-c)}$이므로 지급준비율(z)이 높을수록 통화승수가 작아진다.

13 정답 ①

주제 본원통화와 통화량

해설

1) 경제주체들이 화폐를 현금과 예금으로 절반씩 보유하므로 현금통화비율 $c=0.5$이다.
2) 현금통화비율 $c=0.5$, 지급준비율 $z=0.1$인 경우 통화승수 $m=\dfrac{1}{c+z(1-c)}=\dfrac{1}{0.5+0.1(1-0.5)}=\dfrac{1}{0.55}$이다.
3) 그러므로 본원통화가 440만 원 증가하면 통화량은 $800(=\dfrac{1}{0.55}\times 440)$만 원 증가한다.

★★☆

14 A국에서 중앙은행이 최초로 100단위의 본원통화를 공급하였다. 민간현금보유비율이 0.1이고, 은행의 지급준비율이 0.2일 때, A국의 통화량은? (단, 소수점 첫째 자리에서 반올림하여 정수 단위까지 구함) 17년 노무사

① 333 ② 357 ③ 500
④ 833 ⑤ 1,000

★☆☆

15 본원통화량이 불변인 경우, 통화량을 증가시키는 요인만을 모두 고르면? (단, 시중은행의 지급준비금은 요구불예금보다 적음) 18년 지방직

〈보기〉

ㄱ. 시중은행의 요구불예금 대비 초과지급준비금이 낮아졌다.
ㄴ. 사람들이 지불수단으로 요구불예금보다 현금을 더 선호하게 되었다.
ㄷ. 시중은행이 준수해야 할 요구불예금 대비 법정지급준비금이 낮아졌다.

① ㄱ, ㄴ ② ㄱ, ㄷ
③ ㄴ, ㄷ ④ ㄱ, ㄴ, ㄷ

★☆☆

16 A국 시중은행의 지급준비율이 0.2이며 본원통화는 100억 달러이다. A국의 통화승수와 통화량은 얼마인가? (단, 현금통화비율은 0) 17년 지방직

	통화승수	통화량
①	0.2	500억 달러
②	5	500억 달러
③	0.2	100억 달러
④	5	100억 달러

★☆☆

17 지급준비율과 관련하여 옳지 않은 것은? 17년 국가직

① 우리나라는 부분지급준비제도를 활용하고 있다.

② 은행들은 법정지급준비금 이상의 초과지급준비금을 보유할 수 있다.

③ 100% 지급준비제도하에서는 지급준비율이 1이므로 통화승수는 0이 된다.

④ 지급준비율을 올리면 본원통화의 공급량이 변하지 않아도 통화량이 줄어들게 된다.

정답 및 해설

14 정답 ②

주제 본원통화와 통화량

해설

1) 통화승수 $m=\dfrac{1}{c+z(1-c)}=\dfrac{1}{0.1+0.2(1-0.1)}=3.57$이므로

2) 중앙은행이 공급한 본원통화가 100단위이면 통화량은 357단위가 된다.

15 정답 ②

주제 본원통화와 통화량

해설

1) 통화공급량=통화승수×본원통화($M^s=\dfrac{1}{c+z(1-c)}\times H$)로 나타낼 수 있다.

2) 초과지급준비율이나 법정지급준비율이 낮아지면 실제지급준비율(z)이 낮아져 통화승수가 커지므로 통화량이 증가한다.

오답체크

ㄴ. 현금통화비율(c)이 상승하면 통화승수가 작아지므로 통화량이 감소하게 된다.

16 정답 ②

주제 본원통화와 통화량

해설

1) 현금통화비율 $c=0$, 지급준비율 $z=0.2$이므로 통화승수 $m=\dfrac{1}{c+z(1-c)}=\dfrac{1}{1+0.2(1-0)}=5$이다.

2) 통화승수가 5이므로 본원통화의 크기가 100억 달러이면 통화량은 500억 달러가 된다.

17 정답 ③

주제 지급준비율

해설

통화승수 $m=\dfrac{1}{c+z(1-c)}$이므로 지급준비율이 $z=1$이면 통화승수가 1이다.

★☆☆

18 **다음의 교환방정식에 대한 설명으로 옳지 않은 것은?** 16년 국가직

$$MV = PY$$

(단, M은 통화량, V는 화폐의 유통속도, P는 물가, Y는 실질 GDP)

① 통화량이 증가하면, 물가나 실질 GDP가 증가하거나 화폐유통속도가 하락해야 한다.
② V와 Y가 일정하다는 가정을 추가하면 화폐수량설이 도출된다.
③ V와 M이 일정할 때, 실질 GDP가 커지면 물가가 상승해야 한다.
④ V와 Y가 일정할 때, 인플레이션율과 통화증가율은 비례관계에 있다.

★☆☆

19 **A국가의 통화량이 5,000억 원, 명목 GDP가 10조 원, 실질 GDP가 5조 원이라면 화폐수량설이 성립하는 A국가의 화폐유통속도는?** 18년 지방직

① 10 ② 15
③ 20 ④ 25

★★☆

20 **실질 GDP와 화폐유통속도 증가율이 각각 5%이고 통화량 증가율이 10%이다. 화폐수량방정식으로 계산한 물가상승률에 가장 가까운 것은?** 19년 국가직

① −10% ② 10%
③ −15% ④ 15%

★★☆

21 **화폐수량설에 따르면, 화폐수량방정식은 $MV = PY$와 같다. 이에 대한 설명으로 옳은 것은? (단, M은 통화량, V는 화폐유통속도, P는 산출물의 가격, Y는 산출량)** 16년 지방직

① 화폐유통속도(V)는 오랜 기간에 걸쳐 일반적으로 불안정적이라고 전제하고 있다.

② 중앙은행이 통화량(M)을 증대시키면, 산출량의 명목가치(PY)는 통화량과는 독립적으로 변화한다.

③ 산출량(Y)은 통화량(M)이 아니라 생산요소의 공급량과 생산기술에 의해 결정된다.

④ 중앙은행이 통화량(M)을 급격히 감소시키면, 인플레이션이 발생한다.

정답 및 해설

18 정답 ③

주제 화폐수량설

해설

교환방정식 $MV = PY$에서 V와 M이 일정할 때 실질 GDP Y가 커지면 물가 P가 하락해야 한다.

19 정답 ③

주제 화폐수량설

해설

통화량 $M = 0.5$조 원, 명목 GDP $PY = 10$조 원을 교환방정식 $MV = PY$ 에 대입하면 유통속도 $V = 20$으로 계산된다.

20 정답 ②

주제 화폐수량설

해설

1) 교환방정식 $MV = PY$를 증가율로 나타내면 $\frac{\Delta M}{M} + \frac{\Delta V}{V} = \frac{\Delta P}{P} + \frac{\Delta Y}{Y}$이다.

2) 이 식에 $\frac{\Delta M}{M} = 10\%$, $\frac{\Delta V}{V} = 5\%$, $\frac{\Delta Y}{Y} = 5\%$를 대입하면 $\frac{\Delta P}{P} = 10\%$이다.

21 정답 ③

주제 화폐수량설

해설

화폐수량설은 화폐의 중립성을 기반으로 하고 있다.

오답체크

① 화폐유통속도(V)는 오랜 기간에 걸쳐 일반적으로 안정적이라고 전제하고 있다.

② 중앙은행이 통화량(M)을 증대시키면, 산출량의 명목가치(PY)는 통화량과는 연계하여 변화한다.

④ 중앙은행이 통화량(M)을 급격히 감소시키면, 디플레이션이 발생한다.

★★★
22 어떤 경제의 완전고용국민소득이 400조 원이며, 중앙은행이 결정하는 이 경제의 총화폐공급은 현재 30조 원이다. 다음 표는 이 경제의 이자율에 따른 총화폐수요, 총투자, 실질국민소득의 변화를 나타낸 것이다. 이 경제에 대한 설명으로 가장 옳은 것은? 19년 서울시

이자율(%)	총화폐수요(조 원)	총투자(조 원)	실질국민소득(조 원)
1	70	120	440
2	60	110	420
3	50	100	400
4	40	80	360
5	30	50	320

① 실질국민소득이 완전고용수준과 같아지려면 중앙은행은 총화폐공급을 20조 원만큼 증가시켜야 한다.
② 현재 이 경제의 실질국민소득은 완전고용수준보다 40조 원만큼 작다.
③ 중앙은행이 총화폐공급을 지금보다 30조 원만큼 증가시키면 균형이자율은 1%가 된다.
④ 현재 이 경제의 균형이자율은 4%이다.

★★☆
23 화폐의 중립성이 성립하면 발생하는 현상으로 옳은 것은? 21년 감정평가사

① 장기적으로는 고전적 이분법을 적용할 수 없다.
② 통화정책은 장기적으로 실업률에 영향을 줄 수 없다.
③ 통화정책은 장기적으로 실질경제성장률을 제고할 수 있다.
④ 통화정책으로 물가지수를 관리할 수 없다.
⑤ 중앙은행은 국채매입을 통해 실질이자율을 낮출 수 있다.

★☆☆
24 화폐수요에 대한 설명으로 옳은 것은? 15년 지방직

① 신용카드가 널리 보급되면 화폐수요가 감소한다.
② 경기가 좋아지면 화폐수요가 감소한다.
③ 이자율이 증가하면 화폐수요가 증가한다.
④ 경제 내의 불확실성이 커지면 화폐수요가 감소한다.

정답 및 해설

22 정답 ①

주제 화폐수량설

해설

균형이자율은 화폐의 수요와 공급이 일치하는 수준에서 결정되는데, 현재는 통화공급이 30조 원이므로 이자율이 5%, 실질국민소득이 320조 원이다. 잠재 GDP가 400조 원이고, 현재의 실질국민소득이 320조 원이므로 실질국민소득이 완전고용수준보다 80조 원 미달하는 상태이다. 잠재 GDP 수준에서는 이자율이 3%이고, 총화폐수요가 50조 원이므로 잠재 GDP에 도달하려면 통화량을 20조 원 증가시켜야 한다.

오답체크

② 현재 이 경제의 실질국민소득은 완전고용수준보다 80조 원만큼 작다.
③ 중앙은행이 총화폐공급을 지금보다 30조 원만큼 증가시키면 균형이자율은 2%가 된다.
④ 현재 이 경제의 균형이자율은 5%이다.

23 정답 ②

주제 화폐의 중립성

해설

1) 화폐의 중립성은 통화량은 실물변수에 영향을 줄 수 없다는 것을 의미한다.
2) 지문 분석
② 재정정책, 통화정책 모두 장기적으로 자연산출량을 생산하므로 실업률에 영향을 줄 수 없다.

오답체크

① 장기적으로는 고전적 이분법을 적용할 수 있다.
③ 통화정책은 장기적으로 실질경제성장률을 제고할 수 없다.
④ 화폐의 중립성은 통화량이 물가에만 영향을 미치므로 통화정책으로 물가지수를 관리할 수 있다.
⑤ 화폐의 중립성이 성립하면 실질변수에 영향을 주지 않으므로 실질이자율을 낮출 수 없다.

24 정답 ①

주제 화폐수요

해설

신용카드가 널리 보급되면 화폐를 보유할 필요성이 적어지므로 화폐수요가 감소한다.

오답체크

② 경기가 좋아지면 사람들의 지출이 늘어나므로 화폐수요가 증가한다.
③ 이자율이 상승하면 화폐보유의 기회비용이 상승하므로 화폐수요가 감소한다.
④ 경제의 불확실성이 커지면 사람들은 이에 대비하기 위해 화폐수요를 늘리므로 화폐수요가 증가한다.

★☆☆
25 **〈보기〉 중 화폐수요를 증가시키는 요인은?** 19년 서울시

〈보기〉

ㄱ. 국민소득의 증가
ㄴ. 이자율의 상승
ㄷ. 물가수준의 상승
ㄹ. 기대물가상승률의 증가

① ㄱ
② ㄱ, ㄷ
③ ㄱ, ㄴ, ㄷ
④ ㄱ, ㄷ, ㄹ

★★★
26 **최근 A는 비상금으로 숨겨두었던 현금 5천만 원을 은행에 요구불예금으로 예치하였다고 한다. 현재 이 경제의 법정지급준비율은 20%라고 할 때, 예금창조에 대한 〈보기〉의 설명 중 옳은 것을 모두 고르면?** 19년 서울시

〈보기〉

ㄱ. A의 예금으로 인해 이 경제의 통화량은 최대 2억 5천만 원까지 증가할 수 있다.
ㄴ. 시중은행의 초과지급준비율이 낮을수록, A의 예금으로 인해 경제의 통화량이 더 많이 늘어날 수 있다.
ㄷ. 전체 통화량 가운데 민간이 현금으로 보유하는 비율이 낮을수록, A의 예금으로 인해 경제의 통화량이 더 많이 늘어날 수 있다.
ㄹ. 다른 조건이 일정한 상황에서 법정지급준비율이 25%로 인상되면, 인상 전보다 A의 예금으로 인해 경제의 통화량이 더 많이 늘어날 수 있다.

① ㄱ, ㄴ
② ㄴ, ㄷ
③ ㄱ, ㄴ, ㄷ
④ ㄱ, ㄴ, ㄷ, ㄹ

★☆☆

27 ㉠~㉣에 들어갈 말로 알맞은 것은? 14년 지방직

> 케인즈는 화폐수요를 거래적 동기, 예비적 동기 그리고 투기적 동기로 분류하면서 거래적 동기 및 예비적 동기는 (㉠)에 의존하고, 투기적 동기는 (㉡)에 의존한다고 주장했다. 특히 (㉡)이 낮을 때 채권가격이 (㉢), 투자자의 채권 투자 의욕이 낮은 상황에서 투기적 동기에 따른 화폐수요가 (㉣)고 하였다.

	㉠	㉡	㉢	㉣
①	소득	이자율	높고	작다
②	소득	이자율	높고	크다
③	이자율	소득	높고	크다
④	이자율	소득	낮고	작다

정답 및 해설

25 정답 ②

주제 화폐수요

해설

일반적으로 소득수준이 증가하면 일상적인 지출이 많아지므로 화폐수요가 증가하고, 물가수준이 상승하면 동일한 양의 재화를 구입하는 데 더 많은 돈이 필요하므로 화폐수요가 증가한다.

오답체크

ㄴ. 이자율이 상승하면 화폐보유의 기회비용이 상승하므로 화폐수요가 감소한다.

ㄹ. 기대물가상승률이 높아지면 화폐가치 하락을 우려하여 사람들이 화폐보다는 실물자산을 구입하려 할 것이므로 화폐수요가 감소한다.

26 정답 ②

주제 화폐수요

해설

ㄴ. 시중은행의 초과지급준비율이 낮을수록 신용승수가 크므로, A의 예금으로 인해 경제의 통화량이 더 많이 늘어날 수 있다.

ㄷ. 전체 통화량 가운데 민간이 현금으로 보유하는 비율이 낮을수록 은행예금이 많아지므로, A의 예금으로 인해 경제의 통화량이 더 많이 늘어날 수 있다.

오답체크

ㄱ. 개인 A가 5천만 원을 예금하면 예금통화는 최대 2억 5천만 원까지 증가할 수 있지만, 현금통화가 5천만 원 감소하므로 최대로 증가할 수 있는 통화량의 크기는 2억 원이다.

ㄹ. 다른 조건이 일정한 상황에서 법정지급준비율이 25%로 인상되면, 인상 전보다 A의 예금으로 인해 경제의 통화량이 감소한다.

27 정답 ②

주제 케인즈의 화폐수요

해설

케인즈에 의하면 거래적 동기 및 예비적 동기의 화폐수요는 소득에 비례하지만, 투기적 동기의 화폐수요는 이자율에 반비례한다. 이자율과 채권가격은 역의 관계에 있으므로 이자율이 낮을 때는 채권가격이 높아 채권가격이 하락할 가능성이 크다.

★★☆

28 유동성함정에 대한 다음 설명 중 옳은 것은? 18년 공인회계사

가. 실질이자율이 0일 경우 유동성함정이 발생한다. 나. 유동성함정에서 재정정책은 총수요에 영향을 미치지 못한다. 다. 유동성함정에서 화폐수요가 이자율에 대해 완전탄력적이다. 라. 유동성함정에서 채권가격이 하락할 것이라고 예상된다.

① 가, 나 ② 가, 다 ③ 나, 다
④ 나, 라 ⑤ 다, 라

★★☆

29 조세법이 대부자금(loanable funds)의 공급을 증가시키는 방향으로 개정되었다고 가정할 때, 이러한 법 개정이 대부자금 균형거래량 수준에 가장 큰 영향을 미칠 수 있는 상황은? 13년 서울시

① 대부자금수요곡선이 매우 탄력적이며, 대부자금공급곡선이 매우 비탄력적인 경우
② 대부자금수요곡선이 매우 비탄력적이며, 대부자금공급곡선이 매우 탄력적인 경우
③ 대부자금수요곡선과 공급곡선 모두 매우 탄력적인 경우
④ 대부자금수요곡선과 공급곡선 모두 매우 비탄력적인 경우
⑤ 정답 없음

★☆☆

30 다음 괄호 안에 들어갈 용어를 순서대로 나열한 것은? 16년 노무사

기업들에 대한 투자세액공제가 확대되면, 대부자금에 대한 수요가 (　　)한다. 이렇게 되면 실질이자율이 (　　)하고 저축이 늘어난다. 그 결과, 대부자금의 균형거래량은 (　　)한다. (단, 실질이자율에 대하여 대부자금 수요곡선은 우하향하고, 대부자금 공급곡선은 우상향한다.)

① 증가, 상승, 증가 ② 증가, 하락, 증가
③ 증가, 상승, 감소 ④ 증가, 하락, 증가
⑤ 감소, 하락, 감소

★★★

31 어떤 경제의 국내저축(S), 투자(I), 그리고 순자본유입(KI)이 다음과 같다고 한다. 아래 조건에서 대부자금시장의 균형이자율(r)은 얼마인가? 15년 노무사

- $S = 1{,}400 + 2{,}000r$
- $I = 1{,}800 - 4{,}000r$
- $KI = -200 + 6{,}000r$

① 2.0%　② 4.25%　③ 5.0%
④ 6.5%　⑤ 8.25%

정답 및 해설

28 정답 ⑤

주제 유동성함정

해설

가. 명목이자율이 매우 낮지만 실질이자율이 0이라고 단정 지을 수 없다.
나. 유동성함정에서 재정정책은 총수요에 큰 영향을 미친다.

29 정답 ①

주제 대부자금설

해설

저축에 대한 비과세 도입과 같은 대부자금의 공급을 증가시키는 방향으로 세법이 개정되면 대부자금의 공급곡선이 오른쪽으로 이동한다. 대부자금의 공급곡선이 오른쪽으로 이동할 때 대부자금의 거래량이 크게 증가하는 것은 대부자금의 공급이 매우 비탄력적이고 대부자금의 수요곡선이 매우 탄력적일 때이다.

30 정답 ①

주제 대부자금설

해설

투자세액공제가 확대되면 기업들의 투자가 증가하므로 대부자금에 대한 수요가 증가한다. 대부자금 수요곡선이 오른쪽으로 이동하면 실질이자율이 상승하고 대부자금의 균형거래량이 증가한다. 대부자금의 수요곡선이 오른쪽으로 이동하면 대부자금의 공급량이 증가하게 되는데, 이는 곧 저축의 증가를 의미한다.

31 정답 ③

주제 대부자금설

해설

저축과 순자본유입은 국내 대부자금시장에서 대부자금의 공급이므로 대부자금의 공급곡선은 $S+KI=1{,}200+8{,}000r$이고, 투자는 대부자금의 수요이므로 대부자금 수요곡선은 $I=1{,}800-4{,}000r$이다. 균형이자율을 구하기 위해 $S+KI=I$로 두면 $1{,}200+8{,}000r=1{,}800-4{,}000r$, $12{,}000r=600$이므로 $r=0.05$이다.

고난도 문제

★★★
32 은행 A의 재무상태표(대차대조표)는 다음과 같다.

자산(억 원)		부채 및 자본(억 원)	
지급준비금	50	예금	200
증권	50	납입자본금	50
대출	150		

위와 같은 상황에서, 급작스런 50억 원의 예금 인출이 발생했다고 한다. 은행 A는 일단 지급준비금 50억 원으로 이와 같은 인출 상황에 대응하였다. 법정지급준비율이 10%일 때, 법정지급준비금을 마련하기 위한 은행 A의 조치에 대한 설명으로 옳지 않은 것은? 17년 공인회계사

① 중앙은행으로부터 부족한 지급준비금만큼 차입한다.
② 은행 A가 보유한 증권을 부족한 지급준비금만큼 매각한다.
③ 부족한 지급준비금만큼 신규대출을 늘린다.
④ 콜시장으로부터 부족한 지급준비금만큼 차입한다.
⑤ 추가로 주식을 발행하여 부족한 지급준비금만큼 충당한다.

★★★
33 민간은 화폐를 현금과 요구불예금으로 각각 $\frac{1}{2}$씩 보유하고, 은행은 예금의 $\frac{1}{3}$을 지급준비금으로 보유한다. 통화공급을 150만큼 늘리기 위한 중앙은행의 본원통화 증가분은? (단, 통화량은 현금과 요구불예금의 합계) 20년 감정평가사

① 50 ② 100 ③ 150
④ 200 ⑤ 250

★★★
34 수량방정식($MV=PV$)과 피셔효과가 성립하는 폐쇄경제에서 화폐유통속도(V)가 일정하고, 인플레이션율이 2%, 통화증가율이 5%, 명목이자율이 6% 라고 할 때, 다음 중 옳은 것을 모두 고른 것은? (단, M은 통화량, P는 물가, Y는 실질소득) 18년 감정평가사

ㄱ. 실질이자율은 4% 이다.
ㄴ. 실질경제성장률은 4% 이다.
ㄷ. 명목경제성장률은 5% 이다.

① ㄱ ② ㄴ ③ ㄱ, ㄷ
④ ㄴ, ㄷ ⑤ ㄱ, ㄴ, ㄷ

정답 및 해설

32 정답 ③
주제 지급준비금
해설
1) 갑작스런 예금인출이 발생하면 은행이 가지고 있는 자산 중 지급준비금 50억 원이 0이 된다.
2) 따라서 은행은 현재 남아있는 예금 150억 원의 법정지급준비금 15억 원을 준비해야 한다.
3) 지문 분석
③ 신규대출은 지급준비금과 관련이 없다.
오답체크
나머지는 부족한 지급준비금을 확보하는 방법이다.

33 정답 ②
주제 본원통화
해설
1) 통화승수 $=\dfrac{1}{c+z(1-c)}$ 이다.
2) c(현금통화비율)$=0.5$, z(지급준비율)$=\dfrac{1}{3}$ 이다.
3) 통화량 증가분=통화승수×본원통화 증가분이다.
4) $150=1.5(=\dfrac{1}{0.5+\frac{1}{3}(1-0.5)})\times$ 본원통화 증가분 → 본원통화 증가분은 100이다.

34 정답 ③
주제 화폐수요이론 → 화폐수량설
해설
1) $MV=PY$에서 변화율로 바꾸면 통화량의 변화율 + 유통속도의 변화율 = 물가상승률 + 경제성장률(= 실질소득 증가율)이다.
2) 식에 대입하면 $5\%+0\%=2\%+$실질경제성장률이므로 실질경제성장률은 3%이다.
3) 명목경제성장률은 물가상승률 + 실질 경제성장률이므로 5%이다.
4) 명목이자율 − 물가상승률 = 실질이자율이므로 $6\%-2\%=4\%$이다.

★★★

35 **다음은 소비함수에 대한 설명이다. 이에 대한 분석으로 옳지 않은 것은?** 16년 공인회계사

- 김 씨는 절대소득가설을 따르며, 소비함수는 $C=0.8Y+10$이다.
  (단, C는 소비, Y는 소득이다.)
- 이 씨는 항상소득가설을 따르며, 소비함수는 $C_t=0.5Y_t^P$, $Y_t^P=0.5Y_t+0.3Y_{t-1}$이며, 소득은 t기에 120, $t-1$기에 80이다.
  (단, C_t는 t기의 소비, Y_t^P는 t기의 항상소득, Y_t는 t기의 소득이다.)
- 박 씨는 상대소득가설을 따르며, 소비함수는 $Y \geq Y_m$일 때에 $C=0.7Y$이며, $Y<Y_m$일 때에 $C=0.7Y_m+0.5(Y-Y_m)$이다.
  (단, C는 소비, Y는 소득, Y_m은 과거 최대 소득이다.)

① 김 씨의 $\frac{\triangle C}{\triangle Y}$는 소득의 크기에 상관없이 일정하다.

② 김 씨의 $\frac{C}{Y}$는 소득의 증가에 따라서 체감한다.

③ 이 씨의 $\frac{C_t}{Y_t}$는 1보다 크다.

④ 박 씨의 $\frac{\triangle C}{\triangle Y}$는 Y가 Y_m보다 작을 때 1보다 작다.

⑤ 박 씨의 $\frac{\triangle C}{\triangle Y}$는 Y가 Y_m보다 클 때 1보다 작다.

★★★
36 **통화수요함수가 다음과 같다.**

$$(\frac{M}{P})^d = 2200 - 200r$$

여기서 r은 $\%$로 표현된 이자율(예를 들어 이자율이 10%라면, $r = 10$)이며, M은 통화량, P는 물가수준, 그리고 d는 수요를 나타내는 첨자이다. 물가수준이 2라고 하면 중앙은행이 이자율을 7% 수준으로 맞추고자 할 때 통화공급량은 얼마인가? 18년 공인회계사

① 1,600 ② 1,400 ③ 1,200
④ 1,000 ⑤ 800

정답 및 해설

35 정답 ③

주제 소비함수

해설

이 씨의 t기 소득 $Y_t = 120$이고, $(t-1)$기 소득 $Y_{t-1} = 80$이므로 대입하면 $Y_t^P = 60 + 24 = 84$이고 소비는 42이다.

따라서 평균소비성향 $\frac{C_t}{Y_t} = \frac{42}{120}$이므로 1보다 작다.

오답체크

① 김 씨의 $\frac{\Delta C}{\Delta Y}$는 한계소비성향으로 0.8로 일정하다.

② 김 씨의 $\frac{C}{Y}$는 평균소비성향 $0.8 + \frac{10}{Y}$으로 소득의 증가에 따라서 체감한다.

④ 박 씨의 $\frac{\Delta C}{\Delta Y}$는 Y가 Y_m보다 작을 때 소비는 $C = 0.7Y_m + 0.5(Y - Y_m)$이므로 $\frac{dC}{dY} = 0.5$로 1보다 작다.

⑤ 박 씨의 $\frac{\Delta C}{\Delta Y}$는 Y가 Y_m보다 클 때 소비함수가 $C = 0.7Y$이므로 한계소비성향 $\frac{dC}{dY}$는 0.7로 1보다 작다.

36 정답 ①

주제 통화의 수요와 공급

해설

1) 균형은 $\left(\frac{M}{P}\right)^d = \left(\frac{M^S}{P}\right)$이다.

2) $2,200 - 200 \times 7 = \left(\frac{M^S}{2}\right) \rightarrow M^S = 1,600$이다.

PART

3 물가와 실업

학습 구성

구분	출제 포인트	중요도	학습 날짜
Chapter 01 IS-LM 모형	01 *IS* 곡선	★★★	
	02 *LM* 곡선	★★★	
Chapter 02 총수요와 총공급	01 총수요	★★	
	02 통화정책	★★★	
	03 재정정책	★★★	
	04 통화정책과 재정정책의 견해차	★★★	
	05 총공급	★★	
	06 균형 GDP의 결정	★★	
Chapter 03 물가와 인플레이션	01 물가와 물가지수	★★	
	02 인플레이션	★★★	
Chapter 04 실업	01 실업통계	★★★	
	02 실업의 종류와 대책	★★	
Chapter 05 필립스 곡선	01 필립스 곡선	★★★	
	02 자연실업률가설	★★	
	03 새고전학파의 필립스 곡선	★★	
Chapter 06 고전학파, 케인즈학파, 통화주의자, 공급경제학	01 고전학파	★	
	02 케인즈학파	★	
	03 통화주의자	★	
	04 공급경제학	★	
Chapter 07 새고전학파와 새케인즈학파	01 새고전학파	★★★	
	02 새케인즈학파	★★	

Chapter 01

IS-LM 모형

✛ 학습목표

- *IS* 곡선의 기울기와 이동요인을 이해할 수 있다.
- *LM* 곡선의 기울기와 이동요인을 이해할 수 있다.
- IS-LM 모형에서 균형의 계산을 통해 균형이자율과 균형국민소득을 구할 수 있다.

01 *IS* 곡선 ★★★

1. IS-LM 모형의 의미

(1) 학자

1937년 케인즈 학파인 힉스(J. R. Hicks)와 한센(A. H. Hansen)에 의해서 정립된 이론이다.

(2) 가정

케인즈의 가정에 따라 고정된 물가하에 공급능력은 충분하지만, 유효수요의 부족으로 완전고용에 미달되는 경제를 가정하고 있다.

(3) IS와 LM의 의미

① 생산물시장의 균형: *IS* 곡선

IS란 투자(investment)와 저축(saving)의 약자로, *IS* 곡선은 생산물시장의 균형을 나타내는 이자율과 국민소득의 관계곡선이다.

② 화폐시장의 균형: *LM* 곡선

LM이란 화폐수요(liquidity preference)와 화폐공급(money supply)의 약자로, *LM* 곡선은 화폐시장의 균형을 나타내는 이자율과 국민소득의 관계곡선이다.

(4) 목표

IS-LM 모형은 생산물시장과 화폐시장의 상호작용을 동시에 분석하는 모형이다.

2. *IS* 곡선의 수식을 이용한 도출 ◀ 시험 POINT 기울기와 절편의 구성을 기억해야 합니다.

① 해외 부문이 포함되는 경우의 승수에서의 균형국민소득을 구하는 과정 중 투자수요를 $I = I_0 - br$로 가정하자.

② $Y^D = C_0 + c(Y - T_0 - tY) + I_0 - br + G_0 + X_0 - M_0 - mY$

③ 위 식을 이자율(r)에 관하여 정리하면 $r = -\dfrac{1-c(1-t)+m}{b}Y + \dfrac{1}{b}(C_0 - cT_0 + I_0 + G_0 + X_0 - M_0)$이다.

④ 즉, 기울기가 $-\dfrac{1-c(1-t)+m}{b}$이고 절편이 $\dfrac{1}{b}(C_0 - cT_0 + I_0 + G_0 + X_0 - M_0)$인 우하향의 IS 곡선이 도출된다.

3. 그래프를 이용한 *IS* 곡선 도출(단, 투자함수가 $I = I_0 - br$인 경우)

(1) 그래프

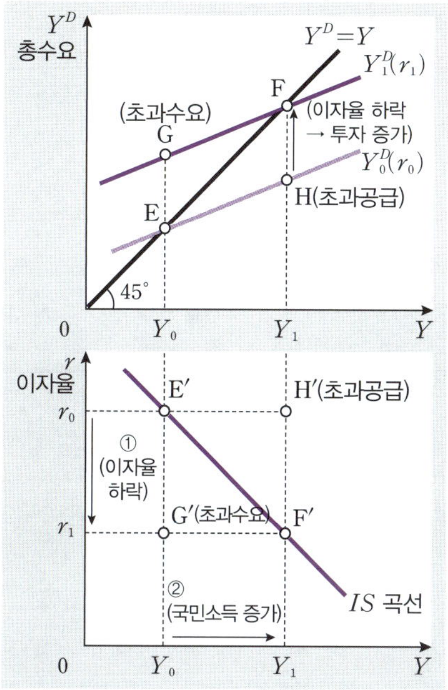

(2) 설명

① 최초 균형점 점 E(국민소득: Y_0, 이자율: r_0)일 때 이자율이 하락($r_0 \rightarrow r_1$)하면 투자가 늘어나 총수요가 증가($Y_0^D \rightarrow Y_1^D$)하여 국민소득이 증가($Y_0 \rightarrow Y_1$)한다.

② 이자율과 국민소득의 관계가 부(−)의 관계이므로 우하향의 IS 곡선이 도출된다.

(3) *IS* 곡선의 상 · 하부

① IS 곡선의 상부: 총공급이 총수요를 초과하므로 생산물시장의 초과공급이 나타난다.

② IS 곡선의 하부: 총수요가 총생산을 초과하므로 생산물시장의 초과수요가 나타난다.

(4) 불균형의 조절

생산물시장의 불균형은 생산량(Y)이 변하여(좌우이동) 균형에 도달한다.

4. *IS* 곡선의 기울기

(1) 결정요인

① IS 곡선의 기울기는 $-\dfrac{1-c(1-t)+m}{b}$ 이다.

② 기울기가 급해지기 위해서는 분자는 커져야 하고 분모는 작아져야 한다. 기울기가 완만하기 위해서는 반대로 생각하면 된다.

구분	크기	기울기	IS 곡선의 형태
b(투자의 이자율탄력성)	클수록 (작을수록)	작다 (크다)	완만 (급경사)
c(한계소비성향)			
s(한계저축성향)$=1-c$	작을수록 (클수록)		
t(소득세율)			
m(한계수입성향)			

(2) IS 곡선의 기울기에 대한 두 견해

① 케인즈학파

- 케인즈는 투자는 기업가의 직관력이 중요하므로 이자율과 관련이 없다고 주장하였다.
- b(투자의 이자율 탄력성)값이 작으므로 IS 곡선의 기울기의 절댓값이 커져서 IS 곡선은 급경사를 이룬다.

② 통화주의(고전)학파

- 통화주의학파는 투자는 이자율에 의해 크게 좌우된다고 주장하였다.
- b(투자의 이자율 탄력성)값이 크므로 IS 곡선의 기울기의 절댓값이 작아서 IS 곡선은 완만하다.

(3) 유발투자가 존재할 때의 IS 곡선

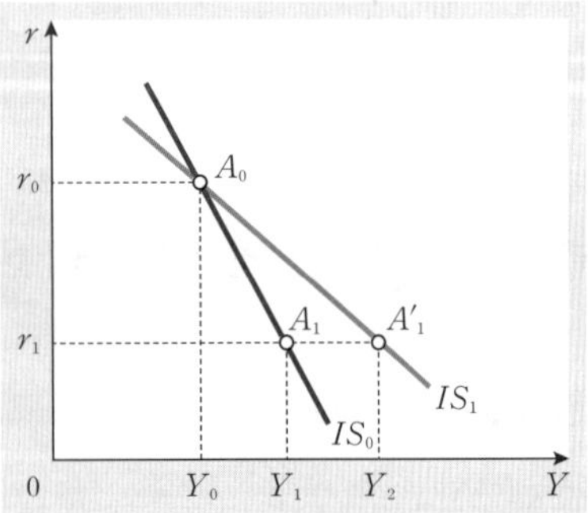

① 유발투자가 존재하면 투자함수는 $I=I_0-b_r+iY$이다.

② 이자율 하락($r_0 \rightarrow r_1$) → 투자 증가 → 총수요 증가 → 국민소득(Y_1) 증가 → 유발투자가 없는 경우(IS_0)

③ 이자율 하락($r_0 \rightarrow r_1$) → 투자 증가 → 총수요 증가 → 국민소득(Y_1) 증가 → 유발투자가 있는 경우 유발투자 발생 → 총수요 증가 → 국민소득(Y_2) 증가(IS_1)

④ 유발투자가 존재할 때 IS 곡선의 기울기

• $-\dfrac{1-c(1-t)+m-i}{b}$

• 가속도 원리에 의해 국민소득의 증가가 더욱 커지므로, IS 곡선이 유발투자가 없는 경우보다 완만해진다.

5. *IS* 곡선의 이동

(1) *IS* 곡선의 우측 이동요인

① IS 곡선은 국민소득순환모형에서 주입에 해당되는 요인인 소비(C_0), 투자(I_0), 정부지출(G_0), 수출(X_0) 등이 증가하면, 이자율이 불변인 상황에서 국민소득이 증가하므로 승수배만큼 우측으로 이동한다.

② 설명

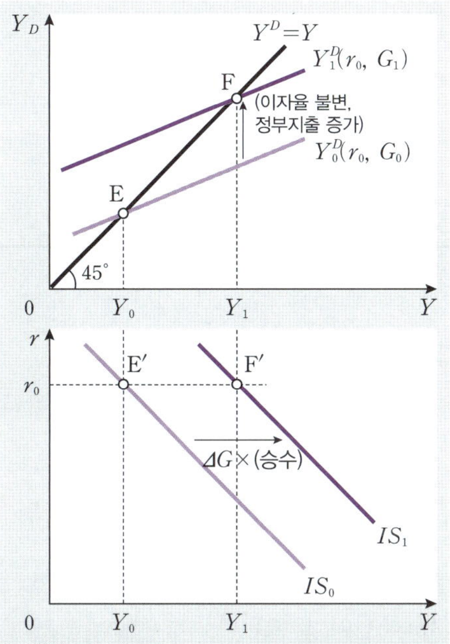

• 최초의 균형점 점 E에서 국민소득은 Y_0이고 이자율이 r_0이다.

• 정부지출이 G_0에서 G_1으로 증가하면 총수요가 증가($Y_0^D \rightarrow Y_1^D$)하여 이자율은 r_0로 변하지 않으나, 국민소득이 Y_1으로 상승한다.

• 따라서 IS 곡선이 정부지출 증가분×승수($\Delta Y = \dfrac{1}{1-c}\Delta G$)만큼 우측($IS_0 \rightarrow IS_1$)으로 평행이동한다.

(2) *IS* 곡선의 좌측 이동요인

IS 곡선은 국민소득순환모형에서 누출에 해당되는 요인인 조세(T_0), 수입(M_0), 저축(S) 등이 증가하면, 이자율이 불변인 상황에서 국민소득이 감소하므로 승수배만큼 좌측으로 이동한다.

02 *LM* 곡선 ★★★

1. *LM* 곡선의 의미

LM이란 화폐수요(liquidity preference)와 화폐공급(money supply)의 약자로, *LM* 곡선은 화폐시장의 균형을 나타내는 이자율과 국민소득의 관계곡선이다.

2. *LM* 곡선의 수식을 이용한 도출

(1) 화폐의 수요

① 화폐수요=거래적·예비적 동기의 화폐수요+투기적 동기의 화폐수요이다.

② $\frac{M^D}{P} = kY - hr$ (k: 화폐수요의 소득탄력성, h: 화폐수요의 이자율탄력성)

(2) 화폐의 공급

① 물가수준이 P_0이고 중앙은행의 명목통화공급량이 M_0라면 실질통화량은 다음과 같다.

② $\frac{M^S}{P} = \frac{M_0}{P_0}$

(3) 화폐시장의 균형과 *LM* 곡선의 도출 시험 POINT 기울기와 절편을 기억해야 합니다.

① 화폐시장이 균형을 이루려면 화폐공급 = 화폐수요이므로 $\frac{M^D}{P} = \frac{M^S}{P} = \frac{M_0}{P_0}$이다.

② 이를 위의 식을 활용하여 정리하면 $\frac{M_0}{P_0} = kY - hr$이다.

③ 위 식을 이자율(r)에 관하여 정리하면 $r = \frac{k}{h}Y - \frac{1}{h} \cdot \frac{M_0}{P_0}$이다.

④ 즉, 기울기가 $\frac{k}{h}$이고 절편이 $-\frac{1}{h}\frac{M_0}{P_0}$인 우상향의 *LM* 곡선이 도출된다.

3. 그래프를 통한 *LM* 곡선의 도출

(1) 그래프

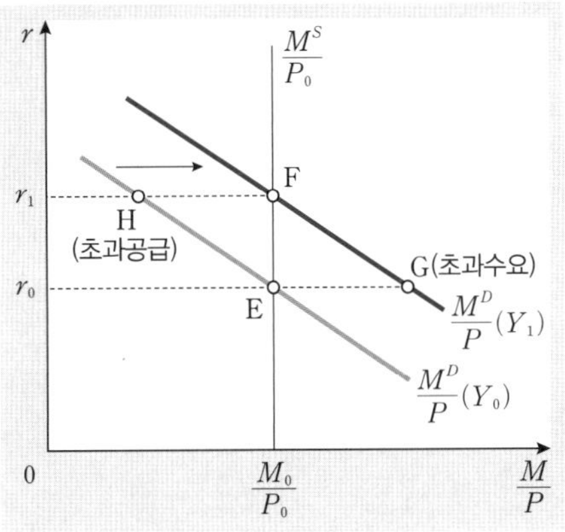

(a) 화폐시장

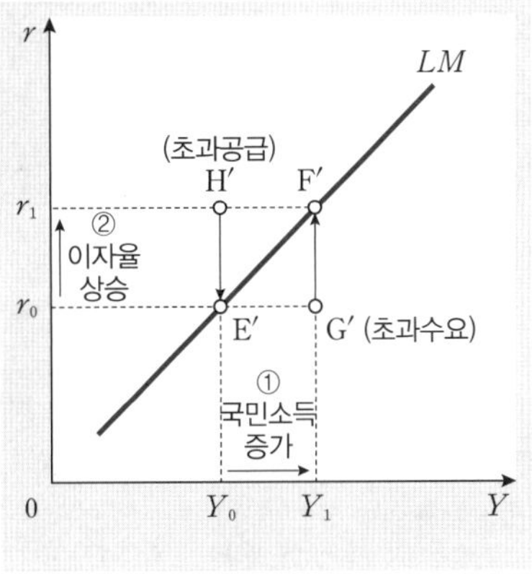

(b) *LM* 곡선

(2) 화폐시장

① 최초의 균형점 점 E(이자율: r_0, 국민소득: Y_0)에서 국민소득이 증가($Y_0 \rightarrow Y_1$)하면 화폐수요가 증가하여 이자율이 상승($r_0 \rightarrow r_1$)한다.

② 국민소득과 이자율은 정(+)의 관계이므로 *LM* 곡선은 우상향한다.

(3) *LM* 곡선의 상 · 하부

① *LM* 곡선 상부: 균형국민소득에 비해 이자율이 높으므로 화폐시장의 초과공급이다.

② *LM* 곡선 하부: 균형국민소득에 비해 이자율이 낮으므로 화폐시장의 초과수요이다.

(4) 균형으로의 이동

화폐시장의 불균형 시 균형이자율로 이동해야 하므로 이자율이 조정되어 균형에 도달한다.

4. *LM* 곡선의 기울기

(1) 결정요인

① *LM* 곡선의 기울기는 $\frac{k}{h}$ 이다.

② 기울기가 급해지기 위해서는 분자는 커져야 하고 분모는 작아져야 한다. 기울기가 완만하기 위해서는 반대로 생각하면 된다.

구분	크기	기울기	*LM* 곡선의 형태
h(화폐수요의 이자율탄력성)	클수록 (작을수록)	작다 (크다)	완만 (급경사)
k(화폐수요의 소득탄력성)	작을수록 (클수록)		

(2) LM 곡선의 기울기에 대한 학파별 견해

① **케인즈학파:** h(화폐수요의 이자율탄력성) 값이 크므로 LM 곡선의 기울기의 절댓값이 작아서 LM 곡선은 완만하다.

② **통화주의학파:** h(화폐수요의 이자율탄력성)값이 작으므로 LM 곡선의 기울기의 절댓값이 커서 LM 곡선은 급경사를 이룬다.

③ **고전학파:** 화폐수요가 이자율에 전혀 영향을 받지 않아 h(화폐수요의 이자율탄력성)의 값이 0이므로 LM 곡선은 수직선이다.

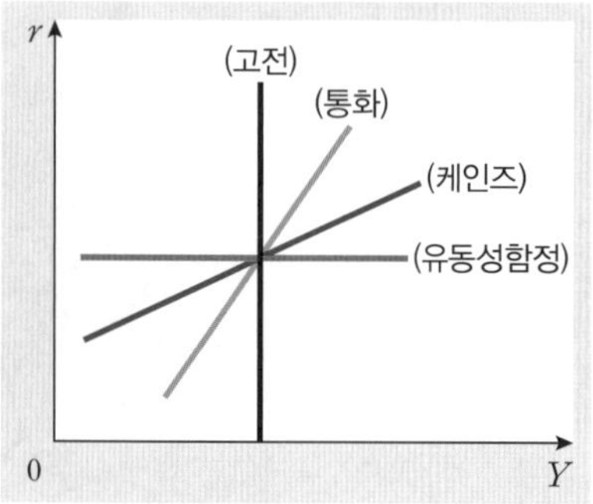

(3) 유동성함정에서의 LM 곡선

◀ 시험 POINT LM 곡선이 수평인 이유가 출제됩니다.

① 그래프

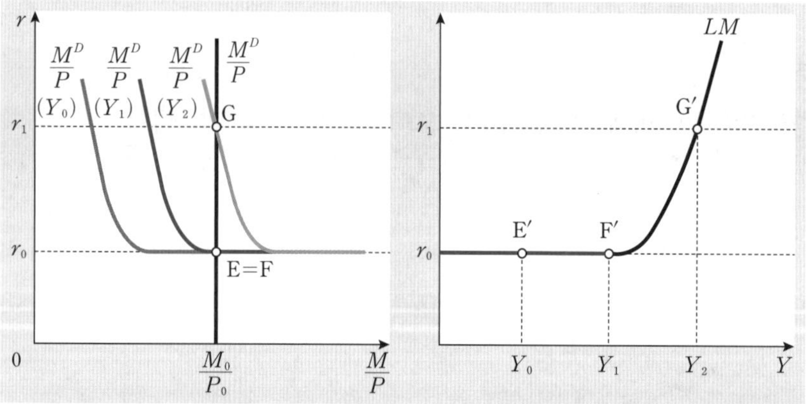

② 유동성함정인 구간에서는 h(화폐수요의 이자율탄력성)의 값이 ∞인 경우이다.

③ 국민소득이 Y_1으로 증가하면 화폐수요가 증가하여 화폐수요곡선이 우측으로 이동하지만, 균형점은 변하지 않으므로 이자율도 r_0로 일정하여 LM 곡선은 수평으로 도출된다.

(4) 통화공급이 내생적인 경우의 LM 곡선

① 그래프

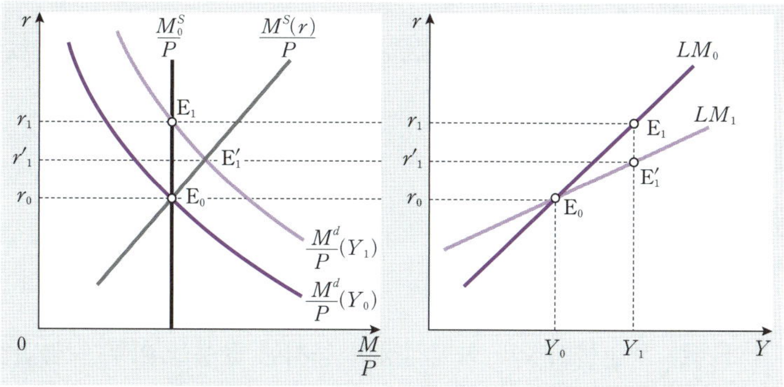

(a) 화폐시장 (b) LM 곡선

② 통화공급이 내생적인 경우는 통화공급이 이자율의 증가함수인 경우를 의미한다.

③ 따라서 통화공급함수는 수직의 형태가 아닌 우상향하는 형태로 설정할 수 있다.

④ 소득이 Y_0에서 Y_1으로 증가하면 수직인 경우보다 우상향하는 화폐공급곡선에서 이자율이 적게 상승한다.

⑤ 새로운 균형점은 점 E_1이 아닌 점 E_1'에서 결정된다.

⑥ LM 곡선은 LM_0보다 완만한 기울기를 갖는 LM_1으로 도출된다.

⑦ 결론: 통화공급이 외생적인 경우보다 내생적인 경우에 LM 곡선이 더 완만하다.

5. LM 곡선의 이동

(1) LM 곡선

① $r = \frac{k}{h}Y - \frac{1}{h} \cdot \frac{M_0}{P_0}$이다. ($k$: 화폐수요의 소득탄력성, h: 화폐수요의 이자율탄력성)

② 따라서 절편이 변동하는 경우 LM 곡선이 이동한다.

(2) 원인

① 그래프

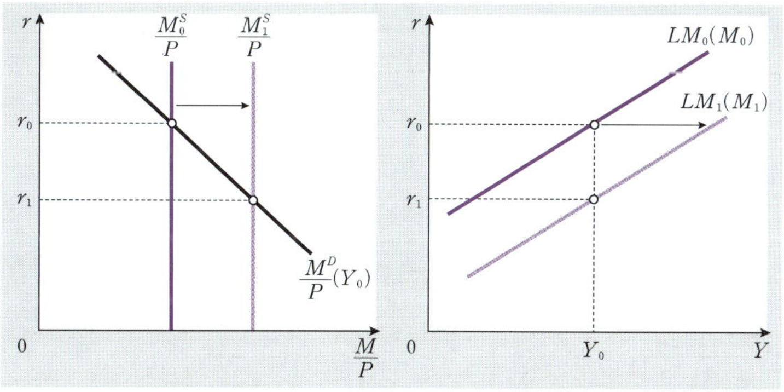

(a) 화폐시장 (b) LM 곡선

② **통화량:** 통화량($\frac{M_0^S}{P}$ → $\frac{M_1^S}{P}$) 증가 → 화폐의 초과공급 → 이자율 하락 → LM 곡선 우측(하방) 이동

③ **물가 상승:** 물가 상승 → 실질통화량 감소(화폐의 초과수요) → 이자율 상승 → LM 곡선 좌측(상방) 이동

6. 생산물시장과 화폐시장의 균형

(1) IS-LM의 균형의 의미

IS 곡선과 LM 곡선이 만나는 점 E 에서는 생산물시장과 화폐시장이 동시에 균형을 이루는 국민소득(Y_0)과 이자율(r_0)이 결정된다.

(2) 불균형의 조정

① 생산물시장의 불균형이 발생하면 생산량이 조정된다.

- IS 상방: 초과공급($Y^S > Y^D$) → 생산량 감소
- IS 하방: 초과수요($Y^S < Y^D$) → 생산량 증가

② 화폐시장의 불균형이 발생하면 이자율이 조정된다.

- LM 상방: 초과공급($M^S > M^D$) → 이자율 하락
- LM 하방: 초과수요($M^S < M^D$) → 이자율 상승

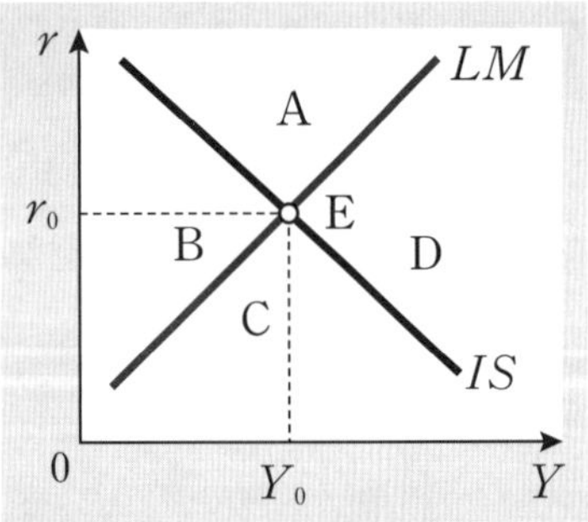

구분	생산물시장	화폐시장
A	초과공급	초과공급
B	초과수요	초과공급
C	초과수요	초과수요
D	초과공급	초과수요

개념확인 문제

Q 다음과 같이 주어진 $IS-LM$ 모형에서 정부지출(G)이 600에서 700으로 증가할 때, 균형총소득의 증가 폭은? (단, Y는 총소득, C는 소비, I는 투자, T는 조세, M은 명목통화공급, P는 물가, r은 이자율, $\left(\frac{M}{P}\right)^d$는 실질화폐수요량) 19년 국가직

- 소비함수: $C=100+0.6(Y-T)$
- 투자함수: $I=200-10r$
- 화폐수요함수: $\left(\frac{M}{P}\right)^d=Y-100r$
- $T=1{,}000,\ M=1{,}000,\ P=2$

① 200 ② 300
③ 400 ④ 500

정답 ①

해설

1) IS 곡선은 $Y=C+I+G=100+0.6(Y-1{,}000)+200-10r+G \rightarrow 0.4Y=(G-300)-10r$
$\rightarrow Y=2.5(G-300)-25r$이다.

2) LM 곡선은 $\frac{M^d}{P}=\frac{M^s}{P} \rightarrow Y-100r=\frac{1{,}000}{2} \rightarrow Y=500+100r$이다.

3) G가 600인 경우
- IS 곡선 식에 $G=600$을 대입하면 $Y=750-25r$이고, 이를 LM 곡선 $Y=500+100r$과 연립하여 풀면 $750-25r=500+100r,\ 125r=250,\ r=2$이다.
- $r=2$를 IS 곡선(혹은 LM 곡선) 식에 대입하면 균형국민소득 $Y=700$이다.

4) G가 700인 경우
- $G=700$을 IS 곡선 식에 대입하면 $Y=1{,}000-25r$이고, 이를 LM 곡선 $Y=500+100r$과 연립하여 풀면 $1{,}000-25r=500+100r,\ 125r=500,\ r=4$이다.
- $r=4$를 IS 곡선(혹은 LM 곡선) 식에 대입하면 균형국민소득 $Y=900$이다.

5) 따라서 정부지출이 600에서 700으로 증가하면 국민소득이 200만큼 증가함을 알 수 있다.

Chapter 02

총수요와 총공급

+ 학습목표

- 총수요곡선의 내부이동과 외부이동 원인을 이해할 수 있다.
- 통화정책에 대한 케인즈학파와 통화주의자의 견해차를 이해할 수 있다.
- 재정정책에 대한 케인즈학파와 통화주의자의 견해차를 이해할 수 있다.
- 리카도의 등가정리를 이해할 수 있다.
- 총공급곡선의 내부이동과 외부이동 원인을 이해할 수 있다.
- 단기총공급곡선과 장기총공급곡선의 차이를 이해할 수 있다.
- 루카스 총공급곡선을 이해할 수 있다.

01 총수요 ★★★

1. 총수요-총공급 모형의 개념

(1) 물가에 대한 분석

총수요곡선(AD)은 물가가 변할 때 IS 곡선과 LM 곡선으로부터 도출하므로, 생산물시장과 화폐시장을 모두 고려한 물가와 국민소득의 관계를 나타낸다.

(2) 공급 측 요인 분석

총공급곡선(AS)은 공급 측 요인인 노동시장과 총생산함수에서 도출한 물가와 총생산의 관계를 나타낸다.

(3) 거시경제 일반균형

생산물시장과 화폐시장을 고려한 총수요곡선(AD), 노동시장과 생산함수를 고려한 총공급곡선(AS)의 교점에서 거시경제의 일반균형인 물가와 총생산(총소득)이 결정된다.

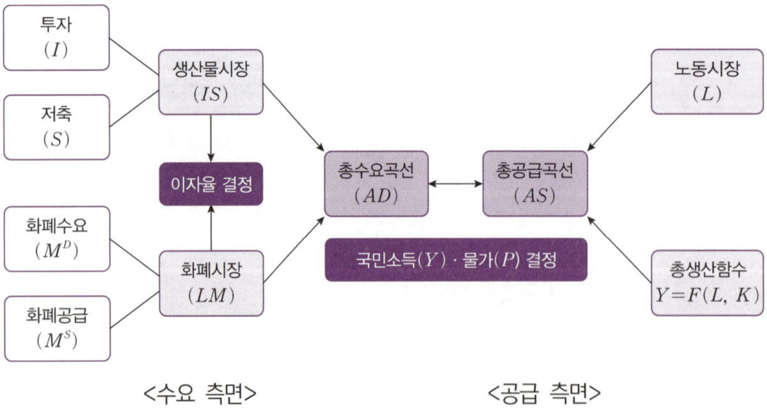

2. 총수요와 총수요곡선

(1) 총수요(AD, Aggregate Demand)

한 나라에서 일정 기간 동안 구입하고자 하는 재화와 용역의 총량이다.

(2) 총수요의 구성

총수요 = 민간소비(C) + 민간투자(I) + 정부지출(G) + 순수출($X-M$)

(3) 총수요곡선

① 각각의 물가수준에서 총수요의 크기를 나타내는 곡선이다.

② 물가 상승은 실질통화공급량의 감소로 이어져 이자율이 상승하게 된다. 따라서 물가와 총수요는 반비례한다.

③ 그래프

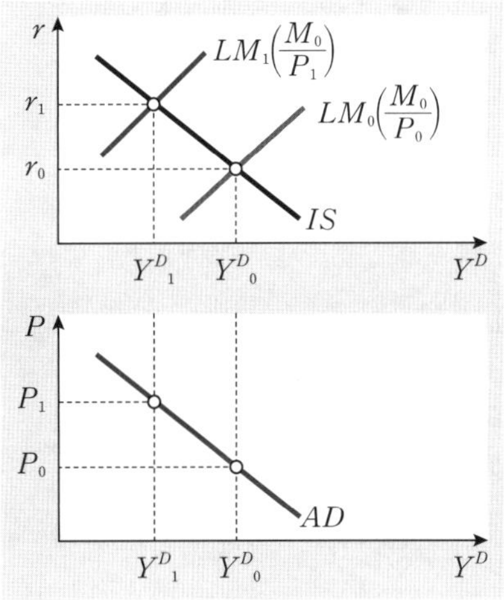

3. 총수요곡선이 우하향하는 원리

◀ 시험 POINT 우하향하는 원리와 우측 이동의 원인이 출제됩니다.

(1) 케인즈의 이자율효과

① 물가가 하락하면 LM곡선이 우측으로 이동하여 이자율이 하락한다.

② 이자율이 하락하면 투자 및 소비수요량이 증가한다.

(2) 피구의 실질잔고효과: 피구효과, 부(富)의 효과

① 물가가 하락하면 경제주체들이 보유하고 있는 금융자산(주식, 채권, 현금 등)의 실질가치(실질잔고), 즉 부(富)가 증가한다.

② 부가 증가하면 소비가 감소하므로 IS곡선이 우측으로 이동한다.

③ 실질잔고효과가 존재하면 물가하락시 총수요가 더 크게 증가하므로 총수요곡선이 더 완만한 형태로 도출된다.

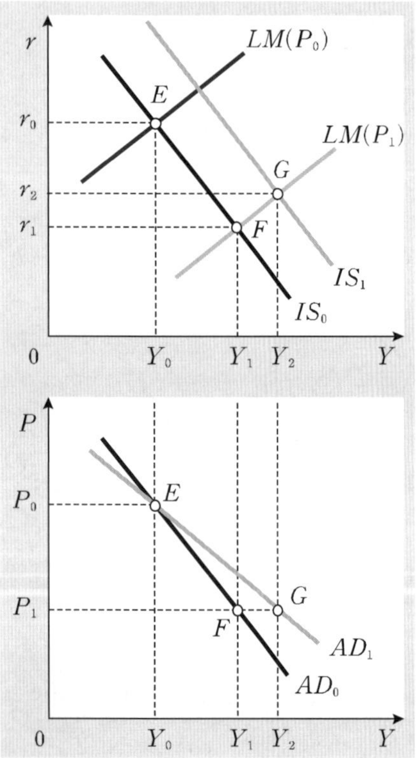

(3) 무역수지효과

① 환율 등 다른 조건이 일정할 때 물가가 하락하면 수출상품의 생산비가 하락한다.

② 생산비가 하락하면 수출상품의 가격이 하락하여 가격경쟁력이 높아진다. 따라서 수출이 증가하고 수입이 감소하여 순수출이 증가한다.

4. 총수요곡선의 기울기

(1) 총수요곡선과 IS 곡선의 기울기 비교

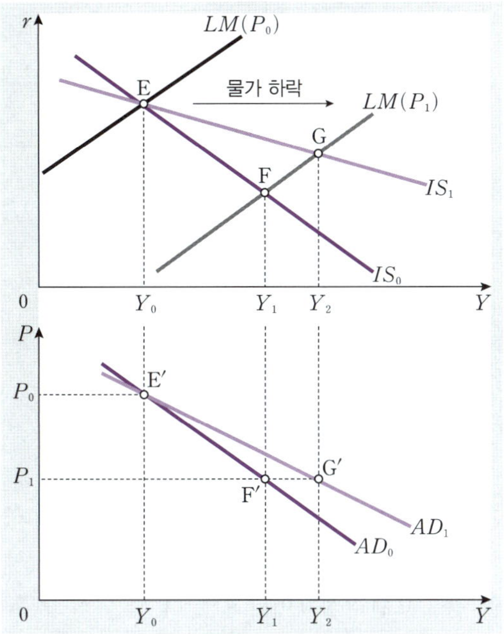

① IS 곡선이 급경사인 경우(IS_0) 급경사의 AD 곡선이 도출(AD_0)된다.

② IS 곡선이 완만한 경우(IS_1) 완만한 AD 곡선이 도출(AD_1)된다.

③ 따라서 IS 곡선의 기울기와 AD 곡선의 기울기는 유사하다.

(2) 총수요곡선과 LM 곡선의 기울기 비교

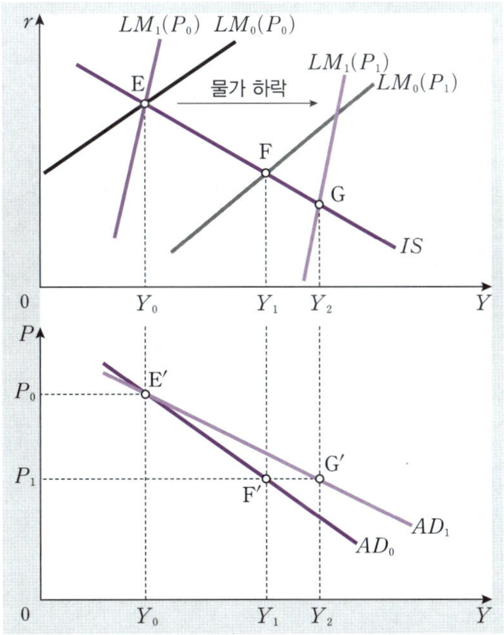

① LM 곡선이 완만한 경우(LM_0) 급경사인 AD 곡선이 도출(AD_0)된다.
② LM 곡선이 급경사인 경우(LM_1) 완만한 AD 곡선이 도출(AD_1)된다.
③ 따라서 LM 곡선의 기울기와 AD 곡선의 기울기는 반대의 모습을 보인다.

(3) 결론

AD 곡선의 기울기는 IS 곡선과 유사하고 LM 곡선과는 반대이다.

5. 총수요곡선의 이동

(1) IS 곡선의 영향

IS 곡선을 우측으로 이동하게 하는 요인인 소비(C), 투자(I), 정부지출(G), 수출(X)의 증가 또는 조세(T), 수입(M)의 감소는 총수요곡선을 우측으로 이동시킨다.

(2) LM 곡선의 영향

① LM 곡선을 우측으로 이동시키는 요인인 통화량의 증가나 화폐수요의 감소는 총수요곡선을 우측으로 이동시킨다.
② IS 곡선과 LM 곡선을 이동시키는 재정-금융정책을 총수요관리정책이라고 한다.

개념확인 문제

Q 총수요(AD)곡선이 우하향하는 이유에 대한 설명으로 옳지 않은 것은? 16년 국가직

① 물가가 하락하는 경우 실질임금이 상승하여 노동공급이 증가하기 때문이다.
② 물가가 하락하는 경우 실질통화량이 증가하여 이자율이 하락하고 투자가 증가하기 때문이다.
③ 물가가 하락하는 경우 실질환율 상승, 즉 절하가 생겨나 순수출이 증가하기 때문이다.
④ 물가가 하락하는 경우 가계의 실질자산가치가 증가하여 소비가 증가하기 때문이다.

정답 ①

해설
물가가 하락하여 실질임금이 상승하면 기업들이 고용량을 줄이게 되므로 경제전체의 총생산량이 감소한다. 그러므로 ①은 총공급곡선이 우상향하는 것과 관계가 있다.

오답체크
② 이자율효과에 대한 설명이다.
③ 환율효과에 대한 설명이다.
④ 실질잔고효과(피구효과)에 대한 설명이다.

02 통화정책 ★★★

1. 통화정책체계

(1) 구성

① 통화정책의 체계는 최종목표, 중간목표, 운영목표, 정책수단으로 이루어져 있다.

② 통화정책의 전달경로

정책수단		운영목표		중간목표		최종목표
• 공개시장조작정책 • 대출(재할인율)정책 • 지급준비율정책 • 대출한도제 • 이자율 규제	➜	• 단기금리(콜금리) • 본원통화 • 지급준비금총액	➜	• 장기금리 • 통화량 • 환율	➜	• 물가안정 • 완전고용 • 경제성장 • 국제수지균형

(2) 최종목표

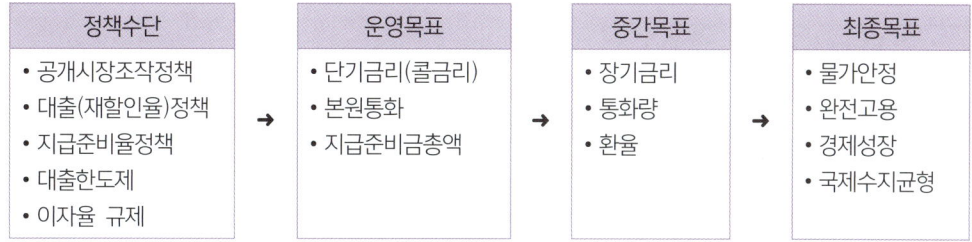

통화정책이 달성하고자 하는 국민 경제상의 목표로서 물가안정, 완전고용 달성, 경제성장 등이 있다.

(3) 중간목표

① 통화정책의 최종목표를 달성하기 위하여 통화정책 당국이 조정 가능한 지표로, 이자율과 통화량이 있다.

② 통화주의의 통화정책 중간목표

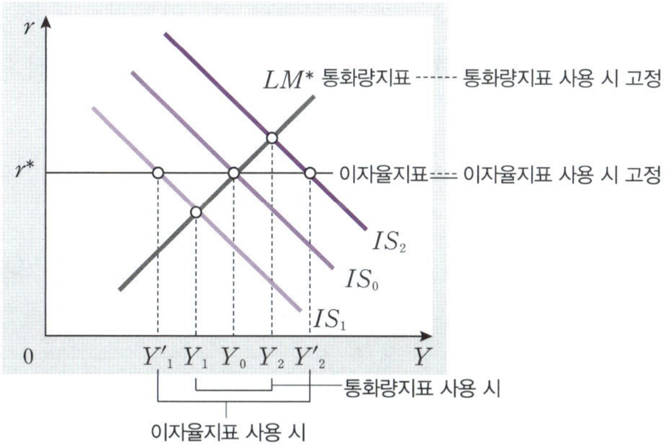

통화주의는 투자의 이자율탄력성이 커서 IS 곡선이 완만하다고 본다. 이러한 통화주의는 실물부문(IS 곡선)이 불안정하기 때문에 통화량을 중간목표로 사용할 때 실질 GDP의 변동이 작다고 주장한다.

③ 케인즈학파의 통화정책 중간목표

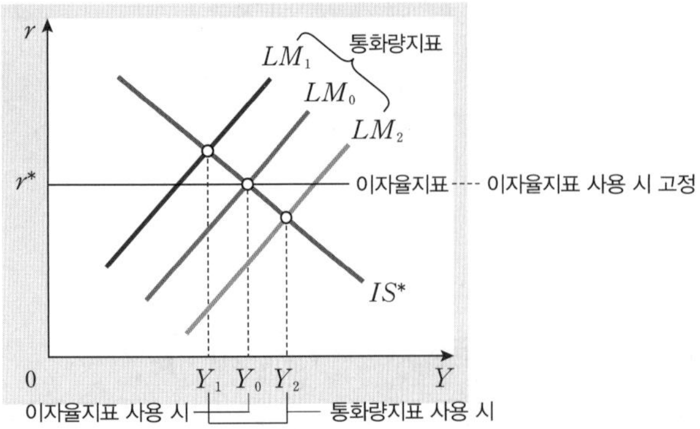

케인즈학파는 화폐수요의 이자율탄력성이 커서 LM 곡선이 완만하다고 본다. 이러한 케인즈학파는 화폐 부문(LM 곡선)이 불안정하기 때문에 이자율을 중간목표로 사용할 때 실질 GDP의 변동이 작다고 주장한다.

(4) 운영목표(operating target)와 정책수단

① **운영목표**: 설정된 중간목표의 달성을 위해 중앙은행이 직접 영향을 미치는 경제변수(금융기관 간 초단기 금리, 본원통화 또는 지준총액 등)를 말한다.

② **정책수단**: 통화정책의 중간목표인 이자율과 통화량을 조정하기 위한 정책도구로, 공개시장조작·지급준비율정책·대출(재할인율)정책 등이 있다.

(5) 물가안정목표제

① **의미**: 사전에 정해진 기간 내에 달성하고자 하는 인플레이션 목표를 설정한 후, 원칙적으로 중간목표 없이 공개시장조작정책, 재할인율정책 등의 정책수단을 이용하여 인플레이션 목표를 직접 달성하는 통화정책 운용체계를 말한다.

② **도입효과**: 중앙은행의 목표가 '물가안정'으로 단일화됨에 따라 중앙은행의 통화정책에 대한 신뢰도가 높아진다.

③ **목표**: 2006년까지 근원 인플레이션율을 물가안정목표로 설정하였으나, 2007년부터는 소비자물가 상승률을 물가안정목표로 설정하고 있다.

2. 통화정책의 전달경로

(1) 그래프

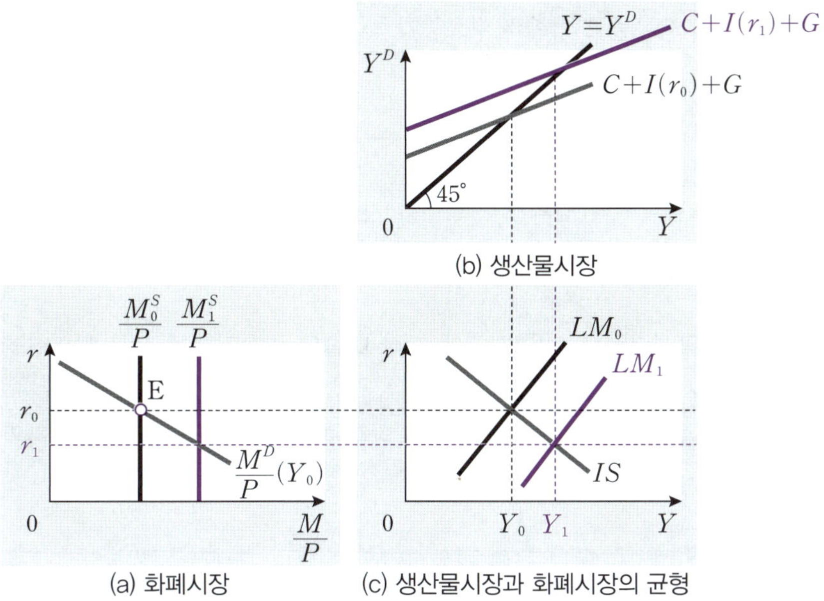

(2) 설명

① **화폐시장:** 최초의 균형 $\mathrm{E}(Y_0,\ r_0)$에서 통화량 증가$\left(\frac{M_0^S}{P} \rightarrow \frac{M_1^S}{P}\right)$로 이자율 하락$(r_1)$ → LM 곡선 우측이동(L_1)

② **생산물시장:** 이자율 하락으로 투자 증가 → 총지출 증가 → 소득 증가(Y_1)

(3) 통화정책의 전달경로

① 이자율경로

㉠ 통화량의 변화가 이자율에 영향을 주어 실물부분에 영향을 미치는 경로를 의미한다.

㉡ 전통적으로 케인즈학파가 가장 중요시하는 경로로 중앙은행의 통화정책이 실물부분에 영향을 주는 대표적인 경로이다.

② 자산가격경로

㉠ 통화량의 변화가 주식, 부동산 등 민간이 보유한 자산가격에 영향을 주어 실물부분에 영향을 미치는 경로를 의미한다.

㉡ 통화량 증가 → 이자율 하락 → 주식투자 증가로 주가 상승 → 토빈의 q증가 → 투자 증가 → 국민소득 증가

㉢ 통화량 증가 → 이자율 하락 → 주가투자와 부동산 투자 증가 → 민간의 부증가 → 소비 증가 → 국민소득 증가

③ 환율경로

㉠ 통화량의 변화가 환율의 변화를 가져와 그에 따른 순수출의 변화가 실물부분에 영향을 주는 경로이다.

㉡ 통화량 증가 → 이자율하락 → 외화유출로 외화의 수요증가 → 환율상승 → 순수출증가 → 국민소득 증가

④ 신용경로

㉠ 은행대출경로

- 통화량의 변화로 인한 은행의 대출여력 변화가 기업이나 가계대출에 영향을 주는 경로이다.
- 통화량 증가 → 은행의 대출여력증가 → 대출증가 → 투자와 소비증가 → 국민소득 증가

㉡ 대차대조표경로

- 통화량의 변화가 가계와 기업의 순자산을 변화시킴에 따라 대출의 변화가 실물부분에 영향을 주는 경로이다.
- 통화량 증가 → 가계와 기업의 순자산증가 → 역선택과 도덕적 해이 감소 → 대출 증가 투자와 소비증가 → 국민소득 증가

개념확인 문제

Q 확장적 통화정책의 전달경로에 대한 설명으로 옳지 않은 것은? 23년 국가직

① 환율경로에 따르면 금리하락으로 환율이 상승하여 순수출이 증가하고 경상수지가 개선된다.

② 신용경로에 따르면 예금 및 대출의 감소와 가계·기업의 대차대조표 악화로 소비와 투자가 증가한다.

③ 자산가격 경로에 따르면 주가와 부동산 가격의 상승에 따른 부의 효과(wealth effect)로 소비가 증가한다.

④ 금리경로에 따르면 단기금리 하락으로 장기금리와 은행금리도 하락하여 소비와 투자가 증가한다.

정답 ②

해설

② 신용경로에 따르면 확장적 통화정책으로 이자율이 하락하면 예금 및 대출의 증가와 가계·기업의 대차대조표 호전으로 소비와 투자가 증가한다.

3. IS-LM 곡선의 기울기에 따른 통화정책의 효과

(1) IS 곡선의 기울기와 통화정책

① 그래프

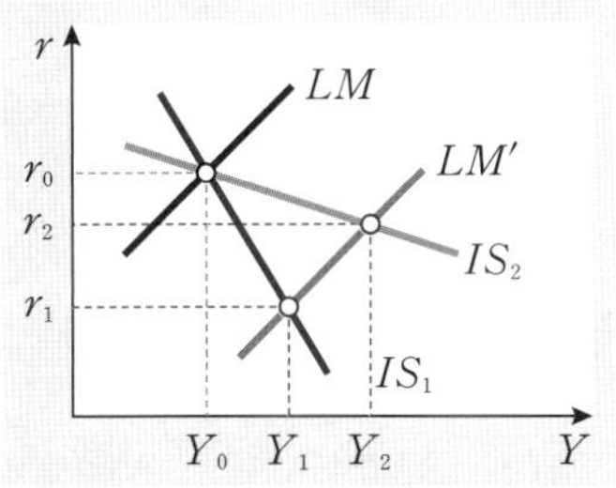

② IS 곡선이 완경사일수록(투자의 이자율탄력성 클수록) 이자율 하락 시 국민소득이 크게 증가하여 정책효과가 크다.

(2) LM 곡선의 기울기와 통화정책

① 그래프

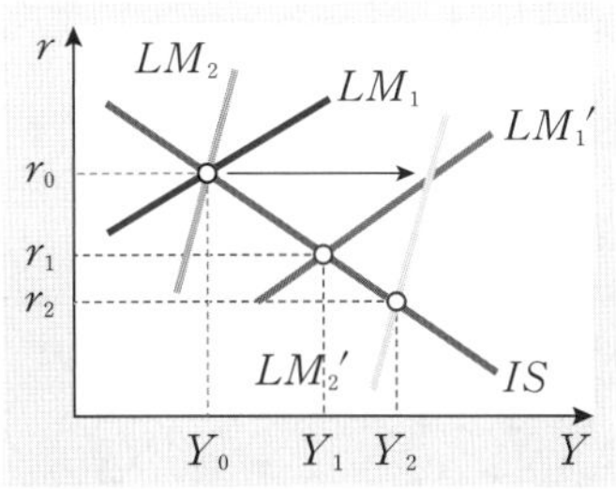

② LM 곡선이 급경사일수록(화폐수요의 이자율탄력성 작을수록) 이자율 하락 시 국민소득이 크게 증가하여 정책효과가 크다.

4. 일반적인 통화정책수단

(1) 공개시장조작정책

① 의미

- 중앙은행이 기관투자자(은행 등)를 대상으로 국 · 공채(통화안정증권 등)를 매입하거나 매각함으로써 통화량과 이자율을 조정하는 정책을 의미한다.
- 통화정책수단이란 주로 공개시장조작정책을 의미한다.

② 효과

- 중앙은행이 국공채 매입 → 본원통화 증가 → 통화량 증가 → 이자율 하락
- 중앙은행이 국공채 매각 → 본원통화 감소 → 통화량 감소 → 이자율 상승

(2) 재할인율(대출)정책

① 의미

- 중앙은행이 예금은행에 빌려주는 자금의 금리인 재할인율을 조정함으로써 통화량과 이자율을 조정하는 정책을 의미한다.
- 단, 예금은행이 초과지준금을 보유하고 있다면 재할인율정책은 효과가 없다.

② 효과

- 중앙은행의 재할인율 인하 → 예금은행 차입 증가 → 본원통화 증가 → 통화량 증가 → 이자율 하락
- 중앙은행의 재할인율 인상 → 예금은행 차입 감소 → 본원통화 감소 → 통화량 감소 → 이자율 상승

(3) 지급준비율정책

① 의미: 중앙은행이 예금은행의 법적 지급준비금을 변화시켜 통화량과 이자율을 조정하는 정책을 의미한다.

② 효과

- 중앙은행의 지급준비율 인하 → 통화승수 커짐 → 통화량 증가 → 이자율 하락
- 중앙은행의 지급준비율 인상 → 통화승수 작아짐 → 통화량 감소 → 이자율 상승

5. 선별적 통화정책수단

(1) 대출한도제

국내 여신(대출)에 대하여 최고한도를 설정하여 통화량 증가를 억제하는 것이다.

(2) 이자율규제정책

예금은행의 이자율 상한선을 설정하여 이자율 상승을 억제하는 것이다.

(3) 창구규제

금융기관의 행동 지도·규제를 통해 예금과 대출에 영향을 미치려는 것이다.

6. 테일러 준칙

◀ 시험 POINT 테일러 준칙의 의미를 이해해야 합니다.

(1) 의미

① 중앙은행이 금리를 결정할 때 경제성장률과 물가상승률에 맞춰 조정하는 것을 말한다.

② 중앙은행은 실제 경제성장률과 잠재 경제성장률의 차이인 GDP 갭과 실제 물가상승률과 목표 물가상승률과의 차이인 인플레이션 갭에 가중치를 부여하여 금리를 조정한다.

③ 미국 등 세계 대부분의 국가에서 통화정책의 기본 모델로 활용하고 있다.

(2) 공식

$$r = r^* + h(\pi - \pi^*) + g\left(\frac{Y - Y^*}{Y^*}\right)$$

(r: 기준금리, r^*: 시장균형이자율, π: 실제인플레이션, π^*: 목표인플레이션, $\frac{Y - Y^*}{Y^*}$: GDP 갭)

① 기준금리로 제시된 실질이자율은 명목이자율 - 물가상승률 즉 $r = i - \pi$로 풀어서 쓸 수도 있다.
② h는 양수(+)이며, 변동성이 큰 경우 중앙은행이 경제상황의 영향을 많이 받는 것을 의미한다.
③ 실제인플레이션(π)이 커지면 기준금리는 상승한다.
④ 목표인플레이션(π^*)이 커지면 기준금리는 하락한다.
⑤ g는 양수(+)이며 변동성이 큰 경우 중앙은행이 경제상황의 영향을 많이 받는 것을 의미한다.
⑥ 실제GDP(Y)가 커지면 기준금리는 상승한다.
⑦ 잠재GDP(Y^*)가 커지면 기준금리는 하락한다.
⑧ $h > 0$이고 $g = 0$이면, 중앙은행이 물가안정목표제를 실시한다는 것을 의미한다.

(3) 사례 분석

중앙은행은 다음과 같은 테일러 준칙을 이용하여 명목정책금리를 결정한다고 할 때, 다음의 설명 중 가장 옳지 않은 것은? 22년 군무원

$$i = \pi + 2\% + 0.5(\pi - 3\%) + 0.5\left(\frac{Y - \overline{Y}}{Y}\right)$$

i, π는 각각 명목정책금리와 실제 인플레이션율이며, Y와 $\overline{Y}$는 각각 실제GDP와 잠재GDP이다

① 명목정책금리의 상승은 긴축통화정책기조를 의미한다.
② 준칙에 기반한 통화정책의 대표적 사례이다.
③ 인플레이션율이 상승하면 실질정책금리를 인상한다.
④ 중립실질금리는 2%이다.

정답 ①

해설

1) $i - \pi = 2\% + 0.5(\pi - 3\%) + 0.5\left(\frac{Y - \overline{Y}}{Y}\right) \rightarrow r = 2\% + 0.5(\pi - 3\%) + 0.5\left(\frac{Y - \overline{Y}}{Y}\right)$로 변형할 수 있다.
2) 현재 시장이자율은 2%, 목표인플레이션율은 3%이다.
3) 지문분석
① 명목정책금리가 상승하더라도 물가가 더 상승하면 실질금리는 하락할 수 있다. 따라서 명목정책금리의 상승이 아닌 실질정책금리의 상승이 긴축통화정책기조를 의미한다.
② 테일러준칙은 주어진 상황에 대응하는 준칙에 기반한 통화정책의 대표적 사례이다.
③ 인플레이션율이 1%p 상승하면 0.5%p 실질정책금리를 인상한다.
④ 중립실질금리 = 시장이자율은 2%이다.

개념확인 문제

Q 다음은 통화정책의 전달경로를 나타낸 것이다. 이에 대한 설명으로 옳은 것은? 18년 국가직

통화량 변화 → 이자율 변화 → 투자 변화 → 총수요 변화 → 국민소득 변화

① 화폐수요의 이자율탄력성이 클수록 정책효과가 크다.
② 투자의 이자율탄력성이 클수록 정책효과가 작다.
③ IS 곡선이 수평선에 가까울수록 정책효과가 크다.
④ 한계소비성향이 클수록 정책효과가 작다.

정답 ③

해설

IS 곡선이 수평선에 가까울수록 LM 곡선이 이동했을 때 국민소득만 증가하고 이자율의 변화가 없으므로 정책효과가 크다.

오답체크

① 화폐수요의 이자율탄력성이 작을수록(화폐수요곡선이 급경사일수록) 통화량이 증가할 때 이자율이 큰 폭으로 하락한다.
② 투자의 이자율탄력성이 클수록(IS 곡선이 완만할수록) 이자율이 하락할 때 투자가 큰 폭으로 증가한다.
④ 한계소비성향이 클수록(승수가 클수록) 통화정책의 효과가 크다.

03 재정정책 ★★★

1. 재정정책의 개념

(1) 의미

① 재정정책은 정부지출과 조세를 변화시켜 총수요를 조절함으로써 경제성장, 물가안정, 완전고용, 국제수지균형, 공평분배 등의 정책목표를 달성하려는 경제정책을 의미한다.
② 일반적으로 확대재정정책은 정부가 국·공채 발행을 통하여 정부지출(G)을 증가시키는 정책을 의미한다.

(2) 정부의 예산제약 식

정부지출(G) = 조세수입(T) + 국·공채 발행(ΔB) + 중앙은행 차입(ΔM)

(3) 종류

① 조세를 증가하여 정부지출을 증가시키는 방법
② 국·공채를 발행하여 정부지출을 증가시키는 방법

③ 통화증발

- 중앙은행의 차입을 통하여 통화공급을 늘려 정부지출을 증가시키는 방법이다.
- 통화공급 증가 측면에서 보면 통화정책이고 정부지출 증가 측면에서 보면 재정정책이므로, 통화정책과 재정정책의 혼합정책이라고 할 수 있다.

2. 확대재정정책의 효과

(1) 그래프

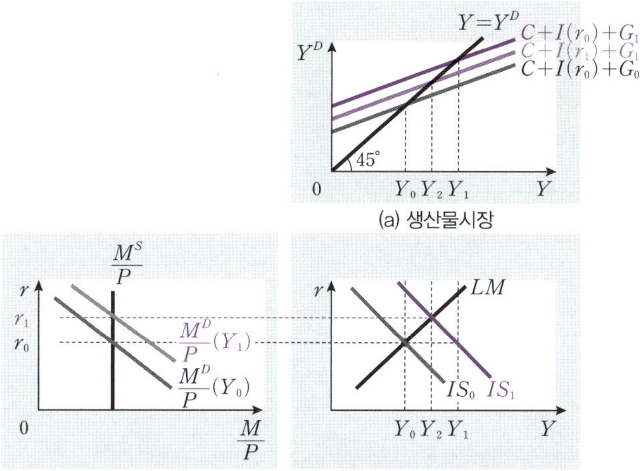

(2) 설명

① 생산물시장: 최초의 균형 E(Y_0, r_0)에서 재정정책을 통해 정부지출을 증가($\triangle G$)시키면 IS 곡선이 우측으로($\triangle G$의 승수배= $Y_1 - Y_0$) 이동한다.

② 화폐시장: 소득이 증가(Y_1)하여 이자율이 상승한다.

③ 구축효과 발생: 이자율($r_0 \rightarrow r_1$)이 상승하여 투자가 감소한다. 따라서 국민소득의 증가가 감소($Y_1 \rightarrow Y_2$)한다.

3. IS-LM 곡선의 기울기에 따른 재정정책의 효과

(1) LM 곡선의 기울기와 재정정책

① 그래프

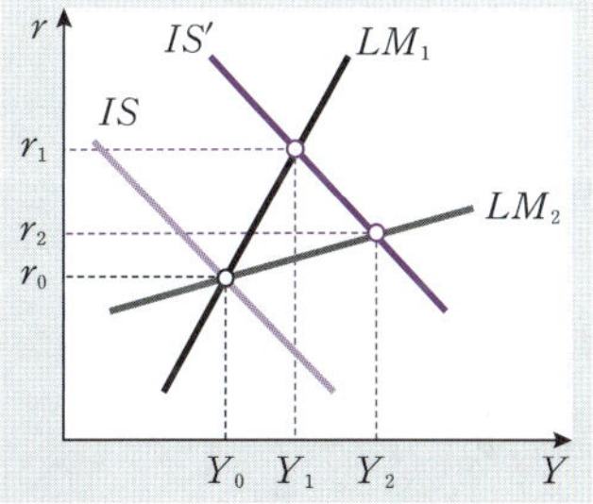

② LM 곡선이 완만할수록(화폐수요의 이자율탄력성 클수록) 정부지출 증가 시 국민소득이 크게 증가하여 정책효과가 크다.

(2) IS 곡선의 기울기와 재정정책

① 그래프

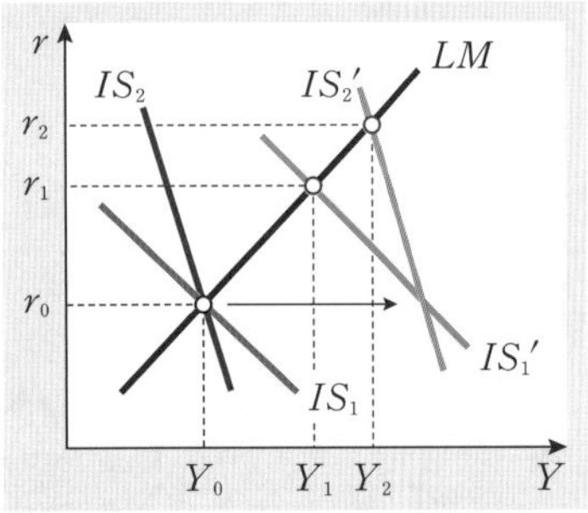

② IS 곡선이 급경사일수록(투자의 이자율탄력성 작을수록) 정부지출 증가 시 국민소득이 크게 증가하여 정책효과가 크다.

04 통화정책과 재정정책의 견해차 ★★★

1. 통화정책과 재정정책에 대한 견해차

◀ 시험 POINT 통화정책과 재정정책이 각각 효과가 있는 IS-LM 곡선의 기울기를 구분해야 합니다.

(1) 케인즈학파

① 투자의 이자율탄력성 값이 작으므로 IS 곡선은 급경사를 이루고, 화폐수요의 이자율 탄력성이 크므로 LM 곡선은 완만하다.

② 통화정책의 무력성

- 통화정책은 이자율 변화를 통해 투자에 영향을 주게 되는데 통화정책의 전달경로가 너무 길고 불확실해 별로 믿을 수 없다.
- 금융시장이 유동성함정에 빠져 있는 상황에서는 통화량을 아무리 늘려도 이자율이 좀처럼 떨어지지 않으므로 통화정책은 효과가 없다.

③ 재정정책이 효과적

- 정부지출의 증가는 곧바로 총수요의 증가로 이어지며, 조세의 감면은 가처분소득을 늘려 소비지출 증가를 확실히 가져온다.
- 구축효과가 작아서 재정정책의 효과는 커진다.

(2) 통화주의자

① 투자의 이자율탄력성 값이 크므로 IS 곡선은 완만하고, 화폐수요의 이자율 탄력성이 작으므로 LM곡선은 급경사를 이룬다.

② **재정정책의 무력성:** 재정지출을 늘리는 것은 구축효과 때문에 경기를 활성화시키는 데 별 효과를 거두지 못한다.

③ **통화정책의 효과:** 화폐는 교환의 매개 수단으로 사용되기 때문에 화폐공급량의 변화는 이자율의 변화를 거치지 않고도 국민 경제의 총거래량을 직접적으로 변화시킨다.

④ 구축효과

- 구축효과란 경제학에서 정부지출 증가 때문에 발생하는 민간 부문의 소비 및 투자 감소를 의미한다.
- 세금 증대로 정부지출을 늘리면, 늘어난 세금은 민간소비를 줄어들게 한다.
- 대신 세금에 의한 정부지출이 아니라면, 늘어난 정부지출을 충당하기 위한 정부 차입은 이자율을 올려 민간투자를 줄이는 결과를 낳는다.

⑤ 구축효과의 비교

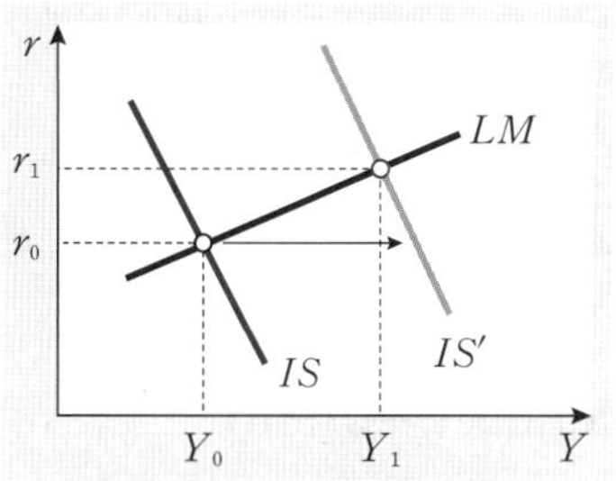

케인즈학파: 구축효과 小
→ 이자율 상승이 작음

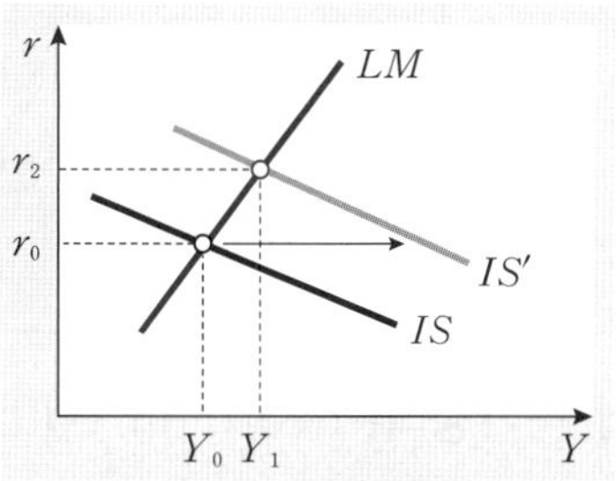

통화주의학파: 구축효과 大
→ 이자율 상승이 큼

(3) 한계소비성향과 정책효과

① **통화정책:** 한계소비성향이 크면 IS곡선의 기울기가 완경사가 되므로 통화정책의 효과가 크다.

② **재정정책:** 한계소비성향이 크면 IS곡선의 기울기가 완경사가 되지만 승수가 커진다. 승수효과>구축효과이므로 재정정책의 효과가 커진다.

③ 두 정책 모두 한계소비성향의 크기에 비례하여 효과가 있다.

(4) 화폐수요의 소득탄력성과 정책효과

① **재정정책:** 화폐수요의 소득탄력성이 크면 LM곡선의 기울기가 급경사가 되므로 재정정책의 효과가 작아진다.

② 통화정책

- 화폐수요의 소득탄력성이 크면 LM곡선의 기울기가 급경사가 된다.
- 화폐수요의 소득탄력성이 크면 통화정책으로 소득이 증가했을 때 현금보유를 급격히 늘린다.
- 이는 현금통화비율의 증가로 통화승수가 감소하여 통화량의 급격한 증가가 어려워져 통화정책의 효과가 작아진다.
- 두 정책 모두 화폐수요의 소득탄력성의 크기에 반비례하여 효과가 있다.

2. 정책시차에 대한 견해차

(1) 정책시차

① **의미:** 정책이 수립·집행되어 실제로 효과가 나타날 때까지는 어느 정도 시간이 흘러야 하는 것이 보통인데, 이와 같은 시차를 정책시차라고 한다.

② 정책시차는 내부 시차와 외부 시차로 구성된다.

(2) 종류

① **내부 시차:** 정책 당국이 경기변동을 발생시킨 요인을 찾아내고 관련 정보를 수집해 정책을 수립·입법화하는 데 걸리는 시간이다.

② **외부 시차:** 시행된 정책이 실제로 효과를 내기 시작하는 데까지 걸리는 시간이다.

(3) 학파별 견해

① **케인즈학파:** 통화정책의 외부 시차가 길어 재정정책이 더 유효한 정책이라고 본다.

② **통화주의자:** 재정정책의 내부 시차가 길어 통화정책이 한층 더 효과적인 안정화 정책이라고 본다.

3. 배로(R. Barro)의 리카도의 등가정리(Ricardian equivalence theorem)

(1) 의미

① 정부지출이 일정한 수준으로 결정되어 있다면

② 그것이 조세로 조달되던 국채를 통해 조달되던

③ 총수요에 아무런 영향을 미치지 못한다는 것을 의미한다.

(2) 등가정리가 성립하기 위한 조건

① 경제활동인구(조세부담을 지는 경제주체)의 증가율이 0%이어야 한다. 국채발행으로 감세정책이 이루어졌을 때, 경제활동인구 증가율이 양(+)이면 미래조세 부담이 감소하므로 소비를 증가시킨다.

② 소비자가 합리적이고 미래지향적이어야 한다. 현실적으로 사람들은 근시안적 소비형태를 보이므로 실제 성립하기는 어렵다.

③ 정부는 정부지출수준이 일정하고 항상 균형재정을 준수한다. 미래의 국채상환을 다시 국채발행으로 대신한다면(적자재정) 민간이 부담하지 않아도 되므로 현재소비를 증가시킨다.

④ 저축과 차입이 자유롭고 저축이자율과 차입이자율이 동일하다는 완전자본시장가정이 성립하여야 한다. 유동성제약(차입제약)이 성립하지 않아야 한다.

(3) 내용

① 정부가 조세를 감면하고 국공채로 자금을 조달시켰다고 하자.

② 현재세대는 현재의 조세감면을 미래에 갚아야할 빚으로 생각하기 때문에 순자산의 증가로 보지 않는다. 미래의 조세부담을 대비하여 조세가 감면된만큼 저축을 증가시킨다.

③ 총저축측면으로 보면 조세감면으로 정부저축이 감소하지만 민간저축이 증가하여 총저축은 변화가 없다.

④ 리카도의 대등 정리가 성립하게 되면 국채의 발행이 이자율을 상승시키는 결과는 나타나지 않고, 따라서 구축효과도 나타나지 않게 된다.

개념확인 문제

Q 리카도 등가정리(Ricardian equivalence theorem)에 대한 설명으로 옳지 않은 것은?

23년 지방직

① 정부지출은 동일하게 유지된다고 전제한다.

② 조세에 따른 왜곡이 발생하는 경우 성립하지 않는다.

③ 소비자들이 유동성 제약에 직면해 있는 경우 성립한다.

④ 국채발행을 통한 감세정책은 소비에 영향을 미치지 않는다.

정답 ③

해설

1) 리카도의 등가정리는 조세를 감면한 만큼 미래세대를 위한 조세 대책으로 저축을 할 수 있다는 전제가 있어야 한다.

2) 따라서 유동성 제약이 존재한다면 리카도의 대등정리는 성립하지 않는다.

05 총공급 ★★★

1. 총공급과 총공급곡선

(1) 총공급

① 한 나라 안에서 일정 기간 판매하고자 하는 재화와 용역의 총량이다.

② 총공급의 크기는 한 나라가 보유한 노동, 자본 등 생산요소 부존량과 생산기술에 의하여 결정된다.

(2) 총공급곡선

① 총공급곡선은 각각의 물가수준에서 기업 전체가 팔고자 하는 총생산의 크기를 나타내는 곡선으로, 노동시장과 총생산함수로부터 도출된다.

② 일반적으로 단기총공급곡선은 우상향이고, 장기총공급곡선은 수직이다.

2. 총공급곡선의 이동

(1) 곡선 내 점 이동

① 물가변동이 원인이 되어 물가가 상승하면 총공급이 증가한다.

② 노동자 오인모형(케인즈학파, 통화주의자)

- 명목임금 변화를 실질임금 변화로 혼동하여 총공급이 우상향한다.
- 물가가 상승하면 실질임금이 하락하므로 노동수요가 증가하여 명목임금이 증가한다.
- 완전화폐환상이 발생하면 노동자는 명목임금의 증가함수이므로 명목임금이 상승하면 노동량이 증가하여 총공급이 증가한다.
- 부분화폐환상이 발생하면 노동자는 예상실질임금의 증가함수이지만 정보가 부족하여 물가를 정확히 예측하지 못해 노동량이 증가하여 총공급이 증가한다.
- 그래프

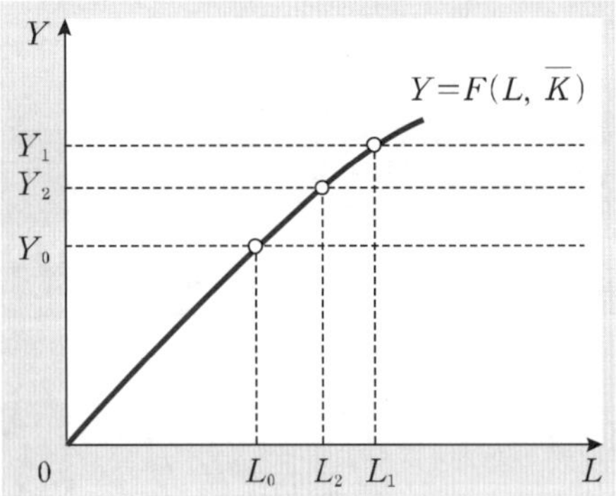

총생산함수

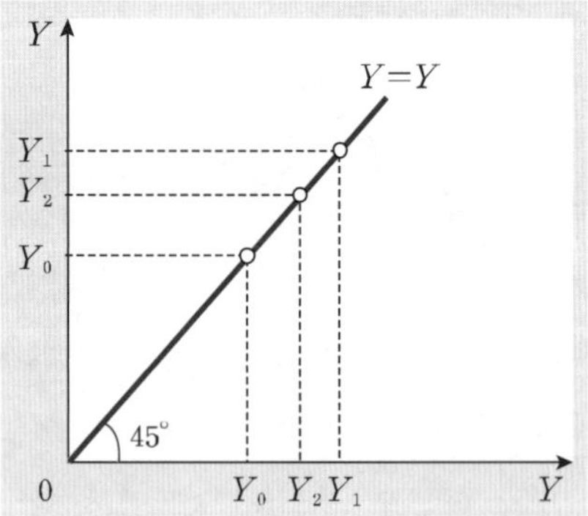

45°선

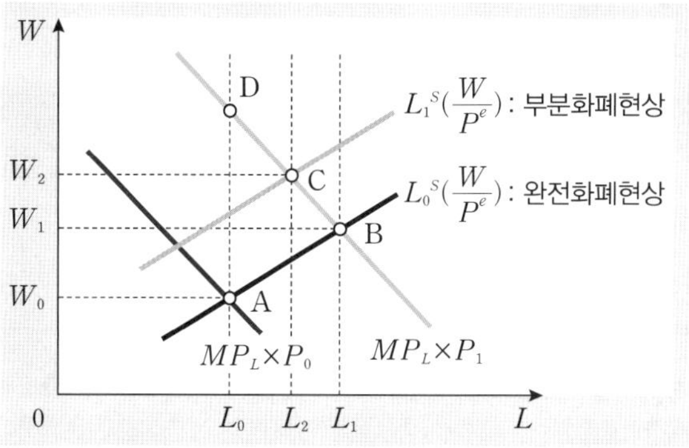

노동수요곡선

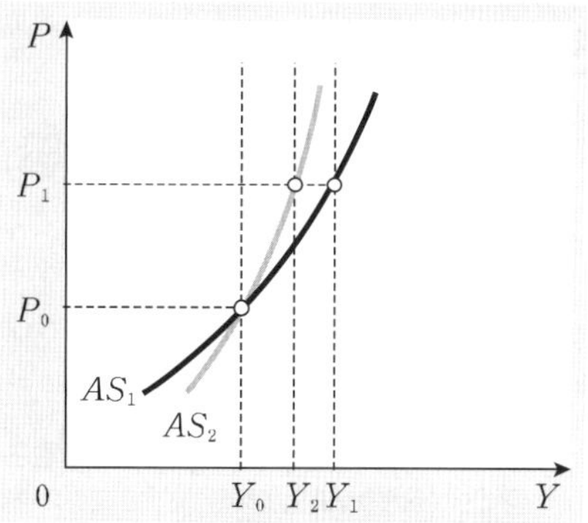

총공급곡선

③ 불완전 정보모형(루카스)

- 정보의 불완전성으로 인해 단기에는 총공급곡선이 우상향 하는 형태가 된다.
- 일반적인 물가상승으로 개별기업이 생산하는 재화가격이 상승할 때 일부 생산자는 자신이 생산하는 재화의 상대가격 상승으로 착각하여 생산량을 증가시킨다.

④ 비신축적 임금모형

- 임금계약모형, 명목임금 경직성 모형이라고도 한다.
- 계약기간 내의 노동자들의 명목임금은 경직적이 된다.
- 명목임금이 경직적인 경우 물가의 상승은 실질임금을 하락시켜 기업의 고용량이 증가하게 된다. 이는 총공급의 증가를 가져온다.

⑤ 비신축적 가격모형(=새케인즈 학파)

- 물가가 상승할 때 일부 기업이 가격을 신축적으로 조절하지 않고 생산량을 증가시키게 되면 경제 전체의 생산량이 증가한다.
- 이로 인해 물가 상승 시 총공급 곡선이 우상향하는 형태로 도출되며 경제 전체에서 가격을 신축적으로 조정하는 기업의 비중이 클수록 총공급곡선은 수직선에 가까워진다.

개념확인 문제

Q 단기 총공급곡선을 우상향하게 만드는 요인에 대한 설명으로 옳은 것만을 모두 고르면?

23년 국가직

ㄱ. 신축적 가격조정과 합리적 기대하에서도 불완전정보로 인한 물가예상의 착오
ㄴ. 가격을 즉각적으로 조정하는 기업과 가격을 경직적으로 유지하는 기업들의 혼재
ㄷ. 자연실업률의 하락으로 인한 노동인구의 증가
ㄹ. 임금계약에 의한 명목임금의 일정 기간 고정

① ㄱ, ㄴ, ㄷ
② ㄱ, ㄴ, ㄹ
③ ㄱ, ㄷ, ㄹ
④ ㄴ, ㄷ, ㄹ

정답 ②

해설

1) 총공급곡선이 우상향하는 이유는 가격의 경직성, 불완전정보, 착각이론 등이 있다.
2) 지문분석
   ㄱ. 불완전 정보모형
   ㄴ. 중첩가격모형
   ㄹ. 장기계약모형

오답체크

ㄷ. 자연실업률의 하락으로 인한 노동인구의 증가는 장기총공급곡선이 우측으로 이동하는 원인이다.

(2) 곡선 자체의 이동

우측 이동이면 총공급이 증가한 것이고, 좌측 이동이면 총공급이 감소한 것이다.

① **노동 부분의 변동:** 인구가 증가하면 총공급이 늘어난다.
② **자본 부분의 변동:** 물적 자본이나 인적 자본이 증가하면 총공급이 늘어난다.
③ **자연자원의 변동:** 새로운 광물자원 등 가용 자연자원이 증가하면 총공급이 늘어난다.
④ **기술지식의 변동:** 기술이 발전하면 총공급이 늘어난다.

3. 총공급곡선 도출을 위한 노동수요곡선과 노동공급곡선

(1) 노동수요곡선

노동수요곡선은 학파 간 차이가 없이 모두 실질임금의 감소함수로 본다.

(2) 노동공급곡선

① 고전학파

- 노동공급은 실질임금$\left(w = \dfrac{W}{P}\right)$의 증가함수이다.
- 완전예견적 기대를 바탕으로 한다.
- 완전예견은 기대치(P_t^e)와 실제치(P_t)가 항상 일치하는 것으로, 비현실적인 가정이다.

② 케인즈

- 노동공급은 명목임금(W)의 증가함수이다.
- 정태적 기대(화폐환상)를 바탕으로 한다.
- 정태적 기대(static expectation)란 현재의 상태(P_t)가 미래(P_{t+1}^e)에도 지속될 것으로 예상하는 고정된 기대로, 예측의 정확성이 낮다.
- 화폐의 환상은 실질임금이나 실질소득이 변하지 않더라도 임금이나 소득의 명목 가치가 상승하면 사람들이 소득이 증가한 것으로 받아들이는 것을 의미한다.
- 이에 따라 명목임금이 상승하고 실질임금에 변화가 없더라도 임금이 상승한 것으로 보아 노동공급이 증가한다.

③ 케인즈학파, 통화주의학파

- 노동공급은 예상실질임금$\left(\dfrac{W}{P} = w \times \dfrac{P^e}{P}\right)$의 증가함수이다.
- 적응적 기대를 바탕으로 한다.
- 적응적 기대(adaptive expectation): 경기주체들이 기대를 형성할 때 과거의 기대 중에 잘못된 것이 있으면 그것을 반영하여 다음 기에 대한 기대를 형성한다는 것이다. 과거의 경제 상황을 가중 평균하여 미래의 경제 상황을 예상하며, 단기적으로는 체계적 오류를 범하지만 장기적으로는 정확한 예측이 가능하다.

④ 새고전학파, 새케인즈학파

- 노동공급은 예상실질임금$\left(\dfrac{W}{P} = w \times \dfrac{P^e}{P}\right)$의 증가함수이다.
- 합리적 기대를 바탕으로 한다.
- 합리적 기대(rational expectation): 경제주체들이 기대를 형성할 때 현재 이용 가능한 모든 관련 정보를 활용하여 경제변수를 예상한다는 것이다. 경제주체들은 평균적으로 정확히 경제 상태를 예상하여 체계적 오류는 범하지 않지만, 입수·처리된 정보와는 무관한 오류인 확률적(예측) 오류는 발생한다.

4. 총공급곡선(AS)의 형태

(1) 고전학파

① 노동시장에서의 수급 불일치는 매우 신속하게 조정되므로 물가 수준이 변하더라도 완전고용 및 완전고용 수준이 항상 그대로 유지된다. 따라서 총공급곡선의 형태는 수직선이다.

② 총공급곡선이 우측으로 이동하는 경우는 기술 혁신에 의한 생산성의 증가, 자본 축적, 노동력의 증가 등이 일어날 때이다.

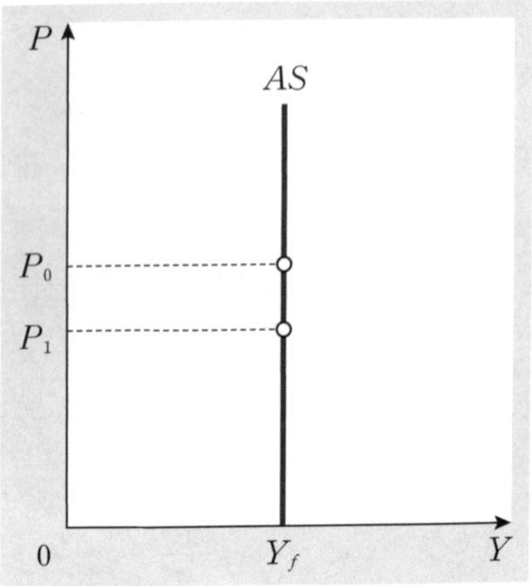

(2) 케인즈

① 1930년대의 경제 상황을 배경으로 주어진 물가수준의 상승 없이 얼마든지 총공급을 증가시킬 수 있다고 보므로 총공급곡선은 수평선의 형태를 띈다.

② 완전고용국민소득수준에 도달하기 전에는 유효수요의 크기가 전적으로 균형국민소득을 결정한다.

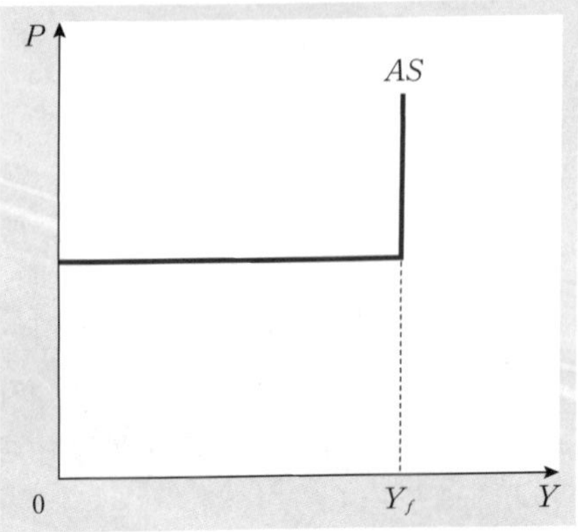

(3) 케인즈학파와 통화주의자의 총공급곡선

① 단기총공급곡선

- 물가 상승 → 노동수요곡선 우측이동($P \cdot MP_L$) → 고용량 증가 → 산출량 증가
- 적응적 기대를 이용하여 물가를 예상하므로 실제물가가 상승해도 단기적으로는 예상물가수준이 변하지 않으므로 노동공급곡선이 불변한다. 이로 인해 우상향의 단기총공급곡선(AS)이 도출된다.

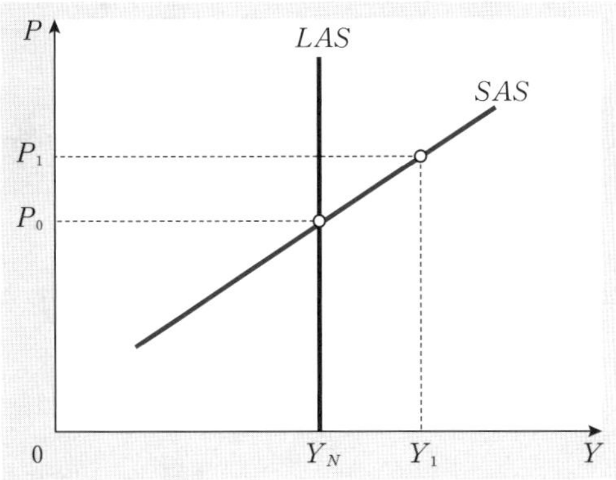

② 장기총공급곡선

- 적응적 기대를 이용하면 장기적으로는 물가를 정확히 예상하여 예상물가수준(P^e)이 상승하므로 노동공급곡선이 좌측으로 이동한다.
- 따라서 최초의 실질임금과 동일해지므로 수직선의 장기총공급곡선(LAS)이 도출된다.

(4) 새고전학파의 총공급함수(루카스 총공급함수)

① $Y = Y_N + \alpha(P - P^e)$ (Y_N: 자연생산량, P^e: 기업의 예상물가, $\alpha > 0$)

② 물가를 정확히 예상한 경우($P = P^e$)

- 단기에도 P와 P^e가 정확하게 일치하면 Y도 Y_N과 일치하여 수직의 $AS(AS_1)$ 곡선이 도출된다.
- 장기에는 P와 P^e가 정확하게 일치하므로 Y도 Y_N과 일치하여 수직의 $AS(AS_1)$ 곡선이 도출된다.

③ 물가를 정확히 예상하지 못한 경우($P > P^e$): 합리적 기대를 하더라도 정보가 불완전한 경우나 예상하지 못한 물가의 변화로 P가 P^e보다 크다면 Y가 Y_N보다 큰 값을 갖게 되어 우상향하는 AS (AS_2) 곡선이 도출된다.

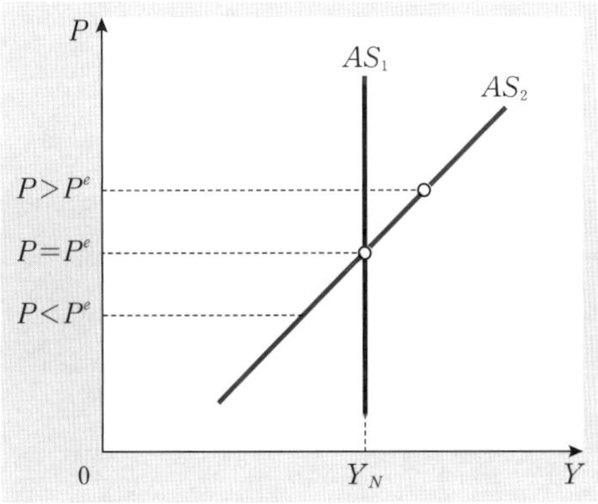

④ 루카스 총공급곡선의 의미

- 총공급곡선은 예상하지 못한 일반물가수준의 상승이 총공급 증가를 이끌어낼 수 있음을 보여준다.
- 즉, 노동자의 화폐환상이나 가격의 경직성을 가정하지 않고도, 정보의 불완전성 때문에 산출수준이 변화할 수 있다는 것이다.

개념확인 문제

Q 단기총공급곡선이 우상향하는 이유로 옳지 않은 것은? 20년 노무사

① 명목임금이 일반적인 물가 상승에 따라 변동하지 못한 경우
② 수요의 변화에 따라 수시로 가격을 변경하는 것이 어려운 경우
③ 화폐의 중립성이 성립하여, 통화량 증가에 따라 물가가 상승하는 경우
④ 일반적인 물가 상승을 자신이 생산하는 재화의 상대가격 상승으로 착각하는 경우
⑤ 메뉴비용이 발생하는 것과 같이 즉각적인 가격 조정을 저해하는 요인이 있는 경우

정답 ③

해설
화폐의 중립성이 성립하면 실물 부분에 영향을 주지 못하므로 총공급곡선은 수직이 된다.

06 균형 GDP의 결정 ★★★

1. 물가의 변동

(1) 총수요>총공급

고용과 투자 증가 → 생산 활발 → 물가 상승

(2) 총수요<총공급

재고 증가 → 생산 위축 → 실업 증가

(3) 총수요=총공급

균형국민소득, 물가 결정

2. 균형의 변동

(1) 총수요 증가

① **단기**: 총수요 증가로 물가와 국민소득 증가(A)

② **장기**: 실제 GDP > 잠재 GDP이므로 경기호황으로 임금 상승 → 시간이 지나 임금 상승으로 인한 고용감소 → 장기 총공급 수준으로 총공급 감소 → 장기적으로 물가는 상승하지만 국민소득은 불변(B)

③ **그래프**

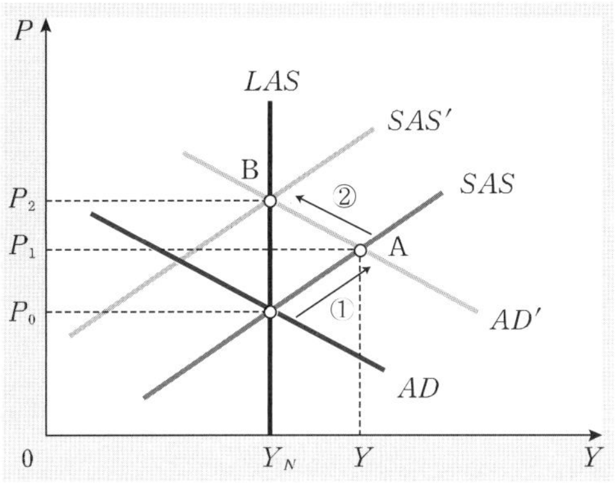

(2) 총수요 감소

① **단기**: 총수요 감소로 물가와 국민소득 감소(A)

② **장기**: 실제 GDP < 잠재 GDP이므로 경기불황으로 임금 하락 → 시간이 지나 임금 하락으로 인한 고용증가 → 장기 총공급 수준으로 총공급 증가 → 장기적으로 물가는 하락하지만 국민소득은 불변(B)

③ **그래프**

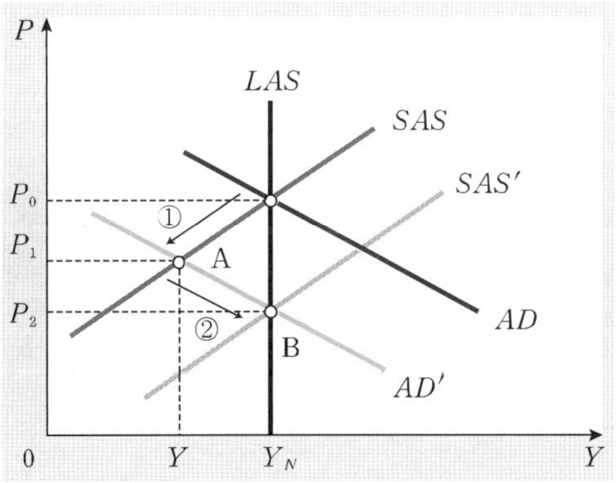

(3) 총공급 증가

① **단기:** 총공급 증가로 물가는 하락하고 국민소득은 증가(A)

② **장기:** 실제 GDP > 잠재 GDP이므로 경기호황으로 임금 상승 → 시간이 지나 임금 상승으로 인한 고용 감소 → 장기 총공급 수준으로 총공급 감소 → 장기적으로 물가와 국민소득 모두 불변(B)

③ **그래프**

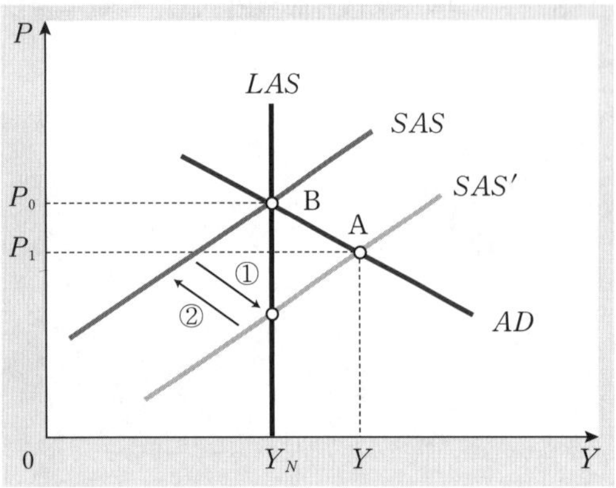

(4) 총공급 감소

① 총공급 감소로 물가는 상승하고 국민소득은 감소(A)

② 실제 GDP < 잠재 GDP이므로 경기호황으로 임금 하락 → 시간이 지나 임금 하락으로 인한 고용 증가 → 장기 총공급 수준으로 총공급 증가 → 장기적으로 물가와 국민소득 모두 불변(B)

③ 그래프

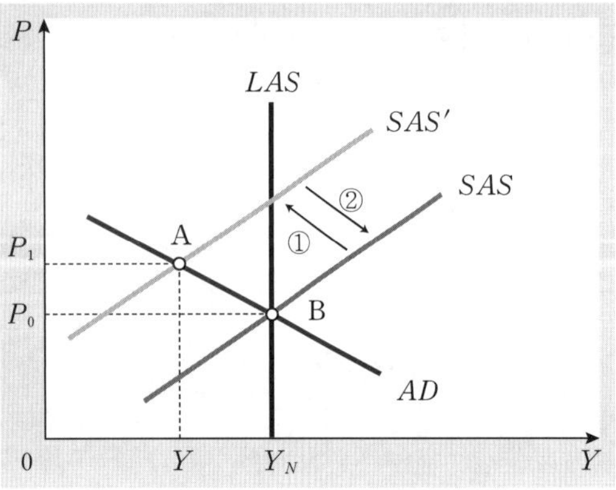

개념확인 문제

Q A점에서 장기균형을 이루고 있는 $AD-AS$ 모형이 있다. 오일쇼크와 같은 음(-)의 공급충격이 발생하여 단기 AS 곡선이 이동한 경우에 대한 설명으로 옳지 않은 것은? 18년 지방직

① 단기균형점에서 물가수준은 점 A보다 높다.
② 점 A로 되돌아오는 방법 중 하나는 임금의 하락이다.
③ 통화량을 증가시키는 정책을 실시하면, 점 A의 총생산량 수준으로 되돌아올 수 있다.
④ 정부지출을 늘리면 점 A의 물가수준으로 되돌아올 수 있다.

정답 ④

해설
불리한 공급 충격이 발생하면 총공급곡선이 왼쪽으로 이동하므로 물가가 상승하고 실질 GDP가 감소한다. 이때 통화량을 증가시키거나 정부지출을 증가시키는 정책을 시행하면 총수요곡선이 오른쪽으로 이동하므로 총생산은 원래 수준으로 돌아올 수 있으나, 물가수준은 더 높은 수준으로 상승하게 된다. 즉, 총수요정책으로는 불가능하고 총공급정책으로는 가능하다.

Chapter 03

물가와 인플레이션

✢ 학습목표

- 물가지수와 물가상승률을 구별할 수 있다.
- 소비자물가지수와 생산자물가지수를 계산할 수 있다.
- 수요견인 인플레이션과 비용인상 인플레이션을 구분할 수 있다.

01 물가와 물가지수 ★★★

1. 물가의 의미와 변동요인

(1) 의미

개별적인 상품의 가격을 종합하여 평균한 것을 의미한다.

(2) 물가변동의 요인

생산원가의 변동, 수요와 공급의 변동, 독과점적 기업 행동 등이 있다.

(3) 물가변동과 국민 경제

물가는 화폐의 구매력을 결정하므로 국민 경제에 큰 영향을 준다. 따라서 물가안정은 국민 경제에 대한 주요 정책 목표이다.

2. 물가지수

(1) 의미

① 기준 시점의 물가를 100으로 하여 비교 시점의 물가변동 정도를 표시한 것으로, 다음과 같이 표현한다.

② $\text{물가지수} = \dfrac{\text{비교 시점의 물가 수준}}{\text{기준 시점의 물가 수준}} \times 100(\%)$

③ 100을 기준으로 100을 초과하면 비교 시점의 물가가 높으며, 100 미만이면 비교 시점의 물가가 낮다.

(2) 물가상승률

① 물가지수의 변화율로, 다음과 같이 표현한다.

② 전월(년) 대비 물가상승률 $= \frac{\text{금월(년) 물가지수} - \text{전월(년) 물가지수}}{\text{전월(년) 물가지수}} \times 100(\%)$

③ 0을 기준으로 (+)이면 물가 상승이고, (−)이면 물가 하락이다.

(3) 물가지수의 종류

구분	소비자물가지수	생산자물가지수	GDP 디플레이터
작성 목적	일상적인 소비 생활과 밀접한 관련이 있는 재화와 서비스의 가격 변동을 종합적으로 측정하는 물가지수	기업들이 생산을 위하여 구매하는 재화와 서비스의 가격 변동을 종합적으로 측정하는 물가지수	• 명목 GDP와 실질 GDP를 이용하여 사후적으로 구함 • $\frac{\text{명목 GDP}}{\text{실질 GDP}} \times 100$
포괄범위	• 가계의 소비지출 대상인 모든 재화와 서비스 • 원자재, 자본재 등은 제외 • 수입품 가격 포함 • 주택임대료 포함 • 주택 가격 제외	• 국내생산자가 국내시장에 판매하는 재화와 서비스 • 원자재, 자본재, 소비재 포함 • 수입품 가격 제외 • 주택임대료 제외 • 주택 가격 제외	• GDP에 포함되는 모든 재화와 서비스 • 국내에서 생산된 최종생산물 모두 포함 • 수입품 가격 제외 • 주택임대료 포함 • 신규주택 가격 포함
이용범위	소비자의 생계비 변동 파악, 노사간 임금조정 기초자료 등	시장동향분석, 예산편성 및 심의, 자산 재평가 등	기술구조의 변화나 생산성의 변화, 실질 GDP, 경제성장률 등
작성기관	통계청	한국은행	한국은행

(4) 근원물가지수

① 전체 소비자물가 품목 중에서 계절적으로 영향을 받는 농산물과 외부적 요인에 크게 영향을 받는 석유류 등을 제거하고 나머지 품목을 별도로 집계한 지수이다.

② 물가변동의 장기적인 추세를 파악하기 위한 것으로 근원 인플레이션 지수라고 할 수 있다.

(5) 물가지수 작성방식

◀ 시험 POINT 각각의 물가지수를 실제로 계산할 수 있어야 합니다.

작성방식	라스파이레스 방식 (LPI, Laspeyres Price Index)	파셰 방식 (PPI, Paasche Price Index)
가중치	기준연도의 거래량(Q_0)을 가중치로 사용함	비교연도의 거래량(Q_t)을 가중치로 사용함
측정방법	$LPI = \frac{\Sigma P_t \cdot Q_0}{\Sigma P_0 \cdot Q_0} \times 100$ (P_t: 비교연도 물가, Q_0: 기준연도 거래량)	$PPI = \frac{\Sigma P_t \cdot Q_t}{\Sigma P_0 \cdot Q_t} \times 100$ (P_0: 기준연도 물가, Q_t: 비교연도 거래량)
특징	• 작성이 비교적 간편함 • 일반적(물가 상승 시)으로 과대평가되는 경향이 있음 • 신상품을 물가에 반영하지 못함	• 비교연도의 가중치와 대상 품목을 매년 조사하여야 하므로 번거로움이 있음 • 비교적 정확한 물가지수를 나타냄
사용지수	소비자물가지수나 생산자물가지수	GDP 디플레이터

개념확인 문제

Q 작년에 쌀 4가마니와 옷 2벌을 소비한 영희는 올해는 쌀 3가마니와 옷 6벌을 소비하였다. 작년에 쌀 1가마니의 가격은 10만 원, 옷 1벌의 가격은 5만 원이었는데 올해는 쌀 가격이 15만 원, 옷 가격이 10만 원으로 각각 상승하였다. 우리나라의 소비자물가지수 산정방식을 적용할 때, 작년을 기준으로 한 올해의 물가지수는? 19년 지방직

① 120
② 160
③ 175
④ 210

정답 ②

해설

1) 작년의 쌀(X재) 구입량 4가마니, 옷(Y재) 구입량 2벌을 가중치로 사용한다.

2) 작년 가격 $P_0=(10,\ 5)$, 올해 가격 $P_0=(15,\ 10)$ 이므로 작년을 기준으로 한 올해의 물가지수는

$\dfrac{P_1Q_0}{P_0Q_0}\times 100=\dfrac{(15\times 4)+(10\times 2)}{(10\times 4)+(5\times 2)}\times 100=\dfrac{80}{50}\times 100=160$이다.

02 인플레이션 ★★★

1. 인플레이션의 의미와 측정

(1) 의미

① 물가가 지속적으로 상승하는 현상을 말한다. 반대로 물가가 지속적으로 하락하는 것은 디플레이션이라고 한다.

② 크게 수요견인 인플레이션과 비용인상 인플레이션으로 나뉜다.

(2) 인플레이션의 측정

① $\pi_t=\dfrac{P_{t+1}-P_t}{P_t}\times 100(\%)$ (단, P_t: t기의 물가지수)

② 물가지수의 변화율이다.

2. 수요견인 인플레이션

(1) 의미

① 총수요의 증가로 나타나는 인플레이션이다.

② 그래프

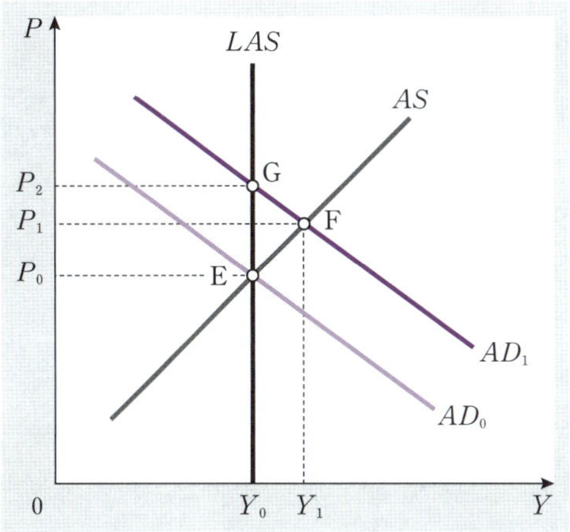

- 케인즈(학파), 통화주의 단기(우상향의 AS): 총수요가 증가하여 물가가 상승($P_0 \to P_1$)하고 소득이 증가($Y_0 \to Y_1$)하여 점 F로 이동한다.
- 고전학파, 통화주의 장기(수직의 LAS): 총수요가 증가하지만 총공급곡선이 수직이므로 물가만 상승($P_0 \to P_2$)하고 소득이 불변하여 점 G로 이동한다.

(2) 고전학파의 원인과 대책

① 원인: 화폐수량설 $MV = PY$에서 실질국민소득(Y)과 유통속도(V)가 일정하므로 통화공급(M)과 물가(P)는 비례한다.

② 대책: 인플레이션의 원인은 과도한 통화공급이므로, 통화량을 줄이면 해결된다.

(3) 통화주의자의 원인과 대책

① 원인: $\frac{\Delta M}{M} + \frac{\Delta V}{V} = \frac{\Delta P}{P} + \frac{\Delta Y}{Y}$에서 단기적으로 유통속도($V$)는 일정하므로, 통화량($M$)이 증가하면 일부는 물가를 상승시키고 일부는 산출량 증가로 나타나지만 장기에는 전부 인플레이션으로 나타난다.

② 대책: 통화주의자들은 통화증가율을 경제성장률에 맞추어 매년 일정하게 유지하는 준칙에 입각한 통화정책인 $k\%$ rule을 주장한다.

(4) 케인즈학파의 원인과 대책

① 원인: 정부지출 증가, 세율 인하, 투자 증가와 같은 확대재정정책이 수요견인 인플레이션을 일으킨다고 주장한다.

② 대책: 불황기에는 국민소득 증대와 실업문제 해소를 위하여 어느 정도의 인플레이션은 불가피하나, 완전고용산출량에 근접하면 물가 상승의 정도가 심해지므로 긴축적인 재정·통화정책이 필요하다고 한다.

3. 비용인상 인플레이션

(1) 의미

임금, 원유 가격 상승 등에 따른 총공급의 감소로 나타난다.

(2) 케인즈학파

① 원인

- 임금 인상에 의해 생산요소 비용 증가
- 기업이 이윤(관리 가격)을 인상
- 석유파동이나 원자재 가격 상승으로 인한 공급 측 충격

② 스태그플레이션의 발생: AS 곡선의 상방 이동은 인플레이션과 더불어 생산량이 감소하므로 스태그플레이션이 발생한다.

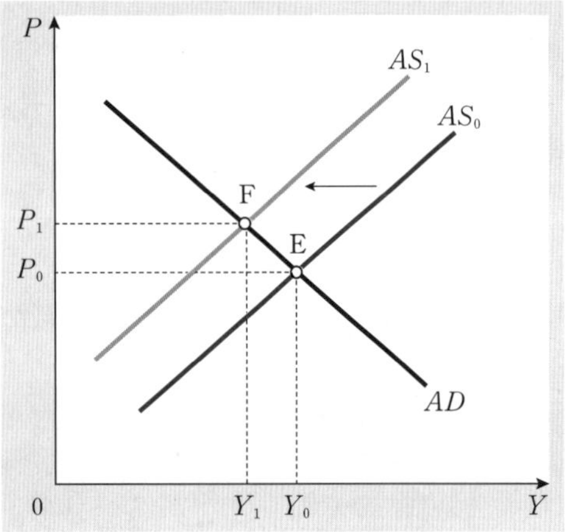

③ 대책: 기술 진보, 연구개발비 증가, 교육을 통한 전문인력 양성 등 생산성 향상을 통해 AS 곡선을 우측으로 이동시킨다.

(3) 통화주의자

통화주의학파는 인플레이션은 수요 측 요인만으로 발생하므로, 공급 측 요인인 비용인상 인플레이션은 발생하지 않는다고 본다.

4. 인플레이션의 사회적 비용

(1) 예상된 인플레이션

① 피셔 방정식: 명목이자율 = 실질이자율 + (기대) 인플레이션율

경제주체들이 물가상승률을 정확히 예측함으로써 비용이 발생하지 않는다는 것이다.

② 예상된 인플레이션도 비용이 발생한다는 견해: 은행에 자주 가서 자산을 바꿔야 하는 구두창비용, 메뉴판을 자주 교체해야 하는 메뉴비용이 발생한다.

(2) 예상되지 못한 인플레이션

① **부와 소득의 재분배**: 채권자로부터 채무자에게 부가 재분배되고(채무자 유리, 채권자 불리), 화폐를 보유하고 있는 급여생활자·연금생활자가 불리하게 소득이 재분배된다.

② **경제의 불확실성 증대**: 장기계약 회피, 단기성 위주의 자금 대출 등의 경향이 나타난다. 모두 단기계약만을 선호한다면, 때로는 기업이 긴 안목에서 장기투자계획을 실행에 옮길 필요가 있을 텐데, 장기대출이 불가능해 자금조달을 할 수 없다면 기업들은 머지않아 경쟁력을 상실하게 될 것이다.

③ **투기의 성행**: 경험적으로 보면 인플레이션하에서 상품별 가격상승률 격차가 상당한 것을 알 수 있다. 따라서 가격이 더 많이 오를 것이라고 생각되는 부동산, 골동품, 금 등에 대한 투기가 성행하게 된다.

(3) 먼델-토빈 효과

① 그래프

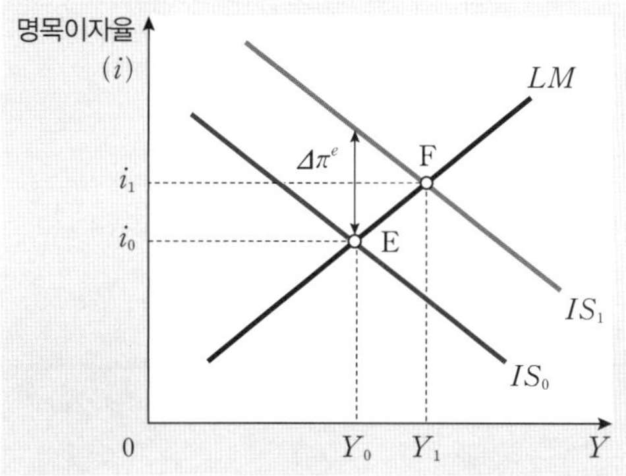

② 먼델-토빈 효과에 따르면 고전파 경제학의 주장과 달리, 명목이자율은 인플레이션과 1 : 1 대응관계($i_0 + \Delta\pi^e$)를 가지지 않고 이보다 낮은 정도(i_1)로만 오르게 된다.

③ 만약 명목이자율이 상승하게 되면, 사람들은 현금을 가지기보다 이를 채권 등으로 전환하기를 원한다.

④ 그리고 이는 실질이자율의 하락에 영향을 미친다. 다르게 말하면, 외생적인 통화량 증가가 명목이자율과 화폐유통속도를 증가시키나, 실질이자율은 감소시킨다는 것이다.

⑤ 따라서 기대인플레이션이 상승할 때 명목이자율은 상승하지만 실질이자율은 오히려 감소하여 투자가 증가한다는 것이 먼델-토빈 효과이다.

개념확인 문제

Q 인플레이션이 경제에 미치는 영향으로 옳지 않은 것은? 19년 지방직

① 확실하게 예상되는 인플레이션은 노동자보다 기업에 더 큰 비용을 초래한다.

② 인플레이션이 확실하게 예상되는 경우, 예상 인플레이션율은 명목이자율과 실질이자율 간 차이와 같게 된다.

③ 인플레이션에 대한 예상이 어려우면 장기계약 체결이 어려워진다.

④ 예상되지 않은 인플레이션은 고정 연금 수령자에게 불리하다.

정답 ①

해설

1) 인플레이션이 확실하게 예상된다면 노동자들은 그에 맞추어서 임금 인상을 요구할 것이고, 기업들도 예상 인플레이션율에 맞추어 재화 가격을 인상할 것이다.
2) 각 기업과 노동자가 부담해야 하는 비용은 경우에 따라 모두 다를 것이다.
3) 그러므로 예상된 인플레이션이 발생할 때 반드시 기업이 노동자보다 더 큰 비용을 부담한다고 보기는 어렵다.

Chapter 04

실업

+ 학습목표

- 실업률, 고용률 등 실업 관련 지표를 계산할 수 있다.
- 자연실업률의 의미를 파악할 수 있다.
- 자연실업률을 계산할 수 있다.

01 실업통계 ★★★

1. 실업통계

(1) 실업의 의미

일할 의사와 능력이 있음에도 불구하고 일자리를 가지지 못한 상태를 말한다.

(2) 실업자

① 조사 대상 기간 중 주간에 수입이 있는 일에 전혀 종사하지 못한 자로서, 적극적으로 구직활동을 하고 즉시 취업이 가능한 자

② 30일 이내에 새로운 직장에 들어갈 것이 확실한 취업 대기자는 구직활동 여부에 관계없이 실업자로 분류한다.

③ 일자리가 없다고 해도 일할 의사가 없다면 실업자가 아니므로 구직 포기자는 실업자가 아니다.

④ 실망실업자(구직 포기자)

- 직장을 구하기 위하여 노력하였으나 마땅히 일자리를 구하지 못해 구직활동을 포기한 노동자를 의미한다.
- 비경제활동인구에 속하므로 실업률 통계에 포함되지 않아 실업률이 과소평가되는 경향이 있다.

(3) 취업자

① 조사 대상 기간 중 주간에 수입을 목적으로 1시간 이상 일한 자

② **무급 가족 종사자:** 자기에게 직접적으로는 이득이나 수입이 오지 않더라도 자기가구에서 경영하는 농장이나 사업체의 수입을 높이는 데 도운 가족 종사자로서 주당 18시간 이상 일한 자

③ 직장 또는 사업체를 가지고 있으나 조사 대상 기간 중 주간에 일시적인 병, 휴가 또는 연가, 노동쟁의 등의 이유로 일하지 못한 일시 휴직자

2. 취업자와 실업자의 분류

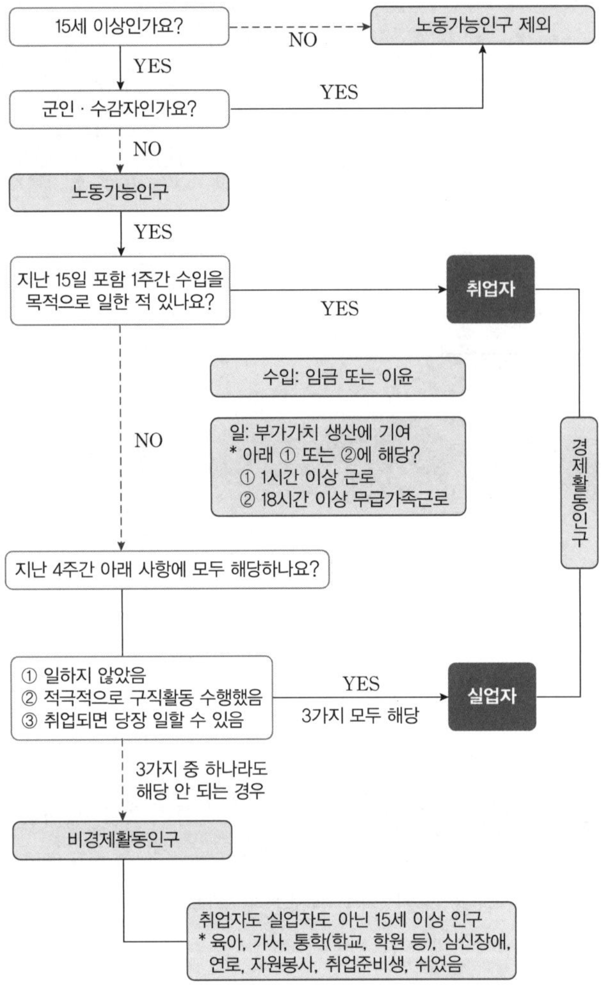

3. 실업 관련 지표 (◀ 시험 POINT 반드시 나오는 공식입니다.)

(1) 단순도식화

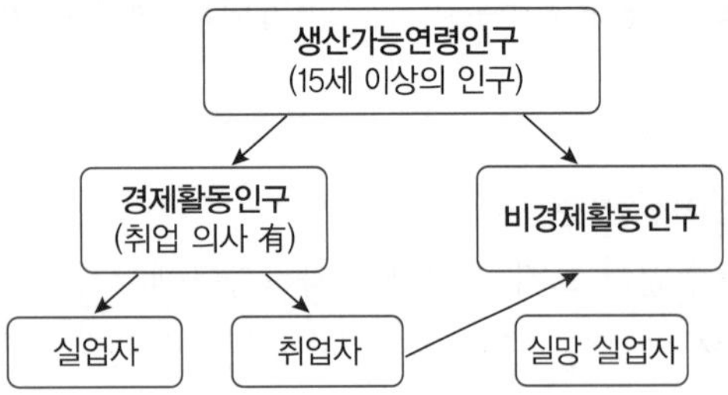

(2) 공식

① 실업률 $= \dfrac{\text{실업자 수}}{\text{경제활동인구(= 취업자 수 + 실업자 수)}} \times 100(\%)$

② 취업률 $= \dfrac{\text{취업자 수}}{\text{경제활동인구 수}} \times 100(\%)$

③ 경제활동참가율 $= \dfrac{\text{경제활동인구(취업자 수 + 실업자 수)}}{\text{생산(노동)가능인구(15세 이상 인구)}} \times 100(\%)$

④ 고용률 $= \dfrac{\text{취업자 수}}{\text{생산(노동)가능인구(15세 이상 인구)}} \times 100(\%)$

⑤ 실업률이 고용 상태를 적절히 반영하지 못하는 점을 보완하기 위한 지표가 고용률이다. 우리나라는 선진국에 비해 실업률은 양호하지만 고용률은 열악하다.

개념확인 문제

Q A국가의 생산가능인구는 1,600만 명이고 실업자가 100만 명일 때, 경제활동참가율이 75%라면 실업률은? (단, 소수점 둘째 자리까지만 계산) 18년 지방직

① 6.25%　② 8.33%

③ 9.10%　④ 18.75%

정답 ②

해설

생산가능인구가 1,600만 명이고, 경제활동참가율이 75%이면 경제활동인구는 1,200만 명이다. 경제활동인구가 1,200만 명이고, 실업자가 100만 명이면 경제활동인구에서 실업자가 차지하는 비율인 실업률은 8.33%$\left(=\dfrac{100}{1,200}\times 100\right)$이다.

02 실업의 종류와 대책 ★★★

1. 실업의 종류와 대책

실업의 종류		의미	대책
자발적 실업	마찰적 실업	직장 이동 과정에서 일시적으로 생기는 실업	취업정보 제공
	탐색적 실업	더 나은 일자리를 찾는 과정에서 생기는 실업	
비자발적 실업	경기적 실업	불경기로 노동수요가 부족하여 생기는 실업	공공사업, 경기부양
	구조적 실업	산업구조나 기술의 변동 속에서 생기는 실업으로, 최저임금으로 생기는 실업도 포함	기술교육, 인력개발

2. 자연실업률

(1) 의미

① 경기변동에 관계없이 발생하는 실업인 마찰적 실업과 구조적 실업만 존재할 때의 실업률을 의미한다.

② 완전고용(full-employment)

- 한 나라의 경제에서 경기적 실업이 0인 상태를 의미한다.
- 완전고용은 실업률이 0인 상태를 말하는 것이 아니라 정상적이면서도 자연스러운 상태(총수요, 경기 변동에 영향을 받지 않은 상태)에서도 발생하는 실업이다.

(2) 자연실업률 결정모형 ◀ 시험 POINT 자연실업률의 의미와 공식을 통한 계산 문제가 출제됩니다.

① 경제활동인구를 L, 취업자 수를 E, 실업자 수를 U로 나타내면 $L=E+U$이다.

② 매기 취업자 중 실직하는 사람의 비율인 실직률(job separation rate)을 s, 실업자 중 새로이 취업하는 사람의 비율(job finding rate)인 구직율을 f라고 하자.

③ 자연실업률은 노동시장이 실업자가 변하지 않는 동태적 균형상태에서의 실업률이다.

④ 즉, 취업자 중 실직하는 사람의 수와 실업자 중 새로이 취업하는 사람의 수가 동일해야 하므로 $sE=fU$가 성립한다.

⑤ $L=E+U$에서 $E=L-U$를 도출한 후 위의 식에 대입하면 $s(L-U)=fU$이다.

⑥ 양변을 L로 나누면 $s(1-\frac{U}{L})=f\frac{U}{L}$

$\rightarrow s-s\frac{U}{L}=f\frac{U}{L} \rightarrow s=s\frac{U}{L}+f\frac{U}{L} \rightarrow s=(s+f)\frac{U}{L} \rightarrow \frac{U}{L}=\frac{s}{f+s}$이다.

⑦ 따라서 자연실업률은 $\frac{U}{L}=\frac{s}{f+s}$이다.

(3) 자연실업률의 결정요인

① **불완전경쟁시장:** 생산물시장과 생산요소시장의 불완전경쟁의 정도가 클수록 자연실업률은 상승한다.

② **탐색비용과 이동비용:** 직업을 구하는 비용과 이동하는 비용이 크면 자연실업률은 상승한다.

③ **제도적인 요인**

- 실업보험제도가 강화될수록 근로의욕이 저하되어 자연실업률은 상승한다.
- 최저임금제도, 노동조합 등은 비자발적 실업을 발생시켜 자연실업률을 상승시킨다.

④ **산업구조의 변화:** 산업구조가 급격하게 변화하면 노동 이동이 발생하여 자연실업률이 상승한다.

⑤ **인구구성의 변화:** 출산율의 하락, 평균수명의 연장 등으로 생산가능인구가 감소하면 자연실업률이 상승한다.

(4) 자연실업률 저감대책

① **직업훈련과 직업탐색을 위한 정부의 지원:** 정부가 세제혜택이나 보조금 등을 통하여 직업훈련을 실시하거나 직업정보망의 확충과 같은 비용을 지출하면 구조적 실업이 낮아져 자연실업률을 낮출 수 있다.

② **실업보험제도 개편:** 자연실업률을 낮출 수 있는 방향으로 실업보험을 개편하면 구조적 실업이 감소한다.

③ **노동시장의 유연성 제고:** 노동시장의 규제 완화, 특히 노동조합과의 관계개선을 통하여 고용과 해고의 자율성을 확대하는 방법 등을 통하여 노동시장의 유연성을 높이면 마찰적 실업이 감소한다.

3. 실업의 학파별 대책

(1) 고전학파

① 노동시장은 완전신축적이므로 자발적 실업만 존재한다.

② 만약 비자발적 실업이 발생한다면 이는 노동조합이나 최저임금제, 실업수당 같은 정부개입에 의한 제도적인 원인 때문이다.

(2) 케인즈학파: 경기적 실업과 같은 비자발적 실업을 중시

① **실업의 원인:** 명목임금의 하방경직성과 노동시장의 경직성
한 가계가 살아가기 위해서는 일정금액 이상의 생활비가 필요하며, 이는 소득이 없더라도 반드시 필요한 돈이다. 만약 시장의 균형임금이 써야할 돈보다 낮은 상황이라면, 노동자는 노동을 포기하게 된다. 임금의 하방경직성의 원인으로는 화폐의 환상, 효율성임금, 내부자·외부자이론 등이 있다.

② **화폐환상(케인즈):** 임금이나 소득의 실질가치는 변화가 없는데도 명목단위가 오르면 임금이나 소득이 올랐다고 받아들이는 것이다. 예를 들어 노동자가 물가 상승과 동일한 비율로 임금이 상승했는데도 임금이 올랐다고 생각하면 그는 화폐환상에 빠져 있는 것으로 볼 수 있다.

③ **효율임금이론(새케인즈 학파):** 생산활동에 대한 노동자의 기여를 상회하는 임금을 지불함으로써 노동자로 하여금 노동효율을 높이도록 유도하는 임금제도이다.

④ **내부자·외부자이론(새케인즈학파)**: 현재의 노동자가 새로운 노동자와 협력하거나 훈련시키지 않고 임금을 올려 실업을 발생시킨다는 것이다.

⑤ **실업의 대책**: 총수요 확대정책(확대재정·통화정책)을 통해 해결 가능하다.

(3) 통화주의자와 새고전학파

① **실업**: 모든 실업은 기본적으로 자발적 실업(대부분 탐색적 실업)으로, 결국 실업을 줄이기 위해 확대적인 정책을 시행하더라도 장기에는 인플레이션율만 상승한다. 따라서 적극적인 정책 시행을 반대한다.

② **실업의 원인**: 실업은 자발적 실업만 존재하므로 합리적 선택의 결과일 뿐이다.

③ **실업의 대책**: 실업수당을 감소시켜 탐색비용을 인상하면 적극적으로 일자리를 찾을 것이고, 직업정보를 제공하면 실업이 줄어든다고 주장한다.

④ **자연실업률가설**: 장기에 정부의 안정화정책에 관계없이 자연실업률수준은 변하지 않는다. 굳이 총수요관리정책을 시행하더라도 자연실업률수준을 낮추지 못할 뿐만 아니라 물가 상승만 초래한다.

개념확인 문제

Q 어느 경제에서 취업자들은 매기 5%의 확률로 일자리를 잃어 실업자가 되며, 실업자들은 매기 45%의 확률로 새로운 일자리를 얻어 취업자가 된다. 이 경제의 균제 상태에서의 실업률은? (단, 경제활동인구의 변동은 없음) 14년 지방직

① 5%　　② 10%

③ 15%　　④ 20%

정답 ②

해설

취업자들은 매기 5%의 확률로 일자리를 잃으므로 실직률이 5%이고, 실업자들은 매기 45%의 확률로 새로운 일자리를 얻으므로 구직률은 45%이다. 실직률을 s, 구직률을 f로 두면 균형실업률 $u_n = \frac{s}{f+s} = \frac{0.05}{0.45+0.05} = 0.1$이다.

Chapter

05

필립스 곡선

✣ 학습목표

- 오쿤의 법칙과 희생비율을 이해할 수 있다.
- 필립스 곡선의 기울기와 이동 원인을 이해할 수 있다.
- 자연실업률가설에서 단기 필립스 곡선과 장기 필립스 곡선을 이해할 수 있다.
- 새고전파의 필립스 곡선(예상된 경우와 예상치 못한 경우)을 이해할 수 있다.

01 필립스 곡선 ★★★

1. 필립스 곡선(Phillips curve)의 의미

(1) 의미

① $\pi = -\alpha(u - u_N)$ ($\alpha > 0$, u: 실제실업률, u_N: 자연실업률, π: 인플레이션율)

② 물가와 실업은 반비례(상충관계)하므로 물가안정과 완전고용을 동시에 달성하는 것은 불가능하다.

③ 그래프

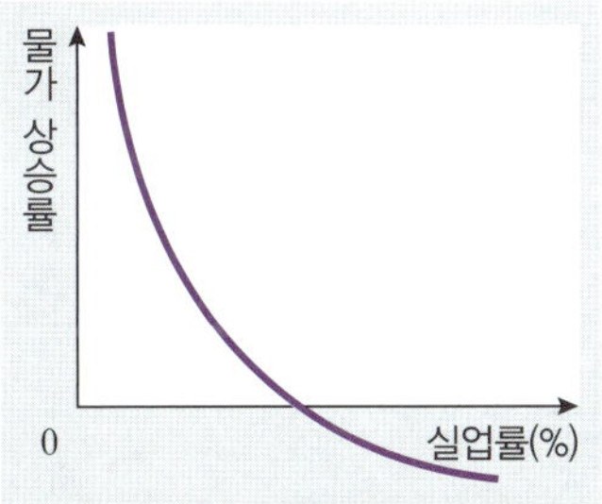

(2) 케인즈학파의 해석

필립스 곡선이 우하향하므로 물가안정과 완전고용을 동시에 달성하는 것은 불가능하지만, 재량적인 재정·통화정책을 통하여 사회후생이 극대화될 수 있다고 해석한다.

(3) 미조정(fine-tuning)

① 재정정책과 통화정책을 적절하게 사용함으로써 경제를 안정된 상태로 유지시키려는 정책이다.

② 기본적으로 케인즈학파는 미조정을 통해 경제를 안정시키는 것이 가능하다고 본다.

(4) 오쿤의 법칙

① 의미

- 미국의 경우 실업률이 1%p 증가하면 국내총생산이 2%p 정도 감소한다는 내용의 경험법칙이다.
- 실업이 발생하면 인적 자원을 충분히 활용하지 못하여 발생하는 산출량의 손실이 발행함을 의미한다.

② 공식: $\frac{Y_N - Y}{Y_N} = \beta(u - u_N)$ (단, Y_N: 잠재 GDP, Y: 실제 GDP, β: 상수, u: 실제실업률, u_N: 자연실업률)

(5) 희생비율(sacrifice ratio)

① 의미: 인플레이션율을 1%p 낮추기 위해 GDP가 몇 %p 감소하는지를 의미한다.

② 공식: 희생비율$(s) = \frac{\text{GDP 감소율}}{\text{인플레이션 하락률}}$

③ 예를 들면, 긴축정책으로 인플레이션율이 5%p 낮아졌으나, GDP가 20% 감소했다면, 희생비율 $s = 4$로 측정된다.

2. 총수요곡선 & 총공급곡선의 이동과 필립스 곡선

(1) 총수요곡선의 이동과 필립스 곡선

① 그래프

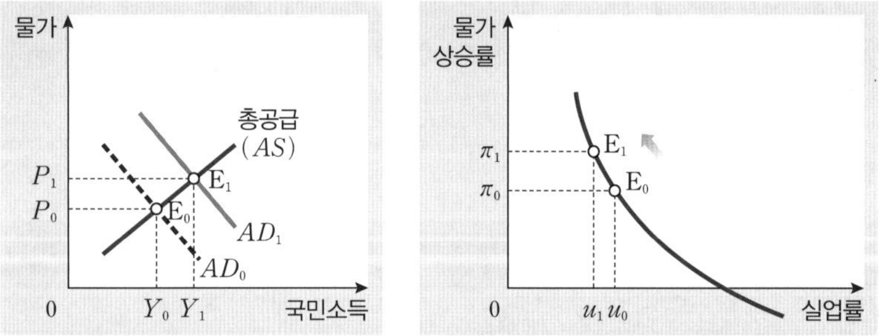

② 우하향의 필립스 곡선은 우상향의 총공급곡선과 밀접한 관계가 있다.

③ 총공급곡선의 기울기가 완만하면 총수요가 약간만 증가해도 국민소득이 크게 증가하므로 실업이 크게 감소한다. 따라서 필립스 곡선은 완만한 형태이다.

④ 총공급곡선의 기울기가 급경사이면 총수요가 약간 증가하면 국민소득도 약간 증가하므로 실업이 조금 감소한다. 따라서 필립스 곡선은 급경사 형태이다.

⑤ 총공급곡선상에서의 이동은 필립스 곡선상에서의 이동에 대응하며 기울기도 유사하다.

⑥ 따라서 필립스 곡선은 총공급곡선을 다르게 표현한 것이라고 볼 수 있다.

(2) 스태그플레이션과 필립스 곡선

① 그래프

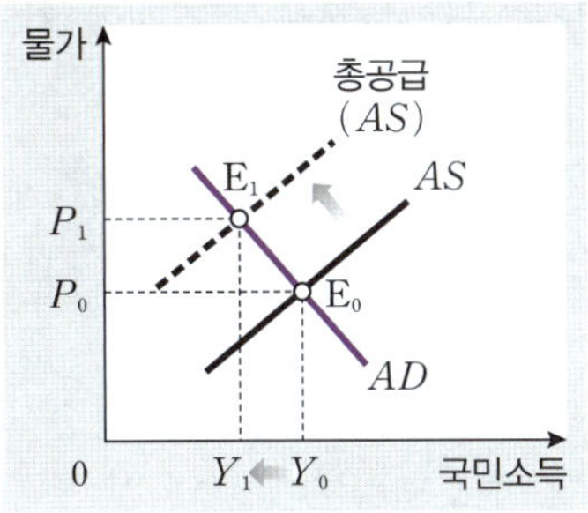

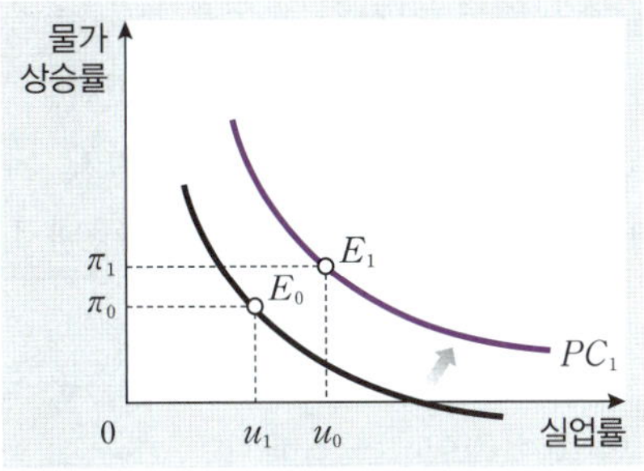

② 1970년대에 들어와 인플레이션율도 높아지고 경기도 침체하는 스태그플레이션 현상이 발생함에 따라 필립스 곡선이 우상방으로 이동하였다.

③ 물가와 실업은 비례관계가 성립한다.

④ 이에 따라 필립스 곡선이 안정적이라고 생각하던 기존의 견해가 붕괴되었다.

02 자연실업률가설 ★★★

1. 자연실업률가설 ◀ 시험 POINT 공식의 의미를 해석하는 문제가 출제됩니다.

(1) 기대 부가 필립스 곡선

① 프리드먼(Friedman)과 펠프스(Phelps)는 경제주체들의 예상 인플레이션율이 변하면 필립스 곡선이 이동한다고 보고 기대 부가 필립스 곡선을 도입하였다.

② $\pi = \pi^e - \alpha(u - u_N)$

($\alpha > 0$, u: 실제실업률, u_N: 자연실업률, π: 인플레이션율, π^e: 예상인플레이션율)

(2) 설명

① 그래프

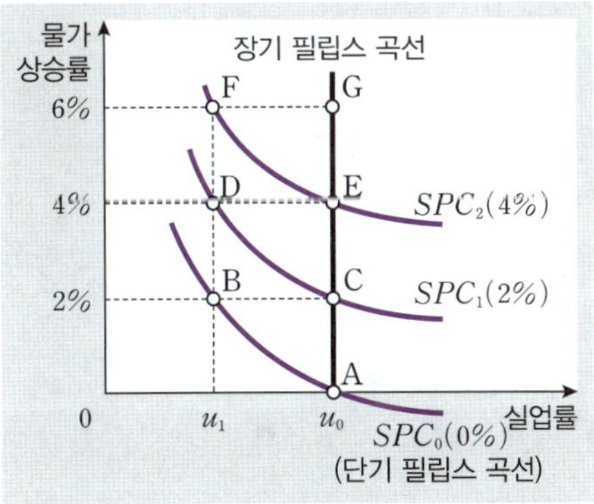

② 최초에 점 A에서 실업을 줄이기 위해 총수요 증가 정책을 시행하면, 단기적으로 점 B로 이동하여 물가가 상승한다.

③ 물가 상승은 실질임금을 감소시키므로 기업은 고용량을 늘리고 노동공급은 적응적 기대에 기초하므로 실질임금 하락을 인지하지 못해 실업률이 하락한다.

④ 시간이 흘러 노동자들이 물가가 상승했다는 사실을 알게 되면 기대물가가 상향 조정된다.

⑤ 기대물가가 상향 조정되면 실질임금이 상승하여 원래 상태로 돌아오게 되면서 고용량과 실업률이 변하지 않는다.

⑥ 이러한 과정이 반복되면 실업률은 처음의 자연실업률수준에서 변화가 없으며 물가만 상승한다.

⑦ 따라서 장기 필립스 곡선은 자연실업률수준에서 수직선의 형태로 도출된다.

2. 결론

(1) 필립스 곡선의 형태

① 단기 필립스 곡선(SPC, Short-run Phillips Curve): 적응적 기대는 단기적으로 실제물가와 예상물가가 일치하지 않는 오류를 발생시키므로 필립스 곡선은 우하향한다.

② 장기 필립스 곡선(LPC, Long-run Phillips Curve): 적응적 기대는 장기적으로 실제물가와 예상물가가 일치하므로 장기 필립스 곡선은 수직선으로 도출된다.

(2) 정부개입의 불필요성 강조

장기적으로는 확대재정정책을 실시하더라도 실업률을 자연실업률 이하로 낮추는 것은 불가능하며, 결국 물가만 상승하게 된다는 것이 자연실업률가설의 내용이다.

03 새고전학파의 필립스 곡선 ★★★

1. 합리적 기대와 필립스 곡선

(1) 도출

① $\pi = \pi^e - \alpha(u - u_N)$

($\alpha > 0$, u: 실제실업률, u_N: 자연실업률, π: 인플레이션율, π^e: 예상인플레이션율)

② 필립스 곡선의 공식은 자연실업률가설과 동일하지만, 새고전학파는 합리적 기대를 사용한다.

③ 식을 변형하면 $\pi - \pi^e = -\alpha(u - u_N)$이므로 실제인플레이션과 예상인플레이션이 동일하면 실제실업률은 자연실업률임을 알 수 있다.

2. 합리적 기대와 인플레이션 억제정책

(1) 가정

① 현재 인플레이션율은 π_0이고 필립스 곡선은 점 A를 지나는 $PC(\pi_0^e)$이다.

② 이때 정부가 긴축정책을 통해 인플레이션율을 π_1으로 줄이겠다고 발표하였다.

③ 그래프

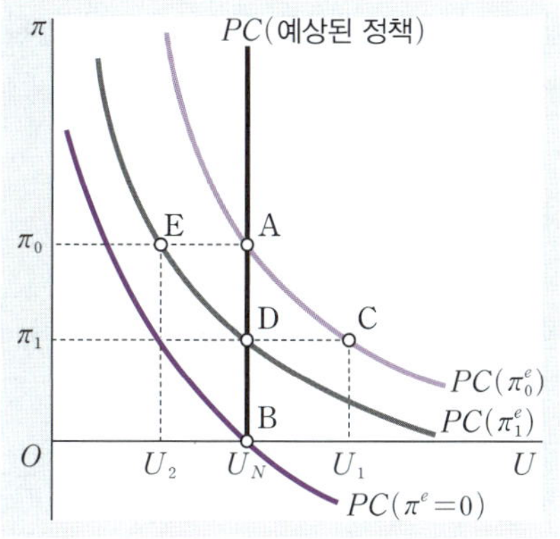

(2) 신뢰성 있는 정부

① 기대인플레이션이 π_1이 되면 필립스 곡선이 하방이동하여 $PC(\pi_1^e)$상의 점 D와 같이 실업률의 상승 없이 인플레이션을 제거할 수 있다.

② 즉, 인플레이션 진정정책의 사회적 비용(실업률 상승)이 들지 않는다.

(3) 신뢰성 없는 정부

민간이 정부의 발표를 신뢰하지 않는다면 기대인플레이션이 낮아지지 않으므로 점 C로 이동하게 되어 실업률이 대폭 상승한다.

3. 단기와 장기 필립스 곡선

(1) 단기

① 합리적 기대하에 예상하지 못한 인플레이션이 발생하면 기대인플레이션과 실제인플레이션이 다르므로 우하향하는 필립스 곡선이 도출된다.

② 합리적 기대하에 예상된 인플레이션이 발생하면 기대인플레이션과 실제인플레이션이 동일하므로 수직인 필립스 곡선이 도출된다.

(2) 장기

기대인플레이션과 실제인플레이션이 동일하므로 실제실업률이 자연실업률이 된다. 따라서 필립스 곡선은 수직이 된다.

개념확인 문제

Q 갑국의 필립스 곡선은 $\pi = \pi^e + 4.0 - 0.8u$로 추정되었다. 이에 따른 설명으로 가장 옳지 않은 것은? (단, π는 실제인플레이션율, π^e는 기대인플레이션율, u는 실제실업률) 19년 서울시

① 단기 필립스 곡선은 우하향하며 기대인플레이션율이 상승하면 위로 평행이동한다.
② 잠재 GDP에 해당하는 실업률은 5% 이다.
③ 실제실업률이 자연실업률 수준보다 높으면 실제인플레이션율은 기대인플레이션율보다 높다.
④ 5% 의 인플레이션율이 기대되는 상황에서 실제인플레이션율이 3% 가 되기 위해서는 실제실업률은 7.5% 가 되어야 한다.

정답 ③

해설

필립스 곡선 식이 $\pi = \pi^e + 4.0 - 0.8u$이므로 실제실업률이 자연실업률보다 높다면 실제인플레이션율이 기대인플레이션율보다 낮다.

오답체크

① 필립스 곡선 식이 $\pi = \pi^e + 4.0 - 0.8u$이므로 단기 필립스 곡선은 우하향하며 기대인플레이션율이 상승하면 위로 평행이동한다.
② 잠재 GDP에는 $\pi = \pi^e$가 동일하므로 이때 실업률은 5%이다.
④ 5%의 인플레이션율이 기대되는 상황에서 실제인플레이션율이 3%가 되기 위해서는 $3 = 5 + 4 - 0.8u$이므로 실제실업률은 7.5%가 되어야 한다.

Chapter 06

고전학파, 케인즈학파, 통화주의자, 공급경제학

+ 학습목표

- 학파별 중요 개념을 앞에서 배운 내용과 비교하여 기억할 수 있다.
- 래퍼 곡선을 이해할 수 있다.

01 고전학파 ★★★

1. 주요 학자

스미스(A. Smith), 리카도(D. Ricardo), 마셜(A. Marshall) 등이 있다.

2. 노동시장, 생산물시장, 화폐시장

(1) 노동시장

① 노동수요는 실질임금의 감소함수이다.

② 완전예견을 바탕으로 노동공급은 실질임금의 증가함수이다.

③ 완전경쟁시장인 노동시장에서 임금이 신축적이기 때문에 항상 완전고용이 이루어진다.

(2) 생산물시장(IS 곡선)

① 공급이 수요를 창출하는 세이의 법칙이 성립한다.

② 투자의 이자율 탄력성이 크다.

(3) 화폐시장(LM 곡선)

① 화폐는 교환의 매개수단임을 강조한다.

② 화폐수요는 화폐수량설($MV = PY$)로 설명된다.

③ 이자율은 투자와 저축에 의해 결정된다는 실물적 이자론을 주장하였다.

④ $IS-LM$ 그래프

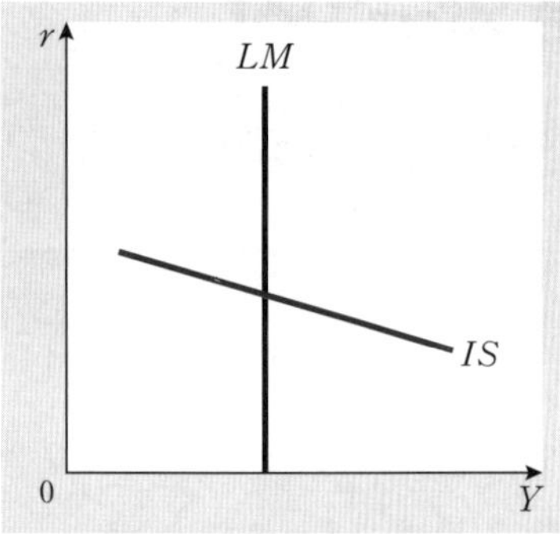

3. 총수요곡선, 총공급곡선

(1) 총수요곡선

① 화폐수량설에서 도출되는 총수요는 우하향의 직각쌍곡선의 형태이다.

$$P = \frac{1}{Y}MV$$

② 총수요는 통화량과 유통속도에 의해 결정된다.

(2) 총공급곡선

완전예견을 하므로 물가와 관계없이 일정한 수직선이다.

(3) 그래프

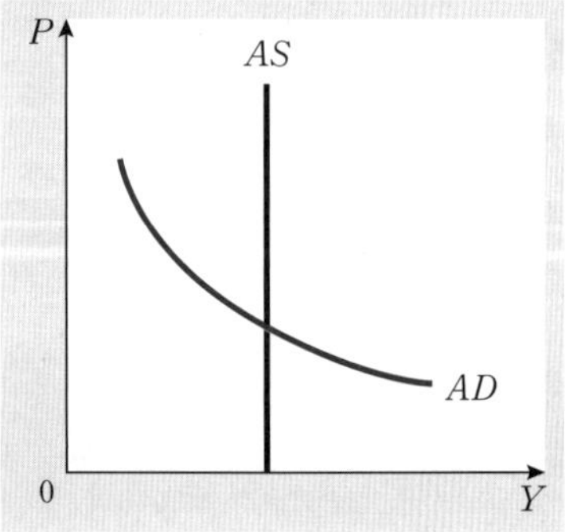

4. 재정정책과 통화정책의 효과

(1) 재정정책의 효과

완전구축효과가 발생하므로 재정정책의 효과는 전혀 없다.

(2) 통화정책의 효과

화폐의 중립성으로 인해 통화정책의 효과가 없다.

5. 인플레이션과 실업

(1) 인플레이션의 원인

물가는 통화량과만 관련이 있으므로 과다한 통화공급으로 인해 인플레이션이 발생한다.

(2) 실업의 원인

자발적 실업만 존재하므로 완전고용 상태이다.

02 케인즈학파 ★★★

1. 주요 학자

사무엘슨(P. A. Samuelson), 힉스(J. Hicks) 등이 있다.

2. 노동시장, 생산물시장, 화폐시장

(1) 노동시장

① 노동수요는 실질임금의 감소함수이다.

② 노동공급

- 케인즈의 노동공급은 정태적 기대를 바탕으로 명목임금의 증가함수이다.
- 케인즈학파의 노동공급은 적응적 기대를 바탕으로 예상실질임금의 증가함수이다.

③ 화폐의 환상이 발생하므로 물가가 상승하면 균형고용량이 증가한다.

④ 노동시장이 불완전경쟁이어서 임금이 하방경직적이기 때문에 비자발적 실업이 존재한다.

(2) 생산물시장(IS 곡선)

① 수요가 공급을 창출하는 유효수요의 원리가 성립한다.

② 투자의 이자율탄력성이 작아 IS 곡선이 급경사의 형태를 띤다.

(3) 화폐시장(LM 곡선)

① 화폐의 기능 중 가치저장을 중시한다.

② 화폐수요는 유동성 선호설로 설명된다.

③ 이자율은 화폐시장에서 화폐의 수요와 공급에 의해 결정된다.

④ 화폐수요의 이자율탄력성이 크므로 LM 곡선이 완만하게 도출된다.

(4) 그래프

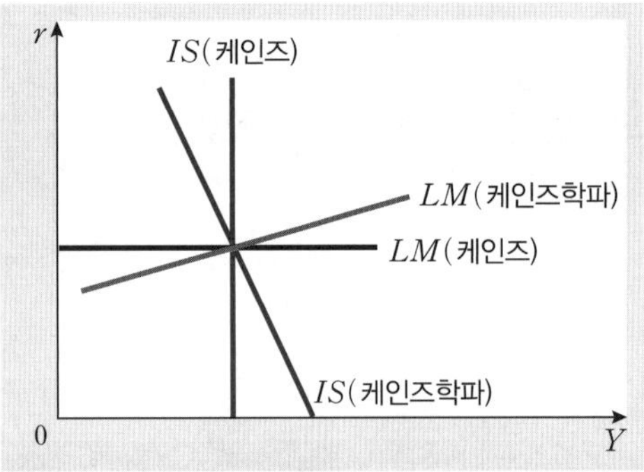

3. 총수요곡선, 총공급곡선

(1) 총수요곡선

① $IS-LM$ 모형에서 도출되며 IS 곡선과 유사하게 우하향의 형태이다.

② 통화량, 정부지출, 투자, 소비 등이 총수요곡선의 이동요인이다.

(2) 총공급곡선

① 정태적 기대에 입각한 극단적 케인즈의 총공급곡선은 수평선의 형태이다.

② 적응적 기대에 입각한 케인즈학파의 총공급곡선은 단기 우상향, 장기 수직선의 형태이다.

(3) 그래프

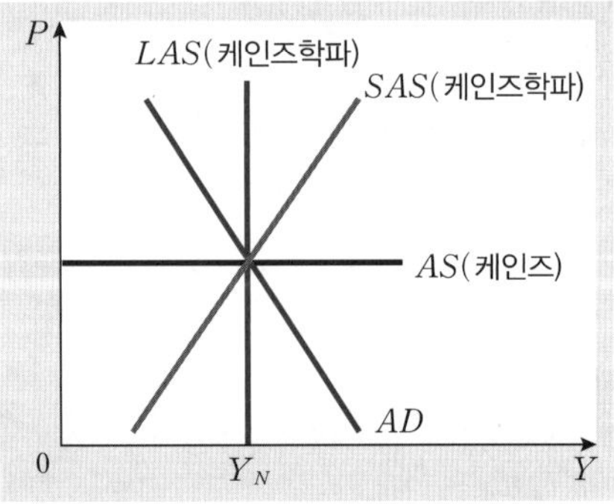

4. 재정정책과 금융정책의 효과

(1) 재정정책의 효과

① IS 곡선이 급경사, LM 곡선이 완경사이므로 재정정책은 매우 효과적이다.

② 미조정(fine-tuning)을 통한 재량적 재정정책을 강조한다.

(2) 통화정책의 효과

① IS 곡선이 급경사, LM 곡선이 완경사이므로 통화정책의 효과는 작다.

② LM 곡선이 수평인 유동성함정에서는 통화정책의 효과는 없다.

③ 통화정책지표는 이자율이다.

5. 인플레이션과 실업

(1) 인플레이션의 원인

① IS 곡선의 우측이동으로 총수요가 증가하여 수요견인 인플레이션이 발생한다.

② 공급 충격으로 비용인상 인플레이션이 발생한다.

(2) 실업의 원인

유효수요가 부족하여 비자발적 실업인 경기적 실업이 발생한다.

(3) 필립스 곡선

물가와 실업은 반비례하므로 우하향하는 형태이다.

6. 중요 문제와 경제교란의 원인

(1) 중요 문제

실업문제가 중요하다.

(2) 경제교란의 원인

① 케인즈에 따르면, 소비는 비교적 안정적이어서 경기 변동을 야기시키지 않는다.

② 투자는 주로 예상 수익과 이자율에 따라 심하게 변하기 때문에 경기변동의 주된 원인이 된다.

03 통화주의자 ★★★

1. 주요 학자

프리드먼(M. Frideman) 등이 있다.

2. 노동시장, 생산물시장, 화폐시장

(1) 노동시장

① 노동수요는 실질임금의 감소함수이다.

② 노동공급은 적응적 기대를 반영한 예상실질임금의 증가함수이다.

(2) 생산물시장(*IS* 곡선)

투자의 이자율탄력성이 크므로 *IS* 곡선은 완만한 형태이다.

(3) 화폐시장(*LM* 곡선)

화폐수요의 이자율탄력성이 작으므로 *LM* 곡선은 급경사의 형태이다.

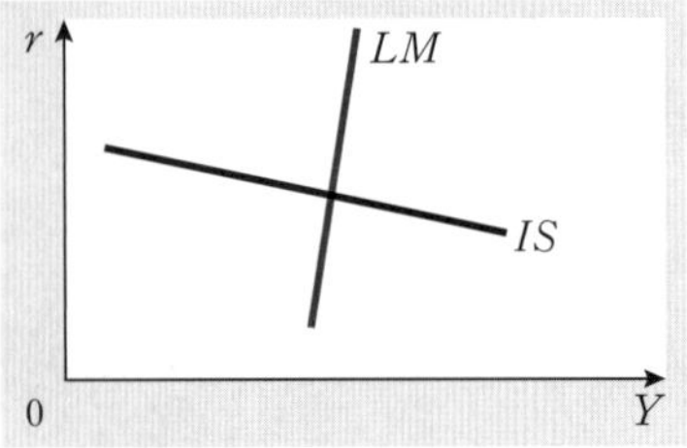

3. 총수요곡선, 총공급곡선

(1) 총수요곡선

IS 곡선과 유사하게 완만한 우하향의 형태이다.

(2) 총공급곡선

적응적 기대에 입각하여 단기 우상향, 장기 수직선의 형태이다.

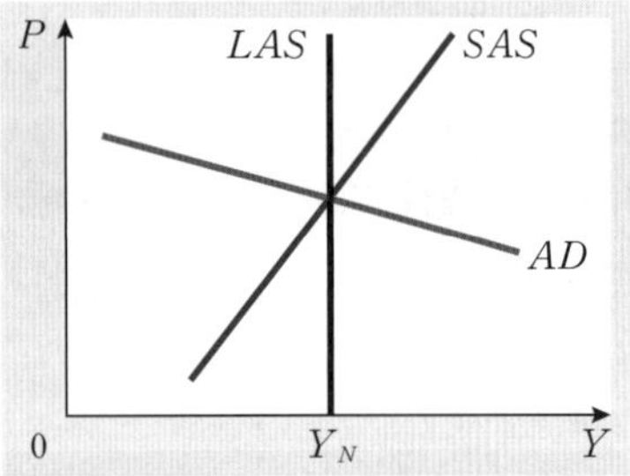

4. 재정정책과 통화정책의 효과

(1) 재정정책의 효과

① *IS* 곡선이 완만하고 *LM* 곡선이 급경사이므로 효과가 거의 없다.

② 재정정책은 구축효과를 발생시키므로 효과가 없다. 따라서 정부의 개입을 반대한다.

(2) 통화정책의 효과

① 단기적으로는 효과적이나 장기적으로는 효과가 없다.

② 주어진 규칙을 당시의 경제조건에 대입하여 일관성 있게 추진하는 방식인 준칙주의를 중시한다. 이를 $k\%$ rule이라고 한다.

5. 인플레이션과 실업

(1) 인플레이션의 원인

과다한 통화공급으로 인해 발생한다.

(2) 필립스 곡선

① 단기에는 적응적 기대에 의해 오류가 발생하므로 우하향의 형태이다.
② 장기에는 오류가 없으므로 자연실업률가설에 입각하여 수직의 형태이다.

6. 중요 문제와 경제교란의 원인

(1) 중요 문제

인플레이션 문제가 중요하다.

(2) 경제교란의 원인

과도한 통화량 변화로 인한 화폐 부분에 있다.

04 공급경제학 ★★★

1. 공급경제학의 개념

① 석유파동 이후 총수요관리정책이 한계를 보이자 등장한 이론이다.
② 공급경제학이란 스태그플레이션의 발생에 따른 총수요관리정책의 한계가 발생함에 따라 이를 극복하고자 총공급 측면을 중시하는 학자들의 연구분야를 의미한다.

2. 조세감면을 통한 유인(Feldstein, Boskin)

(1) 전통적 견해

조세감면은 가처분소득을 증가시켜 총수요가 증가(총수요곡선 우측이동)하므로 물가가 상승하고 국민소득을 증가시킨다.

(2) 공급중시경제학

① 그래프

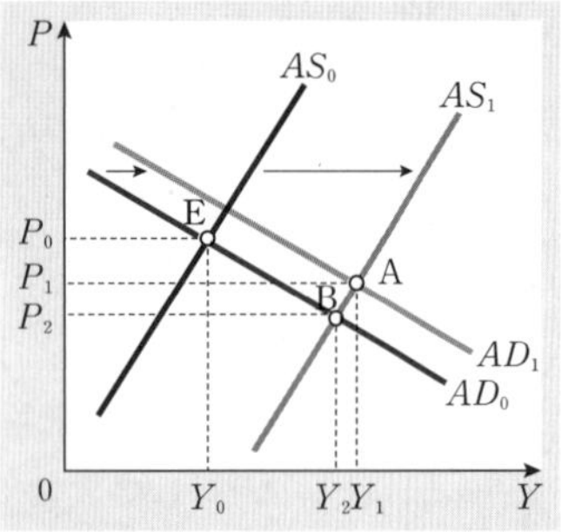

② 조세감면을 통해 총공급이 증가하는 경우

- 이자소득세 감면→저축 증가로 투자재원 증가→투자 증가→AD & AS 증가→산출량 증가(Y_1)
- 투자세, 법인세 감면→투자 증가→AD & AS 증가→산출량 증가(Y_1)
- 근로소득세 감면→근로의욕 증대, 노동공급 증가→AS 증가→산출량 증가(Y_2)

③ 조세를 감면하면 총수요곡선뿐 아니라 총공급곡선도 우측이동하므로 물가 상승 없이 국민소득이 대폭 증가하며 장기적으로는 공급능력이 향상되어 경제성장이 촉진된다.

④ 이는 스미스(A. Smith) 등 고전학파 경제학자들이 지적한 조세감면효과와 같다. 따라서 공급 중시경제학은 고전학파 이론을 계승한 것으로 볼 수 있다.

3. 래퍼(A. Laffer) 곡선

(1) 의미

소득세율(t)과 조세수입(R)의 관계를 보여주는 곡선이다.

(2) 설명

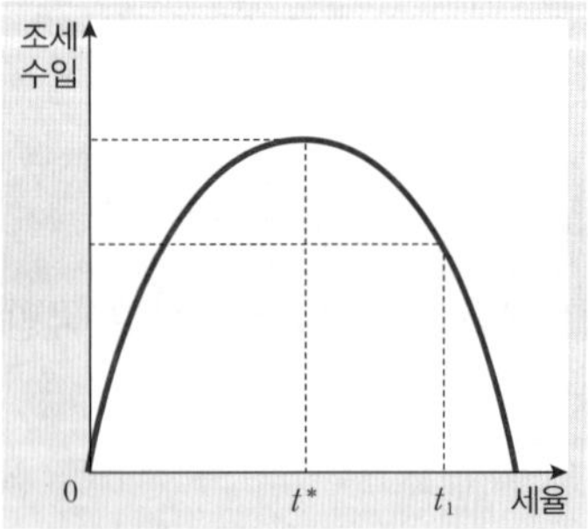

래퍼는 현재 미국의 세율이 매우 높은 수준(t_1)이므로 세율(근로소득세 등)을 t^*로 인하하면 노동공급이 증가하여 소득이 증가하므로 정부의 조세수입이 최대로 증가할 것이라 주장하였다.

(3) 문제점

조세수입이 극대가 되는 세율 t^*을 추정하기가 어렵다.

Chapter 07

새고전학파와 새케인즈학파

✣ 학습목표

- 합리적 기대가설의 의미를 이해할 수 있다.
- 합리적 기대가설의 예상된 정책과 예상치 못한 정책의 의미를 이해할 수 있다.
- 동태적 비일관성의 의미를 이해할 수 있다.
- 실업의 이력현상의 의미를 이해할 수 있다.

01 새고전학파 ★★★

1. 새고전학파(new classics)의 학자와 가정

(1) 학자

루카스(R. Lucas), 사전트(T. Sargent) 등이 있다.

(2) 가정

① 합리적 기대와 노동시장의 완전청산 개념을 기초로 한다.

② 고전학파와 마찬가지로 장기는 물론 단기에 있어서도 총수요관리정책의 무력성을 이론적으로 증명하였다.

2. 합리적 기대와 노동시장의 완전청산

(1) 합리적 기대(rational expectation)

① **의미**: 경제주체들이 과거의 정보뿐만 아니라 주위의 활용가능한 모든 정보를 이용하여 경제 상황의 변화를 합리적으로 예측한다는 이론이다.

② **오류**: 합리적 기대에서는 예측이 약간 틀린다 하더라도 체계적인 오차가 발생하지는 않고, 전체적으로는 옳게 예측된다.

(2) 노동시장의 완전청산

① **노동자의 합리적 기대**: 임금협상 시점에서 근로자가 합리적 기대를 하면 실제물가상승률과 기대물가상승률이 같아지며 명목임금은 기대물가상승률만큼 인상된다.

② **노동시장의 완전청산**: 합리적 기대하에서는 물가가 변화할 때 단기에도 명목임금만 완전신축적으로 변화하고 실질임금과 고용량은 변화하지 않는다.

③ **고용과 총생산량:** 합리적 기대에 따라 노동시장이 완전청산되면 고전학파나 통화주의학파 장기모형과 같이 물가가 변화해도 고용과 총생산량이 변화하지 않는다.

3. 루카스의 공급함수와 정책무력성정리

(1) 루카스의 총공급곡선

① $Y = Y_N + \alpha(P - P^e)$ (Y_N: 자연산출량, P^e: 기업의 기대물가, $\alpha > 0$)

② P에 대하여 풀면 $P = \frac{1}{\alpha}Y - \frac{1}{\alpha}Y_N + P^e$이다.

③ 그래프

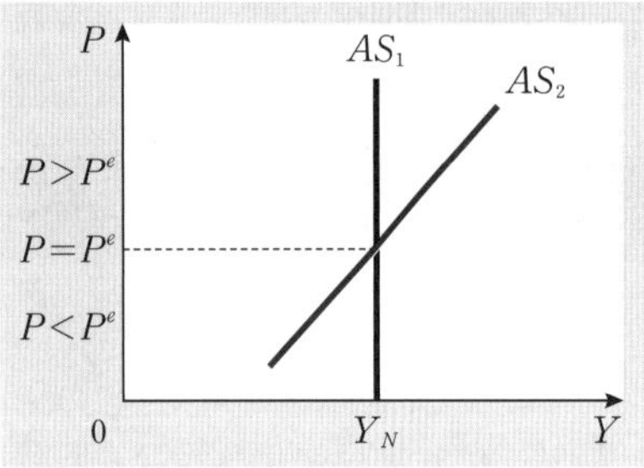

(2) 예상된 정책

① 그래프

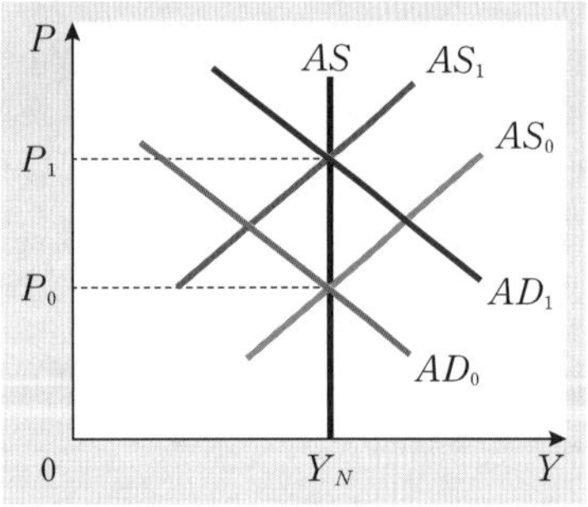

② 물가를 정확히 예상하면($P = P^e$) 수직의 총공급곡선(Y_N =자연산출량 수준)이 도출된다.

③ 예상된 확장적 재정정책은 총수요곡선을 AD_0에서 AD_1으로 이동하여 물가를 상승($P_0 \to P_1$)시킨다.

④ 예상물가수준 상승으로 단기 AS 곡선이 좌측으로 이동하기 때문에 산출량 증가 없이 물가만 상승한다.

⑤ **정책무력성 정리:** 예상된 정책은 단기적으로도 효과가 없다는 것으로, 예상된 정책으로 명목변수인 물가와 명목임금만 변하고, 실질변수인 실질 GDP와 실질임금은 변하지 않는다.

(3) 예상되지 못한 정책

① 그래프

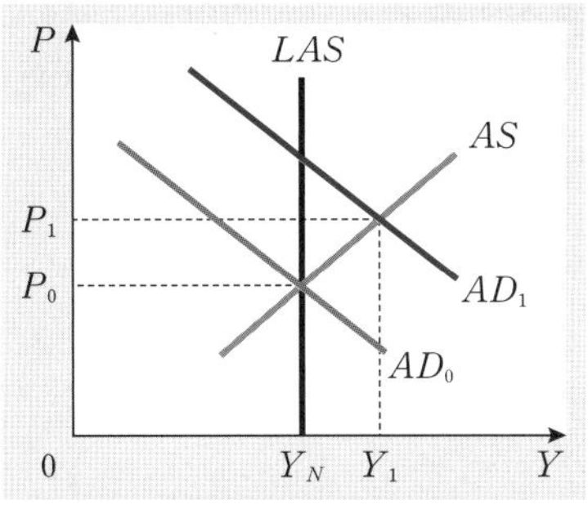

② 단기적으로 예상하지 못한 정책은 경제주체들이 물가를 정확히 예상하지 못하면($P > P^e$) 일반적인 총공급곡선인 우상향의 AS가 도출된다.

③ 예상하지 못한 확장적 정책은 총수요곡선을 우측으로 이동시키므로 국민소득을 Y_1까지 증가시킨다.

④ 안정화정책이 예상하지 못한 경우에만 단기적으로 효과가 있다.

4. 루카스 비판과 최적 정책의 동태적 비일관성

(1) 루카스 비판

① 경제주체들은 상황에 따라 소비나 투자 등을 바꿀 수 있다.

② 케인즈학파의 경제정책 효과를 분석하는 방법은 소비함수, 투자함수 등을 추정한 후 효과를 예측하는 것이다.

③ 이처럼 거시적 행태 방정식을 사전에 설정하고 이에 따라 거시경제효과를 분석하는 것은 잘못이라는 주장이 루카스 비판(Lucas critique)의 주된 내용이다.

④ 따라서 '가정에 의한 함수'가 아닌 경제주체의 최적화행동 및 시장균형의 결과로 도출해야 한다.

(2) 동태적 비일관성

① 현재 시점에서 수립된 최선의 정책이 미래에도 최선의 정책이라면, 이러한 정책은 동태적 일관성이 있다고 한다.

② 그러나 현재 시점에서 수립한 최선의 미래정책이 미래가 도래했을 때 최선의 정책이 아니라면 동태적 일관성이 없는 것이다.

개념확인 문제

Q 총수요확장정책이 장기뿐 아니라 단기에서도 물가만 상승시킬 뿐 실업률 감소에는 기여하지 못한다는 정책무력성 명제와 가장 관계 깊은 이론은? 19년 서울시

① 합리적 기대이론 ② 화폐수량설
③ 내생적 성장이론 ④ 항상소득이론

정답 ①

해설
정책무력성 명제는 합리적 기대를 기반으로 한 새고전학파의 주장이다.

02 새케인즈학파 ★★★

1. 새케인즈(new Keynesian)의 학자와 가정

(1) 학자

테일러(J. B. Taylor), 피셔(S. Fisher) 등이 있다.

(2) 가정

① 새케인즈학파는 새고전학파의 합리적 기대를 수용한다.
② 물가와 명목임금의 완전신축적 조정을 통한 노동시장의 완전청산에 대해서는 견해를 달리하는 케인즈 계열의 이론체계이다.
③ 즉, 가격의 경직성을 바탕으로 정부개입의 당위성을 설명하는 이론이다.

2. 가격과 임금의 경직성과 안정화정책의 효과

(1) 가격 · 임금의 경직성은 경제주체의 최적화행동의 결과

① 근로자가 합리적 기대에 의해 물가상승률을 정확히 예상하고 예상물가상승률만큼 명목임금의 인상을 요구하더라도 명목임금은 노사협상에 의해 결정되는 것이므로 그만큼 인상될 수 없는 것이 일반적 현실이다.
② 물가가 상승할 때 노동고용이 증가하여 총공급량이 증가하므로 단기총공급곡선은 우상향한다. 따라서 단기총수요관리정책은 유효하게 된다.

(2) 안정화정책의 효과

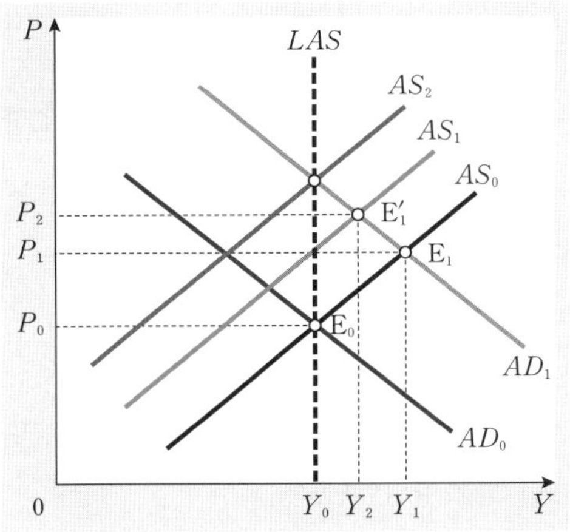

① 예상하지 못한 정책을 실시한 경우

- 최초 균형점(E_0)에서 확대재정, 통화정책을 실시하면 AD 곡선이 우측 이동하여 AD_0에서 AD_1이 된다.
- 예상하지 못하였으므로 AS 곡선은 불변이므로 균형점이 점 E_1이 되어 산출량이 증가($Y_0 \to Y_1$)하고 물가가 상승($P_0 \to P_1$)한다.

② 예상된 정책을 실시한 경우

- 최초 균형점(E_0)에서 확대재정, 통화정책을 실시하면 AD 곡선이 우측 이동하여 AD_0에서 AD_1이 된다.
- 예상된 정책이므로 AS 곡선이 이동($AS_0 \to AS_1$)한다.
- 균형점이 점 E_1' 이 되어 산출량이 증가($Y_0 \to Y_2$)하고 물가가 상승($P_0 \to P_2$)한다.

3. 임금의 경직성이론

(1) 효율성임금이론(실질임금 경직성)

① 의미: 효율성임금은 실질임금 1단위당 근로의욕이 최대가 되는 임금을 의미한다.

② 내용

- 기업이 이윤극대화를 위하여 균형임금보다 높은 임금인 효율성임금을 지급하면 노동시장에서는 비자발적 실업이 발생한다.
- 결국 효율성임금은 균형실질임금보다 높은 수준에서 경직적으로 유지된다.

(2) 내부자-외부자이론(실질임금 경직성)

① 가정

- 내부자(insider)는 기업 내부의 취업자로 기업과 임금협상을 할 수 있는 사람들을 말하며, 외부자(outsider)는 실업자로 남아 있는 노동자로서 기업과 임금협상을 할 자격이 없는 사람들을 말한다.
- 외부자는 내부자보다 생산성이 낮은 것으로 가정한다.

② 내용

- 노동조합과 같은 내부자는 독점적 협상력을 바탕으로 높은 생산성에 맞는 높은 실질임금을 기업에 요구한다.
- 기업은 노동이직비용을 고려하여 내부자와 고용관계를 계속 유지하기를 원하기 때문에 노동조합의 요구대로 내부자에게 높은 실질임금을 지급하므로 실질임금이 경직성을 띠게 된다.

(3) 묵시적 고용계약이론(실질임금 경직성)

① 출발점: 노동자와 기업의 위험에 대한 태도가 다르다는 점이 묵시적 고용계약이론의 출발점이다.

② 위험기피자인 노동자

- 위험기피적인 노동자들은 경기 상태에 관계없이 다소 적지만 일정한 임금을 받기를 원하고, 노동자보다 덜 위험기피적인 기업이 이를 받아들이면 고용관계가 성립한다.
- 이러한 내용을 고용계약서에 명시하지 않아도 고용계약이 묵시적으로 이루어진다.
- 노동자들은 경기 상태, 즉 물가와 관계없이 고용과 소득의 안정성을 보장받으므로 임금이 신축적이지 못하다.

(4) 중첩임금계약이론(명목임금 경직성)

① 중첩임금계약

- 개별 기업의 임금계약시점은 동시적이지 않고 상이하다.
- 기업 간 임금계약의 시점이 겹치는 경우가 발생한다.

② 명목임금의 경직성

- 시차를 두고 임금협상이 이루어지는 경우 명목임금이 여러 기간에 걸쳐 점진적으로 변동된다.
- 경제 전체적으로 상호의존성이 발생하여 한 번에 변하지 않으므로 명목임금이 경직적이 된다.

(5) 장기고용계약이론(명목임금 경직성)

① 장기계약

- 여러 해 동안 동일한 임금으로 노동관계를 유지하는 것이다.
- 노동자들과 고용주는 직업을 찾거나 노동자를 고용하는 데 많은 비용이 발생하므로 장기임금계약을 통하여 안정적인 고용관계를 원한다.

② 명목임금의 경직성: 이렇게 임금이 장기임금계약에 의해 이루어지면 경기 상태에 관계없이 계약기간 동안 임금이 변하지 않으므로 임금이 경직적이 된다.

4. 재화가격에 대한 경직성이론

(1) 메뉴비용이론

① 메뉴비용(menu cost)

- 기업이 가격을 변경하는 데 발생하는 비용으로 가격표와 메뉴판을 새로이 만드는 비용 등 가격변화와 관련된 유형·무형의 비용이다.
- 메뉴비용이 큰 경우 물가가 변하더라도 메뉴를 변동시키지 않는다.

② **비용발생으로 인한 가격 경직성 발생:** 이렇게 가격의 변경에 따르는 비용이 발생하므로 불완전경쟁기업의 경우에는 즉각적으로 가격을 변경하지 않아 가격의 경직성이 발생한다.

(2) 조정실패이론

① 기업 간 가격의 조정
- 현재 경기침체 상태에 있으나 모든 기업들이 협조적으로 행동하여 가격을 인하하면 물가 하락으로 총수요가 다시 증가한다고 하자.
- 일부 기업만 가격을 인하하고 나머지 기업은 가격은 인하하지 않는 경우 이를 조정실패가 발생하였다고 한다.

② **가격의 경직성:** 기업 간 합의가 되면 가격이 동시에 변동하나 그렇지 않은 경우 가격의 경직성이 발생한다.

(3) 중첩가격설정이론

① 중첩가격설정
- 개별 기업들의 가격설정시점이 동시적이지 않고 상이하게 이루어진다.
- 기업 간 가격설정시점이 겹치는 경우가 발생한다.

② 재화 가격의 경직성
- 시차를 두고 가격변동이 이루어지는 경우 재화 가격이 여러 기간에 걸쳐 점진적으로 변동된다.
- 경제 전체적으로 상호의존성이 발생하여 한 번에 변하지 않으므로 재화 가격이 경직적이 된다.

5. 이자율의 경직성

① **이자율의 변동:** 이자율이 상승하면 은행의 이자수익이 증가하는 긍정적인 효과와 위험이 높은 차입자만 차입하려는 부정적 효과가 발생한다.

② **신용할당:** 위험이 높은 차입자들이 늘어나면 역선택에 의해 원금 회수가능성이 낮아지므로 자금시장에 초과수요가 발생하여도 이자율을 조정하지 않고 신용이 확실한 기업에게만 자금을 나누어서 배분하는 신용할당이 발생한다.

③ **이자율의 경직성:** 신용할당이 이루어지는 경우에는 자금시장에서 이자율이 경직적이 되므로 시장청산이 이루어지지 않는다.

6. 새케인즈학파의 실입률 이력현싱(hysteresis)

(1) 의미

① 경기가 회복된 후에도 실업률이 회복되지 않고 자연실업률이 상승한 현상을 의미한다.

② 새케인즈학파에 의해 제시된 이론으로, 자연실업율이 변화하지 않는다는 이론을 비판하였다.

(2) 원인

① 낙인효과

- 불황기에 해고된 사람들은 새로운 기술을 배울 기회를 잃어 노동생산성이 하락하여 불황이 끝났더라도 새로운 일자리를 찾기 어렵다.
- 감원당한 노동자는 열등하다는 신호가 되기 때문에 새로운 일자리를 찾기 어렵다.

② **숙련도 상실**: 실업으로 지내는 동안 기존 숙련도가 낮아지고 새로운 기술을 배울 기회가 사라져 취업이 힘들어진다.

③ **근로에 대한 태도 변화**: 오랜 실업은 노동에 대한 의욕을 줄어들게 하거나 아예 구직행위를 포기하는 경우가 발생한다.

④ **내부자 – 외부자 모형**: 실직된 사람들은 내부자 – 외부자 모형에 의해 임금협상 과정에서 불리한 위치에 있으므로 새로 고용되기가 어려워진다.

(3) 결론

- 경기가 침체되었을 때 실제 실업률이 높아지면 장기에도 원래의 자연실업률에 복귀하지 않음을 보여준다.
- 총수요관리정책이 단기에는 물론 장기에도 영향을 미칠 수 있으므로 적극적 정책이 필요함을 알 수 있다.

개념확인 문제

Q 효율임금이론(efficiency wage theory)에 대한 설명으로 옳지 않은 것은? 21년 국가직

① 효율임금이론은 임금의 하방경직성을 설명할 수 있다.
② 효율임금은 근로자의 도덕적 해이를 완화시킬 수 있다.
③ 효율임금은 근로자의 이직을 감소시킬 수 있다.
④ 효율임금은 노동의 공급과잉을 해소시킬 수 있다.

정답 ④

해설

1) 효율성임금은 기업이 시장임금보다 높게 주는 것으로, 임금의 경직성을 설명하는 이론이다.
2) 노동의 초과공급상태이므로 효율임금은 노동의 공급과잉을 야기할 수 있다.

표로 한눈에 정리하기

01 IS-LM 모형

IS 곡선	$r=-\frac{1-c(1-t)+m}{b}Y+\frac{1}{b}(C_0-cT_0+I_0+G_0+X_0-M_0)$ 케인즈학파 → 급경사, 통화주의자 → 완만함
LM 곡선	$r=\frac{k}{h}Y-\frac{1}{h}\cdot\frac{M_0}{P_0}$ 케인즈학파 → 완만함, 통화주의자 → 급경사
IS와 LM 일치	균형이자율, 균형국민소득이 만들어짐

02 총수요와 총공급

총수요	소비 + 투자 + 정부지출 + 순수출
통화정책	통화주의자는 효과 크다고 주장, 케인즈학파는 유동성함정으로 반박
재정정책	케인즈학파는 효과 크다고 주장, 통화주의자는 구축효과로 반박
리카도의 등가정리	유동성제약이 없다면 정부정책이 총수요에 영향을 미치지 못함
루카스 총공급곡선	$Y=Y_N+\alpha(P-P^e)$
총수요와 총공급 일치	균형물가, 균형국민소득이 만들어짐

03 물가와 인플레이션

물가지수	• 기준연도와 비교한 물가 • 소비자물가지수는 라스파이레스 방식 • GDP 디플레이터는 파셰 방식
물가상승률	물가지수의 변화율(전년대비)
피셔 가설	명목이자율 - 물가상승률 = 실질이자율
인플레이션 시 유리한 사람	채무자, 실물보유자, 자영업자, 수입업자

04 실업

고용지표	실업률, 취업률, 경제활동참가율, 고용률
자연실업률	$\frac{U}{L}=\frac{s}{f+s}$ (s는 실직률, f는 취업률)

05 필립스 곡선

필립스 곡선	• 물가와 실업은 반비례 총수요 측면 성립 • 총공급 측면 성립 안 함
자연실업률가설	정부지출은 물가만 올릴 뿐 실업과는 관련이 없음
새고전학파의 필립스 곡선	$\pi=\pi^e-\alpha(u-u_N)$ (π^e: 기대인플레이션율, U_N: 자연실업률)

06 학파별 견해

고전학파	완전예견, 가격의 신축성
케인즈학파	• 투자의 이자율탄력성이 작아 IS 곡선이 급경사의 형태를 띰 • 화폐수요의 이자율탄력성이 크므로 LM 곡선이 완만하게 도출됨 • 적응적 기대에 입각한 케인즈학파의 총공급곡선은 단기 우상향, 장기 수직선의 형태 • 재정정책 효과적, 통화정책 무력 • 우하향의 필립스 곡선
통화주의자	• 투자의 이자율탄력성이 크므로 IS 곡선은 완만한 형태임 • 화폐수요의 이자율탄력성이 작으므로 LM 곡선은 급경사의 형태임 • 재정정책 무력, 통화정책 효과적 • 필립스 곡선은 단기에는 우하향의 형태이며, 장기에는 적응적 기대인 자연실업률가설에 입각하여 수직의 형태임
공급경제학	래퍼 곡선
새고전파	• 합리적 기대 • 가격의 신축성 강조 • 루카스 총공급곡선 $Y=Y_N+\alpha(P-P^e)$ • 예상된 정책은 영향을 끼치지 못하고 예상되지 못한 정책만 영향을 끼침 • 동태적 비일관성
새케인즈학파	• 합리적 기대 • 가격의 경직성 강조 • 임금의 경직성: 내부자-외부자이론, 묵시적 고용계약이론 등 • 재화가격의 경직성: 메뉴비용 등 • 실업의 이력현상

개념확인 OX 문제

01 생산물시장의 균형은 IS 곡선으로, 화폐시장의 균형은 LM 곡선으로 나타낸다. (O | X)

02 IS 곡선의 하방은 생산물시장이 초과공급상태이고, IS 곡선의 상방은 생산물시장이 초과수요상태이다. (O | X)

03 투자의 이자율탄력성이 클수록 IS 곡선이 완만(탄력적)해진다. (O | X)

04 정부지출이 증가하면 IS 곡선은 좌측으로 이동하고, 조세가 증가하면 IS 곡선은 우측으로 이동한다. (O | X)

05 유발투자가 존재하면 보다 완만한 IS 곡선이 도출된다. (O | X)

06 LM 곡선의 하방은 초과공급상태이고, LM 곡선의 상방은 초과수요상태이다. (O | X)

07 화폐수요의 이자율탄력성이 클수록 LM 곡선이 완만(탄력적)해진다. (O | X)

08 통화량 증가로 LM 곡선은 좌측으로 이동하고, 물가 상승으로 LM 곡선은 우측으로 이동한다. (O | X)

09 통화공급의 내생성이 있다면, 보다 완만한 우상향 형태의 LM 곡선이 도출된다. (O | X)

10 IS 곡선이 급경사일수록 재정정책의 유효성은 커진다. (O | X)

11 LM 곡선이 완만할수록 재정정책의 유효성은 작아진다. (O | X)

12 투자의 이자율탄력성이 클수록, 화폐수요의 이자율탄력성이 작을수록 구축효과는 커진다. (O | X)

13 소비자가 합리적이고, 경제활동인구증가율 불변, 유동성제약이 없어야 리카르도 등가정리가 성립한다. (O | X)

14 IS 곡선이 완만할수록 통화정책의 유효성은 커진다. (O | X)

15 LM 곡선이 급경사일수록 통화정책의 유효성은 커진다. (O | X)

16 케인즈학파는 화폐 부문(LM 곡선)이 불안정하기에 이자율을 중간목표로 사용할 때 실질 GDP의 변동이 작다고 주장한다. (O | X)

17 물가수준이 하락하면 경제주체가 보유한 자산의 실질가치 또한 하락한다. (O | X)

정답 및 해설

01 ○ **02** × IS 곡선의 상방은 균형보다 이자율이 높기 때문에 투자과소로 생산물시장이 초과공급상태이고, IS 곡선의 하방은 균형보다 이자율이 낮기 때문에 투자과다로 생산물시장이 초과수요상태이다. **03** ○ **04** × 정부지출이 증가하면 IS 곡선은 우측으로 이동하고, 조세가 증가하면 IS 곡선은 좌측으로 이동한다. **05** ○ **06** × LM 곡선의 상방은 균형보다 이자율이 높기 때문에 투기적 화폐수요가 적어 화폐시장이 초과공급상태이고, LM 곡선의 하방은 균형보다 이자율이 낮기 때문에 투기적 화폐수요가 과다하여 화폐시장이 초과수요상태이다. **07** ○ **08** × 통화량 증가로 LM 곡선은 우측으로 이동하고, (거래적 동기)화폐수요 증가, 물가 상승으로 LM 곡선은 좌측으로 이동한다. **09** ○ **10** ○ **11** × LM 곡선이 완만할수록 화폐수요의 이자율탄력성이 커서 이자율 상승폭이 작기에 민간투자가 적게 감소한다. 따라서 구축효과가 작고, 재정정책의 유효성은 커진다. **12** ○ **13** ○ **14** ○ **15** ○ LM 곡선이 급경사일수록 화폐수요의 이자율탄력성이 작아 이자율 하락폭이 크기 때문에 민간투자가 크게 증가한다. 따라서 금융정책의 유효성은 커진다. **16** ○ **17** × 물가수준이 하락하면 화폐가치가 상승하므로 자산의 가치는 상승한다.

18 물가수준의 하락은 실질통화공급의 증가를 가져와 이자율이 하락한다. (O | X)

19 물가하락이 화폐구매력 증가를 가져와 실질부 증가에 의한 소비 증가를 초래하여 총수요(국민소득)를 증가시키는데, 이를 피구효과라 한다. (O | X)

20 통화량 증가로 LM 곡선은 좌측으로 이동하여 AD 곡선은 좌측으로 이동한다. (O | X)

21 총생산함수와 노동시장균형으로부터 AS 곡선이 도출된다. (O | X)

22 완전고용에 근접하면 AS 곡선은 완만하고, 유휴설비가 존재하면 AS 곡선은 급경사를 보인다. (O | X)

23 거시경제학에서는 기업의 진입과 퇴출이 자유롭게 일어나는 기간을 장기라고 한다. (O | X)

24 고전학파는 총공급곡선이 완전고용수준에서 수직의 형태를 갖는다고 본다. (O | X)

25 총공급곡선의 이동에는 오랜 시간이 소요되는 편이다. (O | X)

26 소비자물가지수는 국내에서 생산된 모든 상품만 포함한다. (O | X)

27 GDP 디플레이터는 수입품 가격을 포함하지 않는다. (O | X)

28 소비자물가지수는 대체효과와 신상품의 출현, 품질변화를 반영하지 못한다. (O | X)

29 기대인플레이션율 상승분이 모두 명목이자율 상승으로 반영되지 못하여 실질이자율이 하락하는 효과를 먼델-토빈효과라 한다. (O | X)

30 물가지수는 화폐의 구매력과 무관하다. (O | X)

31 통화주의는 '인플레이션은 언제나 어디에서나 화폐적인 현상이다.'라고 주장한다. (O | X)

32 인플레이션이란 물가수준이 지속적으로 상승하는 현상이다. (O | X)

33 인플레이션율의 계산에 소비자물가지수는 사용할 수 있지만 생산자물가지수는 사용할 수 없다. (O | X)

34 케인즈학파는 총수요조절을 위한 긴축재정정책으로 인플레이션에 대응할 수 있다고 본다. (O | X)

35 비용인상 인플레이션은 생산비의 상승으로 AS 곡선이 좌측으로 이동하면서 발생한다. (O | X)

정답 및 해설

18 ○ **19** ○ **20** × 소비 증가, 투자 증가, 정부지출 증가, 수출 증가, 수입 감소, 조세 감소로 IS 곡선은 우측으로 이동하고, 통화량 증가, 화폐수요 감소로 LM 곡선은 우측으로 이동하여 AD 곡선은 우측으로 이동한다. **21** ○ 총생산함수와 학파 간 차이가 없는 실질임금의 감소함수인 노동수요곡선과 학파 간 차이가 있는 기대의 종류에 따른 노동공급곡선으로부터 AS 곡선이 도출된다. **22** × 유휴설비가 존재하면 큰 비용 증가 없이 산출량 증가가 가능하기에 AS 곡선은 완만하고, 완전고용에 근접하면 산출량 증가를 위해 보다 많은 비용이 필요하기에 AS 곡선은 급경사를 보인다. **23** × 모든 가격변수가 신축적으로 이루어지고 있으며, 경제주체들의 예측이 정확하게 들어맞고 있는 상황을 거시경제학의 장기라고 한다. **24** ○ **25** ○ **26** × 소비자물가지수는 수입품의 소비도 포함하는 개념이다. **27** ○ **28** ○ **29** ○ **30** × 물가지수가 100보다 커지면 물가가 상승하는 것이므로 화폐의 구매력에 영향을 미친다. **31** ○ **32** ○ **33** × 인플레이션율은 물가지수의 변화율이다. **34** ○ **35** ○

36 스태그플레이션은 물가 상승과 경기침체가 동시에 일어나는 현상이다. (O | X)

37 초인플레이션과 스태그플레이션은 같은 현상이다. (O | X)

38 실질이자율은 실제 거래에서 통용되는 이자율이다. (O | X)

39 인플레이션율이 0이면 명목이자율과 실질이자율은 같다. (O | X)

40 인플레이션은 상품의 상대가격 변화를 가져와 자원배분을 왜곡시킴으로써 비효율을 초래한다. (O | X)

41 예상치 못한 인플레이션이 발생하면 채권자에게는 유리하나 채무자에게는 불리하다. (O | X)

42 실업률이 높아지면 취업률이 높아진다. (O | X)

43 취업률은 노동가능인구 중에서 직업을 가진 자의 비율을 의미한다. (O | X)

44 실업률은 경제활동인구 대비 실업자의 비율이다. (O | X)

45 실업률은 실망실업자를 잡아내지 못하기 때문에 실업률이 과소평가되는 경향이 있다. (O | X)

46 취업자 수가 변하지 않아도 취업률은 변할 수 있다. (O | X)

47 마찰적 실업은 대표적인 비자발적 실업에 해당한다. (O | X)

48 오쿤의 법칙을 통해 실업에 따른 산출량 손실을 계산할 수 있다. (O | X)

49 정규직 일자리가 많아져야 실업률이 낮아진다. (O | X)

50 필립스 곡선은 물가상승률과 실업률 간의 관계를 나타낸다. (O | X)

51 케인즈학파는 필립스 곡선을 재량적인 재정 · 통화정책의 옹호수단으로 이용한다. (O | X)

52 고전학파는 미세조정을 통해 경제를 안정시키는 것이 가능하다고 본다. (O | X)

53 자연실업률은 인플레이션을 가속 또는 감속시키지 않는 수준의 실업률을 의미한다. (O | X)

54 기대인플레이션이 조정되더라도 필립스 곡선은 이동하지 않는다. (O | X)

55 장기 필립스 곡선은 인플레이션율과 실업률 사이의 상충관계를 나타낸다. (O | X)

56 경제활동인구와 노동가능인구는 동일하다. (O | X)

57 화폐환상은 실질임금의 변화 없이 명목임금만 오르더라도 경제주체들이 실질임금이 오른 것으로 착각하는 것을 의미한다. (O | X)

58 기대 부가 필립스 곡선은 장기의 경우 실업률 감소의 재량적인 안정화정책은 물가 상승만 초래한다. (O | X)

정답 및 해설

36 ○ 37 × 초인플레이션은 인플레이션율이 매우 높은 것이며, 스태그플레이션은 불황속의 인플레이션을 뜻한다. 38 × 실질이자율은 명목이자율에서 물가상승률을 뺀 값이다. 39 ○ 40 ○ 41 × 채무자가 유리하고 채권자가 불리하다. 42 × 실업률과 취업률을 더하면 100%이므로 한쪽이 올라가면 다른 쪽은 반드시 감소한다. 43 × 경제활동인구 중에서 직업을 가진 자의 비율이 취업률이다. 문제로 제시된 내용은 고용률을 말한다. 44 ○ 45 ○ 46 ○ 47 × 마찰적 실업은 대표적인 자발적 실업이다. 48 ○ 49 × 정규직이든 비정규직이든 일자리가 많아지면 실업률은 낮아진다. 50 ○ 51 ○ 52 × 미조정은 케인즈학파의 이론이다. 53 ○ 54 × 기대인플레이션이 조정되면 필립스 곡선은 이동한다. 55 × 장기 필립스 곡선은 자연실업률 수준에서 수직선으로 물가상승률과 실업률 사이에 상충관계가 없다. 56 × 노동가능인구= 경제활동인구+비경제활동인구이다. 57 ○ 58 ○

59 실업보험, 최저임금제, 노동조합은 모두 자연실업률을 높인다. (O|X)

60 (극단적) 케인즈는 통화정책효과는 전혀 없고, 구축효과가 없기에 재정정책효과는 크다고 본다. (O|X)

61 통화주의자는 경제안정화는 준칙에 의해 통화공급증가율을 일정하게 유지해야 한다고 주장한다. (O|X)

62 합리적 기대 속에 시장청산이 가능하다는 것이 새고전학파의 기본 가정이다. (O|X)

63 물가예상이 부정확하면 루카스 단기총공급곡선이 우상향이다. (O|X)

64 예상된 정책은 단기적으로도 효과가 없다는 것이 정책무력성정리이다. (O|X)

65 루카스 비판은 정책효과를 달성하기 위해서는 정책변화에 따른 경제구조 변화를 고려하여 정책을 수립하고 집행해야 한다는 주장이다. (O|X)

66 합리적 기대 속에도 시장청산이 곤란하다는 것이 새케인즈학파의 기본 가정이다. (O|X)

67 새케인즈학파의 경우, 예상된 정책은 AD 곡선 우측이동과 AS 곡선 일부 좌측이동으로 산출량이 증가한다고 본다. (O|X)

정답 및 해설

59 ○ 60 ○ 61 ○ 62 ○ 63 ○ 64 ○ 65 ○ 66 ○ 67 ○

기출 + 예상문제

PART Ⅲ

Chapter 01 IS-LM 모형 ~ Chapter 02 총수요와 총공급

★★☆

01 IS 곡선이나 LM 곡선의 기울기를 가파르게 하는 것만을 모두 고른 것은? 13년 지방직

ㄱ. 화폐수요의 소득에 대한 탄력성이 커졌다.
ㄴ. 화폐수요의 이자율에 대한 탄력성이 작아졌다.
ㄷ. 투자의 이자율에 대한 탄력성이 커졌다.

① ㄱ, ㄴ
② ㄱ, ㄷ
③ ㄴ, ㄷ
④ ㄱ, ㄴ, ㄷ

★★☆

02 폐쇄경제하에서 $IS-LM$ 곡선에 대한 설명으로 옳지 않은 것은? 14년 국가직

① 유동성함정에서 LM 곡선은 수직이 된다.
② 민간수요가 줄어들면 IS 곡선은 좌측으로 이동한다.
③ 정부가 재정지출을 늘리면 IS 곡선은 우측으로 이동한다.
④ LM 곡선의 이동은 거래적 화폐수요에 의하여 영향을 받는다.

정답 및 해설

01 정답 ①

주제 $IS-LM$ 곡선

해설

1) 화폐수요의 소득탄력성이 커지거나 화폐수요의 이자율탄력성이 작아지면 LM 곡선이 급경사로 도출된다.
2) 한편, 투자의 이자율탄력성이 커지면 IS 곡선이 완만한 형태로 도출된다.

02 정답 ①

주제 $IS-LM$ 곡선

해설

유동성함정(liquidity trap) 구간에서는 화폐수요의 이자율탄력성이 무한대이므로 LM 곡선이 수평선으로 도출된다.

★★☆

03 **다음과 같은 폐쇄경제의 $IS-LM$ 모형을 전제할 경우, (　) 안에 들어갈 용어로 옳게 묶인 것은?** 12년 노무사

- IS 곡선: $r = 5 - 0.1Y$ (단, r은 이자율, Y는 국민소득)
- LM 곡선: $r = 0.1Y$
- 현재 경제 상태가 국민소득은 30이고 이자율이 2.5라면, 상품시장은 (ㄱ)이고 화폐시장은 (ㄴ)이다.

	ㄱ	ㄴ
①	균형	균형
②	초과수요	초과수요
③	초과공급	초과공급
④	초과수요	초과공급
⑤	초과공급	초과수요

★★★

04 **다음과 같이 생산물시장과 화폐시장이 주어졌을 때, $G=100$, $M^S=500$, $P=1$이고 균형재정일 경우, 균형국민소득(Y)과 균형이자율(r)은?** 14년 국가직

- $Y = C + I + G$
- $C = 100 + 0.8(Y - T)$
- $I = 80 - 10r$
- $\frac{M^d}{P} = Y - 50r$

(단, C는 소비, I는 투자, G는 정부지출, T는 조세, M^S는 명목화폐공급, M^d는 명목화폐수요, P는 물가를 나타내고, 해외 부문과 총공급 부문은 고려하지 않음)

① $Y=750$, $r=5$

② $Y=750$, $r=15$

③ $Y=250$, $r=5$

④ $Y=250$, $r=15$

★★☆

05

$IS-LM$ 모형에서, IS 곡선이 $Y=1,200-60r$, 화폐수요곡선은 $\frac{M^d}{P}=Y-60r$, 통화량은 800, 물가는 2이다. 통화량이 1,200으로 상승하면, Y는 얼마나 증가하는가? (단, Y는 국민소득, r은 실질이자율, P는 물가) 18년 서울시

① 50 ② 100

③ 150 ④ 200

정답 및 해설

03 정답 ⑤

주제 $IS-LM$ 곡선

해설

1) 주어진 식에서 국민소득이 25이고 균형이자율은 2.5이다.
2) 문제에서 현재 상태의 국민소득이 30이므로 IS 곡선의 상방, LM 곡선의 하방에 위치하게 된다.
3) 따라서 생산물시장은 초과공급이고 화폐시장은 초과수요이다.

04 정답 ①

주제 $IS-LM$의 균형

해설

1) 정부지출 $G=100$이고, 정부재정이 균형이므로 조세 $T=100$임을 알 수 있다.
2) IS 곡선과 LM 곡선이 일치하는 지점에서 균형가격과 균형이자율이 결정된다.
3) IS 곡선을 도출하면 $Y=C+I+G=100+0.8(Y-100)+80-10r+100 \rightarrow 0.2Y=200-10r$이므로 $Y=1,000-50r$이다.
4) LM 곡선을 도출하면 $\frac{M^d}{P}=\frac{M^s}{P}$이므로 $Y-50r=500$이다. 따라서 $Y=500+50r$이다.
5) 두 식을 연립하면 $1,000-50r=500+50r$, $100r=500$이므로 균형이자율 $r=5$이다.
6) $r=5$를 IS 곡선 혹은 LM 곡선 식에 대입하면 균형국민소득 $Y=750$이다.

05 정답 ②

주제 $IS-LM$의 균형

해설

1) LM 곡선을 구하기 위해 $\frac{M^d}{P}=\frac{M^S}{P}$로 두면 $Y-60r=\frac{M^S}{2}$, $Y=\frac{M^S}{2}+60r$이다. 그러므로 통화량이 800일 때는 $\frac{800}{2}=Y-60r \rightarrow Y=400+60r$이다.
2) 통화량이 800일 때 LM 곡선 식이 $Y=400+60r$이므로 IS 곡선 식 $Y=1,200-60r$과 연립해서 풀면 $1,200-60r=400+60r$, $120r=800$, $r=\frac{20}{3}$이다.
3) $r=\frac{20}{3}$을 IS 곡선(혹은 LM 곡선) 식에 대입하면 $Y=800$으로 계산된다.
4) 통화량이 1,200일 때는 LM 곡선 식이 $Y=600+60r$이므로 IS곡선 식 $Y=1,200-60r$과 연립해서 풀면 $1,200-60r=600+60r$, $120r=600$, $r=5$이다.
5) $r=5$를 IS 곡선(혹은 LM 곡선) 식에 대입하면 $Y=900$으로 계산된다.
6) 그러므로 통화량이 800에서 1,200으로 증가하면 국민소득이 100만큼 증가함을 알 수 있다.

★★★
06

폐쇄경제하의 국민소득결정에 관한 $IS-LM$ 모형이 〈보기〉와 같다. 생산물시장과 화폐시장이 동시에 균형을 이룰 때 균형이자율과 균형국민소득은? 19년 서울시

〈보기〉

- 소비함수: $C=200+0.8(Y-T)$
- 투자함수: $I=260-20R$
- 정부지출: $G=140$
- 조세: $T=0.375Y$
- 물가수준: $P=100$
- 화폐공급: $M^s=20{,}000$
- 화폐수요: $\frac{M^d}{P}=100+0.2Y-20R$

(단, Y는 국민소득, R은 이자율)

	균형이자율	균형국민소득
①	4	900
②	5	900
③	4	1,000
④	5	1,000

★★☆
07

$IS-LM$ 모형을 이용한 분석에서 LM 곡선은 수평이고 소비함수는 $C=200+0.8Y$이다. 정부지출을 2,000억 원 증가시킬 때, 균형소득의 증가량은? (단, C는 소비, Y는 소득) 18년 서울시

① 8,000억 원

② 1조 원

③ 1조 2,000억 원

④ 유동성함정 상태이므로 소득 증가는 발생하지 않는다.

★☆☆

08 다음 중 총수요곡선을 우측으로 이동시키는 요인으로 옳은 것을 모두 고른 것은? 17년 노무사

ㄱ. 주택담보대출의 이자율 인하
ㄴ. 종합소득세율 인상
ㄷ. 기업에 대한 투자세액공제 확대
ㄹ. 물가수준 하락으로 가계의 실질자산가치 증대
ㅁ. 해외경기 호조로 순수출 증대

① ㄱ, ㄴ, ㄹ　② ㄱ, ㄷ, ㅁ　③ ㄱ, ㄹ, ㅁ
④ ㄴ, ㄷ, ㄹ　⑤ ㄴ, ㄷ, ㅁ

정답 및 해설

06 정답 ④

주제 $IS-LM$의 균형

해설

1) IS 곡선을 구하면 $Y=C+I+G=200+0.8(Y-0.375Y)+260-20R+140 \rightarrow 0.5Y=600-20R$ $\rightarrow Y=1{,}200-40R$이다.

2) LM 곡선을 구하면 $\frac{M^d}{P}=\frac{M^s}{P}$, $100+0.2Y-20R=200 \rightarrow 0.2Y=100+20R \rightarrow Y=500+100R$이다.

3) 이를 연립해서 풀면 $1{,}200-40R=500+100R$, $140R=700$, $R=5$이다.

4) 균형이자율 $R=5$를 IS 곡선 혹은 LM 곡선 식에 대입하면 균형국민소득 $Y=1{,}000$이다.

07 정답 ②

주제 $IS-LM$의 균형

해설

1) LM 곡선이 수평선인 경우 IS 곡선이 오른쪽으로 이동하면 그만큼 국민소득이 증가한다.

2) 정부지출이 증가하면 IS 곡선이 (정부지출 증가분×승수)만큼 오른쪽으로 이동한다.

3) 한계소비성향(c)이 0.8이면 정부지출승수 $\frac{dY}{dG}=\frac{1}{1-c}=\frac{1}{1-0.8}=5$이므로, 정부지출이 2,000억 원 증가하면 IS 곡선이 1조 원만큼 오른쪽으로 이동한다.

08 정답 ②

주제 총수요곡선의 이동

해설

ㄱ, ㄷ, ㅁ. 주택담보대출 이자율 하락으로 주택투자가 증가한 경우, 투자세액공제로 기업의 투자가 증가한 경우, 순수출이 증가한 경우에는 총수요곡선이 오른쪽으로 이동한다.

오답체크

ㄴ. 종합소득세율이 인상되면 민간의 가처분소득 감소로 민간소비가 감소하므로 총수요곡선이 왼쪽으로 이동한다.
ㄹ. 물가수준이 하락하면 총수요곡선이 이동하는 것이 아니라 총수요곡선상에서 우하방의 점으로 이동한다.

★★☆
09 다음 중 총수요곡선이 우하향하는 이유로 옳은 것을 모두 고른 것은?
19년 노무사

ㄱ. 자산효과: 물가수준이 하락하면 자산의 실질가치가 상승하여 소비지출이 증가한다.
ㄴ. 이자율효과: 물가수준이 하락하면 이자율이 하락하여 투자지출이 증가한다.
ㄷ. 환율효과: 물가수준이 하락하면 자국 화폐의 상대가치가 하락하여 순수출이 증가한다.

① ㄱ ② ㄴ ③ ㄱ, ㄴ
④ ㄴ, ㄷ ⑤ ㄱ, ㄴ, ㄷ

★☆☆
10 단기총공급곡선에 대한 설명으로 옳은 것은?
17년 10월 국가직

① 단기에 있어서 물가와 총생산물공급량 간의 음(−)의 관계를 나타낸다.
② 소매상점들의 바코드 스캐너 도입에 따른 재고관리의 효율성 상승은 단기총공급곡선을 오른쪽으로 이동시킨다.
③ 원유가격의 상승으로 인한 생산비용의 상승은 단기총공급곡선을 오른쪽으로 이동시킨다.
④ 명목임금의 상승은 단기총공급곡선을 이동시키지 못한다.

★☆☆
11 장기총공급곡선이 이동하는 이유가 아닌 것은?
16년 서울시

① 노동인구의 변동
② 자본량의 변동
③ 기술지식의 변동
④ 예상물가수준의 변동

★☆☆

12 장기총공급곡선의 이동에 관한 설명으로 옳지 않은 것은? 16년 노무사

① 자연실업률이 증가하면, 왼쪽으로 이동한다.
② 인적 자본이 증가하면, 오른쪽으로 이동한다.
③ 생산을 증가시키는 자원이 발견되면, 오른쪽으로 이동한다.
④ 기술지식이 진보하면, 오른쪽으로 이동한다.
⑤ 예상물가수준이 하락하면, 왼쪽으로 이동한다.

정답 및 해설

09 정답 ⑤

주제 총수요곡선이 우하향하는 이유

해설

모두 옳은 내용이다.

10 정답 ②

주제 단기총공급곡선

해설

소매상점들의 바코드 스캐너 도입에 따른 재고관리의 효율성 상승은 비용을 감소시키므로 단기총공급곡선을 오른쪽으로 이동시킨다.

오답체크

① 단기총공급곡선이 우상향하므로 물가와 총생산물의 공급량은 양(+)의 관계를 보인다.
③, ④ 원유가격이 상승하거나 명목임금이 상승하면 생산비용이 높아지므로 단기총공급곡선이 왼쪽으로 이동한다.

11 정답 ④

주제 장기총공급곡선

해설

장기총공급곡선은 잠재 GDP 수준에서 수직선이므로 예상물가수준의 변동은 장기총공급곡선에 아무런 영향을 미치지 않는다.

12 정답 ⑤

주제 장기총공급곡선

해설

장기총공급곡선은 잠재 GDP 수준에서 수직선이므로 예상물가수준의 변화는 장기총공급곡선에 아무런 영향을 미치지 않는다.

★★★

13 **명목임금 w가 5로 고정된 다음의 케인지언 단기폐쇄경제모형에서 총공급곡선의 방정식으로 옳은 것은?** 14년 지방직

> • 소비함수: $C=10+0.7(Y-0.7)$
> • 투자함수: $I=7-0.5r$
> • 정부지출: $G=5$
> • 생산함수: $Y=2\sqrt{L}$
> (단, C는 소비, Y는 산출, T는 조세, I는 투자, r은 이자율, G는 정부지출, L은 노동, P는 물가, W는 명목임금을 나타내며, 노동자들은 주어진 명목임금 수준에서 기업이 원하는 만큼의 노동을 공급함)

① $Y=P$

② $Y=22$에서 수직이다.

③ 조세 T를 알 수 없어 총공급곡선을 알 수 없다.

④ $P=\frac{5}{2}Y$

★★☆

14 **총수요-총공급($AD-AS$)모형에 대한 설명으로 옳은 것은?** 16년 국가직

① 정부가 이전지출 규모를 축소하면 총수요곡선이 우측으로 이동한다.

② 기대물가의 상승은 총공급곡선을 상방으로 이동시킨다.

③ 팽창적 통화정책의 시행은 총수요곡선의 기울기를 가파르게 한다.

④ 균형국민소득이 완전고용국민소득보다 작다면 인플레이션 갭이 발생하여 물가상승압력이 커진다.

★☆☆
15 경제가 장기균형상태에 있다고 하자. 유가 충격으로 인해 석유 가격이 크게 상승했다. 다음 설명 중 가장 옳지 않은 것은? 19년 서울시

① 단기총공급곡선의 이동으로 인해 단기에는 스태그플레이션이 발생한다.
② 단기균형상태에서 정부지출을 증가시키면 실질 GDP가 증가하지만 물가수준의 상승을 피할 수 없다.
③ 단기균형상태에서 통화량을 감소시키면 물가수준이 하락하고 실질 GDP는 감소한다.
④ 생산요소 가격이 신축성을 가질 정도의 시간이 주어지면 장기공급곡선이 이동하여 새로운 장기균형이 형성된다.

정답 및 해설

13 정답 ④

주제 총공급곡선의 도출

해설

1) 총공급곡선 식은 총생산함수와 노동시장을 결합하여 도출할 수 있다.
2) 노동시장의 균형조건은 $w=P\times MP_L$이다.
3) 총생산함수를 L에 대해 미분하면 $MP_L=L^{-\frac{1}{2}}=\frac{1}{\sqrt{L}}$이다.
4) $W=5$로 주어져 있으므로 이를 대입하면 $5=\frac{P}{\sqrt{L}}$, $\sqrt{L}=\frac{1}{5}P$이므로 균형고용량 $L=\frac{1}{25}P^2$이다.
5) $L=\frac{1}{25}P^2$을 총생산함수 $Y=2\sqrt{L}$에 대입하면 물가와 총생산량의 관계를 나타내는 총공급곡선의 식이 $Y=\frac{2}{5}P$이므로 $P=\frac{5}{2}Y$로 변형할 수 있다.

14 정답 ②

주제 총수요-총공급

해설

노동자들의 기대물가가 상승하면 노동자들의 임금 인상 요구로 비용 인상이 발생하므로 총공급곡선이 왼쪽으로 이동한다.

오답체크

① 정부가 이전지출규모를 축소하면 민간의 가처분소득의 감소로 민간소비가 감소하여 총수요곡선이 왼쪽으로 이동한다.
③ 팽창적 통화정책이 시행되면 이자율 하락으로 민간투자가 증가하므로, 총수요곡선의 기울기가 변하는 것이 아니라 총수요곡선이 오른쪽으로 이동한다.
④ 균형국민소득이 완전고용국민소득에 미달하면 디플레이션 갭이 존재하므로 물가 하락 압력이 발생한다.

15 정답 ④

주제 총수요-총공급

해설

생산요소 가격이 신축성을 가질 정도의 시간이 주어지면 단기공급곡선이 이동하여 새로운 장기균형이 형성된다.

★★★
16 **현 경제 상황이 장기균형에 있다고 가정하자. 최근 현금자동입출금기를 설치하고 운영하는 비용이 더욱 낮아지면서 통화수요가 하락하는 상황이 발생하였다. 이 상황은 장단기균형에 어떠한 영향을 미치는가?** 14년 서울시

① 단기에는 가격수준과 실질 GDP는 증가하지만, 장기에는 영향이 없다.
② 단기에는 가격수준과 실질 GDP는 증가하지만, 장기에는 가격수준만 상승할 뿐 실질 GDP에 대한 영향은 없다.
③ 단기에는 가격수준과 실질 GDP는 하락하지만, 장기에는 영향이 없다.
④ 단기에는 가격수준과 실질 GDP는 하락하지만, 장기에는 가격수준만 하락할 뿐 실질 GDP에 대한 영향은 없다.
⑤ 단기에는 가격수준과 실질 GDP는 증가하고, 장기에도 가격수준과 실질 GDP 모두 증가한다.

★★★
17 **어떤 경제가 장기균형 상태에 있다고 가정하자. 그런데 갑자기 주식시장이 폭락한 반면, 해외로부터 숙련노동자의 이민(유입)이 급격히 증가하였다. 이런 상황이 동시에 발생할 경우 현 상태에 비해 새로운 장단기균형의 결과는?** 13년 서울시

① 단기적으로 실질 GDP는 증가하고 가격수준의 변화는 불확실하며, 장기적으로도 실질 GDP는 증가하고 가격수준의 변화 역시 불확실하다.
② 단기적으로 가격수준은 하락하고 실질 GDP의 변화는 불확실하나, 장기적으로는 실질 GDP와 가격수준에 영향은 없다.
③ 단기적으로 가격수준은 증가하고 실질 GDP의 변화는 불확실하나, 장기적으로는 실질 GDP는 증가하고 가격수준은 하락한다.
④ 단기적으로 가격수준은 하락하고 실질 GDP의 변화는 불확실하나, 장기적으로는 실질 GDP는 증가하고 가격수준은 하락한다.
⑤ 단기적으로 실질 GDP는 하락하고 가격수준의 변화는 불확실하며, 장기적으로도 실질 GDP는 하락하고 가격수준의 변화 역시 불확실하다.

★☆☆
18 원자재 가격 상승 충격이 발생할 경우 거시경제의 단기균형과 관련한 다음 분석 중 옳은 것은?

15년 서울시

① 물가가 상승하고 실업률이 하락한다.
② 정부가 산출량안정을 도모하려면 총수요 축소정책을 실시하여야 한다.
③ 정부가 재정정책을 통하여 물가안정과 산출량안정을 동시에 달성할 수 있다.
④ 중앙은행이 물가안정을 위하여 통화정책을 사용할 경우 실업률이 추가적으로 상승한다.

정답 및 해설

16 정답 ②
주제 총수요－총공급
해설
1) 현금자동입출금기의 보급 확대로 화폐수요가 감소하면 실질통화량이 증가하는 효과가 발생하므로 총수요곡선이 오른쪽으로 이동한다.
2) 총수요곡선이 오른쪽으로 이동하면 단기적으로 실질 GDP가 증가하고 물가도 상승한다.
3) 그러나 장기에는 물가만 상승하고 실질 GDP는 잠재 GDP 수준으로 돌아가게 된다.

17 정답 ④
주제 총수요－총공급
해설
1) 주가가 하락하면 토빈의 q값이 낮아지므로 민간투자가 감소한다. 이로 인해 총수요가 감소하므로 총수요곡선이 왼쪽으로 이동한다.
2) 한편, 이민자의 유입으로 숙련노동자의 수가 증가하면 경제의 생산능력이 커지므로 우상향하는 단기총공급곡선과 수직의 장기총공급곡선이 모두 오른쪽으로 이동한다.
3) 단기에 총수요곡선이 왼쪽으로 이동하고 단기총공급곡선이 오른쪽으로 이동하면 물가는 명백히 하락하나 실질 GDP의 증감 여부는 불분명하다.
4) 장기균형은 총수요곡선과 장기총공급곡선이 교차하는 점에서 이루어지므로 총수요곡선이 왼쪽으로 이동하고, 수직의 장기총공급곡선이 오른쪽으로 이동하면 새로운 장기균형에서의 실질 GDP는 최초의 균형에서보다 증가하고 물가수준도 더 낮은 수준으로 유지된다.

18 정답 ④
주제 총수요－총공급
해설
원자재 가격 충격은 총공급의 감소를 가져온다.
④ 중앙은행이 물가안정을 위하여 통화정책을 사용할 경우 총수요를 줄일 것이므로 실업률이 추가적으로 상승한다.
오답체크
① 물가와 실업률이 동시에 상승한다.
② 정부가 산출량안정을 도모하려면 총수요를 증가시키는 정책을 실시하여야 한다.
③ 정부는 재정정책을 통하여 물가안정과 산출량안정을 동시에 달성할 수 없다.

★★☆
19 **〈보기〉의 그래프는 어느 경제의 장단기총공급곡선과 총수요곡선이다. 이 경제의 장기균형에 대한 설명으로 가장 옳은 것은?** 18년 서울시

〈보기〉

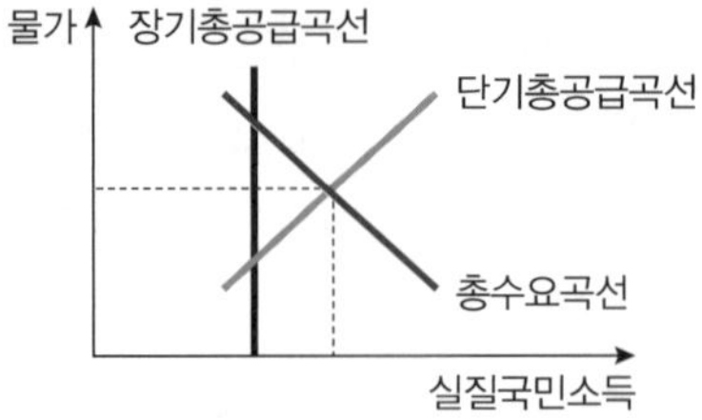

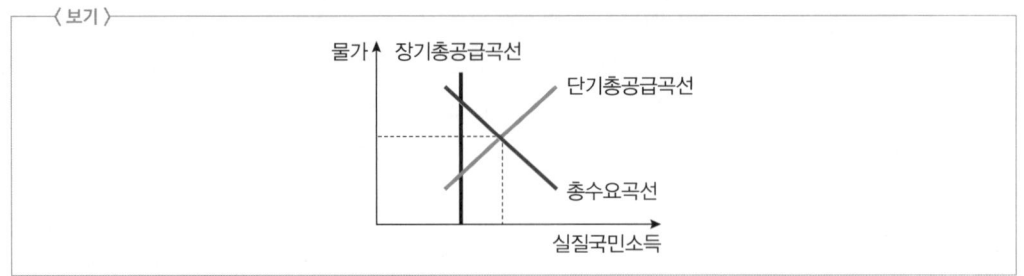

① 이 경제는 현재 장기균형 상태에 있다.
② 장기총공급곡선이 오른쪽으로 움직이며 장기균형을 달성하게 된다.
③ 임금이 상승함에 따라 단기총공급곡선이 왼쪽으로 움직이며 장기균형을 달성하게 된다.
④ 확장적 재정정책을 사용하지 않는다면 이 경제는 경기침체에 머무르게 된다.

★★☆
20 **총수요곡선은 $Y = 550 + (\frac{2,500}{P})$, 총공급곡선은 $Y = 800 + (P - P^e)$, 기대물가는 $P^e = 10$ 일 때, 균형에서의 국민소득은? (단, Y는 국민소득, P는 물가수준)** 15년 국가직

① 500　　② 600
③ 700　　④ 800

★☆☆

21 ㉠~㉢에 들어갈 내용으로 옳은 것은? 13년 지방직

> 정부가 경기침체 상황에 대응하여 확장적인 통화정책을 실시하려고 한다. 폐쇄경제에서 우하향하는 *IS* 곡선을 갖는 경제를 가정할 때, 다른 조건이 일정하다면 단기적으로 총생산은 (㉠)하며, 물가는 (㉡)하고, 금리는 (㉢)할 것이라는 예측이 가능하다.

	㉠	㉡	㉢
①	증가	하락	상승
②	증가	상승	하락
③	감소	상승	하락
④	감소	하락	상승

정답 및 해설

19 정답 ③

주제 총수요-총공급

해설

단기총공급곡선과 총수요곡선이 교차하는 점에서의 생산량이 잠재 GDP를 초과하므로 이 경제는 현재 경기과열 상태에 있다.

③ 실제 GDP가 잠재 GDP를 초과하는 경우에는 노동력이 부족한 상태이므로 임금이 상승한다. 임금이 상승하면 비용 인상이 발생하므로 단기총공급곡선이 점차 왼쪽으로 이동하여 장기균형에 도달하게 된다.

오답체크

① 이 경제는 현재 장기총공급곡선 위에 있지 않으므로 장기균형상태가 아니다.
② 단기총공급곡선이 왼쪽으로 움직이며 장기균형을 달성하게 된다.
④ 현재 경기호황 상태이다.

20 정답 ④

주제 총수요-총공급

해설

1) 기대물가수준이 10으로 주어져 있으므로 총공급곡선 식에 $P^e=10$ 을 대입하고 총수요곡선과 총공급곡선을 연립해서 풀면 $550+\frac{2,500}{P}=800+(P-10) \rightarrow 550P+2,500=790P+P^2 \rightarrow$ $P^2+240P-2,500=0 \rightarrow (P+250)(P-10)=0 \rightarrow P=-250$ 혹은 10이다.
2) 물가수준이 (-)가 될 수 없으므로 균형물가수준 $P=10$임을 알 수 있다.
3) $P=10$을 총수요곡선 혹은 총공급곡선 식에 대입하면 균형국민소득 $Y=800$이다.

21 정답 ②

주제 통화정책

해설

1) 확장적인 통화정책을 실시하면 *LM* 곡선이 오른쪽으로 이동하므로 총수요곡선도 오른쪽으로 이동한다.
2) *LM* 곡선이 오른쪽으로 이동하면 이자율이 하락하고 국민소득이 증가한다.
3) 총수요곡선이 오른쪽으로 이동하면 실질 GDP는 증가하고 물가는 상승한다.

★☆☆

22 **통화정책의 단기효과에 대한 설명 중 옳은 것은?** 15년 서울시

① 화폐수요의 이자율탄력성이 클수록 통화정책의 효과가 크다.

② 투자의 이자율탄력성이 클수록 통화정책의 효과가 크다.

③ 임금조정의 신축성이 클수록 통화정책의 효과가 크다.

④ 한계소비성향이 작을수록 통화정책의 효과가 크다.

★★☆

23 **한국은행이 기준금리를 인하할 경우 경제 전반에 미치는 영향에 대한 설명으로 옳지 <u>않은</u> 것은?** 16년 지방직

① 기준금리 인하로 채권수익률이 낮아지면 주식과 부동산에 대한 수요가 늘어나 자산 가격이 상승하고 소비가 늘어난다.

② 기준금리 인하로 환율(원/$) 상승을 가져와 경상수지가 개선되고 국내물가는 상승한다.

③ 기준금리 인하로 시중자금 가용량이 늘어나 금융기관의 대출여력이 증가하면서 투자와 소비가 늘어난다.

④ 기준금리 인하로 환율(원/$)이 상승하여 국내기업의 달러표시 해외부채의 원화평가액은 감소한다.

★☆☆

24 **기준금리가 제로금리 수준임에도 불구하고 경기가 회복되지 않는다면 중앙은행이 취할 수 있는 정책으로 옳은 것은?** 16년 지방직

① 기준금리를 마이너스로 조정한다.

② 장기금리를 높인다.

③ 보유한 국공채를 매각한다.

④ 시중에 유동성을 공급한다.

정답 및 해설

22 정답 ②

주제 통화정책

해설

투자의 이자율탄력성이 크면 *IS* 곡선이 완만하므로 통화정책의 효과가 커진다.

오답체크

① 화폐수요의 이자율탄력성이 크면 *LM* 곡선이 완만하므로 통화정책의 효과가 작아진다.
③ 임금조정이 신축적이면 총공급곡선이 급경사이므로 재정정책과 통화정책의 효과가 작아진다.
④ 한계소비성향이 작으면 *IS* 곡선이 급경사이므로 통화정책의 효과가 작아진다.

23 정답 ④

주제 통화정책

해설

기준금리 인하로 환율(원/$)이 상승하면 원화가치가 평가절하되어 국내기업의 달러표시 해외부채의 원화평가액은 증가한다. 예를 들어 100$를 빌렸다면 1$ = 1,000원인 경우는 10만 원이지만 1$ = 1,200원이 되면 12만 원으로 부채가 늘어난다.

24 정답 ④

주제 통화정책

해설

1) 금리가 아주 낮은 상태임에도 불구하고 여전히 경기침체를 경험하고 있다면 전통적인 통화정책으로는 총수요를 증가시키기가 어렵다.
2) 이럴 때는 양적 완화정책을 실행할 수 있다. 즉, 통화정책에 비해 훨씬 대규모로 채권을 매입하여 시중의 유동성을 증가시키려는 정책을 시행하기도 하는데 이를 양적 완화(quantitative easing)정책이라고 한다.
3) 양적 완화정책으로 대규모의 유동성이 공급되어 물가가 상승하고 실질이자율이 하락할 것이고, 그에 따라 총수요가 증가할 수 있다.

★★☆

25 통화정책의 전달경로 중 신용경로(credit channel)에 대한 설명으로 옳지 않은 것은?

17년 국가직

① 기준금리가 낮아지면 명목환율이 상승하여 수출입에 영향을 미치는 것이다.

② 통화정책이 가계와 기업의 대차대조표를 변화시킴으로써 소비와 투자에 영향을 미치는 것이다.

③ 팽창적 통화정책이 역선택 및 도덕적 해이 문제를 완화시킴으로써 실물 부문에 영향을 미치는 것이다.

④ 증권화의 진전이나 금융 자유화가 되면 은행의 자금 조달경로가 다양해져 신용경로의 중요성이 작아진다.

★☆☆

26 다음은 중앙은행의 통화정책수단들을 조합한 것이다. 이 중 가장 확장적인 기조의 정책조합은?

16년 서울시

① 공개시장 매각 – 법정지급준비율 인상 – 재할인율 인상

② 공개시장 매각 – 법정지급준비율 인하 – 재할인율 인상

③ 공개시장 매입 – 법정지급준비율 인상 – 재할인율 인하

④ 공개시장 매입 – 법정지급준비율 인하 – 재할인율 인하

★☆☆

27 **경기침체에 대한 대응책으로 재정정책을 택했을 때, 이자율에 대한 투자수요와 화폐수요의 조합 중 재정정책의 효과가 가장 큰 경우는?** 18년 서울시

① 투자수요는 비탄력적이고, 화폐수요는 탄력적인 경우
② 투자수요는 탄력적이고, 화폐수요는 비탄력적인 경우
③ 투자수요는 비탄력적이고, 화폐수요도 비탄력적인 경우
④ 투자수요는 탄력적이고, 화폐수요도 탄력적인 경우

정답 및 해설

25 정답 ①
주제 통화정책
해설
기준금리가 낮아지면 명목환율이 상승하여 수출입에 영향을 미치는 것은 신용경로가 아니라 환율경로에 대한 설명이다.

26 정답 ④
주제 통화정책
해설
1) 확장적인 기조의 정책조합은 통화량을 증가시키는 것이다.
2) 중앙은행이 공개시장에서 국채를 매입하거나 법정지급준비율을 인하하면 통화량이 증가한다.
3) 그리고 중앙은행이 재할인율을 인하하는 경우에도 통화량이 증가한다.

27 정답 ①
주제 재정정책
해설
확대적인 재정정책을 실시할 때 그 효과가 가장 크게 나타나는 것은 *IS* 곡선이 급경사이고 *LM* 곡선이 완만할 때이다. *IS* 곡선이 급경사가 되려면 투자의 이자율탄력성이 낮아야 하고, *LM* 곡선이 완만해지려면 화폐수요의 이자율탄력성이 커야 한다.

★★☆
28 아래 두 그래프는 케인즈 모형에서 정부지출의 증가($\triangle G$)로 인한 효과를 나타내고 있다. 이에 관한 설명으로 옳은 것을 모두 고른 것은? (단, 그림에서 C는 소비, I는 투자, G는 정부지출)

17년 노무사

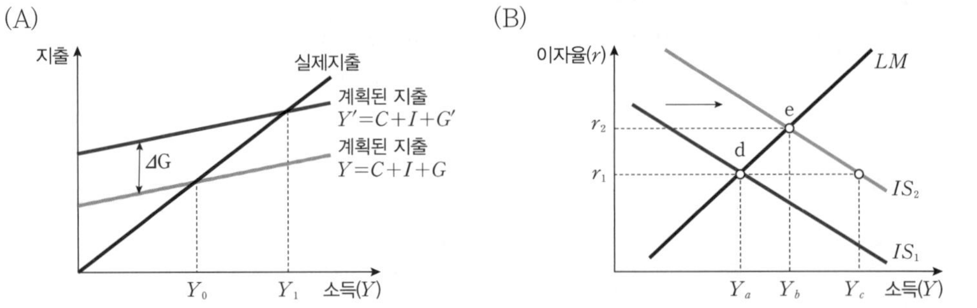

ㄱ. (A)에서 $Y_0 \rightarrow Y_1$의 크기는 한계소비성향의 크기에 따라 달라진다.
ㄴ. (A)의 $Y_0 \rightarrow Y_1$의 크기는 (B)의 $Y_a \rightarrow Y_b$의 크기와 같다.
ㄷ. (B)의 새로운 균형점 e는 구축효과를 반영하고 있다.
ㄹ. (A)에서 정부지출의 증가는 재고의 예기치 않은 증가를 가져온다.

① ㄱ, ㄴ ② ㄱ, ㄷ ③ ㄴ, ㄷ
④ ㄴ, ㄹ ⑤ ㄷ, ㄹ

★★☆
29 재정정책과 통화정책에 대한 설명으로 가장 옳은 것은?

16년 서울시

① 투자가 이자율 변화에 민감하면, 그렇지 않을 때보다 재정정책의 효과가 감소한다.
② 화폐수요가 이자율 변화에 민감하면, 그렇지 않을 때보다 재정정책의 효과가 감소한다.
③ 화폐수요가 이자율 변화에 둔감하면, 그렇지 않을 때보다 통화정책의 효과가 감소한다.
④ 투자가 이자율 변화에 둔감하면, 그렇지 않을 때보다 통화정책의 효과가 증가한다.

★★☆

30 **통화정책과 재정정책에 관한 설명으로 옳지 않은 것은?** 15년 노무사

① 경제가 유동성함정에 빠져 있을 경우에는 통화정책보다는 재정정책이 효과적이다.

② 전통적인 케인즈 경제학자들은 통화정책이 재정정책보다 더 효과적이라고 주장했다.

③ 재정정책과 통화정책을 적절히 혼합하여 사용하는 것을 정책혼합(policy mix)이라고 한다.

④ 화폐공급의 증가가 장기에 물가만을 상승시킬 뿐 실물변수에는 아무런 영향을 미치지 못하는 현상을 화폐의 장기중립성이라고 한다.

⑤ 정부지출의 구축효과란 정부지출을 증가시키면 이자율이 상승하여 민간투자지출이 감소하는 효과를 말한다.

정답 및 해설

28 정답 ②

주제 재정정책

해설

ㄱ. 정부지출이 증가하면 유효수요가 증가하므로 재고 증가가 아니라 재고 감소가 발생한다. 승수모형에서 정부지출이 증가하면 국민소득이 (정부지출증가분×승수)만큼 증가하는데, 한계소비성향이 클수록 승수가 커지므로 국민소득이 더 크게 증가한다. 그러므로 (A)에서 $Y_0 \rightarrow Y_1$의 크기는 한계소비성향의 크기에 따라 달라진다.

ㄷ. $IS-LM$ 모형에는 정부지출이 증가하면 IS 곡선이 (정부지출증가분×승수)만큼 오른쪽으로 이동하므로 (A)에서 $Y_0 \rightarrow Y_1$의 크기는 (B)에서 $Y_a \rightarrow Y_c$의 크기와 같다. $IS-LM$ 모형에서는 승수모형에서보다 국민소득이 선분 Y_bY_c만큼 더 적게 증가하는 것은 이자율 상승으로 인해 민간투자가 감소하는 구축효과가 나타나기 때문이다.

29 정답 ①

주제 재정정책과 통화정책

해설

투자가 이자율 변화에 민감하면 IS 곡선이 완만해지므로 재정정책의 효과가 작아진다.

오답체크

② 화폐수요가 이자율 변화에 민감하면 LM 곡선이 완만해지므로 재정정책의 효과가 커지고, 통화정책의 효과는 감소한다.

③ 화폐수요가 이자율 변화에 둔감하면, 그렇지 않을 때보다 통화정책의 효과가 증가한다.

④ 화폐수요가 이자율 변화에 둔감하면 LM 곡선이 급경사이므로 통화정책의 효과가 커진다.

30 정답 ②

주제 재정정책과 통화정책

해설

케인즈학파 경제학자들은 재정정책이 통화정책보다 효과적이라고 보는 반면, 통화주의학파는 통화정책이 재정정책보다 효과적이라고 주장한다.

★☆☆

31 **경기부양을 위해 재정정책과 통화정책의 사용을 고려한다고 하자. 이와 관련한 서술로 가장 옳지 않은 것은?** 19년 서울시

① 두 정책의 상대적 효과는 소비와 투자 등 민간지출의 이자율탄력성 크기와 관련이 있다.

② 두 정책이 이자율에 미치는 영향은 동일하다.

③ 이자율에 미치는 영향을 줄이고자 한다면 두 정책을 함께 사용할 수 있다.

④ 두 정책 간의 선택에는 재정적자의 누적이나 인플레이션 중 상대적으로 어느 것이 더 심각한 문제일지에 대한 고려가 필요하다.

★★☆

32 **정부가 경기안정화정책을 수행할 때 물가안정보다는 국민소득안정화에만 정책목표를 두고 있고 중앙은행은 국민소득안정화보다는 물가안정에만 정책목표를 두고 있다고 가정하자. 경기를 침체시키는 부(−)의 공급충격(negative supply shock)이 발생하였을 경우 아래의 설명 중 옳지 않은 것은?** 14년 서울시

① 최종재화와 서비스에 대한 정부지출이 증가하게 된다.

② 중앙은행은 공개시장매입을 하게 된다.

③ 정부의 경기안정화 정책과 중앙은행의 통화정책이 물가수준에 미치는 효과는 서로 상충된다.

④ 정부의 경기안정화 정책과 중앙은행의 통화정책이 국민소득에 미치는 효과는 서로 상충된다.

⑤ 중앙은행은 이자율을 높이는 정책을 시행한다.

★★★
33 정부의 거시경제정책 중 재량적 정책과 준칙에 따른 정책에 대한 설명으로 옳은 것은?

17년 국가직

① 준칙에 따른 정책은 소극적 경제정책의 범주에 속한다.
② 매기의 통화증가율을 $k\%$ 로 일정하게 정하는 것은 통화공급량이 매기 증가한다는 점에서 재량적 정책에 해당한다.
③ 동태적 비일관성(dynamic inconsistency)은 재량적 정책 때문이 아니라 준칙에 따른 정책 때문에 발생한다.
④ 케인즈 경제학자들의 미세조정정책은 준칙에 따른 정책보다는 재량적 정책의 성격을 띤다.

정답 및 해설

31 정답 ②

주제 재정정책과 통화정책

해설

1) 확대적인 재정정책을 실시하면 IS 곡선이 오른쪽으로 이동하므로 이자율이 상승한다.
2) 확대적인 금융정책을 시행하면 LM 곡선이 오른쪽으로 이동하므로 이자율이 하락한다.
3) 그러므로 두 정책이 이자율에 미치는 영향은 정반대이다.

32 정답 ②

주제 재정정책과 통화정책

해설

부정적인 공급충격이 발생하면 총공급곡선이 왼쪽으로 이동하므로 물가가 상승하고 국민소득이 감소한다. 정부는 국민소득안정화에만 목표를 두고 있다면 총수요를 증가시켜야 하므로 국민소득을 원래 수준으로 증가시키기 위해 확대적인 재정정책을 실시할 것이다. 중앙은행은 물가안정화에만 정책목표를 두고 있다면 총수요를 감소시키기 위해 통화정책을 시행할 것이다. 중앙은행이 통화량을 감소시키려면 공개시장에서 국채를 매입하는 것이 아니라 매각해야 한다.

오답체크

① 국민소득안정화를 위해 총수요를 증가시켜야 하므로 최종재화와 서비스에 대한 정부지출이 증가하게 된다.
③ 정부의 경기안정화정책은 총수요를 늘리고 중앙은행의 통화정책은 총수요를 줄이는 것이므로 이 물가수준에 미치는 효과는 서로 상충된다.
④ 정부의 경기안정화정책은 총수요를 늘리고 중앙은행의 통화정책은 총수요를 줄이는 것이므로 국민소득에 미치는 효과는 서로 상충된다.
⑤ 중앙은행은 통화량을 줄여야 하므로 이자율을 높이는 정책을 시행한다.

33 정답 ④

주제 재정정책과 통화정책

해설

케인즈 경제학자는 재량적 정책을 통해 정부의 개입을 찬성한다.

오답체크

① 준칙에 따른 정책도 적극적인 정책일 수도 있다.
② 매기의 통화증가율을 $k\%$로 일정하게 정하는 것은 통화공급량이 매기 증가한다는 점에서 준칙에 따른 정책이면서 소극적인 정책에 해당된다.
③ 동태적 비일관성(dynamic inconsistency)은 재량적인 정책을 실시할 때 나타나는 현상이다.

★☆☆

34 $IS-LM$ 모형하에서 재정지출 확대에 따른 구축효과(crowding out effect)에 대한 설명으로 옳지 않은 것은? 15년 국가직

① 다른 조건이 일정한 경우 LM 곡선의 기울기가 커질수록 구축효과는 커진다.
② 다른 조건이 일정한 경우 투자의 이자율탄력성이 낮을수록 구축효과는 커진다.
③ 다른 조건이 일정한 경우 화폐수요의 이자율탄력성이 낮을수록 구축효과는 커진다.
④ 다른 조건이 일정한 경우 한계소비성향이 클수록 구축효과는 커진다.

★☆☆

35 유동성함정에서 발생할 수 있는 일반적인 상황으로 옳지 않은 것은? 15년 국가직

① 재정지출 확대가 국민소득에 미치는 영향은 거의 없다.
② 통화량 공급을 늘려도 더 이상 이자율이 하락하지 않는다.
③ 재정지출 확대에 따른 구축효과가 발생하지 않는다.
④ 경제주체들은 채권가격 하락을 예상하여 채권에 대한 수요 대신 화폐에 대한 수요를 늘린다.

★☆☆

36 유동성함정(liquidity trap)에 대한 설명 중 가장 옳지 않은 것은? 18년 서울시

① 채권의 가격이 매우 높아서 더 이상 높아지지 않으리라 예상한다.
② 통화정책이 효과가 없다.
③ 화폐수요곡선이 우상향한다.
④ 추가되는 화폐공급이 모두 투기적 수요로 흡수된다.

★★★
37 **리카도 대등정리(Ricardian Equivalence Theorem)에 대한 설명으로 옳지 않은 것은?**

15년 지방직

① 정부지출이 경제에 미치는 효과는 정액세로 조달되는 경우와 국채발행으로 조달되는 경우가 서로 다르다는 주장이다.

② 리카도 대등정리가 성립하기 위해서는 저축과 차입이 자유롭고 저축이자율과 차입이자율이 동일하다는 가정이 충족되어야 한다.

③ 정부지출의 변화 없이 조세 감면이 이루어진다면 경제주체들은 증가된 가처분소득을 모두 저축하여 미래의 조세 증가를 대비한다고 주장한다.

④ 현재의 조세 감면에 따른 부담이 미래세대에게 전가될 경우 후손들의 후생에 관심 없는 경제주체들에게는 리카도 대등정리가 성립하지 않게 된다.

정답 및 해설

34 정답 ②

주제 구축효과

해설

1) 구축효과(crowding-out effect)란 확대적인 재정정책을 실시하면 이자율이 상승하고 그에 따라 민간투자가 감소하는 효과를 말한다.
2) IS 곡선이 완만하거나 LM 곡선이 급경사인 경우 구축효과가 커진다.
3) 다른 조건이 일정할 때 투자의 이자율탄력성이 낮다면 확대적인 재정정책을 실시함에 따라 이자율이 상승하더라도 민간투자는 별로 감소하지 않는다. 그러므로 투자의 이자율탄력성이 낮다면 구축효과는 작아진다.

35 정답 ①

주제 유동성함정

해설

1) 유동성함정 구간에서는 LM 곡선이 수평선이므로, 정부가 확대적인 재정정책을 실시하여 IS 곡선이 오른쪽으로 이동하더라도 이자율은 상승하지 않는다.
2) 확대적인 재정정책을 실시해도 이자율이 상승하지 않으므로 구축효과가 발생하지 않는다. 그러므로 경제가 유동성함정 구간에 놓여있다면 재정정책이 매우 효과적이게 된다.

36 정답 ③

주제 유동성함정

해설

1) 유동성함정에서는 화폐수요곡선이 수평선이므로 화폐수요의 이자율탄력성이 무한대이다.
2) 유동성함정에서는 통화공급이 증가하더라도 증가한 통화량이 모두 투기적 화폐수요로 흡수되므로 이자율이 더 이상 낮아지지 않는다.
3) 그러므로 통화정책이 완전히 무력해진다.

37 정답 ①

주제 리카도의 대등정리

해설

1) 리카도의 대등정리에 의하면 정부지출의 변화 없이 정부지출 재원을 국채발행을 통해 조달하든 조세를 통해 조달하든 경제에 미치는 효과는 아무런 차이가 없다.

오답체크 즉, 정부지출 재원 조달 방식의 차이는 경제의 실질변수에 아무런 영향을 미치지 않는다.

★☆☆

38 **리카도의 대등정리(Ricardian equivalence theorem)에 대한 설명으로 가장 옳지 <u>않은</u> 것은?** 18년 서울시

① 정부지출의 규모가 동일하게 유지되면서 조세 감면이 이루어지면 합리적 경제주체들은 가처분 소득의 증가분을 모두 저축하여 미래에 납부할 조세의 증가를 대비한다는 이론이다.

② 현실적으로 대부분의 소비자들이 유동성제약(liquidity constraint)에 직면하기 때문에 리카도의 대등정리는 현실 설명력이 매우 큰 이론으로 평가된다.

③ 리카도의 대등정리에 따르면 재정적자는 장기뿐만 아니라 단기에서조차 아무런 경기팽창효과를 내지 못한다.

④ 정부지출의 재원 조달 방식이 조세든 국채든 상관없이 경제에 미치는 영향에 아무런 차이가 없다는 이론이다.

Chapter 03 물가와 인플레이션

★☆☆

39 **물가지수에 대한 설명으로 가장 옳은 것은?** 18년 서울시

① GDP 디플레이터(deflator)는 파셰 지수(Paasche index)의 일종이다.

② 파셰지수(Paasche index)는 고정된 가중치를 적용해 가격의 평균적 동향을 파악하는 방식으로 구한 물가지수이다.

③ GDP 디플레이터(deflator)는 어떤 한 해 실질국내총생산을 명목국내총생산으로 나누어 얻은 값에 100을 곱하여 구한다.

④ 라스파이레스 지수(Laspeyres index)는 해마다 다른 가중치를 적용해 가격의 평균적 동향을 파악하는 방식으로 구한 물가지수이다.

★★☆

40 GDP **디플레이터(deflator)에 대한 설명으로 옳은 것은?** 16년 지방직

① GDP 디플레이터는 소비자물가지수(CPI)에 비해 국가의 총체적인 물가변동을 측정하는 데 불리한 지표이다.

② GDP 디플레이터는 명목 GDP를 실질 GDP로 나눈다는 점에서 명목 GDP 1단위에 대한 실질 GDP의 값을 확인하는 지표이다.

③ GDP 디플레이터는 생산량 변화효과는 제거하고 기준가격에 대한 경상가격의 변화분만 나타내는 지표이다.

④ 우리나라의 GDP 디플레이터는 장기간 증가하는 경향을 보이고 있는데 이는 국내 기업들의 생산량 증가에 기인한다.

정답 및 해설

38 정답 ②

주제 리카도의 대등정리

해설

대부분의 소비자들이 유동성제약에 직면해 있다면 국채가 발행되고 조세가 감면되어, 민간의 가처분소득이 증가하면 곧바로 소비가 증가하므로 리카도의 대등정리가 성립하지 않는다.

39 정답 ①

주제 물가지수

해설

GDP 디플레이터(deflator)는 파셰 지수(Paasche index), 소비자물가지수는 라스파이레스 지수(Laspeyres index)를 사용한다.

오답체크

② 파셰 지수는 변화된 가중치를 적용해 가격의 평균적 동향을 파악하는 방식으로 구한 물가지수이다.

③ GDP 디플레이터는 어떤 한 해 명목국내총생산을 실질국내총생산으로 나누어 얻은 값에 100을 곱하여 구한다.

④ 라스파이레스 지수는 해마다 고정된 가중치(동일한 양을 소비함을 가정)를 적용하여 가격의 평균적 동향을 파악하는 방식으로 구한 물가지수이다.

40 정답 ③

주제 물가지수

해설

GDP 디플레이터는 물기지수로서 생산량 변화효과는 제거하고 기준가격에 대한 경상가격의 변화분만 나타내는 지표이다.

오답체크

① GDP 디플레이터는 소비자물가지수(CPI)에 비해 항목이 다양하므로 국가의 총체적인 물가변동을 측정하는 데 유리한 지표이다.

② GDP 디플레이터는 명목 GDP를 실질 GDP로 나눈다는 점에서 실질 GDP 1단위에 대한 명목 GDP의 값을 확인하는 지표이다.

④ 우리나라의 GDP 디플레이터는 장기간 증가하는 경향을 보이고 있는데, 이는 물가가 상승하는 것을 보여 준다.

★★★

41 **다음 그림은 A국의 명목 GDP와 실질 GDP를 나타낸다. 이에 대한 설명으로 옳지 <u>않은</u> 것은? (단, A국의 명목 GDP와 실질 GDP는 우상향하는 직선)** 17년 국가직

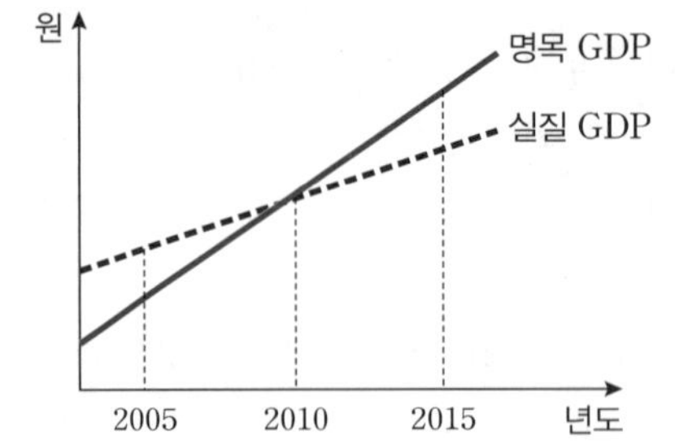

① 기준연도는 2010년이다.

② 2005년의 GDP 디플레이터는 100보다 큰 값을 가진다.

③ 2010년에서 2015년 사이에 물가는 상승하였다.

④ 2005년에서 2015년 사이에 경제성장률은 양(+)의 값을 가진다.

★★★

42 **다음 표는 빵과 옷만을 생산하는 경제의 연도별 생산현황이다. 2011년을 기준연도로 할 때, 2013년의 GDP 디플레이터(㉠)와 물가상승률(㉡)은? (단, 물가상승률은 GDP 디플레이터를 이용하여 구함)** 14년 국가직

재화 / 연도	빵		옷	
	가격(원)	생산량(개)	가격(원)	생산량(개)
2011	30	100	100	50
2012	40	100	110	70
2013	40	150	150	80

	㉠	㉡
①	144	18.2%
②	144	23.1%
③	157	18.2%
④	157	23.1%

★★☆

43 다음 표는 A국이 소비하는 빵과 의복의 구입량과 가격을 나타낸다. 물가지수가 라스파이레스 지수(Laspeyres index)인 경우, 2010년과 2011년 사이의 물가상승률은? (단, 기준연도는 2010년)

17년 국가직

구분	빵		의복	
	구입량	가격	구입량	가격
2010년	10만 개	1만 원	5만 벌	3만 원
2011년	12만 개	3만 원	6만 벌	6만 원

① 140%
② 188%
③ 240%
④ 288%

정답 및 해설

41 정답 ②

주제 물가지수

해설

2005년의 GDP 디플레이터는 실질 GDP가 명목 GDP보다 크므로 100보다 작은 값을 가진다.

오답체크

① 기준연도는 명목 GDP와 실질 GDP가 일치하는 2010년이다.
③ 2010년에서 2015년 사이에 GDP 디플레이터가 커졌으므로 물가는 상승하였다.
④ 2005년에서 2015년 사이에 실질 GDP가 증가하였으므로 경제성장률은 양(+)의 값을 가진다.

42 정답 ②

주제 물가지수와 물가상승률

해설

1) 2012년과 2013년의 명목 GDP와 실질 GDP를 계산해 보면 각각 다음과 같다.

$$\begin{cases} \text{명목 } GDP_{2012}=(40\times100)+(110\times70)=11{,}700 \\ \text{실질 } GDP_{2012}=(30\times100)+(100\times70)=10{,}000 \end{cases}$$

$$\begin{cases} \text{명목 } GDP_{2013}=(40\times150)+(150\times80)=18{,}000 \\ \text{실질 } GDP_{2013}=(30\times150)+(100\times80)=12{,}500 \end{cases}$$

2) 2012년의 GDP 디플레이터는 $117(=\frac{11{,}700}{10{,}000}\times100)$, 2013년의 GDP 디플레이터는 $144(=\frac{18{,}000}{12{,}500}\times100)$이다.

3) 그러므로 2013년의 물가상승률은 $23.1\%(=\frac{144-117}{117}\times100)$이다.

43 정답 ①

주제 소비자물가지수

해설

1) 라스파이레스 물가지수는 기준연도 구입량을 가중치로 사용한다.

2) 2011년의 A국의 물가지수는 $L=\frac{P_tQ_0}{P_0Q_0}\times100=\frac{(3\times10)+(6\times5)}{(1\times10)+(3\times5)}\times100=\frac{60}{25}\times100=240$이다.

3) 기준연도의 물가지수는 100이다. 물가지수의 변화율이 물가상승률이므로 $140\%(=\frac{240-100}{100}\times100)$이다.

★☆☆

44 **인플레이션과 관련된 설명으로 옳지 않은 것은?** 19년 국가직

① 예상치 못한 인플레이션은 채권자와 채무자 사이의 소득재분배를 야기할 수 있다.

② 피셔 방정식에 따르면 명목이자율은 실질이자율에 인플레이션율을 더한 것이다.

③ 필립스 곡선은 실업률과 인플레이션율 사이의 관계를 보여 준다.

④ 피셔 효과에 따르면 인플레이션율의 상승은 실질이자율을 변화시킨다.

★☆☆

45 **인플레이션은 사전에 예상된 부분과 예상하지 못한 부분으로 구분할 수 있다. 그리고 예상하지 못한 인플레이션은 여러 가지 경로로 사회에 부정적 영향을 미친다. 예상하지 못한 인플레이션으로 인한 부정적 영향에 대한 설명으로 가장 옳지 않은 것은?** 19년 서울시 1회

① 투기가 성행하게 된다.

② 소득 재분배효과가 발생한다.

③ 피셔(Fisher) 가설이 성립하게 된다.

④ 장기계약이 만들어지기 어렵게 된다.

★★☆

46 **철수는 서울은행에 저축을 하려고 한다. 저축예금의 이자율이 1년에 10%이고, 물가상승률은 1년에 5%이다. 이자소득에 대한 세율은 50%가 부과된다고 하자. 이 때 피셔(Fisher) 가설에 따를 경우 이 저축예금의 실질 세후(real after tax) 이자율은?** 15년 서울시

① 0%
② 2.5%
③ 5%
④ 15%

★☆☆

47 명목이자율이 15% 이고 예상인플레이션율은 5% 이다. 이자소득에 대해 20% 의 이자소득세가 부과된다면 세후 실질이자율은? 16년 국가직

① 3% ② 5%

③ 7% ④ 9%

정답 및 해설

44 정답 ④

주제 인플레이션

해설

1) 피셔 효과(Fisher effect)란 '명목이자율 = 실질이자율 + (예상)인플레이션율'이다.

2) 피셔 효과가 성립하는 경우 인플레이션율이 상승하면 명목이자율이 비례적으로 상승하므로 실질이자율은 변하지 않는다.

45 정답 ③

주제 인플레이션

해설

1) 피셔 가설이란 '명목이자율=실질이자율+예상인플레이션율'의 관계를 말한다.

2) 예상된 인플레이션에만 성립하는 이론으로, 예상되지 못한 인플레이션과 관련이 없다.

46 정답 ①

주제 인플레이션

해설

1) 명목이자율이 10%이고, 이자소득에 대해 50%의 이자소득세가 부과되므로 납세 후 명목이자율은 5%이다.

2) 피셔 효과는 납세 후 명목이자율(5%) − 인플레이션율(5%) = 실질이자율은 0%이다.

47 정답 ③

주제 인플레이션

해설

1) 조세는 명목소득에 부과되므로 15%의 명목이자소득에 대해 20%의 이자소득세가 부과되면 3%의 이자소득세를 납부해야 하므로 납세 후 명목이자율은 12%이다.

2) 납세 후 명목이자율에서 예상인플레이션율 5%를 차감하면 납세 후 실질이자율은 7%가 된다.

★☆☆

48 **먼델-토빈효과에 따르면, 기대인플레이션율이 상승할 경우 옳은 것은?** 13년 국가직

① 명목이자율이 하락한다.

② 화폐수요가 감소한다.

③ 투자가 감소한다.

④ 실질이자율이 상승한다.

Chapter 04 실업 ~ Chapter 05 필립스 곡선

★★★

49 **실업에 대한 설명으로 옳은 것을 모두 고르면?** 16년 서울시

〈보기〉

ㄱ. 마찰적 실업이란 직업을 바꾸는 과정에서 발생하는 일시적인 실업이다.

ㄴ. 구조적 실업은 기술의 변화 등으로 직장에서 요구하는 기술이 부족한 노동자들이 경험할 수 있다.

ㄷ. 경기적 실업은 경기가 침체되면서 이윤 감소 혹은 매출 감소 등으로 노동자를 고용할 수 없을 경우 발생한다.

ㄹ. 자연실업률은 마찰적·구조적·경기적 실업률의 합으로 정의된다.

ㅁ. 자연실업률은 완전고용상태에서의 실업률이라고도 한다.

① ㄱ, ㄴ, ㄷ　　② ㄱ, ㄷ, ㅁ

③ ㄱ, ㄴ, ㄷ, ㅁ　　④ ㄱ, ㄷ, ㄹ, ㅁ

★★☆
50 경제의 여러 측면을 측정하는 지표들의 문제점에 대한 비판 중에서 가장 옳지 않은 것은?

17년 국가직

① 소비자물가지수는 대체효과, 품질변화 등으로 인해 실제 생활비 측정에 왜곡을 초래할 수 있다.
② 국민소득지표로 가장 널리 사용되는 국내총생산은 시장경제에서 거래되지 않고 공급되는 정부 서비스의 가치를 모두 제외하고 있기 때문에 문제점이 있다.
③ 실업률지표는 잠재적으로 실업자에 가까운 실망실업자(discouraged worker)를 실업자에 포함하지 않기 때문에 문제점이 있다.
④ 소비자물가지수는 대표적인 소비자가 구입하는 재화와 서비스의 전반적인 비용을 나타내는 지표이므로 특정 가계의 생계비 변화와 괴리가 발생할 수 있다.

정답 및 해설

48 정답 ②

주제 먼델-토빈효과

해설

1) 먼델-토빈효과는 총공급곡선이 우상향하는 경우, 통화량의 증가가 실질이자율의 하락을 통하여 투자, 생산, 소비 등 경제의 실물 부문에 영향을 미치게 되는 현상을 말한다.
2) 먼델-토빈효과에 의하면 기대인플레이션율이 상승하더라도 명목이자율은 기대인플레이션율을 상승폭보다 적게 상승하므로 실질이자율이 낮아진다.
3) 실질이자율이 낮아지면 투자 및 소비가 증가하므로 총수요가 증가하게 된다.
4) 기대인플레이션율 상승으로 명목이자율이 일부 상승하게 되면 화폐보유의 기회비용이 커지므로 화폐수요는 감소한다.

49 정답 ③

주제 실업의 의미

해설

ㄹ. 자연실업률은 마찰적 실업과 구조적 실업만 존재할 때의 실업률 혹은 마찰적 실업만 존재할때의 실업률로 본다. 어떠한 경우로 보더라도 경기적 실업은 포함되지 않는다.

50 정답 ②

주제 거시경제지표

해설

경찰서비스의 가치는 시장에서 거래되지 않지만 GDP를 집계할 때 경찰서비스 제공에 소요된 비용을 계산하여 GDP에 포함한다. 그러므로 정부가 제공하는 각종 서비스의 가치는 시장에서 거래되지 않더라도 GDP에 포함된다.

★★☆

51 다음은 A국의 15세 이상 인구 구성이다. 이 경우 경제활동참가율과 실업률은? 17년 국가직

• 임금근로자: 60명
• 무급가족종사자: 10명
• 직장은 있으나 질병으로 인해 일시적으로 일을 하고 있지 않은 사람: 10명
• 주부: 50명
• 학생: 50명
• 실업자: 20명
(단, 주부와 학생은 모두 부업을 하지 않는 전업 주부와 순수 학생을 나타냄)

	경제활동참가율	실업률
①	40%	20%
②	50%	25%
③	40%	25%
④	50%	20%

★★☆

52 우리나라 고용통계에서 고용률이 높아지는 경우로 가장 옳은 것은? 18년 서울시

① 구직활동을 하던 실업자가 구직단념자가 되는 경우
② 부모님 농장에서 무급으로 주당 18시간 일하던 아들이 회사에 취직한 경우
③ 주당 10시간 일하던 비정규직 근로자가 정규직으로 전환된 경우
④ 전업 주부가 주당 10시간 마트에서 일하는 아르바이트를 시작한 경우

★★☆
53 도시 A의 고용관련 자료를 부분적으로 얻었다. 취업자 수는 24만 명이고 비경제활동인구가 25만 명, 생산가능인구가 50만 명이라 할 때, 옳은 것은? 13년 국가직

① 도시 A의 실업자는 1만 명이다.
② 도시 A의 경제활동인구는 50만 명이다.
③ 도시 A의 실업률은 5%이다.
④ 도시 A의 경제활동참가율은 48%이다.

정답 및 해설

51 정답 ④
주제 실업지표
해설
1) 무급가족종사자, 직장은 있으나 질병으로 인해 일시적으로 일을 하지 않고 있는 사람은 모두 취업자로 분류되므로 취업자 수는 80명이고, 실업자 수가 20명이므로 경제활동인구는 100명이다.
2) 주부와 학생은 비경제활동인구로 분류되므로 A국의 비경제활동인구는 100명이다.
3) 따라서 경제활동참가율은 $\frac{100}{200}\times 100=50\%$, 실업률은 $\frac{20}{100}\times 100=20\%$이다.

52 정답 ④
주제 실업지표
해설
고용률은 생산가능인구(15세 이상의 인구) 중에서 취업자가 차지하는 비율이므로 고용률이 상승하려면 취업자의 수가 증가해야 한다.
④ 전업 주부가 주당 10시간 마트에서 일하는 아르바이트를 시작한 경우가 이에 해당한다.
오답체크
① 구직활동을 하던 실업자가 구직단념자가 되는 경우는 실업자가 비경제활동인구가 되는 경우이다.
② 부모님 농장에서 무급으로 주당 18시간 일하는 것과 회사에 취직한 것 모두 취업자에 해당한다.
③ 주당 10시간 일하던 비정규직 근로자가 정규직으로 전환된 경우는 둘 다 취업자에 해당한다.

53 정답 ①
주제 실업지표
해설
1) 생산가능인구(15세 이상의 인구)는 경제활동인구 + 비경제활동인구이므로 생산가능인구가 50만 명, 비경제활동인구가 25만 명이라면 경제활동인구는 25만 명이다.
2) 생산가능인구 중 경제활동인구가 차지하는 비율인 경제활동참가율은 $50\%(=\frac{25}{50}\times 100)$이다.
3) 경제활동인구=취업자 + 실업자이므로 경제활동인구가 25만 명, 취업자가 24만 명이라면 실업자는 1만 명이다.
4) 따라서 경제활동인구에서 실업자가 차지하는 비율인 실업률은 $4\%(=\frac{1}{25}\times 100)$이다.

★★☆

54 **현재 우리나라 15세 이상 인구는 4,000만 명, 비경제활동인구는 1,500만 명, 실업률이 4%라고 할 때, 이에 대한 설명으로 옳은 것은?** 14년 국가직

① 현재 상태에서 실업자는 60만 명이다.

② 현재 상태에서 경제활동참가율은 61.5%이다.

③ 현재 상태에서 고용률은 최대 2.5%p 증가할 수 있다.

④ 현재 상태에서 최대한 달성할 수 있는 고용률은 61.5%이다.

★★☆

55 **어떤 나라의 경제활동인구가 1,000만 명으로 일정하다고 한다. 비경제활동인구는 존재하지 않으며 취업인구 중에서 매달 일자리를 잃는 노동자의 비율이 2%이고 실업인구 중에서 매달 취업이 되는 노동자의 비율이 14%라면, 이 나라의 자연실업률은?** 16년 서울시

① 12%

② 12.5%

③ 13%

④ 13.5%

★★★
56 어느 경제에서 취업자들은 매기 5%의 확률로 일자리를 잃어 실업자가 되며, 실업자들은 매기 45%의 확률로 새로운 일자리를 얻어 취업자가 된다. 이 경제의 균제상태에서의 실업률은? (단, 경제활동인구의 변동은 없음) 14년 지방직

① 5%　② 10%
③ 15%　④ 20%

정답 및 해설

54 정답 ③
주제 실업지표
해설
1) 15세 이상의 인구 4,000만 명=비경제활동인구가 1,500만 명 + 경제활동인구는 2,500만 명이다.
2) 경제활동참가율은 62.5%($=\frac{2,500}{4,000}\times 100$)이다.
3) 경제활동인구 2,500만 명 중에서 실업자가 차지하는 비중인 실업률이 4%이므로 실업자 수는 100만 명(=2,500만 명×0.04)이다.
4) 경제활동인구=취업자 + 실업자이므로 경제활동인구가 2,500만 명이고 실업자가 100만 명이면 취업자는 2,400만 명이다.
5) 15세 이상의 인구(생산가능인구)가 4,000만 명이고, 취업자가 2,400만 명이므로 15세 이상의 인구에서 취업자가 차지하는 비율인 고용률은 60%($=\frac{2,400}{4,000}\times 100$)이다.
6) 현재 상태에서는 고용률이 60%이지만 실업자가 모두 취업을 하게 되면 고용률이 62.5%($=\frac{2,500}{4,000}\times 100$)로 높아진다. 그러므로 현재 상태에서 고용률은 최대 2.5%p까지 상승할 수 있다.

55 정답 ②
주제 자연실업률
해설
자연실업률 $u_N=\frac{s}{f+s}$이므로 $s=0.02$, $f=0.14$이면 자연실업률 $u_N=\frac{0.02}{0.14+0.02}=0.125$이다.

56 정답 ②
주제 자연실업률
해설
1) 취업자들은 매기 5%의 확률로 일자리를 잃으므로 실직률이 5%이고, 실업자들은 매기 45%의 확률로 새로운 일자리를 얻으므로 구직률은 45%이다.
2) 실직률을 s, 구직률을 f로 두면 균형실업률 $u_n=\frac{s}{f+s}=\frac{0.05}{0.45+0.05}=0.1$이다.

★★★
57 **어느 경제에서 총생산함수는 $Y=100\sqrt{N}$ 이고, 노동공급함수는 $N=2{,}500\left(\frac{W}{P}\right)$ 이며, 생산가능인구는 $3{,}000$ 명이다. 이 경제에서는 실질임금이 단기에는 경직적이지만 장기에는 신축적이라고 가정하자. 이 경제의 단기와 장기에서 일어나는 현상으로 옳지 않은 것은? (단, W는 명목임금, P는 물가수준)** 18년 국가직

① 장기균형에서 취업자 수는 2,500명이다.
② 장기균형에서 명목임금이 10이라면 물가수준은 10이다.
③ 장기균형에서 실업자는 500명이다.
④ 기대치 않은 노동수요 감소가 발생할 경우 단기적으로 실업이 발생한다.

★★☆
58 **필립스 곡선(Phillips curve)에 대한 설명으로 옳지 않은 것은?** 16년 국가직

① 1950년대 말 필립스(A. W. Phillips)는 영국의 실업률과 명목임금상승률 사이에서 양(+)의 상관관계를 찾아냈다.
② 총공급곡선은 물가와 산출 분석에, 필립스곡선은 인플레이션과 실업 분석에 적절하다.
③ 이력현상(hysteresis)이 존재할 경우 거시경제정책은 장기적으로도 실업률에 영향을 미칠 수 있다.
④ 디스인플레이션 정책에 따른 희생률은 적응적 기대보다 합리적 기대에서 작게 나타난다.

★★☆
59 **필립스 곡선에 대한 설명으로 옳은 것은?** 15년 지방직

① 단기 필립스 곡선에서 합리적 기대와 정부의 정책에 대한 신뢰가 확보된 경우 고통 없는 인플레이션 감축이 가능하다.
② 단기 필립스 곡선은 실업률이 낮은 시기에 인플레이션율도 낮아지는 경향이 있음을 밝힌 것이다.
③ 자연실업률 가설에 따르면 장기에서는 실업률과 인플레이션율 사이에 양의 관계가 존재한다.
④ 기대인플레이션율이 적응적 기대에 의한다면, 단기 필립스 곡선은 인플레이션율과 실업률을 모두 낮추려는 정책이 가능함을 보여 준다.

57 정답 ③

주제 실업

해설

실질임금이 신축적인 장기에는 노동시장의 초과공급이 발생하면 실질임금이 하락할 것이므로 장기균형에서 실업자 수는 0이 될 것이다. 생산가능인구가 3,000명이고, 실업자가 존재하지 않는 장기균형에서 고용량이 2,500명이므로 장기균형에서 500명은 비경제활동인구가 된다.

오답체크

① 총생산함수 $Y=100N^{\frac{1}{2}}$ 을 N에 대해 미분하면 $MP_L=50N^{-\frac{1}{2}}=\frac{50}{\sqrt{N}}$이므로 $W=MP_L\times P$로 두면 노동수요곡선은 $W=\frac{50P}{\sqrt{N}}$, $\frac{W}{P}=\frac{50}{\sqrt{N}}$ 이다. 노동공급곡선 식 $N=2,500(\frac{W}{P})$를 $\frac{W}{P}$에 대해 정리하면 $\frac{W}{P}=\frac{N}{2,500}$이다. 노동수요곡선 식과 노동공급곡선 식을 연립해서 풀면 $\frac{50}{\sqrt{N}}=\frac{N}{2,500}$, $N^{\frac{3}{2}}=50^3$, $N^{\frac{1}{2}}=50$, $N=2,500$이다.

② 장기균형고용량 $N=2,500$을 노동수요곡선(혹은 노동공급곡선) 식에 대입하면 균형실질임금 $\frac{w}{p}=1$이다. 그러므로 장기균형에서 명목임금 $W=10$이라면 물가수준 $P=10$이다.

④ 단기에는 노동수요가 감소하면 실업이 발생한다.

58 정답 ①

주제 필립스 곡선

해설

1950년대 말 필립스에 의해 관찰된 필립스 곡선은 실업률과 명목임금상승률 간에 음(−)의 상관관계를 나타내는 곡선이다.

59 정답 ①

주제 필립스 곡선

해설

사람들이 합리적으로 기대를 형성하고 가계와 기업이 정부정책을 매우 신뢰한다면, 중앙은행이 인플레이션율을 낮추겠다는 정책을 발표할 경우 즉각 사람들의 기대인플레이션율이 낮아져 단기 필립스 곡선이 곧바로 하방으로 이동한다. 따라서 실업률은 전혀 높아지지 않고 인플레이션율만 낮아지게 된다.

오답체크

② 단기 필립스 곡선은 실업률이 낮은 시기에 인플레이션율은 높아지는 경향이 있음을 밝힌 것이다.

③ 자연실업률가설에 따르면 장기에서는 실업률과 인플레이션율 사이에는 관계가 없다.

④ 기대인플레이션율이 적응적 기대에 의한다면, 단기 필립스 곡선은 인플레이션율과 실업률을 모두 낮추려는 정책이 불가능하다.

★★☆

60 단기 필립스 곡선에 대한 설명으로 옳은 것은?

17년 10월 국가직

① 기대인플레이션이 적응적 기대에 의해 이루어질 때, 실업률 증가라는 고통 없이 디스인플레이션(disinflation)이 가능하다.

② 단기 필립스 곡선은 인플레이션과 실업률 사이의 양(+)의 관계를 나타낸다.

③ 기대인플레이션이 높아지면 단기 필립스 곡선은 위쪽으로 이동한다.

④ 실제인플레이션이 기대 인플레이션보다 낮은 경우 단기적으로 실제실업률은 자연실업률보다 낮다.

★★★

61 다음 그림은 필립스 곡선을 나타낸다. 현재 균형점이 A인 경우, (가)와 (나)로 인한 새로운 단기균형점은?

17년 국가직

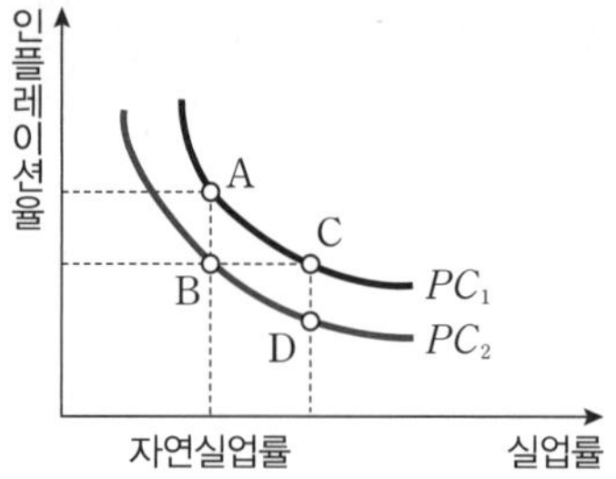

(가) 경제주체들의 기대형성이 적응적 기대를 따르고 예상하지 못한 화폐공급의 감소가 일어났다.

(나) 경제주체들의 기대형성이 합리적 기대를 따르고 화폐공급의 감소가 일어났다. (단, 경제주체들은 정부를 신뢰하며, 정부정책을 미리 알 수 있음)

	(가)	(나)
①	B	C
②	B	D
③	C	B
④	C	D

★★☆

62 기대인플레이션과 자연실업률이 부가된 필립스(Phillips) 곡선에 대한 설명으로 옳지 않은 것은?

18년 국가직

① 실제실업률이 자연실업률과 같은 경우, 실제인플레이션은 기대인플레이션과 같다.
② 실제실업률이 자연실업률보다 높은 경우, 실제인플레이션은 기대인플레이션보다 낮다.
③ 실제실업률이 자연실업률과 같은 경우, 기대인플레이션율은 0과 같다.
④ 사람들이 인플레이션을 완전히 예상할 수 있는 경우, 실제실업률은 자연실업률과 일치한다.

정답 및 해설

60 정답 ③

주제 필립스 곡선

해설

기대 부가 필립스 곡선이 $\pi = \pi^e - \alpha(u - u_N)$이므로 기대인플레이션이 높아지면 단기 필립스 곡선은 위쪽으로 이동한다.

오답체크

① 기대인플레이션이 합리적 기대에 의해 이루어질 때, 실업률 증가라는 고통 없이 디스인플레이션(disinflation)이 가능하다.
② 단기 필립스 곡선은 인플레이션과 실업률 사이의 음(−)의 관계를 나타낸다.
④ 실제인플레이션이 기대인플레이션보다 낮은 경우 단기적으로 실제실업률은 자연실업률보다 높다.

61 정답 ③

주제 필립스 곡선

해설

(가) 경제주체들이 적응적으로 기대를 형성하는 경우 통화공급이 감소하면 총수요곡선이 왼쪽으로 이동하지만 노동자들의 예상물가는 변하지 않으므로 단기총공급곡선은 이동하지 않는다. 총수요곡선만 왼쪽으로 이동하면 물가가 하락하고 실질 GDP감소로 실업률이 높아진다.
(나) 합리적 기대하에서 예상된 통화공급 감소가 이루어지면 필립스 곡선 자체가 하방으로 이동하므로, 경제의 단기 균형점이 점 A에서 점 B로 이동한다.

62 정답 ③

주제 필립스 곡선

해설

실제실업률이 자연실업률과 같은 경우, 기대 부가 필립스 곡선이 $\pi = \pi^e - a(u - u_n)$이므로 $u - u_n = 0$이면 $\pi = \pi^e$가 성립하지만, 기대인플레이션율 π^e가 0이라고 단정지어 말할 수 없다.

★★★

63

어느 한 국가의 기대를 반영한 필립스 곡선이 〈보기〉와 같을 때 가장 옳은 것은? (단, π는 실제인플레이션율, π^e는 기대인플레이션율, u는 실업률) 18년 서울시

〈보기〉

$\pi = \pi^e - 0.5u + 2.2$

① 기대인플레이션율의 변화 없이 실제인플레이션율이 전기에 비하여 $1\%p$ 감소하면 실업률이 7.2%가 된다.
② 기대인플레이션율이 상승하면 장기 필립스 곡선이 오른쪽으로 이동한다.
③ 잠재 GDP에 해당하는 실업률은 4.4%이다.
④ 실제실업률이 5%이면 실제인플레이션율은 기대인플레이션율보다 높다.

Chapter 06 고전학파, 케인즈학파, 통화주의자, 공급경제학 ~ Chapter 07 새고전학파와 새케인즈학파

★☆☆

64

통화정책 및 재정정책에 관한 케인즈경제학자와 통화주의자의 견해로 옳지 않은 것은? 14년 노무사

① 케인즈경제학자는 투자의 이자율탄력성이 매우 크다고 주장한다.
② 케인즈경제학자는 통화정책의 외부 시차가 길다는 점을 강조한다.
③ 통화주의자는 $K\%$ 준칙에 따른 통화정책을 주장한다.
④ 케인즈경제학자에 따르면 이자율이 매우 낮을 때 화폐시장에 유동성함정이 존재할 수 있다.
⑤ 동일한 재정정책에 대해서 통화주의자가 예상하는 구축효과는 케인즈경제학자가 예상하는 구축효과보다 크다.

★★☆

65 합리적 기대(rational expectations)와 적응적 기대(adaptive expectations)에 대한 다음 설명 중 옳지 않은 것은? 07년 노무사

① 합리적 기대란 경제주체들이 어떤 변수를 예측할 때 현재 이용 가능한 모든 정보를 이용하는 것을 말한다.

② 적응적 기대란 경제주체들이 어떤 변수를 예측할 때 최근에 실현된 변숫값을 근거로 기대를 형성하는 것을 말한다.

③ 미래의 변수값에 대한 합리적인 기대를 형성하면 예측오차가 발생하지 않는다.

④ 경제주체들이 현재의 정부정책에 관한 정보를 기대형성에 활용하는 것은 합리적 기대의 한 예가 될 수 있다.

⑤ 노동자들이 올해의 인플레이션율이 작년과 동일할 것이라고 예상하는 것은 적응적 기대의 한 예가 될 수 있다.

정답 및 해설

63 정답 ③

주제 필립스 곡선

해설

필립스 곡선 식에서 $\pi=\pi^e$로 두면 $u=4.4\%$이다. 그러므로 자연실업률은 4.4%임을 알 수 있다.

오답체크

① 필립스 곡선 식이 $\pi=\pi^e-0.5u+2.2$이므로 기대인플레이션율의 변화 없이 실제인플레이션율이 전기에 비해 1%p 낮아지면 실업률이 전기에 비해 2%p 상승하나, 구체적으로 실업률이 몇 퍼센트가 될지는 알 수 없다.
② 장기필립스 곡선은 자연실업률 수준에서 수직선이므로 기대인플레이션율이 상승하더라도 장기 필립스 곡선은 이동하지 않는다.
④ $u=5\%$를 필립스 곡선 식에 대입하면 $\pi=\pi^e-0.3$이므로, 실제실업률이 5%이면 실제인플레이션율이 기대인플레이션율보다 0.3%p 낮음을 알 수 있다.

64 정답 ①

주제 케인즈학파와 통화주의자

해설

케인즈학파는 투자가 이자율의 감소함수이기는 하지만 이자율보다는 기업가의 동물적인 본능의 영향을 크게 받기 때문에 이자율의 변화는 투자에 별 영향을 미치지 않는다고 본다. 즉, 케인즈학파 경제학자들은 투자의 이자율탄력성이 매우 작다고 본다.

65 정답 ③

주제 합리적 기대

해설

합리적인 기대를 형성하더라도 예측오차는 발생한다. 한편, 정태적 기대는 적응적 기대의 단기에 관한 경우이므로 ⑤는 옳은 내용이다.

★☆☆

66 **경제주체의 기대형성에 관한 설명으로 옳은 것은?** 15년 노무사

① 합리적 기대이론에서는 과거의 정보만을 이용하여 미래에 대한 기대를 형성한다.

② 적응적 기대이론에서는 예측된 값과 미래의 실제 실현된 값이 같아진다고 주장한다.

③ 새고전학파(New Classical School)는 적응적 기대를 토대로 정책무력성 정리(policy ineffectiveness proposition)를 주장했다.

④ 경제주체가 이용 가능한 모든 정보를 이용하여 미래에 대한 기대를 형성하는 것을 합리적 기대이론이라고 한다.

⑤ 케인즈(J. M. Keynes)는 합리적 기대이론을 제시하였다.

★★☆

67 **새고전학파와 새케인즈학파의 정책효과에 대한 설명으로 가장 옳은 것은?** 16년 서울시

① 새고전학파에 따르면 예상치 못한 정부지출의 증가는 장기적으로 국민소득을 증가시킨다.

② 새고전학파에 따르면 예상된 통화공급의 증가는 단기적으로만 국민소득을 증가시킨다.

③ 새케인즈학파에 따르면 예상치 못한 통화공급의 증가는 장기적으로 국민소득을 증가시킨다.

④ 새케인즈학파에 따르면 예상된 정부지출의 증가는 단기적으로 국민소득을 증가시킨다.

★★☆

68 임금결정이론에 관한 설명으로 옳지 않은 것은? 12년 노무사

① 중첩임금계약(staggered wage contracts)모형은 실질임금이 경직적인 이유를 설명한다.

② 효율임금(efficiency wage)이론에 따르면 실질임금이 근로자의 생산성 또는 근로의욕에 영향을 미친다.

③ 효율임금이론에 따르면 높은 임금이 근로자의 도덕적 해이(moral hazard)를 억제하는 데 기여한다.

④ 내부자–외부자모형에 따르면 내부자의 실질임금이 시장균형보다 높아져서 비자발적 실업이 발생한다.

⑤ 내부자–외부자모형에서 외부자는 실업 상태에 있는 노동자로서 기업과 임금협상을 할 자격이 없는 사람을 말한다.

정답 및 해설

66 정답 ④

주제 기대

해설

① 과거의 정보만을 이용하여 미래에 대한 기대를 형성하는 것은 합리적 기대가 아니라 적응적 기대이다.

② 적응적 기대하에서는 체계적인 오차가 있으므로 예측된 값과 미래에 실제 실현된 값이 동일하지 않은 것이 일반적이다.

③ 합리적 기대는 케인즈가 아니라 새고전학파에 의해 도입된 것으로, 새고전학파는 합리적 기대를 토대로 정책무력성정리를 주장하였다.

⑤ 새고전학파가 합리적 기대이론을 제시하였다.

67 정답 ④

주제 새고전학파와 새케인즈학파

해설

새고전학파에 의하면 예상된 통화공급의 증가는 단기에도 국민소득에 영향을 미칠 수 없다(정책무력성정리). 새케인즈학파에 의하면 단기에는 가격변수가 경직적이므로 예상된 재정정책이나 예상된 통화정책도 국민소득에 영향을 미칠 수 있다. 장기에는 장기총공급곡선이 수직선이므로 학파에 관계없이, 그리고 예상되었는지 혹은 그렇지 않은지에 관계없이 재정정책이나 통화정책은 국민소득에 영향을 미칠 수 없다.

68 정답 ①

주제 새케인즈학파의 임금결정이론

해설

중첩임금계약은 명목임금경직성모형이다. 실질임금경직성모형으로는 효율성임금가설, 내부자 – 외부자이론, 암묵적 계약이론 등이 존재한다.

고난도 문제

★★★
69 **다음 그림은 폐쇄경제의 $IS-LM$ 곡선을 나타낸다. 중앙은행은 다음 두 가지 방식 중 하나로 통화정책을 실시한다. 다음 설명 중 옳지 <u>않은</u> 것은?**

18년 공인회계사

- 방식 (가): 이자율이 현재 균형수준에서 일정하게 유지되도록 통화량을 조절하는 방식
- 방식 (나): 통화량을 현재 균형수준에서 일정하게 유지하고 이자율이 변동할 수 있도록 허용하는 방식

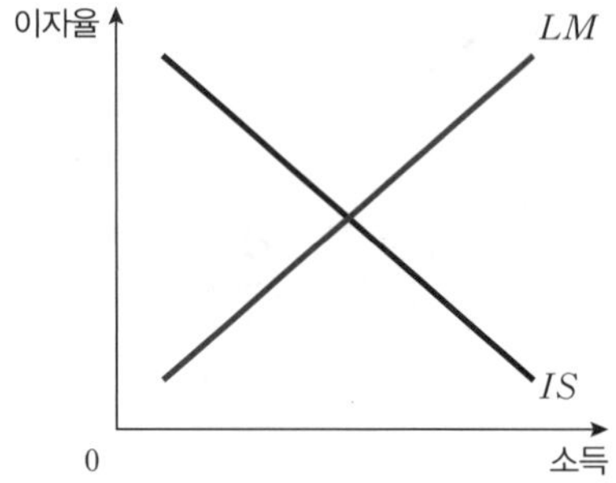

① 방식 (가)를 실시할 경우, 화폐수요가 외생적으로 증가하면 통화량이 감소한다.
② 방식 (가)를 실시할 경우, 화폐수요가 외생적으로 증가하더라도 소득이 변화하지 않는다.
③ 방식 (가)를 실시할 경우, 재정지출이 증가하면 통화량이 증가한다.
④ 방식 (나)를 실시할 경우, 재정지출이 증가하면 소득이 증가한다.
⑤ 방식 (나)를 실시할 경우, 재정지출이 증가하면 구축효과가 나타난다.

★★★
70 **현재 인플레이션율 8% 에서 4% 로 낮출 경우, 〈보기〉를 참고하여 계산된 희생률은? (단, Π_t, Π_{t-1}, U_t는 각각 t기의 인플레이션율, $(t-1)$기의 인플레이션율, t기의 실업률)**

21년 감정평가사

〈보기〉
- $\Pi_t - \Pi_{t-1} = -0.8(U_t - 0.05)$
- 현재 실업률: 5%
- 실업률 1%p 증가할 때 GDP 2% 감소로 가정
- 희생률: 인플레이션율을 1%p 낮출 경우 감소되는 GDP 변화율(%)

① 1.5 ② 2 ③ 2.5
④ 3 ⑤ 3.5

★★★

71 A국 경제의 총수요곡선과 총공급곡선이 각각 $P=-Y_d+4,\ P=P_e+(Y_s-2)$이다. P_e가 3에서 5로 증가할 때, (ㄱ) 균형소득수준과 (ㄴ) 균형물가수준의 변화는? (단, P는 물가수준, Y_d는 총수요, Y_s는 총공급, P_e는 기대물가수준) 21년 감정평가사

① ㄱ: 상승, ㄴ: 상승
② ㄱ: 하락, ㄴ: 상승
③ ㄱ: 상승, ㄴ: 하락
④ ㄱ: 하락, ㄴ: 하락
⑤ ㄱ: 불변, ㄴ: 불변

정답 및 해설

69 정답 ①

주제 $IS-LM$ 모형

해설

1) 외생적으로 화폐수요가 증가하면 LM 곡선이 왼쪽으로 이동한다.
2) (가) 방식 - 이자율 유지
① 중앙은행이 균형이자율을 유지하는 정책을 시행한다면 LM 곡선을 다시 오른쪽으로 이동시킬 것이므로 국민소득은 변하지 않는다.
② 재정지출이 증가하면 IS 곡선이 오른쪽으로 이동하므로 중앙은행이 이자율을 일정하게 유지하고자 한다면 통화량을 증가시킬 것이므로 국민소득이 증가한다.
3) (나) 방식 - 통화량 유지
① 재정지출이 증가하는 경우 IS 곡선이 오른쪽으로 이동하는데, 중앙은행이 통화량을 그대로 유지한다면 국민소득은 증가하고 이자율은 상승한다.
② 이자율이 상승하면 민간투자와 민간소비가 감소하는 구축효과가 발생한다.

70 정답 ③

주제 희생률

해설

1) $0.04-0.08=-0.8(U_t-0.05) \rightarrow 0.04-0.08=-0.8U_t+0.04 \rightarrow 0.08=0.8U_t \rightarrow U_t=0.1$이다.
2) 따라서 실업률은 5%에서 10%로 증가하므로 5%p 상승한다.
3) 문제에 제시된 조건에 따라 GDP는 10%p 감소한다.
4) 문제에서 인플레이션을 4%p 낮추어야 하므로 희생비율은 $\frac{10\%p}{4\%p}=2.5$이다.

71 정답 ②

주제 총수요, 총공급 모형

해설

1) 최초의 균형은 $-Y+4=3+Y-2 \rightarrow 2Y=3 \rightarrow Y=\frac{3}{2}$, 물가 $P=\frac{5}{2}$
2) 변화 후에는 $-Y+4=5+Y-2 \rightarrow 2Y=1 \rightarrow Y=\frac{1}{2}$, 물가 $P=\frac{7}{2}$
3) 따라서 균형국민소득은 하락하고 물가는 상승한다.

★★★

72 **다음은 어느 폐쇄경제의 총수요 부문을 나타낸 것이다. 실질이자율을 수직축으로, 총수요를 수평축으로 하여 $IS-LM$ 곡선을 나타내고자 한다. 기대인플레이션이 0%에서 -1%로 변화할 경우 그 효과에 대한 설명으로 가장 적절한 것은?** 17년 공인회계사

> • IS 관계식: $0.25Y = 425 - 25r$
> • LM 관계식: $500 = Y - 100i$
> • 피셔 방정식: $i = r + \pi^e$
> (단, Y, r, i, π^e는 각각 총수요, 실질이자율, 명목이자율, 기대 인플레이션을 나타냄)

① IS 곡선이 하향이동하며 실질이자율은 하락한다.
② IS 곡선이 상향이동하며 실질이자율은 상승한다.
③ LM 곡선이 하향이동하며 실질이자율은 하락한다.
④ LM 곡선이 상향이동하며 실질이자율은 상승한다.
⑤ IS 곡선은 하향이동하는 반면 LM 곡선은 상향이동하여 실질이자율이 변하지 않는다.

★★★

73 **현재 명목이자율이 0이다. 명목이자율의 하한이 0일 때, 다음 설명 중 옳은 것은?** 16년 공인회계사

> 가. 명목이자율 하한이 존재하지 않는 경우에 비해 확장재정정책은 안정화정책으로서 유효성이 작아진다.
> 나. 명목이자율 하한이 존재하지 않는 경우에 비해 전통적인 확장통화정책은 안정화정책으로서 유효성이 작아진다.
> 다. 양적 완화정책(quantitative easing)을 실시하여 인플레이션 기대가 상승하면 실질이자율이 하락한다.
> 라. 양적 완화정책을 실시할 경우 전통적인 통화정책을 실시할 경우에 비하여 중앙은행이 보유하는 채권의 다양성이 줄어든다.

① 가, 나　　② 가, 다　　③ 나, 다
④ 나, 라　　⑤ 다, 라

정답 및 해설

72 정답 ④

주제 $IS-LM$ 모형

해설

1) IS 곡선을 정리하면 $r=17-0.01Y$이므로 기대인플레이션과 IS 곡선은 관련이 없다.

2) 문제에 주어진 i를 대입하며 LM 곡선을 정리하면 $500=Y-100(r+\pi^e) \rightarrow r=-\pi^e-5+0.01Y$이다. 따라서 기대인플레이션율이 하락하면 LM 곡선이 상방으로 이동한다.

3) 피셔 방정식에 따라 기대인플레이션이 하락하면 실질이자율은 상승한다.

73 정답 ③

주제 재정정책과 통화정책

해설

1) 명목이자율이 0이라는 것은 경기가 침체 상태, 즉 디플레이션 상태라는 것이다.

2) 지문 분석

나. 명목이자율이 0으로 하한이 존재하므로 통화정책의 목표인 이자율 하락이 일어나지 않는다. 따라서 명목이자율 하한이 존재하지 않는 경우에 비해 전통적인 확장통화정책은 안정화정책으로서 유효성이 작아진다.

다. 정부가 채권을 구입하여 돈을 푸는 양적 완화정책(quantitative easing)을 실시하면 시중에 화폐가 많이 유통되므로 인플레이션 기대가 상승하면 실질이자율이 하락한다.

오답체크

가. 명목이자율 하한이 존재하지 않는 경우에 비해 확장재정정책은 안정화정책으로서 유효성이 더 커진다.

라. 양적 완화정책을 실시할 경우 전통적인 통화정책을 실시할 경우에 비하여 중앙은행이 다양한 채권을 구입하여 시중에 유동성을 공급할 것이므로 보유하는 채권의 다양성이 늘어난다.

★★★
74

다음은 어느 경제의 2017년 노동시장 관련 자료이다. 이 경제의 2018년 초 취업자 수는 얼마인가?

18년 공인회계사

- 비경제활동인구의 15%가 경제활동인구가 되었다.
- 경제활동인구의 10%가 비경제활동인구가 되었다.
- 실업자의 20%가 취업자가 되었다.
- 취업자의 5%가 실업자가 되었다.
- 경제활동인구와 비경제활동인구를 합한 수는 1,000만 명으로 변함이 없다.
- 경제활동참가율은 변함이 없다.
- 실업률은 변함이 없다.

① 420만 명　② 480만 명　③ 540만 명
④ 600만 명　⑤ 660만 명

★★★
75

甲국 통화당국의 손실함수와 필립스 곡선이 다음과 같다. 인플레이션율에 대한 민간의 기대가 형성되었다. 이후, 통화당국이 손실을 최소화하기 위한 목표인플레이션율은? (단, π, π^e, u, u_n은 각각 인플레이션율, 민간의 기대인플레이션율, 실업률, 자연실업률이고, 단위는 % 임)

18년 감정평가사

- 통화당국의 손실함수: $L(\pi,\ u) = u + \frac{1}{2}\pi^2$
- 필립스 곡선: $\pi = \pi^e - \frac{1}{2}(u - u_n)$

① 0%　② 1%　③ 2%
④ 3%　⑤ 4%

정답 및 해설

74 정답 ②

주제 실업지표

해설

1) 생산가능인구는 1,000만 명으로 변화가 없다.
2) 경제활동인구의 10%가 비경제활동인구가 되었다면, 경제활동인구를 A라고 하면 비경제활동인구는 $0.1A$이다.
3) 비경제활동인구의 15%가 경제활동인구가 되었다면, 비경제활동인구를 B라고 하면 비경제활동인구는 $0.15B$이다.
4) 경제활동참가율이 변화가 없다면 $0.1A=0.15B$이므로 $A=1.5B$이다.
5) $A+B=1,000$만 명이므로 $2.5B=1,000$만 명이다. 따라서 B는 400만명, A는 600만명이다.
6) 실업률의 변화가 없으므로 자연실업률이다. 자연실업률은 $\frac{s}{s+f}=\frac{0.05}{0.05+0.5}=0.2$이다.
7) 실업률과 취업률을 더하면 1이므로 취업률은 0.8이다.
8) 취업자=경제활동인구×취업률이므로 취업자는 480만 명(=600만×0.8)이다.

75 정답 ③

주제 물가와 실업 → 필립스 곡선

해설

1) 손실함수에서 손실은 실업률과 물가상승률에 비례한다.
2) 필립스 곡선에서는 물가와 실업은 반비례관계가 성립한다.
3) 문제가 손실을 최소화하는 인플레이션율이므로 손실함수를 인플레이션에 대한 함수로 바꾸어 주면 된다.
4) 필립스 곡선을 변형하면 $u=u_n-2\pi+2\pi^e$이다.
5) 이를 손실함수에 대입하면 $L(\pi,\ u)=u_n-2\pi+2\pi^e+\frac{1}{2}\pi^2$이다.
6) 손실이 최소가 되는 인플레이션을 구하기 위해 손실함수를 π로 미분하면 $-2+\pi=0$이므로 $\pi=2\%$이다.

PART

4 경기변동과 경제성장

학습 구성

구분	출제 포인트	중요도	학습 날짜
Chapter 01 경기변동	01 경기변동과 경기순환	★	
	02 경기예측방법	★	
	03 경기안정화정책	★★★	
Chapter 02 경기변동이론	01 새고전학파의 경기변동이론	★★	
	02 새케인즈학파의 경기변동이론	★★	
Chapter 03 경제성장론	01 경제성장	★	
	02 해로드-도마의 경제성장이론	★	
	03 솔로우 모형	★★★	
	04 내생적 성장모형(신성장이론)	★★★	
Chapter 04 경제발전론	01 경제발전	★	
	02 경제발전이론	★	

Chapter 01

경기변동

+ 학습목표

• 상승국면과 하강국면의 특징을 이해할 수 있다.
• 호경기와 불경기의 경기안정화정책을 이해할 수 있다.

01 경기변동과 경기순환 ★★★

1. 경기변동

(1) 의미

경기변동(business cycle)은 총체적인 경제활동수준을 측정하는 지표인 생산, 투자, 고용, 소비 등이 주기적으로 상승과 하강을 반복하는 현상을 말한다.

(2) 종류

① **장기 파동**: 50~60년 주기의 경기 변동으로, 기술 혁신, 전쟁, 신자원의 개발 등이 원인이다. 콘드라티예프(Kontratiev) 파동이라고도 한다.
② **중기 파동**: 8~10년을 주기로 하는 경기 변동으로, 기업의 설비 투자의 변동으로 발생한다. 주글러(Juglar) 파동이라고도 한다.
③ **단기 파동**: 3~5년을 주기로 하는 경기 변동으로, 통화공급이나 이자율의 변동, 기업의 재고 변동 등이 원인이다. 키친(Kitchen) 파동이라고도 한다.

2. 경기순환

(1) 의미

호경기, 후퇴기, 불경기, 회복기의 네 국면이 일정한 주기로 반복되는 현상을 말한다.

(2) 그래프

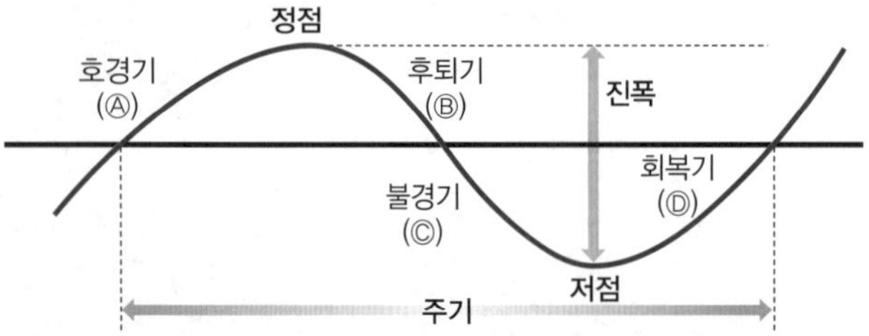

구분	생산	투자	물가	고용(실업)	소비	재고
Ⓐ	최고	최고	최고	최고(최저)	최고	최저
Ⓑ	↓	↓	↓	↓ (↑)	↓	↑
Ⓒ	최저	최저	최저	최저(최고)	최저	최고
Ⓓ	↑	↑	↑	↑ (↓)	↑	↓

(3) 경기변동의 특징

① **총체성**: 특정한 경제변수가 아닌 경제 전반의 총체적 변화를 의미한다.

② **공행성**

- 경기변동은 몇몇 산업 부문 혹은 몇 개의 변수들에만 국한된 것이 아니라 확장국면, 수축국면이 거의 모든 부문 및 변수에서 동시적으로 발생한다.
- 국내총생산이 늘어나는 시기에 실업률이 줄어들고, 국내총생산이 줄어드는 시기에 실업률이 늘어나는 양상을 공행성의 예라 할 수 있다.
- 어떤 변수가 일정한 시차를 가지고 다른 변수보다 선행(leading)하거나 후행(lagging)하는 경우 두 변수 사이에 공행성이 있다고 말한다.

③ **지속성**: 경기의 확장과 축소는 한 번 발생되면 상당 기간 지속된다.

④ **보편성**: 특정 국가가 아닌 대부분의 국가에서 경기변동이 나타난다.

⑤ **반복성**: 일정한 간격은 아니지만 경기변동은 반복적으로 일어나는 패턴을 가지고 있다.

⑥ **확장국면과 수축국면으로 구성**: 경기변동은 확장국면과 수축국면으로 구성되며, 정점과 저점을 찾으려는 노력을 하고 있다.

3. 경기변동의 원인

(1) 총수요의 변동

가계소비, 기업투자, 정부지출, 순수출 등이 변동원인이다.

① 총수요 증가 → GDP 증가(고용 증가, 실업 감소), 물가 상승 → 경기활성화

② 총수요 감소 → GDP 감소(고용 감소, 실업 증가), 물가 하락 → 경기침체

(2) 총공급의 변동: 원자재 가격, 임금 등 생산비 변동 등이 원인이다.

① 총공급 증가 → GDP 증가(고용 증가, 실업 감소), 물가 하락 → 경기활성화

② 총공급 감소 → GDP 감소(고용 감소, 실업 증가), 물가 상승 → 경기침체

02 경기예측방법 ★★★

1. 경기예측방법

(1) 개별경제지표에 의한 방법

국내 총생산의 분기별 변화 또는 수출입 관련 지표 등 단일 지표로 파악하는 방법이다.

(2) 종합경제지표에 의한 방법

경기종합지수나 경기동향지수 등 여러 개의 개별 경제지표를 종합한 것이다.

(3) 설문조사에 의한 방법

기업경기실사지수나 소비자태도지수 등 개별 경제주체의 심리적 변화 측정에 유용하다.

① BSI(Business Survey Index; 기업경기실사지수)와 CSI(Consumer Survey Index; 소비자동향지수)
- 각각 기업인과 가계를 대상으로 한 설문을 통해 경기동향을 판단한다.
- 기준은 100이며 100을 초과하면 경기낙관, 100 미만은 경기비관, 100은 현재와 동일함을 의미한다.

② PMI(Purchasing Managers' index; 구매관리자지수)
- 기업의 구매 담당자들을 대상으로 설문조사를 통해 작성하는 경기지표이다.
- 50이 기준점으로 50을 초과하면 경기 상승, 50 미만이면 경기 하강을 의미한다.

③ ISM(Institute for Supply Management) 지수
- 미 공급관리협회가 기업 구매 담당자를 대상으로 조사한 결과를 종합해 산출한 지수이다.
- 50이 기준점으로 50을 초과하면 경기 상승, 50 미만이면 경기 하강을 의미한다.

2. 경기종합지수

(1) 경기선행지수

보통 3~6개월 후의 경기동향을 예측하는 지표로, 구인구직비율, 코스피지수 등이 대표적이다.

(2) 경기동행지수

조사 시점의 경기수준을 나타내는 지표로, 광공업생산지수, 서비스업생산지수 등이 대표적이다.

(3) 경기후행지수

조사 시점으로부터 3~6개월 전의 경기상황을 나타내는 지표로, 생산자제품재고지수, 취업자 수 등이 대표적이다.

(4) 경기지수의 구성

선행종합지수	동행종합지수	후행종합지수
• 구인구직비율 • 재고순환지표 • 소비자기대지수 • 기계류 내수출하지수(선박 제외) • 건설수주액(실질) • 수출입물가비율 • 코스피지수 • 장단기금리차	• 비농림어업취업자 수 • 광공업생산지수 • 서비스업생산지수(도소매업 제외) • 소매판매액지수 • 내수출하지수 • 건설기성액(실질) • 수입액(실질)	• 취업자 수 • 생산자제품재고지수 • 소비자물가지수변화율 • 소비재수입액(실질) • 기업어음유통수입률 • 도시가계소비지출

개념확인 문제

Q 향후 경기국면을 예측하기 위해 우리나라 통계청에서 발표하는 선행종합지수의 구성지표가 <u>아닌</u> 것은?

① 건설수주액　　② 기계수주액
③ 코스피지수　　④ 소비자기대지수
⑤ 도시가계소비지출

정답 ⑤

해설
도시가계소비지출만 후행지수이다.

03 경기안정화정책 ★★★

1. 재정정책

(1) 의미

정부가 조세(세율)와 정부지출(세출)을 통해 경제의 성장을 도모하는 정책을 말한다.

(2) 경기별 재정정책

① **경기과열 시 재정정책:** 총수요를 줄여야 하므로 세율 인상, 정부지출 축소를 통한 긴축재정정책을 실시한다.

② **경기침체 시 재정정책:** 총수요를 늘려야 하므로 세율 인하, 정부지출 확대를 통한 확장재정정책을 실시한다.

2. 통화정책

(1) 의미

중앙은행이 통화량이나 이자율(금리)을 조절하여 경제의 안정적 성장을 도모하는 정책을 말한다.

(2) 경기과열 시의 통화정책

① 통화량 감소 → 이자율 상승 → 소비 감소, 투자 위축 → 생산 위축, 실업 증가 → 물가 하락(안정)
② 지급준비율, 재할인율, 이자율을 올리고 국공채는 매각하여야 한다.

(3) 경기침체 시의 통화정책

① 통화량 증가 → 이자율 하락 → 소비 증가, 투자 증가 → 생산 확대, 고용 증대 → 물가 상승
② 지급준비율, 재할인율, 이자율을 내리고 국공채는 매입하여야 한다.

(4) 통화정책의 수단

재할인율 정책	의미	중앙은행이 일반은행에 대출이자율(재할인율)과 대출 규모를 조정하여 통화량을 조절
	영향	재할인율 인상(인하) → 은행대출 감소(증가) → 통화량 감소(증가)
지급준비율 정책	의미	시중은행의 고객 인출을 대비하는 법정지급준비금비율을 조절하는 정책
	영향	지급준비율 인상(인하) → 대출 감소(증가) → 통화량 감소(증가)
공개시장 조작	의미	중앙은행이 국·공채 또는 통화안정증권을 매입 또는 매각하여 통화량을 조절하는 정책
	영향	매각(매입) → 통화량 감소(증가)

3. 자동안정화장치

(1) 의미

경기변동에 따라 자동적으로 경기안정효과를 발휘하는 제도적 장치로, 누진세제도, 실업보험제도 등이 포함된다.

(2) 경기과열 시

① 명목소득 증가로 누진세율을 적용받아 세금이 증가한다.
② 고용증가로 인해 고용보험료 납부가 늘어 경기를 진정시키는 효과가 있다.

(3) 경기침체 시

① 명목소득 감소로 누진세율을 적용받아 세율은 급격히 하락하여 세금을 적게 내게 된다.
② 실업자가 된 경우에는 고용보험금을 받게 되어 경기를 부양시키는 효과가 있다.

개념확인 문제

Q 잠재생산량을 초과하는 경기과열이 발생하여 인플레이션이 지속되고 있을 때, 정부가 경제안정을 위해 채택하는 정책으로 옳은 것은? 13년 국가직

① 통화공급량 축소
② 투자에 대한 세액공제 확대
③ 정부지출 확대
④ 세율 인하

정답 ①

해설
경기가 과열 상태일 때는 정부지출을 축소하거나 세율을 인상하는 긴축적인 재정정책이나 통화량을 줄이는 긴축통화정책이 필요하다.

Chapter 02

경기변동이론

+ 학습목표

- 균형경기변동이론과 불균형경기변동이론을 구분할 수 있다.
- 실물적 경기변동이론의 원인과 특징을 이해할 수 있다.

01 새고전학파의 경기변동이론 ★★★

1. 균형경기변동이론

◀ 시험 POINT MBC와 RBC의 특징을 구분할 수 있어야 합니다.

(1) 시장은 항상 균형

새고전학파는 경기변동현상을 개별 경제주체들이 합리적 기대하에 최적화 행동을 추구하는 과정에서 외부적 충격이 발생하면 최적화 행동에 교란이 발생하는 현상으로 보므로 시장은 항상 균형 상태에 있는 것으로 파악한다.

(2) 구분

충격을 주는 요인에 따라 화폐적 균형경기변동이론과 실물적 균형경기변동이론으로 나눈다.

2. 화폐적 균형경기변동이론(MBC, Monetary Business Cycle)-루카스(Lucas)

(1) 경기변동의 원인

주요인을 예상치 못한 화폐적 충격으로 본다.

(2) 경기변동의 과정

① 불완전정보 상황에서 예상치 못한 통화량의 변화는 기업들이 상대가격 변화와 일반물가수준의 변화를 구별하지 못하게 한다.

② 예상치 못한 통화량 증가가 발생하면 루카스 공급함수 $Y = Y_N + \alpha(P - P^e)$에서 P^e는 변하지 않는 반면, P는 증가하므로 $P - P^e > 0$이 되어 생산과 소득이 증가하여 경기호황이 발생한다.

③ 예상치 못한 통화량 증가가 있더라도 합리적 기대를 통하여 예상물가상승률을 조정하면 다시 완전고용산출량으로 회복하게 된다.

④ 중앙은행은 예측 가능한 정책운용을 통해 물가예상 착오에 따른 사회적 비용을 최소화해야 한다.

(3) 화폐적 균형경기변동이론의 한계

① 물가인식의 착오만으로 대규모의 경기변동을 설명할 수 없다.

② 경기변동의 지속성을 제대로 설명을 못하여 실물적 균형경기변동이론이 대두되었다.

3. 실물적 균형경기변동이론(RBC, Real Business Cycle)-프레스컷(E. Prescott)과 키들랜드(F. Kydland)

(1) 경기변동의 원인

주요인을 생산성충격, 기술혁신, 경영혁신, 천연자원 발견 및 석유 파동, 기후변화, 노동시장의 변화 등 생산물의 총공급 측면으로 본다.

(2) 긍정적 공급 충격(기술혁신)에 의한 경기변동

① 그래프

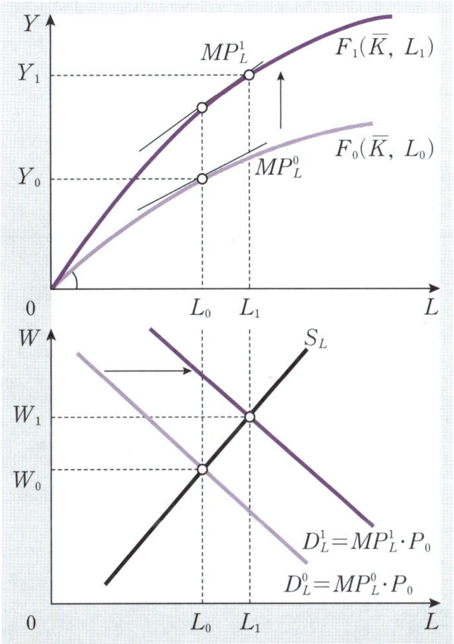

② 기술혁신은 총요소생산성을 향상시키므로 생산함수의 상방이동을 가져와 노동의 한계생산물을 증가시킨다.

③ 노동의 한계생산물 증가($MP_L^0 \rightarrow MP_L^1$) ⇨ 노동수요 증가($MP_L^0 \cdot P_0 \rightarrow MP_L^1 \cdot P_0$) ⇨ 실질임금 상승 ⇨ 고용량 증가($L_0 \rightarrow L_1$) ⇨ 총생산량 증가($Y_0 \rightarrow Y_1$)

④ 노동의 기간 간 대체, 건설기간 등의 개념을 사용하여 경기변동의 지속성을 설명한다.

(3) 노동의 기간 간 대체

① 생산성을 향상시키는 기술 충격이 존재하면 기업들이 생산성 향상에 따라 더 많은 노동자를 고용하려 할 것이다.

② 이 과정에서 실질임금과 실질이자율이 상승할 가능성이 크다.

③ **실질임금의 상승:** 노동자들의 현재의 노동공급을 늘리고 미래의 노동공급을 줄이기 때문에 노동의 기간 간 대체가 발생한다.

④ **실질이자율의 상승:** 현재의 상대임금($=\frac{\text{현재임금}}{\text{미래임금}}$)이 상승하므로 현재의 노동공급이 증가하는 노동의 기간 간 대체가 발생한다.

(4) 건설기간(time to build)

기계, 설비, 건물 등 자본재에 대한 투자는 그 투자가 완결될 때까지 적어도 몇 년이 소요되므로 그때까지 생산, 고용, 소비 등을 지속적으로 증가시키는 파급효과를 가진다.

(5) 실물적 균형경기변동이론의 특징

① 경기변동이 발생하더라도 완전고용산출량 자체가 변하므로 경제는 항상 균형상태에 있다고 본다.
② 초기에는 주로 생산성 충격(기술진보)에 주목했으나 이후 IS 곡선에 영향을 미치는 충격도 인정한다.
③ 화폐의 중립성을 가정하기에 LM 곡선에 영향을 미치는 충격은 경기변동의 요인이 되기 어렵다고 본다.

(6) 실물적 균형경기변동이론의 장·단점

① **장점:** 경기변동의 지속성과 공행성을 이론적으로 잘 설명하고 있다.
② **단점**
- 화폐는 경기변동에 중립적이라고 주장하여 화폐 부문을 너무 경시하고 있다.
- 기술 진보는 점진적이므로 단기적인 대규모 기술 충격은 현실적으로 어렵다.

02 새케인즈학파의 경기변동이론 ★★★

1. 개요

(1) 불균형성장이론

경기변동의 주요인을 총수요 측면으로 보고 경제주체들이 합리적 기대하에 최적화 행위를 하여도 가격의 경직성 때문에 균형국민소득에서 이탈하는 것으로 보는 이론이다.

(2) 총수요 충격 중시

가격변수가 경직적이고 IS 곡선이나 LM 곡선에 영향을 미치는 총수요 충격이 발생하면 산출량 변화가 초래된다는 것이 새케인즈학파의 경기변동론이다.

2. 내용

(1) 가정

① 새고전학파와 마찬가지로 경제주체들이 합리적 기대하에 최적화 행동을 한다고 가정한다.
② 가격·임금의 경직성은 경제주체들의 최적화 행위의 결과이다.

(2) 경기변동과정

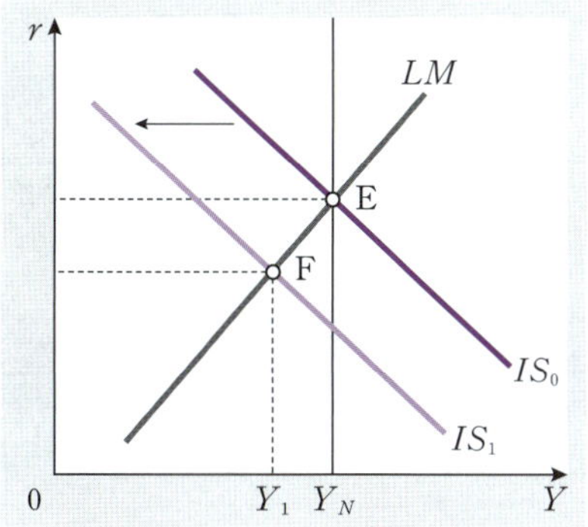

① 최초의 균형점 점 E에서 외부의 충격으로 총수요가 감소 → *IS* 곡선이 좌측으로 이동 → 새로운 균형점 점 F에서 산출량이 감소하여 경기침체가 발생한다.
② **정부의 개입 필요**: 가격경직성 때문에 가격조정이 즉각적으로 이루어지지 않아 상당 기간 침체상태가 유지되므로 정부가 총수요를 높여 주어야 한다.
③ 메뉴비용, 조정실패 등으로 경기침체를 설명한다.

개념확인 문제

Q 실물경기변동이론(Real Business Cycle theory)에 대한 설명으로 가장 옳지 않은 것은?
19년 서울시

① 임금은 신축적이나 상품 가격은 경직적이라고 가정한다.
② 개별 경제주체들의 동태적 최적화 행태를 가정한다.
③ 경기변동은 시장청산의 결과이다.
④ 공급 측면에서의 생산성 충격이 경기변동의 주요한 원인이다.

정답 ①

해설
실물경기변동이론에서는 모든 재화와 요소의 가격이 신축적이라고 가정한다.

Chapter 03

경제성장론

✛ 학습목표

- 해로드-도마에서 사용된 함수와 특징을 기억할 수 있다.
- 솔로우 모형의 균제 상태와 1인당 자본량, 황금률을 이해하고 계산할 수 있다.
- 내생적 성장이론의 종류와 각각의 특징을 이해할 수 있다.

01 경제성장 ★★★

1. 경제성장과 1인당 소득증가율

(1) 경제성장의 의미

① 장기적으로 완전고용소득수준이 증가하므로 총수요곡선과 총공급곡선이 우측으로 이동한 것을 의미한다.

② 일반적으로 실질 GDP의 성장을 의미한다.

(2) 경제성장의 측정

① 경제성장률은 일반적으로 실질 GDP 성장률을 의미한다.

② 경제성장률 $= \dfrac{Y_t - Y_{t-1}}{Y_{t-1}} \times 100$ (Y_t: 이번 기 실질 GDP, Y_{t-1}: 전기의 실질 GDP)

(3) 1인당 소득증가율

① 1인당 소득증가율은 경제성장률에서 인구증가율을 차감한 값을 의미한다.

② $\dfrac{\Delta y}{y} = \dfrac{\Delta Y}{Y} - \dfrac{\Delta L}{L}$ (y: 1인당 소득, Y: 소득, L: 인구)

2. 경제성장이론의 발전과정

(1) 해로드-도마 모형

① 1930년대에 케인즈 모형을 동태화한 헤로드-도마 모형이 발표되었다.

② 공급능력 증대와 함께 총수요 측면도 고려한 포괄적인 경제성장이론이다.

(2) 솔로우 모형

① 헤로드-도마 모형은 자본주의 경제가 기본적으로 불안정하다는 결론을 도출하였다.

② 솔로우의 신고전파 성장이론에서는 생산요소 간 기술적 대체가 가능하며 생산요소 가격이 신축적으로 조정될 수 있다는 가정을 도입함으로써 경제가 안정적으로 성장하는 사실을 설명한다.

③ 솔로우의 성장이론은 기술수준이 모형이 외부에서 결정되므로 외생적 성장이론이라고도 한다.

(3) 내생적 성장이론

솔로우 모형의 단점을 보완하고 모형 내에서 경제성장을 설명하려는 내생적 성장이론의 연구가 최근 활발하게 이루어지고 있다.

02 해로드-도마의 경제성장이론 ★★★

1. 해로드-도마 모형의 가정

(1) 생산량 1단위당 필요한 노동 및 자본의 양은 일정불변이다

① 자본계수는 $v = \frac{K}{Y}$로 재화 1단위를 생산하는 데 필요한 자본량이다.

② 노동계수는 $\alpha = \frac{L}{Y}$로 재화 1단위를 생산하는 데 필요한 노동량이다.

③ 자본과 노동의 대체성이 없으므로 등량곡선이 L자형인 레온티에프 생산함수$\left(Y = \min\left[\frac{K}{v},\ \frac{L}{\alpha}\right]\right)$이다.

④ 이때 효율적인 생산이 이루어지면(K와 L이 완전고용이 되기 위한 조건) $Y = \frac{K}{v} = \frac{L}{\alpha}$이 성립한다.

(2) 저축과 투자는 항상 일치하며 저축은 소득의 일정비율이다

① S(저축)$=$ I(투자)$= \Delta K$

② $S = sY$ (s: 한계저축성향, $0 < s < 1$)

(3) 나머지 가정

① 재화가 하나밖에 없는 경제를 상정한다.

② 인구증가율(노동력)은 n으로 일정하다

③ 생산함수는 규모에 대한 수익불변을 가정한다.

2. 자본과 노동의 완전고용 조건

(1) 자본의 완전고용 조건

① $\dfrac{\Delta Y}{Y} = \dfrac{\frac{\Delta K}{v}}{\frac{K}{v}} = \dfrac{\Delta K}{K} = \dfrac{I}{K} = \dfrac{S}{K} = \dfrac{sY}{K}\ \dfrac{s}{\frac{K}{Y}} = \dfrac{s}{v}$

② 적정성장률(G_w: warranted rate of growth)

- 자본의 완전고용이 보장되는 성장률을 말한다.
- 경제성장률($\dfrac{\Delta Y}{Y}$) = 자본증가율($\dfrac{\Delta K}{K} = \dfrac{s}{v}$)

(2) 노동의 완전고용 조건

① $\dfrac{\Delta Y}{Y} = \dfrac{\frac{\Delta L}{\alpha}}{\frac{L}{\alpha}} = \dfrac{\Delta L}{L} = n$(일정)

② 자연성장률(G_n: natural rate of growth)

- 노동의 완전고용이 보장되는 성장률을 말한다.
- 경제성장률($\dfrac{\Delta Y}{Y}$)= 인구증가율($\dfrac{\Delta L}{L} = n$)

(3) 자본과 노동의 완전고용 조건(해로드-도마의 기본 방정식)

① 기본방정식: $\dfrac{\Delta Y}{Y}$(경제성장률)= $\dfrac{s}{v}$(자본증가율)= n(인구증가율)

② 기술진보가 있을 경우: $\dfrac{\Delta Y}{Y} = \dfrac{s}{v} = n + g$(인구증가율 + 기술진보율)

③ 감가상각이 있을 경우: $\dfrac{\Delta Y}{Y} = \dfrac{s}{v} - d = n$이므로 $\dfrac{\Delta Y}{Y} = \dfrac{s}{v} = n + d$(인구증가율 + 감가상각률)

3. 해로드-도마 모형의 특징

(1) 현실성이 떨어짐

① 인구증가율, 저축률, 자본계수 등이 모두 일정한 상수이므로 기본 방정식은 우연이 아니면 성립하지 않는다.

② 일반적으로 불완전고용하의 성장이 이루어진다.

적정성장률(G_w) > 자연성장률(G_n)	적정성장률(G_w) < 자연성장률(G_n)
• 자본 증가율 > 인구 증가율 • 자본이 불완전고용 • 투자와 저축이 많음 • 소비가 미덕	• 자본 증가율 < 인구 증가율 • 노동이 불완전고용(실업이 발생) • 투자와 저축이 부족 • 저축이 미덕

(2) 불안정한 모형

① 실제성장률(G_A)은 실현된 GDP 증가율로, 사후적인 개념이다.

② 실제성장률(G_A)이 적정성장률(G_w)에서 한 번 벗어나면 균형을 다시 회복할 수 없을 뿐 아니라 균형에서 점점 멀어진다.

③ 불안정적 모형이다.

실제성장률(G_A) > 적정성장률(G_w)	실제성장률(G_A) < 적정성장률(G_w)
• 자본의 과다이용 → 자본재가 부족하게 되어 기업가의 투자 증가 → 총수요가 증가하여 Y가 더 증가 → 경기과열	• 자본의 유휴시설 발생 → 자본재가 과잉이므로 기업가의 투자 감소 → 총수요가 감소하여 Y가 더 감소 → 경기침체

03 솔로우 모형 ★★★

1. 해로드-도마 이론 비판

솔로우는 자본주의 경제가 기본적으로 불안정하다는 해로드 -도마 모형에서 생산함수를 요소 간 대체가 가능한 함수로 상정하여 경제가 안정적으로 성장할 수 있음을 해명하였다.

2. 솔로우 모형의 가정

◀ 시험 POINT 솔로우 모형은 빈출 주제입니다. 모두 숙지하셔야 합니다.

(1) 노동과 자본을 생산요소로 하는 생산함수는 요소대체가 가능한 1차 동차함수이다

① $Y = F(K,\ L) \rightarrow \dfrac{Y}{L} = F(\dfrac{K}{L}) \rightarrow y = f(k)$ (단, $y = \dfrac{Y}{L},\ k = \dfrac{K}{L}$)

② 사례: $Y = AL^{\alpha}K^{1-\alpha} \rightarrow \dfrac{Y}{L} = AL^{\alpha-1}K^{1-\alpha} \rightarrow y = Ak^{1-\alpha}$

③ 즉, 1인당 산출량(y)은 1인당 자본(k)에 대한 (증가)함수이다.

(2) 저축과 투자는 항상 일치하며 저축은 소득의 일정비율이다

① S(저축)$=I$(투자)$=\Delta K$

② $S = sY$ (s: 한계저축성향, $0 < s < 1$)

(3) 나머지 가정

① 재화가 하나밖에 없는 경제를 상정한다.

② 인구증가율(노동력)은 n으로 일정하다.

③ 생산함수는 규모에 대한 수익불변이며 수확체감의 법칙을 가정한다.

3. 균형조건

(1) 자본증가율

① $\Delta K = I = S = sY = sf(k)L$ ($\because Y = L \cdot f(k)$)

② 자본증가율 $= \dfrac{\Delta K}{K} = \dfrac{sf(k)L}{K} = \dfrac{\frac{sf(k)L}{1}}{\frac{K}{1}} = \dfrac{\frac{sf(k)}{1}}{\frac{K}{L}} = \dfrac{sf(k)}{k}$ ($\because k = \dfrac{K}{L}$)

(2) 인구증가율

가정에서 $\dfrac{\Delta L}{L} = n$(일정)으로 일정하다.

(3) 균형조건(솔로우의 기본 방정식)

① 그래프

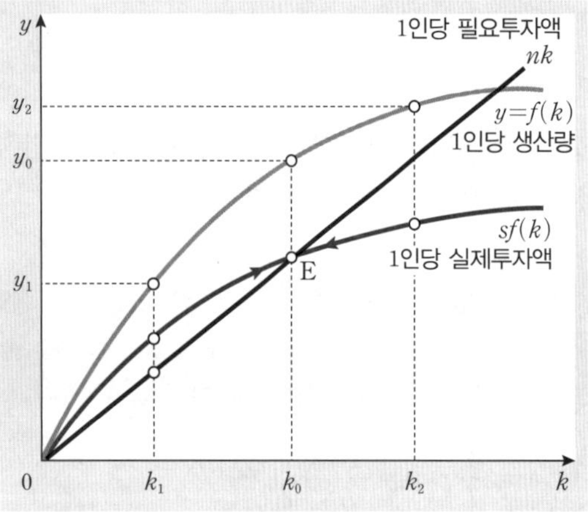

② 자본증가율 = 인구증가율

$\dfrac{sf(k)}{k} = n$이므로 $sf(k) = nk$ [$sf(k)$: 1인당 실제투자액, nk: 1인당 필요투자액]

③ $sf(k) \neq nk$인 경우

- $sf(k) > nk$인 경우 1인당 실제투자액이 필요투자액보다 크므로 1인당 자본량이 증가하여 1인당 생산량이 증가한다. ($k_1 < k_0$)
- $sf(k) < nk$인 경우 1인당 실제투자액이 필요투자액보다 작으므로 1인당 자본량이 감소하여 1인당 생산량이 감소한다. ($k_2 > k_0$)

④ $sf(k) = nk$인 경우(k_0)

- $sf(k) = nk$인 경우 1인당 실제투자액과 필요투자액이 동일하므로 1인당 자본량이 불변하여 1인당 생산량도 불변이다. 이를 균제 상태(점 E)라고 한다.
- 이 조건에서는 1인당 자본량의 변화율은 0이며, 이에 따라 1인당 생산량의 변화율도 0이다.

4. 균제 상태(-균형 상태)

(1) 의미

① 균제 상태에서는 1인당 자본량과 1인당 생산량이 일정하게 유지된다.

② 그러나 매년 인구가 n의 비율로 증가하므로 경제 전체의 총생산량도 n의 비율로 증가한다.

③ 균제 상태에서는 경제성장률이 인구증가율과 일치한다.

④ 실질이자율이 일정

- 생산함수의 접선의 기울기로 측정되는 MP_K가 일정하게 유지되므로 실질이자율도 일정하게 유지된다.
- 자본시장이 완전경쟁이면 자본수익률인 실질이자율은 자본의 한계생산물과 같기 때문이다.

(2) 기본 공식

① 1인당 자본량 증가율 = 자본증가율 − 인구증가율

$$\frac{\Delta k}{k} \qquad\qquad \frac{sf(k)}{k} \qquad\qquad n$$

② 균제 상태에서는 1인당 자본량의 증가율이 0이므로 $\frac{sf(k)}{k} = n \rightarrow sf(k) = nk$이다.

(3) 감가상각이 있는 경우

① 감가상각은 1인당 자본량을 감소시키는 요인이므로 인구증가율과 성격이 같다.

② 1인당 자본량의 변화로 표현하면 $\Delta k = sf(k) - (n+d)k$이다. (단, d는 감가상각률)

5. 기술진보율이 있는 경우의 균제 상태

(1) 생산함수

① $Y = F(EL, K) \rightarrow \frac{Y}{EL} = F(1, \frac{K}{EL}) \rightarrow y = f(k)$

② 기술 진보가 이루어지면 노동의 효율성이 높아진다.

③ 노동효율성이 높아지면 노동자수가 증가하는 것과 마찬가지인 효과가 발생한다. 왜냐하면 기술개발로 인해 적은 노동자로 많은 자본(기계설비)을 다룰 수 있기 때문이다.

④ EL(effectlve labor)은 노동효율성 (E)까지 감안한 노동자의 수를 의미하는데, 효율노동이라고 한다.

(2) 균제 상태

① 그래프

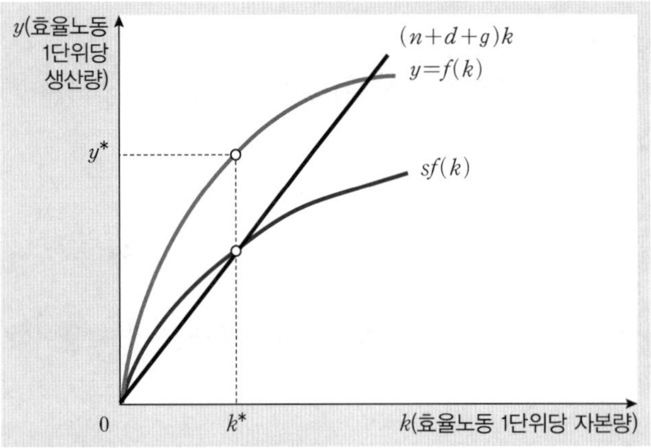

② 감가상각까지 있다고 가정하면 균제조건은 $sf(k)=(n+d+g)k$이다. (g는 기술진보율)

③ 효율단위로 나타낸 1인당 투자 $sf(k)$와 효율단위로 나타낸 1인당 필요투자액이 일치하는 점에서 결정된다.

(3) 기술 진보의 효과

① $y=\dfrac{Y}{EL} \rightarrow \dfrac{Y}{L}=E\times y$

균제 상태에서 효율노동 1단위당 생산량이 변화하지 않더라도 E가 g의 비율로 증가하면 1인당 생산량 $\dfrac{Y}{L}$는 g의 비율로 증가한다.

② $k=\dfrac{K}{EL} \rightarrow \dfrac{K}{L}=E\times k$

균제 상태에서 효율노동 1단위당 자본량이 변화하지 않더라도 E가 g의 비율로 증가하면 1인당 자본량 $\dfrac{K}{L}$는 g의 비율로 증가한다.

③ 인구증가율이 n이고, 1인당 생산량이 g의 비율로 증가하므로 균제 상태에서의 총생산량은 $(n+g)$의 비율로 증가한다.

④ 따라서 감가상각은 없고 기술 진보가 있는 경우 경제성장률은 $(n+g)$, 1인당 경제성장률은 g이다.

6. 경제성장 결정요인

(1) 인구 증가

① 그래프

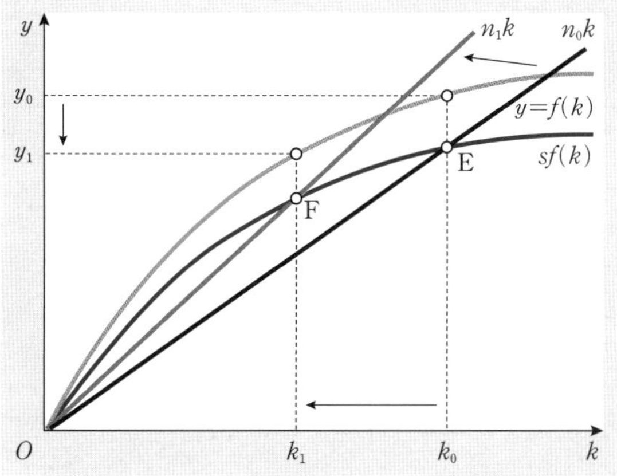

② 인구증가율 상승($n_0 \to n_1$) → 1인당 필요투자액 상방 이동($n_0k \to n_1k$) → 균형점 이동(점 E → 점 F) → 1인당 자본량 감소($k_0 \to k_1$), 1인당 산출량 감소($y_0 \to y_1$)

③ 1인당 성장률은 감소하나 인구가 증가하므로 총생산량(Y)은 증가한다.

(2) 저축률 증가

① 그래프

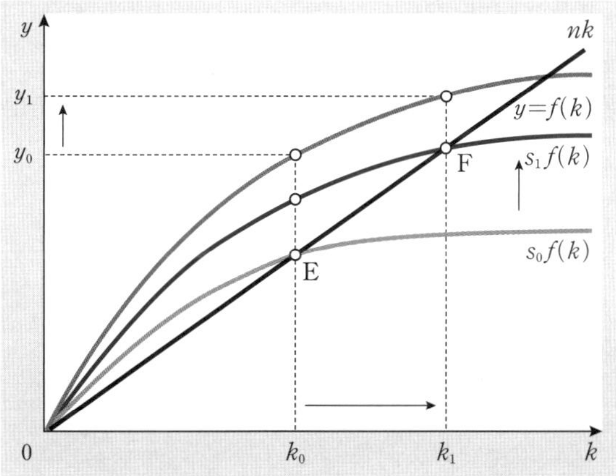

② 저축률이 상승($s_0 \to s_1$) → 1인당 실제투자액 상방 이동[$s_0f(k) \to s_1f(k)$] → 균형점 이동(점 E → 점 F) → 1인당 자본량 증가($k_0 \to k_1$) → 1인당 산출량 증가($y_0 \to y_1$)

③ 1인당 산출량 증가율은 단기적으로는 증가하나 장기적으로는 균제 상태에 도달하기 때문에 0이 된다.

④ 수준효과(level effect)만 있고 성장효과(growth effect)는 없다.

(3) 기술 진보

① 그래프

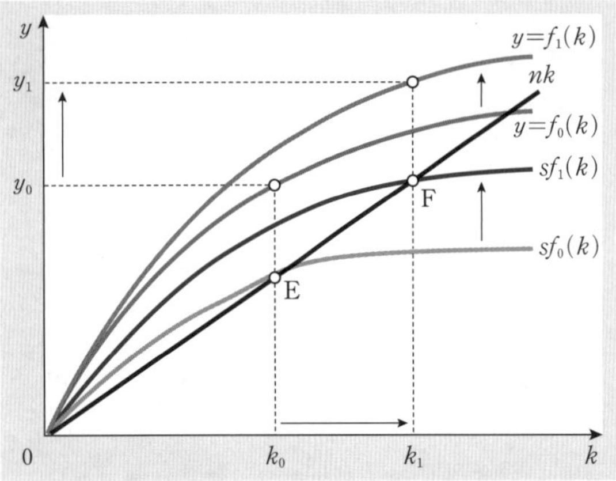

② 생산함수$f(k)$가 상방 이동 → 저축함수$sf(k)$가 상방 이동 → 저축과 투자가 증가 → 1인당 자본량 증가($k_0 \to k_1$) → 1인당 산출량 증가($y_0 \to y_1$)

③ 지속적인 기술 진보에 의해서만 지속적인 경제성장(1인당 소득 증가)이 가능하다.

개념확인 문제

Q 다음 중 솔로우(Solow) 성장모형에 대한 설명으로 옳은 것은? 18년 국가직

① 자본 투입이 증가함에 따라 경제는 지속적으로 성장할 수 있다.
② 저축률이 상승하면 정상 상태(steady state)의 1인당 자본은 증가한다.
③ 자본투입이 증가하면 자본의 한계생산이 일정하게 유지된다.
④ 인구증가율이 상승하면 정상 상태의 1인당 자본이 증가한다.

정답 ②

해설
① 자본에 대한 수확체감이 발생하므로 자본투입량이 증가를 통한 지속적인 경제성장은 불가능하다.
③ 자본 투입이 증가하면 자본의 한계생산이 체감한다.
④ 인구증가율이 상승하면 정상상태의 1인당 자본이 감소한다.

7. 자본축적의 황금률

(1) 의미

① 1인당 소비가 극대화되는 상태를 자본축적의 황금률이라고 한다.

② 감가상각만 존재하는 경우 $f'(k)=n+d$에서 달성된다[$f'(k)=MP_K$].

(2) 설명

① 그래프

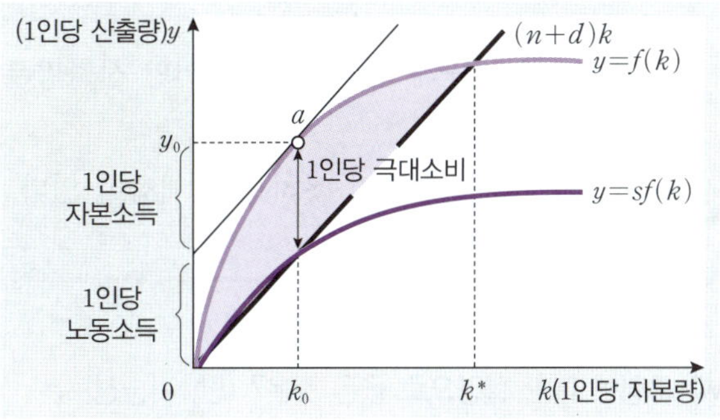

② 1인당 소비는 1인당 소득에서 저축을 뺀 나머지이므로 $C=f(k)-sf(k)$ =1인당 생산량 - 1인당 실제투자액이다.

③ 균제 상태에서는 $sf(k)=(n+d)k$가 성립하므로 $C=f(k)-(n+d)k$ =1인당 생산량 - 1인당 필요투자액이다.

④ 위 그림에서 1인당 극대소비가 가능하게 되는 것은 $f(k)$와 $(n+d)k$ 선의 거리가 가장 먼 1인당 자본량이 k_0임을 알 수 있다.

⑤ 즉, 생산함수 $y=f(k)$의 접선의 기울기인 자본의 한계생산물(MP_K)과 $(n+d)k$선이 평행할 때 1인당 소비가 가장 커진다. 그러기 위해서는 반드시 점 a를 통과해야 한다.

⑥ 따라서 $f'(k)=n+d$가 성립한다[$f'(k)=MP_K$].

(3) 황금률에서의 상황

① 1인당 소비가 극대화된다.

② 노동소득 = 소비이다.

③ 자본소득 = 저축 = 투자이다.

④ 저축률 = 자본소득분배율이다.

(4) 황금률과 거시경제정책

① 실제저축률이 황금률보다 높으면 자본이 과다 축적된다. 이때 저축율을 낮추면 현재세대와 미래세대의 소비가 모두 증가하므로 파레토 개선이 이루어진다.

② 반면, 실제저축출이 황금률 수준보다 낮으면 자본이 과소 축적된다. 이때 저축을 높이면 현재세대의 소비는 감소하나 미래세대의 소비는 증가하므로 세대 간 소득 재분배 문제가 발생한다.

8. 솔로우 모형의 한계

(1) 기술 진보의 외생성

지속적인 기술 진보가 경제성장의 주요인이라는 결론만 제시할 뿐, 지속적인 기술 진보의 요인을 모형 안(내생적)에서 설명하지 못하고 있다.

(2) 수렴가설(따라잡기 효과)

① 수확체감의 법칙으로 인하여 자본이 풍부한 국가는 자본의 한계생산성이 낮은 반면, 자본이 적은 국가는 자본의 한계생산성이 높다.

② 가난한 나라의 자본축적의 속도가 빠르게 되어 결국 두 나라는 균제 상태에서의 1인당 산출량은 수렴하게 된다.

③ 수렴가설과는 반대로 지속적으로 확대되는 국가별 소득격차를 설명하지 못하는 문제점이 있다.

개념확인 문제

Q 생산함수 $Y=K^{0.5}L^{0.5}$ 를 갖는 솔로우(Solow) 모형에 대한 설명으로 옳은 것은? (단, 기술진보는 없고, Y, K, L은 각각 생산물, 자본, 노동이며, 인구성장률은 1%, 감가상각률은 4%, 한계소비성향은 0.7이다) 22년 국가직

① 균제상태(steady state)에서 1인당 자본량은 6이다.
② 균제상태에서 1인당 소비량은 5이다.
③ 황금률(golden rule) 수준에서 1인당 자본량은 10이다.
④ 황금률 수준에서 1인당 소비량은 5이다.

정답 ④

주제 솔로우 모형

해설

1) $Y=K^{0.5}L^{0.5}$ → 일인당 함수로 바꾸면 $y=\sqrt{k}$이다.
2) 문제에서 기술진보가 없으므로 균제상태의 조건은 $s\cdot f(k)=(n+d)k$
3) 한계소비성향+한계저축성향=1이므로 한계저축성향(=저축률)=0.3이다.
4) $0.3\cdot\sqrt{k}=(0.01+0.04)k$ -> $6\sqrt{k}=k$ → $k=36$ → $y=6$이다. 한계소비성향이 0.7이므로 소비는 4.2이다.
5) 황금률은 $MP_k=n+d$이다. 문제의 조건을 대입하면 $\frac{1}{2\sqrt{k}}=0.05$ → $k=100$이다.
6) 황금률의 $y=\sqrt{100}=10$, 노동소득 분배율 0.5가 소비이므로 소비는 5이다.

9. 성장회계(growth accounting)

(1) 의미

노동과 자본 등 각 요소가 경제성장에 기여하는 상대적 크기를 비교함으로써 경제성장에서 어떤 요인이 특히 중요한 역할을 하는지 살펴보는 것이다.

(2) 가정

① 총체적 생산함수를 위 함수를 콥-더글러스(Cobb-Douglas) 함수로 가정한다.

② $Y = AL^{\alpha}K^{\beta}$ (A: 기술계수, $A > 0$, $0 < \alpha$, $0 < \beta$)

(3) 경제성장률 ◀ 시험 POINT 공식을 통해 솔로우 잔차를 계산할 수 있어야 합니다.

① (2)의 함수를 변화율로 나타내기 위해 미분하면 다음과 같다.

$$\frac{\Delta Y}{Y} = \frac{\Delta A}{A} + \alpha\frac{\Delta L}{L} + \beta\frac{\Delta K}{K}$$

② 한 나라의 경제성장은 기술 진보, 자본 증가, 노동 증가라는 세 부분의 합으로 구성된다.

③ 또한 α와 β는 각각 노동소득분배율과 자본소득분배율을 나타내는 계수로, 자본 증가와 노동 증가가 경제성장에 기여하는 비율을 의미한다.

(4) 총요소생산성(TFP, Total Factor Productivity)

① (3)의 식에서 $\frac{\Delta Y}{Y}$와 $\frac{\Delta L}{L}$, $\frac{\Delta K}{K}$는 모두 구체적으로 측정이 가능하지만, $\frac{\Delta A}{A}$로 표현되는 생산성 증가율은 경험적으로 측정하기 어렵다.

② 생산성 증가율로 표현되는 $\frac{\Delta A}{A}$에는 요소 투입 이외에 경제성장에 기여하는 부분인 산업구조의 변화, 경제제도 및 문화, 사회관습 등이 모두 포함된다.

③ 일반적으로 성장회계는 경제성장률에서 총요소(자본+노동)투입 성장률을 뺀 나머지 부분을 잔여항(residuals)이라 부르고, 이를 생산성 증가율 또는 총요소생산성으로 해석한다.

④ 이를 공식으로 표현하면 $\frac{\Delta A}{A} = \frac{\Delta Y}{Y} - \alpha\frac{\Delta L}{L} - \beta\frac{\Delta K}{K}$이다.

⑤ 이러한 분석을 솔로우(Solow)가 최초로 제시하였기 때문에 솔로우 잔차(Solow residual)라고도 한다.

(5) 경제성장의 요인의 변화

① 성장회계에서 경제성장의 요인은 크게 요소 투입의 증가와 기술 진보로 나눌 수 있다.

② 그러나 요소 투입의 증가는 한계가 있기 때문에 최근에는 경제성장의 중요한 요인으로 기술 진보의 정도를 나타내는 총요소생산성이 강조되고 있다.

개념확인 문제

Q 갑국의 생산함수는 $Y = AK^{0.3}L^{0.7}$이다. 노동량 증가율은 2%, 자본량 증가율은 9%이고, 총생산량은 5% 증가하였다면, 이때 총요소생산성 증가율은? (단, Y는 총생산량, A는 총요소생산성, K는 자본량, L은 노동량) 19년 서울시

① 0.8% ② 0.9%
③ 1.0% ④ 2.0%

정답 ②

해설

1) 총생산함수 $Y=AK^{0.3}L^{0.7}$을 증가율 형태로 변형한 후 계산하면 다음과 같다.

2) $\frac{\Delta Y}{Y} = \frac{\Delta A}{A} + 0.3(\frac{\Delta K}{K}) + 0.7(\frac{\Delta L}{L}) \rightarrow 5\% = \frac{\Delta A}{A} + (0.3 \times 9\%) + (0.7 \times 2\%) \rightarrow \frac{\Delta A}{A} = 0.9\%$이다.

04 내생적 성장모형(신성장이론) ★★★

1. 솔로우 이론의 비판과 내생적 성장이론의 개념

(1) 솔로우 모형의 특징과 문제점

① 수렴가설의 비현실성

- 솔로우 모형에 따르면 국가별로 인구 증가율, 저축률 및 생산기술이 같고 1인당 자본량만 다를 경우 앞의 조정과정을 통해 1인당 자본량과 1인당 국민소득이 같아진다.
- 그러나 국가 간 소득격차는 확대되고 있는 것이 현실이다.

② 내생적 요인 분석 미흡

- 솔로우 모형에서 경제성장률은 궁극적으로 노동증가율(인구 증가율=기술 진보율)에 의해 결정된다.
- 그런데 인구 증가율은 외생적으로 결정되며 기술 진보 또한 구체적인 분석이 없이 외생적 요인으로 취급하고 있다.
- 이처럼 솔로우 모형은 경제성장률에 영향을 미치는 내생적 요인에 대한 분석이 미흡하다.

(2) 내생적 성장이론(endogenous growth theory)(P. Romer, R. Lucas)

① 기술 진보는 물적 자본 축적, 인적 자본에 대한 투자, 연구·개발(R&D) 투자 등 내생적 요인에 의해 결정된다.

② 연구개발모형(R&D모형)은 기술 진보가 내생적·지속적으로 유도되는 모형이다.

③ AK 모형이나 인적 자본모형과 같이 인적 자본이나 지식 자본을 포함시켜 자본의 한계생산성이 체감하지 않는 것을 보는 방법이나, 축적된 실물자본이 외부성을 갖는 것으로 가정하는 방법 등이 있다.

2. AK 모형

(1) AK 모형의 개념

① AK 모형에서는 생산함수를 $Y = AK$로 하여 수확체감의 법칙이 적용되지 않는 것으로 가정한다.

② 이 모형에서의 K는 물적 자본, 인적 자본까지 포함하는 자본재로 가정한다.

③ 수확체감의 법칙이 존재하지 않으므로 1인당 자본량만 증가하더라도 경제는 지속적으로 성장이 가능해지는 것이다.

(2) AK 모형의 성장률

① **생산함수:** $Y = AK$(자본에 대한 수확이 일정) → 1인당 생산함수로 변형하면 $y = Ak$

② **총자본 증가분:** $\Delta K = sAK - (n+d)K$ (s: 저축률, n: 인구 증가율, d: 감가상각률)

③ **총자본 증가율:** $\dfrac{\Delta K}{K} = sA - (n+d)$

④ **저축률이 성장률을 결정하는 중요한 요소:** $sA > (n+d)$이면 외생적 기술 진보를 가정하지 않고도 해당 경제의 소득은 지속적으로 성장한다.

⑤ **정부정책의 방향:** 저축률을 증가시키는 정부정책은 지속적인 경제성장을 가져올 수 있는 것이다.

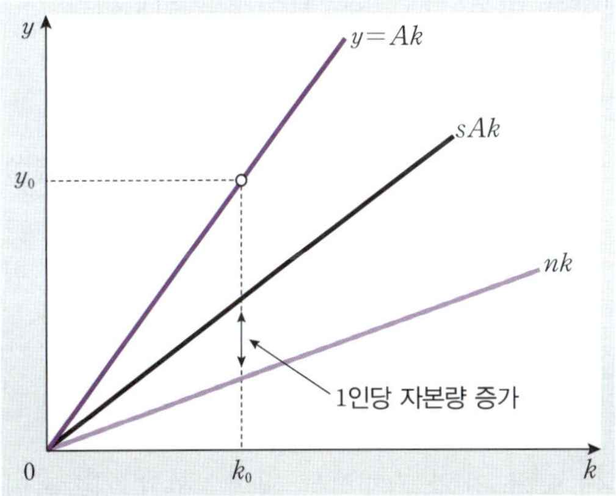

3. 연구개발모형(R&D 모형)

(1) 연구개발모형의 의미

지식과 기술을 생산하는 부문을 명시적으로 모형에 포함시켜 기술 진보의 요인을 내생화하여 경제성장을 설명하는 이론이다.

(2) 솔로우 모형과의 공통점과 차이점

① **공통점**: 수확체감의 법칙을 따른다.
② **차이점**: R&D 모형은 기술 진보를 내생화한다.

(3) 설명

① 생산함수를 $y = A(L,\ K)f(k)$라 하자.
② 재화 생산 부문의 생산함수 $y = Af(k)$가 수확체감의 법칙을 따르더라도 모형에서 내생적으로 결정되는 기술수준이 지속적으로 상승하면 지속적인 경제성장을 도출할 수 있다는 것이다.
③ 연구인력의 생산성이 높을수록, 기존 지식스톡의 연구창출효과가 클수록, 연구인력의 증가율이 높을수록 경제성장률이 높아진다고 주장한다.

4. 인적 자본모형

(1) 의미

사회가 보유한 인적 자본의 크기에 의해 경제성장이 영향을 받는다는 것을 보여주는 이론이다.

(2) 인적 자본의 특징

① 교육이나 기능훈련 등으로 습득되어 인간에 체화되는 자본인 인적 자본은 일반적으로 배제가능성뿐만 아니라 경합성을 가지고 있다.
② 인적자본과 물적자본이 결합하여 생산성이 높아지면 자본의 수확체감 현상이 발생하지 않을 수 있으며 이를 통해 지속적인 경제성장이 가능해진다.

(3) 인적 자본 모형의 유용성

① 인적 자본과 실물자본이 갖는 경합성과 배제성 때문에 국가 간에 존재하는 광범위하고 지속적인 성장률 격차를 설명하기에도 유용하다.
② 인적 자본 모형에서는 인적 자본 투자, 즉 교육과 지식 자본 축적에 영향을 미치는 정부정책이 경제성장에서 갖는 중요성을 강조한다.

개념확인 문제

Q 내생적 성장이론의 다양한 시사점이 아닌 것은? 19년 지방직

① 이윤극대화를 추구하는 민간기업의 연구개발투자는 양(+)의 외부효과와 음(−)의 외부효과를 동시에 발생시킬 수 있다.

② 연구개발의 결과인 기술 진보는 지식의 축적이므로 지대추구행위를 하는 경제주체들에 의하여 빠르게 진행될 수 있다.

③ 교육에 의하여 축적된 인적 자본은 비경합성과 배제가능성을 가지고 있다.

④ 노동력 중 연구개발 부문의 종사자는 기술 진보를 통하여 간접적으로 생산량 증가에 기여한다.

정답 ③

해설

교육에 의해 축적된 인적 자본은 사람에게 체화되어 있으므로 소비가 경합적일 뿐만 아니라 배제도 가능하다.

Chapter 04

경제발전론

✢ 학습목표

- 수출주도형 산업과 수입대체형 산업을 구분할 수 있다.

01 경제발전 ★★★

1. 성장과 발전

(1) 경제성장

경제성장은 생산요소 부존량의 증대, 기술 진보 등 생산력 제고에 의한 경제의 양적 증대현상이다.

(2) 경제발전

경제발전은 후진국의 생산능력 제고를 위한 사회·경제적 구조변화 등 경제의 질적인 향상이다. 따라서 후진국 발전전략에 관한 분석이 초점이 된다.

2. 경제발전단계설

(1) 로스토우(W. Rostow): 경제발전과정을 중심으로 분석

전통사회단계 → 도약준비단계 → 도약(take-off stage)단계 → 성숙단계 → 대중적 소비단계로 이행한다.

(2) 호프만(W. Hoffman): 공업화단계를 중심으로 실증분석(공업구조이행과정)

소비재산업이 압도적인 단계 → 생산재산업비중이 커지는 단계 → 소비재산업과 생산재산업의 비중이 같아지는 단계로 이행한다.

(3) 클라크(C. Clark): 19C 이후 각국의 산업구조 및 소비구조이행과정을 분석

경제발전과정은 1차산업 → 2차산업 → 3차산업으로 이행한다.

02 경제발전이론 ★★★

1. 균형성장전략(R. Nurkse)

(1) 문제의식

① 후진국은 작은시장에 따른 빈곤의 악순환(vicious circle of poverty)에 있다.
② 수요 측 문제는 저생산, 저소득, 작은시장, 낮은 자본수요, 저생산이다.
③ 공급 측 문제는 저생산, 저소득, 저저축, 낮은 자본축적, 저생산이다.

(2) 발전전략

① 국내시장 확대, 수요중시전략(상호보완수요효과)
② 모든 산업에 고르게 투자하여 각 산업제품을 연쇄구매하도록 하여 국내시장을 확대한다.
③ 국내시장 각 부문의 고른 성장을 통해 상호보완적 수요를 창출한다.

2. 불균형성장전략(A. Hirschman)

(1) 문제의식

후진국은 자본축적이 빈약하므로 산업이 발전하기 어렵다.

(2) 발전전략

① 집중투자, 공급중시전략(상호보완공급효과)
② 후진국은 자본이 빈약하므로 후방연관효과가 큰 산업(공업 부문)에 우선 투자하여 상호보완적 공급을 창출한다.
③ 투자 부문 생산물의 판로 확보, 산업 및 지역 간 불균형, 근대적 부문과 전근대적 부문이 동시에 존재하는 이중경제(dual economy) 등의 문제가 발생한다.

(3) 전·후방연관효과

① **전방연관효과(forward linkage effect)**: 한 산업이 발전할 때 그 산업제품을 중간재로 사용하는 산업이 발전하는 효과이다.
예 철강산업과 자동차산업
② **후방연관효과(backward linkage effect)**: 한 산업이 발전할 때 그 산업에서 사용하는 중간재를 생산하는 산업이 발전하는 효과이다.
예 자동차산업과 철강산업

3. 공업화전략

(1) 의미

후진국이 경제발전을 위해 선택하는 국제무역과 관련된 정책을 공업화전략이라 하고, 수입대체형 전략과 수출주도형 전략으로 구분된다.

(2) 수입대체형 전략

① **의미:** 국내시장을 중심으로 수입에 의존하던 공산품을 국내산업의 육성을 통하여 대체하는 공업화 전략이다.

② **수단:** 주로 보호무역장벽을 설치하고 수입되는 재화를 국내에서 생산될 수 있도록 유도하는 전략을 사용한다.

③ **장·단점:** 초기 단계에서 육성이 용이하고 경제의 자립도를 제고할 수 있으나 국내산업구조의 독과점화 가능성이 있고 규모의 경제에 따른 이득을 얻기 어렵다.

(3) 수출주도형 전략

① **의미:** 외자와 해외시장을 중심으로 하여 해외시장으로 공업을 육성시키는 공업화전략이다.

② **수단:** 수출주도형 전략, 비교우위산업을 적극적으로 육성하여 수출할 수 있도록 하는 전략을 주로 사용한다.

③ **장·단점:** 규모의 경제에 따른 이득을 얻기 용이하고 국내기업의 효율성을 제고할 수 있으나 초기 단계에서 육성이 어렵고 경제의 자립도가 저하될 수 있다.

4. 외자 도입

① **필요성:** 후진국에서 외자 도입이 필요한 이유는 경제개발에 필요한 내자의 부족을 보충하려는 데 있다. 또한 경상계정에서의 적자를 자본계정에서 메우는 경우, 외자 도입이 필요하다.

② **장·단점:** 외자 도입은 자본스톡이 증가하고, 국민소득과 고용 증가 등의 장점이 있으나, 외자를 공여한 국가에 대한 의존도가 높아지는 등의 단점이 있다.

표로 한눈에 정리하기

01 경기변동

경기지수	선행지수, 동행지수, 후행지수
통화정책 비판	유동성함정
재정정책 비판	구축효과
호경기 시	• 흑자재정 • 이자율, 지급준비율, 재할인율 높임 • 국공채 매각
불경기 시	• 적자재정 • 이자율, 지급준비율, 재할인율 낮춤 • 국공채 매입

02 경기변동이론

화폐적 균형경기변동이론	•새고전학파 •예상치 못한 통화량 변화가 공급에 영향을 미침 •경기변동의 지속성을 설명하지 못함
실물적 균형경기변동이론	•새고전학파 •생산성 충격, 기술혁신, 경영혁신 등이 공급에 영향을 미침 •화폐 부분을 너무 무시함
불균형성장이론	•새케인즈학파 •총수요 충격 중시 •메뉴비용, 조정실패 등으로 경기침체를 설명

03 경제성장론

해로드-도마	•자본과 노동의 대체성이 없으므로 레온티에프 함수로 설정 •적정성장률(G_w): 경제성장률($\frac{\Delta Y}{Y}$)=자본 증가율($\frac{\Delta K}{K}=\frac{s}{v}$) •자연성장률($G_n$): 경제성장률($\frac{\Delta Y}{Y}$)=인구 증가율($\frac{\Delta L}{L}=n$) •불안정적 모형
솔로우 모형	• 노동과 자본이 대체가능함 • $sf(k)=(n+d)k$ • 황금률: 1인당 소비가 극대화되는 상태
성장회계	$\frac{\Delta Y}{Y}=\frac{\Delta A}{A}+\alpha\frac{\Delta L}{L}+\beta\frac{\Delta K}{K}$
AK 모형	•내생적 성장이론 •수확체감의 법칙이 적용되지 않음 • $\frac{\Delta K}{K}=sA-(n+d)$

04 경제발전론

균형성장전략	고른 투자를 통한 국내시장 확대 초점
불균형성장전략	전 · 후방 연관효과를 이용한 집중투자를 통한 성장

개념확인 OX 문제

01 경기변동은 경제활동수준이 상승과 하강을 주기적으로 반복하는 현상이다. (O | X)

02 총수요와 총공급이 증가하면 경기가 활성화된다. (O | X)

03 경기가 불황일 경우 실업률은 하락한다. (O | X)

04 경제변수가 실질 GDP와 같은 방향으로 움직일 경우 경기순응적이라고 한다. (O | X)

05 콘트라티예프 파동은 50~60년 주기의 경기변동이다. (O | X)

06 주글러 파동은 3~5년 주기의 경기변동으로, 키친 파동이라고도 한다. (O | X)

07 경기 호황 시 실업은 감소하나 물가가 상승한다는 문제가 발생한다. (O | X)

08 디플레이션은 경기침체와 물가상승이 동시에 일어나는 현상이다. (O | X)

09 종합주가지수는 경기선행지수이고, 회사채 유통수익률은 경기후행지수이다. (O | X)

10 소매판매액지수는 경기동행지수이고, 광공업생산지수는 경기후행지수이다. (O | X)

11 재정정책은 공개시장조작정책과 조세를 도구로 한다. (O | X)

12 정부는 조세 징수, 국채발행, 중앙은행에서의 차입 등을 통해 재원을 조달한다. (O | X)

13 정부지출이 증가하면 총공급곡선은 우측으로 이동한다. (O | X)

14 확장재정정책은 구축효과를 초래한다. (O | X)

15 케인즈학파는 구축효과가 재정승수효과보다 크다고 생각한다. (O | X)

16 중앙은행은 통화량이나 금리를 조절함으로써 물가수준을 안정적으로 유지한다. (O | X)

17 예금은행의 중앙은행에 대한 의존도에 따라 재할인율정책의 효과가 달라진다. (O | X)

정답 및 해설

01 ○ 02 ○ 03 × 경기가 불황이면 실업률은 상승한다. 04 ○ 05 ○ 06 × 주글러 파동과 키친 파동은 다른 개념이다. 07 ○ 08 × 스태그플레이션에 관한 설명이다. 09 ○ 10 × 광공업생산지수는 경기동행지수이다. 11 × 공개시장조작정책은 통화정책이다. 12 ○ 13 × 총수요곡선이 우측으로 이동한다. 14 ○ 15 × 구축효과를 우려한 쪽은 고전학파계열이다. 16 ○ 17 ○

18 중앙은행이 국공채를 매입하면 시중 통화량이 증가한다. (O | X)

19 중앙은행이 아니더라도 국공채의 매입 주체는 통화량에 영향을 미칠 수 있다. (O | X)

20 재할인율은 예금은행이 중앙은행으로부터 차입할 때 적용되는 이자율이다. (O | X)

21 새케인즈학파의 경기변동론은 최적화 결과로 사회적 후생손실은 없다고 보기에, 경기변동을 기본적으로 균형현상으로 파악한다. (O | X)

22 루카스의 화폐적 균형경기변동이론은 경기변동의 지속성을 설명하지 못하는 한계가 있다. (O | X)

23 실물적 균형경기변동이론(RBC)은 LM 곡선에 영향을 미치는 충격은 경기변동의 요인이 되기 어렵다고 본다. (O | X)

24 인구 증가율, 자본계수, 저축률이 모두 외생적으로 결정되기 때문에 H-D 모형의 기본 방정식은 기본적으로 불안정적이다. (O | X)

25 Solow 모형의 기본 방정식에서 균형은 자동적으로 충족되고 모형은 안정적이다. (O | X)

26 솔로우 모형의 기본식은 감가상각율만 있는 경우 $sf(k)=(n+d)k$가 균제 상태이다. (O | X)

27 총요소생산성 증가율은 생산량 증가율에서 자본 투입량 증가에 의한 생산량 증가율과 노동 투입량 증가에 의한 생산량 증가율의 차감으로 계산한다. (O | X)

28 경제적 요인만 고려하여 양적인 증가를 주로 분석하는 경제발전론과 달리 경제성장론은 경제적 요인 외에 사회적·제도적 요인까지 고려하여 양적인 증가와 질적인 변화를 모두 분석한다. (O | X)

29 불균형성장론은 전·후방 연관효과에 의한 선도산업의 발전을 추구한다. (O | X)

30 자원이 빈약할수록, 시장기능이 원활하지 못할수록 불균형성장론이 타당하다. (O | X)

정답 및 해설

18 ○ **19** × 영향을 미칠 수 없다. **20** ○ **21** × 고전학파는 균형현상으로, 새케인즈학파는 불균형현상으로 파악한다. **22** ○ **23** ○ **24** ○ **25** ○ **26** ○ **27** ○ **28** × 경제적 요인만 고려하여 양적인 증가를 주로 분석하는 경제성장론과 달리 경제발전론은 경제적 요인 외에 사회적 · 제도적 요인까지 고려하여 양적인 증가와 질적인 변화를 모두 분석한다. **29** ○ **30** ○

기출 ⊕ 예상문제

PART Ⅳ

Chapter 01 경기변동 ~ Chapter 02 경기변동이론

★★☆

01 **다음 중 경기변동 및 집계변수들 사이의 관계에 대한 용어 중 옳은 것은?** 15년 서울시

① 잠재총생산과 실제총생산의 차이로부터 정의되는 총생산 갭과 경기적 실업 사이의 역의 관계는 피셔 방정식으로 서술된다.

② 인플레이션율이 높은 시기에는 예상인플레이션율이 높아져 명목이자율도 높아지고, 인플레이션율이 낮은 시기에는 예상인플레이션율이 낮아져 명목이자율이 낮아진다는 관계를 나타낸 것은 필립스 곡선이다.

③ 통화량의 변동이 실물변수들에는 영향을 주지 못하고 명목변수만을 비례적으로 변화시킬 때 화폐의 중립성이 성립한다고 말한다.

④ 동일한 화폐금액이 어느 나라에 가든지 동일한 크기의 구매력을 가지도록 환율이 결정된다는 이론을 자동안정화장치라고 부른다.

★★☆

02 **경제정책에 관한 설명으로 옳은 것을 모두 고른 것은?** 18년 감정평가사

ㄱ. 외부 시차는 경제에 충격이 발생한 시점과 이에 대한 정책시행 시점 사이의 기간이다.
ㄴ. 자동안정화장치는 내부 시차를 줄여 준다.
ㄷ. 루카스(R. Lucas)는 정책이 변하면 경제주체의 기대도 바뀌게 되는 것을 고려해야 한다고 주장하였다.
ㄹ. 시간적 불일치성 문제가 있는 경우 자유재량적 정책이 바람직하다.

① ㄱ, ㄴ ② ㄱ, ㄷ ③ ㄱ, ㄹ
④ ㄴ, ㄷ ⑤ ㄴ, ㄹ

★☆☆
03 실물적 경기변동이론(real business cycle theory)에 대한 설명으로 옳은 것만을 모두 고른 것은?
14년 국가직

> ㄱ. 메뉴비용(menu cost)은 경기변동의 주요 요인이다.
> ㄴ. 비자발적 실업이 존재하지 않아도 경기가 변동한다.
> ㄷ. 경기변동이 발생하는 과정에서 가격은 비신축적이다.
> ㄹ. 정책결정자들은 경기침체를 완화시키는 재정정책을 자제해야 한다.

① ㄱ, ㄷ
② ㄴ, ㄷ
③ ㄴ, ㄹ
④ ㄷ, ㄹ

정답 및 해설

01 정답 ③

주제 경기변동

해설

통화량의 변동이 실물변수들에는 영향을 주지 못하고 명목변수만을 비례적으로 변화시킬 때 화폐의 중립성이 성립한다고 말한다. 반면 화폐 부분이 실물 부분에 영향을 주는 것을 화폐의 환상이라고 한다.

오답체크

① GDP 갭과 경기적 실업 사이의 관계를 나타내는 것은 오쿤의 법칙이다.
② 예상인플레이션율이 높을수록 명목이자율도 높아지는 것을 보여주는 것은 피셔 가설이다.
④ 동일한 화폐금액이 어느 나라에 가든지 동일한 구매력을 가지도록 환율이 결정됨을 설명하는 것은 자동안정화장치가 아니라 구매력평가설이다.

02 정답 ④

주제 총수요와 총공급 → 경제정책

해설

ㄴ. 자동안정화장치는 특별한 정책결정을 할 필요가 없으므로 정책결정 시간인 내부 시차를 줄여 준다.
ㄷ. 루카스(R. Lucas)는 합리적 기대가설을 통해 정책이 변하면 경제주체의 기대도 바뀌게 되는 것을 고려해야 한다고 주장하였다.

오답체크

ㄱ. 외부 시차는 정부의 정책이 정책을 실시한 시점과 효과가 나타날 때까지 걸리는 시간을 의미한다. ㄱ은 내부시차에 대한 설명이다.
ㄹ. 시간적 불일치성을 동태적 비일관성이라고 하는데, 이는 정부정책의 무력성을 의미한다. 따라서 문제가 있는 경우 재량적인 정책보다는 준칙적인 정책이 바람직하다.

03 정답 ③

주제 실물적 경기변동이론

해설

실물적 경기변동을 주장하는 학자들은 경기변동은 외부적인 충격에 대한 가계와 기업의 최적화행동의 결과로 나타나는 현상이므로, 경기진폭을 줄이기 위한 정책 당국의 개입은 바람직하지 않다고 주장한다.

오답체크

ㄱ. 메뉴비용(menu cost)은 새케인즈학파와 관련이 있다.
ㄷ. 경기변동이 발생하는 과정에서 가격은 신축적이다.

★☆☆

04

1990년대 후반 지속된 미국 경제의 호황은 정보기술발전에 따른 생산성 증대의 결과라는 주장이 있다. 이 주장을 뒷받침하는 이론으로 옳은 것은? 15년 국가직

① 케인지언(Keynesian)이론
② 통화주의(Monetarism)이론
③ 합리적 기대가설(Rational Expectations Hypothesis)이론
④ 실물경기변동(Real Business Cycle)이론

★☆☆

05

경기변동이론에 관한 설명으로 옳은 것은? 20년 감정평가사

① 실물경기변동(real business cycle)이론에서 가계는 기간별로 최적의 소비선택을 한다.
② 실물경기변동이론은 가격의 경직성을 전제한다.
③ 실물경기변동이론은 화폐의 중립성을 가정하지 않는다.
④ 가격의 비동조성(staggering pricing)이론은 새고전학파(New Classical) 경기변동이론에 속한다.
⑤ 새케인즈학파(New Keynesian)는 공급충격이 경기변동의 원인이라고 주장한다.

★★☆

06

경기변동이론에 관한 설명으로 옳은 것은? 17년 감정평가사

① 실물경기변동이론(real business cycle theory)은 통화량 변동정책이 장기적으로 실질국민소득에 영향을 준다고 주장한다.
② 실물경기변동이론은 단기에는 임금이 경직적이라고 전제한다.
③ 가격의 비동조성(staggered pricing)이론은 새고전학파(New Classical) 경기변동이론에 포함된다.
④ 새케인즈학파(New Keynesian) 경기변동이론은 기술 충격과 같은 공급 충격이 경기변동의 근본 원인이라고 주장한다.
⑤ 실물경기변동이론에 따르면 불경기에도 가계는 기간별 소비선택의 최적조건에 따라 소비를 결정한다.

★★☆
07 솔로우 성장 모형에 대한 설명으로 옳지 않은 것은?

13년 국가직

① 인구 증가를 고려할 경우, 국가별 1인당 GDP가 다름을 설명할 수 있다.
② 지속적인 기술 진보는 1인당 GDP의 지속적인 성장을 설명할 수 있다.
③ 저축률은 1인당 자본량을 증가시키므로 항상 저축률이 높을수록 좋다.
④ 자본량이 황금률 안정 상태보다 큰 경우 저축을 감소시키면 소비가 증가한다.

정답 및 해설

04 정답 ④

주제 실물적 경기변동이론

해설

실물경기변동이론에서는 생산성의 변화가 경기변동의 가장 중요한 요인이라고 주장한다.

05 정답 ①

주제 경기변동이론

해설

실물경기변동(real business cycle)이론에서 가계는 기간별로 최적의 소비선택을 한다. 따라서 이자율 상승 시 노동을 늘린다.

오답체크

② 실물경기변동이론은 균형경기변동이론이므로 가격의 신축성을 전제한다.
③ 실물경기변동이론은 화폐의 중립성을 가정한다.
④ 가격의 비동조성(staggering pricing)이론은 새케인즈학파(New Classical) 경기변동이론에 속한다.
⑤ 새케인즈학파는 수요 충격이 경기변동의 원인이라고 주장한다.

06 정답 ⑤

주제 경기변동이론

해설

① 화폐경기변동이론은 통화량 변동정책이 장기적으로 실질국민소득에 영향을 준다고 주장한다.
② 실물경기변동이론은 균형경기변동이론이므로 단기에는 임금이 신축적이라고 전제한다.
③ 가격의 비동조성이론은 가격의 경직성을 의미하므로 새케인즈학파 경기변동이론에 포함된다.
④ 새케인즈학파 경기변동이론은 공급 충격이 아닌 수요 충격이 근본 원인이라고 주장한다.

07 정답 ③

주제 솔로우 모형

해설

1) 솔로우 모형에서 저축률이 높을수록 1인당 자본량 및 1인당 소득이 증가한다.
2) 저축률이 황금률의 균제 상태보다 더 높다면 저축을 감소시켜야 1인당 소비가 증가한다. 그러므로 저축률이 높은 것이 반드시 좋다고 볼 수 없다.

★☆☆

08

물적 자본의 축적을 통한 경제성장을 설명하는 솔로우(R. Solow) 모형에서 수렴현상이 발생하는 원인은? 14년 노무사

① 자본의 한계생산체감
② 경제성장과 환경오염
③ 내생적 기술 진보
④ 기업가 정신
⑤ 인적 자본

★☆☆

09

솔로우(Solow)의 성장모형에 대한 설명으로 옳은 것만을 모두 고른 것은? 14년 국가직

ㄱ. 생산요소 간의 비대체성을 전제로 한다.
ㄴ. 기술 진보는 균형성장경로의 변화요인이다.
ㄷ. 저축률 변화는 1인당 자본량의 변화요인이다.
ㄹ. 인구 증가율이 상승할 경우 새로운 정상 상태(steadystate)의 1인당 산출량은 증가한다.

① ㄱ, ㄴ
② ㄴ, ㄷ
③ ㄷ, ㄹ
④ ㄱ, ㄹ

★☆☆

10

솔로우(Solow) 성장모형에 대한 설명으로 옳지 <u>않은</u> 것은? 17년 지방직

① 기술 진보 없이 지속적인 성장을 할 수 없다.
② 정상 상태(steady state)에서 인구 증가율의 변화는 1인당 경제성장률에 영향을 미치지 않는다.
③ 한계생산이 체감하는 생산함수와 외생적인 기술 진보를 가정한다.
④ 자본축적만으로도 지속적인 성장이 가능하다.

★☆☆

11 솔로우 성장모형에 대한 설명으로 옳지 않은 것은? 14년 지방직

① 해로드-도마 모형의 대안으로 제시되었다.

② 인구 증가율이 낮아지면 균제 상태(steady state)에서의 1인당 국민소득은 증가한다.

③ 저축률이 높아지면 균제 상태에서의 1인당 국민소득은 증가한다.

④ 자본의 감가상각률이 높아지면 균제 상태에서의 1인당 국민소득의 증가율은 감소한다.

정답 및 해설

08 정답 ①

주제 솔로우 모형

해설

1) 솔로우 모형에 의하면 1인당 자본량이 적은 후진국은 경제성장률이 높고, 1인당 자본량이 많은 선진국은 경제성장률이 낮기 때문에 장기에는 후진국이 선진국을 따라잡게 되어 1인당 소득이 동일한 수준으로 수렴하게 되는데, 이를 수렴가설이라고 한다.

2) 솔로우 모형에서 수렴가설이 성립하는 것은 자본에 대한 수확체감이 성립하여 1인당 자본량이 많은 선진국일수록 경제성장률이 더 낮기 때문이다.

09 정답 ②

주제 솔로우 모형

해설

ㄱ. 솔로우의 성장모형은 생산요소 간 대체가 가능한 콥-더글러스 생산함수를 가정한다.

ㄹ. 인구 증가율이 높아지면 1인당 자본량이 감소하므로 새로운 정상 상태에서 1인당 산출량이 감소한다.

10 정답 ④

주제 솔로우 모형

해설

솔로우 모형에서는 지속적인 기술 진보에 의해서만 지속적인 경제성장이 가능하다. 그러므로 자본축적만으로는 지속적인 성장은 불가능하다.

11 정답 ④

주제 솔로우 모형

해설

1) 감가상각률이 높아지면 1인당 자본량이 감소하므로 1인당 소득이 감소한다.

2) 새로운 균제 상태에서는 또다시 1인당 소득이 일정하게 유지되므로 최초의 균제 상태에서와 마찬가지로 1인당 국민소득 증가율은 0으로 유지된다.

★☆☆

12 솔로우(R. Solow) 경제성장모형에서 균제 상태(steady state)의 1인당 산출량을 증가시키는 요인으로 옳은 것을 모두 고른 것은? (단, 다른 조건이 일정하다고 가정함)

15년 노무사

ㄱ. 저축률의 증가	ㄴ. 인구 증가율의 증가	ㄷ. 감가상각률의 하락

① ㄱ ② ㄱ, ㄴ ③ ㄱ, ㄷ
④ ㄴ, ㄷ ⑤ ㄱ, ㄴ, ㄷ

★★☆

13 솔로우의 경제성장모형에 대한 설명으로 가장 옳지 않은 것은? 16년 서울시

① 균제 상태에서 자본량과 국민소득은 같은 속도로 증가한다.
② 기술수준이 높을수록 균제 상태에서 1인당 국민소득의 증가율이 높다.
③ 균제 상태에서 자본의 한계생산물은 일정하다.
④ 인구 증가율이 낮아지면 균제 상태에서 1인당 국민소득은 높아진다.

★★☆

14 솔로우 성장모형을 따르는 A국은 최근 발생한 지진과 해일로 인해 자본스톡의 10%가 파괴되었다. A국은 천재지변이 발생하기 전 정상 상태(steady state)에 있었으며 인구 증가율, 저축률, 감가상각률 등 경제 전반의 펀더멘털(fundamentals)은 바뀌지 않았다. 향후 A국에 발생할 것으로 예상되는 현상에 대한 설명으로 옳은 것은? (단, A국의 외생적 기술 진보율은 0이라고 가정함)

15년 지방직

① 지진과 해일이 발생하기 이전과 같은 정상 상태로 향할 것이다.
② 지진과 해일이 발생하기 이전보다 높은 정상 상태로 향할 것이다.
③ 지진과 해일이 발생하기 이전보다 낮은 정상 상태로 향할 것이다.
④ 아무런 변화도 나타나지 않을 것이다.

★★☆
15 솔로우(R. Solow)의 경제성장모형에서 1인당 생산함수는 $y=2k^{0.5}$, 저축률은 30%, 자본의 감가상각률은 25%, 인구 증가율은 5%라고 가정한다. 균제 상태(steady state)에서의 1인당 생산량 및 자본량은? (단, y는 1인당 생산량, k는 1인당 자본량) 21년 감정평가사

① $y=1,\ k=1$
② $y=2,\ k=2$
③ $y=3,\ k=3$
④ $y=4,\ k=4$
⑤ $y=5,\ k=5$

정답 및 해설

12 정답 ③

주제 솔로우 모형

해설

1) 저축률의 상승으로 저축이 증가하거나 감가상각률이 낮아지면, 1인당 자본량이 증가하므로 균제 상태에서의 1인당 소득이 증가한다.
2) 이에 비해 인구 증가율이 높아지면 1인당 자본량이 감소하므로 균제 상태에서의 1인당 소득이 감소한다.

13 정답 ②

주제 솔로우 모형

해설

1) 기술수준이 높다고 하더라도 기술수준의 변화가 없다면 균제 상태에서는 1인당 국민소득 증가율이 0이 된다.
2) 1인당 국민소득 증가율이 높아지려면 기술수준이 아니라 기술 진보율이 높아야 한다.

14 정답 ①

주제 솔로우 모형

해설

1) 정상 상태에 있던 경제에 지진과 해일로 인해 자본스톡이 파괴되면 1인당 자본량이 감소한다.
2) 자본량이 감소한 경우 1인당 실제투자액[$sf(k)$]이 1인당 필요투자액[$(n+d)k$]보다 크므로 점차 1인당 자본량이 증가한다.
3) 그러므로 경제 전반의 변화가 없다면 장기에는 지진과 해일이 발생하기 이전의 정상 상태로 복귀한다.

15 정답 ④

주제 솔로우 모형

해설

1) 균제조건 $s \cdot f(k)=(n+d+g)k$
2) $0.3 \times 2\sqrt{k}=(0.05+0.25)k$
3) $2\sqrt{k}=k \rightarrow k=4$
4) 이를 생산함수에 대입하면 $y=2\sqrt{4} \rightarrow y=4$이다.

★★☆

16 **기술 진보가 없으며 1인당 생산(y)과 1인당 자본량(k)이 $y = 2\sqrt{k}$의 함수 관계를 갖는 솔로우 모형이 있다. 자본의 감가상각률(δ)은 20%, 저축률(s)은 30%, 인구 증가율(n)은 10%일 때, 이 경제의 균제 상태(steady state)에 대한 설명으로 옳은 것은?** 19년 국가직

① 균제 상태의 1인당 생산은 4이다.

② 균제 상태의 1인당 자본량은 2이다.

③ 균제 상태의 1인당 생산 증가율은 양(+)으로 일정하다.

④ 균제 상태의 1인당 자본량 증가율은 양(+)으로 일정하다.

★★☆

17 **솔로우(Solow) 성장모형이 〈보기〉와 같이 주어져 있을 때 균제 상태(steady state)에서 1인당 자본량은? (단, 기술 진보는 없음)** 18년 서울시

〈보기〉

- 생산함수: $y = 2k^{\frac{1}{2}}$
  (단, y는 1인당 생산량, k는 1인당 자본량)
- 감가상각률 5%, 인구 증가율 5%, 저축률 20%

① 2　　② 4

③ 8　　④ 16

★★★
18 솔로우(Solow)의 경제성장모형하에서 A국의 생산함수는 $Y=10\sqrt{LK}$, 저축률은 30%, 자본 감가상각률은 연 5%, 인구 증가율은 연 1%, 2015년 초 A국의 1인당 자본량은 100일 경우 2015년 한 해 동안 A국의 1인당 자본의 증가량은? (단, L은 노동, K는 자본)

15년 국가직

① 24 ② 25
③ 26 ④ 27

정답 및 해설

16 정답 ①

주제 솔로우 모형

해설

1) 균제 상태의 1인당 자본량을 구하기 위해 $sf(k)=(n+d)k$이다.
2) $0.3\times 2\sqrt{k}=(0.1+0.2)k$, $\sqrt{k}=2$, $k=4$이다.
3) 균제 상태에서의 1인당 자본량 $k=4$를 생산함수에 대입하면 1인당 생산량 $y=4$이다.

오답체크

② 균제 상태의 1인당 자본량은 4이다.
③ 균제 상태의 1인당 생산 증가율은 0이다.
④ 균제 상태의 1인당 자본량 증가율은 0이다.

17 정답 ④

주제 솔로우 모형

해설

1) 균제 상태의 1인당 자본량을 구하기 위해 $sf(k)=(n+d)k$이다.
2) $0.2\times 2\sqrt{k}=(0.05+0.05)k$, $\sqrt{k}=4$, $k=16$이다.

18 정답 ①

주제 솔로우 모형

해설

1) 1인당 생산함수가 $y=10\sqrt{k}$이므로 솔로우 경제성장모형에 저축률 $s=0.3$, 인구 증가율 $n=0.01$, 감가상각률 $d=0.05$이고, 2015년 초 1인당 자본량 $k=100$을 대입하면 다음과 같다.
2) $\Delta k = sf(k)-(n+d)k = (0.3\times 10\sqrt{100})-(0.01+0.05)\times 100=24$

★★☆
19

생산함수가 $Y = L^{\frac{2}{3}}K^{\frac{1}{3}}$인 경제의 저축률이 s, 감가상각률이 δ이다. 인구 증가나 기술 진보가 없다고 가정할 때, 정상 상태(steady state)에서 1인당 생산량을 s와 δ의 함수로 바르게 나타낸 것은? 17년 국가직

① $\left(\frac{s}{\delta}\right)^{\frac{1}{3}}$　② $\left(\frac{s}{\delta}\right)^{\frac{1}{2}}$

③ $\left(\frac{s}{2\delta}\right)^{\frac{1}{3}}$　④ $\left(\frac{s}{2\delta}\right)^{\frac{2}{3}}$

★★☆
20

다음 표는 생산함수가 $y = z\sqrt{k}\sqrt{h}$로 동일한 두 국가(A국과 B국)의 1인당 GDP(y), 1인당 물적 자본스톡(k), 1인당 인적 자본스톡(h)을 나타내고 있다. B국의 1인당 GDP가 A국 1인당 GDP의 2.4배라고 할 때, B국의 생산성은 A국 생산성의 몇 배인가? (단, z는 생산성을 나타냄) 15년 지방직

구분	A국	B국
1인당 GDP(y)	100	(　　)
1인당 물적 자본스톡(k)	100	100
1인당 인적 자본스톡(h)	25	64

① 1.2　② 1.5

③ 2.0　④ 2.4

★★☆
21

A국의 1인당 GDP(y), 1인당 물적 자본스톡(k), 그리고 1인당 인적 자본스톡(h)의 연평균 증가율은 각각 1.54%, 0.84%, 0.63%이며, 총생산함수는 $y = zk^{a}h^{1-a}$이다. 이 경우 A국의 총요소생산성의 연평균 증가율은? (단, z는 총요소생산성, $\alpha = \frac{1}{3}$) 16년 국가직

① 0.07%　② 0.70%

③ 0.84%　④ 1.09%

★★☆

22 B국의 총생산함수는 $Y = AL^{a}K^{1-a}$이다. B국의 경제성장률이 10%, 노동 증가율이 10%, 자본 증가율이 5%, 총요소생산성 증가율이 3%일 때 노동소득분배율은? (단, Y는 총생산, A는 총요소생산성, L은 노동, K는 자본, a는 0과 1 사이의 상수임) 14년 노무사

① 0.3　② 0.4　③ 0.5

④ 0.6　⑤ 0.8

정답 및 해설

19 정답 ②

주제 솔로우 모형

해설

1) 문제에 주어진 생산함수를 L로 나누면 1인당 생산함수 $y = \frac{Y}{L} = \frac{L^{\frac{2}{3}}K^{\frac{1}{3}}}{L} = \frac{K^{\frac{1}{3}}}{L^{\frac{1}{3}}} = (\frac{K}{L})^{\frac{1}{3}} = k^{\frac{1}{3}}$이다.

2) 인구 증가나 기술 진보가 없다고 하였으므로 정상 상태의 1인당 자본량을 구하기 위해 $sf(k) = \delta k$로 두면 $sk^{\frac{1}{3}} = \delta k$, $k^{\frac{2}{3}} = \frac{s}{\delta}$, $k = \left(\frac{s}{\delta}\right)^{\frac{3}{2}}$이다.

3) $k = \left(\frac{s}{\delta}\right)^{\frac{3}{2}}$을 1인당 생산함수에 대입하면 정상 상태에서의 1인당 생산량 $y = \left[\left(\frac{s}{\delta}\right)^{\frac{3}{2}}\right]^{\frac{1}{3}} = \left(\frac{s}{\delta}\right)^{\frac{1}{2}}$이다.

20 정답 ②

주제 솔로우 모형

해설

1) A국의 생산함수에 $k = 100$, $h = 25$, $y = 100$을 대입하면 $100 = z\sqrt{100}\sqrt{25}$, $50z = 100$, $z = 2$이다.

2) B국의 1인당 GDP가 A국의 1인당 GDP의 2.4배이므로 B국 생산함수에 $k = 100$, $h = 64$, $y = 240$을 대입하면 $240 = z\sqrt{100}\sqrt{64}$, $80z = 240$, $z = 3$이다.

3) A국의 생산성이 2, B국의 생산성이 3이므로 B국의 생산성은 A국 생산성의 1.5배이다.

21 정답 ③

주제 솔로우 모형 → 성장회계

해설

$\frac{\Delta y}{y} = \frac{\Delta z}{z} + \frac{1}{3} \cdot \frac{\Delta k}{k} + \frac{2}{3} \cdot \frac{\Delta h}{h} \rightarrow 1.54 = \frac{\Delta z}{z} + \left(\frac{1}{3} \times 0.84\right) + \left(\frac{2}{3} \times 0.63\right) \rightarrow \frac{\Delta z}{z} = 0.84$이다.

22 정답 ②

주제 솔로우 모형 → 성장회계

해설

1) $\frac{\Delta Y}{Y} = \frac{\Delta A}{A} + a\left(\frac{\Delta L}{L}\right) + (1-a)\left(\frac{\Delta K}{K}\right)$

$\rightarrow 10 = 3 + (a \times 10) + (1-a) \times 5$

$\rightarrow 5a = 2$

$\rightarrow a = 0.4$

2) 생산함수를 증가율 형태로 나타낸 후 문제에 주어진 수치를 대입하면 노동소득분배율을 의미하는 $a = 0.4$이다.

★☆☆

23 생산함수가 $Y=2K^{0.3}L^{0.7}$이고(Y는 생산량, K는 자본, L은 노동), 자본과 노동의 증가율이 각각 1%일 때 생산량 증가율은? 13년 노무사

① 0.3% ② 0.7% ③ 1%
④ 1.3% ⑤ 2%

★★☆

24 어떤 국가의 총생산함수는 $Y=AK^{0.3}L^{0.5}H^{0.2}$이다. 여기서 A, K, L, H는 각각 총요소생산성, 자본, 노동, 인적 자본을 의미한다. 총요소생산성 증가율이 1%, 자본 증가율이 3%, 노동 증가율이 4%, 인적 자본 증가율이 5%인 경우 이 국가의 경제성장률은? 16년 지방직

① 3.2% ② 4.9%
③ 5.5% ④ 6.8%

★★☆

25 어느 한 국가의 생산함수가 $Y=AK^{0.6}L^{0.4}$이다. 이때, A가 1%, K가 5%, L이 5% 증가하는 경우, 노동자 1인당 소득의 증가율은? (단, A는 총요소생산성, K는 자본투입량, L은 노동투입량) 18년 서울시

① 1% ② 2%
③ 3% ④ 4%

★★☆

26 어느 경제의 총생산함수는 $Y=AL^{\frac{1}{3}}K^{\frac{2}{3}}$이다. 실질 GDP 증가율이 5%, 노동 증가율이 3%, 자본 증가율이 3%라면 솔로우 잔차(Solow residual)는? (단, Y는 실질 GDP, A는 기술수준, L은 노동, K는 자본) 18년 지방직

① 2% ② 5%
③ 6% ④ 12%

★★☆

27 기술 진보가 없는 솔로우 성장모형의 황금률(Golden Rule)에 대한 설명으로 옳은 것은?

17년 국가직

① 황금률하에서 정상 상태(steady state)의 1인당 투자는 극대화된다.

② 정상 상태(steady state)의 1인당 자본량이 황금률 수준보다 많은 경우 소비 극대화를 위해 저축률을 높이는 것이 바람직하다.

③ 솔로우 성장모형에서는 저축률이 내생적으로 주어져 있기 때문에 황금률의 자본축적이 항상 달성된다.

④ 황금률하에서 자본의 한계생산물은 인구 증가율과 감가상각률의 합과 같다.

정답 및 해설

23 정답 ③

주제 솔로우 모형 → 성장회계

해설

생산량 증가율 = 총요소생산성 증가율 = $0+0.3\times1\%+0.7\times1\%=1\%$

24 정답 ②

주제 솔로우 모형 → 성장회계

해설

1) 문제의 수식을 증가율 형태로 변형한 후 계산하면 $\frac{\Delta Y}{Y}=\frac{\Delta A}{A}+\left(0.3\times\frac{\Delta K}{K}\right)+\left(0.5\times\frac{\Delta L}{L}\right)+\left(0.2\times\frac{\Delta H}{H}\right)$이다.

2) 주어진 값을 대입하면 $\frac{\Delta Y}{Y}=1\%+(0.3\times3\%)+(0.5\times4\%)+(0.2\times5\%)$이므로 $\frac{\Delta Y}{Y}=4.9\%$이다.

25 정답 ①

주제 솔로우 모형 → 성장회계

해설

문제의 수식을 증가율 형태로 변형한 후 계산하면 $\frac{\Delta Y}{Y}=\frac{\Delta A}{A}+\left(0.6\times\frac{\Delta K}{K}\right)+\left(0.4\times\frac{\Delta L}{L}\right)=1\%+(0.6\times5\%)+(0.4\times5\%)=6\%$이다.

총소득 증가율이 6%이고, 인구 증가율이 5%이므로 1인당 소득 증가율은 1%이다.

26 정답 ①

주제 솔로우 모형 → 성장회계

해설

1) 솔로우 잔차는 $\frac{\Delta A}{A}$이다.

2) $\frac{\Delta Y}{Y}=\frac{\Delta A}{A}+\left(\frac{1}{3}\times\frac{\Delta L}{L}\right)+\left(\frac{2}{3}\times\frac{\Delta K}{K}\right)\rightarrow 5\%=\frac{\Delta A}{A}+\left(\frac{1}{3}\times3\%\right)+\left(\frac{2}{3}\times3\%\right)\rightarrow\frac{\Delta A}{A}=2\%$이다.

27 정답 ④

주제 솔로우 모형 → 황금률

해설

① 황금률하에서 정상 상태(steady state)의 1인당 소비가 극대가 된다.

② 정상 상태의 1인당 자본량이 황금률보다 많다면 1인당 소비의 극대화를 위해서는 저축률을 낮추어야 한다.

③ 저축률이 외생적으로 주어져 있다고 가정하므로 황금률 균제 상태에 도달한다는 보장이 없다.

★★★

28 **황금률의 균제 상태(steady state)를 A, 이보다 적은 자본을 갖고 있는 균제 상태를 B라고 할 때, B에서 A로 가기 위해 저축률을 높일 경우 나타나는 변화에 대한 설명으로 옳지 <u>않은</u> 것은?** 14년 지방직

① 저축률을 높인 직후의 소비수준은 B에서의 소비수준보다 낮다.
② B에서 A로 가는 과정에서 자본량과 투자는 증가한다.
③ A에 도달했을 때의 소비수준은 B에서의 소비수준보다 낮다.
④ 미래 세대보다 현재 세대를 중시하는 정책 당국은 B에서 A로 가는 정책을 추구하지 않을 수 있다.

★☆☆

29 **경제성장에 대한 설명으로 옳은 것은?** 17년 국가직

① 솔로우 성장모형에서는 1인당 소득이 높은 나라일수록 경제가 빠르게 성장한다.
② 성장회계는 현실에서 이룩된 경제성장을 각 요인별로 분해해 보는 작업을 말한다.
③ 쿠즈네츠 가설에 따르면 경제성장의 초기 단계에서 발생한 소득불평등은 처음에 개선되다가 점차 악화된다.
④ 내생적 성장이론은 일반적으로 자본에 대한 수확체감을 가정한다.

★★☆

30 **경제성장모형에 관한 설명으로 옳은 것을 모두 고른 것은? (단, Y는 총생산, A는 생산성수준을 나타내는 양(+)의 상수이고, K는 자본을 나타냄)** 12년 노무사

ㄱ. 다른 조건이 일정할 때 솔로우(Solow) 모형에서 일회적인 기술 진보는 장기적으로 1인당 산출량의 성장률을 증가시킨다.
ㄴ. 솔로우 모형에서 국가 간 1인당 소득수준이 수렴한다는 주장은 기본적으로 한계수확체감의 법칙에 기인한다.
ㄷ. 로머(P. Romer)는 기술 진보를 내생화한 성장모형을 제시하였다.
ㄹ. 총생산함수가 $Q = AL^{\alpha}K^{1-\alpha}(A > 0)$인 경우 규모에 대한 수익불변이 발생한다.

① ㄱ, ㄴ　② ㄱ, ㄴ, ㄷ　③ ㄱ, ㄴ, ㄷ, ㄹ
④ ㄴ, ㄷ, ㄹ　⑤ ㄷ, ㄹ

★★☆

31 **내생적 성장이론에 대한 설명으로 옳지 않은 것만을 모두 고른 것은?** 14년 국가직

ㄱ. 기술 진보 없이는 성장할 수 없다.
ㄴ. 자본의 한계생산성 체감을 가정한다.
ㄷ. 경제개방, 정부의 경제발전정책 등의 요인을 고려한다.
ㄹ. AK 모형의 K는 물적 자본과 인적 자본을 모두 포함한다.

① ㄱ, ㄴ
② ㄱ, ㄹ
③ ㄴ, ㄷ
④ ㄷ, ㄹ

정답 및 해설

28 정답 ③

주제 솔로우 모형 → 황금율

해설

1) 황금률보다 적은 자본량을 가지고 있는 B에서 황금률의 자본량에 해당하는 A로 이동하기 위해 저축률을 높이면 현재 세대의 1인당 소비는 감소하지만 장기에는 증가한다.
2) 따라서 정책 당국이 미래 세대보다 현재 세대를 중시한다면 저축률을 높이는 정책을 시행하지 않을 수도 있다.

29 정답 ②

주제 내생적 성장이론

해설

① 솔로우 모형에서는 자본에 대해 수확체감 현상이 나타나므로 1인당 소득수준이 낮은 나라일수록 경제성장률이 높다.
③ 쿠즈네츠 가설에 따르면 경제성장의 초기 단계에서 발생한 소득불평등은 처음에 악화되다가 점차 개선된다.
④ 대표적인 내생적 성장이론인 AK 모형에서는 자본에 대해 수확체감이 나타나지 않는 것으로 가정한다.

30 정답 ④

주제 내생적 성장이론

해설

ㄴ. 솔로우 모형에서 국가 간 1인당 소득수준이 수렴한다는 주장은 기본적으로 한계수확체감의 법칙에 기인한다. 이를 수렴가설이라고 한다.
ㄷ. 로머(P. Romer)는 연구개발(R&D) 모형에서 기술 진보를 내생화한 성장모형을 제시하였다.
ㄹ. 총생산함수가 $Q = AL^{\alpha}K^{1-\alpha}(A>0)$인 경우 지수의 합이 1이므로 규모에 대한 수익불변이 발생한다.

오답체크

ㄱ. 다른 조건이 일정할 때 솔로우 모형에서 일회적인 기술 진보가 아닌 지속적인 기술 진보는 장기적으로 1인당 산출량의 성장률을 증가시킨다.

31 정답 ①

주제 내생적 성장이론

해설

ㄱ. AK 모형에서의 경제성장률은 sA이므로 저축률(s)이 상승하면 경제성장률이 높아진다. 즉, 기술 진보가 이루어지지 않더라도 저축률이 높아지면 경제성장이 이루어질 수 있다.
ㄴ. 내생적 성장이론의 대표적인 모형의 하나인 AK 모형에서는 생산함수가 $Y = AK$이므로 자본투입량이 증가하면 생산량이 비례적으로 증가한다. 즉, 자본에 대해 수확체감이 나타나지 않는다.

★☆☆
32 **내생적 성장이론은 신고전학파의 경제성장이론의 대안으로 제시된 이론이다. 내생적 성장이론에서 고려되는 경제성장 요인으로 가장 적합한 것은?** 15년 국가직

① 이자율 상승에 따른 저축률의 증가
② 새로운 지식 및 기술에 대한 연구투자의 증가
③ 자본 감가상각률의 상승
④ 인구 증가

★★☆
33 **내생적 성장이론에 대한 다음 설명 중 가장 옳지 <u>않은</u> 것은?** 17년 서울시

① R&D 모형에서 기술 진보는 지식의 축적을 의미하며, 지식은 비경합성과 비배제성을 갖는다고 본다.
② R&D 모형과 솔로우(Solow) 모형은 한계수확체감의 법칙과 경제성장의 원동력으로서의 기술 진보를 인정한다는 점에서는 동일하다.
③ 솔로우(Solow) 모형과 달리 AK 모형에서의 저축률 변화는 균제 상태에서 수준효과뿐만 아니라 성장효과도 갖게 된다.
④ AK 모형에서 인적 자본은 경합성과 배제 가능성을 모두 가지고 있다.

★★☆
34 **신성장이론(new growth theory)에 대한 설명으로 옳지 <u>않은</u> 것은?** 19년 국가직

① 기술혁신은 우연한 과학적 발견 등에 의해 외생적으로 주어진다고 간주한다.
② 기업이 연구개발에 참여하거나 기술 변화에 기여할 때 경제의 지식자본스톡이 증가한다.
③ 개별 기업이 아닌 경제 전체 수준에서 보면 지식자본의 축적을 통해 수확체증(increasing returns)이 나타날 수 있다.
④ 지식 공유에 따른 무임승차 문제를 완화하기 위해 지적재산권에 대한 정부의 보호가 필요하다고 강조한다.

고난도 문제

★★★
35 **경제성장모형에서 甲국의 총생산함수가 $Q = AL^{0.75}K^{-0.25}$일 때, 옳지 않은 것은? (단, Q는 생산량, L은 노동량, K는 자본량, 시장은 완전경쟁시장임)** 20년 감정평가사

① 자본탄력성은 0.25이다.
② 노동 분배율은 자본 분배율보다 크다.
③ A는 총요소생산성이다.
④ 노동량, 자본량 및 총요소생산성이 각각 10%씩 증가하면 생산량은 10% 증가한다.
⑤ 총생산함수는 규모에 대한 수익불변이다.

정답 및 해설

32 정답 ②
주제 내생적 성장이론
해설
내생적 성장이론에서는 학습을 통한 지식의 축적, 연구개발 투자, 인적 자본축적 등이 경제성장의 주요인이라고 설명한다.

33 정답 ①
주제 내생적 성장이론
해설
R&D 모형에서는 기업들이 연구개발을 통해 축적한 지식 중 일부는 특허권 획득을 통해 일정 기간 배제가 가능하다고 본다.

34 정답 ①
주제 내생적 성장이론
해설
신성장이론은 내생적 성장이론을 의미한다. 솔로우 모형과 달리 신성장이론(내생적 성장이론)에서는 모형 내에서 기술혁신, 지식축적 등을 통해 경제성장이 이루어지는 과정을 설명한다. 기술수준이 외생적으로 주어지는 것은 솔로우 모형이다.

35 정답 ④
주제 솔로우 모형
해설
총생산량의 증가율 = 총요소생산성 증가율 + (0.75×노동량 증가율) + (0.25×자본량 증가율)이므로 노동량, 자본량 및 총요소생산성이 각각 10%씩 증가하면 생산량은 20% 증가한다.
오답체크
① 콥-더글러스 생산함수 형태이므로 자본탄력성은 0.25이다.
② 콥-더글러스 생산함수 형태이므로 노동 분배율은 0.75, 자본 분배율은 0.25이다. 따라서 노동 분배율은 자본 분배율보다 크다.
③ A는 기술수준을 의미하는 총요소생산성이다.
⑤ 콥-더글러스 생산함수 형태이므로 총생산함수는 규모에 대한 수익불변이다.

★★★

36 **기술 진보가 없는 솔로우(Solow)의 경제성장모형에서 1인당 생산함수는 $y = k^{0.2}$, 저축률은 0.4, 자본의 감가상각률은 0.15, 인구 증가율은 0.05이다. 현재 경제가 균제 상태(steady state)일 때 다음 중 옳은 것을 모두 고른 것은? (단, y는 1인당 생산량, k는 1인당 자본량)**

17년 감정평가사

ㄱ. 현재 균제 상태의 1인당 자본량은 황금률 수준(golden rule level)의 1인당 자본량보다 작다.
ㄴ. 황금률을 달성시키는 저축률은 0.2이다.
ㄷ. 인구 증가율이 증가하면 황금률 수준의 1인당 자본량도 증가한다.
ㄹ. 감가상각률이 증가하면 황금률 수준의 1인당 자본량은 감소한다.

① ㄱ, ㄴ ② ㄱ, ㄷ ③ ㄴ, ㄹ
④ ㄱ, ㄴ, ㄹ ⑤ ㄴ, ㄷ, ㄹ

★★★

37 **甲국의 총생산함수가 $Y = AK^{0.4}L^{0.6}$이다. 甲국 경제에 관한 설명으로 옳은 것을 모두 고른 것은? (단, Y는 생산량, A는 총요소생산성, K는 자본량, L은 노동량으로 인구와 같음)**

19년 감정평가사

ㄱ. 생산량의 변화율을 노동량의 변화율로 나눈 값은 0.6으로 일정하다.
ㄴ. A가 3% 증가하면, 노동의 한계생산도 3% 증가한다.
ㄷ. 1인당 자본량이 2% 증가하면, 노동의 한계생산은 1.2% 증가한다.
ㄹ. A는 2% 증가하고 인구가 2% 감소하면, 1인당 생산량은 2.8% 증가한다.

① ㄱ, ㄹ ② ㄴ, ㄷ ③ ㄷ, ㄹ
④ ㄱ, ㄴ, ㄹ ⑤ ㄱ, ㄷ, ㄹ

★★★

38 **경제성장이론에 관한 설명으로 옳은 것은?** 18년 감정평가사

① 내생적 성장이론(endogenous growth theory)에 따르면 저소득국가는 고소득국가보다 빨리 성장하여 수렴현상이 발생한다.
② 내생적 성장이론에 따르면 균제 상태의 경제성장률은 외생적 기술 진보 증가율이다.
③ 솔로우 경제성장모형에서 황금률은 경제성장률을 극대화하는 조건이다.
④ 솔로우 경제성장모형에서 인구 증가율이 감소하면, 균제 상태에서의 1인당 소득은 감소한다.
⑤ 솔로우 경제성장모형에서 균제 상태에 있으면, 총자본스톡 증가율과 인구 증가율이 같다.

36 정답 ③

주제 솔로우 모형 → 황금률

해설

1) 문제에서 주어진 총생산함수의 형태를 바꾸면 $Y = L^{0.8}K^{0.2}$이다.
2) 황금률에서는 노동소득 분배율이 소비율과 같고 자본소득 분배율이 저축률과 일치하므로 황금률에서의 저축률은 0.2이다.
3) 황금률의 조건은 $f'(k) = n + d$이다.
4) $f'(k) = 0.2k^{-0.8} = \frac{0.2}{k^{0.8}} = n + d \rightarrow k = \left(\frac{0.2}{n+d}\right)^{\frac{5}{4}}$ 이다.
5) 인구 증가율이 증가하면 1인당 자본량은 감소하고, 감가상각률이 상승하면 1인당 자본량이 감소한다.

37 정답 ④

주제 솔로우 모형 → 성장회계

해설

ㄱ. 생산량의 변화율을 노동량의 변화율로 나눈 값은 생산의 노동탄력성이다. 콥-더글러스 생산함수에서는 노동의 지수와 동일하므로 0.6으로 일정하다.

ㄴ. 노동의 한계생산은 $0.6A\left(\frac{K}{L}\right)^{0.4}$ 이므로, A가 3% 증가하면, 노동의 한계생산도 3% 증가한다.

ㄹ. 1인당 생산량은 $\frac{Y}{L} = A\left(\frac{K}{L}\right)^{0.4}$ 이므로, A는 2% 증가하고 인구가 2% 감소하면, 1인당 생산량은 $2\% + 0.4 \times 2 = 2.8\%$ 증가한다.

오답체크

ㄷ. 노동의 한계생산은 $0.6A\left(\frac{K}{L}\right)^{0.4}$ 이다. 1인당 자본량이 2% 증가하면, 노동의 한계생산은 $0.4 \times 2 = 0.8\%$ 증가한다.

38 정답 ⑤

주제 경제성장 → 경제성장이론의 구분

해설

솔로우 경제성장모형에서 균제 상태에 있으면, 1인당 자본량이 동일하므로 인구 증가율만큼 1인당 자본량이 증가한다. 따라서 총자본스톡 증가율(1인당 자본량 증가율)과 인구 증가율이 같다.

오답체크

① 솔로우 이론에서 저소득국가는 고소득국가보다 빨리 성장하여 수렴현상이 발생한다. 내생적 성장이론은 고소득국가와 저소득국가가 격차가 벌어지는 것을 설명한다.
② 솔로우 이론에 따르면 균제 상태의 경제성장률은 외생적 기술 진보 증가율이다. 내생적 성장이론에서는 기술개발을 내생적 변수로 본다.
③ 솔로우 경제성장모형에서 황금률은 1인당 소비가 극대화되는 조건이다.
④ 솔로우 경제성장모형에서 인구 증가율이 감소하면, 균제 상태에서의 1인당 소득은 증가한다.

★★★

39 **솔로우(Solow) 모형에 대한 설명 중 옳지 않은 것은?** 16년 공인회계사

① 가계가 저축률을 최적으로 조정하여 항상 황금률이 달성된다.

② 1인당 소득이 지속적으로 성장하는 유일한 이유는 지속적인 기술 진보이다.

③ 한 국가의 인구 증가율의 상승은 균제 상태에서 1인당 자본량과 1인당 소득을 감소시킨다.

④ 저축률이 황금률 수준의 저축률보다 낮은 경우에 저축률을 황금률 수준으로 높이면, 현재 투자와 미래 투자 모두 저축률을 높이기 이전보다 늘어난다.

⑤ 저축률이 황금률 수준의 저축률보다 높은 경우에 저축률을 황금률 수준으로 낮추면, 현재 소비와 미래 소비 모두 저축률을 낮추기 이전보다 늘어난다.

★★★

40 **다음 그림은 생산함수가 $y=k^{\frac{1}{4}}$, 자본의 축적식이 $\triangle k=sy-\delta k$, 국민소득계정 항등식이 $y=c+i$인 솔로우 모형에서 황금률 수준의 k에 도달하기 위하여 저축률을 변화시켰을 때 시간에 따른 c의 움직임을 나타낸 것이다. 이러한 움직임을 만들어낸 저축률의 변화로 가장 적절한 것은? [단, y는 1인당 생산량, k는 1인당 자본량, c는 1인당 소비, i는 1인당 투자, s는 저축률, δ는 감가상각률을 의미하고, 저축률을 변화시키기 직전까지 k가 황금률 수준보다 작은 정상상태(steady state)에 있음]** 18년 공인회계사

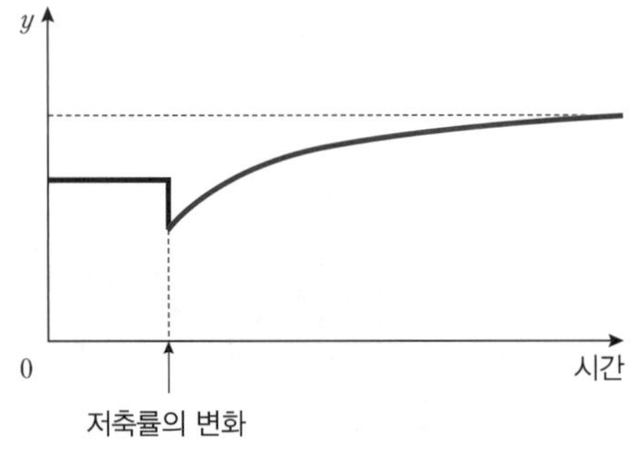

① 저축률을 현재의 20%에서 25%로 5%p 올렸을 때

② 저축률을 현재의 25%에서 20%로 5%p 내렸을 때

③ 저축률을 현재의 30%에서 25%로 5%p 내렸을 때

④ 저축률을 현재의 25%에서 30%로 5%p 올렸을 때

⑤ 저축률을 현재의 30%에서 35%로 5%p 올렸을 때

정답 및 해설

39 정답 ①

주제 솔로우 모형

해설

솔로우 모형은 저축률이 외생적으로 주어진 것으로 가정하므로 항상 황금률이 달성되는 것은 아니다.

40 정답 ①

주제 솔로우 모형 → 황금률

해설

1) 생산함수를 변형하면 $Y = L^{0.75}K^{0.25}$이므로 황금률의 저축률은 25%이다.
2) 그래프에는 저축률이 변화하면서 소비가 황금률수준으로 가는 것으로 파악할 수 있다.
3) 따라서 황금률보다 낮은 수준에서 황금률 수준으로 변화할 것이다.

PART

5 무역

Chapter 01
무역

Chapter 02
자유무역과 보호무역

학습 구성

구분	출제 포인트	중요도	학습 날짜
Chapter 01 무역	01 절대우위론과 비교우위론	★★★	
	02 무역이론	★★	
	03 교역 조건과 오퍼 곡선	★	
Chapter 02 자유무역과 보호무역	01 자유무역	★★	
	02 보호무역	★★★	
	03 경제통합	★	

Chapter 01

무역

✣ 학습목표

- 비교우위론의 생산비 측면과 생산량 측면 모두 계산문제를 이해할 수 있다.
- 양국에 이익이 되는 교역조건을 이해할 수 있다.
- 헥셔-오린 정리의 가정, 각국의 특화품목을 이해할 수 있다.
- 산업 간 무역과 산업 내 무역을 비교할 수 있다.

01 절대우위론과 비교우위론 ★★★

1. 국제거래

(1) 의미

국가 간의 모든 경제적 거래를 의미한다.

(2) 발생 원인

재화 생산에 유리한 자연환경, 부존자원, 기술수준의 차이로 발생한다.

(3) 국제거래의 장 · 단점

① **장점:** 생산의 효율성 향상, 규모의 경제 실현, 소비자의 다양한 선택기회 확보, 부존자원과 기술의 취약을 해결, 기술과 정보의 축적 등이 있다.

② **단점:** 경쟁력 없는 유치산업의 도태, 국내 경제정책의 자율성 침해, 실업의 발생 등이 있다.

(4) 무역의존도

국내총생산에서 무역액이 차지하는 비율을 의미하며 $\frac{\text{수입액} + \text{수출액}}{\text{국내총생산}}$ 이다.

2. 절대우위론(A. Smith)

(1) 정의

각국이 절대적으로 생산비가 싼 재화의 생산에 특화하여 그 일부를 교환함으로써 상호이익을 얻을 수 있다는 이론이다.

(2) 생산비 측면 사례분석

수치는 1단위 생산에 필요한 노동을 의미하며 교역 조건은 1 : 1을 가정한다.

구분	갑국	을국
직물 1단위	10명	11명
포도주 1단위	12명	8명

① 노동 투입량은 작을수록 좋다.

② 각각 노동비가 상대국에 비해 적은 것을 찾으면 갑국은 직물에, 을국은 포도주에 절대우위가 있다.

③ 갑국과 을국이 스스로 생산할 경우와 절대우위 품목을 특화하여 무역 한 후의 차이는 다음과 같다.

구분	스스로 직물과 포도주를 각각 1단위씩 생산할 경우	스스로 각각 생산할 자원으로 절대우위에 있는 항목을 특화 생산할 경우	교역조건 1 : 1로 교역했을 때 얻는 이익(무역의 이익)
갑국	직물(10명) + 포도주(12명) = 22명	22명→직물 2개(20명) + 직물 $\frac{2}{10}$개(2명)	직물 1개+포도주 1병+직물 $\frac{2}{10}$개(2명)
을국	직물(11명) + 포도주(8명)=19명	19명→포도주 2병(16명) + 포도주 $\frac{3}{8}$병(3명)	직물 1개 + 포도주 1병 + 포도주 $\frac{3}{8}$병(3명)

④ 양국은 직물과 포도주를 각각 1단위씩 스스로 생산할 자원으로, 갑국은 직물을 특화하고 을국은 포도주에 특화하여 2단위씩 생산한 후 남는 1단위씩을 교환하면 서로에게 이득이 된다(갑국은 직물 0.2단위, 을국은 포도주 0.375단위의 무역 이익 획득).

(3) 생산물 측면 사례 분석

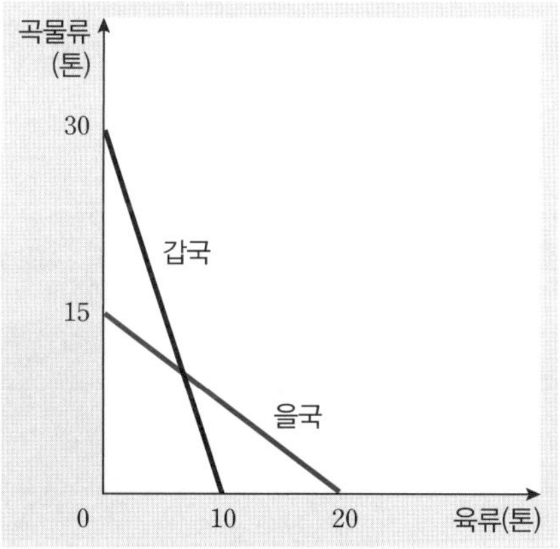

※ 교역 조건은 1 : 1을 가정한다.

① 생산량은 많을수록 좋다.

② 각국의 특화 시 생산량이 상대국에 비해 많은 것을 찾으면 갑국은 곡물에, 을국은 육류에 절대우위가 있다.

③ 특화 품목만 생산하여 1 : 1로 교역할 경우 생산가능곡선이 확장되어 더 많은 소비가 가능해진다. 즉, 무역의 이익이 발생한다.

(4) 의의와 한계

① 의의: 자유 무역의 근거를 최초로 제시하였다.

② 한계: 양국 중 한 나라가 모든 재화에 절대우위가 있을 때 무역이 발생하지 않는다.

3. 비교우위론(비교생산비설, D. Ricardo)

◀ 시험 POINT 비교우위론 관련 문제는 반드시 출제됩니다. 꼭 정확히 이해하길 바랍니다.

(1) 의미

① 한 나라가 두 재화 생산에 있어 모두 절대우위 혹은 절대열위에 있더라도 양국이 상대적으로 생산비가 낮은 재화 생산에 특화하여 무역을 할 경우, 양국 모두 무역으로부터 이익을 얻을 수 있다는 이론이다.

② 기회비용이 작은 쪽을 특화하여 무역한다.

(2) 가정

① 노동만이 유일한 생산 요소이다.

② 모든 노동의 질은 동일하다.

③ 재화 1단위를 생산하는 데 필요한 노동량은 재화의 생산량과 관계없이 일정하다.

④ 생산요소의 국가 간 이동은 없다.

(3) 비교우위의 결정요인

각국의 부존자원, 노동·자본·기술수준, 특화의 역사로 인한 학습효과 등이 있다.

(4) 비교우위의 효과

각국의 자원이 효율적으로 이용되고, 세계적으로는 국제 분업의 효과가 극대화되는 결과를 가져온다.

(5) 생산비 측면 사례 분석

상품	갑국	을국
의류(1단위)	10명	9명
기계(1단위)	12명	8명

※ 생산에 필요한 노동을 의미하며 교역 조건은 1 : 1을 가정한다.

① 노동 투입량은 생산비이므로 작을수록 좋다.

② 갑국은 두 재화 모두 노동비가 많이 들어가므로 의류와 기계에 절대열위가 있다.

③ 을국은 두 재화 모두 노동비가 적게 들어가므로 의류와 기계에 절대우위가 있다.

④ 갑국은 의류에 을국은 기계에 비교우위가 있다.

⑤ 기회비용을 계산하면 의류의 기회비용은 갑국이 기계 $\frac{10}{12}$대, 을국이 기계 $\frac{9}{8}$대로 갑국이 작아 갑국이 의류를 특화한다.

⑥ 기계의 기회비용은 갑국이 의류 $\frac{12}{10}$벌이고, 을국이 의류 $\frac{8}{9}$벌로 을국이 작아 을국이 기계를 특화하게 된다.

⑦ 갑국은 을국에 비해 의류의 기회비용이 작고 기계의 기회비용이 크므로, 갑국은 을국에 비해 의류에 비교우위가 있고 기계에 비교열위가 있다.

⑧ 을국은 갑국에 비해 의류의 기회비용이 크고 기계의 기회비용이 작으므로, 을국은 갑국에 비해 의류에 비교열위가 있고 기계에 비교우위가 있다.

⑨ 갑국과 을국이 스스로 생산할 경우와 무역을 할 경우의 이익을 비교하면 다음과 같다.

구분	스스로 의류와 기계를 각각 1단위씩 생산할 경우	스스로 각각 생산할 자원으로 비교우위에 있는 항목을 특화 생산할 경우	교역조건 1 : 1로 교역했을 때 얻는 이익 (무역의 이익)
갑국	의류(10명) + 기계(12명) = 22명	22명 → 의류 2벌(20명) + 의류 $\frac{2}{10}$벌 (2명)	의류 1벌 + 기계 1대 + 의류 $\frac{2}{10}$벌 (2명)
을국	의류(9명) + 기계(8명) = 17명	17명 → 기계 2대(16명) + 기계 $\frac{1}{8}$대 (1명)	의류 1개 + 기계 1대 + 기계 $\frac{1}{8}$대 (1명)

⑩ 갑국은 의류와 기계를 각각 1단위씩 스스로 생산할 자원으로, 갑국은 의류를 특화하고 을국은 기계에 특화하여 2단위씩 생산한 후 남는 1단위씩을 교환하면 서로에게 이득이 된다(갑국은 의류 0.2 단위, 을국은 기계 0.125단위의 무역 이익 획득).

⑪ 스스로 생산할 때보다 무역을 통해서 더 많은 것을 얻을 수 있으므로 특화 품목의 교환가치(기회비용)가 높아진다.

⑫ 한 재화에 대하여 양국의 기회비용(상대가격) 사이에서 이루어질 경우에는 양국 모두 무역의 이익을 얻게 된다.

⑬ 무역의 이익을 얻는 의류의 교역 조건은 기계 $\frac{10}{12}$대 $<$ 의류 1벌 $<$ 기계 $\frac{9}{8}$대이다.

⑭ 무역의 이익을 얻는 기계의 교역 조건은 의류 $\frac{8}{9}$벌 $<$ 기계 1대 $<$ 의류 $\frac{12}{10}$벌이다.

⑮ 이를 반영하여 의류와 기계의 1 : 1의 교역 조건이면 양국 모두 무역의 이익을 얻게 된다.

(6) 생산물 측면 사례 분석

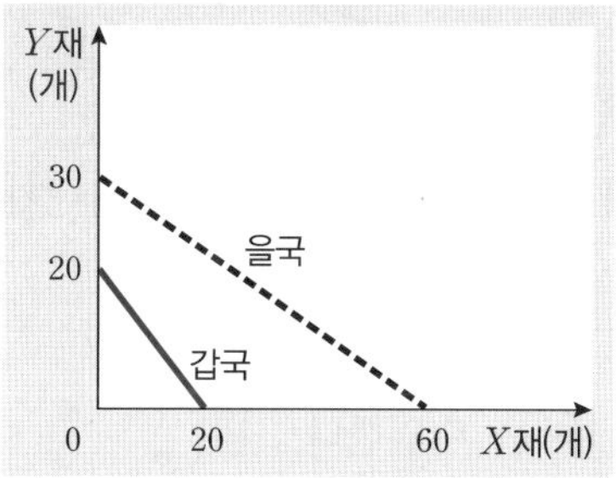

※ 기회비용이 일정한 경우이다.

① 생산량은 많을수록 좋다.

② 갑국은 동일한 자원으로 $20X=20Y$가 성립하여 각각의 기회비용으로 표현하면 $X=Y$, $Y=X$이다.

③ 을국은 동일한 자원으로 $60X=30Y$가 성립하여 각각의 기회비용으로 표현하면 $X=\frac{1}{2}Y$, $Y=2X$이다.

④ 특화는 기회비용이 작은 것을 특화하므로 갑국은 Y재, 을국은 X재를 특화한다.

⑤ 기회비용=양국의 국내가격비($\frac{P_X}{P_Y}$)이다.

⑥ 양국의 특정 재화의 기회비용은 국내가격비 사이에 교역조건이 존재하면 모두 이익을 본다.

⑦ 양국 간 이익이 발생하는 범위 내에서 교역을 한다면 교역 조건의 범위는 'X재 1개$<Y$재 1개$<X$재 2개'에서 결정된다.

(7) 불완전 특화 시

① 그래프

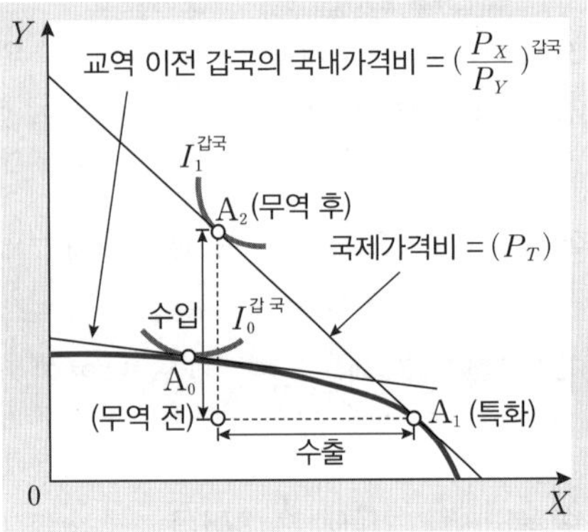

<갑국>

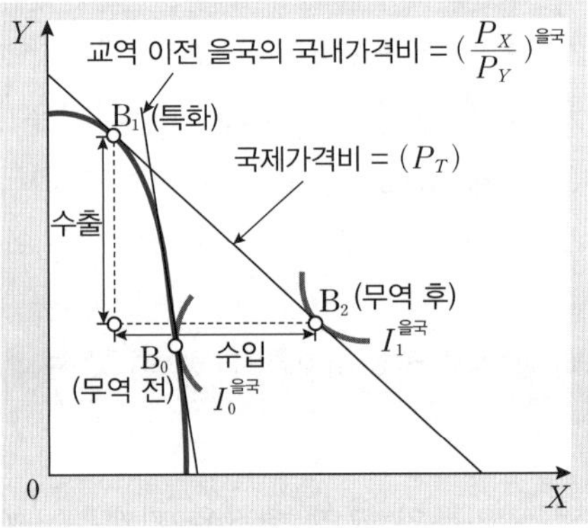

<을국>

※ 생산량 증가 시 기회비용이 변하는 경우이다.

② 무역 이전

- 무역 이전 갑의 생산 소비점은 점 A_0, 을국의 생산 소비점은 점 B_0이다.
- 무역 이전 국내가격비=생산가능곡선의 접선의 기울기($MRT=X$재 생산의 기회비용)=무차별곡선의 기울기(MRS_{XY})$=\frac{P_X}{P_Y}$이다.

③ 무역이 이루어지려면 양국 모두 이익을 보아야 하므로 국제가격비 교역조건(P_T)은 양국의 국내가격비의 사이에서 결정된다.

④ 특화 품목 결정

- X재는 갑국의 기회비용이 작으므로 갑국은 X재를 수출하고 Y재를 수입한다.
- Y재는 을국이 기회비용이 작으므로 을국은 Y재를 수출하고 X재를 수입한다.

⑤ 무역의 발생

- 양국이 모두 국제가격비(P_T)에서 교역이 이루어지면 위 그림과 같다.
- 갑국의 X재 수출=을국의 X재 수입, 을국의 Y재 수출=갑국의 Y재 수입이다.

⑥ 무역의 효과

- 갑국은 점 A_1에서 생산(불완전특화)하고 점 A_2에서 소비가 이루어지므로 무역 이전보다 후생이 증가한다.
- 을국은 점 B_1에서 생산(불완전특화)하고 점 B_2에서 소비가 이루어지므로 무역 이전보다 후생이 증가한다.

(8) 의의와 한계

① 의의: 절대우위론에 의해 불가능한 무역발생을 설명하게 된다.

② 한계: 생산비의 차이가 어떻게 발생하는가에 대한 설명을 하지 못한다.

개념확인 문제

Q 다음은 영국과 스페인의 치즈와 빵 생산에 관련된 자료와 그에 대한 주장이다. 옳은 것으로만 묶은 것은? 19년 지방직

구분	1개 생산에 소요되는 시간		40시간 일할 때 생산량	
	치즈	빵	치즈	빵
영국	1시간	2시간	40개	20개
스페인	2시간	8시간	20개	5개

ㄱ. 영국에서 생산하는 치즈 1개의 기회비용은 빵 2개이다.
ㄴ. 영국에서 생산하는 치즈 1개의 기회비용은 빵 1/2개이다.
ㄷ. 스페인에서 생산하는 치즈 1개의 기회비용은 빵 1/4개이다.
ㄹ. 영국에서 생산하는 빵 1개의 기회비용은 치즈 2개이다.
ㅁ. 영국에서 생산하는 빵 1개의 기회비용은 치즈 1/2개이다.
ㅂ. 영국은 빵 생산에 절대우위가 있고, 치즈 생산에는 비교우위가 있다.
ㅅ. 영국은 빵 생산에 비교우위가 있고, 스페인은 치즈 생산에 비교우위가 있다.

① ㄱ, ㄷ, ㄹ ② ㄱ, ㅁ, ㅂ
③ ㄴ, ㄷ, ㅅ ④ ㄴ, ㅂ, ㅅ

정답 ③

해설

문제에서 주어진 생산물과 1단위당 기회비용을 표로 나타내면 다음과 같다.

구분	치즈	빵
영국	40개(0.5빵)	20개(2치즈)
스페인	20개(0.25빵)	5개(4치즈)

오답체크

ㄱ. 영국에서 생산하는 치즈 1개의 기회비용은 빵 0.5개이다.
ㅁ. 영국에서 생산하는 빵 1개의 기회비용은 치즈 2개이다.
ㅂ. 영국은 빵과 치즈 모두에 절대우위가 있다.

02 무역이론 ★★★

1. 헥셔-오린 정리의 문제의식과 가정(E. Heckscher, B. Ohlin)

(1) 개요

① 비교우위론은 노동생산성 차이로 인해 상대가격 차이가 발생하는 것으로 설명하고 있으므로 생산성이 동일한 경우에는 설명하기 어렵다.

② 각국의 비교우위가 발생하는 원인을 요소부존의 차이로 설명하는 이론이다.

(2) 가정

① 2국 - 2재화 - 2요소의 무역모형이다.

② 두 국가의 생산함수가 동일하다.

③ 생산함수는 수확체감의 법칙이 작용하고 규모에 대한 수익이 불변이다.

④ 기회비용이 체증하여 생산가능곡선이 원점에 대하여 오목하기 때문에 불완전특화를 한다.

⑤ 두 국가(A국, B국) 사이의 부존자원비율이 서로 다르다.

⑥ 두 재화(X재, Y재) 생산의 요소집약도$\left(\frac{K}{L}\right)$가 서로 다르다.

⑦ 두 국가의 수요에 대한 사회무차별곡선(선호)이 동일하다.

⑧ 두 국가 간 생산요소의 이동은 불가능하다.

⑨ 두 국가 간 상품의 무역은 자유롭게 이루어지며 운송비는 없다.

⑩ 생산물시장과 생산요소시장이 완전경쟁시장이다.

2. 설명

(1) 무역 이전

① A국은 노동풍부국이고, B국은 자본풍부국이다.

② X재는 노동집약재이고, Y재는 자본집약재이다.

③ A국은 노동풍부국이므로 노동집약재인 X를 많이 생산할 수 있고, B국은 자본풍부국이므로 자본집약재인 Y재를 더 많이 생산할 수 있다.

(2) 무역 이후

① 노동풍부국인 A국은 노동집약재인 X재 생산에, 그리고 자본풍부국인 B국은 자본집약재인 Y재 생산에 특화한다.

② 무역 이후 두 나라의 후생수준은 높아진다.

3. 요소가격균등화정리

◀ 시험 POINT 헥셔-오린 정리의 특징, 요소가격균등화정리가 종종 출제됩니다.

(1) 의미

궁극적으로 교역 후 교역 당사국의 상품 가격뿐 아니라 생산요소의 가격도 상대적 및 절대적으로 같아진다.

(2) 설명

① 노동풍부국(A국)

- 노동풍부국은 자본풍부국에 비하여 상대적으로 임금이 낮으므로 $\left(\frac{w}{r}\right)^{A국} < \left(\frac{w}{r}\right)^{B국}$이다.
- 노동풍부국이 노동집약적 산업에 부분 특화하면 노동수요가 증가하여 임금이 상승한다. 따라서 $\left(\frac{w}{r}\right)^{A국}$이 상승한다.

② 자본풍부국(B국)

- 자본풍부국은 노동풍부국에 비하여 상대적으로 자본임대료가 낮으므로 $\left(\frac{w}{r}\right)^{A국} > \left(\frac{w}{r}\right)^{B국}$이다.
- 자본풍부국이 자본집약적 산업에 부분 특화하면 자본수요가 증가하여 자본임대료가 상승한다. 따라서 $\left(\frac{w}{r}\right)^{B국}$이 하락한다.

③ 결과: 무역을 통해 결국 $\left(\frac{w}{r}\right)^{A국} = \left(\frac{w}{r}\right)^{B국}$이 성립한다.

4. 립진스키 정리와 스톨퍼-사무엘슨 정리

(1) 립진스키 정리(Rybczynski theorem)

재화의 상대가격이 변하지 않을 때 한 생산요소(노동)의 부존량이 증가하는 상황이 발생하면, 그 생산요소(노동)를 집약적으로 사용하는 재화의 생산량은 증가하고 다른 요소(자본)를 집약적으로 사용하는 재화의 생산은 감소한다.

(2) 스톨퍼-사무엘슨 정리(Stolper-Samuelson theorem)

① 무역과 소득분배의 관련성을 설명하는 이론이다.

② 무역을 통하여 이루어진 한 재화의 상대가격이 인상된다면, 그 재화 생산에 집약적으로 사용된 생산요소의 가격을 재화가격 인상에 비해 더 높게 인상시키며 다른 생산요소의 가격은 절대적으로 하락하게 된다.

5. 레온티예프(Leontief)의 역설

(1) 의미

① 헥셔-오린 정리는 요소부존도가 높은 생산요소를 이용하여 요소집약도가 높은 재화를 특화하여 무역을 한다는 이론이다.

② 예를 들어 미국은 자본풍부국이므로 자본집약재를 수출해야 한다.

③ 레온티예프가 미국의 1947년 투입-산출표를 이용하여 분석한 결과, 그 당시 미국은 다른 나라에 비하여 상대적으로 자본풍부국임에도 불구하고 자본집약재를 수입하고 노동집약재를 수출한 것으로 나타났다.

(2) 레온티예프 역설에 대한 견해

① 레온티예프

- 레온티예프 스스로 이러한 결과는 역설이 아니라 오히려 헥셔-오린 정리의 정당성을 입증하는 것이라고 하였다.
- 즉, 양적으로 보면 자본집약국이나 당시 미국 근로자의 생산성이 다른 나라보다 높았기 때문에 생산성을 기준(실효노동)으로 평가하면 미국은 오히려 노동풍부국이었다.

② 측정기준의 차이

- 미국이 노동풍부국으로 나타난 이유는 요소풍부성에 대한 측정기준이 달랐기 때문이다.
- 즉, 헥셔-오린은 요소의 상대가격을 기준으로 하였으며, 레온티예프는 실제 요소부존량을 기준으로 하였기 때문에 이러한 역설이 나타났다.

③ 요소집약도의 역전

- 요소대체가 용이할 때 한 요소의 가격이 상승하면 다른 요소로 대체한다.
- 이에 따라 생산의 요소집약도가 역전될 수 있으며 이 경우에는 헥셔-오린 정리와 요소가격균등화 정리는 성립하지 않는다.

④ 노동집약적 재화에 무역장벽

- 헥셔-오린 정리는 완전한 자유무역을 가정하고 있다.
- 현실적으로 미국이 노동집약적인 재화에 관세를 부과하여 무역장벽을 쌓았다면 수입재의 대부분이 자본집약적인 재화가 될 수 있다.

개념확인 문제

Q 헥셔-오린(Heckscher-Ohlin) 모형과 관련한 설명으로 옳지 않은 것은? 19년 지방직

① 자본이 노동에 비해 상대적으로 풍부한 국가는 자본집약적인 상품을 수출한다.
② 생산요소들은 국내에서는 자유롭게 이동할 수 있지만 국가 간 이동은 불가능하다고 가정한다.
③ 생산요소의 국가 간 이동이 불가능한 경우 상품의 국제무역이 발생해도 생산요소의 가격은 불변이다.
④ 교역 대상 상품들의 국가 간 생산기술의 차이는 없다고 가정한다.

정답 ③

해설

1) 헥셔-오린 정리에 의하면 자유무역이 이루어질 경우 각국은 자국에 상대적으로 풍부한 생산요소를 집약적으로 투입하는 재화 생산에 특화한다.
2) 노동집약재 생산이 증가하면 상대적으로 노동수요가 크게 증가하므로 임금이 상승하는 반면, 자본집약재 생산이 감소하면 상대적으로 자본의 해고가 많아지므로 자본임대료가 하락한다.
3) 그러므로 자유무역이 이루어지면 노동풍부국에서는 $\left(\frac{w}{r}\right)$가 상승한다. 이와 반대로 자본풍부국에서는 $\left(\frac{w}{r}\right)$가 하락한다. 따라서 가격이 불변이라는 것은 옳지 않다.

6. 현대적 무역이론

(1) 제품생애주기이론(R. Vernon)

신제품이 출현하고 시간의 경과에 따라 그 제품이 성숙 단계와 표준화 단계를 거치는 과정을 무역의 동태적 변화에 따라 적용한 이론이다.

① **신제품 단계:** 고도의 기술을 가진 고급 노동력에 의해 소규모 생산이 이루어지는 단계로, 제품을 개발한 선진국이 제품을 생산·수출한다.
② **성숙 단계:** 대량 생산이 이루어지는 단계로 신제품 개발국뿐만 아니라 여타 선진국도 생산한다. 신제품 개발국의 비교우위는 점차 사라지고 모방 제품을 생산하는 여타 선진국들의 수출이 증가한다.
③ **표준화 단계:** 생산기술이 완전히 표준화되어 미숙련 노동자에 의한 대량 생산이 가능한 단계이다. 저임금의 노동자가 풍부한 후진국이 비교우위를 갖게 되어 오히려 후진국에서 선진국으로 수출이 이루어진다.

(2) 기술격차이론

특정 국가가 개발한 기술을 다른 국가가 습득하기까지는 모방 시차가 존재하며, 이러한 기술 격차로 인해 산업 내 무역이 일어난다고 보는 이론이다.

(3) 규모의 경제이론

양국에서 생산요소의 부존도에 차이가 없는데도 무역이 발생한다면, 그 이유는 규모의 경제 때문이다.

(4) 국제독점적 경쟁시장이론

독점적 경쟁하에서는 동일 산업 내에서도 차별적 상품을 생산한다. 이때 동일 산업 내에도 해당 기업들은 규모의 경제에 따른 무역 이득을 얻기 위해 더욱 더 차별화된 상품 생산에 특화하게 된다.

(5) 대표적 수요이론

제조업 부문에서 한 나라의 비교우위는 국내 수요가 상대적으로 큰 나라의 대표적 수요에 의해 결정되고, 대표적 수요는 그 나라의 1인당 국민소득수준에 의해 결정된다.

7. 산업 내 무역이론

(1) 산업 내 무역

① **개념**: 동일 산업 내에서 수출과 수입이 이루어지는 것을 의미한다.

② **무역의 발생 원인**: 세계화 시대에 맞춘 시장 확대로 규모의 경제 발생과 독점적 경쟁시장화 경향 때문이다.

③ **사례**: 선진국 A는 소형 승용차를, 선진국 B는 대형 승용차를 수출하는 것이다.

(2) 산업 내 무역과 산업 간 무역의 비교

◀ 시험 POINT 산업 내 무역의 특징을 정확히 이해해야 합니다.

구분	산업 내 무역	산업 간 무역
개념	동일한 산업 내의 수출·수입	서로 다른 산업 간에 생산되는 재화의 수출·수입
발생 원인	규모의 경제, 독점적 경쟁(제품의 차별화)	비교우위, 자원부존의 차이
발생 국가	경제발전 정도가 비슷한 국가	경제발전 정도가 상이한 국가
실제 예	일본이 미국에 소형 자동차를 수출하고 대형 자동차를 수입하는 경우	우리나라가 중국에 휴대폰을 수출하고 마늘을 수입하는 경우
비고	• 주로 제조업 분야에서 발생 • 국제 간 분쟁소지 적음 • 시장 확대로 규모가 커지면 재화가격 하락하여 무역 이익 발생	• 소득 재분배 발생 • 국제 간 분쟁소지 많음 • 상대가격이 변화하여 무역 이익 발생

개념확인 문제

Q 동종 산업 내에서 수출과 수입이 동시에 나타나는 무역을 산업 내 무역(intra-industry trade)이라고 한다. 이러한 형태의 무역이 발생하는 원인으로 옳은 것만을 모두 고르면? 21년 국가직

ㄱ. 비교우위　ㄴ. 규모의 경제　ㄷ. 제품 차별화　ㄹ. 상이한 부존자원

① ㄱ, ㄴ　② ㄱ, ㄷ
③ ㄴ, ㄷ　④ ㄴ, ㄹ

정답 ③

해설
규모의 경제, 독점적 경쟁(제품의 차별화)은 산업 내 무역의 특징이며 비교우위, 자원부존의 차이는 산업 간 무역의 특징이다.

03 교역 조건과 오퍼 곡선 ★★★

1. 교역 조건

(1) 의미와 종류

① 교역조건(TOT, Terms Of Trade)은 수출상품과 수입상품 간의 국제적 교환 비율을 의미한다.
② 교역조건으로는 순교역 조건, 총교역 조건, 소득 교역 조건이 있다.

(2) 순교역 조건(상품 교역 조건)

① $N = \frac{\text{수출재가격지수}}{\text{수입재가격지수}} \times 100 = \frac{P_X}{P_M} \times 100$
② 수출상품 1단위로 획득할 수 있는 수입품의 수량을 표시한다.
③ 계산이 간단하여 가장 많이 사용하나, 수출·수입량의 변동은 고려하지 않아 실질적인 무역 이익의 변동을 파악하기에는 부족하다.
④ 수출상품의 가격이 수입상품의 가격보다 상대적으로 더 높아지는 것을 교역조건의 개선이라고 한다.

(3) 총교역 조건

① $G = \frac{\text{수입수량지수}}{\text{수출수량지수}} \times 100 = \frac{Q_M}{Q_X} \times 100$
② 수출입량 변동을 이용하여 교역 조건을 표시한다.
③ 상품 1단위를 수출할 때 수입량이 증가하면 교역 조건이 개선되어 총교역 조건이 증가한다.
④ 수출액과 수입액이 동일하면 상품 교역 조건과 총교역 조건이 일치한다.

(4) 소득 교역 조건

① $I = N \cdot Q_X = \dfrac{P_X \cdot Q_X}{P_M} \times 100$ (I: 수입능력지수)

② 수출 총액($P_X \cdot Q_X$)으로 획득할 수 있는 수입품의 수량을 표시한다.

③ 소득 교역 조건은 수출·수입품의 가격 변동은 물론, 수출로써 얻을 수 있는 수입품의 수량을 나타내므로 상품 교역 조건의 단점을 보완한 것이다.

(5) 교역 조건의 변동요인과 국제수지

① 수입원자재(원유)가격 상승 → 수입가격 상승 → 교역 조건 악화 → 국제수지 악화

② 환율 인상, 기술 진보 등 → 수출가격 하락 → 교역 조건 악화 → 국제수지 개선

③ 교역 조건 악화 여부와 국제수지는 연관관계가 없다.

(6) 바그와티의 궁핍화 성장

① 경제성장으로 생산량이 늘어나면 수출재 가격이 하락하여 교역 조건이 악화될 수 있다.

② 경제성장 이후에 교역 조건이 크게 악화되어 경제성장 이전보다 오히려 후생수준이 낮아지는 것을 바그와티의 궁핍화 성장이라고 한다.

③ 성립 조건

- 국제시장점유율이 높은 대국이어야 한다.
- 경제성장이 수출재 중심으로 편향적으로 이루어져야 한다.
- 수입국에서 수요가 비탄력적이어야 한다.

2. 오퍼 곡선

(1) 의미

여러 국제가격수준에서 수출하고자 하는 재화의 양과 수입하고자 하는 재화의 양의 조합을 의미한다.

(2) 교역 조건과 교역량의 결정

양국의 오퍼 곡선이 교차하는 점에서 교역 조건과 교역량이 결정된다.

(3) 설명

① 그래프

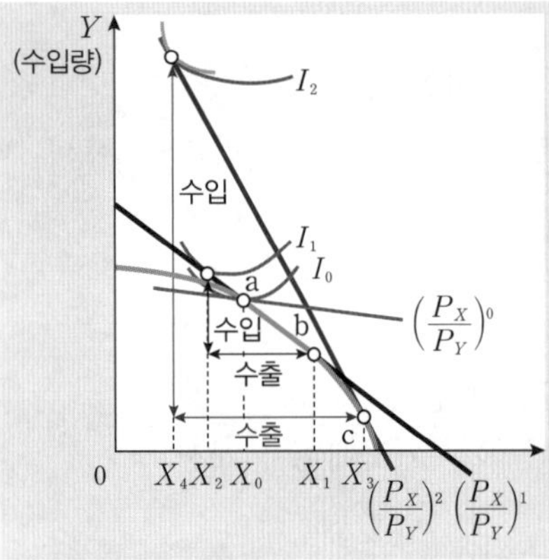

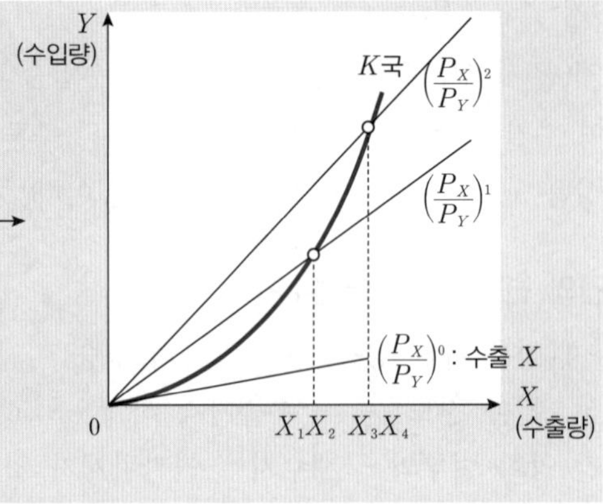

② K국 입장에서, X재를 수출재로 Y재를 수입재로 하고 X축과 Y축을 각각 수출량과 수입량으로 가정하자.

③ 교역 조건인 $\frac{P_X}{P_Y}$ 가 커지면 동일한 양을 수출하더라도 많은 수입재를 받을 수 있으므로 K국 오퍼 곡선은 X축에 대하여 볼록한 형태로 도출된다.

④ 같은 원리로 A국은 X재가 수입재이고 Y재가 수출재이다. 따라서 Y축에 대하여 볼록한 형태로 도출된다.

⑤ 양국의 오퍼 곡선이 교차하는 점 E에서 교역 조건과 교역량이 결정된다.

⑥ K국 입장에서, Y재 선호 또는 국민소득 증가

- 동일한 양의 Y재를 수입하기 위해 지불할 용의가 있는 X재의 수량이 증가하면 오퍼 곡선이 우측으로 이동한다.
- 오퍼 곡선이 우측으로 이동하면 교역량은 증가하나 교역 조건은 악화된다.

⑦ K국 입장에서, 수입관세 부과

- 관세가 부과되면 외국에 지불할 용의가 있던 금액의 일부가 관세로 납부되어야 한다.
- 관세가 부과되면 일정량의 Y재를 수입할 때 상대방 국가에 지불할 용의가 있는 X재 수량이 감소하므로 오퍼 곡선이 왼쪽으로 이동한다.
- 오퍼 곡선이 왼쪽으로 이동하면 교역량이 감소하고 교역 조건은 호전된다.

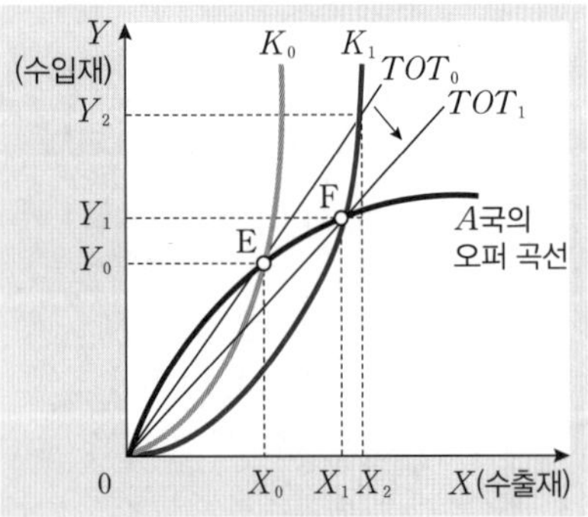

<교역 조건의 변화>

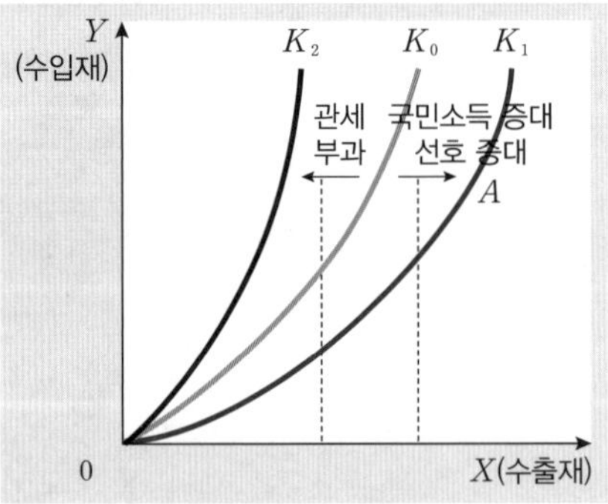

<오퍼 곡선의 이동>

Chapter 02

자유무역과 보호무역

학습목표

- 소국과 대국의 관세모형을 비교할 수 있다.
- 수입할당제와 관세를 비교할 수 있다.
- 경제통합의 유형을 구분할 수 있다.

01 자유무역 ★★★

1. 자유무역의 의미와 특징

(1) 의미

민간업체에 의한 무역활동을 국가가 일체 간섭하지 않고 자유롭게 방임함으로써 국가의 무역관리 또는 통제가 가해지지 않는 무역이다.

(2) 특징

① 동일한 종류의 재화라 할지라도 나라마다 독특한 특징이 있으므로, 각국의 소비자에게 다양한 소비 기회를 제공한다.

② 비교우위의 재화를 수출할 경우 생산량이 크게 늘어나 규모의 경제를 통해 생산비를 절감할 수 있다.

③ 자유무역은 경제활성화(진입 장벽 낮춤 → 독과점의 폐해 방지)하여 경제 전체의 후생수준을 높인다.

④ 기술 이동, 아이디어 전파 등을 통해 각국의 기술 개발을 촉진하는 긍정적 파급효과를 가진다.

⑤ 대부분의 경제학자들이 자유무역을 옹호하고 있지만, 자유무역을 할 경우 모든 나라, 모든 사람의 후생이 증가하는 것이 아니라 일부 나라, 일부 계층은 불리해지는 현상이 발생하기도 한다.

2. 자유무역 그래프 분석

(1) 수출국

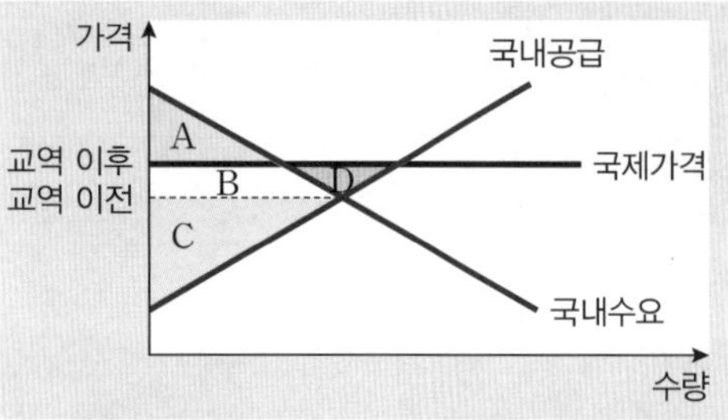

구분	교역 이전	교역 이후	변화
소비자잉여	A+B	A	−B
생산자잉여	C	B+C+D	+(B+D)
총잉여	A+B+C	A+B+C+D	+D

(2) 수입국

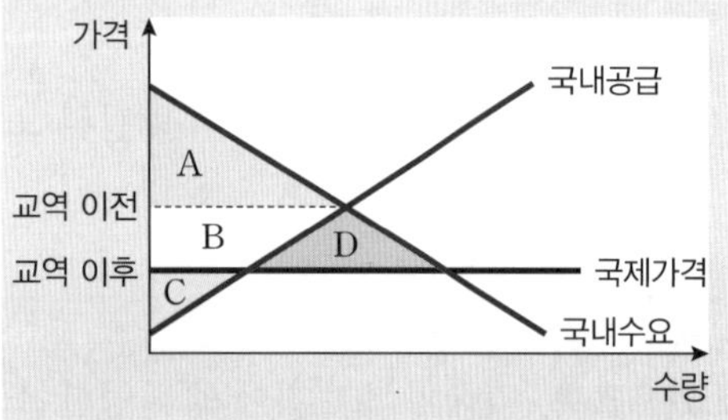

구분	교역 이전	교역 이후	변화
소비자잉여	A	A+B+D	+(B+D)
생산자잉여	B+C	C	−B
총잉여	A+B+C	A+B+C+D	+D

02 보호무역 ★★★

1. 보호무역의 의미와 필요성

(1) 의미

관세와 같은 정책을 이용하여 자유무역 시 피해를 보는 산업을 없애고 자국의 산업을 발전시키는 것이다.

(2) 필요성

자국민의 실업 방지, 유치산업 보호, 불공정무역 대응, 국가안보를 위해 필요하다.

2. 관세의 의미와 종류

(1) 의미

무역을 통해 거래되는 재화에 부과되는 조세이다.

(2) 종류

① **반덤핑 관세:** 특정 국가의 상품이 정상가격 이하로 수입되는 덤핑행위에 대하여 부과하는 관세이다.
② **상계관세:** 수출국에서 직·간접적으로 생산 또는 수출에 대하여 장려금이나 보조금을 지급하였을 때 이를 상쇄하기 위하여 부과하는 관세이다.
③ **긴급관세:** 국내산업 보호를 위하여 긴급한 조치가 필요하거나, 긴급히 특정 상품의 수입을 억제하기 위하여 특정 상품에 부과하는 고율의 관세이다.
④ **재정관세:** 국가의 관세수입을 증대시키기 위하여 부과하는 관세이다.
⑤ **할당관세:** 특정 상품의 수입에 대하여 일정량을 정해놓고 정해진 수량 이내의 수입품에는 낮은 관세를 부과하지만, 정해진 수량 이상의 수입품에 대해서는 고율의 관세를 부과하는 것이다.

3. 관세의 효과 ◀ 시험 POINT 관세의 효과를 대국과 소국으로 나누어 기억해야 합니다.

(1) 소국모형

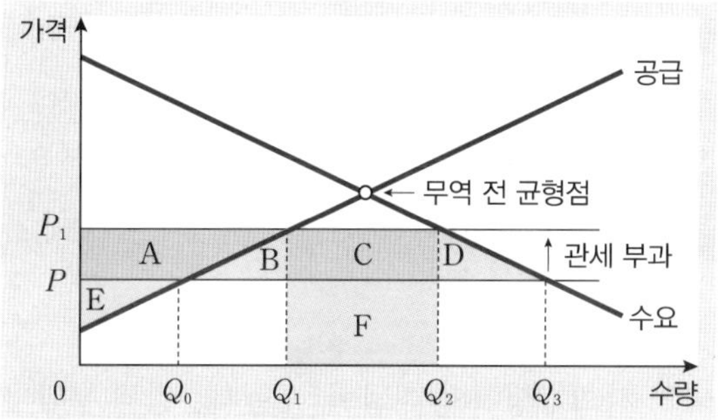

· P : 국제가격
· P_1 : 관세부과 후 국내가격
· $Q_3 - Q_0$: 관세부과 이전 수입량
· $Q_2 - Q_1$: 관세부과 이후 수입량

① **관세부과 후 줄어드는 소비자잉여:** A + B + C + D
② **관세부과 후 늘어나는 생산자잉여:** A
③ **관세수입:** C
④ **관세로 인한 후생손실:** B + D

(2) 그래프를 통해 알 수 있는 관세의 효과

① **생산 증가 효과:** 관세 부과로 국내 생산량이 증가한다.
② **소비억제효과:** 관세를 부과하면 국내 수요량이 감소하게 되는데, 이를 소비억제효과라고 한다.
③ **재정 수입의 증대:** 수입량에 따른 관세 부과는 정부의 재정수입을 늘린다.
④ **국제수지 개선효과:** 관세를 부과하면 국제수지가 개선되는 효과를 가져올 수 있다.
⑤ **소비자 후생 및 사회적 후생의 손실:** 소비자잉여가 감소하고 사회 전체의 후생이 줄어든다.

(3) 대국모형

① 그래프

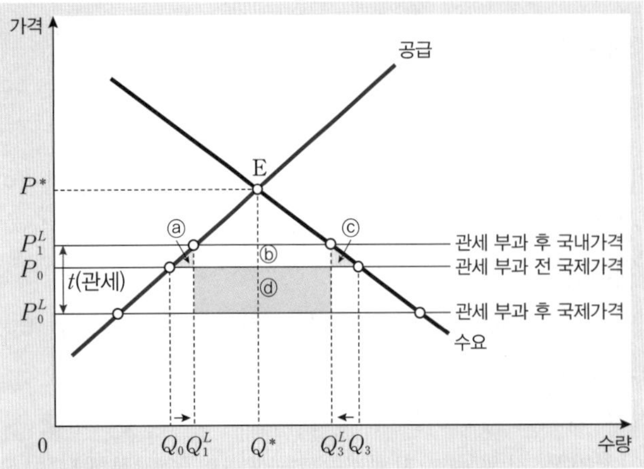

② 관세가 부과되면 국제가격이 하락(P_0^L)하여 교역 조건은 개선된다.

③ 관세부과 후 국내가격은 하락된 새로운 국제가격에 관세를 부과($P_0^L + t = P_1^L$)한 만큼 가격이 상승한다.

④ 대국의 경우는 소국에 비하여 국내가격이 작게 상승하여 작은 관세효과($P_1^L - P_0$)가 발생한다.

⑤ 국내생산 증가, 국내소비 감소, 국제수지 개선, 소비자잉여 감소, 생산자잉여 증가 등이 발생한다.

⑥ 재정수입= ⓑ + ⓓ 이다.

⑦ 사회적 후생 변화

- 소비자잉여 감소+생산자잉여 증가+관세수입−후생손실=ⓓ−(ⓐ+ⓒ)
- ⓓ의 크기에 따라 사회적 후생변화분은 양(+)일 수도, 음(−)일 수도 있다.

(4) 최적 관세율

① 의미: 관세 부과로 교역 조건이 개선되면 관세 부과국의 사회후생이 증대될 수 있는데, 관세 부과국의 사회후생이 극대가 되는 관세이다.

② 공식: $t = \frac{1}{\epsilon^* - 1}$ (ϵ^*: 외국의 수입수요의 가격탄력성)

③ 외국의 수입수요의 가격탄력성이 클수록 최적 관세율은 낮아져야 한다.

④ 소국의 경우에는 외국의 수입수요의 탄력성이 ∞이므로 최적 관세율은 0이다.

⑤ 대국의 경우에는 ϵ^*이 1보다 작다면 최적 관세율이 -이므로 의미가 없다.

(5) 메츨러의 역설

① 의미: 관세 부과로 수입품의 국내 상대가격이 관세 부과 전보다 하락하는 현상을 말한다. 다만, 실제로 발생할 가능성은 적다.

② 조건

- 상대국의 수입수요가 비탄력적(관세 부과로 수출품의 생산량 감소 시 수출품의 가격 대폭 상승)이다.

• 수입품에 대한 한계소비성향이 작을 때(관세 부과로 실질소득 증가에도 수입품의 가격 소폭 상승) 발생한다.

(6) 실효보호관세율

① 의미: 관세 부과로 특정 산업이 보호받는 정도를 말한다.

② 공식: $q = \dfrac{\text{부과 후 부가가치} - \text{부과 전 부가가치}}{\text{부과 전 부가가치}}$

4. 비관세장벽

(1) 종류

① 수입할당제(import quota): 비관세장벽 중에 가장 많이 이용되는 제도로, 특정 상품을 일정량 이상 수입하는 것을 금지하는 제도이다. 이와 비슷한 비관세장벽으로는 수입허가제와 수입금지제가 있다.

② 수출자율규제(VER, Voluntary Export Restraint): 수출국들이 자율적으로 수출물량을 일정수준 이하로 제한하는 것이다.

③ 수출보조금: 수출재 생산에 대하여 보조금을 지원하는 제도이다.

④ 구상무역: 한 나라가 자국의 수출 범위 내에서 상대국의 수입을 허가하는 제도로, barter 무역이라고도 한다.

(2) 수입할당제의 효과

① 그래프

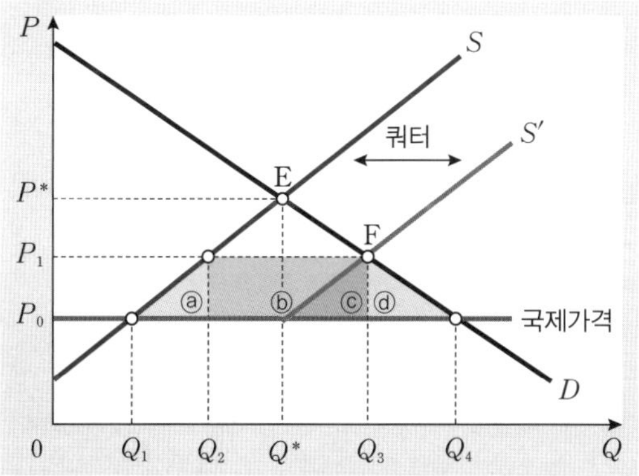

② 수입할당을 $Q_3 - Q_2$만큼 하면 공급곡선이 우측으로 $Q_3 - Q_2$만큼 이동한다.

③ 수입할당제도 수입관세와 마찬가지로 국내가격은 P_1으로 상승하여 국내생산량은 Q_2로 증가하고 국내소비량은 Q_3로 감소한다.

④ 후생손실= ⓐ + ⓓ 이다.

⑤ 수입할당이득= ⓑ + ⓒ

• 관세의 경우는 관세수입이 정부로 귀속되지만, 수입할당의 경우는 수입허가권을 소지한 사람에게 귀속된다.

• 다만, 정부가 일정 대가를 받고 수입업자에게 수입면허를 주는 경우는 수입업자와 정부에게 귀속된다.

개념확인 문제

Q 소국인 A국은 쌀 시장이 전면 개방되었으나 국내 생산자를 보호하기 위해 관세를 부과하기로 하였다. 관세 부과의 경제적 효과로 옳지 않은 것은? (단, 국내수요곡선은 우하향하고 국내공급곡선은 우상향하며, 부분균형분석을 가정함) 21년 국가직

① 국내소비량은 감소하며, 수요가 가격탄력적일수록 감소효과가 커진다.

② 국내생산과 생산자잉여가 증가한다.

③ 사회후생의 손실이 발생한다.

④ 수입의 감소로 국제가격이 하락하므로 국내가격은 단위당 관세보다 더 적게 상승한다.

정답 ④

주제 관세

해설

소국은 국제가격에 영향을 미치지 못한다.

5. 수출보조금(단, 국내시장은 완전경쟁시장이며, 소국이다.)

(1) 의미

수출을 촉진하기 위해 수출품에 대해 지급하는 보조금이다.

(2) 설명

① 그래프

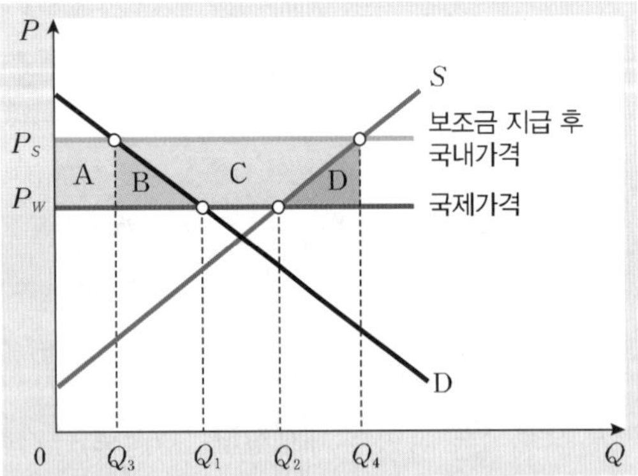

② 최초 가격이 P_w라면 수출량은 $Q_1 - Q_2$이다.

③ 수출품에 대해 단위당 일정금액의 보조금이 지급되어 수출가격이 P_S로 상승하면 국내가격도 P_S로 상승한다.

④ 수출보조금 지급 전과 지급 후의 변화

구분	양
소비자 잉여 변화분	−(A+B)
생산자 잉여 변화분	(A+B+C)
정부의 보조금 지급액	−(B+C+D)
총잉여 변화분	−(B+D)

03 경제통합 ★★★

1. 제통합의 유형

(1) 자유무역지역(자유무역협정)

가맹국 간에는 관세 및 비관세장벽을 철폐하고 비가맹국에 대하여는 각 가맹국이 독립적으로 관세 및 비관세장벽을 유지한다.

(2) 관세동맹

가맹국 간에는 관세 및 비관세장벽을 철폐하고 비가맹국에 대하여는 모든 가맹국이 동일한 관세를 부과한다.

(3) 공동시장

가맹국 간에는 관세 및 비관세장벽을 철폐하고 노동과 자본 등 생산요소의 자유로운 이동을 보장하며 비가맹국에 대하여는 모든 가맹국이 동일한 관세를 부과한다.

(4) 경제동맹

공동시장에 추가로 경제정책에도 상호협력하고 공동보조를 맞춘다.

(5) 경제완전통합

경제 면에서 한 국가로 행동한다.

(6) 경제통합의 유형 특성 ◀ 시험 POINT 경제통합의 유형을 구분하는 문제가 출제됩니다.

통합 유형	관세철폐	비가맹국 공동관세	생산요소 이동	경제정책 협조	통합기구
자유무역지역	○				NAFTA (북미자유무역협정)
관세동맹	○	○			
공동시장	○	○	○		CACM (중미공동시장)
경제동맹	○	○	○	△	EU (유럽공동체)
경제완전통합	○	○	○	○	

2. 경제통합의 경제적 효과

(1) 무역창출효과

① 개념

관세동맹 이전에는 무역이 없었지만 관세동맹으로 인하여 새로운 무역 기회가 생겨나는 효과를 말한다.

② **사례**: 한국의 자동차가 아세안 자국이 생산하는 자동차보다 가격 대비 성능이 우수하지만, 아세안 국가들이 고율의 관세를 부과하여 한국이 수출할 수 없었다. 그러나 한국과 아세안 국가가 관세동맹이나 자유무역협정을 맺으면 관세가 없어지므로 한국이 아세안 여러 나라에 새로이 자동차를 수출할 수 있다.

③ **평가**: 무역창출효과는 재화의 공급선이 비효율적인 국가(아세안)에서 효율적인 국가(한국)로 이동하므로 국제적 자원 배분의 효율성이 높아진다.

(2) 무역전환효과

① **개념**: 관세동맹 이전에는 저비용의 국가에서 수입하던 재화를 관세동맹 이후에는 고비용의 역내국가(관세동맹국가)로 수입선이 전환되는 효과를 말한다.

② **사례**: 한국의 냉장고가 멕시코에서 생산하는 냉장고보다 가격 대비 성능이 우수하여 미국은 냉장고를 한국에서 주로 수입하였다. 그러나 미국이 멕시코와 관세동맹을 맺어 관세가 철폐되면 멕시코산 냉장고의 가격 대비 성능이 높아지므로 미국의 수입선이 한국에서 멕시코로 전환되는 효과가 발생한다.

③ **평가**: 무역전환효과는 재화의 공급선이 효율적인 국가(한국)에서 비효율적인 국가(멕시코)로 전환되므로 국제적 자원 배분의 효율성이 낮아진다.

개념확인 문제

Q 다음은 경제통합 형태에 대한 내용이다. 자유무역지역(free trade area), 관세동맹(customs union), 공동시장(common market)의 개념을 바르게 연결한 것은? 17년 국가직

(가) 가맹국 간에는 상품에 대한 관세를 철폐하고, 역외 국가의 수입품에 대해서는 가맹국이 개별적으로 관세를 부과한다.
(나) 가맹국 간에는 상품뿐만 아니라 노동, 자원과 같은 생산요소의 자유로운 이동이 보장되며, 역외 국가의 수입품에 대해서는 공동관세를 부과한다.
(다) 가맹국 간에는 상품의 자유로운 이동이 보장되지만, 역외 국가의 수입품에 대해서는 공동관세를 부과한다.

	(가)	(나)	(다)
①	자유무역지역	관세동맹	공동시장
②	자유무역지역	공동시장	관세동맹
③	관세동맹	자유무역지역	공동시장
④	관세동맹	공동시장	자유무역지역

정답 ②

해설
(가)는 자유무역지역, (나)는 공동시장, (다)는 관세동맹에 대한 설명이다.

표로 한눈에 정리하기

01 무역

무역의 특화	기회비용이 작은 것
절대우위	동일한 자원을 사용했을 때 생산성이 높은 것을 이용하여 무역
비교우위	동일한 자원을 사용했을 때 생산성이 모두 높더라도 더 잘하는 것을 선택하여 무역
교역 조건	양국의 기회비용(상대가격) 사이에 교역 조건이 이루어지면 모두 이익
헥셔-오린 정리	• 기술수준이 동일할 때 생산요소가 풍부한 것을 특화 • 무역을 통해 요소가격균등화가 이루어짐
레온티예프의 역설	자본풍부국인 미국이 노동집약적 상품을 수출
산업 내 무역	규모의 경쟁, 독점적 경쟁시장화가 원인

02 자유무역과 보호무역

자유무역 시	수출국의 생산자, 수입국의 소비자 유리
관세	• 국내생산 증가, 수입 감소, 후생손실 발생 • 대국: 국제가격을 하락시킴 • 소국: 국제가격에 영향을 주지 못함
실효보호관세율	$q=\dfrac{\text{부과 후 부가가치}-\text{부과 전 부가가치}}{\text{부가 전 부가가치}}$
수입할당제	관세와 유사하지만 관세수입이 수입업자에게 귀속
경제통합의 유형	자유무역지역, 관세동맹, 공동시장, 경제동맹

개념확인 OX 문제

01 국제거래를 통해 부존자원의 부족이나 생산기술의 취약점을 해결할 수 있다. (O | X)

02 리카도는 절대우위론을 주장하며 국제거래 시 절대우위의 상품을 생산하여 교환하면 된다고 보았다. (O | X)

03 비교우위론에서 특화 품목은 기회비용이 작은 쪽을 선택하면 된다. (O | X)

04 교역 조건은 수입상품으로 표시한 수출상품의 교환가치를 나타낸다. (O | X)

05 헥셔-오린 정리는 비교우위의 발생 원인을 요소부존의 차이로 설명한다. (O | X)

06 립진스키 정리는 어떤 재화의 상대가격이 상승하면 그 재화에 집약적으로 사용되는 생산요소 소득이 증가한다는 것이다. (O | X)

07 스톨퍼-사무엘슨 정리는 어떤 생산요소 부존량이 증가하면 그 요소를 집약적으로 사용하는 재화 생산량은 증가하고 다른 재화 생산량은 감소한다는 것이다. (O | X)

08 수출재 위주의 경제성장으로 경제성장 이후에 오히려 후생수준이 낮아지는 것을 바그와티의 궁핍화 성장이라고 한다. (O | X)

09 양국의 국내 상대가격비 사잇값에서 양국이 이득을 볼 수 있는 교역 조건이 성립한다. (O | X)

10 자유무역은 경제 전체의 후생수준을 높일 수 있다. (O | X)

11 자유무역으로 모든 나라, 모든 사람의 후생은 증가한다. (O | X)

12 수출국의 경우, 자유무역으로 인하여 생산자들은 이득을 보나 소비자들은 손실을 입는다. (O | X)

13 수입국의 경우, 자유무역으로 인하여 소비자들은 이득을 보나 생산자들은 손실을 입는다. (O | X)

14 자유무역으로 누군가는 손실을 보기 때문에 나라 전체의 경제적 후생이 증가하는지는 알 수 없다. (O | X)

15 관세를 부과하면 국내생산량이 증가하고 재정수입이 증대되는 효과를 얻을 수 있다. (O | X)

16 메츨러의 역설은 상대국의 수입수요가 비탄력적이고, 수입품에 대한 한계소비성향이 작을 때 발생한다. (O | X)

17 관세 부과국의 사회후생이 극대가 되는 관세를 최적관세라고 하며, 관세 부과로 특정 산업이 보호받는 정도를 실효보호관세율이라고 한다. (O | X)

정답 및 해설

01 O 02 × 리카도는 비교우위론을 주장하였다. 03 O 04 O 05 O 06 × 어떤 재화의 상대가격이 상승하면 그 재화에 집약적으로 사용되는 생산요소 소득이 증가하고 다른 생산요소 소득은 감소한다는 것은 스톨퍼-사무엘슨 정리이다. 07 × 어떤 생산요소 부존량이 증가하면 그 요소를 집약적으로 사용하는 재화 생산량은 증가하고 다른 재화 생산량은 감소한다는 것은 립진스키 정리이다. 08 O 09 O 10 O 11 × 수출국의 소비자, 수입국의 생산자의 후생은 감소한다. 12 O 13 O 14 × 전체적으로는 자유무역 이전보다는 후생이 증가한다. 15 O 16 O 17 O

18 외국의 특정 상품이 국내에 급속히 유입되어 국내산업이 타격을 받을 때, 이를 보호하기 위해 부과하는 관세를 긴급관세라고 한다. (O | X)

19 자유무역지대는 가맹국 사이의 관세를 철폐하되 비가맹국에 대한 독자적인 관세정책은 인정한다. (O | X)

20 공동시장은 가맹국 간의 재정 · 금융정책에 대한 상호협조를 포함한다. (O | X)

정답 및 해설

18 ○ 19 ○ 20 × 경제동맹에 대한 설명이다.

기출 + 예상문제 PART V

Chapter 01 무역

★★☆
01 **한국과 중국은 TV와 의류를 모두 생산하고 있다. 한국이 중국보다 두 재화 모두 더 싼 값으로 생산하고 있지만 특히 TV생산에서 상대적인 생산성이 더 높다. 두 나라가 생산하는 재화의 품질이 동일하다고 할 때, 리카도의 비교우위설을 적용한다면 다음 중 옳게 설명하고 있는 것은?** 13년 서울시

① 한국이 TV와 의류 모두 수출하는 것이 유리하다.
② 한국은 의류, 중국은 TV를 수출하는 것이 유리하다.
③ 두 나라 간의 자발적 교역은 이루어질 수 없다.
④ 교역이 일어나더라도 협상능력이 약한 국가는 교역으로 인해 손실을 본다.
⑤ 두 재화 간의 일정한 교환비율을 벗어날 경우 두 나라 간의 교역은 이루어지지 않는다.

정답 및 해설

01 정답 ⑤
주제 무역
해설
무역은 둘다 이익을 볼 때만 이루어지므로 두 재화 간의 일정한 교환비율을 벗어날 경우 두 나라 간의 교역은 이루어지지 않는다.
오답체크
① 한국이 TV와 의류 모두 수출하는 것보다 하나에 특화하는 것이 좋다.
② 한국은 TV, 중국은 의류를 수출하는 것이 유리하다.
③ 두 나라 간의 자발적 교역은 이루어질 수 있다.
④ 교역이 일어나려면 손해보는 국가가 없어야 한다.

★★☆

02 중국과 인도 근로자 한 사람의 시간당 의복과 자동차 생산량은 다음과 같다. 리카도(D. Ricardo)의 비교우위이론에 따르면, 양국은 어떤 제품을 수출하는가? 15년 노무사

구분	의복(벌)	자동차(대)
중국	40	30
인도	20	10

① 중국: 의복, 인도: 자동차
② 중국: 자동차, 인도: 의복
③ 중국: 의복과 자동차, 인도: 수출하지 않음
④ 중국: 수출하지 않음, 인도: 자동차와 의복
⑤ 두 국가 모두 교역을 하지 않음

★☆☆

03 표는 A국 노동자와 B국 노동자가 각각 동일한 기간에 생산할 수 있는 쌀과 옷의 양을 나타낸 것이다. 리카도의 비교우위에 관한 설명으로 옳지 <u>않은</u> 것은? (단, 노동이 유일한 생산요소임) 18년 노무사

구분	A국	B국
쌀(섬)	5	4
옷(벌)	5	2

① 쌀과 옷 생산 모두 A국의 노동생산성이 B국보다 더 크다.
② A국은 쌀을 수출하고 옷을 수입한다.
③ A국의 쌀 1섬 생산의 기회비용은 옷 1벌이다.
④ B국의 옷 1벌 생산의 기회비용은 쌀 2섬이다.
⑤ B국의 쌀 생산의 기회비용은 A국보다 작다.

정답 및 해설

02 정답 ②

주제 무역

해설

1) 두 나라에서 각 재화생산의 기회비용을 계산해 보면 다음과 같다.

구분	의복	자동차
중국	$\frac{3}{4}=0.75$	$\frac{4}{3}=1.33$
인도	0.5	2

2) 의복 생산의 기회비용은 인도가 낮고, 자동차 생산의 기회비용은 중국이 낮다. 그러므로 자유무역이 이루어지면 중국은 자동차를 수출하고, 인도는 의복을 수출하게 될 것이다.

03 정답 ②

주제 무역

해설

1) 양국의 기회비용을 계산하면 다음과 같다.

구분	A국	B국
쌀	1	0.5
옷	1	2

2) 쌀 생산의 기회비용은 B국이 더 낮으므로 B국은 쌀 생산에 비교우위를 갖고, 옷 생산의 기회비용은 A국이 더 낮으므로 A국은 옷 생산에 있어 비교우위를 갖는다. 그러므로 자유무역이 이루어지면 A국은 옷을 수출하고, B국은 쌀을 수출하게 될 것이다.

3) 동일한 시간을 투입하여 쌀을 생산해도 A국 노동자는 B국 노동자보다 더 많은 양을 생산할 수 있고, 옷을 생산해도 더 많은 양을 생산할 수 있으므로 쌀과 옷 모두 A국의 노동생산성이 B국보다 높음을 알 수 있다.

★★☆

04 **甲국과 乙국 두 나라만 존재하며 재화는 TV와 쇠고기, 생산요소는 노동뿐이며, 두 나라에서 재화 1단위 생산에 필요한 노동량은 다음과 같다. 이때 리카도(D. Ricardo)의 비교우위론에 입각한 설명으로 옳은 것은?** 13년 노무사

구분	甲국	乙국
TV	3	2
쇠고기	10	4

① 乙국이 두 재화 모두 甲국에 수출한다.
② 甲국은 쇠고기를, 乙국은 TV를 상대국에 수출한다.
③ 국제거래가격이 TV 1단위당 쇠고기 0.2단위면, 甲국은 TV를 수출한다.
④ 국제거래가격은 쇠고기 1단위당 TV 0.3단위와 0.5단위 사이에서 결정된다.
⑤ 자유무역이 이루어질 경우, 甲국은 TV만 생산할 때 이익이 가장 크다.

★★☆

05 **A국에서는 X재 1단위 생산에 10의 비용이 필요하고 Y재 1단위 생산에 60의 비용이 필요하다. B국에서는 X재 1단위 생산에 15의 비용이 필요하고 Y재 1단위 생산에 100의 비용이 필요하다. 이 경우에 대한 서술로서 옳은 것은?** 15년 서울시

① 두 국가 사이에서 A국은 X재 생산에 비교우위가 있고, B국은 Y재 생산에 비교우위가 있다.
② 두 국가 사이에서 A국은 Y재 생산에 비교우위가 있고, B국은 X재 생산에 비교우위가 있다.
③ 두 국가 사이에서 A국은 두 재화 모두의 생산에 비교우위가 있고, B국은 어느 재화의 생산에도 비교우위가 없다.
④ 두 국가 사이에서 A국은 어느 재화의 생산에도 비교우위가 없고, B국은 두 재화 모두의 생산에 비교우위가 있다.

정답 및 해설

04 정답 ⑤

주제 무역

해설

양국의 기회비용을 표로 나타내면 다음과 같다.

구분	甲국	乙국
TV	쇠고기 $\frac{3}{10}$	쇠고기 $\frac{2}{4}$
쇠고기	TV $\frac{10}{3}$	TV 2

따라서 갑국은 TV를, 을국은 쇠고기를 특화한다. 따라서 갑국은 TV만 특화할 때 이익이 가장 크다.

오답체크

① 乙국이 쇠고기만 甲국에 수출한다.

② 甲국은 TV를, 乙국은 쇠고기를 상대국에 수출한다.

③ 국제거래가격이 TV 1단위당 쇠고기 0.3 ~ 0.5 사이에 있어야 하므로, 0.2단위면 甲국은 TV를 수출하지 않는다.

④ 국제거래가격은 쇠고기 1단위당 TV 2단위와 $\frac{10}{3}$ 단위 사이에서 결정된다.

05 정답 ②

주제 무역

해설

1) 문제에서 주어진 생산비와 기회비용을 표로 나타내면 다음과 같다.

구분	A국	B국
X재	10(Y재 $\frac{1}{6}$)	15(Y재 0.15)
Y재	60(X재 6개)	100(X재 $\frac{100}{15}$)

2) 지문 분석

② 두 국가의 기회비용을 살펴보면 A국은 Y재 생산에 비교우위가 있고, B국은 X재 생산에 비교우위가 있다.

오답체크

① 두 국가 사이에서 A국은 Y재 생산에 비교우위가 있고, B국은 X재 생산에 비교우위가 있다.

③, ④ 둘 다 비교우위가 있는 재화가 존재한다.

★★☆

06 **다음은 A국과 B국이 노트북과 전기차를 생산하기 위한 단위당 노동소요량을 나타낸다. 이에 대한 설명으로 옳은 것은?** 17년 국가직

단위당 노동소요량(재화 한 단위 생산을 위한 노동투입시간)

구분	노트북	전기차
A국	10	120
B국	20	400

① A국은 노트북 생산에, B국은 전기차 생산에 비교우위가 있다.
② A국은 전기차 생산에, B국은 노트북 생산에 비교우위가 있다.
③ A국은 노트북과 전기차 두 재화 생산 모두에 비교우위가 있다.
④ B국은 노트북과 전기차 두 재화 생산 모두에 절대우위가 있다.

★★☆

07 **A국가의 노동 1단위는 옥수수 $3kg$을 생산할 수도 있고, 모자 4개를 생산할 수도 있다. 한편 B국가의 노동 1단위는 옥수수 $1kg$을 생산할 수도 있고, 모자 2개를 생산할 수도 있다. A국가의 부존노동량은 3만 단위이고, B국가의 부존노동량은 5만 단위이다. 이에 대한 설명으로 옳지 않은 것은?** 16년 지방직

① A국은 옥수수를 생산하는 데 절대우위를 가지고 있다.
② A국은 모자를 생산하는 데 절대우위를 가지고 있다.
③ A국의 옥수수 $1kg$ 생산의 기회비용은 모자 $\frac{4}{3}$개이다.
④ A국은 모자를 생산하는 데 비교우위를 가지고 있다.

정답 및 해설

06 정답 ②

주제 무역

해설

문제에서 주어진 생산비와 기회비용을 표로 나타내면 다음과 같다.

구분	노트북	전기차
A국	10(전기차 $\frac{10}{120}$)	120(노트북 $\frac{120}{10}$)
B국	20(전기차 $\frac{20}{400}$)	400(노트북 $\frac{400}{20}$)

② A국은 전기차 생산에, B국은 노트북 생산에 기회비용이 작으므로 각각 비교우위가 있다.

오답체크

특화하지 않는 품목에 비교열위가 있으며 A국은 노트북과 전기차 모두에 절대우위, B국은 모두에 절대열위가 있다.

07 정답 ④

주제 무역

해설

문제에서 주어진 생산비와 기회비용을 표로 나타내면 다음과 같다.

구분	A국	B국
옥수수	3($\frac{4}{3}=1.33$모자)	1(2모자)
모자	4($\frac{3}{4}=0.75$옥수수)	2(0.5옥수수)

따라서 A국은 옥수수에, B국은 모자에 비교우위가 있다.

오답체크

A국은 옥수수와 모자에 절대우위, B국은 옥수수와 모자에 절대열위가 있다.

★★☆

08 A는 하루에 6시간, B는 하루에 10시간 일해서 물고기와 커피를 생산할 수 있다. 다음 표는 각 사람이 하루에 생산할 수 있는 물고기와 커피의 양이다. 다음 설명 중 가장 옳은 것은? (단, 생산가능곡선은 가로축에 물고기, 세로축에 커피를 표시함) 18년 서울시

구분	물고기(kg)	커피(kg)
A	12	12
B	15	30

① B가 물고기와 커피 모두 절대우위를 가지고 있다.

② A의 생산가능곡선의 기울기가 B의 생산가능곡선의 기울기보다 더 가파르다.

③ A와 B가 같이 생산할 때의 생산가능곡선은 원점에 대해서 볼록하다.

④ 물고기 $1kg$당 커피 $1.5kg$과 교환하면 A, B 모두에게 이익이다.

★★★

09 갑국과 을국은 X, Y재만을 생산하며, 교역 시 비교우위가 있는 재화 생산에 완전특화한다. 양국의 생산가능곡선이 다음과 같을 때 이에 대한 설명으로 옳은 것은? (단, 양국의 생산요소 양은 같고 교역은 양국 간에만 이루어짐) 19년 국가직

- 갑국: $4X+Y=40$
- 을국: $2X+3Y=60$

① 갑국이 X재 생산을 1단위 늘리려면 Y재 생산을 2단위 줄여야 한다.

② 갑국은 X재 생산에 절대우위를 갖는다.

③ 을국은 X재 생산에 비교우위를 갖는다.

④ X재와 Y재의 교역비율이 1 : 1이라면 갑국만 교역에 응할 것이다.

정답 및 해설

08 정답 ④

주제 무역

해설

1) 문제에서 주어진 생산물로 기회비용을 표로 나타내면 다음과 같다.

구분	물고기	커피
A	1물고기=1커피	1커피=1물고기
B	1물고기=2커피	1커피=0.5물고기

2) 지문 분석

④ 물고기 1*kg*의 교역 조건은 1커피<1물고기<2커피이므로 물고기 1*kg*당 커피 1.5*kg*과 교환하면 A, B 모두에게 이익이다.

오답체크

① 아래와 같이 시간당 생산량으로 살펴보면 B가 커피생산에 절대우위가 있다.

구분	물고기	커피
A	2	2
B	1.5	3

② 생산가능곡선의 기울기는 X재(물고기) 생산의 기회비용이다. 따라서 B의 생산가능곡선의 기울기가 A의 생산가능곡선의 기울기보다 더 가파르다.

③ A와 B가 같이 생산할 때의 생산가능곡선은 두 사람이 독립적으로 생산할 때의 생산가능곡선을 이어붙인 형태로, 원점에 대해서 오목하다.

09 정답 ③

주제 무역

해설

①, ③ Y에 대해 정리하면 갑국의 생산가능곡선이 $Y=-4X+40$, 을국의 생산가능곡선이 $Y=-\frac{2}{3}X+20$이다. 생산가능곡선의 기울기(절댓값)가 X재 생산의 기회비용이므로 갑국의 X재 생산의 기회비용은 Y재 4단위, 을국의 X재 생산의 기회비용은 Y재 $\frac{2}{3}$단위이다. 따라서 X재 생산을 을국이, Y재 생산은 갑국이 비교우위를 가지게 된다.

오답체크

② 갑국의 생산가능곡선 식에 $Y=0$을 대입하면 $X=10$, 을국의 생산가능곡선 식에 $Y=0$을 대입하면 $X=30$이므로 모든 생산요소를 X재 생산에 투입하면 을국의 X재 생산량이 더 많다. 따라서 을국은 X재 생산에 절대우위를 가짐을 알 수 있다.

④ 갑국의 X재 생산의 기회비용이 4이고, 을국의 X재 생산의 기회비용이 $\frac{2}{3}$이므로 X재 1단위와 교환되는 Y재의 비율이 $\frac{2}{3}$과 4 사이로 결정되면 두 나라 모두 무역의 이득을 얻을 수 있다. 그러므로 X재와 Y재의 교역비율이 1:1로 주어지면 두 나라가 모두 교역에 응하게 될 것이다.

★★☆

10 **갑국은 두 재화 X, Y만을 생산할 수 있다. 갑국은 생산가능곡선이 직선이며, X재만 생산하면 40단위, Y재만 생산하면 20단위를 생산할 수 있다. 국제시장에서 X재와 Y재가 동일한 가격에 거래될 때, 갑국의 선택에 대한 설명으로 가장 옳은 것은? (단, 갑국은 두 재화 모두를 소비하는 것을 선호함)** 19년 서울시

① X재만 생산하여 교역에 응한다.

② Y재만 생산하여 교역에 응한다.

③ X재, Y재를 모두 생산하여 교역에 응한다.

④ 교역에 응하지 않는다.

★★☆

11 **갑국과 을국 두 나라는 각각 A재와 B재를 생산하고 있다. 갑국은 1시간에 A재 16개 또는 B재 64개를 생산할 수 있다. 을국은 1시간에 A재 24개 또는 B재 48개를 생산할 수 있다. 두 나라 사이에서 교역이 이루어질 경우에 대한 설명으로 가장 옳은 것은?** 19년 서울시

① 갑국은 A재 생산에 절대우위가 있다.

② 을국은 B재 생산에 절대우위가 있다.

③ 갑국은 A재 생산에 비교우위가 있다.

④ 양국 간 교역에서 교환비율이 A재 1개당 B재 3개일 경우, 갑국은 B재 수출국이 된다.

정답 및 해설

10 정답 ①

주제 무역

해설

1) 갑국이 X재만 생산하면 40단위, Y재만 생산하면 20단위를 생산할 수 있으므로 X재 생산의 기회비용인 생산가능곡선의 기울기(절댓값)가 $\frac{1}{2}$이다.

2) 생산가능곡선의 기울기(절댓값)는 국내가격비와 일치하므로 갑국의 국내가격비 $\left(\frac{P_X}{P_Y}\right)^{갑}=\frac{1}{2}$이고, 국제시장에서는 두 재화가 동일한 가격으로 거래되고 있으므로 국제가격비 $\left(\frac{P_X}{P_Y}\right)^{T}=1$이다.

3) 생산가능곡선이 직선인 경우 무역이 이루어지면 각국은 한 재화 생산에 완전특화를 하게 되는데, $\left(\frac{P_X}{P_Y}\right)^{갑}<\left(\frac{P_X}{P_Y}\right)^{T}$이므로 갑국은 상대적으로 가격이 낮은 X재에 완전특화하여 일부를 수출하고 Y재를 수입할 것이다.

11 정답 ④

주제 무역

해설

1) 문제에서 주어진 생산물과 기회비용을 표로 나타내면 다음과 같다.

구분	갑국	을국
A재	$16(4B)$	$24(2B)$
B재	$64(\frac{1}{4}A)$	$48(\frac{1}{2}A)$

2) 지문 분석

④ 양국 간 교역에서 교환비율이 $2B<1A<4B$이면 양국이 이익을 보므로 A재 1개당 B재 3개일 경우, 갑국은 B재 수출국이 된다.

오답체크

① 갑국은 B재 생산에 절대우위가 있다.

② 을국은 A재 생산에 절대우위가 있다.

③ 갑국은 B재 생산에 비교우위가 있다.

★★☆
12
다음 표는 19세기 후반 강화도 조약 이전의 조선과 해외 열강에서 생산되는 X와 Y 상품 단위당 소요되는 생산비용을 나타내고 있다. 강화도 조약 이전에는 조선과 해외 열강 사이에는 교역이 없다가, 이 조약에 따라 개항이 이루어졌다. 이들 국가에 오직 X와 Y 두 상품만 존재했다고 가정하면, 비교우위론에 입각하여 일어났을 상황으로 예측해 볼 수 있는 것은?

15년 지방직

국가 \ 상품	X	Y
조선	10	20
해외 열강	10	10

① 조선은 개항 이후 수출 없이 수입만 했을 것이다.
② 조선에서 두 재화를 생산하는 기회비용이 모두 높으므로, 두 재화 모두 해외 열강으로 수출되었을 것이다.
③ 조선은 개항에도 불구하고 무역 없이 자급자족 상태를 이어 나갔을 것이다.
④ 조선은 상대적으로 기회비용이 낮은 재화를 수출하고, 상대적으로 기회비용이 높은 재화를 수입했을 것이다.

★★☆
13
A국, B국은 X재와 Y재만을 생산하고, 생산가능곡선은 각각 $X=2-0.2Y$, $X=2-0.05Y$이다. A국과 B국이 X재와 Y재의 거래에서 서로 합의할 수 있는 X재의 가격은?

17년 서울시

① Y재 4개
② Y재 11개
③ Y재 21개
④ 거래가 불가능하다.

★★★
14
자국과 외국은 두 국가 모두 한 가지 재화만을 생산하며, 노동투입량과 노동의 한계생산량의 관계는 다음 표와 같다. 자국과 외국의 현재 노동부존량은 각각 11과 3이고 모두 생산에 투입된다. 국가 간 노동이동이 자유로워지면 세계 총생산량의 변화는?

14년 국가직

노동투입량(명)	1	2	3	4	5	6	7	8	9	10	11
노동의 한계생산량(개)	20	19	18	17	16	15	14	13	12	11	10

① 4개 증가
② 8개 증가
③ 12개 증가
④ 16개 증가

정답 및 해설

12 정답 ④

주제 무역

해설

조선과 해외 열강의 각 재화 생산의 기회비용을 계산하면 아래의 표와 같다.

국가 \ 상품	X재	Y재
조선	$0.5Y$	$2X$
해외 열강	$1Y$	$1X$

위의 표에서 보는 것처럼 X재 생산의 기회비용은 조선이 낮고, Y재 생산의 기회비용은 해외 열강이 낮으므로 각각을 특화하면 된다.

13 정답 ②

주제 무역

해설

1) 각국의 생산가능곡선 식을 정리하면 A국의 생산가능곡선이 $Y=10-5X$, B국의 생산가능곡선이 $Y=40-20X$이다.
2) 생산가능곡선 기울기(절댓값)가 X재 생산의 기회비용이며 X재의 상대가격이다.
3) A국의 X재 생산의 기회비용은 Y재 5단위, B국의 X재 생산의 기회비용은 Y재 20단위이다.
4) 두 나라 사이에서 거래가 이루어지려면 기회비용의 사이에 존재해야 하므로 X재 1단위와 교환되는 Y재의 양이 5단위에서 20단위 사이에서 결정되어야 한다.

14 정답 ④

주제 무역

해설

1) 현재 자국에서는 노동부존량이 11이므로 마지막 단위의 노동이 한계생산물이 10이고, 외국에서는 노동부존량이 3이므로 마지막 단위의 노동의 한계생산물이 18이다.
2) 자국에서 노동 1단위가 외국으로 이동하면 자국에서의 생산량은 10단위 감소하는 반면 외국에서는 17단위의 재화가 추가로 생산되므로 세계 전체 생산량은 7단위 증가한다.
3) 국가 간 노동이동은 두 나라에서 노동의 한계생산물이 같아질 때까지 이루어질 것이므로 결국 자국에서 4단위의 노동이 외국으로 이동한다.
4) 자국에서 외국으로 4단위의 노동이 이동하면 자국의 생산량은 46단위($=13+12+11+10$)가 감소하나, 외국의 생산량은 62단위($=17+16+15+14$)가 증가한다. 그러므로 국가 간 노동이동이 자유롭다면 세계 총생산량은 16단위가 증가한다.

★★★

15

다음 표와 같은 조건하에서 A국과 B국은 옷과 쌀 2가지 상품을 생산하고 있다. 노동만이 두 상품의 유일한 생산요소이고 노동의 한계생산물은 불변인 리카르도 모형을 고려하자. 이제 자유무역으로 국제시장에서 상대가격$\left(\frac{P_{옷}}{P_{쌀}}\right)$은 1이 되었다고 가정하자. 무역 전후에 대한 설명으로 옳은 것은? (단, $wage$는 명목임금, P는 가격, MP는 노동의 한계생산물) 16년 지방직

A국		B국	
$wage=12$		$wage^*=6$	
$MP_{옷}=2$	$MP_{쌀}=$	$MP^*_{옷}=$	$MP^*_{쌀}=1$
$P_{옷}=$	$P_{쌀}=4$	$P^*_{옷}=3$	$P^*_{쌀}=$

① A국은 쌀을 수출할 것이다.

② 무역 이전에, 옷 생산의 경우 B국의 $MP^*_{옷}$이 A국의 $MP_{옷}$보다 높다.

③ 무역 이전에, 쌀 생산의 경우 B국의 $MP^*_{쌀}$이 A국의 $MP_{쌀}$보다 높다.

④ 무역이 발생하지 않을 것이다.

★★☆

16

생산요소가 노동 하나뿐인 A국과 B국은 소고기와 의류만을 생산한다. 소고기 1단위와 의류 1단위 생산에 필요한 노동 투입량이 다음과 같을 때, 무역이 발생하기 위한 의류에 대한 소고기의 상대가격의 조건은? 13년 지방직

구분	소고기 1단위	의류 1단위
A	1	2
B	6	3

① $\frac{P_{소고기}}{P_{의류}} \leq 2$

② $1.5 \leq \frac{P_{소고기}}{P_{의류}} \leq 6$

③ $0.5 \leq \frac{P_{소고기}}{P_{의류}} \leq 2$

④ $2 \leq \frac{P_{소고기}}{P_{의류}}$

정답 및 해설

15

정답 ①

주제 무역

해설

1) 균형 상태에서는 임금이 한계생산물가치(VMP_L)와 일치하므로 $w = MP_L \times P$의 관계가 성립한다.

2) 그러므로 A국에서 옷의 가격 $P_{옷} = 6$, 쌀 생산의 한계생산물 $MP_{쌀} = 3$이고, B국에서 옷의 한계생산물 $MP^*_{옷} = 2$, 쌀의 가격 $P^*_{쌀} = 6$임을 알 수 있다.

3) 무역이 이루어지기 전에 $\left(\frac{P_{옷}}{P_{쌀}}\right)^A = \frac{6}{4} = 1.5$이고, $\left(\frac{P_{옷}}{P_{쌀}}\right)^B = \frac{3}{6} = 0.5$이므로 옷의 가격은 상대적으로 B국이 더 낮고, 쌀의 가격은 상대적으로 A국이 더 낮으므로 각각을 특화할 것이다.

4) 국제시장의 상대가격인 $\frac{P_{옷}}{P_{쌀}} = 1$이면 두 나라의 상대가격 사이에 교역 조건이 존재하므로 무역이 이루어질 것이다.

오답체크

② 무역 이전에, 옷 생산의 경우 B국의 $MP^*_{옷}$은 2, A국의 $MP_{옷}$은 2이므로 동일하다.

③ 무역 이전에, 쌀 생산의 경우 B국의 $MP^*_{쌀}$은 1, A국의 $MP_{쌀}$은 3이므로 A국이 높다.

④ 교역 조건이 정당하여 무역이 이루어질 것이다.

16

정답 ③

주제 교역 조건

해설

1) 두 나라에서 각 재화 생산의 기회비용을 계산해 보면 아래의 표와 같다.

구분	소고기	의류
A국	0.5의류	2소고기
B국	2의류	0.5소고기

2) 무역이 이루어질 때 두 나라가 모두 이득을 얻기 위해서는 교역 조건은 양국의 국내가격비 사이에서 결정되어야 하므로 의류에 대한 소고기의 상대가격$\left(\frac{P_{소고기}}{P_{의류}}\right)$은 두 나라에서 소고기 생산의 기회비용인 0.5와 2 사이에서 결정되어야 한다.

★☆☆
17

A국은 한 단위의 노동으로 하루에 쌀 $5kg$을 생산하거나 옷 5벌을 생산할 수 있다. B국은 한 단위의 노동으로 하루에 쌀 $4kg$을 생산하거나 옷 2벌을 생산할 수 있다. 두 나라 사이에 무역이 이루어지기 위한 쌀과 옷의 교환비율이 아닌 것은? (단, A국과 B국의 부존노동량은 동일함)

17년 국가직

① $\frac{P_{쌀}}{P_{옷}} = 0.9$
② $\frac{P_{쌀}}{P_{옷}} = 0.6$
③ $\frac{P_{쌀}}{P_{옷}} = 0.4$
④ $\frac{P_{쌀}}{P_{옷}} = 0.8$

★★☆
18

숙련노동자가 비숙련노동자에 비해 풍부한 A국과 비숙련노동자가 숙련노동자에 비해 풍부한 B국이 있다. 폐쇄경제를 유지하던 두 나라가 무역을 개시하여 A국은 B국에 숙련노동집약적인 재화를 수출하고, B국으로부터 비숙련노동집약적인 재화를 수입한다고 가정하자. 헥셔-오린 모형의 예측에 따라 이러한 무역 형태가 A국과 B국의 노동시장에 미칠 영향에 대한 설명으로 옳은 것은? (단, 두 나라 모두 숙련노동자의 임금이 비숙련노동자의 임금에 비해 높음)

16년 국가직

① A국의 숙련노동자와 비숙련노동자의 임금격차가 확대될 것이다.
② B국의 숙련노동자와 비숙련노동자의 임금격차가 확대될 것이다.
③ A국 비숙련노동자의 교육 투자를 통한 숙련노동자로의 전환 인센티브가 감소한다.
④ B국 비숙련노동자의 교육 투자를 통한 숙련노동자로의 전환 인센티브가 증가한다.

★★★
19

갑국과 을국으로 이루어진 세계경제가 있다. 생산요소는 노동과 자본이 있는데, 갑국은 노동 200단위와 자본 60단위, 을국은 노동 800단위와 자본 140단위를 보유하고 있다. 양국은 두 재화 X와 Y를 생산할 수 있는데, X는 노동집약적 재화이고 Y는 자본집약적 재화이다. 헥셔-오린 모형에 따를 때 예상되는 무역 패턴은? (단, 노동과 자본은 양국에서 모두 동질적임)

18년 국가직

① 갑국은 Y를 수출하고 을국은 X를 수출한다.
② 갑국은 X를 수출하고 을국은 Y를 수출한다.
③ 갑국과 을국은 X와 Y를 모두 생산하며, 그중 일부를 무역으로 교환한다.
④ 갑국과 을국은 X와 Y를 모두 생산하며, 각자 자급자족한다.

정답 및 해설

17 정답 ③

주제 교역 조건

해설

1) 생산할 수 있는 경우이므로 생산량으로 기회비용을 구해야 한다.

2) 국내가격비 $\left(\frac{P_{쌀}}{P_{옷}}\right)$은 쌀 1단위와 교환되는 옷의 양을 의미하므로 각국의 국내가격비는 쌀 생산의 기회비용과 같다.

3) 갑국은 5쌀=5옷이므로 1옷=1쌀이고, 을국은 4쌀=2옷이므로 1쌀은 $\frac{1}{2}$옷이다. 따라서 이 기회비용의 사이에 존재해야 한다$\left(0.5 \leq \frac{P_{쌀}}{P_{옷}} \leq 2\right)$.

18 정답 ①

주제 헥셔-오린 정리

해설

1) 자유무역이 이루어지면 각국에서 풍부한 생산요소의 소득은 증가하나 희소한 생산요소의 소득은 감소하므로 A국에서는 숙련노동자의 소득이 증가하고, B국에서는 비숙련노동자의 소득이 증가한다.

2) 그러므로 A국에서는 숙련노동자와 비숙련노동자의 임금격차가 확대될 것이고, B국에서는 숙련노동자와 비숙련 노동자의 임금격차가 축소될 것이다. A국에서는 숙련노동자가 되기 위해 노력하겠지만 B국은 그렇지 않을 것이다.

오답체크

② B국의 숙련노동자와 비숙련노동자의 임금격차가 축소될 것이다.

③ A국 비숙련노동자의 교육 투자를 통한 숙련노동자로의 전환 인센티브가 증가한다.

④ B국 비숙련노동자의 교육 투자를 통한 숙련노동자로의 전환 인센티브가 감소한다.

19 정답 ①, ③ (복수정답)

주제 헥셔-오린 정리

해설

1) 각 국가가 어떤 부존자원의 풍부국인지 살펴보면 $\left(\frac{K}{L}\right)^{갑} = \frac{60}{200}$이고, $\left(\frac{K}{L}\right)^{을} = \frac{140}{800} = \frac{35}{200}$이므로 $\left(\frac{K}{L}\right)^{갑} > \left(\frac{K}{L}\right)^{을}$이다. 따라서 갑국은 자본풍부국, 을국은 노동풍부국이다.

2) 헥셔-오린 정리에 의하면 각국은 풍부한 생산요소를 집약적으로 투입하는 재화 생산에 특화하므로 두 나라 사이에 무역이 이루어지면 갑국은 자본집약재인 Y재, 을국은 노동집약적인 X재 생산에 특화하여 수출할 것이다.

3) 헥셔-오린 정리에 의하면 불완전특화가 이루어지므로 무역 이후에도 각국은 두 재화를 모두 생산한다. 다만, 각국은 자급자족할 때보다 비교우위가 있는 재화를 더 많이 생산하여 그 중 일부를 무역을 통해 비교열위에 있는 재화와 교환하게 된다.

오답체크

② 갑국은 Y를 수출하고 을국은 X를 수출한다.

④ 갑국과 을국은 X와 Y를 모두 생산하며, 부분특화를 통한 무역을 실시한다.

★★★
20 A국과 B국이 두 생산요소 노동(L)과 자본(K)을 가지고 두 재화 X와 Y를 생산한다고 가정하자. 두 재화 X와 Y의 생산기술은 서로 다르나 A국과 B국의 기술은 동일하다. 그리고 A국과 B국의 노동과 자본의 부존량은 각각 $L_A = 100$, $K_A = 50$이며, $L_B = 180$, $K_B = 60$이다. 또한 두 재화 X와 Y의 생산함수는 각각 $X = L^2K$, $Y = LK^2$으로 주어진다. 헥셔-오린(Heckscher-Ohlin) 이론에 따를 경우 옳은 것을 모두 고르면? 13년 국가직

ㄱ. 상대적으로 자본이 풍부한 나라는 B국이다.
ㄴ. 상대적으로 노동집약적인 산업은 X재 산업이다.
ㄷ. A국은 Y재, B국은 X재에 비교우위가 있다.

① ㄱ, ㄴ
② ㄴ, ㄷ
③ ㄱ, ㄷ
④ ㄱ, ㄴ, ㄷ

★☆☆
21 A국은 노동과 자본만을 사용하여 노동집약재와 자본집약재를 생산하며 자본에 비해 상대적으로 노동이 풍부한 나라다. 스톨퍼-사무엘슨 정리를 따를 때, A국의 자유무역이 장기적으로 A국의 소득분배에 미치는 영향은? 14년 지방직

① 자본과 노동의 실질보수가 모두 상승한다.
② 자본과 노동의 실질보수가 모두 하락한다.
③ 자본의 실질보수가 상승하고 노동의 실질보수가 하락한다.
④ 자본의 실질보수가 하락하고 노동의 실질보수가 상승한다.

정답 및 해설

20 정답 ②

주제 헥셔-오린 정리

해설

1) 재화의 성격을 살펴보기 위해 재화 생산의 한계기술대체율을 계산해 보면 각각 다음과 같다.

$$\begin{cases} MRTS_{LK}^{X}=\dfrac{MP_L}{MP_K}=\dfrac{2LK}{L^2}=2\left(\dfrac{K}{L}\right) \\ MRTS_{LK}^{Y}=\dfrac{MP_L}{MP_K}=\dfrac{K^2}{2KL}=0.5\left(\dfrac{K}{L}\right) \end{cases}$$

2) 생산자균형에서는 한계기술대체율과 요소의 상대가격비가 동일하므로 다음의 식이 성립한다.

$$\begin{cases} 2\left(\dfrac{K}{L}\right)^{X}=\left(\dfrac{w}{r}\right)\rightarrow\left(\dfrac{K}{L}\right)^{X}=0.5\left(\dfrac{w}{r}\right) \\ 0.5\left(\dfrac{K}{L}\right)^{Y}=\left(\dfrac{w}{r}\right)\rightarrow\left(\dfrac{K}{L}\right)^{Y}=2\left(\dfrac{w}{r}\right) \end{cases}$$

3) 위의 식에서 $\left(\dfrac{K}{L}\right)^{X}<\left(\dfrac{K}{L}\right)^{Y}$이므로 X재는 노동집약재, Y재는 자본집약재이다.

4) 그러므로 자본풍부국인 A국은 자본집약재인 Y재에 비교우위를 갖고, 노동풍부국인 B국은 노동집약재인 X재에 비교우위를 갖는다.

오답체크

ㄱ. 주어진 노동량과 자본량을 바탕으로 1인당 자본량을 구하면 $\left(\dfrac{K}{L}\right)^{A}=\dfrac{50}{100}=0.5$이고, $\left(\dfrac{K}{L}\right)^{B}=\dfrac{60}{180}=0.33$이므로 A국은 자본풍부국, B국은 노동풍부국이다.

21 정답 ④

주제 헥셔-오린 정리

해설

1) 스톨퍼-사무엘슨 정리에 의하면 자유무역이 이루어지면 각국에서 풍부한 생산요소의 실질소득은 증가하나 희소한 생산요소의 실질소득이 감소한다.

2) A국은 노동풍부국이므로 자유무역이 이루어지면 A국에서는 노동의 실질소득은 증가하고 자본의 실질소득은 감소하게 될 것이다.

★☆☆
22 **레온티예프 역설(Leontief paradox)에 대한 설명으로 옳지 않은 것은?** 17년 지방직

① 제품의 성숙단계, 인적 자본, 천연자원 등을 고려하면 역설을 설명할 수 있다.
② 2차 세계대전 직후 미국의 노동자 1인당 자본장비율은 다른 어느 국가보다 낮았다.
③ 미국에서 수출재의 자본집약도는 수입재의 자본집약도보다 낮은 것으로 나타났다.
④ 헥셔-오린 정리에 따르면 미국은 상대적으로 자본집약적 재화를 수출할 것으로 예측되었다.

★☆☆
23 **다음 중 산업 내 무역(intra-industry trade)이론과 관련된 내용만을 모두 고른 것은?** 15년 지방직

ㄱ. 규모의 경제
ㄴ. 불완전경쟁
ㄷ. 레온티예프 역설
ㄹ. 생산요소집약도

① ㄱ, ㄴ
② ㄱ, ㄹ
③ ㄴ, ㄷ
④ ㄷ, ㄹ

★☆☆
24 **산업 내 무역에 관한 설명으로 옳은 것은?** 14년 국가직

① 산업 내 무역은 규모의 경제와 관계없이 발생한다.
② 산업 내 무역은 부존자원의 상대적인 차이 때문에 발생한다.
③ 산업 내 무역은 경제여건이 다른 국가 사이에서 이루어진다.
④ 산업 내 무역은 유럽연합 국가들 사이의 활발한 무역을 설명할 수 있다.

★☆☆
25 교역이 전혀 없던 두 국가 간에 완전한 자유무역이 개시된다고 하자. 다음 중 가장 옳은 것은?

16년 서울시

① 어느 한 개인이라도 이전보다 후생수준이 낮아지는 일은 없다.
② 산업 간 무역보다는 산업 내 무역이 더 많이 생길 것이다.
③ 무역의 확대로 양국에서의 실업이 감소한다.
④ 수출재시장의 생산자잉여와 수입재시장의 소비자잉여가 모두 증가한다.

정답 및 해설

22 정답 ②

주제 레온티예프의 역설

해설

레온티예프의 역설은 전 세계에서 자본이 가장 풍부한(1인당 자본장비율) 미국이 노동집약적 재화를 수출하고 자본집약적 재화를 수입하고 있다는 것이다.

23 정답 ①

주제 산업 내 무역

해설

산업 내 무역은 주로 규모의 경제가 존재하거나 시장구조가 불완전경쟁일 때 나타난다.

오답체크

ㄷ. 레온티예프의 역설은 산업 간 무역을 설명하는 헥셔-오린 정리에 대한 실증분석과 관련된 내용이다.
ㄹ. 요소집약도 $k\left(=\frac{K}{L}\right)$는 1인당 자본량을 의미하는 개념이므로 산업 내 무역과는 아무런 관련이 없다.

24 정답 ④

주제 산업 내 무역

해설

1) 산업 내 무역(intra-industry trade)은 시장구조가 독점적 경쟁이거나 규모의 경제가 발생하는 경우에 주로 발생하며, 부존자원의 차이와는 관련이 없다.
2) 산업 내 무역은 주로 경제발전의 정도 혹은 경제여건이 비슷한 나라들 사이에서 이루어지므로 유럽연합 국가들 사이의 활발한 무역을 설명할 수 있다.

25 정답 ④

주제 자유무역

해설

수출이 이루어지면 세계 전체적으로는 이익을 본다.

오답체크

① 수입국의 생산자는 손해를 본다.
② 알 수 없다.
③ 무역의 확대로 수입국에서는 생산이 감소할 것이므로 실업이 증가할 수 있다.

★★☆

26 A국이 수출 물품에 단위당 일정액을 지급하는 보조금정책이 교역 조건에 미치는 효과에 대한 설명으로 옳은 것을 모두 고르면? (단, 다른 조건은 일정함) 13년 국가직

ㄱ. A국이 대국이면, 교역 조건은 악화된다.
ㄴ. A국이 소국이면, 교역 조건은 개선된다.
ㄷ. A국이 소국이면, 국내시장에서 수출품의 가격은 상승한다.

① ㄱ, ㄴ
② ㄴ, ㄷ
③ ㄱ, ㄷ
④ ㄱ, ㄴ, ㄷ

★★☆

27 자유무역을 하는 소규모 경제의 A국이 X재 수입품에 관세를 부과했다. 관세 부과 이후의 균형에 대한 설명으로 옳은 것만을 모두 고르면? (단, 관세 부과 이후에도 수입은 계속되며, A국의 X재에 대한 수요곡선과 공급곡선에는 각각 수요의 법칙과 공급의 법칙이 적용됨) 18년 지방직

ㄱ. A국의 생산량은 증가하고 정부의 관세수입이 발생한다.
ㄴ. A국의 생산자잉여는 감소하고, 소비자잉여는 증가한다.
ㄷ. A국에서 경제적 순손실(Deadweight loss)이 발생한다.

① ㄱ, ㄴ
② ㄱ, ㄷ
③ ㄴ, ㄷ
④ ㄱ, ㄴ, ㄷ

★★☆

28 A국의 구리에 대한 국내수요곡선은 $Q = 12 - 2P$이고, 국내공급곡선은 $P = Q$이다. 구리의 국제시장가격이 5라면, A국 구리 생산업체들의 국내판매량과 수출량은? (단, Q는 수량, P는 가격을 나타내고, 이 나라는 소규모 개방경제라고 가정함) 14년 노무사

① 국내판매량: 2, 수출량 : 3
② 국내판매량: 3, 수출량 : 2
③ 국내판매량: 3, 수출량 : 3
④ 국내판매량: 4, 수출량 : 0
⑤ 국내판매량: 4, 수출량 : 1

26 정답 ③

주제 관세

해설

ㄱ. A국이 대국이면 수출보조금을 지급함에 따라 A국의 수출량이 증가하면 수출품의 국제가격이 하락하므로, 수출보조금을 지급하면 교역 조건이 악화된다.

ㄷ. A국이 수출보조금을 지급함에 따라 수출량이 증가하면 A국이 대국인지 소국인지에 관계없이 국내시장에서 수출품의 가격이 상승한다.

오답체크

ㄴ. A국이 소국이라면 수출보조금을 지급하더라도 수출품의 국제가격이 변하지 않으므로 교역 조건도 변하지 않는다.

27 정답 ②

주제 관세

해설

ㄱ. 관세를 부과하더라도 수입이 계속되므로 A국의 생산량은 증가하고 정부의 관세수입이 발생한다.

ㄷ. 관세를 부과하면 정부는 관세수입을 얻게 되나 자원배분의 왜곡이 발생하므로 사중적 손실이 발생한다.

오답체크

ㄴ. 관세 부과 후 A국의 생산자잉여는 증가하고, 소비자잉여는 감소한다.

28 정답 ①

주제 관세

해설

1) 국제시장가격 $P=5$를 국내수요곡선 식에 대입하면 국내수요량이 2단위이고, $P=5$를 국내공급곡선 식에 대입하면 공급량이 5단위이다.

2) 그러므로 국제시장가격이 5로 주어져 있다면 A국의 구리 생산업체들은 5단위를 생산하여 국내에 2단위를 판매하고 3단위를 수출할 것이다.

3)

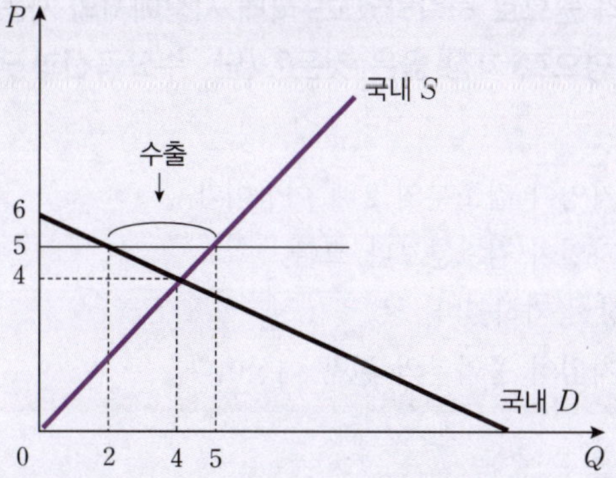

★★☆

29 **소규모 개방경제에서 국내 생산자들을 보호하기 위해 Y재의 수입에 대하여 관세를 부과할 때 다음 중 옳은 것을 모두 고르면? (Y재에 대한 국내수요곡선은 우하향하고 국내공급곡선은 우상향함)** 14년 서울시

㉠ Y재의 국내 생산이 감소한다.
㉡ 국내 소비자잉여가 감소한다.
㉢ 국내 생산자잉여가 증가한다.
㉣ Y재에 대한 수요와 공급의 가격탄력성이 낮을수록 관세 부과로 인한 경제적 손실(deadweight loss)이 커진다.

① ㉠, ㉣ ② ㉡, ㉢ ③ ㉡, ㉢, ㉣
④ ㉠, ㉡, ㉢ ⑤ ㉠, ㉢, ㉣

★★☆

30 **A국은 자동차 수입을 금하고 있다. 이 나라에서 자동차 한 대의 가격은 2억 원이고 판매량은 40만대에 불과하다. 어느 날 새로 선출된 대통령이 자동차 시장을 전격 개방하기로 결정했다. 개방 이후 자동차 가격은 국제시세인 1억 원으로 하락하였고, 국내 시장에서의 자동차 판매량도 60만대로 증가하였다. 이에 대한 설명으로 가장 옳은 것은? (단, 수요곡선과 공급곡선은 직선이며, 공급곡선은 원점을 지님)** 17년 서울시

① 국내 소비자잉여 증가분은 국내 생산자잉여 감소분의 2배 이상이다.
② 국내 사회적잉여 증가분은 국내 생산자잉여 감소분보다 크다.
③ 국내 소비자잉여는 예전보다 2배 이상 증가하였다.
④ 국내 사회적잉여 증가분은 국내 소비자잉여 증가분의 절반 이상이다.

29 정답 ②

주제 관세

해설

㉡ 관세 부과 후 시장가격이 상승하였으므로 국내 소비자잉여가 감소한다.
㉢ 국내 생산이 증가하여 국내 생산자잉여가 증가한다.

오답체크

㉠ Y재의 가격이 관세로 인해 상승하므로 국내 생산이 증가한다.
㉣ Y재에 대한 수요와 공급의 가격탄력성이 클수록 관세 부과로 인한 경제적 손실(deadweight loss)이 커진다. 조세와 동일하게 생각하면 된다.

30 정답 ③

주제 관세

해설

1) 수입이 금지되고 있을 때는 자동차 가격이 국내수요와 국내공급에 의해 결정되는데 가격이 2억 원, 거래량은 40만 대이다. 자동차 시장이 개방되어 자동차 가격이 1원으로 하락한 이후에는 소비량이 60만 대이다.
2) 공급곡선이 원점을 통과하는 우상향의 직선이면 공급곡선 상의 모든 점에서 공급의 가격탄력성이 1억 원이므로 수입자유화에 따라 자동차 가격이 50% 하락하면 국내의 자동차 공급량도 50% 감소한다.
3) 그러므로 수입자유화 이후 국내 자동차 공급량은 20만 대임을 알 수 있다. 수입자유화 이후 국내 자동차 공급량이 20만 대이고 국내소비량이 60만 대이므로 수입량은 40만 대이다.
4)

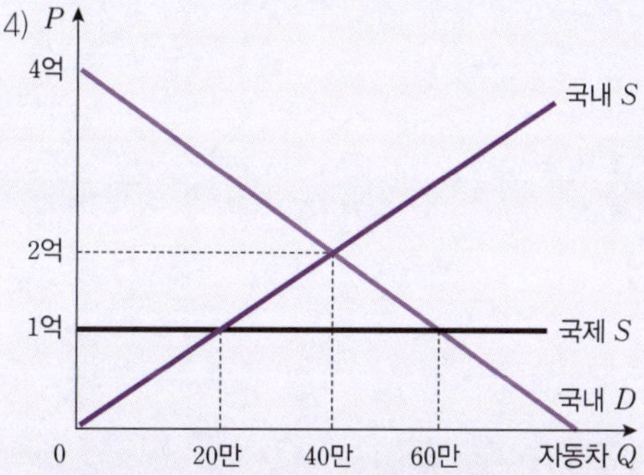

5) 그림을 그려서 할 때는 억 원을 억으로, 만대를 대로 가정하여 그리도록 하자. 수입자유화로 가격이 하락하면 생산자잉여는 감소하지만, 소비자잉여가 면적만큼 증가하므로 사회전체 총잉여는 면적만큼 증가한다.
6) 생산자잉여 감소분은 $\frac{1}{2}\times(40+20)\times1=30$
7) 소비자잉여 증가분은 $\frac{1}{2}\times(40+60)\times1=50$
8) 사회전체의 총잉여 증가분은 $\frac{1}{2}\times40\times1=20$
9) 자동차 시장 개방 전에는 소비자잉여가 $\frac{1}{2}\times40\times2=40$이었으나 자동차 시장 개방으로 소비자잉여가 50만큼 증가하였으므로 국내 소비자잉여는 시장 개방 이전보다 2배 이상 증가함을 알 수 있다.

오답체크

① 국내 소비자잉여 증가분은 50이고 국내 생산자잉여 감소분은 30이므로 2배가 되지 않는다.
② 국내 사회적잉여 증가분은 20이고 국내 생산자잉여 감소분은 30이므로 생산자 잉여감소분이 더 크다.
④ 국내 사회적잉여 증가분은 20이고 국내 소비자잉여 증가분은 50이므로 절반이 되지 못한다.

★★☆

31 A국에서 어느 재화의 국내수요곡선과 국내공급곡선은 다음과 같다.

- 국내수요곡선: $Q_d = 16 - P$
- 국내공급곡선: $Q_s = -6 + P$

A국이 자유무역을 허용하여 이 재화가 세계시장 가격 $P_w = 6$으로 거래되고 있다고 하자. 이 때, 단위당 2의 수입관세를 부과할 경우의 국내시장 변화에 대한 설명으로 옳지 않은 것은? (단, P는 이 재화의 가격이며, A국의 수입관세 부과는 세계시장 가격에 영향을 미치지 못함)

18년 국가직

① 소비자잉여는 18만큼 감소한다.
② 생산자잉여는 2만큼 증가한다.
③ 수요량은 4만큼 감소한다.
④ 사회후생은 4만큼 감소한다.

★★☆

32 한 나라의 쌀 시장에서 국내 생산자의 공급곡선은 $P=2Q$, 국내 소비자의 수요곡선은 $P=12-Q$이며, 국제시장의 쌀 공급곡선은 $P=4$이다. 만약 이 나라 정부가 수입 쌀에 대해 50%의 관세를 부과한다면 정부의 관세수입 규모는? (단, 이 나라는 소규모 경제이며 Q는 생산량, P는 가격임)

18년 서울시

① 2
② 3
③ 6
④ 8

정답 및 해설

31 정답 ③

주제 관세

해설

1) 주어진 세계시장가격을 수요곡선과 공급곡선 식에 대입하면 수요량이 10단위이고, 공급량이 0이므로 자유무역이 이루어질 때 수입량은 10단위이다.
2) 이제 단위당 2의 관세가 부과되면 국내가격이 8로 상승하게 된다. $P=8$을 수요곡선과 공급곡선 식에 대입하면 수요량이 8이고, 공급량이 2이므로 단위당 2원의 관세를 부과한 이후의 수입량은 6단위임을 알 수 있다. 따라서 감소한 수요량은 2이다.
3) 단위당 2의 관세를 부과함에 따라 가격이 2만큼 상승하면 소비자잉여는 $\frac{1}{2}\times(10+8)\times2=18$만큼 감소한다.
4) 생산자잉여는 $\frac{1}{2}\times2\times2=2$만큼 증가하고, 정부는 $2\times6=12$의 관세수입을 얻는다.
5) 관세 부과로 인한 후생손실의 크기는 4이다.
6)

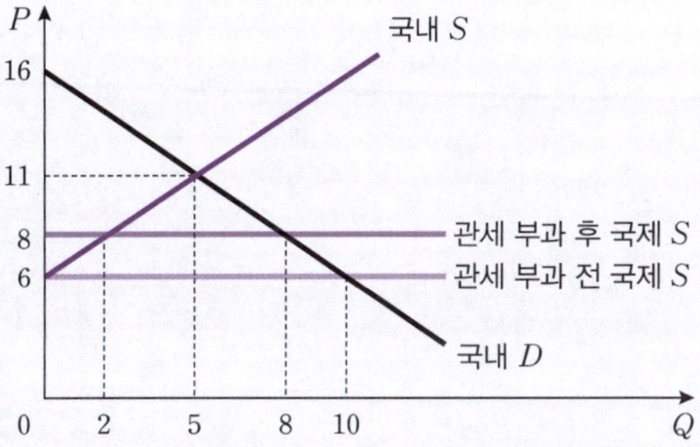

32 정답 ③

주제 관세

해설

1) 국제가격이 4이므로 수입 쌀에 대해 50%의 관세를 부과하면 국내에서 쌀 가격이 6으로 상승한다.
2) $P=6$을 수요함수에 대입하면 국내수요량이 6이고, $P=6$을 공급곡선에 대입하면 국내공급량이 3이므로 관세 부과 후의 수입량은 3이 된다.
3) 단위당 관세액이 2이고, 관세부과 후의 수입량이 3이므로 정부가 얻는 관세수입의 크기는 6임을 알 수 있다.
4)

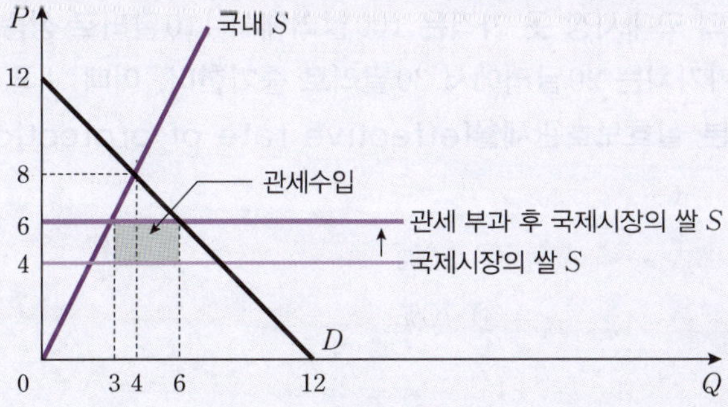

★★☆

33 A국과 B국은 상호 무역에 대해 각각 관세와 무관세로 대응할 수 있다. 다음은 양국이 동시에 전략을 선택할 경우의 보수행렬이다. 이에 관한 설명으로 옳지 않은 것은? (단, 본 게임은 1회만 행해지고 괄호 안의 왼쪽 값은 A국의 보수, 오른쪽 값은 B국의 보수를 나타냄) (단위: 억 원)

19년 노무사

구분		B국	
		무관세	관세
A국	무관세	(300, 250)	(400, 100)
	관 세	(150, 300)	(200, 200)

① A국의 우월전략은 관세이다.
② B국의 우월전략은 무관세이다.
③ 내쉬균형의 보수조합은 (300, 250)이다.
④ 내쉬균형은 파레토 효율적(Pareto efficient)이다.
⑤ 우월전략균형이 내쉬균형이다.

★★☆

34 자유무역 시 A국의 국내 생산자는 80달러의 수입 원모를 투입하여 생산한 옷을 국내시장에서 한 벌 당 100달러에 판매하고 있다. 만약 A국이 수입 옷 한 벌 당 10%의 명목관세를 부과하는 정책으로 전환한다면, A국의 국내시장 옷 가격은 100달러에서 110달러로 상승하여 A국 국내 생산자의 옷 한 벌 당 부가가치는 20달러에서 30달러로 증가한다. 이때 A국 국내 생산자의 부가가치 변화율로 바라본 실효보호관세율(effective rate of protection)은?

16년 지방직

① 40%　　② 50%
③ 60%　　④ 70%

★★☆

35 국제시장 가격에 영향을 미치지 못하는 소국 A가 재화 B에 대해 무역정책을 고려하고 있다. 무역정책에는 수입가격의 일정 비율을 관세로 부과하는 수입관세정책과 수입량을 제한하는 수입쿼터정책이 있다. 수입재 시장만을 고려한 부분균형분석에 기초해 볼 때 위 두 정책이 갖는 효과의 공통점은? 14년 지방직

① 국내의 허가된 수입업자가 국제가격과 국내가격의 차액만큼 이익을 본다.
② 국내 생산자의 잉여를 증가시킨다.
③ 정부의 관세 수입이 늘어난다.
④ 재화 B의 공급에서 국내생산이 차지하는 비중이 줄어든다.

정답 및 해설

33 정답 ①

주제 관세

해설

1) A국의 전략
- A국은 B국이 무관세인 경우 무관세를 선택하면 300, 관세를 선택하면 150이므로 무관세를 선택한다.
- A국은 B국이 관세인 경우 무관세를 선택하면 400, 관세를 선택하면 200이므로 무관세를 선택한다.
- 따라서 A국은 무관세를 선택한다.

2) B국의 전략
- B국은 A국이 무관세인 경우 무관세를 선택하면 250, 관세를 선택하면 100이므로 무관세를 선택한다.
- B국은 A국이 관세인 경우 무관세를 선택하면 300, 관세를 선택하면 200이므로 무관세를 선택한다.
- 따라서 B국은 무관세를 선택한다.

3) 이에 따라 둘 다 무관세를 선택할 것이다.

34 정답 ②

주제 실효보호관세율

해설

1) 관세 부과에 따른 부가가치 증가율을 의미하는 실효보호관세율을 구하기 위해 각각의 부가가치를 구해야 한다.
2) 자유무역이 이루어질 때 국내생산자는 80달러에 원모를 수입하여 옷을 생산한 후 100달러에 판매하므로 부가가치가 20달러이다.
3) 이제 정부가 옷 수입에 대해 10%의 관세를 부과함에 따라 옷을 110달러에 판매할 수 있게 되게 되면 부가가치가 30달러로 증가한다.
4) 따라서 실효보호관세율이 $50\%(=\frac{30-20}{20}\times 100)$이다.

35 정답 ②

주제 수입쿼터제

해설

1) 관세가 부과되거나 쿼터가 설정되어 B재의 수입량이 감소하면 B재의 국내가격이 상승한다.
2) B재의 가격이 상승하면 국내 생산량이 증가하므로 B재의 공급에서 국내생산이 차지하는 비중이 증가한다. 따라서 생산자잉여를 증가시킨다.

고난도 문제

★★★

36 두 국가(자국과 외국)와 두 재화(X재와 Y재)로 구성된 리카도 모형을 가정하자. 자국의 X재와 Y재의 단위노동투입량(unit labor requirement)을 a_{LX}와 a_{LY}로, X재와 Y재의 가격을 P_X 와 P_Y 로 표시한다. 그리고 외국의 X재와 Y재의 단위노동투입량을 a_{LX}^*와 a_{LY}^*로 표시한다. 다음 설명 중 옳지 <u>않은</u> 것은? 18년 공인회계사

① $\frac{P_X}{P_Y} > \frac{a_{LX}}{a_{LY}}$이면 자국은 X재만 생산한다.

② 폐쇄경제 균형에서 자국이 두 재화를 모두 생산하는 경우 $\frac{P_X}{P_Y} = \frac{a_{LX}}{a_{LY}}$가 성립한다.

③ $\frac{a_{LX}^*}{a_{LY}^*} > \frac{a_{LX}}{a_{LY}}$이면 자국은 X재에 대해 비교우위를 갖는다.

④ $\frac{a_{LX}^*}{a_{LY}^*} > \frac{a_{LX}}{a_{LY}}$이면 자유무역하에서 X재의 균형 상대가격은 $\frac{a_{LY}}{a_{LX}}$보다 크거나 같다.

⑤ 자국이 외국과 비교하여 두 재화의 생산에 있어 절대우위를 가질 때 자유무역은 자국의 임금과 외국의 임금을 일치시킨다.

★★★

37 노동(L)과 자본(K)을 사용하여 X재와 Y재를 생산하는 헥셔-오린(Heckscher-Ohlin) 모형을 고려하자. 아래 그래프에 대한 설명에서 (가)와 (나)를 바르게 짝지은 것은? [단, XX와 YY는 X재와 Y재의 등량곡선을 나타냄. 상대임금은 (임금/임대료)를 의미하며, 등비용선은 각 등량곡선과 한 점에서 접함] 16년 공인회계사

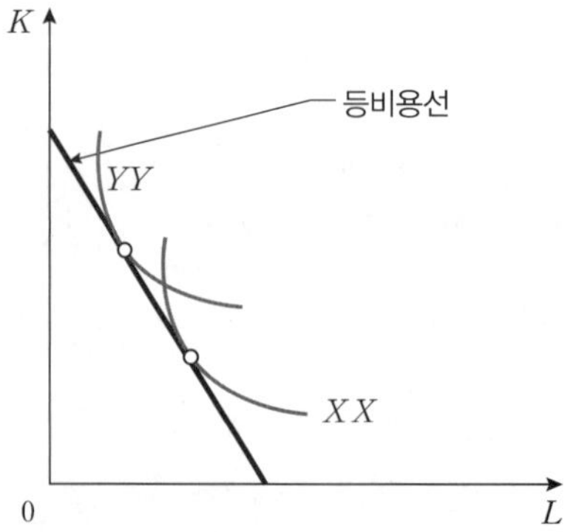

- X재의 가격이 상승하면 상대임금은 (가).
- Y재의 가격이 상승하면 상대임금은 (나).

	(가)	(나)		(가)	(나)
①	하락한다	하락한다	②	상승한다	하락한다
③	하락한다	상승한다	④	상승한다	상승한다
⑤	변하지 않는다	변하지 않는다			

정답 및 해설

36 정답 ⑤

주제 무역

해설

1) X재 시간당 임금은 상품가격을 단위 노동투입량으로 나눈 $\frac{P_X}{a_{LX}}$이다. 이와 동일하게 Y재 시간당 임금은 $\frac{P_Y}{a_{LY}}$이다.

2) 지문 분석

⑤ 리카도 모형에서는 자유무역이 이루어지더라도 두 나라의 임금이 일치하지 않는다. 임금이 일치하는 것은 헥셔-오린 정리에 해당한다.

오답체크

① $\frac{P_X}{P_Y} > \frac{a_{LX}}{a_{LY}}$이면 $\frac{P_X}{a_{LX}} > \frac{P_Y}{a_{LY}}$이다. 이 경우 모든 노동자들이 X재 산업으로 이동할 것이므로 X재만 생산한다.

② 한 재화의 시간당 임금이 높다면 그 재화만 생산할 것이다. 두 재화 모두 생산한다면 폐쇄경제 균형에서 자국이 두 재화를 모두 생산하는 경우 $\frac{P_X}{P_Y} = \frac{a_{LX}}{a_{LY}}$가 성립한다.

③ $\frac{a^*_{LX}}{a^*_{LY}} > \frac{a_{LX}}{a_{LY}}$이면 X재 생산 시 노동시간이 외국이 더 들기 때문에 자국은 X재에 대해 비교우위를 갖는다.

④ $\frac{a^*_{LX}}{a^*_{LY}} > \frac{a_{LX}}{a_{LY}}$이면 자유무역하에서 X재의 균형 상대가격은 두 나라의 X재 생산의 기회비용사이에서 결정된다.

즉, $\frac{a_{LY}}{a_{LX}}$ ≦ 두 나라의 X재 생산의 기회비용 ≦ $\frac{a^*_{LY}}{a^*_{LX}}$이다.

37 정답 ②

주제 관세

해설

1) 그래프를 보면 X재 생산에는 노동이 많이 투입되며 Y재 생산에는 자본이 많이 투입된다. 이를 통해 X재는 노동집약재, Y재는 자본집약재임을 알 수 있다.

2) X재의 가격이 상승하면 노동집약재의 생산이 증가하여 노동의 상대가격인 상대임금은 증가할 것이다

3) Y재의 가격이 상승하면 자본집약재의 생산이 증가하여 자본고용이 증가하므로 자본가격이 상승한다. 따라서 노동의 상대가격은 하락한다.

★★★
38 **그림은 어느 대국 개방 경제에서 수입 재화에 대한 관세 부과로 인한 효과를 나타낸다. 관세 부과는 자국 내 가격을 P_W 에서 P_T로 상승시키지만 세계시장가격을 P_W 에서 P_T^*로 하락시킨다. 이에 대한 설명으로 옳은 것은?** 20년 공인회계사

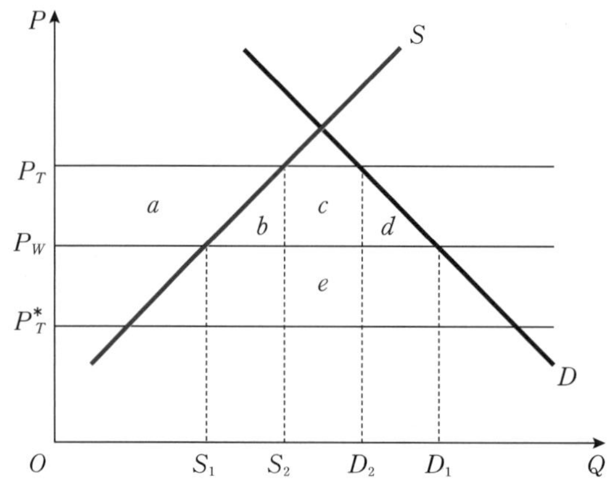

① 관세 부과 후 수입량은 $D_1 - S_1$이다.
② 관세 부과로 인해 소비자잉여는 $a + c$만큼 감소한다.
③ 관세 부과로 인해 생산자잉여는 $a + b + c + d$만큼 증가한다.
④ 관세 부과로 인한 생산의 비효율성은 b로 표시된다.
⑤ $b + d$의 크기가 e보다 크면 관세 부과로 인해 사회적 후생은 증가한다.

정답 및 해설

38 정답 ④
주제 관세 부과의 효과
해설
관세부과로 인하여 국내가격이 P_W에서 P_T로 상승하면 국내생산량이 최적수준인 S_1보다 더 많은 S_2로 증가하므로 b만큼의 후생손실이 발생하고, 국내소비량이 최적수준인 D_1보다 적은 D_2로 감소하므로 d만큼의 후생손실이 발생한다. 정리하면 b는 관세 부과에 따른 생산의 비효율성, d는 관세 부과에 따른 소비의 비효율성을 나타낸다.
오답체크
① 관세 부과 후 수입량은 $D_2 - S_2$이다.
② 관세 부과로 인해 소비자잉여는 $a+b+c+d$만큼 감소한다.
③ 관세 부과로 인해 생산자잉여는 a만큼 증가한다.
⑤ 정부의 관세수입은 $c+e$이므로 위의 소비자잉여와 생산자잉여의 감소분을 더하면 총잉여의 변화분은 $e-(b+d)$이다. 따라서 $b+d$의 크기가 e보다 크면 관세 부과로 인해 사회적 후생은 감소한다.

memo

PART

6 국제금융론

학습 구성

구분	출제 포인트	중요도	학습 날짜
Chapter 01 환율의 의미와 변동	01 환율의 의미와 변동	★	
	02 환율의 종류	★★	
	03 환율의 결정과 영향	★★★	
	04 환율결정이론	★★★	
Chapter 02 환율제도	01 환율제도	★	
	02 환율제도의 변화	★	
Chapter 03 국제수지	01 국제수지의 의미와 구성	★★★	
	02 국제수지의 균형	★★	
	03 BP 곡선	★★	
	04 개방경제하의 재정 · 통화정책	★★★	

Chapter 01

환율의 의미와 변동

+ 학습목표

- 명목환율과 실질환율을 구분할 수 있다.
- 실질환율을 계산할 수 있다.
- 환율의 변동 원인과 결과, 그에 따른 영향을 반드시 구분할 수 있다.
- 구매력평가설의 의미와 공식을 이해할 수 있다.
- 이자율평가설의 의미와 공식을 이해할 수 있다.

01 환율의 의미와 변동 ★★★

1. 외환시장

(1) 의미

외환의 수요자와 공급자가 외환을 거래하는 추상적인 시장을 말한다.

(2) 외환시장의 참가자

① **기업이나 개인 고객:** 해외여행자, 수출입업자, 국제투자자 등이 있다.

② **외국환 은행:** 외환의 수요자와 공급자 사이를 연결하여 국제적인 자금의 결제나 이동의 중개자 역할을 한다.

(3) 기능

① 재화나 서비스의 국제 거래에 대한 지불수단인 외환을 교환해 주는 역할을 한다.

② 투자 활동과 관련하여 외환을 활용할 수 있는 기회를 제공한다.

2. 환율

(1) 의미

자국 화폐와 외국 화폐의 교환비율(자국 화폐에 대한 외화의 가격)을 말한다.

(2) 특징

① 기본적인 환율은 외환시장의 수요와 공급에 의해 결정된다. 그러나 물가상승률, 국내외 금리 차이, 정치·사회의 안정성 등 복합적인 요인의 영향을 받는다.

② 환율은 수출입되는 재화와 서비스의 가격에 직접적으로 영향을 미친다. 따라서 물가, 총생산(산출량), 국제수지 등의 결정에 중요한 요인으로 작용한다.

③ 환율은 명목환율과 실질환율로 구분할 수 있는데, 명목환율은 다시 현물환율과 선물환율로 구분된다.

02 환율의 종류 ★★★

1. 명목환율과 실질환율

시험 POINT 명목환율과 실질환율을 정확히 구분해야 합니다.

(1) 명목환율

자국 화폐와 외국 화폐의 교환비율로, 현재 우리가 쉽게 쓰는 환율을 의미한다.

예 1달러 = 1,000원(원/달러)

(2) 실질환율

① 한 나라의 재화·서비스가 다른 나라의 재화·서비스와 교환되는 비율로, 두 나라의 물가를 고려한 환율이다.

② 일종의 물물교환의 형태이다.

③ 실질환율 $= e \times \dfrac{P_f}{P}$ (e: 명목환율, P_f: 외국물가, P: 국내물가)

④ 예를 들면 명목환율이 1달러= 1,000원이고 X재의 국내가격이 20,000원, 미국가격이 10$일 때 실질환율은 $\dfrac{1{,}000\text{원}}{1\$} \times \dfrac{10}{20{,}000} = \dfrac{1}{2}$이다. 즉, X재의 미국가격이 한국가격의 $\dfrac{1}{2}$이라는 의미이다.

⑤ 따라서 실질환율이 1이라는 것은 한 재화의 가격이 모두 동일하다는 일물일가가 성립한 것을 의미한다.

⑥ 변화율에 관한 식으로 변화시키면 다음과 같다.

- 실질환율 변화율$= \dfrac{\Delta e}{e} + \dfrac{\Delta P_f}{P_f} - \dfrac{\Delta P}{P}$
- 실질환율 변화율= 명목환율 변화율 + 해외물가상승률 − 국내물가상승률

2. 현물환율과 선물환율

(1) 현물환율

① 현물환거래에 적용되는 환율을 말하며, 일반적으로 환율이라 하면 현물환율을 말한다.

② 현물환거래: 외환의 매매계약과 동시에 외환의 인도와 대금결제가 이루어지는 외환거래를 의미하며, 계약일로부터 통상 2영업일 이내에 결제가 이루어진다.

(2) 선물환율

① 선물환거래에 적용되는 환율을 말하며, 선물환율은 거래시점에서 미리 정해진다.

② **선물환거래:** 외환의 매매계약일로부터 일정 기간이 경과한 후 특정일에 계약시점에서 합의된 환율(선물환율)로, 외환인도와 대금결제를 약정하는 거래를 말한다.

개념확인 문제

Q 프랑스에서 와인 한 병의 가격은 35유로이고, 한국에서는 7만 원이다. 명목 환율이 1유로당 1,400원일 때, 실질환율은? 22년 서울시

① 1,000원당 0.7유로　② 1유로당 2,000원

③ 프랑스 와인 1병당 한국 와인 0.7병　④ 한국 와인 1병당 프랑스 와인 2병

정답 ③

해설

1) 실질환율 $= 명목환율 \times \frac{타국가격}{자국가격}$

2) $\frac{1,400원}{1유로} \times \frac{35유로}{7,000원} = \frac{35}{50} = \frac{0.7}{1}$

3) 우리나라보다 프랑스의 와인이 0.7배 싸다는 것을 알 수 있다.

03 환율의 결정과 영향 ★★★

1. 환율의 표시방법과 변동

◀ 시험 POINT 외화의 수요와 공급 측면을 정확히 파악하여 균형환율과 균형거래량을 파악할 수 있어야 합니다.

(1) 명목환율 표시방법

① 대부분 자국통화표시환율(지급환율)을 사용한다. 예 원/달러 환율 1$ = 1,200원

② 환율계산에서 기준은 외국 화폐이며 그중에서도 특히 미국 달러화가 가장 기준이 된다. 이렇게 기준이 되는 외국 화폐를 '기축통화'라고 한다.

③ 일반적으로 기축통화는 외환거래에 가장 중심이 되는 통화를 의미하며, 주로 USD($)/유로(€)/엔화(¥) 등을 의미한다.

(2) 환율 변동

① 원/달러 환율 상승(원화 평가절하)

- 예를 들면 1$ = 1,000원 → 1$ = 2,000원이 된 것이다.
- 달러화에 대해 상대적으로 원화의 가치가 떨어진 것이다.

② 원/달러 환율 하락(원화 평가절상)

- 예를 들면 1$ = 1,000원 → 1$ = 500원이 된 것이다.
- 달러화에 대해 상대적으로 원화의 가치가 높아진 것이다.

2. 환율의 결정

(1) 외환의 수요와 공급

① 외환시장은 외화의 수요자와 공급자가 만나 거래가 이루어지는 추상적 시장이다.

② 외환시장에서 외화의 수요와 공급에 의해 균형환율이 결정된다.

(2) 외환의 수요

① 외환의 수요는 외국의 재화나 서비스 구입 등을 위해 외환을 필요로 하는 것이다.

② 환율이 상승하면 원화로 표시한 외국제품의 가격 상승으로 수입이 감소하므로 외환 수요량도 감소한다.

③ 따라서 외환의 수요곡선은 우하향의 형태로 도출된다.

④ 상품 수입, 유학, 해외여행, 해외투자, 외채상환, 국내에 투자된 외국 자본 철수, 중앙은행의 외환매입 등은 외환수요곡선을 이동시키는 원인이다.

(3) 외환의 공급

① 외환의 공급은 보유하고 있는 외환을 원화로 환전하기 위해 외환시장에 내놓는 것이다.

② 환율이 상승하면 달러로 표시한 수출품의 가격 하락으로 수출이 증가하므로 외환공급량이 증가한다.

③ 따라서 외환의 공급곡선은 우상향의 형태로 도출된다.

④ 상품 수출, 외국인의 국내투자, 해외차관의 도입, 중앙은행의 외환매각 등은 외환공급곡선을 이동시키는 원인이다.

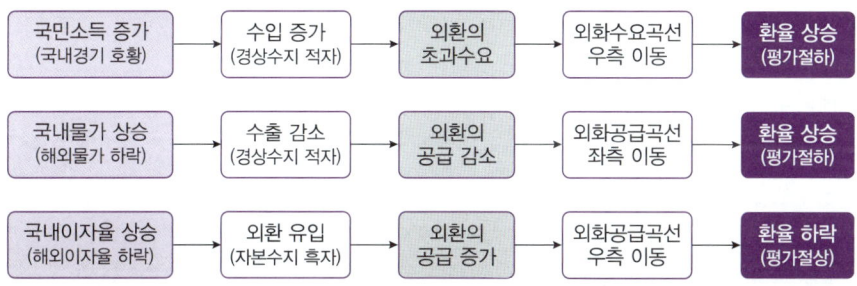

(4) 환율의 주요결정요인

국민소득 증가(국내경기 호황) → 수입 증가(경상수지 적자) → 외환의 초과수요 → 외화수요곡선 우측 이동 → 환율 상승(평가절하)

국내물가 상승(해외물가 하락) → 수출 감소(경상수지 적자) → 외환의 공급 감소 → 외화공급곡선 좌측 이동 → 환율 상승(평가절하)

국내이자율 상승(해외이자율 하락) → 외환 유입(자본수지 흑자) → 외환의 공급 증가 → 외화공급곡선 우측 이동 → 환율 하락(평가절상)

(5) 그래프

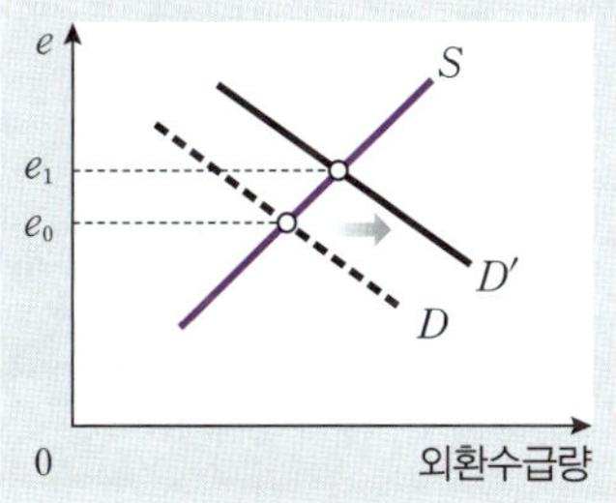

<외환수요의 증가>

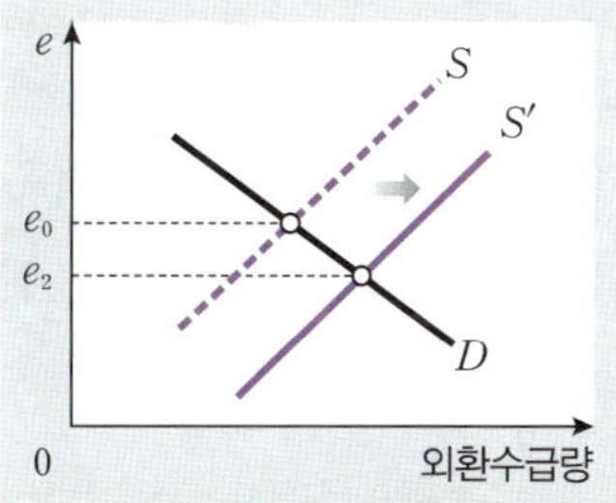

<외환공급의 증가>

3. 환율 변동의 영향

◀ 시험 POINT 환율 변동의 영향은 반드시 출제되니 기억하시길 바랍니다.

구분	환율 하락(원화 평가절상)	환율 상승(원화 평가절하)
수출	국산 재화의 외화 표시가격 상승 ⇒ 수출 감소	국산 재화의 외화 표시가격 하락 ⇒ 수출 증가
수입	외국산 재화의 원화 표시가격 하락 ⇒ 수입 증가	외국산 재화의 원화 표시가격 상승 ⇒ 수입 감소
외자 도입 기업	원화환산 외채 감소(외채 상환부담 감소)	원화환산 외채 증가(외채 상환부담 증가)
경상수지	• 수출 감소, 수입 증가 ⇒ 상품수지 악화 • 해외여행경비의 감소로 해외여행 증가, 국내여행경비 증가로 외국인의 국내여행 감소 ⇒ 서비스수지 악화	• 수출 증가, 수입 감소 ⇒ 상품수지 개선 • 해외여행경비의 증가로 해외여행 감소, 국내여행경비 감소로 외국인의 국내여행 증가 ⇒ 서비스 수지 개선
통화량	수출액 감소와 수입액 증가 ⇒ 외화 순유입액 감소-통화량 감소요인	수출액 증가와 수입액 감소 ⇒ 외화 순유입액 증가-통화량 증가요인
국내물가	• 수입 재화와 원자재 가격 하락으로 물가안정 • 원유 및 국제 원자재의 국내가격 하락으로 생산비가 낮아져 물가 하락	• 수입 재화와 원자재 가격 상승으로 물가 상승 • 원유 및 국제 원자재의 국내가격 상승으로 생산비가 낮아져 물가 상승

개념확인 문제

Q 변동환율제도를 채택한 개방경제에서, <보기> 중 이 경제의 통화가치를 하락시키는(환율 상승) 경우를 모두 고른 것은? 19년 서울시

〈보기〉

ㄱ. 원유 수입액의 감소
ㄴ. 반도체 수출액의 증가
ㄷ. 외국인의 국내 주식투자 위축
ㄹ. 자국 은행의 해외대출 증가

① ㄱ, ㄷ ② ㄱ, ㄹ
③ ㄴ, ㄷ ④ ㄷ, ㄹ

정답 ④

해설

통화가치를 하락시키는 경우는 환율 상승으로 외화수요가 증가하거나 외화공급이 감소하는 경우이다.

오답체크

ㄱ. 원유 수입액이 감소하면 외화의 수요가 감소하여 환율이 하락한다.
ㄴ. 반도체 수출액이 증가하면 외화공급이 증가하여 환율이 하락한다.

04 환율결정이론 ★★★

1. 구매력평가설(PPP, Purchasing Power Parity)

(1) 의미

① '국제적 일물일가의 법칙'에 이론적 바탕을 두며, 만약 국제무역에 있어서 수송비, 거래수수료, 정보획득비용, 보호무역장벽 등 일체의 거래비용이 없다고 가정하면, 통화 1단위의 실질가치가 모든 나라에서 동일하도록 환율이 결정된다는 이론으로 경상수지에 초점을 둔다.

② 환율은 양국 통화의 구매력이 같아지는 수준에서 결정(환율의 결정)되며, 양국의 물가상승률에 차이가 생기면 구매력에 차이가 생기므로 환율이 변한다(환율의 변동)는 이론이다.

③ 일물일가의 원칙이 성립하면 실질환율은 1이다.

④ 대표적인 예로 빅맥지수가 있다.

⑤ **빅맥지수:** 각국의 통화가치가 적정수준인지 살피기 위해 각국의 맥도널드 빅맥 햄버거의 현지 통화가격을 달러로 환산한 가격이다. 이와 유사한 지수로는 아이폰 지수, 갤럭시 지수 등이 있다.

(2) 구매력평가설의 구분

① **절대적 구매력평가설:** 일물일가의 법칙이 성립한다는 가정하에 환율이 국내물가수준과 외국물가수준의 비율에 의해 결정된다는 이론이다.

② **상대적 구매력평가설:** 국내물가상승률과 외국물가상승률의 차이만큼 환율이 변동된다는 이론이다.

(3) 일반화(상대적 구매력평가설)

◀ 시험 POINT 공식을 통해 계산 문제를 해결할 수 있어야 합니다.

$$\frac{\Delta e}{e}\text{(환율 상승률)} = \frac{\Delta P}{P}\text{(자국의 물가상승률)} - \frac{\Delta P_f}{P_f}\text{(외국의 물가상승률)}$$

(4) 문제점

① 생산하는 상품이 동질적일 수 없으므로 일물일가의 법칙이 성립하지 않는다.

② 수많은 비교역재가 존재하므로 일물일가의 법칙이 성립할 수 없다.

③ **비교역재:** 강사의 강의, 미용사의 미용서비스와 같이 무역이 되지 않는 품목이다.

(5) 평가

① 단기적인 환율의 움직임은 잘 나타내고 있지 못하지만, 장기적인 환율의 변화추세에는 잘 반영하는 것으로 평가된다.

② 거래비용이 낮은 선진국들 사이에서는 구매력평가설이 잘 적용되는 것으로 나타난다.

개념확인 문제

Q 다음은 2020년과 2021년 한국과 미국의 물가지수, 원/달러 명목환율 추이를 나타낸 표이다. 이에 대한 설명으로 옳은 것은? 22년 국가직

	2020년	2021년
한국물가지수	10,000	12,000
미국물가지수	100	100
원/달러 명목환율	100	120

① 구매력평가설(purchasing power parity)에 따른 실질환율은 불변이다.
② 명목환율 움직임은 이자율평가설(interest rate parity)의 주장과 일치한다.
③ 명목환율 움직임은 구매력평가설(purchasing power parity)의 주장과 반대된다.
④ 명목환율 상승으로 한국의 대미 순수출이 증가한다.

정답 ①

주제 환율

해설

① 구매력평가설(purchasing power parity)에 따른 실질환율은 1로 불변이다.

오답체크

② 이자율 평가설과는 관련이 없다.
③ 구매력 평가설에 따르면 원/달러 명목환율 변화율(20%) = 한국의 물가상승률(20%) - 미국의 물가상승률(0%)이다. 따라서 명목환율 움직임은 구매력평가설(purchasing power parity)의 주장과 일치한다.
④ 명목환율은 상승하였으나 실질환율이 불변이므로 한국의 대미 순수출이 증가한다고 볼 수 없다.

2. 이자율평가설(IRP, Interest Rate Parity)

(1) 의미

① 구매평가설이 경상수지, 특히 무역수지를 중요시하는 관점에서 균형환율을 설명하는 이론이라면, 이자율평가설은 자본수지에 초점을 맞추어 균형환율을 설명하는 이론이다.
② 이자율평가설은 국가 간 자본이동에 아무런 제약이 없다면, 국내에 투자하든 외국에 투자하든 그 자본투자에 따른 수익률이 같아야 한다는 것이다.
③ 즉, 이자율평가설은 환율이 두 나라 간 명목이자율의 차이에 의해 결정된다고 본다.

(2) 가정

① 국가 간 자본이동은 완전히 자유롭고 거래비용도 존재하지 않는다.
② 위험도가 동일한 금융상품이다.

(3) 사례 분석

① 한국의 이자율이 20%, 미국의 이자율이 10%이고 현재 환율이 1$ = 1,000원이라고 가정하자.

② 미국인이 미국에 투자하면 10%, 한국에 투자하면 20%의 수익률을 얻을 것이므로 한국에 투자하기로 결정할 것이다.

③ 미국인이 100$를 현재 한국에 투자하기 위해 현재 환율에 의해서 교환하면 100,000원이 된다.

④ 한국의 이자율이 20%이므로 1년 뒤에 120,000원이 된다.

⑤ 이제 미국인이 120,000원을 달러로 바꾸었을 때 미국의 이자율과 동일한 수익률이 되어야 이자율평가설이 성립한다.

⑥ 따라서 원화가치가 10% 하락해야 하므로 환율이 전년 대비 10% 상승해야 이자율평가설이 성립한다.

⑦ 환율 변화율= $\frac{\text{선물환율} - \text{현물환율}}{\text{현물환율}}$ 이므로, 현물환율이 1$ = 1,000원이면 선물환율(1년 뒤 환율)은 10% 상승한 1$ = 1,100원이 되어야 한다.

(4) 무위험 이자율평가설의 일반화 ◀ 시험 POINT 공식을 통해 계산 문제를 해결할 수 있어야 합니다.

① $\frac{\Delta e}{e}$(환율 상승률) $= r$(국내이자율) $- r_f$(해외이자율)

② 이를 다르게 표현하면 $\frac{f_t - e_t}{e_t} = i - i_f$이다.

(e_t: 현재 환율, f_t: 선물환율, i: 자국의 이자율, i_f: 외국의 이자율)

③ $\frac{f_t - e_t}{e_t}$

- 선물환가치가 현물환가치보다 높으면 선물환 프리미엄이라고 한다.
- 선물환가치가 현물환가치보다 낮으면 선물환 디스카운트라고 한다.
- 한국의 이자율이 20%, 미국의 이자율이 10%인 경우, 원/달러 환율 변화율이 10% 상승하여야 한다. 이 경우 선물환의 가치가 낮으므로 원화의 선물환 디스카운트, 달러의 선물환 프리미엄이 발생한 것이다.

(5) 투자원리금으로 표현하는 방법

① 국제적으로 자본이동이 자유롭다면 양국에서의 투자원리금(원금과 이자를 합친 돈)이 동일할 것이므로 $(1+i) = \frac{f_t}{e_t}(1+i_f)$가 되어야 이자율평가설이 성립한다.

② 국내이자율이 높다면 $f_t > e_t$가 되어야 자본시장이 균형이 된다.

③ 해외이자율이 높다면 $f_t < e_t$가 되어야 자본시장이 균형이 된다.

(6) 평가

① 자본통제와 같은 제도적 제약이 존재하거나 거래비용으로 인해 국가 간 자본이동성이 완전하지 못하면 이자율평가설이 성립하지 않는다.

② 이자율평가설의 현실 부합성 여부는 두 나라 간 자본이동이 얼마나 자유로운지, 금융자산이 얼마나 동질적인지에 따라 결정된다.

개념확인 문제

Q 투자자들이 위험에 대하여 중립적인 경우, 현재 환율이 1달러당 1,000원이고, 1년 만기 채권의 이자율이 미국에서는 1%, 우리나라에서는 2%일 때, 국가 간 자금이 이동하지 않을 조건에 해당하는 것은? 19년 지방직

① 우리나라의 이자율이 1년 후 1%로 하락한다.
② 투자자가 1년 후 환율이 1달러당 1,010원이 될 것으로 예상한다.
③ 미국의 이자율이 1년 후 2%로 상승한다.
④ 투자자가 1년 후에도 환율이 1달러당 1,000원으로 유지될 것으로 예상한다.

정답 ②

해설

1) 국가 간 자본이동이 이루어지지 않으려면 이자율평가설이 성립해야 한다.
2) 이자율평가설에서 원/달러 환율 변화율 = 한국의 이자율 − 미국의 이자율이 성립해야 한다.
3) 한국의 이자율이 2%이고 미국의 이자율이 1%이므로 원/달러 환율 상승률은 1%이다.

Chapter 02

환율제도

+ 학습목표

- 고정환율제도와 변동환율제도의 의미를 이해할 수 있다.
- 브레턴우즈, 킹스턴 체제, 플라자 합의의 의미를 이해할 수 있다.

01 환율제도

시험 POINT 고정환율제도와 변동환율제도를 구분할 수 있어야 합니다. ★★★

1. 고정환율제도

(1) 의미

① 정부가 외환시장에 개입하여 환율을 일정수준으로 고정시키는 제도이다.

② 환율변동 시 중앙은행이 바로 개입하므로 통화정책의 자율성이 없다.

(2) 특징

① 국제수지 적자(흑자) → 외환의 초과수요(공급) → 중앙은행이 외환시장 개입하여 고정환율 유지

② 국제수지 적자 시 중앙은행이 외환시장에서 외환을 팔고 국내 통화를 사면, 국내 통화가 중앙은행으로 환수되어 통화량이 감소한다.

③ 이때 중앙은행은 고정환율 유지에 따른 부수적 결과인 통화량 변동을 상쇄하기 위하여 외환매매와 반대방향으로 국공채를 사고파는 공개시장조작정책을 사용한다. 이를 불태화정책 또는 중화(sterilization)정책이라고 한다.

④ 불태화정책

- 국제수지 적자 시 중앙은행이 외환시장에 개입하는 과정을 가정하자.
- 국제수지 적자가 발생하면 환율이 상승하므로 환율 상승 없이 통화량 변화도 없게 만드는 것이 불태화정책이다.
- 국제수지 적자로 환율이 상승하면 다시 환율을 하락시켜야 한다.
- 환율을 하락시키기 위해 외환을 팔고 국내 통화를 사면 국내 통화량이 감소한다.
- 국내 통화량 감소를 없애기 위해 불태화정책으로 국공채를 매입하면 통화량이 증가하여 원래 통화량을 유지할 수 있다.
- 단, 경제정책의 효과를 분석하는 과정에서 일반적으로 불태화정책은 사용하지 않는 것으로 한다.

2. 변동환율제도

(1) 의미

원칙적으로 외환시장에서 중앙은행의 개입 없이 외환시장의 수요, 공급을 일치시키는 수준에서 환율이 자유롭게 결정되는 제도이다.

(2) 특징

① 환율의 자동안정화장치 기능으로 외환시장이 항상 균형을 이룬다.
② 외환시장의 수급상황이 국내 통화량에 영향을 미치지 않아 통화정책의 자율성이 유지된다.
③ 단기적으로 환율이 불안정할 수 있으므로 국제무역과 투자 위축, 환투기 증가 등의 문제가 발생할 수 있다.

(3) 트릴레마(trilemma)

① 3중고, 혹은 3가지 딜레마라는 뜻으로 하나의 정책목표를 이루려다 보면 다른 두 가지 목표를 이룰 수 없는 상태를 말한다.
② 자본 자유화(financial integration), 통화정책 자율성(monetary independence), 환율 안정(exchange rate stability) 등 세 가지 정책목표의 동시 달성이 불가능한 것으로 본다.

02 환율제도의 변화 ★★★

1. 금본위제도

(1) 개요

각국이 자국 통화와 금의 교환비율(금평가)을 고정시키는 제도이다.

(2) 특징

① 고정환율제도이다.
② 금의 유출입에 따라 국제수지가 자동적으로 조정된다.
③ 국제수지 불균형이 조정되는 과정에서 국내물가가 불안정해진다.

2. 브레턴우즈 체제

(1) 브레턴우즈 협정

1944년 체결한 협정으로, 단기국제금융기구인 IMF와 장기국제금융기구인 국제부흥개발은행이 설립되었다.

(2) 주요 내용

① **금환본위제:** 미국의 달러화를 기축통화로 하는 금환본위제도로서, 달러화에 대해 금태환 의무를 부여하고 각국은 달러화의 교환비율을 일정하게 유지한다.

② **조정 가능 고정환율제도**
- 각국은 국제수지의 구조적 불균형이 발생하는 경우 자국 통화의 환율을 1% 범위 내에서 조정 가능하다.
- 예외적인 경우로 기초적인 국제수지 불균형이 일어날 경우에는 국제통화기금(IMF)의 승인을 얻어 10%까지 조정 가능하다.

③ **특별인출권(SDR, Special Drawing Rights)**
- 국제유동성 부족을 해소하기 위하여 국제통화인 특별인출권을 만들었다.
- IMF가 국제금융시장에서 달러화와 금의 한계를 보완하기 위해 1969년에 마련한 가상의 국제통화이며, IMF와 각국 정부·중앙은행 간 거래에 사용된다. SDR의 가치는 스탠더드 바스켓(standard basket) 방식으로 산정된다.
- **스탠더드 바스켓 방식:** 단위바스켓 중에 5개 주요국 통화를 적당한 단위 수로 넣어 놓고 매일 변화하는 각국 통화의 가치를 당일의 외국환시장의 비율(rate)에 상응한 달러로 환산, 이것으로부터 역산하여 각국 통화표시의 SDR의 가치를 정하는 것이다.

(3) 문제점

① 기초적인 국제수지 불균형이 발생하더라도 환율조정이 원활하게 이루어지지 못한다.

② **유동성 딜레마:** 국제경제 규모가 커지면 기축통화인 달러공급의 증가가 필요하지만, 그러기 위해서는 미국의 국제수지 적자가 필수적이다. 그러나 미국의 국제수지 적자가 지속되면 달러의 신뢰도가 하락하여 기축통화의 기능이 저하된다. 기축통화인 달러의 공급을 증가시키면서 달러의 신뢰도를 유지하는 것이 불가능한 유동성 딜레마, 즉 트리핀의 역설이 발생한다.

③ **기축통화:** 금과 더불어 국제외환시장에서 금융거래 또는 국제결제의 중심이 되는 통화로, key currency라고도 한다.

(4) 스미소니언 협정 체결

브레턴우즈 체제가 붕괴함에 따라 고정환율제도로 복귀하고자 스미소니언 협정을 체결하였다.

3. 스미소니언 체제

(1) 개요

브레턴우즈 체제가 붕괴하면서 고정환율제도로 복귀하고자 체결된 협정으로, 브레턴우즈 체제와 동일하게 미국의 달러화를 기축통화로 하는 금환본위제도이다.

(2) 내용

미국 달러화의 가치 평가절하, 환율의 변동폭 확대, 각국 통화를 미국 달러화에 대해 평가절상하는 것이 기본 골자이다.

4. 킹스턴 체제

(1) 개요

1976년 자마이카의 킹스턴에서 열린 IMF 회의에서 현존하는 통화체제를 인정함에 따라 킹스턴 체제가 성립되었다.

(2) 내용

① 회원국에게 독자적인 환율제도를 선택할 수 있는 재량권을 부여한다.
② 금달러본위에서 SDR 본위로 이행한다.
③ SDR의 사용범위가 확대되었다.
④ IMF의 신용공여를 확대하고 이용 조건도 대폭 완화되었다.

5. 플라자 합의

(1) 의미

1985년 9월 22일 미국의 뉴욕에 위치한 플라자 호텔에서 프랑스, 독일, 일본, 미국, 영국으로 구성된 G5의 재무장관들이 외환시장의 개입으로 인하여 발생한 달러화 강세를 시정하기로 결의한 조치를 말한다.

(2) 특징

① 재정적자 및 무역적자의 확대를 더 이상 견딜 수 없게 된 미국은 일본 엔화와 독일 마르크화의 평가절상을 유도하여 달러 강세 현상을 시정해 줄 것을 요청하였다.
② 이로 인해 엔고현상이 발생하여 일본의 버블이 발생하는 계기가 되었다.

개념확인 문제

Q 주요 국제통화제도 또는 협정에 대한 설명으로 옳은 것은? 20년 지방직

① 1960년대 미국의 경상수지 흑자는 국제유동성 공급을 줄여 브레튼우즈(Bretton Woods) 체제를 무너뜨리는 요인이었다.

② 1970년대 초 금태환을 정지시키고 동시에 미 달러화를 평가절상하면서 브레튼우즈 체제는 종식되었다.

③ 1970년대 중반 킹스턴(Kingston) 체제는 통화로서 금의 역할을 다시 확대하여 고정환율체제로의 복귀를 시도하였다.

④ 1980년대 중반 플라자(Plaza) 협정으로 미 달러화의 평가절하가 추진되었다.

정답 ④

해설

1985년, 뉴욕에서 미국, 독일(서독), 영국, 일본, 프랑스 5개국이 상호 환율 조정을 위한 플라자 협정을 체결한다. 이로 인해 달러화의 평가절하되었고, 일본의 엔화와 서독의 마르크화는 엄청나게 평가절상되었다.

오답체크

③ 브레튼우즈 체제가 고정환율제도, 킹스턴 체제는 변동환율제도이다.

Chapter
03 국제수지

✛ 학습목표

- 국제수지의 경상수지 항목을 구분할 수 있다.
- 경상수지와 국내총지출, 국내총저축, 쌍둥이 적자를 이해할 수 있다.
- BP 곡선의 먼델-플레밍 모형을 통해 재정정책과 통화정책의 효과를 환율제도와 연결하여 이해할 수 있다.

01 국제수지의 의미와 구성 ★★★

1. 국제수지의 의미

(1) 의미

1년간 한 나라가 수취한 외화와 지불한 외화의 차액으로, 경상수지, 자본·금융계정, 오차 및 누락 등으로 구성된다.

(2) 국제수지표

(3) 국제수지표의 작성

국제수지 분류		차변(지급)	대변(수입)
경상수지	상품수지	재화의 수입	재화의 수출
	서비스수지	서비스의 수입	서비스의 수출
	본원소득수지	임금 · 투자소득 지급	임금 · 투자소득 수취
	이전소득수지	경상이전거래 지급	경상이전거래 수입
자본 · 금융계정	자본수지	기타자본 유출	기타자본 유입
	금융계정	투자자본 유출과 상환	투자자본 유입과 회수
준비자산 증감		준비자산 증가	준비자산 감소

개념확인 문제

Q 2013년에 한국은행이 국내 외환시장에서 8억 달러를 매입하였다. 이를 국제수지표에 기록한 것으로 옳은 것은? 13년 국가직

	차변	대변
①	준비자산 8억 달러	금융계정(기타투자) 8억 달러
②	준비자산 8억 달러	금융계정(증권투자) 8억 달러
③	금융계정(기타투자) 8억 달러	준비자산 8억 달러
④	금융계정(증권투자) 8억 달러	준비자산 8억 달러

정답 ①

해설

1) 국제수지표는 복식부기의 원리에 따라 작성하는데, 차변은 자산의 증가를, 대변은 자산의 감소를 기록한다.
2) 한국은행의 외환매입에 따른 한국은행의 외화자산 증가(준비자산)는 차변에, 민간 부문의 외화자산 감소(금융계정)는 대변에 기록한다.

2. 국제수지의 구성

◀ 시험 POINT 각 항목을 파악하여 국제수지를 계산하는 문제가 출제됩니다.

(1) 경상수지

① **의미:** 재화, 서비스, 생산요소 등의 거래(경상 거래)에 따른 외화의 수취와 지급의 차액으로 상품수지, 서비스수지, 본원소득수지, 이전소득수지의 합으로 이루어진다.

② **상품수지:** 상품의 수출액과 수입액의 차이를 기록한 것으로, 경상수지에서 가장 큰 비중을 차지한다.

③ **서비스수지:** 외국과의 서비스 거래(운송, 여행, 통신, 보험, 특허권 등의 지식재산권 사용료, 기타 서비스의 수출입 등)로 수취한 외화와 지급한 외화의 차이 등을 기록한다.

④ **본원소득수지:** 거주자와 비거주자 간에 근로의 대가로 지급된 급료 및 임금수지와 배당금·이자로 지급된 투자소득수지를 기록한다.

⑤ **이전소득수지:** 거주자와 비거주자 간에 대가 없이 이루어진 무상원조·증여성 송금 등 이전 거래 내역을 기록한다.

(2) 자본 · 금융계정

① **자본수지:** 자산소유권의 무상이전, 채권자에 의한 채무 면제 등을 기록하는 자본이전과 브랜드 네임, 상표 등 마케팅 자산과 기타 양도 가능한 무형자산의 취득과 처분을 기록하는 비생산· 비금융자산으로 구분한다.

② **금융계정:** 거주자와 비거주자 간에 기업에의 경영 참여를 목적으로 하는 직접투자, 주식과 채권거래를 나타내는 증권투자, 파생금융상품거래를 계상하는 파생금융상품, 기타 투자, 각 나라의 통화당국이 대외 결제를 위하여 보유하고 있는 자산인 준비자산으로 구분된다.

③ **오차 및 누락:** 경상수지 및 자본수지의 합계와 금융계정 금액이 같지 않을 경우, 이를 조정하기 위한 항목이다.

개념확인 문제

Q 다음은 A국의 2019년 3월 경상수지와 4월에 발생한 모든 경상거래를 나타낸 것이다. 전월 대비 4월의 경상수지에 대한 설명으로 옳은 것은? 19년 국가직

경상수지(2019년 3월)	100억 달러
상품수지	60억 달러
서비스수지	20억 달러
본원소득수지	50억 달러
이전소득수지	−30억 달러

〈2019년 4월 경상거래〉
- 상품 수출 250억 달러, 상품 수입 50억 달러
- 특허권 사용료 30억 달러 지급
- 해외투자로부터 배당금 80억 달러 수취
- 국내 단기 체류 해외 노동자의 임금 20억 달러 지불
- 지진이 발생한 개도국에 무상원조 90억 달러 지급
- 외국인 여객수송료 10억 달러 수취

① 상품 수출액은 150억 달러 증가하였다.
② 경상수지 흑자 폭이 감소하였다.
③ 서비스수지는 흑자를 유지하였다.
④ 본원소득수지는 흑자 폭이 증가하였다.

정답 ④

해설
본원소득수지는 배당금(80억 달러)과 임금(−20억 달러)을 합한 60억 달러이므로 흑자 폭이 증가하였다.

오답체크
① 상품 수출 250억 달러에서 상품 수입 50억 달러를 차감하면 상품수지는 200억 달러 증가하였다.
② 상품수지(200억 달러), 서비스수지(−20억 달러), 본원소득수지(60억 달러), 무상원조 지급액이 90억 달러이다. 이전소득수지는 −90억 달러이다.
③ 특허권 사용료(−30억 달러)와 여객수송료(10억 달러)를 합한 서비스수지는 −20억 달러이다.

02 국제수지의 균형 ★★★

1. 국제수지의 균형

(1) 일반적인 국제수지(balance of payment)의 균형

① 국제수지는 복식부기의 원리에 의하여 작성되므로 보정적 거래(준비자산 증감)까지 포함할 경우에는 항상 균형을 이루므로, 국제수지의 균형 여부는 일반적으로 이러한 보정적 거래를 제외하고 독자적 거래만 고려한다.

② 경상수지와 자본·금융계정의 관계

- 일반적으로 경상수지가 흑자이면 자본·금융계정은 음(−)의 값을 가지며, 경상수지가 적자이면 자본·금융계정은 양(+)의 값을 가진다.
- 경상거래의 적자액은 외국에서 빌려와야 하며, 흑자액은 해외투자를 하기 때문이다.

(2) 국제수지$(BP)=$ 경상수지$(X-M)+$자본수지(F)

① $BP=0$이면 국제수지는 균형을 이룬다.

② $BP>0$이면 국제수지는 흑자이다.

③ $BP<0$이면 국제수지는 적자이다.

2. 경상수지와 환율 시험 POINT 공식의 변형을 통해 알 수 있는 결론을 기억해야 합니다.

(1) 경상수지가 환율에 미치는 영향

① **경상수지 흑자:** 외화의 유출액(외화수요)에 비해 외화의 유입액(외화공급)이 많아 환율이 하락한다.

② **경상수지 적자:** 외화의 유입액(외화공급)에 비해 외화의 유출액(외화수요)이 많아 환율이 상승한다.

(2) 환율이 경상수지에 미치는 영향

① **환율 상승:** 원화가치의 하락으로 수출이 증가하고, 수입상품의 원화가격이 상승하여 수입은 감소하고 경상수지 개선이 이루어진다.

② **환율 하락:** 원화가치의 상승으로 수출이 감소하고, 수입상품의 원화가격이 하락하여 수입은 증가하고 경상수지가 악화된다.

(3) J-곡선(J-Curve) 효과

① 평가절하(환율인상)를 하면 단기에는 수출가격이 하락하지만, 수출 물량이 별로 증가하지 않으므로 즉시 개선되지 않고 단기적으로는 악화된다.

② 시간이 경과함에 따라 수출 물량이 증가하여 수출액이 서서히 증가하는 현상으로, 그래프가 J 곡선 모양으로 그려진다.

③ 그래프

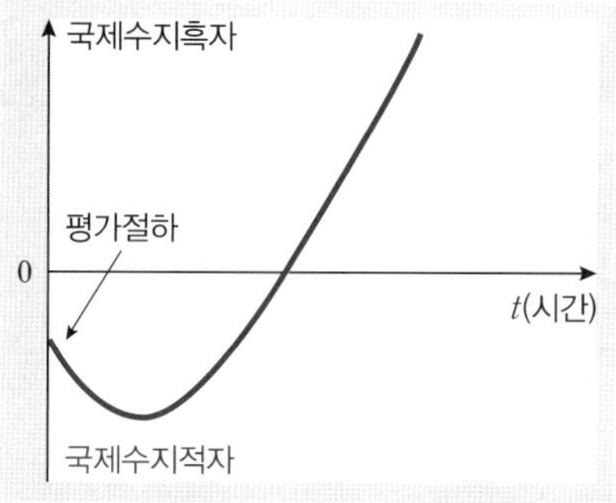

(4) 마샬-러너 조건(Marshall-Lerner Condition)

① 의미

- 자국의 화폐를 평가절하할 경우 경상수지가 개선될 조건을 의미한다.
- 평가절하 시 자국의 상품가격이 하락하는데, 이로 인해 수출이 증가하고 수입이 감소해야 한다.
- 예를 들어 자국의 화폐가치가 20% 하락했다면 수출량 증가분과 수입량 감소분의 합이 20%를 초과해야 경상수지가 개선되었다고 할 수 있다.

② 개선 조건

- 우리나라 입장으로 보았을 때: 수입수요의 가격탄력성+수출공급의 가격탄력성 > 1
- 두 나라를 동시에 표현했을 때: 자국의 수입수요의 가격탄력성+외국의 수입수요의 가격탄력성 > 1로, 외국의 수입수요는 다시 표현하면 우리나라 입장에서는 수출을 의미한다.

3. 국민소득 항등식과 경상수지

(1) 경상수지와 국내총생산

① 국민소득의 균형을 나타내는 식은 $Y = C + I + G + X - M$이다.

② 순수출(경상수지)을 나타내는 식으로 정리하면 경상수지$(X - M)$ = 국내총생산(Y) − 국내총지출$(C + I + G)$이다.

③ 국내총생산(Y) > 국내총지출$(C + I + G)$이면 경상수지$(X - M)$는 흑자이다.

④ 국내총생산(Y) < 국내총지출$(C + I + G)$이면 경상수지$(X - M)$는 적자이다.

⑤ 국내총지출을 압솝션(absorption)이라고 한다.

(2) 경상수지와 국내저축 · 투자와의 관계

① 국민소득의 균형을 나타내는 식은 $Y = C + I + G + X - M$이다.

② 순투자(I)에 대한 식으로 다시 정리하면 경상수지$(X - M)$ = 민간저축$(Y - T - C)$+정부저축$(T - G)$ − 투자(I) = 국내총저축-투자이다.

③ 국내총저축 > 투자이면 경상수지는 흑자이다.

④ 국내총저축 < 투자이면 경상수지는 적자이다.

⑤ 다시 위의 식을 투자(I)에 대한 식으로 다시 정리하면 국내총투자(I) = 민간저축($Y-T-C$) + 정부저축($T-G$) + 해외저축($M-X$) = 국내총저축 + 해외저축이다.

⑥ 투자의 재원조달은 국내저축(민간저축 + 정부저축)과 해외저축에 의해 충당된다.

(3) 쌍둥이 적자(twin deficit)

① 국내총투자(I) = 민간저축($Y-T-C$) + 정부저축($T-G$) + 해외저축($M-X$)이다.

② $X-M$에 대해 다시 정리하면 경상수지($X-M$) = 민간저축($Y-T-C$) − 투자(I) + 정부저축($T-G$)이다.

③ (민간저축 − 투자)가 일정한 경우 재정 적자가 증가하면 경상수지 적자도 증가한다.

④ 재정 적자와 경상수지 적자가 동시에 발생하는 경우를 쌍둥이 적자라고 한다.

개념확인 문제

Q 한 국가의 무역수지가 흑자인 경우, <보기>에서 옳은 것을 모두 고른 것은? 19년 서울시

〈보기〉

ㄱ. $Y > C+I+G$ (단, Y는 국민소득, C는 소비, I는 투자, G는 정부지출)

ㄴ. 국내투자 > 국민저축

ㄷ. 순자본 유출 > 0

① ㄱ, ㄴ　　② ㄱ, ㄷ

③ ㄴ, ㄷ　　④ ㄱ, ㄴ, ㄷ

정답 ②

해설

ㄱ. 국내총지출 $A=C+I+G$이므로 GDP 항등식 $Y=C+I+G+(X-M)$은 $Y=A+(X-M)$, $(X-M)=Y-A$로 바꾸어 쓸 수 있다. 이 식에서 $Y>A$이면 $(X-M)>0$이므로, 국민소득이 국내총지출보다 크면 경상수지가 흑자임을 알 수 있다.

ㄷ. 경상수지(무역수지)와 자본수지의 합은 항상 0이므로, 무역수지가 흑자이면 자본수지는 적자가 된다. 자본수지가 적자라는 것은 외국으로 자본 유출이 이루어짐을 의미한다.

오답체크

ㄴ. 국민저축 $S=Y-C-G$이므로 GDP 항등식 $Y=C+I+G+(X-M)$을 정리하면 $Y-C-G=I+(X-M)$, $S=I+(X-M)$, $(X-M)=S-I$가 된다. 이 식에서 $S<I$이면 $(X-M)<0$이므로, 국민저축이 국내투자보다 작으면 경상수지가 적자이다.

03 *BP* 곡선 ★★☆

1. *BP* 곡선의 정의

(1) 정의

① 외환시장 및 국제수지(경상수지 + 자본수지 + 오차 및 누락)를 균형시키는 국민소득과 이자율의 관계를 나타내는 곡선이다.

② $IS-LM-BP$ 곡선을 한 번에 그리는 경우가 일반적이다.

(2) 함수 도출

① 국제수지는 경상수지$(X-M)$ + 자본수지(F)의 합이다.

② 경상수지$(X-M)$

- 수출 X는 해외의 소득수준 Y_f과 실질환율 $\epsilon = e \times \frac{P_f}{P}$의 증가함수이다.
- 수입 M은 국내소득수준 Y의 증가함수이고 실질환율의 감소함수이다.

③ 자본수지(F)

- 주어진 시점에서 예상환율변동률을 0이라 가정하자.
- 자본수지는 국내이자율(r)과 해외이자율(r_f)의 차이로, 국내이자율이 높을수록 외화가 유입되므로 $r-r_f$의 증가함수이다.

④ 국제수지를 위에서 도출한 함수식으로 쓰면 $BP = X(Y_f,\ e \times \frac{P_f}{P}) - M(Y,\ e \times \frac{P_f}{P}) + F(r-r_f)$이다.

⑤ 해외변수$(r_f,\ P_f,\ Y_f)$를 고정으로 가정하면 변형된 함수식은 $BP = X(\frac{e}{P}) - M(Y,\ \frac{e}{P}) + F(r)$이다.

- 경상수지$(X-M)$는 국내소득수준 Y와 국내물가 P의 감소함수이고 명목환율의 증가함수이다.
- 자본수지는 국내이자율(r)의 증가함수이다.

2. *BP* 곡선 도출

(1) 원리

① 그래프

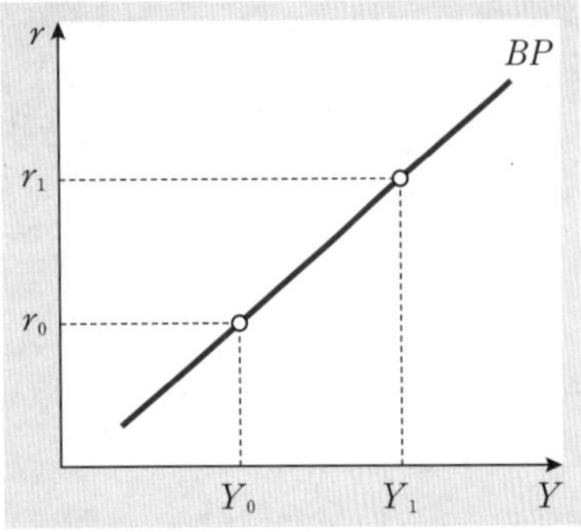

② 국제수지균형(외환시장균형)하에서 국민소득이 증가하면 수입($M=mY$)이 증가하므로 경상수지가 악화되어 국제수지 적자(외환시장 초과수요)가 발생한다.

③ 이때 국제수지가 다시 균형이 되기 위해서는 현재보다 해외자본 유입이 증가하여 자본수지가 개선되어야 한다. 해외자본 유입이 증가하기 위해서는 국내이자율이 상승해야 한다.

④ 따라서 국민소득이 증가할 때 국제수지가 다시 균형이 되기 위해서는 이자율이 상승해야 하므로 BP 곡선은 우상향한다.

(2) BP 곡선의 상방과 하방의 의미

① 그래프

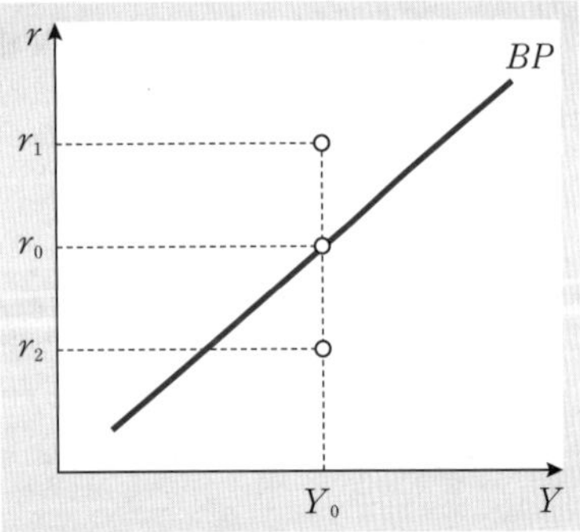

② **BP 곡선 상방 영역:** 균형이자율보다 높아 해외자본 유입이 증가(자본수지 개선)하므로 국제수지는 흑자(외환시장 초과공급)가 된다.

③ **BP 곡선 하방 영역:** 균형이자율보다 낮아 국내자본이 해외로 유출(자본수지 악화)되므로 국제수지는 적자(외환시장 초과수요)가 된다.

(3) BP 곡선의 기울기

① 결정요인은 국제 자본이동성이다.

② 자본이동성이 큰 경우

- 자본시장이 개방되어 자본이동성이 크면 작은 이자율 차이에도 자본 유출입이 많아지므로 BP 곡선기울기가 완만해진다.
- 즉, 국민소득이 증가하여 경상수지가 악화될 때 이자율이 조금만 상승해도 자본 유입이 원활하게 이루어진다.

③ 소국개방경제

- 자본시장이 완전히 개방되어 있고 경제 규모가 작아서 세계경제에 영향을 미칠 수 없는 경제를 소국개방경제라고 한다.
- 소국개방경제의 이자율은 세계이자율 수준과 같으므로 BP 곡선은 세계이자율 수준에서 수평이다.

④ 자본이동성이 0(자본이동이 불가능한 경우): 자본이동이 불가능하므로 이자율이 변한다고 해도 BP 곡선은 변화가 없으므로 수직이다.

⑤ 그래프

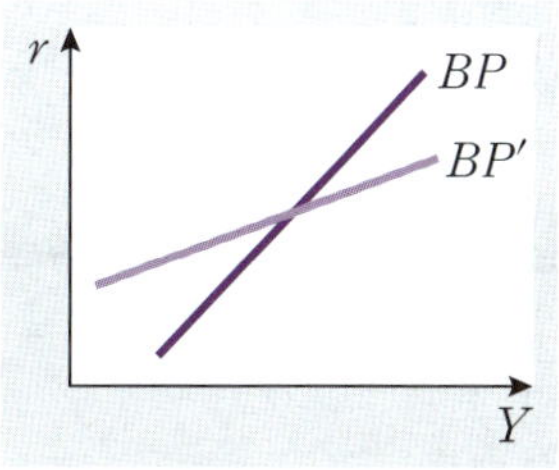

<자본이동성 증가: 완만화>

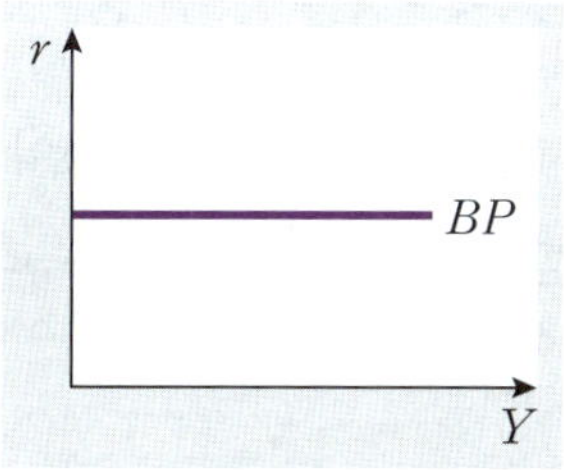

<자본이동성 ∞>

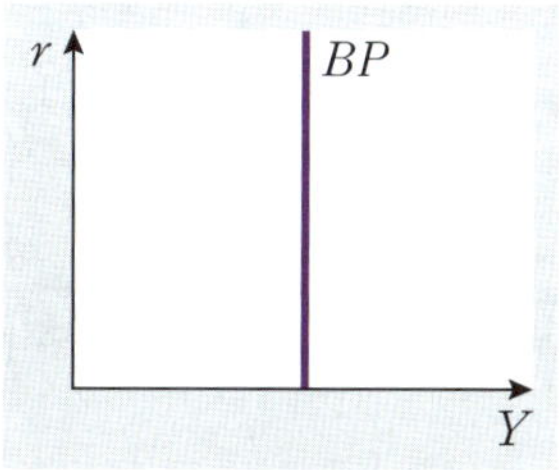

<자본이동성 0>

(4) BP 곡선의 이동

① 그래프

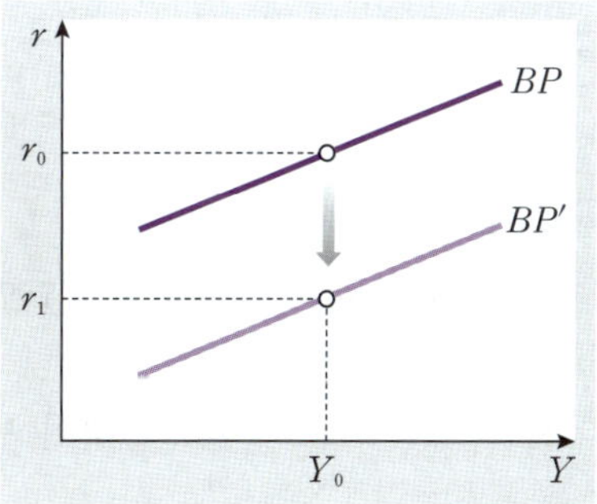

② 환율이 상승하거나 물가가 하락하면 BP 곡선은 하방(우측)이동한다.

③ 환율 상승과 물가 하락은 수출 증가와 수입 감소를 가져와 국제수지는 흑자이다.

④ 국제수지가 흑자이면 외화가 유출되어야 국제수지가 균형이 되므로 이자율이 하락하여 BP 곡선은 하방(우측)이동한다.

⑤ 이와 같은 논리로 환율이 하락하거나 물가가 상승하면 BP 곡선은 상방(좌측)이동한다.

3. 개방경제의 대내외 균형

(1) 균형

$IS \cdot LM \cdot BP$ 곡선이 교차하는 점 A에서 달성되며, 생산물시장과 화폐시장, 국제수지의 동시균형을 의미한다.

(2) 설명

① 그래프

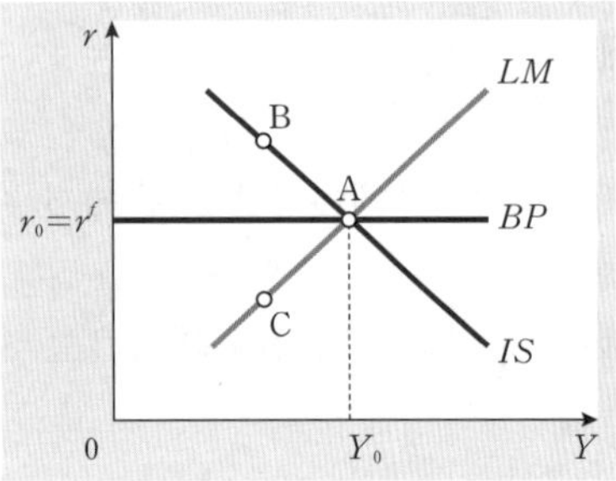

② 점 A는 생산물시장과 화폐시장, 국제수지의 동시균형이다.

③ 점 B는 IS 곡선상에 있으므로 생산물시장균형, LM 곡선 상방에 있으므로 화폐시장 초과공급, BP 곡선 상방에 있으므로 국제수지 흑자(외환시장 초과공급)이다.

④ 점 C는 IS 곡선 하방에 있으므로 생산물시장 초과수요, LM 곡선 위에 있으므로 화폐시장균형, BP 곡선 하방에 있으므로 국제수지 적자(외환시장 초과수요)이다.

04 개방경제하의 재정·통화정책 ★★★

1. 고정환율제도하의 확대통화정책

(1) 효과과정

◀ 시험 POINT BP 곡선이 수평인 경우 환율제도와 연결시킨 재정 · 통화정책이 출제됩니다.

① 통화공급량 증가로 LM 곡선이 우측이동($LM_0 \rightarrow LM_1$)한다.

② 국내균형점이 BP 곡선 하방이므로 국제수지 적자로 외환의 초과수요가 발생한다.

③ 고정환율제도는 환율을 고정시켜야 하므로 외환의 초과수요에 대응하여 당국이 외환을 공급하기 위해 외환을 매각한다.

④ 외환매각으로 인해 통화량이 다시 감소하므로 LM 곡선이 다시 좌측이동($LM_1 \rightarrow LM_0$)하여 원래 균형으로 복귀한다.

⑤ 그래프

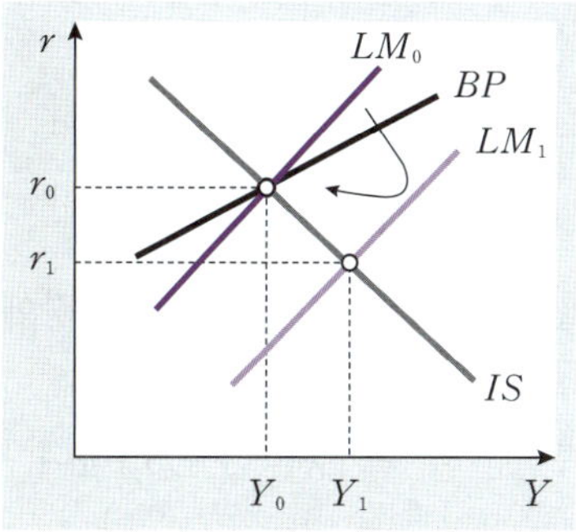

<BP 우상향>

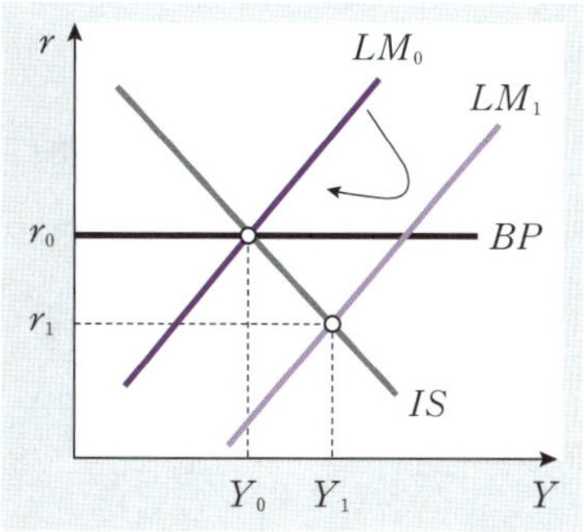

<BP 수평>

(2) 정책효과

국민소득과 이자율 모두 불변하므로 정책효과가 발생하지 않는다.

2. 고정환율제도하의 확대재정정책

(1) 효과과정

① 정부지출 증가로 유효수요가 증가하여 IS 곡선이 우측이동($IS_0 \rightarrow IS_1$)한다.

② 국내균형점이 BP 곡선 상방이므로 국제수지 흑자로 외환의 초과공급이 발생한다.

③ 고정환율제도는 환율을 고정시켜야 하므로 외환의 초과공급에 대응하여 당국이 외환을 매입한다.

④ 외환매입으로 인해 통화공급량이 증가하므로 LM 곡선이 우측이동($LM_0 \rightarrow LM_1$)이동하여 최종균형점이 도출된다.

⑤ 그래프

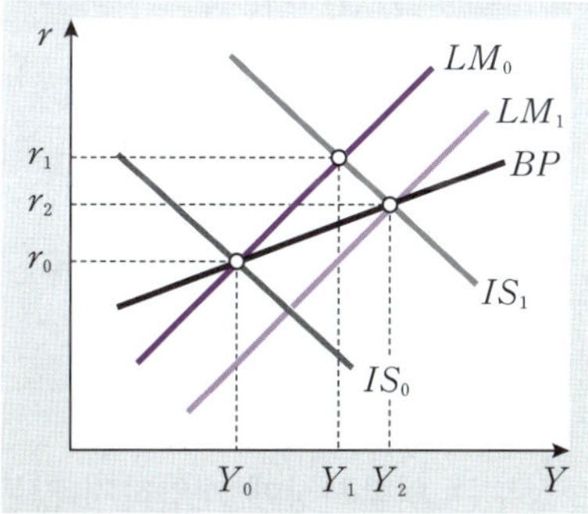

<BP 우상향>

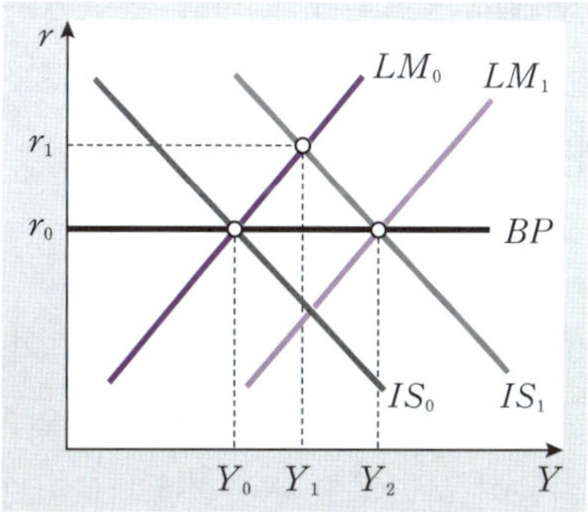

<BP 수평>

(2) 정책효과

① 완전개방경제가 아닌 경우: BP 곡선의 기울기가 완만할수록 국민소득은 대폭 증가하고 이자율은 소폭 상승한다.

② 소국개방경제(BP 곡선 수평): 국민소득의 승수배만큼 증가하며, 이자율은 불변이다.

3. 변동환율제하의 확대통화정책

(1) 효과과정

① 통화공급량 증가로 LM 곡선이 우측이동($LM_0 \to LM_1$)한다.

② 국내균형점이 BP 곡선 하방이므로 국제수지 적자로 외환의 초과수요가 발생한다.

③ 외환의 초과수요로 인해 환율이 상승($BP_0 \to BP_1$)하고 변동환율제도이므로 정부는 외환시장에 개입하지 않는다.

④ 환율이 상승했으므로 수출이 증가하고 수입이 감소하므로 IS 곡선은 우측이동($IS_0 \to IS_1$)하여 최종균형점이 도출된다.

⑤ 그래프

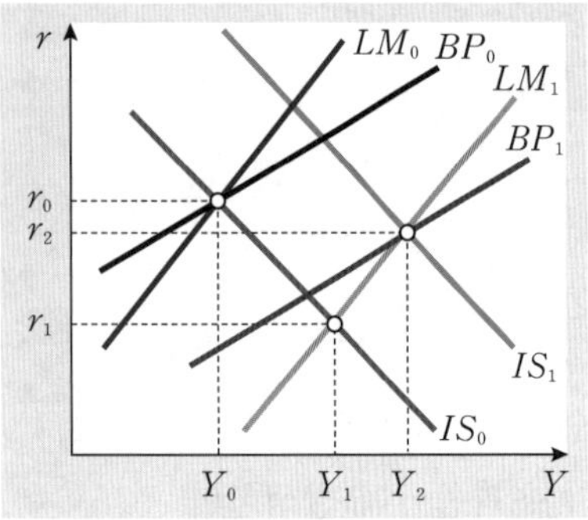

<BP 우상향>

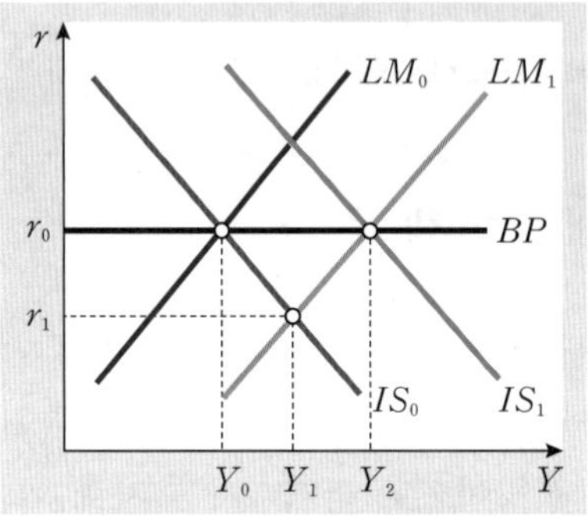

<BP 수평>

(2) 정책효과

① 완전개방경제가 아닌 경우: 국민소득이 대폭 증가하고 이자율은 하락한다.

② 소국개방경제(BP 곡선 수평): 국민소득이 대폭 증가하고, 이자율은 불변이다.

4. 변동환율제하의 확대재정정책

(1) 효과과정

① 정부지출 증가로 유효수요가 증가하여 IS 곡선이 우측이동($IS_0 \to IS_1$)한다.

② 국내균형점이 BP 곡선 상방이므로 국제수지 흑자로 외환초과공급이 발생한다.

③ 외환의 초과공급로 인해 환율이 하락하고 변동환율제도이므로 정부는 외환시장에 개입하지 않는다.

④ 환율 하락으로 인해 순수출이 감소하므로 BP 곡선과 IS 곡선이 다시 좌측이동(IS)하여 최종균형점이 도출된다.

⑤ 그래프

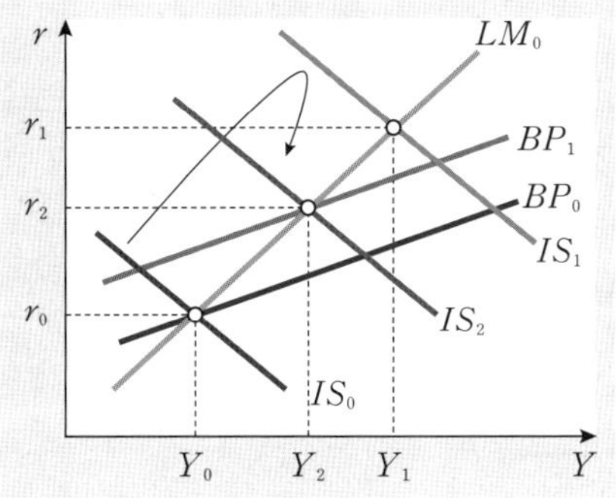

<BP 우상향>

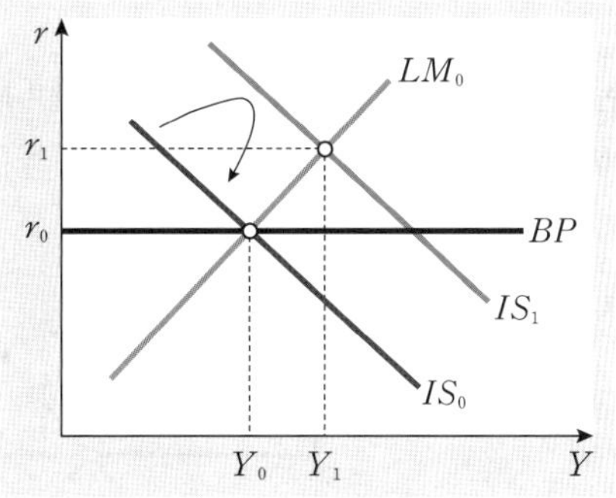

<BP 수평>

(2) 정책효과

① 완전개방경제가 아닌 경우: 국민소득이 소폭 증가하고, 이자율이 상승한다.

② 소국개방경제(BP 곡선 수평): 국민소득과 이자율 모두 불변하므로 정책효과가 발생하지 않는다.

5. 먼델-플레밍 모형

(1) 의미

자본이동이 자유로운 경우, 즉 BP 곡선이 수평인 경우에 $IS-LM-BP$ 모형이다.

(2) 재정정책

고정환율제도일 때 효과가 있으며, 변동환율제도일 때 효과가 없다.

(3) 통화정책

변동환율제도일 때 효과가 있으며, 고정환율제도일 때 효과가 없다.

개념확인 문제

Q 다음 그림은 자본이동이 자유로운 소규모 개방경제를 나타낸다. IS_0, LM_0, BP_0 곡선이 만나는 점 A에서 균형이 이루어졌을 때, 이에 대한 설명으로 옳은 것은? 17년 국가직

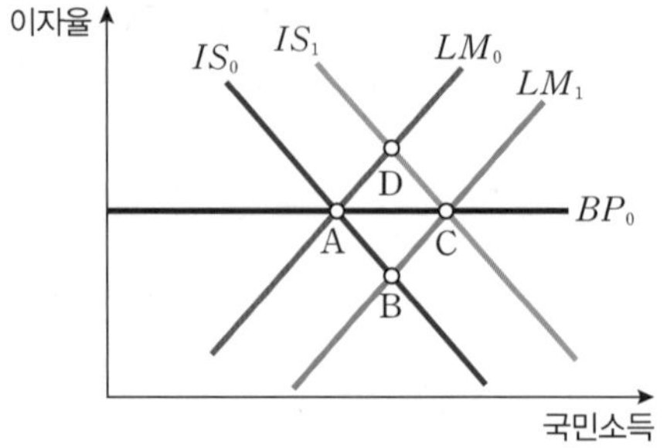

① 변동환율제하에서 확장적 재정정책의 새로운 균형은 A이다.
② 변동환율제하에서 확장적 통화정책의 새로운 균형은 D이다.
③ 고정환율제하에서 확장적 통화정책의 새로운 균형은 C이다.
④ 고정환율제하에서 확장적 재정정책의 새로운 균형은 B이다.

정답 ①

해설

1) 자본이동이 완전히 자유로운 경우 변동환율제도하에서 확장적 재정정책을 실시하면 IS 곡선이 우측으로 이동하여 국민소득과 이자율이 상승한다.
2) 변동환율제도이므로 이자율 상승으로 환율이 하락하여 순수출이 감소한다. 따라서 처음인 점 A로 돌아오게 된다.

오답체크

②, ④ 자본이동이 완전히 자유로운 경우 변동환율제도하에서 확장적 통화정책을 실시하거나 고정환율제도하에서 확장적 재정정책을 실시하면 IS 곡선과 LM 곡선이 모두 오른쪽으로 이동하므로 새로운 균형점은 점 C가 된다.
③ 고정환율제도하에서 확장적 통화정책을 실시하면 국민소득이 전혀 변하지 않으므로 균형점은 점 A가 된다.

표로 한눈에 정리하기

01 환율의 의미와 변동

명목환율	1$ = 1,000원(원/달러 환율)
실질환율	$\epsilon = \frac{e \times P_f}{P}$
외화의 수요	자국민이 외화를 사는 것
외화의 공급	외국에서 외화가 들어오는 것
환율 상승 (자국 화폐 가치 하락)	수출 빼고 대부분 불리
환율 하락 (자국 화폐 가치 상승)	수출 빼고 대부분 유리
구매력평가설	환율 상승률 = 자국의 물가상승률 − 외국의 물가상승률
이자율평가설	환율 상승률 = 국내 이자율 − 해외 이자율

02 환율제도

환율제도의 변천	• 브레턴우즈 체제: 고정환율제도 • 킹스턴 체제: 변동환율제도

03 국제수지

국제수지	• 경상수지: 상품수지, 서비스수지, 본원소득수지, 이전소득수지 • 자본금융계정
경상수지와 국내총생산	경상수지$(X-M)$ = 국내총생산(Y)−국내총지출$(C+I+G)$
경상수지와 국내저축 · 투자와의 관계	경상수지$(X-M)$ = 민간저축$(Y-T-C)$+정부저축$(T-G)$−투자(I)
BP 곡선의 상방과 하방	• 상방: 균형이자율보다 높아 해외자본 유입이 증가(자본수지 개선)하므로 국제수지는 흑자(외환시장 초과공급) • 하방: 균형이자율보다 낮아 국내자본이 해외로 유출(자본수지 악화)되므로 국제수지는 적자(외환시장 초과수요)
BP 곡선의 기울기	개방도가 높아질수록 수평에 가까워짐
고정환율제도인 경우 (BP 곡선 수평 시)	재정정책 효과적, 통화정책 효과 없음
변동환율제도인 경우 (BP 곡선 수평 시)	재정정책 효과 없음, 통화정책 효과적

개념확인 OX 문제

01 외환시장은 외환을 거래하는 추상적인 시장을 의미한다. (O | X)

02 기본적으로 환율은 정부의 정책에 따라 결정된다. (O | X)

03 우리가 실제 생활에서 흔히 쓰는 환율은 실질환율이다. (O | X)

04 실질환율은 두 나라의 물가를 고려한 환율이다. (O | X)

05 원/달러 환율이 올랐다는 것은 원화가치의 상승을 의미한다. (O | X)

06 국내물가수준이 상승하면 외환수요는 증가한다. (O | X)

07 해외물가수준이 상승하면 외환공급은 증가한다. (O | X)

08 고정환율제도를 채택할 경우 중앙은행의 독자적인 통화정책이 곤란하다. (O | X)

09 국내이자율 상승은 환율 하락의 요인이 된다. (O | X)

10 국내이자율 하락은 원화가치 하락의 요인이 된다. (O | X)

11 국내물가수준의 상승은 환율 상승의 요인이 된다. (O | X)

12 국내물가수준의 하락은 원화가치 상승의 요인이 된다. (O | X)

13 환율이 상승하면 경상수지가 악화된다. (O | X)

14 원화가치가 상승하면 외채상환부담이 감소한다. (O | X)

15 환율이 상승하면 상품수지와 서비스수지가 개선된다. (O | X)

16 구매력평가설은 국제적 일물일가의 법칙을 바탕으로 한다. (O | X)

17 환율 상승률은 외국물가상승률에서 자국물가상승률을 차감한 값이다. (O | X)

18 구매력평가설은 장기적인 환율의 변화추세를 잘 반영하지 못하는 것으로 평가된다. (O | X)

19 이자율평가설은 이자율에 따라 환율이 변화한다는 것이다. (O | X)

20 이자율평가설에 의하면, 환율 변화율 = 국내이자율−해외이자율이다. (O | X)

21 해외경기 상승, 해외물가 상승, 국내물가 하락으로 환율은 하락한다. (O | X)

22 빅맥지수가 원달러 환율보다 작으면, 원화는 미달러화에 비해 저평가되어 있는 것이다. (O | X)

정답 및 해설

01 ○ 02 × 외환시장의 수요와 공급에 의해 결정된다. 03 × 명목환율이다. 04 ○ 05 × 원화의 평가절하를 의미한다. 06 ○ 07 ○ 08 ○ 09 ○ 10 ○ 11 ○ 12 ○ 13 × 수출이 잘되므로 경상수지가 호전될 수 있다. 14 ○ 15 ○ 16 ○ 17 × 자국의 환율 변화율 = 자국물가상승률 − 외국물가상승률이다. 18 × 구매력평가설은 장기적인 환율의 변화추세를 반영하는 데 유리하다. 19 ○ 20 ○ 21 ○ 22 ○

23 국가 간 자본이동이 불완전해도 이자율평가설은 성립한다. (O | X)

24 브레턴우즈 체제는 고정환율제도를 채택하였다. (O | X)

25 킹스턴 체제는 변동환율제도를 채택하였다. (O | X)

26 SDR은 단일화폐로 구성되어 있다. (O | X)

27 국제수지는 경상수지와 무역수지로 나눌 수 있다. (O | X)

28 자본 · 금융계정이란 외국과의 자본거래 결과에 따른 외화의 차액이다. (O | X)

29 쌍둥이 적자는 경상수지와 자본 · 금융계정이 모두 적자인 상태를 말한다. (O | X)

30 고정환율제도에서 자본이동이 완전한 경우, BP 곡선은 수평선으로, 재정정책은 매우 효과적이다. (O | X)

31 마샬-러너 조건에 의하면 양국의 수입수요의 가격탄력성의 합이 1보다 커야 한다. (O | X)

32 평가절하 시 단기적으로 경상수지가 개선되었다가 시간이 지나면서 점차 악화되는 효과를 J-커브 효과라고 한다. (O | X)

33 변동환율제도에서 환율 상승으로 IS 곡선이 우측이동하고, BP 곡선이 우측이동한다. (O | X)

34 외화순유입이 (+)이면 준비자산 증가를 의미하고, 금융계정의 수취(+) 항목에 표시된다. (O | X)

35 주식투자는 금융계정, 주식에 대한 배당금은 본원소득수지에 해당한다. (O | X)

36 외국에서 우리나라에 유학을 많이 오게 되면 서비스수지가 좋아진다. (O | X)

정답 및 해설

23 × 완전한 경우에 성립한다. **24** ○ **25** ○ **26** × 여러 화폐로 구성되어 있다. **27** × 경상수지와 자본 · 금융계정으로 나눌 수 있다. **28** ○ **29** × 경상수지와 재정수지가 모두 적자인 것을 의미한다. **30** ○ **31** ○ **32** × 달러 표시 수출품의 가격은 즉각 하락하나 수출량은 서서히 증가하기에, 단기적으로 경상수지가 악화되었다가 시간이 지나면서 점차 개선되는 효과를 J-커브 효과라 한다. **33** ○ **34** × 중앙은행이 국제수지 불균형을 바로 잡기 위해 사용할 수 있는 대외자산인 준비자산은, 외화순유입이 (+)이면 준비자산 증가를 의미하고, 금융계정의 지급(-) 항목에 표시된다. **35** ○ **36** ○

기출 + 예상문제

PART VI

Chapter 01 환율의 의미와 변동 ~ Chapter 02 환율제도

★★☆

01 **환율에 대한 설명으로 옳지 <u>않은</u> 것은?** 17년 국가직

① 원화의 평가절상은 원유 등 생산 원자재를 대량으로 수입하는 우리나라의 수입 원가부담을 낮춰 내수 물가안정에 기여한다.

② 미국의 기준금리 인상은 원화의 평가절하를 유도하여 우리나라의 수출기업에 유리하게 작용한다.

③ 대규모 외국인 직접투자가 우리나라로 유입되면 원화의 평가절하가 발생하고 우리나라의 수출 증대로 이어진다.

④ 실질환율은 한 나라의 재화와 서비스가 다른 나라의 재화와 서비스로 교환되는 비율을 말한다.

★☆☆

02 **외환시장에서 달러의 수요와 공급이 변화하는 과정을 설명한 것으로 옳은 것은? (단, 국내외 모든 상품수요의 가격탄력성은 1보다 큼)** 13년 지방직

① 원/달러 환율 상승 → 수입 감소 → 외환수요 증가

② 원/달러 환율 상승 → 수출 증가 → 외환공급 증가

③ 원/달러 환율 하락 → 수입 감소 → 외환수요 증가

④ 원/달러 환율 하락 → 수출 증가 → 외환공급 감소

★★★
03 원화, 달러화, 엔화의 현재 환율과 향후 환율이 다음과 같을 때, 옳지 않은 것은? 15년 국가직

현재 환율	향후 환율
• 1달러당 원화 환율 1,100원 • 1달러당 엔화 환율 110엔	• 1달러당 원화 환율 1,080원 • 100엔당 원화 환율 900원

① 한국에 입국하는 일본인 관광객 수가 감소할 것으로 예상된다.
② 일본 자동차의 대미 수출이 감소할 것으로 예상된다.
③ 미국에 입국하는 일본인 관광객 수가 감소할 것으로 예상된다.
④ 달러 및 엔화에 대한 원화가치가 상승할 것으로 예상된다.

정답 및 해설

01 정답 ③
주제 환율
해설
대규모 직접투자 자금이 유입되면 외환의 공급이 증가하므로 환율이 하락하여 원화가 평가절상된다. 원화가 평가절상되면 우리나라의 순수출이 감소한다.

02 정답 ②
주제 환율
해설
1) 원/달러 환율이 상승하면 달러표시 수출품의 가격이 하락하므로 수출이 증가하고, 원화표시 수입품의 가격이 상승하므로 수입이 감소한다.
2) 수출이 증가하면 외환공급이 증가하고, 수입이 감소하면 외환수요가 감소한다.

03 정답 ②
주제 환율
해설
1) 현재 1달러=1,100원, 1달러=110엔이므로 110엔=1,100원이다. 즉, 현재의 원/엔 환율은 100엔=1,000원이다.
2) 한편, 향후에는 1달러 = 1,080원, 120엔 = 1,080원이므로 1달러 = 120엔이다.
3) 원/달러 환율이 1달러 = 1,100원이고 향후 환율이 1달러 = 1,080원이므로 달러화에 대한 원화의 가치가 상승할 것으로 예상된다.
4) 원/엔 환율이 100엔 = 1,000원이고, 향후 환율이 100엔= 900원이므로 엔화에 대해서도 원화의 가치가 상승할 것으로 예상된다.
5) 엔/달러 환율을 보면 현재 환율이 1달러 = 110엔이고 향후 환율이 1달러 = 120엔이므로 향후에는 달러화에 대해 엔화가 절하될 것으로 예상된다. 따라서 화폐가치의 순으로 보면 원 > 달러 > 엔이다.
6) 엔화가 가장 평가 절하되었으므로 한국과 미국 모두에 수출이 증가할 것임을 예측할 수 있다.

★★☆
04 미국 달러화 대비 갑, 을, 병국 화폐의 가치 변동률이 각각 -2%, 3%, 4% 일 때 가장 옳은 것은?
19년 서울시

① 갑국 화폐의 가치가 상대적으로 가장 크게 상승했다.
② 을국 제품의 달러 표시가격이 상승했다.
③ 1달러당 병국 화폐 환율이 상승했다.
④ 병국 화폐 1단위당 을국 화폐 환율이 하락했다.

★☆☆
05 환율결정이론 중 구매력평가(Purchasing Power Parity) 이론에 대한 설명으로 옳지 <u>않은</u> 것은?
16년 국가직

① 경제에서 비교역재의 비중이 큰 나라 간의 환율을 설명하는 데에는 적합하지 않다.
② 두 나라 화폐 간의 명목환율은 두 나라의 물가수준에 의해 결정된다고 설명한다.
③ 장기보다는 단기적인 환율의 움직임을 잘 예측한다는 평가를 받는다.
④ 동질적인 물건의 가격은 어디에서나 같아야 한다는 일물일가의 법칙을 국제시장에 적용한 것이다.

★★★
06 인천공항에 막 도착한 A씨는 미국에서 사먹던 빅맥 1개의 가격인 5달러를 원화로 환전한 5,500원을 들고 햄버거 가게로 갔다. 여기서 A씨는 미국과 똑같은 빅맥 1개를 구입하고도 1,100원이 남았다. 다음 설명 중 옳은 것을 모두 고른 것은?
17년 노무사

ㄱ. 한국의 빅맥 가격을 달러로 환산하면 4달러이다.
ㄴ. 구매력평가설에 의하면 원화의 대미 달러 환율은 1,100원이다.
ㄷ. 빅맥 가격을 기준으로 한 대미 실질환율은 880원이다.
ㄹ. 빅맥 가격을 기준으로 볼 때, 현재의 명목환율은 원화의 구매력을 과소평가하고 있다.

① ㄱ, ㄴ　② ㄱ, ㄷ　③ ㄱ, ㄹ
④ ㄴ, ㄷ　⑤ ㄷ, ㄹ

★★☆
07
A국가에 대한 B국가의 명목환율(A국가의 통화 1단위와 교환되는 B국가의 통화량)이 매년 10%씩 상승한다고 하자. 만일 두 국가 사이에 구매력평가설(Purchasing Power Parity)이 성립한다면 다음 중 가장 옳은 것은? 18년 서울시

① A국가의 물가상승률이 B국가의 물가상승률보다 낮을 것이다.
② A국가의 물가상승률이 B국가의 물가상승률보다 높을 것이다.
③ A국가에 대한 B국가의 실질환율은 해마다 10%씩 상승할 것이다.
④ A국가에 대한 B국가의 실질환율은 해마다 10%씩 하락할 것이다.

정답 및 해설

04 정답 ②

주제 구매력평가설

해설

을국의 화폐가치가 상승하였으므로 을국 제품의 달러 표시가격이 상승하였다.

오답체크

① 병국 화폐의 가치가 상대적으로 가장 크게 상승했다.
③ 병국 화폐의 가치가 상승하였으므로 1달러당 병국 화폐 환율이 하락했다.
④ 병국 화폐의 가치가 을국의 화폐보다 더 많이 상승하였으므로 병국 화폐 1단위당 을국 화폐 환율이 하락했다.

05 정답 ③

주제 구매력평가설

해설

물가는 장기변수이므로 구매력평가설은 단기보다 장기에 있어 환율의 움직임을 잘 설명해 준다.

06 정답 ③

주제 구매력평가설

해설

1) 5달러를 원화로 환전하면 5,500원이므로 명목환율이 1달러=1,100원이다. 명목환율이 1달러 =1,100원이고, 한국의 빅맥 가격이 4,400원이므로 빅맥 가격을 달러로 환산하면 4달러가 된다.
2) 미국에서는 빅맥이 5달러이고, 한국에서는 4,400원이므로 빅맥 가격을 기준으로 한 구매력평가환율(명목환율)은 1달러=880원이다.
3) 그런데 명목환율이 1달러=1,100원이므로 빅맥 가격을 기준으로 볼 때 현재의 명목환율은 원화의 구매력을 과소평가하고 있는 상태이다.

07 정답 ①

주제 구매력평가설

해설

1) 문제에 제시된 조건을 구매력평가설에 적용하면 B/A국의 명목환율변화율= B국의 물가상승률 -A국의 물가상승률이다.
2) B국의 명목환율이 매년 10% 상승한다는 것은 B국의 물가상승률이 A국보다 10% 높다는 것을 의미한다. 구매력평가설이 성립하면 일물일가의 원칙에 따라 실질환율은 항상 1이 된다.

★☆☆

08 **다음 제시문의 ㉠~㉢에 들어갈 용어를 바르게 연결한 것은?** 18년 지방직

> 구매력평가이론(Purchasing Power Parity theory)은 양국의 화폐 1단위의 구매력이 같도록 환율이 결정된다는 것이다. 구매력평가이론에 따르면 양국 통화의 (㉠)은 양국의 (㉡)에 따라 결정되며, 구매력평가이론이 성립하면 (㉢)은 불변이다.

	㉠	㉡	㉢
①	실질환율	경상수지	명목환율
②	명목환율	경상수지	실질환율
③	명목환율	물가수준	실질환율
④	실질환율	물가수준	명목환율

★★★

09 **다음 표는 각국의 시장환율과 빅맥 가격을 나타낸다. 빅맥 가격으로 구한 구매력평가환율을 사용할 경우, 옳은 것은? (단, 시장환율의 단위는 '1달러 당 각국 화폐'로 표시되며, 빅맥 가격의 단위는 '각국 화폐'로 표시됨)** 17년 국가직

국가(화폐 단위)	시장환율	빅맥가격
미국(달러)	1	5
브라질(헤알)	2	12
한국(원)	1,000	4,000
중국(위안)	6	18
러시아(루블)	90	90

① 브라질의 화폐가치는 구매력평가환율로 평가 시 시장환율 대비 고평가된다.
② 한국의 화폐가치는 구매력평가환율로 평가 시 시장환율 대비 저평가된다.
③ 중국의 화폐가치는 구매력평가환율로 평가 시 시장환율 대비 고평가된다.
④ 러시아의 화폐가치는 구매력평가환율로 평가 시 시장환율 대비 저평가된다.

★☆☆

10 현재 한국과 미국의 연간 이자율이 각각 4%와 2%이고, 1년 후의 예상 환율이 1,122원/달러이다. 양국 간에 이자율평형조건(interest parity condition)이 성립하기 위한 현재 환율은?

15년 국가직

① 1,090원/달러 ② 1,100원/달러

③ 1,110원/달러 ④ 1,120원/달러

정답 및 해설

08 정답 ③

주제 구매력평가설

해설

1) 절대적 구매력평가설에 의하면 명목환율은 양국의 물가수준에 의해 $e=\frac{P}{P_f}$로 결정된다.

2) 절대적 구매력평가설이 성립하면 $P=e\times P_f$가 성립하므로 실질환율 $\varepsilon=\frac{e\times P_f}{P}$은 항상 1이 된다.

09 정답 ③

주제 구매력평가설

해설

각국의 구매력평가환율을 구해보면 브라질 $\frac{12}{5}=2.4$, 한국 $\frac{4,000}{5}=800$, 중국 $\frac{18}{5}=3.6$, 러시아 $\frac{90}{5}=18$이다.

③ 중국의 화폐가치는 구매력평가환율(3.6)로 평가 시 시장환율($\frac{6}{1}=6$) 대비 고평가된다.

오답체크

① 브라질의 화폐가치는 구매력평가환율(2.4)로 평가 시 시장환율(2) 대비 저평가된다.

② 한국의 화폐가치는 구매력평가환율(800)로 평가 시 시장환율(1,000) 대비 고평가된다.

④ 러시아의 화폐가치는 구매력평가환율(18)로 평가 시 시장환율(90) 대비 고평가된다.

10 정답 ②

주제 이자율평가설

해설

이자율형평설에서 환율변화율(2%) = 한국의 이자율(4%)-미국의 이자율(2%)이다. 따라서 1년 뒤의 예상 환율은 현재 환율보다 2% 상승한 1,122원이므로 현재 환율은 1,100원임을 알 수 있다.

★☆☆

11 **현재 환율은 1달러 당 1,000원이고, 미국의 연간 이자율은 5% 이다. 내년 환율이 1달러 당 1,020원으로 변동할 것으로 예상된다. 이자율평형설이 성립한다고 가정할 때, 원-달러 환율 시장의 균형을 달성시키는 국내 이자율(%)은?** 15년 지방직

① 5 ② 7

③ 9 ④ 10

★★☆

12 **다음 자료의 내용과 부합하는, A 씨의 1년 후 예상 환율은?** 18년 지방직

> A 씨는 은행에서 운영 자금 100만 원을 1년간 빌리기로 했다. 원화로 대출받으면 1년 동안의 대출 금리가 21% 인 반면, 동일한 금액을 엔화로 대출받으면 대출 금리는 10% 이지만 대출금은 반드시 엔화로 상환해야 한다. 현재 원화와 엔화 사이의 환율은 100엔당 1,000원이고, A 씨는 두 대출 조건이 같다고 생각한다.

① 1,000원/100엔 ② 1,100원/100엔

③ 1,200원/100엔 ④ 1,250원/100엔

★★★
13 A국의 명목이자율이 6%이고 B국의 명목이자율이 4%라고 하자. 양국의 실질이자율이 동일하고 구매력평가설이 적용된다고 할 때, 피셔 방정식을 이용한 다음 설명 중 가장 옳은 것은?

17년 서울시

① A국의 기대인플레이션이 B국의 기대인플레이션보다 $2\%p$ 더 높고, A국의 통화가치는 B국의 통화에 비해 2% 떨어질 것으로 기대된다.

② A국의 기대인플레이션이 B국의 기대인플레이션보다 $2\%p$ 더 높고, A국의 통화가치는 B국의 통화에 비해 2% 올라갈 것으로 기대된다.

③ A국의 기대인플레이션이 B국의 기대인플레이션보다 $2\%p$ 더 낮고, A국의 통화가치는 B국의 통화에 비해 2% 올라갈 것으로 기대된다.

④ A국의 기대인플레이션이 B국의 기대인플레이션보다 $2\%p$ 더 낮고, A국의 통화가치는 B국의 통화에 비해 2% 떨어질 것으로 기대된다.

정답 및 해설

11 정답 ②

주제 이자율평가설

해설

1) 미국의 이자율이 5%이고, 환율의 예상 상승률이 2%이므로 달러를 원화로 바꾸었을 때 발생하는 수익률이 2%이다.
2) 따라서 해외투자의 예상 수익률이 7%이다.
3) 이자율평가설이 성립한다면 두 나라에서의 투자수익률이 동일해야 하므로 한국의 이자율은 7%일 것임을 추론할 수 있다.

12 정답 ②

주제 이자율평가설

해설

1) 원화로 1,000원을 차입할 때와 동일한 금액인 100엔을 엔화로 차입하는 경우를 생각해 보자.
2) 원화로 차입할 때는 이자율이 21%이므로 1,000원을 원화로 빌리면 1년 뒤에 1,210원을 상환해야 한다.
3) 그런데 엔화로 차입할 때는 이자율이 10%이므로 엔화로 100엔을 차입하면 1년 뒤에 110엔을 상환해야 한다.
4) 원화로 차입할 때와 엔화로 차입할 때의 대출 조건이 동일하다고 제시되었으므로 1년 뒤에 상환하는 금액이 같아야 한다.
5) 따라서 110엔×1년 뒤의 환율=1,210원 → 1년 뒤의 환율$=\frac{1,210\text{원}}{110\text{엔}}=\frac{11\text{원}}{1\text{엔}}=\frac{1100\text{원}}{100\text{엔}}$이어야 한다.

13 정답 ①

주제 이자율평가설

해설

1) 피셔 효과에 의하면 '실질이자율=명목이자율−기대인플레이션율'의 관계가 성립하므로, A국의 명목이자율이 B국보다 $2\%p$ 높지만 두 나라의 실질이자율이 동일하다는 문제의 조건을 고려하면 A국의 기대인플레이션율이 B국보다 $2\%p$ 높다.
2) 상대적 구매력평가설에 의하면 A/B환율변동률 $= A$의 물가상승률 $- B$국의 물가상승률이다. A국의 물가상승률이 B국의 물가상승률보다 $2\%p$ 높다면 A국의 환율이 2% 상승한다. 즉, A국의 화폐가치가 2% 하락하게 된다.

★★☆
14 *A*국의 2018년 국제수지표의 일부 항목이다. 다음 표에서 경상수지는 얼마인가? 19년 노무사

- 상품수지: 54억 달러
- 서비스수지: －17억 달러
- 본원소득수지: 3억 달러
- 이전소득수지: －5억 달러
- 직접투자: 26억 달러
- 증권투자: 20억 달러

① 35억 달러 흑자 ② 40억 달러 흑자 ③ 60억 달러 흑자
④ 61억 달러 흑자 ⑤ 81억 달러 흑자

★★★
15 변동환율제하에서의 국제수지표에 대한 설명으로 옳은 것만을 모두 고르면? (단, 국제수지표에서 본원소득수지, 이전소득수지, 오차와 누락은 모두 0과 같다.) 18년 국가직

ㄱ. 국민소득이 국내총지출보다 크면 경상수지는 적자이다.
ㄴ. 국민저축이 국내투자보다 작으면 경상수지는 적자이다.
ㄷ. 순자본 유출이 정(＋)이면 경상수지는 흑자이다.

① ㄱ ② ㄴ
③ ㄱ, ㄷ ④ ㄴ, ㄷ

★☆☆
16 국제수지와 환율(달러의 원화표시 가격)에 대한 설명으로 옳은 것은? 13년 서울시

① 경상수지와 자본수지는 같은 방향으로 발생한다.
② 실질환율의 하락은 경상수지를 개선한다.
③ 인위적인 원화가치 부양은 외환보유고를 줄인다.
④ 국내 경제의 불확실성이 높아지면 환율이 하락한다.
⑤ 국내 이자율의 상승은 환율의 상승을 유발한다.

정답 및 해설

14 정답 ①

주제 경상수지

해설

경상수지는 상품수지, 서비스수지, 본원소득수지, 이전소득수지이다. 따라서 $54-17+3-5=35$억 달러 흑자이다.

15 정답 ④

주제 경상수지

해설

ㄴ. 국민저축 $S=Y-C-G$이므로 GDP 항등식 $Y=C+I+G+(X-M)$을 정리하면 $Y-C-G=I+(X-M)$, $S=I+(X-M)$, $(X-M)=S-I$가 된다. 이 식에서 $S<I$이면 $(X-M)<0$이므로 국민저축이 국내투자보다 작으면 경상수지가 적자이다.

ㄷ. 순자본 유출이 0보다 크다는 것은 자본수지가 적자임을 의미한다. 경상수지 + 자본수지 = 0이므로 자본수지가 적자이면 경상수지는 흑자이다.

오답체크

ㄱ. 국내총지출 $A=C+I+G$이므로 GDP 항등식 $Y=C+I+G+(X-M)$은 $Y=A+(X-M)$, $(X-M)=Y-A$로 바꾸어 쓸 수 있다. 이 식에서 $Y>A$이면 $(X-M)>0$이므로 국민소득이 국내총지출보다 크면 경상수지가 흑자임을 알 수 있다.

16 정답 ③

주제 경상수지와 환율

해설

원화의 가치를 높게 유지하려면 중앙은행이 외환시장에서 외환을 매각해야 하는데, 보유한 외환을 매각하면 중앙은행의 외환보유고가 감소한다.

오답체크

① 경상수지와 자본수지의 합은 항상 0이므로 경상수지와 자본수지는 늘 반대방향으로 발생한다.
② 실질환율의 하락은 경상수지를 악화시킨다.
④ 국내 경제의 불확실성이 높아지면 자국화폐의 가치가 하락하므로 환율이 상승한다.
⑤ 국내 이자율의 상승은 외환의 공급의 증가요인이므로 환율의 하락을 유발한다.

★☆☆
17 **한 나라의 국내저축이 증가할 때, 국내투자에 변화가 없다면 다음 중 어떠한 변화가 발생하는가?** 14년 서울시

① 순자본 유출이 증가하여 순수출이 증가한다.
② 순자본 유출이 증가하여 순수출이 감소한다.
③ 순자본 유출이 감소하여 순수출이 증가한다.
④ 순자본 유출이 감소하여 순수출이 감소한다.
⑤ 순자본 유출이 일정하고 순수출도 일정하다.

★★☆
18 **외부로부터 디플레이션 충격이 발생하여 국내 경제에 영향을 미치고 있을 때, 확장적 통화정책을 시행할 경우의 거시경제균형에 대한 효과로 옳지 않은 것은?** 15년 서울시

① 폐쇄경제모형에 따르면 이자율이 하락하여 투자가 증가한다.
② 자본시장이 완전히 자유로운 소규모 개방경제모형에서는 고정환율을 유지하려면 다른 충격에 대응하는 통화정책을 독립적으로 사용할 수 없다.
③ 변동환율제를 채택하고 자본시장이 완전히 자유로운 소규모 개방경제모형에서는 수출이 감소한다.
④ 교역상대국에서도 확장적 통화정책을 시행할 경우 자국통화가치를 경쟁적으로 하락시키려는 환율전쟁 국면으로 접어든다.

★★☆
19 **자본이동이 완전히 자유로운 소국개방경제를 가정하자. 먼델–플레밍의 $IS-LM-BP$ 모형에 대한 설명으로 옳지 않은 것은?** 16년 국가직

① BP 곡선은 (산출, 이자율) 평면에서 수평선으로 나타난다.
② 고정환율제하에서 통화정책은 국민소득에 영향을 미치지 못한다.
③ 변동환율제하에서는 통화정책의 독자성이 보장된다.
④ 재정정책의 국민소득에 대한 효과는 고정환율제보다 변동환율제하에서 더 커진다.

★★★

20 세계는 A국, B국, C국의 세 국가로 구성되어 있으며, 국가 간 자본이동에는 아무런 제약이 없다. B국은 고정환율제도를 채택하고 있으며, C국은 변동환율제도를 채택하고 있다. A국의 경제불황으로 인하여 B국과 C국의 A국에 대한 수출이 감소하였을 때, B국과 C국의 국내 경제에 미칠 영향에 대한 설명으로 옳지 않은 것은? 16년 지방직

① B국 중앙은행은 외환을 매각할 것이다.

② C국의 환율(C국 화폐로 표시한 A국 화폐 1단위의 가치)은 상승할 것이다.

③ B국과 C국 모두 이자율 하락에 따른 자본 유출을 경험한다.

④ C국이 B국보다 A국 경제불황의 영향을 더 크게 받을 것이다.

정답 및 해설

17 정답 ①

주제 경상수지와 저축

해설

1) 국내저축이 증가하면 대부자금의 공급이 증가하므로 이자율이 하락한다.

2) 이자율이 하락하면 외국으로 자본 유출이 이루어지고 그에 따라 환율이 상승한다. 환율이 상승하면 순수출이 증가하게 된다.

18 정답 ③

주제 $IS-LM-BP$

해설

확장적 통화정책을 실시하면 이자율이 하락하여 외화의 유출이 증가한다. 환율 상승 시 변동환율제를 채택하고 자본시장이 완전히 자유로운 소규모 개방경제모형에서는 수출이 증가한다.

19 정답 ④

주제 $IS-LM-BP$

해설

자본이동이 완전히 자유로운 먼델-플레밍 모형에서 고정환율제도하에서는 재정정책이 효과적이고, 변동환율제도하에서는 통화정책이 효과적이다.

20 정답 ④

주제 $IS-LM-BP$

해설

변동환율제도를 채택하고 있는 C국의 경우에는 이자율 하락에 따른 외환의 초과수요로 환율이 상승하더라도 중앙은행이 외환시장에 개입하지 않을 것이다. 환율이 상승하면 순수출이 증가하여 다시 IS 곡선이 오른쪽으로 이동하므로 국민소득이 원래 수준으로 돌아간다.

오답체크

① B국 중앙은행은 고정환율제도를 채택하고 있으므로 부족해진 외환을 채우기 위해 외환을 매각할 것이다.

②, ③ A국의 불황으로 B국과 C국의 수출이 감소하면 두 나라의 IS 곡선이 모두 왼쪽으로 이동한다. IS 곡선이 왼쪽으로 이동하면 이자율이 하락하므로 자본 유출이 이루어진다. 자본 유출이 이루어지면 외환수요가 증가하므로 환율 상승 압력이 발생한다. 따라서 C국의 환율(C국 화폐로 표시한 A국 화폐 1단위의 가치)은 상승할 것이다.

③ B국과 C국 모두 이자율 하락에 따른 자본 유출을 경험한다.

★★☆

21

다음은 먼델-플레밍 모형을 이용하여 고정환율제도를 취하고 있는 국가의 정책 효과에 대해서 설명한 것이다. ㉠과 ㉡을 바르게 연결한 것은? 17년 서울시

> 정부가 재정지출을 (㉠)하면 이자율이 상승하고 이로 인해 해외로부터 자본 유입이 발생한다. 외환시장에서 외화의 공급이 증가하여 외화가치가 하락하고 환율의 하락 압력이 발생한다. 하지만 고정환율제도를 가지고 있기 때문에 환율이 변할 수는 없다. 결국 환율을 유지하기 위해 중앙은행은 외화를 (㉡)해야 한다.

	㉠	㉡
①	확대	매입
②	확대	매각
③	축소	매입
④	축소	매각

★★☆

22

〈보기〉의 빈칸에 들어갈 것으로 가장 옳은 것은? 18년 서울시

〈보기〉

> 먼델-플레밍 모형에서 정부가 수입규제를 시행할 경우, 변동환율제에서는 순수출이 ____㉠____, 고정환율제에서는 순수출이 ____㉡____.

	㉠	㉡
①	증가하고	증가한다
②	증가하고	불변이다
③	불변이고	불변이다
④	불변이고	증가한다

★★☆

23

A국은 자본이동 및 무역거래가 완전히 자유로운 소규모 개방경제이다. A국의 재정정책과 통화정책에 따른 최종 균형에 관한 설명으로 옳은 것은? (단, 물가는 고정되어 있다고 가정하고 $IS-LM-BP$ 모형에 의함) 19년 노무사

① 고정환율제에서 확장적 재정정책과 확장적 통화정책 모두 국민소득을 증대시키는 효과가 있다.

② 고정환율제에서 확장적 재정정책은 국민소득을 증대시키는 효과가 없지만, 확장적 통화정책은 효과가 있다.

③ 고정환율제에서 확장적 재정정책은 국민소득을 증대시키는 효과가 있지만, 확장적 통화정책은 효과가 없다.

④ 변동환율제에서 확장적 재정정책은 국민소득을 증대시키는 효과가 있지만, 확장적 통화정책은 효과가 없다.

⑤ 변동환율제에서 확장적 재정정책과 확장적 통화정책 모두 국민소득을 증대시키는 효과가 없다.

정답 및 해설

21 정답 ①

주제 $IS-LM-BP$

해설

1) 정부가 재정지출을 확대하면 IS 곡선이 오른쪽으로 이동하므로 이자율이 상승한다.
2) 이자율이 상승하면 해외로부터 자본 유입이 이루어지므로 외환공급이 증가한다. 외환의 공급이 증가하면 환율 하락 압력이 발생하게 된다.
3) 고정환율제도하에서는 중앙은행이 개입하여 환율을 일정하게 유지해야 하므로 외환공급이 증가할 때 환율을 일정하게 유지하려면 중앙은행이 외환을 매입해야 한다.
4) 중앙은행이 외환을 매입하면 LM 곡선도 오른쪽으로 이동하므로 국민소득이 큰 폭으로 증가하게 된다. 그러므로 고정환율제도하에서는 재정정책이 매우 효과적이다.

22 정답 ④

주제 $IS-LM-BP$

해설

1) 정부의 수입규제로 인해 수입이 감소하면 순수출이 증가하므로 IS 곡선이 오른쪽으로 이동한다. IS 곡선이 오른쪽으로 이동하면 이자율이 상승하므로 자본 유입이 이루어진다.
2) 변동환율제도하에서는 자본 유입으로 외환의 공급이 증가하면 환율이 하락한다. 평가절상이 이루어지면 순수출이 감소하여 다시 IS 곡선이 제자리로 복귀하므로 국민소득이 변하지 않는다.
3) 고정환율제도하에서는 중앙은행이 외환시장에 개입하여 환율을 일정하게 유지해야 한다. 환율 하락 압력이 발생할 때 환율을 일정한 수준으로 유지하려면 중앙은행이 외환을 매입해야 한다. 중앙은행이 외환 매입대금을 지불하면 통화량이 증가하므로 LM 곡선도 오른쪽으로 이동하므로 국민소득이 증가한다.

23 정답 ③

주제 $IS-LM-BP$

해설

1) 자본이동이 자유로운 경우이므로 BP 곡선의 기울기는 수평이다.
2) 고정환율제에서 확장적 재정정책을 실시하면 IS 곡선이 우측으로 이동하여 이자율이 상승한다. 따라서 환율은 하락하므로 이를 막기 위해서는 통화량을 증가시켜 LM 곡선을 우측으로 이동시켜야 한다. 따라서 확장적 재정정책은 효과가 있다.
3) 반면 확장적 통화정책을 실시하면 LM 곡선을 우측으로 이동하여 이자율이 하락한다. 이때 환율이 상승하므로 환율 상승을 막기 위해서는 국공채를 매각하여 통화를 흡수하여야 한다. 따라서 LM 곡선이 좌측으로 이동하므로 효과가 없다.
4) 변동환율제에서 확장적 재정정책을 실시하면 IS 곡선이 우측으로 이동시켜 이자율이 상승한다. 따라서 환율을 하락하여 순수출이 감소하므로 IS 곡선이 왼쪽으로 이동하여 효과가 없다.
5) 반면 확장적 통화정책을 실시하면 LM 곡선이 우측으로 이동하여 이자율이 하락한다. 따라서 환율이 상승하므로 순수출이 증가하여 IS 곡선도 우측으로 이동하므로 효과가 크다.

★★☆

24 경제주체들의 환율 예상이 정태적으로 형성되는 경우, 변동환율제도를 채택한 소규모 개방경제 국가에서 중앙은행이 긴축적 통화정책을 실시할 때 나타나는 현상은? (단, 국가 간 자본이동이 완전하고, 다른 조건이 일정함) 19년 지방직

① 실질소득은 감소하고 자국화폐는 평가절상된다.
② 자국화폐는 평가절하되고 실질소득은 증가한다.
③ 실질소득은 변화가 없고 자국화폐는 평가절상된다.
④ 환율은 변화가 없고 실질소득은 감소한다.

★★☆

25 자본이동이 불완전하고 변동환율제도를 채택한 소규모 개방경제의 $IS-LM-BP$ 모형에서 균형점이 (Y_0, i_0)으로 나타났다. 이 때, 확장적 재정정책에 따른 새로운 균형점에 대한 설명으로 옳은 것은? (단, Y_0는 총소득, i_0는 이자율) 17년 지방직

① 총소득은 Y_0보다 크고, 이자율은 i_0보다 높다.
② 총소득은 Y_0보다 크고, 이자율은 i_0보다 낮다.
③ 총소득은 Y_0보다 작고, 이자율은 i_0보다 높다.
④ 총소득은 Y_0보다 작고, 이자율은 i_0보다 낮다.

고난도 문제

★★★
26 **소규모 개방경제의 재화시장 균형에서 국내총생산(Y)이 100으로 고정되어 있고, 소비 $C=0.6Y$, 투자 $I=40-r$, 순수출 $NX=12-2\epsilon$이다. 세계 이자율이 10일 때, 실질환율은? (단, r은 국내 이자율, ϵ은 실질환율, 정부지출은 없으며, 국가 간 자본이동은 완전함)**

20년 감정평가사

① 0.8　② 1　③ 1.2
④ 1.4　⑤ 1.5

정답 및 해설

24 정답 ①
주제 $IS-LM-BP$
해설
1) 중앙은행이 긴축적인 통화정책을 실시하면 LM 곡선이 왼쪽으로 이동하므로 이자율이 상승한다.
2) 이자율이 상승하면 자본 유입으로 외환공급이 증가하여 환율이 하락한다. 평가절상이 이루어지면 순수출이 감소하므로 IS 곡선이 왼쪽으로 이동한다.
3) 그러므로 변동환율제도하에서 긴축적인 통화정책을 실시하면 자국화폐가 평가절상되고, 국민소득은 감소하게 된다.

25 정답 ①
주제 $IS-LM-BP$
해설
1) 확대적인 재정정책을 실시하면 IS 곡선이 오른쪽으로 이동하여 이자율이 상승하므로 자본유입이 이루어진다.
2) 자본유입이 이루어지면 외환공급이 증가하므로 환율이 하락한다.
3) 평가절상이 이루어지면 순수출 감소로 IS 곡선이 일부 왼쪽으로 이동한다. 그리고 평가절상이 이루어지면 BP 곡선도 왼쪽으로 이동한다.
4) 그러므로 자본이동이 불완전한 경우 변동환율제도하에서 확장적인 재정정책을 실시하면 국민소득은 증가하고 이자율은 상승하게 된다.

26 정답 ②
주제 환율 → 실질환율
해설
1) 국가 간 자본이동이 완전하다면 국제이자율과 국내이자율이 동일해야 한다. 세계이자율이 10이므로 국내이자율도 10이 되어 투자 $I=30$이다.
2) 정부지출이 없으므로 $Y=C+I+NX$가 성립해야 한다.
3) $100=60+30+12-2\epsilon$가 성립하므로 $\epsilon=1$이다.

★★★
27 **2015년과 2020년 빅맥 가격이 아래와 같다. 일물일가의 법칙이 성립할 때, 옳지 않은 것은? (단, 환율은 빅맥 가격을 기준으로 표시함)** 20년 감정평가사

2015년		2020년	
원화 가격	달러 가격	원화 가격	달러 가격
5,000원	5달러	5,400원	6달러

① 빅맥의 원화 가격은 두 기간 사이에 8% 상승했다.
② 빅맥의 1달러 당 원화 가격은 두 기간 사이에 10% 하락했다.
③ 달러 대비 원화의 가치는 두 기간 사이에 10% 상승했다.
④ 달러 대비 원화의 실질환율은 두 기간 사이에 변하지 않았다.
⑤ 2020년 원화의 명목환율은 구매력평가 환율보다 낮다.

★★★
28 **구매력 평가가설(PPP, Purchasing Power Parity)에 따르면 두 나라의 물가지수비율과 통화의 교환비율은 같아야 한다. 다음 그림에서 A는 한국 대 미국의 소비자물가지수의 비율을, B는 원화 대 달러화의 교환비율을 지수형태로 나타낸 것이다. 다음 그림과 PPP에 대한 설명으로 옳은 것을 모두 고르면? (단, 두 지수는 2010년을 100으로 함)** 17년 공인회계사

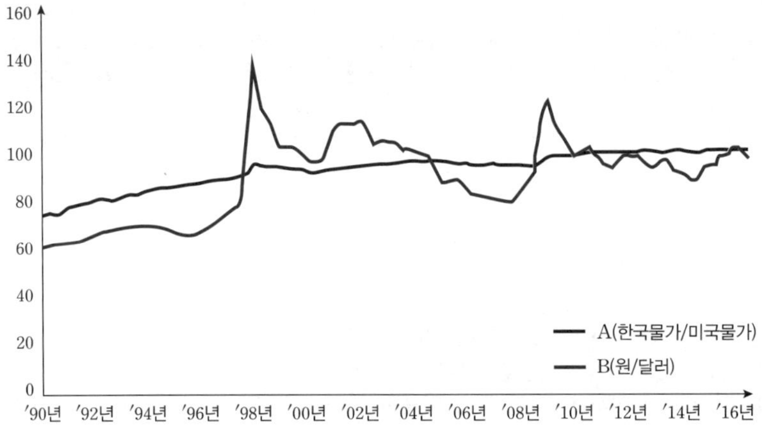

가. PPP에 따르면 실질환율은 명목환율과 반드시 일치해야 한다.
나. 2008년 글로벌 금융위기 이후, 우리나라와 미국의 물가수준은 같다.
다. PPP에 따르면 1997년 IMF사태 이전에 원화는 과대평가되었다.
라. 핸드폰 A의 국내 가격이 1,000,000원일 때, 미국에서 가격이 1,000달러라면, PPP에 의한 환율은 1,000원/달러여야 한다.

① 가, 나　　② 가, 다　　③ 가, 라
④ 나, 라　　⑤ 다

★★★

29 **현재 우리나라 채권의 연간 명목수익률이 5% 이고 동일 위험을 갖는 미국 채권의 연간 명목수익률이 2.5% 일 때, 현물환율이 달러당 $1,200$ 원인 경우 연간 선물환율은? (단, 이자율 평가설이 성립한다고 가정함)**

19년 감정평가사

① 1,200 원/달러
② 1,210 원/달러
③ 1,220 원/달러
④ 1,230 원/달러
⑤ 1,240 원/달러

정답 및 해설

27 정답 ⑤

주제 환율 → 구매력평가설

해설

구매력평가환율이 성립한다면 명목환율이 구매력평가환율과 같아진다.

오답체크

① 빅맥의 원화 가격은 5,000원 → 5,400원이 되었으므로 두 기간 사이에 8% 상승하였다.
② 빅맥의 1달러당 원화 가격은 2015년 1달러 = 1,000원, 2020년에 1달러 = 900원이므로 두 기간 사이에 10% 하락하였다.
③ 달러 대비 원화의 가치는 2015년 1달러 = 1,000원, 2020년에 1달러 = 900원이므로 두 기간 사이에 10% 상승했다.
④ 달러 대비 원화의 실질환율은 구매력 평가설에서는 1이므로 변하지 않는다.

28 정답 ⑤

주제 구매력평가설

오답체크

가. PPP에 따르면 실질환율은 1이고 명목환율은 원/달러 환율이다. 양자가 일치하는 것은 아니다.
나. 2008년 글로벌 금융위기 이후, 우리나라와 미국의 물가수준이 같다면 A가 수평이어야 한다. 미세한 차이가 있으므로 같다고 볼 수 없다.
다. PPP에 따르면 1997년 IMF사태 이전에 원/달러 환율이 낮으므로 원화는 과대평가되었다.
라. 핸드폰 A의 국내 가격이 1,000,000원일 때, 미국에서 가격이 1,000달러라면, PPP에 의한 환율은 $\frac{1{,}000{,}000\text{원}}{1{,}000\$} = 1{,}000$원/달러이어야 한다.

29 정답 ④

주제 환율 → 무위험 이자율평가설

해설

1) 무위험 이자율평가설은 국내이자율 $=$ 외국이자율 $+ \frac{\text{선물환율} - \text{현물환율}}{\text{현물환율}}$ 이 성립한다.

2) $0.05 = 0.025 + \frac{\text{선물환율} - 1{,}200}{1{,}200}$ → 선물환율은 1,230원/달러이다.

★★★

30 **변동환율제를 채택한 A국이 긴축재정을 실시하였다. 먼델-플레밍 모형을 이용한 정책 효과에 관한 설명으로 옳은 것을 모두 고른 것은? (단, 완전한 자본이동, 소국개방경제, 국가별 물가수준 고정을 가정함)** 21년 감정평가사

ㄱ. 원화가치는 하락한다.
ㄴ. 투자지출을 증가시킨다.
ㄷ. 소득수준은 변하지 않는다.
ㄹ. 순수출이 감소한다.

① ㄱ, ㄴ ② ㄱ, ㄷ ③ ㄱ, ㄹ
④ ㄴ, ㄷ ⑤ ㄴ, ㄹ

★★★

31 **환율 상승(자국 통화가치의 하락)을 유도하기 위한 중앙은행의 외환시장 개입 중 불태화 개입(sterilized intervention)이 있었음을 나타내는 중앙은행의 재무상태표(대차대조표)로 가장 적절한 것은? (단, ⇧는 증가, ⇩는 감소를 의미함)** 17년 공인회계사

①

자산	부채
국내자산 외화자산 ⇧	본원통화 ⇧ 국내부채 외화부채

②

자산	부채
국내자산 ⇩ 외화자산 ⇧	본원통화 국내부채 외화부채

③

자산	부채
국내자산 외화자산 ⇩	본원통화 ⇩ 국내부채 외화부채

④

자산	부채
국내자산 외화자산	본원통화 ⇧ 국내부채 ⇩ 외화부채

⑤

자산	부채
국내자산 ⇧ 외화자산	본원통화 ⇧ 국내부채 외화부채

정답 및 해설

30 정답 ②

주제 $IS-LM-BP$ 모형

해설

1) 변동환율제에서 긴축재정을 실시하면 IS 곡선이 좌측으로 이동하여 이자율이 하락한다.
2) 이자율이 하락하면 환율이 상승하여 순수출이 증가하므로 IS 곡선은 우측으로 이동한다.
3) 따라서 재정정책은 최종적으로 영향을 미치지 못한다.
4) 지문 분석

ㄱ. 이자율이 낮아지므로 외화의 공급이 감소하여 원화가치는 하락한다.
ㄷ. 최초의 상태로 돌아오므로 소득수준은 변하지 않는다.

오답체크

ㄴ. 이자율이 최초의 상태로 돌아오므로 투자지출이 증가하지 않는다.
ㄹ. 환율 상승으로 인해 순수출이 증가한다.

31 정답 ②

주제 불태화정책

오답체크

1) 중앙은행은 환율 상승을 유도하기 위해 달러를 시중에서 매입해야 한다.
2) 중앙은행이 달러를 매입하면 중앙은행이 보유한 외화자산이 증가한다.
3) 불태화정책을 실시하였으므로 달러 매입으로 증가한 본원통화를 다시 정부가 감소시켜야 하므로 국채를 매각하여 증가한 본원통화를 다시 감소시켜야 한다.

★★★
32 **甲국은 자본이동이 완전히 자유로운 소규모 개방경제이다. 변동환율제도하에서 甲국의 거시경제모형이 다음과 같을 때, 정책효과에 관한 설명으로 옳지 <u>않은</u> 것은? (단, Y, M, r, e, p, r^*, p^*는 각각 국민소득, 통화량, 이자율, 명목환율, 물가, 외국이자율, 외국물가)**

18년 감정평가사

- 소비함수: $C = 1000 + 0.5(Y - T)$
- 투자함수: $I = 1200 - 10000r$
- 순수출: $NX = 1000 - 1000\epsilon$
- 조세: $T = 1000$
- 정부지출: $G = 2000$
- 실질환율: $\epsilon = e\dfrac{p}{p^*}$
- 실질화폐수요: $L_D = 40 - 1000r + 0.01Y$
- 실질화폐공급: $L_S = \dfrac{M}{p}$
- $M = 5000$, $p = 100$, $p^* = 100$, $r^* = 0.02$

① 정부지출을 증가시켜도 균형소득은 변하지 않는다.
② 조세를 감면해도 균형소득은 변하지 않는다.
③ 통화공급을 증가시키면 균형소득은 증가한다.
④ 확장적 재정정책을 실시하면 e가 상승한다.
⑤ 확장적 통화정책을 실시하면 r이 하락한다.

★★★
33

어떤 소규모 개방경제 모형이 다음과 같을 때, 이와 관련된 설명 중 옳은 것은? [단, Y, C, I, G, NX, M, P, L, r, r^*, θ, e는 각각 소득, 소비, 투자, 정부지출, 순수출, 통화량, 물가, 실질화폐수요, 이자율, 해외이자율, 국가 위험할증, 환율(외국통화 1단위에 대한 자국통화의 교환비율)이고, 변수에 아래 첨자 0이 붙여진 것은 외생 변수임] 16년 공인회계사

- 재화시장: $Y = C(Y) + I(r_0) + G_0 + NX(e)$
- 화폐시장: $\frac{M_0}{P_0} = L(r_0, Y)$
- 이자율: $r_0 = r_0^* + \theta_0$

(소비는 소득의 증가함수, 투자는 이자율의 감소함수, 순수출은 환율의 증가함수이며, 실질화폐수요는 이자율의 감소함수이고 소득의 증가함수임)

① 정부지출이 증가하면 환율이 상승한다.
② 정부지출이 증가하면 소득이 증가한다.
③ 정부지출이 증가하면 실질화폐수요가 감소한다.
④ 국가 위험할증이 높아지면 순수출이 증가한다.
⑤ 국가 위험할증이 높아지면 소득이 감소한다.

정답 및 해설

32 정답 ⑤

주제 $IS-LM-BP$ 곡선 → 변동환율제도하의 재정·통화정책

해설

1) 자본이동이 완전히 자유로우므로 BP 곡선은 수평이다.
2) 변동환율제도이므로 통화정책은 효과가 있고 재정정책은 효과가 없다.
3) 지문 분석

⑤ 확장적 통화정책을 실시하면 LM 곡선이 우측으로 이동하여 r이 하락한다. 이로 인해 환율이 상승하여 순수출이 증가한다. 따라서 IS 곡선이 우측으로 이동하여 국민소득은 증가하고 이자율은 처음으로 되돌아간다.

33 정답 ④

주제 $IS-LM-BP$

해설

국가 위험할증이 높아지면 환율이 상승하여 순수출이 증가한다.

오답체크

① 정부지출이 증가하면 IS 곡선이 우측으로 이동하여 이자율이 상승한다. 이로 인해 환율이 하락한다.
② 정부지출이 증가하면 IS 곡선이 우측으로 이동하여 이자율이 상승한다. 이로 인해 환율이 하락하고 순수출이 감소하여 IS 곡선이 왼쪽으로 이동한다. 환율변동을 문제에서 제시하고 있으므로 변동환율제도를 가정하고 있다.
③ 정부지출이 증가하면 IS 곡선이 우측으로 이동하여 이자율이 상승한다. 이자율이 상승하면 변동환율제도이므로 환율 하락으로 순수출이 감소하여 IS 곡선이 좌측으로 이동한다. 따라서 국민소득과 이자율이 원상태로 돌아오므로 실질화폐수요도 변하지 않는다.
⑤ 국가 위험할증이 높아지면 순수출이 증가하므로 국민소득이 증가한다.

memo